北京市
崇文区志

（1994.1—2010.6）

北京市崇文区地方志编纂委员会
北京市东城区地方志编纂委员会

北京出版集团公司
北 京 出 版 社

图书在版编目（CIP）数据

北京市崇文区志 ：1994.1—2010.6 / 北京市崇文区地方志编纂委员会，北京市东城区地方志编纂委员会编著. — 北京 ：北京出版社， 2018.12

ISBN 978-7-200-14489-5

Ⅰ. ①北… Ⅱ. ①北… ②北… Ⅲ. ①东城区—地方志—1994-2010 Ⅳ. ① K291.3

中国版本图书馆 CIP 数据核字（2018）第 262944 号

审图号：京 S（2018）028 号

责任编辑 董拯民 陈 平
英文翻译 杨 刚
英文审定 马 玲
封面设计 李 芸 罗 瑞
版式设计 云伊若水
责任印制 武绽蕾 承伯平

北京市崇文区志（1994.1—2010.6）
BEIJINGSHI CHONGWENQU ZHI（1994.1—2010.6）
北京市崇文区地方志编纂委员会
北京市东城区地方志编纂委员会

*

北京出版集团公司
北 京 出 版 社 出版
（北京北三环中路 6 号）
邮政编码：100120

网 址：www.bph.com.cn
北京出版集团公司总发行
新 华 书 店 经 销
北京汇瑞嘉合文化发展有限公司印刷

*

889 毫米 ×1194 毫米 16 开本 49.25 印张 彩插 36 页 1360 千字
2018 年 12 月第 1 版 2018 年 12 月第 1 次印刷
印数 1—3 000

ISBN 978-7-200-14489-5
定价：590.00 元

北京市崇文区地方志编纂委员会

2004 年 5 月—2005 年 8 月

顾　问　李　瑛　梁志华　盛绳武　华　森　李晓光

主　任　吉胜久

副主任　黄　欣　李雪奴　刘　建　王成国（常务）
滕盛萍　田月忠　王文竹　刘春林　王兆康
宋演武

委　员　（按姓氏笔画为序）
王文山　贝光生　朱希昆　仲万生　刘玉芳
刘观丰　刘忠胜　许　健　李　静　李学会
何润林　宋甘澍　张玉林　林　凯　赵书德
赵铁念　侯　玺　徐光华　高美兰　崔树毅
康庆武　韩焕岭

2009年6月—2010年12月

顾　问　夏　强

主　任　牛青山

副主任　刘云斋（常务）　夏树军　段志国　冯藏淑　王文竹

委　员　（按姓氏笔画为序）

丁志平　于　静　马宇光　王　森　王　瑾
王兆康　王秀英　王宝祥　王艳丽　师学起
朱怀志　李亚兰　李学会　李评修　李承刚
杨春发　杨博贤　肖　占　吴金涛　宋志红
陈　平　陈孝康　武殿国　周秋来　周桂芳
周晓沪　孟志军　赵　健　赵小平　赵建忠
侯　玺　高美兰　常　崴　梁　岩　盛继洪
葛俊凯　韩焕岭　焦利亭　谢　申　蒲文献
蔡燕霞　臧丽昆　戴　彬

秘书长　袁秀江（兼）

北京市东城区地方志编纂委员会

2010 年 12 月—2012 年 11 月

2012年11月—2014年5月

北京市崇文区地方志编纂委员会办公室 历任组成人员

（2004年5月—2010年6月）

主　　任　王兆康（兼）　葛俊凯（兼）　袁秀江（兼）
副 主 任　赵铁念　王　璠　焦利亭
工作人员　刘　婷

北京市东城区地方志编纂委员会办公室

主　　任　彭积冬（2010年4月—　　　　）
副 主 任　焦利亭（2010年7月—2014年4月）
　　　　　　王钦双（2010年4月—　　　　）
　　　　　　丁志平（2014年9月—　　　　）
工作人员　李焕巧　范建铭　胡　澄　刘　婷　杨　帅
　　　　　　高云彩　周宝龙　孙太红　刘　朔　赵　妍
　　　　　　陈星星　马德川　朱为存

《北京市崇文区志（1994.1—2010.6）》编辑部

主　　　编　王文竹

顾　　　问　徐光华　康庆武

常务副主编　马宇光

副　主　编　侯　玺　高美兰

编　　　辑　张耕云　张建波　张明光　冯慧敏

编　　　务　刘　婷　周明质

《北京市崇文区志（1994.1—2010.6）》审定人员

主　　审　王　宁

副 主 审　戴　卫　刘景华　谭烈飞

责任审稿　崔　震　王颖超　郝若婷

特约审稿　潘会楼

凡 例

一、本志以马克思列宁主义、毛泽东思想、邓小平理论、“三个代表”重要思想、科学发展观、习近平新时代中国特色社会主义思想为指导，坚持辩证唯物主义与历史唯物主义的立场、观点、方法，遵循实事求是、存真求实的原则，全面、客观、系统地记述区境内的自然、政治、经济、文化和社会的发展变化过程，突出区情特色，体现时代特征。

二、本志采用述、记、志、传、图（照）、表、录诸体记述，以志体为主。志体按编、章、节、目设置。

三、本志记述上限为1994年1月1日，与第一轮《北京市崇文区志》衔接，下限为2010年6月30日。有些内容根据需要适当回溯至上限之前，或下延至2010年12月31日。

四、本志中人物记述坚持生不立传原则。影响较大或事迹突出的在世人物，用以事系人方式予以记载。

五、本志中纪年采用公元纪年。涉及民国之前的内容时，用中国历史纪年，括注公元纪年。涉及农历时括注公元纪年。公元纪年用阿拉伯数字，农历用汉字。

六、本志行文采用规范的语体文，力求准确、简洁、通畅。文中计数、计量和标点符号，均执行国家有关规定。

七、本志中的数据，主要采用统计部门的数据；统计部门数据缺失的，采用主管部门经过核实的数据。

八、本志中的货币，均指人民币。涉及其他货币时，予以标明。

九、本志中，“党”“中央”“市委”“区委”未指明具体党派时，均指中国共产党及其地方组织。涉及民主党派或其他党派时，予以标明。

十、本志中的资料，来自档案、文件、图书、报刊、实物和口述记录，重要资料注明出处。

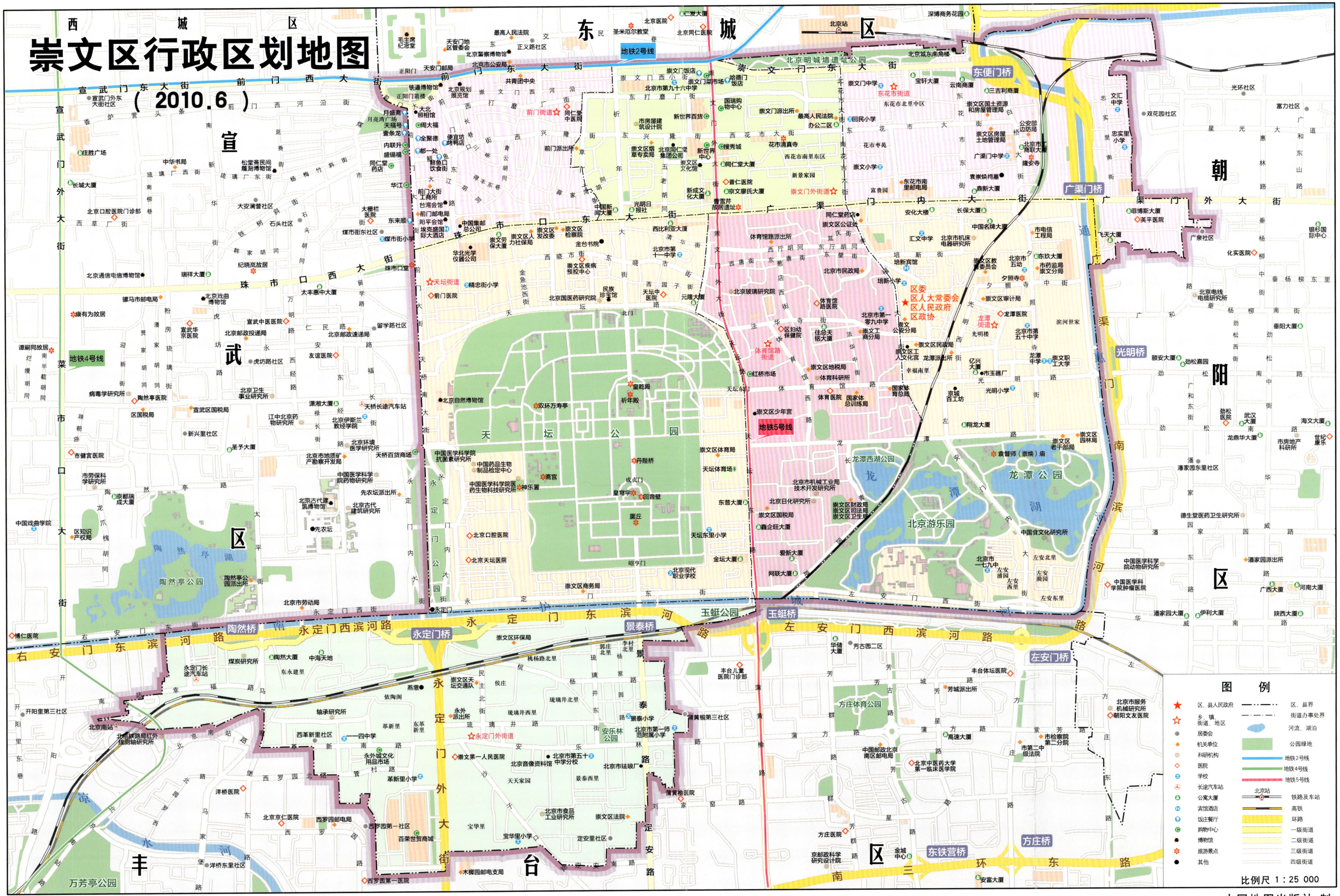

审图号：京S(2018)028号

中国地图出版社 制

崇文区交通地图

（2010.6）

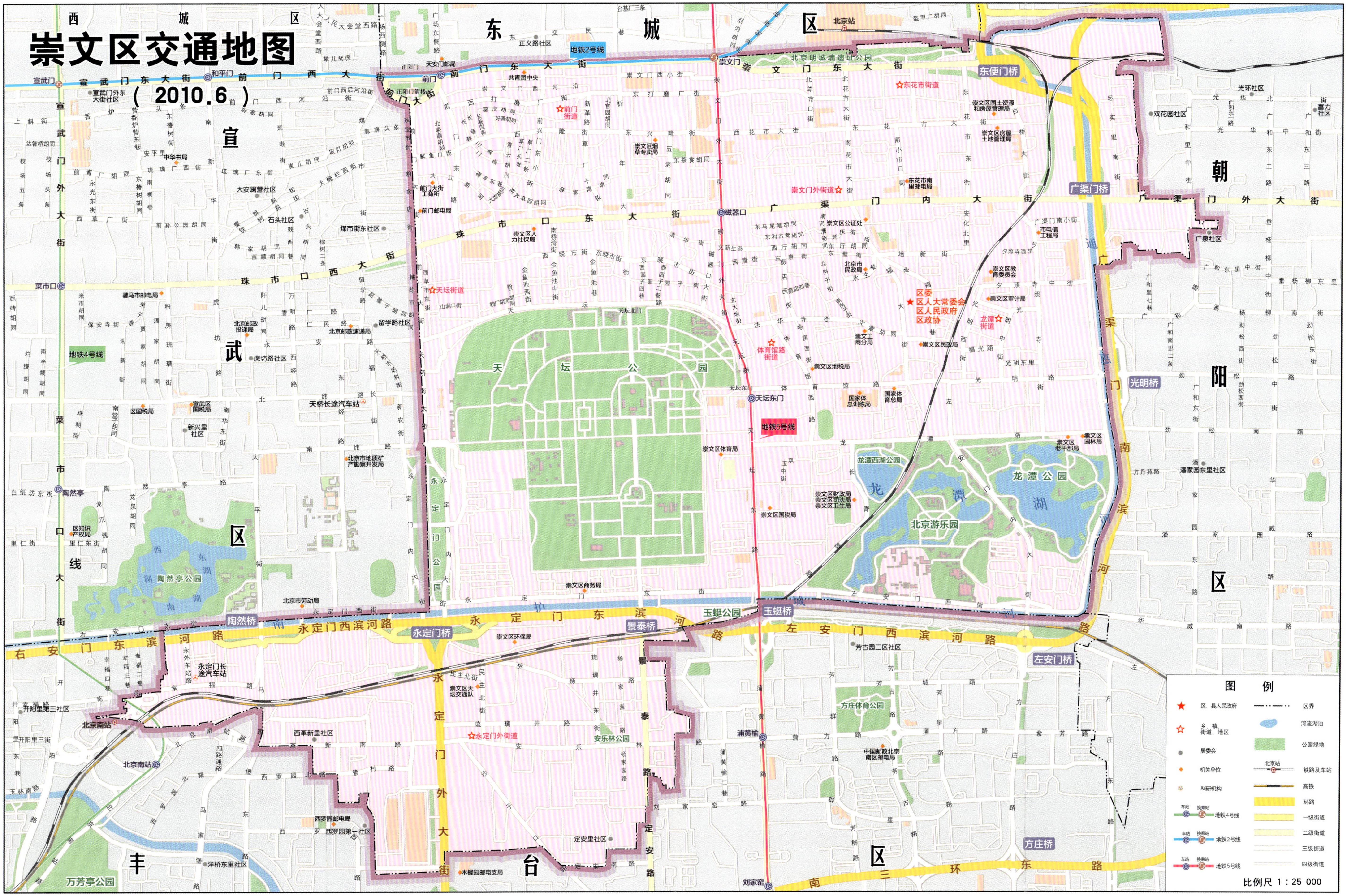

审图号：京S(2018)028号

中国地图出版社 制

2007年修缮后的天坛祈年殿（全国重点文物保护单位）

2005年改扩建后的永定门内大街

2008 年 8 月修缮整治后的前门大街

2006 年修缮后的正阳门箭楼（全国重点文物保护单位）

2008 年修缮后的北京城东南角楼（全国重点文物保护单位）

2002 年修复后的袁崇焕祠、墓（全国重点文物保护单位）

1997 年维修后的京奉铁路正阳门东车站旧址（北京市文物保护单位）

2004 年修缮后的燕墩（北京市文物保护单位）

2006 年修缮后的火德真君庙（北京市文物保护单位）

2002 年扩建后的自然博物馆

2004 年 9 月正式对外开放的北京市规划展览馆

2004 年 9 月复建的永定门城楼

2008 年建成的中华民族艺术珍品馆

2006 年修缮后的花市清真寺碑亭

2009 年珠市口基督教堂

2009 年南岗子天主教堂

20 世纪 90 年代初的广渠门立交桥

1997 年，崇文门外大街市政道路工程竣工通车

2001 年 7 月 5 日，广安大街（崇文段）竣工通车

2001年改扩建后的珠市口东大街

改造前的广渠门内大街

2002年改造后的广渠门内大街

2002年11月扩建后的南北花市大街

2004 年建成的祈年大街

2008 年前门大街夜景

2009 年北京市优美
环境街之一——体育馆路

1999 年建成的前门箭楼绿地

2001 年整治后的白桥北里铁路沿线新貌

2006 年永定门内大街绿地

2010 年 4 月建成的东南护城河滨河大道

2002 年 9 月建成的北京明城墙遗址公园

2002 年 6 月，由花鸟市场改建成的玉蜓公园

2002 年建成的黄河街心花园

2007 年北京游乐园

2007 年整治后的龙潭公园

2008 年整治后的龙潭西湖公园

2008 年，雪后的天坛公园双环万寿亭

2008 年建成的龙潭公园中心岛剧场

2009 年建成的二十四节气公园

1999 年改造前的龙潭西里

2001 年，北京“房改带危改”试点工程——龙潭西里 6 号楼、8 号楼、10 号楼竣工

2001 年建成的幸福家园小区

2003 年危改后的富贵园小区

2002 年危改后的金鱼池（龙须沟）小区

2003 年建成的京城仁合小区

2003 年 7 月 25 日，东花市南里危改区居民喜迁新居

2004 年，北京市在广渠门北里举行廉租住房配租仪式

2006 年 12 月 4 日，中共崇文区第十次代表大会召开

2008 年 5 月，香港廉政公署官员到区考察交流廉政风险防范管理工作

2010 年 3 月，市委、市政府召开“学习推广崇文区‘信访代理’”经验交流现场会

2001年,区党组织开展“为群众做好事、办实事”活动

2005年12月4日，区开展法律宣传咨询活动

2008年，区召开“天坛文化圈”发展战略专家恳谈会

2009年9月25日，区召开“感动崇文十大公德人物”表彰大会

2010年6月30日，区委召开纪念中国共产党成立80周年暨“心目中的好党员”表彰大会

2009 年 12 月 29 日，区召开第十四届人民代表大会第四次会议

2004 年，区政府召开“前门大街东侧路建设暨前门地区—西片修缮整治规划设计方案”专家论证会

2005 年 9 月 16 日，区人大代表向选民述职

2004 年 8 月 17 日，区政府召开第二次全体（扩大）会议

2009 年 12 月，区政协第十三届委员会第四次全体会议召开

2005 年 10 月 28 日，区政协召开“构建和谐社会之我见”研讨会

2004 年，崇文区民兵进行实弹射击训练

1994 年崇文门菜市场的繁荣景象

1994 年新建的红桥市场

1994 年建成的天坛饭店

2001 年北京同仁堂大厦

2001 年建成的新世界中心商业大厦

2002 年改扩建后的珠市口东大街商业街

2002 年 6 月，北京便宜坊烤鸭集团有限公司成立

2004 年 4 月新建的百荣世贸商城

2008 年 9 月，中国集邮总公司入驻珠市口东大街

2009 年集休闲、娱乐、购物于一体的搜秀城

2009 年新建的国瑞购物中心

2009 年位于永外文化商品一条街上的永外文化商城

2009 年京城百工坊

2005 年，北京银行支持前门地区危房改造项目 10 亿元贷款协议签字仪式举行

2006 年，红桥市场开展“争做诚实守信商户”活动

2005 年，区“王”字型经济磁场（吸引与聚集经济资源地区）建设工作会议召开

2007 年 10 月，大北照相馆为党的十七大代表拍摄合影

2001 年北京汇文中学

2004 年新建的广渠门中学

2009 年新建的崇文小学

2009 年北京市第五幼儿园

1995 年，广渠门中学首届“宏志班”师生在圆明园遗址参观留影

2008 年 8 月，崇文区输送的运动员陈颖获奥运会金牌

2008 年，崇文区的孩子们与奥运冠军刘翔在一起

2008 年 8 月 14 日，崇文区群众在天安门广场举行健身展示活动

2010 年 5 月科技周期间，天坛街道举办“提高科学素质　参与低碳行动”活动

2009 年普仁医院大楼

2006 年，普仁医院医务人员为患者做手术

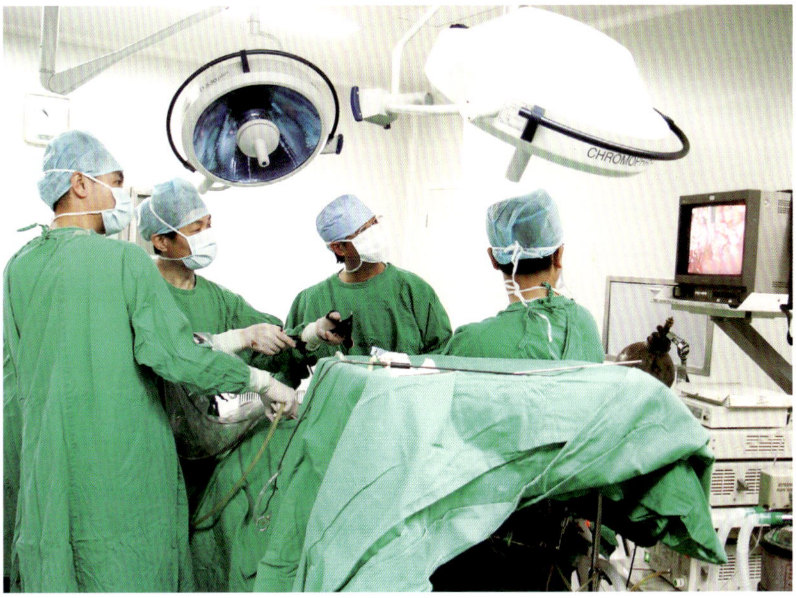

2008 年 8 月 11 日，全国爱卫会命名崇文区为国家卫生区

2004 年金鱼池社区文化节启动

2004 年 9 月 25 日，第七届北京国际旅游文化节盛装行进表演在南中轴路举行

2005 年 9 月 13 日，区离退休老干部在纪念中国人民抗日战争胜利 60 周年演唱会上表演节目

2006 年 8 月，区举行“为崇文增光　为奥运添彩”——2008 奥运倒计时两周年主题活动暨崇文奥运文化广场揭牌仪式

2006 年 12 月，天坛神乐署中和韶乐列入市级“非遗”名录

2008 年蟠桃宫庙会

2008 年，以迎奥运为主题的龙潭春节庙会举行

2008 年 2 月，外国驻华使馆官员及家属喜逛龙潭庙会

2008年2月，崇文门外街道举办第八届元宵灯会

2008年8月，崇文区红剧场吸纳天创寰宇公司在此长期演出剧目《功夫传奇》

2009年10月1日，崇文区干部群众在天安门广场晚会上表演大型集体舞

2010年春节，“上元”灯会在前门大街举行

2006 年，象牙雕刻技艺列入国家级“非遗”名录

2006 年，景泰蓝制作技艺列入国家级“非遗”名录

2006 年，雕漆技艺列入国家级“非遗”名录

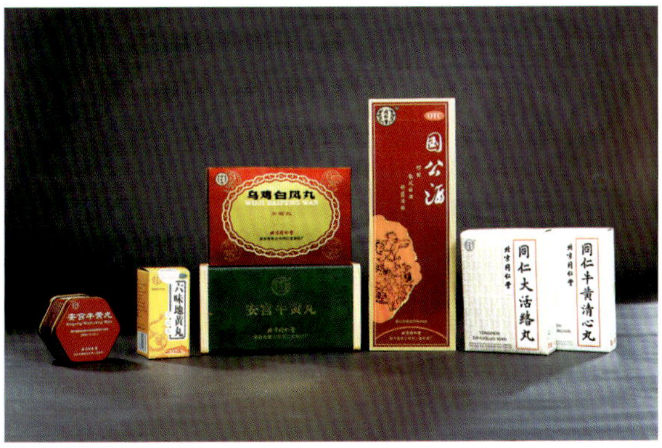

2006 年，同仁堂中医药文化列入国家级“非遗”名录

2008 年，围棋游艺与竞技列入国家级“非遗”名录

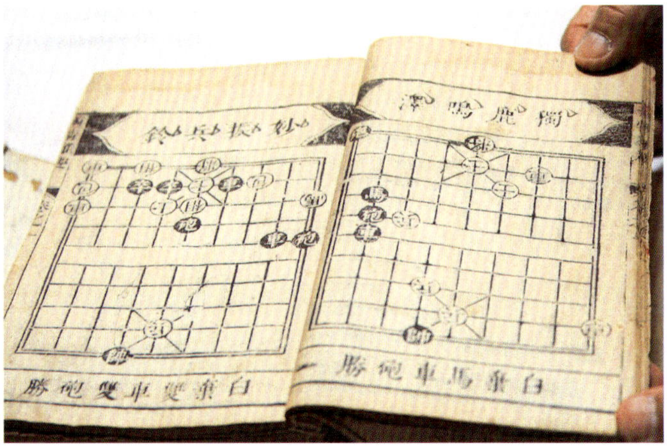

2008 年，象棋游艺与竞技列入国家级“非遗”名录

2008 年，北京玉雕技艺列入国家级“非遗”名录

2008 年，北京灯彩技艺列入国家级“非遗”名录

2008 年，北京绢花制作技艺列入国家级“非遗”名录

2008 年，北京料器技艺列入国家级“非遗”名录

2008 年，全聚德挂炉烤鸭技艺列入国家级“非遗”名录

2008 年，便宜坊焖炉烤鸭技艺列入国家级“非遗”名录

2008 年，剧装戏具制作技艺列入国家级“非遗”名录

2008 年，京作硬木家具制作技艺列入国家级“非遗”名录

2008 年，月盛斋酱（烧）牛（羊）肉制作技艺列入国家级“非遗”名录

2008 年，都一处烧麦制作技艺列入国家级“非遗”名录

目 录

第四编　人民代表大会

第五编　人民政府

第六编　人民政治协商会议

第七编　民主党派　工商业联合会

第八编　人民团体

第九编　公　安

第十编　检　察

第十一编 审 判

第十二编 司法行政

第十三编 军 事

第十四编 城市规划建设

第十五编　城市管理

第十六编　综合经济管理

第十七编　财政　税务

第十八编　工业　建筑业

第十九编　商业　服务业

第二十编　房地产　旅游　金融

第二十一编　教　育

第二十二编　科　技

第二十三编　文　化

第二十四编　卫生　医药

第二十五编 体 育

第二十六编 民 政

第二十七编 人力资源和社会保障

第二十八编 民族 宗教

第二十九编 人 物

专 记

CONTENTS

Part 3 the Communist Party of China

Part 4 The People' s Congress

Part 5 The People' s Government

Part 6 Chinese People' s Political Consultative Conference

Part 7 Democratic Parties Federation of Industry and Commerce

Part 8 People's Organizations

Part 9 Public Security

Part 10 Procuratorate

Part 11 Trial

Part 12 Jurisdiction Administration

Part 13 Military Affairs

Part 14 City Planing and Construction

Part 15 City Administration

Part 16 Compositive Economy Administration

Part 17 Finance Tax Administration

Part 18 Industry Industry Construction

Part 19 Business Service

Part 20 Real Estate Tourism Finance

Part 21 Education

Part 22 Science and Technology

Part 23 Culture

Part 24 Health Medicine

Part 25 Sports

Part 26 Civil Administration

Part27 Human Resources and Social Security

Part 28 Nation Religion

Part 29 People

Special Notes

概　述

一

崇文区是北京市中心城区之一，在首都功能核心区之内，位于城区东南部。地处北纬39° 52′~39° 54′、东经116° 23′~116° 26′。北部与东城区相交，西部与宣武区毗邻，东部与朝阳区搭界，南部与丰台区接壤。区境西北角，紧邻雄伟壮阔的天安门广场。全区面积16.46平方千米，划分为前门、崇文门外、东花市、龙潭、体育馆路、天坛、永定门外7个街道。北京城的南中轴线及著名的正阳门箭楼、前门大街、新建的永定门广场、复建的永定门城楼、新开辟的永定门外大街皆在区境内，还有闻名中外的天坛和著名的北京城东南角楼及明城墙遗址。2009年年底全区户籍人口数量为33.55万人。

崇文区道路成网，交通便利。北京火车站开出的列车，从东北部入境，从西南部出境，线路长11.60千米。地下铁道2号线在区境北部沿东西方向横穿而过，5号线沿南北方向穿越区境中部。区境内街巷道路纵横交错，四通八达。主要纵向道路有：前门大街—天桥南大街—永定门内大街—永定门外大街、祈年大街、景泰路、崇文门外大街、天坛东路、北花市大街—南花市大街—幸福大街、左安门内大街、白桥大街—夕照寺街。主要横向道路有：前门东大街—崇文门西大街—崇文门东大街、珠市口东大街—广渠门内大街、天坛路—体育馆路—光明路、龙潭路、永定门东街、南二环路、安乐林路。

崇文区在明代以前属于城市郊区。明嘉靖年间京城修筑外垣，其主体部分圈入外城区域，因而，在城市建设、经济基础、文化底蕴等方面，不如内城地区。中华人民共和国成立后，特别是改革开放以来，崇文区变化很大。

在经济建设方面，崇文区是传统商业区。元代，区境北部即有商业街市。明代，随着通惠河码头移至东便门外和崇文门税关设立，前门外、崇文门外商业日趋繁荣。清代，文化娱乐设施增多，工商会馆、同乡会馆大量涌现。乾隆年间，出现空前繁荣景象，“成为全国规模最大的商品流通市场，铺户之集聚居全国之首”。[①]清末，前门火车站建成，带动商业服务业发展。但在20世纪三四十年代，日伪及国民党统治时期，不少店铺倒闭或濒临破产。中华人民共和国成立后，商业服务业迅速恢复和发展。20世纪五六十年代，崇文区新建了天桥、花市、前门、光明等较大的百货商场，其中天桥百货商场成为全国著名的红旗单位。改革开放后，商业服务业进入新的发展时期。1984年和1986年，区内先后组建天桥百货股份有限公司和天龙股份有限公司，这两个公司成为京城首批在上海证券交易所上市的企业。新建扩建了天桥百货商场、前门商业大厦、天坛饭店、金伦大厦、

①王建伟：《北京文化史》，北京：人民出版社，2014年版，第196页。

红桥市场、崇文门菜市场、便宜坊烤鸭店、燕京书画社、元隆顾绣绸缎商行等企业。1993 年，全区有商业服务业网点 7 000 余家，社会商品零售额 18 亿元，旅游外汇收入 3 200 余万元。

解放后，崇文区工业迅速发展。20 世纪 50 年代至 70 年代，陆续建成六〇八厂、华北光学仪器厂、北京拉锁厂、北京东风无线电厂等 400 余家工业企业，全市工艺美术生产企业中的珐琅玉器、象牙雕刻、骨刻料器、绒鸟绢花、宫灯木刻、花丝镶嵌、剧装道具等，几乎全部或大部分集中在区境内。因而，崇文区被誉为“特种工艺的摇篮”和“手工业的大本营”。改革开放后，区内又组建了一批新的手工业、特种工艺生产合作社，在解决知青就业、开发旅游外贸产品等方面，发挥了重要作用。

在城市建设方面，崇文区虽基础很差但变化较大。1949 年年初，区境内只有前门大街一条沥青路和珠市口东大街一条水泥路。大部分民宅是低矮、阴暗、潮湿的平房，破旧率达 90%，其中 10%的属于危房。解放后，人民政府首先整治了龙须沟，并积极展开城市建设，先后开辟了体育馆路、光明路、广渠门内大街等十几条道路，打通磁器口至红桥的道路，建成贯通南北的一条干线。1993 年，全区道路基本实现网络化。在房屋建设方面，新建了光明楼、幸福楼、龙潭北里等住宅小区，改造了金鱼池（龙须沟）、虎背口、法华寺等处的危旧房屋。至 1993 年，建成 20 余处住宅小区。在园林绿化建设方面，先后建了龙潭公园、北京游乐园、龙潭西湖公园、天坛公园，绿化水平不断提高。1993 年，全区绿化覆盖率 30%以上，人均占有公共绿地 7.36 平方米，在 4 个城区中居于首位。

崇文区的教育、文化、卫生事业基础薄弱，但发展较快。1949 年年初，区境内只有 1 所中学，110 余名学生；小学学生入学率不足 40%。1993 年，全区有小学 56 所，学生 4.20 万名；中学 31 所，学生 2.63 万名。解放时，区境内仅有广和楼、华乐园两个戏园和前门箭楼 1 个放映处所。中华人民共和国成立后，先后修建并扩建了文化馆、图书馆、工人文化宫、花市电影院和北京游乐园等文化设施，群众性文化活动广泛开展。1991 年，崇文区被评为全国文化工作先进地区。解放前夕，区境内只有 2 所公立医院，1 所私立医院，共有 16 张病床。1993 年，全区区属医院及基层医院有 10 所，病床 777 张，人口平均期望寿命由 1950 年的 52 岁提高到 74.70 岁。

从北京解放至 1993 年，崇文区在经济建设、文化建设、社会建设、环境建设等方面，都取得显著成绩。1993 年，地区生产总值 20.89 亿元，居民人均可支配收入 2 758 元。但是，基础薄弱、区域狭小、资源紧缺等客观因素，仍制约着崇文区的发展步伐。尤其在土地资源方面，扣除公园、市政、交通、水域用地后，全区仅剩 7.97 平方千米，且部分地区建筑高度受限，更增加了开发改造的难度。

二

1994 年至 2010 年 6 月，崇文区委、区政府带领全区人民，认真学习贯彻邓小平理论、“三个代表”重要思想和科学发展观，坚持以经济建设为中心，以改革开放为动力，发挥广大党员、干部、群众的积极性、创造性，先后制定实施“以危改为龙头，带动经济社会全面发展”战略、“一二三”发展战略和“天坛文化圈”发展战略及“九五”“十五”“十一五”3 个五年计划（规划），发扬艰苦奋斗、敢为人先、团结奉献、追求卓越的崇文精神，努力创建经济特色显著、区域环境优美、社会和谐文明、人民富裕安康的新崇文。

（一）区域经济迅速发展，经济实力不断增强

1994年，区委、区政府带领全区党员干部和广大群众深入开展解放思想大讨论，提出以培养龙头企业为重点，加快企业经营机制转换的思路和措施。组建元隆、前门、燕京等股份公司，提高企业的经营管理水平和市场竞争能力。1995年，启动崇文门外大街大规模市政道路改扩建工程。1997年，通过出售产权、实行股份合作制等形式，对国有小型企业进行改革。在全区推广崇文门菜市场“加强企业管理，直面市场挑战”“抓住关键环节，加强班子建设”的经验。1998年，区委、区政府提出《贯彻十五大精神，加快经济发展的若干意见》，决定调整和改善所有制结构，加快区属企业改革；继续扩大对外开放，拓宽招商引资领域和范围；推进城市建设、科技、教育各项事业与经济发展紧密结合。区政府印发《促进区域经济发展的优惠政策和奖励办法》。当年，开设行政服务大厅，21个政府部门和3家社会中介机构进驻，为企业提供一站式服务，营造经济发展的良好环境。1999年，区委、区政府制定《关于鼓励个体私营经济发展的若干意见》，公开市场准入原则，拓宽个体私营企业融资渠道，鼓励区属国有企业、集体企业改革调整，投资发展符合首都城区特点的产业。2000年，为加强国有资产监督管理，推动国有企业产权制度改革，确保国有资产保值增值，建立了崇远投资经营公司。2000年与1993年相比，区内生产总值由20.89亿元增加到55.73亿元，财政收入由2.88亿元增加到5.52亿元，居民人均可支配收入由2 758元增加到9 502元。

21世纪初，崇文区按照“十五”计划确定的任务，加大经济结构调整，相继组建崇文门菜市场物美综合超市公司、便宜坊烤鸭集团公司、大北服务公司、工美凤凰旅游艺术品公司、北京天润金百投资公司、崇远物美公司等六大有限责任公司，企业竞争力增强，规模效益得到提高。2005年1月，国务院批准新修编的《北京城市总体规划（2004年—2020年）》，将崇文区作为首都功能核心区一部分，其功能定位为“北京体育产业聚集区，都市商业区和传统文化旅游、娱乐地区”。据此，崇文区把构建现代化都市文化休闲区作为目标，提出“一二三”发展战略，着力构建一个“王”字型经济磁场，打造龙潭湖体育产业园和永外现代商贸中心两大板块，重点扶持文化旅游、商贸服务和体育休闲三大产业。之后，随着危旧房改造迅速推进，公用建筑陆续竣工，崇文区经济建设逐步由“以危旧房改造为龙头”向“以招商引资为龙头”转变，众多国内外商家入驻崇文，先后建成一批地标性大型商业设施。在崇文门外大街，继新世界百货综合馆和搜秀城之后，新世界百货青春馆比肩而立，国瑞购物中心迎面耸起，构成南城的重要商圈。在永定门外，百荣世贸商城拔地而起，成为木樨园地区一座标志性建筑。2007年，在党的“十七大”精神指引下，崇文区在“一二三”发展战略基础上，形成“天坛文化圈”发展战略，以天坛为核心，大力发展其北部的“王”字型经济磁场、东部的龙潭湖体育产业园和南部的永外现代商贸区，进一步推动区域经济发展。2009年，地区生产总值176.95亿元，比1993年增长747%，年均增长14.29%；居民人均可支配收入27 941元，比1993年增长913%，年均增长15.57%。扣除物价因素，其增长速度也是比较快的。

（二）城市建设强力推进，基础设施日益完善

20世纪90年代，随着改革深入，开放扩大，崇文区城市建设迅猛发展。危旧房改造、市政道路建设和园林绿化建设成绩尤为显著。自1994年起，区委、区政府坚持“一环带五片，八片促一街”方针，即利用东南二环路的交通便利条件和崇文门外大街的地位优势，在二环路沿线和崇文门外大街两侧进行开发建设。至1998年，先后启动危改17片，动迁居民19 946户。2000年，崇文区抓住北京市加快南城发展的机遇和申办奥运的契机，实施“以危改为龙头，带动经济社会全面发展”战略。广安大街（崇文段）动工，搬迁居民9 000户。同时，在龙潭西里危楼改造工程中，实行“以开发带危改”的政策，探索出“以房改带危改”的新方案，为全市危旧房改造创出一条新路。2001 年，金鱼池（龙须沟）小区危改启动，拆除危旧房屋 10.31 万平方米。明城墙遗址公园开工建设，搬迁居民 2 600 户、单位 79 个。2002 年，祈年大街和南北花市大街—幸福大街改扩建工程动工，搬迁居民 3 394 户。2003 年，进行南中轴路整治工程，搬迁居民 2 610 户、单位 169 个。2004 年，对前门地区进行大规模解危排险整治改造，至 2006 年，先后搬迁居民 17 109 户。至 2008 年，全区先后启动 65 个项目，动迁居民 8.36 万户，拆迁危旧房屋 302.60 万平方米，危旧房改造竣工 479.30 万平方米。1994 年至 2010 年 6 月，全区危旧房改造及建筑工程共 961 万平方米，为中华人民共和国成立至 1993 年建筑面积的 2.60 倍。人均住房面积由 2000 年的 10.10 平方米增加到 2007 年的 24.40 平方米。基础设施和道路交通大为改善，区属主要道路面积由 2001 年的 48 万平方米，扩大到 2008 年的 66 万平方米。现代化的自来水、热力、天然气、电力、通信、污水、雨水等市政管线引入城区腹地，为经济发展、人民生活改善提供了良好条件。

崇文区在城市建设中，高度重视园林绿化建设，着力改善城区的自然生态环境。2001 年，对龙潭公园进行升级改造，新建 5 000 平方米中心岛文化广场，调整改造绿地 6 万平方米，铺种草坪 9 万平方米，新植灌木 3 500 株，公园空气更加清新，园容更为亮丽。2002 年，明城墙遗址公园建成，铺种草坪 7 万余平方米，栽种花卉 11 万株、灌木 6 000 余株。2003 年，面积达 3.70 万平方米的玉蜓公园落成。2004 年，横跨崇文、宣武两区的永定门广场绿地及公园竣工，绿化面积 22 万余平方米。2009 年，建成二十四节气公园。此外，还因地制宜在街头巷尾、胡同院落新建大批绿地。2009 年年底，全区公园、绿地面积达 366.60 万平方米，绿化覆盖面积 573.80 万平方米，绿化覆盖率为 34.86%，在 4 个城区中名列前茅。2010 年上半年，玉蜓桥至东便门滨河绿色大道完工，面积达 10 万平方米。

崇文区在城市建设中特别注意保护古都风貌和文物古迹。在前门地区解危排险修缮整治工作中，抢救保护了有价值的文物建筑、历史文化街区和胡同肌理，修缮了历史悠久的阳平会馆、台湾会馆，使前门大街重现清末民初风貌，使鲜鱼口街嬗变为中华老字号饮食街。在花市地区危改过程中，修缮了明末民族英雄袁崇焕祠、墓和火德真君庙。左安门内地区危改时，修缮了明清时期的左安门值守房。在京城南中轴路整治工作中，复建了永定门城楼，特别保留了部分明清时期的御道遗迹。

（三）城市管理不断加强，城区面貌逐渐改观

20 世纪 90 年代，崇文区住房拥挤、道路狭窄等问题比较突出，私搭乱建、违章占道、无照经营事件多有发生，综合治理任务越来越重。2006 年，区委、区政府采取改进城市管理与改善民生相结合的办法，首先解决群众买菜难、吃早点难等问题。2007 年，新开办 27 家蔬菜经营网点，增加 49 家早餐网点和一批规范的早餐摊点，逐渐取代“地摊经济”和“马路市场”。同时，因地制宜开办临时便民市场，让街头游商免费进场经营；进入临时市场的摊贩，持证上岗，挂牌经营，按时收摊，人走地净。这不仅方便了群众生活，而且维护了正常的市容卫生秩序。区委、区政府还大力推进城市管理体制、机制创新，制定“政府统一领导、街道牵头组织、日常全面监督、综合强力执法”方案。区政府成立综合执法委员会，各街道成立综合行政执法组，执法工作由分散单打独斗变为集中合力出击，由被动临时突击变为主动经常管理，由条块分割变为统一整体，执法管理效果大为增强。至 2009 年，集中整治“城中村”面积 38.30 万平方米，占四城区整治面积的 51%；拆除违法建筑 7.60 万平方米。此外，崇文区还注重改善市民居住条件，提高群众的文明程度，使城区面貌逐渐改观。2008 年，崇文区被评为“国家卫生区”。2009 年，国务院、北京市有关部门领导及北京大学等单位的专家学者，对崇文区的城市管理工作进行考察调研，认为崇文区的城市管理走出了一条和谐之路。同年，全国城市管理经验交流会在崇文区召开，授予崇文区“中国最佳管理城市奖”。

（四）教科文体全面发展，文明程度持续提升

崇文区坚持贯彻落实党的教育方针和各项法律法规，不断深化教育改革，调整学校布局，整合教育资源，强化素质教育。1995 年，广渠门中学在全国率先创办“宏志班”，面向全市招收品学兼优、家庭生活困难的初中毕业生。学校为其提供良好的学习环境和生活条件，使这些学生能够健康成长。至 2007 年，连续 10 届高中毕业生全部考上大学，其中 85%的学生考上重点大学。此项举措，受到各方面关注，在社会上产生了良好影响。1996 年，光明小学开展“我能行”教育，第一师范附属小学（简称一师附小）推行“快乐教育”，取得良好效果。他们多次在全市和全国会议上介绍经验。2009 年，全区有汇文中学等 5 所北京市示范高中，北京市第五幼儿园等 5 所北京市示范幼儿园，1 所国家级中等职业学校，基本形成中小幼衔接、职教普教成教融通、示范校精品校特色校并存的教育格局。

16 年来，崇文区不断采取措施，加大投入，推动科技事业发展，开展科学普及活动。2010 年，区境内有国家级高新技术企业 14 家，民办科研事业单位 5 家，市级科普教育基地 5 个，市级新型科普社区 7 个，群众的科学知识水平也有了提高。

崇文区的文化建设持续推进。21 世纪初，区委、区政府提出“文化立区”理念，将天坛，明城墙遗址，由永定门城楼、南中轴路、前门大街、前门箭楼组成的天街等列为“崇文三宝”，并围绕“崇文三宝”进行文化建设，开展文化活动。同时，大力倡导、支持办好每年春节龙潭庙会、明城墙体育文化节和金鱼池社区节等“三节”活动，宣传先进文化，进行爱国主义、社会主义教育。

2004 年，崇文区开展非物质文化遗产普查工作。至 2006 年，普查出“燕京八绝”、“老北京叫卖”、“北京扎燕风筝”、“北京杠箱”、民间音乐、传统舞蹈、传统技艺等九大类 90 个项目；完成 50 万字的《北京市非物质文化遗产项目普查汇编》（崇文卷），被市有关部门作为样本予以推广。至 2010 年 6 月，全区有 70 个项目入选非物质文化遗产名录，其中，国家级 16 项，市级 20 项。2007 年文化部授予崇文区“非物质文化遗产保护工作先进单位”称号，2008 年文化部又授予崇文区“中国民间文化艺术（手工业）之乡”称号。

崇文区的文物保护工作不断加强。十几年来，市、区政府陆续投入大量资金修缮整治明城墙遗址、北京城东南角楼、袁崇焕祠墓、天坛神乐署、燕墩、阳平会馆、火德真君庙等文物保护单位。2010 年 6 月，区境内有全国重点文物保护单位 4 处，市文物保护单位 10 处，市历史文化保护区 1 处，区文物保护单位 9 处。

崇文区体育事业有一定基础。区境内体育场馆设施较多，群众体育活动比较广泛。群众体育、竞技体育不断取得新的进展。1994 年在天坛公园、龙潭公园等处，有 460 多个群众晨（晚）练站点，群众经常在此锻炼身体，有时人数多达 10 万人。青少年体育运动蓬勃发展。自 1996 年起，按照国家体委颁布的奥运增光计划，改革训练体制，建立业余训练网络，使青少年的竞技水平不断提高。至 2010 年 6 月，先后向上一级体校和运动队输送 339 名后备人才，其中多人在市级以上及国际比赛中获奖，1 人在 2008 年北京奥运会上夺得冠军。

随着文化教育事业的发展和体育活动的普及，崇文区精神文明程度日益提升，人口文化水平和身体素质逐步提高。2010 年第六次全国人口普查显示：全区高中学历人数由 2000 年的 8.56 万人增加到 9.68 万人，大学专科学历人数由 2.79 万人增加到 5.06 万人，大学本科学历人数由 1.80 万人增加到 6.12 万人，研究生由 0.17 万人增加到 1.09 万人。2009 年全区国民体质测试合格率由 2000 年的 85%提升至 87.71%，平均优秀率由 18%提升至 19.94%。

（五）社会建设协调推进，民生难题逐步纾解

崇文区把扩大就业人群作为社会建设的一项重要内容。1994 年，建立区职业介绍服务中心，至 1997 年，又陆续建立 12 家劳动力职业介绍机构。全区个人求职登记 3.16 万人次，推荐就业 3.01

万人次，推荐成功就业 1.85 万人次，推荐成功率为 61.46%。1998 年，区属企业建立 33 个下岗职工再就业服务中心，接收下岗职工 7 200 多人。1998 年至 2002 年，服务中心筹集 5 800 余万元，确保下岗职工按时领到足额基本生活费，并为其缴纳社会保险金。同时，对下岗职工加强技能培训和职业指导，提高其再就业能力。至 2002 年年底，这批下岗人员全部实现再次就业。

2003 年，崇文区针对社会上四五十岁下岗失业人员增多的情况，推出一批适合的岗位，制定特殊政策，并安排培训与就业指导，帮助他们尽快重新找到工作。2004 年至 2006 年，先后安置 2.90 万人，其中 1.15 万人为低保对象。2007 年，对"零就业家庭"重点给予帮助。凡自己创业成功的、企业安置的，给予奖励；在技能培训、创业项目等方面给予特殊照顾；动员社会力量，开展"手拉手"活动。当年，全区 205 户"零就业家庭"340 名未就业劳动力全部实现就业。1994 年至 2009 年年底，全区累计登记求职人员 34.60 万人次，推荐就业 24.63 万人次，推荐成功就业 11.81 万人次，推荐成功率为 47.95%。

为化解社会矛盾，推进社会和谐发展，崇文区把改进信访接待工作，实事求是地解决群众诉求，作为一项重要措施。2007 年实行"信访代理制"，明确规定：凡是群众的信访诉求，无论大小新旧，都要有人管，谁主管谁代理，坚持群众动嘴，干部跑腿。在工作中，实行三级代理制度：复杂重大的疑难问题由区级领导代理；某一方面的专项问题、突出问题，由委办局、街道领导代理；一般的身边事由社区领导代理。至 2009 年年底，全区共解决群众诉求 4 051 件，一大批群众最关心、要求最迫切的问题得到解决。崇文区连续三年没发生越级上访、非正常上访事件。信访量不断下降，2008 年，到访人次比 2007 年下降 22%，2009 年又比 2008 年下降 32%，其中集体访数量连续两年下降 50%。崇文区的"信访代理制"，受到中央和北京市有关领导的充分肯定。2010 年 3 月，市有关部门在崇文区召开现场会，介绍推广其经验。

崇文区注重发展医疗卫生事业，提高人民群众的健康水平。1994 年以来，先后投入 3.56 亿元改建扩建医院的门诊楼、病房楼，更新、添置医疗设备，开展新的医疗项目，推广新的医疗技术，使医疗服务能力和水平日渐提高。同时，不断加强社区卫生服务中心建设，着力推进中医药事业发展。2004 年，全区开展创建北京市中医药示范社区卫生服务中心（站）和示范中医诊区活动。2007 年，全区社区卫生服务机构实现中医药全覆盖，崇文区被批准为"北京市中医药特色社区卫生服务示范区"。2008 年，崇文区与北京同仁堂集团共建中医药特色社区卫生服务项目，使"同仁堂国药"和"同修仁德、济世养生"的同仁堂文化全面走进社区。2009 年，社区卫生服务站均开设中医科，配备中医医师，受到居民和患者欢迎。10 月，崇文区荣获"国家中医药特色社区卫生服务示范区"称号。卫生事业发展，提高了人民群众的健康水平。2009 年，户籍人口的期望寿命由 1994 年的 76.26 岁提高到 84.32 岁。

崇文区注重加强社区居委会班子建设，不断提升居委会的管理和服务水平。一是逐步解决居委会成员年龄偏大，文化程度、政治水平偏低问题。1994 年，全区居委会委员平均年龄 57.70 岁，经过 5 次换届选举，2009 年降低到 45.20 岁；2009 年，195 名大学生、高中毕业生到社区工作，高中以上文化程度的委员由 13.90%提高到 49.40%；委员的政治素质也不断提高，党员比例从 27.10%提升到 44.90%。二是居委会的工作不断改进，服务面持续扩展。20 世纪 90 年代，重点开展就业援助、居家养老、优抚助残、治安环保等方面的工作，进入 21 世纪，服务面逐步扩展，注重提升广大群众的日常生活质量。2006 年以后，社区建设和服务工作不断创新，精品社区陆续涌现，先后建成康健型的东花市南里社区、环保型的法华南里社区、科普型的金鱼池社区等 7 个特色社区，广渠门外南里、东花市南里、左安浦园 3 个社区进入北京市 2009 年度十大魅力社区行列。2010 年上半年，全区形成以社区服务为龙头的文化、卫生、环境、治安工作体系及为老年人、优抚对象、残疾人、下岗人员和广大居民服务的网络。

（六）党的建设常抓不懈，反腐倡廉日趋深入

1994 年以来，区委针对党内存在的问题，坚持不懈地进行思想建设、组织建设、作风建设、制度建设和反腐倡廉建设，以保持党的先进性和纯洁性，更好地发挥党员的先锋模范作用和党组织的领导核心及战斗堡垒作用。至 2010 年 6 月，全区涌现出先进基层党组织 500 余个，区级优秀共产党员 3 100 余名。

2007 年，区委在全区推行廉政风险防范体系建设，围绕腐败易发生的重要岗位和重要环节，以规范和制约权力为核心，制定具体防范措施。其主要内容是：查找思想道德、制度机制、岗位职责 3 类风险，建立前期预防措施、中期监控机制、后期处置办法 3 道防线，抓好管理计划制订、执行、考核、修正 4 个环节。当年，区纪委制定《崇文区廉政风险防范管理实施办法（试行）》。至 12 月，全区 500 余名处级干部查找出廉政风险点 4 000 余个，制定防范措施 6 000 余项。北京市廉政风险防范管理工作现场会在崇文区召开。2008 年 3 月，区纪委制定《崇文区廉政风险防范管理工作检查考核方案（试行）》，并对全区有代表性的 19 个重点单位进行检查。2009 年，区廉政风险防范管理工作领导小组对全区 108 个单位进行考核评定。2010 年上半年，廉政风险防范管理工作同时向上、向下延伸。崇文区的廉政风险防范管理工作，受到中央纪委、市委、市纪委的重视和肯定。2008 年年初至 2010 年 6 月，中央、北京市和其他省、市、自治区及中国香港特别行政区 160 余个单位 2 000 余人，以及巴基斯坦、泰国、越南、蒙古等国相关人员，先后到崇文区考察交流廉政风险防范管理工作。

17 年来，崇文区的各项事业虽然取得了显著成绩，但仍然存在不少的困难和问题。一是经济总量较小，区域内缺少优质高效的产业，经济平稳运行的基础不够扎实，扩充增量的资源不足、空间有限。二是随着社会公共需求的全面快速增长，优质资源的供给能力、承载能力日显不足。三是在治理空气污染和交通拥堵方面虽采取了若干措施但效果不甚明显。

2010 年 6 月 28 日，国务院对北京市调整首都功能核心区行政区划的请示做出批复：撤销北京市东城区、崇文区，设立新的北京市东城区，以东城区、崇文区的行政区域为新东城区的行政区域。

大事记

1994年

1月4日　区委、区政府印发《关于在全区继续开展解放思想大讨论的通知》。“大讨论”至3月底结束。

2月9日至15日　第十一届春节龙潭庙会举行。来自全国10余个省、市的百档民间优秀花会献艺，崇文区接待中外游客110万人次。至2010年，春节龙潭庙会每年都举行。

2月21日至26日　政协崇文区第十届委员会第一次会议召开，委员213名。选举金士杰为区政协主席。

2月22日至27日　崇文区第十一届人民代表大会第一次会议召开，代表249名。选举侯山潜为区人大常委会主任，秦正安为区长。

3月28日至31日　中共崇文区第七次代表大会召开，代表355名。选举中共崇文区第七届委员会委员27名、候补委员4名；选举区纪律检查委员会委员23名。区委七届一次全会选举黄以云为书记。区纪委一次全会选举田月忠为书记。

4月　区私营企业御龙阁首饰有限公司在阿联酋首府迪拜开设分公司，为北京市首家私企在国外开办企业。

5月9日　区政府与内蒙古赤峰市政府签订《经济技术合作协议书》。

5月24日　区委评选出“十佳”先进党支部和“十佳”优秀共产党员。

6月13日　北京协兴建筑有限公司成立，为区首家合资建筑施工企业。

7月8日　永定门外地区治安联防队员李长河、李延荣在执行巡逻任务时，发现两名男青年形迹可疑，盘查中，李长河被歹徒用猎枪击中英勇牺牲，李延荣负伤。8月10日，区委、区政府做出《关于在全区开展向李长河、李延荣学习活动的决定》，并于17日召开表彰会。市政府批准李长河为烈士。

10月1日　崇文区与山东、陕西两省及市城建系统在天坛公园联合举办庆祝中华人民共和国成立45周年大型游园活动。

10月　全区468个街巷地名照片拍摄完成。800余幅照片形成一套地名影像资料。

11月10日　区环卫局局长等4人到密云县古北口慰问部队返回途中，在京密公路与密云县工业局一辆驶入逆行的212吉普车相撞，造成双方8人全部死亡的重大交通事故。

11月21日　区政府与韩国汉城特别市中浪区友好交流团举行友好交流协议书签字仪式。

11月　1990年动工兴建的虎背口危改小区竣工，投入使用。该小区占地6公顷，拆迁居民1 338户，新建面积12万平方米，其中住宅8万平方米。

12月　区政府贯彻《国家公务员暂行条例》，举办公务员培训班。

是年　中共前门街道工委被中央组织部评为全国党员电化教育先进单位，龙潭街道办事处被中央宣传部和解放军总政治部评为军民共建社会主义精神文明先进单位，区图书馆被文化部评为北京市唯一一家全国一级图书馆。

1995年

1月13日　为保证春节期间粮油供应，区政府制定不准卖大号、不准以次充好等“九不准”措施。

1月28日　新建红桥市场开业。地上5层，地下2层，建筑面积11万平方米。

3月15日　区委印发《崇文区加强处级领导班子思想作风建设十项制度》。

3月22日　区各界妇女代表将标有“世妇会”会徽及主题的签名长卷递交联合国第四届世界妇女大会中国组委会。

3月30日　英国前首相撒切尔夫人到红桥市场、元隆顾绣绸缎商行参观购物，并签字留言。

3月31日　全区开展爱国卫生月活动，近4万人参加，进行宣传及卫生大扫除。

4月5日　崇文门菜市场、前门文化体育用品公司分获第四届全国执行物价计量政策法规最佳单位和优秀单位称号。

4月底　法华寺地区危改拆迁的735户居民全部回迁法华南里小区。

5月1日　根据《国务院关于职工工作时间的规定》，全区机关、事业单位实行统一工作时间，每日工作8小时，每周工作40小时，星期六、星期日为休息日。

6月1日　区近千名少先队员参加中国少年先锋队第三届全国代表大会开幕式，承担大会仪式中出旗、退旗任务，并代表全国1.30亿少先队员宣誓。在大会上，崇文区少工委被团中央命名为全国先进集体。

6月15日　永定门外地区治安联防队员孙东良执行巡逻任务时，在马家堡铁路桥一带抓获持刀抢劫犯罪嫌疑人肖某，被肖某用尖刀刺中心脏英勇牺牲。市政府批准其为烈士。

6月28日　天桥百货商场、金伦大厦、崇文门菜市场、光明百货商场、前门文化体育用品公司、新汇百货公司被国内贸易部评为全国商业服务业星级信誉企业。

8月　区开始执行《北京市地方所属城镇企业职工和退休人员大病医疗费用社会统筹的规定》。

9月1日　全国首个“宏志班”在广渠门中学开学，办学宗旨为“宏图寄党恩，志远为国强”。在全市免费招收54名家庭生活困难、品学兼优的学生。至2007年，“宏志班”10届毕业生全部考入大学，其中85%的考入全国重点大学。

11月14日　区委、区政府召开崇文门外大街市政工程建设动员大会。该工程于1997年6月27日竣工。

是年　按照中央、市委部署，进行区党政机关机构改革，机构由56个减至46个，行政编制人员由2 291名减至2 012名，确定职责636条，其中强化职责95条。公安崇文分局被公安部评为全国优秀分局，区图书馆被文化部、人事部评为全国文化工作先进集体，北京市珐琅厂被中国轻工业总会评为全国轻工业优秀企业。

1996年

1月3日　公安崇文分局民警沈金柱在抓捕绑架人质案犯中光荣牺牲。11日，区委、区政府做出《关于在全区开展向沈金柱同志学习活动的决定》。3月1日，区委、区政府举行沈金柱英雄事迹表彰会。市政府批准其为烈士，公安部追授其公安战线二级英雄模范称号。

1月29日　区政府召开推行公务员制度大会。

1月　大北照相馆首次用国外引进的高端彩色转机，为党中央、国务院领导接见全国商品流通工作会议代表拍照，填补了国内大型会议合影没有彩色的空白。

2月5日至9日　区第十一届人民代表大会第三次会议召开，审议并通过《崇文区国民经济和社会发展"九五"计划和2010年远景目标纲要》。

4月1日　区人民武装部收归军队建制，称中国人民解放军北京市崇文区人民武装部。

4月12日　在泰国举行的亚洲游泳锦标赛上，区运动员晁娜与队友合作获女子4×100米自由泳接力金牌，个人女子50米自由泳铜牌。

5月28日　崇文区被国家教委评为全国幼儿教育先进区。

7月　区普查办被建设部、国家统计局授予全国首次城市市政设施普查先进单位。

8月25日　瑛子胡同23号院一户居民因使用液化气不慎引起火灾并发生爆炸，烧死3人，烧伤2人，烧毁民房5.50间。

10月29日　联防队员贾近亭在红桥市场抓捕盗窃团伙过程中被歹徒扎伤，经抢救无效死亡。1997年2月17日，区委、区政府发出《关于开展向贾近亭同志学习活动的通知》，并于4月18日召开表彰会。市政府批准其为烈士。

11月5日　瑞典首相佩尔松和夫人到红桥市场参观购物。

11月27日　崇文区被国家教委、民政部、全国残联评为全国特殊教育先进区。

12月9日　北京汇文中学举行受赠仪式，接受香港中策投资集团主席黄鸿年赠款200万元，用于设立北京汇文中学万春教育基金，奖励优秀教师和学生。

12月　区少年宫被国家教委、团中央、全国妇联评为二级一类（优秀）少年宫。

是年　国家体委授予区体委"96全民健身宣传周"优秀组织奖，天坛游泳馆被评为全国先进游泳馆；区妇联被全国妇联评为全国妇联系统维权工作先进集体。

1997年

4月8日　北京市房地产交易中心在区成立，有150个展位，总面积5 000平方米。

4月15日　公安部授予公安崇文分局1996年度全国优秀公安分局称号。

5月9日　联合国秘书长安南的夫人及联合国儿童基金会官员参观北京第一师范学校特教中心，观摩教学活动。

5月23日　区长秦正安会见秘鲁利马市耶苏马利亚区区长一行。

5月　区委书记黄以云，市第一师范附属小学党支部书记、校长张忠萍，当选北京市出席中国共产党第十五次全国代表大会的代表。

6月23日　燕京实业集团公司和燕京书画社联合举办迎香港回归笔会，将王成喜等8位画家合作绘制的花鸟画赠予香港特别行政区。

6月27日　崇文门外大街扩建改造工程竣工通车。大街全长3 000米，宽由22米增至70米。

8月　天龙电子工程公司研制的超能电路维修测试仪通过ISO 9002国际质量体系认证，为国内同类产品中唯一通过国际质量体系认证的。

9月2日　区委、区政府制定《党风廉政建设责任制度》。

9月　红桥市场被市工商局评为一等二级市场。

10月10日　区委召开党员代表会议，选举产生10名出席中共北京市第八次代表大会的代表。

10月27日　中共北京市委决定：免去秦正安中共崇文区委副书记、常委、委员职务。建议不再担任区政府区长职务，调市高级人民法院工作。

11月7日　中共北京市委决定：任命聂玉河为中共崇文区委委员、常委、副书记。

11月10日至12日　区第十一届人民代表大会第五次会议召开，选出39名出席北京市第十一届人民代表大会的代表。

11月17日　区第十一届人大常委会第二十六次会议决定：批准秦正安辞去区长职务的请求，任命聂玉河为区政府副区长、代区长。

是年　民政部授予崇文区全国民政工作先进区称号，体育馆路街道、永定门外街道被国家体委评为全国群众体育先进单位，区社会劳动服务管理中心被民政部、劳动部、全国总工会、共青团中央、全国妇联、中国老龄协会评为全国老有所为奉献奖先进单位。

1998年

1月8日　区委七届十四次全会讨论并通过《中共崇文区委、崇文区人民政府贯彻十五大精神，加快经济发展的若干意见》，提出“在继续抓好区属经济的同时，大力发展区域经济，实现城市建设与经济发展紧密结合”的发展思路。

1月10日　东便门东城根甲62号发廊煤气爆燃失火，烧死1人；崇文区第二建筑公司（简称二建公司）门卫值班室起火，1人死亡。

2月17日至21日　区第十一届人民代表大会第六次会议召开，选举聂玉河为区长。

2月18日　区工会职业介绍所正式挂牌，并在区工人文化宫举办大型招工招聘洽谈会，30余个单位参加，2 000余名下岗职工到会应聘。

5月28日　区企业服务大厅启用，区政府21个部门和3家中介机构进驻。

6月19日　九三学社崇文区工作委员会成立，至此，区民革、民盟、民建、民进、农工、致公等7个民主党派组织均成立区工作委员会。

8月6日　上午9时，东便门东城根2号院地下自来水管崩裂，深达1米的自来水流入近百户居民住宅，市、区有关单位及时抢险并慰问受灾群众。

10月19日　崇文区拆迁安置到丰台区南苑北里、和义小区和大兴县旧宫镇的居民600余人，因对居住条件及拆迁费等问题不满到区政府集体上访，造成交通堵塞近2小时。市、区领导及时听取工作汇报，并走访部分住户，对群众反映的主要问题逐一研究解决，化解矛盾。

10月22日　崇文区在北京—香港经济合作洽谈会上签约6个项目，总金额8.70亿美元，占全市签约总额的四分之一。

11 月 11 日　香港冠城集团有限公司和北京金吉列集团，分别向广渠门中学“宏志班”捐款 50 万元、100 万元，设立宏志基金。

12 月 10 日　崇文、东城、朝阳、丰台联合勘定边界线点协议书签字仪式在区政府举行，分别签署崇东朝三交点、崇朝丰三交点、崇朝线、崇丰线协议书及有关文件。

12 月 15 日　区第十二届人大代表选举投票日。全区 228 726 名选民投票，参选率为 93.30%，选出区人大代表 205 名。

12 月 25 日　区园林市政管理服务公司 3 名员工在穿越龙潭湖冰面时因冰层塌陷落水。保安员张雷（安徽桐城市人）及群众立即报警并营救。2 名员工获救，1 名员工因抢救无效死亡。张雷为抢救员工英勇牺牲。1999 年，安徽省桐城市政府批准其为烈士。

是年　崇文区被民政部命名为首批全国社区服务示范城区。区初步建立公务员竞争上岗制度，并在区城管大队、司法局等单位进行试点。团区委被团中央、中央社会治安综合治理委员会（简称中央综治委）评为全国刑满释放、解除劳教人员安置帮教工作先进集体，体育馆路街道办事处被国家体育总局评为全国城市体育先进社区。

1999年

1 月 5 日至 8 日　中共崇文区第八次代表大会召开，代表 350 名。选举中共崇文区第八届委员会委员 26 名、候补委员 5 名；选举区纪律检查委员会委员 25 名。区委八届一次全会选举黄以云为书记，区纪委一次全会选举张湘为书记。

1 月 14 日至 18 日　政协崇文区第十一届委员会第一次会议召开，委员 228 名。选举王再云为区政协主席。

1 月 15 日至 20 日　崇文区第十二届人民代表大会第一次会议召开，代表 205 名。选举黄以云为区人大常委会主任，聂玉河为区长。

3 月 31 日　区城市管理工作领导小组举行街道企业交接签字仪式。7 个街道办事处共向区劳动服务公司移交企业 156 个，资产总额 2.42 亿元，负债总额 1.92 亿元，所有者权益 4 948 万元。保留社区服务类企业 21 个。

4 月 16 日　崇文信息网正式开通运行，该网集信息采集、处理、传输、发布等功能于一体。

4 月 22 日　崇文小学“手拉手地球村”全体成员发出致市长的一封信。29 日，市长刘淇复信勉励该校师生，并动员全市小学生参加治理白色污染的活动。

4 月 29 日　全国总工会授予区环卫局三队时传祥班全国五一劳动奖状。

5 月 20 日　崇文区被评为市计划生育工作红旗区，至此，崇文区已连续 13 年获此殊荣。

5 月 25 日　区委、区政府召开接收市划转工业企业大会，25 个市属中小型工业企业划归区管理。

6 月 8 日　崇文区政协会同市政协文史委、中国红楼梦学会召开曹雪芹旧居遗址研讨会。7 月 16 日，召开第二次研讨会，会议形成《关于建立曹雪芹旧居遗址博物馆的建议》，由市政协办公厅报送市委、市政府。

6 月 15 日　区召开区级党政领导班子、领导干部“讲学习、讲政治、讲正气”（简称“三讲”）教育动员大会。9 月，区委分两批在处级党政领导和领导干部中开展“三讲”教育。

6月　区“148”法律服务专线开通。

7月16日　首钢公司为广渠门中学“宏志班”捐款100万元。10月13日，北京旅游集团公司和燕京啤酒集团公司，共为“宏志班”捐款110万元。

8月12日　清末代皇帝后裔、爱新觉罗氏族成员，副区长金毓嶂将其珍藏的氏族家谱1套6册（1809年—1961年）捐赠给区档案馆。

9月6日至9日　第四次全国卫生大检查在区进行。全市共抽查10个居委会，崇文区占7个，全部达标。

10月1日　庆祝中华人民共和国成立50周年盛大阅兵和群众游行活动在天安门广场举行。区1.30万人参加背景组字活动和体育方队、少年方队游行。5 600名群众参加国庆联欢晚会。

11月11日　中共北京市委决定：免去聂玉河中共崇文区委副书记、常委、委员职务，建议免去聂玉河区长职务，调北京城乡建设集团有限责任公司工作；任命李晓光为中共崇文区委委员、常委、副书记，提名李晓光为区人民政府区长人选。19日，区第十二届人大常委会第六次会议决定：批准聂玉河辞去区长职务的请求，任命李晓光为区人民政府副区长、代区长。

11月18日　天桥百货商场与北大青鸟科技公司资产重组后，解聘劳动合同到期职工400余人，其中280人因对解聘不满到市委、市政府上访。市、区领导组成工作小组，通过做员工思想工作及发给部分员工困难补助，使问题得到解决。

11月24日　区图书馆再次被文化部评为全国一级图书馆。

11月　中共崇文区职业介绍服务中心（简称区职介中心）党委成立，为北京市第一个以流动党员为主体的基层党组织。

12月19日　区2 000余名干部职工参加在天安门广场举行的全市迎澳门回归联欢晚会。

12月31日　区1 500余名干部群众参加在中华世纪坛广场举行的迎千禧年庆典活动。

是年　区妇联被人事部、全国妇联评为全国妇联系统先进集体；区档案局（馆）被国家档案局、人事部评为全国先进集体，崇文门菜市场被全国精神文明建设委员会办公室评为全国创建精神文明工作先进单位。

2000年

1月12日　崇文区被全国双拥领导小组命名为全国双拥模范区。

1月18日至21日　区第十二届人民代表大会第二次会议召开，选举李晓光为区长。

2月28日　崇文门外街道被共青团中央、民政部、建设部、国家工商行政管理局授予青年文明社区称号。

5月18日　区国有资产经营企业北京崇远投资经营公司挂牌营业。

5月31日　崇文区被国务院妇女儿童工作委员会评为全国儿童工作先进区。

6月8日　区委、区政府召开广安大街（崇文段）工程建设动员誓师大会。

6月20日　区委做出《关于开展向崇文区职业介绍服务中心党委学习活动的决定》。2001年7月1日，在中共中央召开的庆祝中国共产党成立80周年大会上，区职介中心党委被中央组织部授予全国先进基层党组织称号，党委书记刘雁平受到中共中央总书记江泽民接见。

6月　区教委在区实验中学和市第十一中学分校对教师实行聘用合同制试点，并分两批在26所中、小学校推广。

7月1日　龙潭西里6号楼、8号楼、10号楼危改工程开工，为市房改带危改的试点工程，占地6 000平方米，建筑面积1.76万平方米。12月26日竣工后，市区领导为回迁居民发放新居钥匙和产权证，193户居民喜迁新居。

7月7日　区政府印发《崇文区人民政府推进依法行政工作实施方案的通知》。

7月18日　由天坛医院与区卫生局所属医疗机构以合作形式构建的医疗联合体——天坛医疗集团成立。

8月1日　市政协主席陈广文受市委书记贾庆林委托，到崇文区与区政府、区政协商讨有关曹雪芹旧居遗址事宜，商定拆除旧屋，在附近另建曹雪芹旧居纪念馆。11月9日，旧屋拆除。

8月26日　广安大街（崇文段）改扩建工程正式开工。2001年7月竣工通车。从珠市口至广渠门桥道路长约4 048米，宽70米，有三上三下6条机动车道，两侧有辅路和绿化停车带，地下有水、电、气、热等8类12条市政管线。

9月12日　北京市第四医院举行建院100周年庆典（建于1900年9月8日），决定恢复原名北京市普仁医院。

9月26日　在人民大会堂召开的全国职工职业道德“双十佳”“标兵”“百佳”班组表彰大会上，区环卫局三队时传祥青年班被评为“百佳”班组，班长钟志玲受到中央领导尉健行、丁关根、吴邦国等接见。2001年4月27日，时传祥青年班被全国总工会授予全国模范职工之家称号。

10月19日　元隆丝绸股份有限公司之元隆大厦重张开业。

11月1日　根据国务院决定，以11月1日零时为标准时间，第五次全国人口普查开始入户登记。全区总人口346 205人，同1990年7月1日第四次人口普查相比，减少71 446人，下降17.11%。

11月15日　区广安大街（崇文段）步行商业街工程开工。东起磁器口，西至珠市口，全长1 800米，总建筑面积27.60万平方米，设15个街区，集商业、餐饮、娱乐于一体。

12月26日　市委书记贾庆林、市长刘淇、副市长汪光焘到金鱼池危改小区调研。

2001年

1月9日至13日　区第十二届人民代表大会第三次会议召开，审议并通过《北京市崇文区国民经济和社会发展第十个五年计划纲要》，接受黄以云辞去区人大常委会主任职务的请求，选举黄欣为区人大常委会主任。

2月6日　中共北京市委决定：免去黄以云中共崇文区委书记、常委、委员职务，调市政协工作；任命尤兰田为中共崇文区委委员、常委、书记。

3月21日　在广安大街(崇文段)改扩建工程中，挖出17件石刻文物，其中2尊坐像保存完整，经专家鉴定均为明万历年间（1573—1620年）所雕观音菩萨。

4月1日　市基本医疗保险工作启动，北京市普仁医院、区第一人民医院、体育馆路医院、前门医院、崇文口腔医院、区中医医院被定为北京市基本医疗保险定点医疗机构，4月29日举行统一挂牌仪式。

4月5日　区副食菜蔬总公司与北京物美商业集团有限公司举行合作发展签约仪式，为区国有企业跨地区、跨所有制资产重组。

4月9日　区政府印发《北京市崇文区国民经济和社会发展第十个五年计划纲要》。

5月18日　区卫生局与同仁堂集团合作组建北京同仁堂崇文中医医院签字仪式举行。

7月28日　金鱼池小区危旧房改造工程开工。该工程共拆除55栋危旧楼房，涉及3 055户居民。2002年4月18日，首批危改房居民回迁新居。

8月　龙潭公园升级改造工程启动。搬迁园内17户居民，拆除临时建筑9 000余平方米。2002年3月1日竣工，重新向游人开放。当年，公园被评为北京市首批十大精品公园之一。

9月10日　区政府举行《北京百科全书·崇文卷》首发仪式，该书是崇文区第一部介绍地域概况的工具书。

9月17日　区委、区政府召开党政机关机构改革动员大会，区四套班子领导及全区科级以上干部1 200余人参加。至2002年2月，区级党政机构由42个减至36个，精简14.29%；区级机关工作部门和街道内设科室由341个减至288个，精简15.54%；区行政人员编制由2 002名减至1 596名，精简20.28%。

10月5日　北京汇文中学举行建校130周年庆典。

10月26日　区委、区政府召开北京明城墙遗址公园腾退工程、南北花市大街—幸福大街市政建设工程、祈年大街市政建设工程和崇文门外1号地、2号地、5号地危改工程拆迁动员大会。

11月25日　北京明城墙遗址公园建设工程正式启动，全区广大干部群众积极捐款，并献旧城墙砖20余万块。

12月19日　区进京第一印象工程，即铁路沿线8.70千米和52万平方米拆迁整治工作基本完成。共搬迁居民1 683户，单位118家，拆除建筑物14.19万平方米；玉蜓桥东北侧、白桥、长青园路段3.70万平方米绿化工程初步完成。2003年6月，区进京第一印象工程完工，形成由玉蜓公园、望坛公园和黄河街心花园等大型绿地组成的一条绿色长廊。

12月24日　北京崇远投资经营公司与物美商业集团合作组建北京崇文门菜市场物美综合超市有限公司。

12月28日　区在西革新里112号院举行金鱼池危改居民异地回迁仪式，首批回迁居民163户。

2002年

2月22日　区委制定《关于贯彻落实中央〈公民道德建设实施纲要〉和北京市委〈意见〉的实施办法》。3月3日至9日，开展公民道德周系列活动，全区近万人参加公民道德宣传教育及实践活动，发放宣传资料1.40万余份。

2月　按照区委、区政府《关于机构改革方案的实施意见》及《中共崇文区委组织部、崇文区人事局关于机构改革人员定岗分流工作的意见》，全区党政机关共分流提前退休、提前离岗、自谋职业等人员540人。

3月20日　区南北花市大街—幸福大街市政道路扩建工程开工。2003年4月18日竣工，全线通车。

3月21日　区委、区政府召开“立党为公，执政为民”和“改进工作作风，优化服务环境，树立机关良好形象”教育活动会议。

4月10日　区委召开党员代表会议，选举产生13名出席中共北京市第九次代表大会的代表。

4月25日　原崇文区清洁队工人、全国先进工作者时传祥塑像揭幕仪式在龙潭公园举行。原国家主席刘少奇夫人王光美和时传祥家属代表等为塑像揭幕。

4 月 19 日　全国首家社区青少年科学工作室在体育馆路街道成立。

5 月 13 日　区委、区政府召开危改工作暨崇外 3 号地、崇外 6 号地、左安东里、左安西里、角湾、景泰西里、宝华里、广渠门外南街等“八大工程”启动动员大会。至年底，全区危改拆迁居民 1.85 万户，拆除危旧房 53 万平方米。

5 月 14 日　区委召开党风廉政建设宣传教育月活动动员大会。

5 月 22 日　区委书记尤兰田当选北京市出席中国共产党第十六次全国代表大会代表。

6 月 6 日　北京便宜坊烤鸭集团有限公司揭牌。该集团公司由北京哈德门饭店与北京先达饮食集团公司资产重组而成。

6 月 13 日　体育馆路街道被国务院侨办授予全国社区为侨服务工作先进单位称号。

6 月 14 日　中共北京市委决定：免去尤兰田中共崇文区委书记、常委、委员职务，调中共北京市委工作；任命李晓光为中共崇文区委书记。

6 月 18 日　北京大北服务有限责任公司成立。该公司前身为北京燕鹏服务集团公司。

7 月 11 日　著名儿童教育家孙敬修塑像落成仪式在龙潭公园举行。

7 月 17 日　区第十二届人大常委会第二十四次会议决定：批准李晓光辞去区长职务的请求，任命吉胜久为区人民政府副区长、代区长。

7 月 22 日　北京工美凤凰旅游艺术品集团有限公司成立。

8 月 6 日　金鱼池社区信息系统试运行，为全市首家数字型科普社区。

9 月 29 日　明城墙遗址公园主体工程竣工。公园占地 15.50 公顷，腾退居民 2 600 户、单位 79 家，投资近 8 亿元。

11 月 11 日　首卷《北京崇文年鉴》出版发行。

11 月 20 日至 22 日　区第十二届人民代表大会第五次会议召开。选出 37 名出席北京市第十二届人民代表大会的代表，选举吉胜久为区长。

11 月 29 日　整修后的袁崇焕祠、墓正式对外开放，2006 年被公布为全国重点文物保护单位。

12 月 15 日　崇文区预防职务犯罪网络建成，26 日召开成立大会。

12 月　崇文门外街道被国家体育总局评为全国全民健身活动周先进单位。

是年　国家人事部、计生委授予区计生委全国先进集体称号。

2003年

1 月 3 日　北京天润金百商贸有限责任公司成立。

1 月 6 日　在全国男性健康教育试点社区交流会上，崇文门外街道被评为全国十个男性健康宣传教育先进试点社区之一。

2 月　区人口普查办公室被国务院第五次全国人口普查领导小组办公室评为全国先进集体。

2 月 28 日　北京崇远物美有限公司成立。至此，区属二级行政性公司均撤销。

3 月 1 日　区委以“弘扬雷锋精神，参与志愿服务，建设社区文明，优化发展环境”为主题的纪念学习雷锋活动开展 40 周年大型公益活动在新世界商场前拉开序幕，2 万余名志愿者进入社区参与学雷锋活动。

3月13日　区委、区政府召开南中轴路危改整治工程动员大会。同年10月完成拆迁工程及建成永定门公园、永定门内大街、永定门南广场3块绿地。2004年3月，陆续启动永定门城楼复建工程、南中轴路建设及永定门南广场建设，2009年9月竣工。至此，京城南中轴路整治改造工程完成。

3月　区统计局被第二次全国基本单位普查领导小组评为全国先进集体。

4月2日　区长办公会研究决定：曹雪芹旧居纪念馆由新世界房地产发展有限公司出资建设，区文化委负责展陈资料收集和纪念馆展陈布置。2006年、2007年，区政府两次将项目列入“折子工程”。

4月8日　区委、区政府召开防治传染性非典型性肺炎(简称“非典”)紧急会议，部署防治工作。9日，区政府印发《崇文区应对非典型性肺炎工作预案》。至7月14日，区医疗机构共接治“非典”患者119人，其中辖区居民确诊44人，疑似1人，死亡7人。确诊、疑似每万人比例分别为1.26和0.12，为全市万人发病率、万人死亡率最低的地区。7月25日，区召开防治“非典”工作总结表彰大会。

7月13日　市“健康北京、激情奥运”市民日活动开幕式在龙潭公园举行。

8月3日　北京2008年奥运会会徽发布仪式在天坛公园祈年殿举行。中共中央政治局常委、全国人大常委会委员长吴邦国，中共中央政治局委员、市委书记刘淇，全国人大常委会副委员长盛华仁、傅铁山，国务委员陈至立，全国政协副主席李蒙，市委副书记、代市长王岐山及北京奥组委官员、各国驻华使节、社会各界知名人士共2 008人出席。

8月28日　区国税局第一税务所被国家税务总局授予全国税务系统文明单位称号。

9月18日　天坛街道金鱼池社区科协成立。

9月29日　首届北京明城墙文化体育节暨投资贸易洽谈会开幕，10月8日闭幕，共接待中外游客10万余人次。

9月　全区事业单位普遍实行聘用合同制。

11月8日　区政府举行广安大街（崇文段）商业楼整楼销售签约仪式，光明日报社、湖州珍贝羊绒制品有限公司等8家购楼方代表现场签约，整楼全部售出。

11月26日　国内规模最大的工艺美术创作和研发基地京城百工坊建成开坊，130余名工艺美术大师入驻，进行创作并培养接班人。

12月10日　区第十三届人大代表选举投票日。全区165 687名选民投票，参选率97.10%，选出区人大代表205名。

是年　广渠门中学被全国精神文明建设委员会办公室评为全国先进单位。

2004年

1月5日至8日　中共崇文区第九次代表大会召开，代表300名。选举中共崇文区第九届委员会委员27名，候补委员5名；选举区纪律检查委员会委员25名。区委九届一次全会选举李晓光为书记；区纪委一次全会选举滕盛萍为书记。

1月11日至14日　政协崇文区第十二届委员会第一次会议召开，委员228名。选举张湘为区政协主席。

1月12日至16日　崇文区第十三届人民代表大会第一次会议召开，代表205名。选举李晓光为区人大常委会主任，吉胜久为区长。

1 月 19 日　北京市在广渠门北里建设的廉租房配租仪式举行。市领导为 10 名廉租家庭代表发放“金钥匙”。

4 月 18 日　庆祝金鱼池居民回迁两周年暨“小妞子”铜像揭幕仪式举行。区委、区政府决定每年的 4 月 18 日为金鱼池社区节。至 2010 年共举办 7 届。

4 月 20 日　祈年大街道路改扩建工程竣工通车。该街北起前门东大街，南至天坛路，全长 1 400 米，宽 31 米。

4 月 29 日　百荣世贸商城一期开业，2008 年 4 月 30 日二期开业。两期建筑面积共 60 万平方米，可容纳 8 000 家商户，为南城规模最大的服装和小商品批发交易中心之一。

5 月 1 日至 4 日　第四届“相约北京”联欢活动暨第二届北京国际戏剧演出季以非洲为“主宾洲”崇文广场联欢活动在龙潭公园举行。

5 月 12 日　区召开创建国家卫生区动员大会。7 月 3 日至 4 日、8 月 20 日至 21 日，市爱国卫生运动委员会领导率专家对区灭鼠、灭蚊蝇达标工作进行考核验收。崇文区被授予灭鼠、灭蚊蝇先进城区。

5 月 22 日　全国科技周科普游园活动在龙潭公园举行。

6 月 9 日　区四套班子领导和机关干部、政法系统干警、中小学师生等 2 万余人，参加北京市雅典奥运火炬崇文路段传递活动。

7 月 14 日　崇文区举行《北京市崇文区志》首发式。该书为区首部志书，上溯事物发端，下至 1993 年 12 月底，从自然、政治、经济、文化、社会等方面记述崇文区的悠久历史和地方特色。分为概述、大事记及专志 27 编、专记 3 篇，照片百余幅。120 万字，共印 5 000 册。

8 月 12 日　区国有资产监督管理委员会成立。

9 月 8 日　北京建远投资经营有限公司成立。

9 月 24 日　位于前门东大街的北京市规划展览馆开馆。

9 月 25 日　第七届北京国际旅游文化节开幕式暨盛装行进表演在永定门城楼至天桥商场之间的南中轴路段举行，26 个国家 37 个表演团和国内 4 个省市 8 个表演团共 2 200 余人参加。

10 月 2 日　区职介中心党委书记刘雁平参加北京市基层干部座谈会，受到中共中央总书记胡锦涛的接见。

12 月 10 日　崇文区第二幼儿园建立北京市首家幼儿科技馆。

是年　区政府制定并实施机构改革方案。改革后有工作部门 27 个，直属特设机构和议事协调机构各 1 个。

2005年

1 月 1 日　区第一次全国经济普查登记正式启动。同日，全市首家区县级卫生防病应急中心在区落成。

1 月 25 日　区委召开保持共产党员先进性教育活动动员大会。活动分两批三阶段进行，要求把党员受教育、群众得实惠贯穿始终，10 月 28 日结束。

2 月 24 日　崇文区创建首都文明区经济建设、环境建设、文明建设三大工程指挥部联合会召开。

3月1日　在人民大会堂召开的首都各界纪念三八国际劳动妇女节95周年暨表彰大会上，区疾病预防控制中心被授予全国巾帼文明岗称号。

3月16日　区经济工作会议召开，对2004年度区30强企业进行表彰奖励并颁发“崇文绿卡”。

4月5日　位于西打磨厂胡同的地下城重新对外开放。

4月21日　京城百工坊7位大师集体申请专利，全部费用由市政府专款资助，以保护民族传统工艺的自主知识产权。

4月22日　市首家具有独立社团法人资格的东花市街道南里社区公共服务协会成立。

4月29日　崇文区在全市区县中首次评选出的区境内的“十大景观”揭晓：北京新世界商场、龙潭公园、祈年大街、广安大街（崇文段）、金鱼池小区、富贵园小区、百荣世贸商城、广渠门中学、京城百工坊、北京规划展览馆。

4月　龙潭公园建成500米彩色塑胶健身步道。

5月10日至15日　法国伊西市政府代表团一行到区访问，并参加区图书馆“中法文化信息交流中心”成立仪式。

5月23日　前门街道被评为全国社会治安综合治理先进集体。

5月26日　区行政服务中心正式启用。区政府35个职能部门进驻，集中办理行政许可和245项公众服务事项。

5月31日　崇文区与东京都目黑区建立友好交流合作关系15周年庆祝活动在龙潭公园举行，目黑区区长青木英二代表日方向中方赠送樱花幼苗，区长吉胜久与日方代表在公园内共同种植。

6月9日　区启动创业同奔小康工程，至11月17日，全区1 523名有劳动能力的低保人员实现就业。

7月　区经济普查领导小组办公室被国务院第一次全国经济普查领导小组评为全国先进单位。

7月19日　中共北京市委决定：免去吉胜久中共崇文区委副书记、常委职务，同意吉胜久不再担任崇文区政府区长职务。

8月21日至22日　召开区第十三届人民代表大会第三次会议，接受李晓光辞去区人大常委会主任职务的请求，选举吉胜久为区人大常委会主任，牛青山为区长。

8月25日至28日　亚洲首次举办的2005年世界青年攀岩锦标赛在龙潭公园举行。来自36个国家和地区的355名选手参加比赛。

9月8日　首届北京红桥国际珍珠文化节开幕。中国宝玉石协会授予红桥市场“京城珍珠第一家”牌匾。

9月29日　区第三届明城墙文化体育节暨首届“明城墙杯”全国盘鹰风筝邀请赛在明城墙遗址公园举行。

10月1日至7日　2005年中国民族文化博览会暨少数民族绝技艺术展演活动在龙潭公园举行，共接待中外观众15万余人次。

10月　龙潭街道办事处被国家体育总局评为2001—2004年度全国群众体育先进单位。

12月　区计划生育协会被全国计划生育协会评为全国先进单位。同月，区法院被最高人民法院评为2005年度全国预防青少年违法犯罪先进集体。

是年　区民族宗教侨务办公室被国务院侨务办公室评为全国先进单位，区1%人口抽样调查办公室被国务院全国1%人口抽样调查领导小组评为全国先进单位，天坛公园被评为全国文明风景旅游区，2008年再次获此殊荣。

2006年

1月5日至6日　区第十三届人民代表大会第四次会议召开，审议并通过《崇文区国民经济和社会发展第十一个五年规划纲要》。

2月10日　区首家红十字会博爱超市在东花市街道开业。该超市引入智能IC卡消费管理系统，生活困难群众可持博爱卡购买各种商品。

3月1日　在北京日报报业集团和市商业联合会主办的2005年度“北京十大商业品牌”评选活动中，红桥市场获北京商业特色品牌奖。

3月23日至24日　区召开经济工作会，通报前门地区整治和广安大街（崇文段）建设情况，表彰上年度30强企业。

3月27日　2006年全国中小学生安全教育日暨崇文区教育系统第二届安全文化节在区举办，中小学生代表宣读《全国中小学生安全教育日倡议书》。

4月19日　崇文区被首都精神文明建设委员会授予首都文明区称号。

4月26日　区委召开庆祝五一国际劳动节大会，对上年度获全国五一劳动奖状、首都劳动奖章、首都劳动奖状等的先进集体和个人进行表彰。同日，区环卫中心三队被全国总工会授予全国五一劳动奖状。

5月11日　百荣天海国际商贸城举行开业典礼。

6月20日　区奥运文化广场暨2006年夏日文化广场活动在永定门广场启动，演出大型文艺节目《永定情怀》。

9月1日　中国非物质文化遗产全国巡展首展宣传周开幕式在永定门广场举行，千余名观众参加。

10月23日　2004年5月闭寺重修的花市清真寺举行落成典礼。该寺始建于明永乐十二年(1414年)，是北京著名的清真古寺之一。

10月24日　区召开非物质文化遗产名录专家评审会。便宜坊焖炉烤鸭、都一处烧麦、壹条龙清真涮羊肉、天兴居炒肝、锦馨豆汁、正阳楼蟹宴等33个项目入选第一批区级非物质文化遗产。

11月1日至6日　在中非合作论坛北京峰会期间，区各有关部门接待部长级以上峰会代表团32批308人次。

11月8日　区第十四届人大代表选举投票日。全区158 466名选民投票，参选率98.40%，选出区人大代表205名。

12月4日至8日　中共崇文区第十次代表大会召开，代表300名。选举中共崇文区第十届委员会委员34名、候补委员6名；选举区纪律检查委员会委员29名。区委十届一次全会选举李晓光为书记，区纪委一次全会选举张岚为书记。

12月18日　区培智中心小学杨阳等6名学生于11月给中共中央总书记、国家主席胡锦涛写信，汇报参加国际特殊奥林匹克运动会（简称特奥会）东亚区高尔夫球比赛取得的优异成绩。12月18日，胡锦涛回信，肯定6名学生学习上的进步和在特奥会比赛中取得的成绩；表达对为特殊少年儿童成长进步付出心血的家长和教师的敬意；希望特殊少年儿童在党和政府及全社会关心爱护下，不畏艰难、勇往直前，在祖国同一片蓝天下幸福生活、快乐成长。

12月18日至21日　政协崇文区第十三届委员会第一次会议召开，委员228名。选举徐鸿达为区政协主席。

12 月 19 日　在国家商务部举行的中华老字号授牌仪式上，便宜坊集团所属便宜坊、都一处、壹条龙、天兴居 4 个品牌及大北照相馆、北京市珐琅厂获中华老字号称号。

12 月 19 日至 22 日　崇文区第十四届人民代表大会第一次会议召开，代表 205 名。选举吉胜久为区人大常委会主任，牛青山为区长。

是年　区计生委获国家人事部、国家人口和计划生育委员会授予的全国先进集体奖，区园林局被全国绿化委员会评为全国先进集体，区体育局获第十五届亚洲运动会突出贡献奖。

2007年

1 月 23 日　区社区卫生服务管理中心成立。

2 月 27 日　崇文门外街道举办以“迎奥运、讲文明、树新风　我参与、我奉献、我快乐”为主题的元宵灯会。

2 月 28 日　中国画《便宜坊历史长卷》被人民大会堂收藏，该画长 65 米、高 2.80 米。

3 月 14 日　区政府召开“服务总局、服务奥运”沟通联席会，向国家体育总局通报龙潭湖体育产业园建设情况，发布《关于服务总局、服务奥运、促进体育事业发展的决定》，并支援扶持资金 600 万元。

3 月 15 日至 16 日　区政府全体(扩大)会议召开。会议主题为:弘扬崇文精神,强化执行力建设,争创一流业绩。

3 月 28 日　区委召开党员代表大会，选举产生 14 名出席中共北京市第十次代表大会的代表。

4 月 6 日　区委、区政府召开 2006 年度区 50 强企业表彰大会，并颁发奖牌、证书、奖金和“崇文绿卡”。

4 月 17 日至 19 日　首届花市社区文化节暨蟠桃宫庙会在明城墙遗址公园举行。蟠桃宫庙会已停办 46 年。

4 月 24 日　前门东侧路竣工通车。南起珠市口东大街，北至前门月亮湾，全长 845 米，规划红线宽度 25 米。

4 月 28 日　北京市劳模精神教育基地揭牌仪式暨时传祥精神代代传展览开幕式在龙潭公园举行。

5 月 9 日　前门大街两侧修缮整治保护工程启动。2008 年 4 月 12 日竣工。

5 月　区委书记李晓光当选北京市出席中国共产党第十七次全国代表大会的代表。同月，区厂务公开协调小组被全国厂务公开协调小组评为全国先进单位。

6 月 8 日　区中国文化遗产日宣传活动在天坛公园举行，并展示区首批列入市级保护名录的 48 项非物质文化遗产。

6 月 19 日　“阳光少年，拥抱奥运”崇文学子喜迎奥运倒计时 400 天庆祝活动在玉蜓文化广场举行。

7 月 30 日　龙潭路改扩建工程竣工通车。全长 1 200 米，宽 30 米。

8 月 8 日　崇文区庆祝奥运会倒计时一周年活动暨城市志愿者集体招募活动在明城墙遗址公园举行。

8 月 29 日　区委、区政府召开“引企促税，招大引强”工作会。

8月29日至9月4日　罗马尼亚布加勒斯特市二区政府代表团到区访问，双方签署友好交流与合作协议。

9月13日至17日　法国伊西·莱·莫利诺市副市长娜塔丽·波特罗女士率政府代表团到区访问，共庆两区建立友好关系10周年。

9月28日　区委召开廉政风险防范管理工作动员部署会。

9月29日　“今夜崇文最美”第五届北京明城墙文化体育节在明城墙遗址公园举行。

10月11日至12日　区举办迎奥运倒计时300天系列活动。模拟在全球六大洲传递奥运火炬，奥运志愿者宣读倡议书，100名妇女表演太极扇，400名文明啦啦队员展风采。

11月5日　市委书记刘淇对区开展廉政风险防范管理工作做出批示。12月13日，中共中央政治局常委、中纪委书记贺国强也做出批示。

11月17日　区人口计生委被国家人口计生委评为全国优质服务先进单位。

11月20日至23日　区第十四届人民代表大会第二次会议召开，选出37名出席北京市第十三届人民代表大会的代表。

11月24日至12月1日　西藏拉萨市当雄县党政代表团到区参观考察。双方签订对口支援协议，区向该县捐赠500万元，用于农牧民安居工程。

11月　区政府印发《关于科级及以下职务公务员任免及颁发任命书问题的通知》，40余个单位组织颁发任命书，开展首次公务员宣誓等仪式。

是年　区园林局获2007年全国建设系统先进集体称号。

2008年

1月1日　第二十九届奥运会崇文赛区安保工作启动仪式在国家体育总局训练局比赛馆前举行。7月1日，区举行奥运安全保卫工作誓师大会。

1月14日　区政府举行创建充分就业社区颁牌仪式暨就业援助月、送温暖活动启动仪式。

1月18日　区召开“迎奥运、讲文明、树新风”双十佳评选表彰会暨迎奥运倒计时200天誓师大会，评出10项最佳活动和10名文明市民。

1月20日　《新京报》举行北京十大新地标颁奖典礼，修缮整治后的前门大街位列第四。

2月2日　区委、区政府举行“真情携手送温暖、众志成城抗冻灾”捐款活动启动仪式，区四套班子领导和全区广大党员、干部现场捐款31 770元。

3月4日　区委、区政府召开“引企促税、招大引强”经济工作及区50强企业表彰会。

3月　区环卫中心三队三八女子抽粪班被全国总工会评为全国工人先锋号。

4月26日　区举办迎奥运倒计时100天志愿服务行动誓师暨展示活动。

5月13日至19日　区委、区政府向四川省汶川地震灾区捐款8 712.69万元、捐物折款1 221.20万元、献血17.98万毫升。

5月16日　区残疾人运动会开幕。

5月23日　泰国国家防治腐败委员会代表团到区考察廉政风险防范管理工作。

5月26日　中国香港特区廉政公署专员汤显明一行到区考察交流廉政风险防范管理工作。

6月7日至9日　龙潭公园举办首届端午文化节。

6月14日　区便宜坊焖炉烤鸭和都一处烧麦制作技艺等12个项目，被列入第二批国家级非物质文化遗产名录。

6月20日　区反腐倡廉暨预防职务犯罪警示教育展开幕。

6月　区政府批准公布第二批区级非物质文化遗产名录，共7类35个项目。

7月4日　区人民信访接待大厅揭牌。

7月5日　巴基斯坦国家问责局局长纳威德·阿赫桑率代表团到区考察廉政风险防范管理工作。

7月15日　奥运文化广场活动在龙潭公园开幕。

7月22日　区为22户接待旅游者的“奥运人家”颁牌。同日，区举行首次经济适用房摇号配售仪式。

7月31日　区中共党员交纳特殊党费512.70万余元，支援四川省汶川等地抗震救灾。

8月1日、4日　国际奥委会主席罗格的夫人一行参观天坛公园和位于区东茶食胡同的北京同仁堂博物馆。

8月6日　奥运火炬在区内传递。

8月7日　修缮整治后的前门大街开街。全长842米，铺设有水、电、雨、污、燃气等市政基础设施。

8月13日　区培养输送的运动员陈颖在第二十九届奥运会女子25米运动手枪比赛中获冠军。

8月14日　英国伦敦格林尼治城市展在龙潭公园开幕。

8月28日　残奥会圣火采集暨火炬接力启动仪式在天坛祈年殿南广场举行。中共中央政治局常委、国务院总理温家宝点燃圣火盆，宣布火炬接力开始。中共中央政治局常委、国家副主席习近平等出席，市委书记刘淇、残奥会主席菲利普·克雷文、中国残联主席邓朴方先后致辞，市长郭金龙主持。

9月2日　东花市街道社区博物馆开馆，为全区首个社区博物馆。

9月11日　中国集邮总公司入驻珠市口东大街。

9月28日　“2008北京购物季”在前门大街开幕。

10月13日　区委、区政府召开奥运会、残奥会工作总结表彰大会。

10月21日　崇文区被全国爱国卫生运动委员会命名为国家卫生区。

10月24日　意中基金会北京开业仪式在明城墙遗址公园举行。意大利总理贝鲁斯科尼及国务院新闻办公室主任王晨等100余名中外来宾出席。

11月5日　纪念改革开放30周年系列活动开幕式暨红桥市场商贾文化石雕揭幕仪式在红桥市场举行。

11月12日　中共北京市委决定：免去李晓光中共崇文区委书记、常委、委员职务，调北京市市政管委工作。任命夏强为中共崇文区委委员、常委、书记。

11月14日　便宜坊哈德门店“封炉”翻建。

11月　中华民族艺术珍品流通中心开业。

12月21日　夕照寺古迹重光盛典暨金台夕照会馆开馆仪式举行。

12月　区体育局获国家体育总局授予2008年奥运会、残奥会筹办工作突出贡献奖，“2008年全国全民健身活动先进单位”称号。

是年　前门地区“解危排险”工程搬迁居民2 365户，完成草厂三条至十条等14条胡同、533个院落的修缮整治和市政改造，包括煤改燃气工程。修缮房屋5 700余间，修缮面积8.40万平方米。崇文区被文化部命名为中国民间文化艺术之乡，龙潭湖体育产业园区被国家体育总局定为国家体育产业基地，龙潭街道被国务院侨务办公室评为全国社区侨务工作先进单位，北京市广渠门中学、区地方税务局、区图书馆、天坛街道金鱼池中区社区被评为全国精神文明建设工作先进单位。

2009年

1月1日　老北京俗称为“铛铛车”的有轨电车，时隔42年后在前门大街重新启动运营。

3月6日　区委召开深入学习实践科学发展观动员部署大会。学习实践活动从3月上旬到12月底，分两批进行。

4月21日至30日　区举办2009年美食文化节期间，用餐消费达20余万人次，参与企业80余家，实现营业收入近2 100万元。

4月26日　区与本山传媒集团在天坛饭店联合举行刘老根大舞台北京剧场入驻签约仪式暨开业新闻发布会。5月2日，刘老根大舞台在前门阳平会馆开业。

4月　区便宜坊集团“便宜坊”商标通过国家工商总局商标局认定，获中国驰名商标称号。同月，全国总工会授予区环卫中心三队三八女子抽粪班全国女职工建功立业标兵岗称号，授予三队时传祥青年班奥运立功竞赛“全国工人先锋号”称号，时传祥青年班班长张凤梁获北京市总工会授予的首都五一劳动奖章。

5月8日　中国医药卫生事业发展基金会暨崇文区支援青海省医药卫生项目启动及捐赠流动医院仪式举行，总投入近千万元。

6月2日　在2009年全国城市管理工作经验交流会上，崇文区被授予中国最佳管理城市奖。

同日，崇文门外大街被市委宣传部、首都精神文明办、市教委、市商务委授予第一批首都诚信经营示范街称号。

6月11日　崇文区第二轮地方志书编委会第一次会议召开。7月23日，区政府召开二轮志书编纂工作动员大会，区编纂工作全面启动。

6月27日　北京国瑞购物中心开业。建筑面积13万平方米，营业面积7.60万平方米。

6月30日　区环卫中心三队3名工人在丰台区分钟寺枣林村进行化粪池管道疏通作业时，因吸入有毒气体死亡。

7月1日　区商务大厦内企业集中办公区揭牌，200余家企业入驻。

8月9日　花市影联百老汇影城重装开业。建筑面积4 000余平方米，共设8个厅，可同时容纳观众1 018名。

8月18日　根据市委、市政府批准的《北京市崇文区人民政府机构改革方案》，区政府召开机构改革动员大会。至9月底，新调整、组建的区人力资源和社会保障局、旅游局、园林绿化局、住房和城市建设委员会、商务委员会及新批准成立的政府派出机构——前门大街管理委员会正式挂牌。

8月28日至9月1日　在秦皇岛市举行的全国首届老年人体育大会健身气功比赛中，崇文区代表北京市参加的健身气功“五禽戏”“八段锦”团体项目和4个个人项目均获金奖。

9月22日　崇文区庆祝中华人民共和国成立60周年发展建设成就展开幕。

9月25日　区委、区政府召开感动崇文十大公德人物表彰大会。

9月28日　前门大街全面开市。大街两侧52个单体建筑面积约8万平方米，签约商户103家。

同日　区文汇中学副校长王文兰、市第五十中学外语教师程安、广渠门中学美术教师张丙安，参加中共中央政治局常委、国务院总理温家宝在市第三十五中学召开的座谈会。

同日　区法院法警大队通过ISO 9001国际质量管理体系认证，成为全国首支获得此项国际认证的司法警察队伍。

9月　时传祥入选百名感动中国人物。10月26日，位于龙潭公园内的时传祥纪念馆开馆。

11月7日　位于天坛公园南门西侧护城河北岸的二十四节气公园建成，正式对市民开放。

11月24日　区文化委员会被国家文化部评为全国先进集体。

12月5日　地铁14号线工程崇文段拆迁启动。

12月26日至27日　区委召开十届九次全体（扩大）会议。会议审议并通过《中共崇文区委关于贯彻落实党的十七届四中全会精神，进一步加强和改进新形势下党的建设的意见》《崇文区国民经济和社会发展中长期规划纲要（2010—2020年）》《崇文区中长期人才发展规划（2010—2020年）》。

12月28日至30日　政协崇文区第十三届委员会第四次会议召开。

12月29日至31日　崇文区第十四届人民代表大会第四次会议召开，会议听取区政府工作报告，审议批准《崇文区国民经济和社会发展中长期规划纲要（2010—2020年）》，并通过相关决议。

是年　区发展和改革委员会（简称区发展和改革委）被国家发展和改革委授予全国价格监管服务先进集体称号，区民族宗教侨务办公室（简称区民宗侨办）被国务院侨务办公室及国家人力资源和社会保障部授予全国侨办系统先进集体称号。

2010年1月至6月

1月15日至16日　由中国市长协会、北京大学中国地方政府研究院主办，由区承办的“2010城市管理经验交流会”召开。

1月31日　北京春节系列文化活动在前门大街启动。同日，龙潭体育馆开馆。

1月　区经济普查领导小组办公室及永定门外街道经济普查办公室，被国务院第二次全国经济普查领导小组办公室评为全国先进集体，体育馆路街道蒋召顺等6人被评为先进个人。

2月14日至18日　前门大街举办“天街年市”春节系列文化活动。26日至28日举办天街上元灯会。

3月1日　市政府在区召开学习推广崇文区信访代理经验交流现场会。

4月14日　区捐款500万元支援青海玉树县抗震救灾。

4月21日　鲜鱼口老字号餐饮一条街招商新闻发布会举行。

5月7日　台湾会馆重张暨台商入驻崇文台湾商务区签约仪式举行。国民党荣誉主席连战夫妇向台湾会馆赠送题字“美哉宝岛，人文精粹”，并接受崇文区和北京市台湾同胞联谊会（简称市台联）领导赠送的绘有台湾会馆图案的景泰蓝花边礼盘。

5月11日　区政府举行“崇文史地文化丛书”首发式。该丛书共10册，涵盖崇文区政治、经济、地理、人文等方面的历史与现状。

5月　区地方志办公室被国家人力资源和社会保障部、中国地方志指导小组评为全国先进集体。

6月28日　国务院对北京市调整首都功能核心区行政区划的请示做出批复：撤销北京市东城区、崇文区，设立新的北京市东城区，以东城区、崇文区的行政区域为新东城区的行政区域。

第一编　区境　区划　自然环境

崇文区原为自然村落，元代为大都郊区。明嘉靖三十二年（1553 年）增建京城外城垣时，该地区大部分被圈入外城，始成为城区一部分。此后，境域范围与名称多有变化。1952 年 9 月，其主体正式定为崇文区。1958 年，区境范围始告稳定。至 2010 年 6 月，区境南北最长处为 4.65 千米，东西最宽处为 4.51 千米，面积 16.46 平方千米，划为 7 个街道（地区）。区境内地势西北高，东南低。气候为暖温带大陆性季风气候。

第一章　区境　区划

第一节　区　境

崇文区位于中心城区东南部。北面与东城区交界，东部与朝阳区隔河相望，西部与宣武区接壤，南部与丰台区为邻。四周边界线长 25.13 千米。

1996 年，崇文区按照北京市部署，重新进行勘界。当年区成立勘界工作领导小组，下设办公室。1997 年，领导小组制定《关于开展勘界工作的意见》，有关人员分别与东城、西城、宣武三区初步勘定四区边界线交会点，并与东城、朝阳两区初步勘定三区边界线交会点。1998 年 12 月，崇文、东城、西城、宣武四区有关人员共同审核四区边界线交会点、界桩登记表相关资料。然后，四区主管副区长分别在协议书上签字，四区边界及交会点勘定工作完成。崇文区的边界线及与周围各区的交会点基本确定。

图1—1　2002年9月新建的北京明城墙遗址公园

区境北界。西起崇文、东城、西城、宣武四区边界线交会点。起点在前门西大街中心线与天安门广场西侧路之西路沿儿南延长线交会处。4个界标分别安置在交会点东北、西北、东南、西南4个方向栏杆之外。界标原为三面形花岗岩界桩，后改为与地面相平的标志，上面罩有耐压玻璃盖子。从四区边界线交会点向东，过前门箭楼北侧，沿前门东大街中心线至崇文门三角地，然后顺明城墙遗址公园北侧东行至铁路处，再沿路基中心线至东便门铁路桥与东二环路中心线相交处。此处为崇文、东城、朝阳三区边界线交会点。

区境东界。从崇文、东城、朝阳三区边界线交会点向东，至护城河中心线折向东北，沿通惠河中心线向东至永安里中街桥中心折向南，经忠实里一巷、广渠门四巷，至广渠门外南五巷，向西至护城河，顺河中心线向南，直至左安门东侧护城河转弯处。此处为崇文、朝阳、丰台三区边界线交会点。界标分别立于护城河西北和东南两岸。

区境西界。从崇文、东城、西城、宣武四区边界线交会点向南，顺前门箭楼西侧弯道西路沿儿向东南至前门大街，沿大街西侧门面房南行，经前门大街、天桥南大街、永定门内大街（永定门北广场中心线）至永定门护城河中心线，然后向西，到永外车站路6号院西墙和市民政局接济站东墙之间甬道北延长线处。此处为崇文、宣武、丰台三区边界线交会点。界标分别立于护城河南北两岸。

区境南界。从崇文、宣武、丰台三区边界线交会点向南，经原北京南站，向东过马家堡东路、革新南路至百荣世贸商城（二期）西侧，折向南至商城南侧再向东，过永定门外大街，经北京服务学校南侧胡同、沙子口路、定安南路至定安西里，然后向北，过刘家窑路折向东，经刘家窑北里12号、蒲安西里、蒲黄榆三里和四里，至玉蜓公园，再向东沿京广铁路至护城河中心线，直至崇文、丰台、朝阳三区边界线交会点。

第二节　区　划

1994年至2010年6月，崇文区境内划为7个街道（地区），分别为前门街道、崇文门外街道（简称崇外街道）、东花市街道、龙潭街道、体育馆路街道、天坛街道、永定门外街道（简称永外街道）。

前门街道　前门街道位于崇文区西北部，东起北官园、戴家胡同。胡同及胡同以东属崇外街道，胡同以西属前门街道。南起珠市口东大街，以大街中心线为界，路南属天坛街道，路北属前门街道。西起前门大街（北段），大街及西侧门面房属前门街道，以西归宣武区。北起前门东大街，以大街中心线为界，路北属东城区，路南属前门街道。辖区面积1.10平方千米。2009年，该街道有社区9个，居民2.37万余人。

前门地区主要道路有前门大街（北段）、前门东大街、珠市口东大街（西段）、前门东路。驻有共青团中央等中央、市属单位37个。该地区是老北京传统风貌、文化文物比较集中的地区，凸显着老北京的建筑文化、商贾文化、市井文化、梨园文化、会馆文化。明清以来，前门大街是北京一条著名的商业街，聚集着全聚德烤鸭店、大北照相馆、都一处烧麦馆、月盛斋牛羊肉店等一批老店、名店。2008年修缮整治后，成为一条传统与现代结合的大街。2009年，开业的商户有103家。其中，民族品牌82家，占79.61%；国际知名品牌21家，占20.39%。该地区还有鲜鱼口历史文化保护区，聚集着众多餐饮老店、名店，形成老字号美食街。地区北部有全国重点文物保护单位正阳门箭楼和北京规划展览馆、中国铁道博物馆，南部有修缮扩大重新开张的台湾会馆及利用阳平会馆开办的刘老根大舞台。地区有中、小学各1所。

崇文门外街道 崇外街道地处崇文区北部。东以南、北花市大街中心线为界，西侧属崇外街道，东侧属东花市街道。南起珠市口东大街（东段）、广渠门内大街（西段），以中心线为界，北侧属崇外街道，南侧分属天坛街道和体育馆路街道。西至北官园、戴家胡同，胡同两侧均属崇外街道，胡同以西属前门街道。北起崇文门东、西大街，以大街中心线为界，南侧属崇外街道，北侧属东城区。辖区面积 1.10 平方千米。2009 年，该街道有社区 12 个，居民 3.46 万余人。

崇外地区主要道路有崇文门外大街（北段）、崇文门西大街、崇文门东大街（西段）、西花市大街、珠市口东大街（东段）、广渠门内大街（西段）。驻街单位主要有光明日报社、全国记者协会等。该地区商业比较集中，有新世界商场综合馆和青春馆、国瑞购物中心、搜秀城等大型商场。著名老字号企业同仁堂集团及同仁堂药店坐落于此。文物单位有花市清真寺和火德真君庙。地区有中学 1 所、小学 2 所，二级医院 1 所。

东花市街道 东花市街道位于崇文区东北部。东起忠实里一巷（为文汇中学后墙，胡同以西属东花市街道）、广渠门外北四巷（门面房为平房，属东花市街道），与朝阳区毗邻。南至广渠门内大街，与龙潭街道相连；广渠门外南五巷（胡同以南户籍属东花市，房屋按地界划入朝阳区拆迁范围），与朝阳区相望。西至南、北花市大街，以大街中心线为界，以东属东花市街道，以西属崇外街道。北至明城墙遗址公园、通惠河中心线，与东城区、朝阳区接壤。辖区面积 2 平方千米。2009 年，该街道有社区 8 个，居民 3.78 万余人。

东花市地区主要道路有崇文门东大街（东段）、东花市大街、广渠门内大街（东段）、广渠门外大街（西段）、北花市大街、南花市大街、白桥大街、东二环主路等。驻街单位主要有公安部边防局、人民法院报社等。地区有各类工商企业 800 余家。文物单位有全国重点文物保护单位北京城东南角楼及袁崇焕祠、墓，市级文物保护单位隆安寺。地区有中学 3 所、小学 4 所，还有民办的吴东魁艺术馆。

龙潭街道 龙潭街道位于崇文区东南部。东起护城河中心线，由广渠门立交桥向南至崇文、朝阳、丰台三区交会点与朝阳区相连。南界由崇文、朝阳、丰台三区交会点起，沿南护城河中心线向西至京广铁路，与丰台区接壤。西以幸福大街（含大街西侧门面房）、京广铁路为界，与体育馆路街道为邻。北至广渠门内大街与东花市街道毗连。辖区面积 3.06 平方千米。2009 年，该街道有社区 15 个，居民 5.52 万余人。

龙潭地区主要道路有广渠门内大街（东段）、幸福大街、光明路、夕照寺街、左安门内大街。驻街单位主要有中共崇文区委、区人大常委会、区政府、区政协及北京空军机关、中国环境出版社等。工商企业主要有北京博士伦公司、北京市玉器厂、市电信工程局、京城百工坊等。园林有龙潭公园、北京游乐园、北京市教学植物园。文化文物单位有区工人文化宫（红剧场）、夕照寺、袁督师庙（袁崇焕庙）等。地区有职工大学 1 所、中学 4 所、小学 3 所、市属幼儿园 1 所。

体育馆路街道 体育馆路街道位于崇文区中部。东起幸福大街（大街及西侧门面房属龙潭街道）、幸福东街（属体育馆路街道）及京广铁路。南至玉蜓桥京广铁路与丰台区接壤。西至磁器口大街（大街及两侧门面房属体育馆路街道）、天坛路东段、天坛东路（大街及两侧门面房属体育馆路街道）与天坛街道为邻。北起广渠门内大街（西段），以大街中心线为界，南侧属体育馆路街道，北侧属崇文门外街道。辖区面积 1.84 平方千米。2009 年，该街道有社区 10 个，居民 4.59 万余人。

体育馆路地区主要道路有崇外大街（南段）、体育馆路、天坛东路等。驻街单位主要有国家体育总局、中华全国体育总会及其所属单位。商业服务业有红桥市场、天坛饭店等。园林有龙潭西湖公园。文物保护单位有南岗子天主教堂、法华寺等。地区有中学 1 所、小学 2 所。

天坛街道 天坛街道位于崇文区西部。东起磁器口大街(大街及两侧门面房属体育馆路街道)、天坛路东段（红桥市场至天坛公园东门，大街属体育馆路街道）、天坛东路（天坛公园东门至玉蜓桥，大街及两侧门面房属体育馆路街道）。南至护城河中心线，护城河中心线南属永外街道，以北属天坛街道。西至前门大街（南段）、天桥南大街、永内大街（永定门北广场中心线），与宣武区为邻。北起珠市口东大街，以大街中心线为界，南侧属天坛街道，北侧归前门街道。辖区面积 4.03 平方千米。2009 年，该街道有社区 16 个，居民 5.60 万余人。

天坛地区主要道路有前门大街（南段）、天桥南大街、永定门内大街（东路）、珠市口东大街、祈年大街、天坛路、永定门东街等。驻街单位主要有北京天坛医院、北京口腔医院、中国药品鉴定研究所、中国药品生物制品检定所等。工商企业有华北光学仪器公司、世纪天鼎购物广场等。文化文物单位有世界文化遗产天坛公园、自然博物馆、中华民族珍品博物馆、金台书院、南药王庙、永定门公园等。地区有中学 3 所、小学 4 所。

永定门外街道　永外街道位于崇文区西南部。东至丰台区刘家窑北里 12 号、蒲安西里、蒲黄榆三里、蒲黄榆四里及玉蜓公园以东一线，与丰台区相邻。南至百荣世贸商城南侧、北京服务学校南侧胡同、沙子口路、定安南路一线与丰台区接壤。西至丰台区东庄社区、原北京南站、马家堡东路、革新南路西口、百荣世贸商城二期西侧一线，与丰台区相接。北以护城河中心线为界，永定门城楼以东与天坛街道为邻，以西与宣武区隔河相望。辖区面积 3.33 平方千米。2009 年，该街道有社区 20 个，居民 8.23 万余人。

永外地区主要道路有永定门外大街、景泰路、安乐林路、革新南路等。工商企业主要有北京市珐琅厂、百荣世贸商城、永外城文化用品市场等。文物园林单位有燕墩公园、玉蜓公园、安乐林公园等。地区有中学 4 所、小学 4 所。

第二章　自然环境

第一节　地质　地貌

区境内有丰富的地下热水资源。热水储存于地下白云岩或白云质灰岩裂隙溶洞中，埋深在 800 米至 2 000 米。1980 年至 2002 年先后钻井 12 处，井深在 1 300 米至 2 000 米，单井日出水 392 吨至 2 300 吨，出水温度在 47℃至 56.50℃。

土质土壤分配不规律。明清以来，区境北部为城市活动范围，建筑物兴废变迁较多，又有被掩埋的河、湖、沟、坑等地物，因此，堆积有很厚的人工填土。其中有素填土，也有垃圾、房渣等杂填土。大部分地区厚度为 4 米至 7 米，西打磨厂街一带有的地方厚达 10 米左右。区境南部多为农田，以素填土为主，厚度为 3 米至 5 米。老填土的容许承载能力一般在 1 公斤 / 平方厘米至 1.50 公斤 / 平方厘米，新素填土则小于 1 公斤 / 平方厘米。

区境内地势西北高，东南低。最高处在前门外广和剧场南侧，海拔 46.47 米；最低处在龙潭湖东南侧，海拔 36.17 米；平均海拔 41.32 米。

第二节　气候　水文

气候　区境内气候为暖温带大陆性季风气候。冬春雨雪少，夏秋降水多，每年降水量约 600 毫米，七、八月降水约占全年的三分之二。四季气温变化很大，春季温暖，从 4 月初至 6 月初，只有 2 个月左右；夏季炎热，从 6 月初至 9 月初，约为 3 个月，7 月平均气温达 26℃；秋季短暂，从 9 月初至 10 月底，仅有五六十天；冬季严寒，从 10 月底至次年 4 月初，长达 5 个月，1 月平均气温为零下 4.70℃。

水文　历史上，区境内河流、沼泽较多，有不少现已干涸，至 2010 年 6 月，区境河流有自前门经崇文门至东南角楼之内城护城河段（现为盖板暗河），自陶然桥经永定门、左安门、广渠门至通惠河之外城护城河段。湖泊有龙潭东湖、中湖、西湖。龙潭东湖地处左安门内大街以东，为龙潭公园，总面积 49.15 公顷，其中水面面积 19.45 公顷。龙潭中湖地处龙潭公园以西，为北京游乐园，占地面积 40.37 公顷，其中水面面积 11.33 公顷。龙潭西湖地处北京游乐园西北部，为龙潭西湖公园，占地面积 10.48 公顷，其中水面面积 5.70 公顷。

区境内有前门东、东便门东、广渠门南、广渠门北、左安门东、左安门西、永定门左和永定门右共 8 个水关。它们是在城墙地基处修的涵洞，并装有铁栏杆，作为城内河水、雨水流出的通道。

图1–2　1999年整治后的龙潭西湖公园

第二编　人　口

1958年，崇文区常住人口34.15万人，至1993年增至43.35万人，增长26.94%。计划生育工作的开展，使人口增幅年均递增速度减缓为0.68%；但是暂住人口1993年比1966年增长1.34倍。1950年人口平均期望寿命为52岁，1993年增至74.74岁。

1994年至2009年，随着区境内危旧房改造、居民住房拆迁、异地安置，全区户籍人口由433 797人减至335 466人，家庭户数由156 570户减至125 086户，分别下降22.67%和20.11%。但是，暂住人口由32 430人增至84 843人，增长1.62倍。1994年至2006年，人口自然增长率为负增长；2007年至2009年，人口自然增长率为正增长。

2000年和2010年，分别开展第五次和第六次全国人口普查，全区总人口分别为346 205人和346 073人，家庭户数分别为118 524户和124 210户。第六次与第五次全国人口普查相比，人口结构发生变化：常住人口性别比（以女性为100，男性对女性的比例），由100.33降至96.07；65岁以上人口下降0.13个百分点，百岁老人由6人增至30人；受过大学及以上教育的人口由14.16%增至36.67%，文盲率由5.16%降至2.08%；家庭规模由2.77人降至2.54人；少数民族由32个增至45个（含未识别民族和加入中国籍的外国人各1个）；在业人口中，商业和服务业人员占33.54%，比重仍最大，从事生产、运输设备操作有关工作的人员由24.50%降至9.88%，专业技术人员由19.06%增至27.57%。

1994年至2009年，计划生育工作的开展稳定了低生育水平，年均出生率4.52‰，计划生育率98.85%。随着国民生活水平的提高，全区人口身体素质不断提高，人均期望寿命由1994年的76.26岁提高到2009年的84.32岁，人口死亡率由5.88‰降至4.18‰。崇文区连续16年被评为市计划生育工作红旗区和全国计划生育先进集体等。

第一章　数量与分布

第一节　数　量

户籍人口　1994年，全区户籍人口433 797人，与1993年持平。之后，户籍人口逐年减少。2004年减至369 534人，比1994年下降14.81%。2005年至2009年，人口总数缓慢减少。2009年，全区户籍人口总数335 466人，比1994年下降22.67%。

暂住人口 1994年年底，全区暂住人口32 430人，与1993年基本持平，其中，探亲访友、治病生育、参观游览的5 757人，占暂住人口总数的17.75%；务工经商的24 055人，占74.18%；因公来京的1 008人，占3.11%，比1993年减少4 612人，减少14.22个百分点。

图2—1　2009年8月25日，区举办全员人口管理服务系统四级培训

1995年至1997年，全区暂住人口均在4万人以下。其中探亲访友、治病生育、参观游览、因公来京人数逐年下降，1997年上述4种人4 141人，占10.48%，比1994年少2 624人，减少10.38个百分点。经商、务工人员逐年增多，1997年33 700人，占85.28%，比1994年多9 645人，增加11.10个百分点。1999年，暂住人口46 180人，较1997年增加6 663人。国庆50周年时，加大对外来人口管理力度，探亲访友、治病生育、参观游览、因公办事人员2 526人，比1997年减少1 615人，下降5.01个百分点；经商、务工人员41 738人，占90.38%，比1997年多8 038人，增加5.10个百分点。

图2—2　2007年，龙潭派出所民警向群众发放流动人口办证宣传单

2001年，暂住人口从2000年的49 653人增至67 308人，增长35.56%。其中，参观游览、因公办事、培训人员2 826人，比2000年的7 317人少4 491人，下降10.54个百分点；治病、务工人员43 234人，比2000年增加20 456人，增加18.36个百分点。2003年，受“非典”影响，暂住人口总数降至44 684人，比2001年减少22 624人，下降33.61%。其中探亲访友、治病、参观游览、经商、务工、保姆43 102人，比2001年少22 785人，减少1.43个百分点。2004年，暂住人口数开始上升，2006年底升至70 766人，增长最多的为来京务工人员55 916人；而经商人员从2001年的19 276人降至9 656人，2007年又降至6 809人。2008年，北京举办奥运会，暂住人口数降至68 428人。2009年，暂住人口增至84 843人，是1994年的2.62倍。其中来京务工、投靠亲属人员增幅较大，有72 829人，占总数的85.84%。

1994—2009年崇文区户籍人口统计表

表2—1　　单位:人

年份	人口	年份	人口
1994	433 797	1997	430 367
1995	423 761	1998	420 475
1996	430 671	1999	417 188

续表

年份	人口	年份	人口
2000	412 860	2005	358 262
2001	412 524	2006	343 041
2002	407 397	2007	336 747
2003	396 540	2008	335 341
2004	369 534	2009	335 466

说明：表中人口数为派出所统计的实际户口人数。

1994—2009年崇文区暂住人口统计表

表2-2　　单位:人

年份	探亲访友	治病生育	参观游览	因公	借读借调培训	经商	务工	保姆	投靠亲属	其他	合计
1994	1 560	887	3 310	1 008	227	13 380	10 675	551	710	122	32 430
1995	1 331	665	3 194	447	280	16 820	12 474	540	673	119	36 543
1996	1 220	789	1 612	332	395	17 267	16 581	458	624	264	39 542
1997	1 291	737	1 769	344	459	15 766	17 934	363	772	82	39 517
1998											
1999	537	279	1 443	267	323	19 139	22 599	372	1 018	203	46 180
2000	703	468	5 592	1 154	571	17 553	22 310	225	643	434	49 653
2001	751	1 005	2 445	100	281	19 276	42 229	181	553	487	67 308
2002	212	346	4 182	322	296	14 645	40 414	150	455	377	61 399
2003	219	509	1 507	253	352	10 188	30 583	96	435	542	44 684
2004	373	511	2 569	783	431	10 376	47 478	115	507	660	63 803
2005	295	542	3 595	608	398	9 891	37 610	140	640	794	54 513
2006	450	405	1 405	608	487	9 656	55 916	81	796	962	70 766
2007	152	170	8	0	420	6 809	62 297	110	1 545	1 701	73 212
2008	243	88	0	0	664	7 505	56 546	394	2 127	861	68 428
2009	227	104	0	0	873	9 232	70 260	225	2 569	1 353	84 843

说明：1998 年未统计相关数据。

图2−3　2010年5月，东花市街道召开第六次全国人口普查户口整顿培训会

常住人口　2000年第五次全国人口普查，全区11月1日零时的总人口为346 205人，同1990年7月1日零时第四次全国人口普查相比，减少71 446人，下降17.11%，平均每年减少6 900人，年平均增长率为−1.80%。2010年第六次全国人口普查，全区11月1日零时常住人口为346 070人，同2000年第五次全国人口普查相比，基本持平。

第二节　分　布

人口密度　1994年，全区人口密度每平方千米26 354人，与1993年持平。2002年至2005年从24 750人减至21 765人，2006年至2009年又从20 840人减至20 380人。2009年，每平方千米20 380人，比1994年减少5 974人。

地区分布　1994年，全区7个街道人口密度不均，其中，人口密度较大的是崇文门外、前门街道，每平方千米分别为46 358人、43 949人；其次是东花市、体育馆路、永定门外街道，分别为31 441人、31 254人、24 437人；龙潭、天坛街道因公园占地面积大，因此人口密度小，分别为20 421人、17 419人。1995年至2008年，各街道人口密度整体呈下降趋势，2003年以后变化较大。2009年，人口密度较大的是崇文门外、体育馆路街道，每平方千米分别为31 459人、24 930人；其次是永定门外、前门、东花市街道，分别为24 712人、21 557人、18 887人；最小的仍为龙潭、天坛街道，分别为18 053人、13 887人。

1994—2009年崇文区人口密度统计表

表2−3

年份	人口数（人）	人口密度（人/ 平方千米）	土地面积（平方千米）	年份	人口数（人）	人口密度（人/ 平方千米）	土地面积（平方千米）
1994	433 797	26 354	16.46	2002	407 397	24 750	16.46
1995	423 761	25 744	16.46	2003	396 540	24 091	16.46
1996	430 671	26 164	16.46	2004	369 534	22 450	16.46
1997	430 367	26 146	16.46	2005	358 262	21 765	16.46
1998	420 475	25 545	16.46	2006	343 041	20 840	16.46
1999	417 188	25 345	16.46	2007	336 747	20 458	16.46
2000	412 860	25 082	16.46	2008	335 341	20 373	16.46
2001	412 524	25 062	16.46	2009	335 466	20 380	16.46

说明：表中人口数为派出所统计的实际户口人数。

1994—2009年崇文区各街道人口密度统计表

表2-4

年份	前门		崇文门外		东花市		龙潭		体育馆路		天坛		永定门外	
	人口数（人）	人口密度（人/平方千米）	人口数（人）	人口密度（人/平方千米）	人口数（人）	人口密度（人/平方千米）	人口数（人）	人口密度（人/平方千米）	人口数（人）	人口密度（人/平方千米）	人口数（人）	人口密度（人/平方千米）	人口数（人）	人口密度（人/平方千米）
1994	48 344	43 949	50 994	46 358	62 882	31 441	62 490	20 421	57 509	31 254	70 201	17 419	81 377	24 437
1995	48 317	43 924	50 811	46 191	61 741	30 870	62 592	20 454	57 357	31 172	61 741	15 320	81 202	24 384
1996	48 094	43 721	50 240	45 672	61 142	30 571	62 617	20 463	56 905	30 926	69 602	17 270	82 071	24 645
1997	48 333	43 939	49 880	45 345	60 511	30 255	62 636	20 469	56 850	30 896	69 509	17 247	82 648	24 819
1998	47 985	43 622	47 608	43 280	58 283	29 141	61 925	20 236	54 023	29 360	68 793	17 070	81 858	24 581
1999	48 195	43 813	46 753	42 502	56 604	28 302	61 810	20 199	53 040	28 826	68 780	17 066	82 006	24 626
2000	47 589	43 262	44 554	40 503	56 016	28 008	61 781	20 189	52 464	28 513	68 894	17 095	81 562	24 493
2001	47 229	42 935	43 145	39 222	55 066	27 533	61 576	20 122	53 639	29 151	69 415	17 224	82 454	24 760
2002	46 462	42 238	39 890	36 263	52 174	26 087	60 180	19 666	54 959	29 869	69 654	17 283	84 078	25 248
2003	45 877	41 706	36 081	32 800	49 184	24 592	58 226	19 028	54 280	29 500	67 602	16 774	85 290	25 612
2004	43 710	39 736	31 184	28 349	43 979	21 989	53 401	17 451	52 314	28 431	61 874	15 353	83 072	24 946
2005	41 040	37 309	32 055	29 140	40 304	20 152	51 338	16 777	51 642	28 066	59 451	14 752	82 432	24 754
2006	29 085	26 440	33 651	30 591	38 468	19 234	51 594	16 860	49 699	27 010	58 444	14 502	82 100	24 654
2007	26 279	23 890	34 103	31 002	37 949	18 974	52 507	17 159	46 744	25 404	57 350	14 230	81 815	24 569
2008	24 560	22 327	34 424	31 294	37 772	18 886	54 169	17 702	45 985	24 991	56 467	14 011	81 964	24 613
2009	23 713	21 557	34 605	31 459	37 774	18 887	55 243	18 053	45 873	24 930	55 965	13 887	82 293	24 712
土地面积（平方千米）	1.10		1.10		2.00		3.06		1.84		4.03		3.33	

第二章　变　动

第一节　自然变动

1994年至1996年，区境内出生人口由2 090人降至1 597人，死亡人口由2 552人升至2 705人，自然增长数从 −462 人降至 −1 108 人，自然增长率年均 −1.76‰。1997 年，自然增长数为 −881 人，自然增长率 −2.04‰。1998 年，死亡人口 3 897 人，死亡率 9.27‰；人口自然增长率及自然增长数分别为 −6.12‰、−2 571 人。1999 年至 2000 年，年均人口增长约为 −1 400 人，年均自然增长率 −3.38‰，高于 1998 年自然增长率，较 1994 年至 1998 年年均自然增长率 −2.69‰低 0.69‰。2001 年至 2003 年，出生人口绝对数逐年下降。2003 年出生人口仅为 983 人，出生率 2.48‰，为 1994 年至 2003 年最低点。2004 年至 2006 年，自然增长数从 −910 人升至 −79 人，自然增长率从 −2.46‰升至 −0.23‰。

2007 年至 2009 年，随着第一代独生子女进入婚育高峰，国民生活水平和人均寿命不断提高，区境内人口呈现“四高一低”现象，即出生人口数、出生率、自然增长率、自然增长数均达到1994年以来最高值，死亡率达到最低值，人口自然增长率开始呈正增长。2009年，出生人口2 472人，人口出生率 7.37‰，较 2003 年多出生 1 489 人，出生率高出 4.89‰；自然增长人口 1 071 人，自然增长率 3.19‰，较 1998 年多 3 642 人；人口死亡率 4.18‰，较最高点 1998 年下降 5.09‰。

1994—2009年崇文区人口自然变动统计表

表2−5

年份	出生人口（人）	出生率（‰）	死亡人口（人）	死亡率（‰）	自然增长率（‰）
1994	2 090	4.82	2 552	5.88	−1.06
1995	2 005	4.73	2 701	6.37	−1.64
1996	1 597	3.71	2 705	6.28	−2.57
1997	1 771	4.12	2 652	6.16	−2.04
1998	1 326	3.15	3 897	9.27	−6.12
1999	1 370	3.29	2 565	6.15	−2.86
2000	1 488	3.60	3 092	7.49	−3.89
2001	1 211	2.94	2 219	5.38	−2.44
2002	1 153	2.83	1 692	4.15	−1.32
2003	983	2.48	1 622	4.09	−1.61
2004	1 294	3.50	2 204	5.96	−2.46
2005	1 571	4.39	2 038	5.69	−1.30

续表

年份	出生人口（人）	出生率（‰）	死亡人口（人）	死亡率（‰）	自然增长率（‰）
2006	1 534	4.47	1 613	4.70	−0.23
2007	2 061	6.12	1 385	4.11	2.01
2008	2 314	6.90	1 452	4.33	2.57
2009	2 472	7.37	1 401	4.18	3.19

第二节　机械变动

变化幅度　1994 年，全区迁入 20 657 人，迁出 20 564 人，迁入比迁出人数多 93 人，迁入迁出人数同人口的比例(简称机械变动比例)为 0.95 : 10。1994 年至 2009 年，累计变动人数 590 701 人。其中，迁入人口 251 043 人，迁出人口 339 658 人，净迁出 88 615 人，机械变动比例平均为 0.94 : 10；最高值为 2004 年的 1.79 ：10，最低值为 2009 年的 0.54 ：10。

与外省市互迁　1994 年至 2000 年，市外净迁入区境内人数年均 1 215 人，区境内迁往外省市人数年均 569 人。其中，迁入人数最多的是 1994 年，为 2 251 人，最少的是 1998 年，为 1 565 人；迁往外省市最少的是 1996 年，为 456 人，最多的是 1998 年，为 669 人。市外迁入人数总体呈下降趋势。

2001 年至 2005 年，年均迁入 2 078 人、迁出 262 人，净迁入年均 1 816 人，比 1994 年至 2000 年年均迁入多 601 人。其中，2003 年，因北京市放宽夫妻投靠、子女投靠、小孩随父母等户口政策，外省市农转非户口剧增，当年迁入区境内 2 141 人，比 1998 年上升 36.81%。2005 年净迁入 2 044 人，为 1994 年以来最高值。2006 年至 2009 年，年均迁入 1 182 人、迁出 187 人，年均净迁入 995 人。其中，2007 年，市外迁入 1 041 人，较 1994 年减少 1 210 人，下降 53.75%；迁往外省市 163 人，较 1994 年减少 355 人，下降 68.53%；迁入、迁出人数均为 1994 年至 2009 年最低值。1994 年至 2009 年 16 年间，累计外省市迁入 27 607 人，迁往外省市 6 041 人，净迁入 21 566 人。

市内互迁　1994 年至 1997 年，区境内居民迁往北京市其他区县和由其他区县迁入区境内的人口均逐年下降，1997 年净减少 733 人，是 1994 年以来净减人数最少的一年。1998 年，在更换居民户口簿、整顿户口工作中统计：区境内居民迁往其他区县 24 748 人，由其他区县迁入区境内 16 532 人，净减少 8 216 人，净减人数达 1994 年以来最高值。1999 年、2000 年，净减人数分别为 3 399 人、3 645 人，均高于 1994 年至 1997 年各年。2001 年，其他区县迁入区境内人数升至 18 246 人，区境内居民迁往其他区县人数从 2000 年的 21 454 人降至 19 289 人，净减少 1 043 人。

图2−4　2007年3月，天坛派出所内勤民警接待办理户口手续的群众

2003 年 8 月至 12 月，公安崇文分局对区境内因拆迁、危房改造，到外区安置的人口较集中的地区，建立 7 个清理“人户分离户口”站点，在当地派出所民警、街道及社区干部协助下，为居民办理户口迁出和在当地入户手续，区境内居民迁往其他区县人数逐年增多。2004 年，迁往其他区县人数 45 910 人，为 1994 年以来最多的一年。

2005 年以后，区境内迁往其他区县人数和其他区县迁入人数均开始下降；2007 年，迁往其他区县人数回落到 16 021 人，其他区县迁入人数降至 8 074 人；2009 年，迁往其他区县人数 9 442 人，其他区县迁入人数 7 345 人，均达 16 年中最低值，净减少 2 097 人。1994 年至 2009 年 16 年间，累计其他区县迁入区境内 223 436 人，区境内迁往其他区县 333 617 人，净迁出 110 181 人。

1994—2009年崇文区人口机械变动统计表

表2–6　　　单位：人

年份	迁入		迁出		变动结果
	人数	其中市外迁入	人数	其中迁往市外	
1994	20 657	2 251	20 564	518	93
1995	18 087	1 766	18 565	602	−478
1996	17 469	1 643	17 614	456	−145
1997	16 893	1 818	16 315	507	578
1998	18 097	1 565	25 417	669	−7 320
1999	15 209	1 878	17 304	574	−2 095
2000	19 379	1 570	22 111	657	−2 732
2001	20 409	2 163	19 738	449	671
2002	15 081	1 888	19 669	274	−4 588
2003	11 564	2 141	22 048	178	−10 484
2004	19 975	1 964	46 132	222	−26 157
2005	19 186	2 232	29 969	188	−10 783
2006	12 616	1 433	27 727	176	−15 111
2007	9 115	1 041	16 184	163	−7 069
2008	8 788	1 081	10 682	231	−1 894
2009	8 518	1 173	9 619	177	−1 101
合计	251 043	27 607	339 658	6 041	−88 615

第三章　结　构

第一节　性别与年龄构成

性别构成　2000 年第五次全国人口普查，全区人口中男性 173 384 人，占总人口 50.08%；女性 172 821 人，占总人口 49.92%。性别比（以女性为 100，男性对女性的比例）100.33，低于 1990 年全国人口普查的 102.42。2010 年第六次全国人口普查，全区常住人口中男性 169 572 人，占常住人口 49%；女性 176 501 人，占常住人口 51%。性别比由 2000 年第五次全国人口普查的 100.33 降至 96.07。

年龄构成　2000 年第五次全国人口普查，全区人口中 14 岁以下人口占总人口 11.81%，15 岁至 64 岁人口占总人口 75.49%，65 岁及以上人口占总人口 12.60%。与 1990 年第四次全国人口普查相比，14 岁以下人口的比重下降 7.28 个百分点，65 岁及以上人口的比重上升 4.14 个百分点。2010 年第六次全国人口普查，常住人口中 14 岁以下人口占常住人口 7.22%，15 岁至 64 岁人口占常住人口 80.31%，65 岁及以上人口占常住人口 12.47%。同 2000 年第五次全国人口普查相比，14 岁以下人口的比重下降 4.59 个百分点，15 岁至 64 岁人口的比重上升 4.82 个百分点，65 岁及以上人口的比重下降 0.13 个百分点。

2000年第五次全国人口普查崇文区人口年龄与性别构成统计表

表2−7

年龄（周岁）	人口（人）			占总人口比重（%）			性别比
	男	女	合计	男	女	合计	
0~4	4 063	3 719	7 782	1.17	1.07	2.24	109.25
5~9	5 949	5 400	11 349	1.72	1.56	3.28	110.17
10~14	11 236	10 533	21 769	3.25	3.04	6.29	106.67
15~19	15 961	15 019	30 980	4.61	4.34	8.95	106.27
20~24	12 582	11 785	24 367	3.63	3.40	7.03	106.76
25~29	11 705	11 485	23 190	3.38	3.32	6.70	101.92
30~34	12 745	12 936	25 681	3.68	3.74	7.42	98.52
35~39	20 569	19 401	39 970	5.94	5.60	11.54	106.02
40~44	21 410	20 503	41 913	6.18	5.92	12.10	104.42
45~49	16 890	16 100	32 990	4.88	4.65	9.53	104.91
50~54	8 862	7 996	16 858	2.56	2.31	4.87	110.83

续表

年龄（周岁）	人口（人）			占总人口比重（%）			性别比
	男	女	合计	男	女	合计	
55~59	5 041	5 285	10 326	1.46	1.53	2.99	95.38
60~64	6 053	9 030	15 083	1.75	2.61	4.36	67.03
65~69	7 883	9 441	17 324	2.28	2.73	5.01	83.50
70~74	6 116	6 821	12 937	1.77	1.97	3.74	89.66
75~79	3 787	4 300	8 087	1.09	1.24	2.33	88.07
80~84	1 751	2 036	3 787	0.51	0.59	1	86
85~89	612	765	1 377	0.18	0.22	0.40	80
90~94	148	219	367	0.04	0.06	0.10	67.58
95~99	20	42	62	0.01	0.01	0.02	47.62
100及以上	1	5	6				20
总计	173 384	172 821	346 205	50.08	49.92	100	100.33

2010年第六次全国人口普查崇文区人口年龄与性别构成统计表

表2-8

年龄（周岁）	人口数（人）			占总人口比重（%）			性别比
	男	女	合计	男	女	合计	
0~4	5 256	4 744	10 000	1.52	1.37	2.89	110.79
5~9	3 651	3 287	6 938	1.05	0.95	2	111.07
10~14	4 129	3 952	8 081	1.19	1.14	2.33	104.48
15~19	7 502	7 485	14 987	2.17	2.16	4.33	100.23
20~24	16 323	17 602	33 925	4.72	5.09	9.81	92.73
25~29	18 807	20 397	39 204	5.43	5.89	11.32	92.20
30~34	14 211	14 418	28 629	4.11	4.17	8.28	98.56
35~39	12 161	12 505	24 666	3.51	3.61	7.12	97.25
40~44	12 382	12 923	25 305	3.58	3.73	7.31	95.81
45~49	17 516	16 842	34 358	5.06	4.87	9.93	104
50~54	16 799	16 806	33 605	4.85	4.86	9.71	99.96
55~59	13 915	14 163	28 078	4.02	4.09	8.11	98.25
60~64	7 704	7 456	15 160	2.23	2.15	4.38	103.33
65~69	4 457	5 105	9 562	1.29	1.48	2.77	87.31
70~74	4 794	7 032	11 826	1.39	2.03	3.42	68.17
75~79	5 069	6 163	11 232	1.46	1.78	3.24	82.25

续表

年龄（周岁）	人口数（人）			占总人口比重（%）			性别比
	男	女	合计	男	女	合计	
80~84	3 131	3 510	6 641	0.90	1.01	1.91	89.20
85~89	1 314	1 544	2 858	0.38	0.45	0.83	85.10
90~94	349	445	794	0.10	0.13	0.23	78.43
95~99	92	102	194	0.03	0.03	0.06	90.20
100及以上	10	20	30		0.01	0.01	50
总计	169 572	176 501	346 073	49	51	100	96.07

第二节　民族构成

2000 年第五次全国人口普查，全区人口中汉族 329 532 人，占总人口 95.18%；32 个少数民族共 16 673 人（含未识别民族 1 人），占总人口 4.82%。少数民族人口中占前三位的为回族、满族、蒙古族。与 1990 年第四次全国人口普查相比，汉族减少 70 353 人，减少 17.59%；少数民族减少 1 093 人，减少 6.15%。

图2-5　2006年2月22日，区人口和计划生育领导小组召开工作会

2010 年第六次全国人口普查，全区常住人口中汉族 331 432 人，占常住人口 95.77%；45 个少数民族共 14 641 人（含未识别民族 4 人、外国人加入中国籍 1 人），占常住人口 4.23%。少数民族人口中占前三位的为回族、满族、蒙古族。同 2000 年第五次全国人口普查相比，汉族增加 1 900 人，增加 0.58%；少数民族减少 2 036 人，减少 12.21%。

2000年第五次和2010年第六次全国人口普查崇文区民族构成统计表

表2-9　　单位：人

民族类别	2000年第五次全国人口普查	2010年第六次全国人口普查	民族类别	2000年第五次全国人口普查	2010年第六次全国人口普查
人口总数	346 205	346 073	藏族	25	49
汉族	329 532	331 432	维吾尔族	60	40
蒙古族	799	1 146	苗族	71	103
回族	9 350	6 858	彝族	28	53
壮族	69	173	景颇族	1	2
布依族	13	17	柯尔克孜族	0	1

续表

民族类别	2000年第五次全国人口普查	2010年第六次全国人口普查	民族类别	2000年第五次全国人口普查	2010年第六次全国人口普查
朝鲜族	299	296	土族	6	5
满族	5 629	5 344	达斡尔族	10	23
侗族	11	35	仫佬族	0	2
瑶族	9	23	羌族	0	4
白族	27	55	撒拉族	35	18
土家族	129	191	毛南族	0	2
哈尼族	10	12	仡佬族	1	16
哈萨克族	0	7	锡伯族	32	42
傣族	12	23	乌孜别克族	0	1
黎族	4	14	俄罗斯族	3	5
傈僳族	0	1	鄂温克族	2	9
佤族	0	6	保安族	2	0
畲族	11	15	裕固族	1	1
高山族	4	2	塔塔尔族	0	1
拉祜族	0	3	鄂伦春族	0	2
水族	0	4	赫哲族	0	2
东乡族	7	3	其他未识别的民族	1	4
纳西族	12	27	外国人加入中国籍	0	1

第三节　文化构成与身体素质

文化构成　2000年第五次全国人口普查，全区6周岁及以上336 455人口中，接受大学（大专以上）教育的有47 630人，占14.16%；接受高中（含中专、职高等）教育的有114 201人，占33.94%；接受初中教育的有106 155人，占31.55%；接受小学教育的有51 093人，占15.19%。以上各种受教育程度的人包括各类学校的毕业生、肄业生和在校生。与1990年第四次全国人口普查相比，每10万人中拥有各种受教育程度的人数变化如下：受过大学及以上教育的由7 155人升至13 746人，受过高中教育的由26 900人升至33 011人，受过初中教育的由28 002人升至30 666人，受过小学教育的由20 513人降至14 745人。全区人口中不识字或识字很少的文盲人口17 376人，其中15周岁及以上文盲率由1990年第四次全国人口普查的9.89%降至5.16%。

2010年第六次全国人口普查，全区6周岁及以上334 582人口中，具有大学程度的122 698人，占36.67%；高中程度的96 844人，占28.94%；初中程度的78 766人，占23.54%；小学程度的 28 834 人，占 8.62%。同 2000 年第五次全国人口普查相比，每 10 万人中具有大学程度的由 13 746 人升至 35 454 人，高中程度的由 33 011 人降至 27 984 人，初中程度的由 30 666 人降至 22 760 人，小学程度的由 14 745 人降至 8 332 人。文盲 6 700 人[①]，文盲率 2.08%。同 2000 年第五次全国人口普查相比，文盲人口减少 0.89 万人，文盲率下降 3.08 个百分点。

2000年第五次和2010年第六次全国人口普查崇文区人口文化构成统计表

表2－10　　单位：人

<table>
<tr><th>文化程度</th><th>2000年第五次全国人口普查</th><th>2010年第六次全国人口普查</th></tr>
<tr><td>6周岁及6周岁以上人口</td><td>336 455</td><td>334 582</td></tr>
<tr><td>未上过学</td><td>15 906</td><td>7 440</td></tr>
<tr><td>扫盲班</td><td>1 470</td><td>0</td></tr>
<tr><td>小学</td><td>51 093</td><td>28 834</td></tr>
<tr><td>初中</td><td>106 155</td><td>78 766</td></tr>
<tr><td>高中</td><td>85 556</td><td rowspan="2">96 844</td></tr>
<tr><td>中专</td><td>28 645</td></tr>
<tr><td>大学专科</td><td>27 935</td><td>50 624</td></tr>
<tr><td>大学本科</td><td>17 989</td><td>61 210</td></tr>
<tr><td>研究生</td><td>1 706</td><td>10 864</td></tr>
</table>

身体素质　1994 年，全区户籍人口平均期望寿命 76.26 岁，其中男性 74.68 岁，女性 77.91 岁；人口死亡率为 5.88‰，死因排前三位的是脑血管病、心脏病、恶性肿瘤；围产儿死亡率为 12.24‰，5 周岁及以下儿童死亡率为 11.66‰。2009 年，全区户籍人口平均期望寿命增至 84.32 岁，其中男性 82.62 岁、女性 86.03 岁，比 1994 年提高 8.06 岁，其中男性提高 7.94 岁，女性提高 8.12 岁；人口死亡率降至 4.18‰，死因排前三位的是恶性肿瘤、心脏病、脑血管病；围产儿死亡率降至 4.68‰，5 周岁及以下儿童死亡率降至 2.35‰。

1996 年至 2000 年，国民体质测试平均合格率为 85%，平均优秀率为 18%。2001 年至 2009 年，国民体质测试平均合格率增至 87.71%，平均优秀率增至 19.49%。

1994—2009年崇文区户籍人口期望寿命统计表

表2－11　　单位：岁

年份	平均期望寿命	其中	
		男	女
1994	76.26	74.68	77.91
1995	75.45	74.40	77.60
1996	75.16	73.55	76.88
1997	75.84	75.02	76.64

① 2010年的文盲人口是15周岁及以上人口中的文盲人口，文盲率的分母是15周岁及以上人口数321 054人。

续表

年份	平均期望寿命	其中	
		男	女
1998	72.52	71.18	73.93
1999	75.91	74.51	77.32
2000	74.26	73.21	75.31
2001	77.31	75.94	78.74
2002	82.70	81.87	83.53
2003	83.78	82.95	84.95
2004	84.83	83.36	86.21
2005	85.93	84.21	87.62
2006	87.88	86.24	89.41
2007	86.83	84.83	88.82
2008	83.41	81.71	85.09
2009	84.32	82.62	86.03

1994—2009年崇文区户籍人口前十位死因顺位一览表

表2-12

年份	第一位	第二位	第三位	第四位	第五位	第六位	第七位	第八位	第九位	第十位
1994	脑血管病	心脏病	恶性肿瘤	呼吸系统疾病	损伤和中毒	消化系统疾病	内分泌营养代谢病	神经系统疾病	传染病	泌尿、生殖系统疾病
1995	脑血管病	心脏病	恶性肿瘤	呼吸系统疾病	损伤和中毒	消化系统疾病	内分泌营养代谢病	传染病	神经系统疾病	泌尿、生殖系统疾病
1996	脑血管病	心脏病	恶性肿瘤	呼吸系统疾病	损伤和中毒	消化系统疾病	内分泌营养代谢病	泌尿、生殖系统疾病	传染病	神经系统疾病
1997	脑血管病	心脏病	恶性肿瘤	呼吸系统疾病	损伤和中毒	内分泌营养代谢病	消化系统疾病	传染病	泌尿、生殖系统疾病	神经系统疾病
1998	脑血管病	心脏病	恶性肿瘤	呼吸系统疾病	损伤和中毒	消化系统疾病	内分泌营养代谢病	神经系统疾病	传染病	泌尿、生殖系统疾病
1999	脑血管病	恶性肿瘤	心脏病	呼吸系统疾病	内分泌营养代谢病	损伤和中毒	消化系统疾病	泌尿、生殖系统疾病	神经系统疾病	传染病
2000	脑血管病	恶性肿瘤	心脏病	呼吸系统疾病	内分泌营养代谢病	损伤和中毒	消化系统疾病	神经系统疾病	泌尿、生殖系统疾病	精神病
2001	脑血管病	恶性肿瘤	心脏病	呼吸系统疾病	内分泌营养代谢病	损伤和中毒	消化系统疾病	神经系统疾病	泌尿、生殖系统疾病	传染病
2002	恶性肿瘤	脑血管病	心脏病	呼吸系统疾病	内分泌营养代谢病	损伤和中毒	消化系统疾病	传染病	泌尿、生殖系统疾病	神经系统疾病

续表

年份	第一位	第二位	第三位	第四位	第五位	第六位	第七位	第八位	第九位	第十位
2003	心脏病	恶性肿瘤	脑血管病	呼吸系统疾病	内分泌营养代谢病	损伤和中毒	消化系统疾病	传染病	泌尿、生殖系统疾病	神经系统疾病
2004	心脏病	恶性肿瘤	脑血管病	呼吸系统疾病	消化系统	内分泌营养代谢病	损伤和中毒	泌尿、生殖系统疾病	传染病	神经系统疾病
2005	心脏病	恶性肿瘤	脑血管病	呼吸系统疾病	内分泌营养代谢病	消化系统疾病	损伤和中毒	泌尿、生殖系统疾病	神经系统疾病	血液疾病
2006	恶性肿瘤	心脏病	脑血管病	呼吸系统疾病	内分泌营养代谢病	损伤和中毒	消化系统疾病	泌尿、生殖系统疾病	神经系统疾病	传染病
2007	恶性肿瘤	心脏病	脑血管病	呼吸系统疾病	消化系统疾病	内分泌营养代谢病	损伤及中毒	神经系统疾病	传染病	泌尿、生殖系统疾病
2008	恶性肿瘤	心脏病	脑血管病	呼吸系统疾病	内分泌营养代谢病	消化系统疾病	损伤和中毒	泌尿、生殖系统疾病	神经系统疾病	传染病
2009	恶性肿瘤	心脏病	脑血管病	呼吸系统疾病	内分泌营养代谢病	消化系统疾病	损伤和中毒	神经系统疾病	泌尿、生殖系统疾病	传染病

第四节 家庭户构成

1994年，全区有家庭户156 570户，1998年以后逐步减少。2000年第五次全国人口普查，全区有家庭户118 524户，家庭户人口328 200人，占总人口94.79%，平均每个家庭户人口2.77人。其中3人户最多，为47 741户，占家庭户总数40.28%，比1990年第四次全国人口普查平均每个家庭户人口3.11人减少0.34人，比3人户42 512户增加5 229户。

2010年第六次全国人口普查，全区有家庭户124 210户，家庭户人口315 700人，平均每个家庭户人口2.54人。仍是3人户最多，为39 493户，占家庭户总数31.80%；其次是2人户，为34 126户，占家庭户总数27.47%；1人户29 104户，占23.43%。比2000年第五次全国人口普查的平均每个家庭户人口减少0.23人，比3人户减少8 248户，1人户、2人户分别增加11 360户、4 060户。

2000年第五次和2010年第六次全国人口普查崇文区家庭户规模及构成统计表

表2-13

家庭户规模	2000年第五次全国人口普查		2010年第六次全国人口普查	
	户数（户）	百分比（%）	户数（户）	百分比（%）
总户数	118 524	100	124 210	100
1人户	17 744	14.97	29 104	23.43
2人户	30 066	25.37	34 126	27.47
3人户	47 741	40.28	39 493	31.80

续表

家庭户规模	2000年第五次全国人口普查		2010年第六次全国人口普查	
	户数（户）	百分比（%）	户数（户）	百分比（%）
4人户	13 408	11.31	12 573	10.12
5人户	6 195	5.23	5 919	4.77
6人户	2 039	1.72	1 796	1.45
7人户	800	0.67	718	0.58
8人户	322	0.27	310	0.25
9人户	127	0.11	109	0.09
10人及以上户	82	0.07	62	0.05

第五节　行业与职业构成

行业构成　2000 年第五次全国人口普查长表数据[①]显示，全区在业人口 16 549 人，其中，男性 9 262 人，占 55.97%；女性 7 287 人，占 44.03%。在业人口的行业构成：从事批发零售贸易和餐饮业的 5 167 人，占 31.22%；从事制造业的 3 381 人，占 20.43%；从事社会服务业的 2 649 人，占 16.01%。以上 3 个行业的人员占总在业人口 67.66%，男性人数均高于女性。

2010 年第六次全国人口普查长表数据显示，全区就业人口 14 227 人，其中，男性 7 802 人，占 54.84%；女性 6 425 人，占 45.16%。就业人口的行业构成：从事批发和零售业的 2 869 人，占 20.17%；从事制造业的 1 306 人，占 9.18%；从事公共管理和社会组织的 1 238 人，占 8.70%；从事交通运输、仓储和邮政业的 1 056 人，占 7.42%；从事租赁和商务服务业的 1 006 人，占 7.07%。以上 5 个行业的人员占在业人口 52.54%。除从事租赁和商务服务业的女性人数高于男性外，其他 4 个行业男性人数均高于女性。

2000年第五次全国人口普查崇文区在业人口行业及性别统计表

表2—14

行业类别	在业人口（人）	行业构成百分比（%）	男（人）	女（人）
农、林、牧、渔业	12	0.07	9	3
采掘业	4	0.02	1	3
制造业	3 381	20.43	1 939	1 442
电力、燃气及水的生产和供应业	132	0.80	95	37
建筑业	715	4.32	582	133
地质勘查业、水利管理业	8	0.05	5	3

①第五次全国人口普查和第六次全国人口普查均采用普查和抽样调查相结合的方法，人口普查表分为普查表短表和普查表长表两种形式。抽取10%的户填报普查表长表，其余的是户填报普查表短表。长表数据为10%抽样户填报的数据。

续表

行业类别	在业人口（人）	行业构成百分比（%）	男（人）	女（人）
交通运输、仓储及邮电通信业	689	4.16	452	237
批发零售贸易和餐饮业	5 167	31.22	2 727	2 440
金融、保险业	410	2.48	212	198
房地产业	479	2.89	309	170
社会服务业	2 649	16.01	1 476	1 173
卫生、体育和社会福利业	475	2.87	155	320
教育、文化艺术及广播电影电视业	1 010	6.10	434	576
科学研究和综合技术服务业	341	2.06	209	132
国家机关、党政机关和社会团体	895	5.41	552	343
其他行业	182	1.10	105	77
合计	16 549	100	9 262	7 287

2010年第六次全国人口普查崇文区就业人口行业及性别统计表

表2–15

行业类别	就业人口（人）	行业构成百分比（%）	男（人）	女（人）
农、林、牧、渔业	9	0.06	6	3
采矿业	35	0.25	27	8
制造业	1 306	9.18	821	485
电力、燃气及水的生产和供应业	192	1.35	129	63
建筑业	444	3.12	319	125
交通运输、仓储和邮政业	1 056	7.42	780	276
信息传输、计算机服务和软件业	631	4.44	397	234
批发和零售业	2 869	20.17	1 396	1 473
住宿和餐饮业	985	6.92	555	430
金融业	918	6.45	455	463
房地产业	670	4.71	411	259
租赁和商务服务业	1 006	7.07	463	543
科学研究、技术服务和地质勘查业	336	2.36	192	144
水利、环境和公共设施管理业	219	1.54	143	76
居民服务和其他服务业	411	2.89	187	224
教育	569	4	195	374
卫生、社会保障和社会福利业	569	4	186	383
文化、体育和娱乐业	756	5.31	392	364

续表

行业类别	就业人口（人）	行业构成百分比（%）	男（人）	女（人）
公共管理和社会组织	1 238	8.70	745	493
国际组织	8	0.06	3	5
合计	14 227	100	7 802	6 425

职业构成 2000年第五次全国人口普查长表数据显示，全区在业人口16 549人中，商业、服务业人员6 035人，占36.47%；生产、运输设备操作人员及有关人员4 055人，占24.50%；专业技术人员3 155人，占19.06%；办事人员和有关人员1 870人，占11.30%。以上4类职业人员总数占全区在业人口的91.33%。

2010年第六次全国人口普查长表数据显示，全区就业人口14 227人中，商业、服务业人员4 772人，占33.54%；专业技术人员3 923人，占27.57%；办事人员和有关人员3 460人，占24.32%。以上3类职业人员总数占全区就业人口的85.43%。

2000年第五次全国人口普查崇文区在业人口职业及性别统计表

表2-16

职业	在业人口（人）	职业构成百分比（%）	男（人）	女（人）
国家机关、党群组织、企业、事业单位负责人	1 404	8.48	992	412
专业技术人员	3 155	19.06	1 215	1 940
办事人员和有关人员	1 870	11.30	1 192	678
商业、服务业人员	6 035	36.47	2 882	3 153
农、林、牧、渔、水利业生产人员	29	0.18	20	9
生产、运输设备操作人员及有关人员	4 055	24.50	2 960	1 095
不便分类的其他从业人员	1	0.01	1	0
合计	16 549	100	9 262	7 287

2010年第六次全国人口普查崇文区就业人口职业及性别统计表

表2-17

职业	就业人口（人）	职业构成百分比（%）	男（人）	女（人）
国家机关、党群组织、企业、事业单位负责人	654	4.60	443	211
专业技术人员	3 923	27.57	1 747	2 176
办事人员和有关人员	3 460	24.32	1 980	1 480
商业、服务业人员	4 772	33.54	2 435	2 337
农、林、牧、渔、水利业生产人员	8	0.06	6	2
生产、运输设备操作人员及有关人员	1 405	9.88	1 187	218
不便分类的其他从业人员	5	0.04	4	1
合计	14 227	100	7 802	6 425

第四章　计划生育

第一节　宣传教育

政策法规宣传　自1994年起，每年7月和9月全区围绕“世界人口日”（7月11日）和《中共中央关于控制我国人口增长问题致全体共产党员、共青团员的公开信》（简称《公开信》）及党中央、国务院《关于加强计划生育工作严格控制人口增长的决定》发表纪念日，在区境内繁华地区、街巷开展计划生育国策的宣传咨询活动，召开全区计划生育工作表彰大会，举办全区党政领导干部学习人口理论征文比赛等，倡导自觉依法实行计划生育。

2000年至2002年，全区先后组织学习、宣传中共中央、国务院颁布的《关于加强人口与计划生育工作稳定低生育水平的决定》(简称《决定》)、《中华人民共和国人口与计划生育法》(简称《人口与计划生育法》)、《北京市人口与计划生育工作条例》（简称《条例》）的活动。其间，从区委理论学习中心组到区属各单位及驻区单位，开展“计生与法同行”宣传活动，强化人们依法实行计划生育的自觉性。2003年至2005年，全区投入经费近20万元，开展计划生育有关政策和法律法规展览、培训、宣传等活动。

2006年至2007年，全区贯彻实施党中央、国务院《关于全面加强人口与计划生育工作统筹解决人口问题的决定》，举办首届人口发展论坛，区发展和改革委员会、民政局、崇文门外街道等7个单位围绕区域人口发展、老龄化、就业与和谐社会建设、提高区域人口素质和加强计划生育现住地管理等问题作专题发言，探讨建立统筹解决人口问题的工作机制。并组织流动人口学习、座谈《北京市流动人口计划生育管理办法》。区人口计生委与区委宣传部、区文化委联合举办“城南驿站亲情服务 携手共建美好崇文”文艺会演，宣传有关计划生育的法律法规等。

图2–6　2006年12月1日，区举办首届人口发展论坛

生殖健康宣传教育　自2000年起，每年10月28日即中国男性生殖健康宣传日，区计划生育部门与友谊医院、同仁医院、普仁医院等在新世界广场、五环广场等地联合开展“关注男性生殖健康和男性参与计划生育”“男性健康与文明家庭”等主题宣传咨询活动，唤起男性参与计划生育的主动性和责任感。同时，在全区范围内开展“婚育新风进万家”活动。2001年，区、街道计划生育部门向流动人口8 000人次宣传生殖健康和优生优育知识，覆盖面达90%以上。同时，在全区开展读生殖健康丛书、答《生殖健康知识》问卷等活动，免费下发《男女性生殖健康》丛书2.30万册、系列教育光盘59种400盘。全区计划生育专兼职干部、社区医务人员、居委会主任、

新婚夫妇、孕产夫妇5 000余人次参加。2003年，崇文门外街道被评为全国10个男性健康教育先进试点社区之一。

2004年至2005年，为遏制出生人口性别比持续攀升，区人口计生委与区教委、团区委、区妇联等部门制订《关爱女孩实施方案》，开展评选“表彰十佳女孩”“关爱女孩好母亲”“关爱女孩奥运情”等活动。

图2-7　2004年7月10日，区计生协会、区文化委、团区委联合举办世界人口日主题宣传活动

2005年，区图书馆建立生殖健康科普宣传教育基地，开展系列讲座，并配有生殖健康等各类图书45种130余册，借阅量3 200人次、4 500册次。2007年，开展“千万会员防艾滋”主题宣传服务活动；在区内22个集贸市场和商场建立流动人口图书角，提供优生优育、生殖健康等方面科普图书杂志1万余册。2008年，区婚姻登记处开设“玫瑰之约”服务室，为新婚人员提供政策咨询等服务，倡导婚前检查，赠送新婚大礼包；编纂《青春问答——绿色书柬》等5期教育宣传折页，发给育龄群众。

青春健康教育　2003年，崇文区被中国计生协会确定为全国“青春健康”项目试点区，在中学探索开展青春健康教育工作的思路和模式，崇文门中学等3所中学为区首批青春健康示范校。2005年，在北京自然博物馆建立青春健康项目教育基地，举办“史前生命展”“人体奥秘展”“少男少女青春期图片展”等，供青少年及家长参观。2006年，区人口计生委与区教委联合制订开展青春健康项目的实施意见，将该项目纳入中学教育教学大纲。与区教育研修学院共同举办青春健康项目骨干师资教学研讨班，15所中学30余名项目专职教师，观摩五十中学“成长之道”迎接青春期之审美观的教学活动。2007年，北京汇文中学等5所中学被评为区青春健康示范校。2008年，区人口计生委和计生协会在五十中学举办首届青春健康项目师资培训班，青春健康师资力量由专职教师扩大至全校班主任教师。第十一中学举办“家长大课堂——当青春期遇上更年期”讲座。区召开青春健康项目工作研讨会等。

宣传阵地　2001年，区政府拨款15万元制作21个不锈钢计划生育宣传栏，分设在区境内7个街道的繁华街巷。2002年，区计生委与亚都公司共同制作计划生育宣传展板2 300余块，安装在全区居民楼楼道和电梯间。2004年，按照国家计生委关于加快建立完善计划生育公益性宣传机制的要求，区人口计生委启动建立人口文化宣传街工程，在崇文门西大街建立百米生育文化科普知识宣传长廊。同年6月，开通公共信息网，设有《政策法规》《健康快车》《避孕方法》《药具知识》《专家咨询》等栏目。2006年，区人口计生委依托区疾病预防控制中心、区第一人民医院，在全市计划生育系统率先建立预防艾滋病宣传服务阵地——崇文区“红丝带之家”，设电话咨询热线、VCD视频、安全套推广关怀站等。2009年8月，区人口文化公园在市四城区率先建成，位于永定门城楼东南角，园内设有《玫瑰之约》《希望之星》《幸福之光》《生育关怀》4个板块的雕塑。

第二节 管理服务

机构 区计划生育委员会（简称区计生委） 1994年，该委设办公室、宣传教育科、综合业务科、计划生育药具管理站（与计划生育生殖健康技术指导中心两块牌子）。区及各街道、各单位均设立计划生育领导小组，7个街道计划生育办公室有专职干部43人，72个直属单位有专兼职干部75人。1998年，成立以主管区长为组长的计划生育优质服务工作领导小组。区、街道两级依托社区开展的计划生育优质服务工作形成网络化。2004年6月，区计生委更名为区人口和计划生育委员会（简称区人口计生委），增加制定人口发展规划、开展人口问题研究、统筹解决人口问题等职能（简称“大人口”）。同时，成立区人口控制工作领导小组，强化人口计生部门统筹协调解决人口问题的职能。

至1999年，崇文区连续13年被评为市计划生育工作红旗区。2000年至2007年，区人口计生委（区计生委）先后两次被国家人事部、国家计生委评为全国计划生育系统先进集体，3次被评为全国计生系统信息化建设先进集体和全国婚育新风进万家先进集体、全国人口文化工作先进集体、全国计划生育优质服务先进单位。崇文区被评为北京市人口和计划生育工作示范区。2003年9月，区人口计生委主任赵健被国家计生委授予全国人口与计划生育法制建设先进工作者称号。

2010年6月，区人口计生委设办公室、宣传科、综合业务科、调研科及计划生育药具管理站。区、街道、社区有计划生育干部161人。

区计划生育协会（简称区计生协会） 1986年年底注册成立。协会主要工作是发动群众在计划生育工作中“自我教育、自我管理、自我服务”。

1994年年初，全区有街道、企事业单位协会527个，会员85 869人。

2005年，该协会被评为全国协会工作先进单位。2010年6月，全区有基层计生协会346个，其中地区（街道）协会7个、社区协会85个、企事业协会132个、团体会员单位112个、流动人口协会10个。有会员小组907个，会员65 636人。

目标管理 1994年，全区建立和完善企业法人计划生育责任制，试行区计划生育领导小组组长与领导小组成员单位签订《完成计划生育指标责任书》。1995年，全区73个局、处（公司）和机关单位均达到“三无标准”，即无非婚生育、无计划外生育、无大月份引产。

2000年，全区建立“两个第一”“三个纳入”“五个坚持”的工作模式，即区政府每年第一次区长办公会研究计划生育工作，第一号文件下发区计划生育工作要点；将计划生育工作纳入区政府“折子工程”，纳入全区精神文明创建活动，人口理论和政策学习纳入干部教学培训计划；区委、区政府领导坚持每年听取计划生育工作汇报，研究解决疑难问题，参加年度工作会议，检查工作落实情况，学习人口理论和计划生育法律法规。同年，区计划生育领导小组统筹相关单位分工负责，形成计划生育“齐抓共管、综合治理”的局面。2003年，区计生委制订和实施《崇文区2003年人口与计划生育目标管理评估方案》，实现由下达目标管理考核指标单一的行政管理模式与指标考核到考核与评估相结合的过渡。

至2010年6月，全区坚持每年召开计划生育工作会，区领导与7个街道和区属局（公司）及驻区有关单位主要领导签订《计划生育分工职责和目标管理责任书》，各街道与驻街单位，各单位与各部门也逐级签订责任书，形成“一级抓一级、层层抓落实”的工作格局。全区每年均完成目标管理责任书各项指标，年均计划生育率98.85%；年均出生率4.52‰，比1993年的5.38‰

下降 0.86 个千分点。女性晚婚率维持在 90.80%至 95.60%，晚育率维持在 94.41%至 99.01%之间，一孩率维持在 94.76%至 95.97%。

1994—2009年崇文区计划生育指标完成情况统计表

表2-18

年份	计划生育率（%）	女性晚婚率（%）	晚育率（%）	一孩率（%）	多胎生育数（人）
1994	99.76	90.80	98.60	96.29	
1995	99.58	94.40	99.01	95.53	
1996	99.59	91.94	98.45	95.88	
1997	99.83	94.14	98.23	95.18	
1998	99.13	95	98.54	94.76	7
1999	99.50	93.68	98.36	96.27	8
2000	98.38	95.33	97.22	95.58	11
2001	98.65	95.60	97.66	96.22	3
2002	98.62	92.59	96.07	95.56	16
2003	98.76	93.11	93.92	95.18	5
2004	98.88	91.31	94.41	96.45	11
2005	99.10	95.44	94.77	96.61	12
2006	98.80	95.54	94.99	96.66	10
2007	98.07	93.60	96.85	95.97	17
2008	97.36	94.11	96.69	94.95	26
2009	97.59	94.05	96.74	95.44	24

依法管理　1994 年至 2010 年 6 月，全区计划生育干部多次参加市、区组织的法制培训，均取得行政执法证、工作执法证。2002 年，区计生委贯彻国务院《社会抚养费征收管理办法》，完善并实施崇文区《关于征收社会抚养费实施标准的指导意见》，规范社会抚养费征收和审批工作。2003 年 9 月，落实《北京市人口与计划生育工作条例》，制订区《关于落实条例规定有关奖励等问题的具体办法》《关于落实计划生育奖励政策的有关规定》，提高独生子女父母奖励费标准 10 元，增加一次性奖励与一次性经济帮助。区将计划生育事业经费纳入财政预算，并逐年增加。2004 年，区制定《2004—2008 年人口与计划生育依法行政工作实施意见》，编印人口与计划生育法律法规及规范性文件汇编 3 000 册。

2004 年至 2008 年，区人口计生委依法查处违法生育 129 例，征收社会抚养费 693.21 万余元。同时，贯彻北京市《流动人口计划生育管理和服务工作若干规定》的实施意见，制订该规定实施意见的补充意见和《崇文区人口和计划生育现居住地管理办法》。区政府将流动人口的计划生育经费纳入区计划生育全年经费总体计划中；对流动人口实施“人性化、个性化、多样化”服务，做到市民化待遇、亲情化服务、信息化管理；为流动人口中已婚育龄妇女 13 641 人做免费生殖检查，免费孕检率 84.80%，免费“四术”（人流术、放环取环、中引术、结扎术）66 人。

2005 年至 2006 年，区人口计生委公开计划生育审批事务的条件与办理程序。同时，督查区内 238 个企事业单位落实独生子女父母奖励政策情况，其中 2005 年督查 107 个单位，落实独生子女父母奖励费及独生子女父母一次性奖励的单位分别占 98.30%和 65.80%；2006 年，督查

131 个单位，未落实独生子女父母奖励费的仅 1 个单位，未落实一次性奖励的有 17 个单位。同年，区召开现场会，北京弘景盛达公司介绍克服困难，兑现全部退休职工独生子女父母的奖励费。2008 年，增加对独生子女死亡或伤残的父母的特别扶助工作，启动生育关怀行动——亲情牵手活动。

2003 年至 2009 年年底，全区接受一次性奖励的有 1 306 人，接受一次性经济帮助的有 59 人，接受死亡特别扶助的有 185 人，接受伤残特别扶助的有 466 人；享受计划生育手术费全额报销的有 441 人，共报销 15.70 万余元。

规划管理　2001 年至 2003 年，区计生委根据区内流动人口猛增和北京户籍制度改革的情况，开展调研并撰写《外来人口计划生育情况与对策》《崇文区外地婚嫁育龄妇女现状与需求》的调查报告，为加强外来人口计划生育工作提供依据。2004 年，区人口计生委与市人口研究所共同完成《崇文区人口现状调查》《2008 年人口预测分析报告》，为制订全区经济社会发展规划提供依据。2005 年，编制《崇文区“十一五”人口发展规划》，重点分析区域人口规模及老龄人口、贫困人口、流动人口、就业人口对区未来经济和社会发展产生的作用和影响，为统筹解决区域人口问题打基础。

2007 年，区人口计生委组织专家研究人口自身发展的内部规律和人口与经济、社会、资源、环境的外部特征，为实现“大人口”职能转变奠定基础。同时，以人口控制、规划先行和以房管人、以业引人的工作思路和理念，开展区域“社区人口与住宅”专项调查，摸清全区住宅的总量、分类、分布、结构，从住宅新视角预测 2010 年住宅容纳人口数量的极限。实现开放型、小区域人口规模预测的创新，将计划生育工作纳入全区关注的范围和解决民生的总体部署。同年，区人口计生委贯彻中央及市委、市政府关于深入贯彻科学发展观，统筹解决人口问题的决定精神，按照“小人口”（指传统的计划生育工作）不能放松、“大人口”统筹推动原则，加强区域人口难点问题研究，撰写《崇文区落实“十一五”人口规模调控目标专项调研》。2008 年，开展河南籍流动人口专项调查，为解决区域协作中存在的难点问题提供信息。

避孕药具管理　1994 年至 2001 年，计划生育药具供应实行免费发放和零售“双轨制”；2002 年 4 月，为区境内有妇科门诊的 11 所医院配备药具专柜和计划生育宣传品。2004 年，全区统一制作避孕药具流动式发放架，安置在社区居委会、社区卫生服务站、街道一站式服务大厅及区人才交流服务中心、职业介绍中心等地，向群众免费提供避孕药具。2005 年，全区聘请 47 名避孕药具社区协管员，实现避孕药具计算机管理，动态监视避孕药具物流情况。至 2007 年，建立 30 个第二代避孕药具自助发放机试点站，实现 IC 卡全员发放，方便群众背靠背随时领取。2009 年，全区启动避孕药具“普惠易得”工程，采取开放式供应避孕药具，确定每月避孕药具免费发放日。

育龄妇女信息管理　1997 年，崇文区被列为全国计划生育统计改革试点单位，成立由计生、公安、卫生、民政等部门组成的计划生育统计改革领导小组，起草计划生育统计实施现居住地管理办法的意见。经过两年半的探索与实践，至 1999 年，育龄妇女统计信息的采集由过去单一的自下而上为主，转变为自上而下、上下结合的统计流向；居委会由过去四账、三单、一统计台账、一记录、两卡，减为一单、一册、两卡（月报告单、优质服务手册、育龄妇女卡片黑卡和绿卡），不仅工作较之以前简便，程序更明

图2−8　2004年，区人口计生委举行计划生育信息化建设岗位练兵培训

晰，而且实现信息资源共享，较好地解决了统计信息渠道单一的问题。

2003年，崇文区被市人口计生委列为育龄妇女管理与服务信息系统试点区，区政府拨款60万余元，用于试点工程建设（网络版），实现育龄妇女信息的动态管理。2005年至2007年，在该系统运行基础上，市人口计生委又将崇文区列为市、区、街道、居委会4级联网的首批试点区，在龙潭街道试点后，全区实现4级网络建设。2006年，区建立流动人口育龄妇女孕检信息系统，规范流动人口免费孕检工作。2008年，数据统计范围从育龄人群拓展至全员人口，管理服务时限从育龄时期延伸至生命周期。2009年，建立流动人口育龄妇女信息平台，查询流动人口的流入、流出信息。

优质服务工程 自1997年起，全区重点开展计划生育优质服务工程，区计划生育系统干部在全市计划生育系统率先实现思想作风、工作作风两个方面的转变。1999年，区计生委制订《崇文区计划生育优质服务工作三年规划》。2000年，崇文区被评为北京市“两个转变”示范区。2001年，区建立以计划生育系统为主的全程服务体系、以卫生系统为主的生殖健康服务体系、以教育系统为主的素质教育体系，将计划生育工作纳入地区总体规划。2004年至2007年，区政府先后拨款改造区生殖健康技术指导中心，该中心面积由800平方米扩至1 600平方米，配备新式B超等医疗设备。该中心与区妇幼保健院共同为区育龄妇女、流动人口提供孕前查体和技术指导服务，开设青春健康、生殖健康和预防艾滋病知识服务热线及心理指导、健康咨询，举办健康知识大讲堂等。区人口计生委编印《生育服务指南》和《人口计划生育工作手册》，分获市宣传精品二等奖和国家人口计生委图文音像一等奖。2008年，区启动健康生育计划，医院构建干预平台，开展出生缺陷一级干预活动，降低出生缺陷发生率和出生率，提高出生人口素质。2008年至2010年6月，全区逐步完善以生殖健康技术指导中心为龙头、以社区计划生育服务中心（站）为骨干的区域计划生育技术服务网络。

2009年，区计生系统启动计划生育家庭意外伤害保险，全区生育关怀家庭、低保及其边缘家庭、困难家庭、特别扶助家庭、基层计划生育工作者家庭等5类人群175户为首批由区政府出资投保家庭。

社区服务管理 2003年，区计生委制订《关于社区开展人口与计划生育的意见》。经区长办公会决定，每年拨款20万元，在2 000户以上社区居委会聘请36名计划生育协管员，为辖区育龄群众提供生产、生活、生育等方面的服务。

2004年，全区开展社区计划生育居民自治试点工作，区人口计生委与区民政局联合制订《崇文区人口与计划生育自治工作标准》，逐步建立“属地管理、单位负责、居民自治、社区服务”的城市社区计划生育工作运行机制。当年，金鱼池、板厂南里、前门东大街、东花市南里、法华南里社区居委会达标，被市人口计生委评为市创建人口和计划生育工作示范社区。2007年，各街道社区居委会启动“南城驿站”服务项目，并列为区政府为民办实事工程之一。社区卫生站组建服务队伍，向育龄群众提供计划生育和生殖健康服务，42个社区居委会被授予南城驿站称号。区计生系统开展创建市级计划生育协会示范会员之家活动，永定门外街道永铁苑社区、天坛街道东里北区社区被市计划生育协会评为首批市级示范会员之家。2009年，社区计划生育服务站实施《崇文区关于在社区建设中建立和完善社区计划生育工作运行机制的指导意见（试行）》，提升社区计划生育服务队伍优质服务能力。同年，召开规范社区计划生育工作管理研讨会和服务示范站表彰会，总结宣传社区群众开展计划生育工作的经验。

第三编　中国共产党

1956 年 5 月，北京市崇文区召开第一次代表大会，选举产生中共崇文区第一届委员会。1970 年 12 月至 1991 年 4 月，中共北京市崇文区委员会（简称区委）召开第二次至第六次代表大会。1994 年至 2010 年 6 月，区委召开第七次至第十次代表大会，选举产生中共崇文区第七届至第十届委员会。各届区委认真学习贯彻邓小平理论、“三个代表”重要思想和科学发展观，以经济建设为中心，加强和改进对经济工作的领导，不断探索适合崇文区发展的新思路，对全区改革与发展做出一系列决策，推动区域经济持续健康发展，推进国有和集体企业改革，加快危旧房改造和城市建设，深入开展精神文明创建活动，加强民主和法制建设，化解社会各类矛盾，确保全区和谐稳定。其间，区委坚持总览全局、协调各方，支持区人大、区政府、区政协依法行使职权，调动和发挥各党派、人民团体的积极性，形成以区委为领导核心，区人大、区政府、区政协各司其职，同心协力工作的局面。

区委加强对各基层党组织的领导，加强自身及全区各级党组织的思想建设、组织建设、作风建设、制度建设，坚持不懈进行反腐败斗争。崇文区开展的廉政风险防范管理工作，受到中纪委、市委、市纪委的重视和肯定。同时，区委组织党员干部认真开展“三讲”教育、“三个代表”重要思想学习教育、保持共产党员先进性教育、科学发展观教育等活动，不断增强各级党组织的创造力、凝聚力和战斗力，为全区经济和社会发展提供有力保障。

第一章　区党代会与区委

第一节　区党代会与党代会代表

区党代会　1994 年 3 月 28 日至 31 日，中共崇文区第七次党员代表大会召开，代表 355 人。大会听取、审议并通过黄以云代表第六届区委、张铨代表区纪委所做的工作报告，选举第七届区委委员 27 人、候补委员 4 人，区纪委委员 23 人。大会提出 1994 年到 20 世纪末全区经济和社会发展的主要奋斗目标和工作任务。

1999 年 1 月 5 日至 8 日，中共崇文区第八次党员代表大会召开，代表 350 人。大会听取、审议并通过黄以云代表第七届区委、田月忠代表区纪委所做的工作报告，选举第八届区委委员 26 人、候补委员 5 人，区纪委委员 25 人。大会提出创建 21 世纪新崇文的奋斗目标，同时提出跨世纪改革开放和现代化建设的指导思想、工作思路及主要任务。

图3-1　2006年12月，在区第十次党代会上，党员代表投票选举区委委员、区纪委委员

2004年1月5日至8日，中共崇文区第九次党员代表大会召开，代表300人。大会听取、审议并通过李晓光代表第八届区委、张湘代表区纪委所做的工作报告，选举第九届区委委员27人、候补委员5人，区纪委委员25人。大会首次提出把崇文区建成现代化都市文化休闲区的目标。

2006年12月4日至8日，中共崇文区第十次党员代表大会召开，代表300人。大会听取、审议并通过李晓光代表第九届区委所做的工作报告和区纪委书面工作报告，选举第十届区委委员34人、候补委员6人，区纪委委员29人。大会提出在五年内将崇文区基本建成现代化都市文化休闲区的目标及主要任务。

党代会代表　区党代会代表　区第七次至第十次党代会代表按照《中国共产党章程》和党组织选举工作条例，由各选举单位党员代表大会或党员大会无记名投票差额选举产生，分别为355人、350人、300人、300人。

中共北京市崇文区第七次至第十次代表大会代表统计表

表3-1

届次	代表总数（人）	领导干部		专业技术与模范		妇女		少数民族		50岁以下	
		人数（人）	百分比（%）	人数（人）	百分比（%）	人数（人）	百分比（%）	人数（人）	百分比（%）	人数（人）	百分比（%）
第七次	355	248	70	89	25	89	25	21	6	177	50
第八次	350	245	70	150	43	147	42	21	6	210	60
第九次	300	213	71	87	29	120	40	18	6	210	70
第十次	300	202	67	98	33	126	42	21	7	192	64

市党代会代表　1997年10月10日、2002年4月10日、2007年3月28日，区委召开三次党员代表会议，分别选举出席北京市第八次、第九次、第十次党代会代表，分别为10人、13人、14人。

崇文区出席中共北京市第八次至第十次代表大会代表一览表

表3-2

市党代会届次	代表人数	姓名
第八次	10	陈广文　马艳荣（女）　王再云　卢　全　冯　熙　李燕明（女）　陈　群　秦正安　黄以云　程俊云（女）
第九次	13	陈广文　黄以云　尤兰田（女）　吉胜久　朱秉春（女）　刘云斋　刘永胜　刘雁平（女）　苏静芝（女）　李晓光　张　湘　张玉珍（女）　钟志玲（女）
第十次	14	尤兰田（女）　黄以云　李晓光　牛青山　滕盛萍（女）　赵中原　张　岚（女）　邵　鹏　刘永泉　余芳君（女）　刘雁平（女）　李仲秋　杨立新（女）　倪殿国

全国党代会代表　1997 年，区委书记黄以云，第一师范附属小学校长、党支部书记张忠萍在北京市党代会上当选第十五次全国党代会代表。2002 年，区委书记尤兰田在北京市党代会上当选第十六次全国党代会代表。2007 年，区委书记李晓光在北京市党代会上当选第十七次全国党代会代表。

第二节　区　委

组成人员　委员　中共崇文区第七届区委委员 27 人，候补委员 4 人。第八届区委委员 26 人，候补委员 5 人。第九届区委委员 27 人，候补委员 5 人。第十届区委委员 34 人，候补委员 6 人。

中共北京市崇文区第七届至第十届委员会委员、候补委员一览表

表3－3

届别	委员姓名（按姓氏笔画为序）	候补委员姓名（按得票多少为序）
第七届	马礼庆　马浩流　王文竹（女）　王再云　王树彬　卢　全　田月忠　冯　熙　吉胜久　仲万生　刘　建（女）　刘建镕　李文苏（女）　李　涛　李雪奴（女）　张春生　张蔼华　陈汉明（女）　赵中原　赵志建　赵志洁（女）　俞安逸　秦正安　黄以云　程振东　蔡建伟　滕盛萍（女）	朱源新　汪金城　高桂强（女）崔建立
第八届	王树彬　冯　熙　冯藏淑（女）　吉胜久　仲万生　刘保队　李文苏（女）　李庆江　李希林　李雪奴（女）　严自新　张　湘　张洪波　张晓林　张蔼华　陈汉明（女）　周新华　赵中原　聂玉河　郭民忠　高桂强（女）　黄　欣　黄以云　崔建立　崔树毅　滕盛萍（女）	田章启　周晓沪　刘广林　高美兰（女）　蔡建伟
第九届	丁茂战　王文竹（女）王成国　王仲伸　王兆康　王振峰　牛青山　冯建军（女）　冯藏淑（女）　吉胜久　吕铁柱　刘云斋　刘忠胜　李　庆　李晓光　吴同平　何瑞杰　张　冰（女）张　湘　张晓林　陈汉明（女）赵中原　贾洪震　徐鸿达　崔树毅　葛俊凯　滕盛萍（女）	许　健　李学会　李文苏（女）　王振淮　赵　健（女）
第十届	丁茂战　于　静（女）　王成国　王兆康　牛青山　白金明　冯建军（女）　吉胜久　朱占勋　刘云斋　刘忠胜　刘春林　李　立　李评修（女）　李晓光　何瑞杰　宋甘澍　张　岚（女）　张　英（女）　张晓林　陈之常　邵　鹏　周永明　赵　健（女）　赵中原　姜良栋　倪紫剑（回族）徐鸿达　高桂强（女）高晓陵（女）　葛俊凯　谢　申　滕盛萍（女）　魏慧明	尹广枢　张卫合　赵小平　杨金魁　叶京生　隗冬燕（女）

常务委员　1994 年 3 月 31 日，区委七届一次全会选举区委常委 13 人，黄以云为书记，秦正安、王再云、卢全为副书记。选举之日至届满期间，市委任命聂玉河、黄欣为区委委员、常委、副书记，任命吉胜久为副书记，任命赵守义、黄恒庆、周新华为区委委员、常委。市委决定免去秦正安、卢全副书记、常委、委员职务，另有任用。

1999 年 1 月 8 日，区委八届一次全会选举区委常委 10 人，黄以云为书记，聂玉河、黄欣、吉胜久为副书记。选举之日至届满期间，市委任命尤兰田为区委委员、常委、书记，李晓光、朱秉春、牛青山、李庆为区委委员、常委、副书记（李晓光后任书记），张湘、李雪奴为副书记，王仲伸、刘云斋、刘建、何瑞杰、王成国为区委委员、常委，赵中原、冯藏淑为区委常委。市委决定免去黄以云、尤兰田书记、常委、委员职务，免去聂玉河、朱秉春、李雪奴副书记、常委、委员职务，免去冯熙、王树彬、刘建、周新华常委、委员职务，另有任用。

2004年1月8日，区委九届一次全会选举区委常委11人，李晓光为书记，吉胜久、牛青山、李庆、滕盛萍为副书记。选举之日至届满期间，市委任命张岚、丁茂战为区委委员、常委。市委决定免去吉胜久副书记、常委职务，免去李庆副书记、常委、委员职务，免去王仲伸常委、委员职务，另有任用。

2006年12月8日，区委十届一次全会选举区委常委11人，李晓光为书记，牛青山、滕盛萍为副书记。选举之日至届满期间，市委任命夏强为区委委员、常委、书记。市委决定免去李晓光书记、常委、委员职务，另有任用。

中共北京市崇文区第七届至第十届委员会常务委员会成员任职一览表

表3-4

届别	职务	姓名	籍贯	任职时间
第七届	书　记	黄以云	福建福清	1994.4—1999.1
	副书记	秦正安	湖北汉川	1994.4—1997.10
		王再云	山东利津	1994.4—1999.1
		卢　全	天津蓟县	1994.4—1997.10
		聂玉河	北京通州	1997.11—1999.1
		黄　欣	河北任丘	1998.4—1999.1
		吉胜久	河北玉田	1998.4—1999.1
	常　委	程振东	北京朝阳	1994.4—1999.1
		李雪奴（女）	辽宁朝阳	1994.4—1999.1
		田月忠	河北肃宁	1994.4—1999.1
		吉胜久	河北玉田	1994.4—1999.1
		冯　熙	河北蠡县	1994.4—1999.1
		刘　建（女）	河北唐山	1994.4—1999.1
		马礼庆	河北无极	1994.4—1996.6
		王树彬	黑龙江哈尔滨	1994.4—1999.1
		滕盛萍（女）	山东莱州	1994.4—1999.1
		赵守义	山西大同	1996.6—1997.5
		黄恒庆	河北武安	1997.5—1998.6
		周新华	安徽临泉	1998.6—1999.1

续表

届别	职务	姓名	籍贯	任职时间
第八届	书　记	黄以云	福建福清	1999.1—2001.2
		尤兰田（女）	天津塘沽	2001.2—2002.6
		李晓光	黑龙江巴彦	2002.6—2004.1
	副书记	聂玉河	北京通州	1999.1—1999.11
		黄　欣	河北任丘	1999.1—2004.1
		吉胜久	河北玉田	1999.1—2004.1
		李晓光	黑龙江巴彦	1999.11—2002.6
		张　湘	北京石景山	2001.12—2004.1
		朱秉春（女）	北京	2002.2—2003.8
		李雪奴（女）	辽宁朝阳	2002.8—2003.3
		牛青山	河北定州	2003.3—2004.1
		李　庆	陕西西安	2003.8—2004.1
	常　委	李雪奴（女）	辽宁朝阳	1999.1—2003.3
		冯　熙	河北蠡县	1999.1—2002.2
		王树彬	黑龙江哈尔滨	1999.1—2000.4
		滕盛萍（女）	山东莱州	1999.1—2004.1
		周新华	安徽临泉	1999.1—2003.7
		张　湘	北京石景山	1999.1—2004.1
		王仲伸	北京朝阳	2000.4.—2004.1
		赵中原	河北三河	2000.9—2004.1
		冯藏淑（女）	河北衡水	2001.9—2004.1
		刘云斋	河南长垣	2002.4—2004.1
		刘　建（女）	河北唐山	2002.8—2003.12
		何瑞杰	河北赵县	2003.7—2004.1
		王成国	山东莱芜	2003.11—2004.1
第九届	书　记	李晓光	黑龙江巴彦	2004.1—2006.12
	副书记	吉胜久	河北玉田	2004.1—2005.7
		牛青山	河北定州	2004.1—2006.12
		李　庆	陕西西安	2004.1—2005.9
		滕盛萍（女）	山东莱州	2004.1—2006.12

续表

届别	职务	姓名	籍贯	任职时间
第九届	常委	王仲伸	北京朝阳	2004.1—2006.6
		赵中原	河北三河	2004.1—2006.12
		刘云斋	河南长垣	2004.1—2006.12
		何瑞杰	河北赵县	2004.1—2006.12
		王成国	山东莱芜	2004.1—2006.12
		徐鸿达	北京	2004.1—2006.12
第十届	书记	李晓光	黑龙江巴彦	2006.12—2008.11
		夏　强	山东济南	2008.11—2010.6
	副书记	牛青山	河北定州	2006.12—2010.6
		滕盛萍（女）	山东莱州	2006.12—2010.6
	常委	赵中原	河北三河	2006.12—2010.6
		刘云斋	河南长垣	2006.12—2010.6
		何瑞杰	河北赵县	2006.12—2010.6
		王成国	山东莱芜	2006.12—2010.6
		张　岚（女）	河北滦县	2005.12—2010.6
		丁茂战	江苏涟水	2005.12—2010.6
		姜良栋	陕西米脂	2006.10—2010.6
		邵　鹏	浙江慈溪	2006.12—2010.6

区委全会与常委会　区委全会　自1994年起，区委每年召开2次至3次全体委员会（简称区委全会），会议传达学习中央、国务院、市委、市政府重要会议精神和重要指示，讨论决定贯彻意见；讨论决定全区经济建设、党的建设、精神文明建设、民主法制建设、维护社会稳定及群众工作中的重大问题，做出决策和部署；听取审议常委会关于重要工作情况的报告；讨论决定区委年度工作计划和总结等。2009年12月26日至27日，区委召开十届九次全体(扩大)会议。会议审议通过《中共崇文区委关于贯彻落实党的十七届四中全会精神进一步加强和改进新形势下党的建设的意见》《崇文区国民经济和社会发展中长期规划纲要（2010—2020年）》《崇文区中长期人才发展规划纲要（2010—2020年）》。该次会议是与东城区合并之前最后一次区委全会。至2010年6月，区委共召开区委全会47次。

图3-2　2003年9月12日，区委召开八届十三次全体（扩大）会议

区委常委会　自1994年起，区委每月召开2次至3次常委会，会议传达学习中央、国务院、市委、

市政府重要会议精神和重要指示，讨论决定贯彻意见；对一个时期的重要工作进行研究，做出决定并以区委名义发布涉及全局工作的方针、政策性文件；审议区政府提出的全区国民经济和社会发展年度计划、中长期规划，全区财政预决算等草案；讨论决定全区经济工作、党的建设和思想政治工作中的重大事项；讨论决定由常委会任免和推荐的干部等。至 2010 年 6 月，区委共召开常委会会议 463 次。

工作机构　1994 年，区委设办公室（简称区委办）、调研室、组织部（含党史资料征集办公室，简称党史办）、宣传部、统战部、台湾工作办公室（简称台办，与台湾事务办公室、统战部合署办公）、政法委员会（简称政法委）、财贸部、街道部、教育部、建工部、信访办公室（简称信访办）、社会治安综合治理委员会办公室（简称综治办）、保密委员会办公室（简称保密办）、老干部局、机关党委等 16 个部门。另有工作委员会（简称工委）8 个，包括区政府机关工委及 7 个街道工委。

1995 年 5 月，区委撤销财贸部、街道部、建工部，综治办与政法委合署办公，组建企业工委，老干部局由组织部管理，保密办挂区保密局牌子由区委办管理。1995 年 8 月，调研室更名为研究室。1997 年 9 月，区委撤销教育部，组建教育工委。

2001 年，区委机关党委与区政府机关工委合并，组建区直机关工委；精神文明建设委员会办公室（简称精神文明办）挂靠宣传部；成立处理法轮功问题领导小组办公室（简称 610 办），挂区政府防范和处理邪教问题办公室牌子，挂靠政法委；教育工委与教委合署办公；区机构编制委员会办公室（简称区编办）为区委、区政府工作机构，列入区委序列，与区人事局合署办公；研究室为区委、区政府工作机构，列入区委序列；信访办为区委、区政府工作机构，列入区政府序列。2003 年 4 月，成立区委督察室，为区委办内设机构。2004 年 5 月，撤销企业工委。2006 年 9 月，成立区维护稳定工作领导小组办公室（简称维稳办），设在政法委。2007 年 4 月，成立非公有制企业工作委员会（简称非公企业工委），与工商联合署办公。2008 年 5 月，区委、区政府分别成立社会工委、社会建设工作办公室，合署办公，列入区委序列。2008 年 9 月，撤销非公企业工委。

2010 年 6 月，区委设办公室（督察室）、保密办、组织部（党史办）、宣传部（精神文明办）、统战部（台办）、研究室、政法委（综治办、610 办、维稳办）、老干部局。有区委工委 10 个：区直机关工委、社会工委、教育工委和 7 个街道工委。

第二章　重要决策与重要工作

第一节　重要决策

制定和完善发展战略　1993 年至 1994 年年初，区委在反复学习党的十四大精神和邓小平南方谈话的基础上，认真分析区情，调查论证，在劣势中寻找加快发展的潜在优势，提出全区经济发展的总体构想：以培育“龙头”企业为重点，加快企业经营机制转换；以开发“三线两片”为重点，搞好重点街区开发；以“一环带五片、八片促一街”为重点，加快危旧房改造（简称危改）步伐；以兴办“三资”企业（含中外合资、中外合作、外商独资经营）为重点，实行全方位对外开放。1999 年，区第八次党代会在坚持和完善总体构想，并已取得初步成效的基础上，提出

1999年至2003年全区经济发展基本定位和发展思路。基本定位：以知识经济为导向，坚持“兴三优二”方针（兴办第三产业、优化第二产业），以商业、服务业为主体，加快房地产业发展，积极培育和发展体现区域优势的文化、旅游、体育、医药、金融、保险业，建设相对发达的现代城市服务经济。发展思路：在继续积极发展区属经济的同时，大力扶持区域内多种所有制经济，加快城市建设和改造，实现经济发展和城市建设紧密结合，促进崇文区域经济快速、协调发展。

2004年，区委根据北京市总体规划借助北京市提出的大力发展南城战略，在全区经济发展有了较好积累、危旧房改造取得明显成绩、初步建成较为完善的市政基础设施和交通网络基础上，适时调整发展思路。在区第九次党代会上，区委提出全面实施“一二三”发展战略，即打造“王”字型经济磁场，建设东南龙潭湖体育休闲板块和西南商贸服务板块，发展文化旅游、商贸服务和体育休闲产业，把崇文区建成现代化都市文化休闲区。2005年4月，区制定《崇文区文化产业发展规划纲要（2005—2010年）》，提出构建“天坛文化圈”的思路。2007年，在区委十届五次全会上，区委正式提出实施“天坛文化圈”发展战略：以天坛及其周边历史文化资源为支撑，坚持内涵发展和集约发展，带动和促进体育产业、都市商业和文化旅游娱乐业在天坛周边集聚，形成特色文化、商业功能街区。空间布局包括“一核、一场、一园、一道”，“一核”指天坛，其地理位置处于文化圈的核心；“一场”指“王”字型经济磁场，即由前门大街、祈年大街、崇文门外大街、广安大街（崇文段）构成的基本框架；“一园”指龙潭湖体育产业园；“一道”指新南城中轴大道，即以永定门外大街为轴线，向两侧延伸。

提出国民经济和社会发展规划建议 1994年以来，区委提出《关于制定崇文区国民经济和社会发展“九五”计划和到2010年远景规划纲要的建议》《崇文区国民经济和社会发展第十个五年计划的建议》和《关于制定崇文区国民经济和社会发展第十一个五年规划的建议》。3个建议从区情出发，提出崇文区发展的指导思想、奋斗目标和主要任务，并经区委常委会、区委全会会议讨论通过后，以区委名义发布。2001年，区委在第十个五年计划建议中，提出树立“不求最大，力求最佳”的思想，坚持以加快发展为主题，以经济结构调整为主线，以改革开放和科技进步为动力，以提高人民生活水平为根本出发点，以危旧房改造为龙头，通过加快城市建设与改造，带动和促进全区经济和社会的全面发展，为建设21世纪新崇文奠定坚实基础的现代化建设总纲和指导思想。2005年，区委在第十一个五年规划建议中，提出综合经济实力和可持续发展能力进一步增强，商贸服务、文化旅游和体育休闲三大产业快速发展，非公经济不断壮大，城市建设成效显著，城市管理高效有序，社会事业全面进步，人民生活水平显著提高的主要奋斗目标、17项调控指标及6项预期指标，还提出经济和社会发展的六大主要任务、要求和落实措施。

制定深化国有和集体企业改革方案 1994年，区委推进以建立现代企业制度为核心、以转换经营机制为重点的经济体制改革。七届二次全会（扩大）决定在商委系统实施“个、十、百”工程，即转轨变型1个二级公司，组建10个股份合作制企业，改善和规范100个小型企业，进行国有民营改革；在经委系统实施“个、五、十”改革工程，即组建1个企业集团，对5个企业进行优化资源配置试点，组建10个股份合作制企业。1996年，区委、区政府制定《关于进一步加强国有资产管理的若干意见》和相关配套措施。1997年，区委、区政府制定《崇文区进一步加快国有小型企业改革的若干意见》，推进国有小型企业改制为股份合作制或有限责任公司。1998年，区委七届十四次全会讨论通过《中共崇文区委、崇文区人民政府贯彻十五大精神，加快经济发展的若干意见》，提出“在继续抓好区属经济的同时，大力发展区域经济，实现城市建设与经济发展的紧密结合”的发展思路。1999年，区委、区政府制定《关于鼓励个体私营经济发展的若干意见》。区委八届三次全会讨论通过《关于贯彻十五届四中全会精神，进一步推进区属企业改革与发展的若干意见》《关于建立国有资产监管营运体制的方案》。2000年，区委、区政府从明晰产权入手研究制定《关于进一步推进区属企业改革的实施意见》。2001 年，区委八届七次全会讨论通过《崇文区进一步加快商经系统企业改革调整，推动经济发展的思路和实施方案》，明确要求，到 2003 年，完成区属国有、集体中小型企业产权制度改革，基本建立起现代企业制度。2004 年至 2009 年，区委九届、十届多次全会上，连续对招商引资、招大引强，促进经济再上新台阶作出决议。

第二节　重要工作

维护社会稳定　1994 年，区委调整和充实区社会治安综合治理委员会（简称区综治委）和各系统、各街道综治工作领导小组及办事机构。1996 年，全区实行社会治安综合治理一票否决权。凡发生重大治安事故的单位，不得评为先进单位。自 1998 年起，区委书记、区长与各单位党政“一把手”签订社会治安综合治理责任书，实行重大矛盾纠纷报告，谁主管谁负责、党政“一把手”负总责和属地管理的制度，促进人民内部矛盾妥善解决。2004 年，区委成立涉法上访案件领导小组，加强依法调处工作。2005 年 5 月，前门街道被中央综治委评为全国社会治安综合治理先进集体。2006 年 9 月，区委成立维稳办公室，制定“严打”整治、信访排查、安全生产、校园安全稳定等工作方案，建立应对各种不安定因素的预警、防范、化解和处置工作机制。2007 年，区委建立区、街道、社区、楼门院四级社会矛盾调处网络和由国资委、商务局牵头的单位内部矛盾调处网络；设立矛盾纠纷排查化解救助基金；推行信访代理制，由单位“一把手”负责，主动代理群众反映的突出问题，化解一批多年缠诉缠访的历史积案和疑难信访问题。2009 年，区委建立领导包案，挂账督办制度，全区信访持续减少，非正常访、越级访明显下降，未发生群体性事件。

图3－3　2007年11月，崇文区举办信访代理制及网上信访工作培训

自 1997 年起，全区开展争创安全责任区活动，区综治委制订创建安全居委会八条标准，主要包括：治安秩序稳定、人口管理严格、群防群治组织健全、社会风气良好等内容。永定门外李村居委会连续 13 年未发生治安案件，被评为北京市创建安全居（家）委会示范单位。2001 年，全区创建安全责任区 115 个，占责任区总数 76.67%。2002 年，全区企事业单位成立治安防范协会，会员单位 158 个，内部单位发案同比下降 35.70%。2004 年，区社区治安志愿者协会成立，治安志愿者 6 000 余人在社区巡逻放哨；2005 年，该协会会员增至 1 万余人，信息员 400 余人，全年反映各类违反社会治安线索 120 件，协助公安机关破案 61 起、抓获违法犯罪嫌疑人 116 人。2006 年，各街道落实区委提出的治安防范办实事工程，为社区安装楼宇对讲、视频监控系统及防撬锁，修建停车场和自行车棚。2006 年，入室盗窃案件和盗窃机动车案件同比下降 22.50% 和 46.80%。同时，全区建立社区治安志愿者协会网站，实现社区、警务工作站与公安派出所、公安崇文分局和市局的网络化办公。自 2007 年起，全区建立以区综治办为依托、相关部门参加的社会群防群治组织体系，人数达 2.57 万人，实现“街巷有人巡，厂店有人看，楼院有人守”。入室盗窃和盗窃机动车案件同比下降 20.30% 和 26.30%。至 2010 年 6 月的 17 年间，全区完成党和国家重要会议、重大活动

及重要节假日的安全保卫工作，维护了全区的社会稳定。

健全民主法制　1994 年以来，区委不断加强和改善对人大和政协工作的领导，依据新时期形势和任务的变化，先后 3 次做出加强人大工作的决定，两次做出加强政协工作的决定，两次制定民主党派、无党派人士政治协商参政议政工作制度，以加强区人大、区政协同“一府两院”及社会各界的工作协调，促使全区各级党组织、各部门和社会各界更加重视、支持区人大及其常委会、区政协行使职权，履行职能。区委坚持每年听取两次人大和政协党组的汇报，讨论研究人大和政协工作，帮助解决困难和问题；请区人大常委会主任和政协主席列席区委常委会，请人大常委会副主任和政协驻会副主席各 1 人列席政府常务会议，及时了解和沟通全区情况；坚持每年由区政府领导向区人大代表和政协委员通报区情。区委要求各部门认真办理人大代表议案、建议和政协建议案、提案，并督促检查办理情况。2001 年至 2005 年，区委适时召开区委、人大常委会、政府、政协四套班子联席会，讨论全区经济建设的一些重大问题，如广安大街（崇文段）建设、体育产业园规划、前门地区解危排险工程（区一号工程）、“天坛文化圈”建设方案等，共同分析问题，统一认识，研究工作思路和措施。区委贯彻中国共产党领导的多党合作和政治协商制度，坚持重大问题与民主党派协商。至 2010 年 6 月的 17 年间，区委召开协商会、通报会 90 余次。

图3–4　2005年9月19日，区四套班子领导研讨前门地区拆迁及解危排险工作

自 1994 年起，区委推进依法治区工作，要求：行政机关严格执法，司法机关公正司法，干部群众自觉守法。区委陆续完成普及法律常识第二个至第五个五年规划（简称普法）任务。1998 年，区依法治区领导小组提出《北京市崇文区依法治区工作规划（1999—2003 年）》。2001 年至 2005 年，全区形成区委领导、人大监督、政府实施、政协支持，各系统、各部门齐抓共管的普法格局。自 2003 年起，法律服务人员参与区领导信访接待、义务法律咨询、社会矛盾排查化解等工作。2006 年至 2008 年，区委推行行政执法责任制和评议考核制度，行政执法和执法监督力度得到加强，依法管理水平得到提高。

加强精神文明建设　1994 年，全区开展军（警）民共建社会主义精神文明单位活动，带动企（事）民共建、厂校共建等多种形式的共建活动。龙潭街道办事处与北京军区空军司令部结成共建对子，开展多种形式的共建活动，被中宣部、总政治部评为全国军民共建社会主义精神文明先进单位；体育馆路街道、崇文门菜市场等分别与部队等结成 15 个共建对子，被首都精神文明建设委员会（简称首都文明委）评为首都军（警）民共建社会主义精神文明标兵单位。1995 年，区司法局、崇文门外街道办事处等 11 个单位，被命名为首都文明单位标兵。

1995 年至 2000 年，精神文明创建工作逐步发展到以创建文明社区为重点的创建文明城市活动和以推进规范化服务达标活动为抓手的创建文明行业活动。区委组织全区干部群众学习践行《首都市民文明公约》和《首都市民文明守则》，开展要礼貌待人，不要说粗话；要讲卫生，不要乱吐乱扔；要规范服务，不要冷硬拖卡；要遵守交通规则，不要乱行乱停和讲文明、树新风、我为崇文区发展做件好事等系列教育活动。各街道按照《崇文区创建文明居民区、文明胡同方案》《崇文区居民区建设管理办法》开展活动。156 个居民区达标，26 个被评为区级文明居民区，6 个被评为首都文明居民区，体育馆路街道被首都文明委评为首都文明社区。崇文门菜市场获全国创建文明先进单位称号。区国税局等7个单位被评为首都文明标兵。2001年，区级文明居民区增至66个，占居民区总数的42%。2001年，区启动“文明乘车从我做起”宣传教育活动。自2002年起，全区开展文明乘车进机关、进社区、进校园、进家庭、进军营、进企业系列活动，设立共青团、少先队、军民共建文明站台。2003年，区委开展以“弘扬雷锋精神，参与志愿服务，建设文明社区，优化发展环境”为主题的纪念学习雷锋活动。广渠门中学被中央精神文明建设指导委员会评为全国精神文明建设先进单位。2004年，区境内7个公交站台和7名乘车监督员被首都文明办评为文明站台和优秀文明监督员。

图3－5　2001年，区开展“文明乘车伴我行”活动

2004年，区委推进创建首都文明城区工作，成立由区委书记和区长任总指挥的总指挥部，下设经济建设、环境建设、素质建设、文明创建、平安稳定、宣传教育6个分指挥部。各基层单位实施“一把手”工程，全区形成党委统一领导、党政齐抓共管、部门各负其责、驻区中央单位和军队代表参加、群众参与的领导体制和协调动员机制，并发放《文明礼仪普及读本》8万册。各单位开展文明礼仪知识系列讲座等。2005年年初，区创建首都文明区经济建设、环境建设、文明建设三大工程指挥部联合召开会议，创建首都文明区活动全面开展。区聘任文明礼仪社会监督员，成立由部队官兵、中小学生、出租车司机、来京务工人员、文明乘车监督员、交通协管员和崇文市民组成的7支志愿者队伍，到社区、学校和单位宣讲生活、社会、赛场、职业、校园、涉外等文明礼仪。社区建精神文明宣传栏107处，覆盖率100%；重点解决80余件群众关心的热点难点问题。2005年，光明小学、区图书馆、大北照相有限责任公司、天坛公园被评为全国精神文明建设先进单位。天坛公园还被评为全国文明风景旅游区。2006年4月，崇文区被首都文明委授予首都文明区称号。

2007年至2008年，全区以“为祖国争光，为奥运添彩，为崇文奉献”为主题，开展礼仪文明、环境文明、秩序文明、赛场文明、服务文明等五大文明行动和迎奥运、讲文明、树新风——“双十佳”评选活动，评出10项最佳活动和10名文明市民。各街道市民学校举办心理和谐迎奥运讲座和市民外语讲坛1 000余次，开展假日文明行动和迎奥运群众文化、体育、全民健身等各类活动1 000余场，42万人次参与；同时，确定全区每年11月开展“文明乘车、排队礼让、从我做起”市民自觉排队推动日活动。全区文明乘车监督员281人，维护127个站台乘车秩序。光明楼8路汽车站等10个站台被首都文明办评为2008年度最佳排队候车站台，32人被评为市级优秀文明乘车监督员或先进工作者。2008年，天坛公园再次

图3－6　2007年，前门街道前东社区市民学英语启动仪式

被评为全国文明风景旅游区，区图书馆被评为全国文明单位，广渠门中学、区地方税务局、金鱼池中区社区获全国精神文明建设先进单位称号。2009 年，区启动文明乘车百日行动，群众投票选出最满意站台 100 个、最喜爱的文明乘车监督员 100 人。2009 年至 2010 年上半年，全区开展“迎国庆、讲文明、树新风　我参与、我奉献、我快乐”和以“十百千万”为主题的精神文明建设活动，即“十”大公德典型引导文明新风，“百”项群众性文化体育科普活动激发市民热情，“千”场红色电影走近市民，“万”众一心唱响红歌颂。55 万人次参与，市民参与率 96%。全区评出感动崇文十大公德人物及提名奖各 10 人；征集百姓爱心故事 102 个，在全区宣讲；开展“做文明有礼崇文人——垃圾减量垃圾分类从我做起”等 400 余项宣传活动。崇文门外大街被市委宣传部、首都精神文明办公室等单位授予第一批首都诚信经营示范街称号。

第三章　组织建设

第一节　党　员

党员结构　1994 年，全区有党员 19 975 人。其中：预备党员 599 人；1949 年 9 月以前入党的 825 人，1949 年 10 月至 1994 年入党的 19 150 人；35 岁以下党员 2 307 人，占 11.55%；女党员 9 028 人，占 45.20%；少数民族党员 707 人，占 3.54%；大专以上文化 4 207 人，占 21.06%。之后，党员总数和 35 岁以下党员数量、女党员和少数民族党员数量逐年增加，党员文化程度逐年提高。

2009 年，党员增至 30 820 人。其中：预备党员 352 人；1949 年 9 月以前入党的 380 人，1949 年 10 月至 2009 年入党的 30 440 人；35 岁以下党员 3 245 人，占 10.53%；女党员 13 291 人，占 43.12%；少数民族党员 1 246 人，占 4.04%；大专以上文化 13 857 人，占 44.96%。

党员发展　1994 年至 2009 年，全区基层党组织按照“坚持标准、保证质量、改善结构、慎重发展”的方针，注意在青年及工作、生产第一线人员中发展党员，共发展 6 525 人。其中，35 岁以下 2 838 人，占 48.74%；工作和生产第一线人员 3 527 人，占 60.57%。2004 年、2006 年未统计。

图3—7　2003年，龙潭街道工委发展党员公示栏

图3—8　2001年7月1日前夕，北京市珐琅厂新党员在党旗下庄严宣誓

1994—2009年崇文区发展党员情况统计表

表3-5

年份	发展党员总数（人）	35岁以下		工作、生产第一线	
		人数（人）	所占百分比（%）	人数（人）	所占百分比（%）
1994	493	189	38.34	191	38.74
1995	612	261	42.65	322	52.61
1996	608	270	44.41	258	42.43
1997	509	213	41.85	204	40.08
1998	423	206	48.70	249	58.87
1999	410	212	51.71	245	59.76
2000	410	198	48.29	232	56.59
2001	389	201	51.67	190	48.84
2002	258	108	41.86	103	39.92
2003	339	205	60.47	314	92.63
2004	318				
2005	390	210	53.85	353	90.51
2006	384				
2007	356	181	50.84	321	90.17
2008	322	184	57.14	276	85.71
2009	304	200	65.79	269	88.49
合计	6 525	2 838	48.74	3 527	60.57

说明：2004 年、2006 年未统计 35 岁以下及工作、生产第一线的发展党员数。

1994—2009年崇文区年度党员基本情况统计表

表3-6　　　　单位：人

年份	党员总数	其中：预备党员	其中：女	其中：少数民族	年龄：35岁以下	年龄：36岁至45岁	年龄：46岁至55岁	年龄：56岁至60岁	年龄：61岁以上	入党时间：1921.8—1937.7.6	入党时间：1937.7.7—1945.9.2	入党时间：1945.9.3—1949.9	入党时间：1949.10—1966.4	入党时间：1966.5—1976.10	入党时间：1976.11—1992.9	入党时间：1992.10以后	学历：研究生	学历：大学本科	学历：大学专科	学历：中专	学历：高中	学历：初中	学历：小学	学历：文盲
1994	19 975	599	9 028	707	2 307	5 499	3 680	2 843	5 646	4	221	600	4 496	4 290	8 924	1 440	4 207			2 703	3 315	5 065	4 039	646
1995	20 710	680	9 434	718	2 286	5 634	3 953	2 743	6 094	4	215	584	4 434	4 316	8 972	2 185	4 565			2 944	3 468	5 066	4 033	634
1996	21 440	682	9 791	788	2 305	5 658	4 361	2 813	6 303	3	208	569	4 341	4 239	9 100	2 980	4 987			3 180	3 495	5 021	4 196	561
1997	21 960	622	10 140	799	2 303	5 540	4 685	2 483	6 949	3	191	560	4 558	4 221	8 905	3 522	5 341			3 399	3 537	5 103	4 042	538
1998	22 081	466	10 252	805	2 185	5 477	4 909	2 275	7 235	3	180	524	4 466	4 210	8 781	3 917	64	5 565		3 403	3 513	5 145	3 881	510
1999	24 586	452	11 311	984	2 119	5 929	5 972	2 387	8 179	2	200	520	4 871	4 569	9 722	4 702	122	6 336		3 705	3 833	5 963	4 158	469
2000	25 021	484	10 950	909	2 115	5 543	6 371	2 978	8 914	2	179	523	4 714	4 681	9 608	5 314	95	6 326		3 668	4 412	5 960	4 102	458
2001	26 798	465	11 541	982	2 233	5 170	7 149	2 137	10 109	2	185	498	5 163	4 831	10 219	5 900	125	2 632	5 323	3 874	4 328	6 062	4 043	411
2002	27 282	341	11 740	1 070	2 397	4 772	7 456	2 274	10 353	2	171	478	5 065	4 851	10 313	6 402	138	3 111	5 509	3 785	4 381	6 138	3 837	377
2003	27 647	411	11 883	1 053	2 548	4 476	7 810	2 438	10 375	2	166	463	4 940	4 826	10 254	6 997	136	3 416	5 914	3 731	4 330	10 120		
2004	28 199	387	11 991	1 184	2 421	4 412	8 123	2 742	10 501	2	165	440	4 744	4 689	10 466	7 694	208	3 960	5 999	3 790	4 427	9 815		
2005	28 503	385	12 116	1 176	2 545	12 311		3 076	10 571	558			4 463	4 558	10 538	8 376	269	4 353	6 173	3 761	4 440	9 507		
2006	28 527	374	12 323	1 127	2 789	11 592		3 393	10 753	550			4 304	4 546	10 373	8 754	326	4 758	6 267	3 666	4 246	9 264		
2007	29 352	373	12 762	1 173	2 805	4 119	7 459	3 868	11 101	1	120	381	4 198	4 616	20 036		425	5 493	6 093	3 579	4 519	9 243		
2008	30 020	379	13 058	1 229	3 001	3 993	7 137	4 358	11 531	1	111	347	4 150	4 723	20 688		556	6 087	6 496	3 539	4 438	8 904		
2009	30 820	352	13 291	1 246	3 245	3 742	7 227	4 713	11 893	1	95	284	4 103	4 759	21 578		690	6 587	6 580	3 636	4 661	8 666		

党员教育　1994 年至 1995 年，全区开展评选学习十佳先进党支部、十佳区优秀党员，为“两个文明”做贡献和学习邓小平理论、党章的“双学”活动。同时，全区对党员进行轮训，至 1998 年党员 2 万人次参加轮训。前门街道工委对党员开展相关的电化教育，被中央组织部评为全国党员电化教育先进单位。1996 年，全区开展“万名党员献热忱，弘扬宗旨连民心”主题活动，组织党员重温入党誓词、回顾入党经历、评选最佳党日、表彰优秀党员，引导党员牢记党的宗旨和党员标准。1997 年至 1999 年，全区开展“万名党员连民心，岗位奉献迎回归”“展示党员新形象，奉献经济主战场”等主题教育活动。2000 年至 2004 年，全区开展一系列学习实践“三个代表”重要思想的教育活动。同时，完善党员责任区，每一个党（工）委解决一个群众反映强烈的难点问题，每一个党支部办一件群众普遍关心的实事，每一名党员为群众做一件好事。2005 年至 2006 年，全区各级党组织在党员中开展保持共产党员先进性教育和“八荣八耻”教育，2.81 万名党员参加。2008 年，全区开展支援四川省汶川等地抗震救灾活动，党员共交纳特殊党费 512.70 万余元。2009 年至 2010 年 6 月，全区以“深入实施‘天坛文化圈’发展战略，建设现代化都市文化休闲区”为主题，开展深入学习实践科学发展观活动，区委召开深入学习实践科学发展观活动动员部署大会，该活动从 2009 年 3 月至 12 月分批进行，3 万余名党员参加。

图3—9　2009年10月14日，区召开第二批深入学习实践科学发展观活动动员部署大会

第二节　基层组织与派出机关

分布　1994 年，全区有基层党委 36 个，其中机关 6 个、企事业 23 个、其他行业 7 个；党总支 32 个，其中机关 10 个、企事业 21 个、其他行业 1 个；党支部 1 126 个，其中机关 219 个、企事业 639 个、其他行业 268 个。区委派出机关（党工委）8 个。

1996 年 9 月，区职业介绍中心（简称职介中心）党支部成立，1999 年改为党委。1997 年，区组建个体私营协会党总支。1999 年 5 月，25 个市属中小企业划转崇文区，其党组织由区委管理。2000 年，非公企业新建党支部 12 个，撤销 20 个改制企业党组织建制，党员组织关系转入企业所在街道工委。2002 年，7 个街道 158 个居民区党支部改为 89 个社区党组织。其中，党委 39 个、党总支 12 个、党支部 38 个。全区非公企业党组织增至 55 个。2004 年，亚特、汇昌、龙海实业公司实行企业改制，党员人数减少，撤销党委建制，改为党总支。2008 年 5 月，同一源律师事务所党总支成立；9 月，撤销区委非公企业工委，其所属非公企业党组织划转街道工委。

2010 年 6 月，全区有基层党委 111 个，其中机关 12 个、企业 18 个、事业 5 个、其他行业 76 个；党总支 56 个，其中机关 10 个、事业 15 个、企业 18 个、其他行业 13 个；党支部 1 022 个，其中机关 308 个、事业 179 个、企业 256 个、其他行业 279 个。区委派出机关（党工委）10 个。

组织活动　自 1994 年起，区委以树立先进典型为重点，在基层党支部开展“争优创先”活动。

1994 年 6 月，崇文骨科医院获北京市“十佳”先进党支部提名。至 1998 年，全区党组织持续开展学习邓小平中国特色社会主义理论和党章活动，基层党（工）委、党支部讲党课 322 次。1999 年至 2000 年，全区 1 050 个党支部，1.70 万名党员开展迎接中华人民共和国成立 50 周年，为党旗添光彩和党员连民心等活动，走访残疾困难户 3 368 户，建立帮残助困联系户 1 272 户，为 343 个特困家庭捐款 5.86 万元，做好事、实事 3 924 件。

2000 年，区委做出《关于开展向崇文区职业介绍服务中心党委学习活动决定》，各基层党组织学习该党委的先进事迹，加强战斗堡垒作用。区职介中心党委是北京市第一个以流动党员为主的基层党组织。该党委针对新形势下下岗流动党员的特点，精心组织好每一次党日活动，从思想上、生活上、工作上关心帮助流动党员，增强党组织的凝聚力和战斗力。1999 年和 2001 年，该党委（党支部）先后被市委、中央组织部授予北京市和全国先进党组织称号，被《人民日报》等 10 余家新闻媒体广为宣传。2000 年、2004 年，区职介中心党委书记刘雁平先后受到中共中央领导的接见。

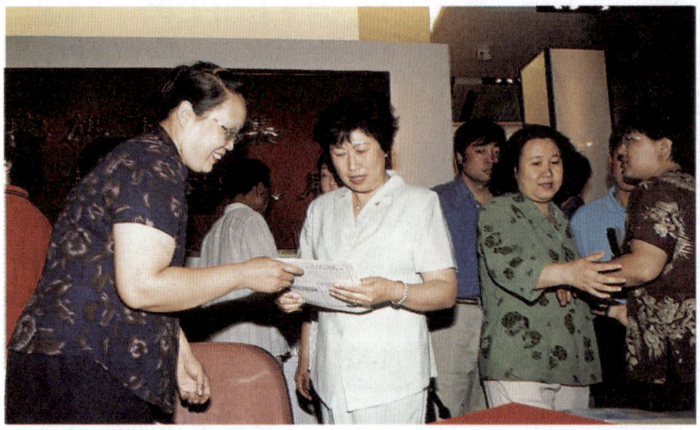

图3−10　2001年，区领导与职介中心流动党员交谈

2001 年至 2003 年，全区党组织开展“贯彻‘三个代表’实施‘四民工程’（爱民、为民、富民、利民），建设美好崇文”等教育活动，讲党课 235 场次，171 个支部建立党员先锋岗。2005 年 1 月 25 日至 10 月 28 日，开展保持共产党员先进性教育活动，208 个部门、1 126 个基层党组织 2.81 万名党员分两批三个阶段进行。同时，开展以“学党章、学先进，践行‘八荣八耻’，建设和谐崇文”为主题的党员教育月活动。2007 年至 2008 年，全区党组织围绕“服务奥运，争做先锋”等主题开展活动。2.94 万名党员以各种形式参与奥运服务工作。2010 年 4 月，开展“争优创先”暨党员作风建设年活动，举办“争优创先”大讲堂，评选表彰群众心目中的好党员。

1994 年至 2010 年 6 月，全区累计评选表彰区级先进党支部 500 余个次，优秀党员 3 100 余人次，优秀党务工作者 200 余人次。

图3−11　2001年，区劳动和社会保障局在中华世纪坛举办“庆七一，迎接建党80周年”党日活动

管理与创新　1994 年，区委制定《加强党的建设三年（1995 年至 1997 年）规划纲要》和《关于进一步加强基层党支部建设的决定》，推行党支部工作目标管理，把党员教育管理、党的组织发展及群众工作等内容采取定性与定量相结合的办法分解到每名党员，提出量化指标和达标分数。全区 36 个基层党委，有 35 个实行目标管理。1995 年，全区 36 个后进党支部有 27 个实现转化。1996 年至 1997 年，区委制定党支部等级管理标准，在 6 个基层党委试点，31 个后进党支部中有 27 个实现转化。1999 年，区委制定并实行《关于国有中小型改制企业和新经济组织党的组织建设工作的暂行办法》，全区 87 个国有（集体）中小企业党组织建设与企业改革同步进行。

2006 年，区委制定《关于推进基层党建工作创新的实施意见》，将党建创新任务分解为 41 项，落实到 6 个主管部委、28 个职能部门。至 2008 年，区委举办基层党建工作创新系列讲座、基层党支部书记和组织部（科）长业务培训 29 期，1.50 万人次参加。2010 年上半年，区委制定《崇文区处级单位党建工作实绩考核办法（试行）的通知》《关于推进学习型党组织建设的实施意见》，继续推进基层党建工作规范化和创新。

基层组织建设选介　非公经济组织党建　1994 年至 1996 年，区委制定《关于加强崇文区外商独资企业和私营企业党组织建设的试行意见》，探索私营及股份制企业党建工作。全区 34 家合资企业建立党支部 10 个、联合党支部 1 个、党小组 4 个，街道系统建立个体工商户党支部 7 个。2000 年，区委制定《关于加强非公有制经济组织党的建设工作的意见》，建立非公经济组织党建工作联系会，联系 2 477 户。至 2002 年，全区私营企业中建立党支部 36 个、个体工商户中建立党支部 44 个。2006 年，全区有非公企业 1 596 个，党员 1 199 人，党组织 176 个。其中，55 个规模以上非公企业有党员 584 人，党组织 32 个。全区设非公企业党建联络员 155 人，帮助、指导非公企业的党建工作。2007 年，区委实行常委联系规模以上非公企业制度，每位常委联系 1 个非公企业。区委向非公企业新建党支部发放有关党建和企业管理的书籍，下拨 2 万余元活动经费，举办非公企业党支部书记培训班，召开发展党员推进会。56 个规模以上非公企业中有 54 个建立党组织。

社区党建　1994 年，7 个街道工委有居民党支部 220 个，其中建立支委会的 204 个。支部书记 220 人，其中专职 118 人、兼职 102 人。党员 6 270 人，其中居民 688 人、离退休职工 5 540 人、个体劳动者 42 人。

1996 年至 1997 年，区委制定《关于进一步加强街道党组织建设的意见》，解决居委会党支部活动经费、专职支部书记生活待遇等问题。2000 年，全区开展党建资源调查。经调查：居住在街道辖区内的党员 1.90 万余人，其中在职 1.33 万余人、离退休 5 715 人。7 个街道吸收 166 个驻辖区单位建立 7 个社区党建协调委员会，下设 110 个分会；建立党员志愿者服务队 271 个，4 000 余人参加。全区组建居民党支部 158 个，实现“一居一支”。支部委员中具有高中以上文化水平的占 60%，比上届提高 36%；支部书记平均年龄 49 岁，比上届下降 12 岁。同时，各居民党支部通过建立党员联系卡，即在职党员持区委组织部门发放的党员联系卡到所居住社区党组织登记并建立联系，建立党员联络站及与驻辖区单位党支部结对子等方式，形成社区党建工作合力。2001 年，党建协调委员会分会调整为 91 个；有党员志愿者服务队 295 个，4 300 人参加。

2002 年，区委制定《关于进一步加强社区党组织工作的意见》，将社区党支部改建为党委或总支。全区共建立社区党委 39 个、总支 12 个、支部 38 个；设专职书记 31 人，书记兼居委会主任 26 人。社区党组织开展创建班子建设好、党员作用好、制度建设好、群众工作好、资源共享好的“五好”活动。2005 年至 2007 年，全区建立社区党员责任区 398 个、党员先锋岗 182 个、党员示范户 218 个，党员与困难群众结成帮扶对子 1 770 个。东花市南里社区党委建立社区公共服务协会，形成联系和服务群众，推进社区民主自治的长效机制。法华南里社区党委成立爱家服务协会，开展多种低偿服务项目。金鱼池社区举办社区节，成为全市和谐社区党建品牌，被收入《北京市基层党建创新实践探索》一书。为加强社区党建工作，区委选派26名干部到街道担任领导工作，并招聘社区专职党务工作者 69 人。

2007 年至 2008 年，全区开展创建和谐社区党建示范点工作，西花市南里东区和东花市南里等 5 个社区党委被区委授予和谐社区党建示范点。2008 年 5 月，开展百个机关结百家社区，百名干部讲百堂党课活动，66 个区级机关党组织与 85 个社区党组织结成共建对子，党员干部 300 人次讲授党课。2010 年上半年，全区开展社区党建有人管事、有钱办事、有场所议事，实现党建工作规范化的“三有一化”活动。

1994—1997年崇文区年度党的基层组织分布情况统计表

表3-7 单位：个

年份	总数			农林牧渔水利业			工业			建筑业			商业、公用饮食业、物资供销和仓储业			房地产、公共事业咨询服务业			卫生、体育和社会福利业			教育、文化艺术和广播电视业			金融保险业			国家机关、政党机关和社会团体			其他		
	党委	总支	支部	党委	总支	支部	党委	总支	支部	党委	总支	支部	党委	总支	支部	党委	总支	支部	党委	总支	支部	党委	总支	支部	党委	总支	支部	党委	总支	支部	党委	总支	支部
1994	36	32	1 126	1	0	0	0	0	68	1	1	22	15	6	300	2	2	43	2	3	36	1	6	137	1	3	33	6	10	219	7	1	268
1995	35	34	1 148	0	0	0	0	0	62	1	0	22	13	5	302	2	2	36	3	5	54	1	5	130	1	3	33	6	12	231	8	2	278
1996	38	31	1 165	0	0	49	0	0	0	1	0	23	14	4	293	4	1	47	2	5	43	2	5	133	1	1	20	4	8	159	10	7	398
1997	33	29	1 186	0	0	0	4	0	52	1	0	22	17	3	296	1	1	48	1	5	49	0	5	130	2	1	31	5	10	273	2	4	285

1998—2002年崇文区年度党的基层组织分布情况统计表

表3-8 单位：个

年份	总数			制造业			建筑业			交通运输业			批发和零售贸易、餐饮业			金融保险业			房地产业			社会服务业			卫生、体育和社会福利业			教育、文化艺术和广播电影电视业			国家机关、政党机关和人民团体			其他		
	党委	总支	支部	党委	总支	支部	党委	总支	支部	党委	总支	支部	党委	总支	支部	党委	总支	支部	党委	总支	支部	党委	总支	支部	党委	总支	支部	党委	总支	支部	党委	总支	支部	党委	总支	支部
1998	32	29	1 129	0	0	0	1	0	22	0	0	0	14	3	245	0	0	0	0	0	0	1	0	15	1	4	41	0	5	129	6	13	246	9	4	431
1999	40	39	1 228	7	9	80	1	0	22	0	0	0	17	3	196	0	0	0	1	0	26	1	0	14	1	5	47	1	6	127	5	13	298	6	3	418
2000	38	40	989	3	9	56	1	0	0	0	0	0	13	3	110	0	0	0	1	0	35	4	2	50	1	4	42	1	8	117	6	12	280	8	2	299
2001	40	39	1 019	4	9	55	2	0	41	0	0	0	18	1	214	0	0	0	0	0	0	4	0	36	1	3	39	0	8	116	5	12	251	6	6	267
2002	80	51	975	4	9	51	2	0	39	0	0	1	18	1	181	0	0	1	0	0	0	2	0	43	1	4	42	0	8	111	6	11	272	47	18	234

2003—2010年6月崇文区年度党的基层组织分布情况统计表

表3-9　　　　单位：个

年份	总数			企业			事业			机关			其他		
	党委	总支	支部	党委	总支	支部	党委	总支	支部	党委	总支	支部	党委	总支	支部
2003	107	37	973	25	10	264	4	12	182	7	11	279	71	4	248
2004	103	40	979	21	12	278	5	12	185	7	11	272	70	5	244
2005	104	38	980	24	12	253	4	14	158	7	10	260	69	2	309
2006	114	44	989	22	14	218	4	14	149	7	11	264	81	5	358
2007	118	45	1 009	18	16	254	5	11	170	12	10	290	83	8	295
2008	118	45	1 015	18	12	240	5	15	187	12	10	303	83	8	285
2009	111	56	1 022	18	18	256	5	15	179	12	10	308	76	13	279
2010.6	111	56	1 022	18	18	256	5	15	179	12	10	308	76	13	279

第四章　干部管理与人才工作

第一节　干部管理

干部队伍　1994年，全区党政机关干部2 291人。1996年，2 085人取得公务员培训合格证书。2010年6月，全区公务员及参照《公务员法》管理的事业单位人员共2 566人，其中正副局（区）级干部34人、正副处级干部487人、正副科级干部1 249人、科员691人、试用期人员105人。

思想作风建设　1994年至2010年6月，每届区委领导班子均制定并实施加强自身思想作风建设的规定或制度，主要有《关于加强区委常委思想作风建设的若干规定》《关于区委全委会、常委会、书记办公会会议制度》《区委、区政府党员领导干部民主生活会制度》《关于区委、区政府领导干部深入实际，调查研究，密切联系群众的若干规定》《关于重大问题集体讨论决定的制度》《关于进一步推行领导干部接待群众来访制度》等。区委常委、副区长以上领导干部每年通过调查研究撰写的调查报告，均在区委常委会上讨论交流并形成成果转化意见。在区级领导班子届中考察和年末总结工作时，区委、区政府主要领导做个人述职报告，并代表领导班子做工作总结，听取各部门、各单位及党内外人士意见，接受监督。区委还制定《崇文区加强处级领导班子思想作风建设十项制度》，具体规定处级领导班子中心组学习、议事规则、联系群众、廉政建设、民主生活会、民主评议领导班子和领导干部、重大问题请示报告、同领导干部谈话和党内重要情况通报等事项，同时制定有关党委工作等制度，制定《关于落实〈中共北京市委加强全市党政领导班子建设（1998—2003）规划纲要〉实施方案》《贯彻〈中共北京市委加强全市党政领导班子建设（2004—2008）规划纲要〉的实施方案》等。

1994年至1996年，区委连续3年在年初组织全区处级以上领导干部开展以“开好头、起好步、打基础”等为主题的解放思想大讨论，进一步端正领导干部深化改革、扩大开放、加快发展的指导思想，找出思想上、工作中存在的差距和薄弱环节，提出新的奋斗目标和保证措施，做好新一年的工作。1996年至1998年，区委组织处级以上干部开展“振奋精神、稳中求进”为主题的学习讨论，进行以自重、自省、自警、自律为内容的党风党性教育。1999年，区委开展以“讲学习、讲政治、讲正气”为主要内容的党性党风教育（简称“三讲”教育）。2000年，区委开展“三讲”教育“回头看”活动。2001年至2002年，区委开展“立党为公，执政为民”和“改进工作作风，优化服务环境，树立机关良好的形象”教育活动。2006年，区委在区、处两级领导班子和领导干部中集中开展社会主义荣辱观学习教育活动，并进一步落实作风建设的“八个坚持，八个反对”。2007年至2010年6月，全区各级领导干部重点学习贯彻党的十七大精神，提高落实科学发展观的自觉性。

监督管理　1994年，区委贯彻执行中共中央制定的党政领导干部选拔任用工作条例，全年考察基层领导班子54个和处级干部87人，调整或交流部分处级班子和干部。1995年，区委、区政府制定《关于对处级领导干部实行任职监督的暂行规定》，全区处级以上领导干部600余人开始每年申报个人收入。1996年，区委制定重要领导干部任免制度，规范正副处级实职党政领导干部任免条件和程序。1998 年，区委实施竞争选拔处级领导干部暂行办法，建立干部交流、轮岗和奖惩等制度。1999 年，制定实施《崇文区国家公务员和依照、参照管理单位机关工作者职务升降管理暂行办法》，明确规定领导干部任期及处、科级干部最高任职年限；同时，结合“三讲”教育，考察全区党政机关处级领导班子 45 个，调整处级干部 81 人，交流副处级以上领导干部 34 人。2000 年，区委制定并实施《崇文区处级党政领导干部管理制度（试行）》，对领导干部任期经济责任审计、个人重大事项报告等做出具体规定，实行处级领导干部任前公示和任职试用期制度。2001 年，制定并实施《中共崇文区委常委会关于干部任免票决制的暂行办法》《崇文区党政处级领导干部年度考核暂行办法》。自 2002 年起，处级以上领导干部每年增加申报“重大事项报告”内容。2004 年，制定《崇文区企业领导人员管理暂行办法》，推动干部管理方式从职务管理为主向职责管理为中心转变。区委成立区干部监督工作领导小组，开通全区干部选拔任用工作专用举报电话 12380。2004 年至 2007 年，区委修改完善关于调整不胜任现职领导干部及处级干部免职、降职、辞职的暂行规定等制度。

2007 年至 2008 年，区委建立 73 个单位、534 册处级干部电子档案和机关、事业单位人员工资变化数据库，并监督检查党政领导干部选拔任用工作条例落实情况。2009 年，区委建立研究干部工作专题会议制度，并将区法院处级审判员、区检察院处级检察员等非领导职务人员纳入区委统一管理。2010 年上半年，区委在区级领导班子和区党政机关、企事业单位党政主要领导干部中，重点贯彻落实有关选拔任用干部的报告、报告评议、职责离任检查、责任追究等 4 项监督制度。

选拔招聘 1994 年，全区 66 个基层处级领导班子中，领导职数 3 人以上的 55 个，其中仅 4 个班子配备 35 岁以下的年轻干部。据此，区委决定实施选拔培养跨世纪年轻干部的“135”工程，即培养具有大专以上学历、35 岁以下的后备干部区级 10 人、处级 300 人、科级 500 人。当年，提拔的处级干部中 45 岁以下的占 82%。1995 年年底，全区年轻后备干部中有区级 10 人、处级 361 人、科级 777 人。38 个处级班子共配备 35 岁左右的年轻干部 57 人，占班子总数的 69.10%。

1996 年，全区处级班子实施调整结构“123”计划，即选拔 40 岁左右的党政正职 10 人，其中女干部 1 人至 2 人；选拔 35 岁左右的中青年干部 20 人；选拔懂经营、会管理的中青年干部 30 人。全区 5 个单位（部门）首次公开招考副处级领导干部，报名 174 人，从中选拔 4 人。当年，全区领导职数 3 人以上的 53 个基层处级班子中，42 个配备年轻干部 59 人，占 79.25%；区委、区政府 3 人以上的 47 个处级班子中，24 个配备年轻干部 42 人，占 51.06%。至 1996 年 11 月底，全区有处级干部 561 人，其中 45 岁以下 204 人，占 36.36%；56 岁以上 88 人，占 15.69%，基本形成梯次结构。处级实职 481 人中，具有大专以上学历的 365 人，占 75.88%。1997 年，85.70%的区委、区政府处级班子和 86.20%的基层处级领导班子分别配备年轻干部21 人和58 人；处级干部中，女性占 25.70%，大专以上学历占 76.60%，党外干部 8 人。还首次与其他城区联合，面向全市公开招聘区党政机关副处级领导干部 9 人。

图3-12 2001年9月24日，崇文区竞争正处级领导职位演讲答辩会

2001 年，区委在全区范围内实行处、科级干部竞争上岗。全区 388 人报名参加 243 个处级领导职位竞争，其中正处级职位 72 个、副处级职位 171 个。通过竞争产生正处级领导干部 66 人，副处级领导干部 156 人，非领导职务处级干部 53 人；平均

年龄由50.10岁降至45.10岁，35岁以下的党政正职所占比例由1.30%升至7.50%，大学以上文化程度由53.70%升至70%。定岗的处级干部222人中，交流或提拔的101人，占45.50%。同时，在30个机关单位进行379个科级职位竞争上岗。2002年3月，区委面向全市公开招聘正处级领导干部3人，其中大学学历2人、博士1人。2004年至2007年，区委在全区范围内3次公开竞聘、选拔处级领导干部51人，其中正处级9人、副处级42人。

2005年，区委建立区级、处级党政后备领导人才库，45岁以下具有大学本科以上文化程度的优秀中青年干部281人入库。2008年，区委选拔任用女干部30人，占选拔任用总数50%；选拔任用少数民族干部3人。2009年，全区有副处级以上后备干部236人，其中副局级18人、正处级75人、副处级143人。

青年干部培养 1995年至2010年6月，区委先后选送年轻干部23人到北京、云南、河北、新疆、西藏等贫困山区和地区挂职锻炼，选派优秀中青年干部10人参加北京大学现代公共管理高级研修班学习，处级领导干部和优秀中青年干部48人赴美国和澳大利亚学习培训。2004年至2010年6月，区委先后抽调年轻干部和后备干部114人到街道、区信访办、北京奥组委等单位锻炼。2008年，区委建立干部挂职锻炼信息库，年轻干部55人入库；建立前门古都风貌保护区和京城百工坊两个干部培训现场教学基地。

离退休干部管理与服务 1994年年初，全区有离休干部1 040人，其中党员764人，按系统建立党支部或党小组72个。1994年至2010年6月，区委每年举办多种形式的老干部培训班和报告会，传达学习中央、市委、区委重要会议精神，通报区情，宣讲国内外形势，帮助老干部党支部先后开展“坚定不移跟党走　身心健康乐晚年”“真情奉献迎奥运　共建和谐乐晚年”等主题教育活动，引导老干部思想常新、与时俱进。同时，倡导离退休干部自愿、量力地在社区建设和群众活动中发挥政治优势和专长。部分老干部担任社区居委会党支部书记，从事学会或协会服务工作，参加街道治安巡逻和环保工作等。区每两年召开一次表彰会，共表彰老干部先进支部（集体）36个，老干部文明（和谐、特色等）家庭615户次，好老伴儿、好子女、健康老人等先进个人294人次。2001年，区委老干部局创办《崇文老干部》月报（原《阵地》报），按月寄送给处级以上老干部。2002年5月，区委老干部党校成立，培训老干部党支部书记、离休干部、处级退休干部。2004年，崇文老干部网站开通。2005年，区委老干部局被市委老干部局评为2004年至2005年度老干部工作先进单位。

自1994年起，每年春节前，区委、区政府召开老干部春节团拜慰问会，区建立老干部解困周转金，帮助有特殊困难的老干部。1995年至2002年，区政府先后拨款1 500余万元，扩建老干部活动站（2003年更名为区老干部活动中心），建筑面积由1 650平方米增至3 363平方米，活动室由4个增至10个。同时，建立500平方米的门球场等。2000年，区老年书画研究会成立，并建老干部活动队组10余个。2003年，区委按照规定解决无房和住房未达标离休干部住房补贴；启动离休费、医疗费保障机制和财政支持机制，对缴纳医疗统筹金确有困难的单位根据情况予以减免。7月，区老干部局成立企业离休干部管理服务中心（简称企管中心），接收区属6个公司的离休干部51人。自2004年起，区老干部局为全区副处级以上退休干部免费办理龙潭公园年票。以龙潭街道为试点，启动离休干部“四就近”工作，即利用社区资源为离休干部在社区就近学习、就近参加活动、就近得到关心照顾、就近发挥作用提供服务。社区党员、楼门（院）负责人和志愿者定期上门了解离休干部情况，社区党委为老干部提供招选保姆、送餐、设立家庭病床等服务。7个街道成立老干部党校社区课堂9个、社区活动站7个，800余人次参加社区各种活动。自2006年起，区老干部局每年组织离退休干部体检，为80岁以上卧床不起的老干部上门体检。自2007年起，区政府设立应急周转金，解决离退休干部医药费报销问题。自2008年起，区政府每年给社区拨付专项经费，推动“四就近”工作。2008年至2010年6月，区老干部党校与职工大学联合成立老干部大学，开办书法、绘画、摄影、电脑等15个班次。

2010年6月，区老干部活动中心有队组20个。全区社区老干部活动站有27个。全区有离休干部665人，副处级以上退休干部719人，其中正局职12人、副局职36人、享受局级待遇29人（含老红军1人、红军时期参加革命的2人）。企管中心有离休干部37人。离退休人员中，有党员1 203人，建老干部党支部（小组）72个。全区有专兼职老干部工作者118人。

第二节　人才工作

人才培养　1994年至1998年，区委制定高级政工师管理办法、知识分子工作计划、拔尖人才管理办法等，重点培养财政、金融、企业管理人才，并培训在岗政工师260人。1999年，全区引进各类人才326人，向用人单位推荐成功60人；从外省市引进急需高级工程技术人才7人。全区确定北京市学术技术带头人培养对象7人，其中1人入选国家人事部“百千万人才工程”；确定市级专业技术骨干培养对象65人，区级专业技术骨干290人。2001年，区委开展“十五”期间全区人才需求状况调查，制定《崇文区科技人员队伍建设规划（2001—2005)》。2003年，区委实施培养中青年骨干人才“5045”工程，推选出50名45岁以下、具有中级以上职称、学历高、经济建设急需的中青年专业骨干人才，重点培养。

2004年，区委成立人才工作领导小组，统筹全区人才工作，制定《关于进一步做好人才工作的意见》，建立青年人才库和区域人才信息监测系统，调查区境内125个中央、市、区属单位人才状况。区委设立高级公共管理人才培养项目，在区党政处级后备人才库的285人中，遴选出10人作为项目培养对象进行培养。2005年至2006年，区人才工作领导小组通过《崇文区首届“优秀人才贡献奖”评选方案》《崇文区专业技术拔尖人才选拔管理办法》，建立人才培养对象个人跟踪服务和协调联系机制，举行“工美杯”职业技能成果展示会、“便宜坊杯”中式烹调职业技能大赛等活动。2006年至2009年，区委先后制定《崇文区“十一五”人才发展规划》《崇文区2008—2010年社会工作人才教育培训规划》《崇文区引进博士后人才培养项目实施方案》及培养复合型优秀人才计划。全区先后引进、接收博士（后）51人、首都高校辅导员3人到区挂职锻炼。通过双向选择，全区安排担任副处级领导职务的博士后10人。优秀社区干部10人被国家民政部选派赴加拿大学习培训。2006年12月，市第五幼儿园园长朱小娟获市有突出贡献的科学、技术、管理专家称号，区教育研究中心王文丽获市优秀青年知识分子称号。2007年，北京珐琅厂有限责任公司钟连盛、北京库鹏牙雕公司柴慈继获市有突出贡献的高技能人才称号。2008年，区委、区政府授予孙立新等10人区专业技术优秀人才称号。同时，设计并启动非物质文化遗产管理人才和传承人才培养项目，建立区专业技术优秀人才库和非物质文化遗产管理和传承人才库。2009年，区委组织部与中国人事科学研究院合作，编制完成《崇文区中长期人才发展规划纲要(2010—2020)》，制订与区域功能定位和产业结构调整升级相联系的重要举措10项、重大工程8项。

职称评定　1994年至2008年，区委人才工作部门评出高级政工师33人、中级46人、初级92人、政工师154人、助理政工师167人、政工员63人，选拔晋升专业技术人员高级职称114人、晋升中级273人、晋升初级21人，推荐2人为北京市享受政府特殊津贴人选。

第五章　宣传教育

第一节　理论学习　形势与区情教育

理论学习　1994年至1996年，全区干部群众学习邓小平南方谈话、党的十四届三中至六中全会精神、党中央关于加快国有企业改革和建立现代企业制度的一系列政策，进行社会主义市场经济基本理论教育。1997年，学习“两个根本转变”（经济体制从传统的计划经济体制向社会主义市场经济体制转变，经济增长方式从粗放型向集约型转变）和经济结构调整的方针、政策。1998年，学习邓小平理论和党的十五大精神，各单位请专家做辅导报告，播放录音录像共310余场，组织研讨交流活动170余次，党员干部撰写调研报告和学习体会文章200余篇。同时，全区在领导干部中开展“自学一本书”活动，将《领导干部金融知识读本》定为重点。1999年至2000年，学习党的十五届五中全会精神，各单位举办辅导报告20余场。2001年至2003年，学习江泽民七一讲话、党的十六大精神、“三个代表”重要思想。区委宣传部举办领导干部读书班、组织“三个代表”重要思想宣讲团，实现学习宣传活动全面覆盖。2004年至2008年，全区干部群众学习贯彻十六届三中、四中全会及党的十七大精神。各级理论学习中心组坚持学习与解决工作中的问题相结合，为推动改革、促进发展、振兴崇文奠定思想基础。2010年上半年，全区干部群众学习贯彻党的十七届四中全会精神，围绕加强党的建设以及经济形势、发展文化创意产业等重点工作和社会热点问题，区委宣传部及各单位组织专题报告、参观考察和理论下基层等活动。全区组织周末社区大讲堂、市民教育大讲堂等宣讲活动51场，直接听众1万余人次。

图3－13　2007年11月6日，区委学习宣传贯彻党的十七大精神宣讲团成立仪式

形势与区情教育　1994年，全区各单位以落实区“八五”计划、全面加速经济发展为主线，开展振兴经济、发展崇文的宣传思想工作。区委宣传部举办改革开放先进单位、先进人物事迹报告会，印发14个典型材料，为干部群众学习市场经济理论、增强改革意识提供范例。1996年至1999年，区委宣传部举办“崇文史迹展”、开展“我看改革开放二十年”宣传教育活动，宣传区“八五”成就、“九五”计划和2010年远景目标。2000年至2006年，区委宣传部门围绕广安大街（崇文段）建设工程、前门地区解危排险等12个重点工程，编写《为什么要建设广安大街》等系列宣传材料90余期、70余万份，为群众释疑解惑，进行新生活从危改开始的宣传教育；组织区、街道干部到居民家中宣传党和政府为民办实事的政策和宗旨。2001年至2002年，区委宣传部宣传区“十五”计划纲要，组织开展“我为建设崇文献计献策”征文

等活动，收到征文800余篇、建议意见3 000余条；编辑《企业改革之窗》专刊，宣传区属企业改革情况。

2003年，区委宣传部门以“全区齐动员，科学防范‘非典’”为主题，编印有关防病治病知识和法律法规等宣传材料40余种、100余万份；组织开展“全区动员，人人参战，净化家园，战胜‘非典’”宣传周活动，营造万众一心、战胜“非典”氛围，消除群众的恐惧心理。

图3-14　2003年至2008年，区委宣传部编印的部分形势教育和区情教育图书和画册

2004年，全区开展崇文形象宣传，区委宣传部编印《崇文——我们的家》《笑脸掌声映崇文》画册、《新崇文报（区情特刊）》，出版《崇文赋》书籍，举办《摄影家眼中的崇文》摄影比赛等，宣传区改革开放取得的成果。2004年至2006年，组织读书班、报告会、制作《记录崇文》电视片、编印《新世纪　新崇文》《前门印象》等图书，宣传区党代会、人代会、政协会的精神。开展崇文区“十大景观”评选活动。2005年4月，全区评出北京新世界商场、龙潭公园、祈年大街、金鱼池小区、富贵园小区、广安大街（崇文段）、京城百工坊、百荣世贸商城、广渠门中学、市规划展览馆十大景观。2007年至2008年，区委宣传部宣传构建“天坛文化圈”发展战略，举办纪念改革开放30年大型成就展览，编印《记忆崇文》等，用人民群众衣、食、住、行等方面的变化印证改革开放30年的历程。在奥运会前夕，全区宣传部门在主要大街、公共场所的大型电子滚动屏和社区宣传橱窗，宣传北京奥运会、残奥会的相关内容；区委宣传部编辑《奥运·崇文》画册，反映全区人民期盼奥运、参与奥运、奉献奥运的精神风貌。2009年至2010年上半年，区各级宣传部门组织宣讲会816场、14万人次参加，宣讲区委、区政府加快经济发展，改善民生的举措；出版《光辉岁月》《崇文印记》等专辑；举办纪念中华人民共和国成立60周年崇文区发展建设成就展。

第二节　思想道德建设

爱国主义教育　自1994年起，全区各单位围绕中华人民共和国成立及建党、建军纪念日等，结合贯彻《爱国主义教育实施纲要》，开展“爱祖国、爱北京、爱崇文、爱集体、爱本职”等主题教育活动，激发广大干部群众的爱国热情。1997年，纪念七七事变60周年，开展“洗雪百年国耻，喜庆香港回归，迎接十五大召开”主题教育活动，10余万人参加。北京汇文中学彭雪枫烈士纪念碑、龙潭公园和区档案馆被定为区爱国主义教育基地。1999年，纪念五四运动80周年，开展“我与祖国”征文活动，5万余人参加。区各级宣传部门通过报告会、座谈会等多种形式，揭露和批判李登辉的“两国论”。2005年，各街道开展以“前门情怀”“红色记忆”“永远的丰碑”等为主题的作品展、收藏展活动。社区居民李铁光在家中举办“纪念抗日战争胜利60周年党报展”，街坊邻居踊跃参观。2007年，全区开展纪念中国人民解放军建军80周年、中华人民共和国成立58周年和香港回归10周年等活动，宣传“艰苦奋斗、敢为人先、团结奉献、追求卓越”的崇文精神，使之成为全区干部群众的思想共识、工作标准。2009年，全区围绕纪念中华人民共和国成立60周年，以“为伟大祖国骄傲、为魅力崇文喝彩”为主题，举办夏日文化广场演出近200场、红色故事会近百场、爱祖国爱北京爱崇文一日游活动60余次。前门大街、中华民族艺术珍品博物馆被批准为市级爱国主义教育基地。

主题教育活动 1994年至1999年，全区开展学英雄、学模范、争做文明好市民、学百颗星、我为崇文做贡献等活动，学习孔繁森、李润五等英雄模范人物和崇文门菜市场等单位的先进事迹，进行中华传统美德教育。区委宣传部拍摄10部电视专题片、举办45场市劳动模范和巾帼双十佳先进事迹报告会、布置百余个宣传栏，开展职业道德、社会公德、家庭美德、艰苦创业教育。先后涌现出同歹徒英勇搏斗而壮烈牺牲的区治安联防队员李长河、孙东良、贾近亭和为保护人民生命财产安全而献身的公安崇文分局侦查员沈金柱、保安员张雷等英雄模范人物。1996年，区委制定《关于加强干部群众思想道德建设的若干意见》。至2000年，区委宣传部等部门围绕思想道德教育连续举办讲座，听众近30万人次。2001年，根据中共中央印发的《公民道德建设实施纲要》，全区广泛宣传公民“爱国守法、明礼诚信、团结友善、勤俭自强、敬业奉献”基本道德规范，开展争做文明北京人、文明崇文人等活动。2002年至2003年，区委制定《关于贯彻落实中央〈公民道德建设实施纲要〉和北京市委〈意见〉的实施办法》。全区开展公民道德周、宣传日和评选公民道德建设先进单位、百名文明之星活动及扶贫济困春风行动，向社会各界募款，解决特困群众就业、就医、就学问题；动员广大干部群众开展环境整治和纠正不文明行为的公益活动；开展以政务、商务、社会诚信为重点的“守法、守约、守信”共铸诚信崇文教育活动。2004年至2005年，全区开展“文明礼仪树形象，优化环境促发展”和“礼仪北京，人文奥运，魅力崇文”宣传教育实践活动，各行业建立健全文明礼仪规范。自2006年4月起，区委组织各单位，每月围绕“八荣八耻”的一个主题，开展“弘扬社会主义荣辱观，建设文明和谐新崇文”主题教育实践活动；举办“清风伴我行”专题文艺会演；开展“践行荣辱观，树立党政机关新形象”公务员主题教育等。区直属机关干部与一些社区空巢老人结成“爱心对子”，利用节假日或周末开展一家亲服务活动。

图3-15　2009年，体育馆路街道社保所党支部开展“送温暖　送服务”活动

2004年，区委、区政府落实《中共中央、国务院关于进一步加强和改进未成年人思想道德建设的若干意见》，成立区未成年人思想道德建设协调委员会，制定学校教育、家庭教育和社会教育等13项未成年人思想道德建设措施，命名明城墙遗址公园等8处未成年人思想道德教育实践基地。2005年，全区中小学启动“文明行为伴我行”活动，开设《我爱崇文》《新崇文新童谣》《学写藏头诗》等地方校本课程；各街道、社区成立母亲课堂、家长学校等50余所家庭教育辅导场所，实行中小学生假期回社区报到制度。2006年，区文明办与团区委、区法院等单位到区看守所开展“真情关爱送知识，文明礼仪入高墙”主题活动，组织未成年在押人员座谈，并赠送《文明礼仪普及读本》和生活用品；区图书馆流动图书车进看守所，供在押人员借阅。北京规划展览馆、自然博物馆、京城百工坊等22个公共设施向集体参观的中小学生免费开放。2008年年底至2009年，区开展未成年人思想道德建设测评工作，得到市测评工作组肯定。区文明办、区委教工委和区教委共同编辑未成年人读物——《崇文区小学生创作藏头诗100首》，涵盖奥运精神、抗震救灾、

文明礼仪、社会风貌等内容。2010年上半年，区召开未成年人思想道德建设工作会，16个单位交流经验。

第三节　媒体宣传

载体　1991年，区新闻中心成立，创办《崇文月报》，与北京市和中央级的报刊、电视台、广播电台等百余家新闻媒体建立联系。1996年，区新闻中心与《北京晚报》合作开办《崇文百姓热线》栏目。1998年，北京日报社崇文区记者站成立，建立近百人的基层通讯员队伍，连续三年获北京电视台“优秀记者站”称号。2000年,《崇文宣传》创刊。2001年,《崇文月报》更名为《新崇文》，由半月刊改为周刊；2003年，更名为《新崇文报》。区新闻中心与北京电视台公共九频道《都市阳光》栏目合作，播出《锦绣崇文》节目。2008年，《新崇文报》由4版改为8版。

内容　1994年至2002年，区委宣传部门配合环渤海地区5省市联合招商，组织拍摄电视片，介绍区改革开放以来的发展变化；在香港《大公报》《经济导报》《文汇报》刊发崇文区深化改革、扩大开放的举措和招商引资项目。1998年至1999年，区新闻中心宣传区加快经济发展的设想、措施和成果，撰写《飞架天桥引青鸟》《崇文小企业改革力度大》等新闻作品，在北京和中央级新闻媒体刊发头条新闻141篇，上中央电视台新闻15条。2000年，先后在《北京日报》、北京电视台等15家新闻媒体发表稿件130余篇，报道广安大街（崇文段）建设情况。2002年，围绕金鱼池小区居民回迁、广安大街（崇文段）招商引资、龙潭庙会等，区新闻中心在中央及市级新闻媒体发稿2 000余条，拍摄电视专题片10部，还配合市委宣传部组织召开南城发展主题新闻发布会和明城墙遗址公园中外记者新闻发布会。2003年,区新闻中心在各新闻媒体刊登区抗击“非典”的稿件700余篇。2007年,向北京各新闻媒体投发稿1 830余篇,在《澳洲新报》、《世界日报》、《人民日报》（海外版）等媒体刊登崇文区扶持前门老字号、修缮整治前门大街的稿件。

2008年奥运会、残奥会期间，区新闻中心接待境外媒体采访129批、800余人次，区境内外新闻媒体现场直播6次。来自世界各国41家媒体记者191人参观前门大街,发稿200余篇。2009年，在中国国际广播电台、新华网等媒体，报道崇文区在第四届中国北京国际文博会上推介前门文化产业聚集区等21个项目。

第四节　党校培训

培训对象　1994年至2010年6月，中共崇文区委党校（简称区委党校）以处级干部轮训班、培训班、研讨班以及青年干部培训班为主体班次，同时举办科级干部、国家公务员、企业经营管理者、各类专业技术人员、社区工作者、基层党组织负责人以及入党积极分子培训班共129个，1.11万人次参加。还配合区有关部门举办培训班、短训班159个，1.97万人次参加。

培训内容与方式　*培训内容*　1994年至2010年6月，区委党校按照培训对象的不同特点确定培训内容，处级领导和青年后备干部以马克思列宁主义、毛泽东思想、邓小平理论、“三个代表”重要思想和科学发展观、中共十四大以来历次党代会精神为主要内容，同时学习处级领导干部岗位职责必备知识。入党积极分子主要学习党的性质、宗旨、纲领和党员标准。公务员和军队转业干部主要学习《公务员法》，进行形势政策、区情和廉政教育，讲授公文写作知识等。企业经营管理人员，主要对其进行形势政策、廉政教育，学习《企业法》和经济管理知识等。

培训方式　1994年至2010年6月，党校培训以课堂教学、实地考察等方式为主，以小班教学、异地办学、党性锻炼等形式作为补充，注重培训的针对性和实效性。为加强学习交流、巩固培训成果，2003年，区委党校创办校刊《学苑》，主要刊登学员撰写的培训体会文章，每季度一期，发至全区各级领导干部及党校学员；2009年，《学苑》更名为《培训主阵地》；至2010年6月，共编印46期、5.36万册。同时，加强教学科研，至2010年6月的17年间，撰写科研论文、调研报告等157篇，其中获国家级成果8项、市级21项，在市、区级以上刊物发表39篇。

第六章　纪律检查

第一节　组织机构

领导机构　1994年至2010年6月，第七届区纪委委员23人、常委7人、副书记2人、书记田月忠，第八届区纪委委员25人、常委7人、副书记2人、书记张湘，第九届区纪委委员25人、常委9人、副书记3人、书记滕盛萍，第十届区纪委委员29人、常委9人、副书记3人、书记张岚。区纪委委员分别由区第七次至第十次党代会选举产生，区纪委常委、副书记、书记分别由区第七届至第十届纪委召开的第一次全体会议选举产生。

第七届至第十届区纪委全体会议每年召开2次，会议主要内容为听取和审议纪委常委会工作报告，研究决定重要问题和重大事项。纪委常委会议每月召开一次，研究纪委日常重要工作。至2010年6月，全区共召开纪委全体会议33次，常委会议178次。

1994—2010年6月中共崇文区纪委组成人员一览表

表3-10

届别	委员（人）	常委（人）	书记及任职时间	副书记（人）
第七届	23	7	田月忠　1994.3—1999.1	2
第八届	25	7	张　湘　1999.1—2004.1	2
第九届	25	9	滕盛萍（女）　2004.1—2006.12	3
第十届	29	9	张　岚（女）　2006.12—2010.6	3

工作机构　1994年，区纪委与监察局合署办公，设办公室、调研室、教育室、案件检查室、案件审理室、信访室（区政府举报站）、党风廉政建设室、执法监察室，另设临时机构——纠正部门和行业不正之风办公室（简称区纠风办）。1995年3月，调研室与教育室合并为宣传教育调研室。2001年12月，党风廉政建设室调整为廉洁自律工作室，纠风办定为常设机构。2005年6月，区行政投诉中心成立，设在监察局。2010年6月，区纪委与监察局设办公室、宣传教育调研室、

案件检查室、案件审理室、信访室（举报中心）、党风廉政监督室、纠风办、执法监察室、行政投诉中心9个科室。

基层组织　1994年年初，全区设纪检监察组织39个，其中局、处、公司、企事业单位32个，街道7个。党（工）委建立纪（工）委，直属总支和支部设纪检委员。纪检监察专职人员96人，兼职209人。1997年年底，纪检监察组织增至56个，专职干部增至112人。

2001年，区纪委、监察局先后向区29个部门和单位纪检组、监察科派驻干部59人。49个单位设纪检监察机构，其中纪委34个、纪工委10个、纪检组5个。2004年年底，区属企业改革改制，纪委减少5个，纪工委减少1个，纪检组增加4个。2010年6月，全区57个单位设立纪检监察机构，其中纪委24个、纪工委9个、纪检组24个，纪检干部共140人。

第二节　思想教育

党纪党规教育　1994年至1996年，区纪委组织党员干部7 000余人次观看党风党纪教育片，5 600人次参加党纪条规学习考试。1997年，区纪委组织公务员学习《中国共产党党员领导干部廉洁从政若干准则》和《行政监察法》，请中纪委、监察部负责人做《廉洁从政、全心全意为人民服务》的辅导报告，500余人参加。2003年，区纪委开展学习贯彻《中国共产党党内监督条例（试行）》和《中国共产党纪律处分条例》活动，党员领导干部撰写学习体会，对照两个条例查找在党内监督和维护纪律方面存在的问题和薄弱环节，进行整改。2004年至2006年，区纪委印发《领导干部落实党风廉政责任制及廉洁自律规定工作手册》，组织6 191人次观看录像教育片，7 760余人参加党纪条规考试。2007年，区纪委组织党员干部学习贯彻《中共中央纪委关于严格禁止利用职务上的便利谋取不正当利益的若干规定》（简称《规定》）、《党员领导干部廉洁从政手册》，及区纪委制订的《关于贯彻落实〈规定〉的实施意见》，全区党员干部对照《规定》进行自查。

反腐倡廉教育　1994年至2010年6月，区纪委每年确定一个主题，在5月至6月开展全区党风廉政宣传教育月活动，同时，运用正反两方面典型对党员、干部进行拒腐防变、艰苦奋斗和清正廉洁教育。1994年，区纪委编印《1994—1997年党员干部违纪案例通报》。1999年至2001年，区纪委以胡长青、成克杰为反面教材开展警示教育，组织党员、干部参观“打击和预防经济犯罪展览”，围绕党纪国法、思想道德两道防线开展整改活动；编辑《树立正确利益观——崇文区党员干部大家谈》和以剖析近年区内重大案例为内容的《镜鉴实录》两本书，发给党员干部学习参考。自2001年起，区委书记、区纪委书记在每年的全区党风廉政主题教育宣传月动员会上讲党课，基层单位领导干部在各自单位讲党课。2002年，区委党校将党风廉政主题教育月活动纳入教学计划。2003年至2006年，区纪委编辑教育月专刊、开设网上廉政课堂、拍摄警示教育专题片，整合廉政教育资源，分解宣传教育任务，明确牵头单位

图3–16　2001年，区委召开党风廉政宣传教育月动员大会

职责，形成党风廉政宣传教育格局。并先后举办16次专题警示教育活动，组织党员干部4 000余人参观“北京市反腐倡廉警示教育展”，科以上干部和财务人员3 000人观看毕玉玺案警示教育片，2 000余人留下观后感。

2005年，全区开展廉政文化进机关、进社区、进企业、进家庭、进校园活动。各街道以“廉政进社区、清风送万家”为主题，发动居民自创自编廉政歌曲、廉政故事和童谣212个；区纪委征集廉政漫画290余幅，编印《崇文区廉政漫画选》。2006年，区委确定为廉政文化建设推进年，举办廉政文化作品展览和廉政文化专场演出，编辑《崇文区廉政文化作品集》。

2007年，区纪委拍摄的《一封举报信引出的受贿案》《“阳光”拆迁打造廉洁工程》专题片，分获市纪检监察系统电教片一等奖、好新闻二等奖。2008年，区纪委开展“做党的忠诚卫士、当群众的贴心人”主题实践活动。区纪委以区内贪腐案件为典型，举办以“走好人生每一步”为主题的反腐倡廉暨预防职务犯罪警示教育展览，5 000余人参观，通过教育，党员干部退回礼金8万余元。2009年至2010年6月，区纪委重点开展领导干部读书思廉、向王瑛同志学习、强化廉政意识、弘扬新风正气等反腐倡廉活动，党员领导干部撰写读书思廉心得100篇。

廉政谈话 自1996年起，区纪委对群众举报的处级以上领导干部实行诫勉谈话。当年，区委书记、纪委书记对局、处级干部15人进行诫勉谈话。自1999年起，全区实行处、科级干部任前廉政谈话制度。1999年，区纪委谈话622人，其中处级干部91人。2000年至2003年，区纪委共诫勉谈话36人，警示谈话5人。处、科级干部任前廉政谈话142人。自2004年起，全区实行党政领导干部和企业领导人述职述廉。自2005年起，区纪委对处级干部任前进行集体廉政谈话、填写廉政承诺书，进行廉政宣誓。至2010年6月，对处级干部进行任前集体廉政谈话共123人。自2007年起，区纪委对新录用的公务员进行年度廉政培训。

图3—17　2001年，区委召开新任处级领导干部廉政谈话会

第三节　党风廉政建设

制度建设 1995年，区纪委制订《崇文区关于禁止用公款“吃喝玩乐”的补充规定》。1997年至1999年，区委、区政府制定《崇文区党风廉政建设责任制度》及考核、报告、评议和巡视检查等4项配套制度。区党政机关和企业事业单位建立和完善相关制度620项。117个基层单位修订或制订规章制度586项。2002年，区委、区政府制定《关于建立崇文区预防职务犯罪网络的意见》《关于对区属企业改革转制工作加强监督管理的若干规定》及实施意见。2004年至2007年，区委、区政府制定《党政领导班子成员逐级听取党风廉政建设情况汇报制度》《廉政谈话制度》《述职述廉制度》《领导干部经济责任审计制度》《国有企业领导人员廉洁从业若干规定》《崇文区委关于在全区推进党务公开的意见》《崇文区廉政风险防范管理实施办法（试行）》及其配套文件。

自2005年起，区纪委按照依法公开、真实可信的要求决定，凡需要党组织领导班子集体研究决定的重大事项，涉及群众切身利益和群众关心的热点问题，容易出现以权谋私、滋生腐败、引发不公的事项，除涉及保密的内容外，应最大限度地向群众公开。区纪委先在东花市街道工委、永定门外街道工委及所辖定安里社区党委开展党务公开试点，并在《首都之窗》网站崇文社区服务网开设街道党务公开栏目，向社会公开街道党务工作。2006 年，全区推广党务公开制度。2010 年上半年，区纪委制订党员领导干部从政行为 8 个“禁止”、52 个“不准”，形成用制度规范从政行为、按制度办事、靠制度管人的机制。

责任分工与追究　1994 年，区委将贯彻党风廉政建设责任制作为“一把手”工程。自 1999 年起，区委每年定期召开全区处级以上领导干部党风廉政建设工作大会。自 2002 年起，区委每年制定《崇文区党风廉政建设和反腐败斗争主要任务分工》，细化反腐败任务，确定牵头单位和协办单位，明确分管的区级领导。区委每半年召开一次反腐败任务牵头单位联席会。至 2010 年 6 月，牵头单位和协办单位由 58 个增至 67 个，反腐败任务由 28 项细化为 61 项。区委常委会、区政府常务会研究党风廉政建设工作 21 次，涉及党务公开、违纪违法案件查处等议题 32 个。区委累计召开处级以上领导干部党风廉政建设工作大会 12 次，反腐败任务牵头单位联席会 23 次。

自 2000 年起，区纪委对违反党风廉政建设责任制行为实施责任追究，在评选先进活动中对出现违反党风廉政建设的实行一票否决制。2000 年，实施责任追究 10 件，涉及处级干部、科级干部各 7 人。2001 年至 2004 年，责任追究 5 件，涉及处级干部 5 人，基层责任追究 12 人。

风险防范管理　2002 年 12 月，区成立预防职务犯罪网络。区纪委在区属国有企业改革转制中，监督企业财产清查、产权界定等 6 个重点环节，确保区六大商业集团完成组建。2004 年，区纪委落实中央《建立健全教育、制度、监督并重的惩治和预防腐败体系实施纲要》，加强从源头上根治腐败工作的研究与领导。

2007 年 1 月，区纪委成立廉政风险防范管理课题组，经过对区劳动和社会保障局等 6 个试点单位的实践、探索，形成《崇文区廉政风险防范管理实施办法（试行）》及配套文件。主要内容包括：廉政风险理论、风险防范体系和质量管理机制；工作措施包括查找思想道德、制度机制、岗位职责三类风险，建立前期预防措施、中期监控机制、后期处置办法三道防线，抓好管理计划制订、执行、考核、修正 4 个环节。2007 年 9 月，区委召开动员大会，推行廉政风险防范管理工作。之后，全区处级干部 500 余人查找廉政风险点 4 000 余条，制订防范措施 6 000 余项。2007 年 12 月，市纪委在崇文区召开北京市廉政风险防范管理工作现场会，区劳动和社会保障局等 3 个单位介绍运用廉政风险防范管理制度，管理重大事项和关键环节的经验。2008 年，区纪委制订《崇文区廉政风险防范管理工作检查考核方案（试行）》，共检查单位 127 个。各单位普遍围绕权力运行的关键环节和重点部位、重大事项、重要干部任免、重要项目安排、大额度资金使用等方面坚持民主决策，强化了权力运行的监督制约机制，监督和限制了领导干部的自由裁量权。全年公款出国（境）团组减少 20%，节约经费 56 万元。2009 年，区委制定《崇文区贯彻落实〈中共中央建立健全惩治和预防腐败体系 2008—2012 年工作规划〉和〈北京市建立健全惩治和预防腐败体系 2008—2012 年实施办法〉的意见》，提出全区惩防体系建设的教育、制度、监督、改革、纠风、惩处 6 个部分 91 项任务和措施。2010 年上半年，廉政风险防范管理工作向区级

图3-18　2007年，体育馆路街道开展廉政风险防范管理工作

领导班子、领导干部层面和基层拥有公共权力的部门和岗位延伸，向基层党员干部延伸，实现廉政风险防范管理工作全员覆盖。其间，中央和市有关领导先后批示，肯定崇文区廉政风险防范管理工作。《中国纪检监察报》、人民网、新华网、中国廉政网、国家预防腐败局官方网、《北京日报》等媒体多次予以报道。来自全国26个省、市、自治区及中国香港特别行政区的160余个单位、2 000余人，还有巴基斯坦、泰国、越南、蒙古等国相关人员，先后来区考察交流廉政风险防范管理工作。

第四节 监督检查与专项治理

监督检查 自查自报 自1994年起，全区处级领导班子定期召开廉洁自律民主生活会，企业职工定期民主评议领导干部。自1995年起，全区处级及以上领导干部每年申报个人收入2次。2000年，区委、区纪委及其有关部门派人参加基层处级领导班子民主生活会并形成制度。自2001年起，区四套领导班子和全区处级领导班子每年定期召开廉洁自律专题民主生活会，对照中央和市委的相关各项规定和征求的群众意见进行自查自纠，开展批评与自我批评。至2010年6月，处级以上领导班子先后制订整改措施共2 065条（项），共申报个人收入31次，77人登记上交礼品118件。

自1994年起，全区23个国有企业和11个集体企业实行业务招待费向职代会报告制度。1998年，全区289个企业、323个单位实行该项制度，71个单位招待费在财务单独列支，全区业务招待费逐年下降。

经济责任审计 1999年至2005年，区纪委与区审计局对党政机关处级干部和国有及国有控股企业领导人169人进行经济责任审计，纠正违规金额和管理不规范资金共1.54亿元；将2起涉嫌经济犯罪线索移交司法机关查处。2007年至2010年6月，按照规定程序对各级领导干部，进行年度经济责任审计、离任审计和专项审计。

巡视检查 自1994年起，区纪委每年组织党风廉政监督员和特邀监察员，深入各单位考核、评议、巡视检查落实党风廉政建设责任制、责任追究制和反腐败工作的情况。自2002年起，每年由区领导带队检查考核各单位落实党风廉政责任制情况，民主测评处级领导干部。2003年3月，区委常委会（扩大）会议，听取区纪委关于检查考核区属党政群机关、司法机关贯彻落实党风廉政建设责任制情况的汇报，并对下一步工作提出要求。1994年至2009年，市委检查组先后4次对崇文区贯彻党风廉政建设责任制和反腐败斗争及惩防体系建设情况进行检查，并对区委、区政府领导班子和领导干部贯彻执行党风廉政建设责任制情况进行民主测评，对崇文区的工作表示肯定。

专项治理 1994年，区纪委清理党政机关、事业单位违规用公款安装住宅电话109部，收回电话初装费16.94万元；清退党政机关无偿占用企业钱物；调查580名处级干部住房情况，清理公款购房、装修等以权谋私问题。1995年，清理领导干部违规、超标准乘车问题，清退党政机关无偿占用企业的汽车；清理党政领导干部兼职问题，17人辞去在企业兼任的职务。1999年至2003年，清退党政机关干部借用、占用小汽车11辆，对处级以上领导干部和企业领导人756人收受现金、有价证券、配备家用电脑及其配偶和子女从业等情况进行调查登记，清理党政机关或个人无偿占用企业钱物和个人拖欠企业公款58万余元，清理党政干部公款出国（境）旅游等。区党政机关与所办经济实体全部脱钩。2005年，全区推进公务用车统一由政府采购、国库支付、银行保险、定点维修、定点加油“五统一”管理模式。清理40个党政机关和事业单位公务用车，纠正违规用车10辆。

第五节　案件举报与查处

案件举报　1994 年至 1998 年，区纪委、监察局受理群众信访举报 2 032 件，其中 1 779 件属于纪检监察业务范围，涉及处级单位和处级以上领导干部 431 件。信访举报重点是处级领导干部及党政领导机关、行政执法机关、司法机关和经济管理部门，以经济类问题居首，年均办结率为 97%。1999 年至 2003 年，受理群众信访举报 1 889 件次，办结率为 96.80%。2001 年至 2003 年，实行信访函、信访谈话、信访阅处件跟踪报告单等制度，建立信访、案件检查线索排查联席会制度，开通网上信访举报和电子举报信箱。对信访举报的一般性问题谈话提醒、发送《纪检监察信访函》等，对举报失实的问题及时予以澄清。

2004 年至 2006 年，区纪委、监察局受理信访举报 565 件，举报内容主要涉及保护环境、重点建设工程、企业改制、损害群众利益、商业购销等方面，办结 555 件，办结率为 98.23%。2006 年，实行重要信访举报集体研究和信访监督谈话等制度，坚持阅批联席制，阅批直管干部信访举报 90 件，调查处级干部 7 人、单位 2 个，为组织部门选拔、任用干部发挥“过滤器”作用。在信访接待中，发现重点建设工程案件线索 5 件次，立案 4 件，为国家挽回经济损失 260 万元。

2007 年至 2009 年，区纪委、监察局受理群众信访举报 856 件，全部办结；接待行政投诉 178 人；与处级干部 15 人进行信访谈话，函询处级干部 3 人。区纪委、监察局制订《关于处理异常访、越级集体访、群体访事件应急预案》，实行重点排查和全面调处相结合的矛盾排查调处机制及直查快办的化解机制。区纪委领导接访 99 次、约访 42 次、下访 43 次，协调化解突出矛盾纠纷 18 起，直查信访 16 件。

案件查处　1994 年至 1998 年，区委成立大案要案协调领导小组，基层单位成立案件审理小组。重点查办党政领导机关、行政执法机关、司法机关、经济管理部门及处级以上领导干部贪污、受贿、挪用公款、失职渎职、腐化堕落等违纪违法案件，共立案查处违纪违法案件 70 件，其中大要案 36 件；给予党纪政纪处分 48 人，其中，开除党籍 17 人、党纪和政纪双重处分 2 人，涉及处级以上领导干部 46 人。

1999 年至 2003 年，区纪委与司法机关、行政执法机关配合，立案查处违纪违法案件 45 件，其中大要案 26 件；给予党纪政纪处分 32 人，其中，开除党籍 3 人、开除公职 2 人，涉及处级以上领导干部 18 人。2001 年，区纪委集中力量查办以区人防办原主任王某某为首的违纪违法窝案。王某某因犯贪污罪、挪用公款罪、玩忽职守罪，被开除党籍、开除公职，司法机关判处其有期徒刑 16 年。

自 2004 年起，区纪委建立联合审理小组和拆迁工作突发问题应急工作组。查处区危改办原项目管理科科长张某某涉嫌受贿案，司法机关判处其有期徒刑 8 年；查处区修理公司原经理祖某某贪污、挪用公款案，司法机关判处其有期徒刑 10 年；查处区国土资源和房屋管理局原党委书记、局长田某某挪用公款案，司法机关判处其有期徒刑 5 年。以上 3 人均给予开除党籍、开除公职处分。至 2006 年，区立案查处违纪违法案件 49 件，其中大要案 34 件、移送司法机关 10 件；给予党纪、政纪处分 29 人，其中开除党籍 13 人、开除公职 7 人，涉及处级以上干部 25 人；挽回经济损失 3 900 万元。

自 2007 年起，区纪委重点查办官商勾结、权钱交易、权色交易和房屋拆迁安置中侵害群众利益的案件。查办崇远物美商业有限公司原党委副书记张某等 3 人，天润金百集团有限责任公司原董事长、总经理贺某某等 2 人，区委办原副主任杜某某及天坛街道办事处干部姚某等违纪违法案件。2009 年，查处永外房管分中心王某某违规为自建房办理承租契约和区地方税务局原副局长朱某某涉嫌受贿等案件。至 2010 年 6 月，区纪委共立案查处 78 件，其中大要案 54 件；给予党纪政纪处分 37 人，其中开除党籍 7 人、开除公职 1 人，涉及处级以上干部 21 人；挽回直接经济损失 3 041.77 万元。

1994—2010年6月中共崇文区纪检监察机关立案统计表

表3-11

年份	立案总数（件）	立案类别数（件）											涉及人数（人）	上年度遗留数（件）	结案数（件）	销案数（件）
		违犯政治纪律	违犯组织人事纪律	违犯廉洁自律规定	贪污贿赂	破坏社会经济秩序	违犯财经纪律	失职渎职	侵害党员及公民权利	严重违犯社会主义道德	妨碍社会管理秩序	其他违纪行为				
1994	10	0	0	0	1	0	1	1	1	2	0	4	9	6	12	1
1995	14	0	0	0	6	0	2	2	0	3	0	1	13	3	11	0
1996	13	0	0	0	6	0	3	2	2	0	0	0	14	4	16	0
1997	11	0	0	0	1	0	1	3	0	0	0	6	13	0	6	0
1998	12	0	0	0	2	0	3	1	0	5	0	1	13	4	7	0
1999	9	0	0	2	4	0	0	1	0	0	2	0	9	1	6	0
2000	7	0	0	0	1	0	1	3	0	0	1	1	7	1	6	0
2001	8	0	0	0	7	0	0	0	0	1	0	0	9	2	8	0
2002	4	0	0	0	0	0	0	1	0	0	3	0	5	2	5	0
2003	9	0	0	0	0	0	0	2	0	0	2	5	9	1	8	0
2004	9	0	0	0	3	1	0	0	0	1	4	0	9	2	10	0
2005	15	1	0	0	8	0	2	0	0	1	2	1	17	1	10	0
2006	16	0	0	1	7	2	2	1	0	0	3	0	17	6	9	0
2007	15	1	0	1	3	1	1	2	0	0	5	1	15	13	15	0
2008	7	0	0	1	2	1	1	1	0	0	1	0	8	13	12	0
2009	9	0	0	1	2	0	1	1	1	1	2	0	10	8	6	0
2010.6	2	0	0	0	0	0	1	1	0	0	0	0	2	11	3	0
合计	170	2	0	6	53	5	19	22	4	14	25	20	167	78	150	1

1994—2010年6月中共崇文区纪检监察机关查处案件统计表

表3-12

年份	初查线索（件）	结余（件）	转立案（件）	涉及处级以上干部(人)	立案（件）	年内新立案（件）	年内结案（件）	大案要案			直查案（件）	年内直查案（件）	处分人数（人）	挽回经济损失（万元）
								案件数（件）	年内大要案（件）	年内结案（件）				
1994	59	31	10	28	16	10	12	3	3	8	0	0	10	
1995	61	26	14	4	14	14	11	11	7	4	8	0	11	

续表

年份	初查线索（件）	结余（件）	转立案（件）	涉及处级以上干部（人）	立案（件）	年内新立案（件）	年内结案（件）	大案要案			直查案（件）	年内直查案（件）	处分人数（人）	挽回经济损失（万元）
								案件数（件）	年内大要案（件）	年内结案（件）				
1996	28	16	13	3	17	13	16	8	8	8	8	5	13	
1997	8	8	11	6	11	11	6	8	8	6	8	5	8	
1998	8	7	12	5	12	12	7	6	6	6	7	7	6	
1999	9	5	2	0	10	9	6	7	6	3	3	2	3	11.50
2000	15	3	6	9	9	7	6	6	4	1	5	4	6	15.39
2001	15	7	7	7	10	8	8	5	4	3	8	6	9	7.71
2002	6	0	3	0	6	4	5	2	1	0	2	0	6	1.82
2003	8	2	4	2	10	9	8	6	5	5	0	0	8	15.37
2004	20	9	6	10	11	9	10	6	5	4	1	1	9	32.11
2005	21	10	8	6	16	15	10	10	9	3	2	1	10	12.76
2006	22	11	5	9	22	16	9	18	13	6	4	3	10	151.40
2007	25	4	7	5	28	15	15	23	11	12	9	5	17	2 769.40
2008	31	11	4	9	20	7	12	14	3	8	5	1	12	175.37
2009	35	15	6	7	17	9	6	9	3	4	4	3	6	97
2010.6	17	3	1	0	13	2	3	8	1	1	4	0	2	
合计	388	168	119	110	242	170	150	150	97	82	78	43	146	3 289.83

第七章　统一战线

第一节　学习宣传

学习座谈　自 1994 年起，区委统战部与区各民主党派、工商联、侨联建立双月座谈会和学习制度，每两个月左右召开一次党派、团体主要负责人会议，学习党的方针政策、中共中央《关于坚持和完善中国共产党领导的多党合作和政治协商制度的意见》和党的十五大、十六大精神，研讨新形势下加强多党合作，提高民主党派参政议政水平的思路和措施，座谈交流工作情况等。至 1998 年会议共召开 21 次。2001 年，区委统战部、组织部、党校举办党外代表人士培训班，传达全国和市统战工作会精神，听取民革中央联络部部长和中央社会主义学院教授关于多党合作的历史传统及如何开展民主党派工作的报告。2002 年，各民主党派学习“三个代表”重要思想，落实《崇文区统战系统进一步兴起 学习“三个代表”重要思想新高潮的意见》。2005 年至 2006 年，区委落实中央统战部、中宣部联合下发的《关于进一步加强中国共产党领导的多党合作和政治协商制度的宣传工作意见》，先后 8 次召开民主党派、工商联和侨联负责人座谈会及党外处级领导干部座谈会，交流学习体会和工作经验；全区各级理论学习中心组学习统战政策及多党合作理论。2007 年，区委统战部召开民主党派、团体双月座谈会，学习中共中央领导关于统战工作的讲话；组织侨界群众学习《一个中国的原则与台湾问题》白皮书和《归侨侨眷权益保护法》及其实施办法。2008 年，区委统战部、台办，区民宗侨办及各民主党派、工商联、侨联联合举办改革开放 30 周年成果展。2009 年，区委召开纪念多党合作制度确立 60 周年座谈会，各民主党派主要负责人畅谈多党合作事业的发展，并建言献策。

自 1994 年起，区统战系统多次举办民族工作培训班、民族政策报告会，宣传《北京市少数民族权益保障条例》《北京市关于生产经营清真食品必须尊重少数民族风俗习惯的若干规定》，各单位主管领导、统战干部参加。同时，区委统战部与区民宗侨办坚持每年举办宗教团体负责人和代表人士学习班，学习党的宗教政策、国务院和北京市宗教事务条例等，引导宗教界人士坚持独立自主、自办教会的方针，依法开展宗教活动，维护民族团结和祖国统一。至 2010 年 6 月，学习班共举办 19 期。

1994 年至 2010 年 6 月，区委统战部、台办与区政协祖国统一委员会先后举办两岸关系及对台方针政策和台湾形势报告会，促进祖国和平统一、反对“台独”分裂行径座谈会，纪念“五一口号”发布 60 周年报告会，纪念中共中央总书记江泽民对台重要讲话发表 8 周年及学习《反分裂国家法》座谈会 100 余次。各民主党派负责人、政协委员、台胞台属发挥自身优势，不断把党的方针政策、大陆的发展变化介绍给台湾亲人，并邀请海外的亲朋好友到大陆观光旅游、投资置业，为国家的繁荣富强做贡献，同时提出促进祖国统一、推动两岸关系发展的建议。

统战宣传 1995 年至 2001 年，区委统战部联合区委党校，在处级干部培训班设立统战知识课，由区委统战部主要负责人宣讲统战政策，共计 5 次、150 人次参加。区委统战部举办 3 期统战工作信息员培训班，各单位报送信息 473 条，被市、区委采纳 442 条。2002 年，配合北京人民广播电台《诤友之声》节目，区委统战部负责人先后 4 次到基层宣讲统战工作。2006 年至 2010 年 6 月，区委统战部通过《崇文统战》《台办之声》《新崇文报》等报刊，多次报道统战系统重要活动、台海时事、政治热点及党外人士的意见、建议等。

图3—19　2004年12月15日，区台办开展“两岸心心相连，祖国企盼团圆”宣传教育活动

第二节　合作共事

制度建设 1994 年，区委制定《关于贯彻中发〔1989〕14 号文件，进一步坚持和完善中国共产党领导的多党合作和政治协商制度的意见》。1995 年，区委制定《关于进一步做好民主党派工作的几点意见》，决定建立党员领导干部与党外人士交朋友的制度。至 2001 年，区四套班子的

党员领导干部分别与党外人士 200 余人交朋友。

1999 年，区委、区政府重申，全区重大问题、重要情况和重要人事安排，坚持事先向党外人士通报，并听取意见。2000 年至 2009 年，区委先后制定关于加强统一战线工作的意见，民主党派主要负责人参与外事接待制度及《关于进一步做好培养选拔党外领导干部工作的意见》《〈关于加强中国共产党领导的多党合作和政治协商制度建设的意见〉的具体实施意见》《崇文区民主党派、无党派人士政治协商参政议政工作制度》《关于进一步加强党外干部教育培训规划（2007—2012)》等，均在工作中逐一落实。

民主协商与监督　自 1994 年起，区委坚持全区重大问题与民主党派协商，并决定凡以民主党派和工商联名义提交的提案，须经区委书记阅示后转请有关部门办理，并将结果反馈有关民主党派。至 2010 年 6 月，共召开民主党派、无党派人士协商通报会 92 次，双月座谈会 50 次，区委、区政府主要领导到会通报情况，听取意见与建议。内容涉及经济发展、区级机关机构改革、城市建设、重大工程及教育、文化、卫生事业发展，和精神文明建设、重要人事变动、党风廉政建设等方面。2000 年，区委征得各民主党派、工商联和无党派民主人士对广安大街（崇文段）改扩建工程的建议百余条。2007 年 7 月，7 个民主党派工委与 7 个街道“一对一”结成对子，各民主党派成员分别组成多个服务队，进入街道社区，就人文奥运、卫生医疗、法律法规、体育健康等举办讲座、开展咨询。2009 年，各民主党派对全区经济和社会发展中如何落实科学发展观提出提案、议案 17 件，意见、建议 105 条，多数被采纳。

图3—20　2009年12月23日，区委召开民主党派、人民团体主要负责人和无党派代表人士会议，征求对《政府工作报告》（讨论稿）的意见

自 1994 年起，部分民主党派成员和各界党外人士受邀担任区政府和检、法两院、纪检监察等 43 个单位的特邀监督员。他们深入基层明察暗访，针对发现的问题，提出批评建议；各相关单位定期向特邀监督员汇报工作，听取意见。至 1998 年，特邀监督员提出建议、意见 1 638 条，被采纳 1 022 条，对促进党政、司法机关及各行业改进工作，加强廉政建设发挥了积极作用。至 2010 年 6 月，共有 354 人次担任此职。

支持民主党派加强自身建设　1994 年至 1998 年，区委支持区民主党派工委进行换届调整。调整后，工委成员 70%的具有大学文化程度，平均年龄由 1992 年的 67 岁降至 50 岁。一批政治素质高、有专业知识并有一定代表性的中青年充实民主党派工委班子，形成梯次配备。1995 年，区委提出支持民主党派加强班子建设、举办各类学习培训、改善办公条件等措施，为民主党派工作办 10 件实事，并逐一落实。各民主党派联合制订并实施《关于加强自身建设的几项措施》。2006 年，区委统战部协助民主党派工委进行换届调整。换届后，7 个民主党派工委委员 64 人，平均年龄 45.25 岁，高学历、高职称人数均超过上届。

1994 年至 2010 年 6 月，区委支持协助各民主党派、工商联、侨联及宗教团体举办培训班、学习班，共举办 100 余期，3 000 人次参加。

培养与推荐党外人士　1994 年，区委决定各基层党委把民主党派后备干部的培养列入议事议程。1995 年，区委成立培养选拔党外干部协商机制领导小组，并建立党外人才库，31 个机关企事业单位确定重点培养对象 40 人；统战部确定重点培养宗教界代表人士 28 人。区委组织部、统战部推荐民主党派成员和党外人士担任相关机构实职的比例不断增加，民主党派成员当选区人大代表和任区政协委员的比例不断提高，1994 年分别为 3.61%和 7.21%，2010 年 6 月增至 5.85%和 19.44%。

1994 年至 2010 年 6 月，民主党派成员和党外人士中，有 2 人当选全国人大代表、4 人任全国政协委员、10 人当选市人大代表、16 人任市政协委员、3 人当选区政府副区长、13 人当选区人大常委会副主任和区政协副主席。

支持非公经济和台资侨资企业发展 1994 年，区工商联有会员 378 户，其中非公经济企业会员 116 户。区委提出支持工商联创办企业，解决区境内台资企业的管理与服务问题等。组织非公经济人士赴马来西亚进行贸易交流，为 12 个项目合作牵线搭桥。1995 年，区委建立领导干部与非公经济代表人士联系制度，发现和培养非公经济代表人士。1997 年 8 月，区委统战部走访区台资企业，召开京方负责人座谈会，提供引资线索 8 条。1999 年至 2000 年，区委、区政府先后召开个体私营企业经济工作会议，建立与个体私营企业联席会制度，制定《关于支持和鼓励个体私营经济发展的若干意见》，拓宽个体、私营经济发展的筹融资渠道，改善其生产经营条件。2002 年至 2004 年，区委、区政府召开 3 次非公经济代表人士恳谈会，听取他们对发展区域经济的建议，为非公企业、台资企业、侨资企业解决生产生活中的困难 14 件。2004 年，区委、区政府落实《台商投资保护法》及实施细则，建立台商联谊制度。2006 年，区委、区政府搭建私营企业、台资企业与政府部门之间的沟通平台，畅通解决问题渠道。2007 年至 2008 年，非公经济人士提出发展区域经济等意见建议 50 余件，采用 43 件。

贯彻民族宗教侨务政策 1994 年，区委成立民族宗教工作领导小组，研究解决民族宗教工作中的重大问题；协助有关部门落实侨联、侨办机构问题。1997 年，区委、区政府妥善解决东花市地区回族群众拆迁异地安置后生活不便等问题。1999 年至 2010 年 6 月，区委、区政府先后召开 8 次专题会议，解决区伊斯兰教协会房产遗留问题，修缮、改善宗教活动场所和办公条件，解决清真食品网点货源供应及“清真不清”等问题。2000 年至 2002 年，前门等 7 个街道相继建立侨联组织，归侨侨眷工作得到加强。

1994 年至 2010 年 6 月，归侨侨眷中 1 人当选区人大代表，7 人任区政协委员，1 人任区政协副主席。

1994—2010年6月崇文区人大代表中民主党派成员和党外人士统计表

表3－13

年份	届别	代表总数（人）	民主党派		宗教界		少数民族		非公经济	
			人数（人）	百分比（%）	人数（人）	百分比（%）	人数（人）	百分比（%）	人数（人）	百分比（%）
1994.1—1999.1	第十一届	249	9	3.61	2	0.80	15	6.02	1	0.40
1999.1—2004.1	第十二届	205	11	5.37	2	0.98	13	6.34	1	0.49
2004.1—2006.12	第十三届	205	12	5.85	3	1.46	13	6.34	5	2.44
2006.12—2010.6	第十四届	205	12	5.85	2	0.98	11	5.37	19	9.27

1994—2010年6月崇文区政协委员中民主党派成员和党外人士统计表

表3-14

年份	届别	委员总数（人）	民主党派		宗教界		少数民族		非公经济	
			人数（人）	百分比（%）	人数（人）	百分比（%）	人数（人）	百分比（%）	人数（人）	百分比（%）
1994.1—1999.1	第十届	222	44	19.82	9	4.05	8	3.60	21	9.46
1999.1—2004.1	第十一届	228	66	28.95	9	3.95	8	3.51	33	14.47
2004.1—2006.12	第十二届	228	73	32.02	9	3.95	8	3.51	33	14.47
2006.12—2010.6	第十三届	252	92	36.51	8	3.17	9	3.57	45	17.86

第三节　联谊与交流活动

联谊活动　1994 年至 2010 年 6 月，每年春节、中秋节及少数民族重要传统节日，区委领导均与各民主党派、团体负责人、归侨侨眷、少数民族代表、宗教界人士、私营企业家、老工商业者等，进行座谈、联欢，向他们祝贺节日。1997 年至 2001 年，区委统战部走访慰问台胞台属 189 户、办理实事 80 件。2001 年，区委统战部举办北京申奥统战系统运动会，1 000 余人参加。区四套班子领导和市委统战部、民主党派市委领导出席开幕式。2001 年 6 月 20 日，区委统战部与区政协办公室联合召开庆祝中国共产党成立 80 周年大会。2003 年，区委、区政府领导看望慰问新世界北京项目中心主任等多家港资侨资企业家，感谢他们在抗击“非典”中，坚守岗位，积极捐款，奉献爱心的行动；走访慰问患病侨胞、非公企业人士 15 人次。2005 年 6 月，区领导到区回民小学、回民幼儿园看望慰问师生员工和幼儿，并赠送慰问品。

交流活动　1995 年，区委统战部组织民主党派工委主要负责人赴上海市、浙江省学习考察，交流工作经验。2001 年，组织各民主党派、团体主要负责人赴广西、南宁等地考察，与当地统战部门及民主党派成员座谈交流。区委统战部接待台湾商界考察团一行 93 人，陪同他们参观考察区城市建设情况，并介绍招商信息。2008 年 10 月，区政协领导与区黄埔同学会老会员座谈，共庆重阳佳节，转达区委、区政府领导的关心与问候。与会者表示，要牢记“促进祖国统一，致力振兴中华”的宗旨，充分发挥黄埔同学会在海外的影响，为祖国和平统一贡献力量。2010 年 5 月，在市黄埔同学会帮助下，海外华侨李文忠向光明小学和红桥小学捐款 208 万元。至 2010 年 6

图3-21　2001年5月26日，区委统战部举办北京申奥崇文区统战系统运动会

月 17 年间，区委、区政府先后接待台胞万余人次，港澳同胞、华侨、华人社团近万个、18 万人次。

第八章　政策研究　党史征研　保密

第一节　政策研究

调研制度　1994 年，区委常委会执行集体审议区级领导班子成员调查报告制度。区委研究室建立 4 项调研工作制度：将调研能力和成效作为考核领导干部的内容，建立正处级领导干部调查研究档案，把调研作为中青年干部必修课，区委研究室工作人员和基层调研人员双向挂职锻炼。1995 年，区委建立区级领导与基层单位联系制度；各级领导干部深入基层调研、亲自撰写或修改调查报告制度；课题完成后须经领导班子讨论，重大问题集体决策制度。区委制定的调查研究工作的若干规定被市委研究室转发全市各区县。1996 年，区委建立领导阅批调查报告制度，各单位“一把手”撰写的调研报告分别送区委、区政府主管领导阅批。自 1998 年起，区委实行区研究室主要负责人列席常委会会议、每年表彰奖励优秀调研成果、机关和企业领导课题分类管理等制度。2000 年，区委实行重点课题主持人负责制。2002 年至 2010 年 6 月，区研究室坚持年初选题、年底通报完成情况及调研课题转化制度。

图3—22　2005年9月22日，区委研究室召开调研业务培训暨经验交流会

课题研究　1994 年，正处级以上领导干部撰写调查报告 135 篇。其中，形成领导决策发挥作用 111 篇，被中央和市有关刊物采用 20 篇。研究室编发调研报告、理论研究文章等 126 篇，被中央和市级刊物采用 34 篇。1996 年，区委常委会 10 次讨论 17 名区领导的调研课题，根据调研结果，形成关于加强国有资产管理和调整重点企业的意见、加强精神文明建设的意见等 8 个决策文件。1998 年，针对区域改革开放和现代化建设中的重点、热点、难点问题，一批调研成果形成。为区党代会提出今后工作思路提供依据。2000 年至 2001 年，区委、区政府领导抓 5 个重点调研课题，全部形成决策并在工作中转化。其中，《崇文区社区建设现状、问题与对策研究》课题，形成 1 个总报告、7 个分报告和 9 个配套文件；《危旧房改造中的私房问题》调研报告，市委书记贾庆林做出批示，市委常委会专门研究其中相关问题，为北京市出台相关文件提供参考；《关于进一步加快崇文区商经系统企业改革调整，推动经济发展的思路和实施方案》《关于危改与公共服务、市政基础设施配套研究》《关于私营个体经济发展状况的研究》等课题采取边调研、边转化、边解决问题的方法推动工作开展。2002 年，征集正处级以上领导调研课题 88 个，12 篇调研文章在市级刊物上发表。《运用经营城市理念，打造崇文城市品牌》等 7 个重点调研课题，

均实现成果转化。2003 年，征集正处级以上领导调研课题 68 个，确定重点调研课题 2 个，关注调研课题 5 个，分别由区四套班子主要领导主持。其中，《崇文区发展定位研究》《优化崇文区经济发展环境的研究》被市委确定为重点关注调研课题，以不同形式转化应用。2004 年至 2009 年，区委每年分别征集正处级以上领导调研课题 80 余个，确定重点调研课题 2 个；累计完成调研报告 450 余篇，在市级刊物上发表 3 篇，成果均得到转化应用。其中，区委根据《深化我区国有资产管理体制改革的思考》调研报告，做出在城建系统深化管理体制改革的决定，并组建建远投资公司。2001 年至 2009 年，区研究室编印《领导参阅》128 期，《领导干部调研报告选萃》刊登文章 700 余篇。

第二节　党史征研

1994 年至 1999 年，区委党史办与区委组织部等先后编印《中共崇文区地下党斗争史料》等 8 本书。其中《中共冀中区党委北平工作委员会史料》填补北京地方党史的一项空白，获市第四届党史征研优秀成果二等奖。2000 年至 2010 年 6 月，区党史办编印《崇文历史发展梗概》《崇文改革开放 30 年》等 10 本书。其中《崇文英模风范录》获市第五届党史征研优秀成果二等奖，《崇文建设史》获市第十一届哲学社会科学优秀成果二等奖。

1994 年至 2010 年 6 月，区委党史办征集并组织撰写《崇文区新政权的诞生与巩固》等 23 篇专题资料，征集、整理《回忆北平入城式》等 34 篇文章；完成市委组织部和党史研究室向区征集的 65 篇资料和 400 余张图片，其中 1 篇获市第三届党史征研优秀成果二等奖。同时，编发《崇文史志通讯》33 期，收录文章 1 187 篇。其中，在中央党史研究室刊物中刊发《接见劳动模范时传祥》等 5 篇，在市委党史研究书刊上发表《王麻子刀剪及其生产合作社的发展》等 26 篇。

图3–23　1994年至2003年，区委党史办公室编辑的部分书刊

1995 年，区委党史办编印《崇文区区情教育试用教材》，用于公务员培训和中青年干部区情教育。2001 年，举办《崇文区纪念中国共产党成立 80 周年展览》，展示崇文区党组织的发展及各项建设成就。2001 年至 2004 年，区委党史办 3 次被评为市党史工作先进集体，1 人被评为全国党史系统先进工作者。2008 年，区委党史办首次在区委党校中青年后备干部培训班开辟党史专题教育课程。2009 年，区委党史办在中华民族艺术珍品馆推出《庆祝中华人民共和国成立六十周年——崇文区发展建设成就展》，并制成 60 个活动展板，在龙潭公园灯会期间展出。

第三节　保　密

1994年至2010年6月，区保密办公室先后制订3个五年保密工作宣传教育规划；完善保密行政许可配套制度，规范保密行政执法行为和行政审批程序；建立计算机网络保密审查制度，实施密级升、降、解全过程动态管理。并编印《保密工作资料选编》150期，近3万册；每年开展《保密法》宣传月及《保密法》颁布日纪念活动，对干部群众进行保密知识教育。自1996年起，区保密办公室坚持保密干部持证上岗制度，485人次参加培训并取得北京市保密干部培训证书。

图3—24　2006年9月28日，区保密委员会召开区保密要害部门、部位工作座谈会

自1994年起，区保密委员会每年检查区内重点单位的保密工作及领导干部保密职责落实情况。2001年至2010年6月，区保密办公室每年检查区境内旧货市场、文化商品市场、无线电通信设备销售门店和计算机技术维修等单位《保密法》执行情况，梳理和确认涉密工作岗位，组织涉密人员签订保密承诺书，签订率为100%。

第四编　人民代表大会

1994年1月至2010年6月，崇文区第十一届至第十四届人民代表大会（简称区人代会或区人大）及其常务委员会（简称常委会）坚持党的领导、人民当家做主、依法治国有机统一，履行宪法和法律赋予的职权，发挥地方国家权力机关的作用。其间，区人代会共举行20次会议。听取和审查区人大常委会和区人民政府、人民法院、人民检察院（简称区“一府两院”）的工作报告；审查和批准区国民经济和社会发展计划及中长期发展规划纲要、区财政预算及执行情况的报告，并作出关于各项报告的决议；讨论、决定区政治、经济、教育、文化、卫生等方面工作的重大事项；选举区人大常委会组成人员，区政府区长、副区长，区法院院长和区检察院检察长。还选举产生崇文区出席北京市第十一届至第十三届人民代表大会的代表。

区人大常委会依法履行职权，主持区人大代表的选举，召集区人代会会议，行使监督权、任免权和重大事项决定权。围绕区改革、发展、稳定大局，以及人民群众关心的热点、难点问题，加强执法监督和工作监督。1994年至2010年6月，共召开常委会会议124次，听取和审议区“一府两院”关于全区政治、经济、文化等方面工作情况的报告；开展执法检查和评议工作；任免国家机关工作人员，并对任命干部监督考核。对重大事项作出决议、决定128项。区人大常委会注重自身建设，完善工作制度，规范监督程序，提高工作水平；密切与人大代表的联系，发挥其主体作用；督办代表议案、建议，受理代表和人民群众来信来访。2004年，为加强基层政权建设和代表工作，在7个街道办事处成立区人大常委会街道工作委员会（简称区人大街工委）。

区人大代表在区人代会闭会期间组成代表联组和小组，参加区人大常委会及人大街工委组织的视察、检查、评议等活动，联系选民，及时反映选民的意见和要求，推进政府工作。

第一章　区人民代表大会代表

第一节　代表产生与构成

代表产生　1993年9月至2010年6月，崇文区先后进行4次区人大代表换届，分别选举产生区第十一届至第十四届人大代表，每届任期5年。按照全国人大常委会关于县、乡两级人民代表大会代表换届选举同步进行的决定和市人大常委会要求，区第十三届人大代表提前换届，任期3年。

1993年9月依法选举区第十一届人大代表。同月18日，区第十届人大常委会第十九次会议通过换届选举决定和实施方案、成立区选举委员会（简称选委会）。7个街道办事处分别设地区分会，指导辖区选举工作。全区抽调选举干部997人，区选委会和各分会对选举干部进行多种形式的培训，并举办选举宣传周和宣传高潮日活动。10月31日至11月18日，选民登记。全区共设登记站769个，对年满18周岁选民进行核对登记，并同步进行选民资格审查。经审查，全区被剥夺政治权利41人，停止行使政治权利43人。精神病患者886人，其中，不能行使政治权利的22人。全区登记选民246 856人，划分选区126个，选民小组5 544个。其中独立选区10个、联合选区98个、混合选区18个。选民人数最多的选区3 000余人，最少的1 000人左右。自11月13日起，各选区陆续张榜公布选民名单。

区第十一届人大代表名额249人，分配中央、市属单位和部队84人，区、街属单位165人，分别占代表名额的33.7%和66.3%。11月19日至12月17日，提名推荐、协商确定代表候选人。中共崇文区委、区各民主党派、人民团体联合推荐代表候选人49人，选民10人以上联名提出初步候选人1 754人，是应选代表的7倍多。区选委会将初步候选人名单在选举日的15日前按选区公布。各选区按照正式代表候选人的名额应多于应选代表名额三分之一至一倍的要求，组织各选民小组酝酿协商，共确定正式代表候选人372人。其中，中共崇文区委、区各民主党派、人民团体联合推荐代表候选人49人，选民10人以上联名推荐代表候选人323人，分别占代表候选人总数的13.20%和86.80%。正式代表候选人名单于选举日5日前张榜公布。有33个选区的候选人114人与选民见面，分别占选区总数和候选人总数的26.40%和30.65%。1993年12月22日为投票日，全区设投票站128个、流动票箱240个，选民245 438人以无记名差额选举形式参加投票，参选率为97%。249人当选区第十一届人大代表。

区第十二届至第十四届人大代表依法选举产生的程序、步骤、方法与第十一届基本相同，代表名额均确定为205人。1998年8月，选举区第十二届人大代表时，除7个街道设立地区分会外，还设立商经建（商委、经委、建委）系统和教育系统2个选举分会。全区登记选民245 203人，划分选区111个，选民小组4 378个。11月23日至12月10日，提名推荐初步代表候选人1 289人，经选民小组会酝酿讨论，确定正式代表候选人312人。12月15日为投票日，全区设投票站110个，流动票箱358个，选民228 726人参加投票，参选率为93.30%。在111个选区中，110个选区一次选举成功，1个选区经二次投票选出正式代表。205人当选区第十二届人大代表。2003年8月，选举区第十三届人大代表，登记选民170 700人，划分选区94个，选民小组3 319个。11月20日至12月5日，提名推荐初步代表候选人815人，经选民小组会酝酿协商，确定正式代表候选人296人。12月10日为投票日，全区设投票站98个，流动票箱126个。选民165 687人参加投票，参选率为97.10%。205人当选区第十三届人大代表。2006年7月，选举区第十四届人大代表，登记选民160 984人，划分选区93个，选民小组3 277个。10月中旬至11月初，提名推荐初步代表候选人424人，经选民小组会酝酿协商，确定正式代表候选人298人。11月8日为投票日。全区设投票站93个，流动票箱148个，选民158 446人参加投票，

图4-1　2003年12月10日，红桥市场选区的选民投票选举区人大代表

参选率为 98.40%。205 人当选区第十四届人大代表。

驻区中国人民解放军和武警部队的选举工作，由区选委会委托崇文区人民武装部按《中国人民解放军选举全国人民代表大会和地方各级人民代表大会代表的办法》组织实施，先后选举产生区第十一届至第十四届人大代表。

区第十一届至第十四届人大代表选举产生后，均经区人大常委会代表资格审查委员会审查，确认代表选举符合法律规定。

崇文区第十一届至第十四届人大代表选举情况统计表

表4－1

届别	选区（个）	选民（人）	剥权（人）	推荐代表候选人（人）		正式代表候选人（人）	投票日	投票（人）	在京参选率（%）	选出代表（人）
				联合推荐	选民推荐					
第十一届	126	246 856	41	49	1 754	372	1993.12.22	245 438	97	249
第十二届	111	245 203	74	38	1 251	312	1998.12.15	228 726	93.30	205
第十三届	94	170 700	493	39	776	296	2003.12.10	165 687	97.10	205
第十四届	93	160 984	388	41	383	298	2006.11.8	158 446	98.40	205

代表构成　按照市人大常委会要求，依法选出的区人大代表坚持先进性、广泛性和代表性相统一。代表中的中共党员一般不超过 65%，非中共代表一般不低于 35%；民主党派和无党派人士、归侨、台胞、宗教界人士等要有适当数量；妇女代表所占比例应不低于上届；35 岁以下的青年代表和大专以上文化程度代表应有所增加；少数民族代表所占比例应高于少数民族占本地区人口的比例；代表中领导干部的人数不宜过多，生产、教学、科研一线的代表一般不低于 60%。区第十一届至第十四届人大代表构成，基本符合要求。

崇文区第十一届至第十四届人大代表构成统计表

表4－2

届别		第十一届	第十二届	第十三届	第十四届
代表人数（人）		249	205	205	205
男	人数（人）	179	145	131	135
	比例（%）	71.89	70.73	63.90	65.85
女	人数（人）	70	60	74	70
	比例（%）	28.11	29.27	36.10	34.15
中共党员	人数（人）	182	136	128	140
	比例（%）	73.09	66.34	62.44	68.29
民主党派	人数（人）	9	11	13	12
	比例（%）	3.61	5.37	6.34	5.85
少数民族	人数（人）	15	13	13	11
	比例（%）	6.02	6.34	6.34	5.37

续表

届别		第十一届	第十二届	第十三届	第十四届
领导干部	人数（人）	207	140	83	90
	比例（%）	83.13	68.29	40.49	43.90
归侨台属	人数（人）	1	5		3
	比例（%）	0.40	2.44		1.46
非公经济	人数（人）	2	1	5	19
	比例（%）	0.80	0.49	2.44	9.27
专业技术人员	人数（人）	18	17	31	62
	比例（%）	7.23	8.29	15.12	30.24
连任代表	人数（人）	103	62	33	85
	比例（%）	41.37	30.24	16.10	41.46

崇文区第十一届至第十四届人大代表年龄构成统计表

表4-3

届别		第十一届	第十二届	第十三届	第十四届
代表人数（人）		249	205	205	205
35周岁以下	人数（人）	11	15	31	24
	比例（%）	4.42	7.32	15.12	11.70
36～55周岁	人数（人）	165	159	169	175
	比例（%）	66.26	77.56	82.44	85.37
56周岁以上	人数（人）	73	31	5	6
	比例（%）	29.32	15.12	2.44	2.93

崇文区第十一届至第十四届人大代表学历构成统计表

表4-4

届别		第十一届	第十二届	第十三届	第十四届
学历	代表人数（人）	249	205	205	205
大专以上	人数（人）	142	144	146	194
	比例（%）	57.03	70.25	71.22	94.63
中专、中学	人数（人）	91	57	59	11
	比例（%）	36.55	27.80	28.78	5.37
小学	人数（人）	15	4		
	比例（%）	6.02	1.95		

续表

届别		第十一届	第十二届	第十三届	第十四届
文盲	人数（人）	1			
	比例（%）	0.40			

宗文区第十一届至第十四届人大代表行业构成统计表

表4–5

届别		第十一届	第十二届	第十三届	第十四届
代表人数（人）		249	205	205	205
党政机关	人数（人）	38	34	45	60
	比例（%）	15.26	16.59	21.95	29.27
军队	人数（人）	2	3	3	4
	比例（%）	0.8	1.46	1.46	1.95
工业	人数（人）	43	24	16	13
	比例（%）	17.27	11.71	7.81	6.34
商业财贸集体经济	人数（人）	57	49	27	45
	比例（%）	22.89	23.90	13.17	21.95
城建交通	人数（人）	26	17	21	10
	比例（%）	10.44	8.29	10.24	4.88
金融、保险	人数（人）	3	8	6	7
	比例（%）	1.20	3.90	2.93	3.41
教科文卫体	人数（人）	46	41	48	42
	比例（%）	18.47	20.00	23.42	20.49
宗教	人数（人）	2	2	3	2
	比例（%）	0.8	0.98	1.46	0.98
居民及其他	人数（人）	32	27	36	22
	比例（%）	12.85	13.17	17.56	10.73

2007 年 8 月 29 日，区第十四届人大常委会第五次会议决定，补选天坛、体育馆路、龙潭、永定门外 4 个地区所属选区和北京军区空军机关选区、海军 92609 部队选区出缺代表共 7 人；2008 年 12 月 12 日，区第十四届人大常委会第十五次会议决定，补选体育馆路地区所属选区出缺代表 1 人；2009 年 10 月 29 日，区第十四届人大常委会第二十三次会议决定，补选天坛、体育馆路、龙潭和永定门外 4 个地区所属选区出缺代表共 4 人。补选区的选民分别于 2007 年 10 月 18 日、2008 年 12 月 17 日、2009 年 11 月 17 日投票补选。经代表资格审查，确认有效。

第二节　代表活动

组织　各届区人大代表选举产生后，7个街道办事处按区人大常委会的要求，在辖区组建代表联组和代表小组。联组设正、副组长，联组内，按选区或邻近选区把代表组成若干小组，或按行业、系统组成专业小组。各代表小组推选组长1人，副组长1人至2人。各街道办事处配备专、兼职干部1人至2人任联络员，协助代表联组开展工作。2004年8月，7个街道成立区人大街工委，负责组织代表联组和小组活动。

活动　*学习培训与区情通报*　区第十一届至第十四届人大代表新当选后，必须参加常委会组织的学习培训，听取关于宪法、《地方组织法》、《代表法》等法律知识和人民代表大会性质、地位、作用的辅导报告，并由连任代表介绍履职经验。常委会为代表寄送《中国人大》《北京人大》《崇文人大》《新崇文报》《崇文人大信息》及区人大工作制度汇编等报刊、资料，组织代表收看《代表法讲座》《我当代表为人民》《坚持人民代表大会制度，认真履行代表职责》《监督法讲座》等专题片，参加“我是人大代表”征文和法律知识答卷等活动，使代表了解区情，掌握法律和业务知识，提高履职水平；还组织区第十一届人大代表集体参观北京松下彩色显像管股份有限公司和中以合资示范农场，感受改革开放成果。

图4-2　2001年，区人大代表听取区政府半年工作情况通报

区人大代表每年参加区情通报会，听取区政府关于当年上半年主要工作情况通报，还听取区“一府两院”关于重大工作事项的通报，并就通报内容进行讨论，提出意见和建议。1994年至2010年6月，区人大代表参加区情通报会16次。代表还旁听区法院开庭审判。2004年，代表中有81人次旁听案件公开审理；2005年，代表中有128人次旁听案件庭审。

区人大代表参加区人大常委会或人大街工委（联组）举办的代表工作交流会，学习交流代表活动经验，并评选代表活动积极分子。区第十一届、第十二届人大代表共有102人被评为活动积极分子，受到区人大常委会表彰。区人大街工委办公室建立代表履职活动档案，各代表联组和小组活动每年达100余次。

视察和执法检查　区第十一届人大代表604人次围绕区人大常委会14项审议议题开展视察和调研；3 740人次对区政治、经济、文化、教育、卫生、体育、民政、民族、宗教、侨务等各项工作进行视察，了解有关法律法规实施情况及群众关心的热点问题，并向区“一府两院”提出意见和建议。1995年，代表在视察中了解到，金鱼池地区有50余栋建于20世纪60年代的简易楼，市

图4-3　1998年，区人大代表视察前门地区的危旧房

图4—4　2001年5月，区人大代表视察东普企业公司

政设施严重损坏，向有关部门多次呼吁解决，区政府采纳代表意见，筹集资金，分阶段改造和维修该地区市政设施。

区第十二届人大代表有近800人次围绕区人大常委会和主任会议议题，参加视察活动，走访近百个单位，检查区贯彻执行《预算法》《食品卫生法》《图书报刊管理条例》等十几部法律法规情况，推动"一府两院"依法行政、公正司法。代表们视察区老年人服务设施，旁听区法院老年人赡养纠纷案审判，推动《老年人权益保障法》贯彻实施。2002年，代表中有2 000余人次参加全区党风廉政建设责任制大检查等活动。其中71人次到16个重点办理代表建议的单位进行视察。2003年"非典"期间，代表依法持证视察，监督所在选区单位落实防控"非典"措施，了解社情民意，及时反映情况；围绕健全卫生防疫网络、加强外来人口管理、整治城市环境卫生、垃圾道改造等方面工作，提出意见、建议近百条。

区第十三届人大代表检查城市管理、教育科技、卫生防病等方面工作涉及的46部法律法规的实施情况。2004年，在全区开展安全月大检查活动中，百余名代表持证视察危房多和商业门店集中的前门、崇文门外地区，及时向有关部门反映安全隐患问题，并提出建议。2005年，代表检查《食品卫生法》《北京市市容环境卫生条例》等法律法规实施情况，促进区政府加强创建国家卫生区工作。2006年，代表重点视察区卫生局、交通支队、工商崇文分局等14个单位办理代表议案、建议的情况。

区第十四届人大代表检查区道路交通安全、物业管理等方面法律法规的贯彻执行情况，视察平安奥运等相关工作。2007年，人大代表视察、验收代表建议办理工作，对承办建议较多的区城管委进行重点督办。

图4—5　2004年7月26日，区人大代表视察崇文区看守所

参加视察和执法检查的区人大代表中，共有800余人次列席区第十一届至第十四届人大常委会会议，听取"一府两院"有关工作报告，并对视察、检查中发现的问题提出意见、建议。

述职与接待走访选民　1996年，区人大常委会在崇文门外地区联组进行代表述职试点，之后，在7个地区代表联组推广。1999年至2003年，168名代表向选民述职，汇报履职情况，接受选民评议。2004年，区人大常委会建立《崇文区人大代表履职手册》，代表按要求记录参加区人民代表大会、列席常委会、参加联组和小组活动等情况，并向选民进行书面或口头述职，还通过设立代表接待选民日、代表电子信箱等方式，倾听和征求选民意见，尽力为群众办实事，1 300余人次代表参加为特困家庭捐款捐物活动。2007年，区人大常委会提出"抓代表，帮群众"的工作思路，代表深入社区扶贫济困、排忧解难，及时反映群众的困难和呼声，为群众解决实际问题，防范和化解一些社会矛盾。代表中，477人次接待选民群众58场次4 770余人次。其中，246人次参与为选民办实事活动，解决难事241件。区人大代表崔文英在接待选民时了解到，崇文门外街道手帕胡同和健康里平房区 50 余户居民，属危旧房拆迁已征而尚未迁出，因用电线路老化，存在火灾隐患，居民十余年未交电费。但是供电部门坚持照表收费，否则断电。对此，居民不满，要集体上访。崔文英代表一面做群众工作，一面找街道、供电及房地产开发公司等部门反映问题。几经周折，多方协商，使问题妥善解决。东花市街道忠实里西区 2 号楼、3 号楼有天然气设备，居民入住几年，一直没有通气，多次要求解决未果。史来福代表了解情况后，直接到居民家中做思想工作，避免发生过激行为，同时向有关部门反映。经人大街工委和代表多次呼吁，区政府协调有关部门，终于使楼房通上天然气。居民向史来福代表赠送"惦记百姓生活事，情系居民知心人"的锦旗。2008 年，代表 843 人次走访接待选民近万人次，为群众办实事 591 件。

自 1994 年起，代表在每次人代会召开前走访选民，听取意见、建议，为提交议案做准备；人代会闭幕后，代表们采取不同方式向选民传达会议精神。1996 年，区人代会后，代表 200 人次向选民传达会议精神。2001 年，代表到各选区召开会议 300 余次，向选民传达区第十二届人大第三次会议精神，收集选民对政府工作的意见、建议 200 余条。2009 年，区第十四届人大第三次会议前，代表开展走访选民活动，征集意见。

评议"一府两院"工作 区人大代表根据区人大常委会决定，评议区"一府两院"有关部门的工作，并根据宪法和法律赋予的职责确定评议内容和重点，围绕区中心工作和群众关心的热点问题，深入调研，客观、公正地写出评议材料，作大会发言。1994 年至 1997 年，人大代表 363 人次，参加评议区法院、检察院和区政府技术监督局、公安户籍派出所等 10 余个单位的工作，提出建议、批评和意见 60 余条，被评议单位制订整改措施 60 余项。1998 年，区环保局根据代表评议意见，将原计划每年治理超标排气汽车 1 000 辆和分几年治理沿街空调设备排热问题，改为两年内使全区 2 万辆汽车全部达标，一年内几条主要大街沿街的空调设备都按标准重新安装。2002 年，区人大代表 720 余人次参加评议区教委等有关部门和国家机关工作人员的工作。其间，召开座谈会 140 余个，代表提出意见、建议 300 余条，并跟踪检查区教委整改情况。2004 年，东花市、体育馆路、永定门外、崇文门外等人大街工委，组织代表对办事处部分职能部门、科长和公安派出所进行评议。召开座谈会 9 个，听取 10 个驻区单位和 236 名选民的意见，并及时反馈评议情况，促进政府部门改进工作。2007 年，常委会组织代表评议区法院依法履行职责等方面工作，成立专题调研组，召开 6 个座谈会，代表提出建议，帮助改进工作。

第二章　区人民代表大会会议

第一节　会议组织

1994 年至 2010 年 6 月，每届区人民代表大会第一次会议，在选举产生新一届代表后的两个月内，均由上届区人大常委会依法召集。根据区人民代表大会会议议程，大会设立国民经济和社会发展计划与财政预算审查委员会、议案审查委员会。大会设立秘书处，由秘书长和副秘书长若干人组成。秘书处下设会务组、秘书组、财经组、议案组。如有选举议程，则设选举组。区第十一届至第十四届人代会第一次会议分别于 1994 年 2 月 22 日至 27 日、1999 年 1 月 15 日至 20 日、

2004 年 1 月 12 日至 16 日、2006 年 12 月 19 日至 22 日举行。

历次区人民代表大会会议召开前，代表按照选举地区组成代表团。由区人大常委会建议的各代表团召集人召集全团代表推选团长、副团长。团长召集并主持代表团全体会议。代表团分设 2 个代表小组，由代表小组会议推选召集人。代表团全体会议、代表小组会议主要讨论提请区人民代表大会预备会议通过的会议议程草案，主席团和秘书长名单草案，国民经济、社会发展计划和财政预算审查委员会组成人员名单草案，议案审查委员会组成人员名单草案和提请大会审议的各项工作报告征求意见稿，选举办法草案及其他事项，并提出修改意见和建议。

区人民代表大会召开预备会议，选举大会主席团和秘书长，表决通过会议议程、大会设立的各委员会组成人员名单、选举办法和其他事项。预备会议后，主席团召开第一次会议，推选常务主席若干人，常务主席召集并主持主席团会议；推选主席团成员若干人分别担任每次大会全体会议的执行主席；通过会议日程；决定副秘书长人选；通过主席团会议安排；确定提出议案的截止时间；决定大会列席人员及其他事项。

图4–6　2008年12月29日，出席区第十四届人大第三次会议的代表审议区政府工作报告

区人民代表大会会议期间，代表们听取区政府工作报告及区财政预算和执行情况报告，区国民经济、社会发展计划和执行情况报告，区国民经济和社会发展五年计划、中长期规划报告（草案），区人大常委会、区法院、区检察院工作报告。各代表团全体会议、代表小组会议讨论和审议各项工作报告及其相应的决议草案；审议须经区人民代表大会通过的有关文件；如有选举事项，则提名推荐酝酿各项候选人名单，推选监票人。代表们还分别参加大会期间组织的专题座谈会和代表询问等活动。

按法律规定，区政府组成人员和区法院院长、区检察院检察长（除选为区人大代表者），以及区人大选出的市人大代表（崇文团）均列席区人大会议；其他有关机关、团体负责人，经大会主席团决定，可以列席区人大会议。列席区第十一届至第十四届人大历次会议的人员约 1 600 人次。

区第十一届至第十四届人大会议每年至少举行一次，共举行 20 次。第十一届和第十二届人大分别任期 5 年，各召开 6 次会议；第十三届人大因提前换届，任期 3 年，召开 4 次会议；第十四届人大因崇文区、东城区合并，至 2010 年 6 月召开 4 次会议，第 4 次会议是与东城区合并之前最后一次会议。

崇文区第十一届至第十四届人民代表大会会议情况一览表

表4–6　　单位：人

届别	次别	会议日期	代表人数	出席代表人数
第十一届	第一次	1994.2.22—2.27	248	244
	第二次	1995.3.7—3.10	243	234
	第三次	1996.2.5—2.9	240	233
	第四次	1997.1.26—1.29	237	220
	第五次	1997.11.10—11.12	234	221
	第六次	1998.2.17—2.20	233	226

续表

届别	次别	会议日期	代表人数	出席代表人数
第十二届	第一次	1999.1.15—1.20	205	204
	第二次	2000.1.18—1.21	202	187
	第三次	2001.1.9—1.13	196	189
	第四次	2002.1.14—1.17	190	177
	第五次	2002.11.20—11.22	188	177
	第六次	2003.1.7—1.10	188	174
第十三届	第一次	2004.1.12—1.16	205	205
	第二次	2005.1.11—1.14	202	189
	第三次	2005.8.21—8.22	201	194
	第四次	2006.1.5—1.6	199	191
第十四届	第一次	2006.12.19—12.22	205	202
	第二次	2007.11.20—11.23	204	198
	第三次	2008.12.29—12.31	202	197
	第四次	2009.12.29—12.31	202	197

第二节　主要工作

1994年至2010年6月30日，区第十一届至第十四届人大共召开20次全体会议，议题139项。其中，听取和审查区人大常委会及“一府两院”的工作报告，审查和批准区国民经济和社会发展计划、预算及执行情况的报告各17次102项。通过相关工作报告的决议101项。通过相关委员会审查报告各17次51项。其中，通过国民经济和社会发展计划与财政预算审查委员会做出的审查报告34项，通过议案审查委员会做出的审查报告17项。共举行选举23项，选举产生区人大常委会主任6人次，副主任21人次，委员76人次；区长7人次，副区长24人次；区法院院长4人，区检察院检察长4人。

区第十一届、第十二届人大第三次会议，第十三届、第十四届人大第四次会议，分别讨论、审查和批准区政府提出的《崇文区国民经济和社会发展“九五”计划和2010年远景目标纲要（草案）》《北京市崇文区国民经济和社会发展第十个五年计划纲要（草案）》《北京市崇文区国民经济和社会发展第十一个五年规划纲要（草案）》《崇文区国民经济和社会发展中长期规划纲要（2010—2020年）（草案）》，并做出相关决议。

会议还通过重大事项和做出其他决议、决定。区第十一届人大第一次会议通过《北京市崇文区人民代表大会议事规则》《崇文区第十一届人民代表大会关于代表议案及代表建议、批评和意见的提出和办理工作的若干办法》；第三次会议根据主席团提出的《关于罢免铁英北京市第十届人民代表大会代表职务的议案》，做出关于罢免铁英北京市第十届人大代表职务的决议。区第十二届人大第三次会议，通过关于接受黄以云辞去崇文区人民代表大会常务委员会主任职务的决定；第五次会议通过《关于认真学习、深入贯彻党的十六大精神加快崇文区全面建设小康社会步伐的决议》。区第十三届人大第三次会议通过关于接受李晓光辞去崇文区人民代表大会常务委员会主任职务的决定。

为充分发扬民主，区第十一届、第十三届人大第二次会议期间，分别举办专题座谈会。代表围绕专题进行座谈，集中发表意见和建议。在区第十三届人大第二次会议期间，代表们踊跃参加“以招商引资为龙头，大力发展现代服务业”“解危排险和城市建设与管理”“促进崇文社会各项事业发展”等方面的专题座谈会。区第十一届人大第一、三、四、六次会议，区第十二届、第十三届人大第二次会议期间，都进行代表询问活动。1994 年，在区第十一届人大第一次会议期间的询问活动中，代表们提出询问 97 件。其中，区政府当场解答和解决 65 件，另有 32 件会后交有关部门研究办理，并答复代表。

区第十一届人大第五次会议，第十二届人大第五次会议，第十四届人大第二次会议分别选举产生崇文区出席北京市第十一至第十三届人代会代表，共 113 人次。

崇文区人代会选出的北京市第十一届至第十三届人民代表大会代表一览表

表4—7

选举时间	届别	人数	姓名
1997.11.12	第十一届	39	马　琳（女）王长立　王世平　王　晋　王晓文（女）　王颂元（女） 王淑华（女）　可立志　卢　全　田小平　刘荣庆（女）　李金海 李　琦　佟　旋（女，满族）　时纯利　肖　平（女）　杨振坤　武荫桂 邱慈均　张以荣　张志萍（女）　张旭明　陈广文　林　豹　林特溟 林浦生　孟志元　孟学农　赵志建　赵秉年　姜宜茂　郭　际　胡明龙 侯山潜　侯贵昌　秦正安　殷顺海　唐秋瑾（女）　黄以云
2002.11.22	第十二届	37	于　跃（女）　马　可（女）马　琳（女）马艳荣（女）王仲伸　化唯强 可立志　卢　全　付卫红（女）　吉胜久　成燕红（女）刘永胜　刘贵堂 孙长泰　严性慈　李永红（女）　李庆江　李晓光　佟　旋（女，满族） 张　冰（女）　张　军（女）张天白　张立华　张旭明　张志萍（女） 张晓林　张家旺　陈　军（女，高山族）陈广文　林浦生　孟学农　赵继东 钟志玲（女）　秦正安　殷顺海　黄　欣　崔　放
2007.11.23	第十三届	37	马艳荣（女）　王安顺　王莒生（女）王　灏　尤兰田（女）　牛青山 可立志　田　耘　吉胜久　任未多　任继明　刘贵堂　闫世铎　关阔山 孙长泰　杜文新（女）　李永红（女）　李晓光　杨金奎　吴　牲　邱淦清 张志萍（女）　张晓林　陈　军（女，高山族）　陈启刚　范承玲（女） 钟少珍（女）　段志国　秦正安　铁　伟（回族）　席　明（女）　梅　群 常　葳（女，满族）　阎晓明　臧美华（女）滕盛萍（女）潘石屹

此外，1999 年 1 月 19 日，区第十二届人大第一次会议选举刘淇为市第十一届人大代表。2000 年 12 月 18 日，区第十二届人大常委会第十三次会议，选举黄欣、姚望为市第十一届人大代表。2001 年 10 月 12 日，区第十二届常委会第十八次会议选举尤兰田、李晓光为市第十一届人大代表。

图4—7　2009年12月29日，区第十四届人大第四次会议议案审查委员会讨论分析代表议案

区第十一届至第十四届人代会期间，代表依法 10 人以上联名提出议案 335 件，代表提出建议 1 876 件，共计 2 211 件。其中：区第十一届人大收到代表议案 97 件，建议、批

评和意见 510 件；第十二届人大收到议案 112 件，建议、批评和意见 510 件；第十三届人大收到议案 58 件，建议、批评和意见 401 件；第十四届人大收到议案 68 件，建议、批评和意见 455 件。全部议案、建议中，属政法方面 531 件、财经方面 200 件、城建方面 898 件、科教文卫方面 294 件，其他 288 件。区第十一届至第十四届人代会确定重点议案分别为 13 件、14 件、9 件、23 件，共 59 件，均交区政府办理后，由区人大常委会会议审议。其他议案作为建议、批评和意见一并交区政府等有关方面办理，由区人大常委会督办。

崇文区第十一届至第十四届人民代表大会议案、建议统计表

表4–8　　单位：件

届别	次别	案别			类别				
		议案	批评、意见、建议	合计	政法	财经	城建	科教文卫	其他
第十一届	第一次	13	158	171	45	12	61	26	27
	第二次	24	109	133	32	13	65	23	
	第三次	21	144	165	42	23	50	22	28
	第四次	19	42	61	12	5	21	12	11
	第五次								
	第六次	20	57	77	8	8	37	5	19
第十二届	第一次	31	143	174	48	13	72	24	17
	第二次	19	76	95	22	5	43	15	10
	第三次	25	116	141	42	11	33	7	48
	第四次	20	72	92	11	5	45	9	22
	第五次								
	第六次	17	103	120	20	15	64	7	14
第十三届	第一次	17	96	113	27	15	41	14	16
	第二次	25	185	210	55	17	64	29	45
	第三次								
	第四次	16	120	136	22	10	68	21	15
第十四届	第一次	19	124	143	30	17	74	19	3
	第二次	17	137	154	39	13	76	24	2
	第三次	16	92	108	34	10	40	18	6
	第四次	16	102	118	42	8	44	19	5
总计		335	1 876	2 211	531	200	898	294	288

区第十一届和第十二届人大第五次会议、区第十三届人大第三次会议的议题分别为选举市第十一届和第十二届人大代表、选举区人大常委会主任和区政府区长。无议案、建议。

第三章　区人大常委会

第一节　组成人员

区第十一届人大常委会，由主任 1 人，副主任 6 人，委员 20 人组成。区第十二届和区第十三届人大常委会，均由主任 1 人、副主任 5 人、委员 17 人组成。区第十四届人大常委会，由主任 1 人、副主任 5 人、委员 21 人组成。

崇文区第十一届至第十四届人大常委会主任、副主任任职情况一览表

表4−9

届别	职务	姓名	文化程度	党派	籍贯	任职时间
第十一届	主　任	侯山潜	大学	中共党员	浙江乐清	1994.2—1999.1
	副主任	武述仁	高中	中共党员	湖北五丰	1994.2—1999.1
		刘世哲	高中	中共党员	河北三河	1994.2—1999.1
		张宝琬	大学	农工党员	江苏扬州	1994.2—1999.1
		王月芬（女）	大学	中共党员	浙江定海	1994.2—1999.1
		王桂生	大学	中共党员	山东曹县	1994.2—1999.1
		何钦章	初中	中共党员	河北蔚县	1994.2—1999.1
第十二届	主　任	黄以云	大学	中共党员	福建福清	1999.1—2001.1
		黄　欣	大学	中共党员	河北任丘	2001.1—2004.1
	副主任	田月忠	大专	中共党员	河北肃宁	1999.1—2004.1
		段治国	研究生	中共党员	河北高阳	1999.1—2004.1
		林特溟	大学	民进会员	海南文昌	1999.1—2004.1
		赵志洁（女）	大专	中共党员	河北辛集	1999.1—2004.1
		白金明	大专	中共党员	河北肃宁	1999.1—2004.1
第十三届	主　任	李晓光	研究生	中共党员	黑龙江巴彦	2004.1—2005.8
		吉胜久	研究生	中共党员	河北玉田	2005.8—2006.12
	副主任	王文竹（女）	大学	中共党员	山东掖县	2004.1—2006.12
		段志国	大专	中共党员	河北高阳	2004.1—2006.12
		赵志洁（女）	大专	中共党员	河北辛集	2004.1—2006.12
		白金明	大专	中共党员	河北肃宁	2004.1—2006.12
		任继明	研究生	群众	北京市	2004.1—2006.12

续表

届别	职务	姓名	文化程度	党派	籍贯	任职时间
第十四届	主　任	吉胜久	研究生	中共党员	河北玉田	2006.12—2010.6
	副主任	段志国	大专	中共党员	河北高阳	2006.12—2010.6
		张蔼华	大学	中共党员	河北景县	2006.12—2010.6
		陈汉明（女）	大专	中共党员	湖北红安	2006.12—2010.6
		吕铁柱	研究生	中共党员	北京市	2006.12—2010.6
		任继明	研究生	群众	北京市	2006.12—2010.6

崇文区第十一届至第十四届人大常委会委员一览表

表4—10

选举时间	届别	人数	姓名
1994.2.27	第十一届	20	马景田（回族）　王长立　王荣华　王铭慧（女，回族）　尹小燕（女） 白金明　白　玲（女）　邢鹏举　刘建镕　李元桩　时　雨（女） 吴璧月（女）　张玉和　赵余珠　胡柏金　袁振国　徐德增　高秉玮 彭玉华（女）滕盛萍（女）
1999.1.19	第十二届	17	马宝刚（回族）　马惠民　王淑慧（女）史宝伦　江　新（女）　孙占军 李承刚　吴雪英（女，满族）　张玉和　陈　群　范孙操 金成一（朝鲜族）赵余珠　夏　鹏　崔静钢　彭玉华（女）焦希鹏
2004.1.16	第十三届	17	尹广枢　冯建军（女）刘继有　江　新（女）许丽桦（女）李平喜 李永红（女）　张明光　陈汉明（女）陈国安　侯文渊　郭东瑞　崔静钢 葛俊凯　蒲文献　蒲　丛　蔡建伟
2006.12.22	第十四届	21	马　龙（回族）　王秀海　王惠民　毛惠华　田　耘　冯建军（女） 关树生　许丽桦（女）　李平喜　李永红（女）　张明光　陈国安　岳秉飞 郑　礼　侯文渊　郭东瑞　席　明（女）　盛继洪　蒲文献　蒲　丛 蔡建伟

另，2007 年 11 月 23 日，区第十四届人大第二次会议选举康哲才为区人大常委会委员。

第二节　会议与制度

主任会议　区人大常委会主任、副主任组成主任会议。1994 年至 2010 年 6 月，区第十一届至第十四届人大常委会共召开主任会议 281 次，分别为 92 次、97 次、45 次、47 次。此外，每年还召开多次主任办公会或碰头会。区第十一届人大常委会第三次主任会议通过的《北京市崇文区人大常委会主任会议议事规则》规定，主任会议一般每两周举行一次。区第十三届人大常委会第十七次主任会议修订议事规则，改为主任会议一般每月举行一次，根据需要可随时举行。经主任或副主任提出，区人大常委会办事机构负责人，区政府、区法院、区检察院及上述机关有关部门负责人方可列席会议。必要时，也可邀请各地区代表联组组长（人大街工委主任）、区人大代表列席会议。

主任会议处理区人大常委会的重要日常工作，决定区人大常委会会议的开会日期，拟定会议议程草案，讨论区人大常委会年度工作要点及重要专题报告，提请区人大常委会会议审议；处理区人大常委会授权的工作等。主任会议做出的决定，以主任、副主任的过半数通过。

常委会会议　依照区第十一届人大常委会第一次会议通过、区第十三届人大常委会第十次会议修订的《崇文区人大常委会议事规则》，常委会会议每两个月至少举行一次，必要时可临时召集会议；会议必须有常委会全体组成人员的过半数出席，方能举行。区“一府两院”负责人、各地区代表联组组长（人大街工委主任）、常委会办事机构负责人列席会议；根据工作需要，政府有关部门负责人，区人大代表和其他有关人员，可应邀列席会议。区第十一届至第十四届人大常委会分别举行35次、34次、25次、30次会议，会议议题各为172项、156项、107项、125项。听取和审议区“一府两院”和区人大常委会各委员会议题495项。其中，“一府两院”专项工作报告274项，占55.35%，会议作出决议、决定128项，任免国家机关工作人员741人次。

图4–8　2007年6月28日，区第十四届人大常委会第四次会议

制度　区第十一届人大常委会相继制定、修订并经会议通过后执行《北京市崇文区人大常委会人事任免暂行办法》《北京市崇文区人大常委会关于区人民代表持证视察试行办法》《北京市崇文区人大常委会关于代表联组、代表小组开展活动的办法》《北京市崇文区人大常委会办理人民群众来信来访试行办法》《北京市崇文区人大常委会关于区人民政府向区人大常委会报告重大事项的试行办法》等11项制度。

图4–9　1995年，区第十一届人大常委会组成人员集体学习法律法规

区第十二届人大常委会会议相继制定并通过《北京市崇文区人大常委会关于人大代表联系选民试行办法》《北京市崇文区人大常委会关于对人大常委会任命的干部进行任前法律知识考试的意见》《北京市崇文区预算监督办法》《北京市崇文区人大代表述职办法》等5项制度。1999年，代表联络室根据工作需要，提出《北京市崇文区人大代表列席区人大常委会会议的意见》，经区人大常委会会议讨论通过并执行。

区第十三届人大常委会梳理检查历届人大及其常委会、主任会议和办事机构制定的工作制度22项。其中，修订9项，新制定7项，主要包括《关于常委会组成人员加强学习和自身建设的意见》《北京市崇文区人大常委会议事规则》《北京市崇文区人大常委会街道工作委员会通则》《北京市崇文区人大常委会各委员会工作制度》《北京市崇文区人大常委会监督司法工作办法》《北京市崇文区人大常委会主任会议议事规则》《崇文区人大常委会能力和制度建设年活动方案》等。

区第十四届人大常委会制定并经会议通过后执行《崇文区人大常委会关于听取和审议“一府两院”专项工作报告的程序》和《崇文区人大常委会关于执法检查的程序》。第十一次主任会议通过《北京市崇文区人大常委会主任、驻会副主任接待人大代表日制度（试行）》。

区第十一届至第十四届人大常委会坚持每年召开一次“一府两院”负责人联席会议，由区人大常委会主任主持，副主任、区长、区法院院长，区检察院检察长参加。会议根据区人大常委会年度工作计划要点（草案）和全区的重要工作，对年度内区人大常委会会议议题的整体安排进行沟通商议，待提请区人大常委会会议讨论通过后，由与会四方相互配合，做好各项议题的准备工作。

第三节　机　构

代表资格审查委员会　区人大常委会设立代表资格审查委员会，审查代表的选举是否符合法律规定，审查新选出的下一届人大代表和补选的本届人大代表的资格是否有效。对代表资格的终止按照法律程序向区人大常委会提出报告。

工作委员会　1994年，区第十一届人大常委会设立政法、财经、城建、教科、文卫体5个工作委员会。各委员会是常委会的工作机构，在常委会领导下开展工作。1996年7月24日，区人大常委会第十五次会议决定将政法工作委员会更名为内务司法工作委员会。2002年10月30日，经区第十二届人大常委会第二十六次会议通过，5个工作委员会更名为：内务司法委员会、财政经济委员会、城建环保委员会、教科委员会、文卫体委员会。各委员会设主任委员1名，副主任委员1名至3名，委员若干名。至2010年6月，各委员会根据区人大常委会年度工作要点，制定工作计划，开展多种形式的活动，为区人大及其常委会依法履行职责服务。

办事机构　1994年，区第十一届人大常委会设办公室、政法工作室、代表联络室、教科文卫工作室、财经城建工作室。1996年7月24日，区第十一届人大常委会第十五次会议决定将政法工作室更名为内务司法工作室。2002年10月30日，区第十二届人大常委会第二十六次会议通过，办事机构变更为区人大常委会办公室、代表联络室、内务司法工作委员会、财政经济工作委员会、城建环保工作委员会、教科文卫工作委员会。办公室加挂研究室牌子。按照北京市人大常委会有关要求，2007年11月，区人大常委会代表联络室加挂市人大代表联络处牌子，承担市人大代表联络、服务等工作。

街道工作委员会　2003年下半年，区人大常委会在东花市街道办事处进行建立区人大街道工作委员会试点，至2004年8月，全区7个街道办事处均建立。人大街工委是区人大常委会在街道设立的工作机构，在人大常委会、街道党工委领导下工作。区人代会会议期间，负责地区代表团各项服务工作。闭会期间，根据人大常委会工作要点，组织地区内市、区人大代表，开展学习、视察、检查等活动；组织代表走访选民，接受评议；接待代表来访，反映和办理代表意见；承办区人大常委会及主任会议交办的其他事项。人大街工委由主任1人、副主任1人至2人、委员3人至5人组成。主任原则上由街道党工委书记兼任，任期与区人大代表相同。街工委设办公室，编制2人，其主任由街道党工委任免，区人大常委会备案。人大街工委经费列入区财政年度预算，核拨各街道，用于日常办公、组织代表活动等。

第四节　主要工作

行使监督权　*执法监督*　1994年至2010年6月，区人大常委会会议先后听取审议“一府两院”关于100余部法律法规贯彻实施情况的报告，组成人员开展执法检查。自1994年起，区人大常委会会议先后听取审议区政府关于实施法制宣传教育第二个五年规划（简称“二五”普法规划）和“三五”“四五”“五五”普法规划工作制定及实施情况的报告。1995 年，组织代表视察机关、企事业单位普法工作，督促规划实施，并提出将禁放烟花爆竹、限制养犬、公共场所禁止吸烟等地方法规，列入“三五”普法规划。

区第十一届人大常委会会议以推动依法治区工作为重点，听取审议区政府贯彻实施《义务教育法》《科技进步法》《文物保护法》《劳动法》《环境保护法》《未成年人保护法》《北京市职工教育条例》《北京市市容环境卫生条例》《禁止燃放烟花爆竹规定》《义务献血条例》等 18 部法律法规情况的报告。开展执法检查 55 次，每年对《义务教育法》《食品卫生法》《工商行政管理条例》等法律法规的贯彻实施情况进行检查。自 1996 年起，连续 3 年开展对《环境保护法》《外地来京务工经商人员管理条例》《北京市市容环境卫生条例》的专项执法检查，推动区政府协调解决执法部门职责不明确、相互配合不够等问题。同时，向立法机构提出修改法规有关条款的建议。1997 年，听取审议区检察院、区法院学习贯彻执行修改后的《刑事诉讼法》情况的报告。1998 年，听取审议区法院关于贯彻执行行政诉讼法情况的报告。区第十二届人大常委会会议听取审议区政府贯彻执行《职业教育法》《体育法》《科学技术普及法》《人口与计划生育法》等法律法规情况的报告。结合审议议题，组织人大代表采取全面检查与专项检查、集中检查与代表持证分散检查、明察与暗访相结合的方式，重点检查《预算法》、《审计法》、《体育法》、《婚姻法》、《行政处罚法》、《残疾人保障法》、《环境保护法》、《档案法》、《工会法》、有关民族宗教侨务等 25 部法律法规的贯彻执行情况。区第十三届人大常委会会议听取审议区政府贯彻执行《教师法》《行政许可法》《大气污染防治法》等 46 部法律法规情况的报告。2004 年，组建内务司法委员会妇女工作小组，检查《妇女权益保障法》实施情况。区人大常委会组成人员和人大代表多次深入实地视察大气污染防治和食品卫生工作，并就城市管理、教育科技、卫生防病、行政许可等项工作涉及的法律法规实施情况进行执法检查。对贯彻实施中存在的问题，提出改进建议，再进行跟踪检查；针对推行网上许可、加强许可后续监管等问题提出意见，要求区政府向区人大常委会书面报告整改情况。2005 年，崇文区创建国家卫生区进入关键阶段，常委会将其列入会议专项审议议题，并与人大街工委联动，以《食品卫生法》《传染病防治法》《北京市市容环境卫生条例》等法律法规的实施情况为重点开展执法检查。常委会会议还听取审议区检察院贯彻执行《检察官法》工作情况的报告。区第十四届人大常委会会议听取审议区政府关于实施《义务教育法》，加强学校特色建设，促进教育均衡发展情况的报告。区政府对会议提出的意见、建议，认真研究后采纳，推动相关工作的开展。2009 年，听取审议区检察院关于贯彻落实《北京市人大常委会关于加强人民检察院对诉讼活动的法律监督工作的决议》情况的报告，同时，组织代表检查区政府贯彻执行食品安全与卫生、道路交通安全、物业管理等方面 10 余部法律法规的情况。

工作监督　自 1994 年起，区人大常委会会议通过听取审议区“一府两院”工作报告，检查区人代会决议执行情况和常委会会议意见、建议的落实情况。抓住经济、城市建设和各项社会事业中的重点工作进行监督。区第十一届人大常委会会议围绕经济工作，听取审议区政府关于国有资产管理、税制改革、商委系统重点企业转换经营机制、天桥百货股份有限公司等大中型商业网点开发建设等工作情况的报告。肯定区政府在深化企业改革中取得的成绩，同时，指出在理顺产权关系和配套改革措施等方面存在的问题。区商委采取分类指导和积极稳妥的办法，引导企业调整组织结构、改革管理体制，二级公司改革取得明显成效。在听取审议区政府关于重点街区和重点工程开发建设、崇文门外大街市政改扩建工程进展和城镇居民住宅供电设施改造等工作的报告后，组织部分委员和代表视察新世界中心、红桥市场等建设工程，对推动全区重点工程项目建设起到促进作用。此外，还听取审议区政府关于社会治安综合治理、中小学招生制度改革、公费医疗改革方案等工作情况的报告。加强对预算审计工作的监督。1996年至1998年，区人大常委会会议听取审议区政府关于财政预算、审计方面的工作报告达15次，采取先听取审计报告，后批准财政预算的办法，发现问题及时纠正。同时，听取审议区检察院关于惩治贪污贿赂经济犯罪、参与社会治安综合治理及预防职务犯罪等工作情况的报告。听取审议区法院关于行政诉讼、经济审判等工作的报告。1998年，区发生“马辉假案”，在社会上造成不良影响，常委会专门召开会议，听取区委政法委通报案件及区检察院、区法院开展教育、整顿纪律作风工作的汇报。对检、法两院管理不严、失察等问题进行严厉批评，要求严处违法犯罪人员。

1999年至2003年，区第十二届人大常委会会议围绕加强城市环境治理、深化城市管理体制改革及危旧房改造等工作，听取审议区政府关于广安大街（崇文段）开发建设、加快危旧房改造和城市基础设施建设等10余项工作报告。还听取审议区政府关于加强为非区属经济服务提高经济运行质量、实施再就业工程、完善社会保障体系、防治“非典”等工作报告。听取区政府机构改革方案和干部人事制度改革的通报。听取财政预算、审计方面的报告25次，并加强对重点部门预算执行情况的监督，主任会议每年听取区教委关于教育经费预算执行情况报告。同时，听取区审计局对教育经费审计情况的报告。区人大常委会会议还听取审议区法院关于深化审判方式改革、探索审判管理模式、确保司法公正，加大执行力度、实现执行工作良性循环，做好审判监督、促进审判公正与高效等项工作的报告。听取审议区检察院深化检务公开、确保公正执法，认真履行职责、为国企改革和发展服务，切实做好未成年人维权，开展预防职务犯罪及加强干警培训力度、提高干警整体素质等项工作情况的报告。

常委会会议听取审议区法、检两院的工作报告前，召开座谈会，听取干警、相关部门以及当事人的意见。还组织代表多次旁听区法院的案件公开审理，视察区检察院监所监督工作。审议中充分肯定区法院实行审判方式改革取得的明显成效，针对调查中发现的不允许当事人充分申辩、有的法律法规交代不清等问题，要求法院继续抓好干部思想教育和业务培训，健全内部监督机制，发挥法庭双重功能，开展法制宣传教育。区法院制订整改措施，对纪律作风进行整肃，推动改革深入发展。会议对检察院开展检务公开，确保公正执法予以充分肯定，要求该院加强检察职能的宣传教育，提高办案质量和公诉水平，加大法律监督力度，对司法部门超期羁押及个别违法办案，民事、行政审判中的裁判不公、徇私枉法及司法腐败等问题坚决予以纠正，严肃处理。

2004年至2006年，区第十三届人大常委会会议围绕经济、城市建设与管理，听取审议区政府关于加大城市环境综合整治、龙潭湖地区整治与更新规划、前门地区修缮整治进展、前门东侧路工程拆迁建设、“王”字型经济磁场及永外商贸规划建设等项工作的报告。并对前门地区修缮整治等重点工程的资金使用情况进行监督，聘请专家，组成预算监督顾问组，参与预算监督审查，确保区财政资金科学、合理、规范使用。其间，共听取财政审计方面的报告13次。还听取审议区政府关于发挥公安部门职能作用，维护全区社会治安和谐稳定和落实区“十一五”规划及推进国家卫生区创建等有关工作情况的报告。听取审议区法院关于加大执行力度、完善执行制度、努力为经济发展服务，关于未成年人犯罪案件审判等工作的报告。听取审议区检察院关于认真履行职责、全面做好监所检察工作情况的报告。

2007年至2010年6月，区第十四届人大常委会会议围绕迎接奥运和国庆60周年，听取审议区政府关于开展全民健身体育活动、安全保卫、加强环境建设等工作情况的报告。听取区政府关于财政预算执行、引企促税和招大引强、加大消费拉动力度大力培育新的消费增长点等工作的报告。听取审议区法院关于处理好群体性纠纷案件维护社会稳定、开展集中清理执行积案、审理未成年人刑事案件等工作的报告。听取审议区检察院关于履行控告申诉检察职能、加强民事检察监督、切实保障民生等工作的报告。

开展评议　1994 年至 1998 年，区第十一届人大常委会对区工商局、体委、房地局、永外工商所、检察院、法院民事审判庭和 7 个公安派出所共 15 个单位和部门进行工作评议，对区科委主任、档案局局长、技术监督局局长、区法院副院长等 13 人进行述职评议。听取其述职报告，评议其履职、执法及廉政工作的情况。通过评议，被评议单位制订和落实整改措施，干部法制意识、公仆意识、勤政廉政意识和接受监督的自觉性得到增强。代表依法参加评议的积极性进一步提高。

1999 年，区第十二届人大常委会采取代表民主推荐评议对象，对述职报告进行满意度测评及采取先述职、再调研、后评议的方法，增强评议实效。在代表评议区城市环境综合整治工作中，对部分街区环境差提出批评，区政府及时召开常务会，制定整改措施，并现场办公，使天桥南大街等一批环境脏乱突出问题得到解决。2001 年，常委会会议对 1 名副区长进行述职评议，会前组织 50 余名代表，分为 5 个调查评议组到其分管的 17 个部门，采取视察、座谈、个别谈话、调查问卷等形式，听取 300 余人的意见和评价，对发现的问题跟踪调查整改情况，取得良好效果。代表在评议区文化文物局工作时，召开座谈会 16 个，与 50 余人个别谈话听取意见，视察 10 余个文化娱乐场所和文保单位，调查范围涉及 38 个单位和部门，收集到各种意见、建议 182 条，区文化文物局制订整改措施 23 条。对丽湾歌舞厅违反规定，开设在居民小区、严重扰民、群众反映强烈的问题，经代表多次检查，督促整改，得到解决。2002 年评议区教委工作时，常委会将调研和评议中征求到的意见，以评议大会、领导班子会等形式进行反馈。2004 年至 2009 年，区人大常委会会议评议其任命的区政府部门负责人 100 人次，每人每年向区人大常委会递交书面述职报告，常委会组成人员对报告进行评议，并分别写出评议意见，进行口头或书面反馈。据此，被评议人提出整改措施。

调查研究　1995 年，各工作委员会围绕常委会会议议题写出调查材料 11 篇，围绕代表工作和监督工作，撰写《关于代表大会闭会期间发挥代表作用的几点思考》《关于改进和加强执法检查工作的调查意见》等调查报告 7 篇。1996 年至 1998 年，各工作委员会围绕常委会会议将要审议的议题，以及代表评议、执法检查、依法治区等项工作开展调查，撰写调查报告 10 余篇。1996 年在评议区检察院工作时，一当事人提出，1991 年区检察院以受贿罪将其拘捕，并向区法院提起公诉，后改为取保候审，一直未予结案。区人大常委会为此成立专门调查组，进行深入调查。经查，该案事实证据不足，不符合起诉条件，并向区检察院提出尽快结案的建议。经该院研究，决定对当事人撤诉，解除取保候审，一件搁置 5 年的案件终得结案。1999 年至 2003 年，区人大常委会及各工作委员会组织调研活动近 200 次，撰写《关于加强对司法机关个案监督的探讨》《关于崇文区调整经济结构、提高经济运行质量工作的调查》等研究论文 9 篇，调研报告 66 篇。2004 年，区人大常委会围绕全区工作重点和审议议题，召开人大工作研讨会，各委员会组织调研活动 34 次，撰写调查报告、建议意见材料 50 余篇。2005 年，以督办《关于在劳动年龄段内低保人员、失业人员再就业议案》为契机，组织委员和代表开展调查研究，撰写调查报告。常委会会议在审议区政府再就业工作报告时，提出健全就业和再就业服务体系与协调机制，转变就业观念，拓宽就业渠道等建议。2007 年，区人大常委会以贯彻执行《监督法》的研究与思考为主课题，选取 3 个子课题，采取点面结合和统分结合的方式开展调查研究。至 2010 年 6 月，区第十一届至第十四届人大常委会主任、副主任、各委员会及机关各部门，围绕常委会会议议题和工作，组织委员和代表对区经济、城市管理、教育、文化、卫生等工作及人大工作开展调查研究，撰写调查报告、审议意见等材料共 420 余篇，为常委会会议审议议题提供参考，为改进常委会工作，提高水平和质量不断积累经验。

行使决定权　1994 年，《代表法》正式颁布实施，区人大常委会会议及时做出学习、宣传、贯彻《代表法》的相应决议。1996 年，为加强对“一府两院”工作监督力度，做出《关于组织人民代表开展评议政府部门工作试点的决定》。2000 年，区人大常委会会议在建议区政府发挥政府部门宏观调控作用、强化组织领导和政策引导、搞好企业改革的同时，做出相关决议。2001 年，区“四五”普法全面启动，区第十二届人大常委会第十七次会议做出《关于实施〈崇文区开展法制宣传教育第四个五年规划〉的决议》。2003 年，按照市人大常委会要求，区人大常委会会议分别做出《关于在东花市街道进行人大街道工作委员会试点工作的决定》《关于在前门等 6 个街道设立人大街道工作委员会的决定》《关于批准区政府调整 2004 年区级财政总支出预算的决议》。2005 年，前门地区修缮整治工程启动，常委会召开专门会议，审议区政府关于与国家开发银行和北京银行拟签署银政合作协议情况的报告，并依法做出批准决议。2007 年，根据区经济发展和财政决算情况，区人大常委会会议做出《关于崇文区国民经济和社会发展第十一个五年规划纲要部分指标调整的决议》，并针对区人大代表出缺情况，做出补选区人大代表的决定。至 2010 年 6 月，区第十一届至第十四届人大常委会会议对区政治、经济和各项事业发展中的重大问题及常委会自身建设等重大事项做出决定、决议 128 项。

决定人事任免 1994 年 4 月，区第十一届人大常委会第一次会议审议通过常委会人事任免办法，对任免范围和程序及有关事项做出具体规定，强调提请任命单位对提请任命的人员要认真审查，在常委会会议召开前 10 日报送正式报告，写明被任命（免职）人员的任命（免职）理由以及其他需要说明的事项。凡提请人大常委会任免的人员，由主任会议提前讨论，决定是否提请常委会会议讨论。任命干部时要审议其工作简历、政治思想、廉政表现和工作实绩，并执行干部先任命后到职、先免职后调动的规定。对政府组成人员、区人大常委会办事机构正职、人大街工委主任、区法院副院长、区检察院副检察长的任免，以及补选、罢免市人大代表均采取无记名投票表决方式。要求被任命人员到会与委员见面，颁发任命书，并要求他们自觉接受人大常委会和人民群众的监督，认真履职，向常委会述职，接受评议。任免区法院庭长、副庭长、审判委员会委员、审判员、人民陪审员，区检察院检察委员会委员、检察员采取举手（或按表决器）表决方式。至 2010 年 6 月，区第十一届至第十四届人大常委会会议依法任免国家机关工作人员共 741 人次。区第十一届人大常委会会议依法任免国家机关工作人员 165 人次，补选市人大代表 2 人。1994 年，常委会会议接受 1 人辞去市第十届人大代表职务的请求，补选吉林为市第十届人大代表；任命人民审员 60 人；向区政府工作人员 36 人颁发任命书。1996 年，第十八次会议补选贾庆林为市第十届人大代表。1997 年，第二十六次会议接受 1 人辞去区政府区长职务的请求，任命副区长 1 人、代理区长 1 人。1998 年，第三十三次会议任命副区长 1 人；接受 1 人辞去区检察院检察长职务的请求，任命区检察院副检察长、检察委员会委员、代理检察长 1 人；接受 1 人辞去区法院院长职务的请求；任命区法院副院长、审判委员会委员、代理院长 1 人。

区第十二届人大常委会依法任免国家机关工作人员 217 人次，补选市人大代表 4 人。1999 年，第六次会议接受 1 人辞去区政府区长职务的请求，任命副区长、代理区长 1 人。2000 年至 2001 年，常委会会议接受 4 人辞去市第十一届人大代表职务的请求。2000 年的第十三次会议和 2001 年的第十八次会议分别补选黄欣、姚望 2 人和尤兰田、李晓光 2 人为市第十一届人大代表。2001 年，第十九次会议接受 1 人辞去区第十二届人大常委会委员职务的请求。2002 年，第二十四次会议接受 1 人辞去区政府区长职务的请求，任命副区长 1 人、代理区长 1 人；第二十五次会议接受 1 人辞去副区长职务的请求，任命副区长 1 人。2003 年，第二十九次会议接受 1 人辞去副区长职务的请求；第三十次会议任命副区长 1 人。

区第十三届人大常委会任免国家机关工作人员 199 人次，其中，常委会工作和办事机构正职 89 人次，区政府组成人员 44 人次，法、检两院工作人员 66 人次。任命人民陪审员 59 名。接受 1 人辞去区人大常委会主任、1 人辞去区政府区长职务的请求。2006 年，第十九次会议接受 1 人辞去区十三届人大常委会委员职务的请求。第二十四次会议任命区法院代院长1人、区检察院代检察长1人。

区第十四届人大常委会自2007年至2010年6月任免国家机关工作人员160人次，其中，区政府组成人员93人次，区法检“两院”工作人员20人次，区人大街工委组成人员47人次；2007年，接受1人辞去区第十四届人大常委会委员职务的请求。2009年，任命人民陪审员47人次。至2010年6月30日，任命人民陪审员28人。

督办代表议案、建议　每年区人代会闭幕后，常委会及时向“一府两院”有关部门交办议案和建议，并加强督办工作，了解进展情况，常委会会议听取和审议办理工作情况的报告。对问题突出的单位，区人大常委会主任、副主任带队，跟踪视察，严把质量关。常委会召开人大代表与承办单位领导座谈会，听取代表对办理工作的意见，对一些有条件解决而办理不到位的建议，要求有关部门重办或补办。1999年，要求解决群众反映多年的龙潭西里6号楼、8号楼、10号楼改造问题，区人代会代表提出议案，常委会连续两年听取区政府办理情况的报告。2001年，193户从危楼中迁出的居民终于回迁新居。同年，代表提出关于解决郭庄北里6栋居民楼多年一直采用燃煤取暖，给居民生活带来不便的建议后，区政府协调市有关部门，为该地区引进地下管线，解决其供暖问题，居民十分满意。区第十二届人大第三次会议，代表提出《尽快将“居民村”从龙潭湖公园搬出》的议案，区政府妥善安置在园内生活20余年的17户居民，恢复公园绿地，并拨款4 000余万元对公园进行改造，赢得群众赞誉。2004年，代表提出《关于整合、盘活国有资产》的议案，常委会听取区政府办理情况后，针对问题提出加强国有资产管理，提高运营效益等建议，并连续3年跟踪督办。2007年，区人大常委会结合区政府开展城市管理创一流和创建国家卫生区工作，提出《关于持续整治桃杨路、琉璃井地区路边自由市场，改善环境卫生》《加强红桥、天民市场周边交通管理》等建议，使问题得到解决。

图4－10　2006年，区人大常委会组织代表督办《关于继续推进危旧房改造》议案

自2004年起，常委会对群众十分关注但不属辖区承办范围的建议，则通过崇文区选出的市人大代表联名提出建议或议案解决。其中，《关于加快龙潭湖体育产业园建设》《关于加大全市社区卫生服务设施建设》《关于解决前门地区重大火灾隐患》等4项议案被列为市人代会议案，为解决这些问题起到推动作用。

受理来信来访　1994年，区第十一届人大常委会第五次会议通过办理人民来信来访试行办法，明确规定信访工作应遵循的原则和人民群众来访办理办法。至1998年，受理来信来访和电话反映问题1 000余件次。常委会均及时进行转办和督办，使一些多次上访、多年未解的疑难问题得到解决。1999年至2006年，区人大常委会接待来信来访1 116件次，做到件件有结果、有回音。2007年，人民群众和人大代表信访总量同比增长29%。区第十四届人大常委会将加强和改进信访工作作为促进社会稳定、融通各方关系的一项重要渠道，加强“三访”（下访、约访、接访），常委会领导下访122次，约访15次，接访22次，直接与群众对话，较好地解决矛盾和问题。2008年，区人大常委会完善信访督办协调机制，坚持主任、副主任包案督办制度。在受理群众来访涉及房屋改造拆迁补偿等问题时，及时向有关部门反映，为群众排忧解难，化解矛盾，促进社会稳定。

图4—11　2008年4月3日，区人大常委会主任到龙潭街道接待人大代表

此外，区人大常委会按照市人大常委会的要求，进行有关工作。每年组织市人大代表（崇文团）开展学习讨论、视察检查等活动；为出席市人代会的市代表（崇文团）服务。区人大常委会参与市人大的立法调研，组织召开不同类型的座谈会，对有关法律法规的制定或修改提出意见建议，并书面报市人大常委会。

区人大常委会还先后开展人大常设机构成立15周年和20周年纪念活动。多次接待中央和市有关领导到区视察、检查工作和调研，分别接待日本、韩国、法国等国的议会代表团或人士来访。区人大常委会主任、副主任应邀率团赴日本东京都、韩国汉城市中浪区等地访问交流。

第五编　人民政府

1952年9月，崇文区人民政府（简称区政府）正式命名；1955年2月区政府改为区人民委员会；1968年1月“文化大革命”期间，改为区革命委员会（简称区革委会）；1980年12月区革委会改为区政府。

1994年至2010年6月，区政府贯彻执行中共崇文区委的决策部署和区人民代表大会（简称区人大）及其常务委员会的决议决定，领导所属各工作部门依法行政，坚持以经济建设为中心，不断深化改革、扩大开放，先后制定、实施并全面完成“九五”“十五”“十一五”国民经济和社会发展五年计划（规划），在经济建设和社会各项事业发展中取得成绩，人民生活水平逐步提高。2009年，地区生产总值176.95亿元、区级财政收入20.60亿元、居民人均可支配收入27 941元，分别比1993年增长7.47倍、6.15倍和9.13倍。通过大规模城市建设和危旧房改造（简称危改），城区面貌发生变化，居民生活环境改善，危改区内居民人均住房面积增加。辖区内绿化覆盖率达34.70%。文化教育卫生事业逐步发展，先后被国家有关部门评选或命名为全国幼儿教育先进区、全国特殊教育先进区、中国民间文化艺术之乡和国家卫生区。2010年1月，中国市长协会、北京大学中国地方政府研究院在崇文区召开城市管理经验交流会，授予崇文区中国最佳管理城市奖。

第一章　领导人员　机构　会议

第一节　领导人员

1994年至2010年6月，崇文区第十一届至第十四届人民代表大会选举产生4届区人民政府领导人员。历任区长5人均为中共党员，其中，研究生学历3人、大学和大专学历各1人；副区长23人，其中女性4人，中共党员20人、民主党派2人、无党派人士1人。

1994年2月—2010年6月崇文区历届人民政府领导人员任职一览表

表5-1

届别	职务	姓名	籍贯	任职时间
第十一届 （1994.2—1999.1）	区长	秦正安	湖北汉川	1994.2—1997.11
	代区长	聂玉河	北京通州	1997.11—1998.2
	区长	聂玉河	北京通州	1998.2—1999.1

续表

届别	职务	姓名	籍贯	任职时间
第十一届（1994.2—1999.1）	副区长	程振东	北京市	1994.2—1999.1
		李雪奴（女）	辽宁朝阳	1994.2—1999.1
		段治国	河北高阳	1994.2—1999.1
		杨　纯	北京昌平	1994.2—1999.1
		林特溟	海南文昌	1994.2—1999.1
		周　榕	江西南昌	1994.2—1999.1
		张　湘	北京石景山	1996.3—1999.1
		聂玉河	北京通州	1997.11—1998.2
		陆海军	江苏新沂	1998.10—1999.1
第十二届（1999.1—2004.1）	区长	聂玉河	北京通州	1999.1—1999.11
	代区长	李晓光	黑龙江巴彦	1999.11—2000.1
	区长	李晓光	黑龙江巴彦	2000.1—2002.7
	代区长	吉胜久	河北玉田	2002.7—2002.11
	区长	吉胜久	河北玉田	2002.11—2004.1
	副区长	李雪奴（女）	辽宁朝阳	1999.1—2002.8
		刘　建（女）	河北唐山	1999.1—2003.12
		周　榕	江西南昌	1999.1—2003.11
		陆海军	江苏新沂	1999.1—2003.5
		李文玉	河北灵寿	1999.1—2004.1
		金毓嶂（满族）	北京市	1999.1—2004.1
		李晓光	黑龙江巴彦	1999.11—2000.1
		吉胜久	河北玉田	2002.7—2002.11
		徐鸿达	北京市	2002.8—2004.1
		周永明	北京昌平	2003.6—2004.1
		王成国	山东莱芜	2003.11—2004.1
第十三届（2004.1—2006.12）	区长	吉胜久	河北玉田	2004.1—2005.8
		牛青山	河北定州	2005.8—2006.12
	副区长	王成国	山东莱芜	2004.1—2006.12
		周永明	北京昌平	2004.1—2006.12
		宋甘澍	江西丰城	2004.1—2006.12
		张蔼华	河北景县	2004.1—2006.12
		高桂强（女）	北京市	2004.1—2006.12
		刘玉芳（女）	辽宁建昌	2004.1—2006.12

续表

届别	职务	姓名	籍贯	任职时间
第十四届（2006.12—2010.6）	区长	牛青山	河北定州	2006.12—2010.6
	副区长	王成国	山东莱芜	2006.12—2009.10
		刘云斋	河南长垣	2006.12—2010.6
		周永明	北京昌平	2006.12—2010.6
		宋甘澍	江西丰城	2006.12—2010.6
		高桂强（女）	北京市	2006.12—2010.6
		刘玉芳（女）	辽宁建昌	2006.12—2010.6
		朴学东	辽宁沈阳	2009.12—2010.6

第二节　机　构

1994 年年初，区政府有工作机构 38 个，派出机关（街道办事处）7 个。1995 年，按上级部署，崇文区进行机构改革，政府工作机构减至 31 个。2001 年 9 月至 2002 年 2 月，按照市批准的机构改革方案，政府工作机构减至 27 个。2004 年，区政府调整机构设置，设工作机构 27 个，直属机构 1 个，议事协调机构的常设办事机构 1 个，另设危旧房改造办公室。2009 年 1 月至 7 月，以转变政府职能为核心，开展定职责、定机构、定编制工作，区政府设工作机构 28 个。加上与区委有关部门合署办公的监察局、社会建设工作办公室共 30 个。2010 年 6 月 30 日，区政府工作机构仍为 30 个，另有前门、崇文门外、东花市、体育馆路、天坛、龙潭、永定门外街道办事处 7 个派出机关。

2010年6月崇文区人民政府工作机构设置一览表

表5—2

序号	名称	备注
1	办公室	内设地方志办公室
2	发展和改革委员会	
3	教育委员会	
4	科学技术委员会	加挂知识产权局牌子
5	监察局	与中共崇文区委纪律检查委员会合署办公
6	民政局	
7	司法局	
8	财政局	
9	人力资源和社会保障局	对外可使用公务员局名称开展工作
10	环境保护局	

续表

序号	名称	备注
11	住房和城市建设委员会	房屋管理局由住房和城市建设委员会管理，挂政府住房保障和改革办公室牌子
12	城市综合管理委员会	
13	商务委员会	
14	文化委员会	
15	卫生局	加挂动物卫生监督管理办公室牌子
16	人口和计划生育委员会	
17	法制办公室	
18	审计局	
19	社会建设工作办公室	与区委社会工作委员会一个机构，两块牌子
20	国有资产监督管理委员会	
21	安全生产监督管理局	
22	体育局	
23	统计局	
24	园林绿化局	加挂绿化委员会办公室牌子
25	旅游局	
26	民防局	加挂地震局牌子
27	民族宗教侨务办公室	
28	外事办公室	
29	信访办公室	
30	信息办公室	

第三节 会 议

图5-1 2007年3月15日，区政府召开全体（扩大）会议

全体会议 区政府全体会议每年召开一次至两次。1994年至2010年6月，全体（扩大）会议共召开21次。主要议题有：总结检查年度计划完成情况，讨论政府工作报告（征求意见稿），决定政府工作中的重大问题，部署年度重点工作和“折子工程”，提出完成全年各项目标和任务要求，并由主管区长与部门负责人签订年度工作任务书等。

常务会议 区政府常务会议一周至两周召开一次。1994年至2010年6月，共召开400

余次，讨论决定政府工作中的重要问题。主要议题有：执行和落实市政府有关决定和命令的工作；听取各有关部门办理区人大代表议案和意见建议、政协委员提案工作汇报；研究讨论区长期发展计划（规划）及各专项事业发展规划；研究经济、教育、科技、文化、卫生、体育事业、环境保护、城市建设事业管理工作；讨论财政、民政、公安、民族事务、司法行政、监察、计划生育等行政工作；研究行政机关工作人员任免、培训、考核、奖惩事项等。

区长办公会议　区长办公会每一两周召开一次，主要议题是讨论处理政府日常工作中的问题。1994 年至 2010 年 6 月，共召开区长办公会 441 次，讨论议题 1 869 项。

第二章　主要政务

第一节　发展经济

发展战略实施与规划编制　1994 年至 2010 年 6 月，区政府组织、协调所属各部门先后实施“科教兴区”，发展四大产业（体育、医药、文化旅游、房地产），打造“王”字型（珠市口东大街、前门大街、祈年大街、崇文门外大街）经济磁场战略，以危旧房改造为龙头加快城市建设与改造、带动和促进全区经济和社会全面发展，以招商引资为龙头、实施“一二三”（一场：“王”字型经济磁场；二区：永外商贸服务区、龙潭湖体育产业园区；三大产业：商贸服务、文化旅游、体育休闲）发展战略和“天坛文化圈”（一核：天坛；一场：“王”字型经济磁场；一园：龙潭湖体育产业园；一道：新南城中轴大道）发展战略等。

1995 年，区政府制定《崇文区国民经济和社会发展“九五”计划和 2010 年远景目标纲要（草案）》；2000 年，编制《北京市崇文区国民经济和社会发展第十个五年计划纲要（草案）》；2005 年，编制《北京市崇文区国民经济和社会发展第十一个五年规划纲要（草案）》《崇文区文化产业发展规划纲要（2005—2010 年）》。中长期规划（计划）草案在提交区人大审议之前，区政府广泛征求各部门和人大代表、政协委员、民主党派、工商联等各方面意见，并多次讨论修改。区人大审议通过作出决议后，进一步细化、分解规划，落实任务和指标并组织实施，做好中期评估，适时微调。

图5–2　2004年，崇文区经济工作会议召开

区属企业管理体制改革　1994 年，区政府落实区委关于推进以建立“产权明晰、权责明确、政企分开、管理科学”的现代企业制度为核心、以转换经营机制为重点的经济体制改革的决定，以“个、十、百”工程（商委系统转轨变

型1个二级公司，组建10个股份合作制企业，完善和规范100个小型企业的国有民营改革）和“个、五、十”工程（经委系统组建1个企业集团，在5个企业进行优化资源配置试点，组建10个股份合作制企业）为突破口，深化改革，推动企业由行政管理型向资产管理型转轨。通过抓重点企业发展和亏损企业扭亏增盈，带动全区经济发展。1995年，区政府制定实施调整行业结构、提高经济效益的工作方案，打破行业、系统、地区、所有制界限进行企业调整、重组，实行兼并、合并、联合，促进资源优化配置、优势互补，逐步建立一批符合现代企业制度要求的龙头骨干企业和企业集团。1996年，区委、区政府制定《进一步加强国有资产管理的若干意见》和相关配套文件，对国有资产保值增值考核、委托经营等做出明确规定。1997年，制定《崇文区进一步加快国有小型企业改革的若干意见》，明确小企业改革的基本思路和政策措施，并按照“多种形式、因企制宜、先行试点、稳步推进”的原则推进小型企业改革。1998年，以管好资产、提高使用率为题，狠抓盘活存量资产工作，加快区属企业改革步伐。当年年底，天桥百货股份有限公司与北大青鸟有限责任公司实施资产重组。2000年，成立崇远投资经营公司，推进二级公司和中小国有企业产权改革。同年12月，经市政府协调，连续亏损的北京市天龙股份有限公司与北京兆维电子（集团）有限责任公司实现重组，进行资产置换。2001年，确定“进而有为、退而有序，以存量促增量、以增量带存量，培育大企业、放活小企业，理顺管理体制、发展资本运营”的企业改革指导思想。2002年至2003年，实施《崇文区进一步加快商经系统企业改革调整，推动经济发展的思路和实施方案》。先后成立北京崇文门菜市场物美综合超市有限公司、北京便宜坊烤鸭集团有限公司、北京大北服务有限责任公司、北京工美凤凰旅游艺术品集团有限公司、北京天润金百投资集团有限责任公司、北京崇远物美商业有限公司。

2004年，区成立国有资产监督管理委员会和建远投资经营有限公司，形成国资委—授权经营公司—企业3个层次的国有资产监管运营框架。2006年，调整、理顺天街公司和广崇公司的国有股权结构，将广崇公司并入天街公司，既为国有资产在重点地区运营搭建平台，又为规范产权管理奠定基础。至同年6月30日，6户国有行政性二级公司及其所属约700户小企业基本完成产权制度改革，初步建立现代企业制度；城建系统国有企业产权制度改革完成50%。2008年，整合国有资产，区国资委监管企业由39家减至10家。2009年，组建区国有资本经营管理中心，强化国有企业投融资功能。

发展非区属经济　1994年，全区有私营企业145家，个体工商户7 469户。1996年，区政府成立社会第三产业办公室。1998年，区政府实施《中共崇文区委、崇文区人民政府贯彻十五大精神，加快经济发展的若干意见》，在继续抓好区属经济的同时，发展区域经济，并制定《促进区域经济发展的优惠政策和奖励办法》。1999年，区召开个体私营经济工作会议，制定并实施《中共崇文区委、崇文区人民政府关于鼓励个体私营经济发展的若干意见》。同年，建立区中小企业贷款担保资金，开办崇文区企业创业园，有关部门深入企业，现场办公，帮助解决困难。至年底，全区有私营企业2 360户，个体工商户6 445户。非区属经济完成区级工商税收3.10亿元，占区财政年收入的62.75%。2000年，全区有个体工商户7 928户，注册资金1.04亿元；私营企业2 750户，注册资金24.10亿元，其中注册资金500万元以上64户、1 000万元以上31户、年销售（服务）收入超过1亿元的4户。由自然人投资设立的有限责任公司户数占全区私营企业总户数的93.30%。同年，全区31个市场年交易额超过14亿元。2003年，非公经济完成区级财政收入1.74亿元，占区财政收入的24.97%。2006年，建成区中小企业服务网并上线运行，实施《崇文区非公有制经济和中小企业“十一五”发展专项规划》。2009年，搭建全区中小企业融资平台，举办两期银政企三方见面会，促成5家企业融资509万元。全年前100名企业区级税收13.27亿元，占区财政收入的64.42%。

自 1994 年起，区政府对外开放的重点是引进、利用外资和港澳台资。当年全区港澳台商和外商投资企业有 188 家，累计协议投资 5.57 亿美元，协议利用港澳台资和外资 4.31 亿美元。至 1998 年年底，全区共批准港澳台商和外商投资企业 140 家，实际利用港澳台资和外资 7.52 亿美元。全区开业的“三资”企业年销售收入 14.50 亿元，涉外税费收入 9 180 万元。1999 年至 2001 年，新批“三资”企业 35 家。2002 年，区政府建立招商引资工作联席会议制度，新批“三资”企业 20 家。2003 年，区政府提出通过招商引资实现经济跨越式发展，7 月，成立区经济发展办公室，组织、协调重大招商引资项目，新批“三资”企业 20 家。2004 年，区经济发展由“以危旧房改造为龙头”向“以招商引资为龙头”转变，启动“一二三”发展战略，调控和引导区经济运行，制定一系列扶持企业入驻崇文区的措施。2004 年至 2009 年，新批“三资”企业 138 家，实际利用港澳台资和外资 50 285 万美元。2005 年，引进注册资金 500 万元以上的企业 25 家。2006 年 3 月，部署“坚持以招商引资为龙头，大力调整经济结构”工作，规范招商引资工作职能，成立区招商引资工作协调办公室。制定实施《关于加强招商引资工作促进三大产业发展的若干意见》《崇文区招商引资政策》《崇文区产业发展和招商引资指导目录》等文件，突出文化产业和体育产业发展导向。2007 年，区政府制定实施《关于进一步加强“引企促税、招大引强”工作的意见》，在区内外开展招商宣传，对全区招商引资资源进行全面摸底，采取委托招商、中介招商措施。2008 年至 2009 年，引进注册资金 5 000 万元以上的企业 23 家。

1994—2009年崇文区招商引资情况统计表

表5–3

年份	引进企业（家）	为区级财政贡献（万元）	备注
1994	71		1994年至2003年引进的企业为港澳台商和外商投资企业，无单独统计其为区级财政贡献数据
1995	25		
1996	14		
1997	15		
1998	15		
1999	10		
2000	13		
2001	12		
2002	20		
2003	20		
2004	263	1 062	2004年以后引进的企业为区境外企业（含港澳台商和外商投资企业），或其单独在崇文区纳税的分支机构
2005	66	2 907	
2006	64	3 240.49	
2007	68	6 055.28	
2008	126	9 000	
2009	69	3 000	

优化经济发展环境　1994 年至 1997 年，区政府着重开展打击假冒伪劣等违法活动，加强城

市管理，优化经济发展环境。1998 年 5 月，新建区企业服务大厅，21 个政府工作部门和 3 家社会中介机构进驻，为驻区企业和单位办理工商企业注册登记等 20 余项手续以及相关咨询和中介服务。同时，区政府对区级财政收入有特殊贡献的企业或中介人，每年实施奖励金制度，刺激经济发展。2000 年，建立企业创业园，启动中小企业贷款担保资金，实行重点企业发展贷款贴息制度。2001 年，制定《关于进一步培育税源，促进崇文区域经济发展的暂行办法》，首次评定区 30 强企业并进行表彰奖励。30 强企业对区财政的贡献率达 51.38%。2003 年，区委、区政府提出《关于优化发展环境，加快经济发展步伐的意见》，实施“崇文绿卡”制度，全年向 34 家企业发放“崇文绿卡”。由专人负责为持卡企业在区内办理注册登记、项目申报和审批等手续，并全程无偿服务，免费提供法律和政策咨询。2005 年，制定并完善区领导定点联系重点税源户制度实施细则。2007 年，成立区税源基础建设工作组，完善税源迁出预警机制。集中研究区域经济优惠政策兑现、异地经营企业清理整顿、重点税源迁移变动、留企保税工作方案等重大事项和问题，全年兑现各类企业扶持资金 4 800 余万元。拨付 2 000 万元设立区文化体育产业发展专项基金。2008 年，对在地经营、异地纳税企业进行清理整顿，对驻区企业采取个性化和人性化服务措施，兑现各类企业扶持资金 8 553 万元。2009 年，制定《崇文区关于全力服务驻区企业确保经济稳定增长的若干意见》，从政策、市场、经营、用工等方面实施惠企措施。建立区、街两级定点联系机制，区级领导直接联系 106 家企业，对 318 家企业实行个性化服务。拨付产业及功能区专项资金 1.50 亿元、“保增长、促发展”专项资金 1 050 万元及文化体育发展专项资金 1 100 万元，缓解企业资金压力。

第二节　推进城区建设和危旧房改造

编制建设规划　1995 年 4 月，区政府编制《崇文区控制性详细规划》，结合危旧房改造、崇文门外大街 1 号地至 8 号地等重点街区和文物保护、市政道路、园林绿化等方面的建设情况，对区境内的土地进行详细划分，并做出综合安排。2004 年，按照《北京城市总体规划（2004—2020 年）》要求和崇文区是北京体育产业聚集区，都市商业区和传统文化旅游、娱乐地区的定位，再次编制区控制性详细规划。按照全区规划的总体要求，先后制定“王”字型经济磁场、明城墙遗址公园、前门地区修缮整治、永外商贸板块等具体规划。

市政基础设施建设　自 1993 年起，对崇文门外大街 3 号地、5 号地、6 号地、7 号地实施市政扩建工程。1995 年至 1997 年，完成崇文门外大街改造。1999 年，改造广安大街（崇文段），区政府提出“修一条路，兴一条街，带来一片繁荣”的工程建设思路；2000 年 3 月，确定“借钱有道，还钱有方，资金平衡，略有结余”的融资原则；7 月，举行总金额 21 亿元贷款的签字仪式，并启动拆迁；2001 年 7 月竣工通车。2000 年至 2010 年 6 月，区先后完成南北花市大街—幸福大街、祈年大街、左安门内大街、东西花市大街、前门东路、龙潭路等总长 22.40 千米的市政道路改造，16 项市环境建设重点工程及 7 项奥运比赛环境建设工程。其间，珠市口东大街南北两条辅路、金鱼池中街等 10 条道路同步实施市政路网加密，累计铺设雨水、污水、燃气、热力、电力、通信、上水、中水、路灯和交通设施等 10 种管线，总长 200 千米。市政设施水平明显提高，交通拥堵情况得到有效缓解。同时，摸索出“危改带市政”“市政促危改”新途径。

危改和配套建设　1994 年至 1998 年，全区启动危改小区 17 片，虎背口小区、法华南里小区等 8 片危改工程竣工。自 1999 年 10 月起，突破由开发商单一开发的模式，尝试“房改带危改”新举措。龙潭西里 6 号楼、8 号楼、10 号楼采用危改结合房改方式进行改造。不到一年时间实现拆迁、建设和居民回迁。2001 年，启动金鱼池 56 栋简易楼房改造，涉及居民 3 000 余户。在社会各界的支持和帮助下，仅用一年时间即实现部分居民回迁。

自 2000 年起，区政府实施“以危改为龙头，加快城市建设和城市改造，带动全区经济和社会发展”的战略，至 2007 年，危旧房改造拆迁面积总计 302.60 万平方米；至 2010 年 6 月，累计动迁居民 10.51 万户，采取房改、开发、市政、文保（文化文物保护）结合危改等形式启动 70 个项目，在前门地区危改工程中，提出“人走房空、腾而不拆”的新思路，创造“解危排险、人房分离”模式，实现危改与古都风貌保护双赢的效果。

图5—3 2005年5月，“解危排险”房源推介会

1994 年至 2010 年 6 月，区境内东花市、法华寺、龙潭 3 个全民健身体育活动中心和百荣世贸商城、国家体育总局训练局比赛馆、综合训练馆（举重、篮球）等 30 余处公建项目陆续竣工；先后修缮袁崇焕祠墓、阳平会馆戏楼、福建汀州会馆、隆安寺、火德真君庙、明城墙遗址；修复天坛坛墙，恢复天坛神乐署；复建永定门城楼；修缮整治鲜鱼口历史文化保护街区和前门大街。

第三节 加强城市管理与环境保护

城市管理机制与综合整治 1994 年，城市管理工作分属区规划建设管理委员会、规划管理局、工商行政管理局、环境卫生管理局、环境保护局负责。由公安、工商、环卫、交通等部门抽调人员组成区城市环境综合整治委员会办公室（简称区整治办）联合进行日常检查管理和综合执法。1998 年 12 月，区成立城管大队，7 个街道成立分队，纳入该大队执法范围的有 14 类近 300 项内容，主要是开展打击无照经营、取缔露天烧烤、拆除违法建设、整顿校园周边环境、落实“门前三包”责任制、维护市容环境、保护园林绿化等。2001 年 9 月，成立区市政管理委员会，负责市政基础设施、公用事业、环境卫生和市容环境综合整治以及城市管理综合执法工作。2005 年 10 月，成立区城市管理监督中心，负责全区城市管理监督与评价。该中心建立 ISO 9001 质量管理体系，实现城市管理部件与事件的责任主体和权属关系、监督考评办法与系统评价、数据资源采集与更新、人员队伍、技术支持与保障 5 个基本到位，形成“监督有力、考评科学、服务一流”的城市管理模式。2006 年，区市政管理委员会更名为区城市综合管理委员会，统筹协调和综合调度城市综合管理工作，并实行网格化管理，实现对城市管理的全方位、全时段监控。2007 年，全区建立以划片责任制、“门前三包”责任制、层级式工作台账、城管与公安配合执法、突发事件应急处理等为主要内容的日常执法管理机制。2009 年，整合建设 553 个街面摄像头视频监控系统，采取视频监控与监督员巡查相结合的办法，及时发现和解决问题。管理工作由突击、运动式向经常性、持续性转变，由事后被动管理向事前主动管理转变，城市管理水平得到提高。2007 年至 2009 年，崇文区连续 3 年获市城管执法系统综合考核第一名。市有关部门在城市管理工作会议上介绍推广崇文区的做法和经验。

自1996年起，区政府组织各有关部门大规模拆除违法建设，关闭占路市场。自2002年起，组织实施“进京第一印象工程”（崇文段），拆除北京站至北京南站全长8.70千米铁路两侧30米范围内所有建筑物，整治面积52万平方米，全线绿化美化。2003年，完成南中轴路（崇文段）全长3 810米、占地36.60万平方米的危改整治工程。至2007年7月底，全区整治“城中村”面积35万平方米，房屋拆除后实施绿化23万平方米。自2004年起，实施便民路工程、奥运路工程、区管道路中修工程，翻修道路142条，总面积48.32万平方米，区市政道路完好率达98%。2008年，清洗粉饰重点大街两侧楼房34栋10.30万平方米，实现前三门大街等5项夜景照明、花市大街等6项街道亮点工程、南中轴路等21项园林绿化和景观工程，根治街巷40余处脏乱痼疾，并首次对全区31条大街390处公共服务设施进行全面规划，完成报刊亭和早餐车的台账电子地图建设。推进城市绿化浇水改微喷工程，在16个单位和小区建设雨水利用工程。2009年，市政府对城八区市容环境卫生进行考评，崇文区获综合排名第一。1996年至2010年6月，全区撤销占路市场30个，腾退便道8.40万平方米。

环境保护 自1994年起，继续实施《北京市关于加强烟尘控制区管理的规定》《城市区域环境噪音标准》和控制大气污染阶段治理任务，7个街道全部建成烟尘控制区，环境噪声达标覆盖率达100%。1999年，区制定并实施第二阶段大气污染防治计划，重点控制扬尘污染，防治煤烟和油烟污染、机动车尾气和噪声污染等，开始无煤区建设和对超标车、冒黑烟车的治理。2004年，全区完成燃煤锅炉改造。当年至2008年，区制定并实施《龙潭湖水质改善工程保障方案》，水质得到改善。2005年，制定《北京市崇文区“十一五”时期环境保护规划》。2006年，制定《崇文区创建生态和谐环境宜居城区规划》《崇文区环境监管能力建设“十一五”规划》，并通过市环保局评审。2008年，全区实施煤改天然气工程。奥运会、残奥会期间，空气质量达一级、二级。至2010年6月，区境内基本建成环境监测预警体系和执法监督体系。

第四节 提升社会事业水平

教育 1994年，区政府制定《崇文区普教事业发展规划》和《崇文区职工教育发展规划》，确定全区教育改革与发展的战略目标。1995年，区政府拨款新建教室40个，保证初中入学高峰新生顺利就读。1996年，建立区领导联系基础薄弱校制度，进一步改善办学条件和教师待遇。1997年，教育经费实现计划单列，增加教学设备费用203万元，完成教师住宅建筑4万平方米。1998年，区成立德育工作领导小组，实施《中共崇文区委、崇文区人民政府关于深化教育改革，全面推进素质教育的意见》及9个配套文件，重点进行德育、教学、招考、人事、资源配置、管理体制6项改革。2000年，制定崇文区教育“十五”计划和2015年远景规划，启动跨世纪园丁培养，示范校、特色校、窗口校建设，教育信息化建设，科研兴教与科研兴校，社区教育建设工程。2004年至2007年，区政府做出全面推进崇文区教育现代化决定，制定《关于进一步推进教育优质均衡发展的实施意见》《崇文区推进素质教育实验方案》《崇文区学校奥林匹克教育行动计划》。至2009年，汇文中学等5所中学先后被市教委评为示范性普通高中，市第五幼儿园等5所幼儿园被评为北京市示范幼儿园。

1994年至2010年6月，区政府落实教育财政拨款的增长应当高于财政经常性收入增长的规定，先后拨款5.10亿元，改善中小学、幼儿园基础设施。完成汇文中学改扩建工程，10所中学、5所小学建成带有200米以上环形跑道的操场。新建学校16所，改扩建项目33项，全区中小学校均达到《北京市中小学办学条件标准》。

科技 1994年至2010年6月，区政府先后制定实施《科技发展基金管理办法》《关于加速科技进步的若干意见》《崇文区加速科学技术进步的若干措施》《崇文区科技奖励基金管理使用办法》《关于对高新技术企业实行优惠政策的实施办法》，促进科技事业发展。设立100万元科技奖励基金，奖励优秀科技人员、优秀科普工作者和培养、引进人才方面成绩突出的有关人员。科技三项费用（新产品试制费、中间试验费和重大科研项目补助费）、地方财政科学技术功能支出分别从1994年的2万元、17.08万元，提高到2010年的135万元、604万元。2003年，区成立科技创新服务中心，推动企业科技进步，促进企业建立创新机制。至2010年6月，有14个项目分别列入国家级或市级火炬、星火重点新产品计划。

自1999年起，贯彻《北京市科学技术普及条例》，建立健全科学技术普及工作运行机制和科普联席会议制度，开展以传播科学思想、科学方法，倡导科学精神，反对邪教，抵制封建迷信为主要内容的系列科普宣传活动。

文化 1994年至2010年6月，区政府先后制定《关于加快崇文区文化发展的若干意见》《关于进一步加强基层文化建设的意见》《崇文区文化产业发展规划纲要（2005—2010年）》。扩建文化活动场所，促进全区文化活动开展，7个街道均建立集图书室、多功能厅、电脑网络室等于一体的社区文化中心。新建扩建明城墙遗址、永定门、龙潭公园、玉蜓公园等15个文化广场。坚持办好每年的春节龙潭庙会、金鱼池社区节、明城墙遗址体育文化节及夏日文化广场、五月的鲜花歌咏比赛等群众文化活动。自2006年起，开展非物质文化遗产保护工作。至2010年6月，全区有43个项目列入国家、市级非物质文化遗产名录。

卫生 1995年至2002年，区政府先后制定并实施《崇文区区域卫生医疗设施发展规划》《关于加快崇文区卫生改革与发展的意见》《崇文区区域卫生规划》，深入开展群众性爱国卫生运动，推进创建国家卫生区活动。2003年，区成立防治传染性非典型性肺炎（简称“非典”）领导小组，拨付防治“非典”工作专项资金1 440.30万元，并采取多项措施防止疫情扩散。全区“非典”发病率为1.35/万，在城八区最低，无医务人员感染。2004年，区成立防控高致病性禽流感（简称“禽流感”）工作领导小组，制定实施专项预案，成功阻断“禽流感”疫情传播途径，全区实现“零感染”。2008年，崇文区被全国爱国卫生运动委员会命名为国家卫生区。2009年，甲型H1N1流感流行，区政府成立突发公共卫生事件应急指挥部，完善相关预案，实现无重症及死亡病例。同年，崇文区获国家中医药特色社区卫生服务示范区称号。

图5-4 2003年春，区领导到天坛街道金鱼池小区检查“非典”防控工作

体育 1995年9月，区成立全民健身工作委员会，指导群众开展体育活动。1997年至2009年，全区先后举办7届全民健身体育节，推进群众性健身活动。2009年，国民体质抽样测试合格率为88.60%，优秀率为19.70%，分别比1996年增长3.60个百分点和1.70个百分点。至2010年6月，全区街道社区安装全民健身工程器材136套。区境内有晨练、晚练点（站）460个，社会体育指导员2 374人，健身场地33.57万平方米，经常参加健身活动的有10万人左右。

第五节　改善居民生活

改善居住条件　1994年至1998年，区政府通过危旧房改造，使全区8 000余户居民迁入新居，落实康居房4.70万平方米。危改区内人均住房面积由4.90平方米增至14.50平方米。2000年至2007年，全区居民人均住房面积由10.10平方米增至24.40平方米。2009年，加强政策性住房配租配售，发放廉租补贴资金1 073万元，428户居民通过廉租房配租资格审核，1 233户居民通过经济适用房购置资格审核，665户居民参加限价商品房摇号配售。至2010年6月，向廉租家庭发放租房补贴4 344.50万元，1 912户居民享受廉租房实物配租，配售经济适用房1 729套、限价房2 785套。2 694户搬迁居民如期入住朝阳区弘善家园。

2007年至2008年，全区整修街巷道路110条、院落533个、房屋5 000余间，占城四区总量的36%。同时，实施并完成平房区“煤改燃气”工程。2009年，在全市率先为74栋老楼5 428户居民接通燃气。改造老旧供暖网管24.10万延长米，1.40万户居民安全采暖。2010年6月，7 300户平房院居民用水实现一户一表。

就业和社会保障　1994年至1998年，全区建立以区职业介绍中心为主、街道为辅的职业介绍网络。1998年，区政府成立再就业工程领导小组，建立再就业、下岗职工基本生活保障资金筹措机制和促进再就业政策体系。2005年，区政府启动“创业同奔小康工程”。2007年，制定“零就业家庭”成员就业优惠政策。1998年至2010年6月，全区累计推荐成功就业11.81万人次，13.67万人次实现再就业，登记失业率在2.17%以下。同时，建立完善以养老、失业、医疗、工伤、生育为主的社会保障体系，参保单位和人员逐年增加。

1996年，全区实施北京市居民最低生活保障制度（简称低保），实现动态管理下应保尽保、应救尽救。至2010年6月，享受低保和粮油帮困户累计11.03万户次、21.60万人次、33 162.14万元。2007年，区政府办公室转发区民政局《关于开展居家养老服务工作实施意见》，崇文区成立以社团形式提供居家养老的民间组织——区银手杖服务总社。至2010年6月，累计为20余万人次老年人提供养老就餐、购物等服务。

改善残疾人生活　1994年至2010年6月，区政府继续把残疾人康复工作和无障碍设施建设列为重要事项。2001年，全区改造无障碍设施159项。建立区聋人、智力残疾人及亲友、精神残疾人及亲友等5个协会。2007年，开展无障碍设施进家庭活动，694户残疾人家庭受益。区残疾人康复技术指导中心建成并投入使用。47个社区残协配备残协专职委员，直接为残疾人服务的专职工作者达110人。区组建残疾人艺术团、聋人舞蹈队等文艺体育团队，5 000余人次参加。2008年，区成立残疾人职业康复劳动中心，开展全国残疾人社区康复示范区创建工作，创建市、区级示范温馨家园各4个，初步实现“康复进社区、服务进家庭、人人享有康复服务”的目标。2009年，崇文区通过残疾人社区康复达标区验收。2010年上半年，全区享受最低生活保障金和各种困难补助的残疾人有2 980人，发放助残券5 100余人次，累计支出135万余元。

第六节　安全监督管理

机构与宣传　1994年至2000年，区安全生产工作由各有关部门分别管理。2001年，成立区安全生产委员会（简称区安委会），成员单位由公安崇文分局、交通支队、消防监督处、工商崇文分局，区经贸委、建委等40余个部门组成，安委会办公室设在经贸委。2004年，区安全生产监督管理局（简称区安监局）成立，区安委会办公室改设该局。

自1994年起，区每年开展安全月系列宣传活动，有关部门在繁华地段联合设立咨询日主会场，各街道设分会场和专项宣传咨询台。开展以人为本、安全第一、遵章守法、关爱生命、安全发展、国泰民安等主题宣传咨询活动，并培训特种作业人员。从2004年9月起，宣传贯彻《北京市安全生产条例》。10月，区安委会办公室举办讲座，培训44个成员单位主要负责人。同年，区安委会制订《崇文区落实市安办关于〈学习、宣传、贯彻人员密集场所五个安全生产规定工作方案〉的意见》，并利用网络进行宣传，对生产经营单位法定代表人和安全生产管理人员进行考试。自2007年起，区安委会分别与区消防支队、交通支队、公安崇文分局和民防局联合制作融安全法规、安全知识于一体的宣传画，在7个街道91个社区张贴。2008年，在《新崇文报》上开辟安全生产专刊，并以奥运安全保障为重点，开展危险化学品生产安全事故、消防、特种设备、人员密集场所、运输、水上救援等全方位应急预案演练。

监督检查　1994年至2000年，区政府每年召开安全生产工作会，组织有关部门进行联合检查。2001年至2003年，安委会每年与各成员单位分别签订安全生产管理责任书，组织专项整治，查处违法行为，对查出的安全隐患限期整改。2004年，区领导带领有关部门负责人检查区境内部分单位、商（市）场、楼堂、饭馆、学校、寺庙及文化娱乐场所安全28次。协调解决北京铁路分局内燃机务段柴油储存库事故隐患。区安监局协同市安监局监督崇文门一加油站整改加油机与电力电缆隧道检查井口距离过近的问题；在前门地区“解危排险”工程中，修整部分木质危楼，消除在市挂账隐患15项。之后，区逐步建立起部门依法监管、企业全面自查、群众参与监督、全社会广泛支持的安全生产工作格局。每年向非正常死亡指标控制单位下达指标。对《崇文人大信息》《崇文政协专刊》《区政府督察专刊》上刊登的各类影响安全的隐患，主管部门及时督促整改，并监督落实。2005年，制订《崇文区政府工作部门、街道办事处及直属事业单位安全监管（管理）职责》和《崇文区安全生产监督管理“高压线”实施意见》。开展对烟花爆竹、防范火灾等专项检查，对查出的隐患督促有关方面及时整改。

2006年，区政府制定《崇文区“十一五”时期安全生产发展规划》，确定指导思想、工作目标、主要任务、保障措施和重大项目（工程），区安委会成员单位由44个增至48个。2007年，制定《崇文区安全生产监管工作综合评价考核办法》和《崇文区危险化学品事故应急预案》，建立区危险化学品事故救援应急储备库，组织危险化学品从业单位人员进行应急救援演练36次。监督检查各类生产经营单位1 001个（次），查出事故隐患1 320项，下达整改指令书428份，强制措施决定书2份。处理举报案件3起，事故处罚5起。对12个行业123家生产经营单位进行作业场所职业病危害普查申报监督，申报率、验收通过率均为100%。

2008年，区安委会与成员单位签订《维护崇文安全稳定实现平安奥运目标责任书》，落实安全生产监管工作的领导责任、企业主体责任、行业和属地监管责任。各监管部门排查生产经营单位 6 351 个（次），查出隐患 4 130 项，整改 4 129 项，整改率达 99.98%。同时，整改在市里挂账的生产安全隐患 2 项。督查区内涉奥单位 19 家，查出安全生产隐患 38 项，下达执法文书 44 份，隐患整改率达 100%。组织检查北京游乐园、龙潭庙会、新世界商场地下超市、天坛体育宾馆、祈年饭店等人员密集场所的安全措施。2009 年，制定区国庆平安行动方案，检查国瑞城高层建筑施工现场、百荣世贸商城等处的安全情况。2010 年 1 月，经市安委会综合考核组考核，崇文区 2009 年度安全生产工作为优秀。

2001—2009年崇文区安全生产指标完成情况统计表

表5-4　　单位：人

年份	交通肇事管界死亡		生产安全事故死亡		火灾事故死亡	
	指标	实际	指标	实际	指标	实际
2001	19	12	0	0	0	1
2002	20	15	4	1	0	0
2003	21	18	0	0	0	0
2004	21	18	5	2	2	0
2005	17	14	5	3	2	1
2006	15	11	5	5	1	1
2007	13	9	5	5	1	0
2008	9	8	5	1	1	0
2009	7	5	4	2	1	1

第七节　奥运会及残奥会保障服务

市容与人文环境　2001 年 7 月 13 日北京申奥成功后，崇文区制定环境建设整体规划，对区境内奥运比赛沿线及涉奥的大街和区域进行路面铺装和绿化、铺设喷灌管线，砌筑文化墙、建设夜景照明，清洗粉饰并加装建筑物围栏装饰、改造无障碍设施，拆除违法建设、整治广告牌匾，更换垃圾箱、布置盆景花卉、悬挂彩旗等。创建无小广告示范街 15 条，全区环境水平达到国家卫生区的 10 大类 65 项标准。同时，开展“礼仪北京，人文奥运，魅力崇文”等宣传活动，在奥运倒计时的各个时间节点开展迎奥运千人环湖接力赛等活动，50 余万人次参与。对全区商务、旅游、卫生等 9 个行业 4 万余名员工进行以奥运礼仪知识、职业道德与技能、英语、手语为主要内容的培训，3 000 余名窗口行业员工取得首都窗口行业奥运培训合格证书。

奥运期间，全区开展系列文化活动，丰富“人文奥运”内涵。2008 年 7 月 13 日，开放龙潭公园奥运文化广场和玉蜓公园奥运文化广场，并先后举办奥运文化、非物质文化遗产、北京城门城墙等图片展览；安排各类文化演出 17 场，接待社会群众 4 万余人。7 月 18 日，奥林匹克之旅——中华民族艺术珍品文化节开幕，展示中华民族优秀的艺术珍品和传统工艺。8 月 7 日，前门大街修缮整治后正式开街，展现古都老街新貌。

指挥系统与安保措施　2006年，区成立“2008”环境建设指挥部，统一指挥、组织协调、督促落实全区城市环境景观与市政设施建设和整治，并组建由9个部门参与的联合执法机构，进行综合执法，提升城市管理水平。2008年年初，区奥运筹备办公室、赛事保障工作领导小组和总指挥部成立，下设办公室、10个专项指挥部和7个街道（地区）指挥部，分别制订相关工作方案和应急预案。实行条块结合、一岗双责的工作模式。

中国奥委会办公地、中国奥运代表团运动队驻地和训练基地均驻区境内。2008年年初，崇文区按照正式场馆同等规格、标准对“三地”提供服务、安全保卫和外围环境保障。5月，完成7类42个涉奥重点场所、部位的各项保障任务，达到“无案件、无事件、无事故”目标。7月15日至8月25日，共监督食品原材料675批次，快速检测样本457例29个项目，合格率达100%。7月，启动《群防群治力量动员组织实施方案》。将7个街道划分为83个网格，各网格建立重点人员、单位、区域、部位和辖区综合防控等5大类35项工作台账。7月14日至8月24日，全区组织专职治安巡防力量、治安志愿者、民兵、其他安全保卫力量共73.68万人次参加执勤巡逻。其间，发案数比上年同期下降80.80%，立案数下降82.40%，破案数上升40.40%，命案破案率达100%，达到主要大街和涉奥重点地区发案、警情“双零”的工作目标。

赛事保障与宾客接待　奥运会（2008年8月8日至2008年8月24日）、残奥会（2008年9月6日至2008年9月17日）期间，全区完成6项大型活动和赛事的运行保障任务：8月6日，奥运圣火传递至崇文段，组织观众6 000余人观看；8月9日、10日，公路自行车赛起点设在永定门广场，途经崇文段5.57千米，组织观众7 600人，并设置文化展示点2处；8月17日，女子马拉松赛在区境内比赛线路近8千米，沿线组织观众1万余人；8月24日，男子马拉松赛途经区境内8千米，组织观众1万余人，设置文化展示点2个；9月17日，残奥会马拉松赛途经区境，组织群众为运动员加油鼓劲。上述活动涉及区境内7条大街和天坛公园，总长度29.30千米。在交通疏导、带路、保卫、特勤、医疗救护等保障工作中，投入警力、城管执法、环卫作业、医护等人力1.10万余人次。还组织城市志愿者2.90万人、驾驶员志愿者140人，为奥运会和中外游客提供交通运输、信息咨询、语言翻译等服务，累计服务公众13万人次。

图5－5　2008年8月6日，崇文交通支队民警为保障奥运圣火传递道路畅通执勤

奥运会和残奥会期间，全区接待国内外宾客1 200万人次，其中外宾20余万人次。接待国际贵宾54批447人次，其中有9个国家的元首或政府首脑。8月1日，启动“奥运宾客”项目，接待贵宾124人次、一般外宾及运动员3.11万人次。签约的万怡酒店接待700余人，并有法国、日本等国6个城市代表团入住。全区涉奥企业共接待8 183人次，其中国家政要133人次、奥委会官员801人次。全区接待境外媒体采访129批800余人次。天坛公园、前门大街日均接待游客分别为7.50万人次、20万人次。

第三章　法制建设

第一节　依法行政

机构　1998 年 5 月，区政府法制工作办公室更名为法制办公室（简称区法制办），负责监督检查政府各部门依法行政工作。2005 年，成立以区长为组长、各有关部门主要负责人为成员的区依法行政工作领导小组，办公室设在区法制办。2008 年 11 月，区政府成立行政复议委员会及行政复议接待室。

规划与措施　自 1994 年起，崇文区坚持每年召开依法治区（依法行政）工作会议，总结、安排工作；每年检查、考核各部门依法行政工作，注重提高依法行政水平。1996 年，区政府制定并实施法制工作“九五”计划和开展法制宣传教育的第三个五年规划。2000 年，制定并实施《崇文区人民政府推进依法行政工作实施方案》，完成“九五”法制建设研究，制定“十五”专项计划。2001 年，启动“四五”普法教育工作。2003 年 3 月，依据市政府法制办公室（简称市法制办）《关于印发〈我国加入世界贸易组织过渡期北京行动计划纲要——依法行政和政府职能转变部分〉的通知》精神，制定《崇文区人民政府依法行政工作规定》和《崇文区人民政府依法行政工作考核记分办法》。2005 年，区依法行政工作领导小组讨论通过《崇文区人民政府关于全面推行依法行政的实施意见》《2005 年崇文区依法行政工作要点》。2006 年，区法制办审核、确认行政执法主体和行政执法依据，并以区政府名义发文，在《新崇文报》和崇文信息网向社会公布。全区具有行政执法权的行政执法主体有 36 个，其中，法定行政机关 24 个，法律、法规授权的组织 11 个，集中行使行政处罚权的组织 1 个。各行政执法主体的行政执法依据，涉及有效规章以上的共 840 部（不含《行政许可法》《行政处罚法》等规范政府共同行为的法律规范），行政执法职权 3 422 项。以区政府为主体的行政执法依据，涉及规章以上的 69 部，行政执法职权 138 项。2007 年，制定《崇文区人民政府推进依法行政工作定期报告制度》和《崇文区推进依法行政工作领导小组联系人例会制度》。2009 年，审核参加市、区两级行政处罚执法资格考试的 13 个单位 282 人的执法资格，并向单位出具确认函，实现行政执法人员持证上岗。

规范性文件审核与清理　1994 年至 2009 年，区法制办审核区政府发布对公民、法人和其他组织具有普遍约束力的规范性文件 169 件，建议停发有违担保法规定的文件 1 件。2006 年，区政府修订完善《崇文区行政规范性文件制定审核及备案监督办法》。2010 年 3 月，制定《北京市崇文区人民政府关于行政规范性文件发文程序的通知》，印制崇文区政府行政规范性文件审定表。规定凡以区政府或区政府办公室（简称区政府办）名义发文的单位必先填表经区法制办审定，属行政规范性文件方可履行正常发文程序。上半年共审定拟发文 22 件，其中属应备案的行政规范性文件 1 件。

1996 年至 2009 年，区法制办清理 1980 年至 2008 年以区政府或区政府办发出的规范性文件 422 件。

2001年10月至11月，中国正式加入世贸组织前，区法制办组织有关部门清理全区行政措施及规范性文件。查阅1980年至2001年10月的文件档案目录3.64万件，筛选出行政措施及规范性文件231件。其中，以区政府或区政府办名义发布88件，以各委、办、局名义发布143件。经确认，废止涉及世贸组织规定的文件2件。2008年，全区行政部门清理市政府2007年12月31日前制发的规章296项，其中建议废止24项、修改24项、待处理3项、保留196项、区未涉及49项。同时清理区行政规范性文件84件，其中保留53件、废止28件、修改3件。2009年12月，制发《崇文区行政规范性文件评估和清理工作规定》。2010年1月，清理2009年度行政发文和行政规范性文件备案。全区60余个委、办、局对照《崇文区行政规范性文件制定审核及备案监督办法》的规定，开展自查清理，逐一审查以区政府或区政府办名义制发的行政文件130件。查出应报备案而未报的行政规范性文件6件，及时向市法制办补报。3月，各委、办、局及街道办事处清理北京市现行有效的137项地方性法规中，涉及崇文区政府职能的有99项，其中建议保留80项、废止8项、修改11项。

1994—2009年崇文区规范性文件审核统计表

表5-5　　单位：件

年份	总数	区政府或区政府办公室发文	委、办、局发文
1994	5	5	
1999	13	0	13
2000	10	9	1
2001	4	3	1
2002	17	14	3
2003	54	5	49
2004	28	3	25
2005	13	5	8
2006	4	1	3
2007	5	3	2
2008	8	4	4
2009	8	0	8
合计	169	52	117

1996—2009年崇文区规范性文件清理统计表

表5-6　　单位：件

年份	以区政府或政府办名义发布的规范性文件					规范性文件发文时间范围
	总数	保留	废止	修改	转为一般性文件	
1996	51	27	0	12	12	1980—1996
1998—1999	79	31	26	11	11	1980—1998
2002	76	0	76	0	0	1990—2001

续表

年份	以区政府或政府办名义发布的规范性文件					规范性文件发文时间范围
	总数	保留	废止	修改	转为一般性文件	
2004	124	81	25	18	0	1990—2003
2009	92	58	31	3	0	2004—2008
合计	422	197	158	44	23	

说明：1. 规范性文件清理工作的时间按市、区政府要求进行，不是每年连续性工作。

2.1998 年至 1999 年是跨年度统计工作。

法制培训与宣传 自 1994 年起，区政府每年坚持以报告会、宣讲、考试测评等方式培训各部门负责人和行政执法人员。先后学习《国家赔偿法》《行政处罚法》《行政复议法》《行政诉讼法》《行政许可法》等法律和有关司法解释，结合实际分析崇文区行政诉讼案件受理情况及行政机关败诉原因，明确行政诉讼中被告的举证责任及答辩状要求、学习行政处罚案卷制作标准。2001 年，建立区政府常务会议、区长办公会议会前学法制度。围绕区中心工作，结合每次会议议题，学习相关法律、法规和规章，至 2010 年 6 月，先后学习《统计法》《公务员法》《城市房屋拆迁管理条例》《政府信息公开条例》《财政违法行为处罚处分条例》等法律法规 30 余部，增强领导干部依法行政意识，提高依法办事的能力。

1997 年 7 月，区成立法规查询中心，为有关部门提供法律查询服务。2000 年，在天坛公园举办法律咨询活动，解答群众问题，发放宣传材料。2002 年，崇文信息网开办推进依法行政专题，《新崇文报》设立相关专栏，各有关单位制作宣传展板，宣传依法行政工作成果。自当年起，区法制办在区政府办公楼 1 层前厅和区综合服务大厅设市政府最新规章文本公民自由索取处，由专人管理，及时发放新法规、规章及区规范性文件。2003 年，制定《崇文区关于开展市政府规章、区政府行政措施、规范性文件自由索取工作的方案》，公民自由索取处增至 9 个。至 2010 年 6 月，全区累计发放新法规、规章及区规范性文件 8.82 万份。

图5—6　2004年5月，区机关举行《行政许可法》考试

第二节　行政执法监督

制度 1995 年 6 月，《崇文区政府行政执法目标考核责任制》施行。1996 年 10 月，区法制办制订《崇文区政府关于依法确定和调整行政执法主体的通知》，规范区行政执法主体。1998 年 2 月，修改 1996 年制订的执法责任制考评办法及评分标准。2000 年，审核清理区有行政审批职能部门的行政审批事项。清理后，由原上报的 530 项减至 243 项。2002 年，审核有行政审批职能单位的行政审批程序性规定，并制订《崇文区行政许可案卷标准（试行）》。2006 年，制订《无行

政处罚书面说明情况制度》，建立行政处罚月报表、行政处罚监督函、行政复议监督函及行政复议案件季度通报等制度。2007 年，制定《崇文区人民政府行政执法依据变更暂行规定》《崇文区人民政府未实施行政处罚书面说明制度》《〈北京市崇文区人民政府关于强化行政执法的评议考核办法〉的补充规定》《崇文区人民政府行政执法协调工作规定（草稿）》等制度。2008 年 6 月，区政府制定行政执法责任制“5+1”配套制度，即《崇文区人民政府行政执法协调办法》《崇文区人民政府行政处罚执法资格管理办法》《崇文区人民政府行政处罚案卷评查办法》《崇文区人民政府关于法规规章实施准备和评估报告工作的办法》《崇文区人民政府行政执法责任追究办法》等 5 个办法及监督行政不作为的《崇文区人民政府未实施行政处罚评估工作制度》。2009 年 1 月，区政府制定《北京市崇文区人民政府行政执法监督规定（试行）》。3 月，印发《关于做好重大行政处罚备案工作的通知》，启动重大行政处罚备案工作。5 月，与区检察院共同制发《关于建立行政执法与刑事司法工作衔接机制的实施意见》。

案卷评查　1994 年 2 月，区法制办组织全区行政执法文书展评，13 个行政执法部门和 4 个街道办事处参评行政执法文书 33 卷，26 个单位 150 人参观。8 月至 11 月，复查区劳动局、环保局等部分行政执法部门案卷 86 份，查看展评后整改情况；抽查 12 个行政执法部门执法文书 159 卷。1995 年，评审全区 17 个执法部门和 7 个街道办事处的执法文书 72 卷，逐一打分，评出先进单位 7 个。2001 年至 2009 年，抽查各部门行政处罚案卷 403 卷，其中优秀 279 卷、良好 28 卷、合格 69 卷、不合格 24 卷、不属评查范围 3 卷。其间，市法制办随机抽调评查区执法案卷 96 卷，其中优秀 64 卷、良好 11 卷、合格 15 卷、不合格 5 卷、不属评查范围的 1 卷。

2001—2009年崇文区行政处罚案卷评查结果统计表

表5-7　　单位：卷

年份	抽调卷		评查结果									
	区调	市调	优秀		良好		合格		不合格		非评查范围	
			区评	市评	区评	市评	区评	市评	区评	市评	区评	市评
2001	31	20	21	4	0	4	4	8	3	3	3	1
2002	24	10	13	5	4	0	2	4	5	1	0	0
2003	53	10	25	3	5	3	21	3	2	1	0	0
2004	66	6	36	6	10	0	16	0	4	0	0	0
2005	46	10	34	10	0	0	9	0	3	0	0	0
2006	72	10	60	6	5	4	4	0	3	0	0	0
2007	41	10	30	10	4	0	4	0	3	0	0	0
2008	0	10	0	10	0	0	0	0	0	0	0	0
2009	70	10	60	10	0	0	9	0	1	0	0	0
合计	403	96	279	64	28	11	69	15	24	5	3	1

督查　自 1994 年起，历届区政府均聘请区人大代表和区政协委员各 6 人至 10 人为行政执法特邀监督员，协助区政府监督执法工作。

1994 年，区法制办行政执法监督队巡视检查 50 次，督办案件 21 件。先后检查《统计法》《文化市场管理办法》《计划生育条例》《档案法》等贯彻落实情况。1995 年，抽查 3 个农贸市场 241 个摊位贯彻落实《北京市家禽家畜检疫条例》情况，检查区各单位执行《档案法》和节约用水法规情况，检查学校贯彻实施《义务教育法》和《教师法》工作情况，巡视检查有关单位贯彻《食品卫生法》和未经占地审批搭棚经营情况。1998年，约请特邀行政执法监督员为12个重点行政执法部门打分并提出建议。行政执法监督队检查区17个行政执法部门实施《行政处罚法》和《北京市人大常委会关于加强行政执法工作的决定》情况。抽查区规划局、技术监督局、文化文物局、物价局、城管大队、交通大队落实责任制中“罚缴分离”工作。1999年至2001年，总结、检查、考核、评议各部门实行行政执法责任制工作和72个单位贯彻实施《档案法》的情况。

2002年至2003年，区推进依法行政工作领导小组检查和评定31个执法部门和7个街道办事处的依法行政工作。重点督查并指导卫生、质监、文化、档案等有关单位制订依法行政制度。召开全区行政许可事项清理工作动员部署大会，部署《行政许可法》实施前准备工作。2004年，全区清理行政许可事项274项，保留168项，有行政许可事项的主体33个。2005年，实行法制建议书制度，向7个单位发出法制建议书9份。检查31个行政执法部门贯彻执行《行政许可法》情况。2008年，启动行政执法全程督查工作，先后督查16个部门，请执法相对人填写督查走访单12份。同时，清理行政许可事项，确定区具有行政许可资格的主体34个，涉及行政许可事项199项，比2004年增加31项。

第三节　行政复议　行政诉讼应诉　行政强制执行

行政复议　1994年，上级主管部门受理崇文区各行政执法部门被复议申请20件。经复议，予以维持10件、变更1件、自行撤回而终止9件。1995年至2010年6月，区政府收到行政复议申请166件（含未结5件）。经复议，不予受理21件，维持78件，驳回6件，终止42件，中止8件，变更或撤销4件，责令履行职责2件。

从2006年开始，有了区政府作为被申请人的复议案件。至2009年共28件（不含终止4件），经市政府复议，维持20件，结转下年5件，确认违法3件。违法案件皆为原裁决撤销而已强制执行的案件。

1995—2010年6月崇文区政府收到行政复议申请统计表

表5−8　　单位：件

年份	申请案件	不予受理	复议结果						未结案
			维持	驳回	终止	中止	变更或撤销	责令履行职责	
1995	1	0	0	0	0	0	0	1	0
1997	1	0	1	0	0	0	0	0	0
1998	2	0	2	0	0	0	0	0	0
1999	1	1	0	0	0	0	0	0	0
2000	6	0	3	0	2	0	1	0	0
2001	5	1	2	0	1	0	0	1	0
2002	7	2	3	0	2	0	0	0	0
2003	5	3	1	0	1	0	0	0	0

续表

年份	申请案件	不予受理	复议结果						未结案
			维持	驳回	终止	中止	变更或撤销	责令履行职责	
2004	11	5	5	1	0	0	0	0	0
2005	25	5	11	0	8	0	1	0	0
2006	31	1	18	0	12	0	0	0	0
2007	24	2	15	2	5	0	0	0	0
2008	16	1	7	0	6	0	2	0	0
2009	19	0	6	1	4	8	0	0	0
2010.6	12	0	4	2	1	0	0	0	5
合计	166	21	78	6	42	8	4	2	5

说明：1996年没有行政复议申请。

行政诉讼应诉　1994年至2009年，全区发生行政诉讼171件，其中区政府作为被告应诉39件。2000年，有关委、办、局败诉比例较高，主要原因为拆迁裁决认定事实不清，证据不足。2009年12月，区政府制发《崇文区行政机关领导干部参加诉讼活动规定》，要求政府职能部门负责人在行政诉讼案件审理时出庭应诉。

1994—2009年崇文区行政诉讼应诉情况统计表

表5-9　　单位：件

年份	告诉数	不予受理	被告	审判结果				
				维持	驳回	撤诉	败诉	未结
1994	28	0	委办局	5	0	17	1	5
1997	19	1	委办局	11	2	2	1	2
2000	85	0	委办局	25	22	14	24	0
2001	4	0	区政府	4	0	0	0	0
2002	9	0	区政府	5	0	4	0	0
2003	6	0	区政府	5	0	0	0	1
2004	5	0	区政府	5	0	0	0	0
2005	3	0	区政府	3	0	0	0	0
2006	3	0	区政府	3	0	0	0	0
2007	6	0	区政府	6	0	0	0	0
2008	1	0	区政府	0	1	0	0	0
2009	2	0	区政府	1	0	1	0	0
合计	171	1		73	25	38	26	8

说明：1995年、1996年、1998年、1999年没有发生行政诉讼案件。

行政强制执行　1994年至2008年，区法制办审核、送达区政府限期拆迁通知书、责令书等共1 277份，经走访谈话、协调说服等工作，大部分自行搬迁，组织强制执行352户（次）。

第四章　行政监察

第一节　行政监督

执行政策监督　自1994年起，区监察局加强各项政策措施落实的监督。1999年，制订《崇文区粮食体制改革执法监察实施方案》，重点检查粮食风险基金截留等问题。2000年，按照中央关于政法机关不再从事经商工作的部署，监察公安机关开展所办企业的撤销、移交工作，清理撤销10户，移交3户，总资产1 199万元。2005年1月，区首次召开申请行政强制拆迁听证会，区监察局监督强拆工作过程。4月，区监察局印发《关于在“城中村”环境整治工程中工作人员的纪律规定》，监督相关工作人员遵纪守法。2006年，派监察人员进驻重点建筑工程，开展职务犯罪防范工作。在重点工程信访接待中，发现案件线索5件，立案4件，为国家挽回经济损失260余万元。自2007年起，监察政府投资的58个项目进展情况，监督检查项目的规定投向，防止单纯追求形象和表面政绩工程；监督检查公务员在项目建设中的履职尽责情况，防止违纪违法现象发生。2008年6月，监察抗震救灾捐赠款物的管理情况，确保捐赠款物筹集、接收、上缴合法合规。2009年，协调区住房和建设委员会，重点审查群众保障性住房的资格申请、审核、摇号配售等重点环节，保证群众利益不受侵害。

危旧房改造监督　1999年10月，崇文区启动大规模城市开发与危旧房改造工程。2000年5月，区成立工程监察委员会，实施对广安大街（崇文段）工程全过程监察。制订《关于加强危旧房改造工程监察工作的实施意见》等多项纪律规定，审核监督8 000余户拆迁居民预分方案，采取公开政策、公示预分方案及设置意见箱等形式，接受群众监督。贯彻“五联单”（承租人、工作人员、监察审计人员、分指挥部领导和总指挥部领导签字）发放补偿费的审批责任制，为区政府举债拆迁节约资金2.20亿元。2001年，在金鱼池等七大危旧房改造工程中分别设立监督小组，由区监察局、审计局、房地局、公安崇文分局、区公证处、各街道纪工委等部门派出干部和群众代表组成。采取专群结合、上下结合的监督办法，实行政策、纪律、拆迁户自然状况、拆迁预分方案、验房选房号、补偿款、户型、资金使用等8项公开，在拆迁现场设立监督站和举报箱，防止暗箱操作。2002年，继续对左安门东里、西里，夕照寺，南北花市大街等工程实施监督。公示拆迁居民21 981户的补偿方案，发放验房号、选房号8 395张，受理群众举报88件。2003年，区监察局成立监察小组进驻东花市角湾、永定门外景泰西里、东花市三期危改地区及南中轴路的拆迁整治和永定门桥头整治等重点市政工程，严明拆迁纪律，做到拆迁方案、政策、工作人员纪律、工作程序、拆迁户状况及投诉渠道公开，对拆迁户及其自建房和住房困难户情况进行公示。共监察11 510户居民的拆迁工作，审核近700户享受低保和生活困难的拆迁居民的补偿款。2004年7月至2006年，区政府成立前门“解危排险”工程监察委员会，设立监察小组，制订危改拆迁、工程资金管理使用、工程招投标等多项纪律规定，建立工程廉洁协议制度，实行“两关三审”（程序关和资金关，审查各项搬迁手续、补偿款以及资金是否齐全和准确发放）和“七公开，四公示”（拆迁政策、拆迁流程、拆迁户自然状况、工作人员纪律规定、投诉渠道、企业资质、开放式办公公开，对拆迁户自然状况、申请拆迁安置补偿补助的住房困难户、自建房、拆迁评估价格按规定期限和范围公示）制度，加强对工程所需资金管理和使用情况的监察审核，共审核资金 1.30 亿元，保证 3 854 户居民顺利搬迁。同时，在花市三期危改、南中轴路拆迁整治、前门地区修缮整治保护等 13 项重点工程中，审核公示拆迁居民 29 268 户，其中 1 810 户完成腾退工作。2007 年，制订《关于严肃处理房屋拆迁企业违法违纪行为的规定》。有 8 家拆迁公司和 1 家拆迁评估公司被列入违法违纪行为名单，并受到惩处。2008 年，在拆迁现场设立投诉举报站，受理前门地区风貌保护工程和宝华里危改项目选房等投诉举报工作。2009 年至 2010 年 6 月，重点监督台湾会馆及商务区、区文化大厦、前门东侧路以东地区房屋修缮和永定门南中轴广场工程等重点项目，对其规划、立项、消防、施工、验收等 12 个重点审批程序手续进行监控。制订《崇文区保障性住房廉政风险防范管理工作方案（试行）》，检查弘善地区保障性住房建设管理、工程进展、资金使用等情况，现场监督限价商品房、经济适用房摇号、选房等。

区属企业改革监督 2000 年至 2005 年，区监察局按照《崇文区国有企业改制工作中的纪律规定》等文件，提出要防止改制中国有资产流失，对资金管理使用、干部提拔任用等提出具体要求。根据企业改革转制涉及的财产清查、产权界定等环节，在 54 个改制企业中，确立 70 个监管项目，审核企业资产 10.20 亿元，纠正违规金额 9 597.94 万元，监管核销不良资产 5 878 万元，预留资产 7 787 万元，确保 2.60 亿元国有和集体资产平稳重组，1.40 万名企业职工得到安置。2003 年，在 22 个国有和集体企业中监察项目 25 个，监察企业重要物资供销，工程项目招标和企业改革转制中清产核资、人员分流等事项。

招投标监督 1999 年至 2003 年，区监察局监督政府重大建设工程项目的招投标工作。监督 10 项重点工程的 27 次招投标，涉及资金几十亿元，对招投标活动进行网上公示、全过程监督。其中，对汇文中学改扩建工程项目的招投标监察，节约资金 500 余万元。2000 年至 2004 年，参与审核广安大街（崇文段）、金鱼池小区、前门大街等工程的设计、拆迁、建筑、监理公司的资质等。2005 年至 2008 年，通过备案招标、中标结果说明和现场监察开标等方式，监督政府招投标项目 43 个。2009 年至 2010 年 6 月，监督政府 58 个投资项目的审批程序、资金使用、招标投标和工程建设等环节及土地一级开发等项目。

图5—7 2001年，区领导检查工程执法监察工作

第二节 效能监察与政风行风评议

效能监察 2002 年，区纪委、监察局监督检查党政机关党员干部和公务员队伍开展“立党为公，执政为民”等教育活动情况。年末，全区行政机构有 3 256 人挂牌上岗，制作首问责任制卡 36 515 张、首问责任箱 73 个，摆放桌牌 2 123 个。2003 年 6 月，制订《崇文区监察局国家公务员违法行政行为举报投诉中心受理举报投诉试行办法》，成立区国家公务员违法行政行为举报投诉中心，开

设网上举报信箱和投诉电话。2004年，区成立行政投诉中心，设立举报网站，开通政风行风热线，公开举报电话，发放监督卡。2006年，区政府制定《崇文区国家行政机关及其工作人员行政不作为问责办法（试行）》等文件，对公务员履职逐步形成用制度规范从政行为，按制度办事，靠制度管人的监督机制。

2006年，区行政投诉中心办理行政投诉78件，办结率达100%。收到服务监督卡354张，群众对全区政风行风热线办理工作满意和基本满意率达98%。2007年，接待行政投诉104人次，均按时办结。受理政风行风热线443件，限时办结率达100%。2008年，按照“事事有答复、件件有回音”的要求，加强和改进政风行风热线办理工作，龙潭北里四条6号楼长期反映的供热不达标等问题得到解决。同年，区行政投诉中心干部进驻区行政服务中心，现场受理群众举报。审核63个党政部门楼堂馆所建设项目的审批程序、建设规模和设备标准，纠正违规、超标建设和配置行为。2009年，抓住强化考核和督查督办两个环节，定期汇总梳理各单位群众来信和办理情况，并通报全区；至10月底，印发《政风行风热线工作简报》5期，受理群众来信134封，办结125封，群众满意率达89%。2010年上半年，检查区行政服务中心建立绿色审批通道，为企业登记注册全程服务联席会议制度的执行情况，推动落实服务代理制、全程代办制，全区35个职能部门的245项行政许可和公共服务事项实现集中办理。

政风行风评议 自1994年起，区纪委、监察局根据《崇文区纠正行业不正之风工作的安排意见》，每年组织党风廉政监督员、特约监察员（简称“两员”）对全区13个行政执法单位和公共服务部门开展政风行风评议。当年，采取分解项目、评议打分等形式，抽查和评议政府12个部门开展党风廉政建设的情况。1995年6月，“两员”对区教育局、区卫生局、工商崇文分局、区房管局、区地税局等重点部门开展行风评议，个别征求意见734人次，发放调查表1 227份，并公开反馈收集的意见，促进行风改善。1996年至1998年，区监察局组织评议小组，评议全区执法部门和公共服务部门及基层科、所、队、站的政风行风，追踪查访部分被评单位的整改措施落实情况。1999年至2003年，在全区机关开展“改进工作作风，优化服务环境，树立机关良好形象”活动期间，区监察局印发万份问卷请千家企业评政府，同时百名监督员明察暗访，检查、评议机关作风改进情况。召开各类座谈会、汇报会217次，归纳整理群众意见134项，并逐一反馈，检查、评议促进各机关规范和完善岗位责任，强化工作人员服务意识。2004年，区政府制定《关于进一步深化政务公开工作的意见》，网上评议区地税局、工商崇文分局等9个单位全程办事代理制、政务公开等情况。5月，区监察局制订《关于开展“千家企业评政府”，深化行政效能监察工作的意见》。针对政府部门行政审批、依法行政、政务公开、文明服务、办事效率等5方面28个问题，先后向驻区1 200家国有、集体、民营、外资、合资企业发放调查问卷，召开100余家重点企业负责人座谈会，组织10名区政府特约监察员对窗口单位进行明察暗访，并重点回访600家企业，进一步促进政府部门改进工作。2005年，开展对行政服务中心的“百日监督”活动，检查区住建委、区国土局的民主评议活动和24个行政部门政务公开工作。自当年起，每年定期开展“千家企业评政府”活动，并增加行政监督联系卡、网上评议等方式。2008年至2009年，区监察局邀请区人大代表、政协委员、社会各界人士和“两员”对全区教育、卫生、行政执法系统的16个基层站（所）先后两次开展政风行风评议，并提出整改建议。

第三节　专项治理

1994年至1998年，区监察局贯彻《北京市行政性事业性收费管理条例》，检查相关单位落实市、区政府公布的取消或停止收费项目的情况，共取消收费24项，降低收费4项，每年为企业减轻负担450万元。对成人教育收费、建设收费以及统计执法等12个项目进行执法监察，纠正违规收费8项，上缴罚没款近171万元，追缴税款1 392.90万元；清退成人教育学校及中小学乱收费101.11万元，收回个人拖欠公款50.13万元。

1999年，区纪委、监察局制订《崇文区关于贯彻行政事业单位行政事业性收费和罚没收入实行收支两条线管理具体实施办法》，通过查账，清理49个行政事业单位的违规资金180.30万元；公示取消216项收费，检查24个行政收费单位，收缴违规收入23.21万元。2001年至2002年，改革行政审批制度，取消审批事项287项，占原有审批事项的54%。落实"收支两条线"管理规定，对29个收费项目实施"票款分离"，入库金额170余万元。区教委落实治理中小学乱收费责任制度，规范收费标准和程序。区卫生医疗系统在全市率先成立药品采购中心，集中招投标采购药品1.07亿元，让利于患者539.67万元。2003年，建立区纪委（监察局）、区教委、区审计局等有关部门负责人参加的治理教育乱收费联席会，执行收费公示、校务公开等4项制度，设立举报电话。全年检查4次，清理违规收费129万元，违规责任人受到处理。同时，对涉企收费实行公示制，治理"六乱"（乱收费、乱摊派、乱罚款、乱检查、乱培训和乱签责任书）问题。2004年，区纪委、监察局制订《治理教育乱收费工作实施意见》，建立收费巡查、审计、公示和公开制度，完善责任追究。执行高中招收择校生的"三限"政策和义务教育阶段"一费制"收费政策，开展落实"一费制"大检查，清退违规收费62.08万元，撤销学校培训部16个。

2005年，对53项行政事业性收费实行"票款分离"；扩大政府采购，集中支付采购金额1.12亿元，节约501万元。2007年，组织"两员"深入学校和区属医疗单位，检查、评议校务公开，教育收费，规范办学和医疗收费、医药采购等工作，查处并清退违规补课收费26.75万元。同年，区监察局按照中央关于重点抓好"自查自纠、查办案件和建设长效机制"的要求，开展治理商业贿赂专项工作。督促检查11个行业主管（监管）部门，确定21个治理重点，查出不正当交易行为和市场监管漏洞13个，制订整改措施54项。各基层单位针对经营活动和市场监管中的问题，建立相关制度50余项。全年依法查处商业贿赂案件134起，涉案金额1 435.85万元。2008年，取消全区党政群系统自行设置的评比达标表彰项目61个，节约资金约91万元。

第五章 港澳台事务 侨务 外事

第一节 港澳台事务

港澳事务 自1993年起，香港新世界中国地产有限公司参与北京市中心旧城改造并承办崇文区重要项目。1994年至2009年，崇文区与该公司合作的北京新世界中心一期和二期工程、崇文门外大街大市政改扩建工程、太华公寓、新阳商务楼、新世界家园、新裕家园、新成文化大厦、新中驿行政公寓等项目先后建成，其中多个工程获得北京市城市规划学会和《北京晚报》《中国房地产报》《新地产》等报刊授予的奖项。2000年2月、2006年2月、2007年2月，区政府代表团赴香港进行工作访问，洽商崇文区开发建设事宜。2010年6月，香港活化历史建筑咨询委员会北京创意产业项目考察团访问崇文区，并参观前门大街。

台湾事务 1994年，区境内有台胞台属646户，2 000余人，其中台湾上层人士在京亲属28户。区主管部门建立联系制度，定期走访，为他们办实事、解难事，并根据有关政策为台商及来京子女解决上学、住房、医疗等问题。重要节日组织活动，加强联谊。坚持开展涉台宣传教育活动，每年举办台湾形势报告会。1994年修缮后的台湾会馆揭幕，成为在京台胞聚会交流场所，1996年举行会馆百年纪念活动。1996年3月，崇文区组织小学教师导师团赴台交流，为全市区县首例。知名画家王成喜，区政协委员、国家一级快板书演员梁厚民应邀赴台交流。1997年5月，台北市国民小学教师辅导团来区参观访问，两岸交流逐年增多。1994年至2000年，区接待台胞来访72批995人次，组织赴台交流72批311人次。自2001年起，区进一步扩大与台湾的文化、经贸交流。创办《台办之声》期刊，设《岛内政情》《台企简介》等栏目。2001年9月，台湾大陆经贸考察团一行93人来区参观考察。同年年底，区有台资企业10家，利用台资600万美元，2004年，增加到11家，利用台资680余万美元。2008年，台湾会馆重新修缮，2010年5月重张接客并举行台商入驻崇文台湾商务区签字仪式，国民党荣誉主席连战夫妇出席。2001年至2010年6月，区接待台胞、台商76批900余人次，组团赴台交流58批730人次。2010年6月，区境内有台胞台属400余户，台资企业近50家，利用台资1 000余万美元。

图5－8 2001年9月，区领导向台湾同胞介绍区投资环境

第二节　侨　务

1994年年初，全区有20世纪五六十年代归国华侨（老归侨）96人，侨眷约500人。

1995年4月，区成立北京市首家侨资企业协会。1996年，该协会举办政策咨询会，区政府有关部门负责人到场为参会侨商解释政策。1997年，为推动海外华文教育发展，传承中华文化，创立北京汇文语言文化学校。该校被国家汉语办公室确定为首批对外汉语教学基地，多次接待海外华裔青少年寻根之旅夏令营。2000年，协会在北京新世界万怡酒店举办促进崇文经济发展研讨会，动员华侨华人、香港同胞以及国内的侨界人士发挥自身优势，积极参与崇文区经济建设。至2010年6月，协会有会员单位50家，涉及酒店经营、服装生产、房地产开发、日用品生产、教育培训、机械销售、婚纱摄影等多个领域。

图5—9　2004年，区归国华侨参观金鱼池社区

每年重大节日，区政府有关部门都举办茶话会、专场文艺演出或慰问归侨、侨眷。协调有关部门贯彻落实《中华人民共和国归侨侨眷权益保护法》，为侨眷解决私房拆迁等问题。

2001年至2010年1月，区民宗侨办公室连续10年被市侨办评为侨务工作先进集体。2006年，区民宗侨办公室主任陈孝康被国务院侨务办公室评为全国社区侨务工作先进个人。2010年，该办公室获全国侨办系统先进集体称号，受到国家人力资源和社会保障部、国务院侨务办公室的联合表彰。2010年6月，全区有老归侨82人，新华侨等人员1 100人，侨眷4 000余人。

第三节　外　事

接待外宾　1994年，澳大利亚副总理兼住房和地区发展部部长布赖恩·豪和夫人一行11人参观虎背口小区。1995年，英国前首相撒切尔夫人参观红桥市场和元隆顾绣绸缎商行。联合国第四次世界妇女大会期间，区接待大会代表（含非政府组织）2.68万人次。1997年5月，北京第一师范学校附属小学接待联合国秘书长安南的夫人到校参观访问。1998年6月，元隆顾绣绸缎商行和红桥市场接待随同美国总统克林顿访华的国务卿奥尔布赖特等人。2001年，美国、德国、澳大利亚、瑞士、英国等15个国家外宾708批8 656人次到区参观购物。2006年11月，中非合作论坛北京峰会期间，部长以上官员带队的代表团32批308人次到区参观购物。2008年，接待国际贵宾参观、考察、购物54批447人次，其中国家元首或政府首脑12位。2010年4月，接待泰国公主诗琳通一行30余人考察前门大街。

友好城市（区）交往　1994年至2010年6月，日本东京都目黑区先后有区役所、区议会、国际交流协会、洋上研修团、中小学、日中友好协会、区民代表团等团组31批252人次访问崇文区。

图5-10　2003年10月，区人大常委会代表团访问韩国汉城中浪区

崇文区组派8个团组56人次访问目黑区。

1994年3月，韩国首尔特别市中浪区代表团访问崇文区，就两区结为友好区达成初步意向。11月，签订友好交流协议书，正式结为友好城区。1995年4月至2010年6月，崇文区组派6个团35人次访问中浪区。先后接待中浪区区厅、区议会、区长和议长代表团组等19批145人次。

1997年6月，法国巴黎大区伊西·莱·莫利诺市经济文化部门负责人访问崇文区并开展交流。9月，伊西市市长率团来访并签署友好交流协议。此后，区2个代表团访问伊西市，该市3个代表团到区访问。2005年5月，崇文图书馆中法文化信息交流中心揭牌。2006年5月，伊西市市立医院与北京市普仁医院开展合作。2001年至2010年6月，汇文中学与伊西市尤尼斯库中学隔年互访，出访4批80人次，接待该中学师生7批118人次。

2003年至2009年，崇文区先后与俄罗斯莫斯科市西南区、英国伦敦格林尼治市、罗马尼亚布加勒斯特市二区、加拿大不列颠哥伦比亚省本拿比市和新西敏市、澳大利亚新南威尔士州基亚马市结为友好城市（区）并派团互访。

接待记者采访　1994年3月，美国《华尔街日报》驻京记者采访崇文区居民生活情况。1996年10月，加拿大《环球邮报》记者到龙潭街道夕照寺居委会采访居委会工作情况。1997年，接待外国记者5批17人次。2001年1月，美国、德国和日本驻京记者采访龙潭庙会。同年，区外事办公室协助市外办、中央单位安排外国记者采访、摄影5批59人次。2005年至2006年，接待英国、美国、法国和巴西等外国记者采访21批51人次。2007年8月，英国路透社等媒体记者采访前门街道“迎奥运倒计时一周年”群众联欢活动。2008年北京奥运会期间，接待境外媒体采访129批800余人次，其中，境外媒体自行安排的采访122批400余人次，奥组委新闻中心、2008北京国际新闻中心组织的集体采访5批400余人次。境外媒体现场直播2次。

办理因公出国（境）护照签证　1994年至2010年6月，区外事办公室经审核、申报，共办理因公出国（境）护照签证手续1 231批3 061人次。出访涉及内容有友好访问、经贸考察、商务洽谈、文艺演出、体育比赛、国际会议、业务进修、技术培训等。因公出国（境）人员归来后，其护照均按规定收缴和保管。

第六章　信访　档案　地方志　电子政务

第一节　信　访

1994年，区委、区政府制定《关于改进区领导接访制度》《市区便民电话服务制度》。1994年至1996年，区信访办公室（简称信访办）受理群众来信、来访、来电5.88万件（批），其中

图5—11　2006年4月28日，区信访办召开座谈会

来信1.59万件（联名信256件9 250人次）、来访2.68万批（其中集体访300批4 417人次）、来电1.61万件。协调相关部门执行信访制度，重点解决崇文门外地区8条胡同170个院落1 000余户居民的电线老化火灾隐患问题和定安里、南岗子、百果园等地区长期用水困难问题。1997年至2000年，受理群众来信、来访、来电2.17万件（批），其中来信6 472件、来访7 009批、来电8 312件。由区级领导接待80次，共接待来访603批1 918人次，其中集体访92批1 215人次。区级领导阅批来信1 260件，包案处理信访问题96件，共召开协调会57次。政府常务会听取信访工作汇报、专题研究信访问题9次，在全区大会上通报信访工作情况4次。自1999年起，实行律师参与信访接待工作。

2001年，区信访办制订《关于全面加强排查调处和信访工作的意见》。2001年至2004年，受理群众来信、来访1.16万件（批）3.51万人次。其中，来信6 100件2.12万人次，含联名信310件1.28万人次；来访5 521批1.39万人次，含集体访391批7 252人次。全区进行45次矛盾排查，查出各类矛盾纠纷900余件，结案率达92%。区信访办向市、区领导和有关部门报送信息527条，其中预报性信息322条。培训信访干部20余期、2 610人次。自2002年起，在网上开设区长信箱。2004年至2007年，制订《关于加强人民内部矛盾排查调处工作认真处理好群众上访问题的意见》《关于积极预防和妥善处理群体性事件的工作意见》《关于进一步加强各级领导接访、约访、下访工作的意见》《崇文区复查复核工作办法》《崇文区信访代理工作意见》《崇文区矛盾纠纷排查化解救助专项资金管理办法》。2005年至2007年，受理群众来信、来访1.40万件（批）3.45万人次。其中，来信6 503件、1.72万人次，含联名信231件6 613人次；来访7 509批1.73万人次，含集体访317批3 490人次。反映最集中的是危旧房改造中的拆迁、回迁问题，共4 062件（批）9 142人次，占3年信访总量的28.99%。另有住房问题1 679批3 593人次，市容环境卫生问题1 149批2 844人次，工资福利问题881批2 112人次。2006年，各级领导“下访、约访、接访”计1.15万次。全区开展拉网式排查12次，查出社会矛盾661件。2007年，推行信访代理制。

2008年，制订《崇文区关于对涉及广大群众利益的重大决策进行信访风险评估的意见》。2008年至2010年6月，受理群众来信、来访1.39万件（批）。其中，来信7 676件，含联名信105封；来访6 200批，含集体访123批1 877人次。来信、来访问题中，城乡建设类6 645件（批）、劳动社保类798件（批）、政法类573件（批）、民政类311件（批），占信访总量的60%。区领导接待166批591人次，各级领导“下访、约访、接访”共2.80万次，涉及问题7 100余件。专项接待191批，排查出各类矛盾纠纷250件。区领导代理信访315件，各委办局、街道和社区负责人代理4 818件，信访代理案件年均矛盾化解率达90%以上。连续3年保持信访量下降和越级群体访、非正常群体访“双零”。

第二节　档　案

接收与存量　1994年至2001年，区档案馆（局）对区属单位保存满10年的永久、长期档案每3年接收1次。2001年，调整为按档案形成量的多少依次分批接收。接收档案的门类有文书、会计、声像3类。自2005年起，接收时间改为每4年1次。1994年至2009年，共接收80余个单位纸质档案8.19万卷、照片1.03万张、录像带111盘及磁盘、光盘等。内容包括前门大街等主要街巷、区首批整治的胡同、10余个危改小区及有特色的建筑等原貌照片、录像，区属单位的照片、录像、实物；中华人民共和国成立后，全区历届领导人和市级以上劳动模范及先进人物、党和国家领导人及各国元首参加崇文区活动的资料，区重大活动照片、视频资料；征集民间手工艺及区非物质文化遗产项目的作品、工艺流程等资料。

图5－12　2008年12月17日—18日，《崇文区"十一五"时期档案事业发展规划》落实情况中期评估会

1994年，区档案馆（局）有馆藏档案80个全宗，档案7.57万卷，案卷总排架长度1 004米，录音录像影片档案104盘，照片2 078张，底图2 976张，资料8 179册。2009年年底，馆内建有8类检索工具，纸质案卷目录566册，归档文件目录1册，专题目录221册，全引目录22册。建有馆藏档案案卷级和文件级数据库机检案卷级目录10.87万条、文件级目录82.10万条。有馆藏档案119个全宗，档案14.38万卷、1 212件，案卷排架长度1 497米，录音录像档案520盘，照片档案3.06万张，底图8 277张，资料9 094册。

管理与利用　自1994年起，区档案馆（局）根据馆藏档案的门类和特点，建立检索工具体系。每年开展档案开放鉴定工作，并以目标管理考核方式指导区属立档单位的档案管理工作。1995年，重新装订整理不规范档案，并为知青病、困退档案加入人名索引。1996年，建立进馆档案消毒制度。1997年，全区90个立档单位的档案工作达到市级以上标准。1998年至1999年，区成立档案鉴定工作领导小组，鉴定到期待销档案1 575卷，以区政府全宗为试点尝试分级鉴定。建立招工录用人名索引、查询系统与档案库房现代化管理系统，初步实现馆藏数据数字化管理，招工档案实现机读检索。2000年至2002年，该馆的局域网和网站建成投入运行，并建立区重点工程、招工、婚姻等专题数据库。2003年，建立档案目录中心，该中心有6.11万条目录的数据库，覆盖75个区属单位1989年至2001年文书档案。2004年至2005年，制订《崇文区电子文件归档和管理办法》，规范电子文件管理和电子档案接收，并与飞狐灵通公司联合开发馆（局）办公自动化（OA）系统。2006年，查处1起利用者在档案原件上进行涂改的违法案件，给予当事人警告处罚。2007年，编制《崇文区档案馆工作制度汇编》和《崇文区档案馆2004—2008年抢救整理工作规划》，有重点地开展纸质档案和声像档案抢救工作。2009年，制订第一批馆藏档案数字化规划，添置硬件设备，开始纸质档案数字化工作。1994年至2009年，共向社会开放档案62个全宗，总计6 090卷；经鉴定先后销毁档案3次。同时，先后制订《关于在机构改革中加强档案管理工作的通知》《崇文区重要活动、重大事件档案管理办法》《崇文区社区档案管理办法》《崇文区档案局档案行政执法责任制（试行)》，依法依规管理档案。

1994年至2000年，档案利用形式以复印和出具证明为主。通过原件借阅、电话查询、开架阅览、目录交流等形式提供服务。从2004年9月起，采取“服务室”工作模式，全面推行全程办事代理制。自2007年2月起，免费为公民个人提供招工、知青、婚姻档案的查阅服务。2009年，编制《民生档案查阅服务指南》。1994年至2010年6月，区档案馆（局）档案利用总计4.66万人次，10.27万卷次、4 783件。全区各立档单位档案利用总计22.14万人次，47.74万卷次、2 540件。区档案馆（局）还利用档案信息资源，独立或与相关单位联合编辑《话说前门》《崇文区的老字号》《崇文区的手工业》《十年危改画崇文》《生正逢时——清皇族后裔金毓嶂口述史》等编研材料81种660万字。

宣传培训与科研　自1992年起，每年8月20日至9月20日开展档案法宣传月活动，每年举办新上岗人员培训班和文书、照片档案管理，进馆档案整理标准等业务培训班。至2010年6月，共培训档案管理人员18期、1 000余人次，举办展览21次。

1999年，区档案馆(局)开始科研课题研究，2个科研项目首次在市档案局立项。至2010年6月，在国家档案局立项1项，在市档案局立项10项，在区科委、科协立项8项。《区县档案信息网站功能模块设计研究》课题获国家档案局2007年优秀科技成果三等奖。1999年，区档案局被国家档案局和人事部评为全国档案系统先进集体。

第三节　地方志

编辑机构与队伍　1990年6月，崇文区按市统一部署组建地方志办公室（简称区志办），着手区志编纂筹备工作。1991年10月，崇文区地方志编纂委员会（简称区志编委会）成立，区长任主任，设副主任4人，委员10人，聘请顾问5人。区志办下设编辑部。2001年9月至2010年6月，区志办主任由区政府办公室主任兼任。

1991年至2010年6月，区志编委会为完成相关的编辑工作，先后决定设《北京市崇文区志》(首轮)、《北京崇文年鉴》、《百年崇文图鉴》、《北京市崇文区军事志》、《北京市崇文区志》（二轮）编辑部，其成员是较为熟悉区情、政治素质较高，并有一定文字水平的离退休老同志。各编辑部成立后分别按照编纂计划确定承编单位，组建主笔队伍。通过业务培训等办法指导主笔搜集资料、建立资料卡片、编写资料长编、撰写初稿等。2006年至2007年，区志办组织编辑人员学习贯彻国务院颁布的《地方志工作条例》（简称《条例》）和《北京市实施〈地方志工作条例〉办法》（简称《实施办法》）。完善资料征集等制度，制订修志人员“依法修志、存真求实，科学严谨、确保质量，勤奋学习、继承图新，协作奉献、争创一流”的工作准则。2010年5月，崇文区志办被中国地方志指导小组授予全国地方志系统先进集体称号。

编纂志书和年鉴　1990年，区首轮志书编纂筹备工作启动。至2002年10月，先后形成初稿、修订稿、终审稿。参与修志人员200余人，查阅档案、书刊6万余卷（册），摘录资料2 500万字，走访调查3 000余人次，整理访谈资料300余万字，建立资料卡片6万余张。志书记述时间上溯事物发端，下至1993年12月底。内容涵盖区域内自然、政治、经济、文化和社会的历史与现状，共设27编，120万字，图片130余幅。2003年2月，通过市地方志编委会终审。2004年5月，《北京崇文区志》正式出版；7月，区委、区政府举行首发式，并作出《关于在全区广泛开展读志

图5—13　2009年7月23日，区第二轮地方志书编纂工作动员大会

用志活动的决定》。2004年年底起，区地方志办公室着手第二轮修志准备工作，研究篇目设置和工作方案等，2009年6月，经区志编委会第一次会议讨论通过；7月，二轮修志工作正式启动。至2010年6月，全区组建120余个承编单位的200余人的主笔队伍，先后进行3次培训。之后，开展收集资料、建立资料卡片、编写资料长编等工作。

自2002年起，《北京崇文年鉴》编辑工作正式启动，以年为度，连续出版。至2010年6月共出版9卷。采用分类编辑法，以条目为主，全书设类目、栏目、分目、条目4个层次。设类目20余个、条目2 000余条，百余万字，配有地图、照片、表格。《北京崇文年鉴》（2002卷）在全国第一届年鉴编校质量评比中被中国年鉴研究会评为优秀奖，并授予中国年鉴资源全文数据库核心年鉴称号；至2010年6月，在每年全国年鉴编校质量评比中均获奖。

2004年，区志办和区档案馆共同编纂《百年崇文图鉴》，2006年11月出版。编辑部从近9 000幅照片中选用1 000余幅，以图文并茂的方式介绍崇文区各个时期的政治、经济、文化以及社会生活方面的历史与现状。

2005年4月，崇文区根据北京卫戍区《关于区县人武部做好第二轮军事志编纂工作的意见》，启动《北京市崇文区军事志》编纂工作。至2007年3月形成初稿，12月形成讨论稿，2008年11月完成送审稿（终审稿），预计2012年1月出版。该志书是崇文区历史上第一部军事专业志书，记述时间为上溯事物发端，下至2005年12月底，内容包括概述、大事记、军事地理、国防资源、军事组织、民兵、国防动员、国防教育等13篇，并附有2006年至2010年6月的重要军事活动资料。全书共63.80万字，图片193幅。该志书主编被评为北京军区军事志系统先进个人。

编纂百科全书和地情丛书　1998年至1999年，区志办编纂《北京百科全书·崇文卷》，2001年6月出版。记述时间为史前时期至2000年12月，选取500个条目，约80万字。该书较为系统地介绍崇文区的历史、地理、政治、经济和文化等，并突出改革开放后的发展变化。

1999年，区志办组织编写一套3本地情丛书。即2000年4月出版的《城南老字号》，2001年9月出版的《城南工艺美术》，2002年2月出版的《城南医药业》。2004年至2009年9月，又编辑出版3辑共10本史地文化丛书。第一辑《前门史话》《哈德门话旧》《梨园史缀》，第二辑《天桥旧话》《天坛广记》《崇文街巷》《崇文习俗》，第三辑《崇文手工业》《百年龙须沟》《花市今昔》。地情丛书涵盖崇文区的历史地理、政治经济、文化教育、风土民情、古今人物等。

第四节　电子政务

机构与信息化建设　2001年10月，崇文区信息化工作办公室（简称区信息办）成立，为区信息化工作领导小组办事机构，也是区政府信息化工作部门，承担全区信息化工作管理职能。2002年，区政府45个行政部门在互联网上建立网站，开通区政务办公系统，搭建区党政机关办公自动化应用平台，建立部门刊物数据库 43 个、文件数据库 32 个。2003 年，开通区地理信息系统一期工程，重新规划和全面改版区信息网，全年更新信息 1 624 条，推出专题 12 个。2004 年，完善区公用信息平台，依托政务专网，建设覆盖全区党政机关和群众团体的电子政务内网门户。2005 年，结合《行政许可法》的实施和全程办事代理制的推行，整合相关部门资源，梳理政务流程，建设区交互式网上办公系统和区行政服务中心的信息系统建设。2006 年，建成区国家机关协同办公系统一期工程。2007 年，整合 9 个业务系统的统一认证和单点登录服务，实现全区近 1 000 人协同办公的统一身份管理。减少政府纸质发文和传统电话会议通知，全区 23 种内部刊物借助协同办公系统进行电子化、网络化发布，27 个单位建成部门办公自动化系统（OA）。2008 年，"数字全覆盖"一期工程建成并通过验收。区信访接待大厅信息服务系统建成。2009 年，建成区行政服务中心并联审批系统、协同办公与决策支持服务系统和居家养老服务社区无线网络。

设施建设　2002 年至 2003 年，全区建立政务专网和"校校通"一期工程，并铺设公安专网光缆。区机关大楼外政府部门和 47 所学校实现光缆连接。全区公安、税务、工商专网和民政社区服务网均建成运行。2006 年，区党政机关宽带上网率、部门局域网建成率均达 100%，部分单位延伸到二级部门，有的接入社区（居委会），实现机关各部门间及区与街道、居委会间的互联互通。当年，推广崇文门外（简称崇外）街道西区无线宽带试验网应用方案，实现崇外街道、区行政服务中心、区机关大楼三、四层等地区无线覆盖。2007 年，区机关大楼机房实施整体改造、南四楼机房增容改造和增设新型网络监控管理设备，政务专网出口带宽增加 4 倍，新开通、调整 ATM 链路 26 条。区电子政务网络接入节点 314 个，其中党政机关事业单位 160 个，实现全覆盖。2008 年，电子政务专网出口由 1 条增至 2 条，带宽分别为 60M 与 20M，依托区政务网络的主要应用系统达到 14 个横向系统和 24 个纵向系统。2009 年，区启动居家养老服务社区无线网络建设项目，改进社区网络条件，提升信息系统服务深度，拓展信息化支撑领域和内容。至 2010 年 6 月，区计算机总数从 2002 年的 2 644 台增至 4 000 台，314 个单位接入区电子政务网络，区政务专网接入单位 121 个，虚拟专用网络接入单位 11 个，用户总数 180 个，政务专网互联网出口 80M，备用链路出口 20M。

图5－14　2003年，区政务公开网站模板使用培训班

第六编　人民政治协商会议

1956 年 4 月，中国人民政治协商会议北京市崇文区委员会（简称区政协）成立。至 1993 年年底，历经九届。1994 年 2 月，区政协第十届第一次会议召开，至 2010 年 6 月，历经四届。第十届至第十三届区政协贯彻执行《中共中央关于坚持和完善中国共产党领导的多党合作和政治协商制度的意见》，落实《中共崇文区委关于进一步加强人民政协工作的决定》，坚持正确的政治方向，围绕中心，服务大局，在全区政治、经济、文化和社会生活中履行政治协商、民主监督、参政议政职能。同时，坚持团结和民主两大主题，发挥爱国统一战线组织的作用，凝聚人心，聚集力量，广泛地团结各民主党派、人民团体、各族各界人士，加强同社会各界的联系，体察社情，反映民意，协调关系，化解矛盾，把党和政府的政策和主张向社会各界和广大群众传播。其间，区政协召开全体会议 17 次，常务委员会（简称常委会）会议 120 次，主席会议 174 次；收到党派、团体及政协委员提案 3 567 件，提出的建议大多被区政府及有关部门采纳；采集编发《社情民意反映》1 453 期；先后有政协委员 354 人被聘为党风和社会监督员，参与党风廉政建设和行政执法责任制度检查，提出意见和建议，促进政府改进工作。区政协还充分发挥人才荟萃、智力密集的优势和委员的主体作用，开展专题调研，建言献策，为崇文区现代化都市文化休闲区建设做贡献。

第一章　政协委员

第一节　委员产生

区政协第十届至第十三届委员由中共崇文区委、区各民主党派、人民团体、各族各界代表及特邀人士组成。委员人选由上届政协常委会根据中共、各民主党派、人民团体提交的委员人选联合建议书协商决定。

第十届区政协委员 213 人，届内增补 9 人，共计 222 人。其中，新委员 106 人，占 47.75%；中共党员 86 人，占 38.74%；民主党派成员 44 人，占 19.82%；无党派人士 92 人，占 41.44%；大专以上学历 150 人，占 67.57%；年龄 55 岁以下 194 人，占 87.39%，平均年龄 45.20 岁。第十一届区政协委员 228 人，委员中大专以上学历 185 人，占 81.14%。第十二届区政协委员 228 人，根据以经济建设为中心，“发展是第一要务”的精神，委员中增加经济界代表人士、企业高级管理人员。其中，非公有制经济代表人士由上届 21 人增至 33 人，占 14.47%；大专以上学历 210 人，占 92.10%，比上届提高 10.96%。其中，研究生以上学历 43 人，占 18.86%；具有高级专业职称

47 人，占 20.61%。第十三届区政协第一次全会有委员 228 人，第三次全会增补委员 24 人，共计 252 人。其中，民主党派成员 92 人，比上届增加 4.49%；大专以上学历 241 人，占 95.63%。其中，研究生以上学历 69 人，占 27.38%；具有高级专业职称 86 人，比上届增加 13.52%。

崇文区政协第十届至第十三届委员组成情况统计表

表6—1

届别 / 项目	第十届		第十一届		第十二届		第十三届	
	人数（人）	百分比（%）	人数（人）	百分比（%）	人数（人）	百分比（%）	人数（人）	百分比（%）
委员总数	222		228		228		252	
连续任职	116	52.25	83	36.40	84	36.84	134	53.17
新推荐委员	106	47.75	145	63.60	144	63.16	118	46.83
中共党员	86	38.74	91	39.91	91	39.91	98	38.89
民主党派	44	19.82	66	28.95	73	32.02	92	36.51
无党派人士	92	41.44	76	33.33	64	28.07	62	24.60
妇女	76	34.23	73	32.02	83	36.40	98	38.89
少数民族	25	11.26	26	11.40	26	11.40	27	10.71
大专以上学历	150	67.57	185	81.14	210	92.10	241	95.63
中高级专业职称	67	30.18	139	60.96	135	59.21	142	56.35
中央市属机关					35	15.35	43	17.06
55岁以下	194	87.39			206	90.35	239	94.84
平均年龄（岁）	45.20		46.10		45.20		45.50	

第二节　委员界别构成

区政协第十届由中共、民主党派、工商联、工会、共青团、妇联、归国华侨、经济、教育、医药卫生、科学技术、文化艺术、体育、少数民族、宗教、军烈属、特邀人士 17 个界别组成。第十一届有 23 个界别，比上届增加 6 个。即将原民主党派界别，分设为中国国民党革命委员会（简称民革）、中国民主同盟（简称民盟）、中国民主建国会（简称民建）、中国民主促进会（简称民进）、中国农工民主党（简称农工党）、中国致公党（简称致公党）、九三学社 7 个界别。归国华侨界改为归国华侨联合会界。第十二届撤销军烈属界，有 22 个界别。第十三届增设无党派人士界；科学技术界划分为科学技术界和科学技术协会界，界别增至 24 个。结合民主党派工作实际，民主党派界别人数由 29 人增至 49 人。

崇文区政协第十届至第十三届委员界别构成情况统计表

表6-2

界别＼届别	第十届		第十一届		第十二届		第十三届	
	人数（人）	百分比（%）	人数（人）	百分比（%）	人数（人）	百分比（%）	人数（人）	百分比（%）
中共	9	4.05	9	3.94	9	3.94	9	3.57
民主党派	16	7.21						
民革			4	1.75	4	1.75	6	2.38
民盟			5	2.19	5	2.19	8	3.17
民建			5	2.19	5	2.19	9	3.57
民进			5	2.19	5	2.19	8	3.17
农工党			4	1.75	4	1.75	6	2.38
致公党			2	0.88	2	0.88	5	1.98
九三学社			4	1.75	4	1.75	7	2.78
工商联	13	5.86	11	4.82	12	5.26	14	5.56
工会	9	4.05	8	3.51	10	4.39	12	4.76
共青团	5	2.25	4	1.75	4	1.75	6	2.38
妇联	9	4.05	8	3.51	9	3.94	10	3.97
科协							7	2.78
侨联	5	2.25	5	2.19	5	2.19	6	2.38
无党派人士							4	1.59
经济	35	15.77	34	14.91	33	14.47	29	11.51
教育	28	12.61	26	11.40	25	10.96	21	8.33
医药卫生	17	7.66	16	7.02	16	7.02	15	5.95
科学技术	11	4.95	12	5.26	12	5.26	6	2.38
文化艺术	13	5.86	12	5.26	11	4.82	11	4.37
体育	6	2.70	5	2.19	5	2.19	5	1.98
少数民族	8	3.60	8	3.50	8	3.50	9	3.57
宗教	9	4.05	9	3.94	9	3.94	8	3.17
军烈属	3	1.35	3	1.31				
特邀人士	26	11.26	29	12.71	31	13.60	31	12.30
界别共计（个）	17		23		22		24	

第二章　会议　机构与制度

第一节　会　议

全体委员会议　区政协第十届至第十三届委员会每年举行一次全体会议，共举行17次。会议听取和审议区政协常委会工作报告和提案委员会工作报告，听取提案征集情况的报告，表彰优秀提案和优秀信息员，通过会议决议。列席区人代会，听取和讨论区政府工作报告，分别讨论区国民经济和社会发展“九五”“十五”“十一五”计划（草案），对全区政治、经济、各项社会事业发展中重大决策进行协商。历届区政协第一次全体会议选举产生新一届区政协主席、副主席、秘书长和常务委员。

区政协第十届委员会（1994年2月至1999年1月）任期5年，举行5次全体会议。第二次、第三次全会，部分委员就促进全区经济发展、加强城市建设与管理、加强区精神文明建设3个专题与区委、区政府及有关部门主要负责人进行座谈。区政协第十一届委员会（1999年1月至2004年1月）任期5年，举行5次全体会议。第一次、第四次、第五次全体会议分别举行危旧房改造和城市建设与管理、促进非公经济和区属企业共同发展、促进科教文卫体事业发展以及加强精神文明建设4个专题座谈会，第三次、第四次全体会议设立“开发南城，振兴崇文”“我为四大产业献良策”大会论坛，区委、区政府和有关部门主要负责人到会听取意见、建议。2001年第三次全会补选秘书长。区政协第十二届委员会（2004年1月至2006年12月）因与市政协同步换届，任期3年，举行3次全体会议。第二次、第三次全会举办专题座谈会和大会论坛，区委、区政府主要领导听取委员的意见、建议。区政协第十三届委员会（2006年12月至2010年6月）因和东城区合并，任期3年半，举行4次全体会议。第二次全会补选秘书长、常委；第四次全会举办“为推进‘天坛文化圈’发展战略献良策”大会论坛，区委、区政府主要领导到会听取意见、建议。该次会议是与东城区合并前最后一次政协全会。

图6–1　2001年1月8日，区政协第十一届第三次会议

常委会会议　区政协第十届至第十三届常委会负责办理全体会议闭会期间的重要事务，一般每两月召开一次会议。1994年2月至2010年6月，共召开120次，副秘书长、常委会工作机构和办事机构主要负责人列席会议。

区政协第十届常委会召开37次会议。主要议题有：传达学习中共有关会议文件和全国政协会议精神、中共崇文区委《关于进一步加强政协工作的决定》，协商区“九五”计划（草案）和中共崇文区委、区政府《关于加强干部群众思想道德建设的若干意见》

《关于加快崇文区文化发展的若干意见》《关于深化国有小企业改革的若干意见》等，听取区委、区政府关于区经济工作及发展思路、国有资产管理情况、崇文门外大街改扩建工程规划和实施情况、反腐败和“严打”工作情况的通报，听取区政府关于政协提案办理情况的报告。会议审议通过区政协关于政治协商、民主监督、参政议政的规定，常务委员会工作规则等规章制度及撤销岳耕泉区政协第十届常务委员会委员职务和委员资格的决议；审议通过各专委会撰写的关于发展集贸市场、加快社会三产企业发展、振兴区国有药材行业、办好职业技术教育等调查报告，并以常委会建议案送区委、区政府参考。

区政协第十一届常委会召开33次会议。主要议题有：审议通过《区政协常委会关于学习贯彻党的十六大精神的意见》；专题研讨如何正确认识常委会地位、作用、任务，发挥专委会基础作用和委员主体作用。围绕全区经济建设和工作重点，研究制定《关于学习贯彻区经济工作会议精神，促进我区经济跨越式发展的意见》；讨论通过《关于加大国有资产管理体制改革力度，引进社会资本提升区属企业》《加入WTO对区商业服务业和医疗卫生行业影响及对策》《危改拆迁中私房补偿问题》等调查报告，并以常委会建议案送区委、区政府参考。听取区政府关于区“十五”计划实施情况及区“十五”期间危旧房改造规划、南中轴路改造工程等情况的通报，听取社区建设、再就业工程、抗击“非典”等工作情况的通报。

区政协第十二届常委会召开24次会议。主要议题有：学习贯彻《中共中央关于加强人民政协工作的意见》，审议通过《关于加强自身建设的意见》《进一步加强提案工作的意见》等。审议通过《关于实现商贸强区、加强税源基础建设》《关于促进区中等职业教育发展的调查》《加强公共服务设施配套建设》等调研报告，以常委会建议案送区委、区政府参考。听取区委、区政府关于区机关机构改革、经济工作、前门地区修缮整治、实施行政服务全程办事代理制及区党风廉政建设等情况的通报。

区政协第十三届常委会召开26次会议。主要议题有：学习中共中央总书记胡锦涛在庆祝全国政协成立60周年大会上的讲话。审议通过《关于认真学习贯彻中共十七大精神的意见》和《社情民意信息工作表彰奖励办法》等。围绕区经济建设和社会各项事业发展，审议通过《以北京南站建设为契机促进永外地区经济发展》《深化国有资产监管体制和企业改革》《整合传统手工艺资源，打造北京一流工美产业》《树立科学发展理念大力推进学前教育》等调研报告，以常委会建议案送区委、区政府参考。听取区委、区政府主要负责人关于区经济运行、城市环境建设总体策划、重点工程建设、“引企促税、招大引强”及廉政风险防范管理、信访等工作情况的通报。听取主席、副主席、秘书长走访委员情况和“回报社会　关爱百姓”活动募集善款使用情况的通报。

图6–2　2006年7月7日，区政协第十二届常委会召开第三次会议

主席会议　区政协第十届至第十三届主席会议均由主席、副主席、秘书长组成，副秘书长、机关各处室负责人列席，处理常委会闭会期间的重要日常工作。受常委会委托，主持下一届第一次全体会预备会议。主席会议一般每月召开一次，共召开174次。

第十届区政协召开主席会议 43 次。审议通过主席会议工作规则等规章制度和提交常委会会议协商讨论的议题等，商讨庆祝区政协成立 40 周年事宜、迎香港回归系列活动安排。第十一届区政协召开主席会议 57 次。通过关于加强区政协领导班子建设的意见，政协主席、副主席、秘书长检查监督提案办理的暂行办法等制度，研究召开区政协第一次提案工作座谈会、举办暑期委员学习班有关事宜及关于纪念中国共产党建党 80 周年活动方案等。第十二届区政协召开主席会议 32 次。协商筹备召开专委会工作会议和界别研讨会议，研究确定纪念中华人民共和国成立和全国政协成立 55 周年及区政协成立 50 周年庆祝活动有关事宜。第十三届区政协召开主席会议 42 次。审议通过关于主席接待委员日等制度和区政协主席、副主席、秘书长督办重点提案办理安排，通报区政协主席、副主席、秘书长走访委员情况及开展“关注弱势群体、牵手共奔小康”活动的汇报。

第二节　常委会组成人员　工作机构与制度

常委会组成人员　区政协第十届至第十三届常务委员会均由主席、副主席、秘书长及常务委员组成，每届有主席 1 人、副主席 5 人至 6 人、秘书长 1 人及常务委员若干人。4 届常务委员会组成人员分别为 42 人、43 人、43 人、46 人。

崇文区政协第十届至第十三届主席、副主席一览表

表6-3

届别	职务	姓名	界别	籍贯	任职时间
第十届	主　席	金士杰	中共	北京市	1994.2—1999.1
	副主席	董维高	中共	重庆永川	1994.2—1999.1
		王金钟	民盟	河北沧州	1994.2—1999.1
		何广铎（回族）	民进	河北大厂	1994.2—1999.1
		林国胜	侨联	福建闽侯	1994.2—1999.1
		王文竹（女）	中共	山东莱州	1994.2—1999.1
		郭　兴	民建	北京市	1994.2—1999.1
第十一届	主　席	王再云	中共	山东利津	1999.1—2004.1
	副主席	王文竹（女）	中共	山东莱州	1999.1—2004.1
		冯藏淑（女）	中共	河北衡水	1999.1—2004.1
		王金钟	民盟	河北沧州	1999.1—2004.1
		何广铎（回族）	民进	河北大厂	1999.1—2004.1
		林国胜	侨联	福建闽侯	1999.1—2004.1

续表

届别	职务	姓名	界别	籍贯	任职时间
第十二届	主席	张　湘	中共	北京市	2004.1—2006.12
	副主席	冯藏淑（女）	中共	河北衡水	2004.1—2006.12
		李文玉	中共	河北灵寿	2004.1—2006.12
		金毓嶂（满族）	少数民族	北京市	2004.1—2006.12
		李亚兰（女）	农工	天津东丽	2004.1—2006.12
		孙占军	民建	河北肃宁	2004.1—2006.12
		张　凯	民进	北京市	2004.1—2006.12
第十三届	主　席	徐鸿达	中共	北京市	2006.12—2010.6
	副主席	冯藏淑（女）	中共	河北衡水	2006.12—2010.6
		刘忠胜	中共	山东宁阳	2006.12—2010.6
		李亚兰（女）	农工	天津东丽	2006.12—2010.6
		孙占军	民建	河北肃宁	2006.12—2010.6
		张志萍（女）	民进	北京市	2006.12—2010.6
		黄慧南（女）	民革	江西贵溪	2006.12—2010.6

崇文区政协第十届至第十三届秘书长、常务委员会委员一览表

表6—4

届别	秘书长	常务委员
第十届	伊振兴	马忠义　马宝刚　王静波（女）　孔令珍（女）　叶卓彬　关秀兰（女）　李子厚　李永红（女）　李来福　李俊堂　李滨生　李冀中　杨建文　吴京淼　何连凤（女）　沈汉卫　张允恕　张桂英（女）　陆恩淳　林鹤君（女）　岳耕泉　金志坚（女）　周秋来　赵进永　姚　征　夏　鹏　高桂强（女）　康　殷　梁庆臣　梁厚民　彭小平　舒永襄　蔡立园（女）　魏雨民
第十一届	伊振兴 张岩（女） 王文竹（女，兼）	马　力　马　宏　王世平　王兆康　王建昌　王贵良　王绥枝（女）　任继明　刘玉芳（女）　杨士策　杨建文　李文卓（女）　李亚兰（女）　李永红（女）　李幸福　李其英（女）　李冀中　吴正宪（女）　吴京淼　何连凤（女）　张　岩（女）　罗春海　张中仪（女）　张俊国　金志雄　周之林　郝　斌　赵进永　徐德增　黄维辉　黄慧南（女）　常　芸（女）　阎树范　梁厚民　彭小平　焦永生
第十二届	张永清	马　力　马宝刚　王力田　王永德　王秀海　王爱君（女）　王新民　邓泽敏　田　耘　冯慧敏（女）　邢桂丽（女）　吕志斌　曲运宏　任　蕾（女）　齐　晶　庄再强　李　由　李其威　李淑霞（女）　李耀华　严自新　时念洋　张广志　张巧云（女）　张俊国　张章笋　林国胜　范孙操　罗春海　赵元立　黄维辉　黄慧南（女）　常　芸（女）　常　崴（女）　蒋柏荣
第十三届	赵书德 臧丽昆（女）	于永香（女）　王　灏　王永德　王建荣（女）　王跃春（女）　王跃锋　尹向敏（女）　邓泽敏　冯慧敏（女）　曲运宏　吕志斌　任　蕾（女）　庄再强　刘希俊　纪常伟　苏振芳（女）　李文苏（女）　李其威　李学会　李建华　李瑞芬（女）　杨　科　杨博贤　张志勇　张俊国　张章笋　范文华（女）　范承玲（女）　郑海发　赵青仲　徐建胜　郭凤书（女）　郭新光　常　崴（女）　崔奇铭　董化端　蒋柏荣　程宝义

工作机构 1994年，区政协第十届常委会第一次会议决定设立学习、提案、祖国统一、文史、经济、科技城建、教育、文卫体、社会法制、民族宗教10个专门委员会。将第九届经济城建委员会改为经济委员会和科技城建委员会。1999年，区政协第十一届常委会第一次会议决定将祖国统一委员会改为港澳台侨委员会，将经济和科技城建两个委员会改为经济科技委员会、城市建设和城市管理委员会，仍设10个专门委员会。2004年，区政协第十二届专门委员会与上届相同。2007年，区政协第十三届常委会第一次会议决定设立提案、学习与文史、经济科技、城建城管环保、教文卫体、社会法制与民族宗教台侨6个专门委员会。

办事机构 1994年，第十届区政协机关办事机构设一室两处：办公室、综合处、联络处，行政编制19人。1995年1月调整为：办公室、专委会一处、专委会二处。1996年9月，增设专委会三处，延续至第十一届、第十二届。2007年2月，第十三届区政协成立研究室，至2010年6月，共设办公室，研究室，专委会工作一室、二室、三室，行政编制23人。

主要制度 区政协第十届常委会会议审议通过《政协崇文区委员会关于政治协商、民主监督、参政议政的规定》《常务委员会工作规则》《主席会议工作规则》《秘书长、副秘书长工作规则》《专门委员会组织通则》《各专委会工作简则》《提案工作条例》《加强反映社情民意工作暂行办法》《政协崇文区机关同委员联系的制度》等48项规章制度（以上规章制度各届区政协都进行过修订）。区政协第十一届常委会会议审议通过《常委会会前学习制度》《优秀提案评选奖励试行办法》《区政协关于凭委员证视察工作的通知》《关于主席、副主席、秘书长检查监督提案工作办理的暂行办法》等24项规章制度。区政协第十二届常委会会议除继续执行上届工作规章制度外，还审议通过《关于加强自身建设的意见》《关于政协委员履行职责、出席会议和参加活动的意见》《驻会主席恳谈会制度》《机关各处室联系界别试行办法》等7项制度。区政协第十三届常委会会议审议通过《主席接待委员日制度》《关于提案审查工作的暂行办法》《推荐政协委员担任特约工作人员的试行办法》等8项制度。

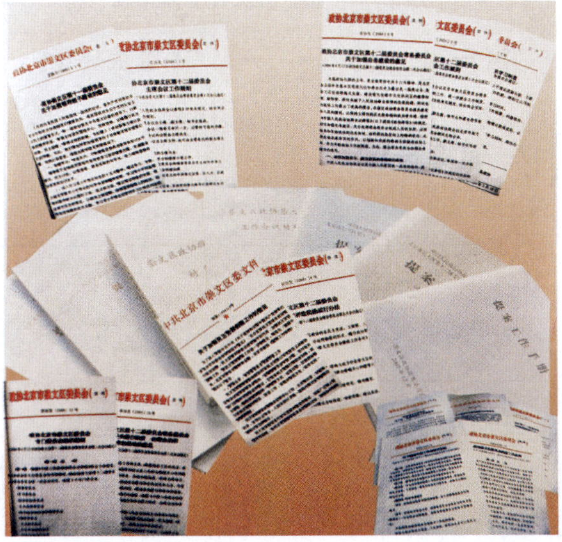

图6-3　区政协第十届至第十三届常委会制定的各项规章制度

第三章　履行职能与主要活动

第一节　政治协商

重点协商 区政协第十届共召开5次全会，委员们对区政府工作报告、区财政预决算（草案）等提出的建议、意见，大部分被采纳。第三次全会组织经济、城建城管和精神文明建设3个专题

图6—4　1995年7月3日，区长向区政协常委会通报经济工作情况

座谈会，重点协商关于贯彻中共十四届六中全会精神，加强精神文明建设的措施和区“九五”计划（草案）等，委员们提出近50条意见和建议，区委、区政府在推进工作和修改“九五”计划中予以吸纳。

区政协第十一届把经济发展和城市建设作为协商、调研重点。2000年第二次全会后，汇总整理《区政协十一届二次会议期间政协委员对我区各项工作的意见和建议》共计48项120余条，区委、区政府分别召开常委会议和常务会议研究，吸纳委员的意见建议。5月至12月，区政协召开委员座谈会、常委扩大会议和第三次全会的预备会议，反复协商讨论区“十五”计划（征求意见稿），委员们对征求意见稿及未来5年至10年全区发展定位、计划编制中应注意的问题等提出150余条意见和建议，区政协汇总后送区委、区政府参考。2001年，第三次全会围绕区“十五”计划的实施开辟《开发南城、振兴崇文》论坛，委员建言献策，会后整理100余条意见和建议，送区委、区政府参考。区委书记尤兰田批示，要求有关主管领导和部门认真研究，加以采纳。

区政协第十二届全会围绕全区经济、社会发展中的重要问题进行协商。2005年第二次全会，组织委员围绕文化立区、商贸强区、体育兴区等发展战略讨论协商，围绕区“十一五”规划的制定举办大会论坛、专题座谈。委员们对调整产业结构、转变经济增长方式、节约资源、保护环境和发展社会事业等方面提出意见、建议50余条，供区委、区政府研究参考，许多建议得到采纳。

区政协第十三届全会上，委员围绕产业结构调整、迎奥运城市管理、危旧房改造、维护社会稳定等重大问题建言献策，提出意见、建议百余条。2008年第二次全会上，委员们对经济工作运行和发展、廉政风险防范管理、前门大街修缮整治、龙潭湖体育产业园区建设、区信访工作等全区重点工作提出建议。2010年第四次全会期间，委员们围绕政府工作报告和全区经济社会发展中的重大问题，提出近百条意见、建议。

专题协商　1996年，区政协第十届第22次常委扩大会议协商区委、区政府《关于加强干部群众思想道德建设的若干意见》《关于加快崇文区文化发展的若干意见》《关于加快文明城区建设的若干意见》等，委员们提出30余条修改意见和建议。1997年，第26次常委扩大会议专题协商区政府《关于深化国有小企业改革的若干意见（讨论稿）》，委员们认为先期改革的小企业很多方面照搬大型国有企业改革模式，这种状况应引起有关领导和部门重视。区政府及时吸纳政协意见，在改革方案中，针对小企业特点提出租赁、出售、承包等多种改革方式。第35次主席会议和第30次常委会会议专题讨论区大中型商场生存与发展问题，建议区商业主管部门加强战略研究，制订相应策略，扭转大中型商场发展的被动局面。

区政协第十一届第五次常委会会议专题协商区委、区政府《关于进一步加快区属集体企业改革的若干意见》，委员们对解决企业产权归属、妥善处理小企业改制等问题提出补充意见，均被吸纳。2000年3月，常委会组织委员并邀请有关专家对广安大街（崇文段）商业街的规划设计、建筑风格、资金筹措、商业布局等进行研讨，提出以人为本、崇尚自然，绿色商街、诗意店堂等设计和经营理念，很多构思和建议在商业街建设方案中被吸纳。2002年，常委会会议对辖区四大企业集团组建和运营情况、社区建设等6个方面问题进行协商；区委、区政府主要领导多次对政协常委会提出的建议案进行批示，要求有关部门认真研究，改进工作。

区政协第十二届常委会会议对经济运行、招商引资、城市建设与管理、区政府机构改革、党风廉政建设等重要问题开展专题协商活动20余次。2004年至2006年上半年，主管区长先后5次向常委和委员通报前门地区解危排险方案和修缮整治、道路施工、古都风貌保护等情况，就解危排险、拆迁政策、文物保护等问题协商讨论，听取意见；委员们3次深入前门地区实地视察，提出《加快前门地区的改造势在必行》《抓紧解决制约拆迁的瓶颈问题》《保护和发展前门地区老字号》等意见、建议。

区政协第十三届常委会和主席会议对经济运行、"招大引强、引企促税"、社区卫生服务体系建设、南中轴大道建设等重要问题开展10余次协商活动。2007年，委员们对发挥社区卫生机构功能、方便患者就医等工作提出6条建议，区政府逐一落实。2009年，区政协常委会重点围绕"保增长　促发展"及区市政道路建设、龙潭湖体育园区规划建设、街道综合执法组自身建设、非物质文化遗产传承与保护等问题进行调研、视察。为提高协商质量，议题确定后，主动邀请区委、区政府领导参加，主管区长分别到会通报情况，听取意见，使政协的意见、建议在第一时间进入决策层，促进相关问题得到及时解决，切实做到区委、区政府决策之前区政协协商讨论，在实施落实之中建言献策，形成合作共事、共谋发展的良好局面。

区政协第十届至第十三届常委会议和主席会议协商讨论全区经济、城市建设和各项社会事业发展议题共计150余项，提出意见和建议1 000余条，经归纳整理送区委、区政府作决策参考。

图6—5　2009年12月21日，区政协召开"保增长　促发展"提案协商办案会

对口协商　区政协第十届在发展高科技企业、加强城市管理、促进教师队伍建设和医疗管理改革、社区建设、利用文物资源发展旅游事业与区科委、建委、商委、教委、文化文物局和卫生局开展对口协商，撰写56份调查报告和视察报告。区政协第十一届各专委会与政府有关委、办、局开展协商活动60余次，提出意见和建议400余条，大多被区委、区政府采用。1999年，市政府将25家市属工业企业划归崇文区，经济科技委员会及时召开会议，请区商委、经委负责人通报情况，委员对发挥区传统手工艺优势提出意见和建议。2002年，各专委会先后召开区贯彻落实《公民道德建设实施纲要》、小学升初中、职业教育、禁毒"打黑除恶"、医疗保险制度改革和党风廉政建设等10余次协商通报会，区政府有关领导到会通报情况，听取意见。区政协第十二届各专委会围绕发展社区医院、提高医疗服务水平等问题组织委员开展调研；围绕前门地区解危排险工程、合理配置教育资源、完善就业准入制度等组织委员开展视察活动，提出20余条建议，得到区政府重视和采纳。区政协第十三届各专委会分别围绕关于生态城市建设与管理、加强初中校建设、安全生产、信访代理等问题组织委员开展专题调研和对口协商，视察区奥运场地沿线、前门地区、汇文中学、老年医院等，提出30余项建议，被区委、区政府采纳。为提高协商质量，各专委会坚持会前将议题送达与会委员，并围绕协商内容组织有针对性的视察活动，使委员真实、

准确掌握情况，提高建言献策的科学性和可行性。

第十届至第十三届区政协各专门委员会围绕全区重点工作和社会热点难点问题，分别与区政府各个对口部门联合进行调查研究，开展对口协商共200余次。

第二节　民主监督

提案　1994年区委决定，凡以民主党派和工商联名义提出的提案均由区委书记阅示。此后，历届区委书记对民主党派、团体及重点提案都亲自阅批，并对承办单位提出明确要求；区长带头办案，副区长每年重点办理1件至2件提案。区政协对提案逐步形成征集、提出、审查、立案、交办、办理、反馈、归档的程序化，以保证提案办理质量和时效。

第十届区政协收到提案935件，内容大多围绕改革、发展、稳定的大政方针在区的贯彻落实。1994年，民建区工委提出《放开企业管理，扩大试点范围》的提案，区工商局予以采纳，放开经营的单位由1993年的2户扩大到10户，免于日常监督检查单位由8户扩大到20户。经济界委员提出《集中力量重振前门大街经济》等6件提案，区商委立即做出安排，试办专业店、特色店、精品店30个，还开办具有一定规模的自选商店、超级市场；区经委也调整所属企业经营结构，经销名特优新商品；前门大街经济发展规划逐步实施。民进区工委建议采取骨干教师退休不离岗的办法，解决中学生高峰期师资短缺问题，被区教育局采纳。1995年，15名委员联名提请区政府适当增加卫生事业投入，区长批复，追加经费；是年，为迎接世界妇女大会，委员针对城市管理与综合治理中存在的问题提出提案60件，区执法部门加大治理力度，使全区市容、环境质量、交通、农贸市场及社会秩序大有改观。1996年，区委书记黄以云对区承办17件民主党派提案和1件委员联名提案作出批示，区政府召开常务会对重点提案逐件分析，部署承办工作。区长、副区长亲自办理提案10件。委员联名提案，建议把送温暖工程作为经常性工作，使之规范化、制度化、社会化。对此，区政府召开专题会议决定成立送温暖工程协调领导小组，设立办事机构。区工商联及委员就妥善安置下岗职工再就业提出4件提案，区委、区政府成立再就业工程领导小组，加强领导，进一步实施再就业工程。1996年，区长直接追踪检查提案办理，使永生小学借用天主教房产问题得到解决。

第十一届区政协收到提案共1 138件，委员们重点关注区属企业改革、城市监管和民生问题。区政协主席、副主席先后27次和民主党派成员及委员参与办案、检查评议提案办理情况。提案委员会与区委、区政府两办制订《崇文区政协提案办理流程图》，加强提案工作规范化、制度化、信息化。2000年，民革区工委提出《改善和优化崇文区经济发展软环境》提案，区委、区政府把改善软环境作为发展的生命工程，制定措施予以采纳。区政府还采纳经济界委员关于对民营、私营企业给予贷款支持，解决企业融资难的建议，出资1 000万元与市商业银行合作，组建区中小企业贷款担保基金；采纳委员关于把红桥市场做大，营造周围商业氛围的建议，开办大型玩具城，并将红桥地区整体发展列入区“十五”计划中。2002年，区政府以九三学社区工委《关于我区经济体制改革与发展热点问题的思考与建议》等提案为重要参考，加大区属企业改革力度。2003年，委员提出用“债转股”搞活部分国有控股企业、完善国有资产管理体制等建议，对政府推动国有企业改革起到积极作用。民盟、民建、民进、致公党等4个区工委围绕城市建设与管理提出4件提案，区政府在制定《关于在危旧房改造中加强公共服务设施配套建设的规定》和《在危旧房改造和开发建设中加强文物保护的意见》中予以落实。委员对筹办2008年奥运会、综合整治市容环境以及查处黑网吧、净化学校周边环境等方面提出199件提案，区政府采纳并督办。在经历“非典”疫情后，政协委员对发挥社区在建立公共卫生长效机制、有效预防传染病等突发事件中的作用及时提出建议，被政府有关部门采纳。

第十二届区政协收到提案共650件。2004年，6名副区长直接办案。区政协主席、副主席、秘书长先后9次和民主党派及委员对49件提案分别与承办单位协商办案，对区体育局、劳动和社会保障局、文化委、民政局等重点承办单位进行检查评议。2005年，区政协围绕非公经济发展、环天坛地区市容环境综合治理、群众生活难题等6个方面问题提出提案。是年，区文化委和文化产业办公室结合办理民建区工委及委员关于营造文化旅游产业新亮点、培育民间工艺型产业集群等提案，协助有关部门举办首届红桥国际珍珠文化节；区龙潭湖体育产业园区办公室将九三学社区工委提案中关于应把品牌建设放在首位和设立时尚项目区等理念和建议吸纳到园区建设规划中。区劳动和社会保障局协调有关部门，使委员的《关于将企业退养人员纳入基本医疗保障体系的建议》和《关于将环卫工人疾病纳入职业病范围的建议》得到解决。区民政局办理民盟区工委《关于加强街道基层基础工作的建议》提案时，把落实低保政策、重视社会老龄化、实行扶贫济困等工作摆到重要议事日程。2006年，委员提出《关于鲜鱼口历史文化保护区开发的建议》《前门地区拆迁中的几个问题》的提案，为区委、区政府完善前门地区修缮整治方案、实施解危排险工程起到推进作用。区政府落实区伊斯兰教协会提案，投资重修花市清真寺，并于2006年10月落成开寺，广大穆斯林较为满意。

第十三届区政协收到提案844件，提案委员会把其中反映最集中的一些问题，编辑整理为《重要提案摘报》，送区委、区政府参阅。区政协还引导各民主党派深入研究、积极探索新时期提案工作新思路、新方法。2007年，以民建区工委为试点，首次开展党派提案分析工作，并把提案与专委会工作紧密结合，使提案为专委会调研、视察、研讨提供线索，拓展提案功能。区卫生局针对7件有关社区卫生工作提案，召开集中办案会，解决社区卫生防保人员培养和区域医疗资源整合等问题。区教委在办理29件涉及教育教学工作提案时，将办理提案与实施新课改、提高职业教育质量、加快初中阶段地方教材开发等工作相结合，有效推进工作。2008年，委员提出关于加强奥运知识培训、做好赛事沿线观众组织、强化奥运食品安全等建议被区有关部门吸纳。2009年，提案办理工作纳入全区行政执行力考核范围，实施区委、区政府统一领导，政协组织实施，承办单位各负其责的领导体制和工作机制。2010年上半年，政协围绕区域经济、文化创意产业、旅游产业的发展及加强区城市建设管理和社区建设、养老服务等各项社会事业发展提出提案196件。区政府制定相关文件和具体措施，逐一落实办理工作。

崇文区政协第十届至第十三届提案受理情况统计表

表6-5　　单位：件

届别会议	共受理提案	属区办理	党派团体提案	专委会提案	属区办理提案分类				当年办复率（%）
					财政经济	科教文卫体	城建城管	社会法制	
第十届一次（1994）	238	202	18	1	34	53	62	53	100
第十届二次（1995）	230	189	16	1	37	45	60	47	100
第十届三次（1996）	161	135	18		33	30	36	36	100
第十届四次（1997）	150	131	14	2	25	33	46	27	100
第十届五次（1998）	156	136	15		31	40	34	31	100

续表

届别会议	共受理提案	属区办理	党派团体提案	专委会提案	属区办理提案分类				当年办复率（%）
					财政经济	科教文卫体	城建城管	社会法制	
第十一届一次（1999）	203	163	18	1	30	45	56	32	100
第十一届二次（2000）	207	170	20	5	49	29	54	38	98.80
第十一届三次（2001）	214	173	25	3	33	52	38	50	88.40
第十一届四次（2002）	222	184	30	2	41	50	51	42	99.50
第十一届五次（2003）	292	213	24	2	53	56	44	60	100
第十二届一次（2004）	230	179	20	3	33	44	48	54	97.20
第十二届二次（2005）	208	179	19	4	20	59	33	67	100
第十二届三次（2006）	212	163	12	1	29	58	27	49	100
第十三届一次（2007）	206	183	20	7	34	67	37	45	100
第十三届二次（2008）	186	169	20	11	23	60	31	55	100
第十三届三次（2009）	225	203	20	9	50	73	29	51	100
第十三届四次（2009.12）	227	196	25	2	45	67	37	47	100

社会监督　第十届区政协委员有88人被区委、区政府所属13个部门聘任为党风和社会监督员。第十一届、第十二届、第十三届区政协向全区30个单位推荐特约监督员266人次。每年监督活动都在百余次以上，主要参加聘任单位组织的纠正行业不正之风查访评议、行风政风民主评议、财税物价检查、普法检查、禁烟和安全生产以及党风廉政责任制检查等活动，采取明察暗访、社会评议、参与执法检查等形式，对相关工作提出意见、建议，帮助改进工作，同时把监督和服务有机结合。1999年，特约监督员了解到崇文区看守所开设未成年在押人员文化补习课缺少教师和桌椅，及时反映后，区教委不仅捐赠课桌椅，还派教师义务补课，政协委员也亲自授课。《人民政协报》《北京教育报》做报道。

第十届至第十三届区政协联合有关部门每年召开座谈会，交流工作，听取意见。召开6次特约工作会议，制订工作制度。1997年，区政协与区委统战部联合召开座谈会，研讨监督员工作内容及方式。2001年，区政协副主席和委员深入聘任单位，了解特约工作及接受监督情况。2002年，区政协联合区纪委召开特约工作理论与实践研讨会，收到委员和聘任单位研讨文章20余篇，对特约监督工作性质、作用、形式及发展方向深入探讨。据此，2003年，区政协常委会制订《推荐政协委员担任特约工作人员的试行办法》，使特约工作规范化、制度化，并表彰优秀特约监督员24人。同年6月，对红桥市场防“非典”措施落实情况进行监督检查。2005年，区政协常委会召开18个聘任单位参加的特约工作交流会，公安崇文分局等6个单位介绍做法和体会。2008年，区政协召开特约工作试点单位座谈会，研究新形势下特约工作的内容和形式。制订《关于进一步加强区政协特约监督工作的实施细则》，并建立年度工作通报制度，及时掌握特约监督员履职状况和聘请单位工作动态，加强对特约监督员履职考评。2009年，区政协提出“监督为了服务、监督促进发展”的工作理念，注重在知情、沟通、反馈等环节建立健全制度，完善监督机制，有效落实区政协特约监督工作实施细则。

图6－6　2003年6月，区政协委员检查红桥市场防“非典”措施落实情况

视察考察　1994年8月，区政协在市委、市政府抑制物价涨势措施出台后，组织委员视察区境内市场物价情况，委员们提出加强和规范街道集贸市场管理，开辟直销市场等建议。《北京晚报》、北京人民广播电台进行报道。国庆节前夕，民族宗教委员会组织委员视察区饮、副食行业部分清真网点，提出尽快研究解决清真网点经营问题等建议。市委副书记李志坚批示有关部门，要认真研究崇文区政协委员建议，提出进一步扶持清真网点意见。视察中发现锦芳清真小吃店门前摆汉民风味食品等违反民族政策现象，及时提出意见，问题立即得到解决。1995年10月，文史委员会委员视察蒜市口曹雪芹故居和小江胡同阳平会馆戏楼两处文物文化遗址，提交《保护利用好文化遗产，丰富两个文明建设内容》视察报告。指出：原蒜市口16号，现广渠门内大街207号，据考证是曹雪芹由南京回到北京后的第一住址。考虑到此处是唯一有史可证的曹氏故居，建议按照清初民居式样建曹雪芹故居纪念馆，还可考虑设立《红楼梦》研究机构。建成后将与崇文区现有的文物建筑和名胜景点相结合，形成北京城东南角楼—蒜市口曹雪芹故居—阳平会馆戏楼—天坛公园—龙潭公园的文化旅游专线。1997年，教育和提案委员会组织委员视察学校门前环境整治情况，针对龙潭小学附近鸟市造成环境脏乱等情况，建议加强市场管理和整治，区政府有关部门及时吸纳委员意见，整治后周边环境有了明显改观。

1999年，区政协组织委员视察崇远投资公司、北京玉器厂、京城百工坊等单位，对企业发展提出建设性意见；并先后视察4个街道办事处，对城市管理重心下移后，社区建设出现的问题提出意见和建议。2002年，第四次全会期间，全体委员视察金鱼池危改工地和西革新里异地回迁小区；视察危改后的社区体育、卫生等公共服务设施建设，提出意见和建议。2003年，各专委会分别组织委员视察永定门外郭庄北里小区、南中轴路改扩建、光明西里铁路沿线绿色走廊等区环境综合整治工程。2006年，区政协组织委员视察“王”字型经济磁场、龙潭湖体育产业园区、永外商贸板块的规划建设情况，并提出意见建议。2007年，区政协结合区政府提出的城市管理和环境建设创一流的目标，组织委员视察永内东街、广安大街（崇文段）户外广告整顿治理，东花市街道城市形象设计及和谐社区建设、前门东侧路与龙潭路市政道路建设和弘善家园民工夜校等情况。2009年，委员们视察区贯彻《劳动合同法》情况，围绕促进就业、构建和谐稳定的劳动关系提出意见和建议。2010年3月至5月，组织委员视察第一师范附属小学新校舍和弘善回迁楼房建设工程，并与设计、施工等单位座谈，对节能减排设计提出建议。学习与文史委员会委员视察文物普查遗址并听取区文化委第三次文物普查工作进展情况的通报。

第十届至第十三届区政协采取视察前排查梳理问题、视察中协商解决措施、视察后监督检查落实的方式，先后开展视察、考察活动近400次，约7 800人次参加，共撰写视察报告80余篇。

第三节　参政议政

经济建设　1994年，第十届区政协各专委会与35个区企事业单位就区集贸市场的发展与管理、粮食行业面临的困难等问题召开座谈会、论证会40余次，参加委员近300人次。在发展与管理集贸市场的建议案中，提出强化全区经济一盘棋意识、因地制宜、处理好发展与管理的矛盾等18条意见和建议。区委书记黄以云和区长秦正安均作批示，区委常委会专题讨论，责成有关部门以建议案为基础深入研究发展集贸市场问题。1997年，经济委员会经调研，提交《抓住产业置换这一中心环节，加大国有小企业改革力度》调查报告。其建议被区委、区政府制定《关于进一步加快国有小企业改革的若干意见》和《补充意见》中采纳。1998年，区政协提出引进非公有制经济的优质资产，尽快改变前门大街面貌的建议。区委常委会专题研究，提出从发展非公有制经济入手振兴前门大街的意见，《北京日报》做报道。

1999年，第十一届区政协对区国有资产管理和委托经营试点情况进行调研，形成常委会建议案送区委、区政府参考。2000年，北京市进行财政管理体制改革，区政协常委会调研组深入基层、走访外区，从挖掘区财源潜力、确定财源增长目标、调整经济结构、发展创税行业等7个方面分析全区财政状况并提出开源增收建议，区委书记要求区有关部门认真吸纳，该建议被《北京调研》刊登。是年，调研组到划归区的市属中小企业召开座谈会，邀请区政府有关部门、企业领导及业内专家、学者参与研讨。提出改革现有产权制度和经营机制、尊重传统手工艺品既是商品又是艺术品的特殊性、恢复前店后厂作坊式的生产方式等建议，区政府均予采纳。2001年至2002年，经济界委员调研加入WTO对区商业服务业影响及对策，撰写《改革调整思路创新优化结构迎接挑战》等调研报告。当了解到区重点企业曙光药业在发展中遇到困难，区政协领导和委员先后3次到该公司听取情况，为企业在融资和销售等方面出谋划策，并联系政府有关部门协调解决，还邀请医药单位前往企业洽谈业务，拓宽销售渠道。《人民政协报》对此做专题报道。2003年，区政协邀请市政协港澳侨界委员和非公经济人士来区考察，推介洽谈项目，组织委员赴温州招商引资，召开4次项目推介会，引进注册资金4 800余万元。

2004年，第十二届区政协《以科学发展观为指导，努力实现商贸强区》的调查报告，提出合理规划布局、发展特色优势行业、提高企业管理水平以及做好招商引资和留企保税工作等建议。2005年，区政协关于加强税源基础建设的调研报告，既反映区“十五”期间主体税种增长变化趋势及税源基础状况，也立足区情，提出意见建议，被区政府制定的“十一五”规划纲要吸纳。2006年，区政协针对区非公经济在生产经营和发展中遇到的困难和问题进行调查，建议政府扶持非公经济，拓展发展空间。

图6−7　2004年4月，区政协经济界委员视察百荣世贸商城建设情况

图6—8　2007年8月，区政协委员到中小企业调研

2007年，第十三届区政协召开京城老字号继承与发展研讨会，对挖掘、扶植、振兴老字号，前门老字号“回家”（原址回迁）等问题提出建议。区政府认真吸纳并研究制定扶植政策，在全市率先出台《关于保护和振兴老字号的实施意见》，每年拨专款1 000万元设立前门商业老字号扶持资金。2008年至2009年，为区“天坛文化圈”战略思路的全面实施，区政协开展专题调研，撰写《发挥“天坛文化圈”优势，发展文化创意产业的建议案》。重点对整合传统手工艺资源提出对策。2010年3月至4月，经济科技委员会召开《进一步提升崇文区商贸产业的规模和水平》调研课题开题会，到区商务委等单位调研，分析区中小企业纳税常见案例，提出建议。

城市建设　1997年，第十届区政协提交《龙须沟地区危改迫在眉睫，政府统筹规划刻不容缓》的调查报告，送市委研究室，报市主要领导。1998年，科技城建委员会提交《科学调整北京区划，落实首都发展规划》调查报告，提出现有行政区划不均衡，崇文区地域狭小、经济发展受到制约。建议有关部门尽快将重新区划城区问题提到议事日程。报告得到区领导的认可，并以各种渠道向市领导和有关部门反映。

1999年，第十一届区政协围绕区危旧房改造建言献策，11月广安大街（崇文段）拆迁工程启动，位于广渠门内大街207号的曹雪芹旧居遗址问题引起社会和海内外红学界关注。区政协会同市政协、中国红楼梦学会参与对曹氏旧居认定及处理方法的研究论证。2000年11月，该大街207号院拆除时，请专家进一步进行现场勘察，使广安大街（崇文段）扩建工程顺利进行。2001年，受区委、区政府委托，由区政协主席王再云主持成立拆迁中私房政策问题调查组，经反复调研论证，撰写《对危改拆迁中私房补偿问题的调查与思考》调研报告，市委书记贾庆林作批示，要求认真研究。报告中的建议被新制定的《北京市房屋拆迁管理条例》采纳。是年，区政协组织委员并邀请专家研讨广安大街（崇文段）开发建设的总体方案、商业街规划设计、商业布局等，区政府有关部门先后16次向委员通报该大街建设情况及拆迁政策，听取意见。2002年，区政协邀请资深专家学者研讨明城墙遗址公园建设中的雕塑设计，并参与公园二期工程建设方案的研究，提出的建议被采纳。2003年，文史资料委员会调研组调研前门历史文化街区的保护、整治与发展，提出按照“先易后难、先外后内、保外改内、以院为本、分步实施”的原则，并撰写《分步实施保护与发展兼顾，市政先行整治与改造结合》调研报告。

图6—9　2003年5月21日，区政协委员参加前门地区保护与发展规划设计方案评选

2005年，第十二届区政协调研区社区公共服务设施配套建设工作，撰写《加强公共服务设施配套建设，构建宜居社区》调研报告；2007年，第十三届区政协调研北京南站

建设问题，撰写《以北京南站建设为契机，带动永定门外地区经济发展》调研报告，提出抓紧编制北京南站周边地区发展规划、实现产业规划与南站改造并举等建议。主管区长多次赴南站调研，采纳并落实报告中的意见、建议，区政府提出“借新南站契机，发展我区环路经济”的工作思路，调整与南站商务区相矛盾的开发项目，将新南站纳入永定门外地区发展总体规划。2008 年，区政协对北京新南城中轴大道整体规划中的道路交通规划开展系列专题调研活动，形成《关于提高道路通行能力，促进区域经济发展》的建议案，送区委、区政府参考。

各项社会事业　1997 年，区委书记黄以云对区政协常委会《关于加强我区师德建设》和《关于大力发展社区文化促进社区精神文明建设》建议案分别做出批示。2000 年，教育委员会提交《加强思想工作，采取有效措施搞好小学教师转岗分流》调查报告，从分流形式、渠道、相应政策及加强思想政治工作等 4 个方面提出建议。2001 年，文史委员会组织委员撰写的《关于立足文化优势，整合旅游资源》调研报告中提出挖掘天坛世界文化遗产的价值为区旅游事业服务和策划前门京味民俗文化游等建议；邀请工艺美术、文化旅游、民俗等方面的资深专家，进行多次调研活动，提交《对我区开发旅游纪念品的探讨与思考》调研报告。2002 年，医药卫生界委员《关于加入 WTO 对区卫生行业影响》的调查报告，分析入世后带来的冲击，提出对策和建议。2003 年，教育委员会《加强中小学生道德教育，提高青少年道德修养》的调查报告，对加强中小学生道德教育提出建议。2004 年，文卫体委员会提交的区社区卫生服务工作调研的建议案，提出加强设施建设、深化医疗体制改革、加强全科医师为骨干的专业技术队伍建设、建立健全资金保障机制、发挥社会资源优势等 6 条建议，被区政府采纳。2007 年，教育委员会调查区中小学校干部、教师队伍建设，撰写《造就精良队伍，谋求教育新发展》调研报告。区教委召开领导班子会议，对所提建议逐条分析，具体落实。2008 年至 2010 年 3 月，教文卫体委员会组织委员调研加快构建首都中心城区特色的公共文化服务体系情况，提交《关于构建公共文化服务体系，保障公民基本文化权益》建议案；对区医疗卫生现状进行调研，撰写《崇文区区域医疗中心定位与发展》调研报告。区政府常务会作专题研究，并将老年医院改造列入永定门外地区总体建设规划，调研成果得到转化。

1997 年，区政协对再就业工程调研，提交《关于大力实施再就业工程，促进我区社会稳定》建议案。2000 年，社会和法制委员会《关于我区新聘居委会主任工作情况的调查》，对完善居委会主任聘任方式提出建设性意见。2001 年，区政协调研区加强社区建设和改进机关作风两个重要会议落实情况，撰写追踪调查报告送区委、区政府参考。2003 年，区政协《推进户籍制度改革适应市场经济发展》《妥善解决我区“人户分离”问题 以利于经营城市的有序发展》两个调研报告，提出解决“人户分离”问题 6 条建议。报告得到区委常委会肯定和公安部的重视，认为建议有较强针对性和可操作性，全国政协将这两个调研报告报送中央领导参阅。2005 年，区政协《开展心理调适，建设和谐社区》的调研报告送区委、区政府参考。2006 年年初，区政府把在社区居民中开展心理调适列为为民办实事的专项工程之一。市委将崇文区这一做法在全市推广。区政协常委会《关于构建和谐社会　加强少数民族聚居社区建设》的建议案，对做好社区民族工作，维护地区民族团结、社会稳定和精神文明建设起到推动作用。

第四节　反映社情民意

自 1994 年起，区政协把各民主党派、人民团体和政协委员了解和反映社情民意作为民主监督的经常性工作，制定并实施《区政协加强反映社情民意工作暂行办法》。同年 8 月，部分委员针对农副产品价格上涨迅速的情况，提出《真抓狠刹以顺民心》的建议，被市政协《诤友》转载，引起市、区领导重视，对市制定抑制物价涨势措施起到促进作用。1995 年 10 月，区政协《社情民意专刊》刊登委员反映群众在国营粮店买不到标准面粉的问题，市长孟学农批示："能否由街道居委会对困难户开证明，到定点店买标准粉，你区可先试试。粮源由市粮食局保障。"区政府制定方案，年底前得到落实。11 月，《社情民意反映》刊登《对社会监督员发挥作用的意见和建议》，区委书记黄以云对发挥好监督员作用做出批示。12 月，区委办公室向区政协反馈办理情况。1996 年 4 月，市委办公厅的《北京信息》刊登区政协调研报告《关于对退休人员的退休金实行保值制度的建议》，市劳动局 5 月给予答复：按当年 4 月 1 日市政府颁发《北京市企业城镇职工养老保险规定》，每年根据上一年本市平均工资增长率的一定比例为退休职工增加退休待遇。1997 年 5 月，区政协《社情民意反映》刊登《城东南角楼环境亟待整顿》，反映北京城东南角楼周边环境给古建文物造成人为毁坏的情况，《北京信息》第 112 期转发。市委副书记李志坚两次批示，市文物局等部门提出彻底整顿北京城东南角楼及其周围地区脏、乱、差面貌的措施。1997 年至 1998 年，区政协编发《社情民意反映》213 期，全国政协采用 1 期，市委采用 5 期，市政协采用 14 期，区委采用 16 期，领导批示 15 期。

1999 年，区政协通过组织学习、培训、参观等活动提高信息员素质，建立健全 3 级信息网络。重点归纳和提出社情民意的 4 种类型，即对区委、区政府及上级机关各项工作提出建议型信息，对党政部门和领导干部存在的问题提出批评型信息，对不利于安定团结、带有苗头现象的问题提出预警型信息，对一些关系社会发展的重要问题提出前瞻型信息。组织委员和信息员深入基层，贴近实际，及时反映人民群众的呼声，畅通信息反馈渠道，加强委员与政府间的沟通和理解。区政协《城市中小学生的忧患意识差令人忧虑》信息调查刊登在《人民政协报》头版，引起较大社会反响。2000 年，委员对完善广安大街（崇文段）工程资金的管理、使用提出建议，市长刘淇作批示，并批转崇文、宣武两区。崇文区成立广安大街（崇文段）建设资金使用管理监察委员会，邀请区政协委员参加。2001 年，委员提出提前高考时间的建议，为次年教育部决定将每年全国统一高考时间由 7 月改为 6 月提供参考。2002 年，在区危旧房改造中，区政协编发《危改拆迁中群众有"四怕"》，为区政府加强宣传、做好拆迁群众思想工作提供参考。1999 年至 2003 年的 5 年中，委员和信息员讲真话、报实情，反映社情民意 1 500 余条。区政协编发《社情民意反映》580 期，被市、区政府，市政协采纳 150 余期，其中《我区非公经济人士对重提"剥削"很敏感》等 10 期被全国政协采用。区政协连续 5 年被市政协和区委评为信息工作先进单位。

2004 年至 2006 年，区政协编报关于医疗体制改革、城市管理、基础教育、环境保护、食品卫生、物价等方面《社情民意反映》260 期。全国政协和市委、市政府、市政协采用 57 期，市领导批示《建议加强对网吧的监督》等 40 期。区政协连续 3 年被评为市政协信息工作先进单位。2004 年，前门东侧路解危排险工程启动后，委员和机关干部连续 44 天深入前门地区街巷胡同和居民家中，了解群众思想动态，报送《社情民意反映》19 期，为市、区政府掌握实情并进行科学决策提供参考。

2007 年，区政协修订《社情民意信息工作制度》，创办《信息工作通讯》，定期召开社情民意热点问题座谈会，组织信息员参观考察，完善信息工作通报制度，倡导委员走进社区，体察民情民意。至 2010 年 6 月，编报《社情民意反映》400 期，其中《关于关注中小学生校园内外安全问题的建议》被全国政协转载；《建议关注新农村人口的素质提升》《建议建立符合首都产业发展特点的人才引进制度》等 54 条，被市委、市政府、市政协采用；《推进我市社区卫生服务工作》《修改现行北京市房屋拆迁管理办法的建议》《在接待伊斯兰代表团的宾馆房间增加麦加方向标识的建议》《阶梯电价方案应考虑北京市大量电热采暖居民的承受能力》等 60 条建议，市政协主席阳安江和副市长丁向阳等均做批示。

第五节　学习　联谊　服务社会

学习　1994 年，区政协开办马克思主义哲学、政治经济学、社会主义市场经济理论等系列讲座。学习中，委员们结合实际分析加快区经济发展和提高经济效益等问题，加深对建设有中国特色社会主义理论的理解。1995 年 8 月，举办暑期委员读书班，组织委员学习全国政协制定的《关于政治协商、民主监督、参政议政的规定》和李瑞环主席讲话。自 1996 年起，每月定期播放新华社编辑出版的《音像内参》，开展“大家谈”活动。组织委员参观王府井步行街、高碑店污水处理厂、大兴县留民营生态示范农场等，使委员了解首都环境保护情况和科技信息工作的发展情况，感受改革开放的成效。举办台湾形势、国际形势、“申奥”情况及有关发展文化创意产业、解读《物权法》等内容的报告会，为委员知情议政、开阔视野创造条件。2002 年，常委会制订《关于学习贯彻党的十六大精神的意见》，坚持会前学习制度，提倡政协常委做学习的表率。2003 年，区政协常委会探讨地方政协在新时期如何开展政治协商、实施民主监督、发挥委员主体作用、做好社情民意反映等工作，开展人民政协工作理论与实践研讨征文活动，各党派、团体、界别和委员提交文章 60 余篇，编辑《区政协理论研讨文集》。2004 年，学习全国政协十届二次全会上通过的《中国人民政治协商会议章程》，加深对“团结和民主是人民政协两大主题”的理解。2009 年，深入开展学习实践科学发展观活动，确立“用科学发展观统领政协工作，提升履职能力，促进现代化都市文化休闲区建设”的主题，通过举办人民政协 60 年光辉历程回顾、纪念改革开放 30 年、弘扬中华文化、建设中华民族共有的精神家园等专题学习，形成以知情促履职的长效机制。全年编辑印发《政协工作专刊》《学习实践科学发展观简报》等共 158 期。

联谊　第十届至第十三届区政协在元宵节、中秋节、春节等传统节日都举行联谊会、茶话会，密切与各民主党派、团体、政协委员及各界人士的联系。1995 年，第十届区政协结合港台形势，及时向政协委员通报台湾岛内的政治动向和汪辜会谈，邀请区政协常委、画家王成喜介绍台湾之行。1996 年，召开庆祝区政协成立 40 周年纪念大会，举办“我和政协”征文、书画家笔会和天龙杯围棋友谊赛等活动。1997 年，区政协与区委统战部联合举办迎香港回归报告会、书画笔会、文艺联欢庆祝会，开展“迎香港回归、岗位做贡献”活动。第十一届和第十二届区政协围绕中华人民共和国成立 50 周年和 55 周年、人民政协成立 50 周年和 55 周年、建党 80 周年和 85 周年、纪念抗战胜利 60 周年、红军长征胜利 70 周年，先后举办座谈会、大型联欢会等活动。并编辑出版《崇文政协五十年》《崇文区政协成立五十周年纪念画册》和《前门神韵》等。第十三届区政协举办中华人民共和国成立和人民政协成立 60 周年纪念活动；建立走访委员制度，2006 年至 2010 年 6 月，区政协主席、副主席走访委员 356 人次、委员单位 223 个，倾听意见和呼声，帮助解决工作和生活中的问题和困难。

图6－10　2009年9月21日，区政协举办“60双庆”纪念大会

服务社会 2008年，按照“自愿参加、量力而行”的原则，在区政协委员、各民主党派中开展“回报社会，关爱百姓”活动，采取捐赠善款、认购作品等方式，帮助区境内失业人员、困难家庭以及因病致贫等弱势群体尽快走出困境。4月29日捐赠仪式上，31家委员所在企业、7个民主党派和工、青、妇、侨界别共捐出善款、认购作品金额达146.90万元。在冰冻雪灾、汶川大地震中，各界委员通过多种方式和渠道捐款捐物，深入地震灾区开展危机干预和科技援助、组织书画义卖、捐献造血干细胞等，共捐款184余万元。2009年，在“警民携手，共筑和谐”系列活动中，区各民主党派、工商联、侨联、体育局和部分委员企业，通过捐赠体育健身器材、举办健康知识讲座、开展心理咨询、组织文娱联欢、提供免费体检等形式，帮助区看守所、拘留所干警缓解工作压力，促进身心健康。2010年2月，区政协在区职介中心举办“新春送温暖 关爱促和谐”迎新春慰问座谈会，40家企业向困难群众发放米、面、油等慰问品和慰问金。特困党员代表和受“关爱基金”帮扶的弱势群体深受感动。

第六节 文史资料编纂与信息交流

1994年至2002年，区政协编辑出版《文史选刊》第9期至第17期，其中有《纪念抗日战争五十周年》《崇外大街》《纪念北京和平解放五十周年》《老北京民俗》《曹雪芹旧居遗址》《特种手工艺专刊》《天坛专刊》等专辑。2002年，区政协文史委员会征集中华人民共和国成立后民俗和天坛文化等方面史料22篇10万字；2003年至2009年，编辑出版《荣誉 责任（“非典”专刊）》《委员风采》《前门神韵》画册、《北京文史资料精选·崇文卷》《崇文文史拾萃》《崇文梨园史料》及《崇文区政协文史工作发展历程》等书刊，还征集整理近现代及中华人民共和国成立后的文史资料共23种268万字和《运河名城（北京卷）》等资料，保存一批文史档案。区政协《文史选刊》先后被中国近代史研究所、国家图书馆、首都图书馆收藏，并在全国政协第五次文史工作会上展出。此外，区政协还参与全国、省、市政协文史《纵横》杂志、《驰名中华老字号》等专题协作活动。

第十届至第十三届区政协共编辑《协商与监督》15期、《崇文政协动态》560期、《社情民意反映》1 453期、《政协工作专刊》627期、《议政参考》41期。还编辑出版《人民政协理论研究》《政协提案集锦》，创办《崇文政协报》和政协网站等，宣传区政协工作。同全国近20个省、市、自治区200多个地方政协交流信息。

第七编　民主党派　工商业联合会

1994 年年初，崇文区有中国国民党革命委员会北京市崇文区工作委员会（简称民革区工委）、中国民主同盟北京市崇文区工作委员会（简称民盟区工委）、中国民主建国会北京市崇文区工作委员会（简称民建区工委）、中国民主促进会北京市崇文区工作委员会（简称民进区工委）、中国农工民主党北京市崇文区工作委员会（简称农工党区工委）、中国致公党北京市崇文区支部（简称致公党区支部）6 个民主党派基层组织，均系各民主党派市委派出机构。共设支部 40 个，成员 715 人。1996 年，成立中国致公党北京市崇文区工作委员会（简称致公党区工委）；1998 年，成立九三学社北京市崇文区工作委员会（简称九三学社区工委）。至 2010 年 6 月，7 个民主党派工委下设支部（社）68 个，成员 1 786 人。

1994 年年初，崇文区工商业联合会（简称区工商联）有会员 618 个（含团体会员户），至 2010 年 6 月，有会员 2 142 个（户）。其中非公有制经济会员由 1994 年的 116 个增至 1 671 个。

1994 年以来，区各民主党派、工商联继续遵循《中共中央关于坚持和完善中国共产党领导的多党合作和政治协商制度的意见》，贯彻“长期共存、互相监督、肝胆相照、荣辱与共”的方针，参与全区大政方针及统一战线工作中重大问题的协商决定，参加中共崇文区委召开的民主协商会、情况通报会、双月座谈会，并建言献策。至 2010 年 6 月，民主党派成员和非公有制经济人士中当选各级人大代表或任全国、市、区政协委员的共有 371 人次，当选区人大常委会副主任和区政府副区长各 2 人，当选区政协副主席 8 人。各民主党派、工商联在区政协第十届至第十三届全会上围绕区经济、城市建设和各项事业发展以及社会热点问题，以党派（团体）名义提交提案 295 件，委员提案 1 000 余件，并提出大量切实可行的意见、建议。他们普遍注重自身建设，发挥各自优势，坚持面向社会，开展公益活动，服务广大群众。

第一章　中国国民党革命委员会

第一节　组　织

1993 年 7 月，民革区工委成立，主任委员黄焰。下设支部 2 个，党员 49 人。1997 年，第二届区工委主任委员杨士策。下设支部 3 个，党员 68 人。2003 年，第三届区工委主任委员黄慧南。下设支部 5 个，党员 101 人。2006 年 6 月，黄慧南继任第四届区工委主任委员。下设支部 5 个，党员 107 人。至 2010 年 6 月，区工委下设支部 5 个，党员 114 人。

第二节 主要活动

参政议政 1994年至2010年6月，区民革党员中有全国政协委员1人，市政协委员6人；市青联委员1人；区人大代表7人，其中人大常委会委员4人；区政协委员33人，其中政协常委9人、副主席1人。另有43人次被聘任为区党风廉政监督员。他们在各自岗位上发挥参政议政作用。

1994年至2010年，在区政协第十届一次会议至第十三届四次会议上，民革区工委先后提交党派提案32件，委员提案136件。其中《关于加快建设、规范区行政服务中心的建议》《关于振兴崇文区传统手工艺、打造文化精品产业的建议》等12件被区政协评为优秀提案并受到表彰。1995年，在区政协第十届二次会议上，民革区工委提出《强烈呼吁净化学校门前环境，还给学校门前一片净土》的提案，区委书记黄以云批示："请区整治办继续加强整治，净化学校门前环境，有关工作情况及时向民革区工委反馈。"区市政管委及有关街道办事处认真落实，学校周边环境大为改观。2008年，在区政协第十三届三次会议上，民革区工委提出《完善司法所建设，构建和谐基层社会》的提案，不仅促使区各司法所人员编制和办公用房得到解决，还规范内部管理，为社区居民提供更便捷的服务。同年，区工委组织党员对区港、台、侨资企业现状及经营中的问题进行调研，提出《关于促进崇文区港、台、侨资企业平稳发展的建议》，促进区政府制定并实施《加强港、澳、台、侨资企业发展的若干办法》。

学习与制度建设 1994年至2010年6月，民革区工委组织党员参加民革中央、市委，中共崇文区委，区政协组织的热点问题报告会、区情通报会和中央、市、区社会主义学院举办的学习班、座谈会，举办各类学习培训80余次，近1 000人次参加。学习邓小平理论、"三个代表"重要思想，学习《中共中央关于进一步加强中国共产党领导的多党合作和政治协商制度建设的意见》等文件，了解国家大事、市情、区情，加强思想、组织、作风建设，提高成员整体素质。2009年11月，组织60余名党员到天津参观考察，体会、感知改革开放30年取得的巨大成就。

图7—1 2009年12月11日，民革区工委召开支部建设工作研讨会

自1997年起，民革区工委修订和建立学习、会议、参政议政及信息报送、财务、档案管理等制度，完善支部工作条例、调研工作暂行规定等共计8项内容，促进工作规范化。2009年12月召开支部建设研讨会。

祖国统一工作 区民革中有许多党员与台湾亲属及国民党有历史渊源，在促进祖国统一大业中具有特殊优势。1999年，在区批判"两国论"、捍卫祖国统一座谈会上，民革区工委代表各民主党派作题为《"两国论"阻挡不了两岸关系发展的历史潮流》的发言。2003年11月，民革区工委与民革市委联合召开祖国统一工作座谈会，组织党员观看台情录像，通报祖国统一工作形势，针对面临的新变化、新问题展开讨论，提出进一步与台湾亲属加强信息联络、赴台访问等建议。

2004年6月，区工委成立祖国统一工作委员会，并在第一次会议上，研究提出做好岛内民众特别是青少年工作的建议。之后，多次与中共区委统战部、区台办联合召开台属和台资企业代表座谈会，加强联谊，听取意见。每逢传统节日，邀请在区投资的台属、台资企业代表度佳节、叙友谊、共谋振兴崇文经济大计。2005年6月，区工委召开纪念抗日战争胜利60周年座谈会，邀请民革市委原副主任、抗日烈士张自忠将军女儿张廉云等到会讲话，民革老党员、黄埔同学会会员畅谈抗战亲身经历。9月3日，工委主任、抗日将领后代黄慧南，被邀请参加首都纪念中国人民抗日战争暨世界反法西斯战争胜利60周年大会和座谈会，聆听中共中央总书记胡锦涛的重要讲话。同月，区委统战部将中共中央、国务院、中央军委颁发的中国人民抗日战争胜利60周年纪念章送给黄慧南，并与其家人去八宝山革命公墓告慰黄维将军。2009年4月，民革区工委主委黄慧南应邀赴台访问，回京后向党员们介绍访台观感。

信息与建议　自1997年起，民革区工委开展社情民意反映工作，针对抑制物价、加强社会监督等问题向区政协报送信息5件。1998年至2004年，报送信息20余件。2005年，民革区工委各支部组织党员深入群众了解情况，报送信息46件，其中《在两节期间狠抓燃放烟花爆竹安全的建议》被市政协采用，并得到落实。2006年，报送信息70件，其中《关于在天安门广场绿化中停止使用有土草坪的紧急建议》受到市长王岐山、副市长赵凤桐的重视，为改进广场绿化起到积极作用。《疫苗急需冷藏车》《立交桥下环境治理需要常态执法》等信息被市、区政协采用，供有关部门参考。2007年，民革区工委报送的《关于社区常用药品零差率销售中存在问题的反映》，得到副市长丁向阳的重视，并由有关部门办理。该工委每年召开信息工作研讨会，多次被区委统战部评为信息工作优秀单位。至2010年6月，共向区政协和区委统战部报送信息近400件。

社会服务　自1996年起，区工委每年组织党员到区交通大队慰问干警。2003年，成立社会服务专委会后，坚持每年到朝阳区救助中心为弱势群体献爱心，捐赠衣物800余件，多次获朝阳区救助中心颁发的荣誉证书。2008年5月四川省汶川地震后，该委组织党员向灾区捐款6万余元。2009年5月，民革区工委组织党员到怀柔北部山区琉璃庙镇举办法律、医疗、文化“三下乡”活动，当地村民踊跃参加。医生们现场治疗患者100余人次，律师们解答村民提出的有关维权法律问题，4位书法家为村民挥毫作画到深夜，受到称赞。12月，民革区工委联合民革市委、民革东城区委、市红十字会，交流推进红十字会工作。

第二章　中国民主同盟

第一节　组　织

1985年6月，民盟区工委成立。1993年年底，第三届区工委主任委员王金钟。下设支部9个，盟员130人。至2006年5月，王金钟继任第四届、第五届区工委主任委员。下设支部11个，盟员230人。2006年6月，第六届区工委主任委员刘玉芳。下设支部10个，盟员258人。并成立参政议政、组织、宣传、妇女、社会服务5个专门委员会。至2010年6月，区工委下设支部10个，盟员312人。

第二节　主要活动

参政议政　1994年至2010年6月，区民盟盟员中有全国人大代表2人，全国政协委员1人；市人大代表2人，其中人大常委会委员1人；市政协委员2人，其中政协常委1人；区人大代表5人，其中人大常委会委员2人；区政协委员45人，其中政协常委8人、副主席1人。他们发挥各自优势，积极参政议政。2004年至2009年，1人任区政府副区长。另有44人次被聘任为市、区党风廉政监督员。

1994年，民盟区工委在区政协第十届一次全会上提出《在城东南角角楼筹建史迹展览馆》的建议，得到区委、区政府重视。1995年至1997年，为完善此项建议，民盟区工委多次邀请盟内外有关专家和区文化文物局负责人共同研讨，提出有关展览馆定位和规划方面的意见，审核史迹展方案及展陈设计，1997年，北京城东南角楼史迹展览馆开馆。1999年至2006年，民盟区工委组织盟员了解区文化旅游设施，邀请有关专家学者研讨如何开发区文化旅游产品，撰写10余份系列调研报告，提出《开发文化旅游问题与对策》等提案。其中《抓住机遇，突出特色，开发鲜鱼口地区文化旅游资源》的调研报告作为区政协主席会议建议案，报送区委、区政府参考，被区政府制定《崇文区文化产业发展规划纲要》时采纳，并在《北京规划建设》刊载。2000年，民盟区工委会同区政协、中国红学会在区政协全会上提交《修建曹雪芹旧居纪念馆》提案，区委、区政府高度重视并采纳，决定在广安大街磁器口地区修建标志性建筑——曹雪芹旧居纪念馆。2002年至2003年，又连续提出《敦促营建曹雪芹旧居纪念馆》和《再次敦促营建曹雪芹旧居纪念馆》建议，推进该项工作。2006年，区政府将建设曹雪芹旧居纪念馆列入工作计划。2007年，区政府聘请盟员专家在重建前门传统文化产业街区工作中担任建筑工程顾问团副团长，考证“天街”史迹，为前门街区恢复历史风貌的建筑规划设计献策。2008年，盟员提出《关于开展“奥运人家”项目建设的建议》《在接待伊斯兰代表团的宾馆房间增加麦加方向标识的建议》，得到市委书记刘淇和市政协主席阳安江的重视，并在工作中落实。2009年，民盟区工委组织盟员历时5个多月，调查区境内40余座会馆现状，通过走访产权人、使用者、修缮队，拜访会馆老主人，核实相关史料，撰写《挖掘会馆文化底蕴　促进区域经济发展》调研报告，为区委、区政府制定中长期经济社会发展规划提供参考依据。1994年至2010年6月，民盟区工委向区政协提交党派提案49件，委员提案211件。

制度与培训　1994年，民盟区工委建立每两月召开一次工委会制度。1999年，建立工委委员每月一次理论学习制度。2003年，建立工委委员联系支部制度，并要求各支部开展“三个一”活动，即至少每年发展一名新盟员、提出一条有利于区域经济和社会发展的建议、组织一次受盟员欢迎的有意义活动。2005年，在坚持工委委员（或扩大）例会制度的基础上，增加会前学习制度。2007年，将支部“三个一”活动拓展为“四个一”，要求结合区情每年撰写一份调研报告。至2010年6月，民盟区工委建立和修改工作制度10项。

1994年至2010年6月，民盟区工委还结合每年民盟市委中心工作和区情，先后举办工委委员、支部委员、中青年骨干、新盟员等学习班20余个，400余人次参加。1997年，工委提出“和、敬、诚、真”理念，在盟员中提倡讲团结、顾大局，倡敬业、甘奉献，讲坦诚、做诤友，讲学习、求真理。2000年，创办《崇文盟讯》，每季度一期，记载工作及活动，至2010年6月共出刊42期。2005年至2009年，民盟区工委科技支部两次被民盟中央评为全国先进基层组织，北京汇文中学、国家体育总局支部被民盟市委评为先进支部。

社会服务　自 1994 年起，民盟区工委挖掘和利用盟员中人才与智力优势，根据区情及社会需求，每年至少确定一个主题，服务社会民生。1995 年，北京汇文中学支部在民盟中央支持下为贵州省毕节地区教育局培训师资，至 2010 年 6 月，共培训 1 000 余人。1996 年，民盟区工委与区文化文物局签订《加强合作协议》，协助该局开展文物保护工作。1999 年，协助区教委建立区小学活动课中心。2004 年至 2007 年，医务支部连续 4 年到山东沂南县孙祖镇东铁峪村，为老区人民送医送药，赠送上万元药品，宣传卫生科普知识；到延庆古城村义诊接待 100 余人次，发放预防糖尿病、心脏病、防鼠防疫等 10 余种宣传材料 2 000 余份。2006 年 8 月 8 日，北京奥运会倒计时两周年之际，体育总局支部与教育支部到市未成年犯管教所，向干警和学员赠送由奥运冠军刘翔亲笔签名的 T 恤衫、国家羽毛球队签名的运动帽和《宏志班故事》书籍等。2007 年至 2008 年，民盟区工委与区图书馆合作，联合举办人文奥运进社区 13 场专题讲座，讲授天坛文化内涵、崇文区与北京城、奥运徽宝与玉文化、用绘画展现北京胡同文化、再生资源回收利用等。

图7–2　2008年3月，民盟区工委向门头沟区王平村小学捐赠图书

1996 年至 2007 年，由盟员主编的《中学学科教学目标、方法、训练丛书》《棋牌入门丛书》出版。盟员朱祖希所著 40 万字的《营国匠意——首都北京的规划建设及其文化渊源》由中华书局出版。2008 年，区工委组织盟员向汶川地震灾区捐款 2.97 万元；召集 146 名画家参加中国慈善总会抗震救灾活动，募捐 2 300 余万元；在四川省雅安市挂职的盟员黑德昆为该市募集运送 2 700 余万元物资，被民盟中央评为抗震救灾先进个人；盟员宋慰祖发起“2008‘我们在一起’——全球华人设计师抗震救灾大型公益海报设计”征集活动，获团中央抗震救灾设计贡献奖；盟员徐志长不顾年老体弱，两次义务到北川帮助当地政府设计旅游发展规划，被授予北川抗震救灾献爱心奖牌。盟员参与奥运场馆、奖牌和文化活动景观设计、制作与管理，并提出用月季花作奥运会礼仪用花等建议，均得到采纳。盟员陈雷带领国家队实现女子马拉松项目历史性突破。

第三章　中国民主建国会

第一节　组　织

1994 年，民建区工委主任委员叶正元。下设支部 9 个，会员 291 人。自 1998 年 10 月起，孙占军任区工委主任委员。至 2010 年 6 月，下设支部 15 个，会员 605 人。1995 年，区工委永定门外支部被民建市委评为先进支部，12 名会员被评为优秀会员。2001 年，区工委被民建中央评为优秀区工委，20 名会员被评为民建中央优秀会员，并获表彰证书。

第二节　主要活动

参政议政　1994 年至 2010 年 6 月，区民建会员中有全国政协委员 1 人；市人大代表 2 人，其中人大常委会委员 1 人；市政协委员 2 人，其中政协常委 1 人；区人大代表 5 人，其中人大常委会委员 2 人；区政协委员 44 人，其中政协常委 8 人、副主席 2 人。另有 10 人被聘任为区党风廉政监督员。他们联系广大会员，深入调查研究，在人大、政协和社会监督工作中发挥参政议政作用。

在区政协第十届至第十三届会议上，民建区工委围绕全区工作中心和发展大局，提出党派提案 28 件，委员提案 210 件。其中《关于发展区域经济若干问题的思考与建设》《关于完善区房改带危改相关政策案》《区发展写字楼对招商引资的重要意义及其对策建议》《关于鲜鱼口历史文化保护区开发的建议》《关于寻觅我区文化深厚底蕴，营造文化旅游产业新亮点》等 10 余件提案获区政协优秀提案奖。2001 年 6 月，民建区工委邀请 29 名民建经济界人士与政府有关部门研讨广安大街（崇文段）开发利用等问题，提出关于加大招商引资力度，提高工作效率等建议，被区政府有关部门采纳，采取联合办公，实行招商引资“一条龙”服务等措施，提高办事效率。2005 年，该工委成立参政议政专门委员会，负责征集会员对区各项事业发展的建议，使工委参政议政更为规范。2009 年 10 月，全国人大常委会副委员长、民建中央主席陈昌智，民建市委主委王永庆等到区民建会员单位北京华冉集团调研，会员们对民营企业贷款以及调整产业政策等提出问题，对企业发展和创新提出建议。

学习与信息　1994 年，民建区工委建立例会制度，每月召开一次工委会，学习有关文件、政策，研究工作安排。不定期组织会员学习时事政治。1999 年，民建区工委举办工委委员和支部委员培训班，学习《中共中央关于坚持和完善中国共产党领导的多党合作和政治协商制度的意见》，收听《风雨同舟　继往开来》的录音报告，各支部总结交流工作，与会人员对党的统一战线政策加深了理解。2000 年，特邀民建市委负责人作《多党合作与民建会》报告，140 名会员参加。2002 年，举办 3 期学习班，学习中共十六大精神，60 名会员参加。各支部相继开展学习活动，280 名会员参加。2004 年，民建区工委与区社会主义学院联合举办《中共十六届四中全会后，宏观调控对中小企业的影响与启示》报告会。2007 年 4 月，邀请民建中央原副主席黄大能为新会员作会章会史报告。2010 年 4 月，特邀民建中央秘书长兼办公厅主任作全国“两会”热点问题的报告，120 名会员参加。6 月，科技二支部与民建中央宣传部举行“学传统、促践行”主题座谈会。结合弘扬民建优良传统、努力践行社会主义核心价值体系活动，学习追思孙起孟，畅谈观看电视连续剧《黄炎培》的感受和收获。

自 1996 年起，民建区工委组织会员开展社情民意反映工作，2003 年，《建议政府成立公共卫生管理部门》的信息被民建中央采用。2005 年，民建区工委成立信息专门委员会，坚持每季度召开一次信息员会。2006 年，成立宣传专门委员会，将原区工委简报改版《崇文民建》，在《北京民建》信息评比中获二等奖。至 2010 年 6 月，向区政协和区委统战部报送各类信息 200 余条。

社会服务　1994 年至 2002 年，民建区工委组织会员捐款资助市、区部分学校贫困学生和希望工程，捐电脑、文具、衣物，折合人民币 9 万余元。自 2003 年起，民建区工委和永定门外支部，

图7-3　2007年4月，民建区工委向平谷区希望小学捐助物资

科技一支部、二支部先后慰问长寿园敬老院、夕照寺敬老院、永定门外街道和高碑店街道敬老院，捐款及食品金额达万余元；科技一支部坚持在松堂医院开展“爱心小屋献爱心”活动，70余名会员、会友参加；民建区工委参加民建中央扶贫活动，各支部和会员捐助平谷区希望小学、河北丰宁、贵州毕节地区价值60余万元的电话互联网设备、图书、生物肥料及被褥、衣物1 000余件；向中华脊髓博爱基金会、中国医学基金会捐款14.50万元。2008年，民建会员为四川省汶川抗震救灾捐资78万元；在区政协“警民携手共助和谐”启动仪式上，捐赠健身椅和图书。2010年上半年，综合第二总支慰问区环卫中心职工，赠送1.70万元慰问品及特困慰问金。

第四章　中国民主促进会

第一节　组　织

1992年10月，第四届民进区工委成立，主任委员何广铎。至1994年年底，下设支部15个，会员159人。1999年，何广铎继任第五届区工委主任委员。2002年7月，第六届区工委成立，主任委员张凯。下设支部14个，会员234人。2006年6月，第七届区工委成立，主任委员张志萍。支部增至20个，会员270人。2009年7月，民进北京市第一个区级青年联谊组织——崇文区民进青年会员联谊会成立。至2010年6月，区工委下设支部21个，会员316人。

第二节　主要活动

参政议政　1994年至2010年6月，区民进会员中有市人大代表4人，其中人大常委会委员3人；市政协委员4人；区人大代表4人，其中人大常委会委员1人、副主任1人；区政协委员42人，其中政协常委6人、副主席3人。1994年至1999年，1人任区政府副区长。另有30人次被聘任为区党风廉政监督员。他们利用各自优势，认真履职，发挥参政议政作用。

1994年至2010年6月，民进区工委组织会员围绕区经济建设、社会发展、文化教育等方面进行调研，向区政协第十届至第十三届全会提出党派提案41件，委员提案100件。其中《利用教育资源开发文化旅游产业的建议》《关于建立“天坛—红桥”旅游商贸中心的提案》《整合北京现代职业学校，打造崇文职业教育品牌》等获区政协优秀提案奖。2001 年，民进区工委提出《关于我区危房改造中，应充分考虑学校布局、规模的建议》，得到区政府有关部门的重视，将危旧房改造地区留有学校、幼儿园用地列入开发用地规划。2007 年 8 月，该工委成立文化、经济、中学教育、小学教育、职业教育、卫生等 6 个专委会，制订工作计划，开展调查研究，加强参政议政工作。

制度建设与学习 历届区工委都坚持先学习、后议事制度。自 1994 年起，先后建立和修订工委学习、参政议政、联系会员等制度 10 余项。1996 年至 2004 年，民进区工委举办 3 期新会员培训班，200 余人次参加。请民进中央委员、市政协副秘书长、民进市委副主委和区委统战部负责人做报告，增进会员对多党合作和政治协商制度的认识。2005 年，民进区工委组织会员学习中共中央总书记胡锦涛在全国统战工作会议上的讲话等，学习民进市委《关于开展树立和践行社会主义核心价值体系大讨论的通知》，开展“加入民进为什么、我为民进做什么、为民进留什么”的讨论，引导会员践行社会主义核心价值观，激励会员在工作岗位和会务工作中建功立业。退休第二支部、第三支部组织题为“忆往昔，话今朝，共享夕阳美”主题座谈会，获民进市委创意奖。2008 年 3 月，民进区工委组织会员学习有关统战政策，开展政治交接学习教育活动，提高会员政治素质。10 月，与民进朝阳区委联合举办《深入落实科学发展观，构建和谐社会》讲座。1994 年 1 月，民进区工委《崇文民进》创刊，宣传统一战线理论，交流会务工作，至 2010 年 6 月，共出刊 40 期。

图7—4　2004年7月，民进区工委举办新会员培训班

1994 年，民进区工委召开成立 10 周年大会。1995 年，举行庆祝中国民主促进会成立 50 周年暨表彰大会，民进中央秘书长陈益群、区委书记黄以云、区政协主席金士杰等出席。2009 年，庆祝民进市委成立 60 周年，区工委采访历届工委老领导，收集、整理有关历史资料，送民进市委保存。通过上述纪念活动，使会员接受革命传统教育。

社会服务 1994 年至 1997 年，区工委主办的崇文区民进文化艺术学校培训学生 4 000 余人次。1998 年，该校更名为北京市崇文区民进培训学校，设成人高考班、许国璋英语班、中学文化课同步班、提高班等，年招生 1 000 人次以上。每年免费为学生联系家庭教师 200 余次，为家庭贫困学生减免学费 2 万余元。2005 年至 2007 年，民进区工委响应民进市委开展为北京贫困儿童捐助活动号召，各支部组织会员捐款和赠书。小教联合第一支部和第二支部会员及市、区级骨干教师到房山区青龙湖镇中心小学支教送课，慰问打工子弟学校，并就打工子弟学校亟须解决的问题向区政协提交提案。自 2007 年起，与东花市街道结为共建单位，聘请专业心理咨询教师为街道居民举办《心理和谐迎奥运》健康讲座，连续 12 次为社区餐饮、美容美发行业职工进行奥运英语培训等。2008 年 5 月，会员为四川省汶川地震灾区募捐 8 600 元。2009 年至 2010 年年初，民进区工委小教联合第一支部、第二支部会员与区教委教研员分别到大兴区、房山区所属小学开展城乡手拉手、走进新课堂等活动，交流教学，赠送学习用品等。

第五章　中国农工民主党

第一节　组　织

1994年，第四届农工党区工委张宝琬任主任委员。下设支部4个，党员67人。1997年12月，第五届区工委夏鹏任主任委员。下设支部5个，党员83人。2000年，第六届区工委夏鹏继任主任委员。下设支部5个，党员98人。2003年6月，第七届区工委李亚兰任主任委员。下设支部6个，党员106人。2005年，农工党市委决定，将北京天坛医院、北京市口腔医院、中国药品生物制品检定所3个支部划归崇文区工委，支部增至8个，党员193人。至2010年6月，区工委下设支部9个，党员205人。

1995年至2010年6月，农工党区工委成员各联系一个支部，指导支部建设、参政议政、社会服务等工作。其间，8个支部被农工党市委评为先进支部，47人评为先进党员，区中医医院支部被农工党中央授予全国先进支部称号。农工党区工委多次荣获农工党市委先进表彰。

第二节　主要活动

参政议政　1994年至2010年6月，区工委有农工党市委常委1人，委员1人。区农工党党员中有区人大代表6人，其中人大常委会委员1人、副主任1人；区政协委员32人，其中政协常委2人、副主席1人。另有12人次被聘任为区党风廉政监督员。他们认真履职，发挥参政议政作用。

1994年至2010年6月，在区政协第十届至第十三届全会上，农工党区工委提交党派提案36件，委员提案73件。1995年至1998年，先后提出《关于饮食摊点卫生管理的建议》《关于加强我区餐饮行业基本卫生设施建设的建议》《关于我区卫生环境、卫生状况的调查与建议》《关于树立大卫生观念，努力使我区卫生事业继续前进》等4件提案，为区政府城市饮食卫生改革提出可操作性建议，被《北京日报》刊登。1999年，农工党区工委提出《关于加强左安门农贸市场肉食品管理》的提案，区委书记黄以云批示："请区工商局会同有关部门办理，认真研究提案所提意见和建议，切实加强市场管理。"区工商局和菜蔬副食品公司负责人按照食品卫生有关规定等4个方面7项措施加强市场管理。2005年，农工党区工委提出《关于加强天坛南门市容管理的几点建议》的提案，针对天坛南门地区脏、乱、差情况，提出具体建议。市委副书记龙新民批示，责成市园林局和崇文区共同治理。经治理后，区政府有关部门请区工委成员和区政协委员视察，听取意见。

自1999年起，农工党区工委加强信息工作，向农工党市委、区政协、区委统战部报送反映社会和民生的建议、信息及新闻资料。其中，2000年，报送的《关于增设城南低保医疗点，解决低保人员看病难问题》等建议，受到市政府领导的重视。2007年，农工党区工委向区政协和区委统战部报送信息 120 条，被采用 78 条。至 2010 年 6 月，报送信息近 400 条。

学习与制度建设 自 1994 年起，农工党区工委举办工委委员、支部委员、中青年骨干、新党员等学习班和培训班，至 2010 年 6 月，共计 13 次，300 余人次参加。2004 年，创办《崇文农工》，每年两期，至 2010 年 6 月，共出刊 11 期。2008 年，组织党员学习、宣传《中国的政党制度》白皮书提出的纪念“五一口号”60 周年、改革开放 30 周年。撰写改革开放 30 周年发展成果调研报告，制作宣传展板，使党员进一步认识多党合作和政治交接意义。2009 年 6 月，组织有奖竞答、征文等喜迎“60 双庆”（中华人民共和国成立 60 周年暨多党合作 60 周年）系列活动，60 人次参加。此外，农工党区工委每年年终召开迎新春联谊会，总结工作，表彰奖励积极参政议政、热心公益活动、立足本职工作的党员。

1998 年，农工党区工委制订《农工党崇文区工委工作准则》。2003 年，制订财务管理、工作会议、提案、信息报送、发展党员办法等 5 项制度，修订工作准则。2005 年，制订《农工党崇文区工委优秀提案、建议案奖励试行办法》，建立区党员数据库，对党员实行动态管理。2007 年，修订《区工委组织发展管理办法》，制订《农工党崇文区工委先进集体和先进个人评选办法（试行）》。2008 年至 2010 年 6 月，完善老党员慰问制度，在中秋、重阳、春节等重大节日，走访慰问退休老党员，通报工作情况，听取意见和建议。

社会服务 自 1994 年起，农工党区工委发挥自身优势，坚持面向社会，服务社会，开展多种公益活动。在 1998 年抗洪救灾中，党员捐赠 1 万余元现金及衣物。2003 年，多名党员参与“非典”临床医疗、流行病调查与隔离工作，4 人获全国和市统战系统抗“非典”先进个人。自 2004 年起，组织党员参加第十六届至第二十二届国际科学与和平周活动。结合“迎奥运、讲文明、树新风”送健康进社区活动，先后到社区义诊、咨询，举办以常见病、多发病、防控甲型 H1N1 流感等为内容讲座并答疑。多次到永定门外街道长寿园敬老院捐赠衣物，慰问老人。2006 年，农工党区工委与永定门外街道结成对子，此后，各支部每年派医生、专家到社区为居民义诊、讲课、咨询答疑、发送宣传手册等。2007 年，向广渠门中学“宏志班”高一年级学生赠送生活用品，并举办《为了健康，合理饮食》讲座。2008 年，农工党区工委组织党员参加区“回报社会 关爱百姓”捐助活动，帮助弱势群体解决生活困难；为四川省汶川地震捐款 1.55 万元，94 名党员交纳特殊党费 1.11 万元；多名党员赴一线抗震救灾、义诊及送医送药。2009 年 6 月，与农工党中央、农工党市委在天坛公园联合举办“大气环境与健康”宣传活动，18 名党员为群众义诊。农工党中央副主席汪纪戎、市委主委于文明和区领导等出席。2010 年年初，为儿童重大疾病救助专项基金、青海玉树地震灾区及邓演达纪念园建设捐款万余元。

图7—5 2007年12月，农工党区工委到永定门外街道长寿园敬老院慰问老人

第六章 中国致公党

第一节 组 织

1993年9月，中国致公党北京市委员会组建崇文区支部，主任委员叶卓彬。委员2人，党员19人。1996年11月，成立致公党崇文区第一届工作委员会，主任委员叶卓彬。下设3个支部，党员33人。1998年9月，第二届区工委主任委员黄维辉。下设3个支部，党员41人。第三届区工委黄维辉继任主任委员。2006年6月，第四届工委主任委员范承玲。下设3个支部，党员73人。至2010年6月，下设3个支部，党员80人，平均年龄49.51岁。其中，女党员38人，占47.50%；中高级职称67人，占83.75%；大专以上学历68人，占85%；归侨、侨眷60人，占75%，分别来自北美、欧、亚三洲。分布于区国家机关、企事业单位，从事科技、教育、医疗卫生、新闻、经济、法律、体育等工作。

第二节 主要活动

参政议政 1994年至2010年6月，区致公党党员中任致公党中央委员1人，任致公党市委常委1人、委员1人。党员中有区人大代表4人，其中人大常委会委员2人；区政协委员16人，其中政协常委5人；任区侨联副主席1人、常委1人。另有7人次被聘任为区党风廉政监督员。他们发挥海外亲属多、联系广泛的优势，在人大、政协活动中积极参政议政，反映广大海外侨胞的意见，为区经济建设和社会发展建言献策。

1999年，在区政协全会上，致公党区工委提出《加强青少年科技馆建设，推动区科普工作的发展》《关于举办统一战线健身运动会的建议》的提案，被区政协评为优秀提案。2000年，致公党区工委提出《关于开发草厂古建民居旅游接待点的建议》《关于入世对城区房地产的影响与对策》的提案，得到区有关部门重视。致公党区工委成员还撰写调研报告等文章20余篇，其中《住宅商品房市场的规范与建议》获市委统战部优秀调研报告三等奖，部分内容被市政协城建委纳入其调研报告，连同《商品房销售管理办法中存在的三大问题》等文，被《北京法制报》《北京晚报》《北京青年报》刊登。2004年至2005年，致公党区工委向区政协提交提案8件，其中《关于规范公车使用问题的建议》《关于加强机关大楼防火措施的建议》的提案，获区政协优秀提案奖。2006年至2009年，致公党区工委向区政协提交党派提案7件，委员提案41件。其中区工委《关于解决制约崇文区拆迁“瓶颈”问题的建议》，区委书记李晓光批示：请区政府认真研究对策，丰富拆迁手段。区政府在制定拆迁政策中采纳其中实施货币补偿、异地安置等建议。区工委《关于提升区城市管理水平的建议》《关于创办龙潭湖国际体育商务节的建议》和委员《关于创建龙潭湖体育主题公园模型大世界活动区的建议》，被区政协评为优秀提案。委员提案《关于校园周边安全隐患治理的建议》获市总工会优秀建议案。2009 年 12 月在区政协第十三届四次全会上，致公党区工委提交党派提案 2 件，委员提案 8 件，其中《关于科学务实地搞好“天坛文化圈”规划建设的建议》获区政协优秀提案奖。在区政协第十届至第十三届全会上，共提交党派提案 37 件，委员提案 75 件。

图7—6　2003年1月，致公党区工委主委在政协会上发言

2008 年奥运期间，3 名党员被评为市委统战系统先进个人。主任委员范承玲被全国妇联评为全国三八红旗手、副主委邓泽敏被致公党中央评为参政议政先进个人、党员陈国忠被美国专家教授学者学会评为该年度杰出归国科学家。

社会服务与学习联谊　2003 年抗击“非典”期间，致公党区工委向全体党员致慰问信，通报有关会议精神。1 名党员特意由国外赶回北京，向协和医院等单位捐款 280 万元，被致公党中央评为抗击“非典”先进个人。在 2008 年汶川抗震救灾中，致公党区工委和党员捐款 482.82 万元；1 名党员在灾后 5 天组织所在单位《心理月刊》杂志专家奔赴灾区，进行心理援助和调研，筹款 22 万元，制作心理援助手册 50 万册送往灾区，并向中央统战部提交《灾区心理援助急需注意的问题》建议案。致公党区工委被中国致公党评为“5·12”抗震救灾先进集体，多名党员被评为抗震救灾先进个人。党员中 1 名律师协助居民和老党员处理房屋拆迁相关事宜及办理财产遗赠手续，接待群众来访，化解各类矛盾。2009 年端午节前夕，致公党区工委与区政协专委会、区委政法委联合在区看守所举行“警民携手共筑和谐”活动启动仪式，并举办心理咨询讲座。

1996 年致公党区工委成立后，建立学习、会议制度，至 2010 年 6 月，共举办 11 期党员培训班，学习有关方针政策和统一战线理论，140 人次参加。2006 年，24 名党员参加致公党市委工委干部培训班，提高对中国共产党关于多党合作理论的认识。致公党区工委组织党员参加区委统战部民主党派新成员学习班和市、区社会主义学院的学习培训，提高党员的思想素质。每年举办迎新春联欢会、九九重阳节祝寿会等联谊活动；在重大传统节日，区工委负责人走访慰问离退休老党员，鼓励他们参政议政。2008 年至 2010 年 6 月，致公党区工委与市政府侨办、区侨联共同举行参观、游览、歌咏比赛和各种联谊活动，增强党员的爱国热情。

第七章　九三学社

第一节　组　织

1998年6月，九三学社区工委成立，张中仪任主任委员。下设支社5个，社员148人。2003年7月，第二届区工委成立，蒲丛任主任委员。下设支社5个，社员121人。至2010年6月，蒲丛继任主任委员。下设支社5个，社员154人。

第二节　主要活动

参政议政　九三学社区工委成立后制订学习、会议、信息报送等制度，每年举办工委委员、骨干社员培训班，学习社中央、社市委和区委统战部有关会议精神，了解国情、市情、区情，提高社员的思想素质和组织凝聚力，积极参政议政。1998年至2010年6月，共举办各类学习班11次，200余人次参加。区社员中有全国政协委员1人；区人大代表6人，其中人大常委会委员1人；区政协委员25人，其中政协常委7人。另有3人被聘任为区党风廉政监督员。

九三学社区工委发挥社员中知识层次较高、社会联系较广的优势，围绕区中心工作，抓住热点、难点问题，在区政协第十一届至第十三届会议上，提出党派提案31件，委员提案99件。1999年，九三学社区工委提出《关于在崇外大街筹建开发中国医药城的设想和建议》的提案，被区政协列为大会一号提案，为崇文门外大街医药产业的发展提供可行性依据。当年，药检所支社的社员在调研上百家医药企事业单位经营状况的基础上，为区曙光制药厂产品科技含量较低的现状进行会诊，提出《抓住机遇，借脑纳技，引资聚财，曙光药厂腾飞指日可待》的专项提案。曙光制药厂高度重视，采取有效措施，改进产品质量，提高科技含量。2000年，九三学社区工委提出的《以点带面、点面结合、再铸昔日辉煌，崇文区医药产业大有作为》《关于改善崇外大街商业经营环境的建议》《构建新型社区卫生服务体系，在于谋求机制创新，在于加强外部监督》等提案，均获区政协优秀提案奖。2001年，九三学社区工委提出《关于国有企业改革过程中应重视保护职工利益的建议》的提案，区国资委主要负责人到区工委对提案

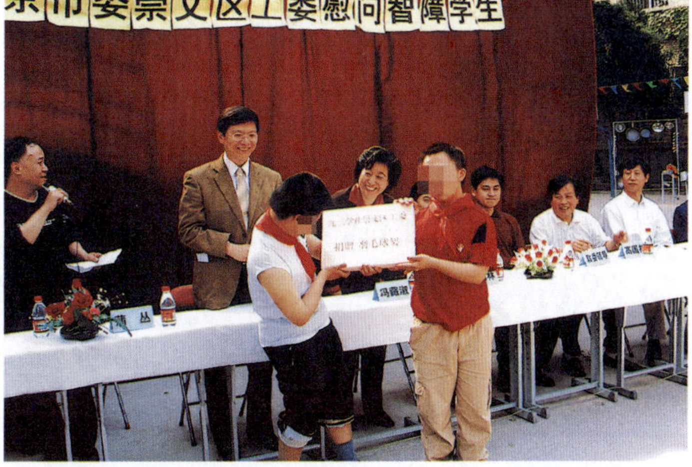

图7—7　2004年5月，九三学社区工委慰问区智障学生

进行答复，并在国有企业改革中注重听取职工意见，提出维护职工合法权益的具体措施。同年，九三学社区工委与区民政局联合召开社区养老座谈会，落实区工委《关于老人社区居家养老的建议》的提案，其居家养老建议均被区政府采纳。2004年，九三学社区工委在区政协会议上提出《必须加大对食品、药品辐射消毒的执法力度》的提案，报送有关部门，副总理李克强对加大辐射药品消毒执法力度做出批示。2005年至2010年6月，该工委有近20件提案被区政协评为优秀提案，结合社会热点难点问题报送社情民意50余条。

社会服务 1998年，九三学社区工委成立后，每年带领支社社员赴顺义，开展以“关注弱势群体奉献一颗爱心”为主题的捐赠和义诊活动。2008年，社员们通过各种途径向四川省汶川地震灾区捐款捐物，工委主任委员蒲丛以其公司名义捐款达100余万元，社员缴纳特殊社费5 600元，社员中医务人员积极报名参加赴灾区医疗队。当年，九三学社区工委组织社员开展“迎奥运、讲文明、树新风”等主题活动，获社市委优秀组织奖。2009年，与天坛街道结成互助对子，定期与街道联系，听取居民建议和意见，及时向有关部门反映。

第八章　工商业联合会

第一节　组　织

1993年7月，北京市工商业联合会崇文区办事处恢复北京市崇文区工商业联合会名称。1994年年初，全区会员总数618户（含团体会员户）。其中原工商业者289人、国营集体企业会员213户、非公有制经济会员116户。根据中共中央关于工商联的工作对象要逐步转移到以非公有制经济企业为主，国有企业不再作为工商联会员的要求，经过整顿登记，是年底，区工商联会员总数378个（户），其中非公有制经济企业会员116户。2006年会员发展到759个（户），至2010年6月，会员总数为2 142个（户），其中非公经济企业会员1 671个（户）。

至2010年6月，区工商联先后召开3次会员代表大会。1997年4月，第六届会员代表大会选举产生区工商联第六届执行委员会委员34人，其中非公有制经济人士24人，占执委总数70.60%。会长马瑞良。2001年11月，第七届会员代表大会选举产生区工商联第七届执行委员会委员56人，其中非公有制经济人士45人，占执委总数80.36%。会长为非公经济人士时念洋（北京西比利亚皮货集团董事长）。2006年6月，第八届会员代表大会选举产生区工商联第八届执行委员会委员66人，其中非公经济人士53人，占执委总数80.30%。会长为非公经济人士蒋柏荣（百荣投资控股集团有限公司总裁）。

第二节　主要活动

参政议政 1994年至2010年6月，区工商联会员和非公经济人士中有市人大代表2人，市政协委员2人。当选区人大代表和任区政协委员的非公经济人士：1994年为22人，1999年为34人，2010年6月增加到64人。另有20名会员被聘任为区党风廉政监督员。

在区政协第十届至第十三届全会上，区工商联提交团体和个人提案共218件。1994年，在区政协第十届一次会议上，区工商联《关于我区非公有制经济在发展中遇到的问题与建议》的提案，被列为大会一号提案，区政府有关部门及时提出优化软环境、提高服务质量等措施，有效促进非公经济发展。1995年，区工商联在区政协全会上作《继续发展非公有制经济适应社会主义市场经济的需要》的大会发言，还围绕城区大规模建设开发和第三产业发展，提出《关于加快我区社会三产企业发展的建议》《前门大街商业企业的发展》等5件提案。1996年，区工商联组织非公企业人士深入调研，在区政协第十届三次会议上提出《关于下大力气向管理要效益，增加我区财政收入的建议》的提案。区商委、经委及时召开企业管理工作会，制订加强国有和集体企业管理的相关政策和改进措施，落实提案建议。

1997年至1999年，区工商联连续提交《关于抓住机遇，重点突破，促进区域经济发展》等调研报告和《关于进一步落实我区发展区域经济两项优惠政策的建议》的提案，区委、区政府、区政协领导分别批示，有关部门认真研究，并据此制定《崇文区政府关于进一步扶持企业发展的若干意见》，提出优化软环境、加大发展区域经济力度等措施。1999年11月，区工商联副会长、御龙阁首饰有限公司董事长王世平提出开发前门大街商业区建议，并出资聘请专家对开发方案进行论证，区政府在该大街改造时采纳其建议。2000年，区工商联在区政协全会上提出对重点非公企业年检建立绿色通道，对新入驻区非公有制企业予以贴息贷款、资金扶持，抑制前门大街市场无序竞争等12项建议，区政府有关部门逐一采纳。自2001年起，北京市实行新的分税制，区工商联深入会员企业调查研究，对推进区财政管理体制改革、引企促税、留企保税提出建议，均在区政府决策中被采纳。2004年，提出《关于落实以招商引资为龙头，推动崇文区经济跨越式发展的五点建议》，被区政协评为提案一等奖。2007年至2008年，区工商联在非公经济人士中收集到区政府在对非公企业扶持力度、改进经营环境、提高公职人员服务意识等方面的意见、建议共50余条，报送后得到解决的有40余条。2009年，提交《关于进一步增强我区非公经济持续发展后劲的建议》的提案，区工商局等部门制订加大对非公经济扶持力度，实施小额贷款等措施落实提案。10月，区工商联成立参政议政、经济服务和法律服务3个专委会，进一步加强参政议政工作。

促进区域经济发展　1995年，区工商联召开非公有制经济代表人士座谈会，对非公经济和区域经济共同发展提出建议。1996年至1997年，区工商联走访30余家私营企业会员，先后召开3次交流会，介绍国有、集体小企业经济简况和有关政策，探索与国有、集体企业合作的条件、形式和渠道。1998年，区工商联组织17家规模较大的非公经济企业考察区属企业资源配置状况和重组意向，召开区域闲置资源推荐会，为非公经济参与国有企业改革、转制牵线搭桥。至2001年，非公企业以收购、兼并、参股、控股、承包或租赁等形式对区商委系统134家门店进行改制，促进不同所有制经济优势互补。2004年，区工商联提出促进区域经济发展，为非公有经济发展建立绿色通道的建议后，区委、区政府领导建立与非公经济代表人士联系制度，采取措施，为36户非公企业提供贷款9 830万元。当年，区工商联制订招商引资工作方案，建立招商引资项目库。至2006年，非公企业从项目库中引进13家企业。2007年至2009年，为近30家会员企业提供贷款担保2.55亿元。至2010年6月，非公经济企业在区财政比重为20.47%。

光彩事业和再就业工程　1994年，区工商联响应全国工商联实施光彩事业的号召，以扶贫开发为重点，与房山区南窖乡建立对口扶贫关系，为该乡花岗小学捐款1.80万元。会员企业在平谷县投资1 700万元建立万福珠宝首饰有限公司，吸纳当地200余人就业。1999年至2000年，西比利亚皮货集团投资3 000万元在房山建立皮衣生产加工基地，吸纳当地500余人就业；玉缘玉雕公司帮助房山石窝乡开发白玉艺术加工；朝隆达新科技有限公司投资4 000万元在平谷县、大兴区、河北河涧建立日用杂品生产加工基地，吸纳扶贫对象1 000余人。2000年至2006年，会员响应开发大西北号召，分别向甘肃酒泉光彩世纪林、西北打井项目、内蒙古敖汉旗百亩活沙工程等31个光彩事业项目投资近2亿元，捐款、捐物3 000余万元。8家会员企业扶贫项目被推荐为北京市光彩事业重点项目。至2006年年底，会员企业为光彩事业项目投资累计近8亿元。4人被市工商联授予光彩事业奖章。区工商联副会长获市工商联光彩事业组织奖。

1995年，会员企业彭天艺术公司经理彭小平出资5万元，创办全市区县工商联第一家职业介绍所，无偿为下岗职工提供招聘咨询、求职、择业服务，至1998年，共安置1 300余人就业。1997年，会员企业出资14万元资助下岗职工。2003年，区工商联组织会员参加就业招聘会，吸纳1 000余人就业，西比利亚集团、万福大厦被评为北京市再就业先进单位。2004年，58家会员企业安置社会就业4 900余人，其中吸纳下岗职工近2 000人。2005年至2010年6月，工商联与有关部门联合举办民营企业招聘周，50余家会员企业提供各类岗位1 200余个，适合失业人员、就业困难人员就业的岗位超过60%。其间，还举办3次随军家属专场招聘会，17家会员企业提供122个就业岗位，67名随军家属与企业达成就业协议。

图7-8　2010年5月，面人彭在钓鱼台国宾馆为美国国务卿希拉里表演捏面人

社会公益事业　自1995年起，区工商联组织会员捐资助学，出资4万余元举办“铭思赠书周”活动，向区三好学生和少年儿童赠送图书。向区教委和广渠门中学“宏志班”捐款60万元。出资110万元建立“珍贝杯”教育教学贡献奖，鼓励和资助区优秀教师和贫困教师。向北京市温暖基金会捐款1 000万元，成立以北京中和珍贝科技有限公司董事长邱淦清命名的淦清助学基金，资助贫困职工家庭子女。1997年，向永定门外街道颐和老年公寓、特困家庭捐款捐物470万元。1998年，会员向南方遭遇水灾的群众捐款（含物资）100余万元。2003年，30余家非公企业向抗击“非典”一线医务人员捐款捐物共计50余万元，李宁公司为遭受自然灾害地区捐物价值1 048万元。2008年，会员企业为四川省汶川地震捐款捐物4 200余万元，会员企业邱淦清通过中国红十字会、中华慈善总会等向公益事业捐款490万余元，荣获中国公益事业贡献奖。2009年，帮扶西藏自治区当雄县，捐款45.30万元。2010年4月，区工商联组织会员企业为玉树地震捐款745万余元，捐物价值600万元。1995年至2010年6月，区工商联及会员企业共向社会各界捐助资金9 300余万元，捐赠物品价值1 650余万元，捐赠衣被5 200余件。

学习宣传与企业文化　1995年4月，区工商联举办工商税务法规、中小企业贷款担保知识等讲座，培训300余人次。1997年6月，在非公企业会员中开展爱国主义和社会主义教育活动。1998年12月，举办ISO 9000质量管理体系认证培训班，15家会员企业参加，6名管理人员获内审员证书。1999年至2001年，区工商联推荐25名私营企业家报考清华大学、人民大学、北京市行政学院MBA研究生班，学习管理知识。之后，每年选送5名参加中共市委党校研究生学历教育。2001年至2010年6月，区工商联建立学习制度，结合非公有制经济特点和企业需求，每年举办非公有制经济代表人士时事政策、法律知识培训班，共举办9期，1 000余人次参加。2002年3月，区工商联创办《工商联简讯》，宣传法律法规、方针政策，每季一期。2004 年至 2007 年，举办贯彻《国务院关于鼓励支持和引导个体私营等非公有制经济发展的若干意见》及相关政策培训，30 家会员企业参加，举办新颁布的《劳动合同法》知识讲座。2005 年，区工商联信息网开通，进行政策咨询。2007 年，在《新崇文报》《崇文信息》开辟非公经济专栏。2008 年，用 3 个月时间在会员企业中开展中国特色社会主义学习教育活动。在非公经济人士中开展征文活动，出版《工商联纪念改革开放三十年》专刊。

1996 年，区工商联在会员企业中开展文化建设。1997 年，区工商联创办法律事务所，为 50 余家会员企业提供法律咨询和中介服务，担任法律顾问。至 2000 年，为会员企业挽回和避免经济损失 1 400 余万元。自 1999 年起，区工商联与区工商局联合开展争创“双信”（重合同、守信用）单位活动，22 家会员企业分别获市“双信”单位、消费者满意单位等称号。2000 年，指导会员开展系列质量认证，43 家会员企业通过 ISO 9000、ISO 14000 以及其他相关质量认证。2001 年至 2006 年，指导会员企业参加北京名牌申报，庄子、奥妮尔、滕氏等 5 家企业获中国和北京名牌产品称号。2008 年，区工商联组织会员企业开展“迎奥运、讲文明、树新风”活动，60 余家企业进行职业道德、奥运知识、文明礼仪及安全防事故教育，开展服务规范、岗位技能培训。40 余家会员企业在永定门公园开展“迎奥运　绿化崇文”植树活动，捐赠认建认养款 5.06 万元。22 家企业和 6 名非公经济人士获首都参与奥运先进集体、先进个人称号。至 2010 年 6 月的 17 年间，区工商联会员中 214 家非公企业获市工商联系统精神文明单位，市纳税、质量先进单位，市劳动关系和谐企业等称号；20 人次分别被市总工会和市委统战部评为市劳动模范和先进个人。区工商联多次获市工商联优秀组织奖。

图7—9　2007年3月，区工商联举办《劳动合同法》知识讲座

民间商会　1997 年，区工商联与天津市河西区民间商会建立友好关系，20 余家会员多次前往考察，参加河西区商贸节、第四届中国国际中小企业博览会，2 家会员企业在津开办 3 家专营店。1999 年至 2005 年，先后组织 50 余家会员企业参加上海、长春等地商贸促销、贸易洽谈会，为会员企业进行经济合作、项目开发、业务咨询等开展服务。2007 年至 2008 年，组织会员赴西藏自治区当雄县、青海省黄南州参加开发项目推介会。至 2010 年 6 月，区工商联与天津、上海、杭州、石家庄、温州、宜昌、淄博、侯马等 20 个省市工商联建立友好商会关系。

1994 年 4 月，区私营企业御龙阁首饰有限公司在阿联酋首府迪拜开办分公司，为全市首家私营企业在国外开办企业，并与其民间商会建立联系。1995 年，会员企业赴马来西亚与当地民间商会 18 家企业进行经贸洽谈，实地考察 6 家公司。1997 年至 2001 年，庄子公司等 5 家会员企业获自营进出口权，13 家会员企业在国外开办分公司。至 2010 年 6 月，区工商联先后 4 次组团赴德国、法国等 7 个国家和中国香港地区进行商务考察，参加中美、中俄、中德、京港等国家和地区经贸洽谈会，并接待德国、韩国等民间商会组织和企业家，与近 10 个国家民间商会组织有友好关系。

原工商业者管理　根据市工商联要求，1996 年，区工商联调查区原工商业者经济生活状况。全区有原工商业者 259 人，其中死亡 94 人，回原籍 9 人，单位合并、合资、住址搬迁及查无下落的 67 人。至 1996 年年底有 89 人，年龄最大 100 岁，最小 67 岁。对少数退休费过低，医疗负担过重，生活确有困难的老工商业者实行补助；对曾遣返回乡，回京后未落实房屋政策，住房确实困难的，向有关部门反映并提出建议，采取入住养老院等措施解决。2001 年 1 月，对区原工商业者（含“三小”，即小业主、小商贩、小手工业者及遗孀）进行登记 524 人。至 2004 年 10 月，在登记后办理身份认定审批手续的 495 人。2009 年，根据市工商联要求，对辖区内原工商业者（含“三小”及遗孀）重新认定，人数为 614 人。区工商联设立老龄办，对其实行动态管理，建立来信来访和定期走访制度。1996 年至 2010 年 6 月，走访慰问原工商业者 456 人次，发放临时生活困难补助和慰问金 106 余万元。

第八编　人民团体

1994 年至 2010 年 6 月，崇文区总工会（简称区工会）、共青团崇文区委员会（简称团区委）、崇文区妇女联合会（简称区妇联）等人民团体围绕经济建设中心，服务全区工作大局，推进民主政治，加强自身建设，夯实社区基础，团结和动员各团体成员投入全区各项事业的建设和发展，充分发挥了党与群众的桥梁和纽带作用。各人民团体不断加强对成员的思想政治教育，反映群众意见和要求，维护群众合法权益，扶贫帮困，为群众办了许多实事好事，提高了凝聚力、吸引力和感召力。

第一章　工　会

第一节　组　织

1994 年年初，区工会有基层工会 580 个，会员 48 870 人。1994 年，7 个街道成立劳动服务公司工会。1996 年，9 家私营企业建立工会，并成立私企工会联合会筹备组。1998 年，区委、区政府、区政协成立机关工会。1999 年，在部分私营企业建立工会的同时，五金机电、永外地区新经济组织、前门街道社区服务中心等行业或地区工会联合会先后建立。全区有私营企业工会 255 个，会员 2 629 人。2000 年，区境内 31 家出租车企业建立工会。2002 年，区卫生局民社办医院、前门东大街自由市场工会联合会建立。全年建会 294 个，发展会员 3 032 人。2003 年，广安大街 3 号楼建筑工地项目部建立外来务工人员工会组织。2003 年，全区共有工会组织 416 个，会员 39 268 人。

2004 年 6 月，区工会更名为崇文区总工会。当年，7 个街道建立社区保洁员工会联合会，294 名保洁员入会。区三八家务服务中心建立工会组织，百余名保姆入会。全区 73 个社区均成立工会联合会。

2005 年至 2007 年，百荣投资控股集团有限公司、信立强劳务服务中心、国瑞兴业地产有限公司、京港地铁有限公司等较大规模的非公企业建立工会。家和家美家具城、天桥百货商场等单位建立厂家信息员工会联合会，崇文门菜市场物美综合超市等单位吸纳厂家信息员入会。建筑工地进城务工人员做到随进驻随建会。2009 年，区委成立建会工作领导小组，将社区工会工作纳入街道考核内容，推进写字楼新经济组织、新型社会组织建立工会。全年发展会员近 6 000 人，建立写字楼工会联合会 14 个，实行员工制管理的家政公司全部建会。全区共有 1 484 个单位建立基层工会 557 个；职工 59 504 人，会员 57 932 人。2010 年上半年，按照市总工会要求，7 个街道工会工作委员会改建为工会委员会。

第二节　会员代表大会

1997年3月，召开崇文区工会第十二次代表大会，代表201人。大会听取并审议通过区工会第十一届委员会工作报告、经费审查委员会工作报告，选举产生区第十二届工会委员会（简称委员会）和经费审查委员会。委员会选出常委11人，主席1人。

2001年12月，召开崇文区工会第十三次代表大会，代表282人。大会听取并审议通过区工会第十二届委员会工作报告、财务工作报告、经费审查委员会工作报告，选举产生区第十三届工会委员会和经费审查委员会。委员会选出常委13人，主席1人。

2006年4月，召开崇文区总工会第十四次代表大会，代表202人。大会听取并审议通过区总工会第十三届委员会工作报告、财务工作报告、经费审查委员会工作报告，选举产生区第十四届工会委员会和经费审查委员会。委员会选出常委13人，主席1人。

第三节　主要活动

维护职工合法权益　1995年，区工会开展平等协商签订集体劳动合同试点工作。1997年至2000年，着重建立工作机制和规范、组织开展履约检查、提高合同质量、扩大覆盖面。至2001年年底，全区国有、集体及国有、集体控股企业集体劳动合同建制率达99%；合同续签率稳定在98%以上，新建企业协商机制建制率稳定在60%以上。区工会制订《关于进一步做好职工续订、终止劳动合同中的工会工作意见》，规范劳动合同的签订和续签。2002年，区工会制订适用于国有和集体（含国有、集体控股）、民营、中外合资（含独资）企业的3个集体劳动合同文本。2004年，区总工会在部分单位进行工资集体协商试点，与区劳动和社会保障局联合制订工资集体协商指导意见和工作流程，供基层单位使用。2005年，区总工会召开推进工资集体协商工作现场会，全面推广试点单位经验。2007年，推进工资专项集体合同签订工作，并初步建立职工工资正常增长机制和女职工特殊权益保护专项集体合同。2008年至2010年6月，区总工会推广新的集体合同示范文本，对具备签订条件的单位进行重点督促，平等协商和签订集体劳动合同的覆盖面不断扩大。

1994年至1995年年初，区工会调查基层工会劳动争议调解组织状况后，依据《劳动争议处理条例》整顿和充实各级劳动争议调解组织。1995年10月，依据全国总工会《工会劳动法律监督试行办法》，组织基层工会建立工会法律监督组织。1996年，全区30个局、公司、直属单位建立劳动法律监督组织，220个企业建立工会劳动法律监督小组。1996年，区工会加强劳动争议调解员业务培训，全区365名劳动争议调解员持证上岗。2001年至2003年，区工会制订《崇文区工会劳动法律监督工作办法》等文件，建立、健全工作制度，完善组织网络，并初步发挥作用。2004年，7个街道均建立区域性劳动争议调解指导委员会，负责辖区内劳动争议调处工作。2005年，区总工会直属企事业工会建立工会劳动争议调解和劳动法律监督组织。2009年，区总工会联合区人力社保局、区司法局建立劳动争议调解三方联动机制。建立和完善区、街、社区、企业劳动争议调解四级组织网络。近150名劳动争议调解员持证上岗。区、街两级劳动争议调解中心共受理劳动争议案件205件，调解成功158件，涉及职工600余人，金额170余万元。

民主管理　自1994年起，区工会主要负责人通过列席区委常委会议、政府常务会议，参加区人大、区政协活动，对贯彻全心全意依靠工人阶级的指导方针，推动基层民主建设等问题发表意见和建议。基层工会坚持职代会制度，对企事业单位内部重大决策、涉及职工切身利益的用工、工资等问题进行审议，民主评议领导干部。1998年，全区开展厂务公开试点工作。1999年7月，区委、区政府下发《关于实行厂务公开，加强民主管理的实施意见》，各单位结合实际，制订实施细则。12月，召开全面推行厂务公开工作会议，在全区范围内推广厂务公开工作。各单位通过召开领导与职工联席会、民主议事会、厂情通报会、职工咨询会，组织职工代表视察，设立厂情通报栏等形式，丰富公开内容和形式。区工会与区委、区政府有关部门联合下发8个文件，对企事业单位民主评议领导干部，向职代会报告业务招待费使用情况，企业改革、改组、改制过程中民主管理的工作程序，以及建立报告、督查、考核等制度进行规范。2001年至2002年，区属企业改制方案均经过职代会审议通过。35个区属企业召开职代会，评议领导干部474人，审议业务招待费196次。2003年，区工会制订《关于非公有制企业实行民主管理的工作意见》，推动非公有制企业民主管理工作。北京金马模具制品有限公司、宏源南门涮肉城在全市非公企业民主管理工作经验交流会上作经验介绍。2004年，区总工会制订《关于健全和规范企业民主管理及职工（代表）大会工作意见》，并召开民主管理工作研讨会，探讨新时期民主管理的实现形式。7月，崇文区代表北京市接受全国厂务公开协调小组检查，全区广泛开展厂务公开民主管理自检自查工作，重点检查建筑施工企业依法组建工会及工会发挥作用、支付农民工工资等情况，突出对用工大户和各类非公有制企业的监督检查。结果显示，职工对单位厂务公开民主管理工作满意和基本满意率为94.40%。2005年，区总工会决定每年7月为“厂务公开民主管理月”，9月为“厂务公开民主管理检查月”，配合行政部门以落实“行政主体到位”为重点，推进厂务公开民主管理工作。2006年，开展行业性和区域性职代会试点工作，东花市街道美容美发和餐饮行业建立行业性职代会，龙潭街道板厂南里社区建立区域性职代会。2006年，区厂务公开协调小组分获全国推动厂务公开民主管理工作先进单位和市厂务公开民主管理工作先进组织单位称号。2009年，区总工会依托社区、行业工会联合会推进区域性、行业性职代会制度建设。区厂务公开领导小组被市厂务公开领导小组评为厂务公开民主管理工作先进组织单位。

图8-1　2004年7月23日，全国、北京市厂务公开协调小组到区检查指导工作

职工教育　1994年，全区63个单位3 955个班组参加全国班组社会主义市场经济知识竞赛，近5万名职工参加《劳动法》知识竞赛。1995年至1996年，区工会在职工中开展“知企业、爱企业、建企业”活动，女职工委员会开展“自尊、自信、自立、自强”教育活动，全区55个基层工会1万余名女职工参加“迪康杯”知识竞赛。1998年，区工会举办3场职业道德教育专题报告会，培训250余名小教员，全区各级工会结合实际培训职工2.40万余名。1999年，各级工会组织报告会、座谈会、征文、演讲、知识竞赛等活动，庆祝中华人民共和国成立55周年。万余名职工参加迎澳门回归知识竞赛。2000年，开展“我与改革”大讨论，全区职工参与率达95%。

图8-2　2007年12月21日，区总工会举行《劳动合同法》《就业促进法》知识竞赛

2002年至2003年，各级工会以多种形式组织职工学习修改后的《工会法》和实施办法，开展“我学十六大”征文和全面建设小康社会职工百题竞赛答卷活动。2004年至2005年，区总工会利用知识答卷等形式，组织职工开展“创建学习型组织，争做知识型职工”等活动，1.90万名职工参加。全区440名职工参加通用能力培训，其中82.70%为一线职工。2006年，区总工会开展以送知识、送法律、送安全、送健康、送艺术、送娱乐为主要内容的向农民工送文化行动，向农民工会员赠送价值万余元的书籍及体育文化用品。成立流动电影放映队，为区内建筑工地近4 000名农民工放映电影。在全区职工中开展市“十一五”规划、预防控制艾滋病及禁毒等知识竞赛。区总工会被评为预防控制艾滋病及禁毒知识竞赛活动全国优秀组织单位。2008年，区总工会以“高举旗帜、科学发展、共建和谐”为主题，开展学习宣传贯彻党的十七大精神教育活动，全区1.10万名职工参加知识答题。东花市街道工会职工书屋被全国总工会命名为全国首批职工书屋。区总工会被评为全国工会普法先进集体。2009年，全区907名职工参加第5批通用能力培训。建成全国职工书屋2个，市职工书屋15个。

帮扶困难职工　1996年，区工会建立以困难职工为主要服务对象的职工消费合作社，为其购买生活必需品提供优惠。1996年9月，成立中国职工保险互助会；至12月底，6个单位、1 749名职工参加互助会，保险储金达44.63万元。1996年，全区各级工会推行领导干部与困难职工联系制度，全区144名党政工干部与困难职工建立联系。区工会建立送温暖基金。1998年，区工会开办家政服务中心，108名下岗职工参加家政服务员培训，经市劳动局考核，取得家庭服务员初级等级证书，其中68名家政服务员先后进入110户家庭服务。1997年至2001年，全区筹集资金1 400余万元，慰问职工3万余户（次）。734名党政工领导干部与困难职工结成帮困对子。412支贴心人服务队、2 800余名队员常年在基层工作。2001年，区工会被全国总工会授予送温暖工程先进单位称号。2003年，区工会成立帮扶困难职工办公室，开展“送政策、送技能、送岗位、送保险”活动。2005年，开展“关爱职工、服务会员”活动，发展定点单位，为工会会员提供优惠服务。2007年，区总工会组织“两节”送温暖、三八助单亲、五一看望劳模、六一关注困难家庭儿童、七一慰问困难党员、九月金秋助学等不断线帮扶活动。区工会与区财政局共同筹建报废国有资产公物仓，将报废国有资产残值用于困难职工帮扶工作，累计筹集帮扶资金15万元。

图8-3　1999年6月，区领导到已故先进工作者时传祥家中慰问

2008 年 4 月，区总工会成立区职工帮扶中心，为职工提供法律援助、劳动政策咨询、职工维权司法立案绿色通道及求职推荐服务。2009 年，区职工帮扶中心帮扶困难职工近 1 800 人次，帮扶资金 80 余万元。为 66 名困难职工子女发放 12.80 万元助学金。帮助 13 名应届大学毕业的困难职工子女实现就业。2.10 万名职工投保职工互助保险，占会员总数的 40.60%；275 名职工得到赔付，赔付金额近 55 万元。区职工帮扶中心还向家中遭受自然灾害、家属有重病和子女上学造成生活困难的 13 名农民工发放援助款 1.90 万元；组织社区女保洁员免费健康体检。区职工帮扶中心出资 10 万余元，先后举办中级水暖工、低压电工和中级厨师培训班，近 200 名农民工取得初、中级职业资格等级证书。

经济技术创新 1994 年，区工会在全区职工中开展“创最佳、奔小康”活动，5 万余名职工参与，提合理化建议 7 045 条，创经济效益 1 105 万元。1995 年至 1996 年，开展“节约能源、降低成本、杜绝浪费”“优服促销奔小康”“迎 95 巾帼建功三八号红旗竞赛”等活动。1996 年，区工会被全国总工会经济工作部评为全国工会工作先进单位。1998 年，全区开展“做主人、献计策、练内功、增效益”活动。1999 年，全区开展“优质服务，岗位达标”“练内功、增效益”活动。全区采取双增双节措施 166 项，举行各种技术比赛 570 场次，涉及 55 个行业，参赛职工 1.50 万余人次。2002 年，全区开展“学技能、创佳绩、建设新崇文”活动，举办各种技术比赛 2 153 次，参赛职工 1 万余人次。提出合理化建议 3 278 条，创经济效益 1 177 万元；技术革新 582 项，创经济效益 152 万元。2003 年至 2006 年，区商业服务、建筑、工艺美术、教育、医疗卫生等行业，结合各自特点，开展“学技术、学业务、创新服务，为企业发展做贡献”“创优秀品种，创最佳企业效益”“保安全，增效益”“崇文杯”教学基本功大赛和护理操作技能大赛等经济技术创新活动。便宜坊集团在首届国际健康美食大赛中，获 2 枚特金奖。2007 年，区总工会联合有关单位，在餐饮服务行业举办北京市首场迎奥运窗口行业技能竞赛，37 名获奖职工分别取得中、高级职业资格证书。2008 年，区总工会以“招大引强促发展，服务奥运立新功”为主题，联合有关部门举办营业员职业技能大赛，百余名参赛者取得中高级职业资格等级证书。2009 年，在市职业技能大赛中，4 名参赛职工被评为技师，40 名职工分别获初、中、高级职业资格等级证书，4 名职工被聘为首席员工。北京市珐琅厂“钟连盛创新工作室”被评为市首批 10 家职工创新工作室之一。

建设职工之家 1994 年年初，全区有市级模范职工之家 3 个，区级先进职工之家 77 个。1995 年年底，全区有合格职工之家 383 个、先进职工之家 100 个，占基层工会总数 78.30%；全区建成合格职工小家 2 535 个，区优秀职工小家 50 个，市模范职工小家 3 个，全国模范职工小家 1 个，合计占全区工会小组数 64.60%。1996 年，区工会修订和充实建家升级考核验收细则和工会工作竞赛细则。前门科教用品商店工会被全国总工会授予全国模范职工之家称号，区第二人民医院工会被市总工会授予市模范职工之家称号。14 个基层工会晋升为先进职工之家，29 个班组晋升为优秀职工小家。1997 年，全区开展建家升级和工会工作竞赛，重新修订职工之家、职工小家考核验收细则。10 个基层工会晋升为区级先进职工之家，18 个工会小组晋升为区级优秀职工小家，天桥百货股份有限公司工会被市总工会命名为市模范职工之家。1998 年，城建开

图8-4 2001年，区环卫局“时传祥青年班”获全国模范职工小家称号

发公司拆迁公司工会被命名为市模范职工之家，煤炭公司幸福巷门市部工会小组被市总工会命名为市模范职工小家，区工人文化宫被评为全国工会系统示范工人文化宫。2001年，区环卫局“时传祥青年班”获全国模范职工小家称号。2004年，各级工会组织按照“组织起来，切实维权”的要求，加强自身建设，完善工会组织网络，规范各项工作制度，继续加强职工之家建设。2008年，宏源南门涮肉城工会获全国模范职工之家称号。2009年，北京第一零九中学工会、宏源南门涮肉城工会获市模范职工之家称号，崇文园林市政服务中心工会小组获市模范职工小家称号。

文体活动 自1994年起，全区各级工会每年组织开展“五月的鲜花”群众歌咏活动，年年有上万名职工参加。1995年，全区15个辅导站开展各类辅导活动，天坛公园太极拳辅导站每天有400余人参加晨练。1996年，崇文区被市授予“五月的鲜花”优秀组织单位、“市行业歌曲大赛优秀组织单位”称号。1999年，成立12年的武术协会吸收会员1 489人，每天近万名职工在21个辅导站参加锻炼。2000年，举办第五届武术专项比赛，武术协会会员达1 700余人。2002年，区工会把“五月的鲜花”节目送到广场、工地、社区和企业，为职工和社区居民表演。自2004年，区总工会每年组织职工开展球类比赛、健步走等庆五一系列活动。围绕“文明礼仪树形象，优化环境促发展”等主题，开展讲座、征文、演讲等系列活动。2007年，区总工会组织创作歌曲《崇文精神代代传》，并与歌曲《爱的奉献》一起，作为合唱比赛的指定曲目，万人传唱“崇文精神”，同唱爱的颂歌。区总工会组建1 200人的北京职工文明啦啦队，开展北京职工文明观赛大讲堂和迎奥运倒计时庆祝活动。2008年，区总工会举办“庆五一·健身与奥运同行”职工体育系列活动。广渠门中学获首都女职工迎奥运光彩优秀集体称号。在北京奥运会、残奥会期间，职工啦啦队近万人次助威25场比赛。区总工会被北京奥组委授予“北京奥运会、残奥会文明观众、啦啦队工作优秀组织单位”称号，被市总工会授予“首都劳动奖状”。2009年，区总工会举办“挥笔聚焦新崇文”职工书画摄影作品展，征集作品近400件，其中20件入选北京市展览。区总工会以“传承奥运精神，展示职工风采”为主题，开展环龙潭湖竞走、乒乓球和羽毛球比赛、职工歌手大赛、非公企业职工健身运动会等活动。

第二章　共青团

第一节　组　织

1994年，团区委有基层团委64个、团总支6个、团支部668个，团员11 892人。1996年3月，7个街道团委改建为团工委。2001年，214家新经济组织、新型社会组织建立团组织，建团率82%。2004年，成立金鱼池社区青年中心、永定门外街道青年中心，探索共青团服务社区青少年的组织和途径。2008年，建立14个非公企业团组织。2009年，成立前门大街老字号联合团委、天坛美博城行业联合团总支、龙潭街道社区团总支。2009年年底，全区有基层团委55个、团总支17个、团支部551个，团员13 366人。2010年上半年，在新社会组织中建立团组织3个，在非公经济组织中建立团组织18个。

1994—2009年崇文区共青团基层组织统计表

表8-1

年份	组织（个）			团员（人）
	团委	团总支	支部	
1994	64	6	668	11 892
1995	42	15	1 183	23 806
1996	56	21	1 492	17 303
1997	53	22	811	13 447
1998	48	24	839	20 522
1999	42	23	810	19 772
2000	37	15	762	17 108
2001	40	18	872	16 699
2002	40	20	890	15 477
2003	40	20	797	13 393
2004	36	21	566	12 497
2005	36	23	570	11 935
2006	37	23	569	12 486
2007	37	20	608	12 113
2008	31	12	573	13 869
2009	55	17	551	13 366

第二节　团员代表大会

1996 年 12 月 14 日，召开共青团崇文区第七次代表大会，代表 199 人，列席代表 23 人。大会讨论并通过第六届委员会工作报告，选举产生团区委第七届委员会，委员 35 人。七届委员会第一次全体会议选举常委 7 人，团委书记 1 人。

2001 年 12 月 15 日，召开共青团崇文区第八次代表大会，代表 183 人，列席代表 18 人。大会讨论并通过第七届委员会工作报告，选举产生团区委第八届委员会，委员 35 人。八届委员会第一次全体会议选举常委 7 人，团委书记 1 人。

2006 年 4 月 22 日，召开共青团崇文区第九次代表大会，代表 190 人，列席代表 12 人。大会讨论并通过第八届委员会工作报告，选举产生团区委第九届委员会，委员 31 人。九届委员会第一次全体会议选举常委 8 人，团委书记 1 人。

第三节　主要活动

主题教育活动　1994年，团区委开展“中华传统美德”大型主题教育活动，组织团员、青年开展读报、学报活动，订学习报刊2 236份。1996年，团区委开展“当好主人翁，共建文明城”活动，组织1 000余名青少年清洗主要街道、路口交通护栏，发放《首都市民文明公约》，宣传交通安全。1997年，33个单位代表队参加以“忆百年沧桑，庆香港回归，建可爱中国”为主题的知识竞赛。1998年，金伦大厦黄金组被共青团中央授予全国青年文明号集体。1999年4月，团区委组织200余名团员青年开展“让绿色与我们同行”为主题的绿化植树活动，团中央领导与团员青年同植“爱心树”，并为区十大优秀青年、外来务工优秀青年、文明社区共建单位颁发“自强不息树”“第二故乡树”“共建文明树”标志牌。1999年五四青年节前夕，团区委举行以“我们与祖国同行”为主题的纪念五四运动80周年大会。1999年11月，团区委在全区团员青年中开展“知历史、颂辉煌、迎回归”为主题的迎接澳门回归系列活动。2000年，团区委与区委宣传部、区精神文明办公室、区工会联合举办“同心申奥运，争做文明人”知识竞赛。2001年，开展“回顾九五，展望十五，我为建设新崇文献计献策”系列活动，共献计献策150余个。2002年，开展“飞扬的团旗，多彩的青春”系列主题教育活动，南区邮电局计算机中心被共青团中央评为全国青年文明号集体。2004年，开展社区青年文化体育节、社区青年广场、周末青春赛场和周末青春舞台等活动，先后举办纪念五四运动85周年、邓小平100周年诞辰纪念活动和“祖国您好”庆祝中华人民共和国成立55周年诗歌朗诵音乐会等活动。2004年，天坛街道金鱼池社区获全国青年文明社区称号。2005年，组织纪念抗日战争胜利60周年大会和红军长征胜利70周年纪念活动，开展“文明青年、礼仪崇文”主题教育活动。2006年至2008年，开展“增强共青团员意识”主题教育和“知荣辱、立大志、做先锋”主题团日活动，组织20批次、500余名团员青年参观《峥嵘岁月——爱国主义教育藏品展》。2009年，组织开展“我与国策共成长”演讲比赛暨征文活动，收到征文110余篇；开展纪念五四运动90周年暨“青春凝聚党旗下，团徽闪耀共和国”主题教育活动。

图8—5　2002年，团区委组织团员参观狼牙山革命根据地展览

青年志愿服务　1994年3月，崇文区成立青年志愿者协会，以“爱心献社会、真情暖人间”为主题开展青年志愿者招募活动。1995年，组织青年志愿者近100人，在崇文门路口开展法律、卫生等咨询服务，发放材料4 000余份，接待200余人咨询。1996年至1997年，青年志愿者协会组织青年志愿者开展为联合国世界妇女大会服务、街头宣传《首都市民文明公约》、清洁环境、法律咨询、便民服务等活动。2001年，青年志愿者协会启动“社区青年志愿者关爱工程”，为社区居民提供便民服务。2002年至2004年，青年志愿者协会举办“北京青年健康使者火炬行动”，组织卫生医疗志愿者进社区，为居民提供健康咨询和医疗保健服务。举办“青春送温暖，关爱进

万家”活动，帮助贫困青少年。组织36名志愿者服务雅典奥运会火炬传递活动，开展“志愿服务，迎接奥运”、奥运知识宣传、志愿者招募动员等活动。2005年年初，青年志愿者协会开展“爱满崇文，青春同行”新春送温暖活动，组织志愿者为贫困青少年家庭送生活用品。以“朝夕共融，奉献爱心”为主题，7个基层团支部与“空巢老人”结对子，上门为老人服务。2006年，青年志愿者协会启动奥运志愿者工作，开展奥运志愿者招募宣传活动，发放宣传资料6 000余份，1 100余人咨询报名。组织卫生系统青年志愿者到7个街道开展30场义诊和医疗讲座，赠送居民价值上万元的慰问品。2007年，150名志愿者参加“春节服务周”活动。1 000余人参与“微笑北京，奥运先锋”北京奥运会城市志愿者招募主题活动。2007年，接收团市委下派的首都大学基层志愿服务团的志愿者40人，作为区城市志愿者团队骨干力量，参与志愿服务的招募、培训、运行工作。在全市“好运北京”系列测试赛期间，区设立8个城市志愿服务站点，上岗志愿者1 000余人，提供服务2万余次，评选区“好运北京”系列测试赛十佳志愿者。2008年，青年志愿者协会设立8个城市志愿服务站点，开展“微笑迎奥运，志愿庆新春”为主题的春节城市志愿服务活动，上岗志愿者500余名，累计上岗1 600小时。招募奥运会城市志愿者2.21万人，其中有外籍志愿者10人，累计有志愿者1 000余人取得市红十字会核发的《红十字会初级急救人员》证书，志愿者骨干150人参加团市委“核心素质训练营”训练。2008年7月1日至10月8日，组织城市志愿者2.20万人在24个城市志愿服务站点开展连续100天的城市志愿服务工作，累计服务公众30万余人次，发放各类宣传材料12万余份。200余名区城市志愿服务优秀志愿者和20名先进工作者受到市、区表彰。2009年，开展元旦、春节服务周及“我与祖国共奋进”国庆60周年服务活动。2009年10月6日，党和国家领导人胡锦涛等在人民大会堂接见筹办国庆系列活动的有关工作机构负责人和各方面代表，区志愿者王杨君参加。2010年3月，组织开展践行雷锋精神服务活动。

图8-6　2007年8月，团区委组织区城市志愿者为行人提供信息、语言翻译等服务

青年人才培养　1994年至1996年，团区委每年举办机关干部及基层团干部理论培训班，提高其思想理论水平和业务水平。自1996年起，团区委为落实“跨世纪青年人才工程”，建立35岁以下青年人才储备库，每年从库中挑选20名青年推荐给区委组织部等有关部门，参加区委组织部举办的处、科级后备干部培训班。储备库储备各类人才近300人。自2004年起，团区委以理论学习、自由论坛、风采展示、组织建设等为内容，坚持每年举办青年学习节，累计培训各级团干部2 000余人次。2009年，创立“崇文青年文艺沙龙”，至2010年2月，共举办6届，约5 000人参加。

体育活动　2001年9月，团区委举办区第一届青年男子足球赛。自2002年起，每年举办青年体育节，进行青年男子足球、篮球、乒乓球、保龄球及电子体育竞技项目比赛，吸引区属及驻区中央、市属单位青年参加。编印的《体育节战报》，得到全区青少年体育爱好者的喜爱，并在团市委及各区县团员青年中广泛传阅。2008年，青年体育节电子体育竞技项目比赛历时67天，61个单位报名，622名选手参赛。2010年6月，16支队伍、200余名队员参加团区委举办的第九届青年体育节男子足球赛。

第四节　未成年人教育与权益保护

1989 年，崇文区成立未成年人保护委员会（简称区未委会），办公室设在团区委。1990 年，7 个街道办事处设立未成年人保护委员会，办公室设在街道团工委。

1997 年，区人大常委会审议区政府关于贯彻落实《中华人民共和国未成年人保护法》情况报告。1998 年，区未委会制订《关于在校未成年学生犯罪后就学问题的若干规定》和相关文件。团区委被中央综合治理委员会授予全国刑释解教人员安置帮教工作先进集体。1999 年，区未委会在 7 个街道建立社区青少年法制教育基地，形成协调社区资源对青少年进行宣传、教育、维权、帮教和服务的区域性工作体系。2000 年，成立区星光青春自护学校。2001 年，区未委会与工商崇文分局联合在红桥天乐玩具市场举行创建优秀青少年维权岗启动仪式。区青少年法律援助中心办公室在区未委会办公室挂牌，开通青少年维权热线，受理并处理事件 8 起。2002 年，团区委、区未委会在区图书馆举行区青少年网络教育基地揭牌仪式，向区图书馆赠送 500 余册计算机书籍。2003 年，东花市街道青少年法制教育基地被团中央确定为法制教育学校示范点。2005 年，“中南海爱心基金”发放仪式暨希望工程北京捐助中心崇文区工作站揭牌仪式在广渠门中学举办，48 名贫困中小学生获捐助款 1.92 万元。2006 年，区未委会与区禁毒委员会等有关部门在新世界广场联合举办禁毒宣传咨询活动，发放宣传资料 500 余份。2007 年，区未委会组织 12 名社区青少年参加团市委举办的未成年人远离香烟——星光自护夏令营活动。2008 年至 2009 年，区未委会举行新春送温暖“中南海爱心基金”发放仪式，45 名学生获爱心基金 1.80 万元；同时开展“感恩回馈，传递爱心”捐受双方温情拓展活动，组成 10 对爱心小组。

第五节　少先队

组织　1996 年至 2008 年，中国少年先锋队崇文区第二届至第六届代表大会（简称区少代会）先后召开。大会通过区少工委主任提交的工作报告和《崇文区雏鹰奖章活动的方案》。分别选举新一届少工委委员和少联委委员，回复少先队提案。2009 年，全区有小学少先队大队 20 个、少先队员 12 146 人，中学少先队大队 13 个、少先队员 3 079 人。

活动　1994 年至 2010 年 6 月，各中学初一年级少先队员代表到天安门广场人民英雄纪念碑下站首都少年先锋岗。区少工委先后举办 13 届区十佳少先队员评选，并组织少先队员开展学习革命领袖事迹、编写《红太阳颂》队报、到幼儿园服务、养护公共设施、建设红领巾林、与内蒙古小学“手拉手”、回收旧书报、建设奥运会主会场草坪、组建百支红领巾奥运志愿服务队、争戴微笑圈、扶老助残、雏鹰五彩行动、文明观赛、向汶川地震灾区捐出零用钱、向旱区捐出一瓶水及“学习交警、奉献 2 小时、共站一班岗”等主题教育活动，培养少先队员爱党爱国、助人为乐、文明礼貌等优秀品质。2003 年 5 月 5 日，区少先队员代表给胡锦涛总书记写信表达对抗击“非典”一线白衣天使的祝愿，诉说自己的心声；六一前夕，胡锦涛复信并向全国各族少年儿童祝贺节日。区少工委组织召开崇文区小记者学习贯彻胡锦涛总书记给中华小记者的复信座谈会。每年少先队建队日前后，各少先队大队以举办新队员入队大队会、“知队史、学队章”知识竞赛、少先队七色光鼓号队展示等形式，普及少先队知识和文明礼仪规范。每年寒暑假期间，区少工委还分别举办区少先队员“知崇文、爱崇文”“奥运双语队报”“交通文明伴我行”“祖国发展我成长”等主题队报制作展评。此外，组织少先队员参加阳光体育运动会、“国旗在我心中”绣国旗行动、红领巾读书活动等。

活动阵地　1994年，区开通“小主人热线电话”和少先队通讯网。1996年，区成立红领巾阳光书屋。2002年，在花市小学成立区红领巾通讯社，11所小学成为首批成员单位。至2009年年底，全区建有少先队室33个、红领巾广播站20个、电视台17个、鼓号队1个、管乐队4个、爱国主义教育基地21个、环保教育基地21个、科普教育基地22个、法制教育基地16个。

辅导员培训　自1994年起，少工委先后组织大、中队骨干辅导员学习班，学习少先队专业理论、礼仪及辅导员工作规律、方法等。根据《崇文区少先队工作质量综合评价方案》，围绕队伍建设、组织建设、主题教育活动时效性、特色工作、少先队教育作用的发挥等进行专题调研和专项检查评比。2003年，成立理论研究课题部、教育活动策划部、队务规范建设部，开展研究活动。2006年，建立《崇文区少先队档案规范制度》《崇文区少先队电子档案目录》。

第三章　妇女联合会

第一节　组　织

1994年，区妇联设办公室、组宣部、权益部、儿童部，下设区三八家政服务公司（差额拨款事业单位）。1997年，区三八家政服务公司更名为区三八服务公司。2010年6月，区妇联设办公室、组宣部、权益部、妇女儿童工作委员会办公室，下设区三八服务公司。

1996年，区境内有7个街道妇联。2000年，前门街道等6个街道扩建成立街道社区妇联。至2010年6月，全区有83个街道社区妇联，观旗宾馆、京泰龙国际大酒店、渔公渔婆餐饮管理有限公司设非公企业妇女委员会。

第二节　妇女代表大会

1996年3月，召开崇文区第九次妇女代表大会，代表340人。会议审议通过区妇联第八届执行委员会（简称执委会）工作报告，选举产生区妇联第九届执委会执委53人。执委会九届一次会议选举常委9人，主席1人。

2001年12月，召开崇文区第十次妇女代表大会，代表210人。会议审议通过区妇联第九届执委会工作报告，选举产生区妇联第十届执委会执委39人。执委会十届一次会议选举常委9人，主席1人。

2006年3月，召开崇文区第十一次妇女代表大会，代表161人。会议审议通过区妇联第十届执委会工作报告，选举产生区妇联第十一届执委会执委 39 人。执委会十一届一次会议选举常委 9 人，主席 1 人。

第三节　主要活动

维护妇女合法权益　1993 年，崇文区成立妇女权益保护委员会，并在全区 30 个单位建立妇女权益保护小组。1994 年至 1998 年，区妇联成立光明法律事务所，帮助妇女维权。组织《妇女权益保障法》及相关法律法规系列宣传教育活动，围绕下岗女工再就业，女职工经期、孕期、产期、哺乳期保护，女性受丈夫暴力侵权等问题开展知识竞赛及宣传咨询活动，提高妇女自我保护意识。区妇联被全国妇联评为全国妇联系统维权工作先进集体。1999 年至 2000 年，区妇联举办《老年人权益保障法》系列讲座，社区妇联设立老年妇女权益与保护、婚姻家庭、法律求助妇女维权热线，为妇女起诉、代书、咨询实行“三免”服务。区妇联召开吸毒人员家属座谈会，开展女犯主题帮教活动。协调区公检法司等有关部门，建立妇女维权工作会制度。2001 年，区妇联举办《中华人民共和国婚姻法》《崇文区“十五”妇女发展计划》《崇文区“十五”儿童发展计划》宣传月活动，发放宣传材料万余份。2002 年，《中华人民共和国妇女权益保障法》颁布 10 周年，区妇联组织妇女在“反对家庭暴力，维护妇女合法权益”长卷上签名；在区委常委会会前学法时宣讲《中华人民共和国妇女权益保障法》；在《新崇文》报上开辟妇女维权专版，邀请法律专家举案说法。2003 年，区妇联在龙潭街道光明南社区开展反对家庭暴力投诉站试点。

自 2004 年起，区妇联每年在三八妇女节、4 月普法宣传月、“5·15”国际家庭日、志愿者日、“12·4”全国法制宣传日，设立妇女权益咨询台，发放宣传资料。2005 年，区人大常委会内务司法委员会成立妇女工作小组，在 7 个街道开展创建“零家暴社区”活动，78 个社区妇代会建立反家庭暴力投诉站，全区家庭暴力下降 75.60%。2006 年至 2007 年，3 户家庭被评为市级平安家庭示范户，区三八家务服务中心被全国妇联、中央综治委评为流动妇女平安之家。区妇联组织法律专家巾帼普法讲师团，到街道、社区宣讲《妇女权益保障法》《婚姻法》等法律法规，近千人参加。2008 年至 2009 年，区妇联聘请 8 名女检察官为巾帼维权志愿者，为来访妇女提供义务咨询服务。通过开设专栏、摆放展板、发放手册、义务法律咨询、组织参观教育基地、“法官姐姐进校园”等活动引导妇女知法、懂法、用法。组织万名妇女参加“亿万妇女学法律，家庭平安促和谐”法律知识竞赛，举办“12·4”机关干部法律知识竞赛。北京爱保宾馆获市级流动妇女平安之家称号，全区平安家庭创建率达 90%以上。

1998 年至 2010 年 6 月，区、街、社区三级妇联信访窗口，接待群众来信、来电、来访 4 552 件，办结率达 99%。区妇联获全国妇联信访先进集体称号。

教育培训　1988 年，区妇联成立大众读书会，面向妇女和家庭，开展各种丰富多彩的读书学习活动。1994 年至 1996 年，开展大众读书会征文评比活动；1998 年以后，连续举办 13 届大众读书征文杯赛，每届一个独立主题，共收到诗歌、散文等作品 6 000 余篇，700 篇作品获奖。获奖作品刊载《新崇文报》并编印出版。2005 年，区妇联与区图书馆联合开展“让网络图书走进你生活”网上阅读活动，以街道社区为单位，引导妇女利用互联网，多读书、读好书。至 2010 年 6 月，全区有大众读书换阅点 86 个，12 户家庭获市、区级藏书状元户。1994 年，区妇联成立崇文区女领导干部联谊会，吸收处级女领导干部参加，以组织学习、研讨、参观等多种形式开展女领导干部素质教育。1999 年至 2001 年，区妇联与中华女子学院共同举办调研工作培训班，区街妇联、妇代会、妇委会干部150人次参加。2002年，区妇联培训基地在区委党校挂牌成立；之后，与区委组织部、区委党校联合举办9期处级女干部培训班，累计培训800余人次。举办7期基层妇女工作者培训班，累计培训1 100人次。2004年至2006年，区妇联联合区信息办、区科协、区教委举办16期“百万家庭上网工程”——千名妇女计算机培训班，697人领取结业证书。区妇联举办“健康女性，美丽人生”健康大课堂系列讲座，200余名女性接受健康教育。

“巾帼建功”活动　1994年，区妇联联合区工会、团区委，开展评选崇文双十佳活动，经全区万名妇女投票，选出10个三八红旗集体和10名三八红旗手标兵。1995年，为迎接联合国第四次世界妇女大会在北京召开，区妇联与区工会联合，在窗口行业女职工中开展“迎95盛会、巾帼建功三八号红旗”竞赛活动，评选出16个先进班组和7名先进个人。1998年，全区窗口行业、机关科室开展创巾帼文明示范岗活动，表彰72个巾帼文明示范岗班组，实行挂牌服务。1999年至2004年，私营个体协会和卫生系统70余个班组开展争创巾帼文明示范岗竞赛活动，评选出31个巾帼文明示范岗。2005年，在进京务工女性集中地区，启动新市民巾帼培训行动。2006年，面向社会开放10个全国和市级巾帼文明岗。2007年，以“争创巾帼文明岗，优质服务迎奥运”为主题，在11个系统千余家单位5万名妇女中评出100个巾帼文明岗和100名巾帼建功标兵。2008年，10个窗口行业开展“学礼仪、学英语，岗位奉献奥运”系列活动。区妇联组建7支崇文区姐妹指路队，160名巾帼志愿者完成43天、1 204人次志愿服务任务，受到市妇联和区委、区政府表彰。1999年至2010年6月，区妇联评选表彰142名三八红旗手、60个三八红旗集体。

“五好文明家庭”创建　自1979年起，区妇联持续开展“五好家庭”创建活动，且内容不断丰富。1994年，区妇联表彰30户区级美好家庭和235户节水家庭。1996年，全国妇联将“五好家庭”更名为“五好文明家庭”，即：爱国守法，热心公益好；学习进取，爱岗敬业好；男女平等，尊老爱幼好；移风易俗，少生优育好；勤俭持家，保护环境好。区成立由区委宣传部、区精神文明办公室、区妇联等7部门组成的“五好文明家庭”创建活动协调领导小组，将“五好文明家庭”创建纳入区精神文明建设总体规划。1997年，区召开“五好文明家庭”表彰会，表彰区级4户“五好文明家庭”标兵和50户“五好文明家庭”。1998年，千余户“五好文明家庭”与区境内贫困户结成“帮困对子”，开展多种形式的送温暖活动。1999年，区妇联组织“五好文明家庭”巡回报告团，在7个社区举办报告会，3 000余人参加。2000年，参加“五好文明家庭奉献日”活动的家庭达万余户。2002年，区妇联组织1 500余人参与垃圾分类回收宣传和迎奥运家庭英语选拔赛活动。2003年，区妇联组织“五好文明家庭”参加义务植树、中国学习论坛等活动，为4户在抗击“非典”一线的五好文明家庭授牌。自2004年起，区妇联与区信息办、区科协连续举办7届崇文区家庭数字生活技能大赛，百户家庭参赛。2007年至2008年，以迎奥运为主题，1.50万户家庭参与“爱护环境，美化社区”擦拭公共汽车站牌、认养绿地活动。2009年，区妇联组织近万个家庭参加制作特色家庭风采集、纪念“5·15”国际家庭日、“我与祖国同成长”读书征文杯赛、家庭才艺展示等活动。2010年上半年，区妇联与区委宣传部、区环保局联合举办“低碳家庭·时尚生活”环保宣传月活动。全国妇联授予崇文区全国学习型家庭示范

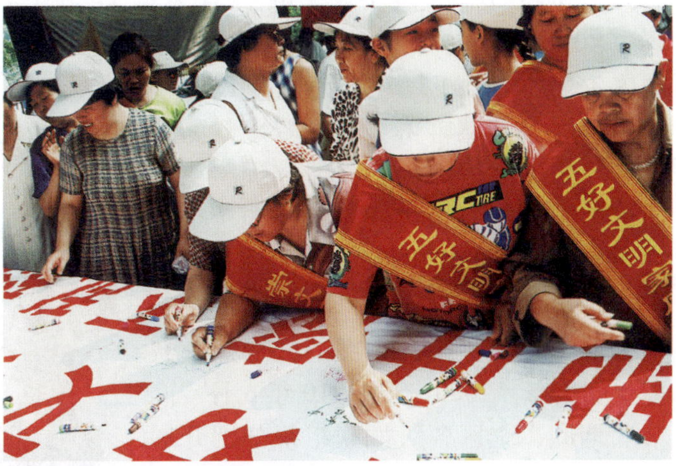

图8-7　2003年6月4日，区妇联组织“五好文明家庭”等代表在遵守社会公德长卷上签名

城区称号。

1997年至2010年6月，全区开展7届“五好文明家庭”评选活动，累计评选“五好文明家庭”534户，其中国家级11户、市级63户、区级460户。

单亲母亲活动 1998年，区妇联成立单亲母亲支持小组，百余名单身母亲为成员，各街道成立分组。该组与中华女子学院联合开办心理调适、法律咨询、联谊沙龙、家庭关系与亲子沟通等系列活动；与中国香港理工大学、中华女子学院专家研讨妇女工作发展趋势，与北京电台828千赫联手举办“单身女性一席谈”专题节目，与金缘园婚介中心举办鹊桥联谊会，组建单身母亲晨曦女子小合唱队，开展秋游采摘等活动。2001年至2002年，该组与中国香港乐施会开展单亲母亲支持小组活动，聘请家教专家就孩子和母亲如何沟通问题进行座谈咨询，200余名单亲母亲参加，并取得专项基金。2003年，区成立单亲母亲之家。2004年至2005年，成立区、街两级母亲课堂，针对单亲母亲心理、教育、健康等方面的需求开展系列讲座近30期；组织单亲母亲小组成员到上海培训，与西安市妇联、西北工业大学及单亲母亲代表座谈交流；开展单亲母亲之家终期评估工作。2006年至2009年，利用妇女节、母亲节等为单亲母亲举办心理调适、家庭教育讲座、交流、培训、参观、联谊、表彰等活动10余场。

妇女再就业 1994年至1998年，区妇联通过组织“回娘家”座谈会、下岗职工再就业洽谈会、下岗姐妹游园会等活动，提供就业咨询，宣传再就业政策，发挥崇文区救助贫困妇女储备金作用，扶持下岗女工自谋职业。以东花市、龙潭街道为试点，组织社区下岗女工、失业人员成立妈妈接送服务队，统一培训，持证上岗。2000年，成立产妇护理队，拓宽再就业渠道。2001年，举办下岗女工手工编织中国结艺术培训班，370人参加。区三八家政服务中心累计接收服务员1 972人，接待需要服务用户4 189户。2003年，为300余名失业女工提供培训，22名产妇护理人员取得由区劳动部门颁发的中级家政服务员证书。开发就业岗位50个，30名下岗女工实现再就业。组织57名下岗失业女工到蒙牛公司参加首轮面试和培训。

2006年，金鱼池社区手工编织社、金凤凰手工艺坊被市妇联、市科委命名为巧娘工作室，并培训800余人；为2名妇女申请创业基金，鼓励自主创业。2007年，建立“巧媳妇”和“千手缘”编织工作室，争取市妇联资助金12万元，带动妇女实现弹性就业300余人。举办计算机、外语等各类培训10期，千余人次参加。2007年，举办“和谐花市杯”插花、手工编织技能大赛。2008年，统一“巧娘工作室”标识，4个工作室吸纳500余名社区妇女实现弹性就业，3个工作室获市巧娘手工艺品专卖店（柜）称号。2008年年底，安置女性失业人员3 251人，其中40岁以上人员2 168人；扶持创业实体36个，带动1 787人就业。2009年，利用美国圣徒慈善协会项目资金，为百余名巧娘举办一周免费技能培训。在全区开展分散式巧娘编织培训，向7个街道300名巧娘赠送专业书籍。

图8—8 2009年5月7日，区妇联举办“崇文姐妹齐欢聚 巧手创出新生活”活动

1998年至2010年6月，291名在转岗创业过程中不等、不靠的先进妇女典型受到表彰。2000年至2010年6月“两节”期间，全区各级妇联组织分别开展以下岗女工、贫困家庭、单亲母亲、老妇代会主任、贫困儿童为对象的“爱心

助困送温暖”“巾帼爱心助困”“巾帼爱心助学”等活动，累计慰问3 000余户，发放慰问款（物）百万余元。

妇女儿童发展规划　自1994年起，区、街妇联以实施儿童少年工作发展规划为目标，持续开展家长学校、新婚夫妇学校、孕妇学校及奶奶、姥姥班活动，形成家庭、学校、社会三结合教育网络。1995年至2000年，区妇联通过市儿童少年协调会对区“八五”“九五”儿童少年工作规划完成情况考核评估。2001年，区妇联制订区“十五”妇女、儿童发展规划，区领导与妇女儿童工委委员单位领导签订责任书，举办“十五”妇女、儿童发展规划培训班。2003年，区妇联通过市妇女儿童工委检查团“十五”规划中期评估。2004年，区妇联举办“崇文妇女发展、儿童成长”和“平等、和谐、发展”为主题的95共谋发展——崇文妇女论坛。2006年，区妇联制订区“十一五”妇女儿童发展规划，区妇女儿童工委与37个委员单位签订责任书，表彰第五届关心、重视、支持妇女儿童工作的先进集体和先进个人。区妇联召开妇女、儿童规划统计监测培训会，举办以“妇女与共建共享和谐社会”为主题的妇女论坛。2008年，区妇联通过市“十一五”妇女儿童规划中期评估督导组中期评估督导。2010年上半年，区妇联召开区“十二五”妇女儿童发展规划专题调研会，设计调查问卷，7个街道22个社区居民参与。

家庭教育　1994年，区妇联在前门大街举办以“家庭和谐与进步”为主题的“5·15”国际家庭日大型咨询活动，区属30个单位的600余名工作人员参加。设立咨询站20个，接待群众1 300余人，发放宣传材料4.50万份。1998年至1999年，召开区家庭教育专家小组会，研究制订区“九五”课题方案，举办“落实家教主题，展示教育成果”摄影比赛，收到主题活动照片百余张，22幅作品选送市家教会参展。2000年，区妇女儿童工作委员会成立。崇文区被国务院妇女儿童工作委员会授予全国儿童工作先进区称号，区家教会被评为市家教先进集体。2001年，“新世纪好妈妈”主题活动报告会举办，1 000余名母亲参会。2002年，召开区家庭教育研究会（1981年成立）第三届会员代表大会，选举产生新一届理事、会长及秘书长，通过区家庭教育研究会章程修改草案。2004年，开通“同心桥”家教咨询热线。与区教委在26所小学千余名学生中开展以“爸爸妈妈，我想对您说……”为主题的儿童心语征集互动系列活动，征集心语3 600余份。2005年，与《情商》杂志社联合举办家校协同共塑青少年健康心灵研讨会，全国著名家教专家及区10所中学德育副校长参加研讨。2006年，举办题为“优先、保护、发展——关注儿童　优先发展”儿童论坛，学生、家长代表，教育专家及教育工作者等160余人参加，收集论文100余篇。2007年，制订《崇文区“十一五”时期家庭教育工作规划》。2007年，区家庭教育研究会注销社团登记。2008年，街道、学校联合成立15个社区流动儿童活动站。召开“十一五”家教课题开题会，宣读《家庭教育双向沟通障碍与对策的研究》报告，5个课题实验单位介绍课题实验计划，邀请专家为160名社区家长作家教指导讲座。2009年，召开《家庭教育双向沟通障碍与对策的研究》课题推进会和“十一五”家教课题结题会。“同心桥”家教咨询热线获首都未成年人思想道德建设工作先进集体。2010年上半年，在区职工大学建立崇文区妇女儿童活动中心。

帮困助学　1999年，区妇联举办自理自强好少年暑假夏令营活动，16名特困生参观天津宋庆龄渤海儿童世界、大沽炮台和海滨浴场。2000年，组织10名品学兼优的特困生及家长，参加中日友协举办的“春蕾工程”助学捐赠仪式，分别获500元助学金。2001年，在贫困生中开展以“做党的好孩子”为主题的读书活动，区图书馆免费为120名贫困生提供图书。2002年，举行西部儿童进北京欢迎仪式，20个家庭“一对一”与西部10省市区20名优秀儿童结对子。自2002年起，与区科协连续举办3届贫困生“科普一日营”活动，200余名贫困家庭孩子参加。2003年，举行帮困助学结对子活动，表彰60个社区单位和2个家庭。开展《在特殊的日子里》主题征文活动，收到征文304篇，80名中小学生获奖，收录50篇优秀征文编辑出版。2004年，召开关爱女孩行动——

“十佳”表彰会，为品学兼优、家境困难立志成才、身残志坚勇于拼搏的十佳女孩和“关爱女孩”的十佳母亲颁发证书。2008 年，区妇联为 10 个贫困家庭的 10 名品学兼优女孩和家长举行“爱慕阳光女孩”捐资助学仪式，颁发由中国青少年儿童基金会和爱慕公司捐助的每人 1 000 元助学金；与区教委联合举办“圆梦奥运　伴我成长”亲子演讲会，部分学生及家长参加。2009 年，召开社区流动儿童工作交流会，向 15 个流动儿童活动站赠送图书和 DVD 光盘。20 名品学兼优的受助女孩接受中国青少年儿童基金会 2 万元助学款。

第四章　科协　青联　侨联

第一节　科学技术协会

组织　1965 年，崇文区科学技术协会（简称区科协）成立，由区属学会、协会、研究会和基层科协（简称所属团体）组成。1994 年至 2004 年，区科协先后建立档案学会、崇文门外街道科协等 7 个科协和金鱼池社区科协。2003 年 3 月，区科协机关独立设置；4 月，经区委批准，区科协为全区性科技民间组织业务主管单位。至 2010 年 6 月，其所属团体共 23 个，个人会员 1 万余人。

会员代表大会　1982 年 9 月、1987 年 7 月和 1993 年 6 月，区科协分别召开第二次至第四次代表大会，会议审议并通过上一届委员会工作报告，选举产生新一届委员会及主席。委员会委员分别为 36 人、40 人、51 人。第三届、第四届委员会选举常委 13 人、15 人。

1999 年 12 月，区科协召开第五次代表大会。会议审议并通过第四届委员会工作报告。选举产生委员会委员 48 人，常委 15 人，主席 1 人，常务副主席 1 人。2002 年 9 月，区科协召开五届三次全委会会议，选举中国工程院院士甄永苏为第五届委员会主席。

2004 年 12 月，区科协召开第六次代表大会。会议审议并通过第五届委员会工作报告。选举产生委员会委员 49 人，常委 19 人，选举中国工程院院士、时任全国人大常委会委员（2008 年任十一届全国人大常委会副委员长）桑国卫为主席，选举常务副主席 1 人。

2010 年 4 月，区科协召开第七次代表大会。会议审议并通过第六届委员会工作报告。选举产生委员会委员 51 人，常委 21 人，主席 1 人。

主要活动　*学术交流*　1993 年 6 月至 1999 年，区科协及所属团体先后举办学术交流活动 239 次，交流学术论文 1 904 篇，2 万余人次参加；区科协举办培训班 756 个，培训 8 万人次，向市科学技术协会（简称市科协）推荐 9 个财政、建筑、园林、服装行业青年科技人员赴日本研修一年；理科科协数学组带领青年教师进行《开发大脑潜能　发展形象思维》专题研究并取得学术成果，受到国务院副总理李岚清接见。2000 年至 2010 年 6 月，区科协及所属团体开展学术交流活动 798 次，6.50 万人次参加；召开 3 届区科协学术年会暨社区科普论坛；举办科技人员继续教育培训班 600 个，培训近 10 万人次；选拔推荐优秀高中生科技爱好者 60 人，参加市科协青少年科技后备人才早期培养计划，在科学家指导下进行研究性学习。

软科学研究与决策咨询服务　1993 年 6 月至 2000 年，区科协及所属团体围绕区域经济建设、科技进步和社会发展中的热点、难点问题，开展软课题研究 103 项。区科协在市科协首届经济建

设和社会发展课题研究成果评选中 7 项获奖，其中《工业企业发展现状调查及发展思路》《在社会主义市场经济条件下企业职工教育发展方向》等研究成果，获市科协优秀建议奖。区科协获优秀组织工作奖。2001 年至 2004 年年底，区科协围绕“建设二十一世纪新崇文”主题，开展软课题研究 36 项，征集建议 150 余项，遴选出 40 余项编印成册，呈送市、区有关领导参阅。2005 年至 2010 年 6 月，围绕区委、区政府“天坛文化圈”发展战略，区科协开展软课题研究 46 项，征集建议 320 项；完成《金鱼池社区科普模式的探究》和《基于自然博物馆资源开展学校研究性学习的课程化研究》等市级重点课题。《青少年创新活动项目研究》《社区心理科普促进和谐社区构建的研究》分别被列入国家科技部、中国科协重点科研项目子课题。区科协组织召开科技专家恳谈会 6 次，30 余人出席，区领导和区职能部门主要负责人 120 人次参加。《逛天坛、吃烤鸭、购珍珠、看功夫的建议》《关于建设东花市社区博物馆的建议》《关于举办东花市蟠桃宫庙会的建议》被区相关部门采纳。区科协推荐的政协委员，发挥科技优势，围绕区经济和城市建设等问题向区政协递交团体、个人提案 37 件。

金桥工程　区科协利用自身优势，为企业架设人才桥、信息桥、项目桥（简称金桥工程）。1993 年 6 月至 2010 年 6 月，区科协实施“金桥工程”项目 101 项，实现利税 6 300 万元，其中 26 项获市科协项目奖。《彩色多普勒超声对血液透析自体动静脉内瘘的监测》项目得到市种子资金支持。《抗寒梅花品种在北京城区园林绿地中的引种和示范应用》项目获市科协项目二等奖。区科协邀请首都科研院所和高等院校百名科技专家，到区属 30 余家企业开展技术咨询。征集筛选 2 000 余条技术信息，传递给有关单位。区科协获市科协“金桥工程”组织工作奖。

科技普及　1993 年 6 月至 2005 年，区科协及所属团体举办科普活动 2 746 项，发放宣传资料和书籍 88 万份，制作、展出科普展板 7 832 块，295 万人次参与，放映科普影视节目 1 400 场，近 10 万人次观看。区科协在区内建科普画廊 7 处，编印科普读物 15.60 万册，为全区处级以上领导干部作科普报告 10 场，并组织参观中国科学技术馆、航天博物馆和清华大学、北京大学高新技术实验室。

图8–9　2003年10月，前门街道举办社区科普庙会

自 1995 年 5 月起，区科协连续举办 16 届崇文北京科技周活动，每年举办主题科普活动 200 余项，累计 3 200 余项。区科协、区环保学会被市科委、市科协、市人事局评为市科普先进集体。1997 年至 2010 年春节期间，区科协在龙潭庙会上先后举办“崇文科普巡展”“弘扬科学、破除迷信”“科普大篷车”“我来指挥神五发射”“航天科普展”“体验数码健身　感受科学魅力”和“建国 60 周年阅兵武器装备模型展”等 14 个主题科普游园活动，活动以庙会为载体普及科学技术并成为品牌活动，赢得游客喜爱。

2005 年至 2010 年 6 月，区科协及所属团体围绕“节约能源资源、保护生态环境、保障安全健康”等主题，结合北京奥运会、中华人民共和国成立 60 周年、抗震救灾、反对邪教、预防“非典”等重要活动和重大事件，开展系列活动 2 000 余项，150 万人次参加，发放宣传资料、书籍 100 余万份，制作、展出科普展板 1 万余块。区科协出版发行《设计的故事》，填补国内青少年设计科普读物的空白。区科协连续6年与有关部门举办家庭数字技能大赛，每年有近万个家庭参加。崇文区获市百万家庭数字技能大赛组织工作一等奖。区科协被中国科学技术协会、中央精神文明建设领导小组办公室评为2005年度全国科教进社区活动优秀组织单位。

青少年科技　1995年，崇文区建立青少年科学基金管理委员会，设立科技园丁奖、少年科学奖奖励基金。1996年至2010年6月，每两年举办一次评选表彰活动，共表彰科技教师201人次，学生249人次。2002年至2008年，区科协、区教委启动中小学生设计普及系列活动，开展“奥运标志”“新崇文形象设计”等7个主题的设计普及系列活动，征集参评作品3 000余件，优秀作品两次在中国北京科技博览会上展出。2009年，区科协举办纪念区青少年科技教育30周年暨青少年科技教育协会成立30周年系列活动。

1994年至2010年6月，区中小学生在各级各类青少年科技创新大赛中，获国际奖1项、国家奖157项、市级奖2 833项。汇文中学两名学生分别获全国明天小小科学家称号，首次获北京青少年科技创新市长奖、市长提名奖。区科协被全国青少年科技教育领导小组评为第九届全国青少年发明创造与科学讨论会优秀组织奖。

科普设施建设　2002年6月至2004年，区科协筹措资金400余万元，分别在体育馆路街道、天坛街道金鱼池社区、区图书馆建立社区青少年科学工作室、数字型互动式科普基地、设计公共图书馆；在东花市街道建立网络科普图书馆，前门街道前东居委会建立老年益智活动室，第二幼儿园建立袖珍科技馆，东花市街道社区建科普活动室，体育馆路小学建自动监测气象站，前门街道建电动滚屏科普画廊；在金鱼池社区建立北京工业大学科技科普实践基地，实现社区和学校的科普资源共建、共享。其间，30余个国家和地区的政府官员及部分省市相关人员、社区干部5 600余人次到金鱼池社区参观考察。2005年至2010年6月，区科协争取市财政科普专项经费700万元，建成社区设计俱乐部、青少年创新百工坊、科普大篷车等20余个科普设施项目，聘请专业设计公司，为东花市街道设计城市景观与视觉形象，为全区9个市优秀科普社区添置科普图书和器材。

第二节　青年联合会

1991年8月，崇文区成立青年联合会（简称区青联），有14个界别，委员212人。1997年9月、2002年9月、2007年9月，崇文区分别召开区青联第二届至第四届委员会第一次全体会议。第四届委员会有13个界别，委员137人。

自1994年起，区青联组织委员围绕全区经济建设和社会发展重大事项开展研讨、座谈，为全区重大决策出谋献策。组织委员与国内其他省市、中国香港地区及国外青少年联谊交流。每年开展“夏日送清凉”活动，为酷暑季节坚守一线的交通民警赠送防暑降温饮料共1万余箱。组织委员为区“一号工程”、抗击“非典”、汶川地震灾区、青海玉树地震灾区等募集捐款共22万余元。

第三节　归国华侨联合会

1985年，崇文区归国华侨联合会（简称区侨联）成立。2000年至2002年，先后在前门、体育馆路、东花市、龙潭4个街道建立侨联组织。1997年1月、2002年8月、2006年7月，先后召开区第三次至第五次归侨侨眷代表大会，听取、审议并通过上一届委员会工作报告，选举产生新一届委员会委员、主席、副主席、常务副主席。2008年7月，第五届委员会第六次全体会议增补副主席2人。至2010年6月，全区有归侨、侨眷6 800人，7个街道设侨联秘书长。

图8—10　2006年，区侨联举办侨资企业家捐资共建奥运场馆颁证仪式

1994年至1996年，区侨联举办迎春茶话会、联欢会、电影招待会、百人大合唱及参观抗日战争纪念馆等活动。走访90余名归侨，为22位70岁以上老人祝寿。组织侨联干部和委员对区科技馆建设进行调研，形成《关于挖掘侨源，发挥优势，为我区经济发展服务的建议案》，获区政协提案二等奖。1998年，区侨联应香港华侨华人总会邀请赴港参加京港经贸洽谈会，开展侨界群众喜迎香港回归活动；组织归侨开展《关于国旗下的畅想》征文，“迎香港回归，庆七一、颂祖国”活动及家庭式联谊；组织归侨侨眷参观历史博物馆《刘少奇百年诞辰纪念》展、《人民的好总理》纪念周恩来100周年诞辰图片展、圆明园遗址、香山植物园、清东陵和《珍爱生命，拒绝毒品》全国禁毒展览。1999年至2003年，区侨联看望在汇文中学学习的华裔及香港、台湾青年并赠送纪念品，接待日本华裔青少年祖国观光团和海外留学人员归国服务团；举办海外留学人员科技推介会，介绍区内发展情况及优惠政策、项目，为招商引资工作搭建平台。2007年至2010年6月，区侨联举办第四届“首都新侨乡文化节”崇文分会场活动。区侨联与区民宗侨办公室联合举办庆三八——参观虎跃千年文化展活动，近40名女性归侨侨眷代表参加。区侨联组织归侨侨眷参加以“游地坛、学侨法、看书市、讲公益”为主题的文化春游。组织基层侨联组织、侨资企业和归侨侨眷，为汶川灾区希望小学及援建北川中学募集善款，被区政协授予公益楷模称号。组织侨界群众6 552人次参与志愿者活动，服务北京奥运会和残奥会。区侨联在侨界开展以“平安清明、文化清明、惠民清明”为主题的殡葬改革宣传周活动，引导移风易俗，倡导低碳生活。

1994年至2010年6月，区侨联调查了解归侨侨眷利益诉求和思想动态，专题研究无工作单位、无固定单位人事档案的归侨侨眷、子女问题，并帮助解决。为6户老归侨争取市侨办及国务院侨办的困难补助，给8户行动不便的老归侨赠送轮椅，解决6户归侨住房困难及华侨房屋拆迁补偿、赡养问题。

第九编　公　安

自1994年起，崇文区按照上级的部署和要求，落实各项安全保卫工作，维护全区治安秩序，确保改革开放顺利进行。严厉打击威胁人民群众生命和财产安全的盗窃、抢劫、杀人、纵火等刑事犯罪；对危害社会极大的团伙犯罪案件及采取合同、集资、电信诈骗等手段作案的经济案件，持续加大侦破力度，及时侦破重、特大和恶性案件。至2010年6月，共侦破各类刑事案件1.27万件，其中大案4 827件。刑事犯罪受到严厉制裁，发案得到遏制。

同时，加强社区治安宣传与防范。对枪支弹药、刀具、爆炸与剧毒危险物品和特种行业、公共场所等严格管理，对邪教组织及时防范与查处；开展取缔卖淫嫖娼、"扫黄"、"打非"、查禁赌博等专项斗争，净化环境，维护治安秩序；保障国家领导人、外宾在区活动安全；全面完成重大节日、重要会议的安全警卫任务。

1994年至2010年6月，全区不断加强交通安全的宣传与维护，完善设施，整顿秩序，处理交通事故。累计整顿交通秩序1 599次，纠正各类违章392.34余万起。同时，全区做好防火宣传和防范工作，监督管理消防安全。1994年至2009年区境内共发生和处理火警2 382起。

10余年来，区政府拨付资金，完善和配置现代化公安、交通、消防设施和装备，使全区指挥系统和一线作战效率得到提高。

第一章　机　构

第一节　公安分局机构

1994年，公安崇文分局（简称分局）内设政治部、办公室、法制办公室、巡察支队、刑警大队和政保、内保、治安、预审、户籍、看守等处所及武警编制警卫科、防火科。下设前门、崇文门、东花市、龙潭、体育馆路、天坛、永外、天坛南里户籍派出所和前门大街、北京南站站前街、崇文门大街、天坛公园、龙潭公园、天桥大街、北京游乐园和天坛医院等治安派出所。

1995年3月，建犬类管理科，隶属治安处；7月，增设外来人口管理处，犬类管理科更名为限养科。1997年8月，巡察支队调整为正处级，设直属大队；9月，防火科升为消防监督处；12月，组建督查室，下设督察队。1998年4月，警卫科升为警卫处。2000年5月，建立新世界治安派出所；7月，刑警大队更名为刑警支队，12月更名为刑侦支队。同月，全局机构改革，分局原预审处划入刑侦支队；外来人口管理处与户籍处合并，组建人口管理处。至此，分局内设办公室、

图9-1　2002年，公安分局领导班子研究工作

政治处、纪委（监察处）、刑事侦查支队、巡察执法支队，装备财务处、法制处、科技信息通信处（挂崇文区安全技术防范办公室牌子）、国内安全保卫处（挂出入境管理处牌子）、预审大队、治安处、内部单位保卫处、人口管理处（增挂崇文区外来人口管理领导小组办公室牌子）、看守所（增挂拘留所牌子），武警编制消防监督处、警卫处。分局下设永外、天坛、前门、崇文门、东花市、体育馆路、龙潭7个户籍派出所和北京南站站前街、前门大街、天坛南里（未对外办公）、天坛公园、崇文门大街、天桥大街、龙潭公园、新世界、北京游乐园、天坛医院10个治安派出所。

2001年8月，组建前门大街、崇文门大街、天桥大街、北京南站站前街4个地区巡警队，编入巡察支队序列。10月，国内安全保卫处改称国内安全保卫支队，并增挂610办公室和出入境管理处牌子。2003年8月，治安处改称治安支队。2004年7月，撤销警卫处，其职能由治安支队负责，将原17个派出所整合为9个。北京南站站前街治安派出所并入永外派出所，天桥大街、天坛医院、天坛南里治安派出所并入天坛派出所，崇文门大街、新世界治安派出所并入崇文门派出所，龙潭公园、北京游乐园治安派出所并入龙潭派出所。2006年6月，市局核定分局预审大队改为预审处；9月，设警务督察队（警务督察室）。2009年2月，分局直属出入境管理队更名为出入境管理处；6月，成立勤务指挥处、情报信息中心。至2010年6月，分局内设机构正、副处级29个，正科级55个；下设机构：户籍派出所7个，治安派出所2个。

第二节　交通与消防机构

交通管理机构　1997年1月，北京市公安交通管理局在全市启用“122”交通事故报警特服电话后，崇文交通大队成立交通事故报警服务中心，设立值班室，全天候接警、报警、处警。1998年11月，崇文交通大队更名并调整为北京市公安交通警察总队崇文交通支队。2008年12月，崇文交通支队前门队、天坛队分别升为前门大队和天坛大队。

消防机构与组织　1994年，公安崇文分局防火科为武警编制。1997年9月，升为消防监督处（正团级）。2005年12月，实行“防消合一”体制，消防监督处转为中国人民武装警察部队北京市总队直接领导，改称中国人民武装警察部队北京市崇文区消防支队（简称区消防支队），并挂北京市崇文区公安消防支队牌子，内设综合办公室和防火监督处。区境内北京市消防局第一支队第二中队，同时改为中国人民武装警察部队北京市崇文区消防支队花市中队，并挂北京市崇文区公安消防支队花市中队牌子。2006年，区消防支队组建前门临时消防站，负责该地区的灭火救援工作。2009年12月30日，中国人民武装警察部队北京市崇文区支队龙潭湖中队揭牌，并挂北京市崇文区公安消防支队龙潭湖中队牌子；北京市崇文区公安消防支队指挥中心同时建成。

自1994年起，区设防火安全委员会，下设7个街道地区防火安全委员会和前门大街防火安全领导小组，各单位内部组建义务消防组织，并联合成团建制。该团下设13个分团，36个消防大队和 2 901 个消防队，队员 4.67 余万人。2001 年 6 月，东花市地区餐饮业消防协会成立，是全市首个地区行业性消防协会。2010 年 6 月，义务消防团下设 11 个消防分团，556 个消防队，消防队员 4.60 万人，其中骨干消防队员 6 800 人。

第二章　侦　查

第一节　侦破刑事案件

1994 年，全区发案 827 起，其中重大案件 329 起。破案 704 起，其中重大案件 248 起。抓获的犯罪嫌疑人 888 人中，区内 163 人，市内其他区县 201 人，外省市 524 人。区境内发生的 6 起伤害、11 起强奸、38 起盗窃机动车等重大案件全部侦破。1995 年，分局加快侦破现案，全区发案率下降、破案率上升。其间，侦破诈骗全国 10 余省市 88 家公司和施工单位 566 万元的诈骗团伙案及一批团伙作案的重大案件；打掉一外地人组成的 5 人持刀入室抢劫团伙，破案 24 起。1996 年，侦破李某被绑架案、“1·26”杀人抢劫出租车的犯罪团伙案等一批大案要案。全年立案 480 起，破案 427 起，破案率 88.96%。其中，重大案件立案 304 起，破案 268 起，破案率 88.16%。1997 年，全年立案 521 起，作案者多为外来人口结伙或流窜作案。其中，5 月破获的盗窃机动车案、9 月破获的法华寺南里 18 楼抢劫杀人案、12 月破获的西厅胡同汽车爆炸案，均系外来人口所为。

1998 年至 2000 年总发案 4 510 起。其中，盗窃、抢劫等侵财型案件比重较大，共发生 3 807 起，占 3 年总发案 84.41%。打掉各类犯罪团伙 448 个，涉及 1 762 人。毒品犯罪发展严重，并诱发其他犯罪，3 年内查获毒品犯罪案 266 起，抓获涉毒犯罪嫌疑人 655 人，收缴毒品海洛因 1 153.30 克、大麻 11.47 克、罂粟壳 462 克、冰毒 30 克、摇头丸 7 克、杜冷丁 18 支。危害极大的经济案件逐年上升，3 年发生 171 起，且涉及金额高。

2001 年至 2002 年，分局结合“严打”，破获一批重大案件，刑事案件呈下降趋势。2003 年，发案比 2002 年多 78 起。其中，重大刑事案件多 62 起。2004 年，刑事案件是 1983 年以来发案最多的一年，共受理 2 029 起，立案 1 944 起。其中，盗窃案最多，立案 1 031 起，比 2003 年上升 66.56%；其次是诈骗案，立案 286 起，比 2003 年上升 127%；第三是抢劫案，立案 205 起，比 2003 年上升 30.57%。经济案件上升幅度也较大，立案 153 起。全年破案 974 起，破案率 50.10%。2005 年，刑事案件持续高发，立案 2 742 起，比 2004 年多 798 起，破案 1 373 起。及时侦破“3·02”杀人抢劫案、“5·27”重大诈骗案、“9·12”抢劫强奸案等一批影响恶劣的案件；破获 120 起毒品犯罪案。打掉犯罪团伙 28 个，抓获各类犯罪嫌疑人 2 192 人，其中公安部网上在逃人员 85 人。

2006 年，经采取专项打击、技术侦查、便衣出探和发动群众提供线索等手段，破案率提高。全年刑事拘留犯罪嫌疑人 606 人。其中，逮捕、劳动教养、直接起诉同比分别上升 45%、45.20%和 33.30%。先后破获“1·03”抢劫杀人案等 7 起命案，破获入选市局十大经典案例之一的“8·15”盗窃本田汽车案。抓获犯罪嫌疑人 3 607 人，查获网上在逃人员 90 人。

2008 年，刑事案件发案比 2007 年少 749 起，下降 32.12%，其中杀人、放火、爆炸、劫持、

图9-2　2009年，侦查员勘察案件现场

伤害、强奸、绑架、抢劫8类案件同比少125起，下降42.52%。破案率由2007年的58.80%提高到79.70%；及时侦破性质恶劣、群众影响较大的“1•15”系列诈骗案、转卖墓地系列合同诈骗案、“11•9”杀人案等，还破获4月14日发生的特大合同诈骗案等3起经济类涉奥案件和208起毒品犯罪案。2009年，侦破刑事案件952起，刑事拘留663人，打掉犯罪团伙100个，抓获负案在逃人员138人。破获百荣世贸系列服装被盗案、“8•14”特大运输毒品案、有组织敲诈勒索案和3起杀人案，破获利用电话欠费、假借绑架等7种手段进行电信诈骗的案件。2010年上半年，破获“10•21”部级特大运输毒品案等一批重大涉毒案件，抓获涉毒犯罪嫌疑人45人，共收缴各类毒品928.88克。

第二节　严厉打击严重刑事犯罪

1994年，开展“严打”整治和“收枪支、破大案、打团伙、抓逃犯”专项斗争。收缴各类枪支90支、抓获作拘留以上处理的违法犯罪嫌疑人178人，破获抢劫、杀人等案件91起，抓获负案在逃人员23人，打掉犯罪团伙39个。破获行窃案件22起，收缴人民币、金融债券、国库券及录像机、金项链等赃款、赃物价值数万元。1995年4月至1996年1月，开展“严打”整治、清案会战及打击盗窃自行车专项斗争，破案948起，查获犯罪嫌疑人727人，打掉犯罪团伙26个，抓获负案在逃人员8人，收缴被盗自行车780余辆。1996年12月至1998年5月，开展“严打”行动和“抓基础、促防范、压发案、破大案”竞赛活动。破获刑事案件429起。其中，重大案件241起，抓获犯罪嫌疑人340人。侦破区境内发生的1名新疆人被杀案、“3•30”强奸案及黄某负案杀人在逃案等大案。2000年12月至2001年1月，开展“打黑除恶”专项斗争。破获各类刑事案件131起。其中，重大案件48起，打掉犯罪团伙3个。

2001年，区委成立“严打”整治专项斗争领导小组。“严打”分4个阶段。第一阶段破获刑事案件184起。协助温州市公安局抓获该地区企图持假护照偷渡国外的黑社会犯罪团伙主犯胡某、陈某及偷渡客21人。第二阶段破获“1•14”绑架案、“1•17”敲诈案、“1•23”持刀抢劫案等区境内刑事案件50起。其中，重大案件47起，抓获犯罪嫌疑人47人（含网上负案在逃人员8人），打掉犯罪团伙2个；查获盗窃自行车案件78起，向群众发还和认领被盗自行车800余辆。第三阶段破获刑事案件39起。其中，重大案件18起。第四阶段开展打击“双抢”（抢劫和抢夺）及治安秩序整治，破案80起。其中，“双抢”案件16起。起获淫秽盗版光盘7万余张，收缴射击运动枪、仿真枪等322支，子弹744发，管制刀具411把，弩1支。2003年3月，两年“严打”结束，群众反映安全感增强。

2004年至2008年，开展侦查破案“打防会战”统一行动、百日打击盗窃自行车等专项行动。抓获犯罪嫌疑人1 511人（含网上负案在逃人员130人），破获刑事案件647起，收缴毒品205克、非机动车 132 辆。2009 年，进行“打黑除恶”行动，打掉 1 个利用色情手段进行敲诈勒索、组织容留妇女卖淫的重大犯罪团伙，抓捕团伙成员 155 人，骨干成员 11 人全部落网。起获涉案车辆 6 部及砍刀、铁棍、匕首、淫秽光盘等作案工具。破案 230 起。2010 年上半年，开展打击整治发票犯罪专项行动，破获非法制造、出售假发票案各 2 起，打掉印刷假发票窝点 2 个，收缴假发票 2.86 万份、伪造公章 114 枚。

第三节　案　例

首都百辆轿车被盗案　1995 年，分局刑警大队发现李某有团伙盗窃机动车嫌疑，10 月 21 日，将李某等人抓捕，破获团伙盗窃机动车特大案件，先后抓获团伙成员 27 人。经查证：1993 年 2 月至 1995 年 10 月，以李某、康某、李某、宋某（因行凶拒捕被击毙）等人为首，组成盗、运、销“一条龙”盗窃机动车犯罪团伙，在崇文、东城等 7 个区，连续盗窃机动车 104 辆，销往山东、河北及东北各地，获赃款 400 余万元。分局刑警大队在有关省市公安机关配合下，奋战 40 个昼夜，途经 19 省 21 个市县，行程 30 万千米，缉拿案犯，追赃查证。经过深挖细审，追缴奔驰、凌志等赃车 41 辆。1996 年 8 月，市中级人民法院判处李某、康某死刑，判处李某无期徒刑，其他罪犯分别被判处有期徒刑。

“1·02”绑架人质案　1996 年 1 月 2 日晚 9 时许，分局刑警大队接广渠门南小街居民牛某报案称：当日下午 3 时许，其家闯入数名手持刀枪的歹徒，将其女友李某绑架，令其准备 5 万元现金赎人。晚 9 时 20 分，犯罪嫌疑人传呼牛某带钱到朝阳区渔阳饭店门前赎人。分局刑警大队前往设伏。凌晨 2 时许，犯罪嫌疑人出现，在解救人质中，侦查员沈金柱被犯罪嫌疑人顾某用尖刀刺中左胸心脏，英勇牺牲。其他侦查员迅速击伤顾某将其抓获。顾某交代，1 月 2 日与主犯任某（1993 年因伤害致死罪在逃）及卢某等两名从犯绑架李某的犯罪事实。1 月 10 日，将任某、卢某抓获。6 月 10 日，市第一中级人民法院判处任某死刑，判处卢某有期徒刑 15 年。顾某因伤死亡。

1996 年 3 月 1 日，区委、区政府和市公安局在区工人文化宫礼堂举行沈金柱英雄事迹表彰大会，市政府批准其为革命烈士。

“3·02”入室抢劫案　2005 年 3 月 2 日凌晨 3 时许，天坛东路 62 号北京银基典当有限责任公司内发生抢劫案，被抢邮票、金饰品等 20 余件，总价值 178 万余元。分局刑侦支队在市公安局及山东省济南市公安局等单位支持协助下，4 月 7 日侦破此案。将犯罪嫌疑人张某（曾于 2004 年 4 月至 6 月在该典当行当保安）、司某、卢某以及窝藏赃物的犯罪嫌疑人姜某等 4 人抓获，追缴赃物 2004 年版猴大版邮票 5 300 版、2004 年版猴小版邮票 8 000 版、象牙饰品 2 件、金银首饰 20 余件、赃款人民币现金 6 万元、汽车 1 辆。

张某等人交代：3 月 2 日凌晨 3 时许，张某、司某、卢某携带铁棍等作案工具，将北京银基典当有限责任公司的防盗护栏绞断，潜入后，对当值保安员用刀威胁并捆绑，抢走该公司人民币 1.93 余万元、2004 年版甲申年生肖邮票 2.96 万版、象牙雕刻折扇 2 把、金银首饰 105 件及许其光书法纸本立轴 1 幅。所抢物品价值共 140.33 余万元。事后 4 次到上海市卢公邮市销赃，售出 2004 年版大猴邮票 5 000 余版，获赃款 11 万元。姜某供认窝藏赃物的罪行。2006 年 12 月 20 日，市第二中级人民法院判处张某无期徒刑，判处司某有期徒刑 14 年，判处卢某有期徒刑 15 年。

1994—2009年崇文区刑事案件发案破案统计表

表9-1　　　　单位：件

年份	发案		破案	
	总数	大案	总数	大案
1994	827	329	704	248
1995	587	322	515	275
1996	480	304	427	268
1997	521	368	450	320
1998	1 481	1 097	422	306
1999	1 296	869	470	276
2000	1 733	1 086	772	458
2001	1 401	945	651	422
2002	1 022	607	529	266
2003	1 100	669	541	232
2004	1 944	1 042	974	488
2005	2 742	1 565	1 373	588
2006	2 540	366	1 359	239
2007	2 332	294	1 332	216
2008	1 583	169	1 262	148
2009	1 584	123	952	74
合计	23 173	10 155	12 733	4 824

说明：自 2006 年起，发案、破案中的大案改为 8 类案件。

第三章　治安管理

第一节　查禁“黄、赌、毒”

查禁卖淫嫖娼　1994 年，分局贯彻全国人大常委会《关于严禁卖淫嫖娼的决定》。7 月，查获广渠门外南水关“啤酒屋”女老板王某诱使女青年 6 人向客人提供性服务，从中牟利的案件。11 月，整治有淫乱活动的录像厅，抓获进行淫乱活动人员 8 人。1996 年至 1997 年，抓获卖淫嫖娼人员 103 人。端掉卖淫窝点 3 个，打掉卖淫团伙 1 个。1998 年，整治全区 203 家个体发廊，清理从事色情服务、卖淫嫖娼活动场所 10 家，抓获卖淫嫖娼人员 59 人。2001 年，北京南站站前街派出所成立打击卖淫嫖娼小分队，抓获卖淫嫖娼人员 112 人，遏制南站地区卖淫嫖娼活动。2002 年，分局抓获卖淫嫖娼人员 100 人，打掉 1 个卖淫嫖娼窝点。2006 年，查处卖淫嫖娼人员 255 人，查获卖淫团伙、窝点 12 个。其中，在新世界家园 5 号楼查获一同性卖淫嫖娼的窝点，抓获组织介绍卖淫的王某及进行卖淫嫖娼的 7 人。2007 年，在区凯德华俱乐部查获卖淫嫖娼人员 37 人，依法处理犯罪嫌疑人贾某等 4 人，并责令该俱乐部停业。2008 年，查处卖淫嫖娼人员 317 人。其中，网络招嫖违法犯罪嫌疑人 100 人。2009 年，查处卖淫嫖娼人员 543 人，刑事拘留 153 人，治安拘留 390 人；查获卖淫团伙、窝点 21 个。2010 年上半年，开展“4·11”专项行动，抓获涉娼人员 238 人。

查禁淫秽物品　1994 年，分局开展 6 次“扫黄”“打非”统一行动。查获制黄、贩黄等各类违法人员 12 人。收缴淫秽计算机软盘 20 张、盗版光盘 4 797 张、非法书刊 300 册、非法歌曲视盘 3 张、淫秽扑克牌 5 份、淫书 11 套、非法录像带 500 盘。1995 年 12 月，开展收缴《奇异的性婚俗》一书工作。至 1996 年 1 月共收缴该书 26 本，拘留 1 人，抓获批发该书商贩 1 人。1997 年，在北京南站地区打掉 1 个贩黄犯罪团伙，抓获贩卖淫秽书刊和非法盗版物的吕某等 4 人，起获淫秽书刊和非法出版物 1.20 万余册；在前门华益商场查获出售淫秽和盗版光盘的 38 个个体出租柜台场点，收缴淫秽和盗版光盘 8 000 余张，依法处理销售成员 38 人。1998 年，收缴街头贩卖淫秽书刊 1 724 册、淫秽光盘 3 462 张、非法图书 45 册、盗版光盘 1.70 万张、盗版录音和录像带 1 665 盘，拘留 22 人，罚款 3 人。打掉贩卖淫秽、盗版光盘团伙 3 个，打掉传播、销售、倒卖淫秽光盘窝点，查获 4 箱共 7.14 万张淫秽和盗版光盘。2003 年至 2004 年，在宾馆饭店、文化娱乐服务场所查获贩卖淫秽物品人员 28 人，收缴淫秽光盘 648 张、淫秽书刊 52 册、淫秽画 44 张。2006 年至 2008 年，开展“飓风”和“三禁”专项行动。

查禁赌博　1994 年，清理 112 家文化娱乐场所，取缔 2 家带有赌博性质的游戏厅，查封 1 家赌博的台球厅。打掉东花市天河巷 23 号聚众赌博的团伙窝点，抓获参与聚众赌博的 32 人。全年，查获赌博 60 起，涉赌人员 256 人，没收赌具 30 件，赌资 18.32 万元。1995 年至 1996 年，查获赌博 132 起，涉赌人员 511 人。其中，外地人 434 人，占 84.93%。2000 年 3 月至 4 月，先后两次取缔有赌博等违法行为的游戏厅、网吧、电脑室、歌舞厅，有的限期整改或自行停业，赌博活动有所减少。2003 年 2 月，东花市派出所打掉 1 个利用“百家乐”方式进行聚赌的窝点，抓获涉赌人员 27 人，收缴赌资 11 万元。2004 年，查处的赌博案件猛增至 348 起，同比增加 282 起，查获现场赌博人员 1 360 人，比上年多 1 083 人。2005 年，分局分 3 个阶段出动警力 3 800 余人次，查处赌博案件 102 起，抓获 418 人。4 人被依法逮捕，其余分别被拘留、警告、罚款或教育。收缴赌资 16.98 万元，罚款 3 400 元。2007 年 1 月至 3 月，分局开展“飓风”专项行动。抓获赌博人员 246 人（含网上负案在逃人员 9 人），收缴赌资 44.80 万元、赌博机 26 台、淫秽物品 157 件。2008 年，经连续严厉打击赌博活动，案件有所下降。2010 年 1 月至 6 月，分局开展网络侦查，破获 6 起网络赌博案，抓获设赌参赌人员 16 人，涉案赌资流水金额 1 600 万元，冻结赌资 37 万元，收缴赌资 86 175 元及各类赌具。

查禁毒品　1994 年 8 月 8 日，分局刑警大队在哈德门饭店抓获贩毒品海洛因的张某。1996 年 2 月 10 日，在区鑫悦宾馆抓获贩毒团伙成员丁某等 6 人，收缴毒品 106 克。1997 年至 2000 年，通过“严打”，打掉一批吸、贩毒品团伙，抓获一批吸、贩毒品人员，收缴冰毒、摇头丸等一批毒品。2001 年侦破 21 起毒品案件。2002 年 1 月，查获吞食海洛因 139 粒（约 417 克），从昆明市携带到京的外地女陈某。2005 年，娱乐场所吸食冰毒、摇头丸等新型毒品的案情日趋严重，11 月 12 日，在龙嘉羽娱乐城内，抓获正在吸食摇头丸、冰毒及 K 粉的庄某等 11 人。2006 年，破获 3 起贩卖、运输新型毒品案件，收缴冰毒、氯胺酮各类毒品706.78克。曝光、处理涉毒违法犯罪娱乐场所2个。2008年1月至4月，抓获涉毒违法犯罪嫌疑人230人，破获涉毒案件104起，收缴各类毒品834.60克。全年立涉毒案件176起，并全部侦破。在市公安局禁毒系统2008年执法质量考评中，分局排名第一。2009年3月至7月，破获涉毒案件32起，抓获涉毒人员242人，收缴各类毒品1 716.68克。此后，破获“7·08”贩卖毒品案和“8·14”运输毒品案。9月，北京市禁毒委员会授予前门、天坛、体育馆路派出所为市扫毒行动先进单位并通报表彰。2010年4月至6月，分局抓获涉毒人员113人，收缴各类毒品658.84克。

第二节　精神病人管理　收容遣送与救助

精神病人管理　1994年，区境内有216名精神病人在医院治疗。分局加强管理，对病情波动或发病期的重点病人，由街道治保人员和家属昼夜监护；病情稳定的，分局与病人工作单位联系，注意掌握病人病情变化；正在发病期的严重病人15人，被送往医院治疗。1997年，送医院住院病人15人，采取药物控制和监护措施的重点精神病人63人。2001年至2002年，连续发生多起精神病人自杀死亡事件，分别占全年自杀死亡总数的30.43%和23.10%。自2004年起，分局对全区精神病人加强控制，防止行凶、自杀事件发生。2008年4月，按照市政府《关于加强奥运期间精神病人管理工作的意见》，区成立重点精神病人收治管控专项工作领导小组，开展以走访收治管控重点精神病人为主要内容的专项行动。收治精神病人107人，其中强制住院1人。对列管的精神病人逐一落实管控措施。2010年上半年，分局加强校园及周边治安秩序维护工作，强化精神病人的查控处置。妥善处置在幼儿园和学校周边闹事并扬言杀人的精神病人2人。

收容遣送与救助　1994年至1996年，开展清查整顿，收容遣送盲流乞讨人员235人。1999年9月，贯彻实施《北京市收容遣送管理规定》，实现收容遣送工作经常化，每月随清理整治、随收容遣送。2000年，收容遣送来京乞讨要饭、无合法居所、无正当生活来源以及流露街头无人监管的精神病人等共2 905人。从2003年8月1日起，施行国务院《城市生活无着的流浪乞讨人员救助管理办法》，至年底，分局告知2 100人次，劝离2 011人次，救助59人次。2004年，分局在重点地区，开展集中统一救助行动10次。告知2 389人，劝离1 272人，引导63人，救助259人、送医院3人，送区救助管理咨询站未成年人4人、危重病人5人。2005年至2006年，被救助的流浪乞讨人员大幅减少。2008年北京奥运会期间，救助各类人员183人。2009年9月，分局会同区民政等有关部门，对护城河段立交桥下滞留流浪乞讨人员集中救助。劝离15人、救助2人，拆除临时棚屋7处，清除生活垃圾、消除火灾隐患11处。

第三节　危险品管理

枪支弹药管理　1994年9月，为确保国庆45周年活动安全，分局检查区境内各用枪单位515支枪支及弹药，做到制度完善，保管严密。对个人持合法手续的162支火猎枪，进行人、枪、证三核对。1995年7月，开展收缴非法持有枪支弹药工作，收缴猎枪、步枪、电击枪等119支，各种子弹2 235发。1996年1月至2月，对区法院、区检察院等用枪单位的253支枪，进行安全检查。对个人合法拥有的180支火猎枪全面核实；对居住在控制区18人的21支枪，交由管界公安派出所统一保管。自10月1日起，实施《中华人民共和国枪支管理法》（简称《枪管法》）。分局依法完成清理收回个人持有枪支工作。2000年11月，分局将被收缴的各类枪支88支，小口径子弹78 008发、猎枪子弹185发、气枪子弹19箱及炮弹1颗，送市局危险物品仓库。报废处理失效猎枪11支、气枪3支、小口径步枪30支、运动手枪15支。2002年9月，清理上交收缴非法枪支3 702支，子弹29 383发。2003年至2007年，先后收缴非法持有的各类枪支136支，子弹593发，教练弹9发、信号弹10发。2008年奥运会和国庆60周年期间，收缴一批非法枪支弹药。2010年1月，巡逻民警抓获兜售仿真枪的孙某，并端掉贩卖仿真枪团伙窝点，起获仿真枪37支、子弹239发。

管制刀具管理 1994年，分局加强检查管理，集中开展收缴非法持有管制刀具专项斗争。1995年至2000年，结合"严打"等专项斗争，收缴各类管制刀具824件。2002年9月，分局将收缴的管制刀具5 566件，上缴市局危险物品仓库。2004年至2006年，开展收缴管制刀具统一行动。收缴各类管制刀具2 495件。其中，仿东洋武士刀652件。北京奥运会和国庆60周年期间，收缴管制刀具209件，会同区商委等部门，责令17家销售刀具单位下架、封存刀具9 869把，对2家许可销售刀具的商店实名制管理。2010年5月，对41家管制刀具销售企业加强检查，尤其对校园周边200米范围内的3家刀具销售企业进行不间断检查。

烟花爆竹管理 1993年12月，施行《北京市关于禁止燃放烟花爆竹的规定》（简称《禁放规定》），至2005年，在元旦、春节期间，分局昼夜巡逻设卡、堵烟花爆竹流入渠道，完成禁放工作。2006年，全市开始实行限放法规。分局组织1.61万人，从除夕夜起，对全区78处禁放点及周边地区进行控制；调整警车94部，对街道、胡同巡逻监控；消防车4部，停放主要路口备勤。2007年至2008年奥运会期间，收缴烟花爆竹32箱；2009年12月，举办烟花爆竹安全管理宣传日活动，宣传限放相关法规。

爆炸物品管理 1994年，分局依据《中华人民共和国民用爆炸物品管理条例》，实行安全许可证制度，对销售、使用、保管单位，建立安全责任制度，并不定期进行审查、考核。1995年第四次世界妇女大会和1999年国庆期间，分局对销售及存放使用易燃易爆物品的商店、单位，液化石油气站、加油站严格检查，消除隐患18件，并收缴个人非法持有的爆炸物品，根据情节予以处罚。2000年，全区有经营易燃、易爆、化学危险物品的单位48个。其中，加油站6个，液化石油气站8个，化学危险物品商店34个。分局开展专项检查，发现违章用电、用火等隐患问题60个，并要求采取措施健全规章和管理制度。2001年，结合治爆缉枪专项整治，收缴火药1.23万克、雷管20支、手榴弹13枚、炮弹1发。2006年6月，开展爆炸等危险物品的普查工作，对10家涉及爆炸物品从业单位实行网上监控管理。2008年奥运会期间，收缴炮弹11枚。

剧毒等危险物品管理 1994年9月，分局检查使用和销售剧毒、危险物品的单位管理、存放等各项措施，除允许市口腔医院、永定门粮食仓库继续使用外，其他剧毒物品全部暂时封存。1996年，分局制订和健全《剧毒物品保管使用制度》。对18家使用、销售、储存剧毒物品的单位加强管理，将学校清理出24.78千克过期失效的剧毒物品及容器进行净化销毁。1996年9月，全区有接触剧毒物品单位55家，剧毒物品由19种增至28种，1 368.40千克，分局一律列管并登记造册，对不符合安全规定的，提出整改措施。1997年至2001年，该局与全区64家储存、使用、销售危险物品单位的法人代表签订安全责任协议书。清理销毁16个品种97.50千克剧毒物品，监督中国生物药品研究所销毁384千克化学药品及45.50千克失效剧毒物品，处理化学物品120千克，收缴剧毒物品801.60克。2003年至2004年，分局制订执行《剧毒化学品安全管理规范》，并组织警力检查落实。2006年6月，与全区42家危险化学品从业单位全部联网，实行网上监控管理。

2008 年 9 月，对体育医院存放的危险化学品 90 余种，区疾控中心、天坛医院等单位的废弃危险化学品 2 043 千克，分别进行无害化销毁处理。2009 年国庆期间，强化对危险物品的安全检查，除对天坛医院特批外，其他 13 家危险物品从业单位实行“四停一封”（停运、停购、停用、停审批和就地封存保管）制度。至 2010 年 6 月，全区有使用剧毒物品单位 12 个、销售剧毒物品单位 1 个，库存剧毒物品 1 028.66 千克。

第四节　特种行业管理

旅店业管理　1994 年，区境内有旅店业（含涉外宾馆饭店）246 户。3 月 28 日，在哈德门饭店抓获市局通缉的诈骗犯罪嫌疑人陈某。7 月，集中清理天坛饭店被包租客房，在 12 间客房中清查出 30 人未办理住店登记手续，其中 14 人为各类违法人员。1995 年，通过旅店提供信息共抓获各类违法犯罪嫌疑人 1 581 人，收缴凶器 154 件、电击枪 10 支。1998 年至 2002 年，在旅店查获各类违法犯罪嫌疑人 512 人。经对 179 家旅店的数据网络系统进行调整，先后抓获网上负案在逃人员 83 人，侦破案件 51 起。2005 年，集中清理整治全区中小旅馆，取缔无照经营 4 家、停业整顿 7 家、罚款 17 家、警告 1 家。查获公安部网上负案在逃人员 5 人、赌博人员 6 人，收缴赌资 1 万余元。2006 年，旅店发生各类刑事案件 38 起，治安案件 18 起，均被侦破；查处违法犯罪嫌疑人 94 人。2008 年奥运会期间，北京万怡酒店成立安保团队，确保入住的匈牙利、南非、乌克兰等国人员安全。2009 年国庆保卫期间，查获盗窃、负案网上在逃、卖淫嫖娼、吸贩毒品、伤害和用伪造身份证登记住宿等人员 20 人，取缔黑旅店 20 家。至年底，区境内有旅店业 183 家。

其他特种行业管理　1994 年，区境内有旧货业（含信托、拍卖、典当行）11 家，废旧金属收购业 42 家，印刷刻字业（含复印业）130 家，小件寄存业 8 家，修锁配钥匙业 30 家，机动车维修业 51 家。分局会同区工商局、汽车维修管理处，集中清查区境内的汽车配件商店。至 1995 年 5 月，依法查处 41 家。1997 年至 1998 年，先后查获私刻公章的程某等 3 人及 2 个倒卖假发票团伙，共私刻各种公章 24 枚。2004 年至 2006 年，在清理整治特种行业中，侦破查获一批案件和违法犯罪嫌疑人员。其中 2006 年查处违法犯罪嫌疑人员 51 人。2007 年，配合市公安局以 6 家典当、14 家机动车维修企业为试点，推行特种行业治安防控网络数据常量测试专项工作，至 10 月，全区机动车维修、典当等特种行业安全检查到位率 100%。2008 年 9 月至 10 月，检查各特种行业场所。查处违法典当 1 家、机动车维修业 2 家、废旧金属收购业 2 家。2009 年 11 月至 2010 年 2 月，堵塞违法犯罪人员收销赃渠道，抓获各类违法犯罪嫌疑人 5 人，打掉 1 个盗窃团伙，核实案件 3 起，处罚废旧金属收购、旧货业等 16 家。至 2010 年 6 月，区境内有旧货业 19 家、典当行 12 家、拍卖行 5 家、印铸刻字业 69 家、废旧金属收购业 4 家、小件寄存业 4 家、机动车维修业 12 家、修锁配钥匙业 22 家。

第五节　公共场所管理

文化娱乐场所管理　1994 年 12 月，分局对全区 41 家歌舞厅、6 家影剧院、22 家台球厅、16 家录像厅、29 家电子游戏厅及未批准营业的 9 家歌厅进行安全检查。1995 年 5 月，区境内有歌舞厅46家。通过安全检查，为27家换发新安全合格证，限期整改4家，停业整顿9家，依法取缔6家。1997年至1998年，清查整顿酒吧、发廊、影剧院、录像厅、歌舞厅、电子游戏厅等场所，作拘留以上处理416人、收容遣送129人、被罚款1 270人。1999年9月，责令102家无照经营的歌舞厅等文化娱乐场所停业，对34家存在治安问题的限期整改，对1家有违法行为的进行查封；处理卖淫嫖娼人员49人，收缴淫秽等光盘104张、书籍2 826本、挂图557幅、资料4 043册，以及其他非法物品。2001年至2002年，分局在文化娱乐场所破获刑事案件8起，治安案件10起，抓获违法犯罪嫌疑人36人；取缔无照歌厅、网吧、发廊36家，收缴赌博机10台、淫秽和盗版光盘5.52万张。2005年6月，启动“清七黑”（无照经营废旧金属收购、二手机市场经营、小发廊、中小旅店、歌厅、电子游戏厅和洗浴桑拿室）百日专项行动。打掉涉黑团伙1个，查获违法犯罪嫌疑人员183人，查处6家无照经营公司，捣掉1个非法窝点。2006年，从娱乐服务场所查破涉黑涉恶、卖淫嫖娼、赌博、淫秽表演等案件41起。收缴淫秽光盘210张、赌博机和电路板114台（块）、赌资6.49万元。查获违法犯罪嫌疑人186人（含网上负案在逃人员4人）。至2009年年底，区境内有文化娱乐服务场所309家，其中歌舞厅29家、电子游戏厅6家、台球厅11家、影剧院2家、棋牌室38家、洗浴桑拿按摩中心店10家、发廊213家。2010年上半年，落实娱乐场所治安防控网络设施和安全设备，组织反恐防暴应急疏散安全演练。

火车站地区和公园治安管理　1994年至1995年，分局抓获在安乐林公园内拐卖儿童的犯罪嫌疑人王某、尚某及在北京南站持小口径手枪打伤人的犯罪嫌疑人宏某、陈某。1996年4月，组织警力整治北京南站地区，取缔无照商贩、查处“黑车”及惩治倒卖火车票、设赌行骗等人员。1997年5月，分局加强天坛公园治安管理。清理出售被禁止书刊、音像带等物品的摊贩，取缔散布封建迷信等违法活动点。同时，对园内群体活动点逐一登记，宣传国家有关法律和公园管理规定。自2001年起，每年春运或运输高峰期间，北京南站站前街派出所与铁路、公交等部门互相配合，加强巡逻控制，安全护送过往乘客，为群众排忧解难。同年，天坛公园管理处投入170万元，在祈年殿、回音壁等35处重点景区安装电视监控系统，实行24小时监控，使刑事案件及时破获，并降低发案率。2002年至2004年，在北京南站加大整治收容“黑车”力度，在天坛医院及天坛公园周边重点整治号贩子及治安秩序，打击向游人兜售商品的游商等。通过整治，这些地区的秩序稳定，治安案件下降。2008年，在奥运会和国庆期间，在天坛公园、前门大街等重点地区整治清理无照商贩、游商，取缔“黑三轮”、摩的，防止各类侵财案件的发生。2009年国庆期间，加强北京南站、天坛、龙潭和明城墙遗址公园等地的治安巡逻，在原有32辆巡逻车、35个自行车组、58个步巡组的基础上，增加步巡组26个、武装定点巡逻车5部、警力142人，全面落实“控人、看地、管物、抓事、盯问题”，确保安全。

第六节　社区安全治理

1995年6月，户籍派出所成立民警治安巡逻小分队，配备摩托车，统一标志，与巡察、防暴、联防和治保积极分子等配合，开展社区居委会的安全防范工作。至年底，查获各种违法犯罪嫌疑人员53人。其中作拘留以上处理48人。1997年，全区228个居委会，有121个未发案。1998年，有131个居委会发生刑事案件，比上年上升22.40%。全年居委会发生各类刑事案件234起，占全区发案总数的35%。1999年年初，为加强社区安全防范，以有偿服务的形式，招募316人组建7支社区保安队，夜间巡逻防控，发案得到控制。至年底，各保安队协助民警抓获犯罪嫌疑人

图9—3　2007年，分局干警参加社区基础工作经验交流会

员 347 人，破获刑事案件 103 起；开展扶危救助，为群众做好事 2 690 件，收到锦旗、表扬信 35 件。2003 年 2 月 24 日，区委、区政府举行警民携手保安全启动仪式。动员群防群治力量 3.89 万人，统一佩戴红袖标巡逻保安全。至年底，全区 75 个社区，均为市公安局创安达标社区。在社区物防、技防建设中，封闭管理小区 49 个，安装单元防盗门 4 933 个、防撬锁 2.43 万户，57 个小区安装楼宇对讲、17 个小区安装电视监控，35 个平房社区安装门磁报警装置。2005 年 6 月，区委召开部署安全防范工作大会，各街道和有关单位分别拨专款，安装楼房社区门磁报警器和楼宇对讲系统，或进行封闭式管理，在平房院修缮或新装街门。2006 年上半年，分局为各社区警务站配备计算机，联入公安网，实现社区警务工作站与公安派出所、分局和市局网络化办公。2010 年上半年，全区社区有群防群治力量 2.19 万人，占全区实有人口数 5‰。区政府拨付 440 余万元，用于封闭小区安装报警器、探头、对讲门禁等，提高社区物防技防能力。

第七节　巡　察

1994 年 1 月 1 日，分局巡察支队在繁华大街及复杂地区执法巡察，至年底，该支队共抓获各类违法犯罪嫌疑人 258 人，破获刑事案件 62 起（大要案 11 起）。全年查处违法违章案件 19 余万起。同时，为人民群众做好事 27 万余件。1995 年 6 月，在各户籍派出所建立摩托车机动治安巡逻队，与巡察配合，强化社会面控制。全年查处违法违章人员 26.86 万人；抓获各类违法犯罪嫌疑人员 505 人，破获各类刑事案件 74 起、治安案件 118 起，处理治安问题 462 起；救助服务 7.34 万件次，为人民群众做好事 1.01 万件。1996 年至 1997 年，清理整顿崇文门三角地非法劳务市场和前门大街等重点地区治安乱点，抓获违法犯罪嫌疑人员 302 人，其中作拘留以上处理 199 人；救助和服务群众 6 089 件次。

图9—4　2009年，前门大街派出所民警在值勤巡逻

1998 年 10 月，巡察、防暴两个部门合并，实行二警合一。全天 24 小时开展“110”接处警工作。1999 年，巡察支队在确保“110”接处警基础上，在重点大街、商场市场门前、医院周边设巡察车组进行车控。加强岗亭值守警力。2000 年，加大对街头抢夺、抢劫、盗窃、敲诈、诈骗等案件的打击，抓获作拘留以上处理的各类违法犯罪嫌疑人 631 人，破获刑事案件 218 起；查处违

法违章人员 1.74 万人；救助和服务群众 902 件次。2001 年第 21 届世界大学生运动会期间，巡警支队出动警力 1 万人次，车辆 1 085 辆次，完成保卫任务。2002 年，调整巡控方式，组建 11 个公安派出所地区巡警队，巡控覆盖面由原 20 条主要大街扩大到 38 条大街 242 条街巷胡同，形成以公安派出所辖区为平台的严密巡控网络，全区街头发案同比下降 17.30%。2004 年至 2005 年，分局完善巡控网络建设，有效遏制案件上升。2006 年 4 月至 9 月，各公安派出所治安巡逻队，抓获各类违法犯罪嫌疑人员 596 人，破获刑事案件 68 起、治安案件 633 起，抓获负案在逃人员 1 人，打掉犯罪团伙 3 个，收缴一批毒品和赌资赌具。2008 年奥运会期间，组织巡逻志愿者 300 人，在民警带领下，实施巡逻控制；组织民兵 104 人昼夜守桥看护 13 处桥梁涵洞，实现全市唯一零警情、零发案的“双零”单位。2009 年国庆前夕，在宣武区大栅栏和崇文区前门大街分别发生“9·17”恶性伤人和“9·19”劫持外国人事件。巡警系统调整警力，加强前门大街的安全保卫力量。

2010 年 4 月，按市局建立“高峰勤务”的部署，分局巡警系统建立校园高峰、商场高峰、景区高峰警务模式。校园及其周边、天坛公园景区实现“零警情”，各大型商场、市场及周边接报“110”刑事类警情同比下降 55.60%。至 2010 年 6 月，巡警在值勤同时救助群众、为群众做好事 36 万余件，收到表扬信 300 余封、锦旗 145 面、匾 13 块。

第八节　防范和查处邪教组织

1999 年 7 月至 12 月，分局对区境内法轮功练习点练习者 431 人进行教育转化工作。多数人承认错误，揭发问题，主动交出非法书刊 2 529 册、录音录像带 1 032 盘，法轮功组织体系基本被摧毁。一批法轮功骨干被依法处理，绝大多数法轮功练习者思想得到转化。极少数人员不思悔改，相继出现上访、聚集串联的情况。2000 年 10 月至 12 月，在查缴法轮功宣传品专项斗争中，收缴法轮功宣传品 3 528 件，破获下载印制、投递、散发法轮功宣传品案件 14 起，打掉窝点 2 处，抓获散发宣传品的犯罪嫌疑人 18 人，取缔印刷点 1 个。对收押审查市公安局分流的法轮功人员均作不同程度的处理。

2001 年 2 月至 3 月，区看守所收押市局分流的法轮功人员 37 人，区看守所落实看护管教措施，运用事实论证法轮功危害，举办抛弃邪教、走向新生报告会，在押人员受到教育转化，主动说出真实姓名，并表示与法轮功邪教组织决裂。2004 年至 2008 年，抓获进行现行活动的法轮功成员 23 人，其中劳动教养 14 人、取保候审 3 人、移交有关单位 5 人；查破法轮功案件 6 起。此后，邪教组织活动和发案减少。

2009 年年底，区境内邪教组织成员 468 人，比上年略有增加，其中法轮功组织成员 358 人、有害气功组织成员 75 人、冒用宗教名义的邪教组织成员 35 人。法轮功成员 3 人、有害气功组织成员 2 人下落不明，法轮功组织成员 11 人在押。

第九节　犬类管理

1994 年 4 月和 9 月，区境内集中灭犬 186 只，并为 99%的准养犬注射狂犬疫苗。自 1995 年 5 月起实施《北京市严格限制养犬规定》。至 7 月，全区有犬 357 只。其中，登记 255 只并颁发养犬许可证和犬牌。12 月，普查区境内共有 295 只犬。1997 年 5 月，对区境内 224 只限养犬进行注册，占总数 279 只的 80.30%。1998 年至 2001 年，无证犬逐年增多。仅 2001 年即发现无证犬 551 只，均没收；消除自然死亡 45 只。对注册犬 231 只、新登记犬 190 只，实施微机管理。至 2002 年年底，原注册犬剩 366 只，新登记犬 97 只，没收无证犬 306 只。2003 年，实施《北京市养犬管理规定》，为 2 698 只犬办理登记手续，其中新登记达 2 657 只，是 2002 年的 5.74 倍。2004 年 6 月，根据《北京市养犬登记和年检管理办法》，新登记犬 496 只，年检 4 831 只，年检率 94%，名列城八区第一。2006 年，登记年检犬 6 356 只，其中新登记 1 444 只，年检 4 912 只。没收大型犬、无证犬 73 只，处罚违规养犬 1 起。2008 年 6 月至 9 月，开展查处违规养犬行动，没收无证犬 79 只。2010 年 4 月至 6 月，以校园周边为重点，展开对违规养犬执法。区境内办理登记年检犬 6 103 只，新登记犬 400 只，收缴无证犬、流浪犬 460 只。

第十节　查处治安案件

1994 年，受理治安案件 2 220 起，同比减少 1 395 起；查处 2 220 起，其中扰乱公共秩序案 495 起、妨害公共秩序案 30 起、侵犯人身权利案 226 起、侵犯公私财物案 775 起、妨害社会管理秩序案 203 起、违反户口和居民身份证管理案 458 起、其他案件 33 起。处理各类违法成员 3 013 人，其中行政拘留 992 人、罚款 771 人、警告 33 人、其他处理 1 217 人。治安罚款 17.92 万元。1997 年，受理治安案件 5 454 起，同比增加 1 720 起。其中，违反户口和居民身份证管理案件 2 180 起。查处 5 295 起、违法成员 6 669 人。1998 年，受理 4 356 起，查处 4 345 起、违法成员 5 497 人。2001 年，治安案件高发，受理 2.15 万起，同比增加 1.63 万起，增长 3.13 倍。查处 2.04 余万起、违法成员 2.22 余万人。2002 年，案件下降幅度较大，受理 9 486 起，查处 9 480 起。2003 年，发生“非典”疫情后，分局抽调警力强化社会面控制，治安案件状况较稳定。2004 年，治安案件猛增至 4.59 万起。其中，违反户口管理案受理 1.29 万起，占 28.10%；扰乱公共秩序案 8 412 起；因民间纠纷引起的治安案件 2 601 起。共查处 4.42 余万起、违法人员 4.80 万人；罚款金额 169.81 万元，没收赌资、枪支、子弹和淫秽光盘等一批违法财物。2005 年至 2006 年，治安案件有所下降。2007 年又上升，比 2006 年的 1.35 万起多受理 1.13 万起，上升 83.70%。查处 2.42 余万起、违法人员 3.04 余万人。2009 年，治安案件升至 2.76 万起，比 2007 年增长 11.29%。查处违法人员 3.41 万人，其中查获违反治安管理团伙 36 个、成员 154 人。

第四章　内部安全保卫

第一节　保卫组织

1994 年，分局内保处负责全区经济、文化系统 360 个单位的保卫工作，其中 112 个单位设保卫处、科，其余设专、兼职保卫干部。同时，还建立治保会 574 个、治保小组 784 个，含独立治保小组 161 个，成员 4 684 人。公安派出所负责 2 270 个单位的保卫工作，除街道联社等单位设保卫科，多数单位设专、兼职保卫干部。1995 年，按市公安局通知要求，从 8 月起所属市级建筑集团及二级公司、分公司下属在区境内的各项目经理部及建筑工地的治安保卫工作，交由所在地公安机关管理。分局接收在龙潭、体育馆路等 5 个公安派出所属地的冶金印刷厂、网球中心、法华项目一部和二部、新世界中心等 13 个建筑项目及工地的治安保卫工作。下属施工队每队设专职安全员、副安全员各 1 人，组建工地治保会、消防安全委员会、专职护场队，负责并加强护场巡逻和门卫值班。10 月，分局内保处负责保卫的 91 个单位，调为属地公安派出所负责。1995 年年底，经整顿有治保会 492 个、治保小组 3 个、独立治保小组 830 个，成员 9 463 人。之后，因城市改造、危改拆迁、单位搬迁及企业改制，单位减少。至 2002 年，单位治保会尚有 84 个、独立治保小组 355 个、治保小组 144 个，成员 1 664 人。

自 1999 年起，落实《北京市企业治安保卫责任制规定》，分局内保处举办企事业单位专兼职保卫干部岗位培训班，经考核，全部达标发证。至 2004 年年底，分局内保处和公安派出所负责安全保卫工作的经济、文化系统单位分别为 221 个和 1 242 个，其中 159 个单位设保卫科、保卫部，专、兼职保卫人员 2 055 人。至 2009 年，内保处直管单位减至 172 个，派出所管辖单位增至 2 569 个。2010 年上半年，内保处直管单位治保会 126 个、治保小组 161 个，派出所负责管辖单位治保组织 2 559 个，治保人员 4 670 人。每年治保组织向公安机关反映一批可疑线索，协助公安机关破获一批刑事、治安案件，抓获一批违法犯罪嫌疑人。

第二节　安全防范　重点与要害部门保卫

安全防范　1994 年 4 月，区政府制定《崇文区实施〈北京市企业治安保卫责任制规定〉的办法》，召开企事业单位厂长（经理）任期治安目标责任书签字大会，由企事业单位法人代表 21 人与分局领导签订责任书。至 5 月，分局内保处经保、文保系统和公安派出所治安管理的 2 335 个企事业单位均签订《任期治安目标责任书》。区境内 7 家涉外宾馆、饭店加强安全防范，天坛饭店在客房安装电子密码保险箱，以避免发生旅客贵重物品、现金被盗案件；北京同仁堂制药厂制订安全检查制度，坚持每日检查，发现隐患及时整改，并投入 35.60 万元安装防盗报警器、报警铃，配备保险柜。1998 年，针对大商场引厂进店、大中型超市增加，导致隐患增多、商品频遭盗窃等问题，分局在内部单位推广金伦公司采取严防措施确保安全的经验。同时，加强保安员巡视和增加监控等技防设施。1999 年年底至 2000 年，整顿校园内部及周边地区，查处滋扰案件。区公、检、法、司 4 部门科以上干部、民警 66 人受聘担任 66 所中小学法制副校长，定期对学生进行遵纪守法和自我保护宣传教育。2002 年至 2003 年，先后检查 352 家内部单位安全工作，增加技术防范设施，解决治安隐患。2005 年至 2006 年，分局分别与区工商部门、中国银行支行和天桥、百荣世贸、搜秀等商场进行处理突发事件和防暴力演练。2009 年春节和国庆安保期间，检查 194 个重点单位及金库、黄金柜、财务室的安全。组织大中型商场、金融网点等进行 30 场反抢劫、防爆炸安全演练。2010 年 5 月，在景泰、花市小学组织防暴力入侵演练，会同驻区特警大队在广渠门中学开展擒拿格斗防护技能训练。

重点与要害部门保卫　1994 年 4 月，北京市首次发行股票期间，分局内保处与属地公安派出所组织警力，在 27 个股票售购网点实施警戒和维护秩序。国庆期间，检查贵重物品仓库、油库、易燃易爆及剧毒危险品置放处等要害部位418处，金融系统、销售金银首饰珠宝单位47个，堵塞漏洞，消除隐患。自1998年起，分局落实金融网点和贵重首饰珠宝玉器商店等重点单位的安全防范措施，与各单位负责人逐人签订《安全责任保证书》，对单位内经警、保安员进行业务考核，撤换或辞退责任心不强、不胜任工作的保安员；对所管金融系统114个单位进行“四查”（查基础设施、技防设施、报警系统、值守力量）。通报批评存有安全隐患的11个单位。2001年，分局制订《金融系统安全防范工作规定》。2002年，召开全区金融单位安保会议，检查所属营业网点的金库及防弹玻璃、摄像探头等安保设施。先后组织工、农、建、商等银行所属储蓄所进行11次防抢、防爆炸实战演练。2005年，举办重点单位防暴安全检查、大型活动公共安全专题培训等活动。

2008年，北京奥运会期间，分局检查区境内供水、供电、供热、供燃气等要害部位和地下基础设施的安全，对1.42万处地下设施，95处地上热力站、点，65个小区燃气调压站，109个调压箱，逐一建立台账，与相关领导签订奥运安保责任书，落实管控措施。涉奥场所和重点单位，建立健全各项制度，落实责任。与国家体育总局及所属训练局组成保卫领导小组，以内部保卫力量为主，公安、武警配合，对区境内中国奥委会办公地、中国体育代表团驻地和训练基地，进行全方位控制，确保安全。至2010年6月的17年间，分局始终加强区境内重点单位和要害部位的安全检查和防范，完成国庆、重大节日、体育赛事等活动的安全保卫工作。

图9－5　2008年，在奥运开幕式现场，分局领导向执行安保勤务的民警做上岗动员

案件查处　1994年5月，分局内保处从天桥、新汇、光明百货商场及天坛、前门商业大厦查获被盗发票和制造、使用假增值税发票案件。抓捕违法犯罪嫌疑人19人，收缴假增值税发票312份（本）、北京商业零售专用发票1本、假公章4枚、公章毛坯1枚、日本战刀1把、电击警棍1根，为国家挽回税款30余万元。12月，查获在华龙机械加工厂杀死值班员的犯罪嫌疑人杨某。1997年，查获2个抢劫中小学生钱物的犯罪团伙，抓获违法犯罪嫌疑人6人。1998年，抓获在区金信百货公司仓库实施特大盗窃的犯罪嫌疑人姚某、张某。2000年8月，与唐山市和上海市公安局配合，破获恐吓、敲诈北京三露厂总经理案，抓获犯罪嫌疑人刘某和王某。2001年7月，查获区某中学教师关某利用网络发送淫秽电子邮件11封案件。2004年，内保单位刑事案件从第一季度2起升至第三季度66起、第四季度50起，2005年第一季度40起。同年3月，侦破北京银基典当有限责任公司内发生的捆绑保安员，抢劫邮票、金饰品案。7月8日，抓获在新世界商场一层女厕所放自制爆炸装置的犯罪嫌疑人。2008年2月，依法处理携带爆炸物装置企图威吓某公司负责人的马某。

第五章　户籍管理

第一节　户口管理

常住户口管理　1994 年，各户籍派出所实行计算机办理户口登记手续 46 101 人，居民身份证有效期 10 年期满换领底卡 78 915 人。查询违法犯罪可疑人员 673 人次，从中协助破案 37 起。年底，有常住人口 156 589 户、433 158 人（男 217 549 人、女 215 609 人），其中，非农业人口 156 570 户、433 095 人，农业人口 19 户、63 人。1995 年 1 月 1 日，对需用准迁证的启用新的户口迁移证件。1998 年 4 月至 1999 年 5 月，完成区境内 157 215 户、418 428 人的常住人口登记表和居民户口簿更换，并向居民发放新户口簿。2000 年，对全区 42 万常住人口的微机数据进行合并，为有关单位和个人提供人口信息查询。2006 年 6 月，对新景家园、都市馨园 2 个新建回迁小区开展入户调查，登记居民信息 912 户、1 796 人。其中，未在该两园入户人员 508 户、1 199 人。2009 年，建立分局、公安派出所、居民社区“三级”基础台账，为区境内人、地、物、事的管理打基础。年底，区境内常住人口 125 086 户、335 500 人（男 167 477 人、女 168 023 人），其中非农业人口 125 074 户、335 478 人；农业人口 12 户、22 人。

户口迁移　1994 年至 2009 年，户口迁入总人数为 251 043 人，迁出 33 658 人。其中，由外省市迁入 27 607 人，迁出 6 041 人；由市内区县迁入 223 346 人，迁往市内区县 333 617 人。由外省市迁入人数最多的是 1994 年 2 251 人，最少是 2007 年 1 041 人；由区境内迁往市外人数最多的是 1998 年 669 人，最少是 2007 年 163 人。由市内他区县迁入最多的是 1994 年 18 406 人，最少是 2009 年 7 345 人；迁出最多的是 2004 年 45 910 人，最少是 2009 年 9 442 人。

暂住户口管理　1994 年，区境内有暂住人口 32 430 人，从事建筑施工、联营企业、个体经商及合同工、临时工共 18 286 人，占总数 56.39%。1995 年，崇文区建立外来人口管理领导小组，各街道及职能部门建立健全管理组织和各项规章制度，分局成立外来人口管理处。1997 年，区境内有暂住人口 39 517 人。其中，32 997 人领暂住证，从事经济活动的占 85.30%。1998 年至 1999 年，通过对外来人口管理，查获的违法犯罪嫌疑人员，作拘留以上处理的 2 204 人，破案 1 498 起（大案 290 起）；打掉犯罪团伙 78 个，涉及 200 人；端掉犯罪窝点 16 个。2000 年，分局制订《出租房屋管理站工作细则》，建立 150 个出租房屋管理站，加强外来人口管理。查获外来人口作拘留以上处理的违法犯罪嫌疑人 952 人，破获刑事案件 213 起、治安案件 415 起。2001 年，为外来人口换发新暂住证件 50 016 件，换证率 98%。其中，来京 5 年以上的 321 人，1 年至 5 年且近期无违法犯罪记录的 13 421 人，不满 1 年的非务工经商或者来京务工经商、有正当生活来源和合法暂住处所的 36 091 人；核发《暂住人员临时登记证》183 人。至年底，区境内有暂住人口 71 308 人（男 44 180 人、女 27 128 人）。其中从事建筑施工、个体经营、临时工、合同工等经济活动的 60 505 人，占 84.85%。2000 年至 2002 年，查获流动人口违法犯罪嫌疑人作拘留以上处理的 2 173 人，破获刑事、治安案件 1 304 起。2006 年至 2009 年，查获流动人口违法犯罪嫌疑人员作刑事拘留 1 371 人、行政拘留 6 636 人，其他行政处罚 10 529 人。

第二节　监改矫正

自1994年起，分局贯彻执行市公安局《关于管制剥夺政治权利缓刑假释和暂予监外执行罪犯监督管理工作的规定》，与区司法局配合进行监改矫正工作。是年，区境内有监改矫正对象132人，接受全年训诫的114人。1995年8月，分局检查区境内监外执行人员49人的监督考察措施。1997年，全区保外就医人员41人，其中，27人遵纪守法，自觉接受监督改造；14人有不同程度违反监改规定行为。针对保外就医人员中外漂情况突出、未经批准擅自经商等问题，采取措施，予以解决。至2000年年底，监改、监考小组增至102个，监改力量286人。全区有监改矫正对象110人。其中剥夺政治权利34人、缓刑44人、假释15人、监外执行17人。通过法制教育，97人能服从管理。收监长期外漂的保外就医人员1人，对人户分离的21人向实住地发函进行监管。2003年至2004年，监改矫正对象增加96人。公安派出所与街道司法所配合，召开地区监外罪犯训诫会，进行训诫。2005年，有监外罪犯151人。有监改小组85个，监改力量148人；考察小组66个，监改力量111人。2009年，有监改矫正对象201人；监改小组77个，监改力量231人；考察小组124个，监改力量372人。

第三节　证件管理与出入境管理

居民身份证管理　1994年至2010年6月居民身份证按有效期10年、20年和长期3种证件进行管理。对证件丢失和正在制证中的居民，如需要使用身份证件的，发给有效期3个月的临时身份证。1994年，对居民身份证10年有效期的进行换证。应换证74 403人，实换证74 027人，换证率99.49%。查验居民身份证25 328人次，从中查获各类违法犯罪嫌疑人和持伪造居民身份证者834人。其中，作拘留以上处理188人，破获各类案件35起。1995年至1996年，通过居民身份证查验，查获违法犯罪嫌疑人650人，作拘留以上处理的261人；破获刑事案件52起。其中，大案18起，抓获负案在逃人员6人。2004年10月，在龙潭派出所举行第二代居民身份证首发仪式。至2005年，制作第二代新居民身份证296 011张，发证件295 018张，换证率90.10%。2008年年底，区境内16周岁以上人口办理第二代居民身份证291 559人。2010年3月，为16周岁至18周岁在校学生办理第二代居民身份证。

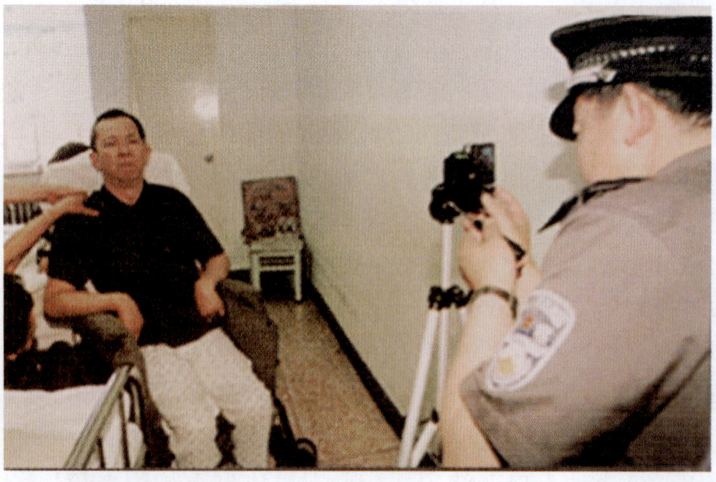

图9–6　2005年，派出所民警到医院为住院病人办理第二代居民身份证

边境通行证管理　自1994年起，对去往边境地区的区境内常住人口，经审查符合规定的，签发公安部统一制发的边境管理区通行证。1998年，全年签

发边境通行证 3 062 件。2000 年，办理边境证 1 406 件。此后逐年减少，2008 年至 2010 年 6 月共办理 182 件。

公民出境管理　1994 年，分局审查批准公民因私出境 393 人。1997 年，在审查因私出境申请 250 人中，依法处理各类问题 5 件。2003 年至 2004 年，查处区境内公民往来港澳台地区违反管理法案件 59 起，处罚 64 人。2004 年 12 月，举办民警出入境业务培训班，各派出所主管所长和有关民警参加。2008 年，受理出境申请 441 件。其中，因私出境护照 219 件，往来港澳通行证 215 件，大陆居民往来台湾通行证 7 件。

入境管理　1994 年，区境内接待各国和地区入境外国友人、港澳台同胞中，居住在区境内宾馆、饭店 3 400 人次，中小旅馆 200 人次，散居社会居民家中 95 人次。对未向分局、派出所申报登记暂住户口手续的非法居留者，依法给予处罚。1996 年，抓获杀害日本籍游客的杀人抢劫犯罪嫌疑人张某、何某。1997 年，依法处罚非法向境外客商出租的某公寓。同年至 1998 年，分别查获涉嫌偷渡的外国人 3 人，散发非法宗教宣传单的外国妇女 3 人。2000 年，处理涉外案件和问题 146 起。其中，涉外刑事案件 32 起，治安案件 12 起，外国人违反外管法 38 人，违反其他法规 1 人；处理涉外问题 58 起 72 人，其中外国人 48 人。依法处罚无经营执照、非法介绍外国人到中国境内旅游的某旅行社。2001 年至 2002 年，发生涉外刑事案件 13 起，破获 3 起；涉外治安案件 13 起，破获 3 起；涉外事件 26 起；处理涉外问题 67 起。2005 年至 2006 年，查处外国人非法入境、非法居留、非法谋职（简称“三非”）等类问题 38 起。其中“三非”人员 30 起 36 人。2007 年，登记住宿居民家中境外人员 3 037 人次，比上年同期增加 1 920 人次。查处违法居住案件 469 件。2008 年奥运会期间，查处各类涉外案、事件 131 件。2009 年，通过联系日本国驻华使馆的日本国籍游客发还遗失在天坛公园内的钱包，日本驻华领事部长代表日本驻华使馆向市公安局发感谢信。

第六章　预审与看守

第一节　预　审

1994 年，分局对在押人员，开展收缴枪支、深挖余罪活动，从中查获刑事案件 77 起。其中，大案 24 起，收缴枪支 6 支、催泪器 1 支，起获催泪弹 5 发、雷管 112 支、导火索 13.50 米。1996 年，“严打”中消化处理案件 476 件，达 100%。1997 年，通过召开在押人员坦白检举动员大会，强化政治攻势，破案 89 起，挖出在押人员李某将司机杀死的案件。同年，预审办案涉及 2 061 人，刑事拘留 702 人。其中逮捕 332 人、劳动教养 230 人、少年管教 5 人。3 月 4 日，分局受理马辉盗窃案，一审法院以盗窃罪判处其有期徒刑 7 年，剥夺政治权利 1 年。后知情群众向市委政法委举报，1998 年 1 月，市公安局纪委通知分局受理的此案系人为假案，要求重新调查。经查此案确为个别政法干警造成的假案。2 月，市局党组纪检组向分局各处、科、队、所下发《关于从马辉假案中认真吸取教训的报告的通知》，要求组织民警学习讨论，从中吸取教训。分局党组向区委写出检查报告。3 月，市中级人民法院宣告被告人马辉无罪，并予以国家赔偿。区公、检、法三机关相关办案人员和主管领导分别受到党纪政纪处分。重申办案要重证据，重调查研究，重视犯罪嫌疑人无罪辩解的调查取证。分局还制订法院开庭“旁听”制度和《预审处工作任务奖惩考核办法》，防止冤假错案发生。2001年，预审办案1 665人，比2000年少495人，下降22.91%。在刑事拘留的871人中，报请批准逮捕267人、移送起诉260人、劳动教养252人。2003年，在预审办案中贯彻执行市局关于规范、文明执法30项措施。2004年，深挖重点案件，连续破获系列盗窃摩托车、撬砸汽车等案件。2005年，破获区境内案件72起，外区案件15起。2006年，连续破获一批侵财系列案件，从盗窃团伙案中深挖出盗窃摩托车、燃油助力车等案件20起。2007年，采取提前介入进行审结和深挖破案，审批率为99%。2009年，深挖破案327起，其中本市案件291起、外省市案件36起。审结对国庆60周年活动存在重大安全隐患的“5·27”专案、“9·19”绑架外国人案和远程电信诈骗等案件。全年受理审查刑事拘留727人。其中，逮捕333人，起诉271人，直诉43人，劳动教养46人。同年，治安拘留2 105人。

第二节　看　守

1994年至1997年，区看守所制订《所长进入监区筒道办公和值班的若干规定》《看守安全责任书》等10项制度。整顿监所秩序和清监，打击“牢头狱霸”行为，落实对监区、监室的安全检查、设施维修，消除隐患，改善伙食、洗澡、理发等条件。全所举办“喜迎香港回归，共创美好未来”知识竞赛，8个监区200余人在押人员代表参加文明监号评比；组织在押人员开展读书活动汇报演讲会，邀请在押人员家属观摩。区公、检、法三机关多次在区看守所召开在押人员大会，开展政治攻势，进行深挖破案战役，召开“坦白必从宽，抗拒必从严”兑现大会。在押人员350人次，坦白交代各类问题422件，揭发检举各类问题223件。经审理，从中破案287起，其中大案99起。1998年，组织女在押人员学习《中华人民共和国妇女权益保障法》，帮助她们树立自尊、自爱、自立、自信的信心，积极改造思想；举办在押人员纪念五四“理想、道德、人生”诗歌朗诵会，在押人员结合自身犯罪经历，抒发忏悔与渴望新生之情；国庆期间，举办在押人员文艺联欢会，以朗诵、卡拉OK、小品等形式，表达对祖国的热爱和对自己犯罪行为的忏悔。10月，区看守所广播站开播，每天播放4个小时，内容有法律讲座、在押人员行为规范、改造典型、违规事例等。1999年，为未成年在押人员开办文化补习班，开展在校学生与未成年在押人员互通一封信活动，促进在押人员的改造。还与驻所武警、区检察院共同举办处置突发事件联合演习。2000年，制订《在押人员文明个人、文明个人标兵、文明分监区考核评选办法》《服刑人员奖励及减刑（假释）的规定》等制度，鼓励在押人员遵守监规，认罪服法，积极改造。对表现好的在押人员11人予以减刑。同年起，开通亲情热线、开办亲情餐厅，先后有多名在押人员与家属直接通电话，多名已决在押人员与家属在监所聚餐，促使在押人员与家属感情沟通，稳定情绪。自2001年起，区看守所多次被公安部评为一级看守所。2002年，邀请首都医

图9-7　2004年，区安置帮教办工作人员到延庆监狱进行面对面帮教活动

科大学心理学教授，对在押人员进行心理咨询和治疗，解决心理障碍。区看守所被公安部、市公安局确定为创建活动试点单位。2003 年，启用新建成的崇文区看守所。2004 年，区看守所成立全市首家监所系统法律咨询、援助服务站；每月定期召开法律咨询会，由律师解答在押人员提出的问题，增强监管执法水平和法律监督力度。2008 年，区看守所被市局评为先进单位。2010 年上半年，严格执行收押、提讯、押解、出所的规范管理，采取询问、倾听、分析、判断、推改 5 种方法，了解在押人员思想动态，确保监所安全。

第七章　安全警卫

第一节　国家领导人与外宾警卫

1994 年至 2010 年 6 月，分局围绕党和国家领导人到区境内的天坛公园参加国庆游园、义务植树，到明城墙遗址公园、金鱼池小区、物美超市等地视察，到前门地区低保户家庭慰问等活动，加强警卫，完成安保任务。同时，配合中央警卫部门和市局每年对途经区境内的首长专列做好安全警卫工作。1995 年至 1996 年，完成 28 批 400 余人次重要外宾到区境内活动的警卫工作。1997 年至 2010 年 6 月，先后完成联合国希巴尔一行、罗马尼亚内务部斯坦奥尔基少将率团、乌克兰总理、美国总统克林顿、捷克共和国总理、巴巴多斯总理一行、巴勒斯坦民族解放阵线主席阿拉法特、孟加拉国总理、法国总统、国际奥委会主席罗格及欧盟议长、芬兰总统一行等到区境内活动的安全警卫任务。

第二节　重要活动警卫

节日警卫　1994 年至 2010 年 6 月，历年春节、五一劳动节和国庆节，分局在天坛公园内设安全警卫指挥部，组织警力，保证中外游人的安全。其中，在 1999 年国庆 50 周年和 2004 年 55 周年庆典期间，完成天安门广场阅兵、联欢晚会、焰火燃放等安全警卫区、控制区以及天坛公园游园、龙潭公园焰火施放点的安全警卫任务。2005 年至 2007 年，完成龙潭公园举办的中国民族文化博览会暨中国少数民族绝技艺展，第一届、第二届北京动漫节，第一届、第二届龙潭映月国庆中秋大型游园会和彩灯文化活动等项安全警卫任务。2009 年国庆期间，组织安全警卫力量 3.70 万人次，完成天安门部分警卫区、联欢晚会区、天坛公园游园、龙潭公园游园和焰火燃放等项安全警卫任务。2010 年 2 月，前门大街举办元宵节上元灯会，分局组织安保力量 1 002 人，维护秩序，确保中外游客的安全。

会议和活动警卫　1994 年至 2010 年 6 月，对历年出席全国“两会”的代表、委员入住区境内酒店、涉足场所、行车路线、乘坐抵离京列车的铁路沿线以及承担的会场警戒区，加强警戒，确保绝对安全。1995 年，承担第 4 次世界妇女大会会议场所等有关安全警卫任务。抽调 3 005 人

图9-8　2004年冬季，公安分局干警在重点大街巡逻

次，组织1.03万余人，对代表涉足的区境内公园、市场、饭店等场所加强安全保卫工作。1997年、1999年，分别完成北京市人民迎接香港、澳门回归祖国联欢会，北京游乐园“97香港回归灯会”，龙潭公园燃放焰火等项活动的安全警卫任务。2002年、2007年，先后组织警力1 996人次和1 138人次，完成党的第十六次和第十七次全国代表大会的相关安全警卫。2005年至2008年，完成在人民大会堂和天安门广场举行的纪念抗日战争暨世界反法西斯战争胜利60周年大会和向人民英雄纪念碑献花篮，中非合作论坛北京峰会和第七届亚欧首脑会议等项安全警卫任务。

1994年至2009年，历届北京国际马拉松赛比赛途径区境内正阳门至东便门一线，分局均组织警力，实施并完成在区境内比赛线路的安全警卫。2001年，启动“110”快速反应机制，组织警力对第二十一届世界大学生运动会北京网球中心比赛场地，大运会官员、运动员在区境内的行车路线和涉足的红桥市场、元隆顾绣商厦、全聚德烤鸭店等24处场所，实行全天候警卫。2003年至2008年，完成在天坛公园祈年殿举行的第二十九届奥运会会徽揭牌仪式，雅典奥运火炬传递活动，北京奥运会开幕、闭幕，残奥会闭幕以及中国奥委会办公地、中国体育代表团住地和训练基地涉奥专项定点等相关安全保卫工作。

2009年北京国际长跑节，分局承担并完成8 800米赛段的警戒任务。

第八章　群防群治与保安服务

第一节　治保组织与活动

街道治保会　1994年，全区有治保会233个、治保主任258人、治保委员1 508人。其中，离退休人员1 009人；治保小组1 210个。1995年，组建治保会巡逻队516支、4 317人。1997年，街道治保会增至235个。1998年，全区居（家）委会建立“两劳”人员（刑满释放、解除劳教人员）帮教小组257个，成员1 420人。至2000年，随着社区变化和危旧房改造居民搬迁，街道治保会减至150个，治保小组581个，治保积极分子9 421人；治保会巡逻队322支、3 522人。2004年，治保会减至77个，治保小组797个，治保积极分子6 705人。2009年，全区有88个社区治保会。

1994年，街道治保积极分子反映各类刑事可疑情况560件，经侦查从中破获刑事案件100起，抓获各类犯罪嫌疑人147人。评选出市级先进治保会27个，治保积极分子84人。1995年至2000年，街道治保积极分子累计反映各类可疑线索7 647件，其中刑事可疑线索1 037件。经侦查从中破获刑事案件401起。2000年至2001年，通过帮教工作，检举各类违法犯罪问题178件，从中破案 29 起。2003 年，西打磨厂第二治保会、彭庄治保会被授予市级先进治保会标兵，西打磨厂第一治保会等 44 个治保会被授予市级先进治保会，东花市北里西区治保会主任秦德铮被授予市级先进治保积极分子标兵，117 人被评为市级先进治保积极分子。至 2010 年 6 月，在社区民警带领下，街道治保组织动员组织群防群治力量，完成社区治安防控和重大节日、重要会议期间的安全保卫工作。

个体经营者治保会　1994 年至 1995 年，全区有个体经营者治保会 14 个、治保小组 28 个（含独立治保小组 1 个），成员 64 人。1999 年，治保会减至 4 个、独立治保小组增至 12 个、治保小组减至 19 个，成员 47 人；另有治保巡逻队 31 个，队员 105 人。全年反映各类可疑线索 7 件。2002 年以后，个体经营者大多进入大型商场、市场和超市等，纳入内部单位治保会管理。

第二节　治安联防

1994 年至 1995 年，全区有职工治安联防队员 545 人。协助公安机关查获作拘留以上处理的各类违法犯罪嫌疑人 1 620 人，为群众办好事 1 663 件。同年至 1996 年，在抓获犯罪嫌疑人过程中，联防队员孙东良、贾近亭分别与歹徒斗争，英勇牺牲。市政府授予贾近亭、孙东良为革命烈士。凶手被依法处决。至 1998 年，职工治安联防队在民警带领下，查获各类违法犯罪嫌疑人作拘留以上处理的共 2 466 人；破获各类刑事案件 529 起，其中大案 128 起。为群众办好事 6.87 万件，群众送锦旗 4 面，表扬信 7 封。1999 年，全区被评为市先进地区治安联防办公室 2 个，先进治安联防分队 5 个，先进联防队员 10 人，荣立个人二等功 3 人、三等功 1 人。2000 年以后，随着企业改革，职工联防队员大幅减少。至 2001 年，有职工治安联防队员 210 人。协助公安机关抓获刑事犯罪嫌疑人 169 人，破刑事案件 126 起、治安案件 128 起。2004 年 9 月，社区治安志愿者协会成立，各社区治安志愿者 6 000 余人上街巡逻。2005 年，志愿者增至 1.02 万人，信息员 462 人，协助公安机关抓获违法犯罪嫌疑人 116 人，破案 61 起。2006 年，分局新招募社区治安巡防队员 275 人，全区治安联防（巡防）队员达 540 人。同时，发动群防群治力量 2 万余人，实现区境内全天候、全方位治安防控。2009 年，全区有治安联防（巡防）队员 4 148 人，设治安岗亭 156 个。全年协助抓获作治安拘留以上处理的违法犯罪嫌疑人 1 548 人，协助破案 597 起；为群众办好事 774 件。

图9—9　2008年，民警与志愿者巡逻

第三节　保安服务

1994 年，市保安服务总公司崇文分公司有保安员 898 人，驻入区境内单位 72 家，外区单位

30家。12月，崇文分公司与日本东京工同警备保障株式会社合资，成立北京共同保安服务有限公司，日方出资50万美元（设备），并引进国际先进报警、监控系统和探测器材，实现人力和技术防范相结合。1996年，崇文分公司下设保安中队5个，保安员1 000人，为区境内和外区97家单位提供保安服务。1998年，按照公安部《清理整顿保安服务行业决定》，整顿非法经营保安业务、扰乱保安服务市场以及队伍管理混乱等问题。12月25日，民工3人在龙潭西湖公园冰面落水，崇文分公司保安员张雷、刘焕伟下水救助，张雷英勇牺牲，刘焕伟负伤。30日，团市委授予张雷舍己救人优秀共青团员称号、刘焕伟市优秀共青团员称号；市保安服务总公司授予张雷北京市保安系统优秀保安员称号，给刘焕伟记个人一等功。张雷生前所在地区安徽桐城市政府批准其为烈士。2000年至2001年，保安员在执勤中先后协助公安机关抓获各类违法犯罪嫌疑人193人，排除安全隐患5 633起，扑灭火灾28起；为群众做好事667件，收到群众表扬信47封、锦旗7面。2002年，分局规范保安员管理，清除非法保安公司的保安员39人。2004年，崇文分公司保安员增至1 700人，分别驻入269家单位。保安员在值勤中协助公安机关抓获各类违法犯罪嫌疑人59人，其中作拘留以上处理的52人。协助排除各种安全隐患10万余起，扑救火灾6起，为驻入单位挽回经济损失100余万元；捡拾现金77万元、有价值证券折合人民币36万元、支票51张、手机25部、其他各种证件172件、财务公章2枚。至2010年上半年，崇文分公司不断健全和规范保安服务各项制度，清理取缔在区境内的非法保安组织、限期辞退单位雇用的非法保安员。

第九章　交通安全管理

第一节　管理与宣传

秩序整顿　1994年，崇文交通支队整顿秩序21次，纠正各类违章21.31万起，罚款20.78万元。1996年至1999年，全面开展“疏堵工程”和“服务工程”，减少拥堵，事故下降，秩序较好，各种违章由36.22万起降至17万起。从2000年5月起，对路口非机动车、行人及路段停车秩序开展大规模专项整顿。2002年，以实施“畅通工程”为载体，强化大街秩序管理。纠正违章停车3.20万余起，粘贴违章停车通知书3.10万余张，处罚违章司机1.60万人，达到停车入位、管理有序、措施到位，25条大街实现“三公里违章停车不超过一辆”的工作目标。自2006年起，将酒后开车、非司机开车、闯红灯、涉牌等严重交通违法行为设为“高压线”，实施“零容忍”打击，出动干警537人，查获酒后开车违法行为112起，行政拘留醉酒驾驶员18人；查获非司机45人，拘留35人。2008年，根据

图9—10　2005年，崇文交通支队前门队执行全国“两会”道路交通保卫任务

市政府提出的“迎奥运，建首善，创和谐交通环境”的要求，全区开展“百日行动”集中整治统一行动，出动警力2 000人次、警车300余辆次，查处酒后、非司机、超速、超载、超员等各类交通违法行为2万起。2009年年底前，按照全市范围内开展酒后开车、货运机动车、“摩的”、残疾车等专项整治行动的要求，开展交通秩序整治，确保道路交通秩序良好。2010年上半年，开展两轮“脉冲行动”，集中整治区“摩的”、残疾人三轮车非法运营行为，扣留违法车辆204辆，拘留非司机驾驶员12人。

图9—11　2009年，崇文交通支队执行国庆演练安保任务

1994年至2010年6月，全区累计进行交通秩序整顿1 599次，纠正各类违章392.34余万起，罚款527.83万元。

设施调整　1999年，崇文交通支队针对道路拥堵点、段，对14处路口、路段进行优化、渠化，新增标志23面，改造崇文门、东二环等6处路口、路段，施划标线1840米，道路交通拥堵状况缓解，一些拥堵点、段问题得到解决。2002年，强化对管界道路的优化和渠化，避免机动车在崇文门三角地形成交叉，提高通行能力；全年申报各类标志、标线和设施142件，新增护栏817扇2 451米、交通标志84面，补装标志42面、路侧停车位212个，画交通标线1.83万米，装信号灯4处，迁移非机动车、行人信号灯8处，增设人行横道36条，施划、复划交通标线2.30万米。2008年，为缓解奥运会期间交通限行措施对市内静态交通的影响，增划路侧停车位近2万个，供市民在奥运期间免费使用；以国家体育训练局、奥运签约酒店等奥运场馆和驻地周边为治理重点，制订交通组织优化方案，合理配置交通设施，达到规范化、科学化、人性化；完善国家训练局周边道路相关交通设施，确保运动员备战期间出行绝对安全、畅通。其间，增设交通标志10面、隔离护栏162米、橡胶隔离桩50个，调整交通标线210米。2009年，完成39件疏堵、治堵方案，新增、调整标志51面，复划、新增标线6 500余米，新增护栏4 069扇，渠化路口6处，设置单行线两条，新增信号灯3处，设置禁停黄网格、反光凹凸镜各两处，设置隔离桩65根，新增路侧车位163个，完善9条重点勤务路线和7处停车场地周边的交通设施，提高管界内路网通行能力。2010年4月，申报设施类交通优化、渠化方案135件，新增、调整标志85面，复划、新增标线8 200余米，设置护栏1 411扇4 233米，调整信号配时23处，渠化路口4处，设置隔离桩362根，新增路侧车位135个，复划路侧车位960个，缓解交通拥堵。

图9—12　2006年，举行“迎奥运　共建首都交通文明”宣传活动

安全宣传与责任追究　1997年，崇文交通大队和区安全办公室（简称区安全办）共同对1 263个驻区机动车单位进行年度交通安全百分验收。自1998年10月22日起，在全区中小学生中实行交通安全教育卡制度，并印发《交通安全教育卡使用规则》。1999年，全区有机动车立户单位1 561家，备案机动车3.16万辆，备案驾驶员5.48万人，非机动车50余万辆，地区安全委员会（简称区安委会）9个，均落实到交通法规宣传。2000年7月，抽样调查交

通流量和车辆的“一日出行”，区境内符合条件机动车 4 317 辆，并登记填表。2001 年，区安委会、区安全办、机动车立户单位逐级签订交通安全协议书，并层层抓落实，处罚违反协议的出租汽车公司及专业客、货运单位，对严重超标的 3 家汽车公司挂黄牌警告和发放《交通事故隐患通知书》。

2002 年，崇文交通支队在 11 个具备条件的小区开展交通安全进社区活动，并进行评比考核。每个社区有区统一制作的永久性交通安全标语牌 51 面、标志牌 11 面、宣传橱窗 15 个、活动室 11 个。共施划机动车停车泊位 2 168 个、交通标线 3 600 米，建非机动车停车棚 19 个。为增强社区居民“人人争做文明交通参与者”的意识，还举办社区交通安全消夏文艺晚会。2003 年，依法处罚 207 家交通违章单位。追查月交通违章超标的 8 家出租汽车公司和专业客运单位，并召开 8 次公开处罚大会。

2004 年 5 月 1 日实施《中华人民共和国道路交通安全法》，区安全办组织辖区单位、社区居民、专业运输驾驶员、中小学生进行《道路交通法》知识测试 270 场次，直接受教育 3 万余人次；组织全区开展《交通安全法》知识竞赛百余场次；发动驻区单位、社区、外来人员较集中地区或场所悬挂宣传条幅 200 余条，出板报 500 余块，挂宣传挂图展板 50 套共 1 000 余张。2005 年，崇文交通支队举办龙潭湖大型交通安全游园日活动，播放宣传教育光盘 7 000 余场，举办展板巡回展 1 000 余场次。2007 年至 2008 年，崇文交通支队在奥运交通管控工作中，先后制作各类宣传品 11 种 10 万余件。运用层级发动、严加监管等措施，车辆封存停驶工作取得效果。奥运期间，全区封存停驶率在四城区位列第一，并创下连续 13 天“零”复驶的佳绩。2009 年国庆期间，崇文交通支队与区境内参与国庆服务的 719 辆大客车和驾驶员分别签订国庆交通安全工作责任书和保证书；深入辖区开展 32 项基础数据调研，完成 178 辆外埠客运车辆备案和 103 辆外埠车辆进京资质审核，加强对重点单位和驾驶员的安全监管。2010 年上半年，坚持“管理到位、服务到位”方针，对参与“春运”和全国“两会”等交通服务保障单位，按照“奥运、国庆标准”，落实相关要求，确保交通安全。

第二节　交通事故

1994 年至 2010 年 6 月，区境内发生交通事故共 4 014 次，伤 1 942 人，死亡 221 人。其中，事故最多为 1998 年 808 次，最少为 2007 年 66 次；受伤人数最多为 1999 年 236 人，最少为 1997 年 51 人；死亡人数最多为 1998 年 22 人，最少为 2009 年 4 人。甲方宣传事故累计 4 375 次，伤 630 人，死亡责任人 122.50 人。其中，事故最多为 2004 年 388 次，最少为 1994 年 112 次；受伤人数最多为 2006 年 64 人，最少为 1995 年 11 人；死亡责任人最多为 1999 年 14 人，最少为 2009 年 2.50 人。

1994—2010年6月崇文区纠正交通违章统计表

表9-2

年份	秩序整顿（次）	纠正各类违章（起）	处罚金额（元）
1994	21	213 112	207 812
1995	30	243 188	216 302
1996	36	362 216	213 494
1997	57	104 357	307 432
1998	93	237 479	265 035

续表

年份	秩序整顿（次）	纠正各类违章（起）	处罚金额（元）
1999	107	170 000	100 122
2000	101	147 738	265 078
2001	112	180 000	296 040
2002	115	280 000	300 066
2003	117	272 098	460 006
2004	123	130 334	568 084
2005	152	382 013	205 747
2006	121	315 219	538 408
2007	107	351 554	360 064
2008	115	298 580	540 028
2009	113	230 906	423 840
2010.6	79	4 644	10 730
合计	1 599	3 923 438	5 278 288

1994—2010年6月崇文区境内交通事故和甲方宣传事故统计表

表9–3

年份	区境内交通事故			甲方宣传事故		
	事故（次）	伤（人）	死亡（人）	事故（次）	伤（人）	死亡责任（人）
1994	306	90	8	112	14	4
1995	454	121	7	322	11	4
1996	313	64	11	147	12	11
1997	459	51	13	320	55	6
1998	808	135	22	287	62	13
1999	106	236	21	236	26	14
2000	290	171	18	139	24	4
2001	197	107	20	307	35	7.5
2002	186	167	15	322	41	6
2003	140	119	18	205	48	9
2004	85	76	18	388	54	7.5
2005	89	95	14	177	28	6
2006	102	115	11	341	64	9
2007	66	65	9	353	28	8
2008	76	86	7	287	48	8
2009	122	108	4	245	34	2.5

续表

年份	区境内交通事故			甲方宣传事故		
	事故（次）	伤（人）	死亡（人）	事故（次）	伤（人）	死亡责任（人）
2010.6	215	136	5	187	46	3
合计	4 014	1 942	221	4 375	630	122.5

第十章　消防监督管理

第一节　装备与设施

1994年，全区消防支队、中队有各类消防车5辆，北京粮食仓库等3个单位有消防车3辆。全区有公共消防栓513座，有14个单位装配现代化自动报警灭火设备。其他单位和居民社区楼群、平房普遍装配有水龙带、灭火器等消防设备。至2009年，全区大多数大型商场、市场、超市及机关、团体、企事业单位都装配现代化自动报警灭火设备。2010年6月，区境内市政公共消防（火）栓增至1 448座，花市和龙潭湖消防中队有各类消防车10辆，有灭火救援等特种器材218种6 060件。前门临时消防站有水罐消防车2辆，各种器材120件。天坛公园有消防车1辆。区消防支队主管的重点单位95%以上设有火灾自动报警和自动喷水灭火系统。

第二节　宣传与管理

宣传教育　1994年至1995年，分局防火科和各公安派出所，结合贯彻《北京市关于禁止燃放烟花爆竹的规定》和节日保卫等工作，深入区各中小学开展禁放宣传教育，印制关于禁止燃放烟花爆竹和防火知识的贺年卡，赠送中小学生，并开展给家长和亲友捎一句话“燃放烟花爆竹危险”“使用燃气、电注意安全”等宣传活动。1994年8月，在天坛公园、崇文门菜市场、前门东大街等处设置11个防火宣传站，进行宣传。国庆45周年期间，全区召开11个防火宣传大会，同时，在2 400个内部单位开展两次防火自查。1997年6月，为确保香港回归期间的消防安全，先后召开消防安全动员会562次，印发消防宣传材料3.84万份，出板报2 356块，做消防知识答卷1.36万份，给义务消防队员讲课96次，播放消防教育录像281场，防火负责人参加防火知识考试668人次，受教育人数达10万人次。11月9日，全市第七届“119”消防宣传日，分局消防监督处组织全区2 139个单位开展宣传活动，举行演讲比赛27场、知识竞赛26场、报告会8场、文艺演出240场，发放宣传材料7.62万份，悬挂横幅、标语5 050条，出板报1 113块，发稿件12篇，设立宣传活动站72处，受教育人数达33万人次。永定门粮库等5个单位分别举办消防运动会和灭火实战演练。1999年9月，开展纪念《中华人民共和国消防法》颁布实施1周年活动，在燕京前门商业大厦、团中央和崇文门菜市场门前设立3个消防知识宣传站，用电视机播放消防常识及火灾案例，由技术人员讲解液化气瓶的构造，演示扑救火灾的措施和方法，进行消防咨询服务。2000年，分局消防监督处会同区教委举办中小学生“119”消防安全月活动，61所中小学师生共5万人参加。

2002年，开展崇文区安全生产周、“119”消防宣传日等活动。2003年至2004年，北京市第十二届、第十三届“119”消防宣传日活动期间，区防火安全委员会组织有关单位在新世界商场、光明楼华普超市门前设立6个宣传点，采取灭火演练、播放火灾录像、演示火灾逃生自救等方式，开展消防宣传。2005年国庆节前夕，消防监督处与天坛公园管理处在祈年殿举行联合消防演习。10月11日，在光明小学举办防火主题班会，警官为学生讲授火灾逃生自救方法，现场解答学生有关消防安全知识的提问，组织学生演习应急疏散和灾后救助。《人民日报》、《北京日报》、中央电视台等对此均做报道。2008年国庆期间，区消防支队组织各街道60个社区2万余居民到花市消防中队，参观消防特种车辆、装备器材，学习火灾扑救知识，掌握安全疏散和逃生自救方法。2009年，召开各类消防宣传、培训会150次，发放宣传材料30万份，受教育群众30万人。《中国妇女报》《人民公安报消防周刊》《北京青年报》多次报道。

监督管理　1994年，分局防火科检查区境内27家股票发行点和8个银行金库的防火安全，对检查出的堵塞通道、缺少器材、制度不健全等49个问题，分别填写《防火安全检查记录单》，督促单位采取措施解决隐患。制订《企事业单位消防工作考核目标》《居民委员会消防工作考核目标》，组织防火科、公安派出所、地区防火办公室考核全区2 366个企事业单位、224个居民委员会的消防工作，针对问题提出整改措施。区防火安全委员会、区教育局、分局联合制订《中小学校消防工作考核目标》，在全区中小学校贯彻执行。1995年4月，区防火安全委员会制发《关于加强五一消防保卫工作通知》，结合4月8日区境内飞利浦服务部发生的火灾，召开防火宣传会3 252次，重点检查3 000个企事业单位要害部位、重点居民院、歌舞厅、地下人防工程的消防安全工作。1996年1月，由公安部、财政部、建设部和国家计委组成的消防检查团到前门大街、磁器口集贸市场和红桥市场检查消防安全工作。7月，区少年消防培训基地成立，学校保卫干部、大队辅导员164人担任各学校消防宣传员。1997年，检查居民社区、企事业单位、公共娱乐场所的消防安全，查出火险隐患1 568件。其中，1 556件得到整改，12件采取安全防范措施。

图9－13　2005年，区消防支队组织消防演练

2000年12月9日，分局消防监督处组织各公安派出所有关负责人参加兄弟区某洗浴中心火灾现场会后，对全区歌舞厅、洗浴场所进行消防安全专项整治，并确定消防安全责任人。2002年，会同区人防工程整治办公室，检查590处地下空间消防安全，查出各类消防隐患208件，5家消防隐患问题严重，在市级挂账并对其下发《限期整改通知书》；针对全区1 822家“六小”单位（小旅店、小餐馆、小商店、小歌厅、小酒吧、小发廊）存在的消防隐患，开展两次消防安全整治，发现和解决消防隐患1 029件，处罚60家单位负责人。2004年，为确保国庆55周年天坛公园游园消防安全，会同天坛公园保卫科，对园内50处消火栓、680个灭火器、8个内部单位、25处建筑物逐项、逐个进行消防安全检查，消除火险隐患52件。2007年，检查区境内

1 102 座公共消火栓，检修保养 726 座次；将 1 100 座消火栓录入灭火救援指挥辅助决策系统，保证消防安全。当年至 2010 年上半年，区消防支队还坚持公开、公正、透明、群众无争议的原则，审核区境内建筑设计的防火项目，开展公共聚集场所开业前的消防验收。

2008 年，在奥运会消防安全工作中，全区各单位、各街道居委会落实消防安全防范措施。区消防支队重点加强天坛公园、前门大街、北京规划展览馆、红桥市场等外国人涉足地区的火灾防控工作，被国家体育总局授予北京市奥运会、残奥会先进集体称号。当年 8 月 19 日上午，区境内三千里烤肉店液化石油气发生泄漏，情况危急，花市消防中队官兵冒着生命危险，果断将泄漏口成功封堵。2009 年，区消防支队分成 4 个工作小组，对国庆 60 周年阅兵及联欢晚会警戒区、控制区、大会及晚会 9 个停车场、4 个焰火燃放阵地、天坛公园、龙潭公园及周边 686 家单位，39 个社区和 475 座公共消火栓，逐一检查消防安全及消防水源，及时发现和解决火灾隐患，并建立火灾隐患台账，确保国庆期间消防安全。2010 年 3 月，确定区境内消防安全重点单位 257 家，并对其加强检查管理。

火警 1994 年至 2009 年，区境内发生火警 2 382 起，死亡 19 人，伤 45 人，造成经济损失 340.41 余万元。发生火警最多的为 2000 年 244 起，最少的为 1995 年 78 起；死亡人数最多的为 1999 年 5 人，1995 年、2000 年、2002 年至 2004 年、2007 年至 2008 年死亡人数为 0 人；受伤人数最多的为 1998 年 9 人，2002 年、2008 年至 2009 年无伤人事故；经济损失最大的为 2000 年 50.78 余万元，最少的为 2008 年 4.08 余万元。

1994—2009年崇文区火警情况统计表

表9–4

年份	发生火警（起）	死亡（人）	伤（人）	经济损失（元）
1994	100	3	3	100 099
1995	78		3	134 986
1996	117	3	4	208 166
1997	167	2	1	470 120
1998	179	1	9	230 326
1999	194	5	4	414 461
2000	244		2	507 830
2001	197	1	4	455 670
2002	205			374 704
2003	147		1	104 046
2004	95		3	53 975
2005	159	2	6	114 515
2006	177	1	4	51 040
2007	144		1	67 071
2008	94			40 821
2009	85	1		76 279
合计	2 382	19	45	3 404 109

第十编　检　察

自1994年起，崇文区人民检察院（简称区检察院）贯彻落实公正执法、加强监督、依法办案、从严治检、服务大局的检察工作方针，不断加强法律监督，维护公平正义，严保办案质量、严守办案程序、严格办案纪律，切实履行法律赋予的职责，充分发挥自身的职能作用，为改革开放和经济建设服务。区检察院推进各项检察业务，依法严厉打击各种刑事犯罪，参与社会治安综合治理；依法查办贪污贿赂案件，加强职务犯罪侦查和预防工作；依法查处渎职侵权案件，保障公民民主权利；强化执法监督，维护法律尊严。至2010年6月，该院共批准逮捕各类刑事犯罪嫌疑人4 900人，提起公诉5 264人，立案审查贪污贿赂罪案360件355人，挽回经济损失约9 100万元，并立案侦查渎职侵权等犯罪案29件。

区检察院还注重队伍建设和基础建设，不断提高检察人员整体素质，以"建一流队伍、创一流工作"为目标，开展争创人民满意的检察院、争当人民满意的检察干警活动，推动各项检察工作创新发展，为促进和保障全区经济发展、政治稳定和社会进步做贡献。2000年和2009年，崇文区检察院先后被北京市检察院评为首都五好检察院、首都先进检察院，并自2005年起，连续5年被市精神文明建设委员会评为首都精神文明单位标兵。该院控告申诉处获最高人民检察院授予的全国文明接待室称号。

第一章　检察机构　制度建设

第一节　检察机构

1994年，区检察院设政治处、办公室、调研室、税检室、侦查监督科、审判监督一科和二科、监所检察科、贪污贿赂检察科、法纪检察科、控告申诉科、刑事侦查技术科、法警队、民事行政筹备组等14个科室，编制131人。1995年，成立民事行政检察科。1997年，成立职务犯罪预防科。1998年，成立区反贪污贿赂局（简称区反贪局）。1999年，原有科室均改为处室。2010年6月，区检察院设办公室、政治处、侦查监督处、审查起诉一处和二处、反渎职侵权局、反贪污贿赂局、职务犯罪预防处、控告申诉检察处、民事行政检察处、监所检察处、法律政策研究室、检察技术处、法警大队、行政处、监察处等16个处室，编制138人。另有事业单位机关服务中心，编制12人。

表10-1

1994—2010年6月崇文区人民检察院检察长任职一览表

姓名	籍贯	任职时间
赵志建	河北辛集	1994.2—1998.10
郭民忠	河北定州	1998.10—1999.1（代）
郭民忠	河北定州	1999.1—2003.11
吴同平	北京密云	2003.11—2004.1（代）
吴同平	北京密云	2004.1—2006.10
李　立	北京门头沟	2006.10—2006.12（代）
李　立	北京门头沟	2006.12—2010.6

第二节　制度建设

自1994年起，区检察院贯彻《检察官法》，完善量化管理考核措施，制订错案及重大工作差错责任追究制度，增强干警的事业心和责任感。自1999年起，依照最高人民检察院《关于加强基层检察院建设的通知》，建立、健全主诉检察官办案责任制和检务公开实施办法，将依法可以公开的办案流程、办案时限及诉讼权利和义务等向公众告知，增加透明度，便于群众监督。2006年，重新编印《崇文区人民检察院规章制度汇编》4大类95项，做到用制度管人管事。该院率先在全市检察系统进行诉讼文书改革，建立全面保障诉讼参与人合法权益的工作机制，从制度上保障严格执法。2008年，区检察院被最高人民检察院列为规范化管理机制第二批试点单位。2009年，通过最高人民检察院的体系审核和ISO 9001质量管理体系认证，初步实现对各项检察工作规范化管理。

1994年至2010年6月，区检察院每年向区人大及其常委会报告工作，还专题报告自侦、刑检、新刑诉法执行、社会治安综合治理及干警思想教育整顿等工作情况17次。区检察院每年到区各街道人大代表联组汇报工作，征求意见及建议，针对代表们提出的问题，制订整改措施。区检察院聘请区人大代表、政协委员和企事业单位人员担任党风廉政监督员，同时采取向社会公布干警违纪举报电话、向发案单位发放监督卡等多种形式，监督干警严格依法办事。1999年，有2名干警因违反规章制度，被限期调离。2003年11月，区检察院成立人大代表联络工作室，设置与代表联络的专用电子邮箱，并制订《关于加强同区人大代表联系的工作制度》《加强与区人大街工委联系的工作制度》《特约监督员工作实

图10-1　2002年，区检察院召开干警廉政信用评价工作动员会

施办法》等文件，创办《检察与代表》《特约监督员》专刊，邀请区人大代表旁听检察官出庭公诉，观摩案件的开庭审理；每季度编辑《崇文检察动态信息》，发至区人大代表和特约监督员，通报工作并征求意见、建议。

第二章　刑事检察

第一节　审查批捕与起诉

1994 年至 1998 年，区检察院与公安崇文分局、区法院配合，开展“扫黄打非”“禁毒”等专项斗争，重点打击杀人、抢劫、强奸、爆炸等恶性暴力犯罪，贩毒、重大盗窃、拐卖妇女儿童犯罪以及车匪路霸、牢头狱霸、流氓团伙，特别是带有黑社会性质的犯罪团伙，对重大案件适时提前介入。5 年中，共依法批准逮捕各类刑事犯罪嫌疑人 2 006 人。其中，属于打击重点的重大犯罪嫌疑人 947 人，依法提起公诉案件 1 421 件 1 959 人，涉及杀人、抢劫、强奸、重大盗窃或诈骗及涉毒、涉枪等严重危害社会治安的犯罪案件 662 案 1 033 人。自 1999 年起，区检察院参加严厉打击抢劫、盗窃、涉毒、诈骗等严重危害社会治安秩序和经济秩序的刑事犯罪活动，开展缉毒、打击制贩假币、卖淫嫖娼等专项斗争。至 2003 年，区检察院共审查批准逮捕犯罪嫌疑人 1 308 人，依法审查提起公诉案件 1 071 件 1 771 人，起诉邪教组织犯罪案件 2 件 2 人，审查起诉集资诈骗、合同诈骗、票据诈骗、非法出售和虚开增值税专用发票等破坏社会主义市场经济秩序的犯罪案件 48 件 74 人。

2004 年至 2007 年，区检察院在“严打”整治斗争中，严厉打击盗窃、故意伤害、抢劫、抢夺等严重危害人民群众生命财产安全的犯罪及合同诈骗等严重破坏社会主义市场经济秩序的犯罪，共依法审查批准逮捕犯罪嫌疑人 998 人、涉及案件 739 件，依法审查提起公诉案件 865 件 1 198 人。其间，区检察院提前介入并快速办理赵公口抢劫杀害孕妇案，成功审查起诉上级交办的刘某某利用邪教组织破坏法律实施案。2008 年，区检察院严厉打击严重暴力犯罪、严重影响群众安全感的多发性侵财犯罪、毒品犯罪等，确保奥运之年全区经济和社会的和谐稳定发展；受理各类审查批捕案件 312 件 365 人，依法批准逮捕犯罪嫌疑人 344 人、涉及案件 292 件，审查提起公诉案件 298 件 398 人。涉及行贿、受贿、诈骗、职务侵占、合同诈骗、票据诈骗、非法吸收公众存款等罪行，其中提起公诉案件 35 件 47 人。2009 年，区检察院把握重大敏感案件的办案节奏，先后以涉嫌绑架罪，批准逮捕在前门大街挟持外国游客的窦某；以涉嫌寻衅滋事罪，批准逮捕与境外媒体联系、煽动闹事、制造多起影响社会稳定事件的周某等 4 人；还以涉嫌敲诈勒索罪、组织卖淫罪、协助组织卖淫罪，批准逮捕市公安机关查获的组织卖淫团伙及“3·20”专案中的 56 名犯罪嫌疑人。2010 年上半年，区检察院依法批准逮捕犯罪嫌疑人 182 人。

1994—2010年6月崇文区人民检察院审查批捕案件统计表

表10-2

年份	受理总数		批捕		不批捕		其他处理		追捕	
	件数	人数	件数	人数	件数	人数	件数	人数	件数	人数
1994		490		418		0	0	72		0
1995	426	554	312	427	0	0	114	127	0	0
1996	465	590	330	445	0	0	132	142	3	3
1997	376		363	379	8		5		0	
1998	307	420	244	337	3	3	60	80	0	0
1999	265	388	209	326	1	1	49	54	6	7
2000	272	402	249	340	4	8	19	54	0	0
2001	236	303	207	265	4	4	25	34	0	0
2002	196	263	168	225	11	13	17	25	0	0
2003	128	174	115	152	4	4	9	18	0	0
2004	189	245	168	213	19	30	2	2	0	0
2005	229	346	196	257	32	82	1	7	0	0
2006	221	321	183	256	32	58	6	7	0	0
2007	213	300	192	272	9	12	12	16	0	0
2008	312	365	292	344	18	19	2	2	0	0
2009	365	483	324	441	36	37	5	5	0	0
2010.6	161	190	155	182	6	8	0	0	0	0
合计	4 361	5 834	3 707	5 279	187	279	458	645	9	10

1994—2010年6月崇文区人民检察院审查公安机关起诉案件统计表

表10-3

年份	受理总数		提起公诉		免予起诉		不起诉		追诉		其他处理或未结	
	件数	人数	件数	人数	件数	人数	件数	人数	件数	人数	件数	人数
1994	294	448	227	342	34	43	0	0	1	3	32	60
1995	305	437	249	345	12	22	0	0	0	0	44	70
1996	372	544	345	480	5	8	0	0	5	5	17	51
1997	265	367	265	367	0	0	0	0	0	0	0	0
1998	267	387	220	298	0	0	3	5	1	1	43	83
1999	229	347	198	298	0	0	3	3	2	2	26	44
2000	256	373	183	246	0	0	3	3	6	6	64	118

续表

年份	受理总数		提起公诉		免予起诉		不起诉		追诉		其他处理或未结	
	件数	人数	件数	人数	件数	人数	件数	人数	件数	人数	件数	人数
2001	235		217		0	0	3		6		9	
2002	238	320	208	276	0	0	2	2	1	1	27	41
2003	154	210	133	175	0	0	1	2	0	0	20	33
2004	239	351	192	277	0	0	3	7	0	0	44	67
2005	215	306	207	271	0	0	6	6	0	0	2	29
2006	181	280	156	199	0	0	1	4	0	0	24	77
2007	228	338	221	324	0	0	1	6	1	2	5	6
2008	276	377	263	351	0	0	4	4	0	0	9	22
2009	293	430	288	366	0	0	2	2	0	0	3	62
2010.6	114	145	70	97	0	0	0	0	0	0	44	48
合计	4 161	5 660	3 642	4 712	51	73	32	44	23	20	413	811

1994—2010年6月崇文区人民检察院审查起诉案件统计表

表10-4

年份	受理总数		提起公诉		免予起诉		不起诉		追诉		其他处理或未结	
	件数	人数	件数	人数	件数	人数	件数	人数	件数	人数	件数	人数
1994	68	70	33	35	20	20	0	0	0	0	15	15
1995	49	53	16	18	15	16	0	0	0	0	18	19
1996	65	73	40	43	19	24	0	0	0	0	6	6
1997	21	25	16	18	0	0	3	3	0	0	2	4
1998	18	23	10	13	0	0	0	0	0	0	8	10
1999	38	48	28	32	0	0	1	2	1	1	8	13
2000	42	58	24	34	0	0	4	5	0	0	14	19
2001	53	71	35	44	0	0	2	2	0	0	16	25
2002	32	48	19	27	0	0	1	1	1	4	11	16
2003	32	36	26	30	0	0	1	1	0	0	5	5
2004	32	48	19	26	0	0	1	1	0	0	12	21
2005	40	61	12	25	0	0	1	2	0	0	27	34
2006	18	25	8	9	0	0	1	1	0	0	9	15
2007	64	102	50	67	0	0	0	0	0	0	14	35
2008	61	82	35	47	0	0	0	0	1	2	25	33

续表

年份	受理总数		提起公诉		免予起诉		不起诉		追诉		其他处理或未结	
	件数	人数	件数	人数	件数	人数	件数	人数	件数	人数	件数	人数
2009	64	78	52	66	0	0	1	1	0	0	11	11
2010.6	29	43	12	18	0	0	0	0	1	2	16	23
合计	726	944	435	552	54	60	16	19	4	9	217	304

第二节　参与社会治安综合治理

自1994年起，区检察院贯彻中共中央关于加强社会治安综合治理两个决定精神，把减少和预防重新犯罪作为参与社会治安综合治理的重要内容，落实检察环节的各项社会治安综合治理措施，参与社会治安防控体系建设、矛盾纠纷排查调处、法制宣传教育和社区矫正等工作。至1998年5年间，区检察院结合办案，到有关单位、学校讲法制课90余次，设点进行法制宣传24次，撰写法制宣传文章111篇，有些被《法制日报》《检察日报》《北京日报》《北京晚报》《北京法制报》等刊登。此外，针对办案过程中发现的犯罪新动向、新情况及带有普遍性的问题，区检察院开展调查研究，提出治理对策，并将这些信息以简报、情况反映等形式向上级机关反映，为领导决策提供依据，其中《对当前女性吸毒情况的分析》一文，被《北京日报内参》转发。

1999年，区检察院在协查天津蓟县国税局偷税案中，10天内查清70余笔犯罪事实，受到兄弟检察院赞扬。侦查人员在观看四川卫视《今晚十分》节目后，循着蛛丝马迹与四川省井研县检察院通力合作，一举挖出该县文化局副局长贪污40余万元的犯罪事实。至2003年，区检察院在办案过程中，协助兄弟检察院调查案件16件。2003年4月，该院整理汇总并印制《依法防治非典型肺炎有关法规、条例、司法解释汇编》和《致全区各单位的一封公开信》，并送到120个单位，为防治非典型肺炎和维护稳定提供法律保障。2004年，区检察院配合社区帮教干部，加强对矫正对象的教育、监督和管理，加大人民内部矛盾排查调处工作力度，妥善处理集体上访4批100余人次。2009年，区检察院制订《关于开展刑事被害人救助工作的若干意见》，建立对因罪犯侵害而陷入生活困境的刑事被害人实行救助的工作机制，加强对民生诉求的司法保障和司法救济。针对辖区内涉众型诈骗犯罪，多以写字楼为犯罪地的特点，区检察院通过广泛调研，召开由10余家写字楼经营者和多家媒体参加的新闻通气会，介绍此类案件的特点及危害性，有针对性地提出预防建议，规范办公楼宇的出租管理，保障企业合法权益；还结合家庭保姆盗窃案频发的特点、成因，制作雇用保姆温馨提示小卡片，为社区和家政服务公司提供法律服务。

第三节　未成年人犯罪预防

自1994年起，区检察院到多所中学讲法制课，讲解有关法律规定，结合案例分析当前未成年人犯罪的特点、原因及应吸取的教训，使学生受到教育；针对职业学校学生、未成年女性等群体犯罪特点及治理对策开展专题调研，撰写调研报告，在《北京日报》等报刊发表，产生一定社会反响。1999 年，区检察院和区教委共同创办宣传法律知识的《曙光》专刊，发放全区中小学校，广受师生喜爱。2001 年，区检察院在区看守所内开设预防未成年犯罪系列课堂，组织部分未成年罪犯及家属座谈并参观《为了明天——预防未成年犯罪展览》，鼓励未成年罪犯改过自新。针对未成年人犯罪呈上升趋势且在校学生犯罪增多，结伙作案，以盗窃、抢劫等侵犯财产型犯罪居多的特点，区检察院先后到北京第一零三中学、第一七六中学、第一七八中学、市计划统计学校、前门外国语学校讲法制课。至 2003 年，有近 5 000 人受到教育。该院还与北京第十一中学及分校建立“检学共建”青少年普法教育基地，在学生中开展问卷调查、组织青少年模拟法庭、绘制青少年自我防范知识橱窗等活动，使法制教育更具有针对性、实效性。这项活动经中国新闻社报道，在美国中文电视台播出。此外，该院还派 12 名干警到 12 所中小学担任法制校长，参与学校法制宣传教育工作。其中，11 名干警和尚秀云、杨秀奇以及演艺界知名人士组成青年志愿者，与失足在押青年开展“一助一”志愿结对帮教活动，得到共青团中央的肯定和支持。中央电视台、《中国青年报》《法制日报》《检察日报》《北京日报》等对此进行报道。自 2004 年起，区检察院按照中共中央、国务院《关于进一步加强和改进未成年人思想道德建设的若干意见》，开展形式多样的未成年人法制宣传教育活动。区检察院继续选任 10 名干警担任中小学法制校长；会同区有关单位创立崇文区关心爱护未成年人工作基地；与区教委合作，在全区 25 所中学开展《与法同行，做守法学生》大型法制宣传图片展。区检察院未成年人犯罪办案组在北京第十一中分校讲授《遭遇抢劫时给你支几招》法制课。之后，该校 2 名学生遭遇抢劫时，他们按照检察官提到的方法，机智、冷静地面对歹徒，及时报案并详细描述犯罪嫌疑人的体貌特征，协助公安机关及时将犯罪嫌疑人抓获归案。

2008 年，区检察院制订《办理未成年人刑事案件暂行规定》，规范未成年人犯罪案件专门告知等系列办案程序，坚持打击与保护并重，做好教育、感化和挽救工作。区检察院开通《崇检未成年人》博客网页，打造与未成年人沟通交流的平台，扩大预防未成年人犯罪的工作领域；创建《检察官与孩子们》博客，使之成为广大在校学生汲取法律知识、表达观点、传播思想的阵地。2009 年，针对学校周边抢劫案件增多、中小学安全教育问题突出等问题，区检察院参与广播电台录制相关法制节目，在报刊网络上发表相关法制文章，宣传未成年人自我保护和犯罪预防工作。未成年人办案组连续多年被共青团北京市委评为市优秀青少年维权岗。2010 年 2 月，区检察院携手团区委走进星光自护学校，为 45 名家庭贫困、需要资助的学生发放助学金及新年小礼品，讲授假期安全自护教育课。5 月，联合团区委、区教委共同启动“牵手博客小写手”主题活动。

图10–2　2000年10月23日，区检察院在第十一中学组织由学生扮演角色的模拟法庭

第三章　贪污贿赂检察　渎职侵权检察

第一节　查办贪污贿赂案件

1994 年，区检察院侦破中国演出管理中心副主任王某（副局级）受贿 1 万元，中国医学科学院生物技术研究所研究员、中间药厂厂长吴某受贿 5.30 万元，原北京仪表机床厂经销公司业务员兼出纳员孙某贪污 12 万余元等案件。1995 年，侦破北京市外贸经济协作中心经理张某贪污 120 余万元、挪用公款近百万元的特大案件。通过办理一起几千元的受贿案，连带挖出涉及多个单位和部门的经济犯罪案件 13 件，其中特大案件 6 件，涉嫌犯罪的处级干部 4 人，犯罪总金额 200 余万元。1996 年，从 40 万元线索入手，侦破国营北京电子动力公司原总经理陈某（正局级）贪污 400 余万元、挪用公款 150 余万元的特大串案，挖出经济犯罪嫌疑人 11 人，立案 7 件。1997 年，侦破某国有企业业务员马某受贿 400 余万元和市电子系统某公司经理张某等 3 人侵占 34 万元、挪用资金 44.50 万元的特大案件，追缴赃款、赃物价值人民币 400 余万元。1994 年至 1998 年，区检察院共受理各类犯罪线索 474 件，立案侦查贪污、贿赂、挪用公款案 216 件，侦破大要案 72 件，其中涉嫌犯罪金额在 50 万元以上的 2 件、100 万元以上的 10 件；查处处级干部 24 人、局级干部 2 人；办理金融、国有企事业单位的犯罪案件 92 件，挽回经济损失 2 000 余万元。1999 年，初查线索 30 条，立案 14 件 23 人，其中万元以上 10 件、10 万元以上重特大案件 3 件，处级干部要案 3 件 3 人。为国家挽回损失 93 万元。查办国有企事业单位中贪污、贿赂、挪用公款等犯罪案件共 10 件 14 人，其中侦破多名职工联合署名举报的张某贪污案。2000 年，侦破区政府人防办公室原主任王某和该办副处级调研员马某涉嫌贪污案；某银行系统与国有企业工作人员相勾结，挪用公款 1 500 余万元等案件。1999 年至 2003 年，共立案侦查贪污贿赂等职务犯罪案件 62 件 78 人，为国家和集体挽回直接经济损失 2 400 余万元。

2004 年，受理贪污贿赂、挪用公款等职务犯罪线索 44 件，立案 8 件 9 人，挽回经济损失 400 余万元。侦破原区修理公司经理祖某涉嫌经济犯罪案。2005 年，受理贪污贿赂等职务犯罪案件线索 46 件，立案侦查 9 件 11 人，属于贪污 100 万元以上、挪用公款 1000 万元以上大案 3 件 3 人，属于处级领导干部以上要案 1 件 1 人。立案查处区房屋管理局原党委书记兼局长田某涉嫌挪用公款案，为国家挽回经济损失 200 余万元。2007 年，立案侦查贪污贿赂类职务犯罪案件 13 件 15 人，其中 100 万元以上大案 1 件、处级以上干部要案 2 件。查办北京天润金百有限公司原经理贺某、副经理魏某挪用公款、私分国有资产案，中国农业银行北京分行仲某、许某、王某受贿案。2004 年至 2007 年，该院又相继查办一批区危改拆迁建设领域商业贿赂案件。立案侦查此类案件 10 件 14 人，其中大要案 7 件。犯罪嫌疑人所在单位有区房屋管理部门、区危改办公室、拆迁办公室、建委、规划委员会、公证处等。此外，还连续侦破前门大街拆迁改造工程中涉嫌行贿的李某，涉嫌受贿的吴某、李某、张某、连某等串案，相关人员受到法律惩处。2008 年，立案侦查贪污贿赂类职务犯罪案件 18 件 18 人，其中 100 万元以上大案 4 件 4 人、处级以上干部要案 2 件 2 人；涉案金额近 2 000 万元，挽回经济损失 1 200 余万元。参与查办海淀区原区长周某涉嫌受贿案，西城区法院原院长郭某涉嫌贪污、受贿案等一批在全市有影响、有震动的大要案。2009 年，立案侦查贪污贿赂类职务犯罪案件 19 件 19 人，其中 100 万元以上大案 4 件、处级以上干部要案 3 件；为国家挽回经济损失 1 800 余万元。立案侦查北京城建集团原副总经理林某、北京城建集团投资管理公司原副经理许某在国家重大工程项目中涉嫌贪污 1 000 余万元、受贿数百万元的大要案，立案侦查丰台区地税局原党组书记、局长许某涉嫌受贿的大要案，并深挖出税务系统一批窝案、串案。查处区房管局前门房管所马某涉嫌侵吞房屋补偿款、收受拆迁户感谢费的贪污、受贿案。2010 年 1 月至 6 月，立案侦查贪污贿赂等各类犯罪案件 7 件 7 人，其中涉嫌 100 万元以上 3 人、处级干部 1 人；提起公诉案件 6 人，挽回经济损失近 1 500 万元。

1994—2010年6月崇文区人民检察院办理贪污贿赂案件统计表

表10−5

年份	立案总数		提起公诉		免予起诉		其他处理或未结	
	件数	人数	件数	人数	件数	人数	件数	人数
1994	57	69	16	23	0	0	41	46
1995	71	75	0	0	0	0	71	75
1996	52		32		10	0	10	
1997	26	31	14	16	0	0	12	15
1998	10	12	10	12	0	0	0	0
1999	14	23	14	17	0	0	0	6
2000	15	15	11	11	0	0	4	4
2001	15	16	11	12	0	0	4	4
2002	7	10	7	10	0	0	0	0
2003	11	14	8	10	0	0	3	4
2004	8	9	4	5	0	0	4	4
2005	9	11	8	10	0	0	1	1
2006	8	13	8	13	0	0	0	0
2007	13	15	7	7	0	0	6	8
2008	18	18	12	12	0	0	6	6
2009	19	19	19	19	0	0	0	0
2010.6	7	7	6	6	0	0	1	1

第二节　查办渎职侵权案件

1994年至1995年，区检察院共受理渎职侵权案件43件，立案11件。1996年受理案件28件，查办区百货公司经理助理、副总经理玩忽职守，区粮食局3起玩忽职守等重大案件，为国家挽回经济损失10万余元。2001年，该院深挖倒卖增值税专用发票犯罪活动背后的国家税务机关工作人员渎职犯罪，首次采取以事立案的形式对区国税局有关工作人员涉嫌玩忽职守发售增值税专用发票的案件线索进行立案侦查。2008年，受理案件4件，立案3件。侦破原区房屋土地经营管理中心前门分中心主任马某，在前门地区危改项目启动前夕，滥用职权违规为有关单位和个人变更和建立房屋产权手续案。2009年，受理案件线索6件，立案3件，其中立案侦查一起民警帮助犯罪分子逃避处罚案。2010年上半年，查办司法领域渎职侵权案件3件，其中，涉及区公安系统帮助犯罪分子逃避处罚案件线索1件、玩忽职守案件线索1件，涉及法院系统民事枉法裁判案件线索1件、立案1件。1994年至2010年6月，区检察院以查办徇私舞弊、非法拘禁、刑讯逼供、玩忽职守等案件为重点，受理案件145件，立案29件，转出6件，不作处理或未结109件。

1994—2010年6月崇文区人民检察院办理渎职侵权案件统计表

表10-6　　　　单位：件

年份	受理总数	立案	转出	起诉	不作处理或未结
1994	22	8	0	0	14
1995	21	3	0	0	18
1996	28	0	0	0	28
1997	5	0	0	0	5
1998	9	0	4	0	5
1999	4	4	0	0	0
2000	2	2	0	0	0
2001	5	0	0	0	5
2002	3	0	0	0	3
2003	5	1	1	0	3
2004	6	1	0	0	5
2005	8	2	0	0	6
2006	8	0	0	1	7
2007	6	1	0	0	5
2008	4	3	0	0	1
2009	6	3	1	0	2
2010.6	3	1	0	0	2
合计	145	29	6	1	109

第三节 职务犯罪预防

同步预防与系统预防 自1994年起，区检察院坚持办案与服务并举，发挥检察建议的作用，针对办案中发现的犯罪隐患及制度、管理中的问题，向发案单位提出检察建议，开展同步预防。结合经济犯罪的行业特点，重点分析发生在医药、金融、证券及建筑行业中的系列案件，发现问题，提出改进措施、建议，开展系统预防。先后与区内14个单位共建廉政文明单位，通过“走出去，请进来”的办法，与企业经常保持联系，及时提供法律服务，帮助共建单位提高发现犯罪线索、预防犯罪的能力，为企业改进管理、整章建制献计献策。1997年，区检察院成立职务犯罪预防科，该院先后在区工商银行、建设银行、金伦大厦、北京天坛医院等10个单位开展经济犯罪预防法制宣传，听众达千余人。创办《共建联络专刊》，进行预防职务犯罪法制宣传。该院还通过对建筑行业普遍存在的问题及查办的犯罪案件进行分析，撰写《关于当前建筑行业预防犯罪的思考》调研报告。自1998年起，该院建立区金融系统预防职务犯罪网络，并每年召开一次金融系统预防职务犯罪研讨会，研讨犯罪特点和规律，有针对性地提出安全防范措施，减少和避免职务犯罪的发生。1994年至1998年，区检察院向发案单位提出口头或书面检察建议共80余次。1999年，该院在区第二届金融系统预防职务犯罪研讨会上提出“增强法律意识、深化检务公开、防范金融风险、预防职务犯罪”的工作思路，加强与各金融单位的日常联系，初步形成与金融单位“双向反馈、共同商讨、相互配合”的工作机制。为金融系统防范和化解金融风险，强化内部制约机制和确保安全运营，提供法律保障，形成网络预防犯罪的合力。其间，举办区金融系统预防职务犯罪法律知识竞赛，聘请教授为各网络单位进行专题讲座，制作反映预防犯罪的回顾展板和专题片《没有硝烟的战场》，在2个网络33个单位巡回展览，3 000余人参观。至2000年，区境内金融网络单位连续3年未发现贪污贿赂、挪用公款等犯罪。

1999年至2003年，区检察院向区境内433家企业发出调查表，走访18家中央、市、区属企业，召开座谈会，征求预防职务犯罪工作意见。编辑《预防职务犯罪专刊》，发到全区120个单位，共5 000余册。同时，在查办职务犯罪大案要案时，落实“标本兼治、打防并举”的反腐败工作方针，针对在办案中发现的具有行业性、区域性、普遍性的问题，研究新形势下出现的犯罪类型和手段，提出预防对策，开展案外预防。制订《崇文区人民检察院为国有企业改革和发展服务的具体措施》。采取交流研讨和讲法制课的方式，主动到企业宣传法律，上法制课28次，3 000人次参加。结合查办职务犯罪案件，发出《检察建议书》45份，帮助发案单位消除犯罪隐患。2004年，针对办案中发现的管理漏洞，发出《检察建议书》11份，提出整改方案25项。200余个单位进入区预防职务犯罪网络，实现预防职务犯罪工作从分散状态向集中管理、从初级形式向系统预防、从检察机关部门预防向社会化大预防的转变。2005年，该院贯彻《建立健全教育、制度、监督并重的惩治和预防腐败体系实施纲要》，组织金融系统预防职务犯罪网络单位联络员及各行部分中层管理人员、业务骨干60余人，到区法院旁听庭审。2006年至2007年，又聘请专家为区卫生、金融、国资委等系统网络单位部分人员进行预防职务犯罪和反商业贿赂知识讲座；联合区委有关部门组织区副处级以上干部400余人到北京市监狱参观市警示教育基地；结合区教委系统个别人违纪、违规及多次职务犯罪的问题，召开由部分学校书记、校长参加的专题座谈会，收到良好效果。2009年至2010年6月，区检察院坚持打防并重，制订《侦防一体化实施办法》，推进侦防一体化试点工作。结合查办区地税系统职务犯罪案件，分析地税部门国家工作人员职务犯罪的特点、原因，与相关单位开展职务犯罪预防。

个案预防和专项预防 1997年7月，由公安崇文分局侦查，区检察院提起公诉的犯罪嫌疑人马辉涉嫌盗窃一案经区法院审理，以盗窃罪判处其有期徒刑七年，剥夺政治权利一年。经二审法院审查，该案确属错案，北京市第二中级人民法院于1998年3月宣告马辉无罪。经查，此案系一些社会人员与个别司法人员相互勾结、诬告陷害而制造的假案。原承办该案的区法院和区检察院，作为共同赔偿义务机关承担国家赔偿责任。参与办理该案件的司法人员根据责任性质分别受到行政或刑事处罚。区检察院以此案件为鉴，组织全院干警自查自纠和复查案件，全面审查自身思想、作风、工作、纪律等方面存在的问题，揭摆出各类问题58条，提出改进建议10条。先后制订实施《纪律作风告诫制度》《严格检（警）容风纪的规定》《关于严格执行办案程序、办案纪律的若干规定》等。同时，抓好中央政法委“四条禁令”和最高人民检察院“九条办案纪律”的执行落实，加强内部制约。1997年，在办理某单位发生的盗窃案时，该院注意到发案单位在录用经济警察时没有严格审查，直接导致案件发生，就此及时向其发出《检察建议书》。该单位接受建议，认真查找漏洞，加强内部管理，制订防范措施。2001年，广安大街（崇文段）和金鱼池小区改造等多项工程启动，区检察院通过签订廉洁协议和参与公开招、投标会议，在建筑行业开展专项预防。参加金鱼池1号楼至8号楼工程专项议标会，在施工工地进行法制宣传巡展，共有13个单位2 000余人次参观，并在工地沿线设5个举报箱。2005年，该院派员参与前门地区解危排险工程建设，提出“人民群众高高兴兴、政府门前安安静静、工作人员干干净净”的预防职务犯罪工作目标，并深入一线，为拆迁建设工作人员宣讲法律法规。走访区发展和改革委、建委、房管局等单位，分析拆迁建设工作中职务犯罪的发案原因、特点和规律，提出加强直管公房管理等检察建议，帮助职务犯罪多发单位、行业和领域整章建制。至2007年，该院调取区在建76个工程项目及土地储备开发项目投资情况，了解区发展和改革委对上述项目的检查工作，将西革新里土地储备开发项目确定为预防重点，采取措施，全面跟踪。2009年，该院对北京市工商联下属人才服务中心开展预防调查，对其财务资金缺乏监管和审批，导致存在虚报冒领、账目混乱等问题，发出《检察建议书》，帮助其对照自查，修订6项制度措施。该建议书引起发案单位上级市工商联的重视，要求并督促该中心认真制订整改措施，防范类似案件发生，并在行业内开展专项整顿，收到办理一个案件、完善一套制度、治理一片环境、教育一批干部的效果。此项检察建议被最高人民检察院授予全国检察机关首届预防职务犯罪优秀检察建议奖。

图10－3　2006年，第十一中学学生观看预防职务犯罪宣传展板

第四章 执法监督

第一节 侦查监督 立案监督 审判监督

侦查监督 1994年至1996年，区检察院针对侦查活动中的问题，退回公安机关补充侦查共131件175人。1997年，依法对8件7人做出不准逮捕的决定。1998年至2010年6月，该院依法对179件279人做出不准逮捕的决定，追捕、追诉犯罪嫌疑人28人，对45件60人做出不起诉决定。发出《补充侦查提纲》20份、《补充侦查意见书》6份、《继续侦查意见书》62份；退回补充侦查28件49人；针对侦查活动中存在的违法取证等问题发出《纠正违法通知书》《检察建议书》18份，并要求公安机关反馈整改情况。区检察院参与公安机关重大案件讨论8次，增减侦查机关认定犯罪事实10起，建议侦查机关撤销案件19件，提出纠正违法意见17件。

立案监督 1999年，区检察院受理刑事立案监督案件5件。2001年至2003年，受理16件16人，要求说明不立案理由15件15人，通知公安机关立案6件6人，口头纠正违法意见19次。2004年，要求侦查机关说明不立案理由3件。2006年，受理立案监督案件5件5人，向公安机关发出《说明不立案理由通知书》4份。2008年，立案监督线索3件3人，要求公安机关说明不立案理由2件2人，同意公安机关不立案3件3人。

审判监督 区检察院对审判机关的判决、裁定及审判活动进行监督，1994年，共增减罪名、改变定性21件30人，提起抗诉1件1人。1995年，该院从4件已侦查终结案件中，发现和证实被隐瞒的新罪行，总金额为21万元，防止遗漏罪行。依法改变案件罪名定性19件；增减认定罪行5件；对罪行轻微、不需要判处刑罚或可免除刑罚的案犯22人，依法免予起诉。1997年，改变案件罪名定性26件，增减认定罪行8件，提请抗诉2件，对侦查和审判活动中存在的问题提出口头和书面纠正意见11件。2000年，在出庭支持公诉中发现1名辩护律师为替犯罪嫌疑人减轻罪责而要求证人提供虚假证言，对此区检察院及时发出检察建议和《纠正违法通知书》，以程序上的合法保证实体裁判的公正。2005年，提起刑事抗诉案件2件，其中1件改判。区检察院认为该案被告人高某、兰某积极参与共同犯罪的预谋、犯罪对象的物色、直接实施暴力行为，并采取围堵、语言威胁等胁迫手段，对犯罪结果的发生起着关键作用。而一审法院认定被告人高某、兰某系从犯，对2名被告人予以减轻处罚属于适用法律错误，量刑明显不当。经区检察委员会研究决定，向市高检二分院提请抗诉。被市第二中级人民法院依法改判。2007年，提请刑事抗诉4件7人，全部获得市检察院支持。追诉2人，增减犯罪事实及改变公安机关定性20件。为推进宽严相济刑事司法政策的落实，由区检察院牵头与公安崇文分局、区法院联合制订《关于快速办理轻微刑事案件的若干意见（试行）》，建立一套轻微刑事案件快速办理、从宽处理工作机制。对达成调解协议的轻微刑事犯罪嫌疑人4人和社会危害性不大、真诚悔过的未成年犯罪嫌疑人3人做出不起诉决定。2008年，在区法院配合下，实行区检察长列席区法院审判委员会制度，拓宽审判监督的渠道，加强对审判活动的法律监督。当年1月至11月，受理刑事、民事申诉类案件40件，对3件违反程序规定的刑事、民事裁判提出抗诉，发出再审建议。2009年，该院对量刑畸轻畸重等确有错误的案件依法提起抗诉3件，促进对刑事审判活动的监督。

第二节　控告申诉检察

1994年至1998年，区检察院受理各类举报、控告、申诉1 191件，其中初查256件，提出刑事赔偿请求的6件，控告国家机关及其工作人员有违法行为的89件。同时，建立并逐步完善检察长接待日制度，每月10日和25日为检察长接待日，值班检察长对属于本院管辖的大要案线索、集体访、告急访等进行接待和解答。对属于检察机关工作范围内的问题，指定有关部门专人办理，及时、妥善地解决有关问题和矛盾，至1998年的5年间，检察长接待来访群众189人次。

自1999年起，该院开通24小时举报电话和网上举报系统，随时受理群众举报，及时召开奖励兑现大会，实行控告申诉工作首办责任制。工作中，不断增强群众观念和服务意识，为群众排忧解难。有针对性地做好服判、息诉工作。2000年在全市检察系统评比中，区检察院控申处被评为文明接待室，并首次被最高人民检察院授予全国文明接待室称号。同年，在受理民事行政申诉案件、刑事申诉案件过程中，分别采取质证和听证的方法，首次进行公开审查的尝试。修订有关办案规则，聘请部分区人大常委会委员、人大代表和律师为听证员，制定质证、听证的程序和有关纪律，增加办案的透明度，深化检务公开，为提请抗诉或息诉工作提供依据，民事行政检察监督质量和查办刑事申诉案件水平有较明显提高。至2003年，共受理来信来访1 364件，办结控告案件1 296件，办结申诉案件171件；受理刑事赔偿案件5件，办结5件，依法赔偿1件。2004年至2006年，办理各类来信来访775件，妥善处理集体访4批100余人次。解决1起多年闹访案件和1起久拖未结的申诉案件。加大举报宣传和检务公开工作力度，学习贯彻《信访条例》，开展以“依靠群众，反腐倡廉”为主题的举报宣传周活动，并在7个街道举办“惩治职务犯罪，维护公平正义”宣传展览等。其间，接待群众法律咨询，受理群众举报，探索接待来访和做好息诉服判工作的新方法、新机制。2007年至2010年6月，接待受理各类线索974件。采取排查各类涉检信访案件、明确工作责任、严格责任追究等措施，妥善处理40余名情绪激动的非法吸收公众存款案被害人来访、滞留等多起案件，完成部分社区服刑重点人的化解稳控工作，做到及时息诉、案结，预防极端事件的发生。

1994—2010年6月崇文区人民检察院控告申诉检察案件统计表

表10-7　　单位：件

年份	受理	年份	受理	年份	受理
1994	255	2000	230	2006	281
1995	295	2001	393	2007	313
1996	266	2002	351	2008	252
1997	265	2003	332	2009	278
1998	110	2004	306	2010.6	131
1999	58	2005	188	合计	4 304

第三节　监所检察

看守所监内检察　1994年，区检察院在看守所召开联席会3次，专门研讨在押人犯管理教育以及采取多种强制措施等问题，确定对人犯实行保外就医及假释的双重审核制度。召开在押犯集体教育大会5次、约2 800人次参加，对重点人犯教育658人次。同年，崇文看守所是全市看守所中唯一无事故单位。驻所检察室监所检察工作获北京市检察机关年终检查评比第三名。1995年，重点开展对看守所文明执法、严格执法和已决犯执行刑罚的监督。对看守所提请假释、保外就医和留所服刑的执法情况，采取同步审查、同步监督的措施。1996年，找重点人谈话教育1 000余次，向看守所提出各种安全防范措施136次。1997年，与公安崇文分局、区法院共同解决区看守所对已决犯不能及时交付、区法院执行通知书不能及时下发的问题。至1998年的5年中，驻所检察室对区看守所有关法律手续、安全防范、防病防疫、械具使用、交付执行、羁押期限等方面检查1 779次，及时解决检查中发现的问题。其间，针对在押人员在预审、起诉、审判、判决后的不同心理状态，通过开展“学监规”知识竞赛，“学法、服法、弃旧图新”春节一封家信等活动进行思想教育和法制宣传，促使他们早日认罪服法，回归社会，并揭发检举他人犯罪事实。

自1999年起，驻所检察室重点检察超期羁押、保外就医、留所服刑、体罚虐待被监管人员等情况；至2003年年底，先后向看守所提出口头建议158次，发出书面建议书2份。通过落实《在押人员诉讼期限监督卡》等措施，规范审查批捕、起诉、审判等诉讼阶段的检察监督机制，先后对4名刑期在10年以上、不符合留所服刑条件的罪犯，以发放监督卡的形式督促看守所及时交付执行。对看守所内羁押的参与邪教非法活动的人员进行思想教育，帮助大部分非法活动人员走上自新之路。驻所检察室实现与区看守所信息管理系统的微机联网，为监所网络化管理和动态监督提供保障。其间，共履行各项职能检察27次、法律手续检察7次、交付执行检察276次。

2004年至2006年，驻所检察室制作《羁押情况诉讼监督登记卡》和《犯罪嫌疑人羁押期满提示函》。与看守所创建诉讼权利、羁押期限告知卡制度，动态跟踪诉讼活动，及时预警提示，防止和纠正超期羁押。其间，交付执行检察278次，向区看守所发出警示卡1份。2007年至2008年，交付执行检察303次、收押释放2 527次。通过发《检察建议书》、召开联席会议等形式，纠正执法活动中存在的不规范、安全防范措施不落实等问题。同时，开展职务犯罪罪犯服刑情况、留所服刑罪犯交付执行情况、生产收益和财务管理、食品卫生和防病防疫等专项检查。建立监管场所逐日安全防范检查制度，实行日常、专项和不定期相结合的“三位一体”检查方法。针对检查中发现的问题，多次发出《羁押期限即将届满催办函》和《检察意见书》，有效预防超期羁押，切实维护在押人员合法权益。2008年，驻所检察室被评为全国一级规范化检察室。2009年至2010年6月，区检察院制订《驻所检察室巡视检察工作办法》，深入监管场所，进行执

图10—4　2000年5月12日，区检察院在看守所举行与失足青年结对子仪式

法监管、交付执行等各类检查5 000余人次；先后开展在押人员羁押期限、刑罚变更执行、看守所监管执法等专项检查活动，向监管机关提出纠正意见21次，促进其依法开展刑罚执行和监管工作。实行在押人员可以约见检察长、向羁押释放人员发放驻所检察官联系卡等办法，拓宽发现监管活动中违法犯罪线索的渠道，维护在押人员合法权益。

监外执行检察 自1994年起，区检察院协助公安机关加强对监外执行人员的教育改造，完善并落实《监外执行罪犯管理手册》，实行重点检察与普遍检察相结合，定期考察、回访，及时掌握监外执行人员思想动向及行为表现，做好延伸教育工作。至1998年，到区7个街道及48个治保会，对重点监外罪犯直接帮教1 481人次；在重大会议和节日前召开各种帮教会、训诫会40余次，消除治安隐患，促使监外执行人员增强法律意识和社会责任感，端正态度、自觉改造。共履行各项职能检察140次，法律手续检察62次，走访公安派出所等单位调查了解情况150次。1999年至2001年，对重点监外罪犯直接帮教28人次；监外检察小组调查回访监外罪犯情况298人次，开展法制宣传教育、训诫教育、帮教会120余次；完成各项职能检察147次，法律手续检察64次，深入罪犯家庭调查和帮教监外罪犯78次；会同公安崇文分局调查监外执行罪犯的监改情况，写出《对崇文区监外执行罪犯现状的调查分析》报告。2002年至2003年，监外检察小组调查回访监外罪犯185人次、考察教育157人次；完成各项职能检察59次、法律手续检察39次；对监管改造制度落实检察20次、口头建议15次。2004年，区检察院协同区司法局、公安崇文分局逐步推行监外执行罪犯社区矫正工作。2005年，与区司法局、社区矫正办公室联合开展为期4天的社区矫正工作内部监督检查。督促并配合监管部门对监外执行期间消失的重犯2人及时予以收监。2006年至2007年，开展监外执行工作专项检察活动和核查纠正监外执行罪犯脱管、漏管专项行动，并与区法院、公安崇文分局、区司法局共同签署《关于进一步加强对监外执行罪犯管理工作相互配合的意见》。2008年，深入社区126次，督促建档、成立帮教小组46个，发出《检察建议书》和《检察意见书》6份。2009年，制订《关于对矫正期限加强监督与提示的工作制度》，加强对执行机关落实各项监管措施的监督，监外执行罪犯的脱管、漏管率从2007年的2.50%降至0.60%。区各类矫正人员161人。其中，1人因违反缓刑规定被收监，保外就医犯1人因符合收监条件被收监。向有关机构发出书面意见函3份，提出交付监外执行过程中缺少有关法律文书的纠正意见。2010年上半年，查清1名矫正对象户籍。

第四节 民事行政检察

1995年4月，区检察院成立民事行政检察科，在受理的民事行政申诉案件20件，其中市检察院交办8件、终止审查3件、息诉4件。至2000年，共受理申诉案件135件，其中市检察院、市检察院二分院等单位交办44件。认为法院判决、裁定确有错误的6件，依法提请上级人民检察院提出抗诉。对其他经审查认为判决、裁定正确的申诉，予以答复并做好息诉工作。2001年，受理92件，其中涉及劳动争议案件43件、有关房地产案件22件、有关经济合同纠纷的案件4件、其他各类型案件23件，均结案。2002年至2005年，受理申诉案件106件，其中市检察院及其二分院交办44件。2006年，自办案件6件，同比增加50%；协查案件24件。2007年，受理民事行政申诉自办案件12件，协查23件。发出一般性《检察建议书》1份并得到采纳。2008年，受理各类民事、行政申诉案件11件，协查28件。全年发出建议或一般性《检察建议书》3份，采纳回复1份。建议提请抗诉并获市检察院二分院支持2件。2009年，受理自办案件11件，协查

28 件。发放或建议一般《检察建议书》5 份，且均收到回复，采纳率为 100%。2010 年 1 月至 6 月，受理自办案件 6 件，协查 23 件。其中发出再审检察建议 2 件、不予提请抗诉 5 件、终止审查 4 件、不立案 4 件。

1995—2010年6月崇文区人民检察院民事行政检察案件统计表

表10—8　　　　　　　　　　　　　　　　　　　　单位：件

年份	受理	立案	审结	转出	抗诉	其他处理或未结
1995	20	9	9	0	1	1
1996	9	8	0	0	0	1
1997	22	0	19	0	1	2
1998	22	0	22	0	0	0
1999	24	24	0	0	0	0
2000	38	32	0	0	0	6
2001	92	90	0	0	0	2
2002	35	0	0	0	0	35
2003	27	6	0	1	0	20
2004	20	2	13	0	0	5
2005	24	0	0	0	0	24
2006	30	0	18	0	0	12
2007	35	0	0	0	0	0
2008	39	3	0	0	2	34
2009	39	0	0	0	1	38
2010.6	29	0	0	0	0	29

第十一编　审　判

自 1994 年起，崇文区人民法院（简称区法院）继续坚持公正司法、伸张正义、一心为民，全面履行审判职能。严厉打击暴力犯罪、经济领域犯罪和职务犯罪，依法惩处刑事犯罪分子，维护社会稳定；在未成年人刑事审判中，严格把握宽严相济的刑事政策，坚持打击与保护并重，做好教育、感化、挽救工作。依法审理民事、商事、行政案件，保护当事人合法权益；创新执行方法，维护法律权威；加强审判监督，主动接受区人大及其常委会和社会各界的监督；保障群众诉讼权利，方便当事人诉讼。至 2010 年 6 月，共受理刑事案件 4 715 起，审理行政案件 1 221 起，审理民事、商事案件 81 647 起，受理执行案件 34 049 起。

区法院探索和深化审判方式改革，实行案件审判流程管理制度和审判长、独任法官选任制；创新审判模式，实行“1–1–1”审判管理和繁简分流等审判新模式；严格审判管理，制订庭审评查标准，组织庭审观摩，开展裁判文书写作论坛和展评、测评活动；加强对新类型案件的审理和研究，定期组织疑难案件研讨，提高法官办案和驾驭庭审的能力，审判案件质量和效率保持全市法院系统前列。至 2009 年，该院被最高法院授予全国基层法院学术研讨组织工作先进奖，连续 6 年被市高级法院授予学术研讨组织工作先进奖。先后被市高级法院评为少年审判工作优秀集体及未成年保护工作先进集体，并获全国预防青少年违法犯罪工作先进集体称号；刑庭、民三庭等多个庭室在全市法院系统进行经验交流；法警大队在全市法院系统业务比武中获团体总分和个人成绩第一名，受到市高级法院嘉奖，1 人被评为全国法院司法警察先进个人。

第一章　审判机构　审判方式

第一节　审判机构

1994 年，区法院设审判委员会、刑事审判庭、民事审判庭、经济审判庭、申诉审判庭、行政审判庭、执行庭、接待室和东花市法庭、政治处、办公室、行政科等机构。1995 年，刑事审判庭分为刑一庭、刑二庭，申诉审判庭改为审判监督庭，接待室改为告诉庭。1999 年，增设监察室（与纪检组合署办公）、法警大队、研究室，撤销行政科。2000 年，增设法官助理、书记员办公室。2001 年，民一庭、民二庭合并为民一庭，东花市法庭改为民二庭，经济庭改为民三庭；成立书记官处。2002 年，增设后勤服务中心。2009 年，成立审判事务管理办公室、知识产权审判庭、少年审判庭。至 2010 年 6 月，该院设刑一庭、刑二庭、民一庭、民二庭、民三庭、民四庭、立案庭、执行局、审判监督庭、政治处（下设组宣科、人事科、老干部科）、监察室（与纪检组合署办公）、办公室、行政审判庭、研究室、信访办、审务办、法警队、后勤服务中心等机构。有工作人员 264 人，其中硕士以上学位干警 76 人。

1990—2010年6月崇文区人民法院院长任职一览表

表11－1

姓名	籍贯	任职时间
李　涛	河北香河	1990.4—1998.10
刘保队	河北雄县	1998.10—1999.1（代）
刘保队	河北雄县	1999.1—2003.11
王振峰	天津市	2003.11—2004.1（代）
王振峰	天津市	2004.1—2006.10
高晓陵	福建闽侯	2006.10—2006.12（代）
高晓陵	福建闽侯	2006.12—2010.6

第二节　审判方式

1996 年 8 月，区法院成立审判方式改革领导小组；9 月，成立法官考评委员会。自 1999 年起，深化审判方式和审判流程管理改革，实施《关于案件审批权限的规定》，立案庭设专人通过微机跟踪各类案件立案、庭前准备、开庭审理、结案和归档等情况，规范办案程序。自 2000 年起，实行审判长、独任法官选任制，将办案质量和效率与审判人员的奖惩直接挂钩。探索人员分类管理制度改革，设置法官助理，成立书记员办公室，将审判辅助工作交由法官助理和书记员完成，使审判长能够集中精力审理案件。

2001 年 9 月，试运行“1－1－1”审判管理新模式，即由 1 名审判员、1 名法官助理、1 名书记员组成相对固定的办案组，负责审理案件。三者之间以审判员为核心，相互配合、相互制约，力求用最优化的审判资源组合成最高效的审判模式。运用该模式审理案件周期缩短，结案率上升，上诉案件改判发回率下降，全年无超审限案件。同年，实行首问责任制，制作首问责任卡和首问责任箱。全年未发生违法违纪事件。

2002 年，该院开始对民事案件实行专业化审判，将以往按地域分庭审理案件做法改为按案由分庭审理案件。民一庭以审理房屋案件为主，民二庭主要审理婚姻家庭案件，民三庭以审理赔偿、债务和劳动争议案件为主。自 2004 年起，在民事审判中，实行繁简分流的审判模式。对于事实清楚、法律关系简单的民事案件，在保证质量的前提下，重在提高审判效率。至 2006 年，60%的常规类型民事案件在一个月内审结。2007 年，针对婚姻家庭、债权债务、房屋拆迁等与人民群众生产、生活密切相关的民事纠纷较多的情况，按照“能调则调、当判则判、调判结合、案结事了”的原则，将调解工作从庭审中扩展到庭前、庭后等阶段，民商事案件调解率达 60.50%，一批国有企业改制和公司股东权益案件、民事案件等调解和撤诉率达 66%。

2007年4月，该院启动“八大样板工程”，即由刑庭、民二庭、执行庭、立案庭、行政庭、民一庭、法警队、民三庭8个审判业务部门，分别作为和谐司法、司法调解、司法公开、司法为民、庭长办案、教育培训工作、规范化管理、思想政治工作8个示范样板，发挥先进典型作用，争创一流工作。北京电视台、中国法院网等媒体做报道，并在新华社内参刊登。2010年1月，市委领导对此作进一步总结推广的批示。

自2008年起，针对部分老弱病残当事人无法亲自到法院立案的情况，该院实行电话预约和上门立案。编发《民事案由起诉指南》等诉讼指导手册，方便当事人诉讼。为确保经济困难的当事人打得起官司，依法减、免、缓交诉讼费7.40万元。2009年，为应对房屋买卖合同纠纷和劳动争议案件的增长，区法院以婚姻家庭和侵权赔偿类案件审理为试点，启动“调判分流”工作，将案情简单、争议不大的案件，通过分流先行调解结案，在立案大厅开设诉前调解室，对物业类、供暖类等群体性纠纷和小额诉讼案件开展诉前调解工作。通过诉前调解结案111件，此类案件的调解率同比提高13%，减少当事人的诉累。

第二章　刑事审判　行政审判

第一节　刑事审判

打击各类刑事犯罪　1994年，区法院审结刑事案件280件，处理罪犯329人。召开公开宣判会6次。其中，公开宣判经济犯罪案件10起，听众4 000余人。1996年，落实中央关于在全国范围内开展“严打”斗争的决定，召开6次宣判大会，宣判案件28件54人，旁听群众近5 700人。其间，受理刑事案件363件517人，审结312件453人。1997年，毒品犯罪案件呈上升趋势，该院开展严厉打击毒品犯罪活动。至1998年的5年中，区法院共审结盗窃、贩毒、制黄贩黄等严重危害社会治安的案件734件，判处罪犯1 118人；召开大型公开宣判会48场，宣判案件91件233人，旁听群众达1.38万人次；受理矛盾濒临激化的案件280件。其中，人数最多的群体性纠纷案件原告达150人。1999年至2003年，落实全国“严打”整治斗争会议精神，依法从重、从快打击犯罪活动，共审结各类刑事案件1 203件，判处犯罪分子1 672人；审结盗窃、抢劫、绑架、涉毒、涉枪等严重危害社会治安的案件569件，惩处犯罪分子851人；依法严惩贪污贿赂等职务犯罪34件41人。其中，处级以上公务员6人。召开公开宣判大会10次，公开处理一批抢劫、贩毒等刑事犯罪分子。2004年至2006年，审结各类刑事案件657件，判处犯罪分子892人。其中，判处10年以上有期徒刑41人，判处5年以上10

图11－1　2001年，区法院召开严厉打击刑事犯罪宣判大会

年以下有期徒刑31人。审理盗窃、抢劫等严重危害社会治安以及危害公民生命财产安全的案件286件，判处犯罪分子422人。其间，对毒品犯罪、“两抢”（抢夺、抢劫）犯罪进行专项打击，召开公开宣判大会。同时，刑事审判实行“三化”，即刑事附带民事诉讼调解艺术化，调解率连续两年保持80%以上；刑事案件宣判教育化，在宣判后教育被告人认罪服法；未成年人审判工作人性化。2007年至2008年，审结各类刑事案件500件，审理抢劫、盗窃、故意伤害等侵害公民生命财产安全的案件257件。其中，审理原天润金百商贸有限公司董事长贺某挪用公款、偷税、私分国有资产案，判处其有期徒刑7年。审理郑某、温某信用卡诈骗案，对2人均判处有期徒刑13年，并处罚金人民币30万元；审理闫某非法吸收公众存款、抽逃出资案，判处其有期徒刑7年，并处罚金人民币20万元；审理某中学原总务处副主任李某挪用公款、贪污案，判处有期徒刑3年，缓刑4年，公款及利息追缴。2009年，继续对严重危害社会治安犯罪保持高压态势，审结各类刑事案件365件、涉案被告人471人。审理抢劫、盗窃、故意伤害、毒品犯罪等案件186件，审结贪污、贿赂、滥用职权案件6件，合同诈骗、信用卡诈骗、非法吸收公众存款等案件45件。区法院被北京市高级人民法院指定为专门审理“公交扒窃案”的基层法院，共审理此类案件93件，是2008年案件数的2倍，涉案金额18.50万余元。同时，还开展刑事附带民事调解工作，调解率达89%。

未成年人犯罪案件审理与预防 1994年，区法院在刑事审判庭内设审理未成年人刑事案件的少年法庭，由法官和书记员各一名组成。审理案件时专用法庭布置体现人文关怀，并邀请熟悉未成年人生理和心理特点的教育工作者担任人民陪审员，配备专门的书记员。区法院从立案送达起诉书时，就告知未成年被告人及其家长有聘请律师进行辩护的权利。为经济条件较差，请不起律师的未成年被告人申请法律援助；对于不符合法律援助条件又不愿意请律师的未成年被告人，指定其家长担任辩护人。有的未成年被告人家在外地，区法院尽量联系其法定代理人出庭。审判工作中，在司法程序、量刑轻重上严格依照《刑法》《未成年人保护法》等法律规定，对未成年人犯罪采取与成年人犯罪不同的处理方法。同年至1998年，区法院共审理少年犯罪案件121件，判处少年犯164人，其中50人判处缓刑。2003年至2005年6月，审理各类未成年人犯罪案件60件106人。其中，抢劫案26件、占43%，盗窃案19件、占32%，故意伤害案6件、占10%，寻衅滋事、敲诈勒索等类型案件9件、占15%。随着未成年人犯罪案件数量和比例的不断上升，犯罪低龄化和团伙犯罪的趋势明显。14岁至16岁犯罪的17人、占16%。团伙犯罪24件、占40%。因沉迷于网吧最终导致抢劫、盗窃或伤害他人的占11.30%。未成年犯106人，其中被判处监禁刑的43人、判处非监禁刑的63人（包括判处缓刑59人、单处罚金刑3人、定罪免刑1人）。无超审限案件，结案率保持100%，且上诉率低，无改判和发回重审案件。2007年至2009年，区法院按照“教育为主、惩罚为辅”的原则和宽严相济的刑事政策，对未成年犯和案发后确有悔罪表现的罪犯，依法从宽处理，对49名未成年犯适用缓刑。

图11-2　2004年，区法院到市少管所为未成年犯送温暖

1998年，区法院联合区未成年人保护委员会、区教委，研究制订《崇文区关于在校未成年学生犯罪后就学问题的若干规定》，同

时，区法院通过各种方式与学校和家长沟通，减少学校对未成年人缓刑犯复学的思想顾虑。至2009年，被判处缓刑的未成年犯罪人复学率达90%以上。2001年，区法院选派14名年轻干警到学校担任法制校长，加强院校联络和沟通，有计划地开展法制宣传。2004年，该院遵循“社会问题靠社会力量解决”之路，与区检察院、区司法局联合创建关心爱护未成年人工作基地（简称关爱基地），办公室设在少年法庭。在7个街道司法所建立关爱基地工作站，聘请司法助理员担任社会调查员和帮教员。该机制为未成年人提供法律援助和法制教育，为失足青少年改造、成长创造条件，达到教育挽救目的。同时，落实“教育、感化、挽救”的方针，提出“向前延伸”和“向后延伸”工作思路。开展未成年人犯罪预防和矫正工作，“向前延伸”即深入未成年被告人的学校、社区和家中，了解其思想品德、学习及家庭教育情况，社会交往和违法违纪等情况，从中查找分析未成年人犯罪的社会和家庭原因，有针对性地帮助其反思悔悟。“向后延伸”即庭审结束后，让被判处非监禁刑或监禁刑的未成年犯定期交思想汇报，并不定期地到其家中或监所探望，了解其学习、生活情况和思想动态，适时地给予鼓励或提醒，发现问题及时纠正。2005年，该院获全国预防青少年违法犯罪工作先进集体称号。区院会同区检察院、公安崇文分局、司法局、劳动和社会保障局、工商行政管理局、教育委员会、未成年人保护委员会等7部门先后制订崇文区《关于在校未成年学生犯罪后就学问题的若干规定》《关于办理未成年人违法犯罪案件建立相互配套体系的实施办法》及《补充规定》，在全市率先解决未成年犯在九年义务教育、高中、职业高中、中等专业学校等学习阶段的复学问题。与相关部门配合为缓刑及刑满释放后且到就业年龄的人员提供就业指导和帮助。区某职业学校学生葛某被判处缓刑后，法官多方协调帮助其解决复学问题，并始终与学校、家长保持联系，了解改造情况。在法院、学校、家庭和社区全方位的帮助和教育下，葛某表现良好，自觉遵守学校纪律和法规，学习成绩也由原来全班后几名上升到名列前茅，得到学校老师和同学的认可。2009年，区法院成立少年审判庭（刑二庭），并启动“一二三四五”关爱工程，即：依托一个基地——关心爱护未成年人工作基地。做好两个延伸——未成年人审判工作“向前延伸”与“向后延伸”。打通三条通道——教育挽救通道、法律援助通道、社会救助通道。筑起四道防线——自身防线、家长防线、学校防线、社会防线。落实5件实事——为每名失足少年建立一份矫治档案；每年召开一次帮教会或联谊会；定期对刑满释放、解除劳教的未成年人和判处缓刑的未成年人进行一次回访，当年回访未成年缓刑犯46人；每年向在押的未成年犯罪人发出一封信；向每名未成年犯罪人提供一本好书。帮教工作使一批失足未成年人受到教育和感化，得到挽救。

1994—2010年9月崇文区人民法院审理刑事案件统计表

表11-2

年份	收案（件）			案由（件）								处理结果（人）								青少年（人）		未结（件）
	公诉	自诉	小计	盗窃	抢劫	流氓	强奸	诈骗	贪污	受贿	其他	无期徒刑	15年以上至20年徒刑	10年以上至15年徒刑	5年以上至10年徒刑	5年以下徒刑	拘役	缓刑	其他	18岁以下	18岁至25岁	
1994	274	6	280	115	24	11	7	19	30	9	65	4	2	14	89	134	1	37	7	18	120	3
1995	367	5	372	146	54	11	10	26	19	8	98	4	5	27	122	182	3	58	3	48	176	24
1996	440	5	445	140	67	17	13	42	22	20	124	2	24	43	146	232	5	55	3	48	218	0
1997	241	0	241	100	21	10	3	20	4	3	80		10	48	114	143	6	37	2	18	135	7
1998	254	6	260	91	37	0	6	11	0	2	113		6	17	44	189	10	28	7	25	115	0
1999	289	12	301	116	37	0	3	14	2	2	127		2	22	60	240	19	51	1	49	126	0
2000	218	6	224	77	19	0	2	7	3	1	115		5	21	45	160	2	38	0	32	68	0
2001	293	8	301	90	54	0	7	16	5	4	125		1	24	28	233	5	47	0	25	146	0
2002	247	4	251	87	32	0	3	8	2	5	114		2	18	17	189	16	37	0	27	99	0
2003	174	0	174	55	17	0	1	5	4	1	91		2	14	17	116	17	52	1	31	71	0
2004	227	3	230	87	27	0	3	6	3	1	103		2	20	17	214	23	45	4	46	105	1
2005	218	2	220	65	27	0	6	14	0	1	107			12	7	133	21	74	0	49	78	1
2006	224	4	228	70	20	0	5	11	4	2	116			7	12	205	7	68	5	37	131	3
2007	297	0	297	85	31	0	4	12	1	5	159			10	23	214	9	57	0	24	92	3
2008	264	0	264	96	21	0	3	17	1	7	119			5	13	180	3	37	2	16	44	1
2009	367	0	367	165	20	0	3	29	0	1	149		3	21	29	291	4	47	2	38	105	3
2010.9	254	0	254	106	9	0	5	15	0	2	117		2	9	20	157	3	26	0	4	56	33

说明：2010年的统计数据为1月至9月的。

第二节 行政审判

案件审理 1994 年至 2010 年 6 月，区法院受理行政诉讼案件共计 1 221 件。其中：1994 年，区法院受理行政诉讼拆迁案件 29 件，比 1993 年多 15 件，受理行政执行拆迁案件 47 件；1995 年至 1996 年，随着旧城改造加快，拆迁案件增加，在受理的 140 件行政诉讼和行政执行案件中，80%以上为拆迁案件；自 1998 年起，行政诉讼案件升幅较大，依法立案 47 件，依法审结 47 件；1999 年至 2003 年，审结行政案件 394 件，比前 5 年增长 202%，原告胜诉的占 23.30%；2004 年至 2009 年，审结各类行政诉讼案件 573 件，审查非诉行政执行案件 295 件。其间，审理首例政府信息公开行政案和涉及企业名称权的行政许可案。

1994—2010年6月崇文区人民法院审理行政诉讼案件统计表

表11-3 单位：件

年份	收案						处理结果					未结
	公安	工商	卫生	城建	其他	合计	维持	撤销	驳回	撤诉	其他	
1994	3	0	0	28	0	31	7	1	0	21	0	7
1995	1	1	0	7	1	10	1	5	1	9	0	1
1996	0	0	0	9	9	18	8	1	1	8	0	1
1997	0	1	0	14	4	19	12	2	2	3	0	1
1998	3	1	0	37	6	47	14	10	4	15	4	1
1999	7	0	1	36	4	48	17	12	6	8	6	0
2000	9	0	0	74	2	85	23	19	19	13	10	1
2001	3	0	0	65	5	73	15	15	24	11	9	0
2002	13	1	0	86	22	122	18	14	18	37	35	0
2003	6	0	0	59	17	82	14	9	17	22	3	0
2004	12	2	0	71	13	98	17	12	19	26	22	2
2005	12	4	0	43	22	81	14	8	19	23	19	0
2006	11	0	1	108	22	142	26	0	20	62	34	0
2007	6	2	0	59	36	103	3	2	28	29	32	9
2008	17	2	1	28	40	88	1	3	26	29	32	6
2009	16	2	1	21	62	102	4	6	11	32	55	0
2010.6	12	2	0	3	55	72	3	3	4	25	15	22

案件协调 1994 年至 1998 年，区法院针对行政诉讼拆迁案件逐年上升，且案件审理难度大的情况，提前介入区危旧房改造等工程的拆迁工作，及时审理纠纷，保证拆迁顺利进行。这一做法在全市法院行政审判工作会上推广。

1999 年至 2003 年，行政案件逐年上升。区法院为区房管局、卫生局等多个行政部门的领导和基层执法人员讲法制课20余场，规范其行政执法行为。2004年至2006年，在审查行政非诉执行案件中，坚持快立、快审的原则，平均审查周期为10天，同时，注意处理好保证行政管理秩序与监督行政行为之间的关系，发挥行政审判“化解器”与“减压阀”的作用。自2007年起，探索利用“行政协调”的途径和诉讼前沟通、诉讼中协调、诉讼外交流的方式，化解行政争议，使近三分之一的行政案件通过协调得到解决，促进和谐社会关系的建立。针对行政机关的执法瑕疵，以司法建议等方式及时反馈，促使行政机关改进工作、提高依法行政水平。2008年，重点加强对涉奥运案件的审理，行政庭与执行庭联合行动，仅用一个月时间处理一起长期影响国家重点工程北京南站建设的行政拆迁案，为铁路建设部门解决燃眉之急，受到市区有关部门的肯定。同时，处理天坛公园内奥运马拉松比赛线路排除妨碍案和3座待执行拍卖的活动公厕从闹市区迁出案，保障赛事顺利进行。是年，化解涉诉信访案件46件。区法院信访工作办公室被市高级人民法院评为涉诉信访工作先进集体。市委组织部《平安奥运在行动》专刊转发区法院的经验做法。2009年，区法院有近一半的行政案件通过协调得到解决。

第三章　民事审判　商事审判

第一节　民事审判

自1994年起，区法院受理民事案件中，侵害名誉权案、劳动争议案、消费者要求保护合法权益案、集资赞助案、多人集体诉讼案等新类型案件增多。为方便群众诉讼，依法快捷办案，在审理中，案情简单的运用简易程序。1995年有85%的案件运用简易程序，审限内结案率达99.90%。至1998年，共审结民事案件10 388件，占全院总案件58.70%，比前5年增加2 321件。其中，婚姻、家庭纠纷案件占56%。1999年至2003年，共审结22 025件，比前5年增长102%，涉案标的金额20.81亿元，比前5年增长126.60%。调解纠纷案件9 711件，占审结案件44.60%。其间，加强对新类型民事案件的审理和研究，审理全市首例侵害死者肖像使用权案。在处理群体性纠纷案件时，注重审判效果与社会效果的统一，一批与职工下岗及再就业有关的劳动争议案件和因城市建设、危改拆迁引起的群体性纠纷案件，通过审判得到及时妥善处理。新婚姻法颁布后，该院婚姻家庭法庭多次深入社区宣传法制，成功审理子女探视权纠纷案、无效婚姻案等一系列新类型案件，保护妇女儿童的合法权益。2004年，该院受理5人以上群体纠纷案件450余件，采取现场勘验、耐心调解的方式，促使双方达成调解协议，防止事态的扩大。2004年至2006年，审结各类民

图11－3　2009年，在区法院调解下原被告双方当事人握手言和

事案件 22 217 件，同比增长 48.70%，群体性纠纷案件占民事案件总数的 50%。在民事审判中，实行繁简分流的审判模式。60%的事实清楚、法律关系简单的民事案件均在一个月内审结。2007 年至 2009 年，审结各类民事案件 17 988 件。其中，数量较多的是婚姻家庭、邻里纠纷、损害赔偿、债权债务、劳动争议等案件，并成功审结首例侵犯隐私权案。该院利用诉前调解的方式成功解决 150 余起因物业服务、噪声扰民等引发的矛盾纠纷，减轻当事人的诉讼成本。对当事人争议不大的案件当日办、当日结。该院制订化解群体性纠纷的工作机制，建立“案情通报”制度，加强立审衔接和审执配合，妥善处理 1 500 余件群体性案件。化解交通事故纠纷 30 余起，交通事故赔偿案件调解撤诉率提高近 10 个百分点。2008 年，该院被最高人民法院定为全国法院审理涉及家庭暴力婚姻案件的试点单位，成立专案组，与区妇联和人民调解组织加强联系，干预和减少家庭暴力。同时，把化解矛盾贯穿于审判工作全过程，加强司法调解，民事案件调解撤诉率达 82.90%，位居全市基层法院第一。

第二节　商事审判

1994 年至 1998 年，区法院共审理经济纠纷案件 1 498 件，解决诉讼标的总金额 2.83 亿元，挽回和避免经济损失 1.68 亿元，比前 5 年案件增加 472 件，诉讼标的金额增加 1.51 亿元。其间，区法院采取“走出去、请进来”和“就案讲法”的方式宣传法律，帮助企业提高自我保护意识。并运用财产保全和民事制裁措施，扩大审执合一比例，依法实现企业债权。1999 年至 2003 年，区法院共审理商事案件 6 221 件，在处理涉及企业改制、破产、买卖合同及公司权益等案件过程中，加强分析研究，审结一批拖欠银行贷款案、股权转让纠纷案，并审理北京市首例公益事业赠予纠纷案和首例国有企业破产案。2005 年，区法院受理商事案件 4 428 件，审结 4 370 件，同比增长 290.90%和 286%，涉案标的金额 5.30 亿元。其中，房屋、汽车消费贷款案占 74.40%。还妥善处理 200 余名供货商诉某商贸公司返还货款案、110 余名职工诉某旅游公司返还欠款案等一批群体性诉讼案件。2006 年，新公司法实施后，出现涉及企业改制、股权转让等新类型、复杂疑难案件，区法院抽调业务骨干，深入调查研究，准确适用法律，通过辨法析理，妥善处理万余件业主诉开发商和物业管理公司、银行诉贷款者等群体性纠纷案件。至 2009 年，妥善处理 300 余名供货商诉京客隆超市供货合同纠纷案、200 余名商户的“秀雅缘”租赁合同纠纷案、5 000 余人的贷款合同纠纷案、诉讼标的金额近 2 000 万元的建筑合同纠纷案和诉讼标的金额高达 2.30 亿元的金融借款合同群体性纠纷案。并在立案大厅开设诉前调解室，化解数十名“宏志班”学生与银行的助学贷款纠纷案、600 余名商户的摊位押金纠纷案等，减轻当事人的诉累，维护社会的和谐稳定。

图11－4　2009年7月26日，181家“大天坛”案商户代表向区法院赠送锦旗

1994—2001年崇文区人民法院审理民事案件统计表

表11-4　　单位：件

年份	收案							处理结果						未结
	离婚	房屋	继承	债务	赔偿	其他	合计	调解	判决	裁定	移送	撤诉	合计	
1994	1 043	361	28	44	133	352	1 961	856	503	4	16	626	2 005	29
1995	1 037	347	19	55	109	348	1 915	809	441	3	17	623	1 893	51
1996	1 085	435	16	73	163	416	2 188	890	612	2	14	658	2 176	63
1997	1 117	407	27	89	172	478	2 290	878	586	10	19	778	2 271	82
1998	999	443	25	515	88	370	2 440	931	784	22	32	723	2 492	30
1999	1 137	165	55	742	224	696	3 019	1 079	903	27	64	972	3 045	4
2000	1 254	793	32	1 028	251	313	3 671	1 490	1 148	71	41	914	3 664	11
2001	1 543	868	43	781	346	360	3 941	1 665	1 131	109	42	984	3 931	21

1994—2001年崇文区人民法院审理经济案件统计表

表11-5　　单位：件

年份	收案							处理结果						未结
	购销	借款	加工	财产租赁	联营	其他	合计	调解	判决	移送	撤诉	其他	合计	
1994	147	23	27	6	9	37	249	132	32	9	74	1	248	25
1995	131	27	14	0	7	25	204	107	31	10	63	2	213	16
1996	197	40	15	4	13	35	304	151	48	16	91	0	306	14
1997	162	52	18	3	9	49	293	119	61	23	80	2	285	22
1998	235	68	16	7	2	63	391	158	75	10	119	12	374	39
1999	286	68	13	4	1	71	443	174	122	32	137	16	481	1
2000	378	75	24	4	7	54	542	228	83	14	159	58	542	1
2001	334	80	19	0	4	125	562	134	99	4	177	148	562	1

2002—2010年9月崇文区人民法院民事婚姻家庭一审案件统计表

表11-6　　单位：件

年份	收案				处理结果					未结
	婚姻家庭纠纷		继承	合计	判决	撤诉	调解	其他	合计	
	离婚	其他								
2002	1 707	257	73	2 037	139	426	1 461	12	2 038	8
2003	1 908	249	47	2 204	148	347	1 684	24	2 203	9
2004	633	175	40	848	127	254	445	27	853	4
2005	498	130	40	668	113	236	280	37	666	6
2006	425	113	78	616	139	186	246	42	613	9
2007	418	80	60	558	152	127	231	45	555	12
2008	367	96	84	547	129	163	201	43	536	23
2009	486	117	104	707	145	218	301	45	709	21
2010.9	372	89	95	556	88	156	211	42	497	80

说明：自2002年起，司法统计口径发生变化，分为婚姻家庭、合同纠纷、权属侵权纠纷三类。

2002—2010年9月崇文区人民法院民事合同纠纷一审案件统计表

表11－7　　　　单位：件

年份	收案								处理结果					未结
	买卖	房地产	供用热电水气	借款	租赁	劳动争议	其他	合计	判决	撤诉	调解	其他	合计	
2002	604	128	247	474	522	78	329	2 382	612	766	777	225	2 380	11
2003	508	90	445	366	705	93	347	2 554	792	702	868	198	2 560	5
2004	565	125	506	586	459	75	360	2 676	819	781	955	110	2 665	16
2005	958	152	715	3 119	464	121	899	6 428	1 331	3 716	1 115	202	6 364	80
2006	785	154	609	6 048	404	215	1 080	9 295	1 804	6 332	937	200	9 273	102
2007	391	140	746	563	244	168	1 143	3 395	1 144	1 211	962	135	3 452	45
2008	360	100	569	5 813	311	276	631	8 060	830	6 135	829	222	8 016	89
2009	429	60	774	526	484	391	836	3 500	1 378	1 118	867	137	3 500	89
2010.9	339	44	658	271	266	523	664	2 765	624	752	719	104	2 199	655

2002—2010年9月崇文区人民法院民事权属侵权纠纷一审案件统计表

表11－8　　　　单位：件

年份	收案				处理结果					未结
	所有权	人身权	其他	合计	判决	撤诉	调解	其他	合计	
2002	221	238	101	560	177	184	112	76	549	15
2003	295	202	155	652	241	206	134	75	656	11
2004	326	253	139	718	263	219	143	89	714	15
2005	422	365	115	902	292	308	220	84	904	13
2006	396	283	320	999	284	234	208	250	976	36
2007	368	281	98	747	288	224	185	55	752	31
2008	394	328	135	857	284	303	166	67	820	68
2009	399	460	153	1 012	391	372	205	64	1 032	48
2010.9	407	372	167	946	267	289	173	41	770	224

2009—2010年9月崇文区人民法院民事知识产权一审案件统计表

表11－9　　　　单位：件

年份	收案					处理结果					未结
	著作权	商标权	专利权	其他	合计	判决	撤诉	调解	其他	合计	
2009	6	2	0	1	9	0	6	3	0	9	0
2010.9	25	7	1	3	36	7	19	1	0	27	9

第四章　审判监督　判决执行

第一节　审判监督

内部监督　1997年，区法院根据北京市高级法院办案规范，制订配套制度，完善审判监督工作，建立《来信来访及有关案件督查督办制度》《超审限案件汇报制度》《上诉案件移转督查制度》《上诉案件发回审查制度》《处理案款、赃证物制度》以及《采取强制措施登记制度》。当年7月，由公安崇文分局侦查，区检察院提起公诉，经区法院审理以盗窃罪判处马辉有期徒刑7年，剥夺政治权利1年。经审查，该案确属错案。区法院和区检察院，作为共同赔偿义务机关承担国家赔偿责任。参与办理该案件的司法人员根据责任性质分别受到行政或刑事处罚。区法院以此案为鉴，开展纪律作风教育整顿活动，总结教训、查找不足，改进工作，加强各庭室对案件自查，审判委员会对案件检查、抽查。并以公开审判为重心，以强化庭审功能、举证责任、合议庭职责为重点，推进审判方式改革。1994年至1998年，区法院审判监督庭检查案件共2 677件，撰写总结报告10份，并定期组织案件检查。

1999年，该院实施《关于案件审批权限的规定》，进一步加强和完善内部监督制约机制，规定庭长对庭内案件至少抽查50%。审判监督庭全年检查案件1 120件。2000年，又相继制订《案件质量通报制度》《差错案件认定制度》等，召开案件质量通报会，对所有上诉改判及发回重审案件公开曝光。对改判、发回重审案件，考评委员会逐一进行研究，被认定为差案的12件，承办人追究责任，审判人员受到触动。2001年，实行首问责任制，制作首问责任卡和责任箱。全年收到群众感谢信48件、锦旗28面，拒收钱物折合人民币5 000余元。群众来信来访同比下降27%。2002年，立案庭通过微机跟踪各类案件立案、庭前准备、开庭审理、结案和归档等情况。全年检查案件6 821件，发出催办通知295件，审限警告21次。2004年至2006年，区法院建立纠错、改错、防错为一体的案件质量保障机制，制定《院、庭长监督检查案件办法》，院、庭长对正在审理的疑难、新类型案件进行跟踪指导。制定《案件评审制度》，由审判监督庭等有关部门通过旁听审判、查阅案卷、庭审观摩等活动，对2 800余件案件的实体、程序等进行评查，撰写评查报告35份，帮助承办法官分析问题，提高审判质量。上诉案件改判率同比下降2.80%。坚持审判流程管理制度，由专人定期对审理时间较长的在审案件发催办通知和审限警示，督促承办法官加快工作节奏，实现无超审限案件和超期羁押案件，案件质量和效率均保持在全市法院系统前列。2007年至2008年，区法院进一步建立诉讼指导制度，由立案庭向当事人发放诉讼指南，事先告知当事人有关注意事项、可能面临的诉讼风险等。在案件审理阶段，要求承办法官对当事人不清楚的问题及时予以解释，使有理的当事人打得赢官司。此外，还在全市首推电话预约立案制度，为行动不便的老年人和残疾人提供上门立案咨询。落实司法救助和法律援助工作，对生活确有困难的群众减免、缓收诉讼费，为符合法定条件的当事人指定律师，保障困难群众合法权益的实现。使用电脑记录所有庭审信息，方便当事人查阅。2009年，区法院建立司法效能管理新模式，通过司法效能建设信息化管理系统网络平台，量化干警日常工作，既利于干警掌握自身的岗位职责，也便于考核和管理。

外部监督 1994 年，区法院落实公开审判制度，所有应当公开审理的案件全部做到公开审理。1999 年，该院先后两次邀请社会廉政监督员抽查各类案件 60 件，回访当事人 120 余人；邀请人民陪审员参与审理案件 150 件，比 1998 年增加 230%。同时，公开审判案件 3 868 件，2 800 余名群众、1 668 名记者旁听和采访。至 2003 年的 5 年中，共邀请区人大代表、政协委员和社会监督员 330 余人次旁听案件审判。回访当事人 210 人次、查阅案卷 150 余卷。群众 1.48 万人、记者 1 800 余人到法院旁听案件审理和采访。特邀监督员还监督法院强制执行 40 余次。2004 年，区法院成立人大代表、政协委员联络室。制订《关于与人大代表、政协委员联络及办理交办事项工作规定》，选派 7 名审判庭庭长分别与 7 个区人大街工委建立“一对一”的联系网络，听取人大代表对法院工作的意见。2005 年，该院创办《代表联络》刊物，加强与代表沟通。2007 年，制订《崇文法院关于做好人大代表旁听案件工作的办法》。至 2009 年的 6 年中，该院邀请市、区人大代表共 468 人次旁听案件审判，邀请人民陪审员陪审案件 2 818 件，组织、接待群众 2 000 余人次旁听案件。其中 2009 年人民陪审员参审案件占区法院全年结案总数的 13%。

2008 年，区法院邀请区检察院检察长列席审判委员会会议，将区检察院的法律监督引入审判委员会研究讨论案件过程中。同时公开司法规则、行为和裁判结果。加强诉讼过程中的法律释明工作，增强裁判文书的说理性，做好判后答疑。编发《执行公开权利义务告知书》《明白执行十问答》。庭审实现多媒体证据展示、电脑同步记录和庭审录像，实行刑事、商事裁判文书上网和执行信息公开。2009 年，区法院制作《诉讼风险提示书》《诉讼指南》等宣传手册，强化诉讼指导和风险提示。将裁判结果和理由通过互联网向社会公布。开展网上庭审直播 13 次，通过中国法院网展现案件庭审全过程。将执行法官的手机号全部公开，方便当事人与法官联系，确保当事人在执行过程中的知情权。法官无论以何种方式结案，都要做好释明工作，解答当事人的疑问，增强当事人对审判工作和裁判结果的理解与认同。年底，启动“12368”司法信息公益服务热线，当事人通过电话或短信通知，了解案件立案、审理、执行的全程动态信息，实现“足不出户知审事”。区法院还及时向人大常委会报告工作情况，主动接受其监督。

1994—2010年6月崇文区人民法院审理申诉案件统计表

表11-10　　单位：件

年份	收案					处理结果					未结
	刑事	民事	经济	行政	合计	维持	变更		撤诉	其他	
							全部	部分			
1994		2			2		2			1	
1995		3		1	4	1		1		2	
1996			2	1	3	1				1	1
1997		2			2		1	2			1
1998					0						
1999		1			1			1	1		
2000			1		1			5			
2001		6			6				1		

续表

年份	收案					处理结果					未结
	刑事	民事	经济	行政	合计	维持	变更		撤诉	其他	
							全部	部分			
2002					0			1			
2003		1			1						
2004					0						
2005		1			1			1			
2006		1			1			1			
2007		2			2					1	1
2008		4			4	1		1		2	1
2009								2			
2010.6		8			8			1		4	3

第二节　判决执行

1994年，区法院受理执行案件737件（含上年未结案件40件），结案694件，结案率为94.17%。1996年，该院在案件执行中，坚持查清事实、思想教育、对群众负责、为社会稳定和为改革开放服务的全局思想，努力破解执行难题，共受理执行案件832件（含上年未结案件42件），结案812件，结案率为97.60%，实际执行标的780.29万元。1997年，制订执行工作规范细则，做好外地法院委托执行工作，克服地区、部门保护主义。依法执行案件952件，执行标的967.21万元，执行结案率升至98.10%。1998年，执行结案1 146件，执行标的达5 711万元。当年9月至12月，全国法院系统开展执行大会战，该院集中清理判后长期未执结案件576件，执行标的4 408万元。1999年，执行案件同比增加77.80%，执行标的增加30.40%，执结率为99.50%。2000年，区法院为执行庭配备精良的人员和物质保障，并不断总结、探索执行新方法、新途径。执结案件2 046件，执行标的6 200余万元，执结率为99.50%。2001年，执结率达99.60%。还首次以债权转股权的方式执结一起标的209万元的债务案。2002年，实行“先执行、后收费”制度，最大限度地保护胜诉方的利益。执结36名下岗职工追索劳动报酬案，追回拖欠工资31万余元，维护下岗职工的合法权益。至2003年的5年中，

图11—5　2006年，法官为当事人发放执行款

法院共执结案件 10 714 件，执结率为 98.40%，保持位于全市法院系统前列；执行标的 8.55 亿元，执行标的到位率为 86.50%，执行工作基本实现良性循环。2004 年，区法院实行执行过程全程公开，首次采用拍卖股权的方式执结一起标的为 240 余万元的债务案。在执行东花市三期和景泰西里等地的拆迁案件中，先后采取强制措施 20 余次，执结拆迁案件 29 件，保障危旧房改造的进程。2005 年，对重大疑难案件加强领导督办，经过反复协商和多方协调，成功执结 87 名农民工追索工资等一批案情特别复杂的执行案件，收到良好的社会效果。该院还实施“执行无假日”制度，只要当事人发现执行线索即可通过值班电话与执行法官取得联系，及时采取强制措施。当年，该院在节假日接到申请人举报的案件执结 10 余起。2006 年，对拒不履行义务的当事人 101 人予以罚款、拘留。或通过采取财产申报、强制审计、限制出入境等措施，形成执行威慑，促使被执行人主动履行义务，有效地维护司法权威。

2007 年，区法院受理执行案件 3 117 件（含上年未结案件 55 件），执结 3 086 件，结案率为 99%。贯彻执行公开若干规定，确定 10 项执行公开项目，制订执行公开自律表，实行“开门迎监督”，增强执行的公正性和权威性。执行白桥大街危改小区等各类拆迁案件 70 余件，制止部分租房户阻碍施工行为。同时，加大涉群体性纠纷案件执行力度，在弘善地区拆迁过程中，建立“案情通报”制度，加强立审衔接和审执配合，执结 1 000 余起人数众多、矛盾激化、处理难度大的群体性案件。2007 年 10 月 25 日，《人民法院报》以“平安崇文谱华章”为题，整版专题报道区法院处理群体性案件的做法。2008 年，区法院定为全国唯一的“全国公民身份信息查询系统”试点法院，利用该系统查找被执行人下落和执行线索，有效执结案件 60 余件。该院集中开展涉及民生类案件专项执行活动，开通诉讼“绿色通道”，坚持快立、快审、快执，解决拖欠农民工工资和“三费”（赡养费、扶养费、抚育费）等案件 91 件，执行标的 388 万余元。对重大和复杂疑难案件，实行庭长包案制度，庭长先后督办案件 50 余件，促进案件及时执行。召开执行听证会，审查执行异议，依法保护当事人的合法权益。全年执结 2 324 件，执结率 98.31%。执结率和执结标的到位率均位居全市法院系统前列。2009 年，区法院执结涉及北京南站、东二环内滨河路市政工程等市、区重点工程建设的案件 5 起，执结历时 5 年、涉及 181 家商户的“大天坛”柜台租赁纠纷案。还集中开展清理执行积案活动，执行积案 768 件，总标的额 1.80 亿元。其中，有财产可供执行案件 363 件，涉及被执行人为政府机关、人大代表、政协委员、部队及大中型企业等特殊主体案件 45 件，涉及特困群体案件 136 件，涉及重复信访案件 224 件，执结率 100%。累计发放司法救助金 340 余万元，使一批处于弱势地位的当事人的合法权益得到保护。1 名 23 年前被他人用硫酸泼面毁容、生活陷于困境的刑事案件被害人在领取 16 万元司法救助款后，送锦旗，感谢法院给予其重生的希望。1 名执行案件的当事人年事已高、行动不便，执行法官按月为其送去执行款。是年，执行法官放弃节假日休息，紧急出动执行 56 人次，执结案件 16 起。全年执结 2 625 件，执结率 99%，仍位居全市法院系统前列。

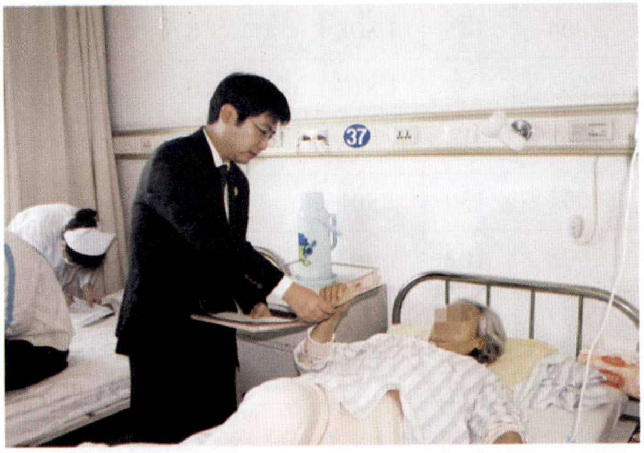
图11-6　2009年，法官为患病卧床当事人送去执行款

执行案例一：执结“体之杰”欠款纠纷案　2006 年 4 月至 2007 年 5 月，205 名债权人先后在体之杰公司购买健身卡。该公司停止经营后，拒绝为购买人退费。当事人先后将体之杰公司起诉至区法院，要求退还已收取的费用，标的额 25 万余元。经审理，区法院判决支持当事人诉讼请求，但该公司一直未履行义务。当事人多次到市、

区有关部门上访。进入执行程序后，承办法官多次前往工商部门、体之杰公司注册地和实际经营地，以及法人代表住所地查找执行线索，并利用院长约访制度约见当事人，表明法院态度，说明执行进度，稳定当事人情绪。最终找到体之杰公司实际负责人并依法对其实施司法拘留，促使体之杰公司将欠款全部退还205名当事人，案件执结。

执行案例二：执结北京南站周边违法建设案　2007年12月，市规划委员会对北京南站周边梁某擅自扩建房屋做出行政处罚决定，限其自行拆除违法建筑。梁某不服，向国家建设部申请行政复议。翌年4月11日，建设部做出维持行政处罚决定。梁某在限期内未履行拆除义务，市规划委员会向区法院提出强制拆迁申请。区法院受理此案后，指派法官约谈梁某，并依据法定程序，张贴公告，限梁某自动履行腾房义务，告知逾期不履行的法定后果，但梁某拒绝履行。2009年4月15日，该院与公安、城管、卫生等相关部门协调，强制拆除梁某全部违法建筑。

1994—2010年6月崇文区人民法院审理执行案件统计表

表11-11　　单位：件

年份	收案							执行结果					未结
	刑事	民事	经济	行政	委托	其他	合计	自行和解	强制	终结	其他	合计	
1994	83	374	103	0	6	131	697	491	184	0	19	694	43
1995	87	406	157	3	1	53	707	603	95	6	5	709	42
1996	69	482	161	6	2	70	790	745	60	3	4	812	20
1997	95	598	152	8	4	92	949	815	100	3	34	952	17
1998	80	709	265	0	5	109	1 168	946	173	11	16	1 146	39
1999	196	1 279	310	13	16	94	1 908	1 457	334	13	134	1 938	9
2000	101	1 499	348	1	3	95	2 047	1 287	211	5	543	2 046	10
2001	161	1 399	445	6	5	82	2 098	1 170	252	16	662	2 100	8
2002	121	1 938		14	6	349	2 428	1 356	168	8	900	2 432	4
2003	108	2 011		10	4	64	2 197	1 163	132	4	899	2 198	3
2004	145	1 808		8	9	74	2 044	1 136	231	2	676	2 045	2
2005	98	1 817		16	9	173	2 113	993	293	7	806	2 099	16
2006	110	2 795		4	2	1 835	4 746	2 149	1 334	72	1 152	4 707	55
2007	130	2 501		18	6	407	3 062	1 574	268	9	1 235	3 086	31
2008	102	1 983		12	19	217	2 333	1 043	335	39	907	2 324	40
2009	129	2 230		9	19	223	2 610	253	60	2	2 310	2 625	25
2010.6	141	1 824		9	21	156	2 151	161	14	3	1 588	1 766	410

第十二编　司法行政

自1994年起，崇文区不断贯彻落实国家和北京市有关司法行政的法律、法规、规章和政策，制订并组织司法行政工作发展规划，使依法治区取得成效。17年间，全区实施普及法律知识第二个五年规划（简称“二五”普法）及“三五”“四五”“五五”普法，广泛开展法律知识宣传教育，人们的法制意识、法律知识和依法办事的水平与能力普遍提高。同时，有效推进人民调解、法律服务、社区矫正及刑满释放及解除劳动教养（简称两劳）人员安置帮教等工作。化解社会大量矛盾和纠纷，保证和维护了全区的稳定和安宁。律师和公证事业发展迅速，并为孤老残幼及经济困难群众提供无偿法律援助。

第一章　司法机构　法制宣传

第一节　司法机构

1994年，区司法局设办公室、政工科、宣传科、基层工作科、法制科5个科室及公证处、华信律师事务所。11月，华信律师事务所分离为华信、义华两个所。1996年12月，义华律师事务所转为合伙制，更名为英岛律师事务所。1997年，成立两劳帮教安置科。1999年1月，撤销华信律师事务所，区属律师事务所均转为合伙制。6月，区148咨询专线（简称区148专线，系“要司法”谐音，旨在解答公民的法律问题）开通，办公室设在区司法局。成立公证、律师管理科（简称公律科），代行法律援助机构职责，监管148咨询专线。7个街道设司法科和法律服务所，由街道管理。2000年6月，公律科加挂法律援助中心牌子。2001年12月，区公证处由行政编制改为自收自支事业单位。2002年，撤销法制科，设法律援助指导科（简称法援科）。街道司法科改为司法所，为区司法局派出机构。2003年，成立区法律援助中心，为区司法局所属事业单位。2004年，成立社区矫正办公室（简称社区矫正办），挂靠在基层科。区内有英岛、宝鼎、京涛、纾绎、中政、包诚6个合伙制律师事务所，从业律师93人，另有23家社会律师事务所在区内注册。2006年，成立阳光社区矫正服务中心。2007年8月，区公证处更名为北京市信德公证处。2008年，社区矫正办公室与帮教安置科合并，更名为矫正帮教科（简称帮教科）。2010年6月，区司法局设办公室、法制宣传科、矫正帮教科、法律援助指导科、人事科、监察科，辖7个街道司法所。另有公证处、法律援助中心2个事业单位。全区有律师事务所48家，从业律师近500人。

第二节　法制宣传

1994年至1995年，是区实施普及法律知识第二个五年规划的最后两年，其间，区委理论学习中心组多次组织全区处级干部学习法律法规，听专家讲法制课。区委党校举办处级干部法制讲座12次。200余名基层党政负责人为单位干部职工讲法制课。区有关部门举办企业法人代表法律知识讲座和培训班。全区设法制宣传员、报告员516人。举办各类法制宣传橱窗、专栏501块；展出法制宣传图片约70套、2万余幅。发放法制宣传图片60期1.80万套。企事业单位订阅《全国“二五”普法读本》等教材8.30余万册，自编普法教材6种2 000余册。全区13.80万人参加学习宪法及有关法律、法规、规章近百部。

1996年至2000年，区制订实施“三五”普法规划。其间，区委理论学习中心组及各单位领导班子普遍坚持学法日制度，结合实际学习《刑法》《刑事诉讼法》《香港特别行政区基本法》等法律法规。开展“法在我心中”征文活动，收到征文589篇。从公安崇文分局、区检察院、法院、司法局等单位选派中层以上干部担任区66所中小学法制校长，参与学校法制教育计划的制订、实施，协调处理影响教学及学校周边环境秩序的案件，帮助转化有劣迹学生，开展星光青春自护教育等活动。全区普法对象主要是各级领导干部、司法和行政执法人员、青少年、企业经营管理人员，还有外来务工人员等共41.38万人，有法制宣传员7 544人。设法制宣传橱窗和专栏1 426处1 871块。展示各类法制宣传图片2万余套，举办普法培训1 502场次，受教育人数为11万余人。

2001年至2005年，区制订实施“四五”普法规划。5年中，多次举办区、处级领导干部依法治国，建设社会主义法治国家和加入WTO法律制度等讲座。对领导干部进行法律知识考试，优秀率为52.27%，平均分达到优秀的单位有50个。开展《妇女权益保障法》宣传月、人民防空条例宣传日、宪法颁行20周年纪念等活动，组织机关公务员、社区居民等开展学习宪法知识竞赛13场。组织区人大代表开展《代表法》宣传活动，设7个咨询站，发放材料2万份。举办法律服务咨询现场解答服务站、社区宪法宣传板报比赛等活动，向各居委会赠送法律图书1 700余册。开设普法课堂，为外来务工青年开展法律讲座。2003年，区成立防治“非典”法制宣传小分队，出动宣传车、设宣传站，深入全区78个社区、工地和医疗单位宣传《传染病防治法》《突发公共卫生事件应急条例》等法律法规。制作展板18块，发放材料4万份，提供法律咨询1 300人次。开展社区“有一个居民学法制度、有一名法制宣传员、建一支普法志愿者队伍、设一个法制宣传栏、建一个法律图书角、市民学校每季度上一堂法制课”活动。2005年，开通崇文法制网，开设《法制动态》《依法治理》《普法园地》《法律法规》《以案说法》《法律咨询》等6个板块，宣传法律知识。

图12-1　2006年11月16日，区召开“四五”普法总结暨“五五”普法动员大会

2006年至2010年6月，区制订实施“五五”普法规划。其间，成立区

“五五”普法讲师团，制发《崇文区奥运法制宣传实施方案》。开展“一、二、三、四”特色奥运法制宣传。即：一是突出“人文奥运法制同行”主题。举办奥运法律知识展览，在龙潭公园建奥运法律知识长廊，在《新崇文》报开辟《奥运法律知识专栏》，户外显示屏播放《福娃说法》303次；成立奥运法制宣传小分队，1 941 人参与宣传，开展宣传活动 1 121 次，宣传群众 38 万余人次；举办法制讲座 393 场次，法制文艺演出 603 场次，法律咨询 1.18 万人次；将“人文奥运、法制同行”等内容印制在环保布袋、水杯、月票夹、日历、课程表、笔袋上，发放 5.50 万余份。二是举办大龙杯中小学生法制文艺会演和奥运倒计时 100 天 2 场法制文艺会演。三是编印《城市环境建设法律法规简明读本》《中小学生法制漫画集》《五彩奥运伴我行——中小学生“人文奥运法治同行”征文选编》1.50 万册。四是开展“法制先锋、文明奥运”中学生奥运法律知识竞赛、妇女法律知识竞赛、“大龙杯”流动人口奥运法律知识决赛和社区居民奥运法律知识竞赛。开展依法防治甲型 H1N1 流感宣传，印发海报 2 000 份。配合居委会换届，制作宣传《居委会组织法》《居委会选举办法》的展板 164 块。以“崇尚法律、共筑和谐”为主题，举办崇文区法律咨询周启动仪式，发放材料 3.30 万余份，解答咨询 200 余人次，受教育群众 9 000 余人。还举办历时半年的打击防范涉众型经济犯罪法制教育巡回展，参观者达 2 万余人。

第二章　人民调解

第一节　调解组织

1994 年，全区街道居委会结合换届，改选人民调解委员会（简称调委会），选出居民调解主任 230 人。1995 年年底，全区有调委会 334 个。其中，居民调委会 231 个、企业调委会 89 个、事业调委会 7 个、个体调委会 7 个。调解委员 1 761 人，调解信息员 9 804 人。全区实现了三级调解组织网络，即调解主任包片（厂），调解委员包段（车间），信息员包楼门、院（班组），形成组织健全、人员落实、责任明确的工作体系。按照《北京市标准化人民调解委员会若干规定》，全区居委会共建成标准化调解委员会 221 个，占总数的 66%。同年至 2000 年，居民调委会两次换届，人员年龄结构发生较大变化。1997 年换届后，70 岁以上调解主任减少，平均年龄为 59.40 岁。2000 年换届后，全区有居民调委会 159 个，调解人员 947 人；企事业调委会 69 个，调解人员 404 人。2001 年，7 个街道成立调解中心，尝试构建“大调解”格局。2002 年，区建立纠纷排查网络，扩大排查视野，拓展解决矛盾途径、手段，监控各种不安定因素。2003 年，各街道成立街道人民调解委员会。结合社区居委会换届，调整社区调委会（居民调委会），全区有社区调委会 80 个。

2004 年至 2006 年，区司法局开展人民调解组织名称、印章、固定调解场所标识、调解员徽章、调解工作程序、调解协议书格式“六统一”工作。下发《司法所调解工作目标管理一览表》，将调解数量、防激化数量、案例、典型事迹等 10 项工作纳入考核体系。2005 年，区委、区政府落实市司法局与市公安局联合下发的《关于在城八区建立治安行政调解与人民调解联动工作机制的意见》，将人民调解引入公安派出所，建立联动调解、归口调处工作机制。当年 6 月，7 个街道成立联合调解室。7 个公安派出所挂牌成立治安行政调解与人民调解联合接待室，实行“双轨制”

图12–2　2005年，东花市地区民间纠纷调解联合接待室成立

管理办法，健全调解员竞聘制度，加强管理和监督。2007年为矛盾纠纷排查化解年，区司法局加强人民调解联动建设，强化矛盾预防和化解机制，吸纳律师、基层法律工作者参与调解工作，帮助群众依法信访或依法诉讼。并与区法院建立人民调解与司法调解衔接机制，力求“诉调对接、息事宁人、案结事了、息诉罢访”；会同区房管局制订《关于建立物业纠纷调解联动机制工作方案》，建立区、街道、社区三级物业纠纷调解网络。2008年，成立重大疑难矛盾纠纷应急调处小组，对重大疑难纠纷攻关调处。新建社区法律服务室29个，调整充实调解组织105个、人民调解员868人，人民调解组织和队伍建设进一步加强。2009年，实行街道联合调解接待室专职调解员考核聘任制，调整充实街道专职调解员7人。2010年上半年，全区有街道调委会7个、调解员166人，社区调委会78个、调解员885人，调解信息员1 867人。

第二节　纠纷排查调解

1994年，全区开展“摸、排、查”纠纷工作，查出各类纠纷1 323起。全年调处纠纷2 866件，成功率在98%以上，防止纠纷激化103件。1995年至2000年，区司法部门按照市司法局的相关要求，培训调委会主任4次，学习《民法通则》《继承法》《婚姻法》《收养法》《人民调解委员会组织条例》等法律法规，715人次参加。开展人民调解流动奖杯活动，举办防止民间纠纷激化演讲比赛、调解知识竞赛，在全区推广永定门外街道《调委会工作手册》，交流防激化经验。前门街道治理婚姻纠纷的经验在《北京人民调解》上发表。各级调委会坚持“调防结合、以防为主”，调解各类矛盾纠纷1.70万余件，调解成功率在98%以上，防止矛盾激化731件。各级调解组织建立排查台账，做到早发现、早解决，大多数纠纷被化解在萌芽状态。在全国“两会”、第四次世界妇女大会、香港和澳门回归、党的“十五大”召开期间，排查调处重大纠纷602件，化解群体访6件240人次，制止群体械斗1件61户。2002年，配合党的“十六大”安全保卫、危旧房改造等工作，排查调解各类纠纷2 119件，调解成功2 074件，成功率为97.88%；防止矛盾激化85件。2003年，组织司法助理员大练兵，开展疑难案例分析、电子政务等方面培训。调解各类纠纷

图12–3　2007年，永定门外街道调委会成功调解物业纠纷

1 329 件，调解成功 1 315 件，成功率为 98.95%；防止矛盾激化 30 件，制止群体访 13 件 1 407 人。2003 年 4 月 10 日，崇文门外街道调委会免费开庭，调解区首起申请调解的民事纠纷。调解员就双方当事人对拆迁安置费分配问题产生的争议进行调解，最终达成协议，双方当事人对调解协议和调解委员会的工作表示满意。中央电视台《东方时空》栏目进行专题报道。

2004 年至 2006 年，区司法局编发《人民调解工作手册》，向社区群众介绍调解相关知识和工作程序。聘任有经验的调解员任调解工作顾问，召开工作经验交流会，介绍调解技巧，传授调解经验。体育馆路街道联合调解室调解员潘桂兰热爱调解工作，为群众排忧解难，被居民称为“潘大妈调解室”。仅 2006 年，该调解室调解纠纷 95 件，防止刑事犯罪 10 件，防止群体访 9 件，制止群体械斗 20 件，涉及 860 人次。潘桂兰相继被司法部和市司法局评为 2006 年度全国模范人民调解员、北京市十大人民调解员。2007 年，区司法局以调解员潘桂兰为先进典型，打造“潘大妈调解工作室”品牌，并培训调解员，探索调解技巧，依法、依情、依理开展调解工作。全年调解矛盾纠纷 1 222 件，调解成功 1 177 件，成功率为 96.32%。联合接待室调解纠纷 117 件，调解成功 115 件，成功率为 98.29%。2008 年，区司法局制订《开展“平安奥运”矛盾纠纷排查调解工作实施方案》，各调委会开展施工扰民、征地拆迁、涉法纠纷等方面的矛盾调处，推进物业纠纷调解工作。在重点防范地区建立“日排查、日报告”和巡视制度，深入社区走访排查 4 000 余人次，排查各类矛盾纠纷 1 050 件，调解 1 034 件，调解成功 963 件，成功率为 93.13%。同时，发挥区、街重大疑难矛盾纠纷应急调处小组作用，阻止非正常上访 31 起，闹事 19 起，自杀 2 起。2009 年，举办人民调解工作建设宣传月活动，设立法律咨询站，聘请律师解答各类法律问题。发放宣传材料 2 000 余份，为 200 余人提供法律咨询。全年调解纠纷 2 678 件，调解成功 2 544 件，成功率为 95%。2010 年上半年，召开劳动争议调解工作会，完善区司法局和区总工会、区人力社保局劳动争议调解机制。还受理案件 322 件，结案 249 件，调解成功 194 件，成功率为 77.91%。

第三章　法律服务

第一节　律师服务

1994 年，区司法局所属华信律师事务所担任 46 家企业的常年法律顾问，为企业索回赔款 2 090 万元，比 1993 年增加 2 倍。担任刑事辩护 37 件，代理民事诉讼 60 件、经济诉讼 26 件。1996 年至 1999 年 1 月，区境内律师事务所先后均改为合伙制。1999 年 8 月，区属律师事务所律师开始参与区领导信访接待，至年底，接待信访 177 件、来访 115 人次。2000 年，在广安大街（崇文段）扩建拆迁中，每天接待群众 30 余人次。2000 年至 2010 年上半年，律师参与区领导信访接待 462 次，群众来访 890 件、4 312 人次。2002 年至 2003 年，区境内 4 所律师事务所，承办刑事辩护案件 246 件、民事诉讼代理 1 372 件、经济诉讼代理 167 件、行政诉讼代理 53 件、非诉讼法律事务 856 件、代写法律文书 272 份、解答法律咨询 721 人次。2004 年，区境内有律师事务所 25 家。其中，区属律师事务所 6 家，承办诉讼代理 2 316 件、非诉讼法律事务 1 879 件、代写法律文书 763 份。组织公职律师参与前门地区解危排险工作，帮助修改回购协议，现场解答政策法律咨询，为解决人房分离、解危排险工作提供法律保障。2006 年 7 月至 11 月，区属律师事务所在龙潭公园设法律咨询角，义务为游园群众 100 余人次解答有关合同、劳动争议、民事等法律问题。律师事务所与各街道签订《社区法律服务协议》，初步建起“律师进社区”平台。律师及法律工作者深入基层组织和社区，解决群众生产、生活中的法律问题，满足基层法律需求。2008 年，区总工会成立法律顾问团，为工会组织和职工提供法律服务。律师 14 人组成奥运法律服务小分队，参与区奥运安全保卫工作。

第二节　公证服务

1994 年，区公证处办理贷款、承包、租赁、经济合同、联营等协议公证 105 件，总标的额 4.17 亿元，挽回经济损失 1 000 万元。2000 年至 2001 年，在广安大街（崇文段）拆迁中，承办房屋证据保全公证 30 件，涉及房屋 280 余间。参加金鱼池危改回迁和崇文门 2 号地、5 号地危旧房改造公证工作。2002 年，在左安东里、西里危旧房改造中，公证员现场办公，办理 1 000 余件验房号、900 余件选房号和 10 户还款声明公证。2003 年，为世纪天鼎小商品批发市场办理选择摊位公证。配合区危旧房改造办理房屋拆迁证据保全公证 40 余件。防治“非典”期间，办理各类公证 680 件。当年 7 月，派公证员到市第二监狱为服刑人员陈某办理拆迁安置补偿款公证。2004 年 1 月，区公证处公证员在北京电视台演播室，配合区政府对广渠门北里廉租房配租摇号仪式进行现场监督公证。285 户廉租优抚家庭通过计算机摇号，获得实物配租资格。区公证处先后 6 次参与廉租住房配租现场监督公证，1 868 户家庭得到廉租住房补贴或实物廉租住房。配合区住建委做好建设工程拖欠款还款协议赋予强制执行效力公证工作，维护农民工合法权益。2006 年，为前门地区解危排险工程配备公证员，办理证据保全和现场监督公证 70 余件。

1994 年至 2010 年 6 月，区公证处办理常规公证 44 465 件。其中，经济案件 1 898 件、民事案件 42 567 件。办理涉外公证 40 033 件，接待来访 222 515 件。

1994—2010年6月崇文区公证业务统计表

表12−1　　单位：件

年份	常规公证			接待来访	涉外公证
	经济	民事	小计		
1994	105	778	883		767
1995	116	813	929	5 602	1 009
1996	142	922	1 064	9 424	2 034
1997	110	1 192	1 302		2 443
1998	275	1 198	1 473	8 448	1 989
1999	28	2 960	2 988	18 794	2 925
2000	21	1 402	1 423	11 204	2 202
2001	9	2 051	2 060	17 492	2 020
2002	28	2 432	2 460	15 896	2 577

续表

年份	常规公证			接待来访	涉外公证
	经济	民事	小计		
2003	162	3 068	3 230	14 700	2 181
2004	123	4 678	4 801	27 919	2 052
2005	164	3 702	3 866	20 905	2 231
2006	155	4 059	4 214	23 268	2 818
2007	136	3 802	3 938	21 632	3 342
2008	149	3 374	3 523	3 523	3 960
2009	108	3 823	3 931	10 021	3 483
2010.6	67	2 313	2 380	13 687	2 000
总计	1 898	42 567	44 465	222 515	40 033

第三节　基层法律服务

管理　1994 年，全区有基层法律服务所 12 个，法律工作者 103 人。2 月，与《北京晚报》联合开设“包律师”热线，包律师事务所更名为包诚法律事务所；4 月，龙潭、宜君、包诚 3 个法律服务所加挂的律师事务所牌子撤销，不再以律师事务所名义执业。2001 年，区司法局召开规范法律服务工作会，针对基层法律服务出现的诱导当事人委托代理、乱收费以及法律文书不规范等问题，重新修订《法律服务所及法律服务工作者管理办法》。2002 年，全区有基层法律服务所 11 个。其中，街道所 7 个，区司法局直管所 4 个。根据市司法局关于法律服务进社区的要求，法律服务所为街道担任法律顾问，并在街道服务大厅设窗口，义务为居民解答法律咨询。2003 年，区司法局撤销 4 个直管所，7 个街道辖区各设 1 个法律服务所，街道法律服务所与司法所脱钩。街道法律服务所突出公益和便民性，除进行诉讼代理等低廉有偿服务外，协助基层开展排查化解矛盾纠纷、法制宣传、法律咨询、法律援助等工作。2004 年，整顿基层法律服务所。制定《基层法律服务所年度注册新标准》，规定重大案件投诉超过两件，法律工作者暂缓注册。2005 年，区司法局审核区法院周边地区法律服务机构执业资格，对无证执业者责令限期撤离，净化法律服务市场。2006 年，区司法局对 7 个街道法律服务所开展专项执业检查，并联合公安、工商、城管等部门清理查处非法执业法律服务机构 6 个。2007 年 8 月，根据市政府要求，

图12–4　2007年，区举办社区法律服务室授牌仪式

全区 18 个社区建成首批法律服务室。2008 年至 2009 年，又相继建立社区法律服务室 60 个。同时，区司法局建立每月定期巡察机制，清理区境内非法执业法律服务机构，对区法院周边 4 个法律服务机构违法设立广告牌等行为责令纠正。2010 年上半年，区司法局选择 7 个社区，进行示范社区法律服务室创建活动。全区有基层法律服务所 7 个，法律工作者 36 人；社区法律服务室 78 个。

图12—5　2004年，永定门外司法所工作人员在服务大厅为社区居民讲解法律问题

服务　1994 年至 2001 年，基层法律服务所代理经济、民事案件共 4 319 件，非诉法律事务 449 件，承办法律援助 28 件，代写法律文书 3 766 件，年均担任法律顾问 112 家，避免和挽回经济损失 1.96 亿元。解答法律咨询 43 895 人次；调解民间纠纷 264 件；开展法制宣传 80 场次，受益群众 34 674 人次。2002 年至 2006 年，基层法律服务所代理诉讼 1 033 件，代理非诉讼事务 159 件，代写法律文书 2 007 份，解答咨询 12 194 人次，挽回经济损失 946 万元，为特殊群体服务 3 383 人次。其间，永定门外街道的华诚法律服务所被司法部授予全国残疾人维权示范岗。前门法律服务所被司法部和全国残联评为全国助残模范岗。2007 年至 2010 年上半年，全区社区法律服务室调处民间纠纷共 2 480 件，开展法制宣传 752 场次、法律讲座 262 场次，解答法律咨询 2 120 人次，协办法律援助、公证、诉讼等事务 82 人次。法律服务所代理民事诉讼 87 件、非诉法律事务 66 件，代写文书 237 件，承办法律援助 42 件，避免和挽回经济损失 167.80 万元，解答法律咨询 3 818 人次，调处民间纠纷 156 件。

第四节　法律援助

管理与宣传　1999 年，区司法局制订法律援助承办细则，规范法律援助案件申请、审核、指派、承办等事项。在全市考核评比中名列第二，获优秀奖。2001 年，全区先后成立残疾人、老年人、妇女、未成年人、工会等法律援助工作站，逐步完善法律援助网络。2002 年，该局举办法律援助工作培训班，讲授法律援助工作程序及业务知识。为工、青、妇、老、残工作站各配备 1 名公职律师。在 7 个街道分别设法律援助工作站，在 82 个社区居委会设立法律援助工作点，配备法律工作联络员协助工作，形成法律援助指导中心、工作站、工作点三级网络体系。2003 年，区政府根据市政府将“建立法律援助专门机构和接待场所”列入为民办实事项目要求，为区法律援助中心落实全额拨款事业编制 4 人，配备软硬件设施，制订法律援助中心工作程序、档案及案件质量管理等 9 项规章。开展以“全面贯彻法律援助条例，依法援贫助困”为主题的宣传咨询活动，印发宣传材料 2 万份。2004 年，区司法局制订《崇文区法律援助工作考核评比暂行办法》，完善质量管理、监督、评估体系。组织法律援助工作人员学习法律援助条例，提高办案质量。开展以“情系外来工”为主题的法律援助条例宣传活动，现场解答法律咨询 1 200 余人次，发放宣传材料 3 100 余份，张贴宣传画 400 余张，制作板报 80 余块。区法律援助中心还规范服务措施，做到工作日接待人员不缺位，业务工作不间断；接待人员挂牌上岗，热情接待当事人。2005 年，法律援助中心入驻区行政服务大厅，为群众进行法律咨询和申请法律援助提供方便。区司法局和各街道法律援助工作站开展社区老龄维权人员《法律援助条例》培训和法律援助宣传咨询等活动，解答涉及青少年维权、婚姻家庭、子女抚养、财产继承及人身伤害等法律咨询 500 余人次，发放宣传材料 6 350 余份。并把《援贫助困联络卡》送给 6 330 户享受低保的居民。2006 年，该局落实区、街道、社区三级法律援助网络建设，培训 78 个社区的法律援助联络员；倡导和鼓励社会律师组建法律援助工作站，为妇、老、残等弱势群体服务；召开区法律援助工作会和培训会，表彰法律援助先进集体和先进个人；制订《崇文区民事法律援助调解结案办法（试行）》，把法律援助与人民调解工作结合起来，提高法律援助办案效率和质量；制订《崇文区法律援助工作考核评比办法（试行）》，从机构建设等 10 个方面建立法律援助工作考核指标。同时，为加强老年人法律援助工作，联合区老龄办公室开展为期 10 天的老年法律法规进社区咨询服务活动。结合案例向社区老年人讲解法律援助相关知识，发放《法律援助指南》和《老年法律法规选编》等宣传材料。2008 年，区司法局制订《奥运会及其筹备期间崇文区法律援助突发案件应急预案》，成立“平安奥运行动”领导小组和专业律师人才库，为快速处理突发性法律援助案件提供人力资源保障，并开展“奥运会和残奥会志愿者法律援助直通车”活动。为灾区群众开通法律援助绿色通道，为受灾地区外来务工人员当事人提供法律援助。2009 年，该局制订《崇文区法律援助服务质量监督考评办法》，规范考评方式、内容等。与区检察院合作建立矛盾纠纷化解新机制，向居民发放民事行政申诉便民联系卡，畅通群众司法救济途径；区检察机关在审查案件中发现符合法律援助条件的当事人，即可到区法律援助中心申请法律援助。

承办援助案件　自 1997 年 6 月起，区司法局开展法律援助工作，至 2000 年，区法律援助中心（简称中心）承办法律援助案件 129 件。2001 年，该中心分别指派律师 5 人，为团伙抢劫案被告中的 5 名未成年人担任辩护人，律师的辩护意见被法院采纳，未成年人的合法权益得到维护。2002 年至 2003 年，中心解答群众咨询 4 103 人次，承办法律援助案件 110 件。华诚法律服务所为享受最低生活保障的残疾人张某及其被打的女儿提供法律援助，讨回医药费及其他相关损失。宝鼎律师事务所为北京珐琅厂特困职工文某、外地来京保安马某提供法律援助，维护 2 人的合法权益。2004 年 4 月，中心公职律师代理唐某向法院提起分割离婚后财产纠纷诉讼，经 3 次开庭，法院采纳律师提出的主张，判决被告给付唐某 53 630 元。历时 3 年，经历 5 次诉讼失败的唐某感激地说：“是崇文区法律援助中心救了我，没有中心公职律师的帮助，就不会有我今天的胜诉。”5 月，独居老人赵某在路上摔伤造成骨折，老人无生活来源，子女拒绝履行赡养义务，中心指派老人所在街道法律工作者代理此案，在证据和法律事实支持下，成功为老人打赢官司。10 月，残疾人刘某因住房拆迁补偿问题与其他共居人发生纠纷，申请法律援助，中心受理该案，仅用 4 天时间促成双方达成调解协议。当年，区法律援助机构解答咨询 5 429 人次，受理援助申请 896 人次，提供法律援助 61 件。2005 年至 2006 年，区法律援助机构及 148 专线解答咨询 9 911 人次、受理援助申请 1 000 人次、提供法律援助案件 103 件。2008 年，受理法律援助申请 138 人次，承办法律援助案件 100 件。其中，承办刑事案件 18 件，同比增长 200%，全部结案；承办民事案件 82 件，同比增长 134.20%，结案 54 件。2010 年上半年，承办法律援助案件 53 件。

148 法律服务专线　1999 年 6 月，区开通 148 法律服务专线。至年底，解答电话咨询 1 289 件，接待来访 218 人次。2001 年，148 专线解答广安大街（崇文段）拆迁类咨询 200 余人次。2002 年 3 月，148 专线办公室指派东晨法律事务所为被他人骗取 28 万元存款的彭某代理诉讼。经区法院审理，一审判决：某银行支行给付彭某 28 万元，定期内存款利息 5 040 元，定期外延迟支付利息 1 110 元，并承担诉讼费 6 961 元、鉴定费 2 500 元。当年 4 月，148 法律服务专线接受未满 18 岁孤儿王某法律求助，委托中心为其提供法律援助。律师出庭为王某主张权利，经通州区法院判决，被告人朱某负刑事责任并赔偿附带民事诉讼原告人王某经济损失 26 769 元。王某对法院的判决满意，并对 148 专线及中心表示感谢。2003 年，148 专线接听咨询电话 4 093 件，接待来访群众 666 人次。2004 年至 2005 年，通过 148 专线承办法律援助案件 53 件，占总数的 57.35%；受理行政申诉 23 起、行政应诉 20 起、行政复议 6 起。2008 年，148 专线接待来电、来访 3 217 人次。其中，电话咨询 1 313 人次，群众来访 1 904 人次。民事类咨询 2 721 人次、刑事类咨询 137 人次、行政类咨询 256 人次、其他类咨询 103 人次。民事类咨询占咨询总数的 84.60%。2009 年，提供法律援助案件 155 件，比 2008 年增长 55%。同年至 2010 年 6 月，148 专线接待来电、来访 3 410 人次。区法律咨询工作受到群众欢迎，连续 5 年实现“零投诉”。

第四章　安置帮教与社区矫正

第一节　安置帮教

1994 年至 1996 年，区司法局及各街道司法科、调委会，协助区综治办、公安崇文分局等部门开展两劳人员安置帮教工作。1997 年，“两劳”人员帮教工作移交区司法局，全区有释解人员 318 人，服刑人员 330 人。1998 年，区成立“两劳”帮教领导小组，办公室（简称帮教办）设在区司法局，各街道建立“两劳”帮教领导小组。居（家）委会建立帮教小组 257 个，成员 1 420 人；企事业单位建立帮教小组 20 个，成员 99 人。1999 年，市监狱局各监所与 7 个街道签订帮教协议书。2000 年 6 月，市监狱局、劳教局与区政府签订“安置帮教协议书”。

2001 年，区司法局加强帮教工作统一化、规范化管理。检查公安崇文分局、各街道衔接工作，预防、减少漏管失控。针对释解人员人户分离突出的问题，建立跟踪排查、互动帮教、建档立卡、走访谈话、重点人分类管理等制度。配合“严打”，集中排查 1998 年以后刑满释放的“两劳”人员 534 人。区司法局组织狱内帮教 12 次，对崇文籍服刑在教人员进行面对面教育。崇文门外街道因犯伤害罪被判处有期徒刑 13 年的胡某之母病故，胡某父年老体弱身边无子女，胡某请求政府允许其回家料理丧事。区帮教办和崇文门外街道司法科工作人员及时赴清河监狱说明情况，在狱警监督下，该犯回京奔丧。家属非常感激，该犯表示努力改造，报答政府关怀。2002 年，区帮教办到柳林监狱对崇文籍服刑人员开展帮教工作，并组织“春风送暖化真情”演讲活动。北京电视台《法制进行时》播放。为帮助刑释解教人员实现就业安置，该局采取举办讲座、组织参观等多种形式进行技能培训 6 次，700 余人参加。同时，强化对帮教对象的信息跟踪管理，完善安置帮教档案管理制度，实现服刑在教人员和刑释解教人员一人一档。为服刑人员 600 余人建立“爱心呼唤联系卡”制度，及时了解掌握服刑人员的思想和生活状态，开展思想帮教。2003 年，全区有帮教小组 108 个，5 年内刑满释放和解除劳教人员 422 人，3 年内解除劳教人员 131 人；一次性安置 547 人，安置率为 98.90%；重新犯罪 12 人，重新犯罪率为 2.17%。区帮教办与街道帮教小组联合，到监狱探望长期无人探望的服刑人员，并到多次入狱长期无人探望的服刑人员家中走访，组织已解除“两劳”人员到监狱现身说法，教育服刑人员努力改造。

图12—6　2004年，区司法工作人员对清河监狱服刑人员开展帮教活动

2004年至2005年，全区帮教小组增至757个。帮教5年内刑满释放人员579人，3年内解除劳教人员178人；一次性安置两劳人员740人，安置率为97.80%；人户分离171人，脱管90人，重新犯罪4人。区帮教领导小组就刑满释放人员绑架某影视演员案件举一反三，进行责任倒查，防止类似问题发生。同时，指导各单位加强基层基础工作。各街道安置帮教领导小组与社区签订《刑释解教人员安置帮教工作责任书》，与区未成年人犯管教所和市少年教养所签订《加强对劳教人员教育挽救及解教帮教工作协议书》。区帮教办与街道帮教人员到延庆监狱面对面帮教辖区服刑人员，就住房拆迁、劳动就业等问题与服刑人员进行交流，为服刑人员王某办理拆迁安置有关事宜。区司法局到北京市示范儿童村看望服刑人员子女，送去生活用品和衣物；与崇文门外街道为延庆监狱提供教育培训费5 000元；与监狱、劳教部门和公安机关协调配合，查找下落不明帮教对象121人；对户口已迁出崇文区的刑释解教人员，及时移交住地公安机关和帮教机构，减少脱管、漏管；与区法院等部门到市少管所开展“春回大地重获新生——为未成年犯送温暖”等活动。

2006年，全区5年内刑释人员590人，3年内解教人员183人。其中，人户分离181人、重新犯罪4人、帮教对象680人。区帮教办按类别建立释解人员档案，加强与公安机关等部门衔接，区分帮教责任，理顺帮教关系，堵塞工作漏洞。同时，协调相关部门，解决释解人员生活困难和就业出路。截至11月底，区司法局协调各街道及社保所等部门落实低保待遇161人，安置工作298人，协助自谋职业125人，安置率达85.90%。区司法局开展向监狱延伸帮教活动，到监狱开展帮教活动6次。组织街道、拆迁办公室及司法所为服刑人员提供拆迁政策咨询，签署拆迁协议，解除他们思想包袱。2007年，区司法局对2004年至2006年刑释解教641人的出监、衔接、安置帮教、重新违法犯罪等情况进行调查摸底，制作帮教人员情况电子档案，逐步实现刑释解教人员档案的规范化、科学化管理。当年，帮教率达99.80%。2008年，区帮教办为在社区服刑和刑释解教（以下简称“两类”）的113人办理落户手续，为38人解决住房问题，临时安置25人，临时救助46人，为149人办理低保待遇，开展技能培训4批次，推荐工作岗位198人次。无户口、无住所、无生活来源的“三无”人员基本生活得到保障。奥运期间，对“两类”重点人员41人实施三级管控措施，各街道司法所、公安派出所、社区和重点人家属以“四方联保”方式签订奥运安全保卫协议书。为每个重点人建立由司法所长或司法助理员、狱警、社区民警、协管员、社区干部、志愿者及重点人家属组成的“7包1”帮教小组，负责其教育转化工作。

2009年至2010年6月，区司法局制订《重大节日期间排查管控措施》，对“两类”人员开展集中教育985人次，个别谈话教育1 182人次，心理咨询135人次。各街道司法所普遍开展谈话教育，与每名服刑人员签订节日行为保证书。国庆60周年期间，“两类”人员未出现脱、漏管现象和违法犯罪。同时，建立“三无”及“两类”人员台账，帮助其解决实际困难和问题。为“两类”人员172人解决低保待遇，为8人申请特困补助，为12人解决廉租房，指导就业或就学71人次。全区“两类”人员未出现重新违法犯罪现象。

第二节　社区矫正

图12—7　2004年，区召开社区矫正动员大会

2004年，崇文区被市司法局定为全市第三批社区矫正工作试点区。区成立领导小组，办公室（简称矫正办）设在区司法局。各街道成立社区矫正领导小组，形成区、街道、社区三级管理模式。区委、区政府两办下发《崇文区关于开展社区矫正工作的实施意见》。区司法局制订《关于准确掌握矫正对象接受范围界定的通知》《矫正对象档案材料交接单》等6项工作制度，编发《社区矫正工作制度汇编》，并培训社区矫正工作人员。永定门外街道司法所成立关心爱护未成年人工作基地。7月，全区开展社区矫正宣传周活动，各街道司法所通过多种形式宣传社区矫正工作。全年共接受矫正对象54人。其中，判处缓刑19人，假释4人，剥夺政治权利29人，暂予监外执行2人。解除矫正8人。矫正对象14人办理低保待遇，5人重新就业、就学。

2005年，建立街道级社区矫正中心，由社区矫正中心、社会单位、社区和志愿者组成社区矫正工作网络，利用社会资源，发挥企业优势，为社区矫正工作提供人力、物力、财力支持，为矫正对象培训就业开辟渠道，实现矫正工作社会化。区矫正办建立矫正对象分类管理动态数据库，完善分类管理教育工作。全年解除矫正49人。各司法所安装网络心理测评系统，对矫正对象实施测评工作，发现有严重不良心理的加强监管，制订相应矫正个案。建立矫正对象电子档案，使矫正工作更具针对性。同年，崇文门外街道办事处、前门司法所被评为市社区矫正工作先进集体，3人被评为市社区矫正工作先进个人。2006年，区矫正办制订《崇文区社区矫正工作流程》，建立缓刑犯回访制度，严格矫正教育各个环节，为矫正对象回归社会做好全程跟踪分析。全年解除矫正68人。在矫正对象大排查中，查出重点矫正对象39人，化解1名矫正对象因索要债务企图纵火事件。此外，还组织具有专业特长的服刑人员进行爱心义务支教、技能培训74人次，指导就业就学141人次，落实低保待遇41人，矫正对象对重归社会的信心增强，“助人—自助—助人”的社区矫正理念逐步完善。2006年6月30日，区成立阳光社区矫正服务中心。2007年，区司法局开展核查和纠正监外执行罪犯脱、漏管问题专项行动，规范监外罪犯的交付执行、监督管理工作。制订《预放人员核实登记表》，做好预放人员核实和矫正对象接收及递转工作。对2004年以来监外服刑人员进行拉网式排查，与区检察院、公安崇文分局逐人比对，并建立数字通报和脱管、漏管人员联合查找制度。成立奥运期间社区“两类”人员管控领导小组，制订《崇文区奥运期间加强社区矫正工作的实施方案》，防止社区矫正人员脱管和未成年人重新犯罪。全区接收矫正对象139人，无一脱管、漏管，解除矫正182人。2008年，区矫正办走访矫正对象2 240人次，个别谈话和心理矫正1 200人次。到天津、大兴等监狱，接回重点人11人。2009年，发挥阳光社区矫正服务中心作用，组织社会力量多渠道做好“两类”人员，尤其是重点人员教育转化工作，重点人转化率为72.40%。同时，开展矫正对象评定考核，提高社区服刑人员接受矫正的自觉性和积极性。龙潭司法所探索教育矫正工作方法，对社区服刑人员开展谈话教育240余人次，对新接收的社区服刑人员进行心理测评14人次，对矫正对象进行分类管理测评。当年至2010年6月，对“两类”人员集中教育864人次，个别谈话2 766人次，走访2 280人次，心理疏导298人次，组织公益劳动345人次，指导就业、就学33人次，帮困解难40人次，未出现重新犯罪现象。

至2010年上半年，全区有刑释解教人员718人，社区服刑人员152人。建立“两类”人员数据库和重点人员管控台账，统一、规范区、街两级数据库。

2004—2010年6月崇文区司法局接收社区服刑人员统计表

表12-2　　单位：人

年份	缓刑	假释	剥权	暂予监外执行	合计
2004	19	4	29	2	54
2005	42	9	28	1	80
2006	61	17	41	4	123
2007	58	17	59	5	139
2008	49	37	62	6	154
2009	57	49	56	5	167
2010.6	49	49	48	6	152
总计	335	182	323	29	869

第十三编　军　事

自1994年起，崇文区继续坚持党管武装的原则，军事工作实行党政共管、分工负责。各级党政部门把国防后备力量建设及有关军事的各项工作纳入议事日程，检查督促，组织落实。在实际工作中，注重协调各项事业与军事之间的关系，为增强国防实力，提供人力、物力保障。

区人民武装部（简称区人武部）不断加强全区国防后备力量建设，扎实做好民兵整组、军事训练、政治教育等工作，尤其是区民兵计算机网络分队、高炮营等一批专业技术分队和应急分队的先后组建，使全区民兵队伍的科技含量、专业化程度和战斗力明显提高。广大民兵在全区各项建设事业和维护社会稳定、完成急难险重任务中发挥了重要作用。

1994年至2009年，崇文区按照兵役法律法规和上级要求，进行征集兵员工作，使之逐步走上法制化、规范化和制度化轨道，全区累计为中国人民解放军和武警部队输送合格兵员1 839人。在“大国防”观念指导下，区各有关部门通力协作，齐抓共管，有重点、多形式地广泛开展全民国防教育。2004年，崇文区获北京市全民国防教育先进区称号。双拥共建工作卓有成效，至2010年6月，崇文区先后3次获全国双拥模范城称号。

17年间，崇文区加强人防工程的建设，培训人防专业队伍，把应对突发事件的常态管理与应急管理有机统一起来，取得良好效果。

第一章　军事机构与设施

第一节　地方军事机构

崇文区人民武装委员会（简称区武委会）　1994年至1999年，由区人武部，区委组织部、宣传部，区政府人事局、民政局等部门有关负责人组成。主任由区委副书记、区长兼任，并设若干名副主任。2000年至2010年6月，区武委会职能逐步由崇文区国防动员委员会（简称区国动委）行使。

区国动委　1997年4月15日成立。区委书记兼任第一主任，区委副书记、区长兼任主任，主管副书记、副区长及区人武部军政主官兼任副主任，有关委、办、局主要负责人为委员。区国动委下设5个办事机构，即秘书组、人民武装动员办公室、经济动员办公室、人民防空办公室和交通战备办公室。区国动委是主管全区国防动员工作的议事协调机构，其日常工作由所属各办事机构承担。至 1999 年 7 月，区国动委召开 3 次全体会议，主要议题有传达学习北京军区国动委第一次会议精神，确定区国动委组成人员、主要职责及办事机构，安排工作计划，部署区国防科技战争潜力调查及研究通过《崇文区国动委工作制度》和《崇文区国动委各办公室及秘书组工作职责》等。1998 年至 2010 年 6 月，按照市国动委部署，区国动委人民武装动员办公室、经济动员办公室先后组织实施高科技战争、经济动员、国防动员战争、民兵参战支前 4 次国防潜力调查。

图13－1　2004年4月28日，北京卫戍区领导为区人武部新址揭牌

崇文区双拥工作领导小组（简称区双拥领导小组）　1991 年 3 月成立。下设办公室，处理有关双拥日常工作，双拥工作即地方拥军优属工作和军队拥政爱民工作。1999 年年初，双拥领导小组实行“双组长”负责制，即区委书记、区长共同兼任组长，并有副书记和副区长各 1 名兼任副组长，具体领导该项工作。自 2000 年起，双拥工作纳入全区经济和社会发展规划，纳入党政领导议事日程，纳入目标管理责任制和干部政绩考核内容。至 2002 年，崇文区先后 4 次被市委、市政府和北京卫戍区评为北京市双拥模范区；1999 年和 2003 年两次被国家民政部、解放军总政治部授予全国双拥模范城称号。2008 年，崇文区第三次荣获全国双拥模范城称号。2010 年 4 月，区召开争创全国双拥模范城四连冠动员大会，要求全区上下坚定信心，再创双拥工作新成绩。

崇文区国防教育工作领导小组（简称区国防教育领导小组）　1990 年 3 月成立。区委书记兼任组长，常务副区长兼任常务副组长，有关部门负责人为组成人员。领导小组下设办公室，协调全区有关国防教育工作。2003 年 8 月，该室成为区国动委办事机构之一。

崇文区人民防空委员会　1994 年，崇文区人民防空委员会下设办公室（简称区人防办）。1997 年，区人防办同时成为区国动委常设办事机构之一。1999 年 2 月，区人民防空委员会撤销，区人防办列为区政府办事机构。2006 年 11 月，区人防办更名为崇文区民防局。

崇文区交通战备工作领导小组　1994 年，该领导小组统筹规划全区交通战备工作，并组织区计委、建委、公安崇文分局、物资局等有关部门协同配合、督促检查指导基层交通战备机构开展工作。1996 年 8 月，设立区交通战备办公室。1997 年 4 月，该室成为区国动委常设办事机构之一。

北京市崇文区人民武装部（简称区人武部）　1994 年，区人武部为地方建制，实行地方和军队双重领导，区委书记兼任区人武部党委第一书记。区人武部既是区委的军事部，又是区政府的兵役机关，下设办公室、作训科、动员科、政工科，负责全区民兵建设和兵役等工作。驻地幸福大街 26 号。1996 年 4 月 1 日，按上级指示，区人武部收归军队建制，称中国人民解放军北京市崇文区人民武装部。下设军事科、政工科、后勤科和民兵武器装备仓库。区委书记兼任区人武部党委第一书记。区人武部的性质、地位、任务不变。2004 年 3 月，迁至龙潭路 12 号新址。

自 1994 年起，区人武部依照《兵役法》和《民兵工作条例》等一系列国防法律、法规，围绕党和政府的中心任务，切实履行职责，发挥区委、区政府军事部和兵役机关的作用。同年 7 月至 2010 年 6 月，中央军委委员、国防部长梁光烈到崇文区调研国防后备力量建设情况。北京军区原司令员周依冰、李来柱，北京卫戍区司令员李少军、郑传福等领导先后到区人武部视察、调研，听取“攻坚—2006”研究成果汇报等。2005 年至 2009 年，区人武部连续 5 年被市政府、卫戍区评为北京市先进人民武装部。

街道、企事业单位武装机构　1993年年底，全区企事业编兵单位47个，其中设人武部的35个，专武干部60人。1995年，7个街道和13个编兵单位共35名党政领导人兼任单位人武部第一部长或政治委员。2000年，区人武部与区委组织部、区人事局按照《国家公务员条例》规定，考察街道人武部部长。2005年至2010年6月底，7个街道人武部部长全部配齐。

第二节　驻军与军事设施

驻军　1994年至2010年6月，区境内驻有中国人民解放军空军、海军及武装警察部队所属的部队8支，军事单位2个。即北京军区空军领导机关、海军92609部队机关、北京军区空军司令部气象中心、公安部边防管理局机关、武警北京总队第7支队第8中队、北京市崇文区公安消防支队、花市公安消防中队、崇文消防支队龙潭湖中队和北空光明医院、北空革新里干休所。

军事设施　1994年，崇文区有5个驻区部队营区被划定为军事设施保护区域。分别是：北京军区空军司令部、政治部、工程部机关营区，北京军区空军勘察设计所营区，北空气象勤务站营区，北空司令部指挥、通信楼，海军92609部队机关营区。其中，北京军区空军司令部指挥、通信楼为军事禁区。2002年1月30日，经重新划定，在原划定的基础上增加公安部边防管理局机关办公楼。2005年至2010年6月，崇文区受保护的军事要地和军事设施有7个。即北京军区空军司令部、政治部、装备部机关营区，北京军区空军勘察设计所营区，北京军区空军气象中心营区，海军92609部队机关营区，公安部边防管理局机关办公楼，北京武警总队第7支队第8中队营区，崇文区公安消防支队营区。

第二章　兵役与民兵

第一节　兵　役

征兵　自1994年起，崇文区历年成立征兵工作领导小组（非常设机构），区长任组长，为征兵工作第一责任人。区委、区政府主管武装工作的领导人和区人武部军政主官任副组长，区公安、卫生等有关部门负责人为组成人员。领导小组下设办公室，协调、处理征兵工作的日常事务。全区7个街道办事处也设征兵办公室，配合区里工作。1998年、2001年、

图13–2　2008年，区应征青年光荣入伍

2002 年，区人武部先后 3 次被北京市征兵办公室评为征兵工作先进单位。2003 年 12 月，崇文区被评为北京市征兵工作先进单位。在历年征集兵员工作中，区各级征兵机构均按兵役登记、宣传动员、体格检查、政治审查、审批定兵与新兵交接、欢送入伍等步骤开展工作。依法依规选兵定兵。1994 年至 2009 年，崇文区征兵人数根据上级下达的命令执行，每年冬季征集一次。16 年中，全区向中国人民解放军和武装警察部队输送合格兵员 1 839 人。

2009 年 5 月，崇文区参加北京市首次直接招收士官选取工作，全区遴选符合条件的应届和往届大（中）专毕业生参加体格检查，进行政治审查。8 月，区人武部与 3 名预招士官签订直接招收协议。

1994—2009年崇文区征兵统计表

表13－1　　　　单位：人

年份	男	女	合计	年份	男	女	合计
1994	118	24	142	2003	104	8	112
1995	77	24	101	2004	108	8	116
1996	98	32	130	2005	99	9	108
1997	100	25	125	2006	98	10	108
1998	89	29	118	2007	82	6	88
1999	115	23	138	2008	82	7	89
2000	102	24	126	2009	92	4	96
2001	107	11	118	总计	1 585	254	1 839
2002	114	10	124				

预备役军官登记与授衔　1991 年，根据上级要求，崇文区成立预备役军官登记工作领导小组，下设办公室。2 月至 3 月，首次对区境内中央、市属和区属 171 个单位的 35 名转业军官进行预备役登记。其中，师职 5 人、团职 7 人、营职 9 人、连职 11 人、排职 3 人。2004 年 4 月，区委、区政府办公室转发区预备役军官登记工作领导小组制定的《崇文区预备役军官登记工作实施办法》（简称《办法》），区人武部按《办法》要求，对 1992 年至 2002 年区境内的预备役军官进行重新登记，共登记 131 人。同年，上级领导到区检查考评预备役军官登记工作。8 月，崇文区被北京卫戍区评为预备役军官登记工作先进单位。2003 年 5 月，区人武部制订预备役军官快速动员征召方案，并保持与预备役军官的经常联系。2005 年至 2009 年，区每年进行预备役军官登记工作。同时，历年士兵退伍到区后都按规定登记服士兵预备役。

1996 年 8 月，根据中央军委指示和北京卫戍区预备役军衔评授工作会议精神，区召开预备役军官评授军衔工作会议，传达贯彻上级会议精神，部署崇文区预备役军官军衔的评授工作，并成立区预备役军官评授军衔工作领导小组，下设办公室。至 10 月中旬，全区 182 名预备役军官被评授军衔。

第二节 民 兵

组织整顿 1993年，崇文区有民兵10 934人，其中基干民兵4 443人。编团6个、营32个、连122个、排379个。1994年，民兵整组后为8 851人。编团5个、营26个、连105个、排14个。

1996年，区人武部调研区民兵工作，发现一些企事业单位领导干部的国防观念淡薄，对党管武装的认识不足，基层专武干部队伍素质不高，民兵数量减少导致组织建设受到影响等问题。为此，在民兵整组中既注重抓思想教育，提高队伍政治质量，又开始在大型商场、饭店、合资企业等青年人较多、兵员较集中的单位建立民兵组织，改变兵员老化、数量滑坡的状况，使民兵组织得到巩固。1998年7月，市委、市政府、北京卫戍区下发《北京市民兵工作调整改革实施方案》，区人武部据此制订《崇文区民兵工作调整改革三年规划》，部署任务。1999年整组中，探索在京港合资的新世界中心所属侨乐物业、新怡酒店和新世界商场3个单位组建民兵的做法。同年，试行编组区民兵计算机网络分队，进行网络作战的初步研究。2000年，东花市街道人武部以社区居委会为单位，将符合条件的社会青年吸收加入民兵组织，最大限度地减少民兵数量滑坡。通过实施三年调整改革方案，全区建基层人武部34个、民兵营（连）57个、排12个、专业技术分队16个，基本达到规模适当、布局合理、编组科学、政治合格、训练有素、管理有序的目标。

2001年2月，区人武部在永定门外街道进行建立社区民兵组织试点，成立永外社区民兵营，下设3个连。3月，区各街道推广其经验。民兵整组后，7个街道共建立社区民兵营1个、连5个、排1个和分队3个，民兵队伍得到扩充。是年，卫戍区下达编制，崇文区民兵计算机网络分队正式组建，并列为首都防空作战8个重点建设分队之一。2003年5月，市委、市政府、北京卫戍区下发《关于加强和改进首都城市民兵工作的意见》，区遵照首都城市民兵工作改革的总目标，按照“巩固一块、调整一块、拓展一块”和突出城市防空的编兵思路，进行组织调整。全区初步形成以国有企事业单位为基础，以社区为依托的民兵组织新格局。

图13—3 2005年7月，区民兵高炮分队进行实弹射击训练

2005年，崇文区组建民兵双25高炮营1个，下设连3个、指挥排1个，297人。全区有47个企事业单位和38个社区建立民兵组织，民兵6 081人，其中基干民兵2 757人。2007年2月至3月，民兵整组按作战、勤务保障、应急和其他4种队伍，调整原有专业分队种类、数量和布局。全区有民兵4 605人。2009年2月至4月，区人武部按“压缩规模、调整结构、确保质量”的思路，进行民兵整组。全区有60个企（事）业单位和38个社区编组民兵组织。2010年1月至4月整组后，全区有民兵4 948人，其中基干民兵2 500人，编有作战队伍7支966人、勤务保障队伍8支522人、应急队伍2支850人、其他队伍1支162人。

1994—2005年崇文区民兵组织情况统计表

表13–2

年份	民兵数量（人）				民兵建制（个）				
	基干	普通	排以上干部	合计	团	营	连	排	专业分队
1994	3 587	4 516	748	8 851	5	26	105	14	0
1995	3 327	3 999	706	8 032	5	25	99	288	14
1996	3 231	3 393	635	7 259	0	14	0	0	14
1997	2 527	3 255	506	6 288	0	0	0	14	0
1998	2 096	2 952	410	5 458	0	0	0	14	0
1999	1 907	4 125	568	6 600	0	0	0	13	13
2000	1 952	1 938	327	4 217	0	57		12	16
2001	3 231	2 094	344	5 669	0	0	0	0	16
2002	2 933	1 134	262	4 329	0	0	0	0	18
2003	3 000	1 219	0	4 219	0	0	0	0	12
2004	3 000	3 098	0	6 098	0	0	0	0	21
2005	2 757	3 013	311	6 081	0	3	68	0	19

2006—2010年6月崇文区民兵组织情况统计表

表13–3

年份	民兵数量（人）			民兵编制（个）					
	基干	普通	合计	专业技术分队	对口专业分队	应急营	作战队伍	勤务保障	其他
2006	3 000	2 011	5 011	18	5	2	0	0	0
2007	2 500	2 105	4 605	18	5	2	7	8	1
2008	2 500	2 145	4 645	18	5	2	7	8	1
2009	2 500	2 145	4 645	18	5	2	7	8	1
2010.6	2 500	2 448	4 948	18	5	2	7	8	1

政治教育　1994年，着重对民兵进行“认清形势，牢记职责，积极为维护首都稳定做贡献”的教育。结合各项改革政策及企业体制改革，组织民兵学习《邓小平文选》有关论述，使广大民兵以实际行动支持改革、参与改革。1997年，结合国家对香港恢复行使主权和纪念建军70周年活动进行民兵职责教育。同年10月，组织民兵学习党的十五大精神，立足本职，为改革开放和现代化建设做贡献。1999年5月，组织广大民兵学习江泽民在接见中国驻南联盟大使馆外交人员时的讲话。

2001年，按照总政治部下发的《民兵政治教育纲目》和年度政治课辅导材料，全区进一步落实基干民兵一年上4课、普通民兵上2课、民兵集中军事训练时用10%的时间进行政治教育的要求。各编兵单位还把民兵政治教育与党、团、工会进行的教育相结合，与征兵等工作相结合。是年，区各级领导给民兵讲课8次，邀请专家讲课3次，组织参加知识竞赛4次，民兵受教育面达85%以上。自2004年起，以民兵干部和基干民兵为重点，除采取集中教育、报刊教育外，区委要求各级党委（支部）把民兵政治教育随同其他教育统一下达任务，统一安排，统一检查，统一评比，并纳入各级领导和专武干部的目标管理责任制，将教育任务量化并分解到人；纳入企业目标管理，同企业的日常教育管理结合起来，渗透于企业文化建设，逐步形成“党委会议议教育，各级领导管教育，平时工作抓教育，年终总结评教育”的局面。2005年，在民兵中开展贯彻落实科学发展观，构建和谐社会的学习活动。2006年至2008年，组织新编入队的民兵集体宣誓，牢记使命、职责，并参观中国民兵武器陈列馆。各编兵单位开展“赞颂新成就，履行新使命，迎接十七大”系列教育。2009年，在民兵中进行爱国、爱岗教育，以优异成绩迎接中华人民共和国成立60周年。

军事训练 1994年，区人武部坚持对民兵按纲施训，培养会训能管的教练员队伍，树立射击、战术、通信等8个规范化训练示范班，制订《区民兵规范化训练十项规定》，统一训练内容、方法和考核标准，提高训练质量。是年，训练民兵500人，合格率达97%，优秀率达45%。1998年5月初，按照北京卫戍区《关于民兵应急分队训练检查考核的通知》，区人武部组织200名基干民兵，进行为期9天的队列、擒敌拳、警棍术训练，并组织学习《中国人民解放军防暴条令》及有关规定。15日，北京军区、卫戍区检查考核组对区民兵应急分队进行考核。1999年，区民兵计算机网络分队在华北地区民兵改革成果总结汇报活动中，成功地演练网络侦查、预警、计算机病毒攻防、软杀伤和制网络权等信息战内容，被北京军区评为先进民兵专业技术分队并表彰。2002年4月，崇文区承担全国首例运用国防后备力量实施网络心理战的训练试点任务，解放军总政治部联络部、北京军区联络部、卫戍区有关领导多次到区指导工作。

2004年，区人武部制订《北京市崇文区民兵“三战一网”工作方案》（舆论战、心理战、法律战、信息网络），下发有关单位实施。2005年年初，在北京军区举办的“三剑—05”对抗演示活动中，区民兵“三战”分队汇报表演取得成功。是年，区民兵高炮营参加北京卫戍区组织的集训，参训人员做到人歇炮不歇，提高训练质量和效率。7月，在北京军区组织的乐亭靶场实弹考核中，区民兵高炮营首次齐射即命中航模靶机，取得有效弹迹45发的全优成绩，名列全市第一，达到北京卫戍区提出的“当年组建，当年形成战斗力”的要求。2006年5月至6月，区人武部抽调民兵高炮营骨干15人参加北京卫戍区组织的高炮专业骨干集训，考核中取得6个炮手中3个第一、3个协同训练科目1个第一的好成绩。8月，区人武部自主研制成功的民兵光电观察哨参加北京军区“攻坚—2006”研究性实兵演习展示，获集成创新二等奖。2008年5月，区人武部组织崇文门外、体育馆路、龙潭3个街道及部分企（事）业单位民兵进行轻武器实弹射击训练，并组织民兵抢修分队40人进行专业技术训练。

图13–4 2004年，区民兵进行军事训练

主要活动 1994年至1995年，编兵单位在民兵中开展“我为改革和建设做贡献”活动，全区80个民兵技术攻关小组提出合理化建议2 000余件，创产值800余万元。1997年，组织民兵参加悼念邓小平逝世期间的安全保卫工作和党的十五大、国庆期间的战备值班以及迎接香港回归天安门广场文艺晚会

的执勤任务。是年，全区民兵成立学雷锋小组119个，长年照顾68户孤寡老人，并利用节假日为群众义务修理自行车、家用电器、理发近3万人次。1999年，区人武部和各编兵单位出动民兵3 107人次承担急难险重任务80多项。顺利完成国庆50周年阅兵游行等庆典活动中部分警戒区的安全保卫任务。还配合公安部门维护社会治安执行任务347次，协助抓获犯罪嫌疑人48人。2003年“非典”期间，区人武部协调组建民兵应急分队和天坛医院、普仁医院的民兵医疗救护分队,投入抗击“非典”一线战斗。队员中12人被评为北京市抗击“非典”先进个人。2004年7月，北京普降暴雨，区民兵应急分队即刻赶往前门地区防洪抢险，抢修危房。2008年5月，普仁医院民兵医疗救护分队奔赴四川汶川地震灾区抢险救灾。2009年6月，区人武部制订应急预案和保障方案，制发《国庆60周年民兵安保执勤手册》《执勤人员管理规定》，并充实民兵执勤器具，进行执勤培训。国庆前后组织民兵对区境内11座桥梁、过街天桥、地下通道昼夜巡逻执勤。2010年3月，区民兵应急分队参加区境内重要目标的执勤守护任务，保障全国“两会”期间的安全。

第三章　拥政爱民与军民共建

第一节　拥政爱民

支援地方建设　自1994年起，历年的首都全民义务植树日活动，驻区部队都积极参加。1999年，区政府在前门箭楼周边开展绿化活动，北空司令部机关和直属部队、海军92609部队以及武警北京总队第7支队出动官兵1 000余人次，车辆55台次，累计挖喷灌沟1 500余米，土方360立方米，平整土地2.60万平方米，建草坪2.10万平方米。区政府分别向他们赠送“美化崇文，功载千秋”的牌匾。2001年7月，广安大街（崇文段）开始拆迁，北空部队一家属院属拆迁范围，但院内居住人员复杂，对拆迁费用要求不一，工作遇到困难。军地领导一起做疏导工作，使问题得到妥善解决。

2003年，新驻区的公安部边防管理局筹集资金近160万元，用于东花市街道“同心园”工程建设，还与该街道共同建成铁路沿线1 100米的绿色长廊，成为铁路进京工程的一道亮丽的风景线。2005年4月6日，驻区部队参加“办绿色奥运、建宜居城市”全民义务植树活动，共植树3 000余株，整地2万平方米，养护树木5.50万株，清理绿地卫生15万平方米。2009年4月3日，驻区部队官兵、学校师生等300余人在永定门绿地参加区大型植树活动，栽植油松、银杏、玉兰等200余株。

1994年，总参61785部队出资15万元，为北京市第一零九中等3所中小学提供电话交换机2部，并安装改造通信系统。1997年，驻区部队制订爱民公约和“助民爱民活动十不准”，并把做好拥政爱民工作作为评选先进单位和先进个人的条件之一。至1999年，北空等部队捐资50万元，充实市第五十中学等4所中小学校的教学设施。2000年至2002年，海军92609部队和北空机关党员以交纳“特殊意义党费”的形式，捐款近10万元，解决驻地14名特困生和28名失学儿童的学费。2004年，公安部边防管理局为全区百名青年骨干教师培训提供资金和场地。

爱民便民　1997年6月，北空通信站第3营第7连战士刘志杰在光明桥附近，跳水抢救落水妇女，在场群众和被救人家属深受感动。1998年，北空干部冯强只身勇斗歹徒，被北京市政府授

图13-5　2003年3月，区召开双拥工作会议

予首都见义勇为好卫士称号。在抗洪救灾、募集衣被工作中，驻军派出650人次、车辆28台次，帮助包装运输物资。2003年，军民携手抗击“非典”，北空门诊部建立咨询服务台，为周边群众解答“非典”防治知识，发放宣传材料1 000余份；公安部边防管理局把该局正在使用的一台价值1.40万元的悬挂式自动扫描红外体温检测仪拆下，赠予共建单位东花市街道使用。2005年3月5日，驻区部队选派医疗、电器维修、理发等服务队与区各界组织的便民服务队，在街头开展服务活动。至2010年6月，驻区部队在每年3月5日学雷锋纪念日都组织服务队开展形式多样的便民服务。

第二节　军民共建

1994年，北空司令部机关参加龙潭地区“奔小康一带一工程”，承包4户优抚对象。之后，每年为5户优抚对象提供日常生活费用，并免费接待优扶对象理发、洗澡，派出医务等人员给夕照寺西里托老所老人看病，照料生活。是年，龙潭街道办事处和北空司令部直属政治处被中共中央宣传部、解放军总政治部评为全国军（警）民共建社会主义精神文明先进单位。1998年，体育馆路街道与57323部队后勤部被评为北京市共建社会主义精神文明标兵单位。2000年，驻区部队共成立10个优抚小组，与218户优抚对象签订“帮带”协议，为他们排忧解难。2001年5月，区精神文明办、双拥办、人武部联合召开军（警）民共建工作经验交流会，表彰12个军民共建先进对子和20名先进个人。是年，全区共有军民共建对子52个，其中29个被评为市级以上先进共建对子。2003年，为纪念军（警）民共建活动开展20周年，全区以“八一军旗红，军民鱼水情”为主题，举办崇文区第七届文化艺术节军营文化专场晚会。2004年，全区军民共建对子达到78个，其中，15个被评为北京市军（警）民共建社会主义精神文明标兵单位或先进单位，1个被评为全国军（警）民共建社会主义精神文明先进单位。2010年2月9日，区召开军政新春座谈会，军地与会人员一起观看2009年区双拥工作专题片《创新发展崇文，共谱双拥新篇章》，畅叙军政军民情谊。

图13-6　2004年，区图书馆每周送书到军营，支持部队创建学习型军营

第四章　国防教育与人民防空

第一节　国防教育

领导干部国防教育　1994年，区委党校在处级干部班和中青年干部班开设国防教育课，300余人参加。区人武部组织区级领导干部到中国人民解放军防化工程学院进行“军营一日”活动。至2010年6月，多次组织区机关、各街道、企事业编兵单位干部参加“军事日”活动。1998年3月，区人武部及有关部门开展《中华人民共和国国防法》（简称《国防法》）颁布一周年宣传活动。2000年，市国防教育讲师团成员为区领导干部讲授有关国防建设和国际形势等内容的课程共12讲。2007年7月27日，邀请国防大学教授为全区正处级以上干部和专职人武干部作国家安全形势报告。

中小学生国防教育　1994年，区教育局根据《北京市国防教育条例》，对6 580名初中学生进行“三防”（防核武器、化学武器、生物武器）知识教育。区少年宫被评为市国防教育先进单位。1997年，对全区中学生进行国防教育，并将其纳入学校教学内容。1999年，各中学普遍使用新编《人防知识与防护技能》教材，各中小学开展国防教育进校园活动。市第五十中学被评为市国防教育进校园先进单位。2000年9月至11月，区人防办、区教委联合举办中学生防空知识竞赛，区17所中学125个教学班5 994名初二学生参加。2002年9月，区教委对3万名中小学生进行为期一周的国防教育，开展读一本国防书籍、看一部国防教育影视片、做一件爱国拥军好事、写一篇国防教育心得的“四个一”活动。2003年年初，在前门外国语学校介绍人防教育示范校建设经验。2006年，《安全应急与人防知识》正式列入中小学地方教材，全区13所中学、95个教学班、3 818名学生接受防空防灾知识教育，开课率达100%。

图13—7　2004年暑假期间，永定门外街道对青少年进行国防教育

至2009年的16年间，崇文区还通过组织学生参加军事训练、开办少年军校等形式对中小学生进行国防教育。2009年，崇文区少年军校总校被命名为第三批全国少年军校示范校之一。

群众国防教育　1994年，区有关部门组织3 000余人参加全国国防知识竞赛，答卷回收率达99.20%，有5人获奖。同年，崇文门外街道办事处被评为北京市国防教育先进单位。1997年至1998年，全区机关、区属和驻区中央、市属企事业单位的干部职工，街道居民4万余人参加市国防教育进万家的国防知识竞赛，有7人获奖。1999年7月，龙潭街道办事处与北空司令部直属政治部共办龙潭地区市民军校，下设居民分校23所、民兵分校28所。2001年4月，国家颁布《国防教育法》。区国动委人民武装动员办公室及有关部门联合组织开展以“公民国防与法”为主题的国防教育活动。9月15日，全区开展第一个法定的“全民国防教育日”活动，发放各种国防教育宣传材料2.40万余份，邀请部队专家讲授国防教育课4次，受教育师生、机关干部、市民群众及民兵达4万余人。2003年9月，天坛街道成立市民军校总校，武警北京总队第7支队的警官为学员讲解军事理论、国防知识，并进行军事训练。同月，该街道金鱼池社区成立全市首所社区市民军校。2004年，崇文区被市国防教育办公室评为北京市全民国防教育先进区。2006年4月，区举办《北京市人民防空条例》颁布4周年纪念活动，受教育群众达5万余人。2009年2月，东花市街道办事处被民政部、解放军总政治部、国家教委和国家国防教育办公室评为全国国防教育先进单位。

第二节　人民防空

指挥与训练　*编制方案*　1999年5月8日，以美国为首的北约集团野蛮轰炸中国驻南联盟大使馆后，区人防办根据市人防办批示，在原制定的《崇文区防空袭预案》基础上，拟制《崇文区人民防空应急预案》。2003年，按市政府、北京卫戍区要求，全区42个有关单位协作配合，历时1年完成《崇文区人民防空袭方案》编制任务。方案获市政府、卫戍区批准。2004年9月底，按照《中华人民共和国人民防空法》，区人防办组织区境内七区电话局、北京电力公司变电公司、北京南站等重要经济目标单位，修订完成3类6处重要经济目标防护和抢险抢修方案。2007年，区政府制发《关于加快做好人民防空应急准备的实施意见》等，修订《崇文区人民防空人口疏散和人员掩蔽计划》。2008年，区民防局编写街道、社区两级人口疏散与人员掩蔽计划框架，并落实编制任务。

专业队伍与训练　1994年至1996年，区人防专业队伍有抢险一中队、二中队和抢险专业医疗救护、防化、消防、治安、通信等8个中队。2000年至2005年年底，经过2次整组，区人防专业队伍共编抢险抢修、防化防疫、运输、治安、消防、医疗救护、通信7个大队，1 184人。2010年5月，新增生命探测救援专业队1个，全区有人防专业队伍8个，分9个大队（26个中队），中队以上干部23人。

1993年，区人防办培训防化和医疗救护专业队，其他专业队开展在岗练兵活动。1998年6月，培训区、街人防干部20人。1999年4月至2000年6月，区人防办举办培训班，邀请国防大学、军事科学院的教授等讲授《防空法》及城市灾害分析与对策，专业队中队以上干部59人参加。与区卫生局共同组织医疗救护专业队急救演练。2000年9月，制发《崇文区人防专业队训练实施意见》，规定各专业队的训练内容。2001年至2006年，主要通过岗位练兵和举办军事理论培训相结合的形式对专业队伍进行训练和演练。2007年8月，实现了把应对突发事件中医疗救治的常态管理与应急管理有机统一的要求。11月，该局与区教委、第一一四中学联合组织中学生进行防空紧急疏散掩蔽及平战转换演练。

2008年11月25日至27日，崇文、西城、通州、顺义四区联合组织进行人民防空临战人口疏散演练。4个区民防局指挥科及24个街道、乡镇的干部共65人参加。

民防工程　*工程建设*　自20世纪90年代起，随着全区大面积危旧房改造，人防工程建设的种类和数量也大幅度增加。按照市有关规定，区人防办加强对结合城市建设、规划人防工程建设

图13-8　2003年，区人防办举办人防工作培训班

的全程管理。1994年至2005年，区人防办共接收城建人防工程267 547平方米。2007年，新世界家园三期、花市三期等15处防空地下室竣工认可，建筑面积共88 827平方米。2008年至2009年，竣工认可白桥危改2号楼及地下车库、东花市三期、弘善家园等21处防空地下室，建筑面积94 217平方米，为公用人防工程。2010年6月底，区民防局办理防空地下室竣工认可、移交手续2处，建筑面积5 714平方米。

工程治理　1994年至1998年，区主要普查早期人防工事，做好维修、加固治理工作，并拆除、报废回填部分劣质工事。1999年，区人防办成立工事病害治理小组，对20世纪六七十年代修建的简易人防工事的数量、分布范围、口部封堵情况及城市危旧房改造小区规划建设进程等进行摸底调查，并拟定“因地制宜，分类处理，分段实施，先易后难，渐进展开”的治理方案。全区共普查人防工事2 290处，面积近30万平方米，建立各类人防工事档案110份。为把有限的专项治理经费切实用于启动早期人防工事病害治理工作，2000年，集中治理前门鲜鱼口地区的险情隐患工事。2002年1月，落实市人防办要求，区人防办成立早期人防工程治理领导小组，制订治理方案，并出动560人次，普查工程3 515处335 718平方米。是年，拆除人防工事9 730平方米，改造工事6处4 017平方米，维修洞口10个，处理地面塌陷12处。2003年，区拨款1 000余万元，用于完成城建拆除工事1.10万余平方米、城建改造工事2 668平方米。2005年至2006年，按照市、区政府要求，区人防办对全区穿越护城河、二环路等重要建筑、道路的人防工程进行全面检查，加固施工。2008年至2009年，区民防局对152处防空地下室进行质量验收。2010年年初，编制崇文区2010年至2012年早期人防工程隐患治理计划。

开发利用　1994年，全区新开发利用人防工事3 000平方米，用于开办商场、公司、生产车间、旅馆和文娱场所。自1995年起，对已竣工工程实行边验收边开发，做到不闲置、不浪费。至2000年，全区共开发利用人防工事102处7万平方米，缴税1 000万元，安排就业984人。2004年4月，市长王岐山视察崇文门东大街14号建京旅社人防工事，要求人防部门在工事开发利用上一定要做到合理使用，利民而不扰民。是年底，全区开发结建人防工事66处8.90万余平方米。1995年至2005年，全区开发利用人防工事180处，面积15.54万平方米，累计营业额达1.30亿元，创利润2 258万元，为社会提供2 000余个就业岗位。2006年，按照“迎奥运”标准，提高人防工程平时使用许可条件，新批准使用工程11处4.20万平方米，用于修建汽车、自行车库及社区活动站等。2007年，全区开发利用人防工程12处2万余平方米。2009年9月，利用夕照寺大街华城小区内人防工程举办庆祝中华人民共和国成立60周年，题为《祖国万岁、星火灿烂》的火花展。

通信、警报　通信　1994年4月，区政府决定将区人防通信总机移至区委、区政府新办公楼内。1997年，区政府和市人防办分别拨款120余万元和40万元，在新机房安装MD110S808/72线程控交换机。同年，完成崇文区与宣武区和市人防4千米主干线电缆联网工程。1998年，为区政府新楼配线1 000对，新装机100部，正式开通MD110程控交换机，采用8路自动“电脑话务员”值班，全年接转电话10万次，呼出10万次，通信速度和质量明显提高。2001年，配合广安大街（崇文段）工程，两次移改电缆总计2 900米。2004年12月，开通市对区的人防和地震信息专网、视频会议系统，敷设通信光缆 1 条。2006 年 4 月，在区政府新装短波调频电台 1 部及指挥网联通设备，保障市人防“准军事化”启动阶段视频会议和市人防防汛工作会议线路畅通。

2009 年 8 月 28 日，崇文区配置首辆应急指挥通信车，在国庆 60 周年活动安全保障工作中发挥了作用。2010 年 5 月中旬，将 NX-800 型电台由原模拟信号改为数字信号，提高区防汛指挥网电台的通话质量。

警报　1994 年至 2006 年，全区新安装警报器 7 台，共有 13 台，警报音响覆盖率达 100%，并更换警报遥控终端设备，实现全部警报市级统控。2008 年 5 月 19 日 14 时 28 分，为沉痛悼念汶川地震遇难同胞，根据上级通知，全区防空警报齐鸣，完成中华人民共和国成立以来第一次防空警报鸣响任务。2009 年至 2010 年上半年，区境内新装警报器 2 台，共有 15 台。

第十四编　城市规划建设

1993年年底，崇文区平房和危旧房较多，楼房住宅小区有幸福楼、光明楼、龙潭北里、前门东大街、广渠门内大街、天坛南里等20余个。略具规模的商业建筑有金伦大厦、天桥百货商场和在建的新世界商场一期。自1994年起，区在土地面积少、发展空间小的条件下，充分利用有限资源，编制和实施城市发展规划，采取多种形式进行大规模危旧房改造，加快城市建设。至2009年，建成富贵园、幸福家园、新景家园、金鱼池等130余个楼房住宅小区，累计完成危旧房改造面积710万平方米，10万余户居民喜迁新居，居住条件明显改善。前门地区的修缮整治，使百年古老的前门大街修葺一新。同时，新世界商场、百荣世贸商城、国瑞商城等一批商业建筑拔地而起。

随着危旧房改造的推进，区市政基础设施建设也取得成效。1994年，区境内有各种道路519条，其中区管道路493条，面积45.26万平方米，除主干道三横二纵外，其余多为窄小街巷和胡同。1997年，崇文门外大街市政改扩建工程竣工，不仅使南北交通更加便利，也为大街两侧深度开发奠定基础。2000年，广安大街（崇文段）扩建，使道路两旁低矮破旧的建筑得到改造，崭新时尚的商业建筑矗立在宽阔的大街两侧。至2010年6月，全区新建和改扩建大型道路20条，贯穿区境四横四纵的主干道网基本形成。区境内有各种道路517条，其中区管道路479条，面积117.70万平方米，是1994年的2.60倍。此间，交通、通信、水电等公用事业快速发展，为居民工作和生活提供方便。园林建设、绿化工作取得新进展，天坛公园、龙潭公园、永定门公园和新建成的明城墙遗址公园，以及面积均在8 000平方米以上的9片大绿地，成为广大群众休闲娱乐的好场所。

第一章　城市规划

第一节　规划编制

1994年，崇文区城市规划管理局启动全区控制性详细规划修编工作，1997年初步完成。1999年，修改、校核、审查《北京中心城控制性详细规划》，11月获市政府批复。2001年，区城市规划管理局更名为崇文区规划局，2003年更名为北京市规划委员会崇文分局（简称市规委崇文分局），同年3月，市规委崇文分局针对区占地、路网、公交场站、医疗卫生、科教园所、文物古迹、人口等各行业现状及未来发展战略，制作1∶750的《崇文区城市建设及远景规划模型》。2005年，《北京城市总体规划（2004—2020年）》将崇文区功能定位为：北京体育产业聚集区、

图14—1　2004年建成的花市枣苑小区

都市商业区和传统文化旅游娱乐地区。2006年4月，在广泛征求意见基础上，对南中轴路沿线、永定门外地区、龙潭湖体育产业园区等重点地块规划方案进行修改，编制完成新的《北京中心城控制性详细规划》。2007年8月，在东花市街道办事处对旧城部分地区控制性详细规划内容进行公示试点，提高公民参与制订和实施规划的积极性。

至2010年6月，区先后组织征集前门地区修缮整治规划，龙潭湖地区整治与更新规划，祈年大街、前门大街南段东侧、幸福大街城市规划，新南城中轴大道规划，彭庄、红桥二期等地区调整控规设计规划，并进行研究、分析、论证，形成正式规划方案。

第二节　规划审批与监督

规划审批　1994年至2000年，区规划部门主要审批区属单位平房、区房管部门管理的居民住房及私有住房的翻改建工程。2001年，市规划委将市核发住宅小区建设工程规划许可证审批权限下放至区，金鱼池东区1号楼至5号楼成为区核发的第一个建设工程规划项目。1994年至2010年6月，全区核发建设工程许可证3 814件，建筑面积961.38万平方米。其中，经规划审定设计方案，陆续建成的住宅小区有：东花市北里、法华南里、龙潭西里、金鱼池、都市馨园、绿景苑、夕照寺、花市枣苑、东花市南里、新景家园、角湾、左安东里、左安西里、幸福家园、安化南里、安化北里、景泰西里、忠实里、新世界家园、新世界花园、板厂新里、东花市三期、白桥、金鱼池二期、广外南街、弘善家园等。重点工程有广安大街（崇文段）和前门地区修缮整治等工程。

1994—2010年6月崇文区核发建设工程规划许可证统计表

表14—1

年份	核发（件）	建筑面积（平方米）	年份	核发（件）	建筑面积（平方米）
1994	349	30 282	2003	108	1 156 286
1995	341	27 074	2004	131	1 399 270
1996	356	26 624	2005	74	1 177 093
1997	343	24 935	2006	83	1 460 202
1998	303	22 581	2007	84	1 021 500
1999	701	30 678	2008	95	429 300
2000	317	28 581	2009	122	1 099 300
2001	230	282 888	2010.6	47	216 603
2002	130	1 180 631	合计	3 814	9 613 828

说明：1994年至2000年为区预审，上报市核发。

规划监督　1994年至2001年，区城市规划管理局对辖区内市、区规划局审批的建设项目进行全面监督。工程竣工后，查验建筑位置、面积和高度是否与规划许可一致。2002年1月，依据《北京市建设工程规划监督检查若干规定》，细化建设工程监督检查内容，在批建项目位置、高度、层数和使用性质等均符合规划要求标准后，下发规划验收合格通知书，办理产权登记手续。2006年，根据市规划委《关于成立北京市规划委员会各分局所属规划监察执法队的通知》精神，成立崇文区规划监察执法队。1994年至2010年6月，累计规划监督建设工程项目3 597件，建筑面积1 399.53万平方米。

1994—2010年6月崇文区规划监督建设工程项目统计表

表14–2

年份	规划监督（件）	建筑面积（平方米）	年份	规划监督（件）	建筑面积（平方米）
1994	358	51 172	2003	168	1 308 021
1995	128	129 106	2004	159	2 673 171
1996	335	451 214	2005	97	2 122 290
1997	720	662 400	2006	109	3 789
1998	302	309 918	2007	60	1 712 938
1999	283	363 901	2008	39	541 815
2000	177	134 190	2009	77	941 528
2001	482	809 200	2010.6	23	502 372
2002	80	1 278 282	合计	3 597	13 995 307

第二章　国土资源

第一节　土地调查与储备

土地调查　1994年至1999年，区国土资源和房屋管理局（2005年分别成立北京市国土资源局崇文分局和区房屋管理局）调查全区190个土地出让项目，现场踏勘200余次，拍摄照片400余张，检查84个开发单位，涉及土地2.03平方千米。2000年至2003年，土地调查2.41平方千米。2005年10月，市国土资源局崇文分局与华夏合众公司合作绘制完成全市首张地籍调查成果图，将全区266个街坊、5万余个界址点逐一核对加以标注。2006年11月，启动区土地数据整合工作，调查土地权属面积1.65平方千米，涉及7个街道、222个街坊、7 107块宗地。绘制成宗地关系结构图、街坊界结构图、全区地籍挂图及土地利用现状一级分类表。

2007年10月，根据土地使用情况及变化特点，采用测绘前置实时更新的方法完成7个街道测绘及工作底图制作。编制《土地调查操作手册》，制作宗地情况表、土地登记告知单等。2009年11月，完成调查工作。形成分幅地籍图和土地利用现状图384幅，各街道土地利用现状挂图7幅，区土地利用现状挂图1幅，图幅理论面积与控制面积接合图表1幅，不同比例尺街坊结合图表1幅，宗地图4 423幅。

土地储备 2005年，区实施“城中村”环境整治工程。规划部门对整治项目现场踏勘，提出用地意见，确定区“城中村”整治项目8处。其中，2005年启动永定门立交桥周边、南中轴路（自然博物馆周边）、东南护城河沿岸3处整治项目，涉及国有土地0.16平方千米。2006年，启动双玉中街、南中轴路（自然博物馆北侧及珠市口至天桥段）等5处整治项目，涉及国有土地0.21平方千米，暂植草坪作为土地储备。

2008年5月，市国土资源局将土地一级开发管理权限下放至区，区国土资源崇文分局制订《2008年度土地储备开发计划》，确定文章胡同东口和定安里为土地一级开发项目，金鱼池二期西为区重点危改项目。2009年，启动上述3个项目。2010年上半年，文章胡同东口、定安里、金鱼池二期西分别完成搬迁任务的97.67%、97.62%、64.46%，围栏遮挡储备用地。

第二节　土地审批与利用

土地审批 1994年至2003年，区国土房管局分别对南中轴路改扩建、永定门城楼复建、花市清真寺改扩建等用地进行初审，现场勘查四至范围、地上物及产权分类情况，提出意见，上报市国土房管局，并获批准。2004年，初审前门大街东侧路、左安门内大街市政工程、区社区服务中心工程、依陶阁危改等项目用地，提出意见，涉及7个街道、266个街坊、6 816宗地、界址点数5.58万个。2005年，完成京津城际铁路（崇文段）整治、前门地区道路用地等17个划拨、出让项目，共1.55平方千米建设用地的实地踏勘、地上物调查和预审。2006年5月，市国土资源局将建设项目用地预审审批权下放至国土资源局崇文分局。2006年，审批8个申请划拨用地项目，涉及国有土地1.88平方千米。2007年至2010年6月，审批祈年大街西侧危改、前门大街改造、崇文区龙潭全民健身体育活动中心等37个建设项目，涉及国有建设用地2.96平方千米。

图14-2　2005年，区城建开发公司与十里河村征地签字仪式

1994年，办理土地登记发证22件。1995年，进行崇文门外大街市政建设征地拆迁，核发拆迁许可证4件。1996年，划拨土地1件，用地面积40.06万平方米。1998年，划拨土地4件，用地面积9 900万平方米；土地使用权发证6件，面积为6.96万平方米。1999年，测绘1.60万平方米土地，发放土地证6件。2001年，调查全区36处土地划拨使用和闲置情况，发证25件。2003年至2006年，土地登记发证611件、209.64万平方米。2007年至2010年6月共办理土地登记发证1 596件。

土地利用　1994 年至 2004 年，区累计查出一年以上闲置建设用地 8 处 0.18 平方千米。有关部门采取限期开工或收回土地使用权等措施，确保土地资源合理利用。2005 年 7 月，结合区土地资源利用现状、供给潜力及产业政策发展方向，首次编制土地供应计划区级指标安排使用方案，经市政府平衡，下达区供地指标 0.63 平方千米，涉及 16 宗地。实际供地 0.53 平方千米，占计划的 84.13%。2006 年年底，编制《崇文区 2007—2010 年土地供应计划安排建议方案》，确定 2007 年至 2010 年土地供应项目 65 个。其中，列入 2007 年用地项目 14 个，供应面积 0.32 平方千米，实现供地 0.21 平方千米；列入 2008 年用地项目 30 个，供应面积 0.58 平方千米；2009 年，9 个地块上市交易，实现供应经营性用地 0.05 平方千米；2010 年上半年，土地供应计划安排用地项目 12 个，总面积 0.16 平方千米。

第三章　市政建设

第一节　道　路

主干道路　1994 年，区境内有各种道路 519 条，其中市管道路 26 条，区管道路 493 条（多数为街巷、胡同）。区管道路面积 45.26 万平方米，主干道路为三横二纵格局。此后，城市建设速度加快，成规模进行危旧房改造，一些街巷、胡同随之消失。至 2010 年 6 月 30 日，区境内有各种道路 517 条，其中区管道路 479 条，总面积 117.70 万平方米。区境内街巷道路纵横交错、四通八达。主要纵向道路有：前门大街—天桥南大街—永定门内大街—永定门外大街、祈年大街、景泰路、崇文门外大街—天坛东路、北花市大街—南花市大街—幸福大街—左安门内大街、白桥大街—夕照寺街。主要横向道路有：前门东大街—崇文门西大街—崇文门东大街、珠市口东大街—广渠门内大街、天坛路—体育馆路—光明路、龙潭路、永定门东街、南二环路、安乐林路。

新建及改扩建道路　1994 年至 2010 年 6 月，区新建及改扩建道路 20 条，其中重点道路有 3 条：

崇文门外大街　1995 年 11 月开工，1997 年 6 月竣工。北起崇文门路口，南至玉蜓桥，长约 3 000 米、宽 70 米，建有两上两下 15.50 米宽机动车道，两条 9 米宽非机动车道，两条 7 米宽人行道。大街建过街天桥 6 座，地下人行通道 3 处。花市西口两条地下通道内装自动扶梯 6 部。地下新建热力、电信、雨水、污水、煤气等 7 种市政管线，达到首都建设总体规划要求，是高标准的城市一级交通干道。

图14—3　2002年建成的南北花市大街

图14-4 2000年改造前的广安大街（崇文段）

广安大街（崇文段） 2000年8月开工，2001年7月竣工。珠市口东大街至广渠门内大街改扩建后，长4 048米、宽70米，设三上三下6条行车道，主路设公交专用车道，两侧各有7米宽辅路和10米宽绿化停车带。地下修建水、电、气、热等8类12条市政综合管线7 500米，使原地下只有电信、自来水两条管线的广安大街（崇文段）形成一条管线走廊，南城地区公用管网输配能力得到增强。

南中轴路 2004年6月开工，2009年竣工。长2 800米、宽40米，道路北段北起北纬路，南至永定门立交桥，东起天坛公园外坛墙，西邻先农坛至永定门内大街、天桥南大街，长1 300米。该项工程建设包括拆迁、复建永定门城楼、修复天坛坛墙、建设绿地景观、修建道路等。道路为四幅形式，平行于天坛、先农坛坛墙。从两坛坛墙起由外至内分别为10米宽绿化带、4米宽人行步道、7米宽辅路、17米宽主路，面积近10万平方米；铺设雨水、污水、上水、中水、燃气、电信、热力7条市政管线及电力管沟。南段从永定门立交桥至木樨园，长1 500米。由分设在两侧的道路延伸至京山铁路桥附近会合为一条主干道。绿化带分离的上下行主路各宽17米至21米，辅路各宽10.05米。

图14-5 2001年7月竣工的广安大街（崇文段）夜景

1994—2010年6月崇文区新建及改扩建道路一览表

表14-3

道路名称	开工时间	竣工时间	长（米）	宽（米）
崇文门外大街	1995.11	1997.6	3 000	70
广安大街（崇文段）	2000.8	2001.7	4 048	70
南北花市大街	2002.3	2002.11	780	40
幸福大街	2002.4	2003.4	1 154	10
祈年大街	2002.9	2004.4	1 400	31
左安门内大街	2004.4	2006.4	1 670	40
南中轴路	2004.6	2009	2 800	40

续表

道路名称	开工时间	竣工时间	长（米）	宽（米）
东西花市大街	2005.8	2006.6	1 742	30
东打磨厂街	2005.8	2006.6	290	20
东兴隆街	2005.8	2006.10	360	20
前门东侧路	2004.8	2007.4	868	25
龙潭路	2005.12	2007.6	1 197	30
正义路南延	2006.8	2007.12	913	15
新革路	2006.8	2007.12	800	15
茶食街	2006.11	2007.12	680	15
前门西河沿街	2006.11	2007.12	848	20
西兴隆街	2006.11	2007.12	959	15
鼎新路	2007.1	2007.12	440	25
滨河路二期	2008	2009.9	2 066	19
滨河路三期	2008.3	2010.4	2 210	65

第二节　桥梁与地下通道

桥梁　1993 年年底，区境内跨护城河桥有龙潭闸桥、广渠门北桥等 4 座；立交桥有东便门桥、玉蜓桥等 7 座；铁路桥有永定门铁路桥、福光路铁路桥等 8 座；过街天桥有崇文门过街天桥、花市过街天桥等 4 座。1994 年至 2010 年 6 月，区境内新建桥梁 17 座，其中，立交桥 1 座、铁路桥 1 座、广场桥 1 座、过街天桥 14 座。

永定门立交桥　2004 年建成，为 2 座苜蓿叶形互通式跨河立交桥，位于原永定门立交桥的东西两侧 50 米处。桥长 123.50 米、宽 34.90 米，为钢筋混凝土组合梁结构，面积 8 620 平方米。环绕永定门城楼东西两侧两条机动车道，与新建的两座立交桥相接，延伸至天坛西门合为一条道路。

永定门铁路新桥　2004 年建成，位于永定门旧铁路桥西侧，横跨新建的南中轴路。桥体为钢筋水泥整体框架结构，顶推力达 2.70 万吨。桥长 82.38 米、宽 50 米。共有 4 孔，中间两孔为主路孔，每孔高 4.98 米、宽 20 米；两侧两孔为辅路孔，东孔高 3.46 米、西孔高 3.50 米、宽均为 17.50 米。

永定门城楼南广场桥　2009 年建成。桥梁工程总面积 8 280 平方米，主桥 1 座、辅桥 2 座。南广场主桥为 3 跨连续钢箱梁桥，总长 121.35 米，桥梁断面为多箱单室结构。

天坛东路过街天桥　1998 年建成，共 3 座。1 号桥位于体育馆路口以南 70 米。2 号桥位于体育馆路口以南 200 米，3 号桥位于玉蜓桥以北 40 米。桥长均为 50 米，桥面宽均为 3 米。

红桥路口过街天桥　2000 年建成，位于崇文门外大街和天坛路交会处，由 2 座过街桥组成。一座横跨天坛东路，桥长 36.20 米、宽 4.89 米、高 5.50 米。一座横跨崇文门外大街南端，桥长 79.20 米、宽 4.90 米、高 5.50 米。

红桥市场过街天桥　2000 年建成，位于红桥市场门前，横跨天坛东路。桥长 46 米，桥面宽 5 米。

广渠门内大街过街天桥　2001年建成，共3座。1号桥位于磁器口以东100米，2号桥位于幸福大街路口以东200米，3号桥位于广渠门铁路桥以西100米。桥长均为70米，桥面宽均为4米。

珠市口东大街过街天桥　2003年10月建成，共4座。1号桥位于磁器口西侧60米，2号桥位于祈年大街路口东侧40米，3号桥位于金鱼池中街路口西侧50米，4号桥位于珠市口以东100米。桥长均为70米，桥面宽均为4米。

五环广场过街天桥　2005年7月建成，位于体育馆路五环广场前，横跨体育馆路。桥长46米，桥面宽5米。

地下通道　1993年年底，区境内有前门箭楼东等地下通道5条。1994年至2010年6月新建地下通道7条：

花市西口地下通道　1997年建成，位于搜秀商城和新世界商场之间，横穿崇文门外大街。通道长55米、宽8米、高2.50米。

崇文门地下通道　1997年建成，位于崇文门菜市场与哈德门饭店之间。通道长65.15米、宽6.95米、高2.40米。

南中轴路地下通道　2004年建成，共4条。第一条位于护城河南侧，分为东西两段，东段长37米、西段长39米。第二条位于永定门铁路桥南，长82.83米。第三条位于崇文区第一人民医院门前，长77.20米。第四条位于百荣世贸商城门前，长80米。4条通道均为高2.50米、宽6米。

东花市A区地下通道　2010年1月建成，位于崇文门外大街东侧，通道长99米、宽5.10米。该通道南与国瑞购物中心地下2层西北口连接，北至原哈德门饭店西侧与既有地下通道连接。

第四章　危旧房改造与重点工程

第一节　危旧房改造

20世纪80年代中期，区危旧房改造（简称危改）启动。至1993年年底，李村东里、虎背口、法华寺等12片危改地区共拆除危旧房20.49万平方米，动迁居民1.15万户，共3.69万人，安置用房70.77万平方米。

1994年至1999年，全区启动危旧房改造小区17片32项，动迁居民1.99万户，施工面积231.62万平方米，竣工面积77.04万平方米，投资16.44亿元。

1994—1999年崇文区危改项目统计表

表14-4

年份	危改项目（项）	施工面积（平方米）	竣工面积（平方米）	投资（万元）
1994	9	797 000	305 000	41 300
1995	4	496 487	221 907	27 961
1996	5	308 925	115 185	17 456

续表

年份	危改项目（项）	施工面积（平方米）	竣工面积（平方米）	投资（万元）
1997	4	200 270	15 876	17 029
1998	5	251 215	53 973	28 397
1999	5	262 269	58 429	32 305
合计	32	2 316 166	770 370	164 448

自2000年起，区委、区政府抓住市委、市政府加快南城发展，政策向南城倾斜的机遇，确定以危旧房改造为龙头，带动和促进经济、社会全面发展的战略思想，采取房改结合危改、市政改造结合危改、文物保护（简称文保）结合危改、土地一级开发解危排险、房地产开发等多种形式启动危改项目。

同年7月，龙潭西里6号楼、8号楼、10号楼危改工程启动，为市采用房改结合危改进行危旧房改造的试点项目，不到一年实现拆迁、建设和居民回迁。2001年7月，金鱼池58栋简易楼改造，涉及居民3 000余户，一年实现回迁，党和国家领导人到此参观视察，给予充分肯定。2005年年底，广渠门外南街危改项目启动，9个月完成2 400户居民拆迁，并于2008年年底陆续回迁。至此，全区启动房改结合危改项目16个，3.30万户居民迁入新居。

从2000年8月起，11个市政改造结合危改工程陆续启动。其中，广安大街（崇文段）市政道路改扩建工程2个月动迁居民8 900户、单位250余家，在全市率先实现拆迁由原住房安置转变为货币补偿。祈年大街、南北花市—幸福大街市政工程拆迁居民1 500余户。

2001年至2006年，启动文物保护结合危改项目11个。明城墙遗址公园动迁居民2 000余户，于2002年9月建成开放。国庆期间，党和国家领导人到公园参观，肯定区保护古都风貌、改善人民生活及居住环境做出的努力。2003年，按原状复建永定门城楼，并新建永定门北广场。同时，先后完成袁崇焕祠、阳平会馆、汀州会馆、铁山寺、乾泰寺等一批文物保护单位的腾退和修缮工作。2004年，启动前门大街修缮整治和前门地区风貌保护、解危排险工程，拆迁居民1.70万户。

其间，结合"进京第一印象工程"（区境内8.7千米铁路沿线整治工程）、城中村改造、房地产开发、土地一级开发等形式，启动30余个危改项目，建成新世界家园、幸福家园、花市枣苑等一批居住小区。不仅使2万余户居民住房条件得到了改善，也使区境内环境发生较大变化。

至2009年，全区启动危改项目共70余个，累计动迁居民10.51万户。

第二节　重点工程

崇文门外1号地、2号地、5号地危改工程　该地区拆迁居民9 300户，房屋总面积18.48万平方米；单位179家，面积10.93万平方米。于1995年启动，2004年全部竣工，居民迁入新居。

1号地　北起东打磨厂街，南到东兴隆街，东临莲子胡同，西至细米胡同。拆迁居民1 961户，房屋总面积4.13万平方米；单位31家，总面积2.98万平方米。1996年启动，其建设分新世界中心和住宅楼两部分，新世界中心1998年6月竣工，被市建委等部门评为北京市20世纪90年代十大建筑之一，住宅楼2001年竣工。

2号地（东段）　北起茶食胡同，南到广安大街，东临新世界中心西侧，西至南五老胡同。拆迁居民512户，房屋面积1.60万平方米；单位9家，面积8 600平方米。建设项目为太华公寓和

图14-6　2001年建成的新世界家园

新世界家园（一期），2001 年 10 月竣工。

2 号地（西段）　北起东兴隆街，南到广安大街，东临南、北五老胡同，西至南官园、河泊厂西巷。拆迁居民 3 100 户，房屋总面积 5.46 万平方米；单位 40 家，面积 1.45 万平方米。项目名称为都市馨园。2001 年 11 月启动，2003 年竣工，总建设面积 40 万平方米，其中住宅面积约 20 万平方米，为多层住宅。

5 号地　北起西花市大街，南到珠市口东大街，东临南北花市大街，西至崇文门外大街。拆迁居民 3 727 户，房屋总面积 7.29 万平方米；单位 99 家、总面积 5.64 万平方米。项目名称为新景家园，2004 年竣工。小区建成后，动静分开，公建配套，有两处 5 000 平方米大绿地，绿化覆盖率 30%，商品房采用市热供暖，回迁房采用燃气壁挂炉供暖。

龙潭西里 6 号楼、8 号楼、10 号楼危改工程　2000 年 1 月，该地区区人大代表联名在区人代会上提出该处楼房开裂严重，实为危楼亟须改造的议案，得到市区领导重视，并于当年 3 月至 4 月 3 次与危改居民座谈，听取意见，做出实施危改决定。该工程是市“房改带危改”的试点工程（即居民回迁时以货币形式购买回迁房），占地 6 000 平方米，建筑面积 1.72 万平方米。2000 年 7 月开工，12 月 26 日举行龙潭西里 6 号楼、8 号楼、10 号楼危改工程竣工暨居民回迁典礼。市区领导为 193 户回迁居民发放新居钥匙。

金鱼池危改工程　金鱼池危改区地处天坛公园北侧，是成片简易楼改造项目。危改范围内有简易楼 58 栋、平房 492 间、居民 3 055 户；有市、区属单位 41 家，面积 10.31 万平方米。2001 年 7 月 28 日正式开工。2002 年 4 月 18 日首批工程竣工，11 月完成回迁楼建设。新建的金鱼池小区，有 41 栋楼，建筑面积 21.10 万平方米。分东、中、西三个区：东区主要景观有“饮水思源井”。中区主要景观有水面 1 500 余平方米的金鱼池。它从南到北由 5 个池子组成，长约 150 米。在池子东侧，有一组景观取自晋朝大书法家王羲之在《兰亭集序》中所描绘的“曲水流觞”，并有龙须沟旧址标志。在池子周围，栽种月季、美人蕉和翠竹。池子南侧，竖立着《龙须沟》中小妞子

图14-7　2001年危旧房改造前的金鱼池小区

图14-8　2002年4月，金鱼池危改小区首批居民回迁仪式

手捧鱼缸的雕像。西区主要景观为三面景墙，是根据老北京四合院的建筑风格建造的，上面雕刻着空中飞翔的仙鹤，象征着居民生活和美、吉祥如意。在金鱼池中街路口建有老舍先生的《龙须沟》《骆驼祥子》《茶馆》3部著作组成的立体雕塑，封面上雕刻着老舍先生的头像。在街道两侧围墙上，镶嵌着6幅浮雕，分别为话剧《龙须沟》中的境景，主要是《旧貌龙须沟》《茶社卖艺》《怀念妞子》《改造龙须沟》等。危改后的小区社区服务中心、医院、学校、停车场、商店等各种服务设施俱全，居民回迁人均居住面积由原来的10.47平方米增加到27平方米。

前门地区解危排险修缮整治工程　前门地区北起前门东大街，南至珠市口东大街，西起前门大街，东至新革路，占地面积81万平方米。该地区是老北京传统风貌、史迹文物、非物质文化遗产保存较完整的地区之一。2003年，前门地区有居民2.04万余户，常住人口约6.16万人。人均居住面积不足5平方米，居住房屋80%是百年以上的老房和破损严重的木结构危房。市政设施严重滞后，公共配套设施陈旧。

图14－9　2007年修缮整治中的前门大街

图14－10　2009年新建成的前门大街元宵节踩街活动

为抢救珍贵文物和历史遗存，保护古都风貌、改善人民生活，市、区决定对前门地区进行大规模保护和修缮整治，实施解危排险工程。该工程首创“解危排险、人房分离”模式，即“人走房空，腾而不拆”。在全市率先推出“菜单式”搬迁新政策，即提供弘善小区定向安置房、对接经济适用房、市场评估给予货币补偿、产权共有、就地修缮和异地承租等多种方式供居民自愿选择。2005年11月至2006年1月，前门西片及市政道路工程搬迁居民4 600余户。2006年2月至5月，前门地区东片1.07万余户居民搬离危险房屋。至2008年年底，1.70万户居民迁入新居，并对533个院落进行保护修缮。同年，前门大街两侧主体工程竣工。修缮后的前门大街总建筑面积6.60万平方米，两侧建筑76.60%按原貌修复。复建具有标志性的正阳桥六柱五牌楼和长816米、宽2.93米的明清时期御道。首建于1914年的前门有轨电车，1924年投入运营，1966年5月停驶，2009年元旦重现于前门大街。2009年9月28日，前门大街全面开市。

第五章　园林绿化美化建设

第一节　公园建设

区境内有公园7座，其中，有市属天坛公园，合资公园北京游乐园，区属公园5座，有龙潭公园、龙潭西湖公园、明城墙遗址公园、玉蜓公园、永定门公园（崇文园区）。

天坛公园　隶属北京市公园管理中心，位于崇文区西南部，占地面积205万平方米。迄今已有580余年历史，是明清时期皇帝祭天祈谷的御用场所。天坛是明清皇家祭祀建筑之首，是世界现存规模最大、保存最完整的古代祭天建筑群。主要建筑集中在内坛，北部为祈谷坛建筑群，包括祈年殿、皇乾殿、长廊、丹陛桥等；南部为圜丘建筑群，包括圜丘、皇穹宇、神厨院、三库院、宰牲亭等；斋宫坐落在内坛西部，神乐署位于外坛西南隅。1918年1月被辟为公园，正式面向普通民众开放。1961年3月被公布为全国第一批重点文物保护单位，1997年被国家旅游局评为AAAAA级旅游区（点）。1998年12月，天坛被联合国教科文组织世界遗产委员会列入世界遗产名录。公园绿化面积175万平方米，绿化覆盖率84.29%，古树3 562株。2005年，被全国精神文明建设委员会办公室评为全国文明风景旅游区，2008年，再次获此殊荣。

北京游乐园　坐落在区龙潭公园之西，1984年竣工，是北京最早的一处中日合资大型现代化园林式游乐园，国家AAA级景区。占地40.37万平方米，其中水面11.33万平方米。由主体游乐设施（翻滚过山车、激流勇进等）、水上乐园、激光喷泉、水幕电影、奥秘馆、水族馆、服务区等组成。园内湖心岛和4个小岛由11座石桥、木桥与湖岸相连，设有商店、快餐店、咖啡店、中西餐厅等服务设施。年均接待游客100余万人。因合同到期，2010年6月18日停止经营活动。

龙潭公园　地处区东南部，原为龙潭湖东湖区。占地49.15万平方米，其中水面19.45万平方米。是以水景为主调，以龙景为特色的古典式园林。园中有龙潭、龙吟阁、龙门、莲塘花屿和龙字石林5个景区。1994年年初，共有各类树木9.35万余株，草坪5.92万平方米，全园三季有花，四季常青。2001年，区政府投资4 000余万元，对龙潭公园进行改造升级，2002年3月工程竣工。新建湖心岛文化广场、玉龙石桥等景点及孙敬修雕像。改造更新绿地近8万平方米，栽植各类树木千余株，铺种草坪9万余平方米。2003年至2004年，维修腾龙阁、龙涎榭、半壁廊等仿古建筑和万柳堂景区。2008年，建时传祥纪念馆。至2010年6月，公园有乔木4 515株（常绿乔木1 483株，落叶乔木3 032株），灌木7 563株（常绿灌木1 774株，落叶灌木5 789株），地被植物栽植面积3万平方米。2002年，该园被北京市园林系统评为年度北京市十大精品公园、首都十大文明旅游景区、北京市科普先进单位。2010年1月，被国家旅游局评为AAAA级旅游景区。

龙潭西湖公园　地处龙潭公园西部。东临铁路，西南与长青园居民小区相邻，北倚龙潭路。占地10.48万平方米，其中水面面积5.70万平方米。1994年年初，全园共有树木1.98万株，草坪1.51万平方米。2003年，对柳堤、北山两处仿古建筑进行修缮。2005年，通过ISO 9001/14001国际质量/环境管理体系认证。2007年9月，政府拨款改善湖水质量，美化湖岸景观。至2010年6月，龙潭西湖公园有乔木1 252株、灌木2 402株、月季2 209株、色带及绿篱1.26万株、竹子1 001株，宿根3.94万株、地被5 854平方米、草坪2.03万平方米。

明城墙遗址公园　地处区东北部。西起崇文门，东至北京城东南角楼，全长约1.50千米。是北京内城仅存的两段古城墙中较长的一段，亦是北京明代城墙的重要标志，北京城东南角楼为全国重点文物保护单位。公园保留两处历史遗存，一是城墙南面中间地带草坪上有一座特殊的两层小楼——京奉铁路信号所，始建于1901年，距今有100多年的历史；二是建于1915年的火车券门洞，高8.20米、宽9.20米、深7.40米，是环城铁路的唯一遗存。2001年，市政府拨专款8亿元对公园进行修建，11月动工，按照修旧如旧的原则，将社会各界捐出的20多万块古城砖全部用于城墙外立面，并严格按照传统的淌白灰，一顺一丁的砌法作业，使具有近600年历史的古老城墙，重现庄严与凝重。2002年9月29日竣工。从崇文门沿甬道东行，依次是老树明墙、残垣漫步、古楼新韵三大景点，犹如三幅巨画，沧桑古朴。2003年，投资建成“百年车辙”“紫玉怀古”等景点。公园面积15.50万平方米，植树6 400株，铺种草坪7万平方米，栽植花卉11万株，铺装甬道、步道近万平方米。公园展现的北京古都风貌，得到社会广泛赞誉。党和国家领导人前来视察。2004年，建设角楼东侧小树林景区。2010年1月，被国家旅游局评为AAAA级旅游景区。

玉蜓公园　地处区东南部，玉蜓桥西南角。建于2002年7月，占地面积3.30万平方米，西部建有占地2 600平方米的奥运露天剧场，东部有2 200平方米的绿荫休闲广场，有多组形态各异、风格新颖的雕塑小品点缀其间。2004年，被市园林局评为北京市精品公园。2005年，公园通过ISO 9001/14001国际质量/环境管理体系认证。2006年，该公园被确定为区应急避难场所。2010年年初，公园投入20.60万余元，对园区设施进行维修、更新。至2010年6月，有乔木1 110株、灌木1 027株，草坪面积1.48万平方米。

永定门公园（崇文园区）　建于2004年，是北京“十字景观轴”的重要组成部分。公园北起南纬路，南至永定门，东至天坛坛墙，西与永定门公园（宣武园区）相接。公园绿地面积6.70万平方米，整体呈船形，通过一系列小型广场地面铺装体现文化内涵。一条人行步道，中间用石板、两侧用灰砖铺成御道贯穿南北，成为南中轴标志。地面铺装及休息设施采用灰砖、青瓦等自然材料，突现南中轴“平正大方，古朴自然”的整体风貌。2006年，被市园林局评为北京市精品公园。

第二节　绿地建设

1996年至2010年6月，区园林部门相继建成蟠桃宫、前门箭楼、明城墙遗址公园南侧、南中轴路崇文段等9片面积均在8 000平方米以上的大绿地。特别是南中轴路崇文段、永定门桥区和自然博物馆周边大绿地建成后，南中轴沿线环境脏乱的面貌得到改变。

蟠桃宫绿地　1997年9月建成。位于东花市小区北侧，是崇文区建设的第一块大绿地，面积1万平方米，为带状街头绿地，分东西两部分。东侧4 000平方米，原为明代蟠桃宫旧址，因修建东便门立交桥被占用，地上仅保留功德碑一座；西侧绿地6 000平方米，是建设东花市小区腾退的代征地。绿地内栽种乔、灌木等植物5 000余株及垂红金银花、红王子锦带、金叶女贞等新优花卉，铺种草坪6 000平方米，并设置象征东花市历史与地名的大型雕塑“春花”，与周围的绿树、繁花、碧草相映成趣。

前门箭楼绿地　2000年6月建成。位于天安门广场南侧，面积2万平方米。铺装花岗岩石材路面2 450平方米，安装护栏1 700延长米。采用全自动化喷灌系统，埋设管线5 509延长米，喷头300个。移植桧柏32株、花灌木12株、绿篱664株，新植直径15厘米以上银杏24株，铺

图14—11　2008年建成的天桥大街东侧绿地

种草坪2万平方米。2007年5月至6月，对前门箭楼东西两侧约1.20万平方米的绿地进行较大规模改造。补植乔、灌木431株、宿根及应时花卉1.90万株，新铺草坪8 200平方米，在两侧绿地北面新铺设喷灌管线1 800余延长米。根据前门地区整体景观风貌和群众休憩需要，将其改造成开放式绿地。该项目获北京市园林系统颁发的2007年度精品工程奖。

自然博物馆周边绿地　2008年9月建成。位于天桥大街东侧，上承前门天街，下接南中轴大绿地，面积3.50万平方米。分为南北两侧，南侧1.50万平方米，北侧2万平方米。栽植乔灌木1 100株、落叶木764株。铺设喷灌管线1 000余延长米，各类砖、石地面860平方米。该项目获北京市园林系统2009年度社会优质工程奖。

1994—2010年6月崇文区绿地建设一览表

表14—5

名称	位置	面积（平方米）	始建时间	建成时间	乔灌木花卉（株）
蟠桃宫	东花市小区北侧	10 000	1996.10	1997.9	5 146
前门箭楼	天安门广场南侧	20 000	1999.2	2000.6	20 163
明城墙遗址公园	明城墙遗址公园	122 000	2001.8	2002.9	180 318
玉蜓桥	玉蜓桥西侧	37 000	2002.3	2002.7	5 455
南中轴路崇文段	永定门至天坛公园西门	74 700	2004.3	2007.7	112 935
永定门桥区	永定门桥区	40 000	2006.3	2006.6	51 956
松林里	南二环陶然亭桥至永定门之间	20 000	2007.3	2007.7	36 678
自然博物馆周边	天桥大街东侧	35 000	2007.7	2008.9	1 864
东南二环华城国际段	光明桥西北角辅路	8 600	2008.3	2008.6	36 872

第三节　道路与河道绿化

道路绿化　自1994年起，区注重道路绿化改造与美化相结合，按照“条条有特色、条条景不同”的发展方向，绿化水平逐年提高。至2009年，在北京市道路绿地等级考核评定中，崇文区绿地中44块评为一级、5块评为精品、28块评为特级。至2010年上半年，区境内各类道路绿地面积69.93万平方米。重点绿化的大街有：

崇文门外大街绿化　北起崇文门路口，南至玉蜓桥，全长3 000米，绿化施工分北、中、南三段进行（北段为崇文门路口至磁器口，中段为磁器口至天坛东门，南段为天坛东门至玉蜓桥）。1997年，绿化大街北段和南段的分车带、隔离带，种植各种植物及花卉1 400余株，铺植草坪2 000平方米。1998年，绿化面积为1.90万平方米，种植冬夏常绿的大叶黄杨绿篱及月季等花卉，并在分车带首次栽种冷季型地毯草。道路建设与绿化同步完成，共植树2.70万株，铺草坪1.20万平方米，安装栏杆4 700延长米。

光明—体育馆路步道绿化　东起光明立交桥，西至天坛东门，全长2 096米。1998年8月至11月施工，铺装彩色水磨石方砖步道1.92万平方米，绿地改造1.50万平方米，更新草坪1.50万平方米，全部安装自动化喷灌系统。建装饰桥体及两侧挡墙449延长米，沿线安装步道庭院灯150个、机动车快行线装饰链灯600个、草坪灯300个、路树射灯310个、桥体壁灯85个、不锈钢大型灯饰1座。该工程被市园林局评为市优质工程。

二环路（崇文段）分车带绿化　工程以东便门铁路桥至广渠门立交桥、玉蜓桥至陶然亭桥中心隔离带及分车带绿化为主，2002年7月开工，8月竣工。首次在二环路大规模使用色块片植时令花卉和宿根花卉，绿化整治面积6.90万平方米，栽植桧柏绿篱4万株2 600延长米、大叶黄杨篱3万株1 100延长米，在分车带栽植色带1.50万平方米，铺草坪4.50万平方米，安装喷灌设施6万平方米。

天坛北路绿化　位于天坛北门东西两侧，绿地面积3 000平方米，其中绿化面积1 200平方米，铺装面积1 800平方米。2006年夏施工，2007年1月竣工。西部建健身广场；中部建大型活动广场，设有小型休闲、儿童活动场地；东部以绿化为主，在道路一侧设花池，栽植银杏、海棠、紫薇、连翘、白皮松、油松等四季花卉。

珠市口东大街绿化　西起珠市口，东至磁器口，全长1 800米。大街原有绿地面积7 000平方米，2006年8月至2007年9月，新增绿地6 500平方米。绿化种植色块苗木15万株、宿根花卉2万余株、应时花卉16万株，铺种草坪800平方米，安装绿化喷灌管线2.03万米。在大街南侧行道树外建花池，花池间扩出0.80米至1米宽绿地，栽植色带和花卉，使沿线道路景观在视觉上连成一体。在行道树池中植绿，在大街南侧安置活动花箱。绿化后的大街，形成自街心向外划分出行道树、绿化分车带和色块花池相间的绿色景观大道。

图14—12　2007年建成的珠市口东大街绿地

1994—2009年北京市评定崇文区城市道路绿地等级一览表

表14-6

年份	道路绿地名称	评定级别
1994	左安门内大街、广渠门桥、体育馆路、白桥大街	一级
	南厢、南护城河、安乐林、安化南里、板厂新里、桃杨路东、南园子二巷	二级
1995	幸福大街、崇文门外大街、永定门内东段	保级获优
	南厢、体育馆西路	二级升一级
1995	培新街、铁路沿线	三级升二级
1996	体育馆南路	保一级获优
	蟠桃宫绿地	定二级
1997	白桥大街	保一级获优
	蟠桃宫绿地	定一级
1998	龙潭路、光明路、体育馆路、左安门内大街、南厢道路、崇文门外大街、天坛北路、幸福大街、白桥大街、陶然桥	保一级获优
	蟠桃宫绿地	二级升一级
2000	安乐林路	二级升一级
	前门箭楼绿地	定二级
2001	崇文门外大街	保一级获优
	前门箭楼绿地	二级升一级
2002	前门箭楼绿地	优秀
	新世界二期屋顶、宝华家园一期	定一级
2003	二环路（崇文段）分车带绿化、前门箭楼绿地	优秀
2004	广渠门桥区绿地、体育馆路、明城墙遗址绿地、前门箭楼绿地、玉蜓绿地	精品绿地
	幸福家园小区、富贵园小区、国家体育总局东四块玉宿舍	升一级
2006	崇文门外大街、永定门东滨河路、永定门西滨河路、永定门桥区绿地、永定门外大街、永定门内大街、南中轴路绿地、南中轴路临时绿地、陶然亭桥区绿地、东便门桥区绿地	特级
	广渠门北滨河路、崇文门东大街、前门东大街、崇文门西大街、祈年大街、天坛路、夕照寺大街、龙潭路、幸福大街、左安门内大街、永定门东街、体育馆路、光明路	一级
2007	东西花市大街、左安门内大街、珠市口东大街、祈年大街、夕照寺街、幸福大街、天坛北路街心花园、永定门外大街东辅路、龙潭路、前门箭楼绿地	特级
	天坛北路、天坛东侧路、南北花市大街	一级
2008	广渠门内大街、前门东路、天坛路、天坛东侧路	特级
2009	广渠门北滨河路、光明路、体育馆路、永定门内东街	特级

说明：1999 年、2005 年未评定。

河道绿化　2002 年，对杂草丛生的龙潭闸至左安门桥西护城河北侧河道绿地重新降土，更换花灌木，栽种丰花月季等色带植物 2 万株，铺种草坪 750 平方米。2008 年，对龙潭西湖排水清淤，绿化改造湖岸绿地。2009 年，绿化东南二环崇文段护城河护坡 6.80 万平方米，栽植乔、灌木 4 000 余株。2010 年上半年，补植广渠门至光明桥 3 个河坡出入口、南二环护城河地块的彩色苗木。

第四节　小区与单位绿化

小区绿化　自 1994 年起，区小区绿化建设与危旧房改造同步进行，绿化设计以自然化与规则式相结合，植物搭配以观赏常绿树木为主，配植攀缘植物、宿根花卉，铺种草坪，建园林花池等。

1995 年，先后绿化东花市、长青园、革新里、天坛南里和法华寺危改小区。至年底，区境内有绿化居住小区 30 个，绿地面积 26.57 公顷。1996 年，完成法华寺小区二期绿化工程。至 2000 年，又相继完成景泰东里等 10 个小区的绿化。2001 年至 2005 年，完成富贵园、幸福家园等 20 个小区绿化工程。2006 年至 2010 年上半年，完成国瑞城、优胜美苑、花市枣苑三期等 18 个小区绿化工程。1996 年至 2009 年，先后有 35 个小区获区花园式小区称号。

1996—2009年崇文区花园式居住小区一览表

表14–7

序号	花园式小区名称	评比年份	面积（平方米）
1	东花市北里小区东区	1996	98 000
2	东四块玉小区	1996	9 930
3	东花市北里小区中区	1997	88 000
4	法华寺南里小区	1998	103 968
5	富莱茵花园	1999	15 365
6	绿景苑小区	2000	18 000
7	永铁苑小区	2001	60 060
8	宝华家园	2001	3 500
9	景泰嘉园	2002	6 250
10	建予园小区	2002	13 100
11	望陶园小区	2002	25 800
12	新世界家园一期居住小区	2002	28 000
13	绿景苑二期	2002	11 000
14	东花市南里富贵园小区	2003	45 000
15	幸福家园一期	2003	12 000
16	金鱼池小区	2003	260 000

续表

序号	花园式小区名称	评比年份	面积（平方米）
17	幸福家园二期	2004	13 000
18	新世界新景家园	2004	18 800
19	远洋德邑	2004	12 000
20	富贵园二期	2005	21 000
21	幸福家园三期	2005	33 000
22	左安漪园小区	2005	45 000
23	天天家园小区	2005	15 000
24	本家润园	2006	60 000
25	花市枣苑	2006	68 000
26	新世界新景家园二期	2006	109 000
27	国瑞城小区	2006	90 000
28	新奥洋房	2006	24 000
29	东花市北里西区	2007	81 427
30	京城仁合小区	2007	17 358
31	优胜美苑小区	2007	15 690
32	新世界新裕家园	2007	16 560
33	新世界新怡家园小区	2008	
34	保利蔷薇苑小区	2008	
35	名敦花园公寓南部住区	2009	

单位绿化 1995 年至 1997 年，区园林部门对幸福大街电话局、天坛东里小学等 14 个单位庭院进行绿化。1998 年，建新世界中心 6 层平台屋顶花园。1999 年，在天坛医院和部分中小学校，增加绿化带及草坪。至 1999 年年底，全区 80%以上的中小学校楼体、围墙、栏杆布满绿色。2000 年至 2008 年，相继对国家体委训练局、天坛医院等 23 个单位庭院进行绿化美化。2009 年，完成崇文门外大街国瑞城 A 区屋顶绿化；2010 年上半年，完成崇文消防支队和台湾会馆 2 100 平方米的庭院绿化。1994 年至 2009 年，全区有 61 个单位获区花园式单位称号。

1994—2009年崇文区花园式单位一览表

表14–8

序号	花园式单位名称	评比年份	面积（平方米）
1	人大会堂幼儿园	1994	1 621
2	崇文区园林局	1994	5 669
3	崇文区育翔幼儿园	1994	4 610
4	北京市口腔医院	1994	20 000
5	崇文区宝华里小学	1994	6 930

续表

序号	花园式单位名称	评比年份	面积（平方米）
6	北京市第九十六中学	1994	7 598
7	华润公司东后河沿宿舍楼	1995	1 621
8	人大会堂台基厂宿舍楼	1995	12 908
9	北京市电信职工中等专业技术学校	1995	4 000
10	北京市机床电器厂	1995	16 228
11	北京市电话局七区局	1995	10 002
12	崇文区干部休养所	1995	3 481
13	北京市广渠门中学	1995	7 000
14	北京市龙潭中学	1995	8 604
15	北京汇文中学	1995	28 771
16	崇文区法华寺街小学	1995	4 900
17	北京市永定门粮库宿舍	1995	7 500
18	崇文区规划建设管理委员会	1996	5 000
19	北京市园林学校	1996	14 652
20	北京医药采购供应站	1996	11 600
21	中国人民解放军北京空军革新里离职干部休养所	1996	13 733
22	崇文区东唐小学	1996	5 000
23	北京市第九十中学	1996	10 375
24	北京市第一七八中学	1996	10 000
25	北京金环压缩机厂	1997	10 000
26	中共北京市委机关幼儿园	1997	5 341
27	北京市向阳机械厂	1997	18 200
28	北京市鸿运花园公寓	1997	23 200
29	崇文区卫生防疫站	1997	6 824
30	国营218厂	1997	71 096
31	北京市亚光仪器公司	1997	6 041
32	崇文区天龙东里小学	1997	4 000
33	北京市第二零一中学	1997	8 000
34	北京市计划统计学校	1997	17 436
35	华威国际公寓	1998	10 011
36	中国医学科学院医药生物技术研究所	1998	15 512
37	永定门外西革新里108号院	1998	23 000

续表

序号	花园式单位名称	评比年份	面积（平方米）
38	北京华德液压集团宏科液压件厂	1998	16 700
39	北京市第一七六中学	1998	8 000
40	北京市第九十二中学	1998	8 652
41	北京市第四十九中学	1998	28 560
42	崇文区人民政府大院	1999	10 301
43	北京市第五十中学	1999	24 200
44	北京市前门外国语学校	1999	6 529
45	北京市公安交通管理局培新街5号宿舍	2000	22 081
46	北京可塞工贸集团永定门外粮食宿舍	2000	14 000
47	人民卫生出版社天坛西里10号宿舍区	2000	10 000
48	崇文区永东幼儿园	2001	1 200
49	崇文区翟家口小学	2001	2 925
50	北京市第一师范学校附属小学	2001	7 196
51	北京市第一一四中学	2001	10 036
52	北京市正义职业学校	2002	6 500
53	国家体育总局东四块玉宿舍	2003	32 700
54	北京市民政局	2005	2 467
55	国家体委13号院	2005	6 500
56	人民大会堂宿舍	2006	25 000
57	崇文交通支队	2006	4 200
58	公安部边防局机关	2007	9 523
59	天坛公馆	2008	
60	华城公寓	2009	
61	公安部宿舍	2009	

第五节　城市雕塑

1994 年至 2010 年 6 月，坐落于崇文区境内公园（不含市属公园）、大街和居住小区的雕塑，主要有：

举重、击剑、体操、投掷铁饼 4 组 12 项体育运动雕塑　建于 1979 年，分别坐落在体育馆路东口、西口的南北两侧。

《腾飞》雕塑　建于 20 世纪 80 年代，坐落在光明幼儿园东北角。该雕塑寄托着社区居民对美好明天的期盼。

《求索》雕塑 建于20世纪80年代，坐落在光明楼20楼东侧。该雕塑展现了社区居民好学进取，共同营造学习型社区的良好氛围。

《母子爱》雕塑 建于20世纪80年代，坐落在龙潭北里小区六条七楼南侧花池内，雕塑刻画一对母子促膝交谈的场景，表达对社区居民美好生活的祝愿。

《蛟龙》雕塑 建于20世纪80年代，坐落在龙潭北里小区。雕塑刻画一条栩栩如生的蛟龙昂首腾飞的形象。小区南侧紧临龙潭公园，因此该雕塑得名《蛟龙》。

关公雕塑 2000年建成，坐落在夕照寺中街29号北京黄河京都大酒店西侧黄河花园。雕塑宣扬关羽“忠”“信”“义”“勇”的道德精神。

奥运冠军手印雕塑 2001年建成，位于体育馆路五环广场。奥运五环墙下，有一块铜板奥运冠军手印雕塑，刻有许海峰、杨凌等19名奥运冠军手印，弘扬奥运精神，展示冠军风采。

图14—13 2001年建成的五环广场奥运冠军手印雕塑

时传祥雕塑像 2002年4月建成，坐落于龙潭公园东侧。时传祥，山东省齐河县大胡村人，1930年到北平做淘粪工。中华人民共和国成立后，时传祥以主人翁姿态，投身环卫事业。1959年，时传祥荣获全国劳动模范称号，并出席全国“群英会”，受到国家领导人接见。他的“宁愿一人脏，换来万家净”的无私奉献精神，鼓舞着崇文人民。

孙敬修雕塑像 2002年7月建成，坐落于龙潭公园东侧。孙敬修，北京人，中国共产党党员，全国著名儿童教育家。他把毕生精力和心血倾注在儿童事业上，在国内外赢得广泛赞誉，他绘声绘色的故事具有民族化、大众化的特点，深受孩子们喜爱。1987年6月，他在中南海接受国家领导人颁发的“热爱儿童”奖章。

崇文区与韩国汉城中浪区友好雕塑 2002年10月建成，坐落于龙潭公园袁督师庙广场南侧。

“小妞子”铜像 2004年4月建成，坐落于金鱼池小区金鱼池旁。“小妞子”雕塑刻画的是老舍笔下的一个文学人物，她双手捧着鱼缸，里面游着她喜爱的小金鱼。“小妞子”是旧社会北京南城劳苦大众的一个艺术典型，龙须沟给她无尽的苦难，只有那缸小金鱼给了她童年的欢乐和美好的憧憬。

老舍铜像 2004年建成，坐落于金鱼池中区。铜像由天津泥人张彩塑大师于化祥制作，历时半年。老舍先生在52岁时创作《龙须沟》，并因此获得“人民艺术家”称号。该铜像定位于52周岁的老舍先生，突出刻画老舍先生敏锐深邃的目光和质朴的精神气质。

《冲刺》雕塑 2005年建成，位于体育馆西路。铸铜体育雕像展示着一名体育健儿迈开双腿向前冲刺的矫健身姿，弘扬奥运拼搏精神。

《爆竹迎春》《放风筝》《斗蛐蛐》《对弈》4组特色铜质雕塑 2007年10月建成，坐落于西花市国瑞城小区内。

二十四节气柱雕塑 2009年11月建成，坐落于永定门东街、护城河北岸。“春种、夏长、秋收、冬藏”广场中，每个广场的6根节气柱上，分别雕刻着二十四节气的说明文字、时令花卉图案、诗词等。

第六章　公用事业

第一节　交　通

铁路　1958年，在崇文区彭庄新建永定门客站，原设在永定门二郎庙的永定门站迁至此处。1988年1月，该站改称北京南站，时为北京第二大客运站。1995年，该站日开行旅客列车43对，到发货运量分别为10.80万吨和1万吨。2005年5月9日23点09分，北京南站送走214次北京南站—乌海西最后一趟旅客列车。2005年5月10日，北京南站停运，实施改扩建工程。2008年8月1日，新建北京南站开通运营。新站位于原北京南站西南500米，崇文区西南角与丰台区右安门地域交界处，占地面积49.92万平方米，建筑面积42万平方米。是集铁路、地铁和市政交通设施于一体的大型综合交通枢纽，也是中国一座高标准现代化的客运专线大型客站。崇文区境内2.27万平方米的北京南站原址，建成车站通讯枢纽。

1959年10月，北京十大建筑之一的北京站（新站）建成，由北京站开出的列车，自东便门起，向西南行驶，经永定门外至北京南站的东庄出区境，横贯区境内11.60千米，是北京通往国内各地及国外的主要铁路干线的一段。

2005年7月4日，京津高速铁路开工建设，2008年8月1日投入运营。该铁路总投资133.24亿元，全程120千米，最快时速350千米/时，全程运行时间约29分钟。列车自北京南站开出，经境内玉蜓桥沿南护城河至左安门后折向东南出区境。

地下铁道　北京地铁2号线　1984年9月20日通车。线路为环形线，沿原北京城池内城而建，设18座车站，全长23.10千米。崇文门站至前门站途经区境内，长1.60千米。2个站在区境内均设有出入口。2002年，环线名称更改为2号线。

北京地铁5号线　于2002年12月28日开工建设，2007年10月7日开通试运营。行驶路线为宋家庄至天通苑，全长27.60千米，全程运行时间约40分钟。设23座车站，其中地下车站16座、地面及高架车站7座。在区境内设天坛东门、磁器口、崇文门3个站。天坛东门站位于体育馆路南侧天坛东路，西面是天坛公园。为三拱两柱双层地下岛式车站，总建筑面积1.53万平方米。设置4个出入口，其中西南出入口为预留口。磁器口站位于崇文门外大街与磁器口东大街的交叉路口南侧，南北向布置，为三拱两柱双层岛式车站，总建筑面积1.26万平方米，设置4个出入口。崇文门站位于崇文门内、外大街和崇文门东、西大街及北京站西街5条路的交叉口路中，南北向布置，两端为双层，中间为单层，与地铁2号线崇文门站采用通道换乘。总建筑面积1.64万平方米，设置4个出入口。2007年至2010年6月，3个站日客运量累计分别约为11.46万人次、8.56万人次、10.41万人次。

2007—2010年6月地铁5号线在崇文区境各地铁站日客运量统计表

表14-9　　单位：人次

年份	崇文门站	磁器口站	天坛东门站
2007	11 042	7 865	10 479
2008	30 999	24 455	26 545
2009	35 066	26 073	29 599
2010.6	37 480	27 198	37 480
合计	114 587	85 591	104 103

北京地铁7号线　2009年开工，至2010年6月正在建设中。

北京地铁14号线　2010年4月开工，至2010年6月正在建设中。

公共电汽车　无轨电车　1994年，有10条线路在区境内设首发站或通行。随着全市公交线路的优化调整，至2010年6月，有7条线路在区境内设首发站或通行。

2010年6月崇文区境内设首发站或过境的无轨电车一览表

表14-10

线路	首末站	线路	首末站
103路	动物园枢纽站—北京站西	108路	大屯东—崇文门外
104路	五路居—北京站西	110路	天桥—城铁柳芳站
105路	白石桥东—天桥	111路	崇文门外—白石桥东
106路	北京南站—东直门枢纽站		

公共汽车　1994年年初，崇文区境内有公共汽车线路35条，其中，设首发站的11条，设首末站的12条，途经区境内的12条。此外，还有通往郊区的线路3条。以后，随着区境内道路建设的发展，开设的公交线路逐渐增多。至2003年年底，有105条公共汽车线路途经区境内。其中，新开线路15条，调整延长线路16条，24条线路设首末站。2010年6月，有104条公共汽车线路途经区境内，其中40条设首发或首末站。

2010年6月崇文区境内设首发、首末站公共汽车一览表

表14-11

路别	首发站	终点站	路别	首发站	终点站
6	六里桥东	龙潭公园	60	龙潭公园	黄寺总政大院
8	龙潭公园	前门	67	樊家村公交场站	前门
15	动物园枢纽站	天桥商场	69	石榴庄东区	前门
17	双庙	前门	71	肖村桥西	前门
22	牡丹园西	前门	82	国家体育场东	前门
35	大郊亭西	天桥	116	城铁柳芳站	龙潭公园
48	城南嘉园北	前门	120	左家庄	天坛南门

续表

路别	首发站	终点站	路别	首发站	终点站
126	青年路小区	前门	723	马驹桥	前门
专1	前门	前门	特4	国防大学	前门
专2	前门	前门	特7	世界公园	前门
快速公交1线	德茂站	前门	特12外环	永定门长途汽车站	永定门长途汽车站
301	晓月苑小区	前门	926	后甫	永定门内
377	西红门西站	永定门长途汽车站	926支	后甫	永定门内
381	欣旺大街	永定门长途汽车站	926支快	采四小区	永定门内
454	西红门西站	永定门长途汽车站	939	上辛堡信用社	永定门长途汽车站
485	团河北村	永定门长途汽车站	943	霸州火车站	永定门长途汽车站
504	宣颐家园	天坛西门	943支	永清	永定门长途汽车站
561	西直河	龙潭湖	943区间	固安火车站	永定门长途汽车站
610	黄村火车站	崇文门东	958	八大处	龙潭公园
614	建材城东里	天坛南门	986	大地站	永定门长途汽车站

出租及客运 1993 年年底，崇文区境内有 59 个出租汽车公司，其中，全民所有制 22 个、集体所有制 37 个。共有出租汽车 3 800 余部，另有个体出租汽车 62 部。2005 年，全区有出租汽车 1 035 部。2010 年 6 月，全区有 9 个出租汽车公司，出租汽车共 972 部，另有个体出租汽车 60 部。

2002 年，区境内有出租客运企业 12 个、注册车辆 1 119 部、个体出租运营车 63 部。年客运量 987 万人次，营业收入 6 136 万元（不含个体出租车）。有银建国博古斯小公共客运企业 1 个，在册车辆 788 部，运营车辆 705 部，运营线路 33 条，年客运量 1 559.70 万人次，营业收入 2 516 万元。此外，有旅游汽车企业 6 个、在册车辆 288 部、运营车辆 273 部（具有省际旅游资格车辆 209 部）。2010 年 6 月，区内有旅游客运租赁企业 4 个、注册车辆 72 部。

长途客运 1994 年，崇文区境内有 3 个长途客运站，有 122 部汽车、118 条运营线路；日发车 204 车次，日客流量平时为 5 300 余人次，高峰时达 1.09 万余人次，年客流量约 200 万人次。2000 年，银建运输有限公司在区境内注册成立，下设 8 个分公司，分布在赵公口、丽泽桥、木樨园、六里桥等 6 个客运站。2002 年，广渠门长途客运站拆迁，16 条线路迁至四惠长途汽车站，14 条线路停驶。永定门长途客运站有运营车辆 128 部，运营线路 101 条，线路总长度 5.57 万千米，日运营 4.45 万千米，日发车 158 车次，年客运量 108 万余人次，外埠进站车辆 240 部。2009 年，永定门长途客运站有 264 部客运汽车，92 条运营线路，日发车 168 车次，日客流量 1 900 余人次，高峰时达 9 800 人次，年客运量 28.10 万人次。银建运输有运营车辆 310 部，运营线路近 200 条。

货运 1993 年，崇文区境内有汽车货运营运单位 984 个，其中，全民所有制 360 个、集体所有制 488 个、联营 7 个、个体 129 个；有货运汽车 4 088 部，车吨位为 8 360 吨，年运量为 662 万吨。2003 年，境内有道路货运运输业企业 302 个，车辆 851 部，车吨位为 3 304 吨，货运量为 95 万吨，周转量为 1 900 万吨 / 千米。2010 年 6 月，区境内有汽车货运单位 159 个，车辆 498 部，车吨位为 1 653.50 吨。

第二节　邮政与通信

邮政　1994 年，崇文区境内有光明楼、东花市南里、前门大街 3 个邮电局，珠市口东大街、马圈、左安门、体育馆路、永定门内大街、永定门东街、李村、永定门外大街、北京南站 9 个邮电所。设置邮筒 41 个，邮政报刊亭 4 处，邮票代售点 23 处。1998 年，根据国务院机构改革方案，邮政与电信分营。之后，因业务调整和市政拆迁，减少 3 个邮电所。2004 年，区境内设有南区邮票公司 1 个、邮电支局 3 个、邮电所 6 个，分别位于体育馆路、红桥市场、东珠市口、新世界商场、宝鼎中心、东花市北里等处。2009 年 12 月，北京首家中国集邮专卖店在前门大街开业。至 2010 年 6 月，区境内有 3 个邮电支局，11 个邮电所。设置 43 个邮政筒箱，27 个同城快件筒箱，71 个正规报刊亭。

2010年6月崇文区境内邮电支局、所一览表

表14—12

名称	编号	地址	开业年份
前门邮电局	63	前门大街98号	1916
东花市南里邮电局	62	东花市南里3区7楼	1922
光明楼邮电局	61	光明中街1号	1956
体育馆邮电所	318	体育馆路7号	1959
前门东大街邮电所	325	前门东大街乙4号	1985
李村邮电所	342	李村14号	1994
红桥市场邮电所	505	红桥市场地下1层	1995
东花市北里邮电所	512	东花市北里中区	1996
新世界商场邮电所	524	崇文门外大街3号	2001
珠市口东大街邮电所	312	珠市口东大街4号	2003
百荣邮电所	511	百荣世贸商城5层	2004
新景家园邮电所	321	南花市大街3—5号	2006
左安门邮电所	305	左安门内大街甲1号	2007
国瑞城邮电所	531	国瑞北路54号	2008

1994 年，邮政营业台开始使用计算机系统处理业务，手工操作从此消失。1996 年，多媒体咨询服务台在各邮政支局营业厅投入使用，可供用户自助查询邮政编码及办理邮政、报刊、储蓄、集邮等项业务。1998 年，电子化支局综合收寄系统上线，实现邮政电子化。2003 年，电子邮政多功能服务终端推广使用，实现邮政储蓄多项代办业务实时交易。2006 年，电子化支局营业、发行、集邮统版系统陆续上线。2008 年至 2009 年，完成邮储网点身份证识别系统安装及邮储网点终端数据加密工作，为身份证信息及照片核对提供技术保障，提高邮储各项金融业务信息的安全

性与可靠性。2010年6月，区境内邮政网点配备电脑、打印机、电子秤、电子利率显示屏、多功能点钞机、存折打印机等各类设备624台（套），邮运车辆9部。

通信 电报 1994年，区境内邮政支局开办鲜花礼仪电报、邮政礼仪储蓄、邮政礼仪快递业务。从2001年8月1日起，实行国内公众电报业务改革，将公众电报业务种类从天气、水情、政务、新闻、公益、普通、汇款和公电八大类简化为天气、水情、公益、普通和公电五大类。对天气和水情、公益3类重要电报昼夜24小时传（投）递处理；取消各类电报（包括汇款电报）特急和加急业务；普通电报全程最大时限，由6小时调整为12小时。2005年，取消公众礼仪电报和鲜花礼仪电报业务。2006年以后，电报业务量及收入逐年递减。2009年以后，区境内各网点已无用户办理电报业务。

电话 1993年6月，金鱼池中心电话局有701、703、511、75四个电话局号；交换机总容量2.27万门，其中，机电制交换机0.67万门，程控交换机1.60万门；电话用户2万户，加上其他电话局在区境内的用户，全区拥有电话用户2.60万余户。1995年5月，在广渠门内大街北侧建幸福大街电话局，服务面积涵盖7.50平方千米，初装容量4万门。2000年至2005年，中国电信业拆分重组。2002年5月17日，中国网通集团有限公司正式成立。2005年年底，该公司所属的北京市七区电话局，管辖崇文区界内装机14.09万户，其中，幸福大街电话局7.10万户、金鱼池电话局4.19万户、木樨园电话局所辖崇文区用户2.80万户。

图14—14 2009年位于光明中街的光明楼邮电局

2008年10月15日，中国网通（集团）有限公司和中国联合通信有限公司合并成立中国联合网络通信有限公司（简称中国联通）。中国联通北京市七区分公司（简称七区分公司）隶属中国联通北京市分公司。七区分公司辖金鱼池、幸福大街电话局等10个行政分局，6个专业维护中心，13个营业厅。业务服务范围包括崇文区、朝阳区、丰台区、大兴区部分区域及亦庄经济技术开发区，总面积320平方千米。2009年，崇文区每百户居民拥有固定电话103.64部、移动电话225.91部。

2001年5月，ADSL宽带产品正式推出。7月，北京电信公司与崇文区政府签署合作开发建设“数字崇文”协议书。根据协议，电信七区局为区建设电子政务、社区信息化和电子商务三大数字工程。至12月底，为区政府办公大楼综合布线800个信息点，10M专线免费接入中国互联网。为区企业服务大厅和龙潭、永定门外、东花市等6个街道办事处开通到区政府机关的2M电路。还为区政府免费提供“67612345”区长便民电话，并保证每天24小时让群众和政府间言路畅通。2001年，为配合广安大街（崇文段）的市政建设，七区局投资1 000万元，建设通信管线。2003年3月10日，开通小灵通业务。2005年，开通西花市南里等19个交换局所，对木樨园等3个局所的在线交换机进行扩容，新扩建10万余门交换设备。38个小区开通宽带网，10个物理局点安装调测、开通宽带接入设备，年底区境内有宽带用户40 915户。开通小灵通基站2 800座，小灵通基站建设同比增长18.10%。2009年，七区分公司辖区内ADSL实装率77.70%，LAN网实装率62.14%，运营交换系统23个，模块局177个，小灵通基站3 062座，数据专线7 802条。

无线寻呼 1993年，区境内有3个寻呼台，即崇文专用寻呼服务台、北京航天昆仑无线寻呼台和北京奥信无线寻呼台。随着通信领域手机市场的发展，1997年寻呼行业萎缩，3个寻呼台退出市场。

快递业务　1996年5月，第一家快递公司——北京特普兰文化交流有限公司在区建立，至2010年6月，区内有快递企业11个，经营业务有：国内信函快递、邮政企业专营业务及各种生活用品的寄递，11个企业总计注册资金20 365万元。

第三节　供水　供电　供气　供暖　加油站

供水　1994年至1999年，全区年供水量为3 270万立方米至3 320万立方米。2000年至2005年，年供水量为3 250万立方米至3 160万立方米。2005年，实施“一户一表”入户改造工程。2006年至2010年6月，年供水量为2 000万立方米至3 160万立方米。其中，居民用水约占40%，园林绿化、餐饮、建设施工、宾馆饭店及学校等用水约占60%。

2000年成立禹通市政工程有限公司，在确保崇文区及丰台、朝阳部分地区安全供水的同时，开展收缴水费、供水管网抢修、自来水工程安装、改移、关止掐头、上水改造等业务。2002年，该公司配合区房屋开发和危旧房改造拆迁，关止掐头25片，关撤水表8 000余只。2004年，参与地铁5号线天坛东门站、磁器口站等高难度大型改管工程。参与花市危改3期等特大型房地产开发建设的关止掐头、巡线修漏等工作。2008年，配合前门草厂地区煤改气工程，完成20条胡同的上水改造，并实现自来水压力满足煤改气对水压的要求。1996年至2010年6月，该所累计完成自来水安装2 290户，安装管线20.35万米，修漏6 119处，换故障表1.50万块。

供电　1994年，全区年用电量为2.44亿千瓦时。之后，随着经济发展和居民生活水平提高，用电量不断增加，电网建设改造迅速推进，电网结构不断优化，供电服务水平得到提升。2001年，实施“一户一表”和危电改造工程建设，至2003年年底完成37万余户。2006年，完成“一户一表”10.23万户。2009年，全区用电量达6.79亿千瓦时，是1994年的2.79倍。

2010年6月，区境内供电设施有110千伏变电站2座，35千伏变电站1座，10千伏开闭站22座；架空线15路，杆线376条、42.25千米；电缆线路174条、65.54千米；低压线路663条、98.04千米。

1994—2009年崇文区用电量统计表

表14-13　　单位：万千瓦时

年份	全年用电量	各行业用电量							
		工业	建筑业	交通运输、仓储和邮政业	信息传输、计算机服务和软件业	商业、住宿和餐饮业	金融、房地产、商务及居民服务	公共事业及城镇居民管理组织	城乡居民生活用电合计
1994	24 363.60	1 761.50	494.60	238.80	216.80	3 162.40	5 340.50	3 886	9 263
1995	25 766.20	1 834.50	533.40	247.40	239.60	3 352.20	5 629.90	4 125.20	9 804
1996	28 339.40	2 040.40	600.80	263.60	280.60	3 706.80	6 492.50	4 557	10 397.70
1997	33 104.60	2 343.80	721.70	311.20	410.50	4 343.30	7 600.80	5 389.40	11 983.90
1998	37840	2 652.60	836.30	370.80	469.20	4 972.20	8 697.90	6 236	13 605
1999	35 941.70	2 526	812.10	355.70	455.60	4 728.60	8 321.80	5 982.60	12 759.30
2000	36 387.50	2 543.50	833.30	360.20	451.20	4 810.40	8 456.50	6 105.80	12 826.60
2001	43 951.90	3 045.90	1 046.10	430.70	545	5 872	10 403.40	7 463	15 145.80
2002	45 550.30	3 167.10	1 070.90	422	565.10	6 060.90	10 531.30	7 756.10	15 976.90
2003	48 418.60	3 316.70	1 176.60	464.80	600.40	6 454.20	10 656.90	8 255.40	17 493.60
2004	55 745	3 751.60	1 438.20	602	691.20	7 514.40	12 754.50	9 632.80	19 360.30
2005	61 216.70	4 260.70	1 640.60	685.60	759.10	8 245.90	14 073.70	10 798.60	20 752.50
2006	63 831.80	4 500.10	1 736.20	740.40	791.50	8 630.10	15 230.30	11 349.30	20 853.90
2007	60 897.90	4 342	1 723.40	761.20	755.10	8 257.80	14 591.10	10 888.60	19 578.70
2008	65 576.50	4 519.80	1 715.50	745.10	826.10	8 811.20	15 490.10	11 456.20	22 012.50
2009	67 912.60	4 135.90	1 744.50	743.30	755.20	8 947.20	17 058.60	11 308.90	23 219

1993年年底，区境内有市路灯管理中心管辖的路灯4 843盏，变压器41台。按灯杆类型分为18种，主要包括铁杆灯、半弧灯、小弯灯、米弧灯、大杠灯、一米灯、红边灯、吊灯、长臂灯等，使用的光源种类主要有汞灯、钠灯和白炽灯，变压器主要是单相柱变。1994年至2006年，随着城市建设步伐加快，先后在无灯道路安装路灯，改造崇文门内大街、龙潭路、左安门内大街、天坛路等道路路灯，将老旧变压器更换为节能新型变压器。引进有载调压型变压器，在后半夜电网负荷减少、电压升高时，通过降压达到节能和延长光源寿命的综合效果。2007年至2010年6月，改造老旧光源，以节能环保高压钠灯替代白炽灯和汞灯。在具备条件的道路上，后半夜熄灭一排或双灯中的一盏路灯，减少过度照明，节约能源。

2010年6月，区路灯数量达6 477盏，比1994年增长33.74%；变压器增至63台，比1994年增加53.66%，路灯供电线路20万米。

供气　20世纪90年代初，全区约5万户居民，10万余人使用管道煤气，有9.06万户居民使用液化石油气。有液化石油气供应站6个、代销站1个，年供应量8 285吨。随着危旧房改造工程推进，居民搬进楼房，用上天然气，液化石油气用户逐年减少。1997年，陕甘宁天然气进京，拉开天然气置换序幕。2000年9月至11月，分4批对前门东大街至崇文门东大街、花市、天坛、法华寺、幸福大街、龙潭湖、安化楼、光明楼、夕照寺地区近4万户民用户和400余个公共服务用户实行天然气置换。2001年9月，永定门外李村、安乐林路、郭庄北里、景泰地区6 265户民用户和32个公共服务用户的人工煤气置换成天然气。同年，为改善首都大气环境，按照全市统一部署，区境内125台燃煤锅炉实现煤改气。2005年11月，忠实里地区的2 683户人工煤气置换成天然气。至此，全区管道煤气用户全部置换成天然气。随着城市建设和危旧房改造的进行，金鱼池、东花市、幸福家园、新世界家园、富贵园、绿景苑、新景家园等一批新建小区先后用上天然气。

图14—15　2004年，燃气集团公司职工为用户通气点火

2009年，二环以内崇文区新增天然气管线5.37千米，管线总长度218千米。有调压站50座、调压箱105座、闸井219座。居民管道燃气用户为7.91万户，公共服务用户有484个。年底，区境内仅剩崇文门西和天坛（原金鱼池）2个液化石油气站，供应2.86万户，年供应量2 059.46吨。

供暖　1994年，区境内有锅炉供暖单位70个，锅炉房（点）107处，锅炉198台，供暖面积226.42万平方米。地下热水供暖1处，面积1.13万平方米。有热力交换站2个，前门东大街、崇文门东大街、虎背口小区为热力供暖。2000年以后，按照北京市发展规划，二环路以内地区居民住宅，重点发展热力管网集中供热。在新建、改建、扩建道路时，综合考虑接入市政热力管线，逐步有计划地用热力集中管网供热取代小型锅炉房供热。在永定门外地区道路规划新建、扩建改造（含景泰路、安乐林路、刘家窑路等）时，接入热力管线，实现大型锅炉房集中管网供热。

2005年，区境内有供暖单位67个，供暖面积251.90万平方米，有锅炉房88处、锅炉182台。其中，燃油供暖26处、燃气供暖33处、燃煤供暖24处、电供暖2处、地热供暖3处。2006年2月，根据《北京市居民住宅清洁能源分户自采暖补贴暂行办法》规定，部分居民住宅实行自采暖供暖管理。区境内有清洁能源分户自采暖小区17个，面积195.70万平方米，约1.75万户。2009年，实施老旧供暖管网改造，涉及供暖单位 4 个，锅炉房 25 处，供热面积 83.30 万平方米，居民 1.40 万户，更换室外管线 4.40 万米、室内管线 19.83 万米。

2010 年 6 月，除市热力集团集中管网供热范围外，全区有居民住宅供暖单位 73 个、供暖锅炉房（站）106 处，供暖面积 250.50 万平方米。其中，燃气锅炉房 58 处，供暖面积 193.40 万平方米；燃油锅炉房 31 处，供暖面积 28.20 万平方米；电蓄热锅炉房 13 处，供暖面积 21.30 万平方米；地热锅炉房 3 处，供暖面积 7.60 万平方米；二次交换站 2 处，燃液化石油气锅炉房 1 处，供暖面积 0.80 万平方米。区供暖中心辖 22 处锅炉房，供暖面积 73.40 万平方米，约占全区住宅锅炉供暖面积的 29.20%。

加油站 1973 年，区境内始建加油站。至 2010 年 6 月，有加油站 6 个。

2010年6月崇文区境内加油站一览表

表14—14

名称	建站时间	地址
中石油沙子口加油站	1973.9	永定门外大街146号
北京市邮政器材公司北邮加油站	1975	天坛路12号
北京大立公司大立加油站	1993.4	左安门内大街龙潭公园西门
北京市天利油品公司	1993.6	永定门东滨河路11号
北京好运油料公司崇文门加油站	2004.11	崇文门东大街22号
中石油天然气公司天坛东路加油站	2005.10	天坛东路东侧

第十五编　城市管理

20世纪80年代末，区内市政设施较为滞后，危旧房偏多。20世纪90年代初，特别是1994年以来，崇文区进行市政道路改扩建和大规模危旧房改造，城市基础设施和市民居住环境逐年改善。随着城市建设速度加快，城市管理力度日益加大。区政府不断推进城市管理体制改革与创新，在土地管理、房屋管理、环境保护等方面取得了新成效。2001年，成立区市政管理委员会（简称区城管委），统筹区城市管理工作。区城市环境逐年好转，市政设施管理、园林绿化、空气质量、城管执法等工作成绩进入全市前列。2004年，改造区境内最后一台燃煤锅炉，至此，煤烟污染大气的历史结束。2006年，区创新城市管理模式，建立覆盖全区的城市图像信息，将辖区划分737个单元网格，实施分层、分级全区域管理，即网格化信息系统，实现城市管理电子化。同年，按照区“政府统一领导、街道牵头组织、日常全面监督、综合强力执法”的思路，成立区综合执法委员会，统一执法，实行“大城管”模式，提高城市综合管理水平。同时，将与居民生活息息相关的市容环境整治及小区物业管理等列入政府办实事的“民心工程”。2008年，崇文区被国家卫生部和爱国卫生运动委员会评为国家卫生区。2009年，全区道路机扫率、生活垃圾无害化处理率、公厕服务达标率均为100%，垃圾减量、节水创建工作成绩连续两年列全市第一，绿化养护工作成绩名列全市第二。

2009年，国务院及北京市有关部门组织专家学者对区城市管理工作进行考察调研，认为崇文区结合区情走出了一条有效管理城市的新路。同年，全国城市管理工作经验交流会在区召开，崇文区获中国最佳管理城市奖。

第一章　土地与房屋管理

第一节　土地管理

资源管理　1994年至2000年，区房屋土地管理局（简称区房地局）采取档案记载、登记造册等措施收集土地资源信息。2001年，将20世纪50年代旧地籍图和7万余产权人、650万平方米数据输入计算机。2005年8月，成立北京市国土资源局崇文分局，进一步严格土地管理。2006年，与华夏和众公司合作，升级地籍管理信息系统，从技术上满足电子化办公需要，也为实现区土地资源动态管理提供条件。2007年，完成地籍数据专项整合及土地利用现状调查与国民经济行业分类调查工作；对全区7 101宗土地进行地籍复核与补充，形成完整、无缝、全覆盖的宗地管理模式；建立完整的土地权源档案，并通过北京市城四区数据整合工作小组的验收。至2010年上半年，区国土管理部门对全区土地现状、土地规划实施情况、土地储备及一级开发情况进行多次调研，在调研分析基础上，形成《土地资源利用与人口、经济、社会发展关系》《“十一五”期间崇文区土地资源利用问题研究》等10余篇调研规划报告。提出统筹安排各业用地，强化政府土地储备制度等建议和措施。

土地执法 1994年至2003年，区房地局全面清理审查全区71宗用地情况，其中，划拨用地40宗、危旧房改造用地12宗、国有土地出让19宗，并逐一审查用地许可证、批准书、土地出让合同等文件。2004年3月，市检查区治理整顿土地市场秩序工作，经验收合格。2005年8月，进一步规范土地执法、守法行为，梳理行政执法中现行法律、法规、规章41部；具体行政执法权限59项，其中，行政处罚28项、行政许可6项（含区政府部分权限3项）、行政确认16项、行政裁决1项、行政征收3项、其他行政职权5项。

2006年3月至4月，区国土管理部门检查区198宗已发证划拨用地面积49.69万平方米的使用情况。6月至10月，累计检查区在施工地25次，用地面积31.76万平方米，主要有住宅、办公、商业、公寓、地下车库、四合院等。8月至11月，全面清理违法违规用地。2007年，现场监管东花市三期北侧遗留地块拆迁工作，面积3.57万平方米。其中，建设用地1.36万平方米、代征地2.21万平方米。2009年8月，开通“12336”国土资源违法举报电话和传真设备，接到举报土地违法线索1条，并调查办结。2010年1月至6月，累计接到违法违规举报33起。其中，国土资源部和市局转件3起、局接办件7起、行政处罚非法占地1起，其他22起，均调查办理。

地名管理 1992年，《崇文区地名志》出版，收录政区聚落词条569个。自1994年起，区房地局进行资料更新，调查核实地名468条（含街巷、胡同、居住区），拍摄照片800余张。1998年12月，编辑出版《崇文区地名录》。收录标准地名和专业名称1 250个，分为政区聚落、自然、经济、文化地名和附录5篇，协助市测绘部门开展区地名数据库数据核对及新旧地名对照工作。至2010年6月，受理并办结部分居住区、道路、建筑物名称命名及更名95件。其中，居住区名称命名44件、道路名称命名17件、建筑物名称命名29件、更名5件。

1997—2010年6月崇文区部分居住区、道路、建筑物名称命名及更名一览表

表15-1

年份	居住区名称命名	道路名称命名	建筑物名称命名	居住区及建筑物名称更名
1997		龙潭东路	怡龙别墅	
1998	望陶园			
1999	永铁苑	长青园路		
	新景家园		龙潭公寓	
2000	东环俊景			
	金世纪嘉园			

续表

年份	居住区名称命名	道路名称命名	建筑物名称命名	居住区及建筑物名称更名
2001	天天家园		亚飞大厦	东环俊景更名为世纪阳光嘉园
	富贵园			
	悠胜美苑			
	永合馨居			
	景泰嘉园			
	丽水湾畔家园			
2002			正仁大厦	
			金桥国际大厦	
	城市亮点家园		新阳商务楼	
	宝润苑		丝绸商务楼	
2003	东花市南里	祈年大街	新成文化大厦	盈润世家更名为本家·润园
	兴隆都市馨园	东花市南里路		
	绿景馨园	东花市南里中路		
	幸福家园	鼎安路		
	左安蒲园	鼎新路	新时代中心	
	左安漪园			
	天坛嘉园		领行国际中心	
	盈润世家		通正国际大厦	
	京城仁合家园		珍贝大厦	
	北京天利园		北京工商联大厦	
2004	东花市南里东区	北花市大街	百荣世贸商城	
		南花市大街	商界	
			新奥洋房	
			鑫企旺大厦	
2005	国瑞城	国瑞东路	东玖大厦	
	景泰西里东区	国瑞西路	万朋文化商城	
	景泰西里西区	国瑞北路		
	新怡家园			

续表

年份	居住区名称命名	道路名称命名	建筑物名称命名	居住区及建筑物名称更名
2006	望坛东里	琉璃井中街	新永外商城	名牌大厦更名为长保大厦
	望坛西里	望坛路		
	望坛南里			
	望坛北里			
	望坛中里			
	保利蔷薇苑		天雅红桥大厦	
	天娇园			
	望坛佳园			
	新裕家园		商界	
	中海天地家园			
	华龙美晟			
	华城·滨河世家			
2007	左安溪园	广渠门内滨河路	鼎新大厦	鑫企旺大厦更名为北玻大厦，中海天地家园更名为中海紫玉苑
	广渠家园			
	上舍家园		世华诚合	
2008	金鱼池家园		尼奥大厦	
2009		东花市南里路西延	自由季大厦	
			雍贵中心	
			天都京港大厦	
2010.6		左安西街	中海置业大厦	

第二节　房屋管理

产权管理　1993年，崇文区开始办理房屋所有权发证工作，至年底共发证2 005件。1994年至1999年，区房地局根据房屋市场的发展，加强产权管理，其中，1999年办理房屋产权登记发证1 756件，房改售房发证3 192件，房产抵押43件。2000年，办理房屋产权登记12 320件。2002年办理房屋产权登记9 506件。2005年至2009年，为区危改和经济适用房建设高峰期，年均办理新增房屋产权转移登记、变更登记、注销登记等各类权证万份以上。其中，2006年最多，受理各类登记发证18 131件。

1999—2009年崇文区房屋产权登记统计表

表15-2

年份	登记数量（件）	登记面积（万平方米）	年份	登记数量（件）	登记面积（万平方米）
1999	1 756	44.69	2005	11 114	195.48
2000	12 320	105.31	2006	18 131	316.50
2001	8 487		2007	14 465	355.76
2002	9 506	58.52	2008	12 188	213.88
2003	6 461	163.92	2009	16 051	305.28
2004	5 690	119.30	合计	116 169	1 878.64

1997年，区恢复房屋交易办理。至2001年，累计办理房屋交易9 312件、91.67万平方米。自2002年起，办理商品房买卖立契过户、已购公房和经济适用房产权交易、立契过户及其他各类存量房产交易过户，全面使用房屋权属交易信息系统。至2009年，全区房屋交易量累计4.01万余件、439.41万平方米。

1997—2009年崇文区房屋交易登记统计表

表15-3

年份	交易数量（件）	交易面积（万平方米）	年份	交易数量（件）	交易面积（万平方米）
1997	1 264	15.07	2004	2 995	36.82
1998	2 819	31.43	2005	2 591	32.55
1999	311	6.98	2006	6 758	75.17
2000	2 474	24.44	2007	4 403	51.13
2001	2 444	13.75	2008	6 830	78.83
2002	662	8.50	2009	4 415	42.22
2003	2 166	22.52	合计	40 132	439.41

自2001年起，区房地局开始办理商品房预售登记备案手续，当年办理495件、3.51万平方米。2002年，办理1 723件、22.11万平方米。2008年，增至6 830件、7 883万平方米。2010年1月至6月，办理商品房预售登记备案注销36件。

2004年，区房地局批准房地产经纪机构资质17家。2005年至2008年，新受理经纪机构备案41家、续期备案54家、变更备案20家、注销备案29家，办理经纪人注册执业及解除执业429人次。2009年，辖区内有房地产经纪机构136家，全年受理经纪机构备案24家、续期及变更备案77家、注销备案18家，办理经纪人注册执业及解除执业433人次。2010年上半年，受理经纪机构备案12家、续期及变更备案35家、注销备案9家，办理经纪人注册执业及解除执业198人次。

房屋修缮　1994年至2002年，区直管公房修缮以平房为主，9年间，区房地局完成修缮9 666间、14.28万平方米。2003年，区直管公房修缮由区房屋土地经营管理中心接管，规模为

183.77 万平方米。其中，平房 55 207 间、85.28 万平方米，楼房 447 栋、98.49 万平方米。当年完成平房翻挑大修 752 间、1.09 万平方米，楼房屋面大修 41 栋、3 万平方米。2004 年至 2008 年，每年超计划完成直管公房修缮任务。其间，还对全区房屋进行普查。2009 年，重点对崇文门外 3 号地（东起崇文门外大街、西至祈年大街、南起天坛路、北至两广路）房屋进行修缮。至 2010 年 6 月，累计翻挑大修平房 3 544 间、5.23 万平方米，楼房 378 栋、25.09 万平方米，修缮经费 2.48 亿元，至此，全区危破房屋基本修缮完好。

2003—2010年6月区直管公房与修缮情况统计表

表15−4

年份	直管公房			修缮情况		
	总面积（万平方米）	平房（万间）	楼房（栋）	投资（万元）	平房大修（间/万平方米）	楼房大修（栋/万平方米）
2003	183.77	5.52	447	2 144.83	752/1.09	41/3
2004	187.06	5.39	445	2 220.27	438/0.61	40/2.39
2005	167.86	4.26	449	4 063.49	987/1.47	51/2.83
2006	153.03	3.82	409	3 130.50	336/0.53	49/5
2007	136.52	2.87	383	3 347.78	298/0.46	66/4
2008	131.34	2.67	380	3 359.56	317/0.48	66/4
2009	125.40	2.33	378	3 038.50	205/0.29	34/1.89
2010.6	125.35	2.34	380	3 539.52	211/0.30	31/1.87

图15−1　2007年，区房管局召开房屋普查培训会

自 2000 年起，区房地局对全区建筑物外立面进行清洗粉饰，至 2007 年，共清洗粉饰建筑物外立面 359.35 万平方米。其间，对板厂南里 1 号、2 号、3 号等 20 栋平顶住宅楼楼顶实施“平改坡”工程。2010 年 1 月至 6 月，为龙潭北里、广内大街 12 号、天坛北里等地区 107 栋楼房改装门窗、改造单元门，涉及居民 5 853 户、32.61 万平方米。

拆迁管理　1994 年，区规划和房地局对虎背口、法华寺、东花市二期、永定门外地区共 68.50 万平方米危旧房改造拆迁进行审查，并监督执行。1995 年至 1998 年，对崇文门外大街、红桥等地区危改拆迁项目进行检查。自 1999 年起，区按照“党政加强领导，街道统一组织，有关部门协助，拆迁公司规范操作”的管理模式，大规模进行危旧房改造。至 2008 年，共拆迁居民 6.95 万户，住宅建筑面积 137.58 万平方米，拆除非住宅面积 60.24 万平方米。其中，2002 年拆迁居民最多，达 1.85 万户，住宅面积 53.30 万平方米。

为保证拆迁和建设工作顺利进行，维护拆迁居民合法权益，区规划和房管部门认真执行《北京市加快危旧房改造实施办法（试行）》，对执行拆迁政策法规情况实施监督，对房屋拆迁工作程序等进行检查。2003年，区国土房管局对南中轴路一期整治工程144户拆迁做出裁决。2004年，受理房屋拆迁纠纷374件，其中，调解结案81件、行政裁决260件、行政强迁17件、司法强迁16件。2005年11月，前门地区解危排险、修缮整治工程（简称一号工程）启动，至2006年5月，完成1.20万户居民房屋腾退工作。同时启动敬业里1号至6号简易楼及周边平房的解危排险工程，动迁居民197户、563人。自2007年3月起，陆续启动祈年大街西侧、幸福北里21楼、粉厂胡同东侧解危排险工程，动迁居民2 446户、企业24家。区危改部门及时了解拆迁补偿与异地安置落实情况，制订提前搬家奖励政策，并监督执行。至2009年，办结调解纠纷192起，为当事人挽回经济损失263.70万元，办结率100%，满意率93%。其间，组织申请行政强制拆迁前听证会808次。

住房制度改革　1995年5月，区政府进行住房制度改革。拨款727万元优先为教师购买康居住房。1996年，落实康居住房2.40万平方米，378户迁入新居。至1998年，共计拨款9 694万元落实康居房4.70万平方米，并落实市分配崇文区康居住房577套。1999年以后，取消福利分房制度，政府停止康居住房建设。

1999年，公有住房出售工作启动，按照优惠政策全区出售公有住房15 063套、96.86万平方米。2000年，出售公有住房2 941套、22.25万平方米，收取售房款4 786.85万元，公共维修基金246.96万元。2002年至2008年，区445家单位进行房改售房，优惠出售公有住房6 410套、44.90万平方米，累计收取售房款2.04亿元，公共维修基金1 077.30万元。

2001年，按照市有关要求，区对符合廉租房条件的低保户发放住房补贴，并开展核实廉租房登记工作。至2003年，核实登记申请廉租房1 000余户，通过摇号304户居民入住廉租房。2004年至2006年，发放廉租住房补贴438万元，缓解467个家庭近2 000人的住房困难。审核低保户申请1 300余件，报市国土房管局廉租中心993件，复审合格。490户低保家庭享受住房租金补贴，80户享受租金补贴还贷买房，60户通过实物配租入住广渠门北里廉租房。2007年，324户家庭入住廉租房。2008年，290户享受住房租金补贴。2009年至2010年6月，711户家庭获廉租住房申请资格。

2003年12月，区启动区机关事业单位职工住房补贴工作。2004年、2006年两次共发放住房补贴6 385.20万元，其中，离休职工603人、3 022.55万元，无房新职工2 920人、3 362.65万元。

2007年，区在全市率先进行经济适用房申请家庭区级二次公示，第一批120户经济适用房申请家庭经街道和区住房保障办公室审核通过，进入配售轮候程序。2008年，受理申请4 104户，街道初审通过3 342户，区级复审通过3 029户，市级备案2 992户。开展经济适用住房摇号配售和选房工作。同时启动限价商品住房申请审核，受理申请1 606户，市级备案1 189户。2009年，通过区资格审核并在市级备案的经济适用房申请家庭1 340户，限价商品房申请家庭778户，实际参加限价商品房摇号配售的665户。2010年1月至6月，全区在市级备案，获得经济适用住房申请资格的812户，获得限价商品住房申请资格的863户。

第三节　物业管理

1995年，区政府成立居住小区物业管理领导小组，办公室设在区房地局。当年，东花市北里小区被建设部评为全国城市物业管理优秀住宅小区。2001年，区物业管理部门调查补充辖区内新旧小区基础资料，对21家物业管理企业资质年审、开展优秀小区评优复验。法华南里小区、东花市北里中区和东区被市物业管理部门评为全国优秀住宅小区；培新街乙5号院、永铁苑小区、鸿运花园小区、富莱茵小区、西革新里108号院和东四块玉小区被评为北京市优秀住宅小区；东花市、鸿运花园、法华南里和富莱茵小区4家物业管理企业获得ISO 9002国际企业认证。2002年，对56家物业管理企业资质进行年审，望桃园等11个小区成立管委会，东花市北里、法华南里和永铁苑小区获北京市金牌住宅区称号。2003年，对富贵园小区物业管理进行招投标，11个单位竞标，世纪金龙物业管理公司中标。

2004年，区物业管理办公室对15家物业公司进行最低服务标准检查，12家合格，3家按要求进行整改。东花市北里小区通过国优复验，继续保持全国城市物业管理优秀住宅小区称号。2005年，区综合整治25个老旧小区，并在新建的49个住宅小区开展物业管理最低服务标准达标工作。2006年，20余家物业管理企业及项目管理处开展“规范服务、构建和谐社会”活动，其中，北京京铁大方物业管理中心在管辖的52个小区内公示物业员工照片、服务标准、收费标准及依据，并为业主印发5万余册物业管理宣传资料，受到业主欢迎。同年，经年审具有物业管理资质的企业增至78家。2007年，制订《居住小区进行物业管理服务标准检查实施方案》，对30余个小区进行检查。2009年，受理物业管理招投标备案20件。

第二章　市政管理

第一节　道路与停车管理

道路管理　1994年至2001年8月，市政道路养护管理由区园林局负责。2001年9月，交由区城管委负责。至2010年6月，区境内有市政道路517条、117.70万平方米。

从2001年9月起，区城管委对占压道路、设施改造工作实施管理。当年办理掘路审批35件、收取掘路费71.60万元，查处违章案件13起、收取占道费6.50万元。2002年至2005年，办理占道审批48处、收取占道费113.51万元，办理掘路审批38件、收取掘路费127.21万元。2006年至2007年，完善路政管理核准程序，加强掘路、占路审批后的监督管理。办理掘路核准60件、收取掘路费443万元，办理占道核准28件，收取占道费27.90万元。至2010年6月，办理占路掘路行政许可236件。

自1994年起，区有关部门除加强道路设施日常养护外，每年还对道路设施进行规模较大的修补加固。至2010年6月，累计完成334条街巷、84.42亿平方米道路的养护与修缮。

1994—2010年6月崇文区街巷道路养护一览表

表15-5

年份	道路名称	养护面积（万平方米）
1994	镜子胡同	599
1995	郭庄西巷、大市胡同等55条街巷	3 742

续表

年份	道路名称	养护面积（万平方米）
1996	民主北街、体育馆西路等3条街巷	4 676
1997	薛家湾、青云胡同等4条街巷	5 229
1998	清华街、东花市等6条街巷	6 645
1999	东半壁街、北芦草园等23条街巷	30 929
2000	光明中街、安化楼等55条街巷	80 230
2001	革新里、信用北里等8条街巷	5 611
2002	彭庄、琉璃井路等12条街巷	8 329
2003	郭庄北里、东四块玉南街等5条街巷	4 788
2004	夕照寺、龙潭北里、光明中街等26条街巷	110 000
2005	北官园、忠实里、培新街等47条街巷	193 200
2006	龙潭路、幸福中街等35条街巷	131 500
2007	龙潭路等6条街巷	125 000
2008	安化北里、天坛东里等35条街巷	84 130
2009	景泰东里、永定门内东街2条街巷	14 000
2010.6	白桥大街、夕照寺中街等11条街巷	35 618

停车管理　*机动车停车场管理*　1994年至1999年，区境内有停车场10处，车位均在130个左右。2001年，全区备案登记的机动车公共停车场32处。其中，居住区10处，路外22处。区管道路占道停车场车位534个。自2003年起，私有机动车大量增加。至2005年，全区备案登记机动车公共停车场增至98处，车位10 692个。2006年，通过整治静态交通秩序，开启1 700余个内部车位，缓解崇文门外大街、新世界商场周边、天坛医院周边等重点地区停车难问题。2007年，在前门东侧路西建7 000平方米停车场，车位223个；前门冰窖胡同、鲜鱼口胡同、西河沿胡同设车位225个。实施百荣世贸商城停车引导系统规划建设，获市首个机动车公用停车场、非机动车停车场建设优秀等级。2010年6月，全区有停车场151处，车位30 711个。

非机动车停车管理　1994年至1997年，区新建自行车棚10处、1 060平方米。2002年，落实《北京市非机动车停车管理办法》，先后建成崇文门外大街、体育馆路、光明路、天坛东路、永定门外大街和北京南站等非机动车停车示范街，并改扩建存车处9个，安装停车护栏1 850米。在不宜设置存车处的主要大街两侧安装免费存车支架、不锈钢围栏、避雨罩棚等，能容纳非机动车8 000余辆。自2003年起，区在政府门前、北京南站及体育馆西路南段3处建非机动车停车场，改造建设地铁崇文门及天坛东门北侧出口多功能双层立体错位式自行车存车设施，在崇文门东大街、天坛北门增设非机动车停车架1 905个及围栏等。2008年至2010年6月，为光明5号楼、龙潭四条6号楼、天坛东里南区4号楼、李村东里4处老旧居住小区安装自行车存车棚，居民自行车停放问题基本解决。

第二节　排水节水管理

排水管理　1994年以来，区有关部门定期组织工人清理污水及雨水管线，及时更换破损污水井盖及雨水箅子，特别是在汛期，组织巡查抢修队及时排除各种隐患，保证排水设施畅通无阻。至2010年6月，全区清理污水管线426 632米、清理雨水口79 690座、换井盖808块、换雨水箅子2 676块、翻修排水管线17 034米。

1994—2010年6月崇文区排水设施管理情况统计表

表15-6

年份	清污水管（米）	清雨水口（座）	换井盖（块）	换雨水箅子（块）	翻修排水管线（米）
1994	22 715	4 708	18	246	305
1995	42 185	6 876	16	133	645
1996	34 183	13 032	4	203	235
1997	25 540	8 533	18	108	185
1998	34 756	7 218	31	80	2 584
1999	30 568	6 093	33	53	2 773
2000	31 801	4 912	20	88	2 981
2001	32 297	3 812	32	179	1 935
2002	31 190	3 110	61	417	223
2003	30 321	3 146	92	232	294
2004	22 708	3 994	115	294	173
2005	25 253	2 977	71	125	212
2006	12 407	1 993	90	125	745
2007	17 165	3 335	86	133	1 440
2008	13 573	2 433	49	112	100
2009	15 639	3 288	57	111	2 204
2010.6	4 331	230	15	37	
合计	426 632	79 690	808	2 676	17 034

节水管理　节水宣传　自1994年起，每年3月22日"世界水日"和5月中旬"北京市节水宣传周"期间，区均组织大型节水宣传活动，通过发放宣传品、播放宣传片、推广节水器具等形式，表彰节水家庭，宣传普及节水知识，至2010年5月，近40万人次受到教育。2002年至2010年6月，区政府每年拨款10万元用于节水宣传。

1994—2010年6月崇文区制作节水宣传材料、宣传品一览表

表15-7

年份	名称	数量（件）
1994	宣传册、宣传画、节水毛巾等	41 000
1995	宣传册、宣传画等	40 000
1996	宣传册、宣传画、节水皮钱等	40 000
1997	宣传册、宣传画、节水皮钱等	31 250
1998	宣传册、宣传画、节水皮钱等	25 000
1999	宣传册、宣传画、节水龙头等	28 100
2000	宣传册、宣传画、宣传标牌、手提袋、水龙头等	31 800
2001	宣传册、宣传画、手提袋、水龙头等	30 000
2002	广告、手提袋、水龙头等	6 000
2003	宣传册、小手电、手提袋等	10 000
2004	广告、水杯、宣传牌等	7 000
2005	宣传册、笔记本、水龙头等	7 000
2006	宣传画、广告、小手电、水龙头等	22 500
2007	宣传册、广告、水杯、购物袋等	7 500
2008	广告、手提袋、水杯等	19 000
2009	广告、宣传册、水杯等	23 000
2010.6	广告、笔记本、手提袋等	5 000

节水检查　1994年至1997年，区节水办公室按照“总量控制，节约压缩”原则，核定单位供水指标，建立用水预警机制，每月进行节水检查，向超计划用水单位发出预警；对管理不善超计划用水单位，依法征收加价水费。累计检查用水单位1万余户次，处罚浪费用水单位700余户。自2001年起，全区工业企业实行用水定额管理，12个居民小区开展居民用水定额试点。至2007年，对1 054户次超计划用水对象收缴加价水费51万元。2008年，调查1 840家单位用水情况，连续7次对675家用水超计划单位提出预警，对其中160家发放红色预警通知书，及时调整用水指标。2001年至2010年6月，对全区年用水量2万立方米以上单位累计征收超计划水费200余万元。

节水措施　1994年，对区1 035个公共厕所更换防盗水龙头2 400个。1996年，规范洗浴中心和洗车站点等特殊行业用水，其中31家洗浴中心安装计量水表，建立用水循环池，淋浴器使用混水阀；11家洗车站点建立储水池，用中水洗车，全年节水115万立方米。自1999年起，在5 850户单位推广使用公共用水节水器具，市、区拨款对明城墙遗址公园等近30万平方米绿地进行节水喷灌改造，年累计节水15.38万立方米。自2005年起，在居民区实施“一户一表”改造工程，免费为老旧小区居民家庭换装节水器具6 838套，其中，便器配件2 338套，节水龙头、喷头、节水嘴4 500个，1.17万户受益。2008年，对56个用水大户试行交纳节水保证金制度后，均未出现超计划用水问题。同年，在区政府机关等6处，采取蓄、滞、渗等措施，修建雨水利用工程69.20万平方米。永定门外桃园公园等10家单位自筹资金因地制宜相继建成雨水利用工程，全区

每年可收集利用雨水资源10余万立方米。《中国建筑报》《北京日报》《北京晚报》等多家媒体报道区节水工作。至2010年6月，全区77家单位，53个住宅小区被市节水办评为节水型单位和小区。

第三节　防汛　防震

防汛　1994年至1998年，区贯彻“以防为主，防重于抢”的方针，明确重点部位，把重大隐患消除在汛前。累计砍伐危险树木109株，检查人防工事14万余平方米，回填早期工事61处、787平方米。普查房屋243.89万平方米，其中私房3.78余万间，对危房进行修补、改造、加固，为30栋、1.90万平方米楼房重新做防水。为防止汛期电线漏电，区拨款546万元为98栋楼房、5.44万间平房更换破旧电线60万米，电表增容245安，更新维修表箱4 384个，受益居民3万余户。区有关部门还检查维修龙潭东湖、中湖、西湖排水连通系统。1999年至2000年，汛前掏挖雨水口两遍6 000座（次），砍伐危险树木194株，清淤1 221平方米。检查人防工事1 183处、9.06余万平方米，维修工事487处，换盖板50块，治理积水6 000平方米。在防汛重点部位景泰桥下建立泵站，解决滞水问题。2001年，确定“防大汛，抗大洪，抢大险，救大灾”指导思想，区园林市政管理局、国土房管局、教委、人防办4个防汛重点单位联合成立388人的抢险队伍。普查人防工事、防空地下室200余个，查出人防工事隐患36处、1.50万平方米。2002年，汛前修复房屋2.30万平方米，修补漏雨房屋2.58万间。清淘雨水口3 130座（次），清理重点沟段1 800米，治理两个重点低洼地段和滞水严重地区。2004年，全区组建14支、393人的抢险队伍，并配备抢险机械和工具。2007年6月27日，区遭遇强降雨，环卫中心出动110人次，清理雨水口污物40余车，治理幸福北里及天坛南里等9处路段的滞水。2008年7月4日傍晚，北京城南地区出现大风伴暴雨极端天气，区内每小时平均降雨量85毫米，倾倒大树74株，地铁5号线崇文门站因地下通道施工，站内大量进水停运。市、区领导进行现场指挥，消防支队等5支队伍抢险，及时恢复营运。至2008年，加固治理前门东大街等隐患工程4处，改造前门、天坛地区排水管线，清除玉蜓桥、广渠门桥等道路滞水点10处。2009年，降雨20次，总雨量446毫米。全区出动抢险车辆130余车次，抢险人员540余人次，达到“不死人，不塌房，不断路”的要求。2010年上半年，改造芦草园等15条胡同，翻建危险房屋21间。

图15-2　2009年5月31日，区房地中心召开防汛工作动员会

防震　防震减灾宣传　自1994年起，区利用科普橱窗、设宣传站、摆放展板、发放宣传材料等多种方式开展防震减灾宣传。2004年10月13日，区举行防灾减灾进社区活动，组织居民进行地震情景体验和灾害逃生救助演练。2006年，纪念“7·28”唐山地震30周年，组织区12所中学教师与学生参加第二届全国防震减灾知识竞赛。2007年，组织参观海淀公共安全馆，并发放《居民防空防灾应急手册》。2009年3月1日，开展首个“国际民防日”宣传活动。人防、民政、交通等9部门开

展公共安全知识宣传工作，摆放展板，悬挂横幅，发放宣传材料1万余份。

震灾防御措施　1997年12月，《中华人民共和国防震减灾法》颁布。区政府印发《崇文区破坏性地震应急预案》，相关单位制订应急预案。2001年，进行地震灾害快速评估与辅助决策系统基础资料收集，建立区地震速报网络。2002年，区有关人员参加市防震减灾行政执法培训并取得行政执法证书。2005年，完成两处强震观测台土建施工，绘制区地震应急避难场所人员疏散图。2006年，编发《区人防工程事故和地震专项应急指挥部组建方案》《应急避难场所人员疏散预案》等。在永定门外街道永铁苑社区，组织防空防灾志愿者队伍及红十字急救队60余人参加地震应急疏散演练，让群众熟悉疏散路线，掌握自救互救技能和紧急避险方法，增强防震减灾意识。2007年，建设北京市数字地震观测网络崇文区信息节点，实现地震监测数据采集与传输、地震信息发布与共享、远程视频会议等功能。2008年，区编发《崇文区地震应急预案》《崇文区奥运期间地震安全保障工作方案》，临时划定奥运期间的应急避难场所，分解奥运应急值守、速报、演练、物资储备、宣传等任务。2009年8月，组织区生命探测救援志愿者到花市消防中队接受培训。2010年年初，4个街道建设民防物资储备库700余平方米。

应急避难场所　2004年年初，区政府拨款建设南中轴路绿地防空防灾应急避难场所，面积3.70万平方米，可容纳1.50万人。2005年，建成两个地震避难场所，明城墙遗址公园地震避难场所，占地面积3.30万平方米；玉蜓文化广场地震避难场所，面积3.70万平方米。这2个地震避难场所均建立停机坪、棚宿区、供电设备等应急措施，可容纳3万余人。并对建设1处区应急指挥所作出规划。

第三章　卫生市容管理

第一节　道路保洁

道路清扫　1994年至1997年，区环卫局负责区境内42条道路的清扫保洁工作，作业面积185.90万平方米。1996年，购置中型扫尘车1台，实现区道路机扫零的突破。1998年，为提高道路机扫率，添置各类扫车6台。2000年，购置喷雾降尘车1台，取代人工洒水降尘，并确定先机扫后冲刷的降尘方法，扫尘车、降尘车改用中水，节约水资源和费用。2000年7月，因市环卫局撤销，改由区负责区境内31.30万平方米绿地保洁任务。2001年，区环卫局改为事业编制更名为区环卫中心。并陆续接管广安大街（崇文段）、天桥南大街东侧、金鱼池中街、祈年大街、永定门外大街等地清扫保洁工作，干路作业面积220万平方米。

2005年5月，购置首台新型多功能高压洗路车，在天坛北路试运行，效果良好。2006年10月，由北京亚太安讯网络有限公司研制的GPS全球卫星定位系统，在环卫作业车上安装终端，实现实时动态监控，提高精确指挥和应急处置能力。2007年，干路保洁采用4级作业模式，即机扫车清扫、人工保洁、电动车捡拾污物和检查监督，拾遗补阙，降低工作强度，提高保洁频次，道路污染物滞留时间缩短至30分钟。同年，由区环卫中心与福建龙马专用车辆制造有限公司共同研制的抽吸式机扫车正式上路作业，保洁作业中存在的卫生死角问题得到解决。2008年，区环卫中心承担奥运会、残奥会公路自行车、马拉松比赛崇文段及签约饭店等地区的环卫保障工作，进行24小时巡回保洁，冲刷降尘，及时清理污染物，提高道路洁净度，并对奥运会开、闭幕式燃放的焰火残屑进行集中清理。2010年6月，区环卫中心有道路清扫工2 339人，扫路车54辆，洒水车15辆，洗地车8辆。负责区域内44条道路清扫保洁任务，面积为196.50万平方米。

图15-3　2003年，区环卫中心在体育馆路实施洒水降尘作业

扫雪铲冰　1994年至1998年，扫雪铲冰主要由区环卫局干路清洁工和各街道保洁员负责，鼓励市民参与。自1998年起，区环卫局负责区域内主要干路和人行过街天桥的扫雪铲冰工作。昼间降雪随时清扫，夜间降雪于次日10时前清扫干净，清除的冰雪整齐堆放，严禁将含有盐水的冰雪堆放在绿地内和树下。2001年冬季，首次使用融雪剂，购置推雪机、剁冰机，淘汰洒盐水融雪方式，减少对路面和绿地的污染。2002年12月，全市出现连续降雪天气，区环卫部门采取机械和人工融雪相结合的作业方式，出动专业作业车辆500余台次，向主要大街路面喷洒环保型融雪剂310吨。2003年，扫雪铲冰标准按降雪量大小分为3个级别，相关部门和人员明确责任和要求，在降雪后2小时融通，4小时打透，确保交通畅通。

2004年，使用传送机装填融雪剂，每辆作业车装填时间由15分钟降至5分钟。2006年，按照《北京市地方标准（融雪剂DB11/T161-2002)》规定采购、使用融雪剂，作业中严禁将含有融雪剂的冰雪堆放在绿地、树池或有可能影响植物生长的地区内。2010年1月，北京遭40年一遇强降雪，区环卫干部职工连续4天4夜坚守一线除冰除雪，打通主干路、重要路口、立交桥路面交通，确保城市主干路畅通。至6月底，区有多功能除雪车2台、融雪车22台、独立撒布机4台、辅助生产用车4辆。

1994—2010年6月崇文区干路清扫保洁统计表

表15-8

年份	干路（条）	面积（万平方米）	机扫面积（万平方米）	扫路车（辆）	洒水车（辆）	洗地车（辆）
1994	42	185.90	50.90			
1995	42	185.90	50.90			
1996	42	185.90	50.90	1		
1997	42	185.90	50.90	4		
1998	42	199.70	53.30	6		
1999	42	206.90	77.50	8		
2000	43	206.90	90	10		
2001	43	220	107	11	2	
2002	43	223	126.90	13	9	

续表

年份	干路（条）	面积（万平方米）	机扫面积（万平方米）	扫路车（辆）	洒水车（辆）	洗地车（辆）
2003	44	227	146.40	15	9	
2004	44	242.50	161.80	19	10	
2005	43	242.20	183.70	23	11	1
2006	44	243.10	189.70	50	14	
2007	44	243.10	189.70	56	21	
2008	44	248.80	193.20	56	21	
2009	44	196.50	139.20	51	22	4
2010.6	44	196.50	139.20	54	15	8

第二节　垃圾收运与处理

垃圾收运　1994 年，全区有封闭式生活垃圾清洁站 23 个、垃圾桶站 771 个、垃圾桶 7 861 个、地面垃圾站 25 座。1995 年，垃圾桶站、垃圾桶、地面垃圾站逐年减少。1996 年，全区生活垃圾清运量为 42.40 万吨，其中密闭清洁式垃圾储运量为 30.95 万吨，储运率为 73%。同年，前门地区率先更换 100 个不锈钢果皮箱，此后，每年汰旧换新，合理布局，逐渐更换为美观实用且具有垃圾分类功能的新型材质果皮箱。2001 年，为加强对无主渣土、大件垃圾的清运，区环卫中心购置密闭式渣土清运车、压缩车、维修车各 2 部，循环水设备 1 套、冷热水冲车机 1 台，既保证车辆整洁干净，又节约用水。2003 年，街道办事处开展环境整治工作，清运垃圾杂物、泥土、砂石 7 000 余吨。“非典”期间，区环卫中心制订《保洁作业消毒标准》《“非典”医疗垃圾清运预案》等方案，对环卫作业场地、设备消毒次数、清运“非典”医疗垃圾步骤做出科学严格规定。延长法华寺等重点地区的密闭式清洁站运营时间，垃圾清运站点随倒随扫，每日不少于 2 次消毒，切断“非典”传染链。同时，严禁医疗垃圾混入生活垃圾。为防止交叉感染，将人工清洗果皮箱改为机械冲刷，组织专职人员对全区公厕、垃圾楼统一消毒，控制“非典”传染源。2009 年，定时清运甲型 H1N1 流感隔离点(祈年饭店)产生的生活垃圾。2010 年 6 月，全区有密闭式清洁站 31 座，在用 28 座，停用 3 座，其中采用吊装式设备的有 25 座，采用压缩式设备的有 6 座。有压缩车站点 14 个，有压缩式垃圾车 20 辆，摆放果皮箱 690 个。同年 1 月至 6 月，区环卫中心共清运生活垃圾 7.67 万吨。

1994—2010年6月崇文区生活垃圾收运统计表

表15−9

年份	收运垃圾（万吨）	密闭式清洁站（座）	压缩车站点（个）	垃圾车（辆）	果皮箱（个）
1994	39.90	23		5	577
1995	36	25		5	577

续表

年份	收运垃圾（万吨）	密闭式清洁站（座）	压缩车站点（个）	垃圾车（辆）	果皮箱（个）
1996	42.40	33		3	800
1997	47.20	29		2	800
1998	47.10	35		5	800
1999	53.20	36		6	1 343
2000	44.60	37		12	1 253
2001	42.50	37	13	14	1 198
2002	45	37		17	1 158
2003	42.50	31		17	1 018
2004	42.50	29	14	17	970
2005	23.80	30	14	14	940
2006	19.30	30	14	18	895
2007	17.80	29	14	17	1 339
2008	17.90	29	14	19	1 285
2009	14.40	31	14	14	690
2010.6	7.67	31	14	20	690

垃圾处理　1996 年，区环卫局在天坛饭店试行垃圾分类收集。1997 年，在全区 27 个农贸市场实行垃圾袋装。2000 年 4 月，区环卫局与北京茂州有限公司合作，在 22 个垃圾楼内进行人工垃圾分拣，日回收有用成分 10 吨左右，初步做到垃圾减量化和资源化。2002 年，全年分离出可回收利用成分垃圾 3 600 吨，占垃圾总量的 0.80%。同年，45 万吨垃圾运往消纳地进行无害化处理，处理率达 100%。2007 年 9 月，在西革新里密闭式清洁站安装首套垃圾分选设备，由于该设备易损坏、维修成本高，未正式投入使用。2009 年，生活垃圾无害化处理量为 14.40 万吨，处理率达 100%。

第三节　粪便清运与公厕管理

粪便清运　1994 年，区环卫局负责 1 035 座公共厕所（简称公厕）、1 714 个粪井的粪便清运工作，年清运粪便 20 万吨，其中部分粪便运至朝阳区十八里店出售给农民。1997 年，以区环卫三队为样板，推行规范化服务，规范工作用语、工作着装、操作规程，制订落实考核细则及实行岗位责任制，开展争创优质服务活动，群众对粪便清运工作的满意率达 97%。同年 11 月，经市环卫局验收，环卫三队获北京市环卫系统首批规范化服务达标示范单位。1999 年，实施重大节日期间 1 个粪井满冒，增加 3 个粪井的抽运量，扣除 1 年奖金的规定，使粪井空井率达 70% 以上。2000 年，将化粪池下游无溢流管线、粪井靠人工抽运改造为在化粪池下游连接溢流管线，使污水流入市政污水管线，进行粪液分离，降低粪井满冒概率，减少粪便清运量。同年，环卫三队时传祥青年班被全国总工会评为全国百佳班组。

2003 年 6 月，区域内粪便全部运往粪便消纳场进行无害化处理，处理率达 100%。2007 年，实现粪井 50%半井、20%空井、30%不满（一半、二空、三不满）的工作目标。2008 年，三八女子抽粪班被全国总工会评为全国工人先锋号。2009 年，环卫三队对全区管辖的粪井位置绘图标注形成档案，实行一井一议、一井一情况、一井一标准、一井一方案、一井一落实的“五个一”工作法，有效防范粪井满冒现象。同年 6 月 30 日，环卫三队在分钟寺进行化粪池管线疏通作业时，发生硫化氢中毒事故，3 名职工经抢救无效死亡。此后，制订更加严格的安全生产管控措施，加强和规范环卫有限空间作业程序，严防事故发生。

1994—2010年6月崇文区部分年份粪便清运统计表

表15-10

年份	地段（个）	粪井（个）	年粪便清运量（万吨）	活井（个）	粪便无害化处理率（%）
1994		1 714	20	200	
1999		1 714	20.50	200	
2002		1 016	18.70	200	
2003		788	19.80	535	100
2004		628	18.80	535	100
2005	28	698	17.30	324	100
2006	26	453	12.90	243	100
2007	26	450	12	250	100
2009	24	423	12	279	100
2010.6	24	421	12	278	100

公厕管理　1994 年，全区 1 035 座公厕中，一类 2 座，二类、三类 57 座，其他大部分陈旧老化。至 1997 年，翻、改建公厕 160 座，其中二类以上 2 座、三类以上 102 座，基本改变公厕破旧简陋、使用不便的状况，公厕设施完好率在 90%以上，基本达到无臭无蝇保洁标准。2000 年，购买、摆放拖挂式无水免冲厕所和免水冲式移动公厕。2002 年，执行《北京市二类以上公共厕所服务管理质量标准（试行）》，二类公共厕所设置清扫保洁防滑提示标志，保洁员统一着装挂牌上岗。同年从 3 月 1 日起，根据市有关通知精神，二类以上公共厕所停止收取服务费。2003 年，在二类公共卫生间设置中英文标识，公示服务规范。“非典”期间，加强对区 28 座二类以上公共卫生间和 594 座普通公厕的管理和日常保洁，二类以上公共卫生间每日消毒不少于 4 次，普通公厕不少于 2 次。2005 年至 2006 年，改造公厕 358 座，地面采用防滑地砖，安装不锈钢蹲便器，在有条件的公厕改造供残疾人使用的坡道，厕内设置坐便器，全区位于危改拆迁区外的公厕全部达标。2007 年，在环卫中心 GPS 指挥调度平台建

图15-4　2009年，新建投入使用的新景二期公共卫生间

立公厕动态基础资料数据库，实现资源共享。自2008年起，二类以上卫生间随脏随保洁，达标公厕每半小时巡回保洁一次，三类和普通公厕按标准进行保洁。为解决群众如厕难问题，在没有公厕的主要大街、重点大街设置标准公厕引导牌43块。2010年6月，全区有公厕421座。

1994—2010年6月崇文区公厕数量及新、翻、改建统计表

表15-11　　单位：座

年份	新、翻、改建	总计	年份	新、翻、改建	总计
1994	21	1 035	2003	15	762
1995	10	887	2004	13	524
1996	29	887	2005	200	524
1997	100	887	2006	158	493
1998	193	887	2007	7	439
1999	408	887	2008	4	425
2000		887	2009		422
2001		766	2010.6		421
2002	3	680			

第四节　市容管理

拆除违法建设　1994年至1999年，全区拆除20条主要大街、45个居民区、123条胡同的违法建设及破旧遮阳棚6 627处。2001年，整治二环路沿线、东南护城河等25处重点地区环境，拆除违章建设22.30万平方米。2002年，结合危旧房改造，拆除北京明城墙遗址公园周边及天坛医院、法华寺、龙潭路、光明西街等重点、难点地区违法建设12.96万平方米。永铁苑和东花市北里小区被评为市级无违章建设小区。2005年，拆除祈年大街西侧、天坛公园北门、夕照寺街、广渠门外南街等地违法建设5 603平方米。2006年，拆除前门地区违法建设3 073平方米。2001年至2009年，查处各类违法建设案件5.58万起。至2010年6月，全区共拆除违法建设120.37万平方米，罚款1 378.62万元。

图15-5　2001年，区城管队员整顿占路摊点

查处占路市场与无照经营　1994年至1998年，全区撤销左安门、永定门外民主北街、龙潭鸟市等占路市场17个，摊群9个，腾退便道5.50万平方米。1999年，撤销占路市场12个，腾退便道2.30万平方米，治理34所学校周边及45个居民区、85条胡同的环境，查抄处理无照经

营3.20万起、街头烧烤摊点2 011个。2000年，治理占道经营报刊摊、理发摊、早餐摊，查处无照经营1.47万余起，取缔占路洗车点及露天烧烤1 420处，取消马路餐桌253处，实现全区无占路市场。2001年至2008年，查处无照经营、露天烧烤10万余起，取缔全市闻名的治安乱点玉蜓桥花鸟市场。2009年，取缔长年在前门老火车站商城前的非法摊点和月亮湾地区等17处多年无照经营的报刊摊，铲除新景家园“涉黑”无照露天烧烤，根治百荣世贸商城南侧沿线无照经营乱摊。

图15－6　2007年，区城管大队开展整顿治理黑三轮车非法运营活动

自2001年起，区城管部门开展罚没无照经营三轮车专项执法活动，至2002年，罚没三轮车1 921辆。2004年，针对黑三轮车、黑公共、黑出租、黑导游开展专项整治活动，查处996起，前门弯道、永定门外大街及北京南站等地区黑三轮车泛滥问题得到遏制。2005年，查处黑车运营案件1 173起，没收三轮车1 161辆。自2006年起，集中整治前门弯道、南中轴路、崇文门外大街等机动车非法运营现象严重地段，至2009年，查处各类黑出租非法运营2 776起、黑三轮车727辆，罚款309.65万元。

图15－7　2006年，区城管队员在执法检查中拆除违法广告

治理广告　1994年以来，区城管大队采取查处各类非法张贴小广告案件，查抄小广告窝点，将其电话号码录入警示系统，实施停机、行政罚款和发动群众清刷、覆盖等方式进行清除，至2001年，共清除小广告26万余张。2002年11月，非法小广告举报人张学武获区城管大队奖金500元，是市城管系统首次公开奖励非法小广告举报人。2002年至2007年，整治33条大街，拆除户外广告牌近万块及灯杆灯箱，清理小广告236万余张。2008年，规范整改全区7条主要大街，建立15条无小广告示范街。至2010年6月，区有小广告冲刷车10辆，达到主要大街、重点地区小广告6小时内清理完毕，一般大街12小时内清理完毕的作业标准。

2002—2010年6月崇文区清理小广告统计表

表15－12

年份	总数（万张）	小广告车（辆）	年份	总数（万张）	小广告车（辆）
2002	0.55	2	2007	154	10
2003	4.42	2	2008	93.44	10
2004	7.68	2	2009	94.70	10
2005	11.86	2	2010.6	46.37	10
2006	58	10			

整治施工工地　1994 年至 1998 年，继续加强对施工工地现场环境、违章拉运渣土进行检查。1999 年，查处道路遗撒 170 起。2001 年，查处施工现场违章案件 93 起，查处违章拉运渣土案件 433 起。2004 年，查处施工工地违章案件 290 起。2007 年，区成立渣土管理专项整治工作协调小组，在前门大街、弘善家园、国瑞城酒店等施工工地安装视频监控系统，实现对工地管理的全覆盖。2008 年至 2010 年 6 月，区城管大队、城管委、环保局、崇文交通大队等部门联合执法查处施工扬尘、夜间施工扰民、无证违规渣土运输等 1 570 起。

实行网格化管理　自 1994 年起，区有关部门继续与驻街单位签订“门前三包”（包卫生、包秩序、包绿化）责任书，明确在城市管理中各单位应承担的责任，并督促落实。至 1999 年，处罚违反“门前三包”责任 1 944 起。2000 年至 2005 年，区继续巩固“门前三包”工作成果，并实施“条块结合”的管理模式。2006 年，区建立覆盖全区的城市图像即网格化城市管理系统。根据属地管理、地理布局、现状管理、方便管理等原则，将辖区 16.46 平方千米划分单元网格 737 个，全区 21 个委办局、7 个街道办事处和 1 个公共服务企业纳入网格化管理监管范围，实施分层、分级全区域管理。为提高城市管理运行效率和监督水平，组建区城市管理监督员大队，在下岗、失业人员中聘任监督员，对全区各专业部门城市管理情况进行监督。发现问题及时报送信息平台，并督促办理。至 2010 年 6 月，区监督中心接收案卷 20.41 万余件，均予以解决。

第四章　环境保护

第一节　环保宣传与规划审批

自 1994 年起，区环保等部门每年利用青少年科技月开展普及环保知识活动，举办小学生“我爱地球妈妈”演讲比赛、中学生环保知识辩论赛等，增强学生的环境保护意识。“六五”世界环境日期间，在区机关、企事业单位、街道社区和学校中开展“绿色奥运、绿色崇文、绿色校园”“捐闲置物品，过绿色生活，建环境友好型社会”“少开一天车”等多种形式的活动。在“好运北京”奥运测试赛期间，区境内车流量下降 27%，二氧化氮下降 14%，一氧化碳下降 32%。广大青少年和群众的环保意识及参与环境保护的自觉性得到提高，推动全区创建绿色学校、绿色社区工作。

2005 年，《北京市崇文区“十一五”时期环境保护规划》提出以人为本建设宜居城区的目标。2006 年，北京市环保局通过《崇文区创建生态和谐环境宜居城区规划》与《崇文区环境监管能力建设“十一五”规划》。至 2010 年 6 月，基本形成全区环境监测预警和执法监督体系，构建具有公益性、基础性、全局性环境监管系统。

自 1991 年起，区环保局对区建设项目环保措施实行同时设计、同时施工、同时投产的管理模式（简称“三同时”）。1994 年至 2010 年 6 月，按照“三同时”要求，对申报项目性质、可能对环境造成的影响、建设单位环境污染防治措施等执行审批验收制度。累计审批各类环保配套建设设施 2 016 项。开展现场检查验收 640 次，审批夜间施工 2 915 件，环境评价 8 项。对锅炉、噪声、污水等进行测试，规定投资百万元的建设项目须上交环境影响报告书。

第二节　环境污染治理

环境污染普查　*污染源普查*　1999年，区环保局对辖区内538家工业企业进行调查筛选，确定56家为重点工业污染源，包括中央单位1家、市属单位41家、区属单位14家。其中，位于二环路内的有35家，年耗煤量为2.73万吨、二氧化硫排放量为264.14吨、烟尘排放量为54.72吨、化学需氧量（COD）排放量为159.64吨；位于二环至三环路之间的有21家，年耗煤量为2.34万吨、二氧化硫排放量为243.19吨、烟尘排放量为47.05吨、化学需氧量（COD）排放量为107.50吨。2001年，全区建立污染源档案，实现动态监督管理。35家工业污染源企业均实现达标排放。2002年，35家工业污染源企业中9家生产车间迁往外区。

2004年，以街道为单位，收集分析各种污染源，建立全区污染源数据库，并利用市监测中心网络平台，掌握各种污染源真实状况，提高环境管理水平和监察能力。2005年，在册工业污染源单位有24家，均实现达标排放。2006年，调查1 025个单位污染数据，建立区污染源管理数据库。2008年，开展全国第一次污染源普查工作。普查显示，全区污染源主要以第三产业为主，包括住宿业、餐饮业、居民服务、其他服务业（包括洗染、理发及美容保健、洗浴、摄影扩印、汽车与摩托车维修保养等）、医院、具有独立燃烧设施的机关事业单位、机动车、民用核技术利用和大型电磁辐射设施使用等单位。普查挥发性有机化合物（VOC）源85个，普查噪声单位316个。至2010年6月，普查达到规模的污染源单位870个，其中工业源39个、生活源831个。生活源中医疗机构13个、住宿餐饮475个、居民服务229个、有独立燃烧设施单位114个。同时普查城镇居民生活污染物1个，噪声单位316个，确定生活源为区污染源管理的重点。

辐射源普查　自2006年起，区环保局对辖区内的医院、科研等单位的辐射安全工作进行监督管理。2007年，检查6个单位放射源263枚及17个单位85台射线装置。为涉源单位换发辐射安全许可证，对放射性同位素与射线装置安全和防护进行年度评估，组织应急演练及培训，为放射源单位建立同位素档案，逐步将电磁辐射纳入监督管理。自2008年起，每年定期换发放射源单位安全许可证，评估放射性同位素。对16家工业企业、10家产生危险废物企业进行申报登记。

烟尘污染治理　1994年，全区有锅炉777台、茶浴炉949台、大高灶1 661台。烟尘浓度达标率为75%。1996年，全区开展推广使用低硫低灰分优质煤工作，天坛医院安装第一台脱硫除尘器。1998年，审批更换各类燃煤锅炉，其中，换为燃油炉18台、燃气炉22台，减少用煤量1.50万吨，降低烟尘和二氧化硫的排放量。1999年，对天坛东里、南里进行无燃煤区建设，34个单位51台燃煤采暖锅炉改用清洁燃料。落实《北京市人民政府关于采取紧急措施控制北京大气污染的通告》，全区710台燃煤茶炉、1 265台燃煤大灶均改用清洁燃料，合格率为99.54%，区大气污染治理第一阶段工作在四城区中率先通过验收。2000年，天坛东路铺设1.20千米热力管线，沿线24个单位、35台燃煤锅炉改为热力供暖，减少用煤8.17万吨。对大于（含等于）0.70 MW的锅炉排放烟尘浓度进行监测，达标率为100%。炉、窑、灶烟气黑度达标率为100%。2001年，治理改造油烟排放严重的餐饮业项目50个，12个新增餐饮企业安装油烟净化器。

2004年，区最后一台燃煤锅炉改造完毕。2006年，由于使用清洁能源，区用煤量锐减。2008年，在前门鲜鱼口文化保护区3 136户居民中实施煤改天然气工程，通过市专项工作验收。2009年，完成前门草厂周边1 579户居民煤改清洁能源工程。2010年上半年，全区二氧化硫排放总量控制在500吨以内，比2005年同期减少19吨，削减比例为3.70%。

机动车尾气治理 1995 年至 2010 年 6 月，区有关部门配合抽查上路汽车尾气排放情况，以路检、巡检、夜查等方式累计检测机动车 25.67 万辆，纠正无标和标志过期车辆 263 辆，处罚超标车及冒黑烟车辆 981 辆。2009 年 4 月，黄标车禁止上路，区依法查处违规上路的黄标车，同年 8 月，辖区内各单位黄标车全部被淘汰。

固体废弃物污染治理 自 2006 年起，危险废物处置利用率首次列入北京市环保工作考核指标。区对 24 家工业企业、18 家产生危险废物（含医院垃圾和汽车修理企业的废矿物油、废电池）、43 家二氧化硫排污单位和 12 家施工工地进行申报登记。至年底，在册单位 448 家，其中工业企业 24 家、施工工地 33 家、一般小型“三产”企业 391 家。18 家产废单位产生废物量 569.20 吨，综合利用 52 吨，危险废物处置利用率达 100%。2009 年，辖区内有危废、产废单位 3 家，废物量为 229.10 吨，全部交由红树林环保有限公司处理，危险废物处置利用率达 100%。

图15—8 2006年10月29日，区环保局举办“绿色出行，奔向奥运——少开一天车在行动”活动

噪声污染治理 1994 年 11 月，实施《崇文区执行〈城市区域环境噪音标准〉办法》，区境内一类区 211 个，固定噪声源抽测合格率为 97.60%，2.40%的不合格率超标为 2 分贝；二类区抽测合格率为 100%。1995 年，建成永定门外噪声达标区。1998 年，复查域内噪声达标区，一类区达标率为 93.34%，二类区达标率为 100%。全区 21 条主要交通干线，经测试均达到标准。2003 年，监测 46 个施工工地及 21 个夜间施工工地噪声，取得有效数据 1 300 个，项目质控率达 100%。

图15—9 2009年6月5日，区环保局举办世界环境日“减少污染——行动起来”主题宣传活动

2005 年，区环境监测站核查确认全区反映道路交通噪声和区域环境噪声监测点位 142 个，调整、修改 51 处网格点位，使绘制环境噪声网格图更加清晰准确。2006 年，经市环保局验收，东四块玉南街四号院及富莱茵花园小区达到安静小区标准，成为区第一批市政府授牌的安静居住环保模范小区。1997 年至 2009 年，区域环境噪声平均值为 53.01 分贝，交通干线噪声平均值为 67.95 分贝。

1997—2009年崇文区环境噪声与交通干线噪声平均值统计表

表15-13　　单位：分贝

年份	环境噪声平均值	交通干线噪声平均值	年份	环境噪声平均值	交通干线噪声平均值
1997	52.70	67.70	2004	53	68
1998	53.20	67.30	2005	53.40	69.50
1999	53.50	67.10	2006	53.20	69.40
2000	53.10	66.80	2007	52.90	67.90
2001	53.10	67.90	2008	52.70	67.80
2002	52.90	68.40	2009	52.60	67.70
2003	52.80	67.90			

水污染治理　2000年，龙潭湖水污染严重，水质经测试为劣五类。水体局部地区发黑、发臭，透明度很差。2002年，龙潭西湖水面东侧水体局部呈酱油色，水面漂浮死鱼。自2004年起，区环保局汇总龙潭3湖水质监测数据，编写《龙潭湖水质改善工程保障方案》，配合市水利规划设计院进行现场勘查测量等前期准备工作。2006年，完成辖区内地表水水系情况调查，确认河段内66个排污口的GPS定位。当年6月，市水利规划设计院完成《龙潭湖水质改善工程项目建议书（代可行性研究报告）》。2007年1月，龙潭湖节水和再生水利用工程启动。利用科技手段对湖水水质、水量进行监测，使进入湖体的氨氮、总氮、总磷含量分别减少35%、25%和30%以上。经过湖底清淤防渗、布设生态基区、种植水生植物、暖气过滤截污、近抽远排循环等整治，水质明显改善，北京电视台为此工程作专题报道。

排污收费　1994年，区环保局按照市政府要求，对烟尘、废水和噪声排放超标单位征收超标排污费。1998年，排污收费235万元（其中罚款21起、3.67万元）。2002年，对141家单位进行排污申报登记，向辖区内486家单位征收排污费217万元。自2003年7月1日起，依据市《排污费征收使用管理条例》开展排污申报登记工作，辖区内登记单位415个，年征收排污费81.78万元。排污收费逐步实现由超标收费向排污收费、由浓度收费向浓度与总量收费相结合转变。辖

图15-10　2009年，区城管大队在龙潭公园设立宣传站，号召居民“护卫碧水　护卫绿色家园”

区内污染源最终进入污水处理厂的污水不再征收排污费，区排污收费逐年减少。2004 年，征收 110 个单位排污超标费 16.89 万元，其中，二氧化硫排污费 0.62 万元、噪声超标费 16.27 万元。全区完成燃煤锅炉改造后，均使用清洁能源，固体废物和大气污染物经检查与监测均符合标准。2005 年至 2007 年，征收排污费 30.92 万元，其中，噪声排污费 15.50 万元，二氧化硫、烟尘排污费 4.87 万元，其他排污费 10.55 万元。2009 年，仅征收噪声排污费 5 600 元。

经过全区环保综合治理，区境内空气质量明显好转。2001 年，全区空气质量二级及好于二级天数有 200 天，占全年总天数的 55%；2004 年 231 天，达 63.10%；2007 年 250 天，达 68.50%，首次提前 15 天达到全年 67%的空气质量目标。2008 年 267 天，达 73%，提前 10 天达到 70%的空气质量目标。2009 年，空气质量二级及好于二级天数 273 天，达 74.80%，其中一级天数 43 天。2004 年至 2009 年，全区空气质量二级及好于二级天数均高于全市平均水平。

2003—2009年崇文区二级及好于二级天数统计表

表15—14

年份	2003	2004	2005	2006	2007	2008	2009
二级以上天数	214	231	239	238	250	267	273
全年比例（%）	58.60	63.10	65.50	65.20	68.50	73.00	74.80

第五章　绿化管理

第一节　公园与街区绿化管理

自 1994 年起，区园林局完善主管单位、责任单位和社会单位“三位一体”的绿化监督机制，加强对重点地区的监察巡视，严格防范和控制私伐树木等违法行为，养护工作按绿地等级分别进行精细化标准管理。各公园绿化养护实施区域分片责任制，明确地段、任务，按管理标准进行浇水、打药、施肥等作业，并使用中水浇灌，微喷代替皮管，节约水资源。推行生物防治，减少农药使用。

2003 年，开展养护承包责任制试点。国家安全部、武警边防总队、金侨公寓等 6 个单位出资认建绿地 1.80 万平方米，认养绿地近 5 万平方米。2004 年为全区绿化养护质量管理年，区园林局制订符合区情的专业绿化养护管理办法及考核标准，推广养护责任承包，对全区 8 条主要街道、2 块公共绿地进行全面改造，对 10.35 万平方米绿地实行垂直绿化养护管理。年内完成陶然亭桥区绿地和龙潭小区、定安西里、东花市北里西区等老小区的 3 万余平方米绿地节水设施改造工程，新建绿地全部安装节水设施。在市园林局评比中，崇文区专业和群植由 2003 年的第 8 名分别上升至第 5 名和第 3 名。2005 年，全年完成 2 块大绿地、7 个新建居住小区、3 个老小区及道路绿化养护工程，在城八区评比中，区获居住区绿化养护第 1 名、古树名木养护第 2 名及北京市园林杯 2005 年度管理服务奖和绿化养护奖。

2007年，养护管理采取地块划分、班级调整、养护人员进行全面无缝隙承包管理模式，养护精细度和水平得到提高。新增的广渠春晓、前门箭楼、南北花市大街等20块绿地及各主要大街绿地均达到特级、一级养护标准。2008年6月，市园林绿化局对区8块绿地进行打分评比，其中广渠门内大街、广安大街（崇文段）、前门东路、天坛路、天坛东侧路、玉蜓桥东等6块绿地升为特级绿地。2009年，春季施常绿树专用肥、树木肥40余吨，草坪肥21吨，全区特一级绿地和各公园绿地呈现出绿草茵茵、枝叶繁茂的景象，在全市检查评比中获第二名。至2010年6月，区境内有特级绿地48处、一级绿地5处，超过专业养护面积的70%。

第二节　绿化整治与病虫害防治

绿化整治　1999年3月，区启动“黄土不露天”绿化整治工程。先后在东便门中心隔离带、左安门内大街、南二环、广渠门立交桥等重点道路及街巷，补植树木2.23万株、治理草坪斑秃18.14万平方米、拆违还绿4.06万平方米、插绿1 930平方米、道路降土1.08万平方米。2000年，整治永定门桥头、光明中街、桃杨铁路北侧、体育馆西路、天坛北路等绿地面积18.70万平方米。2004年，对北京市第十一中学周边3 000平方米裸露土地进行整治，种植各种花卉7 000株，铺种草坪1 000平方米。2005年，对东南护城河沿岸及南中轴路周边的绿地进行综合整治，新增绿地面积10万平方米。

2001年至2007年，在北京站至永定门火车站全长8.70千米的铁路沿线即首都“进京第一印象工程”环境整治中，累计伐除枯死树木192株，绿化面积14.45万平方米，种植各类乔木、花灌木、宿根花卉13.67万株，铺种草坪8.33万平方米，安装喷灌设施2.36万平方米。铁路沿线两侧建成角楼映秀、同心园、黄河街心花园、光明西里绿色广场、玉蜓市民文化广场、望坛社区文化广场6个绿色精品花园。

病虫害防治　1994年，区园林部门采用除虫新技术，在控制树木病虫害的防治上取得成果，获市园林局颁发的城市病虫害防治奖杯。至2002年，区在病虫害防治方面，坚持以防为主，综合防治原则，采用低毒高效生物农药及以虫治虫等方法做好病虫害防治工作，树木花草长势良好。2006年，区园林部门开展美国白蚁病虫害防治，对养护单位进行业务指导、充实防控物资、加强普防和监控力度，年内举办美国白蚁防控等专业培训15次。2008年，设立美国白蛾监测点，采取诱捕器、黑光灯悬挂及喷药等措施，开展国槐尺蠖等病虫害防治工作。同年7月至10月，开展第二代、第三代美国白蛾和红脂大小蠹普查防控，控制疫情发展。2009年，开展美国白蚁防控宣传活动，普及病虫害防控知识。

第三节　古树名木保护

1994年，区境内登记在册的古树有3 668株，其中天坛公园有3 566株，街道、单位、庭院等地（简称区属）有102株。区属古树中，树龄在300年以上的有23株，100年以上的有79株。至2010年6月，区境内登记在册的古树有3 663株，其中天坛公园有3 562株（一级1 147株、二级2 415株），区属有101株（一级22株、二级79株）。区属古树包括中国槐56株、银杏14株、

图15-11　2009年位于花市枣苑小区800年树龄的“酸枣王”

枣树10株、榆树5株、侧柏4株、水杉3株，桧柏、楸树各2株，丝绵木、酸枣树、桑树、雪松、黄金树各1株，由区园林局统一管理。

2003年11月7日，北京地区突降大雪，区属48株古树遭冻害威胁，经及时采取防寒保护措施，未受伤害。自2005年起，区每年拨款20万元养护古树，区绿化队成立古树维护小组，配备升降车、打药车等设备和工具，并根据每株古树的生长情况制订修剪、施肥、浇水、病虫害防治等养护措施。当年，启动古树维护工程，对东花市地区隆安寺院内1株一级古侧柏和区科技馆院内1株二级古国槐、2株二级古楸树周围的环境进行整治，拆除违章设施36平方米，清理钉栓刻画7处，修剪影响古树生存的树木3株，搭设支撑1处。对新景家园、北京游乐园、天坛医院、药检所等单位的10余株古树采取支撑、填补树洞、扩大透气孔等特种维护措施，使古树的生存条件得到改善。同年，还对区属96株古树进行调查摸底，建立电子档案。初步实现古树名木动态化和信息化管理。2007年，对区属93株古树重新进行实测、拍照，进一步完善管理信息系统档案。

1994年至2010年6月，区主管部门每年进行古树安全风险评估。根据古树的生长态势、周围环境等相关信息将古树划分为4个风险等级，分别确定巡查次数，通过巡查及时发现问题，保护古树安全。

第十六编　综合经济管理

1993年，崇文区设9个委、局，承担综合经济管理职能。1994年至2010年6月，区综合经济管理部门在改革不断深化，社会主义市场经济体制逐步建立和发展的推动下，其机构设置和职能发生显著变化，工作重点转到加强宏观调控、统筹规划、掌握政策、信息引导、组织协调、提供服务和加强审计及经济监督上来。计划管理从偏重管理微观经济活动，转向用主要精力研究全区经济总体运行态势及提出发展战略和政策，创造区域经济发展优良环境；从主要着眼于区属国有和集体经济，转向扶持、引导、支持区域内多种经济成分共同发展；从偏重用行政手段直接管理企业，转向侧重于用政策、监督服务和法律法规进行间接管理。统计工作由过去单纯的区属经济指标完成情况统计，改为以加强统计监督和信息服务，监测区域经济运行态势，为制定区国民经济和社会发展计划及经济政策提供重要依据为主要内容的属地统计。同时，加强对国有资产运营质量和效益的监管，确保国有资产保值增值。在工商管理、质量技术和物价管理中，重点强化监督管理和服务职能，依法规范市场行为，保护公平竞争，保护国家、企业和消费者合法权益，维护正常的社会经济秩序。审计监督坚持依法审计与服务区域经济发展，强化对财政预算、财务管理、专项资金和领导干部经济责任等方面的审计力度，加强对权力的约束和监督，有力促进了区域经济的稳步健康发展。

第一章　经济发展调控

第一节　机　构

1994年至1995年，区计划委员会（简称区计委）设办公室、综合计划科、投资基建科、经协外资科。1996年至1997年，区第三产业办公室和区综合信息中心先后成立，均为区计委所属全民所有制事业单位。1998年3月，成立区企业服务中心，为区计委所属全民所有制事业单位。同时，撤销区第三产业办公室，其职能划归区企业服务中心；9月，区计委增设区域经济管理科，并加挂区域经济工作办公室牌子。2001年，区计委更名为区发展计划委员会。2004年6月，区价格认证中心、区物价检查所调整为区发展计划委员会管理，区企业服务中心调整为区危改办公室管理；7月，区发展计划委员会改为区发展和改革委员会（简称区发展和改革委）。2005年，成立区中小企业服务中心和区投资服务中心，为区发展和改革委所属相当正科级全额拨款事业单位。2006年，区发展和改革委增设区招商引资工作协调办公室，对外以区招商引资协调办公室名义开展工作。2009年，成立资源节约与环境保护科和企业促进科，企业促进科挂区招商引资办公室和区国民经济办公室2块牌子。2010年6月，区发展和改革委设办公室、发展规划科、经济社会综合科、固定资产投资科、企业促进科、产业发展科、资源节约与环境保护科、价格收费管理科、法规监察科8科1室。下设价格认证中心、中小企业服务中心、投资服务中心3个事业单位。

第二节 计划与规划编制

年度计划 1994年至2010年6月，区发展和改革委（原为计委、发展计划委）共编制17个国民经济和社会发展年度计划。编制过程中，先由区政府各主管部门提出年度计划意见，经区发展和改革委汇总，报区政府常务会议审查。待提请区人民代表大会审议通过后，由区政府下达有关委、办、局执行。1994年，国民经济和社会发展年度计划包括工商业销售服务收入、实现利润、社会商品零售总额、财政收入和财政支出5个指标。之后，随着经济和社会事业的发展，年度国民经济和社会发展计划指标不断调整和增加。主要包括经济发展、结构调整、功能区建设、深化改革和对外开放、城市建设和管理、危旧房改造、社会各项事业及人民生活等主要预期目标，还包括全面实现预期目标的主要措施及着力抓好的工作。调整和增加的主要目标是：1997年，新增国内生产总值和居民储蓄余额指标。1998年，新增固定资产投资额指标。1999年，新增实际利用外资额、登记失业率和区属职工人均收入实际增长指标。2000年，新增下岗职工再就业率和失业人员再就业率指标。2001年，取消区属职工人均收入实际增长和下岗职工再就业率指标，新增危旧房改造投资额、居民人均可支配收入和户籍人口自然增长率指标。2005年，全区国内生产总值指标改为地方生产总值。2006年，新增商贸服务、文化旅游、体育休闲业实现区级收入增长率，食品安全监测抽查合格率，空气质量二级和好于二级的天数完成市政府下达指标情况，交通事故死亡率、生产安全死亡率、火灾死亡率控制在北京市下达的指标范围内情况，取消地方生产总值指标。2007年，增加主要调控目标，包括现代服务业增加值占地区生产总值的比重，万元地区生产总值能耗，基本养老保险、基本医疗保险、失业保险、工伤保险、生育保险基金收缴率，义务教育入学率，药品抽检合格率，绿化覆盖率指标。主要预期目标中，新增第三产业增加值占地区生产总值的比重指标，实际利用外资指标改为外商直接投资额和外贸进出口总额。2009年，在主要预期目标中，取消第三产业增加值占地区生产总值的比重指标。在主要调控指标中，取消现代服务业增加值占地区生产总值的比重指标。2010年，年度计划主要调控指标有区级财政收入，万元地区生产总值能耗，城镇登记失业率、城镇登记失业人员就业率，基本养老保险、基本医疗保险、失业保险、工伤保险、生育保险基金收缴率，义务教育入学率、高中阶段教育入学率和完成率，食品安全监测抽查合格率、药品抽检合格率，空气质量二级和好于二级的天数，交通、火灾、生产安全事故死亡人数，绿化覆盖率9项。主要预期目标中，有地方全社会固定资产投资，社会消费品零售额，居民人均可支配收入3项。

中长期计（规）划和专项计划 1995年4月至1996年2月，区政府按照北京市统一部署，编制《崇文区国民经济和社会发展“九五”计划和2010年远景目标纲要》。编制过程中，召开10余次民主党派协商会和区人大代表、政协委员等各界人士座谈会，听取各方面意见，共150余人次出席。并编制商业、工业、科技、教育、文化等13个与之配套的专项计划。纲要提出的“九五”期间和2010年全区国民经济和社会发展的主要指标是：销售服务总收入“九五”期间年均递增

10%，2000 年总收入达到 67.69 亿元，21 世纪头 10 年增长速度保持在年均 12%左右。销售服务总利润“九五”期间年均递增 8%，2000 年总利润达到 4.14 亿元，21 世纪头 10 年增长速度保持在年均 10%左右。地方财政收入“九五”期间年均递增 8%，2000 年财政收入达到 2.76 亿元，21 世纪头 10 年增长速度保持在年均 10%左右。社会消费品零售总额“九五”期间年均递增 12%，2000 年总额达到 51.10 亿元，21 世纪头 10 年增长速度保持在年均 15%左右。到 2000 年，实际利用外资额累计达到 3 亿美元，全区固定资产投资累计安排 76 亿元。普通小学生毕业率达到 98%，初中毕业生合格率达到 95%以上、升学率达到 90%以上；普通高中与职业高中、中专在校生的比例保持在 1：1.2。全区经常参加体育锻炼的常住人口达到 65%以上。全区传染病总发病率控制在 400/10 万，千人病房数达到 5.70 张（含市属医院），人均期望寿命达到 75 岁。全区绿地覆盖率达到 33%，人均绿地面积达到 13 平方米，大气环境质量基本达到国家二级标准，区域环境噪声达标覆盖率达到 100%，地表水基本达到国家三级标准，生活垃圾清运率达到 100%。全区常住户籍人口控制在 43.70 万人，计划生育率达到 99.50%。居民人均生活费收入年均实际增长 6%左右，基本解决人均居住面积 4 平方米以下困难户的住房问题。

1998 年，区计委和有关部门成立课题组，就编制区“十五”计划进行基础性调查研究，撰写调研报告 35 篇。在此基础上，编制《北京市崇文区国民经济和社会发展第十个五年计划纲要》。编制过程中，广泛征求区人大代表、政协委员、各民主党派及各部门、各企事业单位的意见，多次进行修改。同时编制经济发展、城市建设和管理、教育、科技、文化、卫生、体育、社区建设、精神文明建设等 27 个配套专项计划。纲要提出的“十五”期间全区国民经济和社会发展的主要预期目标是：到 2005 年，国内生产总值年均增长 9%以上，社会消费品零售总额年均增长 10%以上，财政收入年均增长 10%以上，全区第三产业增加值占国内生产总值的比重达到 90%以上，固定资产投资总规模达到 150 亿元，拆除危旧房 218 万平方米，拆迁居民 8.50 万户左右。大气环境质量年均值达到国家二级标准，绿化覆盖率达到 40%。户籍人口控制在 30 万人左右，累计新增就业岗位 4.50 万个左右，城市登记失业率控制在 3%以内，基本形成覆盖全社会的社会保障体系。适龄儿童入学率保持 100%，人均受教育年限达到 12 年。居民可支配收入年均增长 6%，人均住房面积达到 16 平方米。传染病总发病率控制在市政府下达的指标之内，人均期望寿命达到 76 岁左右。

2004 年，区发展和改革委邀请北京大学和中国社会科学院，共同开展区“十一五”规划前期研究工作，形成 23 篇研究报告。在此基础上，编制《北京市崇文区国民经济和社会发展第十一个五年规划纲要》。同时编制《崇文区“十一五”时期龙潭湖体育产业园区发展规划》《崇文区“十一五”时期永外商贸服务区发展规划》和商贸服务、文化旅游、非公经济与中小企业发展、公共财政、国有资产管理体制改革等 31 个专项规划。纲要提出“十一五”期间全区国民经济和社会发展的调控指标为：地方财政收入年均增长 15%以上，现代服务业增加值占地区生产总值的比重达到 55%以上。城市空气质量基本达到国家标准，绿化覆盖率达到 31.97%，人均公共绿地面积达到 9.70 平方米，城市道路机械化清扫率、公共厕所达标率和生活垃圾无害化处理率均达到 100%，生活垃圾综合利用率达到 30%。2010 年常住人口规模控制在 30 万人左右，城镇登记失业率控制在 3%以内，城镇登记失业人员就业率达到 70%以上，力争使 90%以上在法定就业年龄内、有劳动能力的低保人员实现再就业，基本养老保险、失业保险、基本医疗保险覆盖面均达到 95%以上。食品安全监测抽查合格率达到 97%以上。义务教育入学率力争达到 100%，高中阶段教育入学率和完成率分别保持在 95%和 98%以上。每百名老人拥有养老服务机构床位数 2.30 张。预期指标为：按现行汇率计算，人均地区生产总值达到 8 000 美元以上，第三产业增加值占地区生产总值的比重达到 80%以上，商贸服务业增加值占地区生产总值的比重达到 50%以上；实现区级收入年均增幅达到13%左右，到2010年实现区级收入14.50亿元左右，占区财政收入比重达到65%左右。文化旅游业增加值占地区生产总值的比重达到7%以上，实现区级收入年均增幅达到18%左右，到2010年实现区级收入2.30亿元左右，占区财政收入比重达到10%左右。体育休闲业增加值占地区生产总值的比重达到7%以上，实现区级收入年均增幅达到25%左右，到2010年实现区级收入3.40亿元左右，占区财政收入比重达到15%左右。居民人均可支配收入年均增长8%以上。2007年，根据国家和市政府相关文件精神，区政府提出对“十一五”规划纲要部分指标进行调整的建议，并经区人大常委会审议通过。同年，区国资委会同相关部门，通过深入调查摸底，编制完成天坛文化街发展规划。

第三节 计划与规划实施

年度计划实施 1994年至2009年，除1996年年度计划利润指标和1998年年度社会消费品零售总额指标未完成外，其余各年度计划确定的经济和社会事业指标均全面完成，全区经济保持稳定快速增长，各项社会事业发展凸显成效。

规划实施 1995年（“八五”计划期末），全区实现国内生产总值28.66亿元。完成工商业销售服务总收入42.03亿元，按可比口径比1990年增长85.60%。实现利润2.82亿元，比1990年增长74.10%。完成社会消费品零售总额34.18亿元，比1990年增长99.20%。地方财政收入完成1.94亿元，按可比口径比1990年增长68.40%。“八五”期间，全区批准“三资”企业208家，实际利用外资3.37亿美元。全区固定资产投资累计完成30.35亿元，竣工133.70万平方米。完成崇文门外大街两侧2.70平方千米改造建设用地规划方案。建成和改造天桥百货商场、金伦大厦、新汇百货商场、红桥市场、光明百货商场、京城百货商场等大中型商业设施。危旧房改造5年竣工70万平方米，建成东花市、法华寺等一批现代化住宅小区和康居工程。1995年，全区居民人均生活费收入5 085.50元，比1990年增长222.90%。基本解决人均住房面积2平方米以下困难户的住房问题。

2000年（“九五”计划期末），全区实现国内生产总值55.73亿元，比1995年增长94.50%。实现社会消费品零售总额52.58亿元，比1995年增长53.83%。地方财政收入完成5.52亿元，按可比口径，比1995年增长184.54%。“九五”期间，全区新批“三资”企业67家，累计实际利用港澳台资和外资6.55亿美元，比“八五”时期增加近1倍。完成外贸出口5 171.50万美元，年均递增34.02%。累计完成固定资产投资157.47亿元，竣工159万平方米，分别比“八五”时期增加127.12亿元和25.30万平方米。其中，完成危旧房改造投资57.52亿元，竣工73.04万平方米，动迁居民1.60万余户。完成崇外大街改扩建等一批市政工程建设，全面启动广安大街（崇文段）市政改扩建工程。2000年，全区绿化覆盖率达32.78%，人均绿地面积13.04平方米，人均公共绿地面积7.81平方米。全区居民人均可支配收入9 502元，人均消费性支出8 019元，恩格尔系数为40.10%。登记失业率为1.21%以内，失业人员再就业率为79.20%，均控制在市下达指标范围内。

2005年（“十五”计划期末），全区实现地区生产总值107.92亿元，比2000年增长93.65%。实现社会消费品零售总额88.45亿元，比2000年增长68.22%。地方财政收入完成11.25亿元，比2000年增长103.80%。产业结构调整步伐加快，商贸服务、文化旅游、体育休闲三大产业增加值占地区生产总值的比重达到50%。基本完成广安大街（崇文段）改扩建工程。新建百荣世贸商城等一批大型商业服务业设施。“十五”期间，全社会固定资产投资累计完成322.40亿元，比“九五”时期增加1倍多。全面开展前门地区修缮整治工程。完成全区危旧房改造任务的83.50%，改善7.10万户居民居住条件。广安大街（崇文段）、南中轴路（天坛西门—木樨园）等道路建成通车。建成明城墙遗址公园、玉蜓市民文化广场，复建永定门城楼。全区绿化覆盖率达31.35%。2005年，全区居民人均可支配收入17 805元，年均递增13%，是2000年的1.87倍。人均消费性支出13 337元，是2000年的1.66倍；恩格尔系数为33.60%，比2000年下降6.50个百分点。人均住房建筑面积达到21.50平方米，比2000年提高7.90平方米。“十五”期间，新增就业岗位5.20万个，安置下岗失业人员3.90万人，城镇登记失业率控制在2.50%以内，城镇登记失业人员就业率为69%。

2006年至2008年（“十一五”规划中期），全区经济继续保持稳步增长。2008年，实现地区生产总值147.57亿元，比2006年增长23%。实现社会消费品零售总额139.58亿元，比2006年增长42.72%。地方财政收入18.13亿元，比2006年增长33.70%。外贸进出口总额完成7.69亿美元，实际利用港澳台商和外商直接投资1.10亿美元。前门地区成为北京市文化创意产业聚集区。前门大街成为北京市重点支持建成的市级特色商业街，大街两侧76.60%的建筑按原状或原貌修复，再现其历史风貌。天坛文化街建设初见成效，中华民族艺术珍品博物馆、中华民族艺术珍品流通中心正式开业运营，国瑞商城试营业。修缮完成草厂地区14条胡同、533个院落、5 000余间房屋。建成前门东路、新革路、正义路南延、西河沿、西兴隆街、茶食街等市政道路，形成前门地区“四横三纵”路网体系。全区规划路网主干道建设完成90%以上。2008年，全区居民人均可支配收入25 826元，人均消费性支出19 142元，恩格尔系数为34.40%。开发就业岗位1.69万个，安置失业人员1.10余万人，城镇登记失业人员再就业率为71.09%。5项社会保险基金3年平均收缴率分别达到98.09%、98.20%和97.88%。全区老年人100%纳入居家养老服务范围。2009年，全区居民人均可支配收入27 941元，比2008年增长8.20%；人均消费性支出19 983元，比2008年增长4.39%；恩格尔系数为34.20%，比2008年下降0.20个百分点。开发就业岗位1.20万个，城镇登记失业率控制在2.30%，低于市政府下达指标。

1994—2009年崇文区国内（地区）生产总值统计表

表16-1　　　　单位：亿元

年份	生产总值	年份	生产总值
1994	24.11	2002	69.48
1995	28.66	2003	79.90
1996	33.99	2004	93.08
1997	39.43	2005	107.92
1998	42.98	2006	119.96
1999	50.08	2007	133.84
2000	55.73	2008	147.57
2001	62.03	2009	176.95

第四节　固定资产投资管理

固定资产投资　1994年至2009年，全区固定资产投资累计完成852.17亿元，年均增长13.81%。1994年至2000年，投资额稳步增长，2000年达50.30亿元。2001年，投资额减少到41.10亿元。2002年，增至79.20亿元，比2001年增长92.70%。2006年，首次突破100亿元，达114.90亿元。2007年至2009年，3年固定资产投资分别为84.80亿元、63.70亿元、80.70亿元。

1994—2009年崇文区固定资产投资统计表

表16–2　　　　单位：亿元

年份	固定资产投资额	年份	固定资产投资额
1994	11.59	2002	79.20
1995	16.61	2003	54.00
1996	18.83	2004	63.40
1997	24.15	2005	84.70
1998	27.88	2006	114.90
1999	36.31	2007	84.80
2000	50.30	2008	63.70
2001	41.10	2009	80.70

投资管理　2004年，根据《国务院关于投资体制改革的决定》提出的确立企业在投资活动中的主体地位，合理界定政府投资职能，改革政府投资管理制度的要求，区发展和改革委将基本建设投资管理和技术改造投资管理整合为固定资产投资管理，并把管理重点转移到优化投资结构、促进产业结构升级、保证重大项目合理布局、防止盲目投资、提高投资效益上来。2005年，搭建投资崇文平台，初步建立覆盖全区的投资项目储备库，对政府投资项目进行征集、筛选、包装、储备和推介。当年，全区征集基础设施、社会事业和产业项目241项，有9个重点项目立项。2006年，为落实北京市完善投资体制改革的各项政策措施，区发展和改革委制订《政府投资建设重大项目公示试行办法》《投资咨询评估等中介机构管理办法（试行）》。首次委托区投资服务中心面向社会公开选聘固定资产投资项目咨询顾问机构，从24家应聘机构中筛选出20家进入区固定资产投资项目咨询评估机构库。2007年，制订《关于加强政府投资管理的暂行办法》《崇文区非经营性政府投资项目代建制管理办法（试行）》和《崇文区政府投资项目代建制工作实施方案》，明确提出建立政府投资项目储备、评估论证、公示、代建、百分之百稽查、责任追究和后评价值等制度。当年，全区征集2008年政府投资项目70个，从中筛选出52个，其中36个列入市政府投资项目储备库、16个列入区政府投资项目储备库。首次在一师附小新建工程中进行政府投资项目代建制试点，为在全区政府投资领域全面推行和完善代建制奠定基础。自2008年起，按照“有进有出、专业调整、总量稳定”的原则，对投资项目咨询评估机构库实行动态管理，经公开选聘，14家咨询评估机构进入咨询评估机构库，其中9家机构与区开展合作，为8个项目提供前期咨询服务，并对4个政府投资项目审批进行评估，核减项目金额800余万元。2009年，为提高咨询评

估质量和效率，首次实行咨询评估机构中期及年终考核评价机制，评分位列前5名可直接纳入区下一年咨询评估机构库。当年，全区征集固定资产投资项目102个，全年为27个项目提供可行性研究、初步设计概算等前期咨询服务事项33项，投资额376亿元；区政府为11个投资项目委托评估，总投资额2.50亿元，核减资金2 013.51万元。此外，还公开选取6家代建机构进入区代建机构库，选取1家公司为区城市综合管理业务用房新建工程代建单位。2010年年初，18家咨询评估机构进入区咨询评估机构库。1月至6月，重点开展项目前期服务13项，委托评估项目4项，共计申报总投资3.57亿元，评估核减金额3 313.31万元。

第五节　招商引资与优化发展环境

自1994年起，崇文区每年按照企业创利水平确定重点企业，并给予扶持，当年，有重点企业11家。1996年8月，区政府批转区计委《关于调整和完善重点企业制度的意见》，提出集中力量扶优扶强，充分发挥重点企业的龙头骨干作用，促进经济持续快速健康发展。1998年1月至2月，区委、区政府先后制定《贯彻十五大精神，加快经济发展的若干意见》《关于促进崇文区社会三产和私营企业发展的若干措施》和《促进区域经济发展的优惠政策和奖励办法》。提出在继续抓好区属经济的同时，大力发展区域经济，实现城市建设与经济发展紧密结合的思路。制定对新入驻企业实行所得税返还，对引进企业的中介人和主要经营者及开办单位领导班子给予奖励的办法。5月，区政府拨款组建崇文区企业服务大厅。21个政府职能部门和3家社会中介机构入驻，为企业和投资者办理以开业为主的有关审批手续和生产经营中相关事项的审批手续，并提供相应的政策咨询、社会中介服务。12月，区政府批转区经贸委《关于建立崇文区重点外商投资企业制度的意见》，明确提出重点外商投资企业的认定方法、考核标准、审批程序，享受的优惠政策和服务项目，以及区领导联系重点外商投资企业、管理部门专人联系、定期走访等举措。2000年，区政府下发《关于进一步扶持企业发展若干措施的通知》。内容包括，建立区企业创业园、区中小企业贷款担保资金、区30强企业制度及区扶持企业发展贷款贴息资金等。建立区企业创业园，政府对符合条件的驻园企业给予政策扶持。

2001年3月，区政府颁布《关于进一步培育税源，促进区域经济发展的暂行办法》。鼓励房屋产权单位结合全区产业结构调整，将闲置房屋出让或出租给到区新注册登记的企业，并逐步扩大中小企业贷款担保资金规模，进一步健全扶持企业发展贷款贴息资金制度。当年，区政府首次授予北京中邮鸿通贸易有限公司、北京同仁堂股份有限公司等30家企业2000年度崇文区30强企业荣誉称号，并奖励30强企业法定代表人。此后，每年对30强（2006年改为50强）企业进行表彰奖励，直至2009年。同时，启动区领导与30强企业重点联系制度。当年走访同仁堂、北京电信工程局等10户企业。同年7月，注册资金5 000万元的西单上海华联公司在区开业，至年底开设12家连锁店，实现销售收入3 783万元，缴纳各项税费159万元，对区财政贡献81万元。

2002年，区政府建立招商引资工作联席会议制度，加强全区招商引资工作的宏观协调。2003年，首次向北京同仁堂股份有限公司等34家重点纳税企业发放“崇文绿卡”，为持卡企业在注册登记、项目审批、办理年检、人才引进、职称评定、子女就学、就医等方面开通便利、优先服务的绿色通道。2004年，确定区委、区人大常委会、区政府和区政协25位领导联系全区48家重点税源户。2005年5月，在整合企业服务中心、各单位服务大厅和全程办事代理室的基础上，成立区行政服务中心（正处级），实行区政府各部门审批事项统一、联合、集中办理。区政府35个职能部门进驻。该中心设75个办事窗口、27个审批室，办理行政许可和公共服务事项245项。其中行政许可事项124项、公共服务事项121项。同时，实施办事公开制、集中限时办结制、一次性告知制、首席代表制、第二行政公章制、综合代理制、并联审批制、服务承诺制、服务代表制、全程代办制、财政统一支付制、监督制约制等12项服务机制。采取开通绿色审批通道、现场办公、特事特办等个性化服务措施，主动为企业服务。至2010年6月，入驻事项共277项，其中行政许可事项148项、公共服务事项129项，共办结行政许可和公共服务事项9.59万件，为全区经济和社会发展营造良好的政务环境。2006年，区政府下发《关于加强招商引资工作促进三大产业发展的若干意见》，设立文化、体育和现代服务业专项扶持资金，鼓励各类成规模企业入驻崇文区，对引进企业的中介人给予奖励，建立招商引资绿色通道，为重点企业发放“崇文绿卡”。同年，通过招商引资在区内登记注册企业41家，其中注册资金500万元以上企业11家。全年引进企业实现税收8 603.32万元，对区级财政贡献3 240.49万元。

2007年，区政府印发《崇文区文化、体育产业发展专项资金管理办法（试行）》和《关于服务总局服务奥运促进体育事业发展的决定》，与国家体育总局建立合作共建长效机制。成立区税源基础建设工作组。集中研究解决区域经济优惠政策兑现、异地经营企业清理整顿、重点税源迁移变动、留企保税工作方案等重大事项和问题。建立“商蕴·崇文”网站，宣传招商引资政策、项目对接、投融资服务等。当年，28位区领导走访62家重点企业，帮助企业解决难点问题。2008年至2009年，区政府下发《关于进一步加强“引企促税、招大引强”工作的意见》和《崇文区关于全力服务驻区企业确保经济稳定增长的若干意见》，从深化企业投资服务、突出重点企业服务、扶持中小企业发展、优化企业发展环境、强化保障等7方面提出25条措施。成立区帮扶企业应对国际金融危机工作领导小组，督促落实服务企业重大事项，协调解决企业遇到的重大问题。设立“保增长、促发展”专项资金，惠及37家具有发展潜力但遇到资金周转困难的企业，总金额达1 050万元。2009年，全区新引进企业69家，其中注册资金在5 000万元以上的7家，当年实现区级税收3 000万元。同年，50强企业对区财政贡献总计9.26亿元，占当年区财政收入的51.08%。其中，对区财政贡献超过1 000万元的企业37家，比2008年增加11家，排名首位企业对区财政贡献首次突破1亿元。

图16–1　2003年，崇文区举办重点项目联合发布活动

第六节　非公经济及中小企业发展

1994年，全区有私营企业145家，个体工商户7 469户。1999年，区委、区政府制定《关于鼓励个体私营经济发展的若干意见》。主要内容是：实行公平的市场准入原则，放开经营范围、经营场所、经营方式、从业人员、登记条件；拓宽个体私营经济融资渠道，缓解其资金短缺；鼓励个体私营企业投资发展适合首都城区特点的产业，参与国有、集体企业改革与调整；积极改善个体私营企业的生产经营条件，个体私营企业可享受市区指定的接收安置下岗待工人员、失业

人员的各项优惠政策；依法保护个体私营企业的合法权益。该意见颁布后，区政府设立区中小企业贷款担保资金。建立33个部门参加的个体私营经济工作联席会制度，坚持定期研究解决个体私营经济发展中的问题和困难，做出工作部署。2001年，全区个体工商户发展到7 824户，注册资金11.60亿元；私营企业3 075家，注册资金28.26亿元。其中注册资金在500万元以上的64家、1 000万元以上的31家。全年私营个体经济完成区级税收收入6 738万元，占财政收入的11.66%。2003年，全区非公经济实现区级税收收入1.74亿元，同比增长24.02%，占区财政收入24.95%。2005年，成立区中小企业服务中心，负责建立和完善中小企业融资担保、信息化服务、创业基地和人才培养，为中小企业创业、生存和发展提供全面的社会化综合服务体系。向政府有关部门反映中小企业情况，维护其合法权益。2006年，为贯彻落实市政府《关于鼓励支持和引导个体私营等非公有制经济发展的意见》，区政府制定《崇文区关于鼓励支持和引导个体私营等非公有制经济发展的若干意见》，从市场准入、融资担保、服务体系建设等方面提出16条具体措施，进一步优化中小企业发展的政策环境。并对个体私营企业进行以融资担保、电子商务、中小企业服务机构创新与发展、非公经济发展最新政策解析为主题的多次培训。同年，区中小企业服务网上线运行，并与市中小企业服务网实现成功对接，成为市中小企业服务网的二级子网。2007年，崇文区中小企业发展专家委员会成立，为中小企业提供咨询服务。同年，全区非公经济实现区级税收收入4.39亿元，比上年同期增加1.29亿元，同比增长41.62%，增幅位居各经济成分之首，占全年区财政收入的27.96%。2009年，设立区服务企业热线电话并向社会公布，由专人负责记录解答。将企业反映的经营发展中的困难问题及时上报区政府，由有关职能部门承办，办理结果及时向企业反馈。全年接企业电话50次，对反映的问题均作解答。同时，对400余户中小企业先后开展3次调研，了解其需求，并有针对性地举办“支持企业，稳定就业”政策通报、中小企业劳动用工、中小企业税法解析及中小企业发展资金申报等4次培训，累计400余人次参加。还举办崇文区中小企业融资担保咨询开放日暨首届银、政、企三方见面会，加强银行、政府、企业三方合作，促成北京榭趣景园投资咨询有限公司等企业与中国民生银行北京崇文门支行成功对接，获批商业贷款500余万元，促成5家企业融资509万元。同年，区发展和改革委编写出版《帮扶企业应对国际金融危机相关政策及措施汇编》，收录2009年市、区相关部门为应对金融危机制定的扶持政策25个，累计发放1万册。至2010年6月，全区有私营企业8 724家、个体工商户1.70万户，成为区经济和社会发展的重要力量。

图16—2　2004年4月29日，百荣世贸商城开业

第七节　节能管理与监督

节能管理　2004年，区发展和改革委设立工业科，负责全区节能工作。2005年，组织区重点用能单位200余人参观北京节能技术展览会，利用《新崇文报》、崇文信息网等宣传媒介，向

全区发出《崇文区2005年节水节电倡议书》。2006年，成立区节约型机关建设工作领导小组，制定《崇文区推进节约型机关建设实施方案》，举办区政府部门节能管理人员培训班，50个经济部门、60名节能管理人员参加。制定《崇文区加快发展循环经济建设节约型城市的意见》，确定全区2007年及“十一五”期间节能重点目标，建立全区年耗能5 000吨标煤以上的用能大户档案。成立区节能减排工作领导小组，并将节能工作纳入区年度行政执行力考核范围。设立区级节能减排专项经费100万元。用于节能减排宣传、培训和表彰，政府节能示范工程补助，社会重点节能工程引导和聘请节能专业机构。对广安大街（崇文段）南4楼、区教委等17处机关办公楼进行节能改造。在区域内免费改造不合格节水器具6 838套，创建31家节水型单位和18个节水型小区。向7个街道、1 400户困难家庭赠送2 800只节能灯。

2008年，制定《崇文区单位地区生产总值能耗考核体系实施方案》和《崇文区关于加强节能改造项目管理的暂行办法》等4个文件，建立区政府相关部门节能降耗工作责任制，区发展和改革委与20家重点用能单位签订节能目标责任书。组织专业机构对重点用能单位开展能源审计，分解节能指标，推动企业建立节能管理制度。设立区级节能减排专项经费150万元，用于政府节能示范工程、绿色照明工程资金补贴。同年，区财政补贴推广高效照明灯具，居民支付1元钱可换购1只优质节能灯，低保家庭和机关事业单位无偿更换节能灯。累计向7个街道、机关及大型公共建筑下发节能灯具71.36万只。2009年，为解决区供热管网老化造成的跑、冒、滴、漏问题，改造区属老旧供暖管网，涉及4家供暖单位、25座锅炉房、1.40万户居民，总供暖面积83万平方米；更换室外管线4.38万米、室内管线19.83万米。全区年能源消费总量56.89万吨标准煤，GDP能耗0.33吨标准煤/万元，较2005年下降39%，超额完成市下达万元GDP能耗下降16.95%的节能指标。2009年至2010年6月，分别将年度节能减排工作任务分解，落实相关部门责任，区级节能减排专项经费分别提高至220万元和250万元，用于政府节能示范工程、重点用能单位改造资金补贴及民用节能。

2005—2009年崇文区万元GDP能源消耗统计表

表16-3

年份	标准煤能源消费总量（万吨）	全区GDP（亿元）	GDP能耗（吨/万元）
2005	58.08	107.92	0.54
2006	61.33	119.96	0.51
2007	59.84	133.84	0.45
2008	54.30	155.10	0.35
2009	56.89	164.97	0.33

监督考核　2004年，区发展和改革委组织全区15户重点用能、用水大户进行自查自纠，组成4个专项检查组抽查驻区国家体育总局和团中央等单位。2005年，制定《崇文区2005年夏季电力需求管理工作方案》，对执行调控方案的机关和企事业单位办公场所和服务设施实施全面监督、动态检查，共检查11家重点工业用户23户次。2006年，对政府机关开展每周节能抽查，重点检查节水、节电、空调温度、办公耗材等节能节约措施。对发现的问题提出整改意见。2007年6月，区发展和改革委在区政府办公楼实施电计量、热计量系统改造，建立能耗统计体系，加强定额考核管理。同年7月，天气高温高湿，该委抽查区财政局、司法局、民宗侨办等政府机关和新世界商场、天坛饭店等重点用能企业的室内空调温度控制情况。对低于26摄氏度的单位，依据《国

务院办公厅关于严格执行公共建筑空调温度控制标准的通知》进行现场纠正。同年，节能审查和评估5个新建项目，建筑面积55.26万平方米，年能耗控制在3 834.29吨标准煤以内。2008年，区发展和改革委联合市计量院对区内大型用能单位开展能源计量检测评估，摸清企业节能监测情况，帮助提升能源计量管理水平。会同区住建委、统计局、质监局组成考核小组，抽查红桥市场、百荣世贸商城和天坛公园等单位，现场考察其年度节能考核指标落实情况，对企业能源审计和节能改造工作提出整改意见。全年完成节能设计标准审查备案11项，面积10.30万平方米，节能标准执行达100%。完成节能专项备案16项，其中居住面积41.40万平方米、乙类公建2.70万平方米，验收率及通过率均为100%。开展节能标准执行情况检查，民用建筑工程施工阶段节能标准执行基本达标率为100%。2010年6月前，区发展和改革委对区内大型公共建筑开展室内空调温度设置专项检查，对温度设置超高问题和未按规定配备室内温度表的企业要求其立即整改。

第二章　统计与调查

第一节　统计管理

机构　1994年，区统计局设4个科室和商业经济调查分队。1995年，成立统计执法检查队。2001年，设6个科室，并协助市统计局管理和领导城市社会经济调查队崇文区分队、商业经济调查总队崇文区分队和崇文区统计执法检查队。2003年，区统计局成立普查中心。2004年，撤销商贸科，其职能划转到商业经济调查分队，成立计算机管理科。2006年，撤销各街道统计信息科，设置统计所，为区统计局派出机构。2007年，按全市统一部署，成立区经济社会调查队，为市经济社会调查总队的派出机构，加挂国家统计局崇文调查队队牌。调查队与统计局合署办公。12月，调查队设立专项调查科。2008年，调查队设立价格调查科。2009年，调查队设立产业调查科。

图16—3　2008年，区统计局举行基层统计所揭牌仪式

统计数据质量管理　自1998年起，区统计局执行市统计局《北京市统计数据质量管理暂行规定》，统计数据质量不断提高。2003年，根据《北京市统计数据质量评估方案》，区统计局建立全区统计数据质量评估制度。2005年，执行市统计局《北京市政府统计系统统计数据质量责任事故追究办法》，明确责任事故界定、认定、追究等内容。同时，执行《北京市人民政府办公厅转发市统计局关于改进地区生产总值核算工作意见的通知》，改进和规范地区GDP的核算，提高区GDP数据的准确性和权威性，实现区GDP数据与全市数据的衔接。当年，区统计局修订《基本单位名录库管理办法》，实现全区统计调查

单位基本情况数据统一管理、适时维护、集中存储和信息共享。

统计报表管理 1993年，国家统计局对统计报表进行改革，推行包括农林牧副渔业、工业、建筑业、交通运输业、批发零售贸易餐饮业、服务业六大行业企业“一套表”，行政事业单位7个“一套表”及固定资产投资单位“一套表”（简称8个“一套表”）为特征的新国家统计报表制度，自同年年报和1994年定期报表起执行。1994年，由于对组织实施“一套表”的困难和问题估计不足，工作遭遇挫折，便恢复原行业统计与专业统计相结合的统计报表制度。自1995年起，工业、建筑业、运输邮电业、批发零售贸易及餐饮业、服务业及行政事业等行业统计，固定资产投资、劳动工资、能源、科技、对外经济贸易、旅游、住户、价格、城市建设等专业统计全面纳入全市日常年定报统计制度。1997年，全区年报共有13个专业、35个表种、3 000余家调查单位。自2001年起，区统计部门编制重点企业主要经济指标完成情况季度报表，建立和实施重点企业报表制度。自2002年起，每年印制全区统计年定报目录下发至调查单位，取消统计年报中全市每年一次的劳动工资联审制度。自2003年起，统计年报执行新国民经济行业分类标准和《中小企业标准暂行规定》，按照新会计制度对行政事业财务报表指标进行调整。自2007年起，区建立部门统计报表制度，共涉及全区35个部门、80张统计年报和定报报表。

2000年12月，市政府下发《关于改革统计管理制度的通知》，实施“在地统计”改革。市统计局将在崇文区域的原中央直报单位、市属党政机关、人民团体、经济主管部门及所属单位的统计管理和统计调查工作划转到区。2001年7月至12月，划转单位定期报表同时向市、区报送。2002年，全面实施区在地统计，当年，崇文区有划转统计调查单位592家。2003年，区统计局按照市统计局《北京市统计调查表管理办法》，加强区域内统计调查表的管理和监督，区统计局制发的统计调查表，报市统计局备案，并将统计资料报市统计局。2004年，《北京市统计调查表管理办法》经修订后重新发布实施。区统计部门依照该办法的规定进行调查表审批管理工作。自2006年7月1日起，根据《北京市统计局关于加强统计调查项目管理的通知》，通过网上办理的方式进行统计调查项目审批（备案）工作。

第二节 统计调查

基本单位普查 1996年12月31日，崇文区进行第一次全区基本单位普查。结果为：法人单位3 611个，其中，单产业法人单位3 422个、多产业法人单位189个；多产业法人单位的产业活动单位887个。2001年12月31日，进行第二次全区基本单位普查，结果为：法人单位7 014个，其中，单产业法人单位6 774个、多产业法人单位240个；多产业法人单位的产业活动单位897个。

人口普查 2000年11月1日零时，全区进行第五次全国人口普查，采取长表抽样、入户登记、全面清点3种方法进行，首次采用光电录人。普查结果：全区总人口为346 205人，与1990年第四次全国人口普查的417 651人相比，减少71 446人，下降17.11%。全区人口中，男性为173 384人，占50.08%；女性为172 821人，占49.92%。普查工作跨度近两年，1 300余人参加。2010年11月1日零时，全区进行第六次全国人口普查。普查结果：全区常住人口为346 073人，同2000年第五次全国人口普查人数相比基本保持不变。全区常住人口中，男性为169 572人，占49.02%；女性为176 501人，占51.01%。

1%人口抽样调查 2005年11月1日零时，全区进行1%人口抽样调查。最终样本单位为调查小区。调查内容有住户基本情况和个人的年龄、性别、受教育程度、职业、迁移流动、生育、社会保障、住房情况等。全区划分 27 个调查小区，入户登记率为 100%。调查结果：2005 年 11 月 1 日零时，全区常住人口为 31.10 万人，与 2000 年 11 月 1 日零时第五次全国人口普查的常住人口 34.62 万人相比，减少 3.52 万人，降低 10.17%；年均减少 0.70 万人，年均降低 2.02%。全区常住人口中，男性为 15.60 万人，占 50.16%；女性为 15.50 万人，占 49.84%。

经济普查　2004 年至 2005 年，全区进行第一次经济普查登记。内容是：消耗及工业企业主要产品生产能力、主要原材料消耗等。普查标准时点 2004 年 12 月 31 日，时期资料为 2004 年度。普查结果为：到 2004 年末，全区有第二、第三产业法人经营单位 6 316 个，产业活动单位 1 754 个，个体经营户 11 188 个。2008 年 12 月 31 日，全区进行第二次经济普查。内容是：单位基本属性、从业人员、财务状况、生产经营情况、生产能力、能源消耗、科技活动情况等。时期资料为 2008 年度。普查结果为：到 2008 年年末，全区有从事第二、第三产业的法人单位 8 317 个、法人所属的产业活动单位（不含本部）1 918 个、个体经营户 12 158 个。

第三节　统计服务

统计分析研究　自 1994 年起，区统计部门围绕全区经济体制改革的难点，经济发展的热点，人民群众关注的焦点，深入开展调查研究，加强经济监测和统计分析研究工作。撰写《我区三资企业亏损情况的调查》《1995 年我区商业服务业发展迅速》《关于广安大街拆迁居民购房情况的调查》《服务业调查与思考》《我区居民居住条件明显改善》等分析报告，获得区领导的肯定。《"王"字型经济磁场发展现状及问题研究》《从区域功能定位监测结果看我区"一二三"发展战略情况》《崇文区各行业发展要素分析与研究》《透过数字看天坛文化圈的发展》等统计分析报告，在市统计分析报告评比中均获一等奖。《崇文区困难群体的就业问题研究》《收入增加居民消费缘何"不热"》《从竞争力看崇文区行业发展优势与挑战》在市统计局分析报告评比中获得二等奖。《我区文化产业发展现状分析》《崇文离城市现代化有多远》《崇文区 2003 年居民生活调查报告》《女职工下岗情况及再就业分析》《对我区经济社会发展关系的思考》在市统计局分析报告评比中获得三等奖。

统计数据发布　自 1994 年起，区统计局定期发布崇文区国民经济和社会发展综合统计资料，并根据区域经济发展重点完善和补充统计资料内容，包括全区国民经济主要指标当月完成情况、全区国民经济主要指标完成情况与其他城区对比。每年年初发布《崇文区经济和社会发展统计公报》，1994 年至 2000 年编印《崇文区社会经济统计资料汇编》，2001 年以后更名为《崇文区统计年鉴》，至 2009 年每年出版。2001 年至 2010 年 6 月，编印经济社会发展季度手册。2008 年至 2010 年，连续 3 年编印《街道基础数据手册》。2009 年编印《辉煌 60 年，崇文换新颜》等统计资料。全面记录和反映区域经济、城市面貌、人民生活、教育事业、医疗卫生、体育环境等发展情况及全区经济和社会建设取得的成就。

2007 年，围绕区域功能定位，初步建立区"一二三"发展战略监测体系。2009 年，对"天坛文化圈"进行统计监测。

监督与执法　1995 年 12 月，区统计局设立区统计执法检查队。1998 年，该队根据市统计局、市监察局、市司法局的联合部署，开展贯彻执行《中共中央办公厅、国务院办公厅关于坚决反对和制止在统计上弄虚作假的通知》情况的大检查。2001 年，开展统计法和"两办通知"执行情况大检查。2005 年，开展以第一次全国经济普查数据质量为主要内容的全市集中统计执法大检查。之后，区统计部门每年根据市统计局统一部署，派出统计执法检查人员参加联合小组，对北京市各区县的统计报表单位进行检查。2005 年至 2009 年，在全市集中执法检查中，区统计部门检查外区单位 376 家，立案 110 家。

1994 年至 2009 年，区统计部门对全区单位进行统计执法检查 2 313 家次，立案查处统计违法行为 399 件，罚款 43 万余元。

第三章　国有资产管理与国有企业改革

第一节　国有资产管理

机构　1994 年，区国有资产管理局（简称区国资局）设 3 科 1 室。主要负责管理全区国有企业、行政事业单位的国有资产。2001 年，区国资局撤销，职能并入区财政局。2004 年，组建区国有资产监督管理委员会（简称区国资委），为区政府直属特设机构。内设办公室、统计评价科、产权管理科、综合科和企业领导人员管理科，行政编制 20 名。

资产存量　1993 年，全区国有资产总额 7.49 亿元。1994 年，为 9.69 亿元，比 1993 年增加 2.20 亿元。1998 年，达 24.64 亿元，比 1994 年增加 1.54 倍。2002 年，全区国有资产总额 29.15 亿元。其中国有及国有控股企业国有资产（经营性资产）13.94 亿元、行政事业单位国有资产（非经营性资产）15.21 亿元。2003 年，全区国有资产总额 30.78 亿元。其中国有及国有控股企业国有资产 15.57 亿元、行政事业单位国有资产 15.21 亿元。

2004—2009年崇文区国有及国有控股企业资产统计表

表16-4　　　　单位：亿元

年份	资产总额	年份	资产总额
2004	77.90	2007	182.90
2005	97.80	2008	208.69
2006	167.90	2009	228.70

产权登记　1994 年，区国资局办理企业产权登记 252 家，注册资金总额 2.30 亿元。其中国有资产 2.27 亿元，占 98.70%。1995 年，319 家企业进行国有资产产权年检登记，总计注册资金 3.91 亿元。1996 年，行政事业单位进行中华人民共和国成立以来首次产权登记，登记、发证 200 家。全区行政事业单位固定资产占国有资产总额的 78.20%。1997 年，对 205 家企业进行国有资产产权登记和年检，并颁发《国有资产产权登记证》。2001 年，国有资产产权登记 24 家。为区属 135 家企业、76 家事业单位的第三产业换发新的产权登记证。2003 年，对 130 家占有、使用国有资产的企业进行国有资产产权登记年检。其中国有资产总额 14.60 亿元。2005 年，办理国有资产产权登记 121 家，其中国有独资企业 59 家、国有控股企业 25 家、国有参股企业 35 家、联营和股份合作企业 2 家。其中国有资本 11.18 亿元。2007 年，对 102 家企业进行国有资产产权登记年检和 31 家企业 151 笔长期投资情况补录，办理产权变更登记企业 4 家，产权注销登记企业 6 家，

产权备案2项，补发产权证4家。2008年至2009年，分别对91家企业进行国有资产产权登记年检。

国有资产评估　1994年，区国资局办理资产评估立项32项，评估值为3.51亿元。评估后比评估前账面净值增加2.47亿元。1995年，对296家国有企业清产核资。2001年，资产评估确认56项，其中改制企业评估确认40项、其他评估确认16项。评估前净资产7 847.86万元，评估后净资产8 475.83万元，增长8%。2004年，办理30项评估备案，5项核准。评估前净资产4.85亿元，评估后净资产6.03亿元，增值率24.33%。其中，改制企业1家，评估前净资产28.77万元，经审批，核销不良资产5.45万元，评估后国有资产产权界定32.08万元。2005年，办理国有资产评估项目备案11项，其中资产有偿转让4项、企业改制2项、其他5项，净资产评估调整后账面值25.30亿元，评估值3.83亿元。2006年至2008年，对15家单位进行评估备案，评估值5 955.69万元。其中，2008年7家单位评估后，国有资产增值2 953.73万元，增值率为102.50%。2009年，对2家单位进行评估备案，评估值138.74万元。2010年6月底前，对10家单位进行评估备案，评估值10.51万元。

国有资产保值增值　1994年至1998年，区国资局对占用国有资产开办集体企业的59家企业，收取占用费33.90万元；对140家企业进行国有资产保值、增值考核。1998年，对非经营性资产转经营性资产的101家行政事业单位收取占用费95.40万元。2001年，对区212家企业国有资产保值增值结果进行确认，其中保值企业64家、增值企业73家、减值企业49家、无法对比企业26家。2002年，考核崇远公司，并对191家国有企业进行国有资产保值增值结果确认，其中保值企业69家、增值企业63家、减值企业59家。绩效评价为中等偏下。当年，通过改制，从北京机床附件厂占用的国有资产净值4 900万元中退出2 755万元，投入区城市改造重点企业和项目。2003年，对111家国有企业进行国有资产保值增值结果确认，其中保值企业33家、增值企业44家、减值企业34家。崇远公司的授权经营企业国有资产保值增值额为1 631.26万元，同比增长21%。2004年，区国有及国有控股企业国有资产保值增值率为98.75%。2005年达100.52%，其中崇远公司系统企业国有资产保值增值率为102.34%、建远公司系统企业国有资产保值增值率为99.48%。2006年，兆维科技股份公司、天桥青鸟股份公司进行股权分置改革；有偿转让崇远公司权属小企业蕊香寒商贸公司持有的国有股权10.70万元，并进行木林森、天桥菜市场2家企业的清算工作。2007年至2009年，区国有及国有控股企业国有资产各年度保值增值率分别为101.24%、100.94%和100.11%。其中，崇远公司系统国有资产保值增值率为101.75%、102.08%和114.24%，建远公司系统国有资产保值增值率为101.54%、101.08%和101.08%。2010年1月至6月，区国有及国有控股企业、崇远公司系统、建远公司系统国有资产保值增值率分别为90.98%、96.33%和95.15%。

第二节　国有企业改革

1994年，崇文区在国有商业服务业实施“个、十、百”工程（转轨变型1个区属二级商业公司、组建10个股份合作制企业、改善和规范100个小型企业），进行国有民营改革。1995年，撤销区服装公司，由区商委、经委接收其下属23个企业，分流安置公司的机关干部。至1996年年底，区饮食公司改组为北京先达饮食集团公司，全区700余家小企业进行承包、租赁、联营、产权重组、托管经营和股份合作制等方式的改革，占企业总数的63%。改革后，企业短期内经济效益提高，职工市场竞争意识有所增强。但由于改革未能触及产权制度，后期出现“以包代管”“以租代管”及经营者的短期行为，造成整体效益滑坡。1997年，区委、区政府制定《崇文区进一步加快国有小型企业改革的若干意见》，重点推进以明确企业产权为核心的股份合作制改革，并在紫兰时装店、丰园早点部、崇文绞肉刀门市部、永定门食品经营批发处4家企业进行先出售企业产权，再按实际出资组成股份合作或股份制企业（先售后股）的改革试点。同年，燕鹏服务集团公司、先达饮食集团公司实施国有资产委托经营目标责任制试点，燕鹏服务集团公司当年国有资产增值4.03%，高出规定指标0.03个百分点。至1998年，区商业服务业企业中，组建有限责任公司10家，股份合作制企业42家。其中，有26家将经营设施出租并将库存按质论价一次性全部拍卖给租赁承包经营者，9家实行“先售后股”，7家实行“存量入股”。1998年年底，天桥百货股份有限公司与北大青鸟有限责任公司实施资产重组，更名北京天桥北大青鸟科技股份有限公司，原天桥百货股份有限公司变为北京天桥北大青鸟科技股份有限公司的子公司。1999年，有73家商业服务业企业改制，其中35家组建有限责任公司、38家改制为股份合作制企业。另有17家实行先售后股。天龙股份有限公司对2个全资子公司实行风险经营责任制；区药材公司利用自身优势组建天利泽、济众生和美中和医药有限责任公司；燕鹏服务集团公司在完成第二轮国有资产委托经营签约后，将核心层以外的照相、洗染、旅馆业分别组建3个有限责任公司。2000年，区成立北京崇远投资经营公司（简称崇远公司），为区政府授权的国有资产监管运营企业，代表区政府行使国有资产出资者权利，公司权属企业20家。同年，218家小型企业进行改革，其中建立有限责任公司72家、股份合作制企业146家。年底，连续3年亏损的北京市天龙股份有限公司，在市政府协调下，与北京兆维电子（集团）有限责任公司重组，进行资产置换。北京市天龙股份有限公司改称北京市天龙公司，原名由北京兆维电子（集团）有限责任公司享有。2002年，区日杂公司、药材公司、先达饮食公司、燕鹏服务公司、百货公司进行整体改制，将区属二级行政性公司改为产权多元化的新型公司，使企业全面参与市场竞争。同时，238家小企业改制，其中204家改制为有限责任公司、34家改制为股份合作公司。至2003年，全区累计以商业为主的669家小企业实行产权制度改革，约占区属企业总数的97%。其中有限责任公司446家、股份合作制223家。2002年至2003年，按照《崇文区关于进一步加快商经系统企业改革调整推动经济发展的思路和实施方案》，引进社会法人出资1.13亿元，社会自然人出资117.90万元，参与区属国有、集体企业重组改制，建立六大企业集团。即引进北京物美商业集团资金2 940万元，与崇文门菜市场共同组建北京崇文门菜市场物美综合超市有限公司；以中华老字号“便宜坊”为龙头，集中多家品牌餐饮企业优势，成立北京便宜坊烤鸭集团有限公司；以老字号“大北照相馆”冠名，整合区商委系统旅馆、洗浴、娱乐行业有规模的企业，成立北京大北服务有限责任公司；集京城百工坊等4家公司，成立北京工美凤凰旅游艺术品集团有限公司；引进北京物美商业集团资金2 880万元，与区副菜总公司、粮食局部分资产进行重组改制，成立北京崇远物美商业有限公司；组建北京天润金百投资集团有限责任公司。

图16－4　2002年6月18日，燕鹏服务集团公司改制为北京大北服务有限责任公司

2004年8月，天润金百商贸有限责任公司与崇远公司共同投资1.50亿元，组建北京天街置业发展有限公司。9月，区成立北京建远投资经营有限公司（简称建远公司），由区政府授权监管经营区城建系统国有资产，授权资产总额66.20亿元，净资产18.50亿元；权属国有全资企业

5家、控股企业1家、参股企业2家。同年，为扭转元隆丝绸有限公司连年亏损局面，发挥元隆老字号品牌优势和民营企业资金及经营优势，引入金肆维集团与元隆公司合作经营。2005年3月，6家企业进行产权制度改革，涉及企业净资产756万元，经资产评估确认净资产702万元，其中国有资产19.96万元。改制后国有资产全部退出。6月，面临经营困境的北京崇建工程公司进行改制，与中冶京唐建设公司合作，组建北京崇建工程有限公司。该公司经过1年运行，全年完成总产值1.40亿元，施工面积2.60万平方米，实现利润201万元，上缴税金155万元。8月，区校办产业管理中心下属荣强印刷厂在市产权交易中心以上市挂牌出售的方式进行改制。2006年，区国资委进行广崇房地产综合开发有限责任公司（简称广崇公司）股权划转，将出资人崇文开发公司（投资8 100万元，占有股权79.50%）和北京凯旋百货商场（出资2 088万元，占有股权20.50%）变更为建远公司和区国资委，解决广崇公司的授权监管者与股权所有者分离的问题。2007年年初，区国资委按照支持发展一批优势骨干企业，合并重组一批规模小、业态低的弱势企业，置换退出一批效益低和无发展前景的低效企业，关闭清盘一批严重亏损、扭亏无望的劣势企业的经营性国有资产整合方案，将该委监管企业由78家减至39家。采取政府主导、市场化运作方式，将区域内景泰蓝、象牙雕刻、玉器、雕漆等“四大名旦”为主的传统手工艺企业整合，由崇远公司投资组建国有独资控股公司——北京天坛文化街发展有限公司。2008年4月，引入中华民族艺术珍品博物馆、中华民族艺术珍品流通中心，组建北京天坛民族艺术品发展有限公司。同年，按照有进有退，有所为有所不为的原则，发展壮大11家企业，合并重组23家企业，置换退出1家企业，关闭清盘4家企业。至年底，区国资委监管企业由39家减至10家。2009年，区国资委系统6家企业转让持有的香港新世界集团股权（权益），对1家公司进行清算工作，盘活国有资产。

图16－5　2003年1月3日，北京天润金百商贸有限责任公司成立

第四章　工商行政管理

第一节　机　构

1994年，崇文区工商行政管理局（简称区工商局）设14个科室，下设12个工商所。1999年2月8日，根据北京市统一部署，区工商局更名为北京市工商行政管理局崇文分局（简称工商崇文分局），由区政府管理变为北京市工商行政管理局垂直管理。设13个科室和7个派出机构。2007年，增设食品质量监督管理科。2010年6月，有15个科室和7个派出机构。

第二节　注册登记管理

工商企业　1993年，全区有工商企业6 784家。1994年，区工商局采取多项措施，支持企业改革发展。在10家经营规范、信誉较好的区属商业企业试行全方位放开经营范围，除国家明令禁止的项目外，均可跨行业经营，经营方式由企业自主决定，并可随时调整，工商部门优先为其办理各项变更登记事宜。试行企业名称预先登记，扩大企业名称保护范围，为894家企业进行名称预先登记。同时，实行大中型企业“优先卡”制度，设立接待室，指派专人为持卡企业办理各项登记手续，全年办理企业开业266人次，变更572人次。支持企业利用国有资产和富余人员兴办各类第三产业。参与和支持区商委系统实施的“个、十、百”和区经委系统“个、五、十”（组建1个企业集团、5个企业进行优化资源配置试点、组建10个股份合作制企业）改革发展工程，为其提供政策咨询，凡涉及工商部门的工作，优先予以办理。当年，工商企业总数达7 583家，比1993年净增799家，增长11.78%。1995年至1998年，区工商局按照《中华人民共和国公司法》（简称《公司法》）要求，对全区不规范公司进行调查，为国有企业改革提供数据。制订《关于支持企业改革发展的若干措施》，对市属重点企业和区属68家重点企业在注册登记中实行“咨询、受理、审查、核准、打照、发照”六优先，缩短登记注册时间。对区政府确定的改革重点企业，在政策允许前提下适当放宽经营条件、方式和范围，设专人优先为其办理企业注册登记。为注册资金2 000万元以上企业提供全方位上门服务。对申请在拆迁冻结范围内注册企业者，只要其做出如遇政府拆迁，将无条件搬出的承诺，即准予注册。1998年，全区工商企业达9 042家，比1994年净增1 459家，增长19.24%。1999年5月，将原来由3个部门受理的登记注册事项，改为由一个窗口受理，简化工作流程。

2000年至2004年，区工商部门在接待大厅安装并应用计算机网络完成各项登记工作。同时设立咨询台和咨询电话，对有上门服务要求的企业，3日内选派骨干前往现场办公。在落实市工商局《关于调整改制登记管辖有关问题的通知》中，工商崇文分局制订企业改制登记工作实施办法，参与企业产权制度改革方案的制订，“提前介入、超前服务”，并建立重点企业联系制度，成立帮扶调研工作队，为196家注册资金在500万元以上企业解决困难，提供服务。工商崇文分局制订并实施《支持区域经济发展若干措施》和《支持崇文区30强企业发展若干措施》，向区30强企业发放特别服务卡，持卡企业可优先办理登记注册等事宜，设持卡企业咨询电话，对提出的登记注册问题进行答疑。2005年，全区办理企业注册登记1 319家，工商企业总数突破1万家，达10 465家，注册资金96.74亿元。2006年至2008年，区工商部门在注册服务大厅实行限时、即时、延时服务，对重点企业试行预约、跟踪、上门服务。推行“简易登记”程序，网上年检企业6 517家，占年检企业的92%；办理企业注册登记1 427家。2008年，开展网上登记，当年受理网上名称设立申请2 945家。2010年1月至6月30日，办理企业注册登记774家，变更登记1 965家。全区工商企业总数1.22万家，注册资本198.04亿元。

表16－5

1994—2010年6月崇文区工商企业注册登记统计表

年份	经济性质									公司			其他企业			合计		
	国有企业			集体企业			股份合作企业											
	户数(户)	其中：企业法人(人)	注册资金(万元)	户数(户)	其中：企业法人(人)	注册资金(万元)	户数(户)	其中：企业法人(人)	注册资金(万元)	户数(户)	其中：企业法人(人)	注册资金(万元)	户数(户)	其中：企业法人(人)	注册资金(万元)	户数(户)	其中：企业法人(人)	注册资金(万元)
1994	2 457			4 889			197			25			15			7 583		
1995	2 478			4 903			352		5 055.46	294			15			8 042		640 819
1996	2 389			4 673			556			637						8 255		
1997	2 329			4 430			681			1 376						8 816		
1998	2 202			3 969			768			2 103						9 042		
1999	1 941			3 313			973			2 859						9 086	7 269	616 064.40
2000	1 598	992	181 607.98	2 440	1 963	144 574.31	1 058	965	37 429.31	3 335	2 706	238 232.44				8 431	6 626	601 844.04
2001	1 390	823	173 083.52	1 817	1 470	119 786.34	1 094	965	35 927.36	3 669	2 939	306 819.75				7 970	6 197	635 616.97
2002	1 254	712	165 750.02	1 736	1 271	109 188.27	1 351	1 162	34 067.83	4 549	3 701	411 510.14				8 890	6 846	720 516.26
2003	973	582	152 037.28	1 338	1 073	90 227.97	1 485	1 322	37 516.63	5 249	4 175	487 604.65				9 045	7 152	767 386.53
2004	819	478	143 221.82	991	814	75 004.46	1 477	1 314	38 816.87	6 253	4 942	615 828.21				9 540	7 548	872 871.36
2005	746	423	138 698	849	715	65 249	1 385	1 219	35 885	7 451	5 717	711 454	34	20	16 123	10 465	8 074	967 409
2006	562	353	129 121	668	572	51 060	1 213	1 068	38 157	7 695	5 979	766 255	23	15	155	10 161	7 987	984 748
2007	496	315	126 658	560	485	45 643	1 074	960	36 950	8 195	6 544	888 032	20	14	13 588	10 345	8 318	1 110 871
2008	436	279	134 351	455	395	36 356	3 007	2 856	215 844	6 790	5 982	609 553	20	13	13 538	10 708	9 525	1 009 642
2009	398	255	133 575	413	363	35 360	3 356	3 096	916 619	7 760	7 036	619 512	18	13	13 538	11 945	10 763	1 853 514
2010.6	363	245	141 869	389	342	34 509	3 663	3 480	993 896	7 790	7 185	796 594	18	13	13 538	12 223	11 265	1 980 406

个体工商户　1994年，全区有个体工商户7 469户，比1993年增加693户，增长10%。1995年，增至7 693户，其中商业服务业占93%，其他为工业、手工业及运输、建筑业。1996年，增至8 181户，比1995年增长6.34%。1997年，随着企业改制，下岗人员增多，申请从事个体私营的下岗人员逐年增加。区工商局适时制订措施，并提供优惠政策、法规咨询等，帮助选择适当的经营项目，设专台优先办理各项登记，只要申报材料齐备，3个工作日发照。当年，新开个体工商户490户。1999年，新开个体工商户1 128户。

2000年，工商崇文分局制订《崇文区个体工商户跨管辖地变更登记的操作规程》，规范个体工商户在区内跨管辖地变更登记行为。下岗人员办理个体登记，只需提供身份证、房产证、再就业优惠证，半日即可办完所有申办手续。由此，个体私营经济得到迅猛发展。当年，新开个体工商户4 003户，比1999年增加2 875户，增长254.88%。2001年，新开个体工商户5 589户，比2000年增加1 586户，增长39.62%；注销个体工商户5 690户，比2000年增加3 270户，为135.12%。2003年，个体工商户突破1万户，达1.25万户，从业人员近2万人，注册资金1.57亿元，分别比2002年增长52.60%、41%、25.20%。2000年至2006年，新开和注销个体工商户数均大量增加，其主要原因是：下岗职工自谋职业做个体工商户可领取政府补助金，但一部分人领取个体经营执照后，因各种原因没有正常经营，又办理注销。2007年以后，区境内危旧房改造和市政道路建设进一步加快，可供个体工商户办照经营的场所越来越少，下岗人员申办个体工商户的数量大幅下降。2009年，新开个体工商户仅726户。2010年6月，全区个体工商户1.70万户，注册资金2.90亿元。个体工商户开业登记1 096户，注销登记1 346户。

1994—1998年崇文区个体工商户注册登记统计表

表16-6

年份	户数（户）	从业数（人）	注册资金（万元）	总产值（万元）	销售总额（万元）	社会消费品零售额（万元）
1994	7 469	8 132	2 981.76	433.80	13 894.50	12 930
1995	7 693	8 320	3 971	431	15 838	13 213
1996	8 181	8 809	5 399	35	17 120	14 640
1997	7 390	7 390	6 398	173	16 451	14 235
1998	7 021	7 021	6 661	123	31 198	28 179

1999—2010年6月崇文区个体工商户注册登记统计表

表16-7

年份	年末实有			年内开业		
	户数（户）	从业数（人）	注册资金（万元）	户数（户）	从业数（人）	注册资金（万元）
1999	6 445	6 445	6 959	1 128	1 128	1 534
2000	7 928	13 230	10 449	4 003	9 200	5 802.75
2001	7 824	12 989	11 599	5 589	6 612	3 746
2002	8 169	14 158	12 563	3 126	4 585	2 831

续表

年份	年末实有			年内开业		
	户数（户）	从业数（人）	注册资金（万元）	户数（户）	从业数（人）	注册资金（万元）
2003	12 466	19 958	15 726	5 786	8 151	4 636
2004	13 383	21 694	16 957	3 525	5 423	4 345
2005	17 002	27 758	24 279	6 284	9 510	9 608
2006	19 670	31 499	30 493	5 317	8 118	8 435
2007	17 529	28 170	30 602			
2008	17 231	27 613	31 673	2 061	2 988	3 279
2009	17 511	26 696	29 314	726	1 173	1 241
2010.6	16 950		29 014	1 096		

第三节　集贸市场管理

自1994年起，区工商局与有关部门配合，持续不断地开展专项整治与检查，打击走私贩私、骗买骗卖、假冒伪劣等违法经营行为，维护市场正常交易秩序，保护广大经营者与消费者合法权益。开展评选“文明市场”和“文明经营户达标”活动，创建购物放心市场，营造“购物放心、消费安全”的市场环境。同年，区工商局、公安崇文分局会同市场主办单位对左安门农副产品批发市场存在的小偷小摸、结伙偷盗、欺行霸市行为进行集中打击，处理各类案件200件、不法分子300余人。此后，区工商、联防、公安等部门在市场内实行24小时巡逻，发现一起，处理一起，市场秩序明显好转。1996年，区工商局修订《集贸市场规范化管理考评评比标准》，建立《市场考评通级制度》，每月对各市场予以考评，对查出的问题，要求限期改正，并上报结果。至10月底，向9个市场开办单位发限期整改通知9份。1999年，工商崇文分局全面开展市场巡检工作，加强市场日常巡查和查处违法案件。至年底，办结一般程序案件321件，罚没款763.75万元，比1998年分别增加19.77%和139%。2001年，根据管理水平分级分类评定市场等级，全区评出标准市场一级6个、二级39个、三级2个。2002年，工商崇文分局制订《崇文区集贸市场鲜肉统一进货渠道实施意见》，将北京顺义肉类联合加工厂、北京市大红门肉类加工厂和北京市绿健肉食品公司定为全区市场鲜肉进货定点厂家，实行厂场挂钩、引厂进场。根据市工商局《北京市市场索证索票办法》和建立台账要求，工商崇文分局将实施索证索票的商品范围扩大到鲜肉、熟肉、豆制品、油漆、涂料和板材，并实行台账和厂家考察备案制度。当年，全区有19个市场推行该制度，市场索证索票和台账登记达95%以上。2003年，工商崇文分局落实食品放心工程，在2 996户食品经营企业推行食品进货台账、索证索票和检查验收制度，发放台账6 000余本，95%以上的食品经营企业建立食品管理制度。2006年，以百荣世贸商城、世纪天鼎市场、红桥市场、红桥天乐玩具市场为重点，打击假冒箱包、鞋类、玩具等商标侵权行为；以重点大街、过街天桥、地下通道及北京南站地区为重点，打击贩卖盗版光盘、盗版书刊行为，整顿和规范市场经济秩序。2004年至2009年，北京天隆昌工艺品批发市场、红桥天乐玩具市场、红桥市场、东花市北里市场获首都文明市场称号；龙潭社区菜市场、西花市菜市场、天立菜市场、金龙潭园菜市场、李村菜市场被市商务局、市工商局评为规范化社区菜市场。

1994—2010年6月崇文区集贸市场统计表

表16-8 单位：个

年份	集贸市场	年份	集贸市场
1994	38	2003	43
1995	38	2004	34
1996	41	2005	46
1997	45	2006	29
1998	45	2007	29
1999	57	2008	29
2000	72	2009	30
2001	67	2010.6	30
2002	65		

第四节　违法违章经营查处

1993年12月1日，《中华人民共和国反不正当竞争法》（简称《反不正当竞争法》）施行。1994年，区工商局在全区广泛宣传，对确属不正当竞争行为，依法严肃处理。8月27日，在前门地区召开打击不正当竞争行为公开处理大会，依法对该地区4家雇人欺骗顾客（简称“雇托儿”）的经营企业进行公开处理。至11月底，查处经济违法案件42件，罚没款134万元。1995年，区工商局查处北京天然丽莎经贸公司和北京兴田体育器材有限公司非法传销案，该案中2家公司非法组织的“金字塔式”传销网络达10余个层次，2万余人坠入迷网，1 000余万元款项被传销网吞蚀。经深入调查和采取必要的行政措施，为参与者挽回经济损失，对2家公司处以罚没款400余万元。当年，查处经济违法案件378件，罚没款389.60万元，分别是1994年的9倍和2.91倍。1996年，加大对区内主要大街和重点地区的集中整治，共出动5 283人次，1 792车次；纠正市场违章4 782人次，罚没款394万元。1998年至1999年，深入贯彻全国打击走私工作会议精神，加强进口商品管理，取缔私货交易活动。查处2家公司非法经销走私商品，分别为3 500万元、120万元。查处东飞化工有限责任公司无成品油经营权经营成品油，案涉金额1 000余万元等案件。1999年，查处案件321件，罚没款763.75万元，比1998年分别增加19.33%和139%。2000年至2001年，重点查处假冒商品和打击传销，查获假冒耐克、锐步运动鞋共1 172双，假冒阿迪达斯上衣500件，仿冒美国柯达公司产品17箱、电池2.60万余节。还查获假冒名牌洗发用品品牌24个、1 500余盒，查扣野生保护鸟类720余只。查处2家公司涉嫌传销墓穴案，清退涉及251人、849个墓穴，金额651.79万元。2003年，查处“非典”期间非法牟利等违法案件17件，罚没款近63万元；没收“三无”劣质口罩9 392个。2004年至2009年，重点查处商业贿赂。查处2个医疗机构受贿、收回扣和1个企业行贿案件，3起案件共罚没款165万元。并以行贿案件为线索，追查立案15件，罚没款157万元。

1994年至2010年6月，全区共查处案件6 181件，罚没款6 459.09万元。

1994—2010年6月崇文区查处违法违章案件统计表

表16—9

年份	案件（件）	罚没款（万元）
1994	42	134
1995	378	389.60
1996	547	394
1997	354	358
1998	269	319.40
1999	321	763.75
2000	635	550.01
2001		
2002	632	265
2003	576	618.10
2004	393	336
2005	124	122.79
2006	482	1 029.29
2007	580	484.73
2008	406	352.70
2009	357	279.40
2010.6	85	62.32
总计	6 181	6 459.09

说明：2001年统计资料缺失。

第五节　经济合同管理　商标管理　广告管理

经济合同管理　自1994年起，区工商局多次举办企业法定代表人、业务员、合同员、财会人员参加的《经济合同法》《合同法》《担保法》《拍卖法》培训班，开展经济法律法规知识培训，印发法律法规宣传材料和合同示范文本，为企业提供法律咨询服务。同年至1996年，经培训考核，全区1 065人获北京市工商局合同员岗位资格证。两年中，检查679家重点企业各类经济合同3.85万余份，涉及合同金额5.21亿元，其中，有问题合同1 230份，金额3 211万元。使企业免受经济损失153万元。发售各类合同示范文本2.63万本，法人授权委托书7.87万本。查处4起利用合同进行欺诈的案件，标的额共1 346.20万元，为企业挽回经济损失10.80万元。查处违法合同案件 14 起，合同违法金额 1 400 万元。依法仲裁合同纠纷案件 27 起，合同金额 6 500 万元，解决合同争议金额 1 656 万元。在全区深入开展的“重合同守信用”活动中，北京同仁堂股份公司、北京丽源有限责任公司、崇文门菜市场、南庆仁堂药店、北京曙光药业有限责任公司等 36 家企业被北京市工商局命名为“重合同守信用”单位。1997 年至 1999 年，区工商局为企业办理动产抵押登记 17 宗，登记金额 2 780 万元，协助企业融资 2 370 万元。2000 年，在部分企业设立合同联络员，加强企业与工商部门的联系，全年发展企业合同联络员 721 人。工商崇文分局贯彻执行国家工商管理总局颁布的《拍卖监督管理暂行办法》，加强拍卖市场监督管理。现场监拍 22 场拍卖活动，拍卖标的 1 595 件，成交金额 5.49 亿元。调解 7 件合同争议案件，合同金额 3.55 亿元。同年，经重新考核验收，36 家企业继续被北京市工商局命名为“重合同守信用”单位。2002 年，北京丽源有限责任公司和北京曙光药业有限责任公司被国家工商管理总局列入《中国 2001 年度“重合同守信用”企业光荣榜》。2003 年，对经营范围中含有“经纪业务”的企业进行摸底检查，审查经纪从业人员资格，进行重新登记。当年，全区有经纪企业 155 家，其中，公司经纪人 125 家，持证经纪从业人员 576 人。2004 年至 2007 年，以建立企业诚信为目标，以规范市场主体合同为重点，采取多种形式宣传、开展“守信企业”公示活动。对“守信企业”免企业年检和日常检查，并享有优先办理行政专项的权利。围绕《合同法》《担保法》《拍卖法》3 部法律，开展合同监督管理工作。同时，向企业发放合同副本 4.10 万余本，受理合同纠纷 52 起，解决合同争议金额 199.09 万元。发展经纪企业 327 家，经纪人 920 人。2008 年 10 月 1 日，工商崇文分局调研起草的《北京市订餐服务合同》示范文本正式使用。主要针对婚宴、年夜饭、商务会议及特殊餐饮消费，明示保护经营者和消费者双方的合法权益及应承担的责任义务。2009 年，在区政府服务大厅和工商崇文分局服务大厅分别设立两处合同指导站，为企业直接服务，并在区境内较有影响的 4 个商场、市场和社区增建合同调解站。2010 年上半年，工商崇文分局制订《动产抵押登记书》《动产抵押变更登记书》《动产抵押注销登记书》《法定代表人身份证明书》《授权委托书》等，登载在工商崇文分局网站及网上工商工作站，为办事人提供便捷、高效服务。

商标管理　1994 年，区工商局举办商标知识及保护企业知识产权等系列讲座，增强企业经营者的商标意识。至年底，全区注册商标企业 296 家，新增注册商标企业 25 家；有效注册商标 682 件，新增注册商标 102 件，分别比 1993 年同期增加 9% 和 17%。1995 年，区工商局查扣宝华里市场 35 万个假冒名牌标识，并顺藤摸瓜，端掉假冒名牌标识中转集散摊点、黑窝点 13 个，吊销营业执照 6 个，收审不法分子 10 人。1997 年，分层次指导企业进行商标管理，在重点企业设置商标管理机构和专职商标管理人员，完善商标印刷、使用登记；建立残次标识处理和商标许可合同备案制度，做到机构、人员、制度三落实。1998 年，对 1 200 余名企业商标管理人员进行商标法培训。1999 年，工商崇文分局完善重点保护的著名商标所有权企业的商标保护网络，引导企业运用商标战略占领市场。先后召开两次商标战略研讨会，对 10 家企业进行重点指导。2000 年，对区域内重点媒介和广告公司代理发布的医疗、药品和保健食品广告进行集中整治，立案查处违法广告 7 件。2004 年，查处某旅行社在网站首页及介绍北京景点的网页中擅自使用奥林匹克五环标志、二十九届北京奥运会会徽、“中国印”以及“新奥运、新北京”口号等案。2005 年，立案查处各类商标违法行为 119 起，罚没款 32.75 万元；打掉 3 个存储侵权商品窝点。2006 年，工商崇文分局加快名牌带动战略实施进程，推荐红桥市场、便宜坊、都一处参加北京市著名商标评选，便宜坊被评为著名商标，全区著名商标共 9 件。2007 年，工商崇文分局与市奥组委保持联系，随时了解侵犯奥林匹克标志违法行为动向，确保良好的市场秩序。4 月 20 日，在百荣世贸商城门前广场举行“迎奥运，保护知识产权、促进创新发展”千人签名活动，宣传奥林匹克标志保护相关知识。检查奥运特许经营专卖店、涉奥宾馆商品部和重点旅游景点，查处非法销售侵犯奥林匹克标志专用权商品和非法使用“奥运”标志行为。当年，注册商标3 427件。2008年年初至奥运会开幕前夕，查获假冒知名品牌商品4 723件，立案88件，罚没款57.53万元。奥运期间，红桥市场接待外宾14万余人次，销售额7 000余万元，未接到涉及假冒商品的投诉，得到市奥组委认可。2009年，立案查办商标广告违法案件56件，罚没款42.80万元。截至2010年6月30日，全区有效注册商标5 883个，是1993年的10倍。其中，驰名商标2个，即同仁堂、便宜坊；著名商标11个，即同仁堂、便宜坊、北冰洋、华姿、奥琪、飘逸、大宝、宝贝、欧珀莱、天坛、庄子。

广告管理　1994年，全区有广告经营企业103家，企业自设户外广告1 171块。当年至1999年，区工商局先后治理虚假广告31件，查处违法广告案件6起，罚款2万元。建立市工商局、区工商局、工商所三级广告监管体系，严把广告发布关，并把医疗和药品广告纳入监管重点。审批企业自设户外广告670块，拆除违章户外广告31块，收缴非法广告宣传品2 100余件，审查媒介广告3 520条。以医疗、药品、保健食品、中介、房地产广告为重点，监测4家重点媒介发布的1.95万条广告，对其中1 867条广告小样逐条依法审查登记。自2000年起，配合申办奥运会工作，加强对户外广告、印刷品广告、广告审批登记及审批程序的管理，全年审批印刷品广告72户、自设性户外广告964户，对37家未经审批擅自设立户外广告的企业进行处罚。2005年，建立行政告诫和约见法人代表等制度，对3家媒介发布的26条违法广告予以行政告诫，并约见媒介单位法人代表。全年立案查处各类广告违法案件7件，罚没款45.80万元。2007年，工商崇文分局发挥广告监测系统作用，全年监测广告3.32万条，其中违法广告953条，责令改正或立案查处。全年办结广告类案件137件，罚没款111.35万元。2008年，实施上下联动监测，市工商局、工商崇文分局、区工商所共监测户外广告3.51万条，对查出的292条违法广告，4条责令改正，其余立案查处。2009年至2010年6月，工商崇文分局开展户外广告专项整治，检查自设性户外广告860块、经营性户外广告329块，并与公安、城管等部门组成70余人执法队伍，集中整治前门弯道至前门东大街和崇文门东大街沿线非法散发“一日游”小广告。

第六节　保护消费者合法权益

1994年至1995年，区工商局利用“3·15”国际消费者权益日，在天桥商场、天坛商业大厦、前门商业大厦、崇文门菜市场设立宣传站，宣传工商法律法规，向企业发放相关资料4 000余份。贯彻《北京市消费者权益保护法实施办法》，对租用场地或柜台从事经营活动的单位或个人实行核发营业执照的办法，将出租柜台、引厂进店的经营方式纳入规范管理。指导消费者协会做好投诉、宣传、排解纠纷等工作，先后处理消费者投诉案件401件，为群众挽回经济损失20.41万元。在全市评选百户文明示范户私营企业和千佳个体工商户活动中，崇文区评选出5家私企文明示范户和42家千佳个体工商户。1996年，区工商局受理消费者投诉案件341件，接待来访、电话咨询3 724人次，为消费者挽回经济损失340.63万元。1997年，崇文门菜市场光明分店等4家企业被北京市工商局评为消费者信得过单位。

1999年，在8个工商所建立消费者投诉服务台，在252个居委会、104个经营单位、23个集贸市场建立379个消费者投诉服务站、点，形成以工商崇文分局“3·15”投诉台为中心的自上而下、三级联动、互相协调配合的投诉举报体系和维权网络，共受理消费者投诉案件1 474件，接待消费者来信、来访和电话咨询4 171人次，为消费者挽回经济损失62.90万元。2000年，在158个居委会设立投诉举报网络站、点，在207家大中型商场建立投诉站、点，在54家重点企业建立投诉网络。全年受理消费者投诉案件 423 件，涉及金额 66 万元，为消费者挽回经济损失 13.40 万元。当年，崇文门外大街开展“打假维权、消费者满意街”活动，被公安部、商务部、国家质量监督检验检疫局、国家工商总局、发展和改革委员会、卫生部命名为“百城万店无假货示范街”，被国家工商总局授予“打假维权、消费者满意街”称号。

2002 年，以消费者维权联络站（点）为依托，实施一块投诉举报服务牌、一个投诉举报登记本、一本便民卡工程，方便居民投诉。至年底，受理消费者投诉案件 874 件，办结率为 99.60%；接待并解答消费者及经营者来人、来电咨询 1 672 人，为消费者挽回经济损失 60.94 万元。2004 年 3 月 10 日，全市首家社区工商工作站在东花市北里社区居委会建立。同年，先后建立 26 个社区工商工作站，受理消费者申诉 477 件，为消费者挽回经济损失 52.60 万元；共接群众举报 460 件，查实 93 件，立案查处 24 件。2005 年，工商崇文分局制订《设立“打击制售假冒伪劣商品等违法行为”举报奖励基金的实施办法》，启动打假维权奖励基金制度，在举报案件结案后 3 个工作日兑现奖金。2008 年 3 月 28 日，崇文工商网上工作站实现与首都之窗、“96156”公众信息网成功链接，浏览量达 61 万人次，答复社区留言 800 余条，受理视频投诉 16 件，网上投诉 75 件。奥运会期间，解决各类消费者投诉 29 件，其中涉外案件 3 件，办结率、调解成功率、消费者满意率均为 100%。2009 年，工商崇文分局开发“12315·北京·崇文·消费维权网”。设立与民互动、畅通民意、听取群众意见、解决群众最现实利益问题的“四个平台”，快速解决投诉案件，全年办结案件 515 件，调解成功率 98.90%，为消费者挽回经济损失 192 万元。2010 年 3 月 14 日，同仁堂集团崇文门药店、新兰体育用品商行、永洲商贸公司、罗威婚纱摄影有限责任公司、新世界商城 5 家企业被区命名为诚信经营示范单位。

图16－6　2009年3月14日，工商崇文分局举办“3·15”国际消费者权益日活动

第七节　食品安全监督管理

1994 年，为落实市政府“让群众吃上放心肉”的指示精神，区工商局与各市场主办单位、市场管理委员会密切合作，加强对进入市场畜禽产品的检疫。1 月 17 日至 19 日，出动检查人员 294 人次、24 车次，对 18 个经营畜禽产品市场的 241 个摊点进行检查。依法取缔 18 家无照经营或证件不齐摊商，对未按法规出售畜禽产品的摊商做出罚款和暂扣营业执照处理。1996 年，区工商局确定左安门农副产品批发市场为鲜肉批发定点市场，确定红桥、宝华里、琉璃井、福光路、东晓市街、光明中街等 6 个市场为第一批鲜肉定点零售市场，并培训 30 余名鲜肉复检员。1998 年，区工商局成立粮食市场整治领导小组，检查具有粮食加工经营项目的企业 128 家，其中用粮大户 32 家，对其中用粮较多的 5 家企业展开深入调查，暂扣手续不全的上市粮食 11.2 吨。此外，全年先后出动执法人员 450 余人、85 车次，检查各类经营主体 242 家次，检查市场 12 个，查处无照经营企业 9 家。2000 年至 2001 年，工商崇文分局建立粮食经营、肉类及肉类制品和市场商

图16－7　2005年，工商崇文分局执法人员检查早餐点食品卫生许可证

品销售台账，在31个市场开展“零风险购物”活动。对农副产品批发、零售市场、超市及药店中经营的包装食品、果品、粮油商品和保健品等未经许可擅自使用“绿色食品”标志的行为，进行为期一个月集中整顿。检查崇文门菜市场、新世界商场、金伦大厦、稻香村食品商场、红桥市场、左安门农副产品批发市场等区内各大商场、超市经营的280余种带有绿色食品标志商品。在部分农副产品市场推行绿色食品专营区（柜）和实行“洁净菜”上市措施。永外革新里菜市场成为全市首批“洁净菜”上市挂牌市场。全区推行绿色食品专柜市场5个，实行洁净菜上市的市场10个。2002年至2003年，工商崇文分局以落实北京市“肉菜放心工程”为重点，推行猪肉“场厂挂钩”和蔬菜“场地挂钩”经营措施。对47家大中型商场、超市、农副产品市场、餐饮企业，进行137次现场抽检及11家企业送检，检测合格率为99.50%。2003年2月1日，“12315”食品检测车正式启动。在市场、商场、超市及餐饮企业中抽取1 252个食品样本检测，合格率为99%。2004年9月23日，联合国世界卫生组织官员到左安门市场考察活禽交易情况后，表示满意。2006年12月至2009年11月，工商崇文分局3次对辖区内重点地区的食品商场、超市、小食杂店进行食品抽样检测。共抽取检测9 083批次（例），其中，合格8 966批次（例），不合格117批次（例），合格率为98.71%。快速检测抽取食品样品7 718批次（例），其中，合格7 692批次（例），不合格26批次（例），合格率为99.66%。日常抽检抽取食品样品1 365批次（例），其中，合格1 273批次（例），不合格92批次（例），合格率为93.26%。

2008年12月—2009年11月崇文区部分食品检测结果统计表

表16－10

食品种类	抽检（个）	合格（个）	不合格（个）	合格率（%）
蔬菜	21	18	3	85.71
蜜饯果脯	57	54	3	94.74
牛羊肉及其他畜肉	27	26	1	96.30
干果及坚果	56	54	2	96.43
食盐	63	63	0	100
糖果巧克力	32	32	0	100
糕点及面包	63	63	0	100
饼干	34	34	0	100
葡萄酒及果酒	12	12	0	100
豆制品	55	55	0	100
禽类	21	21	0	100
熟肉制品	183	183	0	100

续表

食品种类	抽检（个）	合格（个）	不合格（个）	合格率（%）
鲜蛋	8	8	0	100
食醋	31	31	0	100
酱油	33	33	0	100
酱腌菜	68	68	0	100
酱类	28	28	0	100
膨化食品	65	65	0	100
炒货食品	40	40	0	100
淀粉及其制品	50	50	0	100
饮料	38	38	0	100
猪肉	166	166	0	100
辣椒制品	55	55	0	100
罐头	32	32	0	100
水产及水产加工品	32	32	0	100
食用油	77	77	0	100
茶叶	15	15	0	100
小麦粉	8	8	0	100
水果	25	25	0	100
速冻米面食品	20	20	0	100
即食米面食品	69	69	0	100
谷物粉制品	45	45	0	100
小米及其他	4	4	0	100
鲜奶	17	17	0	100
调味品（糖、味精）	59	59	0	100

第五章　审　计

第一节　机　构

1994 年，崇文区审计局（简称区审计局）设 7 科 1 室。1995 年 1 月，撤销集体经济审计科，设立审计指导科；局下属崇文审计事务所更名为北京市中润达审计事务所，1999年6月，该所与局正式脱钩。2000年10月，局下属北京市亚太审计会计公司更名为北京亚太审计会计咨询服务中心，2008年5月撤销。2001年12月，该局撤销办公室、综合科、审计指导科，设综合办公室，增设经济责任审计科。2006年11月，成立北京审计学会崇文工作委员会。2009年12月，该局设办公室（内部审计指导科）、经济责任审计科、财政金融审计科、行政事业审计科、固定资产投资审计科、经济贸易审计科和人事行政管理科6科1室。至2010年6月，实有干部职工48人。

第二节　国家审计

预算执行和其他财政收支审计　1994年，按照《中华人民共和国审计法》的规定，区审计局对财政收支的监督范围扩大到对区政府财政预算执行情况及各预算执行部门和单位进行审计监督。1995年，该局首次审计区预算执行情况和其他财政收支情况。此后，逐年延续。当年，在审计2个街道办事处及财政所1994年财政收支情况中，发现2个单位未将收取的各项罚款共计16.60万元纳入预算管理；人防工程费6.30万元未按规定上交。区审计局要求其严格执行“收支两条线”规定，将罚款收入纳入预算管理。

1996年至1998年，区审计局对区预算执行和其他财政收支进行审计中发现，一些单位部分行政性收费收入在预算暂存账户挂账，未纳入预算管理；一些单位将预算内资金的利息收入记入预算外收入账户；有的部门该征缴的财政收入不能及时征收入库；有些预算单位存在购置固定资产、接受捐赠等收支事项不入账管理、不按规定向有关部门申报等问题。区审计局出具审计报告，对各相关单位分别提出纠正建议。

2000年，区审计局重点审计区财政局、区地税局、国库崇文支库、区教委等预算执行单位和部分区属企业，发现存在个别部门预算收入事项处理不及时、执行“收支两条线”规定不严、在下属单位列支违规资金、公款私存，个别企业长期投资项目效益不佳和隐匿去向、资产和负债失真、基本建设项目预决算不实、高估冒算及建设资金流失等问题。区审计局对各相关单位分别提出审计建议，要求其采取措施，加以纠正。同时，查出区教委出纳员贪污挪用公款200万元，案件移交司法机关处理。

2003年至2005年，区审计局以财政支出审计为重点，加强对预算执行、国库集中收付、政府采购、教育、最低生活保障资金、“非典”专项资金及捐赠物资款项、商业结构调整和划转企业资金、中小企业担保金、环保、社保等专项资金使用及税收征管情况的审计监督。查出部分单位收费收入未按规定及时足额缴入国库或财政专户，参保企业欠缴养老保险基金及缴费工资基数不准确、少缴保费，企业欠税，区属某单位设账外账，区教委财务科副科长张某采用欺骗手段侵占基建资金414.56万元等问题。针对查出的违反财经法规的问题，区审计局下达审计决定，依法纠正；属于制度规定不完善、不健全的问题，要求有关部门或单位根据审计建议，建章建制，完善内部管理；涉嫌经济犯罪的，移交司法机关处理。同时，区审计局就教育资金管理使用的审计情况向区人大常委会主任会议进行专题汇报，督促加强教育专项资金管理。

2007年，预算执行审计工作由强调审计覆盖面向重点审计专项资金的使用效益转变，由财政预算执行结果审计向对部门预算和决算审计扩展，审计内容与财政管理改革结合得更加紧密。当年，重点审计区政府7个一级预算部门的年度预算执行和决算草案。发现部分款项未及时上缴国库，专项经费支出不实、挤占及使用不规范，“收支两条线”执行不严格，决算草案编制不完整，固定资产管理不规范等问题，涉及资金 9 325 万元。

2008 年，审计区教委等 10 个单位 2007 年预算执行和决算草案情况，重点审计预算编制、预算执行、决算草案及财产内控制度。审计发现年初政府采购预算 2 157.75 万元，实际执行 606.69 万元，仅占 28.12%，预算安排和执行差距较大，就此延伸审计 7 个街道办事处。还发现 2 个单位分别于 2007 年度收取拆迁补偿收入 7 342 万元和 163.93 万元，未按规定及时上缴区财政预算外专户。审计期间均上缴。区审计局从预算管理、资金资产管理、财务管理角度，提出整改意见。

2009 年至 2010 年 6 月，审计 22 个部门。重点审计“保增长、保民生、保稳定”各项惠民工程专项资金使用情况。关注居家养老补助资金、“放心菜篮子”和早餐惠民工程等涉及群众切身利益的专项资金管理和使用情况，查找影响资金使用绩效的问题和管理中的薄弱环节，提高资金使用效益。查出管理不规范金额 9 503.70 万元。区审计局对发现的问题，出具审计报告和综合审计报告 24 篇，提出审计建议 33 条。有关部门采纳并整改。

1994 年至 2010 年 6 月，该局共对 115 个单位进行预算执行和其他财政收支审计，查出违纪金额和管理不规范金额 7.25 亿元。累计上缴财政 393 万元。

行政事业单位财务收支审计 1994 年，区审计局对行政事业单位的财务收支由定期审计改为经常性审计。1996 年至 1997 年，审计区卫生事业费收支情况和教育事业费的拨付、使用及管理情况。发现一些单位在暂存款账户挂账预算内资金、在其他应付款账户挂存收入、在其他业务收入账户列支奖金、将房租收入记入利润漏缴税费及滞留上年应下拨的财政附加费、洗理费等问题。对此，区审计局依据相关法规进行审计处理。1998 年，对区教委下属的 14 个单位进行财务收支审计，查出违规问题金额 3 942 万元。发现某学校违规向学生集资 21.23 万元，至审计时尚有 2.64 万元未退还学生。区审计局做出审计决定，要求该校将所欠余款在规定时间内退还学生，并将还款结果报送区审计局。1999 年，审计查出区人防办公室私设“小金库”及违规拆借大额资金支付购房款等问题。区审计局没收其“小金库”余额，对违规拆借大额资金问题，移交监察机关调查解决。检查区劳动局、环卫局等 18 个单位执行“收支两条线”规定的情况。提出加强二级预算单位专户存储管理及建立收费票据核销管理等建议。

2001 年至 2003 年，在对区教育、体育、卫生、园林局等单位的审计中发现，个别单位无证收费和部分收入未纳入财政专户管理；固定资产管理有章不循；部分资金未纳入财务统一核算，形成体外循环资金，如某学校先后以个人名义开设 5 个银行活期存折，资金达 50 余万元；主管部门不了解下属单位财务收支状况，疏于管理监督；对外投资损失严重等问题。区审计局依照有关法规分别提出纠正改进意见。

2004 年至 2006 年，对使用财政资金数额较大的区公安和卫生系统开展审计，发现收费收入未按规定实行“收支两条线”，上缴财政专户；财务和资产管理不规范，资金体外循环；决算报表不真实，不按规定使用会计科目，随意列收列支；违规购车及漏缴税费等问题。涉及资金 2 514.20 万元。

2007 年至 2009 年，区审计局在各项审计中融入效益审计内容，围绕财政资金主线，重点关注重大决策制定与执行、专项资金管理与使用、资金使用产生的经济和社会效益等关键环节，先后对社区服务中心专项资金、再就业资金、社区卫生建设资金、教育信息化建设资金的管理使用及国有资本收益情况等进行效益审计调查，延伸审计 49 个单位。对资金管理、使用和效益方面存在的突出问题，有针对性地提出审计建议。

1994 年至 2010 年 6 月，共审计行政事业单位 152 个，查出违纪金额和管理不规范金额 6.83 亿元。累计上交财政 1 048 万元。

固定资产投资审计 1994 年至 1999 年，区审计局审计基本建设项目 21 项，新开工建设项目开工前审计96个。查出问题金额5 415万元。其中，1996年5月至1998年8月，审计崇文门外大街市政改扩建工程中分段施工建设的30个工程概算，审计资金1.05亿元，核减因施工单位增加收费项目、高套定额、虚增工程量、多计建材用量等虚增工程概算164.40万元。查出区正大医院中医门诊楼、汇文中学科技楼、区第一人民医院（原永外医院）等基建项目多列概算、挤占工程成本、高估冒算等违规问题金额76万元，分别进行纠正处理。对北京教育学院崇文分院教学楼超计划投资161万元，处以1%的罚款。

自2000年起，随着崇文区市政基础设施建设和危旧房改造步伐加快，区审计局按照区委、区政府提出的审计机关要全程参与重点工程审计监督，促进建设资金合法、有效使用的要求，从质量、工期、安全、资金和效益5个方面，开展政府投资建设项目工程结算审计、重大建设项目的拆迁资金审计和重点地区的土地开发成本审计。重点对广安大街（崇文段）改建工程、"进京第一印象工程"（崇文区铁路沿线环境整治工程）、北京明城墙遗址公园腾退工程、金鱼池危旧房改造项目、前门东侧路解危排险市政道路建设工程、广安大街（崇文段）15栋楼及其外线建设工程、南北花市大街绿化工程、幸福大街绿化工程、前门地区危改拆迁工程、京津城际轨道交通工程拆迁（崇文段）、弘善家园拆迁工程、"城中村"环境整治工程、前门草厂三条至十条修缮整治工程、前门风貌保护区拆迁工程、四块玉地区环境整治、地铁十四号线（崇文段）、定安里和文章胡同东口土地储备开发项目和崇文区中小学校舍安全等重点工程项目开展审计监督。发现投资领域存在的损失浪费，招投标运作不规范，建设资金不落实，会计核算多记、重记及少记费用，建设单位挤占、挪用、滞留资金等违法违规问题，在进行纠正的同时，提出改进意见。

1994年至2010年6月，共审计固定资产投资项目80个，查处违规和管理不规范金额1.21亿元。累计上缴财政35万元，审计核减项目投资额1 142万元。

企业审计　1994年至1997年，在企业转变经营机制，深化改革中，区审计局审计75家企业的资产、负债和损益情况，重点审计其真实性、合法性、效益性及国有资产保值增值情况，维护国有资产安全。审计查出违规金额772万元。主要问题是：挤占成本截留税费，虚列支出多提多列费用，虚报利润、掩盖亏损，欠缴漏缴税费等。据此，做出审计决定，要求有关企业调整当期损益，补缴税金共497万元。

1998年，在对区属1家公司审计中查出，其隐瞒1994年至1997年营业收入200余万元，漏交各项应纳税款，私设"小金库"和账外账等问题。对此，区审计局做出补交税款8.50万元，罚没款16.80万元的处理，对该公司经理进行经济处罚。在当年税收财务物价大检查中，对18个单位进行重点检查，查出应上缴财政金额13万元。

1999年至2004年，区审计局把企业审计的重点放在改革、改制上，重点审查企业改制重组过程中资产运营和效益情况，摸清家底，规范生产经营管理，促进企业改制后的发展。在对区属建筑、修理、日杂、服务、药材、房地产开发公司进行审计中发现，由于一些企业面临重组改制，公司及其所属企业内部缺乏统一监督控制，管理松懈，财务相关制约功能削弱。主要表现为：企业资产负债率过高，有的资产负债率超过100%；库存商品账实不符、损失挂账及积压严重，导致资产不实；企业潜亏问题突出。区属某公司权属企业积压存货达1.68亿元，其中3年以上未售出的存货3 097.08万元，占存货总量的18.43%；企业中留存的拆迁补偿资金数额较大，使用上存在较大随意性，一些企业没有专款专用，造成国有资产流失。针对审计中发现的问题，区审计局从建立健全企业内控制度，保证资产安全与完整等方面提出审计意见。

2005年至2010年6月，区审计局注重对资产管理的监督，并针对区属企业账外房产，改制后国有控股企业职工退股现象较普遍等问题开展专题调研，上报信息引起区领导重视并做出批示。在对区属某市场2006年1月至2008年12月财务收支情况审计中发现，该市场存在出资不到位及抽回注册资金 4.72 亿元，广告费收入 237.65 万元未记收入直接用于支出，内控制度不健全且未得到有效执行等问题。区审计局就此提出完善内部控制制度，规范现有的收费方式，解决出资不到位问题等建议。

1994 年至 2010 年 6 月，共开展企业审计 168 项，查处违纪金额和管理不规范金额 7.24 亿元。累计上缴财政 5 453 万元。

经济责任审计 始于 2000 年。同年至 2001 年，按照区委、区政府要求，对 7 名处级单位正职和 1 名企业主要负责人进行任期经济责任审计。发现内控制度不健全、财务核算混乱、存有账外资金、滥发资金补贴、漏缴国家税款及投资效益不高等问题。区审计局对查出的违规问题，进行处理、处罚。2002 年，区制定并实施《崇文区经济责任审计联席会议制度》《崇文区经济责任审计任务的确定和执行程序的规定》《崇文区经济责任审计工作联席会议部门职责》等，推进经济责任审计制度化、规范化。全年进行 39 项经济责任审计。查出区国土资源和房屋管理局局长田某某为获高息，违规将 2 700 万元以预付工程款形式存入某信托投资公司，至 2002 年尚差 990 万元未收回。此案移送司法机关审理。

2003 年至 2006 年，对 100 个单位的领导干部开展任期经济责任审计，其中党政领导干部 61 人、企业领导干部 39 人。审计中，突出财务收支真实性、决策科学性及被审计者个人有无重大经济问题，反映领导干部任职期间财务收支目标的完成情况，划分主管责任和直接责任，明确领导干部履行经济管理职责和应承担的责任。2007 年，对 20 名党政领导干部进行经济责任审计。查出贺某某在任北京天润金百投资集团有限责任公司董事长、经理期间，私存私放账外收入、开具虚假发票、擅自留用公款等违纪问题，贺某某等 3 人涉嫌经济犯罪，移交司法机关审理。2008 年至 2010 年 6 月，开展经济责任审计 20 项，发现问题金额 980 万元。

2000 年至 2010 年 6 月 30 日，区审计局开展经济责任审计 178 项，其中行政事业单位处级领导干部 120 项、企业领导人员 58 项。查出违规和管理不规范金额 9.23 亿元，其中应上缴财政金额 5 589 万元。

专项审计和审计调查 1994 年，区审计局重点对区级财政、区业务主管部门和项目执行单位管理、分配和使用专项资金的情况及区政府交办的特定事项开展专项审计调研。还对 8 家合资企业的入资率、开工开业率、盈利率进行审计调查，发现外方资金未按合同约定时间投入和未按时开工各 3 家，出现亏损 1 家，未达到合同约定的产品外销比例 4 家，外汇收支不平衡 3 家。区审计局分别提出改进措施，引起区有关领导的重视。在区引进外资会议上，要求企业进一步加强管理，并采纳区审计局提出的建立区合资企业管理机构的建议。在对实行“国有民营”改革的小粮店、小副食店、小菜店、小饭馆进行审计调查中发现，国营小型企业实行“国有民营”后，存在主管部门“以租代管”、放弃对小企业的管理权，小企业承租人转租营业用房，企业职工利益得不到保障，不给下岗职工发生活费等问题。该专项审计报告提交区政府后，主管领导高度重视，提出各系统都要加强对国有民营企业管理等 5 点要求。区商委制订下发《进一步推进小型企业改革的安排意见》，区相关部门制订整改措施。1995 年，区审计局审计调查区 6 家中外合资、合作经营企业土地有偿使用情况。发现欠交土地使用费 44.90 万元，欠交地价款人民币 858 万元、美元 591 万元及土地使用费申报核定不完整等问题后，提出意见和建议，并结合审计调查，对 6 个单位进行专项审计。

1996 年、1998 年，区审计局专项审计调查 2 家股份制企业股份制运作情况。查出 1 家公司 1996 年财务报表利润高达上千万元，但从内部账目分析，很多费用应摊未摊，潜亏因素较多，财务成果失真。1998 年再次审计时发现，该公司所属几家商场虚开购销发票，虚增销售收入共计 1 172.70 万元及未处理商品损失 323 万元，虚假完成任务指标。对此，区审计局提出加强长期投资项目效益的监控管理、正确进行财务核算和进一步规范企业内控制度等审计建议。1999 年至 2000 年，区审计局对区物资总公司及下属的物货物资商务中心等 5 个单位进行国有资产盘活存量审计调查，对崇文门菜市场及下属光明分店等3个单位进行连锁经营情况调查，开展环保专项资金、社会保障资金、福利彩票赈灾专项募集情况等专项审计调查。对发现的问题，分别提出有针对性的审计建议。

2001 年至 2003 年，区审计局在对 14 家公司资产情况的调查中发现，个别公司资产虚增，存量资产不准、不实，水分较多；有的企业清产核资后，继续亏损，包袱很重，给转换机制带来困难；一部分企业存量资产不仅失去变现能力，而且不可能再产生新的效益。就此，提出要进一步摸清企业家底，加大国有资产管理力度等项建议。在对商品房发证迟缓原因的调查中了解到，区房管局在办理房产证时间、程序上存在的问题及房地产开发企业长期占用收取的售房款，未及时按有关规定上缴等问题。对此，区审计局提出在办理房产证的多个环节上应制订科学的工作时限等多项建议。2003 年，区审计局联合区发展计划委员会、民政局、财政局分两个阶段对区防治非典型肺炎专项资金拨付、管理、使用情况进行审计调查，结果表明，此项资金基本做到专款（物）专用。2004 年，开展国土专项资金审计，重点检查土地有偿使用政策的执行情况，以提高国土专项资金的使用效益。对全区 2 714 万元再就业资金进行专项审计调查，对资金管理和使用中存在的问题提出改进建议。

图16—8　2005年，区审计局工作人员在重点工程现场研究审计工作

2005 年至 2008 年，对生态保护与建设资金、政府债务情况、标准租私房资金、教育系统房屋管理情况、政府采购执行情况、再就业资金管理及使用效益、抗震救灾捐赠款物、区部分企业国有资本收益状况等开展专项审计调查。2009 年至 2010 年 6 月，开展中华人民共和国成立 60 周年活动资金管理和使用情况、居家养老服务工作资金效益情况、土地一级开发项目、区教委中小学校舍安全工程建设项目、区财政局 2009 年完善市与区财政管理体制下划资金管理使用情况、区政府性债务、彭庄土地储备开发项目等审计调查。

1994 年至 2010 年 6 月，共开展专项审计和审计调查 68 项，查出问题金额 7 031 万元，累计上缴财政 74 万元。

第三节　内部审计

1994 年，全区行政、企事业单位设立内审机构 15 个，配备专兼职内审人员 146 人。2002 年，各企事业单位在机构改革和企业转制中，调整加强内部审计组织，充实人员，内审机构及兼职机构增至 32 个，专兼职审计人员有 309 人。至 2010 年 6 月，全区有内审机构 73 个，其中专职 15 个、兼职 58 个；配备内审人员 266 人，其中专职 24 人、兼职 242 人。

1995 年，根据《中华人民共和国审计法》的规定，区审计局成立审计指导科，加强对全区企事业单位内部审计的管理，并派干部直接参加其内审部门工作例会，进行业务指导。1998 年，区审计局制订《内审网络活动有关办法》并下发执行。至 2010 年 6 月，区审计局组织开展内部网络活动 12 次，并单独或与市内审部门合作举办培训 9 次，全区内审人员 1 006 人次参加，学习新企业会计准则、财经业务法规、审计法、经济责任审计以及审计质量控制、审计程序、企业清算及账务处理等业务知识。

2003 年，根据中国内部审计协会《内部审计人员岗位资格证书实施办法》和《北京市内部审计人员岗位资格证书实施办法》的规定，区审计局对全区各部门、单位和非国有企业单位中内部审计人员进行审核并代发内部审计人员资格证书。2005 年，经该局推荐，北京崇远投资经营公司被评为全国内部审计先进单位。

1994 年至 2010 年 6 月，全区各内审单位完成各类审计项目 4 411 个，其中财务收支审计 1 735 个、经济效益审计 450 个、经济责任审计 880 个、基本建设审计 343 个、其他审计 1 003 个。提出的审计建议被采纳 1 216 条。审计查出损失浪费金额 2 543 万元，促进增收节支 2 750 万元，纠正违规行为金额 2 908 万元。审计建议给予行政处分 2 人，向司法机关移送案件 4 件、3 人。

第四节　社会审计

1994 年至 1999 年 5 月，区审计局所属北京市中润达审计事务所（原崇文区审计事务所），完成财务收支审计 56 项，经济案件鉴定 8 项，资产评估 571 项，年检验资 2 426 户，接受市有关部门委托进行财务大检查 19 项，委托审计和其他审计事务 192 项，开展咨询建账清债业务 48 项，担任 13 个企事业单位的常年审计顾问。1999 年 7 月，该所与区财政局所属新京实会计师事务所合并改制为北京中润达会计师事务所有限公司。至 2010 年 6 月，区境内有 10 家会计师事务所。

2010年6月崇文区境内会计师事务所一览表

表16—11

序号	名称	成立年份	地址
1	北京中润达会计师事务所有限公司	1988	珠市口东大街4号西侧6层
2	北京仲德会计师事务所有限公司	1993	幸福大街甲39号
3	北京新华奥会计师事务所有限公司	1994	东花市北里23号宝润苑
4	中喜会计师事务所有限公司	1999	崇文门外大街11号11层1105室
5	北京润盛嘉华会计师事务所有限公司	2004	安化北里1号中国名牌大厦6311室
6	安衡（北京）会计师事务所有限公司	2005	新怡家园甲3号楼
7	中保（北京）会计师事务所有限公司	2005	东花市北里西区23号楼
8	北京中玉天晟会计师事务所有限公司	2005	东花市北里中区甲27号楼211房
9	北京诚文信会计师事务所有限公司	2006	白桥大街10号天娇园2号楼2单元201室
10	北京恒庆国际会计师事务所有限公司	2008	绿景馨园东区12号楼505室

第六章　质量技术监督

第一节　机　构

1993 年年底，崇文区技术监督局（简称区技监局）设商业计量科、综合计量科、标准质量科、办公室和计量检测所、执法队，有职工 43 人。1994 年 4 月，商业计量科、综合计量科合并为计量监督科。1995 年，机构调整为办公室、法制科、标准质量监督科、计量监督科。组建综合执法检查队。1999 年，计量检测所改为独立建制单位。2000 年 4 月，北京市技术监督系统实行垂直管理，崇文区技术监督局更名为崇文区质量技术监督局（简称区质监局），为市质监局正处级直属机构，并加挂区质监局稽查队牌子。8 月 14 日，区劳动和社会保障局承担的特种设备安全监察管理职能划转区质监局，该局特种设备监察科、崇文区特种设备检测所（事业单位），整建制划归区质监局。2007 年，成立区组织机构代码管理办公室，2009 年更名为区组织机构代码管理中心。2010 年 6 月，区质监局增设食品生产监督管理科。全局共有 6 科 1 室和稽查队、组织机构代码管理中心、计量检测所及特种设备检测所，职工 74 人。

第二节　计量管理

计量监督管理　1994 年年底，根据《北京市关于在公共交易场所中禁止使用杆秤的规定》，红桥市场率先在全市淘汰木杆秤。市技监局在红桥市场召开现场会，推动规定实行。至 1995 年年底，全区 22 个集贸市场全部淘汰木杆秤。1996 年至 2000 年，区技监局加强对区域内商业、医疗卫生、学校等单位使用计量器具的管理，与有关部门多次联合开展计量器具综合执法检查和验收。

2001 年，区质监局在计量授权及目标管理考核中，收回 3 个未达授权要求单位的计量授权证书。检查生产洗涤用品、化妆品、食品等 20 家企业 182 台（件）计量器具，抽查定量包装商品 152 种，合格率 80%，其中国营和外资企业好于个体和私营企业。检查超市、商业网点 120 个，抽查定量包装商品 72 批，其中合格 62 批，占 86%。2002 年至 2003 年，抽查 380 余个单位使用的计量器具 3 300 余台（件），合格率为 90%。检查生产销售企业 35 个，抽查定量包装商品 374 批次，合格率为 93%。多次检查全区 12 个市场，抽检计量器具 820 台（件），没收不合格衡器 38 台（件）。处罚 4 个超期使用和使用不合格计量器具的集贸市场主办单位。2004 年，检查 41 个医疗机构和眼镜制配单位 2 508 台（件）计量器具，受检率、合格率达 98%。检查 11 个定量包装商品生产企业在用的 278 台（件）计量器具。抽查部分大、中型零售和批发企业销售的定量包装商品 17 个品种、155 个批次，合格率为 98%。2005 年，区质监局将用能单位和民生计量作为计量监督的重点，对区域内在建楼盘水表、电表、燃气表、热能表进行首检专项检查。全区 12 个集贸市场和 14 个大型超市在用计量器具受检率达 95%以上，集贸市场全部设置公平秤。针对中、小学校及幼儿园医务室计量器具管理松散的现象，在区教委支持下，对有关人员进行集中培训，全区44所中、小学校及幼儿园医务室建立计量器具台账，在用计量器具全部受检。2006年，普查医疗卫生、加油站、眼镜制配等7个重点行业、63个单位、3 488台（件）在用计量器具。同时，重点检查134家生产企业，特别是食品和定量包装企业，摸清基本情况和计量器具底数，建立区内生产企业、定量包装（含食品）生产企业的电子档案和文字档案。2008年，开展“奥运”安全保障工作，专项检查区域内大中型餐饮企业42家，检查在用计量器具132台（件），合格122台（件），全区大中型餐馆在用计量器具受检率达90%以上。重点检查天坛医院、北京口腔医院2个奥运定点医院和1个奥运定点宾馆计量管理制度、器具台账和现场计量器具使用情况等。检查人员以检查医用辐射源为重点，现场抽查计量器具224台（件），全部合格。检查9个出租公司、800余辆汽车计价器，逐辆检查运营出租车检定合格证及铅封，发现1家出租汽车公司计价器存在超检定周期使用或检定合格证丢失的问题，执法人员立案处罚并责令重新送检计价器，经检验全部合格。当年，配合市质监局对列入市159个重点用能单位的百荣世贸商城能源计量工作进行检查。该单位有能源计量器具83台（件），其中强制检定的13台（件）、非强制检定的70台（件）。经法定计量检定机构检定均合格。2009年，出动执法人员81人次，分5个阶段检查加油站计量加油机，超市销售的大米、挂面等定量包装商品净含量，医疗卫生在用计量器具，集贸市场计价秤和月饼销售企业等28家单位计量器具使用情况，结果为全部合格。多次检查2个涉及H1N1流感指定医院发热门诊的计量器具。检查X光机、呼吸机、心电监护仪等8台（件），均处于检定合格有效期内。2010年6月，对新开业的2个集贸市场实行计价秤统配统管。

计量检测 崇文区计量检测工作由计量检定测试所承担。1994年至1997年，开展接地地阻表和衡器检定。1998年，增置智能化心电图机、心电监护仪检定仪（ECG-1B型）及配套设备检定。1999年至2000年，开展0.25、0.4、0.6级精密压力表和分光光度计、酸度计、一般压力表、压力真空表、真空表、六等量块检定。

2001年，计量检定测试所新开展经纬仪、水准仪检定项目。全年检测计量器具2.12万台（件），强制检定用于贸易结算、医疗卫生、安全防护和环境监测的计量器具9 326台（件）。2003年，区计量所通过“1069”法定计量检定机构考核，授权建立社会公用计量标准29项，开展检定项目49类，准予进行相关授权项目的计量检定、校准和检测工作。计量所按照《法定计量检定机构考核规范》要求，相继制订《质量手册》《程序文件》《作业指导书》等文件，以保证质量管理体系的有效实施。2005年，该所补充完善检测基础设施和检验设备，更新检验设备6件套。全年完成强检计量器具1.09万件。2006年，新建校准标准7项，开展校准计量器具项目12类。结合计量器具检定周期，为16家超市和14家集贸市场进行计量器具现场检定，受检率达98%以上，公平秤设置率为100%。2008年，计量所通过市质监局“1069”法定计量检定机构到期复核，授权建立社会公用计量标准40项，开展检定项目71类，校准项目5类。2009年，委托西城区计量检测所抽查检测区境内7家超市26个品种的定量包装商品，全部合格。

1999—2004年崇文区计量器具检测统计表

表16–12

年份	检测数（台、件）	同比增长率（%）	检测收入（万元）	同比增长率（%）
1999	19 056		52.25	
2000	22 858	19.95	61.86	18.39
2001	21 212	–7.20	76.20	23.18

续表

年份	检测数（台、件）	同比增长率（%）	检测收入（万元）	同比增长率（%）
2002	30 229	42.51	90.18	18.35
2003	32 880	8.77	92.46	2.53
2004	21 079	−35.89	187.06	102.31

2005 年，根据市质监局要求，首次对技术机构进行量化指标考核，对行政事业性收入、经营性收入、辖区强检计量器具台（件）数进行量化指标考核。

2005—2010年崇文区计量器具检测统计表

表16—13

年份	强检计量器具数（台、件）	完成率（%）	行政收入（万元）	完成率（%）	经营收入（万元）	完成率（%）
2005	10 948	117.80	138.48	106.50	55.61	111.20
2006	10 498	105.40	119.53	103.90	30.55	101.80
2007	10 711	108.10	131.42	119.50	63.25	210.30
2008	10 714	101.80	110.60	100.50	64.10	128.20
2009	11 903	107.50	110.50	105.20	76.10	117.10
2010	12 362	103.30	111.30	106	79.90	114

第三节　标准化管理

标准实施与监督　1994 年至 1995 年，区技监局以世界妇女大会在京召开为契机，加快全区标志类图形符号的实施，多次检查区境内 15 个重点宾馆、饭店及涉外场所公共信息图形符号使用情况，被检查单位均达要求。在宣传贯彻国家颁布的《食品标签通用标准》中，对 18 个相关生产企业的 40 余种产品进行食品标签认可，同时，检验 8 家生产企业的食品质量。全区食品生产企业食品标签合格率达 85%。1996 年 10 月 1 日，《食品标签通用标准》正式实施，区技监局采用加强培训、审查、限期整改等措施，严格执行标准，并加强对食品标签的执法检查，对不符合要求的生产企业给予行政处罚。1997 年至 2000 年，区计监局加强国家强制性标准执行情况检查，重点检查国旗质量标准、皮鞋标识标准、灯具标准、玩具安全标准，对不符合标准的产品销售单位，责令其限期整改，对拒不整改、继续销售的商家进行处罚。2002 年，区质监局与区教委联合抽查 12 所中、小学校的学生装 9 400 余套、2 万余件，大部分企业能按标准生产合格产品。2003 年，区质监局加强对果蔬农药残留量和有害金属含量的监督检查，抽样检测辖区 25 个商场、超市所销售的 72 种果蔬类商品，其中 67 种合格，合格率达 93%，对销售重金属含量超标商品的 2 家单位依法进行处罚。

2005 年至 2006 年，区质监局编制《崇文区注册生产企业名录》，共收集企业 336 家，生产产品 11 大类，初步理清生产企业的主导产品及执行标准情况。2006 年 10 月 1 日，新的《商品条码管理办法》施行。区质监局检查全区12个超市销售的800余件商品，查出有问题商品条码43件，依法对相关销售单位罚款7 600元。2007年，检查全区所有食品生产企业涉及的13类100余种产品。对存在的问题，责令企业限期整改。检查全区70余家可能涉及执行《国家纺织品基本安全技术规范》等强制性标准的生产及商业企业，对发现标识标注不规范问题的商业企业责令整改。

2008年，区质监局全力开展标准化奥运保障工作，检查区内所有企业标准和食品标签，按照国家强制性标准，逐一排查14个食品生产企业的产品标签，对存在问题的企业分别下发限期整改通知。当年，在乳制品行业中发生"三聚氰胺"事件后，区质监局立即核查全区4个企业6项含乳产品企业标准文本。经排查，区内含乳产品生产企业所执行标准均现行有效，符合国家强制性标准要求。2009年至2010年6月，联合区发展和改革委对辖区内国美、大中电器商城和3家大型超市进行联合检查，现场检查销售的家用电冰箱、房间空气调节器、电动洗衣机、自镇流荧光灯、家用燃气热水器等5大类、23个品牌、300余种规格型号产品，当场确认其产品能效标识的真实性和有效性。

标准采用与备案　1993年至1996年，区属工业企业有产品技术标准备案249个。1995年，区技监局以区天桥精密钢管公司的喷塑钢管为采标工作突破口，组织专家对其采用的国际标准进行论证，使该产品最终通过市科委组织的产品鉴定。1997年，区政府成立消灭无标生产工作领导小组，清理企业现行标准，要求企业按标准组织生产。当年，全区有企业标准191个，标准备案306个。1998年至1999年，有93个产品完成企业标准备案，登记标准66个，区技监局为481个产品的食品标签发放认可证书。2001年，首次进行企业标准年审，审查生产医疗器械、电线、食品等145个企业的407个产品标准，其中执行国家标准86个、执行行业标准31个、执行企业标准290个。在贯彻执行《采用国际标准管理办法》中，帮助天海电线电缆厂完成企业产品的采标工作，使之成为区属企业第一家采用国际标准的示范企业。当年，全区企业标准备案和登记注册国家标准、行业标准均为46个。2004年至2005年，区质监局清理231个生产企业的403项标准，对不符合国家及行业强制性标准的企业标准，责令其重新修订或废止，并帮助5个生产企业的10种产品采用国际标准或国外先进标准。2006年，清查上年12月前备案的67个企业183项标准和登记的47个企业156项标准，发现11家食品生产企业备案的50项标准存在引用被废止标准，1个食品生产企业登记的2项标准被新标准替代，经修改完成被替代标准。2008年，企业标准备案24个70项，标准登记15个71项，其中6项涉及强制性标准。至2010年6月，区质监局累计受理备案企业257个（次），备案标准607项；累计受理标准登记企业206个（次），登记标准589项。

2002—2010年6月崇文区企业标准备案、登记统计表

表16—14

年份	备案		登记	
	企业（个）	标准（项）	企业（个）	标准（项）
2002	29	55	33	85
2003	29	66	31	94
2004	33	68	38	99
2005	29	77	33	104
2006	35	70	21	46
2007	35	98	17	33

续表

年份	备案		登记	
	企业（个）	标准（项）	企业（个）	标准（项）
2008	24	70	15	71
2009	24	58	10	31
2010.6	19	45	8	26

组织机构代码　1992 年 6 月，根据北京市技术监督局统一部署，区技监局在全区建立统一代码标识制度和统一办理代码证书工作。至 1994 年，为 7 930 家法人单位办理法人代码证书。2006 年，区质监局清理代码库数据 2 万余条，其中，有效数据 1.21 万条，占 60.30%；失效数据 7 951 条，占 39.70%。1992 年至 2009 年，共为 3.61 万家法人单位办理代码证书。

1994—2009年崇文区办理组织机构代码证书统计表

表16-15　　　　单位：件

年份	发证	年审	废置
1994	7 930		
1995	4 800		
1996	2 600		
1997	1 256		
1998	551		
1999	725	72	
2000	1 097	837	
2001	576	395	32
2002	1 100	831	43
2003	1 342	866	50
2004	1 215	728	50
2005	2 083	513	17
2006	2 613	678	17
2007	3 691	242	36
2008	3 266	211	56
2009	1 245	207	31

说明：1994 年发证数为 1992 年至 1994 年发证总数。

第四节 质量管理与监察

质量管理 1994年至1995年，区政府批转《崇文区质量效益工程方案》，并召开全区贯彻质量效益工程会议，继续开展质量效益工程。至1997年，区质监局先后制订《崇文区产品质量监督抽查制度》《崇文区食品标签审查制度》等4项产品监督管理制度。对标准备案率、食品标签合格率、重点企业计量器具周检率提出明确目标。指导并帮助崇文门菜市场、金伦大厦、前门文化体育用品公司、哈德门饭店、天海电线厂、崇建公司、大龙公司、奥尼尔皮货城等企业通过ISO 9000质量认证。2000年，金伦股份有限公司、崇文门菜市场、新汇奥尼尔皮货城、亿隆实业股份有限公司前门文化体育用品分公司等4家单位取得市级“购物放心”单位称号。2002年，区政府成立质量管理领导小组，办公室设在区质监局。

2003年年底，区质监局将产品质量监管的重点放在企业生产环节。实地走访并建立企业信息档案和产品质量档案；对注册地在区境内而生产地在外埠或外区的企业，则通过发函请当地质监局协助监管；对生产企业进行分类监督管理。2005年年初，区质监局地毯式排查全区生产企业基本情况，为注册的29个食品生产企业、取得工业生产许可证的13个企业及取得强制性认证的9个企业建立质量档案。当年9月，开展创新质量月活动，北京大磨坊面粉有限公司、市糖业烟酒公司食糖经营公司和北京阀门四厂共同提出“企业自律、遵纪守法、守信承诺、奉献社会”的倡议，得到参加活动23个企业的赞同，并在企业自律承诺书上签字。北京便宜坊烤鸭集团有限公司哈德门饭店、中国建筑第一工程局第三建筑公司、北京庄子工贸有限责任公司获崇文区第二届质量管理先进奖。2006年，创建食品安全放心社区，建立统一协调、责任明确、齐抓共管的食品安全综合监管体系。2010年5月，区质监局组织辖区6个食品企业相关人员参加中小食品生产加工企业质量管理培训。

图16—9 2004年，区质监局举办质量宣传咨询活动

1994年至2010年6月，区质监局在每年3月15日举行国际消费者权益日活动，宣传质量技术监督法律法规和有关商品知识，为消费者提供质量服务、技术咨询、受理投诉等。

质量检查 1994年至1996年，区计监局采取抽查、统一监督检查和定期检查的方式，共检查100余个销售电动工具企业，并对无安全认证标志的159种、665件电动工具强制进行组批检验，为质量检验合格的523件电动工具发放安全认证标志。1998年春节前后，区质监局集中时间和人力对120个酒类商业企业进行专项检查，查扣假酒1 300余瓶。同时，查抄忠实里地区制造假酒窝点，没收轧盖机3台，假红星二锅头酒商标近万张。2001年，区质监局与区其他执法部门配合，进行多次联合执法检查，查获价值34万元的假冒名牌化妆品、无国家强制性认证的美容美发仪器、伪劣电动工具及未经检疫的牛羊肉、劣质副食调料等。节假日期间，对农副产品、副食调料、日用品及儿童玩具、电动工具进行集中检查和整治，没收不合格电动工具1 700余台。同时，与南孚电池厂，阿迪达斯、彪马体育服装用品代理商等生产厂家协同打假，查获假冒南孚电池1.70万节，假冒名牌体育服装及用品588件(套)。全年组织执法打假检查224次，查处违法案件169起，处罚金额24.30万元，查处制假、售假窝点8个。

2003年，重点监督检查市场上销售的抗“非典”产品质量，累计出动执法人员600余人次，检查商品上千种，货值65万余元。对销售质量不合格抗“非典”用品的企业，及时立案查处。2004年，先后对大米、小麦粉、食用植物油、酱油、食醋（简称老5类食品）和蜜饯、酱腌菜、糖果及巧克力等13类食品（简称新13类食品）进行专项整治和抽查，并安排食品及热点产品的监控检测，使重点监管食品在抽查中合格率始终稳定在95%以上。2005年至2006年，连续开展非食品添加剂排查工作，抽样检查食品生产企业可能涉及食品添加剂的11种原料，未发现含有“苏丹红一号”等非食品添加剂的食品。抽查北京市5个以鸡蛋为原辅料的食品生产企业，索要原辅材料供应单位证照资料，检验全部合格。

2008年，对可能用于奥运工程的电线电缆、建筑门窗等建材生产企业进行专项检查，并抽样检测相关产品质量。组织执法人员对食品生产加工企业实施巡回检查，出动执法人员200人次，累计检查食品生产企业86家次，抽查食品、工业产品、型煤等与百姓密切相关产品22类、153种、179批次，总合格率达90%以上。2009年，以“三鹿奶粉事件”为鉴，开展清理整顿。整治期间，对食品生产企业执法检查44次，抽查样品4类、7种、8批次，未发现滥用食品添加剂问题。对39个销售属于强制性认证产品的计划生育药械（天然乳胶橡胶避孕套）的商场、超市及药店进行监督检查，涉及强制性认证产品34种、113个批次，未发现违法行为。2010年1月至6月，对食品及相关产品生产企业执法检查120起，抽查样品9大类、46种、63批次，抽查型煤、验配眼镜样品27批次。

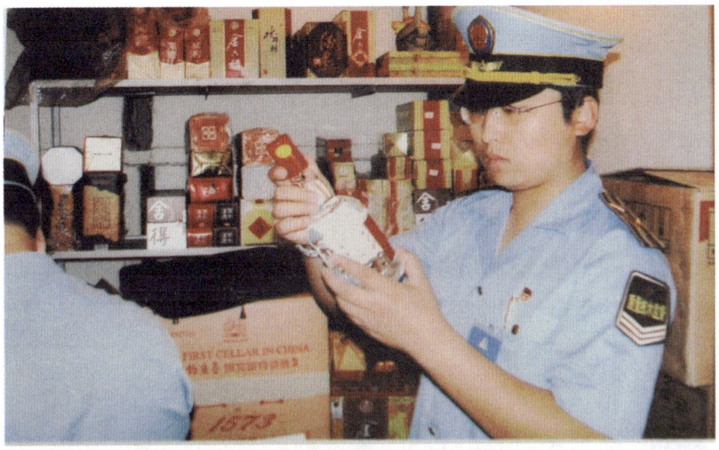
图16—10　2003年，区质监局执法人员查获劣质假酒销售窝点

违法案件查处　1994年，区技监局成立执法队初期，质量监管的商品仅有服装、食品、鞋帽、饮料、电工产品和计量器具等6类，后逐步增加到汽车配件、煤炭、电动工具、文化用品、玩具类、灯具、珠宝玉器、轻工、机械等20类。至2000年，执法队共进行各类执法活动1.04万次，查处行政处罚案件1 690起，其中立案125起，罚款216.58万元，解决消费者投诉542起，为消费者挽回经济损失78.05万元。2001年至2010年，查处案件445起，其中立案180起，罚没款82.47万元。

2001—2010年崇文区查处违法案件统计表

表16—16

年份	查处案件总数（件）	立案案件数（件）	一般案件数（件）	罚没款数（元）
2001	51	12	39	165 000
2002	125	37	88	211 075
2003	41	19	22	94 000

续表

年份	查处案件总数（件）	立案案件数（件）	一般案件数（件）	罚没款数（元）
2004	42	9	33	139 815.51
2005	43	18	25	113 508.60
2006	36	16	20	6 590
2007	29	10	19	3 340
2008	26	9	17	4 347.80
2009	25	23	2	49 954.05
2010	27	27	0	37 079.52

第五节　特种设备安全监察

普查登记　1994 年，全区普查登记在用锅炉 700 台、在用压力容器 884 台。1995 年至 1998 年，登记在用锅炉均为 700 台左右，在用压力容器均为近 800 台。1999 年，在用锅炉减至 578 台，在用压力容器减为 520 台，登记电梯 519 座、厂内机动车及起重机 96 辆。

2001 年，区质监局为全市特种设备普查试点单位。对 1 678 台特种设备进行普查登记。2002 年，重点加强特种设备的整治工作，普查率、录入率、隐患查处率、准确率均达 100%，通过市质监局的普查整治验收。2003 年 11 月至 2004 年 7 月底，对全区在用工业压力管道进行专项普查整治，共登记注册 24 个单位、81 条管道，长 7.80 千米。特种设备注册登记 819 台，换发 385 台锅炉、压力容器使用登记证，特种设备注册登记率、定期检验率和持证上岗率均达 100%。2007 年，修订《北京市崇文区特种设备事故应急预案》。2008 年，制订“奥运”特种设备安全保障工作方案和应急预案，协助区内 3 家特种设备核心单位和 13 家重点监察单位制订工作方案和应急预案等。为配合市政府奥运工程——北京南站 8 月 1 日电梯开通，启动奥运绿色通道，为北京南站办理电梯登记注册 38 台，保证其在最短时间内投入运行。

2001—2010年6月崇文区特种设备登记备案统计表

表16−17

年份	许可项目办理总计（个）	电梯（座）	锅炉（台）	压力容器（台）	起重机械（个）	厂内机动车（辆）	游乐设施（个）	办理单位数（个）
2001	1 329	700	365	170	39	55		
2002	526	280	87	51	61	25	22	
2003	242	154	84		2	2		
2004	819	711	75	30	2		1	
2005	556	519	8	24	4		1	75
2006	376	333	2	27	10	1	3	62
2007	361	268	8	51	4	29	1	65

续表

年份	许可项目办理总计（个）	电梯（座）	锅炉（台）	压力容器（台）	起重机械（个）	厂内机动车（辆）	游乐设施（个）	办理单位数（个）
2008	259	229	7	18		3	2	59
2009	490	329	2	88	67	4		
2010.6	116	103	5	2	4	1	1	
合计	5 074	3 626	643	461	193	120	30	261

安全监察与检测　1994 年至 1998 年，区劳动局对 4 103 台蒸汽锅炉、热水锅炉、固定式压力容器进行安全检查，占应查数的 86%。1999 年，增加对电梯、厂内机动车和起重机的安全检查，全年检查特种设备 1 569 台。

2001 年，区质监局对商业网点内使用的承压锅炉、游乐设施、冬季供暖锅炉、塔式起重机和电梯维修保养进行专项检查，立案 3 起，对不符合安全生产规定的单位发责令改正通知书 5 份和监察意见书 9 份。整顿锅炉安装队伍，保留安装队 8 个。进行“煤改气”工作，审批安装锅炉 147 台。2002 年至 2003 年，检查 224 个单位的特种设备，对存在问题的 33 个单位下发安全监察意见通知书及 6 份责令整改通知书，对违反特种设备安全法则的 9 家单位依法进行处罚。2004 年，全年出动执法人员 423 人次，检查单位 203 家。2006 年，为做好中非论坛期间特种设备安全保障工作，开展电梯紧急故障演习，大型游乐设施故障应急演练。2008 年，设计制订特种设备应急救援演练评分标准，规范和统一演练的实际操作过程。2009 年 11 月 23 日，北京任你行康体俱乐部 1 台常压锅炉发生爆炸事故，致 1 名司炉工重伤，1 名路人轻伤。为防范事故再次发生，区质监局对辖区 25 家浴池、洗浴中心在用锅炉进行地毯式排查，确认 14 家不再经营和停用锅炉设备，8 家正在使用常压热水锅炉，1 家仍在使用报停的 2 台锅炉，监察人员责令其立即停用。

2001 年至 2010 年 6 月，区质监局出动执法人员 3 748 人次，对 1 552 家特种设备使用单位进行安全检查，其中立案处罚 7 起，罚没款 1.50 万元，下发《特种设备安全监察指令书》177 份。2004 年至 2010 年 6 月，处理群众投诉举报特种设备操作人员无证上岗、电梯超期未检及电梯故障频发影响使用等 68 起。

1994 年，崇文区特种设备检测所首次通过锅炉压力容器检验资格认可。1996 年 9 月，检验电梯 108 台。1997 年，检验起重机械和厂内机动车辆。2001 年，检验特种设备 2 194 台（件）。2004 年，购置电梯限速器测试仪，并进行校验。同时安装全市统一的特种设备管理软件，实现动态管理。2006 年，为避免出现特种设备超期未检问题，督促 500 余家使用单位提前申报各类特种设备定期检测，上门检测各类设备 2 500 台（件）。2009 年 2 月，正式启动特种设备网上报检业务，全年完成特种设备定期检测 3 974 台（件），检测率为 100%。

1994—2010年6月崇文区特种设备检验情况统计表

表16−18

年份	电梯（座）	起重机（辆）	厂车（辆）	锅炉（台）	容器（台）	水质（件）	阀门（个）
1994				820	65		1 330
1995				589			1 164
1996	108			605	110		1 181
1997	265		96	651	81		1 056

续表

年份	电梯（座）	起重机（辆）	厂车（辆）	锅炉（台）	容器（台）	水质（件）	阀门（个）
1998	356	20	104	659	105	161	1 063
1999	524	22	84	846	76		813
2000	563	16	61	374	47		737
2001	683		67	561	74		809
2002	756	33	62	598	112		746
2003	846	15		593	97	100	1 299
2004	1 121	50		570	77	179	1 058
2005	1 786	10		618	43	55	1 125
2006	2 047	24	22	459	45	101	808
2007	2 306	7		438	40	80	718
2008	2 527	27	60	392	32	45	683
2009	2 851		57	422	29		615
2010.6	2 908		46	333	39		555

第七章　物　价

第一节　物价管理

机构　1994年，区物价局设4科1室。1996年，设3科1室及物价检查所、价格事务所2个事业单位。2001年，区物价局改由区发展计划委员会管理。2002年，价格事务所更名为崇文区价格认证中心。2004年，撤销物价局。区物价检查所和价格认证中心由区发展和改革委管理。2005年，区物价检查所设4个科室。

价格审定　1994年至2001年，区物价局审批364家旅馆收费标准。2002年，北京市旅店价格由政府指导价改为市场调节价，全区140家宾馆、旅店实行价格备案。当年，龙潭公园门票价格调整为2元，并对区文化委员会《关于袁崇焕祠、墓对外开放参观票价的请示》做出批复。2002年至2010年6月，根据北京市关于机动车停车场相关管理规定，核实528个机动车停车场收费标准。2003年至2006年，审核10个中小学住宿收费标准。2005年至2010年6月，调整龙潭公园中国民族文化博览会中国少数民族绝技艺术表演、中秋大型赏灯游园会及春节龙潭庙会等大型活动门票价格。

收费管理　1994年，北京市颁布《北京市行政性事业性收费管理条例》，区物价局为189个行政事业单位办理收费许可证801个。100个单位因未按规定办理手续、超标准收费等问题受到经济处罚，收缴违纪金额6.04万元。1995年、1997年，为行政事业单位办理收费许可证67个，收费项目327项；为44个单位变更收费项目121项，新增363项，取消96项。1998年，对全区行政事业性收费单位进行年审，审理收费许可证520个，审核票据3.20万本，查处违纪单位67个，收缴违纪金额25.20万元。1999年，区物价局落实国家计委等6部委《收费许可证管理办法》，换发全国统一式样《收费许可证》619个，审核收费项目1 919项，修改收费项目1 241项，取消收费项目862项。2000年，进行收费许可证年审，审核收费许可证566个、收费项目1 345项。制订《崇文区行政机关收费公示制度实施意见》，在全区行政机关推行。2002年至2003年，年审157个单位，审核收费项目1 121项，发放收费许可证（正、副本）157套，核销收费许可证123个。审核全区181个中小学、幼儿园及社会力量办学机构的1 256项收费项目，并监督其按要求做好校园内收费公示工作。审理163个收费许可证持有单位延长有效期。2005年至2007年，年审310个收费单位，审验收费许可证623个，换发新收费许可证336个，核销收费许可证146个，行政事业性收入总计4.48亿元。2009年，全区行政事业单位收费项目共198项，总计收费1.27亿元。审验收费许可证308个。

物价计量信得过活动（简称“双信”） 1994年，新增争创区“双信”单位21个，至年末，区“双信”单位达70家。1995年，崇文门菜市场、前门文化用品公司被评为第四届全国执行物价计量政策法规最佳单位。区召开“双信”表彰总结大会，表彰“双信”先进集体和先进个人。当年，区物价局举办物价法规培训班14次，600余人参加。1996年，区印发《崇文区物价计量信得过单位评选及管理的暂行办法》和《崇文区物价计量信得过单位评选标准》。崇文门菜市场等78家企事业单位被评为区1996年“物价计量信得过”单位。区物价局开展物价、计量、质量、服务等方面培训、咨询300余次，近万名职工参加。1997年，评选“双信”单位75家，其中商委系统63家、经委系统6家、卫生系统3家、市属单位3家。1999年，制订《崇文区关于在非公有制企业中开展争创“双信”单位工作的暂行办法》，并为获1998年度“双信”称号的新汇奥尼尔商城和球迷餐厅举行挂匾仪式。崇文门菜市场等70家企事业单位继续被评为当年区“双信”单位，鸿雁楼餐厅、蒜市口副食商场、幸福巷煤厂、云龙茶庄等4家被撤销区“双信”单位称号。2000年至2002年，组织全区75家“双信”单位主管领导及物价干部85人，参加价格法、产品质量法等法律法规培训。对区8个行业近30个单位进行“双信”工作指导和培训。2003年，按照全市统一要求，评选“双信”工作停止。2004年，落实市质监局《转发国家质量监督检验检疫总局〈关于彻底清理向企业所发涉及计量方面牌匾的紧急通知〉》，区政府命名的“双信”单位牌匾于同年9月收回。

价格信息监测 1994年，区物价局加强对粮、油、肉、蛋、菜类等785种商品的采价工作，并每天按时报送市物价局，对重要的有价值的信息进一步开展调研和信息反馈工作。当年，为区委、区政府、市物价局提供信息50条、调研材料12篇。1995年和1997年，提供各种信息262条。监测576个品种，上报各种数据6.15万个。1998年，监测671个品种价格，上报有关数据6.15万个，编辑《崇文物价动态》32期，撰写信息和价格分析报告250篇及调研报告15篇。1999年，重点加强与人民生活密切相关的粮、油、肉、蛋、菜类的价格监测，监测品种321个，上报数据近6万个，编辑《崇文物价动态》32期，撰写市场信息报告128篇。2000年至2003年，监测585个商品价格，上报有关数据9.10万个。2005年至2006年，监测蔬菜、副食品、特色农产品、成品油等8大类372种商品价格，上报数据1.50万个，撰写市场监测信息报告20余篇。2007年，根据《北京市价格监测规定》和《北京市价格异常波动监测预警制度》，启动应急监测机制，重点监测猪肉、鸡蛋、食用油、粮食、方便面、糕点、豆制品及个别蔬菜品种，并增加崇文门菜市场为主要副食品零售情况调查监测点。2008年，开展“奥运”相关商品和服务价格监测，涉及餐饮、药品和旅游商品600种，上报价格数据4万余个。2009年，针对春季全球范围内暴发的流感疫情，加强对生猪、口罩、消毒液、温度计等相关商品价格及销售情况的监测，在前期对区重点地区11家医药销售商店进行询问调查之后，确定北京同仁堂崇文门店为流感疫情相关产品监测单位。

第二节 物价监督检查

教育专项检查 1994年至1995年，对17所中专、技校收费进行自查和重点检查。自查自报的3户中，重复收费2.49万元；在全面检查中，发现违纪单位6户，非法收入9.67万元。其中退款7.81万元、罚款0.16万元。1996年，检查教育收费17户，被处理7户、经济制裁9.90万元。其中，退还消费者7.90万元、没收非法收入1.80万元、罚款0.20万元。2000年，检查72所学校，发现52所学校收费存在问题，总计没收59.67万元、退还学生21.92万元、罚款1.45万元。2001年，教育专项检查中，发现一些学校存在乱收费行为。如某中学超标准收取学生讲义费5.70万元、未按核定收费项目收取培训费14.80万元、收取已取消的上机费0.16万元，共获违法收入20.66万元。经公告，退还学生和交费者17.78万元，无法退还的2.88万元，根据有关规定，全部予以没收。2002年至2007年，区物价部门与区纠风办联合组成检查组，连年检查学校招生收费、捐资助学和代收性收费情况，6年共清退违规收费180余万元。2008年，崇文区获2007年度北京市规范教育收费示范区称号。2010年上半年，对区境内学校、幼儿园以安全设施升级，配备保安人员为由，自立项目向学生、在园儿童收取保安费用行为进行重点检查，并会同区教委在各学校及幼儿园进行自查自纠。

药品和医疗专项检查 1994年至1999年，区物价局采取联合执法检查与重点检查、专业检查相结合的方式，每年对区境内医疗单位进行价格监督检查。2001年，检查发现某医院存在超标准收取CT全身平扫费、机采浓缩血小板费、住院床位费、医嘱计价费及一次性物品加价等问题，根据有关规定，对其违法所得25.38万元，全部予以没收，并处以3万元罚款。2002年，检查区70余家医疗、药品经营单位价格，发现存在超标准收费违法行为的有15家，处经济制裁42.30万元。2006年，按照北京市发展和改革委员会（简称市发展和改革委）安排，检查区境内8家一级医疗单位和区疾控中心，查出超政府指导价销售药品和收取医疗服务费共5 054.30元。2009年，对民办医疗单位开展价格检查，立案处罚3户，行政罚款3 126元。查处某卫生检疫监督站2008年违规收费2 167.50元。

节假日、特殊时期市场检查 自1994年起，区物价部门坚持在每年元旦、春节、元宵节、五一、中秋节、十一及重大政治活动期间，对与群众生活密切相关的商品和服务收费价格进行重点检查，尤其对公园、停车场、超市、餐饮、集贸市场等场所加强监督检查，以稳定节日市场物价。1995年，为保证联合国第四次世界妇女大会的顺利召开，检查集贸市场商户7 600户，处罚879户，经济制裁3.77万元。组织联合执法18次，处理价格违法案件246件，罚没款1.26万元。1997年，检查集贸市场120次，查处违法案件103户，罚款2.93万元。

2003年，“非典”期间，市场一度出现居民抢购、商品涨价和短缺的问题。区物价部门坚持每天到市场、医院、药店进行价格检查，发现问题及时解决，维护消费者的合法权益，保证市场价格秩序稳定。2004年，在一些地区发生“禽流感”和粮食价格波动期间，区物价部门及时启动价格异常波动监测预警制度，指定专人每日监测全区超市、集贸市场粮油和药店药品、防护品的价格和销售情况，密切关注市场相关产品价格动态，及时为领导决策提供参考依据。

2008年，区物价部门以价格监管为工作重点，实现“奥运”期间价格违法零投诉。2009年，区物价所获全国价格监管服务先进集体称号。2010年1月至6月，集中开展春节至元宵节、五一以及全国“两会”期间市场价格专项检查。特别是在绿豆、大蒜涨价的情况下，加强对各大超市、集贸市场的检查，并及时发布信息，上报检查情况和价格动态。

图16-11　2005年，市领导到新世界商场检查节日营销、促销活动

价格举报和经济制裁　1994年至2010年6月，区物价部门受理价格举报案件675件，内容主要涉及教育、机动车停车场、居住小区物业管理服务、药品医疗服务、餐饮业等，共没收非法所得2.94万元，退还消费者488.68万元，罚款1.99万元。

1994年至2010年6月，区物价部门落实各项价格调控措施，严肃执法，打击各种高于政府定价、超政府指导价收费及不按规定明码标价等价格违法行为，共实施价格行政处罚5 111件，经济制裁总金额1 490.77万元。其中，没收金额1 293.64万元，罚款66.04万元，退还消费者131.10万元。

1994—2010年6月崇文区经济制裁统计表

表16-19

年份	查处户数	经济制裁额（万元）	没收金额（万元）	退还金额（万元）	罚款金额（万元）
1994	1 598	68.23	61.17	0.07	6.99
1995	1 361	83.22	74.72	0.23	8.27
1996	790	197.10	189.24	0.38	7.48
1997	436	111.08	103.51	1.43	6.14
1998	193	138.40	111.60	19.23	7.57
1999	204	60.14	44.80	7.42	7.92
2000	130	235.44	200.45	29.61	5.38
2001	107	377.08	304.20	67.29	5.59
2002	84	66.05	62.51	1.52	2.02
2003	47	28.44	24.50	0.92	3.02
2004	26	11.16	11.06	0.05	0.05
2005	38	15.64	14.95	0.48	0.21
2006	39	68.33	67.82	0.05	0.46
2007	21	7.14	4.13	2.42	0.59
2008	16	1.57	1.46		0.11
2009	15	18.21	14.98		3.24
2010.6	6	3.54	2.54		1
合计	5 111	1 490.77	1 293.64	131.10	66.04

第三节 价格评估

1996 年 5 月，区物价局落实最高人民法院、最高人民检察院、公安部、国家计委联合下发的《关于统一赃物估价工作的通知》和《北京市赃物估价实施办法》，成立区价格事务所，承担赃物和民事案件涉案财产价格评估工作。1995 年至 2002 年，累计评估刑事案件赃物 3 434 项、民事案件涉案财产 147 项、司法拍卖 67 项。2002 年至 2010 年 6 月，区价格认证中心共出具 5 122 项价格鉴定结论书，无一被申请补充鉴定、重新鉴定或复核裁定。

1995—2002年崇文区价格评估统计表

表16–20　　单位：项

年份	刑事	民事	司法拍卖	合计
1995	71	0	0	71
1996	387	0	0	387
1997	1 016	0	0	1 016
1998	329	0	0	329
1999	548	0	0	548
2000	408	42	40	490
2001	325	56	27	408
2002	350	49	0	399
总计	3 434	147	67	3 648

第十七编　财政　税务

1994年，崇文区按照国务院和北京市统一部署，开始执行“分税制”财政管理体制。区政府采取多项措施，发展区域经济，壮大税源基础，深化财政体制改革，发挥财政职能，加强财政预算管理。节约财政支出，实施部门预算和行政事业单位“零基预算”，启动国库集中支付改革和政府集中采购，加强国有资产管理，扩大财政支出绩效考评范围，提高资金使用效益。全区财政收入从1994年的1.54亿元提高到2009年的20.60亿元，增长12.38倍；2010年1月至6月，区财政收入13.21亿元。1994年至2010年6月，财政收入总额达145.40亿元。

1994年9月，根据国务院、国家税务总局关于在各地组建直属税务机构和地方税务局的总体部署，经北京市国家税务局批准，撤销市税务局崇文区分局，设立北京市崇文区国家税务局（简称区国税局）和地方税务局（简称区地税局）。自1994年至2010年6月，区政府深化征管改革，优化纳税服务，严格依法治税，加快信息化进程，为市、区社会稳定和经济发展做出贡献。国税税收从1994年的5.37亿元提高到2009年的42.74亿元，增长6.96倍；地方税收从1994年的3.10亿元提高到2009年的38亿元，增长11.26倍。

第一章　财　政

第一节　财政体制改革

区级财政体制改革　1985年至1993年，北京市对崇文区实行“划分税种、核定收支、分级包干”的财政体制。1994年，市对区实行分税制财政体制，区属企业上交增值税的25%作为市、区共享分成部分，区分成比例为90%，区属企业上缴的其他税收为区固定收入。当年，财政收入1.54亿元，实现新体制的平稳运行。2000年，市对区实行新的分税制财政体制，打破企业在“入库级次”上的市属和区属界限，实行收入彻底分税，根据事权与财权相结合的原则，与经济发展直接相关的增值税的25%、营业税、企业所得税、城镇土地使用税、土地增值税、城市维护建设税及教育附加税被划分为市、区共享税，崇文区分成比例为属地内税收的50%。对需要集中管理和受政策影响波动较大的税种划分为市级固定税，适合由区征管的房产税、印花税及车船税划分为区固定税，非税收继续实行分级管理。2003年，按照国务院实行所得税收入改革的规定，市政府对纳入中央与地方分享范围内的企业所得税收入按照属地原则实行中央占60%、市占20%和区占20%

比例分享。2008 年，进一步完善市与区分税制财政体制，将城市维护建设税由市与区共享收入调整为区固定收入。划分首都功能区，按照功能区进行转移支付资金的分配。按照事权与财权相匹配的原则，将事权在区、市级给予部分补助的事项及涉及群众切身利益的“民生”事项划转区内管理。新的分税制政策实行后，区财政收入显著增长，2008 年达 18.13 亿元。

街道财政体制改革 1986 年至 1994 年，区对街道实行“划分税种、核定收支、分级包干、试行两年”的财政体制。1995 年，建立区对街道财力保障机制，实行“定收定支、超收分档分成、超支不补、一定两年不变”的财政体制。1997 年，进一步调整超收分档分成比例，并明确规定街道结余资金的使用方向。1999 年，执行《北京市街道管理体制改革方案》，实行区对所有街道收入总额按比例分成的办法，基数之内按 10%的固定比例分成，超基数增长部分，区、街五五分成。2000 年至 2001 年，将街道固定分成比例提高到 20%，超基数增长部分改为区、街三七分成，并由原来所有街道总额分成改为各街道分别计算分成，明确规定超收分成用于城市管理和社区服务的比例不能低于 70%。2001 年，街道分成收入为 1 355 万元。2002 年，取消总额分成办法，改为在保证基本经费支出的基础上，建立区财政转移支付制度，转移支付资金主要用于街道社区建设、社区服务和城市综合管理。同时，发挥街道引企促税的积极性，对引进的企业按照对区财政的贡献额，给予街道一定的财力返还奖励。2002 年，街道财政补助收入 9 626.10 万元，比 2001 年增长 37.80%；街道财政收入 1.25 亿元，比 2001 年增长 15.60%。2004 年，本着充分保障、鼓励发展、合理调节、量入为出的原则，建立街道财政保障机制，保证街道各项基本支出；实行激励与调节机制，调动街道发展经济的积极性；进行专项补贴，支持街道均衡发展。当年，街道财政补助收入 1.66 亿元，比 2003 年增长 32.60%；街道财政收入 1.84 亿元，比 2003 年增长 27.20%。2008 年，为规避街道财力陡增陡降风险，将激励机制调整为按照各街道属地内区级财政收入增长幅度与街道财政收入的平均增长幅度，加权计算，确定街道财力返还额。当年，街道财政补助收入 2.63 亿元，比 2007 年增长 7.20%；街道财政收入 3.45 亿元，比 2007 年增长 8.30%。

第二节　财政收入

1994 年，区财政收入 1.54 亿元，按同比口径比 1993 年增长 10.91%。1994 年至 1999 年，区财政总收入达 19.05 亿元，年均增长 26.29%。2000 年，市对区实行属地内所有企业税收彻底分税。区政府制定促进区域经济发展的措施，优化发展环境，扶持非公经济发展。当年，财政收入达 5.52 亿元，比 1999 年增长 11.63%。2001 年，增值税、营业税、房产税成为拉动财政收入的主要税种，分别比 2000 年增长 26.70%、14.27%和 36.43%。2004 年，区政府制定并执行崇文绿卡制度、纳税信誉等级评定等一系列吸引企业入驻崇文区的具体政策，招商引资，扩大税源基础，全区财政收入完成 9.11 亿元，比 2003 年增长 30.81%。2005 年，全区财政收入首次突破 10 亿元。2007 年，实施《中华人民共和国车船税暂行条例》，新条例提高征收标准，扩大征收范围，该税种收入达 6 014 万元，比 2006 年增加近 5 倍。2008 年，区继续全面推进招商引资、引企促税工作，扩大经济总量，增大税源基础，当年实现财政收入 18.13 亿元，比 2007 年增长 15.49%。2009 年，区财政收入首次突破 20 亿元。

1994 年至 2010 年 6 月，区财政总收入 145.40 亿元。其中主要收入有：营业税 57.67 亿元，占总收入 39.66%；企业所得税 22.86 亿元，占总收入 15.72%；增值税 10.69 亿元，占总收入 7.36%；房产税、车船税、土地使用税及土地增值税 20.73 亿元，占总收入 14.26%；罚没收入、行政性收费 4.41 亿元，占总收入 3.03%；其他收入 2.75 亿元，占总收入 1.89%。

1994—1999年崇文区财政收入统计表

表17-1　　单位：万元

年份	营业税	企业所得税	个人所得税	外商投资企业和外国所得税	房产税、车船税、土地使用税及土地增值税	行政性收费、罚没收入	其他收入	印花税	专项收入	其他各类收入	基金预算收入	合计
1994	5 599	5 721	501	109	724	889	299	309	433	799		15 383
1995	7 077	5 926	1 181	168	897	973	1 001	543	587	998		19 351
1996	10 350	8 388	2 305	1 671	1 179	2 370	363	672	677	1 153		29 128
1997	12 690	8 132	2 764	1 119	1 665	1 465	3 948	897		1 505	876	35 061
1998	15 417	7 301	5 230	2 179	1 921	2 874	4 975	1 153	747	69	303	42 169
1999	18 821	11 897	6 288	0	3 275	1 675	2 212	1 113	1 198	2 098	842	49 419
总计	69 954	47 365	18 269	5 246	9 661	10 246	12 798	4 687	3 642	6 622	2 021	190 511

2000—2010年6月崇文区财政收入统计表

表17–2　　单位：万元

年份	增值税	营业税	企业所得税	城市维护建设税	房产税、车船税、土地使用税及土地增值税	印花税	行政性收费、罚没收入	专项收入	其他收入	其他各项收入（含企业所得税退税）	基金预算收入	合计
2000	5 543	18 559	15 399	2 091	7 150	1 837	1 318	1 236	1 250	−807	1 591	55 167
2001	6 694	21 208	11 401	2 312	9 086	1 867	1 761	1 376	1 098	119	870	57 792
2002	7 267	24 322	13 680	2 604	10 576	1 564	1 616	1 461	1 197	367	607	65 261
2003	7 500	28 931	7 117	3 026	13 600	3 624	3 182	1 590	221	251	615	69 657
2004	7 711	40 061	6 852	3 569	13 018	11 771	3 466	1 817	1 647	1 052	154	91 118
2005	9 180	50 809	8 790	4 153	15 589	16 248	3 260	2 097	1 526	893	1	112 546
2006	11 298	59 016	12 488	4 862	19 105	13 463	3 704	2 462	3 707	4 305	1 204	135 614
2007	12 408	62 815	19 223	5 115	24 520	13 570	3 071	2 568	233	12 000	1 428	156 951
2008	14 573	68 735	26 994	5 899	26 389	14 179	8 031	2 975	3 700	8 312	1 475	181 262
2009	16 244	84 503	32 141	14 533	29 863	9 172	3 119	3 660	76	10 960	1 707	205 978
2010.6	8 530	47 760	27 171	7 594	28 753	4 760	1 348	1 912		4 288		132 116
总计	106 948	506 719	181 256	55 758	197 649	92 055	33 876	23 154	14 655	41 740	9 652	1 263 462

第三节　财政支出

1994 年至 2006 年，区财政总支出 132.65 亿元，其中主要支出有：文教卫生支出 30.73 亿元，占 23.17%；行政事业单位离退休费支出 14.87 亿元，占 11.21%；行政管理费支出 11.47 亿元，占 8.65%；其他支出 28 亿元，占 21.11%。

2007 年，按照财政部及市财政局关于修订政府收支分类科目的要求，区政府制订区收支分类科目。当年至 2010 年 6 月，区财政总支出 151.58 亿元，其中主要支出有：教育支出 23.12 亿元，占 15.25%；城乡社区事务支出 22.12 亿元，占 14.59%；社保和就业支出 20.69 亿元，占 13.65%；一般公共服务支出 13.99 亿元，占 9.23%；其他支出 21.23 亿元，占 14.01%。1994 年至 2010 年 6 月，区财政总支出 284.23 亿元。

1994—2006年崇文区财政支出统计表

表17-3　　单位：万元

年份	基本建设	文教卫生	城市维护费	行政管理费	公检法司	其他支出	行政事业单位离退休	专项支出	其他各项支出	基金支出	合计
1994	405	9 941	1 767	533	2 127	2 860			3 408		21 041
1995	430	12 027	2 205	2 052	2 638	2 509			3 606		25 467
1996	455	14 853	2 422	3 137	3 198	10 729			4 056		38 850
1997	430	17 518	3 345	3 067	3 741	8 559	1 646		3 691	2 881	44 878
1998	1 010	16 104	3 886	4 180	4 024	5 921	6 331	2 637	7 639	713	52 445
1999	3 437	17 122	5 035	5 054	6 877	3 563	7 367	2 798	14 735	1 319	67 307
2000	2 511	20 289	6 428	6 332	7 554	8 869	9 401	2 097	16 010	1 420	80 911
2001	6 854	22 325	6 423	7 587	8 358	26 750	12 365	2 518	11 009	1 545	105 734
2002	18 415	25 088	6 362	10 328	9 742	19 470	15 538	3 306	14 107	1 047	123 403
2003	11 051	29 628	6 706	10 561	11 642	34 914	17 735	4 148	18 906	1 393	146 684
2004	13 712	34 481	8 068	14 361	12 980	43 245	23 175	4 670	20 096	818	175 606
2005	6 149	40 293	11 072	21 601	17 104	47 183	26 497	6 075	23 955	2 801	202 730
2006	10 523	47 666	10 772	25 911	21 412	65 425	28 691	6 943	23 513	602	241 458
总计	75 382	307 335	74 491	114 704	111 397	279 997	148 746	35 192	164 731	14 539	1 326 514

2007—2010年6月崇文区财政支出统计表

表17-4　　单位：万元

年份	一般公共服务	公共安全	教育	文化体育与传媒	社保和就业	医疗卫生	城乡社区事务	其他支出	其他各项支出	基金支出	合计
2007	34 843	21 714	50 359	11 695	50 177	22 498	28 950	44 641	5 959	47 958	318 794
2008	38 086	27 938	72 098	39 411	60 017	28 401	60 622	29 805	9 078	93 763	459 219
2009	44 640	28 325	91 497	11 371	64 706	32 082	105 458	66 737	9 826	83 420	538 062
2010.6	22 294	11 884	17 219	6 895	31 999	8 176	26 182	71 119	2 661	1 285	199 714
总计	139 863	89 861	231 173	69 372	206 899	91 157	221 212	212 302	27 524	226 426	1 515 789

第四节 管理 监督

预算管理 1994年，全区实行新的财税管理体制。1995年，执行《中华人民共和国预算法》和北京市实施条例，区政府制定《关于加强预算管理严格控制财政支出的通知》，提出严格预算管理，强化预算约束，采取措施，严格控制购置费、会议费、差旅费的支出等要求。1997年，对行政单位的年度预算实行以零为基点编制的预算（简称零基预算法），执行财政部颁布的事业单位财务规则，在区园林局等5个单位实行“核定支出，定额补助，超支不补，结余留用，一定两年不变”的经费包干改革。2001年，区财政部门本着“保证重点，压缩一般”的原则，区别不同部门、不同情况，重新制订行政、事业单位支出定额标准。行政单位坚持“人员经费按标准，公用经费按定额，专项经费按财力”的原则，继续实行“零基预算”。事业单位实行“核定收支，定额或定项补助，超支不补，结余留用”的“收支统筹”管理方式，将预算内、预算外经费统筹安排，量入为出，自求平衡。2003年，区财政部门制订《区级基本支出预算管理办法》和《区级项目支出预算管理办法》，建立专项支出项目库及项目申报文本制度，进一步规范和完善部门预算编制工作。2004年，制订《行政事业单位专项资金管理暂行办法》，实施专项资金追踪问效制度，加大对专项资金的管理力度。2005年1月1日，区预算执行实现系统管理，提高财政工作现代化办公水平。同年，按照建立公共财政的要求，制订《崇文区财政预算管理执行办法》，从预算编制、执行和监督三方面强化财政预算管理。2006年，区财政部门制订并实施《财政性资金管理办法》，严格按预算执行进度拨款并控制预算执行过程中的追加，提高财政资金使用效益。2008年，制订并执行《关于压缩全区各党政机关2008年公用经费的实施方案》，压缩区党政机关5%部门预算公用经费，建立公共应急资金，收回财政资金860万元，设立崇文区公共应急资金财政专户，用于应对突发事件。2010年上半年，区财政部门按月分析全区各部门银行存款及政策性支出情况。

预算外资金管理 1994年，全区49个行政事业单位的预算外资金实行“财政专户存储”和“收支两条线”，由财政集中管理，总资金1 969万元。同年，根据《北京市行政事业性收费管理条例》，区财政部门制订《崇文区行政性收费纳入预算管理实施办法》，将10个单位的行政性收费纳入预算管理。1998年，制订并执行《崇文区加强预算外资金管理有关事项的通知》，区属行政性收费全部上缴区财政，纳入预算管理。经过清理，撤销244个预算外资金账户。1999年，建立区预算外资金财政总会计制度，负责“财政专户”资金管理。2001年至2002年，对区住建委、区人防局、区民政局等9个部门的29项行政事业收费项目实行“部门开票、银行收款、资金直接上缴财政指定专户”的“票款分离”办法。重新审核全区行政事业性收费，确定行政事业性收费281项、经营性收费62项，撤销5个单位的13个银行账户。对区属行政事业单位、教育系统及与人民群众关系密切的111项行政事业性收费的范围、项目、标准、依据、计价或计费单位、收费票据版样、投诉电话等进行公示。2003年，对公收费项目全部实行“票款分离”。2005年，取消财政预算外资金教委代管专户。制订《崇文区财政局财政资金安全管理办法》，对财政资金的划拨、收支预算、纳入国库集中支付改革等做出明确规定。2008年，按照北京市行政事业性收费目录，梳理全区行政事业性收费涉及单位及收费情况。利用新的票据销售软件，重新整理购票单位以及相关信息，加强“验旧购新”管理。对19个单位进行收费及票据使用情况检查。2009年，区财政局下发并执行《关于公布取消和停收100项行政事业性收费项目的通知》。2010年，全区预算外资金收入2.50亿元。

企业财务监管　1994年，区财政部门兑现企业超额完成承包任务奖励返还、小型企业超承包基数返还和饮食服务企业所得税返还共1 283.90万元，支持企业转换经营机制。1996年至1998年，制订区外商投资企业内部财务管理制度。进行区集体企业清产核资，核实571户集体企业，全部资产13.72亿元。1999年至2003年，在企业重组、结构调整中，根据有关政策，返还同仁堂股份有限公司等重点企业及改制小企业上缴的所得税1.20亿元，为重点企业和重点建设项目拨付经济结构调整资金、享受区域经济政策专项资金和发展资金等6 000余万元，拨付资金奖励区30强企业；核销区属国有、集体改制企业不良资产3.27亿元。

2004年至2005年，区财政部门制订并启动区财源建设计划，培育促进经济发展的稳固财源。建立区中小企业发展专项资金，制订《中小企业发展专项资金管理暂行办法》，完善促进企业发展的财政政策支持体系。2006年，对市、区10个贷款贴息、补助项目进行绩效评价。按照产权界定属地管理原则，开展区集体企业产权界定。2007年，区财政部门聘请中介机构共同对10户外资企业财务报告进行核查，依法查处违纪金额1 716万元、应补缴所得税60万元、减亏67万元，行政处罚4户。完成区132户外资企业年度财务决算工作。争取市级商业流通发展资金及中小企业发展资金2 233万元，支持区国有工业企业发展。2008年，围绕“天坛文化圈”发展战略，启动中小企业发展资金，建立区级企业发展项目库，涉及文化、旅游、体育、科技、商贸等项目，贷款额度7 000万元，财政贴息316.99万元。争取市级商业流通发展资金、中小企业发展资金2 809.62万元，涉及项目24个。2009年，中小企业发展资金规模由1 000万元扩大到2 000万元，对符合区产业发展方向、有一定发展潜力或具有一定科技含量的24户中小型企业给予947.46万元的财政贴息资金支持。2010年上半年，拨付中小企业发展专项资金1 017万元，引导银行贷款1.92亿元，支持30家企业的贷款项目31个，累计向市财政争取商业流通发展专项资金、中小企业发展专项资金、少数民族经济发展专项资金2 202万元，支持33家企业的33个项目。

行政事业单位资产和财务管理　1995年，区开展行政事业单位非经营性资产转经营性资产专项调查。全区有行政事业单位193户，国有资产49.80亿元。其中，利用国有资产进行经营活动的104户、占总户数的53.90%，用于经营的国有资产1 122.10万元、占资产总额的2.30%。如1994年房屋出租出借收入1 859.80万元。1996年，完成中华人民共和国成立以来首次行政事业单位产权登记，发放产权证200户，区行政事业单位固定资产占全区国有资产78.20%。当年，对6个实行“三定”经费包干的事业单位进行考核。其中，5个单位国有资产保值率为100%，国有资产增加1 008万元。1997年，加强行政事业单位非经营性资产转经营性资产管理，并按规定收取国有资产占用费。2000年至2001年，对区属事业单位开办的各类“三产”企业进行年检，为24户办理国有资产产权登记，为76个事业单位“三产”换发产权登记证；征收行政事业单位非经营性资产转经营性资产占用费69.80万元。2006年，区开展非经营性国有资产调查摸底，提出资产整合建议。开展全区行政事业单位资产清查工作。制订《关于崇文区行政事业单位占地拆迁补偿款管理的通知》，加强行政事业单位占地拆迁补偿款管理。2007年，区财政部门先后制订《行政事业单位国有资产管理办法（试行）》《行政事业单位固定资产配备标准（试行）》《行政事业单位国有资产处置具体实施办法（试行）》《行政事业单位国有资产出租管理暂行办法》及实施细则，加强和规范国有资产管理。2008年，区财政部门完成区行政事业单位国有资产清查及抽查工作，抽查单位占参加资产清查总户数的17.70%，抽查资产总额占参加资产清查总额的19.10%。制订并实施《崇文区行政事业单位国有资产动态管理实施方案》，在6个单位试点成功后，区一级预算单位（不含公安崇文分局），全部实施资产动态管理。2009年至2010年上半年，全区所有行政事业单位全面推行国有资产动态管理，建立国有资产处置进场交易和电子废弃物规范化处置回收机制。加强资产增量审核与资产存量管理，并延伸到预算执行和资产的购建、使用、变动、处置

图17—1　2006年，崇文区召开区行政事业单位资产清查工作培训会

等动态管理中。至2010年6月，全区行政事业单位独立核算机构163个，国有资产总额（非经营性资产）达到42亿元。

自1994年起，区财政部门依法依规加强行政事业单位财务管理。坚持“集中财力办大事，投入资金讲效益，勤俭节约过紧日子”和“量入为出，保证重点，压缩一般”的理财原则，根据财力，区别轻重缓急，合理调度资金，保证党政机关经费和教育、科技、卫生、医疗改革、最低生活保障、城市环境整治、重点工程建设及重点工作所需资金。当年，安排教育事业费支出7 098万元，比1993年增长31.10%。2010年，安排教育事业费支出10.54亿元，比1994年增加13.85倍，年均增长幅度高于财政经常性收入增长幅度，确保教育事业费依法增长。2003年“非典”期间，区财政拨付专项经费1 440.30万元，为抗击“非典”提供财力支撑。2004年，筹措资金1.70亿元，规范公务员收入；筹措资金3 400万元发放离休干部和无房新职工住房补贴。在合理安排各项经费的同时，压缩一般性开支，从严控制会议费、招待费、差旅费、出国考察经费及各种奖励经费的支出。控制追加预算，并对预算拨款实行追踪问效制度，确保资金专款专用。2006年，建立财政供养人员专网、车辆专网、市政交通信息网、城市基础设施数据网、社会保障信息和卫生事业专网。采集6 000余名在职和离退休人员、900余辆公务用车及公用经费等基础信息。2007年，开展加强公用经费管理，推进节约型机关建设和区财政局建设节约型机关工作建议的调研，为领导决策提供参考。2009年，围绕“资金、资产、效益”三条主线，制订、修订《崇文区功能区转移支付资金管理办法（试行）》等12项制度，进行财政预算管理改革。

财政性投资基本建设项目财务管理　1994年以后，随着全区城市基础设施建设和环境综合整治力度的加大，财政部门多渠道筹集建设资金，为多项重点工程提供资金保障。1996年，争取市有关部门返还土地出让金5 100万元，用于崇文门外大街市政建设。2000年，融资20亿元，争取市拨投资补助款2亿元和国债转贷资金3 200万元投入广安大街（崇文段）建设。2005年，分别向国家开发银行和北京银行贷款60亿元，用于前门地区修缮整治、弘善家园安置房、“城中村”环境整治、市政道路等市、区重点工程，并积极争取市财政再次给予前门地区修缮整治工程重大资金支持。制订实施《崇文区政府利用银行贷款资金管理办法》《崇文区“一号工程”拆迁安置资金审批规定》和《崇文区政府投资项目资金审批管理规定》，加强对重点建设项目资金的监管。保证区境内市政道路路网加密、前门地区和敬业西里“解危排险”工程、地铁5号线崇文段拆迁、便民路修建、公厕改造及“一户一表”改造工程等项目的资金需求。2007年，区财政局争取市级各项建设资金共19.30亿元，用于前门地区修缮整治、“城中村”环境整治、“天坛文化圈”建设等。

国库管理　2002年8月，区财政部门首次在5个行政单位试点试行财政统一发放工资。2003年，全区49个行政单位公务员及工勤人员全部试行财政工资统发。同时，对政府集中采购项目，由财政直接支付资金，全年共支付3 875万元，占采购金额的43.10%，比2002年增长78%。2004年，区财政局制订《崇文区国库管理制度改革实施方案》。成立国库支付中心，进行财政授权支付代理银行招标、集中支付网络系统建设。全区54个单位的公务员工资实行财政统发。2005年，除7个街道实行区街财政管理体制外，区41个一级预算单位全部纳入国库集中支付范围。2006

年，全区一级预算单位部门预算及市、区追加各项预算资金全部纳入国库集中支付授权支付系统，并在区环卫中心所属6个基层单位进行二级预算单位国库集中支付授权支付改革试点。2007年，全区143个一、二级预算单位全部试行国库集中支付授权支付业务，财政资金全部纳入国库集中支付体系管理。2008年，制订《崇文区财政局非税收入收缴管理制度改革实施方案》，在12个单位进行非税收入收缴管理改革试点。2009年，46个一级预算单位纳入非税收入收缴管理改革范围。2010年1月至5月，全区非税收入财政专户共收到上缴非税收入823万元。

图17－2　2004年，中国工商银行北京市分行、北京市商业银行与区财政局签订财政授权支付代理协议

社会保障资金管理　1997年，区财政部门开始管理社保资金。当年，区社会养老统筹企业936家，区属企业大病医疗费统筹覆盖面99%，全年为650名低收入居民发放最低生活保障金105万元。1999年，按照国务院和北京市统一部署，增加低收入人员收入，包括增加机关事业单位职工收入，相应提高离、退休人员待遇，提高企业下岗职工基本生活费、失业救济和城镇居民最低生活保障水平等。拨付应由财政负担的再就业专项资金700万元，向符合最低生活保障标准的居民发放最低生活保障金445万元，拨付“粮油帮困卡”资金149万元。2000年，根据市财政局统一部署，在银行分别建立全区失业保险、养老保险和工伤保险等基金财政专户，并保证资金及时拨付到位。2003年，全区养老保险基金征缴率、工伤保险基金征缴率、失业保险基金征缴率分别达到119.40%、108.57%和120%。2005年，支持区“创业同奔小康工程”，全年安排再就业经费838.26万元，比2004年增加11.40%。通过综合运用低保政策和就业扶持政策，1 523名低保人员实现再就业，全年支出最低生活保障和粮油帮困经费4 282万元，比2004年减少9%。区财政部门制订《规范崇文区再就业资金使用管理具体办法》和《崇文区社会保障所财务管理办法》，进一步规范和加强再就业资金使用项目管理。2006年，城市居民最低生活保障支出下降为3 373万元，比2005年减少14.40%，3 035名有劳动能力的低保人员实现再就业。至此，区3年“创业同奔小康工程”任务基本完成。2008年，区落实《北京市城乡无保障老年居民养老保障办法》和《关于建立北京市城镇劳动年龄内无业居民大病医疗保险制度的实施意见》，全年累计投入区级资金700余万元，扩大了社会保障覆盖范围。区财政局与区劳动和社会保障局共同制订《崇文区低保家庭劳动力就业补贴办法》和《崇文区自主创业人员安置补助费有关问题的办法》等再就业惠民政策。2009年至2010年6月，通过提供小额贷款担保、财政贴息等形式，帮助就业困难群体实现就业。

控制社会集团购买力及政府采购　1994年至1998年，区财政部门执行市政府控购政策，合理控制社会集团购买力，5年支出1.37亿元。2000年，成立区政府采购办公室和政府采购中心，并制订《崇文区政府采购办法》《崇文区政府采购工作程序》《崇文区政府采购工作规则》等。当年，在区教育、卫生系统进行货物类政府采购，采购金额637万元。2002年，政府采购工作在全区推行。区属行政事业单位公务用车全部由政府采购，并首次实行公开招标和委托中介机构招标采购，初步建立政府采购专家库和供应商库。2003年，实行政府采购资金财政直接支付，并尝试网上竞价采购。2005年，全面实现公务用车统一采购，车险、维修和加油费用国库统一支付。将区教育、环卫等系统的房屋修缮、操场整治及政府行政服务大厅等工程项目纳入政府采购管理。2008

年，在全区所有行政事业单位（含二级单位）实施政府采购信息化管理，加大集中采购力度，简化工作流程，开展政府采购执行情况专项检查。2001 年至 2009 年，政府采购金额累计 13.80 亿元，节约资金 7 411.99 万元。

会计管理 1994 年，为扩大财会人员培训渠道，由区财政局组建的北京中华会计函授学校崇文分校开学授课，招收学员 55 人。当年，945 人报名参加辅导、考试，547 人考试合格，取得会计证。举办 5 期电算化培训班，培训财会人员 214 人。1994 年至 2009 年，区财政局组织 5 万余人参加全国会计专业初级资格和会计从业资格考试。

1995 年，对 67 户会计管理工作三级单位和 116 户达标单位依据新标准进行复查，第一批复查 67 户，合格 49 户；116 户达标单位全部合格。当年，崇文门菜市场率先用计算机替代手工记账。1996 年，举办崇文区首届会计档案成果展览，介绍区百货公司等 12 个会计管理工作先进单位的经验。72 个单位、4 000 余名财会人员参观。2001 年，在全区中、小学，幼儿园及教委直属单位试行会计委派，共委派会计 148 名。2003 年，在便宜坊烤鸭集团和区教委建立单位内部会计控制制度。2006 年，重新统计和完善区属企事业单位财会人员基础信息库。审批从事代理会计记账业务机构 3 家。2007 年，根据财政部颁布的《代理记账管理办法》，区财政局对全区从事会计代理记账机构遵守会计法律法规和职业道德等情况进行检查。审批从事代理会计记账业务机构 5 家。组织全区 800 余名会计人员参加市第三届会计知识大赛笔试答题，并组队参加区县选拔赛和市总决赛，分获区县赛区一等奖和市总决赛组织奖、优胜奖。2008 年至 2009 年，区财政局运行新的会计从业资格管理办公系统，对会计从业资格实行定期注册登记制度，对用不正当手段得以免试或持证人员违法违纪的，依法及时吊销其会计从业资格证书，并通过北京会计网向社会公告。至 2010 年 6 月，全区共有从事代理会计记账业务机构 26 家。

财政支出绩效评价 2005 年，区财政局首次选定区教育信息化建设和全民健身工程项目进行绩效考评试点。2006 年，制订实施《崇文区绩效考评工作实施方案》和《崇文区行政事业单位项目绩效考评管理办法（试行）》，并将试点范围扩大到区教育、文化、环卫、公安、劳动和民政 6 个主管部门的 6 个重点项目，确定绩效等级，经考评均为优秀等级。当年，城市广场绿化改造、崇文区职业学校建设 2 个市对区专项补助绩效考评项目被北京市评为优秀等级。2007 年，区财政局制订《崇文区行政事业单位项目绩效考评管理办法》和《崇文区绩效考评结果运用管理办法（试行）》，将绩效考评结果与预算安排挂钩，规定凡项目资金在 50 万元以上，且符合绩效考评条件的均列入考评范围。2008 年，将符合考评条件的区级项目全部纳入考评范围，全年参评项目 23 个，金额 6 654 万元。当年，区财政局制订《崇文区绩效考评中介机构考评管理办法》，加强对参与绩效考评中介机构的管理和监督。2009 年，纳入绩效考评项目 26 个，金额 7 977 万元。2010 年 6 月，完成评审项目 4 个。

财政监督 1994 年至 1998 年，区财政局重点开展税收、财务、物价大检查工作，共检查 32 702 户，其中，违纪 5 642 户，违纪金额 1.64 亿元，违纪金额入库 1.35 亿元。2000 年至 2009 年，对 665 个单位或项目进行检查及跟踪回访，涉及违纪单位 127 个。在此期间，催缴和上缴罚没款 114.07 万元。

2001 年，区财政局制订《财政局内部财政财务监督检查管理办法》，对财政大额专项支出进行检查。2002 年至 2004 年，制订《财政监督检查管理办法》《财政监督工作程序》《聘用会计师事务所进行各项检查的暂行办法》《区财政监督科监督检查人员守则》，规范监督工作。2005 年，创新财政监督内容和方法，变突击性检查为事中监督、事后评价、跟踪反馈等日常管理性监督，把检查活动贯穿财政工作的始终。2006 年，区财政局制订《全面推进积极执法、强力执法实施方案》，并对区内 92 个企业、行政事业单位 2005 年会计信息质量、外资报告核查、财政追加专项资金使用、财政票据使用及政府采购执行等情况进行 549 组次、1 100 人次集中监督检查，涉及资金 27.59 亿元。对 48 家问题单位出具财政检查意见，对 20 家依法做出行政处罚。区财政局被市财政局评为财政监督工作先进单位。2006 年至 2009 年，共对 85 个违纪单位和个人出具财政检查意见书，对 44 个违纪单位和个人进行行政处罚。

1994—1998年崇文区财政监督检查情况统计表

表17–5

年份	检查总数（户）			违纪总数（户）			违纪金额（万元）	违纪金额入库数（万元）
	自查	重点检查	合计	自查	重点检查	合计		
1994	5 283	6 480	11 763	813	1 473	2 286	2 330	1 854.40
1995	7 255	1 424	8 679	909	1 136	2 045	3 010.20	3 010.20
1996	280	5 538	5 818		1 311	1 311	6 944.60	4 497
1997		3 445	3 445				2 097.50	2 284.40
1998		2 997	2 997				2 044	1 857
合计	12 818	19 884	32 702	1 722	3 920	5 642	16 426.30	13 503

2000—2009年崇文区财政监督检查情况统计表

表17–6

年份	检查总数（户）			检查金额（万元）			检查结果		
	专项资金检查	会计信息及其他检查	合计	专项资金检查	会计信息及其他检查	合计	违纪（户）	处罚（户）	罚没款（万元）
2000	9	43	52	2 025	1 333	3 358	42		
2001		30	30						
2002	8	15	23						26.6
2003	13	14	27	4 020		4 020			9.47
2004	23	6	29	21 200	16 800	38 000			64
2005	182	8	190	52 308		52 308			
2006		100	100		275 894	275 894	48	20	
2007		73	73				27	14	3
2008		71	71				4	4	11
2009		70	70				6	6	
合计	235	430	665	79 553	294 027	373 580	127	44	114.07

第五节 财政信用

财政信用担保 1994年，区财政部门开展财政信用担保。资金主要投向区重点企业、高科技和出口创汇企业，用于经济结构调整、设备更新、技术改造。对有发展前景的微利、亏损企业及投资少、见效快的项目也给予优先扶植。为提高财政信用资金的使用效益，区财政局对企业财政借款实行结款效益目标责任制管理，制订《关于支持企业发展和企业扭亏增盈专项资金的使用管理办法》《关于风险基金管理及使用试行办法》《关于借款担保风险保证金试行办法》等制度。1997年，向区煤炭公司发放流动资金借款350万元，用于保证当年全区居民生活用煤的需要。1998年，设立结构调整和贴息资金，重点支持崇文门菜市场建立连锁集团。1999年，根据财政部《关于清理整顿部门有偿使用资金具体实施意见的通知》和市财政局有关精神，该项业务自6月起只收不贷，进行清理回收。

中小企业融资担保 1999年4月，崇文区启动中小企业担保资金，参加市中小企业融资担保，共投入资金300万元。当年，为区曙光制药厂等企业贷款担保950万元。2000年8月8日，区政府与北京市商业银行天桥支行签订为符合条件的中小企业和高科技企业提供贷款担保的合作协议，首期担保资金1 000万元。当年，还为西比利亚皮货集团等7家民营企业办理贷款担保2 250万元。2002年至2003年，区财政局制订《崇文区中小企业贷款担保管理办法》，建立《崇文区中小企业贷款担保项目库》，增加担保资金，扩大担保对象和范围，实行贷款担保差别费率，全年批准担保项目73项，金额2.07亿元。2004年，区财政局制订、执行《关于进一步加强崇文区中小企业贷款担保工作的若干建议》，并决定从当年起，区财政3年内每年安排风险补偿金330万元，累计1 000万元，使贷款融资规模从原来的1.50亿元扩大到3亿元。同时，成立融资担保项目评审委员会，建立信用担保机构外部风险补偿机制。2005年，区财政局与北京首创投资担保有限责任公司合作建立崇文分公司。2006年至2008年，进行区中小企业融资担保管理信息系统建设和贷款担保项目评审制度，开始贷款担保项目的网上申报和审批。为文化创意型企业——北京华江文化发展有限公司提供400万英镑的备用信用证担保，帮助企业获得2012年伦敦奥运会独家徽章类产品特许经营权。至2010年6月，发挥贴息、补助、贷款担保作用，中小企业发展资金规模由1 000万元扩大到2 000万元。

1999—2010年6月崇文区放款统计表

表17－7 单位：万元

年份	申请笔数	申请金额	批准笔数	批准金额	放款笔数	放款金额
1999	9	3 700	7	2 200	4	950
2000	21	7 380	19	5 780	16	3 830
2001	40	13 790	38	12 030	35	9 180
2002	90	26 410	71	224 300	68	18 880
2003	132	32 950	109	32 950	107	28 990
2004	176	54 900	148	47 390	142	37 600
2005	232	863 100	198	74 950	185	57 880

续表

年份	申请笔数	申请金额	批准笔数	批准金额	放款笔数	放款金额
2006	276	110 010	225	92 550	217	72 880
2007	307	132 900	250	108 590	253	86 970
2008	335	154 110	277	129 300	279	102 530
2009	367	187 660	305	158 650	325	124 830
2010.6	409	231 520	344	198 410	373	145 310

第二章　国家税务

第一节　机构与征管税种

机构　崇文区国家税务局（简称区国税局）成立于 1994 年 9 月，隶属市国税局。1998 年 4 月，组建稽查局，负责稽查工作的组织、管理和税务案件查处。1999 年，区税务咨询事务所与区国税局脱钩并改制。2005 年，设票证中心，负责车辆购置税征收管理。2010 年 6 月，区国税局内设科室 11 个，直属机构 1 个（区国税局稽查局），事业单位 2 个（信息中心、机关服务中心），基层税务所、税务所管理所、税务稽查所 13 个。

征管税种　1994 年 1 月，根据国家税务总局工商税制改革实施方案和北京市税务局的规定，区国税局负责区境内增值税、消费税、进口产品消费税、中央企业所得税、地方银行及非银行金融企业所得税、证券交易税、外商投资企业的各项税收以及外籍人员缴纳的个人所得税、出口产品退税、集市贸易和个体户的各项税收、中央与地方所属企事业单位组成的联营企业及股份制企业所得税等各项税收的征收、管理工作。2002 年 2 月 1 日，依照《国家税务总局关于印发〈金融保险业营业税申报管理办法〉的通知》，征收金融保险业营业税。2005 年 1 月 1 日，依照《国家税务总局关于车辆购置税机构设置及有关问题的通知》，征收车辆购置税。2008 年 1 月 1 日，依照《中华人民共和国企业所得税法》，外商投资和外国企业所得税与内资企业所得税两税合并为企业所得税。国务院决定自同年 10 月 9 日起对储蓄存款利息所得暂免征个人所得税。至 2010 年 6 月 30 日，区国税局征管的税种有增值税、消费税、企业所得税、车辆购置税。

第二节　税收征管与收入

增值税管理　1994 年，区国税局确定市级增值税重点税源户 4 户、区级重点税源户 20 户。同年收缴、销毁旧版增值税发票，出售新版增值税发票。1996 年，市级重点税源户增加到 11 户，税收占区工商税收的 20%。1997 年，进行增值税一般纳税人年审，2 504 户通过审核，占应审户的 70%；1 103 户未通过年审被取消一般纳税人资格，占 30%。1998 年，加强对规模较大税源户的管理，监控重点税源企业 50 户，其缴纳税款占总收入的 45%。1999 年至 2002 年，区国税局坚持每年进行一般纳税人年审，修订《增值税一般纳税人认定管理办法》，每年进行增值税纳税人增值税税收资料调查。2004 年，区国税局全面推行增值税申报管理“一窗一人一机”新模式，严把审核、认定、监控等环节，重点打击利用海关完税凭证骗取税款的商贸走逃企业。建立约谈登记簿制度，采取约谈企业法人代表、签署《法人声明》和限量限额发售增值税专用发票等措施，遏制犯罪分子利用虚假身份注册办理商贸公司，骗取一般纳税人认定、套购增值税发票的不法行为。制订《海关完税凭证监管办法》，强化海关完税凭证监管，完善备案审批制度，向有关企业讲解案例、政策及法律处罚事项。实行分户到所、责任到人的办法，下户跟踪、评估商贸企业，重点监控纳税申报异常及经营地址不固定的企业。

2005 年，修订完善《增值税一般纳税人认定管理办法》《增值税一般纳税人认定须知》《增值税辅导期一般纳税人认定须知》。制订《增值税辅导期一般纳税人转正管理办法》，严把一般纳税人准入关。实行“终身制”管理，以报税率、作废发票率、红字发票率、失控发票率和新增户未开票率为依据，管理和监控增值税一般纳税人的生产经营情况；加强抵扣凭证管理，严格审核一般纳税人使用海关代征增值税专用缴款书、代开增值税专用发票、废旧物资专用发票、货物运输发票，做到每票必查；对重点税源实行分类管理，加强纳税评估和监控。2006 年，区国税局将增值税一般纳税人分为 A、B、C 类，根据各类企业的不同特点，分别进行管理，当年增收增值税 6 179 万元。2007 年，针对一些企业取得不抵扣、搞账外经营隐瞒销售的新特点，深入挖掘、稽核系统滞留发票信息。建立分析管理机制及稽查反馈机制，制订加强日常管理的办法，使滞留发票管理工作规范化、制度化。2008 年，贯彻“以票控税、网络比对、税源监控、综合管理”方针，重点加强增值税及发票管理。落实各项增值税税收优惠政策，为享受残疾人就业优惠政策和车辆购置税免税政策企业办理退税手续。

所得税管理 1994 年至 1995 年，区国税局加强对中央在京企业所得税管理，重点针对减免税方面的问题，采取措施，严把政策关、审核关、复核关。1996 年，开展清理税源户工作，所得税税源户从 1994 年的 138 户增加到 273 户。建立减免税企业台账，并定期对减免税企业进行复核、年检，严把减免税关。在汇算清缴工作中对 185 户盈利大户或亏损企业进行检查。当年，共入库企业所得税 4 499.40 万元，比 1995 年同期增长 112.64%。1998 年至 2003 年，开展历年年度企业所得税的汇算清缴，同时，进行汇算清缴重点审核和储蓄存款利息个人所得税的管理、宣传、辅导工作。

2005 年，区国税局制订并执行《所得税重点税源管理办法》和《企业所得税管理办法》。审核 3 104 户企业所得税纳税人申报内容的真实性，防止税基流失。加强对账证不健全、核算水平低、纳税信用较差企业的日常管理和跟踪监控。重点掌握亏损企业亏损原因及补亏情况，定期下户核查评估。加强对享受减免税企业所得税审批项目跟踪管理与监督检查。2006 年，完善《企业所得税管理办法》，制订《企业所得税重点税源管理办法》和《企业所得税工作规程》等管理制度。重点评估所辖房地产、建筑安装、饮食、体育等行业重点税源企业及连续 3 年亏损企业，堵塞征管漏洞。评估调增应纳所得税 5 581 万元，应补缴税款 1 516 万元。2007 年，核定征收纳税企业 1 584 户，同比增长 37%。实现房地产开发企业、金融企业、体育总局系统单位分类管理及重点税源企业的重点管理。2008 年至 2009 年，推广核定征收工作，审核纠正超范围、超标准核定征收以及所得率核定错误等问题，审核批复企业近 700 户。同时，贯彻落实总分机构税收政策，调查企业总机构 7 户、分支机构 380 户。

个体集贸税收管理 1994 年，区成立专业化个体集贸所，取消协税员，实行专业化管理，加大打击偷漏税力度。1996 年至 1997 年，在联合治税办公室的配合下，清理整顿有偷、逃、抗税行为的纳税人，重点打击市场外交易、夜间交易、无照经营、偷抗税行为。同时，对税负偏低的纳税户，重新调整其纳税定额；重点管理大型集贸市场，为集贸市场的固定摊商办理临时登记证 2 700 余个，并给市场的固定摊位发放国税代码章，实行集中申报纳税。纳税方式由现金支付变为凭卡纳税。1998 年，区国税局制订《个体集贸税市场工作手册》，将集贸市场细化为 A、B、C、D 类管理，针对不同类型市场采取有针对性的征管措施。同时，在全区范围内对个体户的经营收入、生产规模进行调查，选出 95 家个体工商户进行建账核算培训辅导。1999 年至 2001 年，区国税局开展大规模个体集贸税源摸底调查，重新核定和调整辖区 776 户个体户的纳税定额，组织集贸市场税收征管人员学习新征管法及税收票证管理知识，规范个体集贸税务所发票等管理。2002 年，整治 26 个集贸市场，重点检查发票保管、使用情况，调整部分定期定额户的定额，解决税负不平衡、定额偏低等问题。2005 年，建立有摊位号、摊主姓名、核定销售额、应纳税额等内容的集贸市场分类档案。根据市国税局全面推行个体户计算机核定定额工作要求，落实“阳光评税”工作，规范个体户税收征收管理。

2006 年，区国税局深入 15 个集贸市场，清理不报税且难以联系的工商户，调查市场经营管理情况，掌握摊主经营资料，并配合市国税局检查全区集贸市场代开发票、代征税款情况。2007 年至 2009 年，核发所辖 16 个集贸市场 5 813 家个体户税务登记证。通过国税、地税联合换证系统发送登记信息 5 000 余条。按照市国税局实行税款自征及试点使用计算机开票系统的要求，协调银行及市场主办方，完成红桥市场税款自征工作。

税收收入　1994 年，区国税局组织收入 5.38 亿元。2009 年，组织收入 42.74 亿元，是 1994 年的 7.94 倍。1994 年至 2010 年 6 月，共组织各项收入 226.76 亿元。

1994—2010年6月崇文区国家税收收入统计表

表17-8　　　　　　单位：万元

年份	税收收入	年份	税收收入
1994	53 753	2003	74 068
1995	33 179	2004	81 490
1996	46 821	2005	101 398
1997	46 439	2006	149 584
1998	49 752	2007	278 703
1999	55 552	2008	381 285
2000	55 530	2009	427 407
2001	67 137	2010.6	288 882
2002	76 668		

第三节　纳税服务

1994年，区国税局建立申报服务大厅，开展税务登记、纳税申报、税款缓交、退税、一般纳税人认定、审批发票种类、税收政策咨询等业务。同时引进工商银行，实现税务、银行、纳税申报一体化办公。1996年至1999年，成立纳税服务组和纳税人咨询服务部，设立税务咨询窗口和咨询电话，采用征期窗口咨询、征期后电话咨询、预约咨询等形式，为纳税人提供咨询服务。4年中，共受理各类咨询4万余人次。1997年和1998年，区国税局办税服务大厅（原申报服务大厅）先后被评为市国税系统首批10个规范办税服务厅和国家税务总局全国税务系统最佳办税服务厅。2000年至2003年，区国税局针对纳税人在所得税申报纳税中经常出现的问题，举办辅导培训班，对200多名企业会计、办税人员进行税收政策培训。举办优质服务标兵评选活动，到政府相关部门、社区、学校、集贸市场、区职业介绍服务中心等单位举办税收知识讲座，以培训形式对企业存在的问题进行有针对性的讲解和辅导，宣传新的增值税、所得税等政策法规。2005年，完善和制订限时服务、全程办事代理制、首问责任制、“一站式”服务及文明礼貌准则等规范服务标准，整合窗口功能，实现每个窗口均可受理所有类型申报事宜。2006年，区国税局采取上门申报、IC卡申报、网上申报、在办税服务厅安装自助申报机等形式，缩短纳税人排队等候时间。针对“一机多票”、所得税汇算清缴、增值税所得税评估、普通发票检查、税务登记证换发等重点工作或较大的政策变化，组织政策宣传辅导会50余次，900余人次参加。2007年，区国税局重新改造办税服务大厅，增设自助申报机、叫号机、触摸屏及大型电子显示滚动屏，为纳税人提供方便。2008年7月至9月，该局取消办税服务大厅午休时间，延长征收窗口工作时间，并为重点户、残疾人、老人及孕妇开辟绿色通道。2009年，依托GTAIS（中国税收征管信息系统）等现代信息技术，继续推行申报、缴款网络化、电子化。至年底，网上申报纳税人由年初的1 000余户增至2 870户，从24%升至67%。2010年上半年，以举办“税收宣传月启动仪式暨纳税人权利义务宣传日”活动为开端，到国家体育总局所属单位召开辅导会，联合区地税局开展“服务科学发展，共建和谐税收”大型税收宣传活动，利用社区文化节开展税收宣传。同时，创新税收宣传方式，入驻开心网为纳税人开展服务工作。

图17－3　2002年10月，区国税局宣传贯彻新征管法及实施细则

第四节　税务稽查

税收大检查　1994年，区国税局继续开展税收大检查，经宣传动员，企业自查补税248万元；

区国税局检查企业 1 428 户，其中有问题户 468 户，补税 830 万元。1995 年，全区共有 5 044 户参加税收大检查自查，自查率达 100%，其中有问题户 496 户，占 9.80%，应补缴税款 123 万元。同时，该局检查企业 341 户次，补税 608.70 万元。自 1996 年起，按照国务院及北京市的要求，税收大检查停止。

日常稽查与专项稽查　1994 年，区国税局在公安崇文分局、区检察院、区法院配合下，组织 3 次大规模增值税专用发票打假活动，抓获犯罪嫌疑人 45 人，查获假发票 2 200 余份，其中增值税发票 183 份，已使用发票 35 份，涉及抵扣税款 23 万余元。在打假过程中，区国税局提出“以店查票，以票立案，以案抓人、以人追源”的工作方案，将租赁柜台、引厂进店的厂家作为重点检查对象。通过检查，发票打假补税 14 万元，罚款 58.70 万元。当年，区国税局被国家税务总局评为全国发票打假先进单位。1995 年，区国税局把税收征管中的问题归类，进行专项检查，对不申报户、不入库户、新户和撤转户、长期零申报户、长期税负偏低户、人民来信举报户及重点税源户等进行重点检查。全年检查近 1 500 户，挽回经济损失 8 476 万元，直接组织收入 1 600 万元。

1996 年，区国税局将稽查选案由人工筛选改为人机（计算机）结合选案，基本形成稽查选案、稽查检查、稽查审理、稽查执行 4 个环节既相互协作配合又监督制约，多渠道选案、全方位检查的运行机制。对有偷、逃、抗税行为的纳税人进行全面清理整顿，重点打击市场外交易、夜间交易、无照经营、偷抗税钉子户。同时，调整税负偏低的个体工商户纳税定额，对大型集贸市场进行重点管理。全年共检查企业 1 891 户，查补税款 2 812 万元。1997 年至 1999 年，重点稽查连续零申报、过低税负及异常申报企业，打击涉税违法犯罪活动。3 年共检查企业 2 919 户。其中有问题的 1 238 户，查补税款 5.05 亿元。2001 年至 2004 年，区国税局成立稽查案件审理委员会，制订重大税务案件标准及范围，规范税务稽查执法行为、执法程序。建立全区国税局、地税局、公安崇文分局、工商崇文分局联席会议制度，与公安崇文分局建立北京市纳税人身份证、外地纳税人暂住证真伪核查制度。4 年中，重点开展对商贸企业增值税、企业所得税、个人所得税和集贸市场租赁柜台经营的一般纳税人、加油站、汽车市场、涉外企业、医药企业、跨地区经营的集团性企业及异地设立分支机构从事经营活动企业，利用海关专用缴款书和货物运输业专用发票等的专项稽查，共检查企业 348 户，查补税款 9 511.88 万元。2006 年至 2007 年，区国税局对房地产业、建筑安装业、服务娱乐业中外商投资企业，邮电通信业中从事通信器材销售的单位和个人，零税负、低税负的商贸企业实行查账征收，对连续 3 年亏损企业所得税，涉外企业增值税、所得税进行专项检查。共检查 168 户，其中有问题企业 103 户，查补税款 3 889 万元。2008 年，区国税局共检查企业 60 户，其中有问题 42 户，查补税款 804 万元；经对企业进行查前辅导，企业自查补税 8 200 万元，调减亏损额 22 万元。该局还联合公安崇文分局、区地税局对全区发票违法行为进行多次打击，共抓获贩卖发票违法分子 2 名，对部分企业取得不符合规定发票行为进行处罚。2009 年，共检查企业 81 户，其中有问题户 58 户，查补税款 5 690 万元。2010 年上半年，与区地税局、公安崇文分局经侦队配合，破获 2 起贩卖假发票案，抓捕犯罪嫌疑人 3 人，现场起获各类非法发票 9 377 份，非法私刻单位公章 101 枚。

专案稽查　1994 年至 1995 年，区国税局与公安崇文分局、区检察院协作，派出 16 个调查组、380 余人次，奔赴 10 余个省、市调查取证，先后查处虚开、代开增值税专用发票及偷税案件 41 起，处理违法人员 44 人，其中逮捕 7 人、收审 5 人、教养 2 人、拘留 1 人、教育处理 29 人；查处虚开、代开、偷税金额 4.30 亿元，收缴发票 2 809 份，为国家挽回经济损失 8 476 万元。1995 年 8 月 23 日，崇文区召开大会，以投机倒把罪公开逮捕李某某等 6 名虚开、代开增值税发票的犯罪嫌疑人。1994 年 10 月至 1995 年 5 月，李等共虚开、代开增值税发票价税 4 亿余元，非法获利 100 余万元，造成国家税款流失 400 余万元。1999 年，查获某科技有限责任公司负责人陈某利用接受虚开的增值税专用发票偷税17万余元及朱某利用假手续注册4家公司，虚开增值税专用发票价税合计高达1.33亿元，涉及增值税近2 000万元的案件。在此案基础上，还查获受票的某公司接受虚开票价税210万元，涉及增值税39万元的案件。2001年至2004年，先后查获以陈某某为首的浙江临海犯罪团伙、以周某某为首的福建犯罪团伙、某足协未缴和少缴所得税案、某通用文具制品厂有限公司北京分公司偷税案、北京某园林绿化有限公司非法出售增值税专用发票案、北京某商贸有限公司对外虚开增值税发票案、北京某工贸有限公司虚开海关代征增值税专用缴款书案和北京某诚信科贸有限公司等企业虚开海关代征增值税专用缴款书及增值税发票案，均移送司法机关查处。2007年，查处2家公司，追缴税款186万元，滞纳金221万元，罚款93.70万元，合计查补500.70万元。2009年1月、8月，联合区地税局、公安崇文分局，捣毁2个贩卖假发票团伙，抓捕犯罪嫌疑人2名。其中1案假冒发票可开具的最高金额达43.40亿元。

第三章　地方税务

第一节　机构与征管税种

机构　崇文区地方税务局（简称区地税局）成立于1994年9月，受市地方税务局与区政府双重领导。负责区域内所有企事业单位的地方税收征管、税务检查、纳税服务等工作。1997年，成立税务违法案件举报中心。2000年，成立涉外税务所。2004年，成立稽查局。2010年6月，区地税局共设12个科室、9个税务所、稽查局及后勤服务中心。

征管税种　1994年1月，根据国家税务总局工商税制改革实施方案和北京市税务局的规定，区地税局征管的税种有房产税、印花税、城镇土地使用税、车船使用税、固定资产投资方向调节税、城市维护建设税、营业税、企业所得税、个人所得税9种。1996年，增加征收土地增值税。1999年12月17日，按照财政部、国家税务总局和国家发展计划委员会《关于暂停征收固定资产投资方向调节税的通知》，自2000年起新发生的投资额，暂停征收固定资产投资方向调节税。2007年1月1日，按照《中华人民共和国车船税暂行条例》废止原车船使用牌照税与车船使用税，开征车船税。自2009年1月1日起，依照国务院《房产税暂行条例》，征收外商投资企业、外国企业和组织及外籍个人房产税。至2010年6月30日，区地税局征管的税种有房产税、印花税、契税、土地增值税、城镇土地使用税、车船税、城市维护建设税、营业税、企业所得税、个人所得税10种。

第二节 税收征管与收入

企业（个人）所得税管理 1994年，区地税部门清理享受所得税减免优惠政策的企业，制订减免税规定。1995年，与全区170余家机关、事业单位、社团组织建立正常的征纳关系，并发放《个人所得税代扣代缴证书》。针对校办企业、律师和出租车行业的特点，采取清查税源、核定户数、建立台账等措施，全年征收个人所得税1 090万元，同比增加75.52%。1996年，实行小型企业企业所得税定率征收，对饮食、娱乐、服务业部分从业人员实行定额征收个人所得税。对9户信用社改合作银行进行调查，仅此一项补缴个人所得税302万元。全区年征收个人所得税2 151万元，同比增长98.26%。1998年至1999年，开展企业所得税汇算清缴中介机构代理试点工作。重点监控列入市国有大中型企业的辖区管户税源，及时掌握企业在改制过程中的财务状况、经济效益、税源变化等情况。根据税收政策规定，定率征收600余户小型集体、私营企业所得税。2000年至2002年，开展企业年检认证工作，对会计、审计、律师事务所实行定率征收，举办《北京市地方企业所得税税前扣除办法》学习培训，1 595户纳税企业有关人员参加。重新划分改组、改制企业征管权限，维护区级税源稳定。2002年年底，实现个人所得税重点纳税人全部在网上建档和网上申报。2004年至2005年，在个体工商户中实行定期定额征收管理，推广个人所得税网上申报，年申报率达95%。2007年，首次开展年收入12万元以上个人所得税自行申报，全年申报3 488人，申报率为100%。2009年，指导企业做好减、免、缓、退工作，帮助纳税人用好税收政策，全年为企业和纳税人办理退税4 335万元。2010年上半年，落实个人转让限售征收个人所得税政策，所辖4家证券营业机构中，发生扣缴义务并已经扣缴税款的3家，被扣缴纳税21人次，扣缴税款总额138.18万元。

车船使用税管理 1994年8月，车船使用税划归地税局征收。1995年4月21日至22日、5月8日至9日，区地税局在区公安交管部门配合下，在天坛公园东门、西门设检查站，检查过往机动车和非机动车纳税情况，查出问题车辆738辆，共补缴税款及罚款2.50万元，发放宣传材料千余份。1995年至2004年，各街道办事处协助地税部门征收自行车和其他非机动车车船使用税。从1996年10月1日起，区地税局启用征收私人机动车车船税机打发票。2000年，首次委托农业银行代征个人机动车车船税。2001年，农业银行代征4 522辆车，征收税款8.46万元；推广私人机动车车船使用税IC卡，全区登记IC卡2.20万份。2002年，私人机动车车船使用（牌照）税征收首次启用IC卡征管协查系统。全年征收15.30万辆非机动车车船使用税63万余元。同年8月，征收1 916辆电动自行车税款7 664元。2003年，私人机动车车船使用税征期首次改为1月1日至2月底，同时停止征收自行车税。2005年1月4日，税务部门使用新的私人机动车征税系统征收私人机动车税，截至3月31日，共入库私人机动车车船使用（牌照）税701万元。2007年，国家颁布并实行《中华人民共和国车船税暂行条例》。2008年，实行新条例后共增加区级收入4 987万元，增幅为486%。2009年至2010年6月，征收车船税2 474万元。

印花税管理 1994年，区地税局对此前全区印花税资料进行整理，建立底册，审核对账，完善基础工作。1995年，区地税局设立24个印花税代售点，全年入库印花税396万元，同比增加32.98%。1997年，实行印花税申报制度，税款由1996年的683万元增至902万元。1998年，建立印花税应税凭证登记制度，核查28个印花税代售点的代售情况。1999年，确定农业银行北京分行营业部和交通银行新世界分理处为印花税代售户。2002年7月，清查36户印花税代售单位，与清算无误的代售单位重新签订合同、核发代售证。2004 年，制订《印花税票代售工作管理办法》和《印花税核定征收管理实施办法》，按照新的行政许可法审核 18 份印花税票代售许可事项，并重新修订《印花税票代售工作管理办法》。2010 年上半年，加强对印花税监督代售单位的管理，纠正印花税代售单位的不规范行为，撤销 14 家监督代售单位。

契税管理 自 2001 年起，区地税局征收契税和土地使用税。全年代征契税 2.34 亿元，审批契税减免申请 97 件，核免契税金额 670 万元。2002 年，开展土地增值税竣工清算审计和契税业务经费核算工作，办理契税减免税退税审批 800 余份。2004 年 3 月 1 日，对个人拆迁补偿减免契税审批事项实行即时审批，将原 15 天审批时间缩短到 30 分钟。按照《国家税务总局关于征收机关直接征收契税的通知》规定，区契税征收工作自 2005 年 1 月 1 日起由委托其他单位代征改为直接征收。2007 年，区地税局制订契税征收系统数据录入检查制度，编制契税数据实时查询程序，节省查询时间，提高工作效率。2010 年上半年，为落实市政府遏制房价快速上涨，强化房地产税收监管工作要求，区地税局推进在契税征收中采用建委数据判定计税税率工作。

残疾人就业保障金管理 2006 年，残疾人就业保障金（简称残保金）由地税部门代征。区地税局通过广泛宣传和多种形式催缴，残保金代征审核率达 93%，入库率为 99.60%，残保金入库 2 000 万元。2007 年，对发现 2006 年度已审核但未缴纳代征残保金的用人单位，利用 SPSS 软件对其进行比对归总，建立每周信息交换、残保金核对、入库通报、信息反馈和考核制度，当年审核率为 97.21%，入库率为 99.70%，同比增长 13.97%。2009 年，分别于 7 月 1 日、9 月 1 日、9 月 30 日 3 个时点查询全区企业基础信息，确保各时间点代征数据准确，查询结果是：残保金审核率为 97.97%，入库率为 94.54%。2006 年至 2010 年 6 月，全区共代征残保金 9 510 万元。

税收收入 1994 年至 2010 年 6 月，区地税局组织各项税收收入 263.61 亿元，其中：营业税 117.69 亿元，占 44.65%；企业所得税 35.10 亿元，占 13.32%；个人所得税 35.87 亿元，占 13.61%；固定资产投资方向调节税 0.70 亿元，占 0.27%；城市维护建设税 12.89 亿元，占 4.89%；房产税 14.11 亿元，占 5.35%；印花税 9.68 亿元，占 3.67%；土地使用税 3.12 亿元，占 1.18%；土地增值税 6.44 亿元，占 2.44%；车船税 2.31 亿元，占 0.88%；契税 14.97 亿元，占 5.68%；教育费附加 5.30 亿元，占 2.01%；滞罚收入 0.06 亿元，占 0.02%；残疾人就业保证金 0.95 亿元，占 0.36%；其他收入 4.41 亿元，占 1.67%。

1994—2010年6月崇文区地方税收收入统计表

表17—9

单位：万元

年份	各项收入	各项收入历年对比情况				区级收入历年对比情况			
		本期完成	同期	同比增收	同比增长（%）	本期完成	同期	同比增收	同比增长（%）
1994	31 046	31 046		31 046		13 037		13 037	
1995	41 117	41 117	31 046	10 071	32.58	13 346	13 037	309	2.37
1996	54 660	54 660	41 117	13 543	33.09	19 352	13 346	6 006	45.00
1997	61 350	61 350	54 660	6 690	12.25	26 160	19 352	6 808	35.18
1998	66 850	66 850	61 350	5 500	8.96	29 328	26 160	3 168	12.11
1999	70 280	70 280	66 850	3 430	5.08	39 431	29 328	10 103	34.45
2000	86 349	86 349	70 280	16 069	22.76	42 789	39 431	3 358	8.52
2001	120 784	120 784	93 600	27 184	29.06	36 631	42 789	−6 158	−14.39
2002	118 363	118 363	120 784	−2 421	−1.99	41 152	36 631	4 521	12.34
2003	141 220	141 220	118 363	22 857	19.26	55 221	41 152	14 069	34.19
2004	183 262	183 262	141 220	42 042	29.82	73 620	55 221	18 399	33.32
2005	210 197	210 197	183 262	26 935	14.68	92 602	73 620	18 982	25.78
2006	239 721	239 721	210 197	29 524	14.03	104 021	92 602	11 419	12.33
2007	276 146	276 146	239 721	36 425	15.19	115 875	104 021	11 854	11.40
2008	309 995	309 995	276 146	33 849	12.28	128 232	115 876	12 356	10.66
2009	380 102	380 102	309 995	70 107	22.61	152 778	128 232	24 546	19.14
2010.6	244 621	244 621	188 700	55 921	29.62	95 291	72 887	22 404	30.74

1994—2010年6月崇文区地方税收分税种收入统计表

表17-10　　单位：万元

年份	1994	1995	1996	1997	1998	1999	2000	2001	2002	2003	2004	2005	2006	2007	2008	2009	2010.6	合计
营业税	16 143	21 084	30 976	32 899	35 302	30 461	33 493	42 418	48 644	57 862	80 122	101 618	118 033	125 631	137 470	169 006	95 716	1 176 878
企业所得税	7 862	10 199	10 778	11 790	11 927	15 866	13 820	17 236	15 238	19 387	15 947	17 907	19 750	28 561	42 236	58 588	33 919	351 011
个人所得税	621	1 090	2 151	3 162	6 103	7 884	8 285	12 024	17 307	20 460	26 691	30 936	33 116	44 591	48 419	58 004	37 887	358 731
固定资产投资方向调节税	315	731	896	1 417	1 192	2 039	328	106										7 024
城市维护建设税	2 859	3 732	4 124	4 402	4 416	4 223	4 905	5 426	6 116	7 111	8 391	9 771	11 439	12 035	13 883	17 097	8 934	128 864
房产税	932	1 273	1 642	2 116	2 252	3 714	5 225	7 554	9 038	11 957	11 198	13 945	15 690	13 711	14 144	16 551	10 206	141 148
印花税	465	552	672	902	1 156	1 146	1 734	1 867	1 564	3 625	11 771	16 248	13 463	13 571	14 180	9 172	4 759	96 847
土地使用税	776	1 018	1 392	1 361	1 473	1 459	1 304	1 313	1 487	1 182	1 073	1 049	1 058	4 508	4 374	4 086	2 252	31 165
土地增值税	0	0	0	0	132	38	382	547	32	386	644	271	3 719	5 083	7 511	15 302	30 391	64 438
车船税	310	341	386	489	549	517	515	602	778	860	965	986	1 027	6 014	6 304	1 835	639	23 117
契税								27 298	13 669	13 595	21 002	10 830	12 979	11 650	9 014	16 196	13 497	149 730
教育费附加	531	696	1 138	2 032	1 720	1 777	2 132	2 320	2 619	3 053	3 602	4 183	4 913	5 127	5 950	7 320	3 826	52 939
税务部门税款滞纳金、罚款收入		95	119	101			8	37	22	26	12	31	19	122	16	25	8	641
残疾人就业保障金													2 006	2 346	2 459	2 678	21	9 510
其他收入																		44 057

第三节　纳税管理与服务

纳税登记　1994 年 9 月，区地税局依据行业管理与地区管理相结合的原则，对全区纳税户重新划分，至年底落实纳税户 5 492 户（含机构分设后新开户 78 户），其中纯地税户 989 户、国地税共管户 4 503 户。征期结束时，全区营业税应申报 1 228 户，实申报 1 182 户，申报率为 96.20%；所得税应申报 5 356 户，实申报 5 187 户，申报率为 96.80%。确定全区重点税源户 60 户。2000 年，市对区实行新的分税制财政体制，区政府据此制定并实施《关于进一步扶持企业发展若干措施的通知》，扶持非公经济发展。地税局采取措施，清理整顿漏征、漏管户。至 2003 年，区地税局管辖纳税户达 10 154 户。2004 年以后，区政府全面开展招商引资、引企促税工作，至 2006 年，纳税户增至 16 293 户；2010 年 6 月底，达 20 219 户。全区税务登记率为 100%，申报率为 99.70%，入库率为 99.80%。

征收方式　1994 年，区地税局试点邮寄纳税申报邮资总付（简称邮寄申报）。1996 年，市地税局印发《关于税款征收基本方式的暂行规定》，明确规定可采用自核自缴、代扣代缴、委托代征、定额征收、巡回征收 5 种税款征收方式。1997 年，区地税局推广定额征收税款，进一步规范委托代征，要求代征单位依照有关规定履行代征义务，并指定专门办税人员负责具体代征工作，同时对“税收完税证”的开具做出明确规定。1998 年，对个体工商业户（简称个体户）全面实行定额征收。1999 年，重新核定定期定额征税的个体户。当年，邮寄申报由年初的 4 953 户增至 6 457 户，达到正常申报户的 90%。2000 年，对会计、审计、律师 3 类事务所实行定率征收，扭转税款流失的状况。2002 年 9 月，对个体户由定期定额征收改为动态管理，依据填报的营业收入征收税费。同时，取消邮寄申报邮资总付，改为纳税人、扣缴义务人到税务机关上门申报、邮寄申报、网上申报及委托中介机构代理申报等多种方式。2006 年，探索“委托代征为主，税务机关征收为辅”的税收征管模式，重新确认集贸市场的委托代征资格，与 22 户纳税人签订委托代征协议，重新对 7 个集贸市场的 2 008 户个体户进行纳税核定。2008 年至 2010 年 6 月，为落实国家税务总局《关于进一步加强个体工商户税务登记管理的通知》要求，加大对辖区市场内从事个体经营工商户的管控力度，区地税局集中办理从国税局接管的 5 607 户个体户的登记。同时，加强对集贸市场代征单位日常检查，进一步规范集贸市场委托代征工作。

清理欠税　1994 年，区地税局摸底调查欠税问题，登记造册，逐一清理，至年底，清理 1 662 万元欠税并入库。1995 年至 1998 年，开展大规模欠税清查工作，采取制订清欠计划、责任到人、随时监控等多项措施清理追缴历史欠税。为减少新欠，制订《缓交税款暂行办法》，对缓交税款的申请、报批和期限等逐一规范，严格执行加收滞纳金等有关制度，把欠税压缩到最低限度。至 1999 年，全年压缩欠税 20%。2001 年，全年累计清理新欠及历史欠税款 3 164 万元。2002 年至 2003 年，建立局长负责制，将清理欠税指标逐一落实到各主管税务所，通过多种途径了解欠税户信息，掌握其经营及资金动态，要求欠税户制订缴款计划书，及时督促企业缴纳欠税，两年共清理欠税 1 869 万元。2004 年至 2005 年，对 5 户企业进行欠税公告，并全部追缴入库，共清理新增及历史欠税入库 2 705 万元。2006 年，全年清理欠税 8 540 万元，核销欠税 4 607 万元，共计 1.31 亿元，压缩欠税比例达 83.63%。2008 年，通过大力清理欠税，历史欠税由 1.40 亿元下降至 3 300 万元。2009 年至 2010 年 6 月，清理欠税 1 062 万元。

纳税评估　2003 年，区地税局是市地税系统纳税评估试点单位，参与编写《纳税评估工作规程》。9月，落实市地税局关于北京市地方税务局《关于印发〈北京市地方税务局纳税评估规程〉的通知》要求，开展纳税评估工作。区地税局确定3个稽查所专司纳税评估职责。与区各委办局建立信息数据共享渠道。启动税务函告和约谈机制，通过试用评估指标，为税务检查工作提供较为准确的案源。2004年，在纳税评估基础上，区地税局通过对所辖企业近两年税务登记、纳税申报、税款缴纳、发票购领及财务报表等情况的全面评价，评选出崇文区首批纳税信誉A级企业26户，并召开颁证大会。同年，在每个纳税评估税务所选取一个行业进行研究、测算，摸索行业指标和行业纳税规律，完善纳税评估指标体系。推行以纳税评估内容明示书、纳税人意见建议联系卡、管理反馈单为主要内容的“一书一卡一单”制，尝试集体约谈。2005年，实行专业和日常评估分类管理的评估机制，撰写《行业约谈指引》。2006年，在综合评定出50户纳税信用A级企业的同时，评出B、C级企业，并重点将13户偷欠税、长期不申报的企业评定为纳税信用D级企业，并将A、D级企业名单予以公布。2007年，修改、完善对纳税信用A级企业服务措施，制订《纳税信用B、C、D级评定标准及后续管理制度》，初步建立与国税局涉税信息共享机制。2008年，核查日常评估软件生成预警的260户次发票使用异常的纳税企业，开展发票专项整治工作。2003年至2010年6月，共评估纳税企业30 368户，发现有问题企业15 480户，企业补缴税款、罚款及滞纳金6.77亿元。

2003—2010年6月崇文区纳税评估统计表

表17−11

年份	评估总数（户）	有问题（户）	补缴（万元）
2003	1 386	1 151	1 009.60
2004	3 348	1 955	2 396
2005	4 655	3 460	4 430.90
2006	4 532	1 601	9 845.30
2007	5 327	1 925	10 843.20
2008	4 868	2 077	15 259.76
2009	4 827	2 502	17 005
2010.6	1 425	809	6 973
合 计	30 368	15 480	67 762.76

纳税服务 1996年7月，国家税务总局确立“以纳税申报和优化服务为基础，以计算机网络为依托，集中征收，重点稽查”的新征管模式，同时取消税收管理员制度，推动纳税服务工作向规范化发展。1998年，地税系统纳税服务体系形成。1999年，区地税局设立纳税服务咨询机构。2000年，在第一、第二税务所试点开通“纳税指南”语音信箱。从9月21日开通至年底，共接听800余个纳税人的咨询。2001年，成立纳税服务税务所，将税务登记、纳税申报、纳税核定、发票购发、咨询服务等集中在服务大厅办理，并规定服务时限。2002年5月，区地税局将原分项目、分职能的服务窗口改为“一窗式”，集中办理税务登记、发票购领、零散税源申报征收等涉税事宜。2004年，区地税局改造纳税服务大厅，增设引导员，并设置8台计算机，为纳税人提供免费自助网上办税，工作时限由原来的15个工作日缩短到即日。2005年，区地税局建立和推广免费电子邮箱和纳税服务短信息系统，设立局长接待日，归纳整理出8大类43项办税指南，拍摄办

税流程宣传演示片，制作成光盘发放给纳税人，为新开户纳税人提供办税辅导。2007年，为3 621户纳税人建立手机邮箱，发送信息5 000余条。2008年，安装LED屏幕，加强纳税服务、办税流程的宣传和告知；开通纳税人即时评价系统；推进财税库行联网，全年以联网方式缴纳税款企业为有税企业户数的98.80%。2009年，区地税局干部走访重点企业262个，受理、解决企业提出的帮扶需求231件。2010年上半年，制订《纳税服务大厅突发事件应急处置暂行办法》，设立纳税人接待室；开发涉税保密信息告知查询系统，制作涉税告知文书。

图17－4　2004年，区地税局举办“阳光就业”咨询活动

第四节　税务稽查

1994年年底，区地税局开展企业所得税和个人所得税税收大检查，自查阶段发放4万余份自查辅导提纲和300余份自编的营业税、企业所得税及个人所得税业务辅导材料；召开各类辅导会35次，到会人员6 700余人次。经自查有违纪问题纳税户653户，补交税款140万元。重点检查纳税户344户，查补违纪金额59.30万元。1996年至1997年，陆续对律师业、金融业、广告业、房地产业、咨询业、歌舞厅、各类培训中心（招待所）、旅行社、寻呼台等行业及个人所得税纳税情况进行专项检查。1998年，税务违法案件举报中心全年受理举报案件60件，结案57件，查补税款及滞纳金36.30万元。自1999年年底至2000年，区地税局对2家企业进行反避税调查。经对其中1家企业及关联企业销售收入和成本费用列支情况的检查，发现该企业及所属企业利用关联企业间的税负差异降低企业集团的税收负担、逃避纳税的事实，并补缴有关税款。2000年，区地税局成立重大案件审理委员会。2001年，完善以税款征收和税务检查的衔接点（简称案头稽核）、日常检查、专项检查和专案检查为内容的四位一体税务检查体系，成立专司税务稽查工作的税务所。2002年，案头稽核工作由专业税务所承担，全年通过案头稽核发现有问题的占74.30%。2005年，专项检查交通运输、房地产、餐饮、建筑装饰、医疗机构的纳税情况。全年立案260件，查补金额6 787万元，入库5 206万元。清理出未办理税务登记企业67户，补缴入库各种税款近40万元。2006年，区地税局制订《稽查局税务稽查案件管理实施办法（试行）》《税务稽查案件撤案管理暂行办法》等5项规章制度。从文化体育、租赁、建筑装饰、金融保险和中介机构专项检查入手，提高查案效率和执行力。全年稽查受理案件539件，结案475件，其中问题案件250件。查补金额1 983.40万元，入库金额3 311.50万元，入库率为167%。当年10月12日，稽查局通过调查，将偷逃税款25万余元的北京某餐饮管理有限公司正式移送公安崇文分局立案侦查。2007年，查办2家商贸有限责任公司2起偷税案，涉案金额分别为639万元和497万元，均移送司法机关审理。2008年，区地税局组建9个专案组，查办涉及金融保险、房地产和烟草等行业的12个大案、要案。配合公安机关完成“官涛”系列案件和“4·09”特大虚开运输发票案协查取证工作。2009年，在区公安机关配合下，捣毁1个贩卖假发票团伙，当场抓获犯罪

嫌疑人，起获北京市假发票1.80万份、外地发票100余本，涉税金额75万元。2010年1月2日，与公安崇文分局经侦支队和区国税局联合出击，在区东唐街17号一出租房内抓获1名贩卖假发票犯罪嫌疑人，现场起获假冒地税各类专用发票6 030份和假冒国税局监制发票3 198份，及私刻的单位公章101枚。1994年至2009年，共稽查受理案件7 837件，查补金额4.12亿元，入库3.69亿元。

表17−12

1994—2009年崇文区税务稽查统计表

年份	稽查总数（户）	有问题（户）	结案（户）	查补金额（万元）	实际入库（万元）
1994	344			59.30	59.30
1995				650.60	650.60
1996	555	159		63.90	63.90
1997	96	28		61.60	61.60
1998	207	87		914	914
1999	685	512		2 657.90	2 173.30
2000	820	743		4 447.10	3 156.50
2001	726	595		3 718	3 446.80
2002	851	754		2 406.70	2 146.90
2003	1 421	1 283		3 772.70	3 675.50
2004	222	205		3 248.70	2 377.80
2005	260			6 787	5 206
2006	539	250	475	1 983.40	3 311.50
2007	364	285	362	1 627.47	1 592.96
2008	277	241		2 462.66	1 874.63
2009	470	295	332	6 318.13	6 159.26
合计	7 837	5 437	1 169	41 179.16	36 870.55

第十八编　工业　建筑业

1993 年，崇文区工业有 11 个行业。1994 年以后，按照北京市工业布局总体规划和战略发展方针，进行多次调整，逐渐形成以医药制造业、仪器仪表文化、办公用机械制造业为主体，更加适合首都功能特点的工业经济发展格局。2009 年，全区有工业企业 188 个，其中，年主营业务收入 500 万元及以上企业（简称规模以上企业）33 个。规模以上企业中，国有企业 9 个，有限责任公司 8 个，私人企业 4 个，集体企业、股份合作企业、股份有限公司各 1 个，与港澳台商合资企业 4 个，港澳台商独资企业 1 个，中外合资、合作企业 3 个，外资企业 1 个。实现现价总产值 22.87 亿元，主营业务收入 26.21 亿元，利润 3.43 亿元。

1994 年至 2010 年 6 月，崇文区城市建设步伐逐渐加快，建设规模逐年扩大，建筑项目遍及境内。建筑市场对外开放，国有独资、其他有限责任公司、私营股份有限公司、港澳台商独资或合资、中外合资等多种经济成分的建筑企业逐步发展壮大。至 2009 年年底，全区具有资质等级的建筑企业 56 个，其中，国有和集体企业 5 个，其他有限责任公司 23 个，私营有限责任公司和股份公司 21 个，与港澳台商合资企业 2 个，港澳台商独资企业 2 个，中外合资企业 3 个。区政府加强对全区建筑市场各种建筑经营活动和工地施工质量、安全等的管理监督，促进其健康发展，使其为城市建设和经济发展服务。

第一章　工　业

第一节　规模效益

1994 年年初，区域内有企业 418 个，当年完成总产值 1.74 亿元，实现利润总额 2 485.20 万元，其中，区、街属企业 130 个，完成总产值 1.21 亿元，实现利润总额 1 018.70 万元。1995 年至 1998 年，区域内企业累计完成现价总产值 13.74 亿元，其中，区、街属企业完成现价产值 6.60 亿元，实现利润总额 4 614.10 万元。1999 年，北京市政府办公厅转发市经委《关于部分市属中小型工业企业划转到区县管理实施意见》的通知，分属市工美集团总公司、市二轻总公司、市机电总公司、市纺织总公司、市电子总公司及市仪表总公司的 25 个企业由市划转区管理。这 25 个企业有职工 7 055 人，账面资产 4.41 亿元，资产负债率为 56.04%，资产报酬率为 −0.20%，利润总额 −71 万元。其中，6 个国有企业资产总额 1.36 亿元，负债总额 6 465 万元，所有者权益 7 138 万元。

同年，区域内有企业184个，其中区街属116个。1999年至2003年，区、街属工业企业进行较大规模调整，一部分在产权制度改革和结构调整中撤销或合并；一部分在城市建设中被拆迁；一部分因污染、噪声扰民整体或局部外迁；还有一些因生产规模小、产品科技含量低、生产萎缩，改为其他经营。2003年，区、街属企业（含校办企业）只剩28个，比1999年减少88个。

2004年，区域内有企业333个、从业人员15 039人，企业资产总量206.66亿元，主营业务收入39.24亿元，利润6.55亿元，实现增加值16.57亿元。2005年，区域内有企业332个，实现现价工业总产值42.58亿元、现价销售产值41.61亿元，其中68个规模以上企业实现现价工业总产值40.56亿元、销售产值39.64亿元、主营业务收入38.75亿元、利润6.23亿元。2006年，部分重点企业产品生产中断，企业效益下滑。51个规模以上企业实现现价工业总产值36.92亿元、销售产值31.85亿元、利润2.92亿元。2008年，区域内规模以上企业实现现价工业总产值28.52亿元、主营业务收入29.65亿元、利润3.60亿元。2009年，因缺乏新的经济增长点，效益继续低位运行。其中33个规模以上企业实现现价总产值22.87亿元、主营业务收入26.21亿元、利润3.43亿元。原街道公司及校办产业管理中心所属企业仅剩16个，且多处于停产状态，年产值1 596万元，利润−54万元。

1994—2003年崇文区工业企业统计表

表18−1

年份	企业总数（个）	其中：区、街属企业数（个）	现价工业总产值（万元）	其中：区、街属工业现价总产值（万元）
1994	418	130	17 437.90	12 145.10
1995	243	174	30 476.60	17 508.90
1996	212	144	34 659.40	16 735.90
1997	191	129	32 276.50	17 897.80
1998	170	100	39 953.60	13 652.10
1999	184	116	49 716.70	11 868.60
2000	158	91	43 533.70	36 351
2001	201	125	197 599	
2002	223	60	221 920	
2003	192	28	330 608	

说明：2001年以后为在地统计口径。

2004—2009年崇文区规模以上工业企业统计表

表18−2

年份	规模以上企业（个）	现价工业总产值（万元）	工业销售产值（万元）	利润总额（万元）
2004	59	343 225	342 950	63 513
2005	68	405 598	396 370	62 255
2006	51	369 160	318 461	29 224
2007	39	365 102	327 454	38 994
2008	31	285 233	261 666	35 863
2009	33	228 697	216 357	34 327

第二节　行　业

沿革　1994 年，区域内有工艺美术、日用品、纺织服装、食品、电子仪器仪表、机械、医药与医疗器械、化工、印刷、建材和汽车修理等行业。1994 年以后，为适应市场需求和执行北京市工业布局总体规划和退出第二产业进入第三产业（简称“退二进三”）及退出三环路以内进四环路以外（简称“退三进四”）的战略发展方针，污染和扰民企业陆续搬迁，产品多次调整。至 2001 年，区域内有针织、纺织、服装、鞋帽、工艺美术、食品制造、医药、日用化工、金属制造、机械设备加工等 20 余个行业。2005 年，全区形成以医药制造业，仪器仪表及文化、办公用机械制造业为支柱，纺织服装鞋帽制造业、水的生产和供应业为重要补充的行业格局。其中，北京同仁堂（股份）有限公司、北京博士伦眼睛护理产品有限公司、北京城市排水集团有限责任公司和北京华北光学仪器有限公司等 5 个产值亿元以上企业实现现价工业总产值 31.40 亿元，占全区规模以上工业企业现价工业总产值的 77.43%。

2007 年，北京城市排水集团有限责任公司迁出。区域内主导行业有医药制造业，仪器仪表及文化、办公用机械制造业和纺织、服装与鞋帽制造业。当年，医药制造业实现现价工业总产值 14.40 亿元，仪器仪表及文化、办公用机械制造业实现现价工业总产值 12.52 亿元，纺织、服装与鞋帽制造业实现现价工业总产值 3.07 亿元，共实现现价工业总产值 29.99 亿元，占全区现价工业总产值的 83.33%。工艺美术、文化行业也有较快发展，其中，华江文化发展有限公司、北京市珐琅厂有限责任公司产品销售收入比 2006 年同比分别增长 102.13%和 24%，拉动全区产品销售收入增长 78 个百分点。2008 年，专用设备制造业实现现价工业总产值 3.27 亿元，比 2004 年增加 12 倍，占全区现价工业总产值的 11.47%。

2009 年，区域内有农副食品加工，食品制造，饮料制造，纺织服装、鞋帽制造，皮革、毛皮、羽毛（绒）及其制品制造，家具制造，印刷和记录媒介的复制品制造，化学原料及化学制品制造，医药制造，塑料制品、非金属矿物制品、金属制品制造，通用设备制造，专用设备制造，交通运输设备制造，计算机通信设备及其他电子设备制造，仪器仪表及文化、办公用机械制造，工艺品及其他制造等 18 个行业。其中，总产值最高的 3 个行业分别是医药制造业，仪器仪表及文化、办公用机械制造业和纺织服装、鞋帽制造业，共实现现价总产值 19.20 亿元。

工艺美术行业　传统工艺美术行业是崇文区的特色工业。1994 年，区域内有工艺美术企业 33 个，其中市（部）属 13 个、区（街）属 16 个、中外合资企业 2 个、私营企业 2 个。20 世纪 90 年代中后期，该行业逐渐萎缩，生产规模缩小，人才流散，经济效益下滑，企业发展处于困境中。1999 年，市属 12 个工美企业划归区属，原区（街）属工美企业由 16 个减少为 7 个。2001 年，市有关部门对北京剧装厂、北京市玉器厂、北京象牙雕刻厂、北京美术红灯厂、北京市珐琅厂进行专题调研，5 个企业当年产值 3 357.80 万元，比 1999 年下降 33.60%；销售额为 4 458.30 万元，比 1999 年下降 20%；负债 3 325 万元。2002 年，北京市政府颁布《北京市传统工艺美术保护办法》，启动传统工艺美术保护发展计划。2003 年，市经济委员会（简称市经委）和市财政局联合下发《北京市传统工艺美术保护发展基金管理办法》，拨专款用于保护传统工艺美术人才和技艺。当年，由市经委、区政府、市工艺美术协会和区工美凤凰集团共同创立京城百工坊艺术品有限公司，该公司汇集 30 余项传统工艺技术、100 余位工美大师、上千个品种的工美产品，从事传统工艺美术文化交流传播、鉴定收藏与现代工艺制作、开发及推广工作。北京市珐琅厂有限责任公司等企业

图18-1　2009年6月，区领导到北京玉器厂调研

加强人才保护和培养，开展技艺抢救保护工作，研造创新产品。2005 年，区域内工艺美术企业主要有京城百工坊、北京市珐琅厂有限责任公司、北京库鹏象牙雕刻有限责任公司、北京市玉器厂、北京华江文化发展有限公司、北京工美凤凰公司、北京美术红灯厂、北京工艺木刻厂、北京剧装厂、北京第一绣花厂、北京玉器二厂等 11 个企业。当年，在杭州西湖博览会第六届中国工艺美术大师精品博览会上，北京库鹏象牙雕刻有限责任公司送展的 3 件作品分获金、银奖和优质作品奖，工艺美术大师李万顺创作的牙雕作品获全国工艺美术“百花杯”金奖，北京市珐琅厂有限责任公司送展的景泰蓝作品分获金、银奖。北京工艺木刻厂创作的巨型翡翠作品《中华佛韵》在第二届北京工艺美术展上被评为北京工艺美术珍品，被中国轻工珠宝首饰中心、亚洲珠宝联合会评定为中国玉器“百花奖”金奖。2006 年至 2008 年，区域内与工艺美术有关的北京象牙雕刻、雕漆、景泰蓝、玉雕、灯彩、绢花、料器、剧装戏具制作技艺经专家论证，入选国家非物质文化遗产名录。2007 年至 2009 年，补花、泥人张彩塑（北京支）、葡萄常料器、花丝镶嵌、刻瓷、绒花（绒鸟）、木雕小器作、绢人制作工艺经专家论证，入选市级非物质文化遗产名录。5 位工艺美术师被评为国家级非物质文化遗产代表性传承人，18 位工艺美术师被评为市级非物质文化遗产代表性传承人（国家级非物质文化遗产代表性传承人均为市级非物质文化遗产代表性传承人）。企业选介：

北京市珐琅厂有限责任公司　前身是北京市珐琅厂，1956 年 1 月成立，由 42 家私营珐琅作坊和专为皇宫制作的造办处合并组成。1958 年，全国政协副主席郭沫若为其题写厂名。2002 年 11 月，改制为北京市珐琅厂有限责任公司。2006 年，被国家商务部授予中华老字号称号，被文化部指定为国家级非物质文化遗产——景泰蓝制作技艺保护传承基地。“京珐”是景泰蓝行业的知名品牌、北京市著名商标。2007 年至 2008 年，该公司先后设计制作新加坡佛牙寺景泰蓝转经轮藏，中南海会议厅和某五星级酒店大堂景泰蓝工艺装饰及景泰蓝艺术喷泉城市景观，纪念北京奥运会成功举办景泰蓝圆盘和神舟七号发射成功纪念章。2008 年至 2009 年，该厂设计制作的《北京风情》《洪福齐天》《华夏盛世尊》《华韵四季尊》《花语溢香》《连年有余》系列，仿元代《缠枝莲纹龙耳瓶》，仿明中期《八狮纹三环尊》，仿清乾隆时期《葫芦纹盨式炉》《缠枝莲纹双耳樽》《勾莲纹双联锦袱瓶》《画珐琅开光花鸟上水图盖碗》，仿嘉庆时期《画珐琅牡丹执壶》等作品数十次荣获国家、部、市级金奖。2009 年，该厂实现利润 237 万元，上缴税金 363 万元。

图18-2　2002年，北京市珐琅厂商品部

医药行业　1994 年，全区有医药和医疗器械制造企业 8 个，其中，市（部）属 4 个，区、街属 4 个。2004 年，全区有规模以上医药制造企业 4 个，年实现现价工业总产值 12.42 亿元、销售产值 13.33 亿元、利润总额 4.23 亿元。2009 年，规模以上医药制造业实现现价工业总产值 13.80

亿元、销售产值12.61亿元。企业选介：

中国北京同仁堂（集团）有限责任公司（简称同仁堂集团）　是中国中医药行业著名老字号企业。同仁堂创立于清康熙八年（1669年），雍正元年（1723年）开始供奉御药，历经八代皇帝、188年。同仁堂药店位于前门外大栅栏，制药场所设在崇文门西打磨厂新革路。中华人民共和国成立后，同仁堂改变前店后厂格局，陆续创建具有现代化工业水平的制药企业。1983年，“同仁堂”商标在国家工商总局注册。1989年被该局评为驰名商标。1992年，组建中国北京同仁堂集团公司，下属工业、商业、广告、科研所等21个单位，成为“产供销一体化，工商贸相结合”的大型现代化企业集团。1993年以后，同仁堂集团一直是全国500家最大的工业企业之一、国有中成药企业50强之一。1997年，北京同仁堂股份有限公司在上海证券交易所正式上市。2000年，同仁堂集团分拆设立的北京同仁堂科技发展股份公司在香港联交所创业板上市。两次上市成功后，同仁堂集团在亦庄开发区投资6亿元，建立2座现代化生产基地，安装一流的现代化制药工艺设备，改变传统中药生产的模式。同时，保留部分传统制药方式。2004年，同仁堂集团投资1.50亿港元，在香港建立国内首个海外中药生产基地——同仁堂国药有限公司。同仁堂集团拥有77条通过国家GMP认证的生产线和化验室，每年可生产24种剂型、1 000个产品。其中包括：同仁堂集团的十大王牌——安宫牛黄丸、牛黄清心丸、同仁大活络丸、乌鸡白凤丸、愈风宁心片、再造丸、紫雪、局方至宝丸、壮骨药酒、国公酒；同仁堂的十大名药——牛黄解毒片、消栓再造丸、京制咳嗽痰喘丸、偏瘫复原丸、感冒清热颗粒、儿童清肺口服液、塞隆风湿酒、骨刺消痛液、安神健脑液和狗皮膏等。零售终端达1 489家，其中直营店有1 187家。连锁店、旗舰店、大型店、店中店，遍布全国。同时，在海外17个国家设立48个药店或分公司。2006年，同仁堂中医药文化被列入国家级非物质文化遗产名录，共有8名国家、北京市及区级非物质文化遗产代表性传承人。2008年，成立北京同仁堂中医医院。2009年，同仁堂实现工业总产值49.80亿元，销售收入102.20亿元，利润总额8.19亿元，上缴利税14.21亿元。

北京曙光药业有限责任公司　前身是北京曙光制药厂，1971年成立，是区属化学制药企业。1993年，该厂产品有5个剂型、48个品种，销售覆盖全国29个省、市、自治区，完成产值2 289.70万元，实现利润321万元，在全国3 000家医药企业评比“五十家精华企业”活动中，被评为“精华企业”。2000年，该厂改制为北京曙光药业有限责任公司，成为集科工贸一体的西药制剂专业公司。2003年，该公司所生产药品全面通过药品GMP认证。2009年，该公司拥有片剂、散剂、胶囊剂等7大剂型120余个品种。

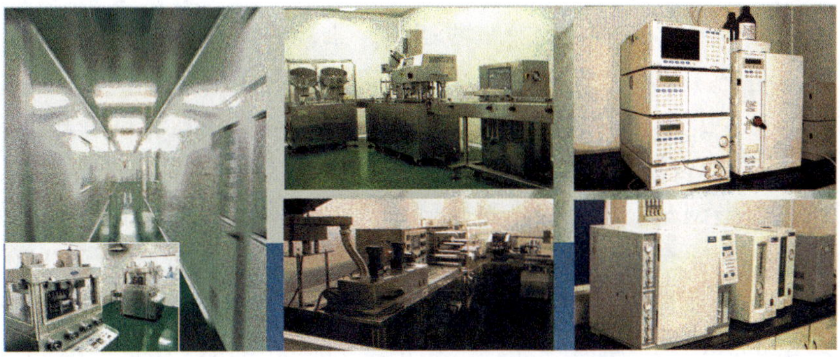

图18－3　2009年，北京曙光药业有限责任公司的产品生产与质量检测设备

仪器仪表行业　1994年，全区有仪器仪表企业9个。2004年，全区有规模以上仪器仪表及文化、办公用机械制造企业6个，年实现现价工业总产值8.83亿元、销售产值8.64亿元、利润总额1.61亿元。2009年，规模以上仪器仪表及文化、办公用机械制造业实现现价工业总产值3.02亿元、销售产值2.96亿元。企业选介：

北京华北光学仪器有限公司　前身是国营华北光学仪器厂，1960年迁至珠市口东大街，区境内始有仪器仪表业。2001年11月1日，该厂改制为北京华北光学仪器有限公司，当年实现工业总产值（不变价）4.30亿元、主营业务收入2.32亿元，其中民用品销售收入2.15亿元，净利润134万元。2003年7月，由该公司控股的北方天鸟智能科技股份有限公司在上海证券交易所挂牌上市，是中国电脑刺绣机行业中的第一家上市公司。2006年，获原国防科工委企业管理创新一等奖。2007年5月，企业由珠市口东大街346号整体搬迁到亦庄开发区，总资产23亿元，建筑面积8万平方米。

北京泰克仪器有限公司（简称泰克公司） 前身是北京电子光学设备厂，1993年，由北京电子光学设备厂与香港北海集团共同投资组建，是集精密光学仪器、医疗器械、电脑图像分析系统、生物化学实验器材、照相器材5大系列产品的开发、生产、经销于一体的京港合资企业。生产的显微镜在国际市场有一定的知名度和影响力，是中国光学行业名牌企业。企业建筑面积7 055.50平方米。2009年，完成现价工业总产值975万元、销售收入1 221万元、出口交货值721万元，实现利税60万元。

第三节 企业改革及结构调整

自1994年起，崇文区在区属工业企业进行集体所有制改制为股份合作制试点，同步开展工业布局和企业结构、产品结构调整，优化资源配置。当年，亚特实业总公司黎明橡胶制品厂改制后，全年收入达255.80万元，同比提高14.10%；实现利润27.50万元，同比增加54.50%。区属工业企业全年开发新产品40项，其中28项通过技术鉴定，实现利润210万元。1996年，27个区属工业企业进行企业结构、产品结构、生产场地调整。亚特实业总公司工艺绳带厂与黎明油脂加工厂合并成立黎明油脂厂，3个月实现销售收入26.60万元，实现利润3.20万元。汇昌实业总公司长城电子仪器厂投资40万元，生产新一代感烟探测器CD2000型和光电感探测器CD4000型通用火灾报警器联动控制器，通过ISO 9002质量管理和质量保证国际标准验收，全年新产品销售额达100余万元。1997年至2000年，53个区属工业企业进行股份合作、承包、租赁、兼并、拍卖、联营等多种形式的改革或调整。华都实业总公司和亚特实业总公司组建集团公司。区经委将企业资产1 000万元以下的8个市属划转企业调整到4个区属总公司，将北京象牙雕刻厂、北京绒鸟厂、北京工美教学仪器设备研究所分别合并到北京骨雕镶嵌厂、北京木刻厂和北京工美旅游中心，实行资源互补。北京曙光制药厂与西普制药有限公司共同组建北京曙光药业有限责任公司，北京曙光制药厂集体资产量化到个人，企业资产从700余万元增至1 269万元，企业生产与开发能力扩大，全年完成营业收入2 627.50万元，实现利润210.70万元，同比增长43%和61.60%。区校办企业总公司自筹资金100万元，建立好孩子营养配餐中心，引进先进设备生产快餐，日产量1 500盒。龙海实业总公司龙泰毛制品有限公司根据欧洲市场需求，新建1 000平方米厂房，增加生产设备，扩大生产，全年完成出口销售收入4 276万元。机床附件厂生产的柔性夹具、无线电元件五厂生产的电气插头座开关、天坛衣帽厂生产的小黄帽及雨披等7种产品获得专利权，年创产值1 249.50万元，实现利税96.30万元。天坛实业总公司合并重组所属天坛针织厂、冬呢服装厂、天坛劳保用品厂，将场地、设备、资金、人员统一调配管理，利用地位优势开办饭馆、商店。重组后企业当年实现利润6万元。

2002年，崇文区根据北京市工业发展总体规划和首都经济特点，提出重点发展医药、体育、旅游、房地产四大产业。工业企业根据自身优势，加大工美旅游产品的开发和生产。当年，区经贸委与区商业联合会举办北京市首届工美旅游创新产品展览会，30个企业参展，展出作品1 000余件，开发明城墙旅游纪念产品20余种，并举办明城墙旅游纪念产品展示。2003年，全区工业布局逐步趋于合理，工业企业市场竞争能力不断提升。自动化仪表二厂的高级智能分布式多CPU消防报警系统、东普探测器件有限责任公司的高温碘化铯（钠）闪烁体等6个项目被列入区重点科技项目，得到区政府科技资金支持。北京金环压缩机厂、北京工艺木刻厂整体外迁，土地资源得到有效利用。“非典”期间，北京工美凤凰旅游集团在很短时间内研制、开发、生产“非典”系列纪念品1 000余种。2004年，14个市划转工业企业完成改制，占划转企业的56%。北京阀门四厂通过搬迁，场地资源置换，筹集到企业改制经费和新厂房建设资金，扩大生产规模。北京华江文化发展有限公司和北京市珐琅厂有限责任公司、北京市玉器厂、北京第一绣花厂、北京剧装厂等8个企业建立产业联盟。以华江公司为龙头，建立奥运产品营销平台，发挥入盟企业生产优势，使更多的奥运产品打入奥运市场，带动区工艺美术行业发展。

2007年，区投资1 000万元建设工艺美术综合楼，形成以高端工艺品鉴定、展陈、销售、拍卖为载体的传统工艺美术产业孵化器。对列入国家级非物质文化遗产名录的象牙雕刻、景泰蓝制作技艺、雕漆技艺分别投资20万元给予支持。建立大师、专家名录，实行大师带徒补贴制，推进工艺美术企业发展。

第二章　建筑业

第一节　建筑企业

1993年年底，区境内有2个市属建筑企业、16个区属企业，其中大部分是规模较小的街道企业，区属企业职工6 120人。1994年，区属建筑企业增加到21个，职工11 581人。之后，随着城市建设步伐加快和企业改革深化，建筑企业不断发展。1995年，由区属5个施工企业合并组建区大龙建设集团。2001年，区境内有建筑企业105个，是建筑企业最多的一年。2002年，全国开展建筑企业资质就位工作，全区53个企业按新的资质标准进行就位，企业数比2001年减少49.50%。2005年，区属崇建工程公司改制为崇建工程有限公司。至2010年6月，区境内有建筑企业99个，其中一级资质15个、二级资质25个、三级资质59个。企业选介：

北京崇建工程有限公司　2005年6月，在原北京崇建工程公司改制基础上，与中冶京唐建设公司合作成立股份制企业，更名为北京崇建工程有限公司，股东分别为中冶京唐建设公司和北京建远投资经营有限公司。注册资本6 000万元，是具有国家房屋建筑工程施工总承包一级资质、装饰装修一级资质的综合性施工企业。该公司通过ISO 9001国际质量管理体系认证、ISO 14001环境管理体系认证和GB/T 28001职业健康安全管理体系认证。先后获市结构“长城杯”、市安全文明工地等荣誉。公司承建的工程项目有：北京天雅古玩城、中关村金和国际大厦、弘善家园高层住宅、前门大街仿古建筑、龙潭公园中心岛文化广场、龙潭体育馆和金鱼池商居工程。其中，金鱼池商居工程获市结构“长城杯”金奖，中关村金和国际大厦工程、前门大街古建修缮工程获市结构“长城杯”银奖。2009年，完成营业收入5.03亿元，实现利润1 808万元，资产总额5.15亿元，固定资产2 225万元。

北京大龙建设集团有限公司　1995年10月成立，前身为北京市大龙建设有限公司。公司具有房屋建筑工程施工总承包一级、园林古建筑工程专业承包一级、建筑装修装饰工程专业承包一级、机电设备安装工程专业承包一级资质和文物保护工程施工一级资质及对外承包工程资格，注册资本 7 501 万元。公司自成立起至 2010 年 6 月，建设项目遍布北京、天津、河北、河南、山东、云南、四川、广西、广东、内蒙古、新疆等十余个省市自治区及加拿大、俄罗斯、阿尔及利亚等国家。多项工程被评为市文明安全样板工程、市结构“长城杯”工程和区优质工程，公司入选市地税系统纳税千强单位，获首都劳动奖状。

北京住总第六开发建筑有限公司　是具有国家房屋建筑工程施工总承包一级、建筑装修装饰工程专业承包一级、市政公用工程施工总承包二级、钢结构工程专业承包二级、地基与基础工程专业承包二级资质的大型企业，注册资金 1.07 亿元，净资产 1.50 亿元。有房地产开发、机电安装、机械租赁等控股子公司 3 个、参股公司 1 个，在济南、烟台、银川、天津设有分公司。公司有 50 余年施工经历，参加过人民大会堂、中国美术馆、毛主席纪念堂、亚运村公寓、首都机场业务楼等重点工程建设。先后完成本市几十个住宅小区和京外大型公建工程。承建阿拉伯农业发展组织总部大厦，毛里求斯国家体育场，西萨摩亚国家体育场、体育馆等工程。先后获“鲁班奖”3 项（国家优质工程）、国家优质工程奖 6 项、市“长城杯”奖 80 项、市优质工程奖 9 项。2009 年，完成施工产值 15.80 亿元。

1994—2010年6月崇文区建筑企业及职工统计表

表18-3

年份	企业（个）	一级（个）	二级（个）	三级（个）	四级（个）	五级（个）	其他（个）	工人（人）
1994	21							11 581
1995	38							13 984
1996	43		3	16	13	5	6	
1997	69		5	30	25	6	3	10 446
1998	80							10 897
1999	80							5 284
2000	89							2 886
2001	105	2	13	49	34	7		30 301
2002	53	4	16	33				28 934
2003	94							33 712
2004	56							9 844
2005	96	13	25	50				7 735
2006	82							6 228
2007	95	16	25	54				7 178
2008	96	15	25	56				7 490
2009	100	17	24	59				7 173
2010.6	99	15	25	59				

第二节　建筑施工

1994 年至 2009 年，全区建筑企业累计施工面积 5 962.32 万平方米，竣工面积 1 620.38 万平方米。建筑范围包括危旧房改造回迁房、公寓、商品房等住宅工程，综合商场、商务楼、学校、体育馆、宾馆、地下停车场等公建工程。1996 年至 2009 年，实现建筑业总产值 1 117.86 亿元。

图18－4　2001年，金鱼池危改工程施工现场

1994—2009年崇文区建筑业施工统计表

表18－4

年份	总产值(万元)	施工面积(万平方米)	竣工面积(万平方米)	竣工产值(万元)
1994		19.82	6.02	8 172
1995		49.20	6.33	7 993
1996	17 953.80	15.66	31	
1997	51 650.80	46.35	41	
1998	89 414	63.62	19.2	
1999	86 677	49.22	30	
2000	57 725	38.55	26	
2001	334 364.70	395.42	6.80	204 030
2002	356 032	426.50	148.37	287 407
2003	411 486	571.67	199.69	395 351
2004	486 406	526.70	191.21	377 970
2005	543 895	586.80	130.18	282 357
2006	530 835	448.90	173.62	421 020
2007	727 242	809.12	192.57	479 896
2008	889 008	874.92	189.78	528 764
2009	855 865	1039.87	228.61	586 328

全区规模较大或较有代表性的工程主要有：

北京新世界中心　位于崇文门外大街西侧，1994 年开工，1998 年竣工。建筑面积 18.78 万平方米，地上 17 层，为商业、办公、公寓等综合功能建筑。由香港刘荣光、伍建民建筑事务所和中国电子工程设计院共同设计，北京市一建、六建公司承建。2001 年，在市规划委员会、市建设委员会、市委宣传部等单位举办的评选中，被评为北京 20 世纪 90 年代十大建筑之一。

安化北里公寓住宅楼　位于安化北里 2 号院，2004 年 5 月 25 日开工，2006 年 6 月竣工。建筑面积 2.51 万平方米，框架结构，地上 15 层，地下 2 层，建筑高度 45 米。3 层至 15 层为商品住宅，地下 2 层一部分为设备用房，剩余部分和地下 1 层、地上 1 层至 2 层为商业用房，屋顶设有电梯机房。工程造价 4 182 万元。由北京联立房地产开发有限责任公司建设，圣帝国际建筑工程有限公司北京叶张孙建筑设计事务所设计，北京城建第四建筑工程有限责任公司施工。

体育比赛场馆改造　工程位于体育馆路 4 号，2005 年 4 月 15 日开工，2006 年 10 月竣工。建筑面积 2.85 万平方米，地下 1 层，层高 4.50 米；地上 3 层，层高分别为 5.15 米、4.30 米、17 米（钢屋架拱顶高度）；3 层局部东西侧各有一个设备夹层，框架抗震墙结构，檐高 21.80 米，建筑最高处 26.75 米。该建筑始建于 20 世纪 50 年代，未进行抗震设计，此次改造施工在对其使用功能进行改变的同时，进行抗震加固，工程造价 7 623.70 万元。由国家体育总局训练局建设，北京市建筑设计研究院设计，中国建筑第一工程局第五建筑公司施工。

华城 4 号住宅楼　位于板厂新里 81 号，2005 年 4 月 20 日开工，2006 年 7 月竣工。建筑面积 5.54 万平方米，框架剪力墙结构，其中 Ⅰ 段地上 7 层，建筑高度 29.20 米；Ⅱ 段地上 21 层，建筑高度 66.50 米；Ⅲ、Ⅳ段地上 23 层，建筑高度 66.50 米。Ⅰ 段及 Ⅱ 段 1 层至 3 层为商业用房，Ⅰ 段 4 层至 7 层、Ⅱ 段 4 层至 21 层为住宅，Ⅲ段、Ⅳ段地上部分全部为住宅，工程造价 1.05 亿元。由神华房地产有限责任公司建设，北京世纪安泰建筑工程设计有限公司设计，中煤建设集团工程公司施工。

新世界家园三期住宅楼及公建　位于崇文门外 1 号地，2005 年 6 月 8 日开工，2008 年 8 月竣工。建筑面积 7.10 万平方米，5 号、6 号住宅楼为框架剪力墙结构。5 号住宅楼地下 2 层、地上 16 层，檐高 43.10 米；6 号住宅楼地下 2 层、地上 12 层，檐高 28.70 米。小学教学楼为 5 层框架结构，檐高 19.35 米，为小区配套设施。住宅楼地下为车库，5 号住宅楼首层为商业用房，其余地上部分为商品住宅。工程造价 1.51 亿元。由北京崇文·新世界房地产发展有限公司建设，北京保利达设计有限责任公司设计，北京六建集团公司施工。

崇文区少年宫　位于东花市地区，2006 年 9 月 6 日开工，同年 10 月 22 日竣工。建筑面积 8 254.16 平方米，为区青少年校外教育培训中心、活动中心、研究中心和指导中心。由北京国瑞兴业地产有限公司建设，朝阳区建筑工程公司施工。

龙潭全民健身体育活动中心　位于龙潭路 8 号，2008 年 10 月 16 日开工，2010 年 3 月 4 日竣工。建筑面积 1.13 万平方米，地上 3 层，地下 2 层，框架结构，檐高 12.25 米。为全民健身体育休闲活动场所，工程造价 3 763 万元。由龙潭公园管理处建设，北京建工建筑设计研究院设计，北京崇建工程有限公司施工。

弘善家园小区住宅楼　位于朝阳区十八里店乡，1 号楼至 12 号楼、22 号楼至 27 号楼、41 号楼分别于 2007 年 1 月至 2008 年 6 月陆续开工，2009 年 4 月至 2010 年 6 月陆续竣工。建筑面积 60.69 万平方米，工程造价 10.22 亿元。由崇文区城市建设开发公司建设，北京保利达工程设计有限公司设计，北京住总六公司中国新兴保信建设总公司、北京崇建工程有限公司、北京建工集团第四建筑公司等施工。

除上述工程外，还有以下重点工程：

1994—2010年6月崇文区重点建筑工程施工一览表

表18-5

年份	工程名称	开工时间	竣工时间	建筑面积（万平方米）	建设单位	施工单位
1994	东花市301号楼工程	1992.11	1994.7	1.40	北京市第六住宅建筑工程公司	北京市第一房屋维修工程公司
1995	东花市10号楼1楼	1994.7	1995.11	1.25	北京市第一房地产开发经营公司	北京市第六住宅建筑工程公司
1996	法华寺37号楼	1994.12	1996.6	1.28	北京市住总四开发公司	北京市住总一公司第四项目部
1996	金融大厦	1992.12	1996.12	2.87	北京市房信房地产开发公司	北京市五建二分公司
1998	元隆大厦	1997.12	1999.10	2.68	崇文区城建开发公司	北京大龙建设集团有限公司
1999	东花市901号楼	1995.6	1997.7	3.66	北京宝润房地产开发公司	北京市第一房屋修建工程公司
2000	北京新世界二期工程	1997.1	2000.6	16.40	北京崇裕房地产开发公司	北京城建集团
2001	新世界花园1号住宅楼	2000.6	2001.10	1.58	北京崇裕房地产开发公司	北京第三住宅建筑工程公司
2002	广安大街（崇文段）步行商业街	2001.1	2002.3	2.99	北京广崇房地产综合开发有限公司	中国新兴保信建设总公司
2003	13号住宅等五项工程	2002.4	2003.5	12.39	北京京都房地产开发有限公司	北京第一建筑工程公司
2004	金鱼池东区6号住宅楼	2002.7	2004.2	0.80	北京市华城房地产开发公司	北京崇建工程公司
2005	新世界家园4号楼	2004.3	2005.12	2.63	北京崇文·新世界房地产发展有限公司	中国建筑第七工程局
2006	东花市三期西区地下商场及车库	2004.11	2006.8	5.85	北京国瑞兴业地产有限公司	北京建工四建工程有限公司
2007	花市枣苑综合楼	2004.5	2007.11	1.42	北京城和房地产开发有限公司	北京城建亚泰建设工程有限公司
2008	白桥危改楼	2006.6	2008.4	2.13	北京天华津政房地产开发有限公司	北京大龙建设集团有限公司
2009	花市枣苑南区公建工程	2007.1	2009.6	7.51	北京城和房地产开发有限责任公司	北京城建亚泰建设工程有限公司
2010.6	新景家园四区5号楼	2006.8	2010.4	3.92	北京崇文·新世界房地产发展有限公司	北京城乡建设集团

第三节　建筑业管理

图18—5　2007年，区召开弘善家园工程开标会

招投标管理　1991 年，区成立建设工程招标投标管理办公室，负责区域内建设项目的报建、招投标管理，处罚违反招投标管理规定行为。2000 年 1 月 1 日，《中华人民共和国招标投标法》实施。2001 年至 2003 年，建设部和北京市人大常委会、市政府、国家计委等 7 部委陆续颁布《房屋建筑和市政基础设施工程施工招标投标管理办法》《北京市工程建设项目招标范围和规模标准规定》《北京市招标投标条例》《工程建设项目施工招标投标办法》《北京市建设工程招标投标监督管理规定》等法规。据此，区有关部门取消原普遍采取的议标招标方式，改为按投资性质分别采取公开、邀请的招标方式，并按投资规模，一定规模以下工程采取直接发包的形式由招标人指定承包单位。2005 年，电子化办公在建设工程招标领域普遍推广。2006 年，全市推行新的操作平台，崇文区与北京市工程信息网挂钩，所有项目招标公告均面向全社会开放；每个招标环节均有严格的限制，整个招投标流程公开、透明，接受社会各界监督。2008 年，推行合同数据网上申报备案及建设工程合同履约制度，工程建设招标与建设实施相结合。

1994 年至 2010 年 6 月，全区完成招投标管理 950 项，合同备案 1 231 项，中标投资额达 135.06 亿元。

1994—2010年6月崇文区建筑工程招投标管理统计表

表18—6

年份	招投标（项）	合同备案（项）	合同造价（万元）
1994	20		17 368
1995	17	60	23 518
1996	56	95	
1997	47	116	12 356
1998	47	130	16 467
1999	71	158	53 669
2000	187	177	28 862
2001	109	109	62 542
2002	25	99	160 504
2003	50	105	217 600
2004	32	67	145 000
2005	36	45	
2006	44	70	174 000
2007	47		110 000

续表

年份	招投标（项）	合同备案（项）	合同造价（万元）
2008	41		119 000
2009	99		173 300
2010.6	22		36 400
合计	950	1 231	1 350 586

质量管理 1994年，区规划建设委员会（简称区建委）按照市人大常委会1994年10月通过的《北京市建设工程质量条例》，管理、规范区内工程质量工作。1996年，发现和消除质量隐患41件，依法处罚9项，罚款5.90万元。1998年，区建设管理委员会（简称区建委）监督检查区内300平方米以上建设工程97%以上，直接监督的工程主体结构合格率100%，竣工核查一次合格率90%，核查优良率15%。1999年，制订并修订《崇文区质量检查站实施竣工核验的补充规定》《责令整改通知书》《工程质量监督交底书》，按照新的规定和要求，加大质量管理力度。2000年，落实国务院颁发的《建设工程质量管理条例》，由原来全权负责建设工程逐渐转变为对建设工程的监督检查。2002年，处理工程质量问题3项，12项在建工程分别获建筑工程“鲁班奖”、市优质工程、市结构“长城杯”及市结构优质工程等奖项。2003年，消除质量隐患46项，处理质量投诉1项，行政处罚1项。在建工程2项获市结构优质工程奖，3项获市结构“长城杯”奖。2004年，9项工程入选市结构“长城杯”奖。2006年，查出并要求责任单位改正质量问题1 335项；受理质量问题投诉18件，办结14件。处理7个施工单位的8项违法行为，其中5个施工单位被罚款11.75万元。2007年初，根据市建筑行业管理部门关于质量和安全监管的要求，区构建质量安全监管网格化管理网络，按照街道办事处将全区划分为4个网格，弘善家园工程为1个网格，设立5个网格监督组。各组巡回监督检查工程1 560项（次），发现工程质量、安全生产隐患2 491项，并及时要求责任单位整改。

2008年，为确保北京奥运会安全，区引进应急指挥车、执法检查车和先进工程检测仪器，提高监管工作的质量与效率。全区巡回监督检查工程1 334项（次），发现工程质量、安全生产隐患2 377项。要求责任单位立即整改。2009年，各网格监督组累计监管各类工程195项，检查771项(次)，发现隐患1 551项，其中质量类隐患465项。全年因质量问题进行行政处罚5项，罚款46.20万元。

1994年至2010年6月，全区监督建筑工程2 167项，建筑面积2 755.62万平方米。

1994—2010年6月崇文区监督建筑工程质量统计表

表18–7

年份	监督工程（项）	建筑面积（万平方米）
1994	258	118.80
1995	178	102.74
1996	137	93.20
1997		
1998	86	102.66
1999	116	
2000		
2001	118	112.24
2002	133	186
2003	124	272

续表

年份	监督工程（项）	建筑面积（万平方米）
2004	139	278
2005	126	313.30
2006	136	279.30
2007	194	306
2008	264	368
2009	90	132.38
2010.6	68	91
合计	2 167	2 565.62

说明：1997 年、2000 年统计资料缺失。

安全管理 1994 年，区建委定期检查全区施工现场安全，强化安全生产管理，辖区内施工现场未发生重大事故。被市建委评为文明安全工地 1 个、达标工地 12 个。1997 年，创建文明安全工地 1 个、达标工地 9 个。1998 年，全区有施工现场 138 个，创建文明工地 2 个，区域工地安全达标率为 100%。

2001 年，加强重点工程安全生产监管，在广安大街（崇文段）步行商业街工程中与施工单位制订岗位责任制，建立安全生产管理机制，确保不发生伤亡事故。2003 年，制订《崇文区重大安全生产事故应急救援预案》。组织全区建筑工地安全生产大检查 29 次，其中市、区建委等有关部门联合安全生产大检查 16 次。召开全区项目经理参加的安全生产工作会 4 次，下发有关安全生产文件资料 6 000 余份，限期整改各类安全隐患 140 余项。其间，组织开展全区建设系统“安全生产月”活动，有 72 家区属建筑公司、建设及施工单位 2.50 万人参加。

2004 年，区建委本着“立足平时，严管重罚”原则，与辖区内所有建筑工地三方共同签订安全生产、卫生防疫、扬尘治理责任书，明确各方责任，强化责任意识。全年组织全区建筑工地安全生产、防汛工作大检查 4 次，检查 730 个工地、1 200 人次，其中，市、区建委等有关部门联合检查 26 次，召开安全生产工作会 7 次，下发各类通知及文件 19 项、4 000 余份。2006 年，组织安全检查 840 项（次），发现安全生产隐患 2 410 项。其中安全防护类 800 项、临时用电隐患 760 项、各种机械类 520 项、消防类 220 项、安全生产行政执法类 10 项、其他类 110 项，罚款总额 27.50 万元。对安全隐患责任单位警告谈话 30 次，挂黄牌警告 3 项。2007 年至 2008 年，累计安全监管工程 340 个，总建筑面积 571 万平方米。各类巡回监督检查工程 2 894 项（次），发现工程质量、安全生产隐患 4 868 项，下发通知书，要求责任单位限期整改。2009 年，监管各类工程 195 项，安全检查 771 项（次），发现隐患 1 551 项，要求定期整改。

图18-6 2004年，区有关部门检查施工工地安全生产

第十九编　商业　服务业

1993 年，崇文区商业服务业有 13 个行业，包容百余个门类、7 000 多个网点，社会商品零售额近 18 亿元。1994 年至 2010 年 6 月，崇文区依据区情，提出并实施“商贸强区”发展战略，商业服务业逐步走上社会主义市场经济轨道，规模和效益得到快速发展。2009 年，全区共有批发零售、餐饮、服务业企业 8 336 个，个体批发零售、餐饮工商户 12 914 个。社会消费品零售总额由 1994 年的 26.61 亿元增至 158.40 亿元，增长 4.95 倍；商品购销总额由 1994 年的 67 亿元增至 702.93 亿元，增长 9.49 倍。年销售额 2000 万元以上（含 2000 万元）批发企业和年销售额 500 万元以上（含 500 万元）零售企业（简称限额以上），资产总额由 1995 年的 7.01 亿元增至 204.16 亿元，增长 28.12 倍；年营业额 200 万元以上（含 200 万元）住宿餐饮服务企业（简称限额以上），资产总额由 1994 年的 0.54 亿元增至 6.50 亿元，增长 11.04 倍。其间，商业服务业不断调整结构，优化资源配置，形成吃、住、行、游、购、娱综合配套的产业体系和协调发展的格局，企业竞争力不断提升。结合危旧房改造，开发建设金伦大厦（搜秀商城）、新世界中心、宝鼎大厦、元隆大厦、红桥市场、百荣世贸商城、国瑞购物中心等大型综合性多功能商业设施。新型业态、现代营销方式和现代信息技术兴起。连锁经营规模不断扩大，市场覆盖率提高。建立面向社区居民的社区商业服务体系，推动社区商业发展。行业管理逐步向法制化和规范化发展，市场经营日趋有序，应急能力明显提高。

崇文区 1985 年开始利用港澳台资和外资。至 1993 年，经批准“三资”企业 117 家，协议利用港澳台资和外资 3.20 亿美元，实际利用 1.28 亿美元。1994 年至 2010 年 6 月，崇文区加大对外开放力度，吸引港澳台资和外资，到区投资的有：香港、澳门、台湾地区和日本、韩国、新加坡、马来西亚、英国、德国、法国、美国、加拿大、澳大利亚、新西兰等国家。大量港澳台资和外资的投入及“三资”企业的发展，促进了崇文区产业、产品结构的升级优化，推动了现代服务业的发展，带动了城市基础设施建设、危旧房改造及各项社会事业发展。

第一章　规　模

第一节　流通规模

社会消费品零售总额　1994 年，全区实现社会消费品零售总额 26.61 亿元，比 1993 年增长 22.70%。2007 年，全区社会消费品零售总额突破百亿元。2009 年为 158.40 亿元。

1994—2009年崇文区社会消费品零售总额统计表

表19−1　　单位：亿元

年份	社会消费品零售额	年份	社会消费品零售额
1994	26.61	2002	59.48
1995	34.18	2003	66.28
1996	35.24	2004	76.55
1997	40.53	2005	88.45
1998	41.75	2006	97.80
1999	49.69	2007	115.31
2000	52.58	2008	139.58
2001	55.74	2009	158.40

商品购销总额　1994年，全区商业实现商品购销总额67亿元，其中购进总额30.30亿元、销售总额36.70亿元。分别比1993年增长20.16%、15.50%和24.30%。1999年，全区限额以上批发零售企业实现商品购销总额突破百亿元，其中购进总额64.75亿元、销售总额73.64亿元。2009年，限额以上批发零售企业实现商品购销总额702.94亿元，其中购进总额342.76亿元、销售总额360.18亿元。

1994—2009年崇文区商品购销总额统计表

表19−2　　单位：万元

年份	商品购销总额	商品购进总额	商品销售总额
1994	670 004	303 035	366 969
1995	947 464	449 170	498 294
1996	967 761	459 501	508 260
1997	981 814	471 551	510 263
1998	984 212	444 335	539 877
1999	1 383 971	647 545	736 426
2000	1 409 561	658 553	751 008
2001	1 562 331	695 877	866 454
2002	2 164 522	977 550	1 186 972
2003	2 501 125	1 186 153	1 314 972
2004	3 255 211	1 526 252	1 728 959
2005	4 083 950	1 898 476	2 185 474
2006	4 635 543	2 170 817	2 464 726
2007	5 153 452	2 431 365	2 722 087
2008	6 121 255	2 935 203	3 186 052

续表

年份	商品购销总额	商品购进总额	商品销售总额
2009	7 029 358	3 427 602	3 601 756

说明：1999 年至 2009 年为限额以上批零企业的数据。

第二节　行业规模

1994 年，全区共有商业、饮食、服务、修理业（简称商饮服修业）网点（含个体）7 577 个，从业人员 41 992 人，分别比 1993 年增加 7.60%和 2.50%。2001 年，全区共有商饮服修业网点 9 664 个，从业人员 67 580 人。其中，限额以上批发零售和餐饮企业共有 41 个，资产总计 52.15 亿元。资产总额在亿元以上的企业 7 个。

图19—1　2004年11月，搜秀城开业

2009 年，全区批发零售和餐饮企业 4 558 个，注册资金 48.83 亿元，年均从业人员 53 480 人，建筑面积 54 万平方米，营业面积 28 万平方米。5 000 平方米以上大型商业网点 12 个。个体批发零售、餐饮工商户 12 914 个，注册资金 2.58 亿元。服务业企业 3 778 个。

1994—2001年崇文区商、饮、服、修业网点及从业人员统计表

表19—3

年份	网点（个）	从业人员（人）	年份	网点（个）	从业人员（人）
1994	7 577	41 992	1998	7 103	46 295
1995	7 281	38 282	1999	7 364	42 789
1996	8 577	48 937	2000	8 873	43 034
1997	9 562	56 916	2001	9 664	67 580

说明：2001 年以后，无同口径统计数据。

2002—2009年崇文区批发零售餐饮企业统计表

表19—4

年份	企业（个）	注册资金（万元）	年份	企业（个）	注册资金（万元）
2002	4 167	295 212.50	2006	4 216	365 065
2003	5 499	345 177.30	2007	4 071	376 088
2004	4 548	350 730	2008	4 304	402 175
2005	4 582	345 723	2009	4 558	488 334

2002—2009年崇文区个体批发零售餐饮业工商户统计表

表19–5

年份	企业（个）	注册资金（万元）	年份	企业（个）	注册资金（万元）
2002	8 091	12 320	2006	13 661	23 410
2003	12 691	15 649	2007	11 652	23 597
2004	10 374	11 681	2008	12 906	26 686
2005	12 149	18 412	2009	12 914	25 762

第二章　商　业

第一节　批发业

1994年至1995年，区批发贸易业发展较快。1995年，全区批发企业实现商品购销总额24.15亿元。限额以上企业197个，资产总额11.30亿元。其中，国有企业资产占71.93%、集体企业资产占26.86%，股份公司和外资企业资产占1.21%。197个企业主营业务收入、利润总额分别达到10.75亿元和2 997.70万元。此后几年，商业企业放开经营，改变营销方式，减少流通环节，部分批发企业改为零售，还有部分批发企业在市政建设和城区改造中被拆迁。1997年，全区批发企业实现商品购销总额仅7.11亿元。限额以上批发企业减至18个，资产总额2.56亿元。主营业务收入、利润总额减至4.14亿元和990.20万元。

2004年，批发企业得到较大发展，经济效益快速增长。全区限额以上批发企业发展到88个，资产总额70.35亿元。实现商品购销总额264.69亿元、主营业务收入119.43亿元、利润总额1.27亿元。2008年，限额以上批发企业发展到102个，资产总额扩大到118.43亿元。实现商品购销总额486.93亿元、主营业务收入220.46亿元、利润总额9.29亿元。2009年，全区限额以上批发企业132家，资产总额163.77亿元。实现商品购销总额579.52亿元、主营业务收入264.25亿元、利润总额6.89亿元。

具有影响的批发企业是百荣世贸商城。该商城由百荣投资控股集团有限公司投资兴建，位于永定门外大街101号，总建筑面积70万平方米，总投资30余亿元，可容纳商户8 000余个。分为一期、二期两部分，分别于2004年4月29日与2008年4月30日营业。商城采取批发与零售结合的销售模式，主要经营儿童服装、孕婴用品、男女装、皮草皮衣、羽绒服、羊毛衫、皮鞋、床上用品、玩具、箱包、花卉、五金电器、不锈钢制品、餐具、通信器材、日用百货等。服装批发业务面向国内外市场，外销市场以东欧、西亚、俄罗斯、蒙古国为主。2008年，儿童服装年交易额超过20亿元，批发交易额占总交易额80%，内销和外贸交易额分别占70%和30%。羽绒服、鞋类、裤装、皮草皮衣、玩具等品牌全、款式多，成为华北地区批零兼具的最大交易中心之一。

第二节　零售业

超市　区超市业态始于20世纪80年代初，崇文门菜市场二层小超市开业，使用POS机结算，告别传统商场手工操作方式。之后，历经普及副食品类小超市、发展综合类超市、引入大卖场3个阶段。至2010年6月，区境内形成以综合超市及大卖场为主导、小型专业超市为补充，服务不同层次消费需求的市场格局。有1 000平方米至3 000平方米小型专业超市6个，以服务周边社区居民为主，生鲜及食品销售比重占85%左右；有3 000平方米至5 000平方米中型综合超市3个，销售食品、服装、日用品、家电产品等2万余种大众化实用商品、包装食品，生鲜销售比重占60%左右；有5 000平方米以上大卖场2个，各类商品齐备，并有系统化无障碍设施及与商业面积相适应的停车场等完备的硬件配套设施。京客隆超市实行肉类定点进货、集中加工排酸及含水量检测，配有专门的生鲜配送中心；美廉美超市提供22辆免费班车服务；家乐福设置季节区，提供一定范围的免费送货；新世界超市设立进口食品专区，配套干洗、相片冲印等便利服务；顺天府超市定位社区食品经营，实行报刊亭进店等便民服务措施，与周边大型超市错位经营。

专业店　1994年以后，大型专业店在区境内兴起。医药专业店有北京同仁堂连锁药店有限责任公司、国大药房、嘉事堂药业股份有限公司、医保全新大药房、北京金象大药房医药连锁有限责任公司、北京五洲全新医药有限公司等，共有门店53个。最大零售门店是坐落于崇文门外大街的同仁堂药店，总营业面积4 300平方米，经营中西成药、汤剂饮片、精品参茸等药品万余种。家具建材专业店有：北京市建筑材料销售中心及百年老店龙顺成红木家具店，总营业面积5 500余平方米；龙顺成红木家具店“京作”硬木家具制作技艺被列入国家级非物质文化遗产名录。传统线类专业店是始建于1935年的中华老字号前门亿兆商场，共有专业店3家。随着2004年大中电器磁器口店开业，区境内始有大型电器专业店。2008年，新增国美富贵园店和天坛东门店，经营彩电、冰箱、洗衣机、电脑、数码商品等。2009年，大中电器、国美电器、中复电信、万商汇数码城在区境内共有门店7家，总营业面积1.94万平方米。

连锁店　1995年，试行连锁经营。当年，天客隆商业有限责任公司、普金达、顺达益共开办连锁店19个。1996年，金谷源、顺达益、普金达连锁总店新建和改造连锁店40个、超市3个、商品配送中心3个、主食厨房1个，商品配送率平均达70%。1998年，崇文门菜市场合并副菜总公司所属前门大街食品商场、安华副食商场、十里河仓库等5个网点，形成以1个配送中心、7个连锁分店、3个加盟店和1个培训中心为基础的连锁集团。2003年，全区发展连锁超市、便利店56个。2005年，各类连锁店发展到120余个。至2009年年末，区境内有连锁企业12个、连锁店343个。

大型购物中心　1998年北京新世界商场开业，是区境内首家大型购物中心。该商场经营国际品牌和国内一流品牌服饰、化妆品、高档珠宝首饰等，是集百货、超市、餐饮、娱乐、运动休闲为一体的大型综合商场，总面积36.40万平方米。2008年，实现商品零售额19.12亿元，占全区社会消费品零售总额的13.70%；日均客流量6万余人次，35万名VIP会员消费占销售总额的50%以上。2009年，位于崇文门外大街的国瑞购物中心开业，总面积13万平方米，是采纳国际流行的“店中店”形式，集百货、超市、品牌店、特色餐饮店、健身、娱乐、休闲、酒吧、电影院于一体的大型综合性主题购物中心。

便利店　2000年，区副菜总公司先后开办12个24小时营业的便利店。至2008年，区境内共有北京崇远物美商业有限公司、北京联华快客便利超市有限公司、柒一拾壹（北京）有限公司等所属门店 17 个，总营业面积 1 705 平方米。便利店以经营大众品牌商品为主，同时为附近社区居民提供收水电及电话费、ATM 机、售电话卡、宅急送等服务项目。2010 年 1 月 16 日，中共中央政治局常委、国务院总理温家宝到物美便利店天东分店视察，温总理查看各类商品价格，并与购物群众聊天。

经济效益 1994 年，零售业限额以上企业实现主营业务收入 3.39 亿元，利润总额 2 035.90 万元。1995 年 2 项指标分别增至 21.14 亿元和 8 935.40 万元。1997 年，主营业务收入 17.96 亿元，利润总额 3 967.80 万元。2004 年至 2008 年，限额以上企业累计实现主营业务收入 193.99 亿元，年均递增 18.89%。利润总额 2004 年为 −4 875 万元；2008 年扭亏为盈，实现利润总额 5 531 万元。2009 年，区零售业限额以上企业实现主营业务收入 57.96 亿元，利润总额 6 314 万元。

第三节　社区商业

集贸市场 1994 年，全区有集贸市场 38 个。其中工业品综合市场 10 个、农副产品综合市场 27 个、其他 1 个，摊位 7 559 个。占地面积 9.40 万平方米，比 1993 年增加近 6 万平方米；市场年成交量 3.30 亿公斤、成交额 7.50 亿元，分别比 1993 年增长 22%、86%。1996 年，有集贸市场 41 个、摊位 6 607 个，占地面积 9.60 万平方米。当年，区落实市政府《关于在全市主要大街撤销占路市场，提高城市环境质量的通知》，撤销沙子口、天桥南大街、白桥大街、民主北街、前门弯道等主要大街上的占路市场 5 个，撤除摊位 968 个，腾退便道 2 425 平方米。1997 年至 1999 年，相继撤销东花市、西花市、康乐、景安、法华寺、金鱼池、光明中街、磁器口北街、龙潭湖鸟市等 18 个占路市场。同时，按照“撤建并举、疏堵结合”的方针，引导企业利用闲置厂房、场地开办新市场，升级改造原有市场。新建双天盛小商品批发市场、法华寺天民市场农副水产厅、大天坛安乐林农副产品批发市场等 12 个市场，设摊位 1 069 个，建筑面积 1.46 万平方米。2000 年，撤销区境内最后 4 个占路市场，新建 18 个市场，营业面积 2.30 万平方米，投资总额 2 787 万元，设置摊位 3 069 个。当年，全区有各类集贸市场 72 个，比 1999 年增长 33.30%。其中生活消费品市场 43 个，生产资料市场 19 个，其他市场 10 个（含市房地产交易中心、白桥不锈钢市场等）。2001 年至 2005 年，全区各类集贸市场保持在 40 个至 60 个。2006 年，区有关部门投资 4 402.50 万元，升级改造 8 个市场。因危改拆迁，关闭了经营达 17 年的左安门农副产品批发市场。全区有各类集贸市场 29 个、正常经营市场 19 个，其中农副产品市场 9 个、工业品市场 9 个、综合市场 1 个。2007 年，投资 3 188 万元，改造 10 个社区菜市场，并全部通过北京市规范化社区菜市场验收。当年，红桥市场水产品撤市，停止经营。2010 年 6 月，全区有各类集贸市场 30 个、摊位 8 066 个。

图19−2　20世纪90年代初的左安门农副产品批发市场交易现场

商业便民服务工程 早餐工程　20 世

纪 80 年代后期，国有餐饮企业经营早餐的网点逐渐减少，大部分为路边早餐摊点和小型早餐店，早餐生产和就餐卫生环境较差。1996 年，区属先达饮食集团公司国有餐馆恢复早餐供应，并增加早茶、面点、小菜、流食品种。1997 年，区商业委员会（简称商委）制订《关于加强国营早点车摊经营管理办法》，成立早点经营管理办公室，采取定期检查和随时抽查的方式，加强工作协调、指导。当年，经有关部门审批发证的国营早点经营网点有 100 个，其中，先达饮食集团公司 53 个，含店内经营 36 个、车摊 17 个；粮食局 35 个，含店内经营 12 个、摊点 19 个、流动餐车点 4 个；商委所属其他公司 12 个。2002 年，市启动早餐工程。区有关部门清理 165 个早餐网点，规范早餐网点达标店 65 个，并给其中 30 个挂“崇文区早点用餐放心店”牌子。引进北京成龙华天早餐有限公司，在区内设立 78 个统一配送、连锁经营的早餐网点。支持肯德基、锦馨豆汁店发展网点 8 个。2004 年，全区设立 83 个规范化早餐经营网点，新增早餐车 37 辆、放心早餐店 22 家。2007 年，商务部有关领导对区早餐工程给予充分肯定，并建议将崇文区作为早餐工作试点地区，在北京市进行推广。2009 年，区境内规范化早餐经营门店 132 个。

菜篮子工程　1994 年至 1995 年，为解决群众买菜难问题，北京元达商贸集团公司（原菜蔬公司，简称元达商贸集团）调整经营结构，增加菜市场、菜店 30 余个，其中左安门农副产品批发市场年蔬菜交易量达 1.30 亿公斤。1997 年，元达商贸集团所属“国营定点菜店”33 家，在经营微利的情况下，坚持日供品种 20 种以上。1999 年，市商委、市工商局联合印发《北京市城区菜市场设施建设标准》，明确提出菜市场距居民区距离、建筑规模、市场设立、经营设施等规范标准。市、区政府共同负担菜市场专项建设资金。当年，天坛南里西区及金鱼池、广渠门、龙潭、李村、白桥、天坛南里、法华寺、光明西里等菜市场被列入北京市第一、第二批菜市场建设项目。2005 年以后，市商务局在全市范围内开展连锁菜店进社区工作，在东花市、崇文门外等街道开办 6 个连锁菜店。2007 年，升级改造龙潭、李村等 4 个菜市场，并新建西花市菜市场和两广市场祈年店菜市场。2008 年，升级改造 12 个规范化社区菜市场，总建筑面积 2 万平方米，总营业面积 1.60 万平方米，其中售菜面积 8 792 平方米，分布在崇文门外、东花市、天坛、龙潭、永定门外 5 个街道。2009 年，全年新增社区菜店及规范化社区菜市场 15 个。

再生资源回收　1994 年至 2000 年，区境内再生资源回收除由天龙股份公司所属企业经营外，大部分为个体户设摊或流动收购。2001 年至 2002 年，区商委规划布局全区再生资源市场和网点，全区使用 100 辆再生资源回收车。2003 年，87 个社区建固定再生资源回收站（点）7 个，配置回收专用机动车 8 辆、流动车 100 辆。2006 年，崇文区作为市首批试点区，制定再生资源回收体系规划建设实施意见，并在东花市、崇文门外街道进行试点，在 10 个社区建立规范化回收网点。2007 年，新建规范化再生资源网点 180 个。2008 年，建设再生资源分拣中心，7 大类物资回收量达 9 092 吨。2009 年，新增再生资源回收网点 32 家。

商业示范社区　2001 年，北京市发布推进社区商业便民服务工作的通知，提出进一步开展创建商业示范社区活动。2005 年和 2006 年，区境内社区参与商务部和市商务局开展的评选全国和北京市商业示范社区活动。2008 年，东花市南里社区被评为全国商业示范社区。该社区位于东花市街道中心地带，占地面积 0.14 平方千米，常住人口 4 300 户、11 970 人，其中少数民族 678 人，是市 16 个民族团结重点社区之一。社区内有银行、邮局、超市、集贸市场及 150 余家驻街单位。社区可为居民提供清真食品、美容美发、洗衣、再生资源回收、暑期双职工子女托管、老年小饭桌、电脑及英语学习、家用电器维修、家政服务等多种便利服务。至 2010 年 6 月，区境内有东花市南里社区、东花市北里西区、华城社区、西花市南里东区社区、法华南里社区 5 个北京市商业示范社区。

第四节　特色商业街与商场

前门大街　位于北京南中轴线，北起前门箭楼，南至天坛路，全长约1600米。20世纪90年代初，共有商业网点208个，区境内商业、饮食业老字号门店多集于此，还有一些新建的商业、餐饮门店。2006年，市、区政府对前门大街前门箭楼至珠市口段的（全长840米，平均宽度21米）建筑按传统风貌进行保护性修缮，2008年4月竣工。修缮后的大街总建筑面积6.60万平方米，两侧建筑76.60%按原貌修复、23.40%更新，并恢复标志性建筑正阳桥六柱五牌楼和长816米、宽2.93米的明清时期御道。1914年修建、1924年投入运营、1966年停驶的前门有轨电车，于2009年元旦重启运行。2009年9月28日，大街重张开市。共有商户103家，其中全聚德、便宜坊、同仁堂、周大福、吴裕泰、都一处、九龙斋、李宁等民族品牌店82个，占79.60%；瑞典H&M、西班牙ZARA、丝芙兰、哈根达斯等国际知名品牌店21个，占20.40%。大街集国际时尚商品和北京古老的老字号商业品牌于一体，成为传统与时尚并存、品牌与特色兼具的商业步行街。2009年，前门大街被市商委认证为北京市特色商业街。2010年，被中国商业步行街委员会认证为中国著名商业街。

图19—3　2009年，保护性修缮后的前门大街

崇文门外大街（简称崇外大街）　北起崇文门，南至天坛路，为市级新型商业中心。1995年，崇文区首次利用香港新世界集团投资，进行大街市政基础设施改造，1997年竣工。沿街道路从25米拓展到70米，基础设施、道路交通及商业设施整体提升，为现代商业发展创造了条件。崇外大街定位于年轻人的消费客群。2009年，该街有新世界百货、新世界青春馆、国瑞购物中心、搜秀商城、新城文化广场、红桥市场、同仁堂药店、便宜坊烤鸭店、EDI网络中心、乐圣KTV歌厅、米乐星KTV歌厅、电影城等，集休闲、娱乐、购物、餐饮、商务办公、酒店多种功能于一体，形成集聚效应，成为京城年轻人消费娱乐的重要选择之一。2009年，崇外大街跻身北京市首批3条“诚信经营示范街”行列。

红桥市场　初建于1979年9月，位于法华寺街与磁器口南端一带，此后经营场地两次搬迁，经营水产品、日用百货、家具、服装、工艺品及文物监管范围内的旧货等。1984年，该市场由红桥集贸市场改称红桥市场。1995年1月28日，迁入新建的位于天坛路东段的红桥市场大楼，建筑面积增至3.21万平方米。1997年，被市工商局评为一等二级市场。自2003年起，该市场打造珍珠品牌，成立北京红桥国际珠宝中心，不断扩大珍珠经营规模和档次。市场5层设9个珍珠精品间，3层设81个珍珠摊位。2005年，被中国宝玉石协会授予“京城珍珠第一家”牌匾。2005年、2008年、2010年成功举办3届红桥国际珍珠文化旅游节。2008年奥运会期间，接待来自120个国家、10余万人次外宾，其中国家元首及元首夫人46批次、境外媒体50余批次，累计实现销售额8 044.70万元。至2010年6月，红桥市场主要经营珍珠饰品、日用百货、数码产品、服装鞋帽、箱包等。设摊位800余个，有经营者2 500人，来自全国26个省、市，其中99%为个体劳动者，少数为国有和集体单位。

图19-4　20世纪90年代红桥市场的珍珠经营区

崇文门菜市场物美综合超市有限公司　前身为崇文门菜市场。1976年开业，位于崇文门外大街1号，建筑面积7 800平方米，营业面积2 200平方米，经营近万种食品。该店把“质量是生命”“顾客总是对的”作为经营理念和服务原则，以注重质量、货真价实、优质服务吸引顾客，闻名京城。1995年至2001年，该店发展为有8个分店的连锁企业。2002年，改制为崇文门菜市场物美综合超市有限公司。2010年5月16日，因经营场地属危房，拆迁闭店。同年5月28日在广渠门内大街1号重新开业，新址营业面积3 200平方米。

图19-5　2010年5月28日，崇文门菜市场在新址重张开业

天桥百货商场　1953年开业，位于永定门内大街1号，营业面积1 400平方米，是综合性中型百货商场。该商场以优质服务著称。1958年，周恩来总理到该商场视察。同年，该商场被评为北京市红旗单位。1959年，在全国群英会上，被命名为“全国第一面商业红旗”。1984年，该商场改制为股份制公司。1992年，在商场原址上扩建成营业面积8 000平方米的营业大楼，当年销售额达亿元，被评为北京市经济百强企业。1993年，该公司股票在上海证券交易所上市。1995年，通过多元开发、多种经营，公司年销售额达3亿元，利润总额2 105万元。1998年年底，天桥百货股份有限公司与北大青鸟有限责任公司实施资产重组，更名北京天桥北大青鸟科技股份有限公司。2000年，天桥百货股份有限公司与北大青鸟科技有限责任公司共同出资，组建北京天桥百货商场有限公司。2008年，转为经营民族特色商品、民俗工艺品、旅游工艺品、服装鞋帽、北京特色小吃的综合类商场。

第三章　服务业

第一节　住宿业

图19—6　2001年建成的祈年饭店

1993 年，区境内有北京燕鹏服务集团公司（原区服务公司，简称燕鹏集团），区联社和社会其他部门开办的宾馆、旅馆、招待所 205 个。其中规模较大的不足 10 个，前门地区较为集中。

1994 年以后，国有、集体、股份制、私营企业，个体经营者及港澳台商、外商，利用大型公建、闲置厂房、商场、办公楼、私人住宅等，新建和改建适合不同消费需求的高中低档齐全的宾馆、酒店式公寓、连锁快捷酒店、家庭旅馆等，大部分为中、小规模。2006 年，全区有限额以上宾馆 19 个，其中内资企业 17 个，港澳台商投资、外商投资各 1 个；星级宾馆 15 个，非星级宾馆 2 个。全年接待中外宾客 68 万余人；年营业额 2.70 亿元，客房收入 1.63 亿元。2009 年，全区有限额以上宾馆 38 个，其中内资企业 36 个，港澳台商投资、外商投资各 1 个；星级宾馆 24 个，非星级宾馆 14 个。全年接待中外宾客 80 万余人，比 2006 年增加 52.14%；年营业额 4 亿元，客房收入 2.30 亿元。比 2006 年分别增加 48.15%和 41.10%。

第二节　餐饮业

规模效益　1994 年，全区共有餐饮业营业网点 1 168 个、从业人员 5 029 人，其中，区属商委和联社、劳服系统国有和集体企业网店 102 个，职工 3 167 人。其余少量为中央、市属企业，绝大部分为个体经营户。年实现主营业务收入 4 682.30 万元。1995 年，餐饮业迅速发展，主营业务收入 1.40 亿元，比 1994 年增长 1.99 倍。此后几年，随着港澳台资和外资进入及民营和个体餐饮业发展，餐饮业竞争激烈。由于市政建设和城市改造拆迁，区属企业经营网点减少，行业总体规模逐渐缩小。2001 年，全区有餐饮网点 561 个，其中，中央、市属网点 18 个，区属 70 个，其他 87 个，个体 386 个。从业人员 7 448 人。主营业务收入 7 898 万元，与 1994 年相比，增长 68.68%，比 1995 年下降 43.59%。

2002年，餐饮业开始回暖，当年，全区限额以上餐饮企业实现主营业务收入1.23亿元，实现利润总额16.50万元。2005年，上述两项指标分别达到5.93亿元和3 239万元。此后3年在较大基数上增速不减，至2008年，实现主营业务收入11.83亿元，利润总额8 447万元，年均递增37.65%。在全区社会消费品零售总额中的比重由2002年的4.70%上升到2008年的9.59%。

2009年，全区有建筑面积500平方米以上餐饮企业62个，建筑面积总计10万平方米，营业面积总计8万平方米。有限额以上餐饮企业43个，资产总计6.51亿元，主营业务收入13.30亿元，利润总额6 845万元。有个体工商户306户，注册资金988万元。

快餐　2000年以后，区快餐业迅速兴起，肯德基、麦当劳、必胜客、美国加州牛肉面、日本味千拉面、永和豆浆、兰州牛肉面、江苏常州大娘水饺、沙县小吃等一批中外快餐店纷纷入驻区境，满足消费者生活节奏加快和消费需求多元化。2004年，限额以上快餐企业主营业务收入2.99亿元，实现利润总额2 273万元。2009年，限额以上快餐企业主营业务收入8.80亿元，实现利润总额6 970万元。

老字号企业　1994年，崇文区有：创建于清同治三年（1864年）以“挂炉烤鸭”为特色的全聚德烤鸭店；创建于明永乐十四年（1416年），以“焖炉烤鸭”为特色的便宜坊烤鸭店；创建于清乾隆三年（1738年），传说由乾隆皇帝赐匾的都一处烧麦馆；创建于清乾隆五十年（1785年），以经营清真涮肉而闻名的壹条龙饭庄；创建于清道光二十三年（1843年），北京八大楼之一的正阳楼饭庄；创建于1922年，经营佛家净素菜肴的功德林素菜饭庄等一批历史悠久的老字号企业。2006年，全聚德、便宜坊、都一处、壹条龙、天兴居等品牌获国家商务部授予的中华老字号称号。2007年至2008年，全聚德挂炉烤鸭、便宜坊焖炉烤鸭、月盛斋酱（烧）牛（羊）肉、都一处烧麦制作技艺，通过专家评审进入国家级非物质文化遗产名录。北京豆汁、壹条龙清真涮肉、厨子舍清真菜民间宴席等7项（含国家级4项）进入市级非物质文化遗产名录。天兴居炒肝、正阳楼蟹宴、锦芳元宵、老正兴寿桃、都一处炸三角、全聚德全鸭席等12项制作技艺进入区级非物质文化遗产名录。

图19—7　2009年5月，外国友人观看便宜坊焖炉烤鸭片鸭技艺

2002年，崇文区成立便宜坊烤鸭集团有限公司，聚集了区属餐饮业老字号企业，实现了强强联合。2009年，便宜坊烤鸭集团有限公司年实现营业收入1.79亿元、税前利润1 748万元，首次跻身中国餐饮百强企业。“便宜坊”商标在匈牙利、澳大利亚、丹麦、英国、美国成功注册。“都一处”品牌荣获北京著名商标，并在香港成功注册。企业选介：

便宜坊烤鸭店　明永乐十四年（1416年）创立，位于宣武门米市胡同。清咸丰五年（1855年），一位王姓富人与一位便宜坊的刘姓伙计在前门外鲜鱼口路北开店，制作、经营焖炉烤鸭，店名便宜坊。历经百年，逐渐形成以焖炉烤鸭为龙头、以鲁菜为基础的菜品。焖炉烤鸭以酥嫩香甜、肥而不腻著称。1974年，该店迁至崇外大街。1978年，挂牌便宜坊。至1987年，区境内已有3家便宜坊烤鸭店。2004年，崇外大街哈德门店研制出味型独特的莲香酥烤鸭、茶香酥烤鸭、枣香酥烤鸭3个品种，获国家专利产品称号。便宜坊品牌获中国驰名商标、中国烤鸭市场最具竞争力十大品牌。

第三节 居民服务业

摄影业 1994年年初，全区有摄影网点38个，其中包括区燕鹏集团公司所属大北照相馆、新大北照相馆、联友照相馆3个企业、11个网点。经营业务由原来以照相为主，发展成婚纱摄影、艺术写真、儿童摄影、广告摄影、大型团体照等特色摄影及摄影器材销售、冲印等多种经营。1997年，区境内有限额以上摄影及扩印企业2个、从业人员171人，年主营业务收入820.10万元。2009年，有大北服务有限公司（原燕鹏集团公司）所属照相企业2个、网点12个；有罗威婚纱摄影、施华洛婚纱摄影企业2个，均位于崇文门外大街。另有遍布街巷从事照相、冲印、复印的企业，大部分为个体经营。企业选介：

图19—8 2006年12月19日，大北照相馆被商务部授予“中华老字号”称号

大北照相馆 1922年开业，位于前门大街，建筑面积近5 000平方米，内设10个摄影室，是国内具有影响力和综合实力的摄影企业之一。1996年，首次从国外引进高端彩色转机，为党中央、国务院领导接见全国商品流通工作会议全体人员拍照。1997年，为中共“十五大”代表拍照。1999年，时任全国人大常委会委员长李鹏为大北照相馆题词“发扬大北老字号技艺，为振兴照相业而努力”。2005年，大北照相馆原址拆迁改造。2006年，该馆被商务部授予“中华老字号”称号。2007年，首次拍摄并制作长13.51米、宽0.76米的中国共产党第十七次全国代表大会代表、特邀代表、列席人员合影照。2008年，为全国两会、奥运会、残奥会、“神七”总结表彰大会摄影。同年回迁原址。

洗浴业 1994年，区境内有燕鹏集团所属洗浴企业5个、网点8个，主要有鲜鱼口、兴华园、天坛南里、榄杆市、东四块玉和东花市浴池等。此后，因温泉浴场兴起，机关、企事业单位自设浴室及居民住房条件改善，具备洗浴条件，洗浴业业务日渐滑坡。

1999年至2006年，在广安大街（崇文段）改扩建和前门大街修缮整治工程中，榄杆市、东花市、鲜鱼口、兴华园等浴池被拆迁，其他浴池相继调整经营项目，仅剩天坛南里温泉浴池。2004年10月，区政府为解决低收入群体洗澡难问题，对7个大众便民浴池执行新的优惠水价，每立方米3.70元。基本解决浴池附近平房区居民，特别是老年人、残疾人、失业下岗人员和低保家庭等弱势群体洗澡难的问题。2010年6月，全区91个社区共有洗浴网点29个，其中，各类浴池23个，能够提供休闲、餐饮、娱乐、保健、按摩等高端服务的6个。营业面积6.40万平方米，其中单店1 000平方米以上的占洗浴网点总数的23%。

理发业 1993年，区境内有国营、集体、个体理发馆、美发厅、发廊97个，其中包括燕鹏集团公司所属理发门店14个。此后，个体美发厅、发廊发展迅速，且设备先进、服务功能齐全，国有企业优势越来越弱。1996年，区政府拨款500余万元，实施便民服务工程，新建和改造4个理发店。1999年至2001年，有8个国营店相继拆迁。2002年，燕鹏集团改制过程中，国有资产退出理发业，理发业均为个体经营。2010 年 6 月，区境内有美容美发门店 231 个，营业面积 2 万余平方米，从业人员 1 212 人。

洗染业 1993 年，燕鹏集团成立洗染中心。1994 年，该公司所属洗染网点有 6 个。之后，连锁店及个体洗染业发展较快。而国有洗染企业因市场竞争力较弱，加之网点拆迁，逐年萎缩。随着洗染业市场竞争加剧，连锁经营成为主要模式，福奈特、百福莱、普兰德、象王等国内外知名品牌连锁店进入区境内，以良好的店面形象、先进的设备、专业化的服务赢得中高收入人群的青睐，中、小洗染企业也得到较快发展。2008 年，区境内有洗衣店 79 家，总营业面积 3 395 平方米。设立网点较多且单店营业面积较大的是崇文门外、龙潭和东花市地区。2010 年 6 月，大北集团公司（原燕鹏集团）在区内的洗染店仅剩 2 家。

修理业 1994 年，全区有修理公司所属修理加工点 33 个、其他部门修理点 46 个、个体摊商 406 个。服务范围涉及家电、自行车、汽车、灶具、手机、电脑、皮鞋等与老百姓日常生活息息相关的维修项目。2010 年 6 月，规模较大的修理网点有：北京华信通电讯有限公司，经营通信器材、照相器材的销售和维修；中国远望集团总公司，开展先锋品牌系列产品维修；联诺通信技术服务有限公司，从事手机维修等。另外，91 个社区有各种维修点 58 个，主要是个体摊商，从事小家电、自行车维修，配钥匙和修鞋等。

第四节 商务服务业

1994 年，全区有商务服务业企业 6 125 个，其中集体所有制企业 3 979 个，占 64.96%，注册资金 46.07 亿元。1999 年，崇文区立足首都中心城区经济定位，促进医药、文化旅游、体育、房地产、金融服务、文化传媒、电子商务、公共设施管理业等现代商务服务业发展。2000 年，有商务服务业企业 7 126 个，注册资金 51.66 亿元。2009 年，增至 11 233 个，165.55 亿元。

2003 年，区境内限额以上商务服务业企业 59 个，资产总额 7.23 亿元，主营业务收入 4.16 亿元，利润总额 1 925 万元。商务服务业在区域经济中的战略地位凸显，成为全区服务业发展的重要增长点。2004 年至 2008 年，限额以上商务服务业企业主营业务收入、主营业务利润年均增速分别为 38.27% 和 36.75%。2009 年，区限额以上商务服务业 138 个，资产总额 147.55 亿元，主营业务收入 45.43 亿元。

第四章 行业管理

第一节 管理机构

1994 年，区政府设商委，是为发展商业经济，保证市场供应，规划全区商业网点配套建设和对国营商业、服务业企业进行综合指导、管理、监督、协调和服务的职能部门。2001 年，撤销区商委，成立区经济贸易委员会（简称区经贸委），负责对区第二、第三产业进行综合调控、并主管经济体制改革工作。2004 年，成立区商务局。设办公室、市场管理科、投资促进科、外贸发展科。2009 年，区商务局更名为区商务委员会。

第二节　粮食经营管理

1993 年 5 月，国家粮食价格全面放开，北京市取消定量管理、粮食关系及票证后，区粮食局于 2003 年撤销，职能转入区经贸委。

1994 年，区粮食经营管理仅涉及粮油市场供需平衡调查、粮食应急系统建设。区选取东花市、龙潭 2 个街道作为样本，实施粮油市场供需平衡调查。2004 年 7 月 1 日《中华人民共和国行政许可法》和《粮食流通管理条例》实施后，开始实施粮食市场日常监测及粮食执法检查。2005 年，按照市粮食局统一部署，区实施每日粮食市场行情监测及重点零售企业粮食购进、销售和库存月报制度。日监测样本企业为崇文门菜市场物美综合超市崇文门店、华普超市光明楼店；月监测样本企业为新世界超市、崇文门菜市场物美综合超市崇文门店。2006 年，区有关部门调研全区粮食消费情况。年初，区粮食库存 2 496 吨，其中非国有粮食经营单位 83 吨、居民存粮 2 413 吨。以大米、面粉为主，占 58.13%。粮食供给 583 吨，全部为市外购进，主要用于加工原料及日常居民消费。全区粮食需求量 48 454 吨。年末，全区粮食库存 2 104 吨，其中非国有粮食经营单位 536 吨、居民存粮 1 568 吨。粮食供需及居民消费平稳。同年，区政府建立粮食供给应急系统，拟定粮食应急预案，设立应急供应网点。2007 年至 2008 年，区有关部门检查 68 个粮食经营企业经营台账，对 1 个未建立经营台账的企业给予行政警告处罚。至 2010 年 6 月，全区有粮食应急供应网点 12 个。

第三节　烟草专卖及酒类管理

图19—9　2008年12月12日，区政府召开清理整顿烟草制品工作部署会

烟草专卖管理　1994 年，成立北京市烟草专卖局崇文分局。1996 年，成立北京市崇文区烟草专卖局。至 1997 年，烟草专卖由市烟草专卖局统一管理。2000 年，先后设立广渠门、鲜鱼口、天坛、景泰专卖管理所，形成两级专卖管理体制。2001 年，撤销专卖管理所，实施户籍化管理，由集中整治为主逐步向日常管理为主转变。2002 年，以“全员户籍化，全员检查队”的形式开展专卖管理。全区持证卷烟户 1 023 户，全部建立专项档案，实现户籍化管理，市场净化率达 91.30%。2004 年，专卖管理逐步由

管理型向服务型转变。建立新办证零售户培训教育制度，开办新办证零售户培训班，进行诚信守法教育。初步建立执法监督体系，违法案件发案率、罚没款额等连续3年下降。2009年，建立零售户违法情况黑名单制度和案件信息库，并对重点户实施重点监管。

1998年，针对卷烟日益成为不法分子走私贩私、制假售假的重点产品，崇文烟草专卖局组建烟草专卖执法检查队，对区境内卷烟市场进行专项治理。集中整治琉璃井、金鱼池、安乐林、左安门等非法卷烟集散地，办案73起，没收走私烟556条、假冒卷烟60 260条，基本消除公开摆卖走私烟及假冒卷烟的违法行为，绝大部分零售户退路进店，区境内卷烟经营秩序明显好转。1999年至2001年，共进行市场检查524次，查处案件183起，罚没变价款22万余元。2002年，全年组织较大规模的执法检查546次，联合区公安、工商、城管等部门开展执法检查17次，办案186起，查扣各类违法卷烟407万支，罚没变价款近30万元。2003年至2009年，崇文烟草专卖局单独或与公安等部门联合执法，破获假烟销售等网络案件3起，共办理案件469起。其中，查获案值5万元以上案件38起、20万元以上案件2起，移送司法机关且追究刑事责任的涉嫌非法经营卷烟等犯罪嫌疑人17人。查扣各类违法卷烟697万支，罚没款44.55万元。

酒类流通管理　2006年1月1日，依据商务部《酒类流通管理办法》，区启动酒类商品经营企业备案工作。2007年，酒类经营企业备案登记450个，发放不向未成年人售酒牌1 776块。2008年，全区共有酒类经营备案登记单位929个，销售总额2.30亿元。全年组织酒类市场检查253次，检查企业908个。酒类无证经营进一步得到整治。至2010年6月，全区有酒类经营备案登记单位1 189个。

第四节　生活必需品市场供应

应急储备及市场监测　1994年，区商委在有条件经营粮油、肉、蛋等民需品的企业，建立风险储备，以保证应急状态时市场供应。1995年春节前，区政府制定不准卖大号、不准以次充好等“九不准”措施。区商委系统自采50大类、6 000余种节日商品，总价值1.45亿元，保证节日市场供应。1998年元旦、春节期间，左安门农副产品批发市场猪肉、牛羊肉、水产品、粮食、食用油、蔬菜等商品交易量达1.60亿公斤，品种丰富，货源充足。1999年元旦、春节期间，区商委全系统组织总价值5亿元商品，比1998年同期增长8.60%。

2003年，区经贸委制订并建立《崇文区生活必需品市场供应应急预案》及市场运行监测网络，形成应对突发事件工作机制，保证大米、面粉、食用油、食盐、蔬菜、猪肉、牛羊肉、食糖、鸡蛋、奶等10类商品（简称生活必需品）的有效供给。生活必需品以外的方便面、矿泉水、蜡烛、沙袋、消毒水等应急物资由市级部门在应急状态下统一调配投放。“非典”发生后，区经贸委及时制订《关于“非典”期间重点商品供应的应急预案》，建立区消费品市场监控网络和消费品市场信息快速反应系统，保证“非典”防疫商品和其他人民生活必需品供应充足、物价稳定。2008年，区新世界超市等18个超市门店成为应急供应网点，并每年进行应急供应演练。同年8月，李村菜市场、乐家菜市场、龙潭菜市场、金龙潭菜市场、东花市北里菜市场5家规范化社区菜市场，每日报送18种蔬菜的交易量及交易价格，为市、区政府掌握菜市场、超市蔬菜交易情况提供数据。2009年，区商务委根据供求情况对区生活必需品应急投放点进行调整，至2010年6月30日，全区有生活必需品应急投放点10处。纳入商务部重点流通企业监测系统的国家级及市级监测企业有50家，纳入商务部生活必需品市场监测系统企业有5家，即崇文门菜市场物美综合超市有限责任公司、华普超市有限公司北京光明楼分公司、美廉美超市木樨园店、北京广渠门两广市场有限公司、北京市李村菜市场有限责任公司，要求其每日报送粮、油、肉、蛋、奶等生活必需品市场交易价格。

供应网络 1994 年，区商委在粮食、副食、蔬菜、煤炭 4 个行业规划出若干门店（厂）作为“保护田”，确保主营商品供应。1995 年，在“保护田”基础上发展便民服务网点，区商委系统建立定点粮店、菜店、连锁店及超市 128 个，新增社会三产企业 269 个，个体工商户、私营企业分别达到 7 693 户、148 个。

2001 年以后，区境内危旧房改造步伐加快，居民区商业网点减少，居民生活不便问题日渐突出。2002 年，按照市政府要求，区实施废旧物资回收、蔬菜、早点工程及便民连锁进社区（简称“四进社区”）工程。至 2007 年，全区建有购物中心 1 个、超市 36 个（其中大型超市 3 个）、便利店 87 个、食品杂货店 186 个。2008 年，区境内 91 个社区有商业网点 1 377 个，营业面积 34.94 万平方米，就业人数超过 1.20 万人。大型连锁企业万客隆、京客隆、家乐福、物美、华普等综合性生鲜超市、便利店陆续进入各大社区。2009 年，区财政投资 1 000 万元，推进早餐、便民菜店、再生资源回收、家政、修理、洗衣“六进社区”工程。

第五节 市场经济秩序维护

1995 年 12 月，中宣部和内贸部联合发出在全国开展“百城万店无假货”活动的通知，区境内各商家积极贯彻，相继提出讲道德、诚信兴商的举措。1996 年，落实内贸部《国内大中型零售商店引厂进店管理的暂行办法》，全区开展清理整顿出租柜台、规范引厂进店工作，清理整顿 380 余个厂家、1 500 余个出租柜台和 3.60 万余种商品，清除、调整厂家 46 个，引进名牌厂家 36 个。天桥百货商场被评为全国质量大家行活动百日无投诉或投诉处理好单位。

1997 年至 2001 年，继续在全区开展“清理柜台商品，净化首都市场”活动。清理的重点是销售额 5 000 万元以上、1996 年以后开业且销售额亿元以上及有配送中心的企业。清理检查的重点商品有：新购入的商品以及皮革制品、服装、服装面料、家具、日化产品、金银和珠宝饰品、定量包装商品、食品标签、实施生产许可证和安全认证强制性管理的产品。同时，专项整顿盐业市场、冷冻饮品市场和粮油市场经济秩序，开展熟食制品经营规范达标和洗浴、美容美发业专项检查。

图19-10 2002年，区评比表彰早点用餐放心店

2002 年，区政府主管部门转变职能，从微观管理商品经营转变为突出行业发展规划，从直接管理商业企业转变为间接调控市场，从直接管理国有商业转变为统一管理全社会商业。当年，整顿规范全区二级以上餐饮企业经营行为，公布收费项目、价格等；对美容美发、洗染、照相、钟表等行业严格执行北京市地方标准；对全区集贸市场、加油站、汽车维修市场进行专项整治。

2005 年至 2006 年，区商务局配合区食品安全办公室全面检查涉嫌“苏丹红一号”的食品下架情况，开展盐业市场检查整顿和老字号企业调查及重新认定。2006年4月5日开始实施《崇文区加强商业重大促销活动监管的通知》，2007年至2010年6月，审批重大促销活动148件（项）。明确企业促销行为的主体责任，规范企业促销方式。2008年，开展奶制品供应和问题奶退货、抑制过度包装专项整治行动。2009年，区商委系统制订《崇文区消夏露天餐饮经营场所管理办法》，至2010年6月，共审批消夏露天经营场所24个，区商务委联合区城管、卫生、工商等部门检查露天餐饮市场7次。

第六节　结构调整

1993年，崇文区商业服务业开始突破百货、副食、菜蔬、粮油、药材、煤炭、服装等传统行业分工格局，在经营结构和经营范围上，向其他行业和领域延伸，实行多种经营。1994年，区政府成立经济工作领导小组，进一步推动商业服务业打破部门、行业界限，进行行业结构和经营结构调整，实现资源优化配置。当年，区亿隆股份公司所属5个化工油漆商店合并，组建崇文化工集团公司；前门五金商店开办五金工具超市。副食品公司将采购供应站改造为营业面积1 000平方米的安华商场，并开办10个全部开架的自选商店。全区建特色店8个、精品店1个、专业店21个。

1995年至1998年，为解决网点布局和经营重复等问题，副食品公司与元达集团公司合并，组成区副食品菜蔬公司；位于光明楼地区分属副食品公司、元达（原菜蔬公司）公司的光明副食商场、光明菜店合并，组建崇文门菜市场分店；崇文门菜市场兼并原副食品公司所属的天东兴食品商场和天瑞兴食品商场，将资源向优势企业转移。服装公司所属企业由服装加工为主，调整为时装店，以销售服装为主。亿隆公司引进民营和个体经济成分，与圣玛田休闲服装公司组建北京圣玛田北方配货中心，设专卖店61个，业务范围辐射北方8省市；所属亿隆大厦与台商合作成立永和大王餐饮有限公司，有11个连锁分店的永和豆浆大王总部落户崇文区。新汇百货商场与私营企业北京西比利亚皮货集团实现联营，扭转企业亏损局面。副菜公司所属普金达连锁店与新加坡邓氏有限公司开展“邓氏”饮料总代理，在南城地区实行燕京啤酒、北京二锅头酒总经销。随着北京控制大气污染，企业减少燃煤，危旧房改造居民外迁及居民煤气用户增多，煤炭企业主业逐年萎缩。煤炭企业利用空置场地兴办宾馆、集贸市场、商场，开展房地产开发、物业管理、旅游等多种经营。2001年，崇文医药药材总公司与北京医药股份有限公司共同投资成立北京五洲全新医药有限公司，在原主营西药、中成药、中药材的基础上，增加经营生物化学品、化学试剂、医疗器械等。在调整中，一些“老字号”名、特商店进驻综合性商厦，一些服务、修理、饮食业摊点进驻超市，一部分综合商店调整为专业店。2006年，北京同仁堂崇文门药店、北京五洲全新医药公司医保全新千芝堂药店、北京市珐琅厂有限公司景泰蓝商品部获“北京优秀特色店”称号，便宜坊烤鸭集团公司、同仁堂连锁药店有限公司获“优秀特许品牌”称号。

第七节　消费服务

刷卡消费无障碍工程　2003年，崇文区在崇文门外大街开展“建设推广银行卡重点大街”活动，830户企业装机。2004年，按照北京市提出的“到2004年年末，基本实现刷卡消费无障碍”的要求，崇文门菜市场物美综合超市有限公司的 9 个门店、世纪天鼎、便宜坊烤鸭集团、盛兴广场、百工坊安装刷卡机。至 2004 年 12 月 20 日，区银联特约签约商户 188 家，有交易商户 133 家，当年发生交易 10.20 万笔，交易总金额 4.70 亿元。2005 年，新增银行卡特约商户 143 家。至 2010 年 6 月，5 000 余个商户安装银联刷卡 POS 机，主要大街商业餐饮业网点刷卡率达 80%以上。

无障碍设施改造 2000 年，区落实市政府《北京市无障碍设施建设管理规定》，推进商业企业坡道、电梯、厕所、标识、低位收款台、低位服务台等残疾人无障碍设施规范化改造。2006 年，3 家大型商业企业完成系统化无障碍设施改造。2009 年，20 家商场、市场和餐饮企业进行无障碍设施升级改造。前门大街在整体改造过程中同步完成无障碍设施改造。

停车引导系统建设 2007 年，崇文区完成消费停车专业调研并启动停车引导系统建设。2008 年，区大型商业设施停车引导系统建设取得成效。场内引导：对总计 16.84 万平方米、5 338 个停车位的新世界商场、国瑞购物中心、红桥市场、天雅珠宝城、百荣世贸商城停车场进行全面升级及整体建设。其中，百荣世贸商城采用超声波车位引导系统，引导、环境、安全性全面提升，且停车位比改造前增加 110 个。场外引导：由新世界商场、国瑞购物中心、红桥市场、天雅珠宝城共同出资，建设崇文门外大街大型商业设施远端停车引导系统。

第五章　对港澳台及对外经济贸易

第一节　利用港澳台资及外资

利用资金 1994 年，全区有港澳台商和外商投资企业 188 家，其中，合资企业 127 家，合作企业 18 家，独资企业 43 家。累计协议投资总额 5.57 亿元，累计协议利用港澳台资和外资 4.31 亿元，其中投资总额在 1 000 万美元以上的项目 8 个。1994 年至 1998 年，批准港澳台商和外商投资企业 140 家，实际利用港澳台资和外资 7.52 亿美元，连续 5 年居全市区县前列，获市政府颁发的对外经贸合作奖。

图19—11　2007年，中国医药保健公司与日本津村株式会社举行野生大黄资源保护合作项目签约仪式

1994 年至 2010 年 6 月，区境内总计批准“三资”企业 361 家，协议利用港澳台资和外资 11.26 亿美元，实际利用港澳台资和外资 14.38 亿美元。

利用领域 1993 年以前，崇文区利用港澳台资和外资主要集中在服装、电子、食品、文化用品生产和餐饮、旅游、咨询服务等行业。1993 年，香港新世界集团与区属相关企业签订累计投资 12 亿美元的开发建设崇文门外大街并进行危旧房改造合同，自此，崇文区把利用港澳台资和外资的重点转向城市基础设施建设、商业设施建设和危旧房改造，为城市深度开发创造条件。

2002 年，港澳台商和外商投资开始向服务领域拓展。当年，投资额超千万美元的日资服装加工企业——世界时装（中国）有限公司入驻。2004 年，新批港澳台商和外商投资企业明显向第三产业倾斜，咨询服务类企业占 36%。2006 年，注册资金 13.80 亿元的北京京港地铁有限公司和北京中体倍力健身俱乐部有限公司落户崇文区，为区现代服务业及体育产业增添新活力。

2007 年至 2010 年 6 月，港澳台资和外资主要投向批发和零售业、商务服务业、制造业、住宿和餐饮业、信息传输、计算机服务和软件业、科学研究、技术服务和地质勘查业及文化、体育和娱乐业等行业。但各行业发展不平衡，其中，建筑业 2007 年至 2008 年连续 2 年投资增幅超过 100%，批发零售业投资增幅达 321%；房地产业利用外资额明显减少；制造业、住宿餐饮业利用外资同比出现负值。

1994—2010年6月崇文区利用港澳台资和外资统计表

表19—6

年份	新批“三资”企业（个）	协议利用外资总额（万美元）	实际利用外资总额（万美元）
1994	71	4 037.40	13 700
1995	25	2 127.30	11 983.90
1996	14	4 963.50	14 792.30
1997	15	879.50	21 701.30
1998	15	15 709.40	13 009.70
1999	10	1 977.50	13 165.30
2000	13	2 583	2 822.30
2001	12	295.10	2 928.80
2002	20	6 548.10	3 082.10
2003	20	5 059	4 294.30
2004	22	3 716	2 313
2005	26	26 730	7 139
2006	17	7 299	11 817
2007	26	11 569	6 998
2008	24	4 304	11 007
2009	23	12 477	11 011
2010.6	8	2 325	6 382

1994—2009年6月崇文区“三资”企业收入、上缴税费统计表

表19—7　　单位：万元

年份	销售服务收入	上缴税费	其中：上缴区税
1994	22 461.83	1 473.10	
1995	43 556.60	1 820	

续表

年份	销售服务收入	上缴税费	其中：上缴区税
1996	45 000	5 000	
1997	58 000	8 061	
1998	145 000	9 180	
1999	87 676.60	8 848.62	
2000	101 120.20	10 490.30	
2001	258 725	19 052	
2002	200 000.19	17 734	
2003	210 000.76	20 000.02	
2004		20 000.50	10 165
2005	611 259.89	63 002.62	15 686
2006	735 290.49	75 783.73	17 446
2007			26 352
2008			22 935
2009.6	1 490 468.50	115 622	7 881

第二节　进出口贸易

进出口额　1994 年，区外贸出口创汇 457.50 万美元，比 1993 年增长 27.50%。其中“三资”企业创汇 387.50 万美元，占全区出口创汇额的 84.70%。龙泰毛皮制品有限公司、元隆皮草皮革有限公司、天美旅游工艺品有限公司、王朝富履服装服饰有限公司等合资企业成为出口创汇龙头企业。1995 年上半年，“三资”企业外贸出口受国家调整出口退税政策影响，自营出口积极性一度下降，一些企业放弃自营出口权，委托外贸公司出口，争取退税优惠政策。下半年，由于换汇成本提高，多数出口企业重新开始自营出口业务。至年底，全区出口创汇 451 万美元。1996 年，“三资”企业出口创汇占全区外贸出口额的 98.40%。

1998 年，受亚洲金融危机影响，外贸出口形势严峻，出口额比 1997 年下降 17.70%，其中“三资”企业出口额为 644.50 万美元，占出口总额的 93.50%。当年，天龙股份有限公司经国家经贸部批准，获得进出口经营权，成为区第一家自营进出口业务企业。1999 年，区外贸出口以日本为主体的亚洲传统市场得到巩固，以英国为主体的欧洲新市场进一步拓展，区外贸出口达到 956.70 万美元，比 1998 年增长 38.85%。

2001 年至 2004 年，随着经济全球化和生产要素的跨国流动，尤其是中国加入世界贸易组织带来的机遇，区内资企业自主参与国际市场竞争的能力增强，主动申办进出口经营权，开展外贸业务。4 年中，有 46 家企业申办自营进出口权，9 家企业出口额超过百万美元。2005 年，出口额超过百万美元的企业有 16 家。出口主体进一步多元化，外资企业出口占出口总额的 11.20%，区境内贸易公司出口占总额的 45.40%，区出口格局由以外资企业出口为龙头转变为以大型外贸公司出口为主导。

2008年，区对外贸易在“奥运”经济拉动下，进出口额明显增长，比2007年增长28.30%。其中，出口同比增长56.74%，进口同比增长14.27%。2010年1月至6月，全区实现外贸进出口总额4亿美元，同比增长7.51%。其中，出口1.35亿美元，同比下降3.38%；进口2.65亿美元，同比增长14.08%。

1994—2010年6月崇文区进出口贸易统计表

表19-8

年份	企业（个）	进出口总额（万美元）	出口额（万美元）	进口额（万美元）	外贸依存度（%）
1994	5		457.50		
1995	4		451		1.31
1996	9		706.60		1.73
1997	9		707.30		1.76
1998	10		689		1.33
1999	10	1 984.40	956.70		1.74
2000	13		2 111.90		2.90
2001	12	1 453.50	1 330.8	122.70	1.78
2002	24	2 926	1 524	1 402	13.90
2003	43	16 271.20	3 588	12 683.20	16.89
2004	17	23 273	4 383	18 890	19.57
2005	17	37 737.40	8 455.50	29 281.90	28.61
2006	20	46 262.86	11 373.94	34 888.92	30.76
2007	17	60 003	19 582	40 421	34.07
2008		76 882.20	30 692.80	46 189.40	36.22
2009		73 561	28 155	45 406	37.90
2010.6		39 984.37	13 521.73	26 462.64	

进出口商品　1994年至2002年，崇文区出口商品以工业制成品为主，品种单一，数量不多。进口商品多为制作眼睛护理产品、服装所需的原材料等初级产品。2003年，进口商品增加医疗器械、机器设备等。2006年，出口商品增加医药保健品。2008年，进出口商品结构进一步改善，种类增多，主要有机电产品、医疗用品、保健品、服装、鞋帽、五金工具、建筑材料、家居用品等。其中，机电类产品出口额5 799万美元，占总量的59.90%；一般民用类产品出口额2 215万美元，占22.90%；医疗类产品出口额1 010万美元，占10.40%。2009年，医疗类产品出口1.30亿美元，服装、鞋帽等轻工业制品所占份额呈下降趋势。2010年1月至6月，医药产品出口额5 920万美元，占出口总额的44%。机电产品进口额1.23亿美元，占进口总额的46.40%；高新技术产品进口额1.25亿美元，占进口总额的47.20%。

第三节　境外投资和对外经济合作

境外投资　1994年，区私营企业御龙阁首饰有限公司在阿联酋首府迪拜开设分公司。1996年，北京三吉利能源有限公司在美国设立惠华国际有限公司，从事进出口贸易。2002年，北京天岳安经贸有限责任公司在俄罗斯托木斯克州成立俄罗斯北京润华托木斯克有限公司，从事俄罗斯森林木材资源的开发、进口和销售，标准化木制门生产原料的进口和成品门的出口返销。2005年，宝华集团有限公司在香港设立宝华集团（香港）有限公司，从事企业并购、资产重组的策划等。当年，崇文区对外投资额达5 959万美元。

2007年，中铁联合建筑工程投资管理有限公司在菲律宾设立分公司，从事镍、铬、铁等中国稀有矿产品开发。北京嘉华世达国际教育交流有限公司在韩国首尔市设立株式会社大真嘉华韩中文化交流中心，主要从事教育服务事业。北京市首家承办国际网球赛事的体育推广公司——北京中国网球公开赛体育推广有限公司收购Swindon Enterprises Limited和Champion Will International Limited两家境外公司的全部股权，促使女子和男子国际网球赛事落户北京。当年，全区累计对外投资1 556.97万美元。2008年，中国网球公开赛体育推广有限公司、北京华江文化发展有限公司、宝华集团有限公司、北京宾利集团有限公司及海隆石油技术服务有限公司新设或对境外企业增资，总投资额1.23亿美元。资金投向亚洲3家，占72.37%；欧洲1家，占1.63%；南美洲1家，占26%。境外投资企业以商贸类传统行业为主，占总投资额的69.12%。2009年7月，大都控股集团有限公司与加拿大吴祖工程有限公司共同投资，在加拿大设立合营公司——大都国际有限公司，提供与电气行业相关的产品和服务。北京华江文化发展有限公司在新加坡设立第2家境外企业——华江新加坡有限责任公司，从事工艺美术品、旅游纪念品、礼品、收藏品的研究设计、生产及销售。当年，全区对外投资累计1.28亿美元，创历史新高。2010年1月至6月，新设2家境外投资企业，对外投资额达108万美元。其中，北京华江文化发展有限公司在香港设立第3家境外分公司——世圣联合集团发展有限公司，主要经营各类徽章、匙扣、标牌、饰品等。北京搜尚世纪投资管理有限公司在香港设立巨润（香港）有限公司，从事投资咨询和资产管理。当年，区商业网点管理处在罗马尼亚布加勒斯特设立的北京餐厅，由合资变更为商业网点管理处独资，并延长经营期限20年。该餐厅有中方职工3人、外方职工7人。企业成立18年，运转正常，经济效益良好。

对外经济合作　1994年至2010年6月，崇文区组织开展对外经贸促进活动，主要方式有组织经贸团组出国考察，邀请外宾来京访问，开展国际友好城市交往活动，参加境外国际会议、洽谈会等，促进对外贸易、吸收外资和国际经济合作。共邀请外商来华访问近300人次；派出141个经贸团组、350人次，参加国际会议、经贸洽谈、考察、培训等。

图19—12　2007年12月20日，奥林匹克博物馆——华江文化特许商品开发合作项目签约

从1994年10月，市经贸委将外派劳务、海外承包工程中对外谈判、签订协议的权力下放到区。作为其分支机构，当年与韩国签订第一份委派劳务合同，外派劳务10人。1995年，共派出18人走出国门务工。其中派往韩国9人、西班牙3人、菲律宾1人、美国5人。2006年，区建筑企业大龙集团成功申办对外承包工程。

第二十编　房地产　旅游　金融

1993年，崇文区房地产开发企业年开复工面积30余万平方米。1994年至2010年6月，在国家国有土地使用制度改革的带动下，区通过土地有偿使用，为城市改造和建设积聚了资金，房地产投资规模加大，投资总额达551.59亿元，推进了全区市政基础设施建设和危旧房改造，居民居住环境得到改善，居住水平明显提高。

1994年以后，崇文区旅游资源进一步得到开发利用，旅游设施逐步完善，接待能力和服务水平不断提高。旅游产业成为新的经济增长点，对全区经济和社会事业的贡献日益明显。2009年，全区接待旅游人数1 118万人次，旅游收入33.60亿元。其中，A级及以上旅游企业和主要旅游区（点）实现年收入2.50亿元，全年接待游客1 006.02万人次，其中境外游客104.79万人次。截至2010年6月，崇文区有旅游企业328家，其中区旅游行政管理范围内旅游企业248家。

1994年以后，随着金融管理体制改革和发展速度的加快，区境内金融机构数量增加，保险、证券、典当等非银行金融机构相继设立，对区域经济发展、市政基础设施建设和企业改革起到促进作用。

第一章　房地产

第一节　房地产开发企业

1994年年初，崇文区只有国有企业城市建设开发公司及该公司与7家港商合资、合作成立的5家房地产开发公司。之后，区房地产业快速发展，房地产开发企业逐渐增多。2001年发展到41家，2009年达116家。累计注册资金6.46亿元人民币和1.73亿美元。其中，注册资金超过3 000万元的重点房地产开发企业41家。重点房地产开发企业有：

崇文区城市建设开发公司　1981年成立。为国家一级资质、一级资信国有房地产开发企业，有职工2 000余人、净资产5.50亿元。自2001年起，连续7年被评为区30（50）强企业。至2010年6月，公司先后开发建设李村东里、杨家园西里、芳古园一区、华威西里、松榆里、忠实里和弘善家园等小区，投资兴建红桥市场、元隆大厦，合作开发建设南苑小区，和义小区，南磨房小区及左安东里、西里危改小区。公司引进外资，成立北京崇文·新世界房地产发展有限公司等多家合资、合作企业。

图20-1　2009年，区城建开发公司开发建设的弘善家园CDE组团

北京兴隆置业有限公司　1993年成立。为国家一级资质综合性开发企业，注册资本5 000万元。主要经营房地产开发及商品房销售，累计开发面积近200万平方米。自2001年起，连续7年被评为区30（50）强企业。2009年，实现主营业务收入1.46亿元，上缴税金1 174万元。

北京崇文·新世界房地产发展有限公司　1993年8月成立。是香港新世界中国地产有限公司与区城市建设开发公司组建的京港合作企业，注册资本2.25亿美元。主要从事房地产开发、商品房销售及对建成的商场、公寓、写字楼等进行租赁经营管理等业务，有员工211人。自1994年起，对崇文门外大街1号、5号、6号地进行危旧房改造，开发建设新世界中心一期、新景家园、新裕家园、新怡家园等项目，至2009年，完成开发面积126万平方米。新世界中心获20世纪90年代“北京市十大建筑”称号。自2001年起，公司连续7年被评为区30（50）强企业，获市国税局、地税局联合颁发的纳税信用A级企业奖牌及证书。

北京崇裕房地产开发有限公司　1993年成立。是香港新世界中国地产有限公司与北京兴隆置业有限公司组建的京港合作企业，注册资本1.72亿美元。主要从事房地产开发、商品房销售及对建成的商场、公寓、写字楼进行经营管理等业务。先后开发建设新世界中心二期、新世界家园、新阳商务楼、正仁大厦、新成文化大厦等项目，总建筑面积42.80万平方米。自2001年起连续7年被评为区30（50）强企业。2009年，实现销售收入5.74亿元、租赁收入5 944万元，上缴各项税金5 669万元。

2010年6月崇文区房地产开发重点企业一览表

表20-1

企业名称	成立时间	注册资金（万元）	员工（人）
北京市崇文区城市建设开发公司	1981	55 000	2 000
北京住总第六开发建筑有限公司	1983	6 168	
华诚房地产开发有限公司	1993	3 000	23
北京崇文·新世界房地产发展有限公司	1993	22 500 *	211
北京崇裕房地产开发有限公司	1993	8 184	80
北京兴隆置业有限公司	1993	5 000	76
新世界电子有限公司	1993	5 720 *	24
北京能源房地产开发公司	1994	20 000	24
北京岳安实业股份有限公司	1994	18 043	64
金第房地产开发有限公司	1995	5 500	21
大龙建设集团有限公司	1995	5 001	

续表

企业名称	成立时间	注册资金（万元）	员工（人）
北京建机房地产有限责任公司	1995	4 363	2
城和房地产开发公司	1997	3 000	58
九鼎房地产开发有限公司	1997	10 000	38
北京鼎维原房地产开发公司	1998	4 600	6
新康房地产开发有限公司	1999	1 200 *	40
北京广崇房地产开发公司	2000	10 188	18
祈年房地产开发有限公司	2001	10 000	8
北京中通房地产开发有限公司	2001	71 790	4
北京新前门房地产开发公司	2001	12 900	8
北京国瑞兴业地产股份有限公司	2002	121 800	158
北京和达创建置业有限公司	2002	5 000	50
北京鼎能置业开发有限公司	2003	15 000	49
北京首开仁信置业有限公司	2003	30 000	28
北京嘉宇维业房地产开发公司	2003	15 000	10
北京鑫阳房地产开发有限公司	2003	8 850	77
北京山石房地产有限公司	2004	3 870	
北京维港房地产开发有限公司	2005	4 000	15
中冶新奥正诚房地产开发公司	2005	5 000	6
北京新力凯置业有限公司	2007	5 000	2
北京前门天街置业有限公司	2007	30 000	40
北京京房为民置业有限公司	2007	5 000	15
北京亚欧誉房地产开发公司	2007	6 000	4
北京常胜鼎业实业发展公司	2007	10 900	12
北京源生置地房地产有限公司	2008	10 555	5
北京舜耕天润置业有限公司	2008	5 000	18
北京国能置业有限公司	2010	8 700	
附注：表中带 * 号的单位为美元。			

第二节　房地产开发与商品房销售

1994 年以前，崇文区房地产开发受限于参加全市统建分成、合建开发、合资开发、联合征地开发。1994 年以后，以土地使用权有偿出让为突破口，将房地产开发与市政基础设施建设和危旧房改造相结合，推动房地产业发展。1994 年至 2009 年，全区房地产开发项目投资 551.59 亿元，开复工 2 699.17 万平方米，竣工 838.61 万平方米（缺 1995 年数据）。

2003 年至 2009 年，区境内房地产开发公司共向社会出售商品房 398.13 万平方米。

1994—2009年崇文区房地产开发投资统计表

表20–2

年份	完成投资额（万元）	开复工面积（平方米）	竣工面积（平方米）	竣工价值（万元）
1994	5 263	117 881	62 677	
1995	4 743	115 710		
1996	66 277	435 949	79 434	
1997	139 948	498 366	43 306	
1998	144 082	727 907	144 576	
1999	100 241	725 300	109 366	
2000	156 950	813 684	300 005	
2001	329 450	2 246 524	651 703	
2002	326 020	2 179 609	721 778	127 428
2003	430 632	3 176 147	1 141 813	221 311
2004	474 994	3 355 246	909 952	173 673
2005	563 235	3 360 986	1 520 124	255 245
2006	1 052 231	2 846 327	863 818	167 172
2007	679 560	2 806 484	532 026	119 600
2008	511 379	1 941 134	443 378	195 285
2009	530 866	1 644 456	862 123	238 423

1994—2010年6月崇文区部分房地产开发项目一览表

表20–3

年份	工程名称	开工时间	竣工时间	建筑面积（平方米）
1994	东花市301工程	1992.11	1994.7	13 968
1995	东花市101楼工程	1994.7	1995.11	12 462
1996	法华寺小区37号楼	1994.12	1996.6	12 780
1996	金融大厦工程	1992.12	1996.12	28 678
1998	法华寺1号公建工程	1994.12	1998.8	17 878
1999	东花市901号楼	1995.6	1997.7	36 603
1999	元隆大厦工程	1997.12	1999.10	26 823
2000	新世界二期工程	1997.1	2000.6	164 000

续表

年份	工程名称	开工时间	竣工时间	建筑面积（平方米）
2000	龙潭北里商住楼	1999.9	2000.11	13 362
2000	龙潭西里危改工程	2000.4	2000.12	4 684
2001	国强小区3号楼	2000.3	2001.10	22 444
2001	新世界花园1号楼	2000.6	2001.10	15 790
2002	广安大街h-s座工程	2001.1	2002.3	29 994
2002	新世界家园商务楼	2001.4	2002.7	13 665
2003	金鱼池东区9号楼	2002.7	2003.7	5 254
2003	金鱼池西区16—18楼	2002.7	2003.7	10 367
2004	金鱼池东区6、7号楼	2002.7	2004.2	13 299
2005	新世界家园4号楼	2004.3	2005.12	26 294
2005	新世界家园1号楼	2004.3	2005.12	40 816
2005	新世界家园2号楼	2004.3	2005.12	29 855
2005	新世界家园3号楼	2004.3	2005.12	33 096
2006	新世界家园三期办公楼	2004.3	2006.3	42 700
2006	北京世贸商城d座	2004.7	2006.4	212 600
2006	东花市三期c区地下车库	2004.10	2006.4	26 500
2006	角湾四期公建	2005.1	2006.5	25 900
2006	东花市三期d区地下车库	2004.8	2006.6	17 900
2006	华诚住宅小区4号楼地下室	2005.1	2006.7	10 300
2006	东花市三期c区地下商场	2004.11	2006.8	58 500
2006	景泰西里危改小区地下车库	2004.12	2006.8	11 300
2006	比赛馆改造工程	2005.4	2006.10	28 500
2006	综合训练馆工程	2005.9	2006.11	10 500
2006	角湾危改a区9号楼	2004.4	2006	17 700
2006	安化北里公寓住宅楼	2004.5	2006.6	25 100
2006	华城4号住宅楼	2005.4	2006.7	55 400
2006	东花市三期危改5、7-11号	2004.10	2006.3	176 500
2006	东花市三期危改1-4号、6号	2004.11	2006.8	162 900
2006	东花市三期危改12-14号	2004.8	2006.5	99 100
2006	景泰西里危改工程	2005.5	2006.8	65 400
2007	综合商业楼	1999.7	2007.6	18 200
2007	崇外2号地危改公建	2005.12	2007.10	19 500
2007	花市枣苑综合楼	2004.5	2007.11	14 200
2007	停车楼	2006.9	2007.12	14 500
2007	东花市社区1-3号住宅楼	2005.4	2007.1	66 300

续表

年份	工程名称	开工时间	竣工时间	建筑面积（平方米）
2007	依陶阁危改楼	2005.11	2007.2	54 800
2007	忠实里三区2号住宅楼	2005.4	2007.3	25 000
2007	新世界家园三期住宅楼	2005.6	2007.8	71 000
2007	左安西里二期住宅楼	2005.12	2007.8	67 000
2007	安化南里1号回迁楼	2006.4	2007.9	24 300
2007	安化南里危改小区工程	2006.5	2007.10	69 600
2008	永外仓储楼	2006.9	2008.12	20 400
2008	夕照寺三期西区公建	2006.11	2008.5	17 400
2008	忠实里小区3号会所	2005.4	2008.10	10 200
2008	崇文区少年宫	2006.9	2008.10	8 284
2008	东花市15号综合楼	2005.1	2008.11	80 400
2008	白桥危改楼1-2号	2006.6	2008.4	46 800
2008	华城住宅小区6号楼	2006.5	2008.5	47 300
2008	安化北里危改1-5号楼	2006.12	2008.8	54 857
2008	新世界家园住宅楼及公建	2005.6	2008.12	60 500
2009	广外南街b区地下车库	2007.5	2009.6	19 200
2009	花市枣苑南区公建	2007.1	2009.6	75 100
2009	广外南街c3办公楼及车库	2007.2	2009.9	11 558
2009	东花市三期1-5号楼	2005.12	2009	191 200
2009	白桥危改小区3号住宅楼	2008.2	2009.3	10 600
2009	幸福大街1号住宅楼	2002.4	2009.3	10 200
2009	弘善家园住宅楼10-12号	2007.1	2009.4	65 500
2009	弘善家园住宅楼7-9号	2007.4	2009.12	64 200
2009	夕照寺大街住宅及配套工程	2004.12	2009.5	152 300
2009	广外南街b2、b3、b5商品楼	2007.5	2009.6	95 400
2009	广外南街回迁楼	2007.2	2009.7	170 200
2009	天天家园住宅小区	2006.2	2009.12	115 800
2009	西晓市b1住宅楼等4项工程	2008.1	2009.12	66 200
2009	松林里危改小区工程	2008.10	2009.12	185 279
2009	弘善家园1、2、3号住宅楼	2007.3	2009.12	56 010
2009	弘善家园22-24号住宅楼	2007.1	2009.6	96 700
2009	弘善家园41号楼	2007.5	2009.7	90 700
2010.6	龙潭体育活动中心	2008.10	2010.3	11 300
2010.6	金鱼池二期危改楼	2007.9	2010.4	54 700
2010.6	广外南街回迁小学	2007.8	2010.6	10 200

续表

年份	工程名称	开工时间	竣工时间	建筑面积（平方米）
2010.6	新景家园四区5号楼	2006.8	2010.4	39 200
2010.6	松林里危改小区4、6号楼	2008.10	2010.6	80 200

2003—2009年崇文区商品房销售统计表

表20−4

年份	销售面积（平方米）	销售额（万元）	出租面积（平方米）	空置面积（平方米）
2003	614 933	356 268	136 069	540 699
2004	817 833	395 212	172 926	335 998
2005	1 014 647	613 055	160 686	494 528
2006	580 693	617 545	166 179	287 163
2007	339 498	578 291	491 038	341 180
2008	150 813		507 917	231 893
2009	462 868		616 740	185 955

第二章　旅　游

第一节　旅游资源

文物古迹　1994年至2010年6月，崇文区境内列入国家、市、区级文物保护单位22处，其中，国家级文物保护单位4处，为天坛、正阳门箭楼、北京城东南角楼、袁崇焕祠墓及袁督师（袁崇焕）庙；市级文物保护单位9处，为福建汀州会馆北馆、阳平会馆及戏楼、新革路20号四合院、隆安寺、金台书院、正阳桥疏渠记碑、燕墩、京奉铁路正阳门东车站旧址、花市火神庙（火德真君庙）；区级文物保护单位9处，为东兴隆街52号四合院、奋章胡同53号四合院、花市清真寺、药王庙、法华寺、南岗子天主教堂、三一八烈士纪念碑、夕照寺、安乐禅林；还有鲜鱼口地区为北京市历史文化保护区。

公园　1994年，崇文区境内有天坛公园、龙潭公园、龙潭西湖公园、北京游乐园。2002年至2004年，陆续修建北京明城墙遗址公园、玉蜓公园、永定门地区公园。2010年6月，区境内有公园7处。

博物馆、展览馆　1994年，区境内有北京自然博物馆。2003年至2009年，陆续建成北京百工博物馆、北京市规划展览馆、花市社区博物馆、同仁堂中医药博物馆、北京公交博物馆、中华民族艺术珍品博物馆、中国铁道博物馆。2010年6月，区境内有博物馆、展览馆8处。

工业旅游企业　1978年，北京市珐琅厂有限责任公司开办外宾服务部，为北京市外事接待单位。1980 年，外宾服务部被确定为涉外旅游定点商店。1992 年开始经营工业旅游，营业部规模逐年扩大，面积由最初的 300 平方米，扩大到 2 000 平方米，4 个展销厅经营 200 余种景泰蓝工艺品。由开始只接待少量外国使团，发展到年接待中、外宾客 70 余万人次，至 2010 年 6 月，共计接待游客 1 200 万人次。其中有泰国公主代表团、越南全国总工会代表团、外国使节夫人——“三八逛北京”参观团等。旅游年销售收入始终占企业营销总收入的 80%以上。2005 年，该企业成为全国第二批工业旅游示范点。为提升和营造工业旅游的文化艺术品位和氛围，让来宾亲眼所见和体验工艺品制作过程，拍摄《赏景泰蓝艺术，品手工神韵》宣传片，开放制胎、掐丝、点蓝、烧蓝、磨光 5 道工序制作车间，建立并开放大师工作室，开辟游客参与制作互动区域，配有讲解员对每道工序进行解说。

第二节　旅游服务

旅行社　1994 年至 1999 年，区境内有旅行社 5 家。2000 年，有国际旅行社 9 家。2004 年，有国际旅行社 10 家，年接待国内及入境游客、组织出境游客 22.07 万人次。2009 年，国际旅行社发展到 13 家。至 2010 年 6 月，区境内有各类旅行社有限公司 62 个，旅行社分社、营业部、门市部 45 个。

旅游饭店　20 世纪 70 年代中期，崇文区境内有 2 家涉外定点饭店，开业于 1974 年的哈德门饭店（2008 年 11 月 15 日停业）和开业于 1977 年的崇文门饭店。1981 年，天坛体育宾馆开业。90 年代，陆续建成天坛饭店、黄河京都大酒店和新世界万怡酒店。至 2000 年，崇文区有涉外定点星级饭店 15 家，其中四星级 1 家、三星级 8 家、二星级 6 家。2004 年，市旅游局宣布，不再张挂旅游定点单位的定点标志牌，定点单位撤销。2006 年，有旅游饭店 17 家。2009 年年底，旅游饭店 22 家，其中，万怡酒店、天坛饭店、北京培新宾馆 3 家为四星级宾馆；崇文门饭店、黄河京都大酒店、陶然大厦、大宝饭店等 10 家为三星级宾馆；祈年饭店、永定门饭店等 9 家为二星级宾馆。

星级餐馆　1994 年至 2000 年，区境内有旅游定点餐馆 18 家。其中有全聚德烤鸭店、便宜坊烤鸭店、都一处烧麦馆等老字号，还有 1956 年迁到前门大街的老正兴饭庄和 20 世纪 80 年代以后陆续开业的御膳饭庄、功德林素菜馆及马克西姆餐厅等。2010 年 6 月，区域内有星级餐馆 13 家，其中三星级 7 家、二星级 5 家、一星级 1 家。

图20—2　2003年，“非典”期间进京的第一支境外旅游团队游客到前门全聚德烤鸭店用餐

旅游定点商店　1994 年至 1999 年，区境内有旅游定点商店 7 家。2000 年，有旅游定点商店元隆丝绸股份有限公司、燕京书画社、长春堂药店、红桥市场、万全堂药店等 9 家，主要经营旅游工艺品及药材。2003 年，京城百工坊成立，从事传

统工美文化交流传播、鉴定收藏及现代工艺品制作、开发和推广工作，又称京城百工博物馆。百工坊按照工艺美术品大类分为珍珠、玉器、景泰蓝、雕漆、金漆镶嵌、木器、花丝镶嵌、地毯、抽纱、陶艺、民间艺术等26个坊，集中30余个门类的技艺，设置50多间大师工作室，聚集102位工艺美术大师，收藏大师作品1.70万件。

2004—2009年崇文区旅游区（点）经营情况统计表

表20–5

年份	营业收入（万元）	门票收入（万元）	接待人数（万人次）	境外人数（万人次）
2004	21 653	15 872	709.70	45.50
2005	11 269	8 696	331.22	45.80
2006	26 376	18 320	839.34	77.75
2007	27 325	18 626	889.63	121.24
2008	23 790	17 296	797.72	119.19
2009	24 994	19 660	1 006.02	104.79
合计	135 407	98 470	4 573.63	514.27

2004—2009年崇文区国际旅行社经营情况统计表

表20–6

年份	单位数（个）	接待入境人数（人次）	组织出境人数（人次）	接待国内人数（人次）
2004	10	6 584	618	213 526
2005	9	7 837	5 615	52 327
2006	9	24 747	77 823	55 926
2007	13	83 764	200 691	185 449
2008	9	94 936	207 734	168 298
2009	13	56 569	144 722	193 647
合计	63	274 437	637 203	869 173

第三节　旅游活动

春节龙潭庙会　自1984年起，庙会于每年春节在龙潭公园举办。届时有北京市和全国各地优秀民间花会节目参赛、表演，并有各地风味小吃和各式各样的体育、游乐项目及科技活动。至2010年已举办27届，每年接待游客百万人次。自2006年起，北京市每年开展市民最喜欢的北京春节庙会评选，龙潭庙会连续5年被评为市民最喜欢的北京春节庙会。

天坛文化周　自2002年至2010年，天坛公园利用春节假期，举办6届天坛文化周。其间，开展帝王祭天仪仗表演、坛乐清音音乐会、中和韶乐专场表演等，并在圜丘神厨开辟祭天建筑艺术馆。2008 年至 2010 年举办的 3 届文化周，接待游客百万人。2009 年，第五届天坛文化周在北京市旅游局主办的“2009 北京春节黄金周旅游颁奖”活动中，获北京春节黄金周最具旅游人气奖；天坛祭天仪式表演获第四届北京春节庙会、灯会文化活动评选最佳创意奖。2010 年，第六届天坛文化周获北京市旅游行业协会、《北京晚报》颁发的第五届北京春节庙会·灯会·文化活动文化魅力奖。

红桥国际珍珠文化节 2005 年 9 月 8 日至 9 日，红桥市场举办首届北京红桥国际珍珠文化节。开幕式当天，中国宝玉石协会首次对珍珠经营企业进行认证，授予红桥市场“京城珍珠第一家”牌匾。文化节期间，举办珍珠产业发展趋势高峰论坛、2005 珍珠新品发布会和大型文艺晚会等活动。2008 年 6 月至 9 月，举办主题为“珍珠文化珍珠心，人文奥运人文情”的第二届红桥国际珍珠文化节，3 个月销售额达 8 044.70 万元。

第三章 金 融

第一节 银 行

1993 年，崇文区境内有中国工商银行北京市崇文支行、中国银行北京市崇文区支行、中国农业银行北京市崇文区支行、交通银行北京分行、中国人民建设银行北京前门支行、城市信用社（北京银行前身）及邮政储蓄所等金融机构。随着经济和金融事业的发展，至 2010 年 6 月，区境内有中国工商银行、中国银行、中国农业银行、中国建设银行、交通银行、北京银行、中国光大银行、广发银行、华夏银行、兴业银行、中国民生银行、北京农商银行、中信银行、邮政储蓄银行等 54 个金融机构及营业网点。银行选介：

图20–3 2001年，工商银行崇文支行员工接待办理个人理财业务客户

中国工商银行股份有限公司北京崇文支行（简称工商银行崇文支行） 1993 年，为中国工商银行北京市崇文支行，有职工 1 035 人，下辖储蓄所 25 个。年末储蓄存款余额 17.90 亿元人民币、1 766 万美元。2006 年，改为工商银行股份有限公司北京崇文支行。2009 年，有正式职工 573 人、学员 32 人、代理用工 77 人。下辖综合网点 15 个，其中在区境内有 12 个。年末人民币存款余额突破 300 亿元。其中，人民币对公存款余额较年初增加 2.77 亿元，人民币储蓄存款余额较年初增加 23.54 亿元。

2009年中国工商银行股份有限公司北京崇文支行境内网点一览表

表20—7

序号	名称	地址
1	体育馆路支行	体育馆路甲11号
2	崇文门外大街支行	崇文门外大街90号
3	枣苑支行	东花市枣苑小区1号裙房
4	新世界支行	东打磨厂街2号
5	大都市支行	珠市口东大街4号
6	夕照寺支行	光明中街66号
7	广渠门支行	东花市南里东区15号楼
8	天坛东路支行	天坛东路74号
9	百荣世贸支行	永定门外大街101号
10	龙潭支行	左安门内大街110号
11	琉璃井支行	安乐林路甲69号
12	永定门分理处	永定门外大街86号

中国农业银行股份有限公司北京崇文支行（简称农行崇文支行） 1993年，为中国农业银行北京市崇文区支行，有职工161人，下辖分理处4个。年末储蓄存款余额7 565万元。2001年，被评为中国农业银行“百强”支行和“崇文区30强企业”。2009年，改制为中国农业银行股份有限公司北京崇文支行。当年，有在岗职工263人，下辖营业网点12个，其中在区境内有5个。年末人民币、外币各项存款余额较年初增长73.19亿元。其中，储蓄存款较年初增长10.64亿元，对公存款较年初增长62.55亿元。

图20—4　2004年，中国农业银行崇文支行领导为新网点揭牌

2009年中国农业银行股份有限公司北京崇文支行境内网点一览表

表20—8

序号	名称	地址
1	崇文支行营业部	珠市口东大街1号
2	龙潭支行	光明路13号
3	崇文门支行	崇文门外大街18号
4	前门分理处	前门大街114号
5	富贵园分理处	东花市南里3区底商裙房

中国银行股份有限公司北京崇文支行（简称中行崇文支行） 1993 年，为中国银行北京市崇文区支行，有职工 147 人，下辖分理处 2 个、储蓄所 7 个，其中区境内有 3 个。年末储蓄存款余额 4.65 亿元人民币、1.58 亿美元。2005 年，改制为中国银行股份有限公司北京崇文支行。2009 年，有正式职工 426 人，下辖 19 个营业网点，其中区境内有 6 个。至当年底，人民币存款余额较年初增长 61.29%。

2009年中国银行股份有限公司北京崇文支行境内网点一览表

表20—9

序号	名称	地址
1	崇文支行营业部	天坛路55号
2	龙潭湖支行	龙潭路乙3号
3	崇外大街支行	崇文门外大街44号
4	东花市支行	东花市大街98号
5	前门大街支行	前门大街91号
6	西花市支行	崇文门外大街国瑞城

第二节　保　险

1994 年，区境内只有 1 家保险公司——中国人民保险公司北京市崇文区公司。以后随着保险事业的发展，保险机构不断增多。至 2010 年 6 月，区境内有各种保险机构 24 家。其中财产保险类机构 8 家、人寿类保险机构 4 家、保险代理类机构 7 家、专业责任类保险机构 1 家、其他（经纪、公估、健康）类保险机构 4 家。其中规模较大的保险公司有：

长安责任保险股份有限公司 2007 年 9 月 29 日经中国保险监督管理委员会批准开业。2008 年 1 月正式经营保险业务。是全国第一家专业责任保险公司，在全国设立北京、江苏、福建、浙江、湖南、山东、湖北、上海、宁波、厦门、青岛 11 家分公司，有地市级三级机构 54 家、区县级四级机构 106 家。公司总资产为 42.13 亿元。自开业以来，公司累计实现保费收入 67.62 亿元，为社会承担风险金额 17 816 亿元。

中国人民财产保险股份有限公司北京崇文支公司 1997 年成立。2003 年改制为股份有限公司。主要经营企事业单位财产保险、家庭财产保险、机动车辆保险、建筑工程及安装工程保险、货物运输保险及各种责任保险。2009 年实现保费收入 2.46 亿元，比 2008 年增长 26.54%。

中华联合财产保险股份有限公司北京市崇文支公司 2003 年成立，隶属中华联合财产保险股份有限公司，是全国首家以“中华”冠名的全国性保险公司。2007 年改制为股份有限公司。主要经营企业保险、机动车辆保险、责任保险、货物运输保险、信用保险、农业保险、医疗保险、各种短期人身保险等业务及上述业务的再保险。2009 年实现保费收入 3 500 万元。

2010年6月崇文区境内保险机构一览表

表20-10

名称	成立时间	地址
中保财产股份公司北京崇文支公司	1997	左安门内大街5号
新华人寿保险北京崇文支公司	1999	崇外大街新怡家园甲3号楼
中国人寿保险股份公司北京分公司沙子口营销服务部	2003	沙子口路76号富莱茵花园
北京中体保险经纪有限公司	2003	天坛路50号
北京君恒保险公估有限公司	2004	东花市北里东区1号
平量行保险公估（上海）有限公司北京分公司	2004	光明路13号
北京双诚保险代理有限公司	2004	忠实里南街6号楼3单元
中国大地财险股份公司北京分公司第一营销服务部	2004	广渠门南小街3号楼
中国平安财险股份公司北京崇文支公司	2006	白桥大街22号
安邦财险股份公司北京崇文支公司	2006	珠市口东大街5号
北京泛联保险代理公司鹏辉分公司	2006	龙潭路3号
中国人民健康保险股份公司北京分公司崇文营业部	2006	天坛东路74号
中华联合财险股份公司北京崇文支公司	2007	夕照寺中街4号
中国人寿北京分公司广渠门内营销服务部	2007	广渠门内大街80号
长安责任保险股份有限公司	2007	安化北里1号长保大厦
安诚财险股份公司北京分公司	2007	白桥大街22号
北京胜易保险代理有限公司	2007	永定门东街中里9—17号
阳光人寿保险股份公司北京崇文门营销服务部	2008	新世界中心北办公楼
中国人寿财险股份公司北京崇文支公司	2008	天坛东路74号
中国人民财险股份公司北京市花市营销服务部	2008	东花市南里东区3号楼
北京润康保险代理公司崇文分公司	2009	东大地街1号9号楼
北京赛保通保险代理有限公司	2009	幸福大街甲39号
天圆地方（北京）保险代理有限公司	2010.5	珠市口东大街4号
北京众联汇华保险代理有限公司	2010.6	夕照寺街14号楼

第三节　典当　证券

典当　1996年，华夏典当行进入崇文区，推出汽车、股票质押贷款业务，在全国最早获得银行资金支持。2004年，为北京典当行业协会会长单位。2008年，区境内设立的典当企业共12家，其中已营业的有8家，综合经营动产、房地产、财产权利业务。8家企业全年实现典当总额1.75亿元，占全市典当总额的11%。其中，动产、房地产典当规模分别为0.87亿元和0.86亿元，上缴税款298.90万元，实现利润473万元。2009年，区12家典当企业实现典当总额13.78亿元。业务范围涵盖房地产、汽车、民品、证券、财产权利，原材料、产成品、土地、房产、数码产品、黄铂金、珠宝、古玩字画、乐器、汽车等实物财产，有价证券、国债、股份、收益权等金融财产，以及著作权、专利权等知识产权。

证券　2010年6月，区境内有中国信达、平安、招商、华泰、中国银河和长江证券有限公司等6个公司下属的营业部。

2010年6月崇文区境内证券机构一览表

表20—11

名称	成立时间	地址
中国信达信托投资公司前门证券交易门市部	1993	前门东大街18号
平安证券有限责任公司北京东花市证券营业部	2000	东花市北里西区23号
招商证券股份有限责任公司北京光明路证券营业部	2006	光明路11号天玉大厦
华泰证券股份有限责任公司北京广渠门内大街证券营业部	2006	广渠门内大街43号
中国银河证券股份有限责任公司北京广渠门内大街证券营业部	2007	广渠门内大街27号
长江证券股份有限公司北京广渠门内大街证券营业部	2010.2	广渠门内大街80号

第二十一编　教　育

1993 年，全区有幼儿园 52 所，小学 56 所、中学 31 所（含职业高中、中专校 10 所），师范学校 1 所，另有校外教育单位 4 个及校外活动站 18 个，成人教育的直属校和企业办校 17 所，社会力量办学 88 所。1994 年，全区有幼儿园 61 所，小学 55 所、中学 31 所、职业中学 7 所，成人中等教育学校 4 所（含中等专业教育学校 1 所），成人高等教育学校 2 所，校外教育单位 4 个，社会力量办学 110 所。

1994 年至 2010 年 6 月，崇文区贯彻党的教育方针和义务教育法，深化改革，实施由应试教育向素质教育的转变，全区涌现一批有特色教育的学校。1995 年，北京市广渠门中学在全国率先创办了“宏志班”；自 1996 年起，光明小学开展的“我能行”教育、北京第一师范附属小学（简称一师附小）深化“快乐教育”等，均被国家教委（教育部）向全国推广。全区还多次调整学校布局，整合教育资源，至 2007 年，合并撤销中小学 47 所，新建 16 所。2008 年，区义务教育均衡发展程度居市城 8 区之首。17 年间，九年义务教育及高中教育质量不断提高，小学入学率、毕业率和初中入学率均近 100%，中考平均录取率 96%，高考平均录取率 83.14%。北京汇文等 5 所中学先后被市教委批准为北京市示范性普通高中，多所学校被命名为市级绿色学校、校园环境和文明礼仪示范校。崇文区被评为全国特殊教育先进区。

1994 年至 2000 年，区幼教工作先后贯彻国家教委（教育部）颁布的《幼儿园工作规程》和《幼儿园教育指导纲要》等规定，抓科研，促教改，提高幼教质量。1996 年，崇文区被评为全国幼儿教育先进区。至 2009 年，北京市第五幼儿园（简称市五幼）等 5 所幼儿园先后被市教委批准为北京市示范幼儿园。

1994 年至 2010 年 6 月，职业教育和成人高等教育注重学生综合能力和整体素质的提高，培养复合型人才。2000 年，北京现代职业学校被教育部批准为国家级重点中等职业学校。成人高等教育填补崇文区成人高校没有本科的空白。职工教育和社区教育实施北京市成人教育培训工程，形成中高层次紧缺人才、转岗人员和市民素质提高 3 个培训网络。

2010 年 6 月，全区有幼儿园 16 所，小学 22 所、中学 14 所、职业中学 2 所（不含体育专业的第一一五中学），成人教育学校 2 所（含中等专业教育学校 1 所）及市委党校 2 个分院，校外教育单位 4 个，其他教育事业单位 10 个，社会力量办学 43 所。基本形成中、小、幼衔接，职教、普教、成教融通，示范校、精品校、特色校并存的教育格局。同时，区教育经费增长幅度实现高于财政经常性收入增长幅度。教育系统占地面积由 1994 年的 51 万平方米增至 55.54 万平方米。

第一章　学前教育

第一节　幼儿园所

图21－1　1995年，区回民幼儿园迁入新址，该园大班的孩子们

设置　1994年，全区有幼儿园（所）61所，收托幼儿8 236人，有教职工1 725人。其中教育部门办园9所、街道办园12所、其他部门办园40所。1996年至2009年先后经过8次调整，至2010年6月，全区有幼儿园（所）16所，收托幼儿4 721人，有教职工683人。其中，教育部门办园12所、教学班111个，有幼儿3 463人、教职工622人；街道、单位办园各2所。

2010年6月崇文区教育部门办幼儿园（所）统计表

表21－1

名称	创办年份	地址	班级（个）	幼儿（人）	教职工（人）	建筑面积（平方米）
市五幼	1954	夕照寺街3号	15	567	110	7 040
前门幼儿园	1956	东花市北里西区9号	12	377	67	3 017
大地幼儿园	1996					
区第二幼儿园	1958	安化北里64号	4	265	55	3 881
		广渠门内大街31号	10			
区第三幼儿园	1959	幸福北里甲12号	15	502	75	3 216
光明幼儿园	1961	光明楼甲25号	13	430	82	4 500
安乐幼儿园	1974	永定门外杨家园路10号	10	280	45	1 837
永定门幼儿园	1978	永定门外车站路12号	4	108	24	1 085
永东幼儿园	1979	永定门东街中里23号	6	191	32	791
崇文托儿所	1980	法华南里甲14号	7	211	36	905
回民幼儿园	1982	东花市北里东区12楼	9	320	52	1 473
第五幼儿园分园	1998	法华南里33楼	6	212	44	2 022

选介　北京市第五幼儿园　区境内第一所寄宿制幼儿园和北京市一级一类幼儿园。自1994年起，该园提出“以人为本、全面育人、研究立园、持续发展”的办学思想，构建研究型幼儿园。先后参加多个国家级重点科研实验和研究。1996年，承担国家教委贯彻规程教育改革实验，以“为每个孩子的幸福人生奠基”为目标，探索建立以幼儿发展目标为核心的新课程体系；创设促进幼儿主动活动的教育环境；建立以促进幼儿全面发展为目的的观察、评估制度等。至2003年，被评为市基础教育科学研究先进幼儿园，并成为教育部中法合作项目“做中学”幼儿科学教育实验基地。2004年至2010年6月，开发研究园本探究式科学教育课程，建构以“学”为中心、以教师引领为支架、以探究为特征、以亲历体验为关键、以幼儿主动发展为核心的探究式教育科学课程体系。

崇文区第二幼儿园　1994年以来，该园坚持科研兴园，开展幼儿园科学教育和活动实验，以科学活动为切入点，让幼儿在科学游戏中成长。2000年，成为中央电视台、北京电视台少儿节目合作单位。2001年，教学管理理念由以教师为中心向以儿童为中心转变，开展“做中学”科学教育研究，教师参与编写《幼儿园目标与活动课程》《幼小衔接实践中的探索与反思》等书。2004年12月，该园建立北京市首家幼儿科技馆。2006年9月，承办市教委主办的走进社区——大型亲子游园会。先后与法国伊西市哥伦比耶小学幼儿园、北京法国国际学校幼儿园结成友好幼儿园。

崇文区第三幼儿园　1994年以来，该园以“爱心教育、精心育人、人人是主角、个个得发展”为办园宗旨，构建尊重教育、生命教育、文化教育、多元化教育等园本课程。幼儿在自主生活中做事，在自然环境中探索，在交往活动中做人，在实践中学习。该园逐渐形成尊重、多元、开放、生活化的教育特色。2001年，该园成为市教育学会陈鹤琴教育思想研究会实验基地，被评为市基础教育科学研究先进幼儿园。2009年，该园被评为中国可持续发展教育项目第二批示范园。

崇文区光明幼儿园　自1994年起，该园重视德育工作和幼儿园、家庭、社区三结合教育，每年举办儿童艺术节、亲子采摘、远足踏青、亲子运动会等活动，寓教于乐。1997年，被市教委确定为贯彻规程试点园。至2001年，先后参与北京师范大学（简称北师大）幼儿自主游戏的研究、市“八五”重点课题——《开发右脑，发展形象思维的教学实验》和“九五”课题《建立和谐的师生关系》的研究。2002年，开办亲子班，在园内建成宝宝亲子乐园，为全市首家娃娃快乐农庄，为幼儿创造与自然接触的机会，拓展生活空间。2003年，成为中国科学院全国教育科学“十五”规划重点课题科研实验点。2010年上半年，参与编写《快乐亲子园实用教材》。

育翔幼儿园　隶属于北京军区空军司令部，系空军蓝天幼儿艺术团的主要组成园所之一。教学业务归区教委管辖。1994年以来，该园将艺术教育作为办园特色，实现“三个一”的艺术教育目标，即给孩子一双发现美的眼睛、一双创造美的双手和一颗热爱美的心灵。2001年至2010年6月，先后承担国家级、市级及全军多项课题，该园《让艺术欣赏走进幼儿生活的实践研究》获中国学前教育研究会“十一五”研究课题一等奖。幼儿艺术团曾多次参加全国双拥晚会、中央电视台春节联欢晚会等演出。2010年上半年，被评为全军示范园。

第二节　教　学

内容与活动　1994年至2001年，全区幼儿园探索促进幼儿主动发展的课程模式，开展“走进童心世界——了解、理解、尊重儿童”活动。教师把对幼儿的爱心体现在爱的行为上，开展促进教师教育观念向教育行为的转变。幼儿园以游戏为主要手段，实施幼儿素质教育；以体育活动

图21－2　2007年，区第三幼儿园开展攀爬活动

为切入口，促进幼儿整体素质提高等。自 2002 年起，幼儿园开展“做中学”活动，即以幼儿为学习主体，引导幼儿在与环境、教师、同伴的互动中主动探究，在学习、生活中促进身心发展。2007 年，开展“一园一品”的特色办园活动。市五幼的科研强园，区第二幼儿园的科研兴园，区第三幼儿园引导幼儿在实践过程中的学习教育，光明幼儿园的宝宝亲子乐园、娃娃快乐农庄，育翔幼儿园的艺术特色等，成为办园有特色的区级示范园。2008 年至 2010 年 6 月，针对幼儿户外活动较为薄弱问题，幼儿园加强阳光体育活动。

教学管理　1994 年至 2000 年，区教委贯彻国家教委颁布的《幼儿园工作规程》（简称《规程》），以市五幼、区第二幼儿园、光明幼儿园、回民幼儿园为试点，推动落实园长资格审查与考核管理制度和《崇文教育——幼儿园管理专辑》等，开展幼儿园目标体系与活动设计等活动，初步建立一套较为完整的课程体系。区教委、幼儿教育研究中心，分别召开贯彻《规程》现场会，举办学术交流等活动，推广试点经验。2001 年，市五幼被市教委批准为北京市示范幼儿园。

自 2002 年起，区幼教系统贯彻教育部颁布的《幼儿园教育指导纲要》，开展以“在专业发展中实现自我价值”为主题的师德教育演讲、骨干教师半日活动展示、“做中学”课堂研究等活动。2007 年，开展塑造精品市级示范园，办有特色的区级示范园和一级一类幼儿园等活动。区属 12 所幼儿园中，8 所达一级一类园，4 所为市级示范园。2008 年，成立园本（幼儿园自编教材）教研共同体，开展幼儿园快乐与发展课程培训，提高教师日常教学实效性。2009 年，市级示范园增至 5 所，即市五幼、区第二幼儿园、第三幼儿园、光明幼儿园、育翔幼儿园。

早期教育示范基地建设　2002 年至 2009 年，部分幼儿园开展儿童早期教育示范基地建设（简称早教基地），创办《亲子专刊》，发给亲子班和社区散居的儿童家长，传播科学育儿理念和方法；开通咨询热线电话与网上答疑，并围绕探索提高家长科学育儿水平的途径与模式开展课题研究；开设亲子班；举办幼儿教育流动活动站，让社区散居儿童及家长享受免费教育辅导。光明幼儿园、市五幼分园、安乐幼儿园、区第三幼儿园、市委机关幼儿园、区第二幼儿园和大地实验幼儿园相继成为北京市社区儿童早教示范基地。2010 年 6 月，区教委召开现场会，交流、推广幼儿园和社区合力开展早期教育服务的经验；编印早教亲子游戏手册，刻录光盘在社区发放。部分早教基地还举办面向社区的早教公益活动。

第二章　小学教育

第一节　学　校

设置　1994 年，全区有小学 55 所、教学班 980 个，有在校生 41 947 人、教职工 3 277 人。至 2010 年 6 月，区教育系统落实区域教育资源全面优化行动计划，多次调整教育结构，撤销或合并一些规模小、地处胡同内的破旧平房学校，涉及 62 所次，撤销 31 所，小学减至 22 所，教学班减至 460 个，有在校学生 14 525 人、教职工 1 515 人。

选介　一师附小　20 世纪 80 年代中期，学校开始探索减轻学生负担、全面提高教育质量的途径；至 20 世纪 90 年代，初步形成快乐教育办学特色。其核心是改革课堂教学，设法提高师生教与学的主动性，以正确的教育思想唤起学生爱学、乐学的浓厚兴趣，在启动学生学习的原动力上下功夫。快乐教育得到中央教育科学研究所等单位的肯定。1991 年，国家教委主任李铁映为学校题词："快乐教育"。1994 年，该校总结出微笑教学法、快乐作业法等 15 种教学方法。至 1995 年，该校连续在第三至第六届全国愉快教育研讨会上作专题发言。1997 年，国家教委发信肯定该校实施快乐教育取得的成绩。1998 年，该校校长在太平洋地区基础教育研讨会上介绍快乐教育经验。2000 年，该校建立快乐教育教学体系，并被国家教委列为全国素质教育实验成功模式向全国推广。2001 年，该校提出"整体"是办学的基础，"乐学"是办学的特色，"创新"是办学的灵魂，"发展"是办学的目标。2002 年 5 月，《快乐教育的学习方式研究》被立项为市教育科学"十五"规划课题。2003 年，该校提出"乐教、善教、增强教育"的实效性。2004 年，提出"以研促教、以学促教、以学促学"学科学习方式和评价思想，得到专家肯定。2005 年 12 月，全国快乐教育研讨会在该校召开。中国教育学会副会长陶西平肯定该校快乐教育："始终有自己学校的特色，从而形成自己学校的卓越领域，给整个教育带来活力。"2010 年 6 月，快乐教育理念升华为更多关注学生实际需求，倡导人性化的全人教育。该校快乐教育实践成果，被中央电视台、《现代教育报》等多家媒体报道。

崇文区光明小学　自 1993 年起，该校一年级不再进行期末考试，采用"乐学乐考"方法让每个学生都能在考试中体验到成功的快乐。1996 年，学校提出让每一个学生都能健康成长，每一个孩子都说"我能行"。其宗旨是让每一名学生都有获得成功的体验，自信、自尊、自爱、自强，满怀信心地迎接明天。1997 年 12 月，该校成为北京师范大学教育实践基地。1999 年 5 月，国家教育部总督学柳斌指出，"我能行"教育是对素质教育很好、很有效的探索，是在新的教育思想、教育观念指导下的教改实践，具有鲜明的时代特征，是素质教育的一种模式。2004 年，该模式被国家教委列为全国素质教育实验成功模式向全国推广。至 2010 年 6 月，"我能行"教育推出多项改革。其中学生 10 项权利、10 项责任、10 项实践活动、10 项奖励形式、10 项良好习惯道德体验活动被全市首届教育大会收入经验集，"我能行"教育在大会上作为基础教育唯一材料交流，并被教育部做成专题片，列为全国百所素质教育示范校展播之一。

规范化建设工程　2007 年 11 月，区教育系统启动小学规范化建设工程。该工程目标是整体提升小学办学水平和教育质量，促进学校均衡发展。至2009年，光明小学、景泰小学、板厂小学被确定为北京市小学规范化建设项目学校。区教委推广景泰小学等9所小学办学特色经验。各小学制订办学特色三年推进计划，市、区教委拨款1 101.90万元，为10所小学配备计算机、教学仪器等设备，并修缮校舍。2010年3月，区教委制订小学办学特色考核评价指标体系，建立天坛东里和体育馆路两所小学样本校。

图21-3　2005年，板厂小学教学楼和运动场

1994—2009年崇文区小学布局调整情况一览表

表21-2

年份	调整涉及学校	调整后校名	调整后校址所在校（地）	撤销学校
1994	东花市第二小学 白桥大街小学 下三条小学	花市小学	迁入虎背口小区新校址	东花市第二小学 白桥大街小学 下三条小学
	永定门东街小学 天坛南里小学	天坛南里小学	天坛南里小学	永定门东街小学
1995	大石桥小学 瑛子胡同小学	瑛子胡同小学	瑛子胡同小学	大石桥小学
	营房宽街小学 法华寺街小学	法华寺街小学	法华寺街小学	营房宽街小学
1996	同乐小学 打磨厂小学	前门小学	两址办学	同乐小学 打磨厂小学
1997	东唐小学 赞东小学	红桥小学	赞东小学	东唐小学 赞东小学
	瑛子胡同小学 手帕胡同小学	刚毅小学	手帕胡同小学	瑛子胡同小学 手帕胡同小学
1998	草厂九条小学 翟家口小学 长巷四条小学	翟家口小学 长巷四条小学	翟家口小学 长巷四条小学	草厂九条小学
	东晓市小学 锦绣街小学 西园子小学 清华街小学	锦绣街小学 西园子小学 清华街小学	锦绣街小学 西园子小学 清华街小学	东晓市小学
1999	上头条小学 上三条小学	上三条小学	两址办学	上头条小学
	东八角小学 河泊厂小学	河泊厂小学	河泊厂小学	东八角小学
	育锋小学 培新小学	培新小学	培新小学	育锋小学

续表

年份	调整涉及学校	调整后校名	调整后校址所在校（地）	撤销学校
2000	清华街小学 西园子小学	金台小学	西园子小学	清华街小学 西园子小学
	龙潭路小学 体育馆路小学	体育馆路小学	体育馆路小学	龙潭路小学
	上堂子小学 天龙东里小学	天龙东里小学	天龙东里小学	上堂子小学
	茶食小学 翟家口小学	翟家口小学	翟家口小学	茶食小学
2002	河泊厂小学 翟家口小学	翟家口小学	翟家口小学	河泊厂小学
	刚毅小学 天龙东里小学 回民小学	天龙东里小学 回民小学	天龙东里小学 回民小学	刚毅小学
2003	向新小学 体育馆路小学	体育馆路小学	体育馆路小学	向新小学
	紫竹林小学 天坛南里小学 精忠街小学	天坛南里小学 精忠街小学	天坛南里小学 精忠街小学	紫竹林小学
2004	桃杨路小学 一师附小	第一师范附属小学	第一师范附属小学 （简称一师附小）	桃杨路小学
	上三条小学 天龙东里小学	新景小学	迁入新景家园小区新校址	上三条小学 天龙东里小学
	永建里小学 革新里小学	革新里小学	革新里小学	永建里小学 （保留建制）
2005—2006	翟家口小学 新景小学	新景小学	新景小学	翟家口小学
	长巷四条小学 冰窖厂小学 前门小学	前门小学	前门小学	长巷四条小学 冰窖厂小学
	广渠门小学 忠实里小学	忠实里小学	忠实里小学	广渠门小学 （保留建制）
2009	红桥小学 永生小学	永生小学	永生小学	红桥小学 （保留建制）
	法华寺街小学 体育馆路小学	体育馆路小学	迁入法华南里21号原实验中学	法华寺街小学 （保留建制）

2010年6月崇文区小学统计表

表21—3

名称	创办年份	地址	班级（个）	学生（人）	教职工（人）	建筑面积（平方米）
回民小学	1909	东花市大街99号	15	390	53	5 185

续表

名称	创办年份	地址	班级（个）	学生（人）	教职工（人）	建筑面积（平方米）
革新里小学	1945	永定门外管村5号	23	760	81	5 800
永生小学	1946	永生巷6号旁门	13	291	55	1 930
板厂小学	1947	板厂南里7号	28	1 075	76	3 396
精忠街小学	1948	精忠街11号	12	242	46	3 748
培新小学	1952	幸福大街幸福巷4号	37	1 298	98	7 837
体育馆路小学	1952	法华南里21号	25	836	87	5 064
一师附小	1957	永定门外安乐林路17号	40	1 407	129	7 130
宝华里小学	1957	永定门外沙子口路63号	24	832	64	2 221
景泰小学	1958	永定门外杨家园路10号	27	1 029	80	4 148
定安里小学	1958	定安里26号	15	518	56	3 838
光明小学	1960	光明路甲12号（南院） 幸福大街福光路5号（北院寄宿部） 丰台区和义东里4区16号（城南分校）	51	1 847	162	10 222
崇文小学	1960	花市枣苑12号	27	1 007	81	14 351
天坛南里小学	1968	天坛南里西区16号	12	273	49	3 504
忠实里小学	1969	广渠门外忠实里南街乙58号	11	254	42	2 305
天坛东里小学	1975	天坛东里内8号	12	377	43	2 769
培智中心学校	1987	体育馆西路33号	9	91	29	2 480
花市小学	1994	东花市北里西区1号楼	12	290	37	6 137
前门小学	1996	西河沿甲211号（寄宿部）	31（含新怡）	807（含新怡）	117（含新怡）	5 494
金台小学	2000	东晓市街203号	12	275	41	1 990
新景小学	2005	新景家园小区	24	626	89	6 960
新怡小学	2008	新怡家园9号（前门小学走读部）				4 745

第二节 教 学

课程教材 1994年至2000年，全区小学一至二年级执行调整后的市教育局九年义务教育“六三”学制（小学六年、中学三年）全日制小学课程，三至六年级执行调整后的市全日制六年制小学现行教学计划。6所小学使用马芯兰实验教材，其他小学参加九年义务教育实验教材实验工作。2001 年至 2004 年，小学一年级和部分年级起始学科进行市二十一世纪基础教育课程教材改革实验。2004 年至 2010 年 6 月，全区小学阶段执行市义务教育阶段九年一贯整体设置课程，并参与国家义务教育课程改革实验。

1994 年，继宝华里小学开创“爱国主义教育”、一师附小开创“快乐教育”校本课程后，全区各小学先后开发校本课程。1996 年光明小学开展“我能行”教育,2003 年天坛东里小学开发“书法育人”。至 2010 年 6 月，陆续出现回民小学“藏头诗”、金台小学“巧手文化”、培智中心学校“社区融合教育”、景泰小学“快乐英语人人唱”等校本课程。崇文区连续被评为市级基础教育课程改革实验先进区，光明小学等 13 所学校被评为市级先进单位，49 名教师被评为先进个人。

自 1995 年起，全区小学探讨活动课程。1999 年成立小学活动课中心，开设科技、劳动技能、艺术等 26 项活动课程。至 2010 年 6 月，该中心接待学生 30 余万人次。光明小学等 7 所小学被命名为市活动课实验基地。

教学管理与改革　1994 年至 1995 年，全区各小学贯彻区素质教育工程实施方案和小学生素质基本要求，构建小学素质教育评价体系，用小学生质量综合评价手册取代传统的计分册，推进学校全面育人。

图21—4　2004年，区光明小学在开展科学教育活动

1996 年，各小学把学生质量综合评价成果引入“三好生”评定，并试行作业评价标准。1997 年至 1998 年，学校加强写字教学和书法教育活动，98%以上学生做到卷面清楚、作业工整。区教委成立质量监控研究小组，制订和实施《崇文区关于加强小学教学质量监控的意见》《崇文区小学教学管理制度汇编》，抓教学管理和学习方式等课题研究，开展以语文和自然学科为重点的课堂教学改革，实现以教师为主体向以学生为主体的转变。至 2004 年，全区涌现出金台小学、革新里小学“研究性学习”，翟家口小学、天坛南里小学、忠实里小学“合作学习”，永生小学“小班化教育”，花市小学“个性化学习”等有创意的学习方式。同时，建立区、校、教研组和教师 4 级教学质量监控体系，形成课堂教学、教师、学生、社会和家长评价的质量监控机制。光明小学开展的学生、教师、课堂教学评价的做法，被市教委推广。自 2005 年起，学校实行课堂教学质量年度报告制度，以学生作业质量、学习适应性情况、课堂教学质量、教师发展质量为主体，每年向社会公布学校学业质量情况，并组织开展课程改革校园展示系列活动。2008 年，全区推广光明小学、一师附小、板厂小学典型经验；对景泰小学等 8 所学校进行学习适应性测量；开展新课程下课堂教学及其评价标准培训，召开 4 次小学课堂教学实效性研讨会。学校从落实素质教育是减负的基础、教师上好课是减负的关键、改善教育环境是减负的出路 3 个方面，强化教学管理，提高课堂效率，减轻学业负担。区教委在市课程改革大会上介绍小学课程改革经验。至 2010 年 6 月，各小学建立教学质量分析制度，完善教学质量监控机制，构建和谐高效课堂等措施，实行分层教学、分层留作业，减轻学生过重负担。

第三节 德 育

中华传统文化教育 1994 年至 1996 年，各小学相继开展走向社会，与叔叔阿姨一起升国旗、孝敬父母、礼貌待人、“中国精神”读书征文和读《中华正气》等活动。自 1997 年起，各小学通过班队会、征文、演讲比赛等形式，组织学生参加香港、澳门回归和中华人民共和国成立庆典等活动，进行爱国主义教育。2003 年至 2004 年，学校通过开展主题为“弘扬民族精神　做文明崇文人”的民族知识竞赛、征集文明导行语、创编演文明童谣和校园文明小品剧等，增强小学生民族团结意识。同时，区教委组织编写图文并茂的小学地方教材《我爱崇文》（1 册至 6 册）。2008 年，回民小学被评为市民族团结教育示范学校。2009 年，光明小学、宝华里小学在北京百校爱国主义教育成果展暨现场观摩活动中展示教育成果。2010 年 5 月，区教委向全区小学发出“古诗文经典诵读”倡议，各小学自编《中国文化儿童经典诵读》校本教材，开展古诗文经典诵读观摩展示活动；6 月，区教委与中华民族艺术珍品馆共同开展小学小巧手技能大赛活动，获奖作品在珍品馆展出。

安全教育 1994 年，区少年义务消防团成立。1998 年，各小学在继续实行小黄帽路队制基础上，启动中小学生带交通安全教育卡试点工作，带卡率达 90.20%。2001 年，安全教育列为小学德育工作常态化内容。2003 年至 2004 年，区教委、交通支队、中国教育电视台“一路平安”摄制组在区联合制作全市首部面向中小学生交通安全宣传的 3 集《心系未来》专题片。2005 年，区教育系统举办安全文化节，开展创建交通安全示范校等活动。2006 年 3 月，教育部、公安部等单位在崇文小学举行全国中小学生安全教育日主题活动，崇文区发出《全国中小学生安全教育日倡议书》。2007 年至 2009 年，全区中小学校组织开展历时 3 年的平安校园创建工程，达标率 100%。8 所学校获首都平安示范校园称号。至 2010 年 6 月，区教育系统连续举办 6 届安全文化节，崇文区连续 5 年被市教委（教育局）评为小黄帽路队制先进区，宝华里小学、一师附小等 23 所学校被评为市小黄帽路队制先进学校。

养成教育 1995 年，各小学以行鞠躬礼、双手接递物为突破口，对学生进行礼貌待人、文明守纪等礼仪常规的养成教育。1998 年，区教委把《小学生守则》《小学生日常行为规范》《小学生礼仪常规》融为一体，制订《小学养成教育实施细则》（简称细则），分年龄段提出德育工作目标。1999 年，结合学生年龄特点，将德育任务、目标融于养成教育中，概括为热爱祖国、热爱劳动、勤奋学习、遵纪守法、孝敬父母、礼貌待人、环境保护、心理健康 8 个方面，增强德育工作的针对性。1999 年 4 月，崇文小学“手拉手地球村”全体成员发出《致市长的一封信》，提出环境保护建议。2000 年，各小学强调“从认知入手——明理，从情感入手——导行，从结果入手——实效”3 原则，落实细则。自 2003 年起，各小学实施《崇文区小学生习惯培养目标》。开展“文明伴我行，习惯促成长”“文明礼仪教育”主题教育活动，翟

图21–5　2005年，回民小学开展“牢记历史　缅怀先烈　传承文明　开创未来”主题教育活动

家口小学、宝华里小学、永生小学和回民小学等4校分别从做人、学习、做事习惯等方面创出经验。2006年至2010年6月,全区开展评选小学百名学习习惯和礼仪标兵活动,开展"好习惯成就大梦想"演讲等活动。

心理健康教育 自1997年起,全区小学进行心理健康教育。至1999年,区教委成立小学心理健康教育中心和指导小组,编写《义务教育阶段小学心理健康自主读本》《小学生心理素质自助读本》,组织3场教育咨询活动,使家长了解孩子的心理特点,调整和改进教子方法。

2000年,50%以上小学开通心理健康教育热线电话,19所学校建立悄悄话信箱。2001年,小学尝试开展以班级为主体的团体心理辅导模式研究。2004年5月,区教委、妇联、心理健康教育中心联合开展亲子心语互动活动,征集亲子心语互动信件3 616封,作为六一儿童节礼物送给小学生,中央电视台、《新京报》等多家媒体报道。至2004年年底,区教委制订区中小学心理健康教育实施纲要等。推广花市小学家长、学生互动式团体心理辅导经验。2006年,市教委两次组织全市18个区县有关人员走进崇文,听取和观摩区教委关于文明礼仪、心理健康教育经验及展示表演。至2008年,全区小学先后开展走进学生的内心世界案例评选活动,展示28所小学特需生工作档案和心理健康教育成果,并对个案进行研究交流。

第三章 中学教育

第一节 学 校

设置 1994年,全区有中学31所、教学班530个,有在校学生22 369人、教职工3 752人。1994年至2006年,随着发展南城教育以及城市居民对高质量教育的需求和教育均衡,教育系统采取强弱联合、办学体制改革等措施调整中学布局,涉及学校32所次,撤销16所。2010年6月,全区有中学14所、教学班425个,有在校学生15 976人、教职工2 163人。

选介 北京汇文中学 区境内唯一的全国示范校,是爱国重德的传统名校。1994年,该校成立北京汇文语言文化学校,有30余个国家和地区的学习者。2001年10月,该校举办建校130周年纪念活动。2006年6月,被全国教育科学"十五"规划国家教育部重点课题专家组评为百所德育科研名校。2008年,该校开设青海省黄南州高中班。2010年6月,制订《北京汇文中学阶段发展规划(2010—2013)》。

1994年至2010年6月,该校坚持"学校教育要主动适应社会发展和人的发展需要,必须为学生终身学习奠定坚实基础,为学生可持续发展创造良好条件"的办学指导思想。全校师生发扬"爱国重德,民主求实,尊师爱校,严谨治学,融会发展"的优良传统,形成"民主开放,融会发展"的办学特色。学生赵晓宁、陈愈蓉和杨颂分别获1995年、1996年、1999年市高考文科、理科、理科第一名。2004年,学生张博获第十九届全国青少年科技创新大赛高士其科普奖。学生杨奕、李思然分获2007年第七届、2008年第八届明天小小科学家称号。2008年3月,学生杨奕获北京青少年科技创新市长奖。

2001年至2007年8月,区政府先后拨款1.70亿元建成集学生宿舍、师生餐厅、国际教学部

图21－6　2008年5月16日，汇文中学高三（2）班杨奕同学（前排左5）赴美国参加因特尔国际科学与工程大奖赛，获三等奖

为一体的1.44万平方米学生公寓楼。校内建有室内篮球场、排球场和游泳池的综合体育馆，还建成400米标准跑道的运动场和足球场等。2006年，该校获北京市精神文明先进单位、北京市基础教育研究先进学校等称号。

北京市广渠门中学　1994年以来，学校坚持“以人为本，全面育人，办学有特色，实现学校可持续发展”的办学思想和“科研兴教、兴校”理念。学校承接了联合国教科文组织在亚太地区进行的创业素质教育试验项目，学校编写的《中学生创业能力的培养与训练》一书被选为全市高中选修课试用教材。2004年12月，该校与大兴区魏善庄中学合作，成立广渠门中学魏善庄分校。

1995年，区委、区政府支持该校校长李金海要办一个穷孩子的免费高中班的想法，在全国率先创办免费招收生活困难、品学兼优的学生高中班，有北京市正式户口、家庭人均收入在200元以下的54名应届初中毕业生入学。1995年9月1日开学，免收学生各种费用，每年每名学生享受学校提供1 520元助学金，每月有80元伙食补助。市委副书记李志坚给这个班起名为“宏志班”。1996年7月，民进中央主席雷洁琼到校看望该班学生并题写“宏志班”。1998年，“宏志班”确立班训：特别有礼貌，特别守纪律，特别能吃苦，特别能忍耐，特别有作为，特别有志气。1998年8月，首届“宏志班”参加高考的49名学生全部考上大学。自2002年起，“宏志班”每年招收2个班。至2007年，“宏志班”10届毕业生全部考入大学，其中85%考入全国重点大学。自2010年起，学校每年为每名宏志生提供各项补贴9 000元以上，品学兼优学生还可获得1 800元至3 800元“叔蘋奖学金”，考入重点大学的享受4 000元以上学子阳光助学金。至2010年6月，“宏志班”共招收16届1 044名学生，毕业804名、在读240名。“宏志班”成立之初，就得到社会各界的关爱和帮扶，累计收到社会捐款捐物约合2 000余万元。英国考德戴尔学院免费为第四届和第六届2名学生提供到该校留学一年的机会。“宏志班”师生受全国各大、中、小学邀请，外出做报告700余场，在社会上引起反响。全国几百家报纸杂志，几十家电台、电视台进行报道。

北京市第十一中学　1994年以来，学校坚持“以人为本，持续发展；优质教育，服务社会”的办学思想和“学习无限，发展无限”教育理念。2001年至2002年5月，以《学习化学校的理论与实验研究》课题的实施带动示范校整体建设，逐步形成以学习型组织理念为指导的办学特色。2004年10月，该校承担的实验校项目《学习化学校创建学习型家庭实践研究》被列为全国教育发展“十五”计划重点课题实验校。2009年7月，该校创办学术性刊物《志学》，总结学习型学校建设的理论与实践成果；10月，该校获北京市创建学习型学校先进单位。

北京市第五十中学　1994年以来，学校恪守“教育以育人为本，教育要服务于社会”的办学宗旨，坚持“全面发展，学有特长，人人合格，各个成材”办学目标，承传“诚于做人，恒于求知，笃于实践，益于社会”的校园精神作为师生健康发展的主线。至1997年，学校开设几十种学科及兴趣小组，上千人次参加社团活动和专题讲座，成立市中学生金帆艺术团舞美团、电声乐团、声乐小乐团，形成美育教育系列。至2003年，学校成立教科研室，开展对学生针对性教学与个性化发展研究，围绕“内强素质，外塑形象”办学思路，寓德育于各学科教学和校园生活之中。2004年，学校启动校园文化建设，设立无人监考考场和“思齐”奖学金，举办校园开放周等活动。

至 2010 年 6 月，学校提出“以抓好教育和教学质量，打造五十优质品牌，做好课程与文化建设，促进学校特色发展”的办学思路。学校推出 30 多种学科校本选修课程，以提高常态课课堂教学实效性为主要研究内容，探索提高教学质量和效果的途径。在近 60 年的发展历程中，学校凝炼成“教育理念务实，员工工作踏实，教师功底扎实，学生生活充实，教育成果殷实”的特点，形成人文精神与科学精神相融合的办学特色。

北京市第一零九中学　1994 年以来，学校坚持“全面贯彻党的教育方针，教育为人民服务，使学校成为师生共同发展家园”的办学思想,和“全员育人、全方位育人、全过程育人”的教育理念，开展美德教育，在弘扬中国传统文化中形成特色校园文化。2002 年，学校利用高中新课程改革的契机，加强对学生综合素质培养，开齐国家课程计划全部课程，校本选修课程 60 余门，开发校本教材 10 余种,进行美术特色与学科融合实践研究。2004 年,学校成立中学教育科学研究办公室，承担市级科研课题《将美育渗透学科教学全过程，促进师生共同成长的实践研究》，形成《讲我们自己的故事》《谈我们的学习体会》等研究成果。2005 年 5 月，该校初中地理《青藏地区》被列为市教科院落实新课标公开课。2005 年 6 月,该校列入北京市普通高中新课程方案科研实验校，承担选修课模拟实验工作。2008 年至 2009 年，该校与北京师范大学化学学院签署高中化学新课程教学合作项目，联合开展高端备课教学实践展示活动；与德国、英国等国家一些中学建立长期合作交流关系，每年外派学生进行长期交流或短期游学。

初中建设工程　2005 年 6 月，区 13 所有初中设置的中学启动初中建设工程。第一一四中学和第九十二中学（2006 年 4 月更名为第五十中学分校）为重点建设项目校。2006 年，各学校制订初中建设工程三年、五年发展规划及年度实施计划。至 2008 年，区教委与首都师范大学签署支持初中建设工程合作协议，派专家组指导学校改进和提高管理水平和教育质量，以第一一四中学和第五十中学分校为基地，将研究内容、领域和成果逐步辐射全区初中校。同时，市、区政府拨款 500 余万元改进学校硬件设施。全市义务教育均衡发展相关项目差异系统统计结果显示：崇文区义务教育均衡发展程度居市城 8 区之首。第五十中学分校、第一一四中学和崇文门中学获市初中建设工程先进集体荣誉，9 名教师获先进个人荣誉。

图21－7　2008年9月，天安门国旗护卫队旗手参加第一一四中学开学典礼升旗仪式

1995—2006年崇文区中学布局调整一览表

表21－4

年份	调整涉及学校	调整后校名与校址所在校（地）	撤销学校
1995	第二二五中学、广渠门中学	广渠门中学	第二二五中学
1996	前门中学、前门外国语学校	前门外国语学校	前门中学
1997	第二零九中学、文汇中学	文汇中学	第二零九中学
1998	永定门中学、第十一中学分校	第十一中学分校	永定门中学

续表

年份	调整涉及学校	调整后校名与校址所在校（地）	撤销学校
1999	第二零一中学、第四十九中学	第四十九中学	第二零一中学
	树人学校、第一一四中学	第一一四中学	树人学校
2000	第二一零中学、第一零九中学	第一零九中学	第二一零中学
2001	第四十九中学、第一零九中学	第一零九中学	第四十九中学
2002	第一一六中学、前门外国语学校	前门外国语学校	第一一六中学
2003	第一七八中学、第十一中学	第十一中学	第一七八中学
	第五十九中学、广渠门中学	广渠门中学	第五十九中学
2004	天坛中学、第五十中学	第五十中学	天坛中学
	第二二三中学、第九十六中学	第九十六中学	第二二三中学
2005	第九十中学、第九十二中学	第九十二中学	第九十中学
	实验中学、文汇中学	文汇中学	实验中学
2006	第九十二中学、第五十中学	第五十中学分校	第九十二中学

2010年6月崇文区中学统计表

表21-5

名称	创办年份	地址	班级（个）	学生（人）	教职工（人）	建筑面积（平方米）
北京汇文中学	1871	培新街6号	38	1 544	192	58 127
第十一中学	1950	东晓市街101号（东） 金鱼池西区1号（西）	47	1 807	221	39 743
第五十中学	1953	夕照寺街13号	51	2 040	238	27 632
广渠门中学	1954	白桥大街（西侧）甲1号	50	2 093	254	27 813
第五十中学分校	1957	安乐林路14号	30	965	175	6 592
第一零九中学	1958	幸福大街43号	52	1 896	332	30 263
第九十六中学	1958	崇文西小街3号 新世界家园甲5号（分校）	28	921	145	10 766 4 560 （分校）
前门外国语学校	1962	前门东大街甲14号	18	698	86	5 635
第一一四中学	1965	永外西革新里114号	18	492	96	7 792
崇文门中学	1968	东花市北里西区5号	23	769	116	8 509
龙潭中学	1969	板厂南里3号	22	836	118	7 826
第一一五中学	1987	天坛东里13号	2	48	8	
文汇中学	1997	广渠门外忠实里东区9号	28	1 157	110	13 959
第十一中学分校	1998	天坛南里14号	18	710	72	3 743

第二节　教　学

课程教材　自1994年起，全区中学执行市教育局调整后的全日制初级中学课程教学计划和教材，并开设带有学校特色的选修课和研究性学习课程。2002年，高中实施普通高中新课程计划。自2004年起，初中实施《北京市义务教育课程设置实验方案（试行）》课程计划教材，并执行市义务教育阶段九年一贯整体设置课程。2007年，高中使用普通高中课程改革实验教材。2008年，普通高中开设通用技术课程。

教学管理与改革　自1994年起，区教育局提出深化教育改革，转变教育观念，面向全体学生，不许限报限考；根子扎在课堂，功夫下在课外；加强教研，突破弱项，逐校分析指导教学工作。每年结合实际，确立中高考监控、评价、激励机制，提升质量，促进均衡，召开教学专题研讨会，提出教学改进和升学指导意见。1996年，区教育局采取组建10所初中校协作组和5所重点校校长联席会等措施，提高教学质量。1997年5月，崇文区成为北京市第一批推进实施素质教育联系区。1998年，区教委制订《崇文区推进素质教育实验方案》，主要包括取消留级制度、取消政治考试、英语毕业考试增加口语测试、初中毕业考试增加“能力型”题型的选择性、考试成绩与平时学习态度和学习成绩挂钩、不以一考定能否毕业等，并开始修订完善初中毕业年级质量评估指标体系，主要包括届巩固率、升学报考率、中考三率（及格率、优秀率、录取率）和课程开课率、特长生率、学生犯罪率等。1999年至2001年，区教委拟定13个学科《中学生主体性课堂教学评价方案》，各校探索主体参与型课堂教学模式。2003年至2004年，区教委开展区域性中小学衔接改革研究，组织中学校长走进小学听课，研究解决中小学衔接、教育断层和初一年级学生两极分化问题。2005年至2008年，区教委聘请市特级教师和经验丰富的老教师举办78场高考学科复习讲座，增强学生把握重点、掌握方法、提高效率的能力。

图21−8　2004年，北京市第十一中学金鱼池校区造型别致的历史教室

2007年至2009年，区教委制订《崇文区普通高中课程改革实验工作方案》等，组织高中校领导和教师参加课改培训，与市教科院基础教研中心联合举办高中语文选修课专题研究活动。北京汇文中学、广渠门中学、第五十中学分别开展市、区级语文、数学、地理、历史、美术课程改革教学研讨和课堂展示交流活动，提高高中教师适应新课程要求的能力和课堂教学实效。区教委举办学科研究课，探讨通用技术课程理论部分教学模式等问题，同时，探讨和总结高中课程改革，实施年级课程视导员制度，开展课堂教学实效性和学校课程特色建设研究。

至2010年6月的17年间，区教委开展专项视导23校次，下校调研98校次，召开教学质量分析研讨交流会39次，分析探讨提高教学质量和考试成绩的措施和办法。组织专业人员指导与监控学科教学情况，改变以考试成绩和升学率简单评定教学质量现象，变单纯统计考试成绩为监控教学全过程，促进教学由应试教育向素质教育转轨。北京汇文中学、北京市广渠门中学、第十一中学、第五十中学、第一零九中学被市教委先后批准为北京市示范性普通高中校。

第三节　德　育

时事政策教育　自1994年起，全区各中学组织学生参加市教委和《中学时事报》共同主办的中学生“瞭望杯”时事知识竞赛，对学生进行时事政策教育。至2006年，区教育系统连续7年获市“瞭望杯”时事知识竞赛区县团体总分奖第一名。76人获个人一等奖，37人获小灵通奖。2008年至2010年6月，区教育系统获市第二十七届“瞭望杯”时事知识竞赛城区组第二名和第二十八届、第二十九届团体总分第一名，54人获个人一等奖。

法制教育　自1995年起，各校加强法制教育，增强学生知法、守法意识，预防犯罪，重点加强对后进生的教育管理。1996年，各校建立工读生、后进生及有违法犯罪嫌疑学生档案。1999年，区教委与区法院等6个单位签订《关于办理未成年人违法犯罪案件建立相互配套工作体系的实施办法》，保证18岁以下未成年人违法犯罪后仍有继续回校学习机会。2000年，区教委聘请公安崇文分局、区检察院、法院、司法局等单位66名干部担任中小学法制校长，与区检察院联合编印《法制专刊》。各校设专职教导员负责学校法制教育和后进生教育管理。自2002年起，各校落实《后进生管理制度》《崇文区中学“问题学生”教育、管理指导意见》，学生犯罪率低于市1‰的指标。区教委与区检察院共同举办中学法制宣传教育巡回展，1.20万名学生观看伦理道德教育话剧《灵魂不能出租》，请海淀区法院“法官妈妈”尚秀云为中学生作《增强法制观念，规范道德行为》报告。2007年至2009年，区教育系统开展3届“我以守法为荣”主题教育周活动，组织学生观摩第十一中学模拟法庭、参观市禁毒教育基地等。2010年5月，区教委、团区委和区检察院以“检察官与孩子们”博客为平台，在中学开展“牵手博客小写手”主题活动。

德育管理　自1996年起，各中学落实《北京市中学德育整体化工作纲要》《崇文区中学实施德育整体化工作纲要意见》，制订实施方案。2000年，各中学建立德育处，区教委印发《德育工作手册》。2000年7月，第九十六中被评为全国德育先进单位。2002年至2003年，各校贯彻《北京市中学生守则》《北京市中学生日常行为规范》，制订中学三好学生、优秀学生干部、先进班集体评选办法等。

图21-9　2006年，汇文中学讲师团成员向前来瞻仰彭雪枫石塑像的学生介绍彭雪枫将军的英雄事迹

2004年至2005年，各校学习落实《中共中央、国务院关于进一步加强和改进未成年人思想道德建设的若干意见》（简称《意见》）和《崇文区加强和改进未成年人思想道德教育十项行动计划》等文件精神，健全自评、他评、互评三位一体学生评价体系。2006年9月，教育部基础教育司、中共中央办公厅、国务院办公厅督查组考察广渠门中学落实《意见》情况，认为崇文区在校园文化建设、心理健康教育、德

育课程建设、班主任队伍建设等重点工作中有新突破，有好理念、好经验，希望认真总结提炼，做好推广工作。

2006 年至 2007 年，区教委完善德育网站，举办构建学校、家庭、社会协作教育机制论坛，第一零九中学、第五十中学校长在论坛做主题发言。《现代教育报》做专版报道。2008 年，区教委提出中学德育工作目标，并在市德育计划发布会上介绍经验。2009 年至 2010 年 6 月，各校深化推进特色学校建设，开展“校园道德之星”等主题评选活动。

第四章　职业教育

第一节　学　校

设置　1994 年，全区有职业高中学校 7 所、在校生 3 973 人，有专任教师 462 人。1995 年，第一七九中学（区电子技术职业教育中心）被教育部批准为省（市）级重点职业学校。2000 年，北京现代职业学校被教育部批准为国家级重点中等职业学校。2006 年，经区教委调整，职业高中减至 2 所——北京现代职业学校和一七九中学。至 2010 年 6 月，职业高中学校有在校生 2 642 人、专任教师 202 人。

1999 年 8 月，北京现代职业学校由北京市计划统计学校和北京市卫生职业学校合并而成，分南北两个校址。2000 年，北京现代职业学校被教育部批准为国家级重点中等职业学校。学校坚持“对外求活、对内求实”，以创办现代化国家级重点职业中专校为目标，转变教育观念，一切为了学生发展，把提高学生素质放在首位的教育理念，使学生升学有望，就业有路。该校成立以来，学生就业率保持在 98% 以上。2001 年以来，高考升学率 80% 以上。2003 年，统计专业被市教委评为市骨干专业。2003 年至 2009 年，北京现代职业学校与国家统计局培训学院联合办学，为该学院北京教学基地，开办专业 9 个，学生 1 769 人；与湖南、甘肃等学校联合办学；被指定为市中等职业学校文化基础课教材英语研制基地。2006 年，统计、金融事务和电子商务专业被市教委确定为市“十一五”重点建设专业。2007 年，启动中等职业学校“双师型”（具有教师资格和由国家劳动或人事部门认定的职业资格）教师培养的校本课题研究。2008 年 10 月，中国教育学会授予该校班主任专业化管理先进校称号。2009 年，部分专业创办“课堂公司”，仿真模拟情境教学。

图21-10　1994年，位于永定门东街的北京市计划统计学校

2010 年 6 月，学校“双师型”教师比例 85%以上。

实训基地建设　1994 年，第一七九中学建设 4 500 平方米的专业实验楼，有教学、实验、实习设备 1 000 余台（套），达到联合国教科文组织规定的标准。2004 年至 2010 年 6 月，市、区财政先后拨款 3 659.80 万元，为该校建成计算机、烹饪、电子技术应用专业实训基地 848 个，网络和网络管理实训室 65 个，电子商务、金融事务、统计专业实训基地 351 个。

1994—2010年6月崇文区职业高中调整一览表

表21–6

调整学校	调整内容	调整后名称	变动时间
第一七五中学	更名	北京市正义职业学校	1995.10
北京市卫生职业学校（第一零四中）	两校合并	北京现代职业学校	1998.10
北京市计划统计学校			
第一一四中学	停止招生	撤销职业高中	2000
第一七六中学	中西餐烹饪专业并入一零三中	学校撤销	2001.5
	外事服务、外事公关礼仪、外事服务管理专业并入北京市正义职业学校		
北京市正义职业学校	现代文秘、金融与保险、商贸英语专业并入北京现代职业学校	北京市正义职业学校	
第一零三中学	合并	北京酒店管理职业学校	2003.7
北京市正义职业学校			
北京酒店管理职业学校	合并	北京现代职业学校	2005.11
北京现代职业学校			
第一七九中学	北京现代职业学校烹饪、调酒、酒店服务等专业调入北京市第一七九中学（崇文区电子技术职业教育中心）	第一七九中学	2006.6

第二节　教　学

课程设置与教材　1994 年至 2010 年 6 月，区职业学校课程设置分为公共基础课、专业课、实习课 3 类。公共基础课 7 门，主要选用教育部和市教委指定的教材，课时数不低于总课时数的 35%。专业课根据培养目标和专业特色，由各校选用市教委推荐教材或校本教材，主要涉及电子、机械、金融、生活技能和医药 5 大类近 500 门。随着社会需求变化及教育资源整合，专业有所增删。

区职业学校规定学生在校最后一年进入实习阶段。主要渠道有：校内各专业实验室和实训基地、校办实习工厂、实习店铺等，在联办单位或中国医学科学院肿瘤医院、北京医院、中医药大学等对口单位，在校企合作单位的银行、电子商务类公司等。学校采取多渠道帮助学生联系实习单位。

2010 年 6 月，2 所职业学校开设 14 个专业、134 门专业课程，有教学班 89 个。

教学管理与改革　1994 年至 1997 年，区职业学校修改文化课和专业课教学计划，与招工和技术等级考试接轨，与取得行业岗位合格证和成人高考接轨。课程设置突出专业技能与职业道德，课内打基础、课外出特色；突出“厚基础、宽口径、重应用”的原则，注重学生综合能力和整体素质的提高，培养复合型和开放性人才。

图21－11　2008年，第一七九中学电子专业学生开展焊接比赛

1998 年 4 月，实验一校注册、多校上课的“大职校”课程方案。学生在完成学校专业学习的同时，利用业余时间，自愿、自主选择课程。《人民日报》等媒体对“大职校”做了报道。1999 年，区教委制订职业高中教学管理规程等 4 项制度。5 月，卫生职业学校完成 39 个学科、22 万余字的《学科能力模块教学纲要》。2000 年，学校实施区域学分制教学制度，5 所职高校连锁办学，面向区域内学生开设选修课，校际间学分互相承认。2005 年、2008 年，职业学校实施以能力为本位、以就业为导向的课程改革。2009 年至 2010 年 6 月，北京现代职业学校会计专业实施市中等职业学校《以工作过程导向课程改革》实验项目。

2010年6月崇文区职业高中校专业课程一览表

表21—7

名称	专业	开设专业课程
第一七九中学	计算机应用	文字录入（五笔字型）、计算机组装与维修、计算机应用基础、数据库、程序设计、网络基础、网站设计与制作、多媒体制作等
	电子技术应用	电工原理、模拟电路、数字电路、电子装配与调试 、舞台灯光与音响、现代视频技术、电工技术、制冷技术、通信技术基础等
	美术设计（高考班）	素描、色彩、速写、美术概论、创作、设计课程等
	烹饪（中餐）	刀工、勺工、热菜制作、果蔬雕刻、原料知识、凉菜制作与拼盘、糖塑、面点等
	烹饪（西餐）	西式刀工与勺工、西餐烹调技术、原料知识、凉菜制作、热菜制作、西点制作、果蔬雕刻、糖塑、餐饮管理等
	酒店服务与管理	餐饮服务与管理、服务语言艺术、客房服务与管理、服务礼仪、旅游心理学、酒水知识、调酒技术、茶艺、公关概论等
北京现代职业学校	金融事务	货币银行学、国际金融、国际结算、非贸易结算、国际贸易、进出口信贷、储蓄、基础会计、外汇银行会计、统计基础、银行统计、金融法规、银行专业英语、计算机等
	统计	统计学原理、工（商）业统计、数理统计、统计调查方法、统计制图、专业英语、计算机等
	电子商务	专业英语、计算机基础、计算机网络、电子商务、市场营销、经贸实务、基础会计、商务会计、经济法等
	计算机及应用	操作系统、程序设计语言、计算机维护技术、文字录入及文字处理、数据库及应用、办公用软件的应用等
	医药商品经营	专业英语、政治经济学、会计原理、珠算、经贸实务、经济活动分析、基础医学概论、临床医学概要等

续表

名称	专业	开设专业课程
北京现代职业学校	医学生物技术	生物学、动物学、动物解剖生理、微生物基础、免疫学基础、病理学、遗传学、营养学、卫生学基础、动物实验技术、实验动物总论、实验动物各论、生物技术等
	会计	基础会计、工业会计、商品流通企业会计、合资会计、西方会计、预算会计、管理会计、会计实务、会计电算化、财政与税收、财务分析、审计学、财务英语、计算机等
	国际商务	电子商务、公共关系、统计原理、基础会计、管理学原理、商品基础知识、仓储基础知识、物流基础知识、市场营销学、财经应用文写作、道路运输经济学、物流企业管理、供应链管理、配送等

第三节　德　育

思想品德教育　1994年以来，区职业学校坚持校内外相结合，根据职高学生特点开展思想品德教育。1997年和2005年，区教委分别制订并试行职业高中评价方案和《崇文区职业学校落实〈中等职业学校德育大纲〉实施意见（征求意见稿）》，确立职业学校德育工作机构，明确实施途径和方法。1998年，第一七六中学生赵伟在木樨园立交桥附近勇斗歹徒负伤，被评为首都见义勇为好市民。区教委编印《鲜花与沃土——崇文区职业高中（中专）校优秀毕业生事迹选》一书，收集优秀职高毕业生突出事迹文章66篇，作为在校生理想、道德、职业成才教育的辅导用书。自2004年起，参加志愿者服务活动与十八岁成人仪式教育活动相结合，将5月18日定为成人宣誓日。2008年至2010年6月，学校通过请区政法干部讲法制课、组织学生到法院旁听庭审、开展争做遵规守纪职高生主题班会等活动，对学生进行遵纪守法教育。

文明礼仪教育　1994年至1996年，区职业高中开设礼仪课，成立礼仪代表队并开展比赛。2002年至2010年6月，区职业学校开展以《文明礼仪读本》为主要内容的读书活动及礼仪知识竞赛、演讲比赛和主题班会等，落实学生日常行为规范基本要求，纠正校园内的不文明现象。自2005年起，区职业学校连续举办6届文明礼仪职高生评选活动，选出勤奋学习、遵规守纪、爱护公物、尊敬师长、助人为乐、诚实守信等标兵420人。

第五章　成人教育

第一节　成人中等教育

1994年，区境内有4所成人中等教育学校：北京市广播电视中等专业学校崇文区工作站（简称区广播电视中专工作站）、崇文区职工专业学校、崇文区成人中等职业学校及成人中等专业教育学校，即崇文区财贸干部学校（简称区财贸干校），隶属于区商务局。1999年，区广播电视中专工作站并入北京广播电视大学崇文分校（简称北京广播电大崇文分校）。2000 年 5 月，区职工专业学校停止招生。2002 年 6 月，撤销区职工专业学校和成人中等职业学校，两校教职工及学生按专业分别并入正义职业学校、北京现代职业学校、第一零三中学和第一七九中学，实现职业教育与成人教育融通。2010 年 6 月，全区只有区财贸干校 1 所学校，主要承担区属企事业单位在职干部、职工的继续教育及相关业务培训。

1994 年至 2001 年，区成人中等职业学校有教学班 30 个，有在校生 1 200 余人；区职工专业学校共招收 18 个教学班，开办全日制初中毕业生中专班，主要专业有计算机、企业和行政管理、会计、商务英语、幼儿教育等，学生近 700 人。1996 年至 2000 年，区成人中等职业学校率先在全市为下岗职工免费举办定向培训班，共 11 期。被市教委确定为定向转岗再就业培训试点学校。2002 年，区财贸干校与西城经济科技大学（中专部）联合开办财务会计中专班，至 2007 年该班招收学员近百人，并取得会计从业资格证书。2008 年以后，生源减少，该中专班停办。

第二节　成人高等教育

设置　1994 年，全区有 2 所成人高等教育学校：崇文区职工大学和北京广播电视大学崇文工作站。同时，区委党校、区财贸干校分别承办市委党校成人教育学院的大学专科和本科成人学历教育，分别设置市委党校成人教育学院崇文分院和区财贸干校分院。1999 年 6 月，北京广播电视大学崇文工作站与北京广播电视中等专业学校崇文工作站合并，成立北京广播电大崇文分校。2006 年，北京广播电大崇文分校与区成人教育研究中心并入区职工大学。至 2010 年 6 月，全区高等教育学校有区职工大学及市委党校成人教育学院崇文分院和区财贸干校分院。

选介　*崇文区职工大学*　1994 年，该校有教职工 64 人，其中专任教师 28 人，具有中高级职称 20 人、大学专科以上学历 47 人。设 12 个处、4 个系、6 个专业，有学生 275 人。建筑面积 3 059 平方米。1994 年至 2010 年 6 月，该校先后与 4 所院校联合办学，设大学专科、本科班等，有经济管理、外贸英语、电脑摄影及电脑环境艺术设计等专业，有毕业生 6 785 人，其中，中央党校函授学院北京市委机关分院 2 754 人、市实用技术学校 218 人、中央党校国家机关分院 3 420 人、北方交通大学 393 人。自 1996 年起，该校开办成人高考补习班和会计、英语、计算机等级考试等各类培训班。1998 年至 2010 年 6 月，改革课程设置、教学和学生考核模式，增加专业课和实践教学学时数，加强职业技术训练，突出实践教学的主体地位；探索实行“双证书”（学员在获得学历证书的同时，能够获得国家认定的职业资格证书）制度。2004 年，艺术系摄影专业 3 名学员创作的作品入选第二届中国外交官看世界摄影大赛并获奖；2005 年，广告设计专业学员获第十四届世界华人广告金牌奖。自 2007 年起，专科学历教育的修业年限由三年改为两年半。艺术系立项课题《工作室制教学模式改革》突出艺术教学特色，获 2008 年市教育教学成果二等奖。2008 年，根据市教委要求和有关政策，停止各种非学历教育有偿培训。2009 年，广告设计与制作专业被市教委批准为市高等学校特色专业建设点。在首届城八区艺术系学生作品展上，该校展出作品 80 件。至 2010 年 6 月，学校设 8 处、1 室和管理、艺术、基础部 3 个系，开设经济管理、网络营销与物流管理等 30 个专科和本科专业，有教职工 97 人，其中专任教师为 38 人，均为大学本科以上学历。专任教师中，有副高级职称的 10 人，“双师型”教师为 7 人。教师完成 25 项校级课题，承担 12 项区级以上教科研课题，其中中国成人教育协会课题 1 项、市级科研课题 7 项。该校有在校生 4 175 人，并承担区老干部大学计算机班等教学任务，有多媒体教室、网管中心、

图21–12　2009年，区职工大学召开教育科研成果表彰大会

网站等教学设施，造型艺术、商业设计、数字影像和艺术理论工作室，教学面积1万余平方米。

市委党校成人教育学院崇文分院　1994年至2010年6月，该校有大学专科班45个、毕业生4 024人；有大学本科班49个、毕业生3 606人。学校有经济管理、行政管理、法律、计算机、现代管理、工商管理、教育管理等专业。1999年以后，学校先后开办研究生课程班、公共英语等级考试辅导班、成人高考辅导班等。至2001年5月，学校与北师大联合开办哲学管理专业研究生课程进修班，培训学员46人。

市委党校成人教育学院崇文区财贸干校分院　1995年至2010年6月，该校开设大学本科、专科班9个，有毕业生9 200人。有经济管理、财务会计、工商管理、法律等8个专业。2006年，该校被市委党校授予招生管理工作十佳分院。

北京广播电视大学崇文分校　2000年，开展远程开放教育试点工作，先后开设专科和本科15个专业，填补了区成人高校没有本科的空白。2004年12月，首届本科毕业生13人获管理学学士学位证书。2005年3月，该校被北京广播电视大学评为良好试点单位，进入全市41所分校前10名。至2006年，该校有开放教育招生2 996人、统招生449人；毕业1 081人，38人获学士学位。2006年，该校并入区职工大学。

第三节　继续教育

1992年，区职工教育委员会成立，组建中高层次紧缺人才培训和转岗人员培训工作领导小组，各由1名主管副区长任组长，有关部门负责人为成员。办公室分别设在区教育局和劳动局。区财贸干校是区属企业教育基地，主要承担培训适合崇文经济发展要求的复合型人才；崇文卫校和卫生干部培训中心是区卫生系统主要教学和继续教育基地。1994年，全区逐步形成以区职工大学为主体的中高层次紧缺人才培训网络，以区劳动局职业技术学校和区成人中等职业学校为主体的转岗人员培训网络。2005年，崇文区被市教委评为“十五”期间北京市普职成教干训工作先进单位。

自1994年起，区属各单位实施《北京市成人教育培训工程》《崇文区1994年—1998年职工教育发展规划》（简称《规划》）。1996年，区人事局制订《崇文区专业技术人员继续教育“九五”规划》。1996年至1997年，区教委（区成人教育局）与人事局等单位联合举办《跨越世纪、面向世界500讲》继续教育培训班和当代高新技术广播讲座等，培训商业、工业、劳动等经济专业人员和企事业单位负责人及财会等专业技术人员，培训主要内容为现代企业与商业的经营管理、现代化城市管理等。至1998年的5年间，56个区属局、处、公司、街道落实《规划》，教育经费达到或超过职工工资总额1.50%。崇文区完成大专以上学历教育3 183人、中专（高中）学历教育2 122人、专业技术人员继续教育17 976人次、技术工人技术等级培训8 406人、各类型岗位培训10.20万人次、转岗培训4 691人，均超额完成计划。区劳动部门完成下岗、转岗职工以及外地来京务工经商人员培训 2.50 万余人次，实现再就业人员占参训的 83%，外地务工经商人员取得培训证书的占参训的 76%。

图21－13 2007年6月22日，区职工大学与弘善家园工程农民工夜校签订合作办学签字仪式

1998 年，区委、区政府制定《崇文区 1998 年—2000 年实施〈北京市成人教育培训工程〉的意见》，区成人教育列入区科教兴国战略与可持续发展战略的综合措施中。至 2000 年，区财贸干校开办区商、经、建系统领导干部工商管理中高级培训班，1 300 人参加；教育系统小学专任教师中大专以上学历由 1997 年 13.70%升至 50%以上；区卫生系统培养 21 名 45 岁以下的医生，为跨世纪首批学术与技术带头人；区百货公司与中国社科院联合举办硕士研究生班，党、政、企领导 23 人参加并取得毕业证书。至 2002 年，区教育系统与北师大教育管理学院联合举办教育管理硕士研究生班、校长高级研究班各 3 期，261 人参加。全区专业技术人员 1 114 人学习《科学技术的新发展与现代化建设》，221 人参加 WTO 法律知识培训。2003 年，全区专业技术人员和技术工人开展树立终身教育理念，创建学习型城市活动，1 390 人参加学习和考试。2006 年至 2008 年，50 个单位 2 953 人参加《新北京、新奥运》知识讲座，考试优秀率为 90%。区卫生系统 3 万余人次参加 200 项继续医学教育，学分达标率为 94%。2009 年至 2010 年 6 月，区财贸干校开展英语和计算机等级培训、会计电算化及引厂进店、迎奥运门店经理培训等 20 余项，3 万人次参加，被市教委评为北京市实施成人教育培训工程先进集体。

第四节 社区教育

1996 年 6 月，区组建社区教育委员会。1997 年年底，以区广播电视中专工作站为依托建立区市民学校总校，区委副书记任校长。7 个街道均建立市民学校，辖居（家）委会建立市民学校分校（工作站），形成市民素质提高培训网络，并建立区、街道、社区 3 级市民学校年度专项工作评估指标体系。2002 年 12 月，以区职工大学为主体，联合北京广播电大崇文分校等单位组建区社区学院，下设龙潭、前门和永定门外 3 个分院。2005 年，7 个街道以学校为依托，全部建立社区教育中心。至 2010 年 6 月，区教委选派小学教师 450 人次，分 13 批到 7 个街道参与社区教育管理，并定期培训社区教师。

自 1997 年起，社区教育对象由青少年学生扩展到全体社会成员，以提高全民素质、建立终身教育体系、构建学习型社会为目标。每年 10 月，全区开展全民终身学习宣传日活动，各街道、社区、市民学校与有关学校、单位配合，开展市民教育系列讲座、法制大讲堂等活动，传播“学习无限，创造无限，发展无限”理念。

1998 年至 2000 年，全区实施首都市民素质提高培训工程，推广体育馆路、前门、崇文门外 3 个街道和区教委办好市民学校，推进社区精神文明建设的做法。市教委、市精神文明办公室在崇文区召开现场会，推广经验。2001 年，居民 10 万余人次参加社区教育中心培训，其中，老年教育 36 959 人次，外来人口、再就业培训 11 452 人；136 人参加区“盼奥运、迎大运”英语口语竞赛，年龄最大的 67 岁、最小的 5 岁。2002 年，全区启动创建学习化社区建设先进区工作；2003 年 11 月，通过市教委专家组评估。自 2004 年起，各社区举办居民心理调适系列讲座，参加对象是老年人、妇女、机关干部、失业人员、青少年、学生家长、残疾人、社区矫正人员 8 类群体。2005 年，全市首家学习型网站——崇文网站建立，开展国民教育、终身学习和互动论坛等。各社区教育中心按区教委编印的《社区居民心理调适系列教材》开展讲座。2006 年 1 月，区开展的市民心理调适工作得到市委主要领导的肯定，被要求认真总结并推广。2006 年，区委、区政府将社区市民心理调适教育纳入为群众办实事之一；2006 年 5 月，市委宣传部、教育工委、市教委、首都精神文明办公室召开现场会，推广崇文区经验；12 月，区通过市教委创建学习型城区先进区的检查评估。2007 年 4 月，体育馆路街道、永定门外街道和北京便宜坊烤鸭集团有限公司被北京市建设学习型城市工作领导小组评为市级创建学习型社区先进街道和先进企业。

图21—14　2009年4月29日，“崇文区市民教育系列讲座”启动仪式

2007 年 6 月，区教委、社区学院和市民学校总校编写《崇文区市民素质提高培训简明教材——心理和谐迎奥运》一书，开展心理和谐迎奥运市民教育大讲堂活动。2008 年 5 月，以“勇敢面对现实、努力调适心理”为主题，为永定门外地区工作的 16 名四川地震灾民亲属提供心理辅导。至 2010 年 6 月，第十一中学和区研修学院被评为市创建学习型学校先进单位，崇文区心理调适教育被认定为首都市民学习品牌。

第六章　特殊教育　校外教育　民办教育

第一节　特殊教育

1994 年，全区除有弱智学生 300 余人分布在中小学随班就读外，还有永生、忠实里、天坛南里 3 所小学设立的特殊教育（简称特教）辅读班和 1 所创建于 1987 年的培智中心学校。全区有学习能力的残疾儿童入学率达 100%。1996 年，崇文区获全国特教先进区荣誉。1999 年，区教委成立特教工作领导小组，教师队伍、教材编排、课程设置等形成一套较完整的教育体系，受到国家教委通报表彰。2003 年至 2010 年 6 月，区教委定期评估检查各校随班就读工作管理及教育质量，克服随班混读和随班陪读现象，使随班就读学生进得来、留得住、学得好，保障具有学习能力的学生能够升入中学继续学习。2003 年，全区弱智学生升入中学随班就读的为 79%。2010 年 6 月，全区随班就读的小学生 113 人、中学生 88 人，有学习能力的残疾儿童入学率 100%。

1994 年，培智中心学校有二至九年级 8 个教学班。学校有学生 97 人，其中重度智障学生占 80%；有教职工 29 人，均为大专以上学历。学校开设数学等 8 门课程，针对学生智障轻重分类

图21—15　2009年，培智中心学校开展“行随心动”国际儿童节融合日活动

研究教学，个别班开设计算机课。自 2001 年起，学校先后在市联合大学特殊教育学院、北京体育大学、广渠门中学及肯德基等 9 个单位建立教育基地，开展融合活动，开发智障学生智能。2002 年，学校提出“源于生活，回归生活”教学理念，发挥学生自主学习潜能，并将特殊奥林匹克项目——网球训练引入课堂；开设心理咨询室，利用学科渗透心理健康教育，对重点学生开展心理辅导，培养学生自尊心、自信心。2004 年，开设社区实践课，进行实地教学，并以职业培训替代劳动技能培训，开设编织、缝纫、按摩等课程，为学生将来能够自食其力奠定基础。2006 年，增设家政服务、脸谱彩绘、彩陶制作、纸浆制作等课程。自 2009 年起，学校设立康复训练部、义务教育部和职业劳动培训部。教学分康复、教学和职业培训 3 个阶段。

1994 年至 2010 年 6 月，该校共毕业学生 243 人，其中 109 人成为自食其力的劳动者。学生参加世界特奥会，获金牌 10 枚、银牌 3 枚、铜牌 4 枚；参加全国、市特奥会等，获多枚金、银、铜牌，并获东亚区特奥足球赛和全国地板曲棍球比赛第一名。学生的文艺节目曾在国家和市区组织的大型公益活动、国际特奥会的特奥爱心助跑活动中和电视台等演出。2006 年 12 月，参加特奥会的 6 名学生给国家主席胡锦涛写信汇报在国际特奥东亚区高尔夫球比赛取得的优异成绩，胡锦涛复信，祝贺他们取得的成绩并向他们的家长和教师表示敬意。

第二节　校外教育

机构　1994 年，区校外教育机构有区少年宫、青少年科技馆（简称区科技馆）、天坛少年之家、前门少年之家。1997 年，区教委成立校外教育办公室。2002 年，区成立青少年学生校外教育联席会，由区 30 个委、办、局和街道组成。2004 年，该联席会认定京城百工坊等 27 个单位为青少年校外教育基地。区少年宫成立管弦乐团和音像工作室。2005 年，前门少年之家并入天坛少年之家。区科技馆成立生命科学与性健康教育中心、青少年影像制作和青少年创新百工坊 3 个创新活动室。2008 年至 2010 年 6 月，区科技馆、北京汇文中学、第十一中学分校分别成立青少年科技俱乐部；区科技馆、北京汇文中学、文汇中学分别成立金鹏科技团；少年宫成立区少年艺术学院，设艺术教研组，成立美术组、管弦组、键盘组、声乐组、曲艺组、舞蹈组；北京汇文中学、光明小学分别成立金帆艺术团。同时，崇文区成立青少年活动管理中心和青少年科技教育活动管理中心，统筹区内科技、艺术教育资源，开发特色项目，评选特色学校。校外教育培训项目有表演类、说唱类等 30 余种，自主创设教育活动 60 余项。

活动　*科技教育活动*　1994 年至 2010 年 6 月，区科技馆举办科技兴趣小组活动班 2 012 个，3.28 万余人次参加，开展模型、无线电测向与业余电台、地震监测、天文观测与天体摄影、卫星搭载种子试验等 15 项特色活动，创造 3 800 余项国际、全国和市优秀科技活动成果，开展和完成国家、市、区级重点教科研活动 6 项。DI 各年度比赛区占全市参赛队和学生总数的三分之一，年均获奖25项以上。全区中小学生每年参加区科技节（爱科学月）活动，参加科技竞赛国家级5项、市区级19项，获全国奖13项、市级奖84项。全区实现在校学生基本参加活动，中小学生年均受益15万人次。北京汇文中学、第十一中学及分校、光明小学、体育馆路小学先后被市教委命名为北京市科技教育示范校。

艺术教育活动 1994年至2010年6月，区教育系统艺术教育以学生个性发展需求为主导，以区少年宫为龙头，辐射全区中小学。区少年宫每年培训25至35个项目，累计培训1.08万个班次、学员18.78余万人次，6 095人次获市级以上奖项；舞蹈学员和艺术团参加中央电视台、北京电视台《同一首歌》等大型文艺演出；举办13期冬令营、夏令营，8 200人参加；举办体育、文艺、棋类比赛等活动30余项，数万人次参加。1995年，该宫手风琴乐团在北京音乐厅举办首场中国作品音乐会。1996年，该宫被国家教委、团中央、全国妇联评为二级一类（优秀）少年宫。1999年，该宫手风琴乐团被市教委认定为市银帆艺术团——手风琴二队、手风琴乐团。2004年，天坛少年之家特色舞蹈队被市教委授予银帆艺术团第六分团。2007年6月，区少年宫获第二届中国青少年社会教育银杏奖优秀团队。

自1996年起，全区中小学以实现每所学校都有艺术特色、每名学生都有艺术特长为目标，每年进行艺术教育成果展示和艺术节，内容有器乐、合唱、书法、舞蹈等。2002年，区教育系统首次举办男生艺术节，1.27万余人次参加12项男生艺术展示比赛和汇报演出。2003年，举办以“古墙神韵、文化建设展新貌，活力崇文、素质教育谱新篇”为主题的明城墙文化体育节校外艺术教育精品专场活动。2006年，区艺术节参赛校占学校总数95%，10个合唱团（队）、3个校园剧参加市中小学生艺术节演出，分获一、二等奖。2009年，北京汇文中学、光明小学、少年宫等8个单位被市美育研究会批准为该会团体会员学校。第一零九中学管乐团获第三届全国中小学生艺术节展演活动金奖。至2010年6月，全区有广渠门中学、第一零九中学、第五十中学、崇文小学和前门小学5所市中小学艺术教育特色校。

图21-16　2004年，崇文实验中学管乐团在奥体中心演出

第三节　民办教育

1994年，全区有社会力量办学机构110所，年培训6万人次。1995年至2003年，区教委对民办学校坚持集中管理、分类指导，坚持进行年检和执法检查20次以上。2003年7月，根据市、区纠风办公室要求，区教委终止所属48所公办校培训部。至2005年，区教委审批社会力量办学机构142所（含学历教育及非学历教育学校）。自2006年起，区教委先后编印民办教育法律法规汇编和民办学校培训手册等，并对校长进行普法培训。至2010年6月，全区有民办教育培训机构43所，年培训7万人次，培训对象有幼儿、中小学生和成人，内容有艺术、体育、英语、计算机、成人高考辅导、教师技能和再就业技能培训等。

第七章 教育管理

第一节 管理机构与教育设施

管理机构 崇文区教育委员会（简称区教委） 1994年，区教育局设科室16个，有83人。成人教育局设科室8个，有23人。1997年9月，党政机构改革，区委教育部和区政府文教办、教育局、成人教育局、教育工会5个机构重组，成立中共崇文区委教育工作委员会（简称区教工委）、区教委，设26个科（部）室，有123人。领导班子成员由14人减至9人。从2001年12月起，区教工委与教委合署办公，设科室22个，有98人。

崇文区教育督导室 1994年，为区政府督学室，代表区政府主管全区教育督导工作，开展教育执法督导检查和教育督导评价。教育督导评价分综合和专项两类督导评价。自1997年8月起，改称区政府教育督导室，其职能为既“督学”又“督政”。

教育设施 1994年，区教育系统有教学仪器10 485件套、教师用计算机27台、学生用计算机2台；有图书81.39万册，价值94.58万元。占地面积51万平方米。2010年6月，有教学仪器52.95万余件套，是1994年的51倍；有教师用计算机8 310台，学生用计算机8 668台；有图书169.43万册，价值1 252万元，分别是1994年的2倍和13倍。占地面积达55.54万平方米，建筑面积54.11万平方米。17年中，添置、更新图书总金额1 301万元。维修暖气、燃气和给排水及用电系统保障等校舍建设工程，共用经费5.10亿余元。

第二节 教育经费

1994年，区教育经费10 605万元，其中财政拨款7 194万元、事业收入934万元、其他收入2 477万元，教育支出10 195万元。1996年，在校生人均教育经费1 931元、人均公用经费478元、教职工人均年收入11 165元。1998年以后，区教育经费实现义务教育财政拨款的增长比例高于财政经常性收入的增长比例，在校学生人均义务教育费用、学生人均公用经费、职工工资逐步增长。2010年，教育经费127 443万元，支出99 297万元，分别比1994年增长11.02倍、8.74倍。在校生人均教育经费增至11 350.75元、人均公用经费2 825.25元、职工人均年收入73 996元，分别比1996年增长4.88倍、4.91倍和5.63倍。

20世纪90年代教育经费不足，区校办企业予以补充，1994年至2003年，校办企业补充教育经费6 572万元。自2004年起，校办企业与学校脱钩，不再补充教育经费。

1994年至2010年，全区教育经费共962 442万元，其中财政拨款697 951万元、事业收入170 374万元、其他收入94 117万元，总支出813 967万元。

1994—2010年崇文区教育经费支出统计表

表21-8

年份	总支出（万元）	人员支出（万元）	公用支出（万元）				公用支出占总支出百分比（%）
			房屋修缮及建设	设备更新及购置	其他	小计	
1994	10 195	7 055	883	501	1 756	3 140	30.80
1995	17 808	9 055	1 267	982	6 504	8 753	49.15
1996	21 393	11 021	1 320	994	8 058	10 372	48.48
1997	18 110	12 577	1 853	1 354	2 326	5 533	30.55
1998	24 900	16 011	1 514	1 355	6 020	8 889	35.70
1999	30 404	18 108	2 970	1 479	7 847	12 296	40.44
2000	34 250	21 674	2 536	1 930	8 110	12 576	36.72
2001	38 965	25 022	2 114	1 890	9 939	13 943	35.78
2002	45 484	28 585	2 708	3 799	10 392	16 899	37.15
2003	49 438	31 604	2 303	3 681	11 850	17 834	36.07
2004	57 475	37 187	3 377	5 597	11 314	20 288	35.30
2005	60 804	38 782	2 552	5 855	13 615	22 022	36.22
2006	70 109	42 969	6 243	6 731	14 166	27 140	38.71
2007	69 407	46 689	2 001	4 741	15 976	22 718	32.73
2008	77 470	53 404	3 855	3 630	16 581	24 066	31.06
2009	88 458	58 732	4 540	8 100	17 086	29 726	33.60
2010	99 297	65 331	3 605	3 987	26 374	33 966	34.21

1996—1999年崇文区在校学生人均公用经费及职工年均收入统计表

表21-9　　单位：元

年份	在校生人均教育经费	在校生人均公用经费	职工人均年收入
1996	1 931	478	11 165
1997	2 233	520	12 949
1998	3 256	900	14 954
1999	3 879	1 665	17 559

2000—2010年崇文区在校学生人均公用经费及职工年均收入统计表

表21-10　　单位：元

年份	在校生人均教育经费				在校生人均公用经费				职工人均年收入
	小学	初中	高中	职高	小学	初中	高中	职高	
2000	2 037	1 921	2 422		420	485	820		20 058
2001	2 410	2 300	2 654		502	573	604		23 254
2002	2 785	2 169	3 351		484	508	971		26 680
2003	3 462	2 773	3 950		685	783	1 205		29 910
2004	4 675	3 864	5 288	3 728	839	1 065	1 643	489	35 220
2005	4 759	3 899	5 880	4 233	1 010	1 134	2 105	593	37 898
2006	4 909	4 383	6 897	6 355	1 021	1 227	2 154	697	46 530
2007	6 113	5 831	7 986	7 066	1 272	1 574	2 690	847	49 915
2008	7 369	7 542	9 531	8 495	1 451	1 922	2 791	1 179	54 782
2009	8 403	8 972	11 158	9 346	1 834	2 465	3 509	1 459	59 850
2010	9 603	11 243	14 240	10 317	2 346	2 988	4 263	1 704	73 996

第三节　教育队伍

教师与管理人员构成　1993 年，全区教育系统在职教职工 5 744 人，其中中学 2 245 人、小学 2 646 人、幼儿园 448 人、职业技术教育 264 人、成人教育 141 人。1994 年至 1995 年，中学增加 190 个教学班，缺专任教师 888 人。1996 年至 1999 年，中学入学高峰和一批老教师退休，致使中学、职业高中教师严重缺编。区教育局采取招聘、学校行政干部到一线兼课、教师跨校兼课、返聘退休教师、从初中选拔部分优秀教师充实高中教师队伍等措施解决。1998 年至 2010 年 6 月，招收教师 1 297 人，其中本科以上学历 1 079 人、大专 113 人、中专 105 人。2010 年 6 月，全区教育系统在职教职员工 5 152 人，其中专任教师 3 353 人。专任教师中，中学 1 457 人、职业中学 213 人、小学 1 200 人、幼儿园 265 人、特殊教育学校 20 人、成人学校 40 人、校外教育单位 67 人、其他教育事业单位 91 人。

1994 年，区教育系统校级副职以上干部 294 人，其中，45 岁以下 50 人；大专以上学历的，中学为 93.61%、小学 50.92%。1999 年以后，干部人数、年龄逐年下降，学历、职称逐年提高。至 2010 年 6 月，校级副职以上干部 167 人，其中，大专以上学历 166 人、占 99.40%，具有中高级职称 160 人、占 95.81%。平均年龄 48.20 岁。

骨干教师与校长培养　*骨干教师培养*　1994 年，全区区级骨干教师 169 人，占教师总数 6%。1994 年至 2008 年，区教委先后组建教师素质教育讲师团、中小学导师团，辅导和培养青年教师，举办 6 届“崇文杯”青年教师教学基本功大赛、举办 8 届中青年教师评优课活动，举办 2 届中学中青年教师基本技能竞赛，举办高级教师、学科带头人、骨干教师的展示课、示范课、观摩课，

图21-17 2003年，广渠门中学“宏志班”历届班主任在一起交流座谈

举办教学干部评课基本功研讨等活动，1.70万余人次参加，教师教学水平不断提高。1996年至2000年，区教委启动“135工程”，即在区中小学培养校长10人、学科带头人300人、骨干教师500人。2001年，聘请特级教师15人与区级骨干教师24人结成师徒对子，对青年教师开展教育教学传、帮、带。2003年至2004年，考评市区级骨干教师617人次，拓展训练骨干教师37人。2006年至2010年6月，组织4批英语骨干教师80人赴澳大利亚和英国培训；骨干教师88人组成16个特级教师工作室，以导师讲座等形式进行培养。区教委每年为每名指导教师提供专项经费2万元。2010年6月，全区有区级骨干教师1 182人，占教师总数11.82%，其中学科带头人202人、骨干教师556人、青年骨干教师424人。17年中，教师培训经费总计7 500万元。

校长培养 1994年至2010年6月，区教育系统举办中小学校长培训班17期，召开校长办学思想和实践研讨会9次。660余人次参加任职资格培训、分岗培训、后备干部培训等。2003年11月，区政府实施名校长工程，培养一批有一定知名度的专家型校长。2006年6月，成立北京汇文中学李仲秋校长工作室和光明小学刘永胜校长工作室，成员由12名中小学校长组成。2007年，成立第五十中学魏萃、广渠门中学吴甡、第一师范学校附属小学张忠萍和市五幼朱小娟校（园）长工作室，成员由中小学校级干部和幼儿园园长20人组成。每个工作室每年专项活动经费3万元。至2010年6月，名校长工作室培训干部30人，选送干部28人赴浙江、上海等地挂职锻炼，组织校长62人到外省市及美国和加拿大考察培训，选派副校级干部等46人参加市初中校长、中小学德育副校长等培训。

考核与奖励 1994年至2010年6月，区教育系统落实市《中小学教师考核试行办法》，实施教师年度考核制度。绝大多数教师达到优秀、合格、基本合格。崇文小学谢志华等22名教师被人事部、教育部和市政府授予全国、市级优秀教师。2 490名教师受到3%升级奖励，1 237人提前晋级；景泰小学牛叔明等16人享受全国、市级劳动模范待遇，第一七九中学李刚等10人受到国务院表彰并享受市政府特殊津贴；36名特级教师享受优诊医疗和每月300元生活津贴。2008年10月，第一七九中学教师何慧莹被中共中央国务院授予北京奥运会、残奥会优秀志愿者称号。2009年5月，板厂小学教师张丽萍被中华全国总工会授予全国女职工建功立业标兵称号。

1994年至2010年6月，每年教师节区政府召开教育系统表彰大会，累计表彰教育系统先进集体160个，优秀班主任、优秀指导教师、优秀青年教师、优秀教学管理干部等各类先进个人4 400余人次。同时，区教委与市社会福利基金教育咨询部崇文培训学校等单位联合设立期望杯、天联杯等6个基金奖励项目，用于教师年度表彰。1998年至2010年6月基金奖励项目陆续终止。

职务评审与教师资格认定 1994年至2010年6月，被区教育系统评为中学高级教师职务1 302人，其中中学教师通过率84.57%、小学教师通过率49.90%。被评为中学一级教师职务1 381人，通过率83.58%；被评为小学高级教师职务1 400人，通过率71.96%。

1997年，2 207人（含退休1 085人）通过教师资格认定，其中幼儿园144人、小学861人、初级中学 147 人、高中 960 人、中等职业学校 68 人、高等学校 27 人。自 2004 年起，启动面向社会教师资格认定工作，每年春、秋两季进行，至 2010 年 6 月，申报教师资格认定 854 人，通过认定 757 人，通过率 88.64%。

支援边疆和农村　1994 年至 2010 年 6 月，区教委先后选派 7 批中小学教师 15 人到新疆支教。2008 年至 2009 年，西藏当雄县每年选派中小学教师 10 人到广渠门中学、崇文小学和景泰小学进行一个月交流培训。

2005 年至 2010 年 6 月，区教委共选派 5 批教师近 200 人赴房山、燕山、延庆等地支教，年龄最大 52 岁，最小 22 岁。2009 年 4 月，区教育研修学院与延庆教师联手开展农村教师工作站教研活动，出版《一举双赢——北京市农村教师崇文研修工作站成果集》，是北京市第一本农村中小学研修工作专著。2006 年至 2010 年 6 月，13 所学校获市城镇教师支援农村教育工作先进集体荣誉，19 人获先进个人荣誉。

第四节　招生考试与学籍管理

招生考试　自 1994 年起，高等教育自学考试，考生采取分专业、分科次报考方式参加全国高等教育自学考试。至 2010 年 6 月，报考总人数 439 757 人。专科毕业生 8 529 人，本科毕业生 2 490 人。

1994 年 10 月，区开始中等专业教育自学考试（简称中自考），有专业 32 个，参加中自考的学校 33 所。至 2007 年，报考 39 072 人，毕业 4 616 人。由于普通高校及成人高校扩招等诸多因素，参加中自考人数逐年锐减，2008 年参加中自考的学校减至 5 所，新生注册数几乎为零，2008 年 1 月停考。

1994 年至 2002 年，全国成人普通高等学校招生，统一考试时间为每年 4 月中旬，自 2003 年起，改为 10 月。考生按高中起点升专科或升本科，专科升本科报名参加考试。1994 年至 2009 年，全区报名 71 252 人。

自 1994 年起全国普通高等学校统一招生，考试时间为每年 7 月 7 日至 8 日；自 2003 年起，改为 6 月 7 日至 8 日。至 2010 年 6 月，全区报考人数 46 544 人，录取 38 698 人，平均录取率为 83.14%。

自 1994 年起中考中招，每年 6 月至 9 月底进行。1995 年，首次实行自行命题，自行阅卷、分数折算、参加统招中考改革方案；自 2003 年起，初中毕业生参加市统一考试，取消提前招生。至 2010 年 6 月，报考人数 77 027 人；录取 73 950 人，其中高中录取 45 163 人、中专录取 8 152 人、技校录取 3 523 人、职业高中录取 17 112 人；平均录取率为 96%。

1994 年初中招生与毕业，5 所市区重点中学接收小学保送生和推荐生，其他中学采取划片相对就近、中小学对口统一分配的方法接收学生。1996 年至 1997 年，崇文实验中学和前门外国语学校进行办学体制改革试验，两年面向全区招收 17 个班、755 人。1998 年，毕业考试和升学考试分开，毕业考试权下放给学校，毕业率近 100%。自 1998 年起，实行相对就近免试入学。艺术教育特色学校、体育传统项目学校、科技活动示范学校招收特长生测试入学。1999 年，重点中学停招初中新生。2000 年，实行提前招生、指标分配和独立录取、分级审批统一招生。前门外国语学校依据对报名学生英语单项测试的成绩，从高至低确定入学名单报区教委审批；崇文实验中学、文汇中学、第十一中学分校采用电脑派位方法确定录取名单。2003 年，广渠门中学开办初中

“宏志班”，由各小学按指标推荐；第一零九中学、广渠门中学、第五十中学、崇文实验中学、第一一四中学增设外语实验班、面向全区招生。2005年，崇文实验中学停止招生；文汇中学与第十一中学分校取消电脑派位，改为自主招生；前门外国语学校和7所公办中学开设外语实验班与文体、科技特长生同步招生；北京汇文中学试办综合实验班，自主招生120人。2006年，北京汇文中学分配给4所初中校15个名额，落实初中校建设工程措施。

1994年至2010年6月小学招生与毕业，凡具有北京市户口的适龄儿童（年满6周岁）就近登记入学；没有北京市正式户口的原北京下乡知青子女、台胞子女、华侨子女、外地来京务工人员子女及“人户分离”子女等，凭有关单位开具证明，按有北京市正式户口的适龄儿童对待。小学不进行全区毕业统一考试，由各小学自行命题考试，区教育行政管理和教研部门负责质量监控。学龄儿童入学率和小学毕业率基本均达100%。自2010年起，凡符合条件的外地来京务工人员随迁子女均免费入学就读。

学籍管理 1994年，执行1990年2月发布的《北京市中小学学生学籍管理办法》。自1995年起，实行一年两度、三度学籍核查制度，实施区、校双重学籍管理，采取三年跟踪法，控制学生超指标留级和非程序化转学、退学、休学和流失。自2001年起，每年开展学籍管理评比工作，降低学生减失率，控制留级率，杜绝流失，提高义务教育完成率。自2004年10月起，推广中小学管理信息系统及学生卡应用。2006年，为全区37所中小学26 682人发放全市统一的学生IC卡。2007年至2010年6月，招生部门依据电子学籍系统进行管理，控制学生二次流动；向社会公示招生项目、区域范围和人数。2010年5月，实行市教委修改后的《北京市中小学学生学籍管理办法》，同时废止1990年2月发布的《北京市中小学学生学籍管理办法》。

第五节 教育督导

督学 综合督导 1994年至1996年，区教育督导室开展教育督导评价实验。依据区教育质量综合评价方案（试行），督导评价10所初中校。1997年至2001年，与区教工委、教委制订《关于实施〈北京市区县教委全面贯彻教育方针，全面实施素质教育评价方案〉各方面评价责任》，建立督导评价制度，并开展第一轮教育督导评价。2002年至2008年，市教育督导室确定崇文区为普通中小学实施素质教育评价试验区。区教育督导室编制完成《学校全面实施素质教育年度工作自评指标体系》，自主研发教育督导评价计算机管理系统。在对第十一中学和培新小学进行督导评价试点基础上，对全区中小学实施素质教育进行督导评价，并对17所幼儿园进行综合督导。2009年至2010年6月，研制职业高中、幼儿园教育督导评价软件和评价问卷调查软件，对全区17所幼儿园进行综合督导。市政府教育督导室督导评价崇文区素质教育工作，并予以肯定。

专项督导 1997年至1998年，区教育督导室专项督导77所民办学校、9所基础薄弱初中校。2000年，专项督导全区中小学减轻学生过重课业负担情况和67所中小学、幼儿园教师队伍建设情况。2001年至2004年，先后督导北京汇文中学等5所中学创建示范性普通高中的申办工作和学校安全工作。自2005年起，督导区文汇培训学校等11所民办教育机构和初中建设工程。至2010年6月，督导6所学校校长工作。

督政 1994年至1998年，区人大常委会、区政府授权区督学室（区教育督导室），依据国家《义务教育法》《教师法》《职业教育法》等，明确区属有关委办局和街道办事处的教育执法责任。自1995年起，坚持每年对区政府进行教育执法检查。至2008年，先后对区住建委、规划分局、财政局、卫生局、劳动局、人事局和街道等进行教育执法督导检查。2009 年，检查区政府贯彻教育法教育经费使用情况及《义务教育法》《职业教育法》《未成年人保护法》等执行情况。至 2010 年 6 月，检查《北京市实施〈中华人民共和国义务教育法〉办法》实施情况，区新建、改建居民区学校配套设置情况，同时组织区有关部门开展教育执法检查和自查。

第六节 教育科研

幼儿教育科研 1994 年，区幼儿教育研究中心和市五幼等 12 所幼儿园参加《幼儿园教育目标体系与活动设计》课题研究。特级教师王月媛编写幼教用书及幼儿用书 40 本，获市“八五”教育科研优秀成果一等奖和 1995 年度优秀畅销图书奖。1996 年，市五幼《教育过程中幼儿教师适宜行为研究》被列为市“九五”规划重点研究课题。1998 年至 1999 年，区幼教中心主持的市级重点科研课题《幼儿园目标与活动课程》，获市第五届哲学社会科学优秀成果二等奖和市首届基础教育教学成果二等奖。区三幼《自我生存管理机制的建立与运行》获市基础教育教学研究优秀论文一等奖。1999 年至 2009 年，市五幼《让幼儿在探究中学科学》等 4 个课题成果，由北京师范大学等出版社发行。区回民幼儿园、育翔幼儿园、安乐幼儿园 16 个科研成果分别获中国学前教育研究会等和全国教育科研重点课题优秀教育科研成果一、二、三等奖，《在幼儿园开展民族传统文化教育的研究》等 4 个课题被市教委立项，市五幼《教师反思能力培养研究》等 4 个科研成果获市基础教育教学成果一等奖。

中小学教育科研 1994 年至 2010 年 6 月，区教育研修学院课题立项区级、市级、国家级分别为 287 项、57 项、14 项，位居全市普教系统前列。2003 年，区基础教育科研论文获市一等奖 44 篇、二等奖 57 篇、三等奖 118 篇，占申报数的 54%。2004 年，《中学教学策略应用研究》等 4 项获市第二届基础教育教学成果二等奖。2006 年 4 月，区教育科学研究所获 2005 年度市先进教育科学研究所，12 所学校获先进学校。2009 年，区教育科学研究获市第五届教育科学研究优秀成果奖 5 项、基础教育专项奖 4 项。区教育研修学院、广渠门中学和汇文中学的课题分别获市一、二、三等奖。区教育研修学院完成国家级课题《中小学优秀教师生成与发展的重要策略研究》，结题鉴定等级为良好，在全市普教系统科研课题鉴定尚属首次。

教学研究 1994 年至 2000 年，区教育研修学院开展全脑开发与学生创造能力培养实验研究。1996 年至 2006 年，该学院多次组织与台湾地区的教育教学交流、互访活动。2006 年至 2010 年 6 月，区教育研修学院开展 ICT（信息、通信和技术）在基础教育中应用的有效模式研究。2007 年至 2009 年，开展通过特色课程建设，形成学校办学特色的理论与实践研究。

1994 年至 2010 年 6 月，区教育研修学院召开学术年会 14 届，征集论文 10 784 篇，编印《崇文教育研究》73 期。

第二十二编　科　技

1978 年 4 月，崇文区成立科学技术委员会（简称区科委），管理全区科技工作。至 1993 年末，区有科技企业 347 家、技工贸总收入 0.80 亿元，有民办科技事业单位 10 家，区属企事业单位有专业技术人员 3 872 人。1994 年至 2010 年 6 月，区委、区政府制定关于加速科技进步的若干意见和措施，鼓励科技创新。同时，加大地方财政对科学技术事业的支持与投入，科技三项费用（新产品试制费、中间试验费、重大科研项目补助费）和科技功能支出分别从 1994 年的 2 万元、17.08 万元，提高到 2010 年的 135 万元、604 万元。机构和个人申请专利、获授权专利年均增长率分别为 3.70%、5.88%；14 个科技项目分别列入国家级或市级火炬、星火、重点新产品计划项目，6 项成果获市科技进步三等奖。全区建立、健全“政府推进、专家指导、社会兴办、公众参与”的科学技术普及（简称科普）工作运行机制和科普联席会议制度，加强科普设施建设，开展以传播科学思想、科学方法、倡导科学精神等内容的科普宣传。科学技术工作在全区经济与社会发展、提高城市管理水平和居民科学文化素质等方面发挥积极作用。

至 2010 年 6 月，区境内有国家级高新技术企业 14 家、技工贸总收入 29.42 亿元，有民办科研事业单位 5 家、市科普教育基地 7 个。先后有 4 个街道、8 个居（家）委会被市科委命名为市科普示范街道、科普示范居（家）委会，7 个街道被命名为市创新型科普社区，1 个街道被命名为市社区服务科技应用示范区。

第一章　科技管理服务

第一节　管理机构与科技经费

管理机构　1994 年年初，崇文区科委设办公室、综合技术科、学会管理科，代管区地震办公室，并与区科协合署办公。1995 年 8 月，区科委取消科室建制，独立设置。1996 年 1 月，成立由区长任组长的区科技工作领导小组；8 月，建立由主管副区长任主席，区 30 余个有关职能部门和群众团体的主管领导为成员的科普联席会议制度。2001 年 12 月，区地震办公室的职能移交区人防办公室，区科委引进国外智力工作移交区人事局，区知识产权工作和区科协承担的区科普联席会议办公室日常工作划入区科委。2003 年 3 月，区科协被列为区级群众团体，区科委独立设置。2005 年 5 月，区科委加挂区知识产权局牌子。2007 年，成立区全民科学素质建设领导小组，由科普联席会代行其职责。2009 年 12 月，区科委（区知识产权局）机关核定行政编制 7 人。

1994 年，区科委下属单位有区科学技术交流中心、区科技企业办公室、区科学技术协作中心。2003 年 3 月，区科学技术协作中心划归区科协管理，区科技企业办公室更名为区科技创新服务中心，承担区技术合同认定登记工作；8 月，区科学技术交流中心撤销。2008 年 5 月，区科技创新服务中心加挂崇文区生产力促进中心牌子。

科技经费 1994 年，科技三项费用、地方财政科学技术功能支出分别为 2 万元、17.08 万元。1996 年，区科委为科技企业筹措科技贷款 930 万元，区科技发展基金增至 300 万元；至 2000 年，区科技发展基金以每年 20%的速度递增。其间，区财政分 4 次返还 16 家高新技术企业 140 余万元，用于企业再发展。2010 年，科技三项费用、地方财政科学技术功能支出分别提高到 135 万元和 604 万元。科技企业总收入和上缴税费总额开始持续快速增长，分别从 1995 年的 0.88 亿元、0.04 亿元，增长到 2010 年的 18.31 亿元、2.55 亿元。

自 2001 年起，区科委每年推荐符合条件的科技人员参加市委组织部优秀人才培养资助工作的申报，至 2010 年有 8 人次获得资助。

第二节 科技创新服务

科技创新政策 1994 年至 1995 年，区科技企业实施区科委、区财政局制定的《科技发展基金管理办法》及对高新技术企业的优惠政策。1996 年，实施区委、区政府《关于加速科技进步的若干意见》《崇文区加速科学技术进步的若干措施》《崇文区科技奖励基金管理使用办法》和新修订的《科技发展基金管理办法》。同时，实施区科委、区财政局、区地方税务局制订的《关于对高新技术企业实行优惠政策的实施办法》，凡在区境注册、纳税并经市科委认定且核发高新技术企业证书的单位，从认定之日起，实行连续 4 年由区财政给予企业科技发展基金补贴。补贴总额第一年和第二年相当于企业实际上缴所得税总额，第三年和第四年相当于企业实际上缴所得税总额的 50%。实施区政府《关于加速崇文区科技进步的若干措施的通知》，凡经市科委认定，且在区境注册的高新技术企业，其所得税上交后，由区有关部门审核批准，按国家高新技术产业开发区的同等待遇，由区财政返还企业，专项用于科技发展。同时，区政府建立 100 万元科技奖励基金，奖励区优秀科技人员、优秀科普工作者和在培养、引进人才方面成绩突出的有关人员。1999 年 9 月，区科委、区财政局、区地方税务局联合成立区高新技术企业认证小组，负责区境内高新技术企业的认证初审、年度复核和有关政策的落实等工作。上述规定和政策、措施贯彻执行至 2010 年 6 月。

图22-1 2003年12月，区科委召开科技与传统工艺结合研讨会

创新服务组织 1999 年，区科委分别和北京工业大学科技处、北京大学科技开发部签订产学研合作协议，推动北京工业大学的两项科研成果向社会生产力转化。2000 年 12 月，区政府与北

京住总集团合建区企业创业园，该园位于法华南里 1 号（天铭大厦），使用面积 2 600 平方米，主要引进科技型企业入驻，促进区产业结构调整。2003 年，市科委拨款 100 万元用于区科技创新体系建设。2003 年，区科技创新服务中心成立，其承担科技企业孵化器、创新服务网络平台、传统手工艺研发基地等建设任务。2005 年，该中心为促进区各级领导科学决策，设立《崇文区经济社会发展决策参考体系》项目，分析研究社会经济发展方面出现的重点、难点问题，采用最新网络技术建立专家顾问网络平台，成为政府与专家学者之间的重要纽带和利用首都区域资源及区位优势的主要载体。2009 年 3 月 5 日，区科技促进北京（永外）时尚创意产业基地办公室成立，将科技要素注入传统流通服务领域，推动传统产业升级。

至 2010 年 6 月，区科技创新服务中心和北京东普企业公司、区企业创业园、工美凤凰集团公司共同搭建区创业孵化器体系，开展科技创新孵化基地建设，与 4 家企业签订入孵协议。其间，有数家社会力量举办的科技企业孵化器存续。

第三节　知识产权保护与技术合同认定

知识产权保护　1994 年，区境内机构、个人申请专利 186 件，其中发明专利 26 件，占总数 13.99%；获授权专利 117 件，其中发明专利 2 件，占总数 1.71%。2002 年，区私营企业者彭小平申请“御玺造型食盒”等专利 120 项；2003 年，个人申请“头罩（防菌隔离型）”等专利 225 项，连续两年在全市专利申请中排名个人第一。至 2010 年 6 月，区境内机构、个人申请专利累计 5 622 件，年均增长率 3.70%，其中发明专利 941 件，占总数 16.74%；2010 年申请专利数是 1994 年的 1.59 倍。2010 年，区境内机构、个人获授权专利累计 2 247 件，年均增长率 5.88%，其中发明专利 278 件，占总数 12.38%；2010 年获授权专利数是 1994 年的 1.94 倍。

2006 年，北京新世界商场、崇文门菜市场、崇菜物美崇文门店被市知识产权局批准为北京市“无冒充专利示范商场”。2007 年至 2010 年 6 月，区知识产权局为区境内企事业单位办理专利费用减缓证明 101 份；每年定期举办“4·26”保护知识产权宣传周活动，共举办 6 期。区知识产权局通过知识产权宣传进社区、校园、企业、商场、家庭等系列活动，以发放宣传材料、现场咨询、专题讲座、展览等形式宣传相关法律、法规和政策；组织相关单位开展全国知识产权百题竞赛、创新中国知识产权知识竞赛等活动。区知识产权局举办知识产权专题培训 10 余次，500 余人次参加。其间，组织奥林匹克知识产权及无假冒专利大检查、清查侵犯奥林匹克知识产权和进行专利商品自查等，均未发现违法行为。国泰怡安电子有限公司等 15 家单位分别被认定为市专利试点单位。

1994—2010年6月崇文区专利申请与授权情况统计表

表22-1　　　　单位：件

年份	专利申请数				专利授权数			
	发明	新型	外观	合计	发明	新型	外观	合计
1994	26	130	30	186	2	102	13	117
1995	22	121	6	149	2	85	32	119
1996	25	142	51	218	5	79	8	92
1997	27	97	53	177	2	67	49	118

续表

年份	专利申请数				专利授权数			
	发明	新型	外观	合计	发明	新型	外观	合计
1998	31	72	20	123	4	65	53	122
1999	37	104	27	168	4	88	29	121
2000	64	143	50	257	17	92	41	150
2001	60	82	33	175	8	100	38	146
2002	61	116	47	224	17	57	30	104
2003	53	154	193	400	18	69	48	135
2004	47	140	667	854	31	45	39	115
2005	52	122	756	930	22	67	29	118
2006	72	111	539	722	22	82	19	123
2007	94	104	74	272	25	108	25	158
2008	74	109	51	234	34	78	28	140
2009	68	114	55	237	31	77	34	142
2010.6	128	99	69	296	34	119	74	227
总计	941	1 960	2 721	5 622	278	1 380	589	2 247

技术合同认定 1994 年，区技术合同登记处登记合同输出数 85 份，合同成交总额 294.99 万元，其中技术交易额 264.91 万元。之后，登记合同数、合同成交总额、技术交易额呈上升趋势。2009 年，登记合同数 814 份，合同成交总额和技术交易额均为 2.85 亿余元，分别是 1994 年 9.58 倍、96.61 倍和 107.58 倍。至 2010 年 6 月，17 年累计登记技术合同（输出）1.03 万份，合同成交总额 21.21 亿元，其中技术交易额 20.58 亿元。

1994—2010年6月崇文区技术合同（输出）情况统计表

表22–2

年份	登记合同（份）	合同成交总金额（万元）	其中技术交易额（万元）
1994	85	294.99	264.91
1995	128	521.10	461.36
1996	456	14 962.25	14 840.56
1997	464	4 758.37	4 703.64
1998	681	13 801.69	9 654.61
1999	545	9 133.61	9 112.70
2000	673	14 871.52	14 681.40
2001	586	12 942.03	11 536.55
2002	611	10 170.62	10 161.62

续表

年份	登记合同（份）	合同成交总金额（万元）	其中技术交易额（万元）
2003	898	14 480.84	14 365.84
2004	881	21 397.97	21 397.97
2005	891	12 282.11	12 282.11
2006	716	8 843.75	8 746.35
2007	651	10 537.50	10 537.50
2008	805	18 776.33	18 776.33
2009	814	28 551.64	28 551.64
2010.6	432	15 773.02	15 750.22
合计	10 317	212 099.34	205 825.31

第二章 科技单位与项目

第一节 科技单位

科技企业 1994 年，全区科技企业有 347 家，注册资金近 1 亿元；有从业人员 3 600 人，其中科技人员近 3 000 人；技工贸总收入 0.80 亿元，创利税 0.05 亿元。1994 年至 2002 年，区民营科技企业和高新技术企业并存，以民营为主。民营科技企业初期有 50%左右为集体所有制和国有民营企业，其余为股份制、个体私营企业等；后期主要以有限责任公司形式为主。1996 年以后，市科委开始对高新技术企业认证，区境内高新技术企业数量逐步增加，民营科技企业认证数量逐步减少；2002 年以后，取消民营科技企业认证制，改为备案制，高新技术企业取代民营科技企业成为科技企业的主体。2008 年，根据科技部、财政部、国家税务总局下发的《高新技术企业认定管理办法》，区科委对高新技术企业重新进行认证。至 2010 年 6 月，区境内北京同仁堂股份有限公司等 14 家被市科委认定为国家级高新技术企业。2009 年，14 家科技企业技工贸总收入 29.42 亿元，创利税 2.48 亿元，分别是 1994 年的 36.78 倍、49.60 倍。

1994 年至 2010 年，全区累计认定科技企业 1 521 家，技工贸总收入 193.20 亿元，上缴税费总额 17.84 亿元。近 20 家科技企业分别获市优秀科技企业奖、市科技之光奖，天龙电子工程公司、多元电子有限公司等 5 家企业被市政府授予优秀科技企业称号，闫红等 4 名企业负责人获市优秀科技企业家称号，超能电路维修测试等 6 项产品获市优秀科技产品称号。

科技事业单位 1994 年年初，区内有民办科技事业单位 10 家。1996 年，发展到 42 家；经重新审核登记，留存 30 家。2000 年，清理、注销不具备开展活动条件的民营科技事业单位 6 家。2001 年，对民办科技事业单位再次进行审核登记，保留 3 家，其他分别注销、转制成企业或民办非企业法人单位。2007 年，区境内有崇文区元恒本草毛发研究中心、崇文区中藏医药研究院 2 家民办非企业法人单位。至 2010 年 6 月，区境内有中国兵器研究院京能电源技术研究所等 5 家民办科技事业单位。

2010年6月崇文区国家级高新技术企业一览表

表22-3

序号	企业名称	证书编号	证书日期
1	北京同仁堂股份有限公司	GR200811000416	2008.12.18
2	北京国泰怡安电子有限公司	GR200811000881	2008.12.24
3	北京松上技术有限公司	GR200811001223	2008.12.24
4	北京晶珠医药企业管理有限公司	GR200911000082	2009.5.27
5	北京市崇文区中藏医药研究院	GR200911000119	2009.5.27
6	北京市大维同创医疗设备有限公司	GR200911000120	2009.5.27
7	京健科健康科技（北京）有限公司	GR200911000199	2009.5.27
8	博隆建亚科技（北京）有限公司	GR200911000361	2009.6.12
9	彩通视界（北京）科技有限公司	GR200911000567	2009.6.12
10	北京太阳帆科技开发公司	GR200911000756	2009.6.26
11	北京精博科技发展有限公司	GR200911000958	2009.7.23
12	北京市京能电源技术研究所有限公司	GR200911001009	2009.7.23
13	大道信通（北京）科技发展有限公司	GR200911001076	2009.7.23
14	北京天鸿圆方建筑设计有限责任公司	GR200911002029	2009.9.04

1994—2010年6月崇文区科技企业情况统计表

表22-4

年份	科技企业数量（个）	总收入（亿元）	税费总额（亿元）
1994	347	0.86	0.05
1995	407	0.88	0.04
1996	297	1.50	0.07
1997		1.85	0.10
1998		2.05	0.10
1999	71	2.38	0.24
2000	85	3.80	0.14
2001	91	4.90	0.24
2002	95	14.50	0.98
2003	23	17.70	1.70

续表

年份	科技企业数量（个）	总收入（亿元）	税费总额（亿元）
2004	20	16.57	1.70
2005	17	21.84	1.65
2006	14	20.83	2.03
2007	23	22.11	1.97
2008	3	13.76	1.81
2009	14	29.42	2.48
2010.6	14	18.32	2.55

第二节　科技项目与成果

科技项目　1994年至2010年6月，列入区科技发展计划的项目共251个，主要涉及电子信息技术、制造业、传统手工艺、医疗器械、医药卫生、城市管理、节能环保等领域。1998年至2005年，全区被列为市级火炬计划项目10个：北京多元电气有限公司的传真机开发生产和卧式螺旋离心分离机、北京天桥北大青鸟科技股份有限公司的青鸟个人消费信贷管理系统和青鸟IC卡密钥管理系统Ver1.0、北京国泰怡安电子有限公司的GT2000集散型火灾智能报警控制系统和智能火灾报警和消防联动控制设备、北京市施力强机电一体化技术研究所的BGW010325型金属薄壁拱形屋顶成型机组及工艺、北京拓普分析仪器有限公司的DEM-III型自动酶标洗机、北京昆仑星辰科技有限公司的电网谐波在线监测与分析系统、博隆建亚（北京）有限公司的超速车辆自动监控系统等。2004年至2009年，被列为市科委支持的科技项目有：数字崇文地理信息系统、京城百工坊科技研发基地建设、基于ASP模式的百荣电子商务平台建设、永外服装设计公共服务平台建设、百荣顾客智能引导平台建设等。2005年至2009年，被列入市科委主题项目有5项：龙潭湖体育产业园科技示范基地、龙潭湖节水和再生水利用的研究与示范、信息技术在社区监督服务中的应用、崇文区传统技艺保护与传承数据库建设示范、崇文区住建委办公大楼能效监管平台。

2000年至2005年，全区被列入国家科技项目的4项：北京汉华康科贸有限责任公司的1号优质蓖麻种子培育技术推广项目被列为国家级星火计划；北京同仁堂股份有限公司的儿感清口服液项目、北京松上技术有限公司的A-6型半自动生化分析仪项目分别被列为国家级火炬计划；北京多元电气有限公司的MHW-II-J中央净水设备项目被列为国家重点新产品计划。

图22—2　2003年11月，市科委工作人员到百工坊进行调研

科技成果　1994年至2010年6月，

全区有 123 个项目获区科技进步奖，其中有一等奖 19 项、二等奖 43 项、三等奖 61 项。1998 年至 2009 年，区园林局的长绿色期及冬季有色植物在北京园林绿地中的示范应用、北京市珐琅厂景泰蓝二代产品的设计、北京国泰怡安电子有限公司的 GT 2000 集散型火灾智能报警控制系统、北京自动化仪表二厂的光电式模拟量智能型火灾自动报警控制系统、区国税局的税务数据自动采集和计算机读卡接收系统、北京松上技术有限公司的 A8 全自动生化分析仪等 6 项成果先后被评为市科技进步三等奖。

1994—2010年6月列入崇文区科技发展计划项目统计表

表22-5　　单位：个

年份	项目数	年份	项目数	年份	项目数	年份	项目数	年份	项目数
1994	13	1998	24	2002	9	2006	21	2010.6	18
1995	14	1999	5	2003	8	2007	21		
1996	16	2000	9	2004	10	2008	24		
1997	16	2001	9	2005	23	2009	11		

第三章　科学技术普及

第一节　科普人员　经费与设施

科普人员　1994 年至 2002 年，各街道、区有关委办局和企业设科普联络员 35 人。2003 年，全区各街道建立科普志愿者组织，有科普志愿者 6 773 人。2004 年，全区有科普活动专兼职人员 787 人、科普志愿者 6 773 人。2005 年，有科普活动专兼职人员 591 人、科普志愿者 3 148 人。2006 年以后，科普活动专兼职人员逐渐增多，科普志愿者人数逐渐减少。至 2009 年，科普活动专兼职人员增至 1 254 人，由于专兼职人员的增多，科普志愿者减少到 509 人。

科普经费　1994 年至 1995 年，区政府专项科普经费拨款每年不足 5 万元，1996 年增至 5 万元。自 2000 年起，科普经费逐年增长；至 2010 年 6 月，财政专项科普经费累计拨款 540 万元，其中 2010 年 90 万元，是 1994 年的 18 倍。全区居民人均科普经费从 1994 年不足 0.10 元增至 2.46 元。

2000—2010年6月崇文区科普专项经费拨款统计表

表22-6　　单位：万元

年份	2000	2001	2002	2003	2004	2005	2006	2007	2008	2009	2010
数额	22	26	34	42	42	46	56	60	69	73	90

科普设施　社区科普设施　2000 年至 2003 年，在天坛北门西园子二巷南口东侧建成区级科普画廊，长 27 米；之后，龙潭街道建成 32 米长的社区科普画廊；崇文门外街道建成百米科普画廊。

全区陆续建立科普画廊14个，总长度499米。其间，区级科普画廊因周边居民区拆迁而拆除。

2001年，区科普资料库在全市率先建立。2002年8月，天坛街道金鱼池社区信息系统试运行，为全市首家数字式互动型科普社区。至2003年，东花市、体育馆路、前门、永定门外4个街道建成社区图书馆；区科委、区科协、区图书馆联合在东花市、体育馆路、前门3个街道建立社区科普图书“一卡通”系统，社区居民可在社区图书馆、区图书馆或任意系统覆盖的图书馆借阅或预约借阅图书。2004年，区境内建立全国首家设计专业公共图书馆和全市首家老年益智活动室。

青少年科普设施　2002年，体育馆路街道建立全国首家社区青少年科学工作室。2003年，区青少年科技馆进行科技创新活动学科布局调整和重组，创建以激光与光电子科学工作室、创新教育科学工作室等8项活动内容为主题的科技创新活动体系，并建成青少年创新百工坊。2004年，崇文区第二幼儿园建立北京市首家幼儿科技馆，体育馆路小学建立气象监测站等。2005年，北京第十一中学建立科技教育平台。2006年至2007年，北京自然博物馆设计制作“宝宝探索乐园”“植物世界”等展览，并对社会开放；北京市规划展览馆完成4D动感影院“游览北京”等4大高科技与观众互动项目。2009年，区科委争取市财政资金80万元，实施《崇文区中小学多点触摸科普互动平台建设》。科普益民计划项目全面实施。

教育基地　2000年，北京汇文中学天象厅、北京游乐园科普园区被市科委命名为市科普教育基地。2008年至2009年，北京自然博物馆、北京教学植物园、北京市规划展览馆、区青少年科技馆、北京睦明堂古瓷标本博物馆等5个单位被市科委命名为市科普教育基地。至2010年6月，全区有市科普教育基地7个。

第二节　科普活动与表彰

科普活动　1994年至2010年6月，全区中小学校每年组织学生举办科技节活动（2004年以前称“爱科学月”），共举办17届。每年确定一个主题，如青少年爱鸟周，征集小发明、小创造、小革新、小作品等活动。其间，区青少年科技馆、区青少年科协及各校，利用双休日和寒暑假组织部分中小学生到中国科技馆、天津自然博物馆等地开展科技传播一日营、科技参观考察和科技影像放映等系列活动201次，中小学生科普覆盖面达100%。

1994年，全区中小学校组织学生参加北京市科学创造发明活动，获总成绩第一。1998年，在中国北京第五届（OM）头脑奥林匹克比赛中，全区23所中小学的32个代表队参赛，获奖项目占全市近三分之二；6月初，汇文中学天文组在中国天文学会“全国狮子座流星雨观测竞赛”中，获摄影类全国一等奖。1994年至2000年，区教委、区科协等举办航空、航海、车辆模型科技科普培训班、科技辅导员培训班、学生科技骨干等培训班338个，培训学员5 851人。2002年，在全国青少年科技创新大赛中，崇文小学获全市中小学生科技活动最高成就奖——金鹏科技奖。2003年，在全国青少年科技创新大赛中，崇文小学的小发明《冲水马桶附加水箱》获一等奖。2004年，在各级各类科技竞赛活动中，全区参赛学校面保持在50%至70%，参赛学生13 655人次，征集各类科技作品1 257件（篇）。2006年，在北京青少年科技制作大赛中，区小学组代表获团体总分第一名。至2010年6月，全区各校中小学生在“我爱祖国海疆”全国海模比赛、全国青少年科技创新大赛、北京青少年科技创新大赛、“明天小小科学家”、第五十九届英特尔国际科学与工程大赛等活动中，先后有66人获奖，36人受表彰。

1994年至2010年6月，全区街道、医疗、文化、商业等各系统及单位，每年坚持开展科技周活动，开展各类科普活动累计 1 730 项次，百余万人受益。科技周活动以科普宣传咨询为主，辅以义诊、征集论文、文艺演出、科普导购、科普下乡等形式。区科委与区医学会共同组织医院专家先后到房山区十渡、河北镇、琉璃河等地开展义诊，与区图书馆共同举办科普图书下乡活动，与区商委在主要大街、商场开展以“科技为您创造美好生活”为主题的科普促销活动；同时，开展科普夜市、生活小窍门、科普互动展、科普进工地等特色活动，受到群众欢迎。

1997 年至 2010 年 6 月，区科委、区科协每年在龙潭公园春节庙会期间举办科普游园，通过科普知识展览、发放科普条例及相关宣传资料等，向游客普及科学知识、倡导科学方法、传播科学思想。共举办专场科普展览 14 次，接待游客超过 50 万人次。自 1999 年起，全区每年开展 1 次科普之夏活动，主要由各街道组织。通过科普之夏文艺晚会、科普知识擂台赛、科普谚语谜语有奖竞猜、食品专家社区行、黑板报和书画展、摄影比赛、家庭趣味运动会等形式，宣传环境保护、节能减排、食品安全、防灾减灾、健康健身、流感预防等科普知识。每年活动项目 100 余项，参加活动群众近 10 万人次。

2001 年，区科委在全区范围内，组织开展“保障人权，反对邪教”百万公众签名活动，社会各界 1.30 万人参加。2003 年至 2004 年，启动“6·29”全国科普行动日活动。开展防治“非典”科普知识宣传活动，向中小学校和社区发放 15.60 万份宣传材料和挂图、展板；在区信息网上建立“珍视健康、抗击‘非典’”专栏。科普联席会各成员单位、各街道、社区居委会还利用健康教育大课堂等形式，宣传高致病性“禽流感”防治工作。2005 年，开展以“建立崇尚科学，反对邪教的和谐社区”为主题的群众反邪教警示教育活动，组织读书活动 226 次，举办健康大课堂 271 讲。2006 年，在天坛公园开展反邪教警示教育进公园活动。2007 年，区科委与区有关部门组织崇文家庭数字生活技能大赛，在全市决赛中，区代表队取得团体第一名。2009 年，为来自汶川与茂县地震灾区的羌族和藏族青少年、北京关爱学校孤儿等举办专场科普展览。

2004 年，区科委与区成人教育学会、7 个街道办事处共同举办以“社区科普与社区建设”为主题的区首届科普论坛；至 2006 年，全区举办三届社区科普论坛，并组织完成《金鱼池科普模式的研究》课题。2004 年，区环保局和区教委联合举办以“崇文环保我先行”为主题的环境保护科学论坛，35 所中小学校参加，收到作品 105 件。2005 年，区科委与区青少年科技馆分别承担并完成市科协重点课题《社区心理科普促进和谐社区构建研究》、国家科技部科普基金重点科研项目《未成年人科普方式研究》、子课题《青少年科普教育创新活动项目研究》。2006 年，全区 7 个街道分别开展《论社区科普工作与社区发展的关系》《加强社区青少年科普教育浅议》等课题的软科学研究，并开展《城区科普资源调查》《新北京新奥运科普联合行动》《科普特色建设工程》《青少年科技活动示范工程》的研究。2006 年，在全市学术交流月期间，区科委向所属团体征集科普论文 45 篇。2007 年，北京教学植物园撰写各种科普文章 100 余篇；由该园教师设计的气体对植物影响的教具获科教创新北京市一等奖、全国一等奖和十佳奖，“走近莲（荷花）”获市科教创新方案类一等奖、全国二等奖。

图22—3　2003年6月29日，区举办全国科普行动日启动仪式

科普表彰　先进集体和个人　自1996年起，市科委开始表彰科学技术普及工作先进集体、先进个人。至2010年6月，区科协等8个单位被市科委授予市科学技术普及工作先进集体称号；23人被授予市科学技术普及工作先进个人称号。体育馆路小学等89个单位被区科委授予区科学技术普及工作先进集体称号，305人被授予区科学技术普及工作先进个人称号。

示范街道、社区（居委会）　1998年至2000年，崇文门外、体育馆路、前门、龙潭4个街道被市科委命名为市科普示范街道，崇文门外街道花市上二条居委会和花市上三条居委会、天坛街道天坛医院家委会、体育馆路街道法华南里居委会和东厅居委会、龙潭街道火桥北里居委会、永定门外街道景泰东里居委会、前门街道得丰居委会被市科委命名为市科普示范居（家）委会。2002年，东花市街道的科普型社区创建工作通过市科普联席会议办公室验收。

2008年至2010年6月，区政府对科普设施项目专项资金拨款326.50万元，用于全区创新型科普社区建设。天坛街道金鱼池中区社区和永内大街社区、东花市街道枣苑社区和南里社区、体育馆路街道国家体育总局社区、永定门外街道杨家园社区、前门街道前门东大街社区等7个社区被市科委命名为市创新型科普社区。2009年，东花市街道被市科委命名为市社区服务科技应用示范区。

第二十三编　文　化

1978年3月，崇文区成立文化办公室。1981年8月，在文化办公室内设文物管理所。1981年12月，文化办公室改为文化局。1984年7月改为文化文物局。1993年年底，崇文区基础文化娱乐场所以“三馆一宫一湖”（文化馆、图书馆、档案馆、工人文化宫、龙潭湖）为主，有影剧场、电影院、歌舞厅、书店、报社、出版社等142家。1996年，区政府制定《关于加快崇文区文化发展的若干意见》。至2000年，全区文化场所和文化经营单位增至490余家，以家庭文化、胡同文化为代表的群众性文化活动兴起。2003年，区政府提出《关于进一步加强基层文化建设的意见》。区文化委员会（2001年更名，简称区文化委）制订文化设施配套方案，规定在新建和改建居住区的公共设施中建设相应文化设施，全区形成以文化馆、图书馆、工人文化宫为中心，以街道文化站、社区文化室为基础的群众文化活动网络。2004年，区委确立把崇文区建成现代化都市文化休闲区的奋斗目标，提出“文化立区”理念，进一步推动文化事业发展。崇文区先后建成明城墙遗址、龙潭湖等15个文化广场，人均文化广场面积居全市前列，形成以“三节”（春节龙潭庙会、明城墙文化体育节、金鱼池社区节）为中心的文化事业与文化产业并举的发展格局。至2010年6月，全区有图书馆1所、影剧院4家、歌舞厅52家、电子游戏厅8家、网吧31家、书店43家、音像店46家、报社和出版社等63家，有区、街道、社区三级文化团队136支。区图书馆等单位多次获全国文化先进集体等称号，区文联、文化馆创作的各类文学、文艺作品和活动有百余项获国家级及省部级奖项。

自2002年起，市、区政府拨付资金，相继抢险修缮区境内国家级、市级、区级文物保护单位。2010年6月，全区有国家级文物保护单位4处、市级9处、区级9处，北京市历史文化保护区1处。

自2006年起，全区开展非物质文化遗产（简称“非遗”）保护工作，2007年、2008年，崇文区被文化部分别授予“非遗”保护工作先进集体和中国民间文化艺术（手工艺）之乡。至2010年6月，全区入选国家级“非遗”名录16个、市级36个、区级70个；被命名为国家级“非遗”传承人16人、市级37人，形成独特的“非遗”文化品牌。

第一章　文化设施

第一节　文化馆（站）

崇文区文化馆　位于崇文门外大街119号，建筑面积为7 806平方米。1994年，馆内主要活

图23－1　2002年，新建成的区文化馆新馆大楼

动有：组织基层单位文艺演出、比赛和各种展览及业余文艺团队的培训等，进行音乐、舞蹈、戏剧、曲艺等文艺节目的编排与辅导，进行美术、摄影、文学影视的创作与摄制。至1996年，该馆举办美术、电子琴、舞蹈等14个门类培训班，培训文艺骨干4 800余人次。1995年至1996年，由区文化馆与深圳科龙公司联合制作，馆内人员郑小龙创作的28集电视连续剧《办案四人组》在北京及全国多家电视台播出。该馆还与市群众文学会联合编辑出版《大观园》崇文专号，汇集全区近年创作的各门类优秀作品34件、10余万字。2000年，创作舞蹈《快乐小丫》获全国第十届群星奖金奖。

2001年11月，改造崇文门外大街时，区文化馆被拆除，该馆暂迁至永定门外文化站办公。2002年，新馆在崇文门外大街7号落成并回迁，面积8 900平方米。馆内增设多功能厅、古筝教室、综合教室、电子阅览室、“非遗”展室、钢琴教室等。新馆建成后，文化活动内容和创作不断增加。2001年至2002年，该馆组织创作的长篇报告文学《文化馆长》、长篇小说《成长的欲望》，分别由中国文联和中国工人出版社出版。2006年12月，《文化崇文》创刊。2007年，创作表演群口快板《争当奥运志愿者》，获全国第十四届群星奖大奖。2008年11月，该馆创作声乐作品《北京叫卖声》，获第六届全国“四进社区”文艺展演活动银奖。同年，该馆被文化部评为一级文化馆。至2009年，活动内容相继增加古筝、影视表演、武术散打、跆拳道、老年书画等，达17个门类。该馆举办培训班425期，培训文艺骨干9 965人次。其间，接待韩国、日本等国外宾客参观和交流。该馆连续3年被首都精神文明建设委员会评为首都文明单位。

街道文化站　1994年，全区7个街道各建1个文化站，总建筑面积2 045平方米。1999年至2003年，7个街道在文化站基础上先后建成文化服务中心，总建筑面积7 546平方米，其中面积最小的为70平方米，最大的2 700平方米。文化服务中心均设有图书室、棋牌室、舞蹈室、健身房等文化活动室，年接待参加活动的辖区居民11.15万人次。

2010年6月崇文区街道文化服务中心（站）统计表

表23－1

街道	建成年份	地址	面积（平方米）	年接待人数（人次）
前门	1999	前门东大街甲12号楼	600	5 000
东花市	2000	枣苑社区8号楼	2 700	1 500
崇文门外	2003	西花市南里14号楼	1 500	20 000
永定门外	2003	没有独立用房		30 000
龙潭	2003	夕照寺华城小区	70	20 000
天坛	2003	永定门东街中里7号	1 176	15 000
体育馆路	2003	东四块玉南街甲11号	1 500	20 000

第二节　图书馆

崇文区图书馆　位于幸福大街甲28号。1994年，藏书32.60万册，借阅书刊14.50万人次、311.80万册次，获全国一级图书馆和全国文明图书馆称号。从1995年起，区图书馆定期到军营、社区、学校流动送书，1995年获全国文化先进集体称号。1997年，被评为首都文明单位。2000年，被评为全国读者喜爱的图书馆。2002年，区图书馆落实《北京市图书馆条例》，取消闭馆日，全年对外开放。同年，成立信息咨询部，面向政府机关、企事业单位，为区域经济、文化发展提供相关信息服务，协助开展课题研究。该馆成为市馆际网络互联首批试点单位之一，以全市统一的智慧2000图书馆管理系统，替换已使用14年的ILAS图书馆管理系统。2004年，该馆建立国内首家设计公共图书馆，并成为市“一卡通”成员馆。2005年，获全国精神文明建设工作先进单位。自2005年起，区财政每年拨款百余万元，区图书馆年均购书3万余册。2006年，完成区科普文献数据库平台项目，建成传统手工艺文献数据库、首都图书馆传统手工艺分馆。2007年，区图书馆构建数字馆藏、虚拟馆藏，持“一卡通”读者可享用电子图书和期刊数据库信息资源。2008年开始，作为“政府信息公开查阅处”为读者提供政府信息查询服务，实行免费办证和“无门槛”全开放式服务。还经常举办报告会、讲座，开展读书月、世界读书日、红领巾读书读报等多种读书活动。2008年，区图书馆获全国文明单位称号。至2009年，区图书馆连续几年被评为首都文明单位标兵。2009年，区图书馆旧楼拆除，拟在原址建设区文化活动中心，其中部分楼层归图书馆使用。新馆筹建过渡期间仍对读者开放，期刊阅览室等设在崇文门外大街正仁大厦6层，外借部等设在花市火德真君庙。2010年5月，在左安门值房开设书刊借阅室。至2010年6月，区图书馆固定资产总值1 196.91万元，馆藏图书19.58万种、67.41万册；图书借阅394.31万人次、526.64万册次，以文学类书籍借阅居多；为读者办理“一卡通”3万余张，持卡读者可在全市公共图书馆通借通还。

图23－2　1994年至2009年，崇文区图书馆荣获的各种奖杯和奖牌

社区图书馆　2001年，东花市街道建成全市首家网络社区图书室。至2003年，全区7个街道社区图书馆建成，并加入全国文化信息资源共享工程和北京市“一卡通”网络。全区社区图书馆总面积600平方米，总藏书量6.54万册。

学校图书馆　1994年，全区有小学图书馆40个，馆舍面积900余平方米，藏书28万余册；中学图书馆31个，馆舍面积3 500余平方米，藏书62万余册。至2010年6月，全区有小学图书馆20个，藏书总量55万余册。其中，光明小学和北京第一师范学校附属小学藏书量均达8万册，光明、前门、体育馆路小学图书馆使用计算机管理。中学图书馆15个，藏书总量97.56万余册，其中藏书10万册以上的有3个。北京汇文中学图书馆藏书12万册，2008年至2009年，北京汇文中学图书馆被中国图书馆学会中小学委员会评为全国中小学图书馆先进集体。

2010年6月崇文区街道社区图书馆统计表

表23-2

名称	地址	建馆时间	馆舍面积（平方米）	藏书量（万册）
东花市街道社区图书馆	东花市北里西区13号楼	2001.8	90	1.18
前门街道社区图书馆	前门东大街甲12号楼2层文化中心	2001.8	70	0.50
体育馆路街道社区图书馆	东四块玉甲11号	2001.11	140	0.95
崇文门外街道社区图书馆	崇文区都市馨园小区20号楼地下室	2003.8	100	0.44
龙潭街道社区图书馆	龙潭街道华城小区荣华座地下2层	2003.8	70	0.86
永定门外街道社区图书馆	安乐林85号	2003.8	100	1.60
天坛街道社区图书馆	西草市74号	2003.8	30	1.01

2010年6月崇文区中学图书馆统计表

表23-3

名称	地址	建馆年份	馆舍面积（平方米）	藏书量（万册）
汇文中学	培新街6号	1935	1 100	12
第十一中学图书馆	金鱼池西区1号、东晓市街101号	1950	1 089	7
第五十中学图书馆	夕照寺大街13号	1953	600	9.50
广渠门中学图书馆	白桥大街甲1号	1954	896	8
第五十中学分校图书馆	安乐林路14号	1956	138	7
第一零九中学图书馆	幸福大街43号	1958	500	11.26
第九十六中学图书馆	崇文门西小街3号	1958	280	5.30
第一一四中学图书馆	西革新里114号	1966	90	3.10
崇文门中学图书馆	东花市北里西区5号	1968	80	4.20
龙潭中学图书馆	板厂南里3号	1969	285	4
第一七九中学图书馆	左安浦园4号楼	1974	180	4.15
前门外国语学校图书馆	前门东大街甲14号	1996	272	4.06
文汇中学图书馆	广渠门外忠实里东区9号	1997	497	4.31
第十一中分校图书馆	天坛南里14号	1998	288	3.58
北京现代职业学校图书馆	永定门内东街7号	1999	1 068	10.10

第三节　博物馆　展览馆

博物馆　北京自然博物馆　1951年4月，中央自然博物馆筹备处成立，在故宫博物院东华门内文华殿、传心殿、清史馆等处办公和展出，房屋总面积5 137平方米。1956年，市政府于区境内天桥南大街筹建新馆，1958年竣工进驻。馆南北长112米、东西宽61.20米。主体2层，高15.50米；局部3层，最高处24米，整体建筑俯视成T字形。1962年，命名为北京自然博物馆，是新中国依靠自己力量建立的第一座大型自然科学类博物馆。1992年，香港实业家田家炳先生和市政府共同投资500万元兴建标本楼——田家炳楼，其面积3 600平方米，是国内同类馆中规模大、设备好、功能全、使用价值高的标本馆。2002年，南扩延长展览楼，俯视博物馆为矩形。建筑规模由最初的0.96万平方米扩至1.85万平方米，展览面积9 988平方米，后两次扩建在外观上均保持原有建筑风格。该馆主要从事古生物、现生生物和人类学标本收藏、科学研究、科学普及工作。2008年，被国家文物局评为国家一级博物馆。至2010年6月，馆藏标本数量超过17万件，质量在国内名列前茅。该馆承担完成国家和市有关科学研究课题，陈列展览水平在国内处于领先地位。该馆被中宣部和市政府命名为全国青少年科技教育基地、市爱国主义教育基地。年接待参观者50万人次。

京城百工坊博物馆　位于光明路乙12号。该馆前身为京城百工坊，建于2003年11月。由市、区两级政府共同立项、扶持，北京工艺美术行业协会联合上海、江苏、陕西等8省市工艺美术行业协会合建，建筑面积4.20万平方米。该馆设30余个特色工艺坊，100位大师工作室，工艺、技艺门类超过200种，收藏1.70万余件大师作品，其中有景泰蓝、玉雕、牙雕、雕漆、金漆镶嵌、花丝镶嵌、宫毯、京绣等“燕京八绝”精品。所有进入百工坊的大师必须带徒弟，使传统技艺得以继承、创新。2005年3月，京城百工坊正式对外开放。2006年1月，市文物事业管理局向该坊颁发百工坊博物馆证书。

图23—3　2007年，京城百工坊博物馆

花市社区博物馆　2006年，东花市街道利用花市枣苑地下空间建设花市社区博物馆，面积960平方米。2008年9月正式对外开放，为全市首家社区博物馆。该馆突出地域文化个性，以东花市历史文化为主线，集中展示花市地区绢人、绢花、绒鸟、北京料器、玻璃葡萄等民间手工艺品的由来、制作、特色、发展过程，配以图片、史料、文字说明。该馆年接待2 000余人次，除市内居民外，还接待日本、巴基斯坦、韩国等国际友人。

同仁堂中医药博物馆　2006年，同仁堂中医药文化进入首批国家级“非遗”名录。为传承和弘扬中医药传统文化，北京同仁堂（集团）有限责任公司出资2 000余万元，建设博物馆和搜集文物。馆址在东兴隆街52号清末太监李莲英故居，建筑面积700余平方米，2006年3月修建，2007年3月正式开馆。该馆以传统中医药文化为基础，陈列展出新石器时代、春秋战国时期、汉、晋、唐、宋、元、明、清及民国等各个历史时期约1 000余种珍贵中医药文物，清晰再现同仁堂创业、发展的历史脉络，展示同仁堂中医药“重质量、讲诚信”的深厚文化底蕴。

北京公交博物馆　位于法华寺街91号（原北京电车修造厂内）。2007年，北京公交集团筹建北京公交博物馆。2009年底正式对外开放。该馆展览面积约3 900平方米。通过展板、实物、多媒体等形式展现北京城市公共交通起源与发展的百余年历史。

中华民族艺术珍品馆　位于金鱼池中区24号。由区国资委投资建设，2008年7月正式开馆。展馆5层，面积1.50万平方米。一层为中国工艺美术大师馆，展示中华人民共和国成立后国家工艺美术行业发展水平的代表作品，其中部分作品首次面世，还展示藏传佛教的唐卡艺术珍品；二层为北京艺术珍品馆，展示“燕京八绝”代表作品；三层展示56个民族起源、历史发展、国家对民族文化的保护与传承及民族艺术珍品；四层为国务礼品馆，展示自1949年以来国际友人向中国馈赠的各类礼品；五层为“非遗”珍品馆，展示近百种受国家保护的“非遗”代表作品。

中国铁道博物馆正阳门分馆　位于天安门广场东南侧京奉铁路正阳门东车站旧址。2008年8月，由铁道部建成正式对外开放。地上3层为长期展览，地下1层为沙盘及模型展示。博物馆用文物和历史图片展示中国铁路130余年从屈辱、奋争、兴盛走向辉煌的历史。

展览馆　北京规划展览馆　位于天安门广场东南侧，由原燕京前门商厦改建而成。2004年9月正式对外开放。展馆建筑面积约1.60万平方米，展览面积约8 000平方米，是全面展示北京城市规划建设发展历史、现状和未来的大型主题展览馆。该馆共4层，有北京古城变迁、北京历史文化名城保护、商务中心等展区。该馆有图片约1 200张、说明词10万字，配有反映各部分内容的宣传短片及查询触摸屏。展馆3层有按1∶750比例制作的北京城市规划模型图。

第四节　影剧院

1994年，区境内有广和剧场、文化馆剧场、工人文化宫、崇文影剧院、花市电影院、天坛南里电影院6家剧场影院。其中花市电影院、天坛南里电影院为专营影院，其余4家除放映电影外，还演出文艺节目。20世纪90年代中期，为提高经济效益，各剧场影院改变单一电影放映模式，增开录像厅、舞厅、游戏厅、旱冰场等。天坛南里电影院更名为天坛南里文化娱乐中心。至20世纪90年代后期，广和剧场、崇文影剧院、天坛南里文化娱乐中心陆续停业。2000年、2003年，随着广安大街（崇文段）拓宽和东花市三期危旧房改造工程启动，文化馆剧场、花市电影院先后被拆除。

1997年，位于幸福大街44号的区工人文化宫剧场与山东省聊城杂技团合作，举办旅游杂技演出。2001年4月，经市文化局、旅游局验收，该剧场成为市旅游定点演出场所。2004年4月，该剧场与北京天创寰宇功夫剧院有限公司签订协作合同，更名为红剧场。11月，剧场完成前立面装修。该剧场建筑面积4 000余平方米，舞台建筑面积400余平方米，有现代灯光音响设备、大型宽银幕，观众席位近1 000个，同时兼营电影放映。

2004年10月，位于崇文门外大街40号搜秀城9至10层的北京搜秀影城开业。该影城设有5个数字化影厅，采用的数字机为世界著名品牌Barco（巴可）及GDC（环球数码创意科技有限公司）服务器；影城有686个座位（含一个17座贵宾小厅）。开业首年票房收入965万元，每年增幅20%以上；2009年突破2 000万元，年接待观众近50万人次。同年4月，花市影联百老汇影城在花市电影院原址（西花市大街）重装开业。地上1层至地下2层有8个厅、座位1 018个，使用增益1.8的超大银幕，数字厅银幕使用增益2.2技术。同年5月，本山传媒（北京）有限公司——刘老根大舞台落户阳平会馆，内置座位380个。

至2010年6月，区境内有北京搜秀影城、花市影联百老汇影城，红剧场、刘老根大舞台4家影剧院。

第五节　歌舞厅　游戏厅　网络服务场所

歌舞厅　1994年，区境内有歌舞厅39家、从业人员约160人，主要为交谊舞活动场所，每天接待约200人，年收入约30万元。20世纪90年代中后期，天坛公园和龙潭公园开设两个露天舞场。当时，群众文化生活相对贫乏，歌舞厅成为人们业余文体活动的重要场所。

21世纪初，量贩式歌舞厅逐步流行。2002年12月，新世纪钱柜歌舞厅入驻崇文门外大街9号，成为北京最早的量贩式歌舞场所之一。钱柜歌舞厅凭借包厢、一流音响设备、餐饮娱乐一条龙服务，吸引众多消费者。同时，北京乐圣餐饮娱乐有限公司注册的乐圣量贩式歌舞厅开业，位于崇文门外大街9号（正仁大厦南段1至3层）营业面积2 112平方米。2004年6月，北京天王星娱乐有限公司注册的天王星歌舞厅开业，位于珠市口东大街12楼3层，营业面积4 369.20平方米，日客流量约2 000人。2010年6月，区境内有歌舞厅52家、从业人员1 398人，总营业面积4万余平方米。

游戏厅　1985年，区境内只有1家电子游戏厅，是由原羊市口文化站从区图书馆借用2台日本进口电子游戏机开办的。1996年，增至33家。但一拥而上的电子游戏行业内部秩序混乱，无证经营、非法接待未成年人、利用电子游戏机变相赌博等违法现象日趋严重。1999年至2000年，区相关执法管理部门取缔证照不齐、存在治安和消防隐患的电子游戏厅，有的因经营困难自行停业。2000年以后，电脑普及，网吧兴起，电子游戏厅经营整体萎缩。同年6月，国务院办公厅转发文化部等部门《关于开展电子游戏经营场所专项治理意见》的通知。经专项治理，2002年，区电子游戏厅减至9家。至2010年6月，仅有北京利波游戏厅等8家。

网络服务场所（简称网吧）　2002年，区境内有网吧44家。2003年年初，依据市政府对互联网的新规定，重新审核批准17家，因证照及安全隐患等问题未通过审核27家。审核后的区内第一家网吧——北京前艺世纪上网服务有限公司在前门大街甲2号注册开业，面积400平方米，终端设备数量103台。2005年7月至10月，开展全国网吧行业调查工作，区境内上报网吧15家。2006年3月，市网吧协会区工作委员会成立，加强对网吧的经营管理。至2010年6月，区境内有北京瑞兆通上网服务有限公司等网吧31家、从业人员181人，营业面积1.25万平方米，终端设备数量4 525台。

第二章　群众文化活动

第一节　社区与广场文化活动

社区文化活动　自1996年起，中老年交谊舞、民间秧歌、新秧歌大赛等社区文化活动受到居民欢迎。区文化文物局（后称文化委）联合区相关部门，每年推出讲故事比赛、卡拉OK大赛、家庭绝活展示等 3 项以上家庭文化系列活动。1999 年，区文化委在天坛公园花卉市场举办“家家有鱼”鱼展活动，7 个街道数十个家庭选送 20 余个品种 300 余尾观赏鱼参展，数千人参观，《北京晚报》《中国文化报》等做报道。2001 年，全区举办家庭才艺大赛，群众积极参与。2005 年，区保安文化艺术培训基地揭牌，文化馆工作人员对驻区保安人员进行声乐、文明礼仪培训。保安战士参加北京电视台第二届新秧歌大赛。2005 年，区举行以“平等关爱　共建和谐家园”为主题的文艺演出，慰问外来建设者。2006 年，数字电影进社区、进学校、进工地，为社区居民及弘善、国瑞城建设工地工人等免费放映 800 余场，万余人次观看。2007 年，全区举办讲笑话大赛，居民自编自演，场内外欢声笑语不绝于耳。2009 年，全区开展“个十百千万”群众文化系列活动，即举办一个大型展览、推选十个公德人物、组织百项文化活动、放映千场电影、万人参与歌咏比赛。当年 6 月，区委宣传部、区文明办、文化委、妇联、市民学校共同主办才艺大赛复赛，7 个街道、21 个节目参加，并组织低保家庭居民到长安大戏院观看演出。

广场文化活动　1996 年至 2008 年，区政府相继拨款建设明城墙遗址、永定门、龙潭公园、玉蜓公园和五环等 15 个文化广场。区人均文化广场面积居全市前列。每年夏季和重要节日，以较大的文化广场为主会场，7 个街道设分会场，开展形式多样的文化娱乐活动。

2001 年 6 月 29 日，区委、区政府在新世界商厦前举办纪念中国共产党建党 80 周年专题文艺晚会暨夏日文化广场开幕式，区各条战线文艺工作者、“十佳”红旗党支部和优秀共产党员代表同台演出。8 月，承办第二十一届世界大学生运动会文化艺术节“北京之夜”大型文艺演出，并在北京游乐园门前广场和五环广场举办露天电影放映活动。当年，全区举办夏日文化广场活动 77 场，演职员 9 136 人，观众 21 万人次。2003 年 7 月 13 日，在龙潭公园中心岛举行庆祝北京奥运申办成功两周年群众文艺演出，市长刘淇、国家体育总局局长袁伟民等与北京数千名群众一同观看。2004 年 9 月，第七届北京国家旅游文化街开幕式暨盛装行进表演在永定门文化广场及南中轴路举行，26 个国家、37 个表演团体和国内 4 个省市、8 个表演团体、2 200 人参加，3 万人观看。

2006 年 6 月，永定门文化广场举行《永定情怀》多媒体文艺晚会，这是中华人民共和国成立以来崇文区第一次举办万人以上的大型晚会。2006 年 7 月，区政府承办，首都精神文明办公室、市文化局主办首都群众“迎奥运、讲文明、树新风”文艺会演。该会演是第四届北京 2008 奥林匹克文化节中一项大型群众文化活动，许海峰、杨扬等运动员与全市 18 个区县的群众一起观看演出。2007 年 6 月，区教育系统在玉蜓文化广场举行“阳光少年，拥抱奥运”崇文学子喜迎奥运倒计时 400 天庆祝活动。2008 年，区文化委与文联在永定门文化广场共同主办以“迎接春天　畅想奥运”为主题的传承亲情、放飞心灵——清明节风筝放飞活动，形象逼真、造型精美的 200 余只风筝翱翔蓝天，带给人们喜庆、吉祥的祝福。同年，龙潭公园和玉蜓公园文化广场被列为北京奥运文化广场。6 月，首届端午文化节在龙潭公园举办；7 月，奥运文化广场活动开幕式在龙潭公园中心岛举行。至 8 月，已连续举办 30 余场文艺演出，青海、重庆等地区专业文艺团体及区属 8 个文艺团队参加表演，6 万余人次观看；至年底，2 个奥运文化广场接待游人 22 万人次。韩国电视台（KBS 和 SBS）、中央电视台、北京电视台、北京广播电台、《中国文化报》、《北京日报》、《北京晚报》、《新京报》等多家媒体报道活动情况。2009 年 7 月，全区开展以“为伟大祖国骄傲，为魅力崇文喝彩”为主题的夏日文化广场文艺会演。

第二节　庙会　灯会　游园　艺术节

庙会　*春节龙潭庙会*　自1984年起在龙潭公园举办，最初几年，每届举办3至15天，从1989年起定为7天（农历除夕至正月初六）。1994年，文化部社会文化图书馆司和市文化局正式参与主办春节龙潭庙会，并调动全国各地参与花会大赛。1995年，文化部决定：第十二届龙潭庙会暨第九届“龙潭杯”花会大赛中，获奖的“龙潭杯”花会可直接参加全国民间舞蹈“群星杯”比赛。当年有18个省、市、自治区的3 000余名花会队演员参赛。同时增设民俗园，举办老年秧歌赛、青少年独轮车赛、民俗游艺一条街活动。1998年，举办彩子戏楼展、汽车展、时装表演。1999年，增加科技乐园、民间剪纸艺术、摔跤王金腰带擂台赛。2000年，增设书市、电脑园、民俗墙、科普园。2001年，推出《广安大街的故事》摄影展、宠物大世界、京剧丝绣人偶展以及科普大篷车、流动天文馆等科技游艺项目，36万人次参与科普活动。当年，庙会由7天改为8天（农历除夕至正月初七），并首次举行花会走街表演。大年初一，各档花会沿着夕照寺南路，进龙潭公园北门，环湖边走边舞，成为庙会一大景观。前文化部副部长高占祥认为，崇文区举办这样的庙会，为广场文化开辟了新路。自2006年起，北京市开始评选市民最喜欢的北京春节庙会。经过广大市民和专家投票，龙潭庙会被评为市民最喜欢的北京春节庙会。至2010年6月，春节龙潭庙会连续举办二十七届，每年接待游人达百万人次，并连续5年被评为市民最喜欢的北京春节庙会。该庙会已成为全市春节期间一项传统的大型群众文化活动，也是区域文化品牌。

东花市文化节暨蟠桃宫庙会　昔日蟠桃宫，位于东便门桥南，临护城河。自明清以来，直至中华人民共和国成立初期，每年农历三月初蟠桃宫庙会举办3天至5天，名为蟠桃盛会。随着时间推移和社会历史变迁，蟠桃盛会渐衰。2007年4月，东花市街道在保留传统庙会形式和吸纳新时代元素基础上，恢复消失近半个世纪的蟠桃宫庙会。庙会上有文艺演出、手工艺品展卖、老字号传统小吃等。每年吸引辖区居民、驻街单位、过往群众2万余人。至2010年6月，蟠桃宫庙会连续举办四届，成为东花市地区的标志性文化品牌。

灯会　*龙潭映月彩灯文化节*　2006年，中秋和国庆节期间第一届灯会在龙潭公园举行。2007年9月，主题为“弘扬传统文化、宣传奥运精神、构建和谐社会”第二届灯会举办，设有奥运福娃练兵等大型彩灯。区文化委同北京文艺广播台和良宵文化传播公司，组织65场文艺演出，观众达10万人次。该届灯会是国庆、中秋期间京城唯一大型水上灯会，有水面灯17组，最高达19米，最长达136米。其中“北京欢迎你”灯组由废旧药瓶堆积制成，是节约型灯组。奥运足球灯组由数万件瓷器精心扎制而成，别具新意。2008年7月18日至8月8日，第三届龙潭灯会举办，园内设立龙腾奥运、海之韵等大型灯组60个，并有民族特色

图23-4　2008年4月6日，东花市街道举办社区文化节暨蟠桃庙会开幕式

文艺表演。2009年9月，主题为“华灯璀璨　与国同庆”第四届灯会举办。公园主要出入口、景观节点、湖面、道路沿线、桥体等均设立灯组，展现“新北京、新崇文”风采，展示中华人民共和国成立60周年及改革开放30周年以来人们的幸福生活。每届灯会接待游人30万人次。

花市元宵灯会　花市地区开办灯市历史久远，据清朝《宸垣识略》记载：“灯市向在东安门，今散置正阳门外及花市……”民国时期花市地区灯会消失。自2001年起，崇文门外街道为传承传统文化，彰显民俗特色，每年元宵节期间举办花市元宵灯会，以社区居委会、辖区单位为依托，群众自愿参加。第一届灯会在花市上二条举办，以“科普灯谜喜迎春，齐心申奥做贡献”为主题。灯会创意新颖，受到百姓欢迎。《北京午报》、北京电视台做报道。2007年，第七届花市元宵灯会在国瑞城社区举办，主题为“迎奥运、讲文明、树新风　我参与、我奉献、我快乐”。一盏盏用废旧包装盒、油桶等材料制作的灯笼上，5个憨态可掬的奥运吉祥物福娃成为灯会上的明星，奥运的五环标志也被手巧的居民制作成花灯。14家驻街单位，送来具有企业经营特色和文化内涵的灯笼。市领导和群众共同赏灯。2008年，经专家评审和区政府批准，花市元宵灯会入选第二批区级“非遗”项目。至2010年6月，花市元宵灯会连续举办10届。

游园　1994年至2009年期间，为庆祝中华人民共和国成立45周年、50周年、55周年、60周年，按照市统一部署，天坛公园举办大型游园活动，区文化文物局（文化委）负责文艺节目、联欢点及游艺点活动项目的组织工作。

自1994年起，每逢五一、国庆等节日，龙潭公园、北京游乐园均举办游园活动，游客购票自主参与。2003年国庆节，北京游乐园举办首届嘉年华卡通游园会，50余名演员和10辆彩车组成的卡通狂欢行进队载歌载舞，穿行于游人之间，60余组、1 000余件卡通艺术作品将游乐园装点成秋天里的童话世界。2006年春节，北京游乐园再次举办新春嘉年华活动，游客免票入园，可与50余名卡通明星集体巡游表演，各类节目异彩纷呈。2007年以后，北京游乐园游园活动停办。至2010年6月，龙潭公园游园活动仍每年举办。

艺术节　自1991年起，艺术节由区政府主办。1997年，第五届艺术节定名为区文化艺术节，设立崇文金、银、铜奖，区财政和文化文物局每届拨经费10万元，奖励各门类优秀作品、作者、表演者、组织者。2000年，第六届文化艺术节主题为“新千年、新崇文、新生活、新风尚”，有300余类、1 000余件作品参加展演，观众超过20万人次。其中“千万市民齐参与，争做文明北京人”文化广场活动、《家住天坛边》大型综合文艺演出，受到市民称赞。2002年6月，第七届文化艺术节举办。有100余个基层单位3 000余人参加音乐、舞蹈、戏曲、书画、摄影展等30余种艺术门类演出，观众10万人次。参赛节目189个，46个获“崇文奖”。闭幕式大型综合文艺演出《故里新歌》，在竣工不久的金鱼池小区举行，真实反映小区居民喜迁新居的欢乐生活。市、区领导及北京人民艺术剧院20余名艺术名家到场观看。北京电视台、《北京日报》等多家新闻媒体现场采访，并制作群众文化巡礼《崇文篇》电视片，“十一”黄金周及十六大召开期间在北京电视台播放。之后，区文化艺术节由明城墙文化体育节替代。2002年9月底，明城墙遗址公园建成后，得到社会各界广泛关注，多位党和国家领导人前来视察。区政府决定每年9月29日至10月4日为明城墙文化体育节。2003年9月29日晚，第一届北京明城墙文化体育节暨投资贸易洽谈会在明城墙遗址公园广场举办。开幕式是以“古墙神韵、活力崇文”为主题的文艺演出，展示明城墙古韵文化的深厚底蕴。该体育节至2008年共举办6届。2009年，因举办中华人民共和国成立60周年活动，该活动停办。

2004年4月18日，金鱼池小区居民回迁两周年之际，金鱼池社区举行老舍先生话剧《龙须沟》中“小妞子”的铜像落成揭幕仪式。自此，每年4月18日被小区居民定名为金鱼池社区艺术节，成为该社区独有的节日。至2010年4月，该艺术节已连续举办7届。

第三章　新闻　出版　发行

第一节　报社　出版社　新闻团体

1994年，区境内有报社、出版社4家。2005年至2006年，区境内增加新闻团体2家。2010年6月，区境内有报社、出版社、新闻团体63家。

报社　中国环境报社　位于广渠门内大街16号。国家环境保护部主管，中国环境报社主办，是全球唯一国家级宣传环境保护的专业报纸。创办于1984年，周一至周五出版，彩色印刷，年均发行22万份。

北京广播电视报社　位于安乐林路18号院内。1992年，由《北京广播电视》更名为《北京广播电视报》。2003年，为进一步突出导听导视功能，增加出版《北京广播电视报·人物周刊》《北京广播电视报·假日生活》。每期发行70万份。

人民法院报社　位于东花市北里西区22号。1992年10月创刊，由最高人民法院主管，2000年1月改版为日报。国内外公开发行，日发行40万份。

北京娱乐信报社　位于广渠门内大街80号。为北京日报报业集团所属子报社，2000年10月由《戏剧电影报》（北京市文联于1981创办）更名为《北京娱乐信报》。2007年11月，与北京市地铁运营有限公司签订长期合作协议，转型为地铁报，成为北京地铁内唯一免费赠送乘客的都市综合报纸。周一至周五出版，每日16版至32版。2010年上半年日发行30万份。

光明日报社　2003年，入驻珠市口东大街5号，隶属于光明日报报业集团，该报顺序号区别于其他报纸“期”，称为“号”。

新京报社　位于幸福大街37号。2003年11月正式创刊，是光明日报社和南方日报社联合主办的综合类大型城市日报，日均出版88版，周五112版，是北京地区版数多、信息量大的综合性日报。日发行57万份。

图23—5　2003年，光明日报社入驻珠市口东大街5号

出版社　人民邮电出版社　位于夕照寺街14号A座。1953年10月成立，是工业和信息化部主管的大型专业出版社。出版物集图书、期刊、音像电子、网络出版为一体，至2008年，累计出版图书2万种、2.70亿册，期刊24种、6亿册。通信、电子图书以其权威性和先进性在国内同行业中保持领先地位，计算机图书的零售市场占有率位居全国之首。

中国体育报业总社　位于体育馆路8号。1999年12月挂牌，隶属国家体育总局。由中国体育报社、新体育杂志社、人民体育出版社、中国体育杂志社 4 家体育媒体组成。出版《中国体育报》《中国体彩报》等 25 种体育报刊以及各类体育图书、音像出版物，是国内体育传媒基地。担负宣传体育工作方针和全民健身计划，普及体育健身知识、传播体育信息等任务。

新闻团体 中华全国新闻工作者协会（简称中国记协） 2005 年 1 月入驻珠市口东大街 7 号。主管中国晚报工作者协会、中国新闻摄影学会等 16 个新闻社团。

北京信通传媒有限责任公司（简称信通传媒公司） 位于广渠门内大街 80 号。2006 年 7 月，人民邮电报社整合《通信世界》《电信技术》《电信科学》杂志社等多家专业图书出版资源组建而成。

第二节 报刊亭 书店 音像店

报刊亭 20 世纪 80 年代，区境内报刊零售主要以简易报摊和自行车售卖为主。自 1999 年起，随着社会环境变化，个体报刊零售逐步变为报刊亭（室）销售，美观、洁净的报刊亭出现在大街小巷。2010 年 6 月，区境内有个体经营报刊亭 69 个，从业人员约 140 人。经营报刊亭由个人向属地邮局递交申请，市邮局统一批复。

书店 1994 年，区境内有国营书店 10 家、集体所有制书店 24 家、个体书摊 29 家。2000 年，随着信息化时代的到来，互联网成为方便快捷的信息检索传播途径，书店受到电子出版物、电子书以及网络书店的冲击，加之人们阅读习惯逐步发生变化，实体书店行业销售业绩下滑。2009 年，境内实体书店销售总额 2 600.10 万元，销售册数 1.05 亿册。至 2010 年 6 月，区境内有中国书店前门书店等 43 家，其中 4 家为新华书店连锁门店。境内总从业人员有 253 人，总营业面积为 3 804.09 平方米。

图23—6 2008年，位于前门大街的中国书店

音像店 1994 年，区境内音像店大部分只零售录音带和 CD 盘；录像带价格稍贵，一般采取出租形式。至 1998 年，录音带零售有 16 家，出租、零售及批发录像带有 60 家。1999 年，出租音像制品经营单位有 106 家。2002 年，有音像店 85 家。2004 年至 2010 年 6 月，传统音像制品市场受到网上音像、数字音像及盗版产品的冲击，音像行业整体下滑。2010 年 6 月，区境内仅有北京新世界商场等音像店 46 家，有从业人员 109 人，营业面积达 2 300 平方米。

第四章 文 物

第一节 文物保护单位修缮与利用

全国重点文物保护单位修缮与利用 天坛 始建于明永乐十八年（1420年），清乾隆、光绪时曾重修改建。位于永定门内大街路东。1961年3月，国务院将天坛列为全国重点文物保护单位。1998年11月，联合国教科文组织审定天坛为世界文化遗产。

1994年3月至6月，修缮斋宫围廊。破损严重的东西南三面围廊按原规制挑顶大修，恢复望板，补充更换残缺、破损建筑构件，粉绘墙面、台明。1995年4月至1996年11月，两期坛墙复建工程完成。天坛外坛墙建于清乾隆十二年（1747年），总长度6 360米，大多破损、消失。复建工程以“原形制、现位置，保留现东、北两大门”为原则，以乾隆十二年建天坛外坛墙史料和西部外坛墙遗存为依据，拆除坛墙外原红桥市场等商业用房，亮出1 000余米坛墙，恢复天坛历史原貌。2000年，天坛外坛墙列为首批市级文物保护单位抢险修缮工程，市政府拨专项补助资金，8月至10月复建天坛北外坛墙西段工程竣工。2001年至2003年，修复圜丘海墁，铺装面积1.37万平方米，整修望灯杆、燔柴炉及燎炉散水。2002年2月至2004年9月，经市计委批准修缮神乐署，工程分三期进行：一期以凝禧殿、显佑殿修缮为主，二期以廊庑修缮及消防管网、电器、防雷、报警等配套设施为主，三期以油漆彩画、道路铺装等附属工程为主。2004年10月至2006年4月，祈年殿建筑群修缮工程完成，祈年殿是天坛建筑群标志性建筑，历史上大修两次。此次修缮严格遵循恢复历史原貌原则，完成宝顶镏金，地面墁砖，三层台基金砖墁地，石阶、石栏、顶面查补，墙体、木结构裂缝修补，内外部油饰彩画修补，完善消防给水、报警、避雷、监控、通信、供配电系统等工程。2006年5月至2007年7月，再次整修斋宫院内全部建筑、宇墙、甬路、围廊及配套设施等。2007年，天坛公园被国家旅游局授予AAAAA级景区称号。

图23-7 1999年，北京城东南角楼夜景

北京城东南角楼 建于明正统四年（1439年）是北京内城墙唯一保存下来的角楼。位于建国门南大街和崇文门东大街相交处内侧。1982年，被国务院公布为国家重点文物保护单位。1999年9月至10

月，由市照明学会设计，中国建筑技术开发总公司施工，完成角楼夜景照明工程，工程造价55万元。2001年，区政府请专业考古科研机构，对史料记载的北京城东南角楼西侧城墙12座墩台（俗称马面）遗址进行勘察发掘。确定墩台准确位置，并复建。2007年7月27日，区政府在此主办《北京城墙城门文化展》。展览通过文字、114块展牌、88幅老照片、17座明代城门模型（按照1：60的比例制作）等形式以及声光电三维视听技术，介绍辽、金、元至明代北京城墙、城门概况，增进人们对北京角楼文化的了解。2008年1月，国家文物局批复修复角楼外檐油饰。5月至7月，区财政拨款98.55万元，由东兴文物建筑设计工程公司承接该工程。

正阳门箭楼　建于明正统四年（1439年），位于前门大街北端。1988年1月，被国务院公布为国家重点文物保护单位。2005年8月，国家文物局批准正阳门城楼、箭楼修缮方案。当年10月至2006年9月，完成修缮箭楼工程。箭楼曾于1916年进行改造。此次修缮加固平台栏板、箭窗上的白色华盖、东西两侧浮雕、登城马道台阶及角部构件，恢复城砖细墁地面，挑顶修缮箭楼主体、首层、二层檐，调顺檐头，调砌各脊，油饰彩画和门窗。

袁崇焕祠墓和庙　祠墓约建于清代中期，位于东花市斜街52号；袁督师（崇焕）庙1917年广东人张伯桢择地建立，位于左安门内龙潭路8号，即龙潭公园西北角。庙堂面阔三间，坐西朝东，为硬山筒瓦五架梁，内有袁崇焕部分遗诗和康有为等人撰书石刻多方，庙堂两侧配房是袁崇焕事迹陈列室。1984年5月重修后，被市政府公布为北京市文物保护单位，并免费对外开放。1992年再次重修。袁崇焕祠墓于2002年修缮，市文物局筹措资金400余万元，区政府拨款600余万元，完成袁崇焕祠内21户居民腾退工作和祠堂、墓地、院落整治修缮。修缮后的袁崇焕祠，大门为朱红色，门上方挂着“明代民族先烈袁崇焕墓”匾额，门两边为“自坏长城慨今古，永留毅魄壮山河”楹联，门内正中一条甬道直通墓堂，堂额“明代粤先烈督师墓堂”。2002年11月29日，袁崇焕祠和墓对外开放。2003年2月4日，国务院副总理钱其琛前来参观视察。袁崇焕祠墓对外开放后，每年清明节前后，区文化委协助广东东莞（袁崇焕原籍）驻京办联络处、北京东莞同乡会组织东莞在京学生举行祭奠袁崇焕大将军活动，守墓人佘幼芝夫妇应邀参加。2006年6月，袁崇焕祠墓、庙由北京市文物保护单位改为国家重点文物保护单位。

市文物保护单位修缮与利用　福建汀州会馆北馆　建于明朝万历十五年（1587年），由尚书裴应章购置作为福建汀州会馆，位于前门长巷二条48号。会馆整体建筑形制独特，雕工精湛，彩绘色调淡雅，南方建筑特色明显，是北京独一无二、现存的福建风格的民间古建筑庭院。1984年5月，被市政府公布为北京市文物保护单位。

阳平会馆及戏楼　始建于明代，位于前门小江胡同36号。是北京保存比较完整的清代风格民间戏楼。1984年5月，被市政府公布为北京市文物保护单位。1999年以前，阳平会馆及戏楼曾作为北京同仁堂集团的药材库房。2000年，区政府通过资产置换，将阳平会馆划归区文化文物局管理。2002年5月，腾退居住其内的5户居民；年底，市文物局拨款800余万元，修缮该馆及戏楼，扶正“斜楼”，加固、替换腐朽的木质骨架，油饰和补修墙面、门窗、楼梯、雕花。2007年5月竣工，戏楼恢复原有演出功能。自2009年3月起，由本山传媒（北京）有限公司（刘老根大舞台）租赁使用。

新革路20号四合院　建于民国初年，位于崇文门外新革路20号。四合院建筑精巧细致，保存比较完整。1984年5月，被市政府公布为北京市文物保护单位。1994年至2010年6月，为国务院机关事务管理局房产，一直为居民住宅，由区房管所管理。

隆安寺　建于1454年，位于白桥南里1号。是北京外城著名佛寺。清道光、咸丰年间，香火中断，庙宇沦为制造佛香的作坊和供达官贵人、富商大贾存放灵柩之地。1984年5月，被市政府公布为北京市文物保护单位。2002年，腾退周边居住居民。2008年，市文物局拨款860万元全面修缮。

2009 年 11 月竣工。1994 年至 2010 年 6 月，该寺部分由区青少年科技馆管理并使用，腾退部分为区文物管理所办公场所。

金台书院　位于崇文门外东晓市大街 203 号。前身系降清明将洪承畴的私宅，称洪庄。清康熙四十一年（1702 年），御书“广育群才”匾额。清乾隆十五年（1750 年），由顺天府义学改称金台书院。民国以来，该院一直为学校，是北京最早的民间学校。1984 年 5 月，被市政府公布为北京市文物保护单位。2004 年，经整体修缮后，保存尚好，至 2010 年 6 月仍为学校，即金台小学。

图23－8　2004年，修缮后的隆安寺天王殿

正阳桥疏渠记碑　建于 1791 年，位于天桥红庙街 78 号。碑额和碑身四周有龙纹边饰，四面均为汉满文字合璧的碑文，记载乾隆五十六年（1791 年）治理天桥南河道工程之事。正面上首为汉字题名“正阳桥疏渠记”。此碑原在敕赐弘寺山门内，庙宇建筑早已无存。1984 年 5 月，被市政府公布为北京市文物保护单位。2009 年 12 月，完成正阳桥疏渠记碑修缮工程。

燕墩　又称烟墩，建于元代，位于永定门外大街 31 号。元、明时期北京有“五镇”之说，南方之镇即为燕墩。南方在五行中属火，燕墩为北京五行镇物中镇火的建筑。故堆烽火台以应之。墩面正中是四方形土坛，正南有石阶。土坛正中竖立乾隆帝御制碑 1 通，碑身长方形，承以白石束腰须弥座，座宽、高各为 1.90 米。墩北面有石门 2 扇，高 2 米、宽 0.70 米，其中一扇毁于“文化大革命”。所存木质红漆门为 1985 年仿制。1984 年 5 月，被市政府公布为北京市文物保护单位。1987 年，燕墩被划定保护范围及建设控制地带。1990 年，维修台顶部分，对碑身进行防护处理。2004 年 5 月，区政府启动整修工程，拆迁燕墩周边 100 米范围内 187 户居民、7 个单位，并对周围进行绿化美化，辟为燕墩公园。

京奉铁路正阳门东车站旧址　始建于 1903 年，1906 年正式启用，欧式三层拱券式建筑，四层为钟楼。位于前门大街北端东侧，是中国近代铁路早期建筑代表。从清末至中华人民共和国成立，一直是北京最大的火车站，有重要历史地位。1958 年，新北京火车站建成后，该站历史使命完成，改为北京铁路职工俱乐部。1997 年，维修、扩建原建筑。2001 年 8 月，被市政府公布为北京市文物保护单位。2008 年，改造为北京铁路博物馆。

花市火神庙（火德真君庙）　俗称火神庙，建于明隆庆二年（1568 年），清乾隆四十一年（1776 年）重修。位于崇文门外西花市大街 113 号。前院为清朝建筑，后院为民国重建。该庙两进院落，临街山门一间，左右旁门各一间；前殿三间，东西配殿各三间；后院正房三间，东西配殿各三间。庙门及配殿为灰筒瓦，主殿为绿色琉璃瓦，前院主殿为两进勾连搭硬山式建筑，大脊有黄琉璃瓦双龙戏珠凸雕装饰。庙内前院史籍记载明万历年间有通政李琦碑和清乾隆四十一年（1776 年）左都御史崔应阶重修碑记，现无存。据清《日下旧闻考》及《宸垣识略》记载，该庙为神木厂悟元观下院，供奉火德真君。明、清两代至民国年间，农历每月初四、十四、二十四以庙门为中心，有定期庙市，商贩在寺庙门口以及路旁沿街设摊，经营农具、菜种、风味小吃、日用杂货等。2003 年 12 月，经市政府批准，花市火神庙（火德真君庙）由区文物保护单位改为北京市文物保护单位。2004 年进行整体修缮。2006 年 7 月，复建修缮该庙山门及围墙。

区文物保护单位修缮与利用 1994 年，区境内有区文物保护单位 10 处，2003 年花市火神庙改为北京市文物保护单位后，减至 9 处：东兴隆街 52 号四合院、奋章胡同 53 号四合院、花市清真寺、药王庙、法华寺、南岗子天主教堂、三一八烈士纪念碑、夕照寺、安乐禅林。2004 年至 2009 年，区政府拨款 1 650 余万元修缮 9 处区文物保护单位。至 2010 年 6 月，均保存良好。

2010年6月区文物保护单位一览表

表23-4

序号	名称	修建时间	地址	公布时间
1	东兴隆街四合院	清朝	东兴隆街52号	1984.1
2	花市清真寺	明朝	西花市30号	1984.1
3	夕照寺	清朝	夕照寺中街13号	1984
4	药王庙	明末	天坛东晓市101号	1989
5	法华寺	明朝	法华寺街65、67号	1989
6	南岗子天主教堂	1910	永生巷6号	1989
7	三一八烈士纪念碑	1929	培新街6号	1989
8	奋章胡同四合院	1928	奋章胡同53号	1989
9	安乐禅林	明朝	安乐林路63号琉璃井8号	1989

第二节　文物古迹修缮

明城墙遗址修缮 明城墙遗址崇文段西起崇文门，东至北京城东南角楼，全长 1 540 米，是北京城内仅存的两段古城墙中最长的一段。由于历史原因，城墙下住着 2 600 余户居民及 46 个驻街单位，面积 3 万余平方米。古城墙被淹没在低矮破旧民居和垃圾遍地、污水横流的环境中。2001 年 11 月，市、区政府决定彻底整治城墙周边环境，腾退居民住房，抢修城墙，建设公园。至 2002 年 9 月 29 日，修复城墙和墩台 12 座。修缮遵循修旧如旧原则，保留城墙遗迹现存残状。社会各界捐赠 20 余万块原旧城砖，全部用于城墙外立面。

前门地区修缮整治 2002 年 12 月，区政府经过招标、专家评审、征求区人大代表、政协委员和社会各界意见，拟订《前门地区修缮整治规划方案》并上报市规划委。2003 年 12 月 31 日，该方案获市政府原则同意。2004 年 8 月，前门地区修缮整治工程正式启动。为保护该地区传统风貌，崇文区在全市首创“迁而不拆，封堵围挡”的工作方案，即居民搬出危房后，先把房子封存起来，待专家鉴定后再做保护原址整治方案。需保护的坚决保护，需修缮的实施解危排险；对有价值的建筑进行测绘及资料、照片留存。工程中实施 10 项必保，包括各级文物保护单位必保，文物普查单位和挂牌保护院落必保，鲜鱼口历史文化保护区必保，有价值的传统建筑和有价值的建筑构部件必保，名木名树必保，商业老字号必保等。前门大街文物修缮方案历经 32 次专家论证，决定以民国初年的真实老照片为依据，按照修旧如故的原则修缮。2007 年 10 月 29 日，正阳桥五牌楼竣工。采用渗水性好的青石条铺设路面，恢复御道；通行有轨电车，安装具有北京民俗特色的路灯。前门大街地标性老街的面貌展现在世人面前。

永定门城楼复建　永定门是老北京城外城最大的城门，是北京城中轴线南端起点。1999 年，北京市政协委员提出复建永定门城楼的提案，2001 年得到市政府批准。2004 年 3 月 10 日复建开工。市文物古建工程公司根据原图纸，按照原址原貌原则，采用原材料、原形制、原结构、原工艺进行复建。2005 年 9 月竣工。再次呈现了北京旧城城市完整的中轴线。

左安门值房修缮　2008 年 4 月，区政府拨款 80 余万元，修缮左安门值房。该文物坐落在左安门环岛东北角，是北京保存的唯一古代值房建筑。这里曾是城门守军驻守居住用房。其地理位置为研究北京城各城门、城墙的坐标定位起到重要的作用。2010 年 5 月，这里是东城区第二图书馆左安门借阅处。

第三节　历史文化保护区与挂牌保护院落

历史文化保护区　1999 年 8 月，依据市政府关于北京旧城历史文化保护区保护和控制范围规划的通知，区境内鲜鱼口地区被列为北京市历史文化保护区。保护范围：西至前门大街，北经西打磨厂街、长巷四条到西兴隆街，东至草厂十条，南至薛家湾胡同、北芦草园胡同、青云胡同、得丰东巷、得丰西巷、小席胡同、大席胡同。规划用地面积 36.25 万平方米，净用地面积 32.47 万平方米，现状总建筑面积 26.50 万平方米，规划总建筑面积 44.50 万平方米。鲜鱼口街位于前门大街东侧，隔前门大街与大栅栏街相对。建于明代，清代始成规模，也是前门地区一条传统的商业街，至 2010 年 6 月仍有便宜坊烤鸭店、都一处烧麦店、兴华园浴池等多家老字号。鲜鱼口街往东的草厂三条至九条，是传统胡同和四合院区。该地区特点是：胡同密集，间隔仅约 30 米，且为北京旧城中少见的南北走向；四合院大门不是常见的南、北开门，而是东、西开门。该地区遗存的传统风貌较浓。

图23－9　2010年6月，修缮整治后的鲜鱼口小吃餐饮一条街

挂牌保护院落　2003 年 9 月，区文化委与市规划委崇文分局、区危改办联合确认市文物局古研所勘察的区境内四合院保护院落。经区政府及市文物局批准，分 3 批对 80 处四合院实施挂牌保护。

第四节　文物收集与考古发掘

文物收集　1996 年，某施工单位在区市政工程中多次发现文物。区文物管理部门收集、清理、保存的有：崇文门外大街市政工程中发现的清代乾隆丙戌年（1766 年）“火德真君庙”石门额一件，长3.30米，完整无损；明代地藏寺石碑两通。珠市口东大街原拆除织云会馆后遗存木匾两方，均以黑底金字书写，为清光绪三十四年（1908年）遗物：其一为“经天纬地”，200厘米×74厘米；其二为“与天地参”，200厘米×82厘米。永定门外安乐林维修施工时，出土明代墓志铭一方，74厘米×74厘米。市体委左安门游泳池基建施工中，出土明崇祯十年（1637年）“明崇信伯费长女尚桂之墓”墓碑一方，99厘米×34厘米。崇文门古城墙抢险工程中，从坍塌堆积物里清理出元代墓碑一方。1997年，磁器口东侧火神庙遗址出土清同治五年（1866年）重修碑记，磁器口东一巷出土石狮门墩一件。崇文门外大街新世界二期工地出土古生物、古脊椎动物化石。2002年1月至2月，区文物管理部门调查前门、崇文门外大街等8片危改规划地区，勘察登记有保存价值的门墩、门板、砖雕、木雕、石刻等民俗文物100余件。2003年5月，在抢险修缮火德真君庙中，发现保存完好的清康熙三十六年（1697年）、康熙四十一年（1702年）、同治七年（1868年）三方古匾，对研究该道观庙宇历史有较重要价值，中央电视台、北京电视台等做了报道。

考古发掘　2000年，区文物管理部门配合广安大街（崇文段）改造工程，抢救保护有价值文物300余件，同时发现和协助市文研所处理古墓葬4处、古井6处、出土文物30余件。2001年，协助市文研所清理挖掘三里河石桥和石狮一处，收集整理具有较高文物研究价值的元代“经幢”一件，清理收集原安国寺残石雕像16尊和部分附件以及石供桌面、石碑、石刻等37件。2007年7月，在天坛西门外一市政施工工地发现天坛西门外明代御路遗址，具有重要的历史研究价值。2008年11月，永定门外松林里地区发现古代墓葬114座、窑址2座，是区首次发现大型古墓葬群，出土陶器、瓷器、银器、玉器、铜器等一大批较珍贵文物。2009年4月，左安门东二环内滨河路施工中发现明代外城南城垣遗址，勘探发现左安门东西两侧均有明代外城城墙基础残留，宽4米至11米不等。依据区文物管理部门出具的考古鉴定意见，施工方调整施工方案、回填保护重要历史遗存。

第五节　文物普查

2008年6月至2009年12月，落实国务院《关于开展第三次全国文物普查的通知》和市文物普查会议精神，区文物管理所等部门组成两个文物普查工作队在全区开展第三次全国文物普查。工作队踏查207条街巷、540个院落，测绘GPS数据581组，拍摄照片5 131张；复核区级以上文物保护单位22处，普查登记项目70处，新发现文物普查项目7处，合计99处；野外踏查覆盖率100%。还新发现7处文物项目：京奉铁路正阳门东车站信号所、全聚德老门面墙、永定门城楼、左安门值房、北京电车修造厂旧址、北京自然博物馆、珠市口东大街161号四合院。

2010年6月崇文区文物普查登记项目一览表

表23—5

序号	名称	地址	简介
1	旌德会馆	大江胡同19号	始建于明代，清代延续，坐东北朝西南，《安徽会馆志》卷二十三有旌德会馆的记载
2	庐陵会馆	大江胡同29号	始建于清代，详年无考。坐东北朝西南，有前院和后院，后院正房前廊两端墙壁上各嵌有石刻1方，约0.70平方米，已被石灰抹入墙内，字迹不详

续表

序号	名称	地址	简介
3	贵州会馆	大江胡同83号	始建年代不详。现存为清代建筑，坐东北朝西南进院，一进院。2009年7月修缮
4	吉州会馆	大江胡同85号	建于清代，详年无考。会馆坐东北朝西南，大门位于西南角，二进院。原大门洞内有清代木匾6块，“文化大革命”中被毁，门洞墙上原嵌有光绪十四年（1888年）石刻1块，“广陵胡君翼恂重修吉州□考馆记”，已无存。2009年7月修缮
5	云间会馆	大江胡同112号	创建于清代，详年无考。坐南朝北，现存前院正房3间、西厢房3间、后院正房5间、东西厢房各2间、第3层后院有排房5间。2009年6月修缮
6	台湾会馆	大江胡同114号	清光绪年间建置台湾省，遂在北京建台湾会馆。会馆兴建于光绪二十二年（1896年）坐落大江胡同，据说，宣武区后铁厂胡同全台会馆地势偏僻，于是卖掉旧房置新房产，迁至大江胡同。现存为清式建筑，坐南朝北临街倒座房三大间，中间1间为门道，前院有正房4间、东西厢房各3间，正房西侧1间为前后院通道，后院有正房4间、东西厢房各3间。2009年重修
7	福德禅林	台湾会馆南侧	清代建筑，详年无考。坐北朝南，现存山门1间，门额石刻为福德禅林，有前殿3间、后重楼3间，原寺内有泥塑菩萨像及光绪时木匾两方，1958年散失。2009年6月修缮
8	柳祖祠	福德禅林南侧	清代建筑，详年无考，坐南朝北，现存山门1间，院内两厢平顶配房各3间，大殿3间。2009年11月修缮
9	乾泰寺	阳平会馆南侧	清代建筑，详年无考。院落整体坐西朝东，一进院落，有大门1间、正殿3间。原有泥塑菩萨像，已无存。2006年修缮
10	晋翼会馆	小江胡同30号	建于清雍正十一年（1733年），光绪八年（1882年）重修，坐东朝西。有大门1间，门两侧各有小四合院一进，内院后部为一座大殿即神殿，院内原有石碑7块，均埋入土中或铺地：雍正十三年（1735年）“创建晋翼会馆碑记”、光绪八年（1882年）“重修晋翼会馆碑记”、民国十年（1921年）“两馆并一馆碑记”等。2009年2月修缮
11	朝阳阁	大席胡同6号	清代建筑，始建年代无考。坐北朝南，院内有南北各3间殿宇、东西配殿各3间，院内尚存石碑1块及石座，字迹无，原正殿内木制漆金佛像、泥塑及民国木匾，已无存
12	石棣会馆	大席胡同20号	创建于明天启四年（1624年），清代、民国历代重修，最后一次修葺为民国二十五年（1936年）。现存为清代建筑，坐东北朝西南。原此院东有1院，亦为该馆房产，现合为一门出入。墙上嵌有石刻8块：“重修石埭会馆碑（咸丰五年）”“重修神堂碑记（咸丰六年）”“民国二十五年北京石埭会馆房产并义地碑记”等，仅可看清楚1块，其余均已抹石灰，字迹不清
13	江西德化会馆	大席胡同25号	始建于清代，详年无考。后于光绪末年，由大席胡同迁至宣武区西珠市口路北，成为同乡会馆，“德化”名已无存。清式建筑，坐西朝东，现仅存东院旧房5间，中院及西院各西房3间，原院内存有木匾“状元及第”“进士榜眼”“探花”等所捐，已无存
14	广东平镇会馆	冰窖斜街15号	清代建筑，坐西北朝东南，现存倒座房5间。原院内有石刻1方，已无存
15	显应白衣观音庵	得丰西巷4号	始建年代无考，现存为清代建筑。一进院落，坐南朝北

续表

序号	名称	地址	简介
16	关帝庙	得丰西巷65号	现存为清代建筑，详年无考。坐北朝南，现存山门3间、正殿3间。原有关公像一座，高约1.10米，另有道光时期木匾2方、民国木匾一方，均已无存
17	广西会馆	銮庆胡同9号	清代建筑，始建年代不详。坐北朝南，现存大门及大门西侧的倒座房、大门之东奎星阁2层小楼、原戏台之后正房3间、西侧后院西排房5间及南房3间
18	西打磨厂45号四合院	西打磨厂街45号	为民国时期建筑。坐北朝南，占南排5间倒座房东端1间，其西有4间倒坐南房，房前为一长条形外院，院中垂花门为砖仿木结构，进门为前院，有东西两侧各有厢房3间、正中北房5间。明间为穿堂通后院，有东西厢房各3间、北房5间。大门上有四门簪及抱鼓石1对，门簪上有壁画，已被涂抹，正门内前院东厢房山墙附有影壁
19	粤东会馆旧馆	西打磨厂街90号	原在东花市斜街佘家馆，清初迁至打磨厂。现存为清式建筑，坐南朝北，有大门1间，旁有倒座房，大门内分布正房三进。前院原有石碑1座。光绪二十三年（1897年）“重修粤东旧馆碑记”，碑长约1.65米、宽0.71米，埋于地下。2009年7月修缮
20	临汾会馆	西打磨厂街105号	始建明代，又称临汾东馆，馆内有乡贤祠，故又称临汾乡祠。乾隆三十二年（1767年）、光绪九年（1883年）重修。现存为清式建筑。会馆分前后两院，之间有穿堂过道相通。东壁嵌有石刻两方，乾隆三十二年岁次丁亥七月吉立“重修临汾东馆记”，高约1.54米，宽约0.63米；“京师正阳门外打磨厂临汾乡祠公会碑记”，高约1.56米，宽约0.77米
21	肖公庙	西打磨厂街197号	创建于明万历二年（1574年）。此庙由江西籍人士建造，属祠堂性质。现存为清式建筑。庙内原有塑像，已无存
22	观音阁	西打磨厂街262号	现存清代建筑，详年无考。院落坐西朝东，有山门3间。观音阁为主建筑，重楼硬山，南跨院有南房3间。东西配房各3间，原有泥塑观音像、木制金漆观音像及清同治年间、民国时期木匾等物，均已无存
23	灵应三官庙	北晓顺胡同1号	始建年代无考，是一座较完整的小型道教庙宇。云大殿中原有泥塑像9尊，现均已无存。庙内原有石碑两方，现仅存1方，即山门后的乾隆四十六年（1781年）重建三官庙碑记。现存为清式建筑，二进院落，随墙山门1间，坐西南朝东北。有正殿3间、后院东配房3间、后殿3间，坐南朝北。2006年修缮
24	湖北会馆	长巷头条13号	现存为清代建筑，始建年代无考，坐西朝东，东北角有1间穿堂大门，大门左右倒座房4间、院内正房5间，南北侧各有配房3间
25	长春别墅	长巷头条33号	始建于1929年。坐西南朝东北，为东西两组院落。东院四进房屋，西院后部为四合式建筑，有木匾3块：“长春别墅　己巳年秋八月吉立”、“排难解纷　子余　张先生　惠存”，另外一块字迹不清，已损坏。2009年7月修缮
26	江西新建会馆	长巷头条35号	创建于清代，详年无考，又称新建东馆。院落坐西南朝东北，为三进院落四合院。院内原有石刻及木匾，已无存
27	丰城会馆	长巷头条53号	建于清代，详年无考。院落坐南朝北，大门1间，两侧各有倒座房5间、正房5间。原门洞额上有木匾1方，院内有鱼池及石狮1对，已无存

续表

序号	名称	地址	简介
28	安徽泾县会馆	长巷头条60号	清代建筑，详年无考。院落坐东北朝西南，大门居中，两侧有倒座房3间，其后有厢房西2间、东3间，再其后有3排排房，为3间或4间，最后1排为9间，原后排房墙面有民国十九年（1930年）重修碑刻，已无存
29	福建汀州会馆南馆	长巷头条62号、长巷二条43号	始建年代晚于明万历北馆建立时期，详年无考。坐西北朝东南，布局为两进院落，前院分左右两个四合院，后院正中有两层楼式三开间三进深的庙堂大殿。大殿后有房11间中间开门通长巷二条，正对汀州会馆北馆。门上原有琉璃门额“汀州南馆”，已无存。2002年修缮
30	芜湖会馆	长巷五条7号	创建明代，详年无考。清康熙十八年（1679年）、雍正八年（1730年）两次地震先后倒塌，嘉庆四年（1799年）邑人邵公士凯等又劝捐添盖，光绪二十一年（1895年）邑人胡作林等建。现存为清式建筑，坐西朝东，仅存北房8间。原二门上有石刻“重修芜湖会馆记”高0.30米、宽0.80米，已无存
31	颜料会馆	青云胡同22号	创建于明代。清康熙十七年（1678年）四月、乾隆六年（1741年）九月、嘉庆二十四年（1819年）、道光十八年（1838年）二月，数次重修。现存为清式建筑，坐北朝南，前部为会馆庙宇，其后有会馆旧房及戏楼1座，为较典型的清代会馆建筑形制。原有碑刻5块：“重修庙宇碑记”“重修仙翁碑记”“建修戏台罩棚碑记”“颜料行会馆碑记”等。2009年7月修缮
32	关帝高庙	青云胡同23号	创建于清代，详年无考。现仅存北侧小院配房及前廊两壁嵌石刻，其余均已无存
33	湖北麻城会馆	草厂头条24号	创建年代不详。现存为清代建筑，坐北朝南。会馆西部有第一进院和第二进院。馆内原有清代汉白玉石雕1座、麻城会馆木匾1块，“文化大革命”时被毁，已无存
34	广东韶州会馆	草厂二条2号	清代同治、光绪年间所建，又称韶州新馆，老馆在大江胡同。院落坐东朝西，一进式四合院。院内存石刻4块，位于正房与厢房之间的院墙壁上及北厢房东山墙上。其中一方为同治七年（1869年）《韶州新馆章程条例》，另一方可见清光绪二十五年（1899年）八月字迹。另外两块风化严重，字迹不清
35	湖北黄冈会馆	草厂二条5号	始建年代无考。清代建筑，坐西朝东，两进院落，分南北两院
36	安徽太平县会馆	草厂三条19号	建于清代。安徽在京会馆主要与政治有关，因李鸿章所率的淮军众将领颇有势力，故清中晚期以来，京师安徽会馆数量大增。以建会馆润色鸿业，维护朝中安徽籍官员利益，《安徽会馆志》卷二十四有太平县会馆的记载
37	湖南宝庆会馆	草厂五条27号	建于清代。会馆分南北两院，坐西朝东。南北两院原有穿堂门相通，今已不通。原大门门额上有会馆名称的木匾，门前有石狮1对，已无存
38	江西袁州会馆	草厂七条6号	始建年代无考，现存为清代建筑。坐东朝西，有山门1间。院落为前后两进，各有正房3间，后院有南北厢房各3间，已无存。2009年4月修缮
39	江西南安会馆	草厂七条6号	始建年代无考，现存为清代建筑。坐西朝东前院，中间为穿堂门道，通往后院，原有石碑和木匾，已无存。2009年4月修缮

续表

序号	名称	地址	简介
40	广东惠州会馆	草厂七条12号	建于清代乾隆十五年（1750年），有老馆及新馆之别，馆址均在草厂七条。据记载路西为老馆，路东为新馆。老馆原有房66间，占地三亩有余；新馆后置房28间。原馆内有石刻3块，包括乾隆四十年（1775年）“惠州会馆碑记”等，已无存
41	湖北孝感会馆	草厂七条19号	建于清代，详年无考。坐西朝东，共3个院落，现3个院落已不相通。墙上原有同治年间石刻，已无存。2009年4月修缮
42	湖南辰沅会馆	草厂八条27号	始建于清代，详年无考。坐西朝东，有大门1间，两侧各有倒座房3间，前院正房两端有穿堂门通往后院。原大门额上有石刻馆名，前院正房明间墙上嵌石刻4块：“重建京师辰沅会馆记”（民国八年）、“重修辰沅会馆记”（清咸丰七年）等，已无存。2009年4月修缮
43	湖南长沙会馆	草厂十条19号	建于清代。《湖南会馆志略》一书中有记载
44	湖北黄安会馆	新革路1号	始建明代，清代光绪、宣统年已破毁重修，1919年集资重修。现存为民国初期的式样，大门坐西朝东，内部坐北朝南，共5套院落。中院北房前廊东端墙面嵌有民国八年（1919年）石刻“黄安会馆碑记”。2009年7月修缮
45	上湖南会馆	奋章胡同11号	始建明代，清代重修。现存为清式建筑，坐北朝南，有大门1间，正院为两进四合式。原大门有石狮子1对，正门有木匾“上湖南馆”，已无存
46	雷音禅寺	北芦草园23号	全称为护国古刹九天显应雷音禅寺，始建于明代。现存为清式建筑，坐北朝南，二进小型寺庙格局。大殿明间门额上原有匾“吉云慈阴”，乾隆七年（1742年）立；斗母阁明间门额上原有木匾“斗母阁”，光绪年立，已无存。2009年4月修缮
47	火神庙	北芦草园85号	创建于明代，清代多次重修。此庙又称仙翁庙，是颜料会馆（前庙后馆形式的会馆）前部之神庙。现存山门3间、大殿3间及两侧耳房各1间
48	重兴关帝庙	薛家湾胡同11号	清代建筑，始建年代无考。坐北朝南，现存关公殿3间、后殿3间。原有木制及泥塑观音像、关公像等，已无存
49	吴越钱氏宗祠	薛家湾胡同39号	为钱塘江吴越王后裔、清道光十八年（1838年）后裔孙德明所建，为钱氏支祠。清代建筑，坐北朝南，临街为一砖仿木结构小门，门额石刻“钱氏宗祠”尚存，院内北房两进，前后院各有3间，前院有倒坐南房3间，最东为门道及街门。原有清代康、乾、嘉、道、同、光时期木匾9块，“文化大革命”中被毁。2009年4月重修
50	西竺庵	南芦草园30号	清代建筑，历史情况无考。《宸垣识略》有记载。坐南朝北，北侧为独立山门，一进式小型寺庙建筑。原大殿有“大雄宝殿”木匾1块，1958年被迁走
51	地藏庵	北桥湾胡同10号	清代建筑，详年无考。院落坐东朝西，仅存大殿3间。原大殿檐下咸丰、同治、光绪时期3块木匾及原大门上董寿延书“地藏庵”3字石额1块，已无存
52	西竺禅林	群智巷1号	清代建筑，始建年代无考。坐西南朝东北，现仅存大殿3间。大殿原有菩萨、药王爷、关公等塑像，已无存

续表

序号	名称	地址	简介
53	铁山寺	珠市口东大街217号	建于明代正德年间以前，具体时间不详。现存为清式建筑，坐北朝南，一进院落，有西跨院。有山门1间，正殿3间，正殿东、西配楼各两间（2层），东、西配殿各3间，西跨院正殿3间，正殿东耳房两间，正殿西耳房1间。寺内原有木十八罗汉像，据云20世纪40年代迁北京西山八大处。2006年4月修缮
54	敕建崇祯观	西兴隆街209号	创建于明代崇祯年间，清代延续并经修缮。坐北朝南，原有古建筑现已全部翻建、改建，原有泥塑神像、崇祯帝像，已无存
55	武圣禅林	北武圣巷4号	始建年代无考，现存为清式建筑。历史上的武圣禅林原有两进院落，坐南朝北，含山门1间，倒座房两间。现存前殿1间、后殿3间。禅林内原供奉有泥塑像11尊、木佛3尊、千手观音5尊，前后殿各有木匾，已无存
56	基督教会珠市口堂	前门大街129号	始建于1904年，原属美国卫理公会，1923年建成后，成为基督教美以美会北京教区四大堂之一，始终为宗教活动场所。1966年，因“文化大革命”被迫停止活动。1980年落实政策，经过维修，自1988年起恢复活动。教堂坐西朝东，正面临前门大街，有主楼1座、3层，临街为灰砖砌筑，内部为钢筋水泥结构
57	普贤庵	原锦绣巷四条41号	始建于明代，清乾隆四年（1739年）重修。现存为清代建筑，坐北朝南，仅存大殿3间及南房3间
58	源顺镖局	西半壁街13号	创建于清光绪五年（1879年），其房屋建于镖局建立前。镖局创建人王子斌（大刀王五）后人仍住此院。该院为清代后期建筑，坐南朝北，13号院有东院和西院
59	估衣会馆	大市胡同11号	清代建筑，详年无考，为估衣行商业会馆。一进院落，坐北朝南
60	敕建清华禅林	清华街7号	始建于明代。明宣德七年（1432年）奉圣夫人东安里王妙秀，命其弟义勇后卫百户荣以赐金买下旧时保安寺基址，兴建清化寺。正统九年（1444年）竣工。正德七年（1512年）毁于火，次年重建。寺中原有明代奉义大夫宋拯和右中允李庭相碑，已无存。经清代重修，现存为清式风格建筑，坐北朝南，门额有石匾“敕建清华禅林”。现仅存前殿及中殿各3间，中殿筒瓦庑殿顶，大木作有单翘单昂斗拱，属南城地区较少见的高规制建筑之一
61	慈源寺	东晓市街147号、149号、151号、153号、155号、157号、159号	清代雍正年间建。清式建筑，坐北朝南，两进院落，现存山门1间、前殿1间、后殿3间、后殿西耳房3间、后殿东耳房5间、东跨院无量宝殿3间。原无量宝殿有石碑2座，门额木匾1方书写“无量宝殿”，已无存
62	山西会馆	东兴隆街52号院南侧	始建于明末，延续明清两代，民国以后渐为民居，现仅存留少部分房屋为原建筑。一进院落，坐西朝东
63	地藏禅林	东兴隆街52号院南侧	始建年代无考，现存为清式建筑，二进院落
64	古刹白衣送子禅林	花市上三条14号	清代民间小型庙宇，始建年代无考
65	崇恩观	花市上四条97号	清代建筑，沿革不详，小型道观
66	财神庙	北羊市口街11号	清末街巷小型庙宇，始建年代无考
67	广渠门内大街207号院	广渠门内大街207号	旧有地名为蒜市口街。此院房屋为清代建筑，清代档案中留有一份关于曹雪芹家被查抄后，继任江南织造的官员隋赫德将官府给他的在京房产蒜市口十七间半房及家奴两对半赠予曹氏使用。学术界有一种意见认为，此处房屋即为曹雪芹回京后曾居住过的旧居。现为地铁7号线工地，地上无建筑物，规划为曹雪芹故居

续表

序号	名称	地址	简介
68	卧佛寺	东花市南里东区甲8号	始建于明代正德年间，二进院落，坐北朝南。寺内原有木质卧佛1座，长约4米，已移至宣武区法源寺供奉
69	广慧寺	东壁街45号	始建年代无考。现存为清式建筑，坐北朝南，两进院落，有倒座房3间，东侧接过道门，有正殿3间、东房4间、西房1间，后殿3间、东耳房两间半、西耳房4间。原殿内有木佛及泥塑，已无存
70	二郎庙	马家堡路44号	1936年由别处迁址建成。多次经使用单位维修，1998年进行大修，外观保持原状。现存前殿3间和后殿3间，坐北朝南，前殿和后殿两端内山墙壁面遗留有墨线勾描轮廓、涂彩的壁画，内容为八仙故事
71	全聚德老门面墙	前门大街30号	始建于1901年，正中为“全聚德”，左为“老炉铺”，右为“鸡鸭店”。老墙整体经1992年拆除、编号、迁移至现位置，反映历史上前门大街老字号店铺的门面特色。2008年修缮
72	京奉铁路正阳门东车站信号所旧址	崇文门东大街明城墙遗址公园内	地处崇文门与北京城东南角楼的中段，北距明城墙遗址10余米处，是原京奉铁路从正阳门至东便门路段的一个信号房。京奉铁路（北京至奉天）的前身是中国第一条投入实际使用的铁路——唐胥铁路（唐山至胥各庄），后几经延伸，1912年全线贯通。京奉铁路正阳门东车站信号所由英国人金达设计，与京奉铁路南端终点站——正阳门东车站同年建造，是京奉铁路上的第一座信号所，距今有百余年。京奉铁路作为中国早期建设并投入实际使用的铁路之一，在铁路发展史上具有重要地位，信号所作为该铁路的附属性建筑也具有特殊意义
73	永定门城楼	永定门内大街最南端	始建于明嘉靖三十二年（1553年），是当年北京外城7座城门中最大的1座。当时只修建城门楼，嘉靖四十三年（1564年）补建瓮城。清乾隆十五年（1750年）增建箭楼，并重修瓮城。1957年永定门被拆除。2005年在市、区政府和专家学者的共同努力下按原址原貌重建永定门城楼
74	左安门值房	左安门内大街东南端	始建于明嘉靖三十二年（1553年）。其建筑面阔5间、进深1间、前出廊。整体建筑为木结构，筒板瓦过垄脊屋面，建筑面积148.35平方米。左安门值房是北京唯一现存的古代值房建筑。整体建筑于2008年进行修缮
75	北京自然博物馆	天桥南大街126号	前身是成立于1951年4月的中央自然博物馆筹备处，1962年正式命名为北京自然博物馆。是中华人民共和国依靠自己的力量筹建的第一座大型自然历史博物馆，先后被中央宣传部和北京市政府命名为“全国青少年科技教育基地”和“北京市爱国主义教育基地”，被联合国教科文组织中国组委会命名为“科学与和平教育基地”。主要从事古生物、动物、植物和人类学等领域的标本收藏、科学研究和科学普及工作
76	北京电车修造厂旧址	法华寺街91号	1922年动工修建，1924年建成。该厂由法国开成公司主持设计，是北京现代公共交通的诞生地。北京电车修造厂是北京公共交通史上最早的工业遗址，是具有里程碑意义的标志性建筑
77	珠市口东大街161号四合院	珠市口东大街161号	始建于清代，现存建筑为民国风格，该处院落前院为中式四合院式建筑，后院民国时期经改建，为西洋式庭院建筑。原为教会学校使用并结合西方建筑风格修缮，是一处保存较完整的近代中西合璧建筑

附注：表中1号~70号是在1997年被北京市第三次文物普查核定为不可移动文物；71号~77号为全国第三次文物普查中新发现的项目。

第五章　非物质文化遗产

第一节　项目申报与宣传保护

项目申报　2004年9月和2006年年初，区“非遗”保护工作办公室先后组织普查员在全区开展两个阶段的“非遗”项目普查摸底。第一阶段普查出北京杠箱、老北京叫卖、北京扎燕风筝、燕京八绝传统手工艺等40个“非遗”保护项目；第二阶段普查出民间音乐、传统舞蹈、传统技艺等9大类、150余个项目，并编写了约50万字的《北京市非物质文化遗产项目普查汇编》（崇文卷），被市有关部门作为样本向全市推广。

2006年8月，崇文区被市列为建立区级“非遗”名录试点区。10月，区“非遗”项目33个通过文化部、市文化局、各区县主管领导、13位国家级专家的评审，经区政府批准，2007年1月公布为首批区级“非遗”名录。2007年崇文区被文化部授予区“非遗”保护工作先进集体。2008年6月，区政府批准公布第二批、第三批区“非遗”项目37个。至2010年6月，崇文区入选市级“非遗”名录项目30个、国家级名录项目16个。区政府对入选区级、市级和国家级名录的项目分别给予5万元、10万元和20万元的奖励扶持。

宣传保护　2004年至2010年6月，区举办多次“非遗”理论研讨会和业务培训班，培训工作骨干1 000余人次。2006年至2008年，区政府先后制定《关于加强非物质文化遗产保护的意见》《崇文区区级非物质文化遗产代表性传承人推荐办法》《崇文区非物质文化遗产管理人才和传承人培养项目实施方案》等文件，开展“非遗”保护和管理人才培养、传承人队伍建设等工作。2007年6月，在天坛公园举行“中国文化遗产日”宣传活动，展示区首批入选的国家级、市级、区级保护目录的“非遗”项目。2008年年初，区举办主题为“保护·创新·发展”的“非遗”保护论坛。文化部、市文化局、18个区县相关人员参加，多名国家“非遗”专家委员会委员、传承单位管理人员发表专题论文。2009年，在市委组织部资助下，区文化委举办全市第一期“非遗”管理人才和传承人研修班，讲授和研讨“非遗”理论建设、保护性经营、产业化发展等课题。

2006年9月，区文化委与中华民族文化促进会联合在永定门广场举办中国“非遗”全国巡回展（北京）首展宣传月，展览以国家确认的“非遗”项目为主。2007年11月，区文化馆参与在世界花卉大观园举办的中非文化艺术交流暨中非“非遗”展，非洲36个国家使节、文化团体及民间组织参加。崇文区的泥人张、北京扎燕风筝、北京绢花、北京绢人等20余个“非遗”项目参展，月盛斋、便宜坊等传统老字号和景泰蓝、象牙、雕漆等传统手工艺受到外国友人称赞。2008年北京奥运会和残奥会期间，区选送玉雕、雕漆、景泰蓝、补花、绢人等“非遗”展品，参加奥林匹克公园中心区的“中国故事”祥云小屋展示，展品受到国际奥委会官员的好评。

自2008年起，在春节龙潭庙会、花市元宵灯会和天坛文化周等活动中，均有“非遗”展示、宣传活动；京城百工坊、中华民族艺术珍品博物馆等处设立北京市青少年民族民间文化教育基地；第六届北京明城墙文化体育节，推出崇文文化遗产游；区文化馆在《文化崇文》刊物上开设“非遗”视点专栏；与区委宣传部及区图书馆合作，在《新崇文报》上开辟民间手工、“非遗”项目介绍、

“非遗”优秀传承人介绍等栏目；创建传统手工艺特色数据库软件平台，“非遗”成果与全市公共图书馆形成资源建设共享体系。当年，崇文区被文化部授予“中国民间文化艺术（手工艺）之乡”称号。2010年上海世界博览会，区政府资助泥人张创作的作品《盛世中华世博龙》入选北京活动周。2010年上半年，区文化委和区“非遗”保护中心共同编辑《北京市崇文区非物质文化遗产》和《象牙》《玉雕》《景泰蓝》《雕漆》4本“非遗”知识性书籍，由国家文物出版社、北京出版社出版发行。

图23—10　2004年，北京市珐琅厂制品《手工神韵》——京珐牌景泰蓝在北京工艺美术博物馆展出

第二节　非物质文化遗产名录与传承人

2010年6月，全区入选国家级“非遗”名录16项、市级36项、区级70项。被命名为国家级“非遗”继承人16人、市级37人。

非物质文化遗产名录

国家级非物质文化遗产名录

名称	类别	公布时间
象牙雕刻	传统美术	2006年5月20日
景泰蓝制作技艺	传统技艺	2006年5月20日
雕漆技艺	传统技艺	2006年5月20日
同仁堂中医药文化	传统医药	2006年5月20日
围棋	传统体育、游艺与竞技	2008年6月14日
象棋	传统体育、游艺与竞技	2008年6月14日
北京玉雕	传统美术	2008年6月14日
北京灯彩	传统美术	2008年6月14日
北京绢花	传统美术	2008年6月14日
北京料器	传统技艺	2008年6月14日
便宜坊焖炉烤鸭技艺	传统技艺	2008年6月14日
全聚德挂炉烤鸭技艺	传统技艺	2008年6月14日
剧装戏具制作技艺	传统技艺	2008年6月14日
月盛斋酱（烧）牛（羊）肉制作技艺	传统技艺	2008年6月14日
京作硬木家具制作技艺	传统技艺	2008年6月14日
都一处烧麦制作技艺	传统技艺	2008年6月14日

市级非物质文化遗产名录

名称	类别	公布时间
天坛神乐署中和韶乐	传统音乐	2006年12月31日
北京玉雕	传统美术	2006年12月31日
象牙雕刻	传统美术	2006年12月31日
便宜坊焖炉烤鸭技艺	传统技艺	2006年12月31日
全聚德挂炉烤鸭技艺	传统技艺	2006年12月31日
雕漆技艺	传统技艺	2006年12月31日
景泰蓝制作技艺	传统技艺	2006年12月31日
同仁堂中医药文化	传统医药	2006年12月31日
北京杠箱	传统舞蹈	2007年7月3日
老北京叫卖	传统音乐	2007年7月3日
北京豆汁制作技艺（锦馨）	传统技艺	2007年7月3日
北京灯彩	传统美术	2007年7月3日
北京绢花	传统美术	2007年7月3日
北京补花	传统美术	2007年7月3日
北京风筝制作技艺	传统美术	2007年7月3日
泥人张彩塑（北京支）	传统美术	2007年7月3日
北京料器	传统技艺	2007年7月3日
葡萄常料器	传统技艺	2007年7月3日
剧装戏具制作技艺	传统技艺	2007年7月3日
都一处烧麦制作技艺	传统技艺	2007年7月3日
北京花丝镶嵌制作技艺	传统技艺	2007年7月3日
京作硬木家具制作技艺	传统技艺	2007年7月3日
壹条龙清真涮肉制作技艺	传统技艺	2007年7月3日
月盛斋酱（烧）牛（羊）肉制作技艺	传统技艺	2007年7月3日
厨子舍清真菜民间宴席制作技艺	传统技艺	2007年7月3日
围棋	传统体育、游艺与竞技	2007年7月3日
象棋	传统体育、游艺与竞技	2007年7月3日
天坛的传说	民间文学	2009年10月12日
前门的传说	民间文学	2009年10月12日
北京刻瓷	传统美术	2009年10月12日
北京绒花（绒鸟）	传统美术	2009年10月12日
北京扎彩子	传统美术	2009年10月12日
北京木雕小器作	传统美术	2009年10月12日
北京绢人	传统美术	2009年10月12日
数来宝（快板）	曲艺	2009年10月12日
花市元宵灯会	民俗	2009年10月12日

区级非物质文化遗产名录

名称	类别	公布时间
老北京叫卖	传统音乐	2007 年 1 月 16 日
北京杠箱	传统舞蹈	2007 年 1 月 16 日
同聚公乐云车老会	传统舞蹈	2007 年 1 月 16 日
常氏中幡圣会	杂技与竞技	2007 年 1 月 16 日
众友同心中幡圣会	杂技与竞技	2007 年 1 月 16 日
北京绢人	传统美术	2007 年 1 月 16 日
北京风筝制作技艺	传统美术	2007 年 1 月 16 日
北京补花	传统美术	2007 年 1 月 16 日
北京绢花	传统美术	2007 年 1 月 16 日
北京灯彩	传统美术	2007 年 1 月 16 日
象牙雕刻	传统美术	2007 年 1 月 16 日
北京玉雕	传统美术	2007 年 1 月 16 日
泥人张彩塑（北京支）	传统美术	2007 年 1 月 16 日
都一处烧麦制作技艺	传统技艺	2007 年 1 月 16 日
壹条龙清真涮肉制作技艺	传统技艺	2007 年 1 月 16 日
月盛斋酱（烧）牛（羊）肉制作技艺	传统技艺	2007 年 1 月 16 日
厨子舍清真菜民间宴席制作技艺	传统技艺	2007 年 1 月 16 日
北京豆汁制作技艺（锦馨）	传统技艺	2007 年 1 月 16 日
天兴居炒肝制作技艺	传统技艺	2007 年 1 月 16 日
正阳楼螃蟹宴制作技艺	传统技艺	2007 年 1 月 16 日
京作硬木家具制作技艺	传统技艺	2007 年 1 月 16 日
北京料器	传统技艺	2007 年 1 月 16 日
葡萄常料器	传统技艺	2007 年 1 月 16 日
北京花丝镶嵌制作技艺	传统技艺	2007 年 1 月 16 日
雕漆技艺	传统技艺	2007 年 1 月 16 日
便宜坊焖炉烤鸭技艺	传统技艺	2007 年 1 月 16 日
全聚德挂炉烤鸭技艺	传统技艺	2007 年 1 月 16 日
剧装戏具制作技艺	传统技艺	2007 年 1 月 16 日
景泰蓝制作技艺	传统技艺	2007 年 1 月 16 日
南庆仁堂中药制剂方法	传统医药	2007 年 1 月 16 日
千芝堂中药炮制技术	传统医药	2007 年 1 月 16 日
同仁堂中医药文化	传统医药	2007 年 1 月
天坛神乐署中和韶乐	传统音乐	2007 年 1 月
天坛的传说	民间文学	2008 年 6 月
前门的传说	民间文学	2008 年 6 月
崇文门的传说	民间文学	2008 年 6 月
花棍舞词	传统舞蹈	2008 年 6 月
群英同乐小车圣会	传统舞蹈	2008 年 6 月
拉洋片	曲艺	2008 年 6 月

数来宝（快板）	曲艺	2008 年 6 月
围棋	传统体育、游艺与竞技	2008 年 6 月
象棋	传统体育、游艺与竞技	2008 年 6 月
白猿通背拳	传统体育、游艺与竞技	2008 年 6 月
宋氏形意拳	传统体育、游艺与竞技	2008 年 6 月
京绣	传统美术	2008 年 6 月
北京绒花（绒鸟）	传统美术	2008 年 6 月
北京刻瓷	传统美术	2008 年 6 月
北京骨刻	传统美术	2008 年 6 月
北京剪纸（徐阳）	传统美术	2008 年 6 月
北京真丝手绘	传统美术	2008 年 6 月
北京火绘葫芦	传统美术	2008 年 6 月
北京传统风筝（王迺新）	传统美术	2008 年 6 月
北京面人（彭小平）	传统美术	2008 年 6 月
北京传统风筝（张世德）	传统美术	2008 年 6 月
北京面人（张俊显）	传统美术	2008 年 6 月
北京扎彩子	传统美术	2008 年 6 月
北京纸扎花灯	传统美术	2008 年 6 月
中国结技艺	传统技艺	2008 年 6 月
样式雷烫样技艺	传统技艺	2008 年 6 月
蒙镶制作技艺	传统技艺	2008 年 6 月
天字号首饰套件制作技艺	传统技艺	2008 年 6 月
毛绣制作技艺	传统技艺	2008 年 6 月
锦芳元宵制作技艺	传统技艺	2008 年 6 月
老正兴寿桃制作技艺	传统技艺	2008 年 6 月
都一处炸三角制作技艺	传统技艺	2008 年 6 月
全聚德全鸭席制作技艺	传统技艺	2008 年 6 月
北京金鱼培育技艺	民俗	2008 年 6 月
花市元宵灯会	民俗	2008 年 6 月
北京彩蛋	传统美术	2008 年 7 月
北京小木作雕刻	传统技艺	2008 年 7 月

非物质文化遗产代表性传承人名单

国家级非物质文化遗产代表性传承人

姓名	类别	公布时间
孙　森	象牙雕刻	2007 年 6 月
王树文	象牙雕刻	2007 年 6 月
钱美华	景泰蓝制作技艺	2007 年 6 月
张同禄	景泰蓝制作技艺	2007 年 6 月

文乾刚	雕漆技艺	2007年6月
卢广荣	同仁堂中医药文化	2007年6月
金霭英	同仁堂中医药文化	2007年6月
关庆维	同仁堂中医药文化	2007年6月
田瑞华	同仁堂中医药文化	2007年6月
宋世义	北京玉雕	2009年5月
金铁铃	北京绢花	2009年5月
邢兰香	北京料器	2009年5月
种桂友	京作硬木家具制作技艺	2009年5月
孙　颖	剧装戏具制作技艺	2009年5月
白永明	便宜坊焖炉烤鸭技艺	2009年5月
满运来	月盛斋酱（烧）牛（羊）肉制作技艺	2009年5月

市级非物质文化遗产代表性传承人

姓名	类别	公布时间
马元良	北京灯彩	2008年4月
柴慈继	象牙雕刻	2008年4月
张　锠	泥人张彩塑（北京支）	2008年4月
金铁铃	北京绢花	2008年4月
崔　洁	北京补花	2008年4月
邢兰香	北京料器	2008年4月
常　虹	葡萄常料器	2008年4月
郭石林	北京玉雕	2008年4月
孙　森	象牙雕刻	2008年4月
王树文	象牙雕刻	2008年4月
钱美华	景泰蓝制作技艺	2008年4月
张同禄	景泰蓝制作技艺	2008年4月
钟连盛	景泰蓝制作技艺	2008年4月
文乾刚	雕漆技艺	2008年4月
宋世义	北京玉雕	2008年4月
费保龄	北京风筝制作技艺	2008年4月
孙颖剧	装戏具制作技艺	2008年4月
种桂友	京作硬木家具制作技艺	2008年4月
舍增泰	厨子舍清真菜民间宴席制作技艺	2008年4月
满运来	月盛斋酱（烧）牛（羊）肉制作技艺	2008年4月
白永明	便宜坊焖炉烤鸭技艺	2008年4月
程淑美	北京花丝镶嵌制作技艺	2008年4月
卢广荣	同仁堂中医药文化	2008年4月
金霭英	同仁堂中医药文化	2008年4月
关庆维	同仁堂中医药文化	2008年4月
田瑞华	同仁堂中医药文化	2008年4月

黄荣贵	北京杠箱	2008 年 12 月
赵树昌	北京灯彩	2008 年 12 月
张志平	北京玉雕	2008 年 12 月
李博生	北京玉雕	2008 年 12 月
柳朝国	北京玉雕	2008 年 12 月
李春珂	象牙雕刻	2008 年 12 月
戴嘉林	景泰蓝制作技艺	2008 年 12 月
米振雄	景泰蓝制作技艺	2008 年 12 月
殷秀云	雕漆技艺	2008 年 12 月
舍源泰	厨子舍清真菜民间宴席制作技艺	2008 年 12 月
赵小刚	同仁堂中医药文化	2008 年 12 月

图23－11　2004年，同仁堂创建335周年庆典活动

图23－12　2004年，外国朋友开展“走进全聚德老店，了解老北京文化”社会实践活动

第六章　文化管理　文化产业

第一节　管理机构与文艺组织

管理机构　区文化委员会　1994 年，区文化文物局内设文化科、文物所、新闻出版科、行政办公室，辖管文物管理所、社会文化管理所、文化馆、图书馆、花市电影院、角楼文保所、天坛南里文化娱乐中心、文化馆剧场、羊市口文化站、燕京评剧团。2001 年 11 月，区文化文物局更名为区文化委员会（简称区文化委），同时挂崇文区旅游局牌子。2002 年 12 月，迁至崇文门外大街 7 号正仁大厦二段办公。2003 年 1 月，角楼文保所划归区园林局管理。2004 年 9 月，成立区文化产业办公室。2005 年 12 月，撤销社会文化管理所，其行政职能划入新组建的行政执法队。2009 年 8 月，区旅游局调整为政府独立职能部门。当年，区文化委被国家文化部、国家人力资源和社会保障部评为全国文化系统先进集体。2010 年 6 月，该委设办公室、行政执法队、公共文化

事业发展科、文化市场管理科、文物保护科、文化产业发展办公室。直属事业单位有文化馆、图书馆、文物管理所等 8 个单位。

“非遗”保护机构　2006 年 3 月，区成立由主管副区长任组长的“非遗”保护工作领导小组，各委、办、局、街道及相关单位建立工作组织，指派专人负责该项工作；区文化委成立专家委员会，并抽调人员成立“非遗”保护工作办公室，建立百名普查员队伍。2008 年 9 月，区级“非遗”保护中心率先在全市成立，牌子加挂在文化馆，全区形成“非遗”保护工作组织体系。

图23－13　2008年，在工人文化宫红剧场上演的《功夫传奇》

文艺组织　专业文艺团体　1994 年，区境内专业文艺团体仅存燕京评剧团。演职人员约 30 人，演出主要有《秦香莲》《对花枪》等传统剧目。由于传统剧目演出市场日渐萧条，演员队伍年龄老化，剧团生计难以维持，1996 年以后演出终止，安置在册职工。剧团保留行政关系，独立事业法人，办公地点在奋章胡同 53 号。2004 年 12 月至 2010 年 6 月，北京天创寰宇功夫剧院有限公司《功夫传奇》大型舞台动作剧演出团队，常年在红剧场演出。2009 年至 2010 年 6 月，本山传媒（北京）有限公司常年在刘老根大舞台演出。演职人员均为赵本山弟子，主要演出东北二人转、东北秧歌、东北高跷等节目。

业余文艺团体　区级文艺团队：1994 年，崇文区有北京广角摄影学会、评剧队、心声合唱团；2003 年，成立民乐团、西乐团和中老年舞蹈队；2004 年，组建时装模特表演队、青年京剧队；2005 年，组建老北京民间艺术团；2006 年，组建崇文文化馆越剧队、阳光艺术健身团、快板沙龙、周末相声俱乐部。至 2007 年，老北京民间艺术团和快板沙龙获“北京市优秀品牌团队”称号。2009 年 4 月，美术沙龙成立。至此，区级业余文艺团体有 20 支。截至 2010 年 6 月，保持正常活动的有戏曲、舞蹈等 15 支团队、800 余人。其余团队由于馆舍变迁、人员变动、资金不足等原因停止活动。区级文艺团队以中老年人为主，平均年龄 50 岁。每月（周）在区文化馆定期活动，年均活动 50 余次。在区大型活动演出中发挥重要作用。

街道和社区文艺团队：1995 年，永定门外街道成立思乐民乐队，有演员 15 人。至 2010 年 6 月，全区街道文艺团队增至 25 支、693 人，主要有合唱、舞蹈、话剧、时装模特等团队。社区文艺团队 96 支、2 300 人，主要活动有棋艺交流、舞蹈、合唱、太极拳等，以排练为主、演出为辅。以社区活动站（室）、社区广场、街心公园等为主要活动场地。人员广泛、简单易学、自娱自乐是社区文艺团队的特点。

2010年6月崇文区文艺团队统计表

表23－6

名称	人数（人）	成立年份
北京广角摄影学会	320	1980
评剧队	40	1987
心声合唱团	82	1987

续表

名称	人数（人）	成立年份
民乐团一队	16	2003
民乐团二队	33	2003
西乐团	12	2003
中老年舞蹈队	30	2003
时装模特表演队	12	2004
青年京剧队	17	2004
老北京民间艺术团	32	2005
越剧队	30	2006
周末相声俱乐部		2006
阳光艺术健身团	129	2006
快板沙龙	28	2006
美术沙龙	20	2009

2010年6月崇文区街道级文艺团队统计表

表23—7

名称	隶属街道	成立年份	活动形式	人数（人）	平均年龄（岁）	年演出（场次）
思乐民乐队	永定门外	1995	民乐	15	60	15
金色年华舞蹈队	永定门外	2004	舞蹈	20	55	6
国标舞队	永定门外	2004	舞蹈	10	55	6
小花模特队	东花市	2005	时装模特	20	49	2
红似火舞蹈一队	龙潭	2006	舞蹈	20	55	10
书画社	崇文门外	2006	书画	50	55	2
进京创业者艺术团	体育馆路	2006	器乐舞蹈	40	35	8
小花舞蹈队	东花市	2006	舞蹈	20	54	5
小花合唱队	东花市	2006	时装模特	40	59	8
红似火舞蹈二队	龙潭	2007	合唱	25	65	6
乐音合唱团	崇文门外	2007	合唱	35	60	10
同心舞蹈队	天坛	2008	舞蹈	20	55	6
红歌民乐队	天坛	2008	民乐	20	60	4
舞蹈团	崇文门外	2008	舞蹈	30	55	5
社区工作者合唱团	体育馆路	2008	合唱	50	46	8
街道舞蹈队	体育馆路	2008	舞蹈	30	30	8

续表

名称	隶属街道	成立年份	活动形式	人数（人）	平均年龄（岁）	年演出（场次）
京韵前门艺术团民族舞队	前门	2009	民族舞	40	55	10
京韵前门艺术团拉丁舞队	前门	2009	拉丁舞	30	57	10
京韵前门艺术团民乐队	前门	2009	民乐	30	57	15
京韵前门艺术团京剧队	前门	2009	京剧	12	55	5
京韵前门艺术团话剧队	前门	2009	话剧	20	35	5
京韵前门艺术团越剧队	前门	2009	越剧	20	55	3
金歌合唱团	天坛	2009	唱歌	60	57	5
夕阳红舞蹈团	崇文门外	2010.6	舞蹈	20	52	3
青少年舞蹈团	崇文门外	2010.6	舞蹈	16	10	2

第二节　文学艺术界联合会

组织建设　1987年，崇文区文学艺术界联合会（简称区文联）成立，实行团体会员制。1995年5月、2003年12月、2010年4月，区文联先后召开第三次至第五次会员代表大会，审议通过理事会工作报告和文联章程。至2010年6月，区文联有书画研究学会、广角摄影学会、音乐、舞蹈、文学创作、嘤鸣诗社、硬笔书法、曲艺杂技、民间花会和风筝等12个专委会（学会、研究会），会员2 183人。

各专委会每年分别举办新春团拜会、联谊笔会、艺术展览、诗歌朗诵、风筝放飞等系列惠民品牌活动，还举办写生创作、学术研讨、调研考察等系列文艺主题活动。

活动与获奖　自1994年起，区文联每年举办摄影展览。1994年至1997年，区文联副主席、广角摄影学会会长的摄影集《我要上学》，被中国新闻摄影学会授予特殊贡献奖、特别荣誉奖，获中国文联、中国摄影家协会“德艺双馨优秀会员”称号。2006年，区文联举办“1949—2006摄影中国展览”。区书画研究会副会长兼秘书长的书法作品在全国民间工艺美术书法大展中被评为特别金奖，并被命名为海峡两岸德艺双馨艺术家。2000年，区文联副主席、音乐委员会会长创作的舞曲，区文联秘书长创作的舞蹈《快乐小丫》获文化部第十届群星奖金奖，舞蹈《姐妹踏青》《冰糖葫芦》在中央电视台《舞蹈大世界》播出。2003年，由区文联主席任监制，副主席任编剧、制作人的25集电视剧《尘埃落定》，在国内多家电视台黄金时段播出，获全国电视“金鹰奖”。2006年9月，区文联与吴东魁艺术馆联合举办庆祝中华人民共和国成立60周年艺术作品展。2004年至2008年，区文联风筝委员会副会长应北京奥组委特邀制作镂空式“中国印”“五环福娃”“奥运圣火传递标志”风筝，参加奥运圣火传递，参与开幕式风筝放飞节目策划。2005年6月，区文联在明城墙角楼举行“全国盘鹰风筝邀请赛”开幕式，来自北京、天津、山西等16支代表队参赛。2006年至2008年连续开展迎奥运风筝放飞活动，风筝作品200余件。区文联硬笔书法委员会副会长在教育部艺术教育委员会主办的第十届全国中小学生绘画、书法作品比赛中，获书法类指导工作一等奖，其文章《从教师板书的问题到学生写字的培养》获2004年度全国校外教育优秀论文一等奖。2005 年 12 月，区文联曲艺杂技委员会作品《改头换面》在“立白杯”北京相声小品邀请赛中获相声专业组二等奖。2009 年，区文联美术委员会副主席参赛油画作品《一九四九》获中国美术家协会第十一届全国美展油画展金奖，并获首届中国美术创作奖大奖。2010 年上半年，区文联副主席、音乐家委员会会长创作的歌曲《中国选择了你》参加文化部中国少数民族音乐学会主办的“感动中国”全国第五届歌曲大赛，并获一等奖。

图23－14　2009年9月25日，区文联在吴东魁艺术馆举行艺术作品联展开幕式

至 2010 年 6 月近 17 年间，区文联各专委会在各艺术门类活动中，集体或个人获国家及省部级以上奖项 119 项。区文联还多次组织书画艺术界人士无偿捐献书法、书画作品千余幅，艺术作品选集万余本，累计捐款近 40 万元，与国内外文艺界开展形式多样的交流 10 余次。

第三节　文化市场管理与文物管理

文化市场管理　1994 年 7 月，全市组织部分区县统一销毁收缴的非法音像制品，区销毁非法录音带 1.35 万盒、录像带 0.11 万盒、盗版 CD158 盘。至 2010 年 6 月，每年重大节日和重要会议期间，区文化、公安、城管等部门，在全区范围内开展“扫黄打非”专项整治活动，每周定期联合执法检查文化市场守法经营情况，培训经营单位负责人，使他们熟悉文化市场法律法规知识，引导文化经营者自觉守法经营。17 年间，共培训经营单位法人 1 284 人次，出动检查 9 316 人次、经营单位 2 743 家次，没收非法音像制品 26.55 万盘、书刊 2.84 万余册，罚款 6.63 万余元。

2008 年，建立文化市场信息监督员制度，全区招聘监督员 42 人，北京奥运会、残奥会筹备和举办期间全部上岗，持续对重点地区的文化市场进行监管。2009 年，聘请区人大代表、区政协委员各 10 人参与区文化市场监管。同年，区文化委向 7 个街道各派驻执法人员 1 人，加强街道文化市场管理，依法查处违法经营活动。

文物管理　1995 年，区文化文物局更换金台书院老化电线及电器配套设施。2002 年 4 月，区政府制定《崇文区文物保护单位居民腾退拆迁安置补偿实施细则》等文件，并拨款近 4 000 万元，搬迁腾退居住在袁崇焕祠墓、隆安寺、花市火神庙、阳平会馆戏楼、福建汀州会馆北馆内的 205 户居民。同时，安装避雷针、烟感器、消防栓等设备。2004 年至 2006 年，区文物管理部门为文物管理使用单位和居住在文物保护单位内的居民配发灭火器，签订安全责任书。区财政拨款 110 余万元，改造东南角楼消火栓系统，在城下修筑 100 立方米蓄水池和泵房，更新主控装置等。2008 年，区文化委组织开展文物安全年活动，制订文物安全突发事件应急预案；奥运比赛期间，与消防支队联合检查文物保护单位消防安全。

2003 年 12 月，区首次制定文物保护 16 个行政审批程序性规定项目，并上网公示。2006 年 10 月，区检察院根据《中华人民共和国文物保护法》第 79 条规定，将 24 件涉案文物移交区文化委，办理移交书和代保管委托书。至 2010 年 6 月，保留行政许可 9 项。

第四节　文化产业

2004 年 9 月，成立以区委、区政府主要领导为组长的区文化产业领导小组；10 月，全区 32 个职能部门及企业完成崇文区不可移动文物资源概况、旅游资源概况、文化资源现状与经济学分析等 28 份文化产业调研材料；11 月至 12 月，邀请市社科院院长朱明德、阎崇年教授及国家、市文化产业科研机构专家等，对有效挖掘和发挥崇文区文化资源优势进行座谈、研讨，确定区文化产业发展规划基本框架。2005 年 3 月，区政府常务会通过《崇文区文化产业（2005—2010）发展规划纲要》。

2004 年，区属文化产业实现增加值 5.70 亿元，占全区 GDP 的 5.40%，同比增长 31%。2005 年，文化创意类企业前 15 家实现税收 1.78 亿元，对区财政贡献 4 082 万元，占区财政收入 3%以上。2006 年，体育休闲业和文化旅游业创造的税收分别为 1.05 亿元和 9 470 万元，分别占区财政收入比重 7.70%和 7%。2008 年，市文化创意产业领导小组授予前门传统文化创意产业集聚区称号。至 2010 年 6 月，全区有文化创意产业企业 2 880 余家。

第二十四编　卫生　医药

1994年，全区有各级各类医疗机构271个，其中，市属2个、区属14个，企事业办233个，社会办22个。还有社会救助团体崇文区红十字会(简称区红会)卫生技术人员5 729人，病床1 944张。每千人口拥有病床4.49张、卫生技术人员13.23人、医生6.06人。区境内患病人群死因排在前3位的依次为脑血管病、心脏病、恶性肿瘤，人均期望寿命76.29岁。

1994年至2002年，区卫生系统进行综合目标管理责任制第三轮至第五轮改革，实施《崇文区区域医疗卫生设置规划》后，区属医疗机构先后进行5次调整，建立22个社区卫生服务中心(站)，卫生资源配置得到优化。至2010年6月的近17年中，区政府先后拨款3.56亿元改扩建门诊楼、病房楼，改善门急诊和病房就医环境。区医疗卫生主管部门不断进行医疗医药改革，开展医德医风教育、医学教育、规范化服务达标、“医院管理年”等活动，各医疗机构不断探索和开展诊疗新技术、新项目，增设便民服务设施和项目，医疗服务能力和水平得到提高。全区基本形成较为完善的医疗卫生服务体系，实现居民“大病进医院，小病在社区”，达到人人享有基本医疗卫生服务的目标。区红十字会（简称区红会）组织动员会员参加国内外多个受灾地区的医疗救护、募集善款和帮困救助等活动。

2003年，区委、区政府带领全区人民抗击“非典”，制定《关于加强公共卫生建设的意见》等文件。至2005年，全区重大疾病预防控制机制和体系不断完善，爱国卫生运动持续地开展，卫生、药品监督工作力度加强。2008年，崇文区获国家卫生区称号；2009年，获国家中医药特色社区卫生服务示范区称号。

2010年6月，全区有医疗防疫机构171个，其中市属2个、区属29个（含22个社区卫生服务中心、站）、社办民办140个。医疗机构中，三级医院2个、二级医院4个、一级医院13个。有卫生技术人员4 915人，病床1 865张。每千人口拥有病床5.56张、卫生技术人员14.66人、执业（助理）医师6.02人、注册护士5.29人。患病人群死因排在前3位的依次为恶性肿瘤、心脏病、脑血管病，人均期望寿命84.32岁。

第一章　医疗防疫与医药科研机构

第一节　区属医疗防疫机构

图24−1　2009年，普仁医院外景

沿革　1994 年，区属医疗防疫机构有 14 个医院（所）。至 2010 年 6 月，医院（所）减至 7 个，新建社区服务中心、站 22 个；合并转型撤销医院（所）7 个。区正大医院，1995 年 5 月并入区前门医院。区体育馆路医院与区精神卫生保健所（增挂西厅医院牌子），1995 年 5 月合并为区体育馆路医院，挂区精神卫生保健所牌子；同年 9 月，该保健所更名为区精神病防治院；2001 年 11 月两个医院分离。区第二人民医院，1995 年由区骨科医院更为现名；2003 年 3 月并入第四医院（普仁医院）。区儿童医院，1999 年 2 月与区妇幼保健所合并为区妇幼保健院。区结核病防治所，2002 年 10 月调整归并区疾病预防控制中心，保留区结核病防治所牌子。2007 年 8 月，区前门医院、区体育馆路医院、区中医医院转型为天坛、体育馆路、永定门外 3 个社区卫生服务中心；2007 年 12 月，上述 3 个医院撤销建制。

选介　北京市普仁医院（简称普仁医院）　区中心医院。1900 年普仁医院建立，1949 年改建为北平市立第四医院（简称第四医院），2000 年 9 月恢复原名。院址崇文门外大街 100 号。该院拥有百年历史，以“精·诚·仁·和”为院训，是集医疗、教学、科研、防病于一体的综合医院，是天坛医疗集团骨干医院之一。1994 年，年门急诊 25 万余人次，床位 268 张，病床使用率 96.10%。1995 年 8 月，获爱婴医院称号。1999 年，被市医疗评审机构评为二级甲等医院。2001 年 4 月，被确定为市首批基本医疗保险定点医院。2002 年 11 月，成为首都医科大学教学医院。2004 年 1 月，定为市首批工伤定点医疗机构。从 2008 年 6 月起，该院推出门诊自助挂号服务，优化医院就诊流程。2009 年，年门急诊 42 万余人次，床位 364 张，病床使用率 80.62%。自 2010 年 1 月 4 日起，接待全市门诊持卡实时结算患者就诊。至 2010 年 6 月，该院设 23 个临床医技科室和重症监护中心、糖尿病治疗中心、心血管介入治疗中心、肿瘤会诊中心、体检中心、微创外科治疗中心。有核磁共振成像系统（MRI）等万元以上医疗设备 474 件（台）。占地面积 1.43 万平方米，建筑面积 2.96 万平方米。有职工 692 人，其中医生 210 人、护理人员 251 人、医技人员 104 人，正高级职称 8 人、副高级职称 59 人。该院先后获首都精神文明单位、市爱国卫生先进单位、首都文明服务示范窗口、首都平安示范医院等称号。

崇文区第一人民医院　前身是崇文区永外医院，院址是永定门外大街 130 号。1993 年 6 月，更名为北京市红十字永外医院。1995 年 9 月，更为现名。1997 年，被市医疗评审机构评为二级合格医院。2001 年 10 月，增挂区老年病医院牌子，设老年病床 121 张。2006 年 12 月，成立“红丝带之家”——艾滋病咨询门诊。2008 年 2 月，与天坛医院组建天坛医疗集团血液净化中心，增设床位 40 张，血液透析机 25 台；6 月成立中医科病房。2009 年，建立药物维持治疗门诊，皮肤性病、美沙酮药物维持门诊等为该院专科特色。年门急诊 19 万余人次。2009 年 12 月，该院成为全区首家通过医保持卡就医实时结算验收的医疗机构。至 2010 年 6 月，该院设病床 105 张、临床医技科室 20 个，有 CT 诊断机、电子胃镜、中央监护系统、康复治疗系统等医疗仪器设备。占地面积 0.42 万平方米，建筑面积 0.95 万平方米。有职工 308 人，其中卫生专业技术人员 259 人，含正高级职称 1 人、副高级职称 20 人。

崇文区中医医院　区属唯一一家中医专科医院。天坛针灸研究所挂靠该院，院址是西兴隆街 1 号。1994 年至 2007 年，设有中医内外科、脑血管病专科等临床医技科室，配有西门子彩超、心脏除颤起搏器等设备。病床由 25 张增至 60 张。脑血管病专科是该院重点专科。1998 年 1 月，被市中医评审机构评为二级乙等中医医院。2001 年，该院病房被评为全国妇联巾帼文明示范岗。2003 年，该院被评为市防治“非典”先进集体。2007 年，有职工 113 人，其中卫生技术人员 92 人。2007 年 12 月，该院撤销，住院部并入区第一人民医院。

崇文区妇幼保健院　前身是崇文区妇幼保健所，院址是法华南里 25 号楼。1994 年，是全区婚前保健定点医疗机构、计划生育技术指导中心。1996 年，该院获市婚前体检单位验收评估第一名，其婚检规章制度(9 项 55 条)在全市推广；1998 年，获市计划生育工作红旗单位称号。1999 年 2 月，与区儿童医院合并为崇文区妇幼保健院。2000 年，被市妇幼评审机构评为二级甲等妇幼保健机构。2001 年，获市级“九五”期间儿童听力筛查工作先进单位称号；2002 年，获市计划生育工作先进集体称号。2009 年 12 月，由培新街 4 号迁入现址。中医治疗妇儿科杂症及儿童保健科治疗儿童弱视等为该院专科特色。至 2010 年 6 月，儿内科恢复全年无假日 24 小时门诊。该院有高频乳腺 X 射线机等诊疗设备，床位 60 张。建筑面积 0.87 万平方米。有职工 106 人，其中卫生专业技术人员 91 人，含中高级职称 37 人。

崇文区口腔医院　区牙病防治中心，院址是东花市北里西区 24 号楼。20 世纪 90 年代至 2010 年 6 月，承担区境内儿童窝沟封闭及青少年龋病普查普治，并陆续推出全年无假日门诊，午间、晚间门诊，电话预约门诊等便民措施。多次被评为市卫生系统先进集体、首都精神文明单位。1997 年，定为大病统筹定点专科医院。2000 年 2 月，被区医疗评审机构评为一级甲等医院。在全市医疗机构口腔科中，率先实行一人一机一消毒。有口腔综合治疗椅 40 台及口腔内窥镜、口腔数字化成像系统等设备。2001 年，成为基本医疗保险定点专科医院。该院设有临床医技科室 11 个及职能科室 9 个。开展根管显微治疗、纤维桩核扩大残根残冠保存治疗、微动力拔牙、隐形矫治器治疗等技术项目。2005 年至 2010 年 6 月，是市政府批准的 96 家窝沟封闭预防项目指定单位之一，累计为 6 岁至 8 岁儿童 9 396 人免费实施窝沟封闭治疗，封闭六龄齿 20 849 颗。自 2009 年起，在辖区街道开展以“关爱中老年，口腔健康进社区”为主题的健康讲座、咨询、普查等系列活动，并为区境内 60 岁以上享受低保的老人免费镶牙 24 例。该院建筑面积 0.23 万平方米。有职工 62 人，其中卫生专业技术人员 51 人，含中级职称 24 人。

崇文区精神病防治院　前身是区精神卫生保健所，院址是法华南里 25 楼。1995 年 9 月更为现名。1996 年，精神科病房扩建 100 平方米，床位 60 张。1997 年，成立精神病三级防治网，填补区境内精神病管理空白。1998 年 4 月，被市评审机构评为二级合格专科医院。2009 年 12 月，撤销精神病科病房，保留精神科门诊和精神社区科，由驹章胡同 43 号迁入现址。

崇文区疾病预防控制中心（简称区疾控中心）　前身是区卫生防疫站，院址是西晓市街 16 号。1994 年，区卫生防病监督管理所、区健康教育所挂靠该站。1995 年 1 月，区动物卫生检疫监督站挂靠该站。1999 年 7 月，卫生监督与监测分离。2002 年 10 月，调整区卫生防疫站、区结核病防治所等疾病预防控制职能，合并成立区疾控中心。2003 年 1 月，区性病防治所归并该中心。至 2010 年 6 月，该中心 5 万元以上检验仪器设备由 1994 年的 2 台增至 38 台（件），价值 855.47 万元；有各种检验仪器设备 95 台，总价值 1 004 万元。设有食品卫生、环境卫生、消毒效果卫生、肠道细菌等 8 个微生物检验检测实验室和水质、食品、环境等 10 个理化检验检测实验室。该中心建筑面积 7 100 平方米。有职工 107 人，其中专业技术人员 94 人，含中高级职称 43 人。

崇文区急救站　1998 年 3 月，第四医院重建急救站。2000 年 12 月，区急救站独立建制。有救护车 5 辆，配备卫星定位系统（GPS）及多功能监测仪、除颤器、高压氧气瓶等车载抢救设施。纳入北京市“120”急救系统，解决城南地区患者呼叫急救车等待时间过长问题。2010 年 6 月，月均出车 330 余次，最高日出车 35 次。

社区卫生服务中心（站）　1996 年 11 月，前门医院建立区境内第一个社区卫生服务站。1997 年 1 月，该院成立社区服务科。1997 年 4 月，普仁医院成立社区医疗科和全市第一个社区哮喘病防治网。1997 年年底，全区有社区卫生服务站 6 个，开展心电图检查、肌肉与静脉注射、“送医送药”上门服务等项目。1998 年，全区建立社区卫生服务站 9 个，其中东晓市等 4 个站被列入北京市首批公费医疗、大病统筹医疗报销定点站。

2000 年至 2001 年，区卫生局以一级、二级医院为依托，相继建立东花市、龙潭、体育馆路、天坛与永定门外（简称永外）5 个社区卫生服务中心；社区卫生服务站增至 17 个。22 个社区卫生服务中心（站）总建筑面积 2.51 万平方米。按照建筑面积划分 A 级站 8 个、B 级站 4 个、C 级站 5 个，其中 9 个站达到市社区卫生服务站行业规范化服务标准。铁辘轳把等 11 个服务站被批准为市基本医疗保险定点站。2003 年 3 月，启动生活方式疾病综合防治示范社区项目，龙潭街道和龙潭社区卫生服务中心被批准为全市 20 个示范社区之一。2005 年，5 个社区卫生服务中心全部纳入突发公共卫生事件医疗救助体系。

从 2007 年 4 月起，全区社区卫生服务中心（站）与综合医院、专科医院建立双向转诊机制，实施对口支援。天坛医院、同仁医院、中科院肿瘤医院等 13 家二级、三级医院的专家到社区卫生服务机构出诊。组建由全科医师、社区护士、防病保健医师、对口支援医师及家庭保健员组成的社区卫生服务团队，建立家庭契约式服务模式，实行居民健康责任制管理。同年 8 月，5 个社区卫生服务中心改为区卫生局所属公益性独立建制的社区卫生服务机构，与社区卫生服务站实行一体化管理。

2009 年，崇文区社区医院数字图书馆启用，网页界面突出慢性病管理等社区卫生服务特色。4 月，启动关爱中老年口腔健康进社区活动。社区卫生服务团队开展以高血压、糖尿病、冠心病及脑卒中等慢性病为重点的健康管理，服务 69 万人次。至年底，全区社区卫生服务门诊达 22.20 万余人次，其中中医诊疗 9.70 万余人次。建立家庭健康档案 10.50 万份、居民个人健康档案 27.30 万份。社区卫生服务机构均为医保定点医疗单位。新景家园社区卫生服务站获市医保工作一等奖。天坛社区卫生服务中心被评为北京市为百姓办实事先进集体。

至 2010 年 6 月，22 个社区卫生服务中心、站，覆盖区境内 7 个街道，70%的居民从住所步行 15 分钟即可到达，全区社区卫生服务体系新架构基本形成。各社区卫生服务中心设置全科医疗科、中医科、康复医学科、妇科、医学影像科等科室，按标准化建设要求配备心电图机、全自动生化分析仪、彩色 B 超机等医疗设备。共有在职人员 542 人，其中卫生技术人员 455 人，含中医 75 人、西医 150 人、护士 124 人、药学 21 人。

2010年6月崇文区社区卫生服务机构统计表

表24-1

序号	名称	地址	医护人员（人）		建筑面积（平方米）
			医生	护士	
1	东花市社区卫生服务中心	广渠家园13号	28	3	6 520（在建楼主体完工）
1.1	东花市南里社区卫生服务站	东花市南里东区13号楼107号、108号	4	6	331.89
1.2	铁辘轳把社区卫生服务站	东花市大街33号	3	1	318
1.3	新景家园社区卫生服务站	西花市大街62号、64号	4	3	710
1.4	都市馨园社区卫生服务站	兴隆都市馨园13号楼D102号—103号	4	2	335.91
1.5	忠实里社区卫生服务站	忠实里西区7号楼106号	1	2	244.77
2	龙潭社区卫生服务中心	光明25号楼	36	12	2 097
2.1	幸福家园社区卫生服务站	幸福家园19号楼1101号、1102号	3	2	358.76
2.2	左安门社区卫生服务站	左安蒲园小区1号楼旁平房	2	2	360
2.3	龙潭北里社区卫生服务站	夕照寺街35号、37号	2	2	323
3	体育馆路社区卫生服务中心	法华南里25号楼西侧	36	31	4 195
3.1	法华寺社区卫生服务站	体育馆西路1号	2	3	619.80
3.2	长青园社区卫生服务站	长青园16号楼迤南	2	3	507.40
4	天坛社区卫生服务中心	粉厂胡同57号	33	17	3 206.40
4.1	金鱼池社区卫生服务站	金鱼池小区西区13号楼1单元102号	3	3	352.74
4.2	天坛东里社区卫生服务站	天坛东里南区79号	4	3	560.20
4.3	天坛南里社区卫生服务站	永内东街西里11号	2	3	345.39
5	永定门外社区卫生服务中心	丰台区蒲黄榆二里15号楼	44	15	2 552.40
5.1	望坛社区卫生服务站	永定门外桃杨路二条2号	3	5	400
5.2	景泰西里社区卫生服务站	景泰西里8号楼底商1层、2层	3	2	453
5.3	富莱茵社区卫生服务站	富莱茵花园9号楼1单元101号	2	2	99.85
5.4	东革新里社区卫生服务站	东革新里40号	4	2	218
合计	5个中心，17个站		225	124	25 109.51

第二节　社办民办医疗机构

1994年，区境内有社会办医疗机构22个。2009年，有社办、民办医疗机构140个，其中20张以上床位的医院12个，共设床位461张。选介：

北京崇文光明医院　即北京军区空军司令部门诊部，院址为板厂南里2号，建筑面积0.59万平方米。1994年至2010年6月，设床位90张。年均门诊量军人患者1.40万余人次、地方患者5万余人次，收治住院病人200余人次。中医正骨治疗颈腰椎病、外科小针刀治疗各种慢性疼痛等为该院特色。配备各类医疗仪器设备百余台（件）。2001年，定为医疗保险定点医疗机构。2010年6月，有职工120人，其中专业技术人员103人，含高级职称7人、中级职称51人。

国家体育总局运动医学研究所体育医院（简称体育医院）　院址为体育馆路甲2号旁门，建筑面积0.75万平方米。2001年12月26日挂牌。隶属国家体育总局。主要为国家队运动员提供医疗服务，同时向社会开放。设运动创伤与康复实验室、运动医务监督实验室、运动营养实验室等。有美国进口核磁共振、彩色超声及四肢关节成像诊断系统等医疗设备，设病床60张。2002年，定为医疗保险定点医疗机构。2006年，院长李国平获卫生部第九届吴阶平医学研究奖。2010年6月，有职工148人，其中卫生专业技术人员105人。

北京同仁堂中医医院　院址为西打磨厂46号。2008年10月，由中国北京同仁堂（集团）有限责任公司（简称同仁堂集团）组建。聘请近百名国家级和市级名老中医出诊。院内有进口数字影像系统、光电遥测监护系统等医疗仪器设备。设临床医技科室16个、病床40张。该院占地面积9 500平方米，使用面积2.10万平方米。2009年8月，定为基本医疗保险定点医疗机构。2010年5月16日，“张炳厚名医传承工作站”在该院揭牌。2010年6月，有职工124人，其中卫生专业技术人员89人。

2010年6月崇文区20张以上床位的社办、民办医院一览表

表24—2

名称	地址	所有制形式	类别	机构	经营性质	床位（张）	建院时间
崇文光明医院	板厂南里2号	其他	综合医院	一级甲	非营利性	90	1986.11
医学会健安医院	永内东街东里12号楼	集体	综合医院	一级合格	非营利性	20	1994. 1
红十字会东华医院	体育馆西路6号	集体	综合医院	一级合格	非营利性	20	1994.6
国家体育总局运动医学研究所体育医院	体育馆路甲2号旁门	全民	其他专科医院	一级	非营利性	60	2001.12
北京崇文英平风湿病医院	夕照寺街绿景馨园12号楼1号	集体	其他专科医院	一级合格	非营利性	24	2001.2
红十字会国龙中医医院	珠市口东大街155号	集体	中医（综合）医院	一级	非营利性	20	2003.9
红十字会华都中医医院	安化北里丙1号	集体	中医（综合）医院	一级	非营利性	20	2003.12
北京两广中医医院	兴隆都市馨园14号楼首层、负一层、负二层	股份制	中医（综合）医院	一级	营利性	20	2004.9
北京天坛普华医院	天坛南里12号	合资	综合医院	一级	营利性	47	2005.1
北京京坛医院	安乐林路10号	股份制	综合医院	一级合格	营利性	80	2007.2
中方中医医院	安定里27号	全民	中医（综合）医院	一级合格	非营利性	20	2007.11
北京同仁堂中医医院	西打磨厂46号	股份制	中医（综合）医院	一级合格	营利性	40	2008.10

第三节 驻区医疗和医药科研机构

驻区医疗机构 首都医科大学附属北京天坛医院（简称北京天坛医院） 院址为天坛西里6号，占地面积8.39万平方米，总建筑面积9.29万平方米。该院是集医、教、研、防于一体的以神经科为重点的三级甲等医院。1994年至2010年6月，设神经外科、神经内科等45个临床和医技科室。分脑血管病、颅内肿瘤等11个临床专业组，拥有王忠诚、赵雅度、罗世祺、赵继宗等一批世界著名的神经外科专家。市神经外科研究所、北京天坛医学影像中心（1994年11月至2006年9月）、市伽马刀治疗研究中心、北京神经外科学院、首都医科大学第五临床医学院、市脑血管病抢救治疗中心、全国和市脑血管病防治研究办公室同设在该院。该院和市神经外科研究所是世界三大神经外科研究中心之一，是亚洲神经外科临床、科研、教学基地和世界卫生组织（WHO）在中国的神经科学培训合作中心。开展的脑干肿瘤、脊髓内巨大肿瘤切除、颅内巨大动脉瘤切除和脑血管畸形手术等高难度手术率先解决4项神经外科难题。同时，该院承担首都医科大学临床教学任务。医院拥有新型伽马刀、核磁共振扫描仪（MRI）、数字减影血管造影（DSA）、手术导航、高端手术显微镜等诊疗设备，100万元以上设备55台（件）。

自2007年起，开展支援崇文区、丰台区社区医疗工作。2010年1月至6月，门诊49.30万人次，急诊4.60万人次，日均门诊4 038人次，急诊危重症抢救3 811人次，抢救成功率94.07%。编制床位950张，其中神经外科床位402张。病床使用率90.88%，手术11 140例。至2010年6月，有专业技术人员1 901人，含正高级职称128人、副高级职称263人，中国工程院院士1人，突出贡献专家11人。17年来，该院、所获各级科研成果奖励近300项，其中国际级2项、国家级21项、部市级86项。发表论文7 000余篇。担任国家“十一五”攻关课题、国家自然科学基金课题和国家高技术研究发展计划等科研课题503项。王忠诚院士获国家最高科学技术奖。该院先后获首都文明单位标兵、全国文明服务示范医院、全国职业道德建设先进单位、全国百佳医院、全国卫生系统行业作风建设先进集体、全国百姓放心医院等称号。

首都医科大学附属北京口腔医院（简称北京口腔医院） 院址分为天坛部（天坛西里4号）和王府井部（锡拉胡同11号）。两部总占地面积2.30万平方米，总建筑面积2.96万平方米。该院是集口腔医疗、医学教育、医学研究和预防保健于一体的口腔专科三级甲等医院和口腔医学人才培育基地。被国务院学位委员会批准为博士学位授予权一级学科、博士后流动站，是国家生命科学与技术高级人才培养基地。1994年至2010年6月，院内设有牙体牙髓、牙周黏膜、口腔修复等17个临床科室及药剂、放射、病理等6个医技科室。有口腔综合治疗椅298台及数字化曲面断层X光机、PASC/RIS医学影像存储和归档与放射信息系统、铸钛机、激光焊接机等设备。开展牙体牙髓根管治疗、无托槽隐形矫治术、口腔颌面外科改良血管吻合术等口腔治疗新技术近60项。中西医结合治疗口腔黏膜病、口腔异味门诊、颞下颌关节病、正颌外科、涎腺疾病、牙齿种植、激光治疗口腔疾病、烤瓷牙冠等为医院专科特色。该院连续十年被评为首都文明单位、全国牙病防治工作先进单位、全国百姓放心示范医院、首都平安示范医院和双十佳人民满意医院；担任奥运会首席牙医官的杨晓江获首都健康卫士称号。

2005年至2010年6月，实施由政府资助的7岁至14岁少年儿童窝沟封闭预防龋齿项目，累计为全市58.91万名儿童的109.19万颗第一恒磨牙实施窝沟封闭。2006年以后，院门急诊量逐年增长，当年首次突破50万人次。2008年4月至2010年6月，参与重生行动——全国贫困家庭唇

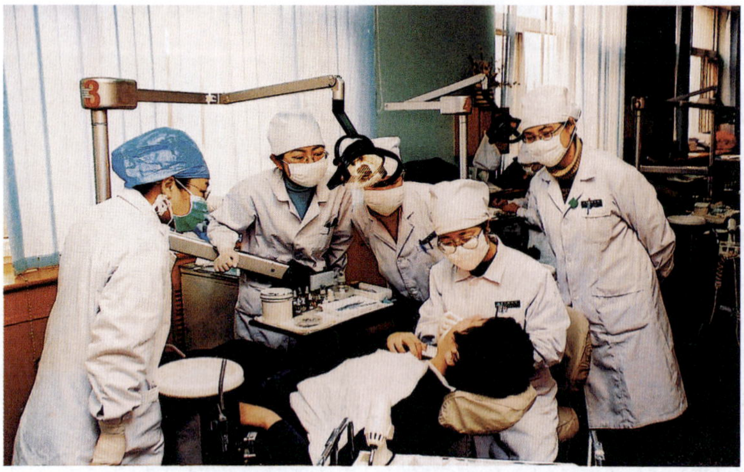

图24—2　2007年，北京口腔医院代教老师为实习学生做临床示范

腭裂儿童手术康复计划和“微笑列车”行动，为贫困地区唇腭裂患儿实施手术治疗1 200余人次。2009年1月至2010年6月，为全市60岁以上低保全口无牙老人实行免费镶牙1 000余例。院内设病床68张，日均门诊量2 000余人次，年门诊量60万余人次。

驻区医药科研机构　中国药品生物制品检定所　国家检定药品、生物制品及质量的法定机构，所址为天坛西里2号。1994年至2010年6月，该所获国家科技奖14项、省部级奖79项、专利43项。近百名专家在国家药典委员会、中国药学会、世界卫生组织专家委员会、美国药典会等专业组织中担任学术职务。1999年7月，加挂中国药品检定总所的牌子。2002年10月，隶属国家食品药品监督管理局。设药品生物制品检验检测、食品和化妆品检验检测等11个业务体系52个业务部门和16个职能部门。设有世界卫生组织（WHO）药品质量保证合作中心、卫生部细菌耐药性监测中心、国家病毒性肝炎研究中心、国家啮齿类实验动物种子中心、中国医学细菌保藏管理中心、国家实验动物质量检测中心、国家麻醉品检定实验室。承担国家重大新药创制、重大传染病防治等100余个科研项目。2003年，与研发单位协作，成功研制全球第一支甲型H1N1流感疫苗。2010年6月，有高级技术职称226人，其中享受国务院政府特殊津贴专家68人、有突出贡献专家12人。

中国医学科学院医药生物技术研究所　国内第一所微生物药物研究机构，是国家抗感染、抗肿瘤和生物技术药物的重点研发单位。所址为天坛西里1号。1994年至2010年6月，设有卫生部抗生素基因工程重点实验室、国家新药（微生物）筛选实验室、国家药用微生物菌种保藏中心，以及肿瘤、病毒等研究室和微生物药物中试基地等。“十一五”期间，承担艾滋病和病毒性肝炎等传染病防治科研专项课题及国家多项创新药物品种研发任务，同时承担国际抗结核联盟合作等项目。该所依托微生物与生化药学的国家重点学科，培养硕士、博士研究生400余人。2006年，该所甄永苏、蒋建东教授获北京协和医学院教学名师称号。2009年，该所创新药物研究团队被中央组织部、科学技术部等授予专业技术人才先进集体。2010年6月，有科研人员150余人，其中有中国工程院院士1人，卫生部有突出贡献专家4人。

国家食品药品监督管理局药品认证管理中心　1994年11月成立，前身是卫生部药品认证管理中心。地址是法华南里11号。1998年，更名为国家药品监督管理局药品认证管理中心。1995年10月至2000年，该中心基本完成全国5 000余家药品生产企业药品GMP《药品生产质量规范》认证。2003年更为现名。2004年3月至2010年6月，认定275家药物临床试验机构资格，认定专业数1 844个。认证国内39家实验室药物GLP《药物非临床研究质量管理规范》。督查全国10余个防控H1N1甲型流感疫苗生产企业，保证上亿人份疫苗的安全生产和使用。

国家药典委员会（简称药典委员会）　1998年，自朝阳区迁入崇文区法华南里11号。2002年10月，隶属国家食品药品监督管理局，是法定的国家药品标准专业管理机构。至2010年6月，该单位下设执行委员会及23个专业委员会，委员348人，其中两院（中国科学院、中国工程院）院士28人。先后出版和多次修订国家权威性药物典籍《中华人民共和国药典》。

第二章　医疗服务与医学教育科研

第一节　医疗服务

西医　1994年，区境内医疗机构门急诊共143.60万人次。设床位755张，病床利用率85.90%；抢救危重病人312人次，抢救成功率89.10%。1995年至2000年，区属医院加强门急诊基础力量配备和重点科室建设，体育馆路医院、区中医医院等建立重症监护室；第四医院（普仁医院）组建重症监护中心（ICU），设床位12张，抢救成功率86%以上。区属医院重点发展急诊医学、心血管内科、眼科、神经外科等12个专业。2009年，区属医疗机构门急诊64.90万余人次，设病床464张，病床使用率73.60%，急诊抢救危重病人222人次，抢救成功率82.43%。

1994年5月，北京普仁X—刀医疗中心成立，开展立体定向神经放射X—刀分段治疗颅内动静脉畸形和颅内肿瘤手术，免除病人开颅手术的痛苦。1994年，区永外医院首次完成贲门癌开胸探查及脊髓神经瘤摘除手术；区骨科医院开展“AO”系统自动加压固定治疗四肢骨折取得疗效。1996年至2000年，第四医院（普仁医院）神经外科在全市区属医院中率先开展X—刀立体放射治疗；眼科开展青光眼减压阀植入手术、角膜缘干细胞移植手术、糖尿病视网膜病变眼底光凝治疗等国内眼科领域新的诊疗项目，并为一名双眼被炸伤病人实施人工角膜联合晶体玻璃体切除、取出眼内异物、部分穿透性角膜移植、巩膜外环扎四联手术，使其重见光明；内科对急性心肌梗死患者成功进行首例急诊冠状动脉造影和经皮冠状动脉腔内成形术，并开展心脏介入性诊断与心肌梗死溶栓治疗。2000年11月，设在普仁医院的天坛医院神经外科接诊，当年收治病人287人，手术154人。2001年5月18日，普仁医院妇科成功为患盆腔巨大肿物病人切除重达12.50千克的肿瘤。2003年至2010年6月，各医疗单位相继开展腹主动脉人工血管架桥术、腹腔恶性肿瘤放射粒子植入术、内镜下前列腺肥大电切术、电子十二指肠镜加腹腔镜双镜联合治疗胆囊结石合并胆总管结石、颈动脉狭窄动脉内支架置入术等多项新技术，取得临床疗效。

中医　1994年至2010年6月，区属各综合医疗机构均设中医科。普仁医院中医科治疗脾胃病、外感温热病、卒中后遗症、糖尿病及妇女更年期综合征等多种中医杂症。前门医院中医科以邹氏导阳归肾汤随症加减，治疗虚阳上越型口腔狐惑病，其疗效与经验在市《中级医刊》发表。区中医医院对中风病患者治愈好转率85%以上；该院针灸科主任医师金伯华与该院内科主任医师任征伍共同研发治疗类风湿性关节炎的中药“追风速注射液”，获国家发明专利证书；由金伯华出版的专著《金氏针灸临床精粹》《金伯华治痹经验集》，获市科技成果奖；中医妇科专家李德衔（北京著名四大名医施今墨弟子），善于治疗男女性不孕症、子宫肌瘤等病症。自2007年起，体育馆路等3个社区卫生服务中心和北京同仁堂中医医院开展“三伏贴”，至2009年，治疗呼吸道疾病患者8 318人。

2004年至2007年，全区社区卫生服务中心（站）开展创建北京市中医药示范中心（站）和示范中医诊区活动，率先在城区社区卫生服务中实现中医药服务覆盖率100%。22个社区卫生服务中心（站）开展针灸、拔罐等中医适宜技术计9.50万余人次。龙潭社区卫生服务中心被市中医药管理局评为中医药特色社区卫生服务中心和市中医药示范服务中心，永外东革新里等5个社区卫生服务站被评为市中医药示范站，东花市南里和新景家园社区卫生服务站被命名为中医慢病防治站。崇文区被批准为市中医药特色社区卫生服务示范区。2008年，区政府拨款1.69亿元，开展社区卫生服务中医药全覆盖“折子工程”,其中用于中医药近千万元。各社区卫生服务中心（站）中医药服务覆盖率、中医药适宜技术开展率、中医专家巡诊率均达100%。2008年12月，区政府与北京同仁堂集团公司启动共建中医药特色社区卫生服务项目，该集团公司捐赠500万元，用于同仁堂中医药特色社区卫生服务建设。同时，永外社区卫生服务中心被命名为市中医特色诊区。2009年,全区开展创建全国中医药特色社区卫生服务示范区工作。5个社区卫生服务中心设中医科，配备530余种中成药，430余种中药饮片；17个社区卫生服务站开设中医科，配备中医医师，开展中药、针灸、推拿、按摩、刮痧、捏脊等6种以上中医药适宜技术。各社区中心（站）开展中医防病、中医特色养生保健及高血压、糖尿病等慢性病的中医干预与管理；协同街道残联对辖管地段残障患者开展卒中后遗症等疾病的治疗与康复；中医药知识亦应用于社区居民优生优育、生殖保健和孕产妇保健咨询及指导。各社区卫生服务机构利用社区大课堂，向社区居民和患者发放《传染病中医药防治手册》《慢病中西医结合防治手册》《社区重点人群中医药保健手册》《二十四节气养生手册》及10种健康教育处方，传授中医养生保健和健康生活方式。社区居民对一般健康知识知晓率达80%以上。同年4月，崇文区社区卫生服务机构通过国家中医药管理局专家组考核；10月，崇文区获国家中医药特色社区卫生服务示范区称号。

护理　1994年至1995年，区首批注册护士1 751人。1995年，区属医疗机构执行特级护理合格率等12项护理质控标准。1997年至2003年，推广普仁医院“整体护理模式病房”试点经验，区第二人民医院等7家医院相继实行，各项护理指标均达标。2000年，区卫生系统表彰首届“十佳护士”。2003年5月，普仁医院派出首批护理人员20人，支援“非典”一线医院。2004年，42所医疗机构经资格审核执业护士1 483人。2004年至2005年，普仁医院相继开展胰岛素泵的临床应用、脑血管造影患者护理、采用新斯的明局部热敷法改善术后尿潴留的临床护理等新技术项目。2006年，区属医疗机构开展首都护士服务质量年活动；满30年护龄的护理工作者74人获卫生部颁发的荣誉证书和证章。2007年至2009年，区属医疗机构实行呼吸机吸痰、密闭式静脉输液、应用输液泵等10项护理技术。

医疗救护　1997年，全区完善以第四医院（普仁医院）急诊科为中心的急救网络建设。2004年至2005年，在全市率先建成区卫生防病应急中心，健全由区急救分中心、天坛医院急救站和5所社区卫生服务中心组成的区域紧急医疗救援网，为危重病人开通绿色抢救通道。区卫生局拨款200万元，为各社区卫生服务中心配备心肺复苏等抢救设备。2006年，全区出动救护车105辆次、医护人员138人次，对绿景苑小区煤气爆炸突发事件受伤人员进行院前急诊急救、救助流浪乞讨人员、为龙潭庙会等大型活动提供医疗保障。至2007年，区卫生局制订完善《突发公共卫生事件应急处理预案》《突发食物中毒事件处理预案》《重大动物疫情应急预案》等6个工作预案，培训卫生应急骨干队伍。2008年，全区设立13个奥运保障医疗救护点，派出急救车840辆次、医护人员2 659人次，完成奥运火炬传递、公路自行车赛、女子马拉松赛外围崇文段的医疗保障工作。

献血　1994年至1997年，崇文区连年超额完成公民义务献血任务，被市无偿献血委员会评为北京市献血先进单位，获市无偿献血银质奖。至2007年，全区涌现3名献血状元——北京红都集团劳保用品公司退休职工姚志坚、国营华北光学仪器厂（二一八厂）职工吴守纪、第九十六中学教师张振方。他们向社会无偿献血403次，合计83 200毫升（含成分血），多次获全国无偿献血金质奖章、全国无偿献血奖杯、首都精神文明建设奖章等。

1998 年至 1999 年，区境内 47 个献血主管部门与区政府签订《献血工作目标管理责任书》，各街道办事处首次组织个体工商户、外来务工人员参加献血，区属及驻区中央单位均超额完成献血指标。1999 年，崇文区获市无偿献血金杯奖。2000 年，在全市率先开展单位内部自愿无偿献血活动。被市无偿献血委员会授予街头自愿无偿献血优秀区。自 2002 年起，每年无偿献血采血车进驻春节龙潭庙会，宣传、组织游人参加无偿献血活动。

自 2003 年起，全区推行无补贴、无休假的无偿献血。区卫生局制订《崇文区血液应急预案（试行）》，并在天坛医院成立应急中心血库。区卫生局获市自愿无偿献血贡献奖。2005 年至 2006 年，加大临床医疗用血监管力度，成分输血率 99.95%，自体输血率 60.96%，居全市之首。区政府、区卫生局、区血液管理办公室先后被评为市献血先进单位。

2007 年，区开展稀有血型血液筹集及捐献工作，公安崇文分局是全区第一个无偿捐献成分血的单位。2008 年，组建奥运应急献血队伍 3 025 人，完成抗震救灾和奥运血源保障工作。同时，改造同仁医院、普仁医院血库，建成区第一人民医院、普华医院新血库。

医疗支援　1994 年至 2003 年，前门医院、第四医院（普仁医院）、天坛医院等 24 个医院，先后与房山区 27 个乡（镇）卫生院签订对口支援责任书，资助医疗器械和资金 23 万余元。区卫生局先后与河北沽源县卫生局、内蒙古赤峰市、湖北巴东县建立对口支援关系。普仁医院等单位支援贫困地区卫生经费和汽车、医疗器械等达 124 万余元。区医学会先后组织内外科等专家赴房山区琉璃河乡、南洛村等地开展送医下乡活动，为村民义诊 2 000 余人次，预约疑难病患者到普仁医院诊治。2003 年至 2009 年，区卫生局先后派 3 批医务人员 298 人到昌平农村卫生院开展医疗支援工作，开展健康教育大课堂 448 次和免费体检、义务咨询，受益群众 2.50 万人次。天坛医院、普仁医院等，向受援单位捐赠各种医疗器械设备，价值约 141 万余元。2008 年，市口腔医院与内蒙古呼和浩特市和通辽市口腔医院分别签署为期 3 年的技术合作协议；选派优秀临床医师赴新疆和田地区参加卫生援疆工作。2009 年 5 月，中国医药卫生事业发展基金会与崇文区共同支援青海省医药卫生项目启动。普仁医院接收青海省黄南州和西藏当雄县部分医务人员来院临床进修。

图24—3　2008年6月29日，区卫生局选派的第一批四川什邡对口支援小分队

1998 年夏季，区卫生局先后组织 3 批医疗防疫小分队，分别奔赴哈尔滨和赤峰市抗洪救灾第一线，为灾民和抗洪官兵开展防疫医疗服务，并向内蒙古灾区捐赠 20 万元药品以及心电图机等医疗仪器。2008 年 5 月，区卫生局向四川汶川地震灾区派出医疗队 2 批 12 人，出动救护车 93 辆次，转运患者 74 人次，接诊 1 131 人次。2008 年 6 月至 2009 年 1 月，先后派出 3 批医疗队奔赴四川什邡地震地区，参加灾区防疫工作。

医疗事故鉴定　1996 年，区境内发生三级医疗技术事故 1 起。2001 年，受理医疗事故鉴定 11 起，鉴定为三级医疗技术事故 1 起。2002 年 10 月，落实区《医疗事故处理条例》，依法组建医学会医疗事故技术鉴定办公室，成立由 64 名专家组成的区医疗事故技术鉴定专家库。至 2010 年 6 月，该鉴定办公室共受理医疗纠纷 78 起，其中，市级医院 62 起、区级医院 16 起，鉴定为医疗事故的有 7 起。

第二节　医学教育科研

人才培养　自1996年起，区卫生系统开展技术人才和护理专业继续医学教育。至2009年，教育年检合格率由1998年85.50%提升至100%。

1996年至2002年，选派医护人员骨干126人分别参加市级全科医师及首都社区护理学习班培训。2006年至2008年，区卫生局制订《全科医学人才培养实施方案》，设立全科医学人才培养专项资金；组织全员岗位培训和考试，396人完成全科医师、社区护士等10个专业岗位理论和社区实践培训，345人次参加10个专业岗位考试，250人取得合格上岗证书。至2010年6月，区卫生系统启动三轮学科带头人培养工程，培养58人，完成科研课题47项，开展新技术、新项目42项，获市、区科研成果奖7项，获市、区科研基金资助课题27项，培养方向涵盖急诊、心血管、外科等10个专业。

教育基地　崇文区卫生学校（简称区卫校）和卫生干部培训中心是区卫生系统主要教学和继续教育基地。1994年至2010年6月，区卫校先后主编出版《病案管理专业英语》《新编病案管理学》《养老护理》教科书；卫生干部培训中心先后举办执业医师、职称英语考前辅导等各类培训班，累计培训1万余人次。

2006年，区卫校成立全科医学理论培训基地和普仁医院全科医学社区实践基地。2008年，区卫生局与北京中医药大学东方医院签订对口支援协议，确定东方医院为区中医药教学实践基地。2009年，永外社区卫生服务中心成为北京市社区中医药人才培养“回归扎根”工程首批中医类别全科医师培训社区实践基地。

医学科研　1994年至2008年，区卫生系统获市卫生局首发基金、市中医局医药科技基金、市区中青年科研基金等科研经费160.45万元，用于市、区重点科研项目、863攻关课题（国家高技术研究发展计划）等144项科研课题的研究，其中获区科技进步奖40项。普仁医院《X—刀治疗肿瘤技术应用》《角膜移植手术临床观察》等分获市金桥工程二等奖、三等奖和鼓励奖。

1995年至1999年，区属各医疗单位引进新技术、新项目251项。2000年，区卫生系统获市中医局基础研究二等奖1项，实现中医市级科研项目申报和立项“零”的突破；2002年，获首都医学科研发展基金一等奖和二等奖各1项、三等奖2项。

学术交流　1994年至2007年，区卫生系统医务人员发表学术论文737篇，其中，国家级104篇、市级126篇。有200余篇在《崇文医刊》和市级以上刊物上发表，31篇参加全国学术交流。1996年10月，第十二届全国部分城市卫生改革研讨会在区召开，18个城市64名代表出席。会议对城市城区卫生改革与发展、社区医疗卫生服务和监督执法等问题进行研讨。至2010年6月，区医学会与区卫生局开展各类学术活动，出版发行《崇文医刊》（年刊）17期，并与部分省市医学会交流。

第三章　疾病预防控制

第一节　传染病疫情与监测　计划免疫

传染病疫情　1994 年，区境内因食物污染，报告肠道感染疫情 5 起，感染 59 人。1995 年至 2003 年，确诊流行性脑膜炎（简称流脑）7 例、流行性出血热 3 例。1998 年至 1999 年，发生肠道感染疫情 35 起，感染 48 人。2003 年 3 月 25 日至 6 月 10 日，全区接收“非典”患者 119 例。其中，区境内 44 例、区境外 75 例，临床诊断 76 例、疑似 4 例、排除 39 例。共治愈 26 例，死亡 7 例，其中在区境内医院死亡 2 例。2004 年，发生流脑疫情 15 起，确诊 6 例；2004 年 12 月，第一零九中学同班级局部暴发甲型流感 13 例。2006 年 3 月，光明小学局部暴发乙型流感 24 例；定安里小学暴发水痘疫情 26 例。2009 年，区境内医院收治甲流患者 59 例，轻症居家治疗 190 例。当年至 2010 年 6 月，报告手足口病 305 例。

1994 年至 2010 年 6 月，全区甲乙类传染病发病前五位顺位：细菌性痢疾列第 1 位；病毒性肝炎 1994 年至 1997 年列第 2 位，2005 年以后退到第 4 位至第 5 位；肺结核 1997 年至 2001 年列第 3 位至第 5 位，2003 年至 2010 年 6 月上升为第 2 位至第 3 位；淋病、梅毒徘徊在第 2 位至第 5 位；甲流、猩红热、“非典”、麻疹在个别年份排列第 2 位至第 5 位。

监测　疫情监测　1994 年至 2010 年 6 月，区疾控中心（原防疫站），通过采样或设点监测疫情传染源，对疫情疫源地与病家消毒处理 316 起。1998 年至 2004 年，霍乱外环境监测采样 448 件，检出阳性 2 件；水产品检测采样 3 267 件，检出阳性 13 件，均为霍乱弧菌 O1 稻叶型。

2003 年 3 月 35 日至 6 月 10 日，“非典”疫情期间，区卫生系统医务人员对 459 名密切接触者进行 5 508 次医学随访；对疫源地和 285 万平方米公共场所进行消毒；解答热线电话 11 189 人次，热线举报出现场 2 670 人次，监护送指定医院 163 人次。全区“非典”发病率 1.35/ 万，低于全市城区发病率 2.01/ 万，无医务人员感染。2004 年，全区建立 20 个疫情信息直报点。2006 年，区境内设立人高致病性禽流感监测点，每天主动搜索监测园林禽类监测人员和禽类经营人员，累计监测 4.18 万人次。

“四害”监测　1994 年至 2010 年 6 月，鼠密度监测每年 3 600 夹日，鼠密度最低为 1995 年 0.08%，最高为 2009 年 1.15%；同时监测 7 个街道捕鼠和鼠间疫情，未发现流行性出血热阳性鼠心肺标本。蚊指数监测每年 18 旬次、72 点次，年平均指数（蚊的数量 / 灯的数量 × 小时）最高为 1994 年 8.96，最低为 2002 年至 2009 年均值 2.80。蝇指数

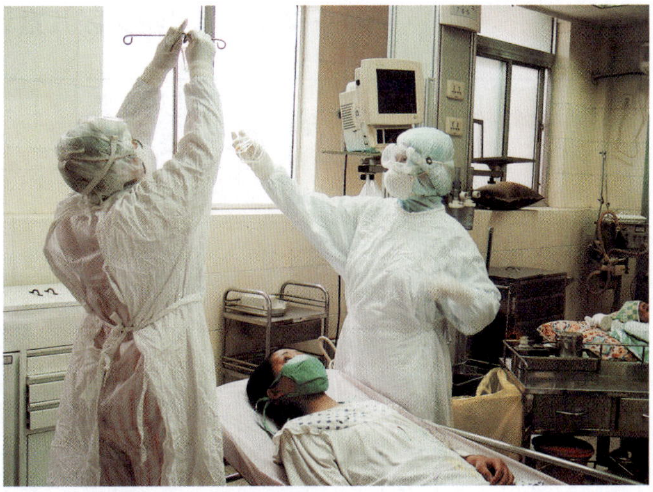

图24－4　2003年，医护人员在全力医治“非典”患者

监测每年21旬次、168点次，年均指数（数量/笼）由1994年的21降至2009年的10.18。蟑螂年均指数[数量/盒（张）×夜]，最低为2002年的0.08，最高为2008年的4.04。

消毒监测　1994年，医疗机构消毒指标（包括物体表面及手、消毒液、空气、灭菌器、紫外线灯、灭菌等物品）合格率88.26%，托幼机构消毒指标合格率52.50%。2009年，医疗机构消毒合格率升至98.10%，托幼机构消毒合格率升至91.70%。

医院监测　1994年至2009年，同仁医院、天坛医院、普仁医院妇产科检测孕产妇乙肝表面抗原（HBsAg），检测阳性率0.80%至3.34%。1997年，天坛医院、区儿童医院检出9例脊髓灰质炎病例，其中区境内2例、区境外7例。自2000年起，区境内医院陆续实行每日监测上呼吸道感染病例。自2002年起，主动监测儿童预防接种麻疹疫苗。2002年至2010年6月，区境内医院肠道门诊监测患肠出血性大肠杆菌（O157：H7血清型）病例4.75万例，检出可疑病例6例。2003年，主动监测新生儿预防接种破伤风疫苗。2004年，区疾控中心对不明原因肺炎等6例及“非典”密切接触者和间接接触者36例进行流行病学调查和医学观察，无续发病例发生。同时，开展预防接种麻疹、流行性乙型脑炎（简称乙脑）等健康人群血清调查。其中，乙脑血清抗体阳性率75.86%，麻疹血清抗体阳性率81.89%、保护率79.31%，风疹血清抗体阳性率88.79%、保护率79.31%，新生儿破伤风免疫成功率监测血清抗体阳转率100%。2005年，区境内18个医院建成15个传染病专科接诊室、1个传染病专用门诊及2个隔离留观室，形成以市传染病医院为依托，以区内一级综合医院传染病专科接诊室、二级以上医院传染病专用门诊及隔离留观室为基础的传染病医疗救治体系。

计划免疫　乙肝疫苗接种　1994年至2005年，新生儿首针乙肝疫苗接种率浮动在97.87%至99.73%；1995年，学龄前儿童和在校初一、高一学生接种率分别为100%和71.34%；婚检中乙肝表面抗原阳性配偶乙肝疫苗接种率47.01%。自1998年起，使用国产甲肝疫苗接种，接种率95.15%。2002年，乙肝疫苗接种纳入计划免疫。2005年至2010年6月，全区新生儿乙肝疫苗免费接种，第一、二、三针接种率均为100%。

基础和加强免疫接种　1994年，区境内儿童计划免疫“四苗”（卡介苗、脊髓灰质炎、“百白破”三联、麻疹疫苗）基础免疫接种率达99.88%以上，加强免疫接种率达99.92%以上。自1998年起，儿童接种风疹疫苗、麻风腮（麻疹、风疹、腮腺炎）三联疫苗、水痘疫苗、流行性腮腺炎疫苗、肺炎疫苗。2008年至2010年6月，区境内儿童“四苗”等基础免疫及加强免疫率均为100%。2009年，8月龄麻疹疫苗改用麻疹风疹联合疫苗。

1994—2010年6月崇文区儿童计划免疫接种合格率统计表

表24-3　　单位：%

年份	“四苗”抽查	卡介苗	脊髓灰质炎疫苗	百白破混合制剂	麻疹疫苗	乙脑疫苗	流脑多糖疫苗
1994	100	100	99.98	99.95	99.88	99.52	99.96
1995	99.50	99.68	99.99	100	99.92	99.39	99.84
1996	98.57	100	100	100	99.80	98.80	99.95
1997	95.24	100	99.90（第一轮）99.80（第二轮）	100	99.21	99.20	99.91
1998	100	100		100	98.70	97.43	99.60

续表

年份	"四苗"抽查	卡介苗	脊髓灰质炎疫苗	百白破混合制剂	麻疹疫苗	乙脑疫苗	流脑多糖疫苗
1999	100	100		100 （含临时户口）	98.70	100	100
2000	100	99.87	100	100	75.38	100	100
2001	100	100	100	100	100	100	100
2002	100	100	100	100	100	100	100
2003	100	100	100	100	100	100	100
2004	99.82	100	100	100	100	99.74	99.20
2005	100	100	100	100	100	100	100
2006	99.98	99.90	100	100	100	100	100
2007	100	99.99	100	100	100	100	100
2008	100	100	100	100	100	100	100
2009	100	100	100	100	100	100	100
2010.6	100	100	100	100	100	100	100

流感疫苗接种　1999年，首次接种进口纯化灭活三价流感疫苗3.77万人份，未出现明显异常反应。自2003年起，对60岁以上老人、学前儿童、中小学生、医务工作者等重点人群，开展流感疫苗接种。区境内低保人员793人免费接种。自2008年9月起，在校中小学生和60岁以上老年人免费接种。

第二节　专病防治

性病　1996年，全区患有性病1 340例，其中淋病668例、尖锐湿疣503例、梅毒90例、非淋菌性尿道炎60例、其他性病19例。梅毒发病是1992年的22.50倍。性病发病年龄20岁至39岁的占发病总人数的89.37%。1997年至1999年，淋病与梅毒分别为505例、92例；2005年至2009年，分别为391例、654例。2006年至2008年，患有梅毒人数居首位、淋病第二位、尖锐湿疣第三位。自2007年起，区境内各医院性病门诊均建立监测哨点，控制性病蔓延。2009年，尖锐湿疣前移至第二位，淋病退至第三位，患有其他性病分别为非淋菌性尿道炎、阴部疱疹。

艾滋病（HIV）　1996年，全区报告艾滋病死亡1例。1998年，区性病防治所监测宾馆服务人员770人艾滋病感染情况，无阳性。2004年，区疾控中心设立艾滋病咨询电话，自愿接受监测67人，发现阳性1人。2005年，报告13例，比2004年上升85.71%，发病率1.35/10万。同年5月，区第一人民医院和区看守所分别建立性病门诊监测、卖淫嫖娼人员监测和吸毒人员监测3个哨点。2006年，增加天坛医院、同仁医院、普仁医院皮科3个监测哨点，设专人对皮科、性病门诊就诊者和暗娼、嫖客进行行为学和血清学检测，监测591人，发现梅毒血清学阳性50人，艾滋病阳性3人，报告艾滋病17例。区卫生局、区人口计生委、区计生协会在区疾控中心和区第一人民医院共同构建"红丝带之家"。2007年，区疾控中心开展艾滋病哨点监测、病例监测和综合监测，检测7.13万人次。服务行业开展安全套摆放进客房，为海洛因成瘾者提供安全套和美沙酮替代治疗，交换清洁针具532套。报告艾滋病19例。2008年，与“爱之行”（公益活动组织）合作，招募男性行为干预工作志愿者5人，全年干预2 100人次，发放安全套1.54万只。报告艾滋病22例。2009年，落实艾滋病防治“四免一关怀”政策，即免费药物治疗、免费咨询和初筛检测、免费母婴阻断药物及婴儿检测试剂、免收孤儿上学费用，将生活困难的艾滋病病人纳入政府救助范围。壮大预防艾滋病志愿者队伍，招募艾滋病宣传志愿者3 676人。报告艾滋病23例。

结核病 1994年至2009年，全区结核病新登记病人浮动在42人至269人；患病率在10.24/10万至25/10万；小学生及新生儿卡介苗接种率基本100%。区结核病防治所（区疾病预防控制中心）对肺结核及肺外结核病人控制治疗，结核病传染源监督化疗率近100%。

慢性病管理 2003年，在区境内5个社区卫生服务中心、14个社区卫生服务站建立基础慢性病防治网络。2004年至2008年，在社区开展生活方式疾病（高血压、肥胖、糖尿病）综合防治。2009年至2010年6月，各社区卫生服务中心（站）对居民进行高血压、糖尿病等慢性疾病防治知识培训，对高血压患者及高危人群、超重/肥胖人群、糖尿病患者进行干预和实验室检测。

第三节 健康教育

学校健康教育 1994年以来，全区中小学卫生防病坚持以预防为主的方针，开设健康教育课。每年进行区、校两级学生健康体检和常见病普查，制订预防和干预措施。1999年，开展健康促进学校试点，建立学生营养餐制度。2000年，完成历时10年的学生常见病防治计划，通过市终期考评。11所学校首批获市健康促进学校铜牌。2003年，建立晨、午检学生健康监测制度。2005年至2009年，防治学生常见病，开展肥胖干预“健康动动动 快乐10分钟”活动。2006年，全区小学、中学健康促进学校达标率分别为100%和97.35%。2007年，视力检查增至每学期2次。2009年至2010年6月，推广阳光体育运动和平衡膳食理念，开展“眼保健操进家庭，小手护大眼、大手护小眼”行动，崇文区小学代表全市小学接受并通过市健康促进领导小组复查验收。

社区健康教育 1994年，区健康教育所培训社区健康教育骨干0.73万人、家庭保健员5.90万人，社区健康教育覆盖率100%。1995年，街道开展健康教育示范户试点，为44户家庭居民110人建立健康档案。1997年，建立健康教育示范居委会23个，培养健康教育示范户307户、家庭保健员307人。2002年至2004年，开展社区诊断和危险因素监测；成立健康教育讲师团，向居民宣传健康相关知识；全区80%家庭有健康知识书刊。2005年，区健康教育所对7个街道15岁至69岁居民700人进行膳食方式问卷调查，对东花市社区流动人口消化道传染病与食品安全健康教育及建筑工人艾滋病预防教育进行干预。自2007年起，落实区2006年至2010年健康教育与健康促进规划，实施社区健康教育量化考核；开展首届北京健康之星评选活动，25人获区级健康之星；开展创建国家卫生区、奥运大型活动保障等卫生防病健康教育工作。2009年至2010年6月，健康社区列入区政府“折子工程”，各街道开展“控制体重，管理腰围”“健康膳食推广”活动，各社区居委会开展健康教育大讲堂活动，授课903讲，听讲群众4.47万人次，提高群众健康意识。

第四章　卫生保健

第一节　妇女保健

孕产妇保健（围产保健） 自1994年起，区妇幼保健所每年定期监测医院产科孕产妇、围产儿死亡情况，召开母婴保健专家评审会，降低可避免死亡发生。围产儿死亡率由1994年的12.24‰降至2009年的4.68‰。围产儿可避免死亡1994年3例，1998年以后为0；孕产妇死亡1994年2例，1995年至2008年为0。

2000年至2006年，全区推广使用高危孕产妇追访卡，规范高危孕产妇管理工作。区妇幼保健院及社区卫生服务中心妇幼保健工作，在全市考核评比中连续6年满分。医院危重症孕产妇抢救成功率2004年为75%，2006年达100%。2007年至2009年，成立区级产科质量办公室，协调管理区境内危重症孕产妇转会诊。区卫生局、区妇幼保健院等6个单位组成检查小组，每年对5个社区卫生服务中心围产保健工作进行绩效考核。除人户分离不在区境内居住2例孕产妇死亡外，全区无孕产妇死亡案例；孕产妇系统管理率保持95%以上，达到降低孕产妇和婴儿死亡率目标。

妇女病监测 1994年，区妇幼保健所在显像管厂和崇文粮管所等企业监测女职工健康状况，做到查治结合。同时，在全区范围内，开展妇女病防治普查。1995年至2000年，实行女工保健表格化管理和女工保健医疗、预防、保健服务3级网络，监测女工妊娠健康现状，推广使用月经卡；建立健全企业内部女职工保健规章制度，建立女职工咨询服务记录卡。2001年，重点开展妇科高危病人登记、追访工作，妇女病普查治疗率达80%以上。2004年1月至9月，天坛医院、区第一人民医院、区妇幼保健院开展防治女性生殖道感染项目试点，妇科门诊检出生殖道感染性疾病5 869人次。至2008年5年间，妇女病防治普查共13.90万人，普查率浮动在93.50%至99.83%，妇科疾病检出率为37%至73.89%，治疗率为80.76%至94.15%。2009年，区卫生局等5部门组织全区适龄妇女开展宫颈癌、乳腺癌筛查。接受宫颈癌筛查3 988人，筛查率55.30%；接受乳腺癌筛查3 279人，筛查率59.73%，确诊乳腺癌2人。

第二节　生殖保健

婚前保健 1994年至2003年，全区累计婚前健康检查5.53万人次，疾病检出率6.64%。通过市卫生局每3年一次的复验。2004年，新的婚姻登记条例将必须婚检改为自愿婚检，婚检率由2003年的102.73%（包括登记与未登记结婚）降至2006年的4.22%。2007年，区卫生局、民政局、人口计生委等6部门联合制订《崇文区进一步加强婚前保健工作的实施方案》，在全市率先实行免费婚检，并采取各种便民措施方便婚检。2009年，婚检率达18.36%，位居全市前列。

计划生育技术服务 1994年，区妇幼保健所在抽查验收计划生育手术室中，发现一所医院不合格，做出停止手术决定。1995 年，北京天坛医院、同仁医院新增药物流产技术。2000 年，区妇幼保健院重点开展药物流产术后随访，随访率由 1999 年的 54.85%升至 64%。2001 年，节育手术并发症发生率为 3.10/ 万。自 2002 年起，落实市节育手术并发症评审制度；至 2009 年，全区没有发生节育手术并发症。2008 年至 2009 年，组织妇产科、麻醉科医师参加市无痛人流培训，区境内有关医院应用麻醉镇痛实施负压吸宫手术。

出生缺陷监测 自 2000 年起，加强出生缺陷监测，围产期出生缺陷发生率为 7.79‰。叶酸服药率由 1998 年的 13.40%升至 2000 年的 70.37%。2001 年，开展孕 20 周至 24 周 B 超监测，对可疑病例均在 24 周前转上级医院确诊，围产期出生缺陷发生率为 9.73‰；2002 年围产期出生缺陷发生率为 12.46‰。2003 年，北京天坛医院、同仁医院成为全国出生缺陷监测点，出生缺陷发生率为 4.57‰；2004 年、2005 年，其分别为 9.98‰、11.91‰。之后，全区开展提高出生人口素质，减少出生缺陷和残疾活动，2007 年，降至 6.10‰，2008 年、2009 年分别为 8.9‰、12.58‰，并新增出生缺陷儿科首报制度。

第三节 儿童保健

母乳喂养 1994 年 10 月，第四医院（普仁医院）、区儿童医院、同仁医院、北京天坛医院，被国家爱婴医院最高审批委员会授予爱婴医院。自 1995 年起，每年 8 月第一周配合世界母乳喂养周开展宣传。2007 年，新生儿满月母乳喂养率为 96%。2008 年，母乳喂养时间由 4 个月改为 6 个月，6 个月母乳喂养率为 85.79%，达到市里要求。

集体儿童保健 1994 年至 2009 年，区境内托幼园所每年对儿童进行健康体检，体检率均达 98%以上。贫血患病率最高为 1.51%，无佝偻病患儿。

1995 年，聘请市儿童保健所听力门诊大夫，使用自由声场测听仪测查 3 岁至 6 岁儿童 3 606 人听力，未通过 21 人，占 0.58%，均转诊。1997 年，区境内 28 个托幼园所的卫生保健工作通过区妇幼保健所验收。2000 年，二级二类以上托幼园所对 3 岁至 6 岁儿童开展体能测试，测试率 83%，合格率 95.40%。2006 年，开展 0 岁至 7 岁儿童单纯性肥胖调查，在 2 340 人中检出肥胖儿童 50 人，占 2.14%。

图24－5　2009年夏季，区妇幼保健院开展社区健康义诊咨询活动

散居儿童保健 1994 年至 2010 年 6 月，区妇幼保健部门对全区散居儿童开展系统管理，管理合格率浮动在 96.94%至 99.78%。新生儿访视率为 94.34%至 98.31%，儿童体检等保健覆盖率历年 100%。1995 年，组织区境内儿童 4 236 人，参加卫生部 10 年一次的全国 7 岁以下 21 个年龄段儿童体格发育调查（简称儿调），包括身高、胸围、体重测量。调查结论：儿童生长水平和营养状况较 10 年前明显提高。1997 年，开展新生儿听力障碍发生率调查。1999 年至 2010 年 6 月，全区医疗系统 62.50%的保健科开展高危新生儿检出和监测工作，超过市里 50%的指标。高危儿童管理

率达98.90%以上。2001年，开展婴幼儿互动保健ABC与健康宝宝大赛活动，被市儿童保健所评为散居工作成绩优秀奖。2002年，区儿童保健工作获全市第1名。2005年，组织区境内儿童2 094人，参加卫生部10年一次的儿调。调查结论：儿童生长水平和营养状况较10年前明显提高，儿童生长平均水平达到世界卫生组织颁布的指标。

第五章　卫生监督

第一节　食品卫生监督

监督管理　1994年至2010年6月，区卫生防疫监督部门监督食品生产经营单位235 501户次，年均合格率94.92%；行政处罚7 305起，罚款359万余元。食品从业人员5病患者（病毒性肝炎、伤寒、细菌性痢疾、活动性肺结核、化脓性皮肤病）调离率100%。

1999年至2003年，区卫生防疫监督部门与区工商部门堵查外地进京肉6次，监督检查肉品经营场所、摊次27 789个，没收不合格肉品5 654.50千克；查处一批假冒伪劣食品。2005年9月，联合国世界卫生组织官员到左安门农副产品批发市场对管理制度、消毒检疫、活禽屠宰交易等情况进行检查。2007年，北京市领导对区“两广”市场的食品安全工作进行检查。

2005年至2010年6月，在餐饮服务单位食品卫生监督中实行量化分级管理制度，即按单位卫生信誉度分为A级、B级、C级、D级进行管理。量化分级餐饮服务单位658户，完成评级589户，其中A级餐饮服务单位113户、B级275户、C级201户、D级0户。

2007年至2010年6月，区卫生监督所陆续向7个街道派食品卫生执法监督员。2008年北京奥运会举办前夕，派出卫生监督员和动物卫生监督员入驻国家体育总局训练局，保证食品卫生安全，无疫情发生。

质量监测　1994年，区境内食品检测合格率95.56%，餐具消毒抽检合格率84.40%。2004年2月至2010年6月，区工商部门启动12315食品检测车，检测市场、商场、超市以及餐饮企业食品样本，累计检测2.54万批次（例），合格率浮动在85.88%至99.75%，对不合格食品作下架处理。2010年6月，食品相关产品抽检（肉及肉制品、糕点、冷饮、冷食、方便面、白糖、豆制品、白酒等）合格率96.31%，餐具消毒抽检合格率91.50%。

食物中毒及污染事件　1995年，区境内发生1起罕见食用鲜黄花菜中毒事件，中毒12人；查处1起价值150万元月饼污染事件。1998年，发生2起细菌性食物中毒，中毒56人。1999年，发生细菌性食物中毒3起，中毒14人。2000年，发生食用扁豆中毒1起，中毒29人；一家饭馆发生因奇异变形杆菌引起食物中毒5人。

1994—2010年6月崇文区食品卫生监督统计表

表24−4

年份	卫生监督			处罚及罚款				食物中毒	
	监督（户次）	合格（户次）	合格率（%）	行政处罚（起）	立案（户次）	现场处罚（户次）	罚款（元）	事件（起）	中毒（人）
1994	21 515	20 776	96.56	739			125 057	0	0
1995	21 173	20 520	96.91	653			165 245	2	12
1996	17 598	17 046	96.86	552			209 780	0	0
1997	19 363	18 916	97.69	447			135 685	0	0
1998	12 516	12 245	97.83	271			129 250	2	56
1999	5 313	4 920	92.60	362			258 600	3	14
2000	14 875	14 660	98.55	215	22	193	217 350	2	34
2001	19 069	18 633	97.71	446	27		247 600	0	0
2002	12 597	12 053	95.68	554	23	521	266 418	0	0
2003	19 237	16 612	86.35	639	60	579	311 524	0	0
2004	24 421	24 060	98.52	361	216	145	234 600	0	0
2005	10 248	9 768	95.32	479	400		319 172	0	0
2006	10 054	9 063	90.14	991			446 350	0	0
2007	8 187	7 280	88.92	248			253 200	0	0
2008	9 714	8 342	85.88	224			206 700	0	0
2009	7 563	7 444	98.43	119	93	26	57 100	0	0
2010.6	2 058	2 053	99.75	5	3	2	7 000	0	0
合计	235 501	224 391		7 305	844	1 466	3 590 631	9	116

第二节　饮用水与公共场所卫生监督监测

饮用水监督监测　1994 年至 2009 年，区境内高层二次供水管理单位由 39 户增至 158 户，卫生监督覆盖率浮动在 78.80%至 100%、合格率在 96.10%以上；因未取得卫生许可证擅自供水等原因，实施行政处罚 22 起。监督生活饮用水覆盖率在 98.90%以上，处罚 110 起。管理人员、维修人员每年健康体检，5 种病患者调离率均 100%。

1994 年至 2002 年，全区设 10 个地面水固定监测点，监测合格率浮动在 80.80%至 97.20%，主要超标项目为总硬度、六价铬、硝酸盐氮、亚硝酸盐氮。2003 年以后不再饮用地下水、地面水。1994 年至 2010 年 6 月，全区设自来水监测点 10 个，合格率在 97.50%以上。高层二次供水监测年均合格率在 94.60%以上。

公共场所卫生监督监测　1994年至2010年6月，区卫生防疫监督部门监督区境内公共场所卫生，达标率浮动在88.41%至97.20%，对900起食品生产过程中不符合卫生要求及228起未取得卫生许可证或健康合格证擅自经营旅店业和食品业等，做出行政处罚。每两年对公共场所从业人员进行1次健康体检及卫生知识培训，5种病患者调离率100%。2010年6月，对全区143家住宿业、20家洗浴业、11家游泳场馆，实现卫生监督分级量化管理。

1994年至1999年，区卫生防疫监督部门监测公共场所空气、湿度、风速、噪声等，合格率浮动在93.46%至96.48%。1996年和1998年，分别增加甲醛和可吸入颗粒物监测。1999年至2008年，对新建和改扩建公共场所进行竣工卫生学审察及评价。抽检2 148件，平均合格率96%；委托检验（或监测）93 826件，平均合格率95.91%。自2006年起，开展公共场所集中空调送风系统及风管表面细菌总数、真菌总数及冷却水军团菌等卫生检验新项目。2009年，抽检游泳池水样33件，合格率48.48%。经疾控中心技术指导，单位采取及时更换新水、加强过滤、定期投药等措施，游泳池水合格达标。2009年至2010年6月，委托检测25 392件，合格率98.39%。

第三节　职业病与学校卫生监督监测

职业病监督监测　1994年至2010年6月，区卫生防疫监督部门定期对区境内高温作业及铅、苯、粉尘作业接触者进行职业健康监护，职业卫生合格率浮动在88.57%至100%。1994年至1999年，监测生产环境和粉尘作业点，合格率较低；化学因素和物理因素作业点合格率最高为66.70%和33.30%，令其采取改进措施。2000年至2010年6月，通过扩大生产车间面积、增设吸尘设备、减少粉尘作业连续工作时间等措施，其合格率逐年提高，粉尘作业点合格率提高到86.70%以上，化学因素、物理因素作业点合格率分别为92%以上、62.50%以上。

2002年，检出可疑尘肺11人，检出率9.65%；化学因素异常16人，检出率18.40%。2006年至2007年，检出职业禁忌症1人，疑似职业病5人。2007年至2010年6月，尘肺病确诊13例、疑似4例，职业病疑似2例，服农药中毒确诊7例。2009年至2010年6月，对粉尘、苯系物、噪声作业接触者823人进行体检，合格率100%。

学校卫生监督监测　1994年至2010年6月，区卫生防疫监督部门监督全区中小学和托幼园所集体食堂卫生及卫生防病情况，每年达35所次至692所次，对15起食品生产过程中不符合卫生要求、9起上岗人员未取得健康证明从事食品生产经营活动的行为，做出行政处罚。

1994年，检查和评价学生生长发育状况，达到全市平均水平。1995年至2003年，监测区境内中小学生常见病情况：肠道寄生虫感染率由10.20%降至0；沙眼患病率由6.99%降至2.42%；视力低下检出率由34.60%升至67.07%；贫血检出率由11.12%降至3.21%；营养不良检出率由18.16%降至16.28%，未达到下降20%的国家要求；肥胖检出率维持在17.72%至14.33%，未达到下降5%以下的国家要求；12岁龋齿患率由45.23%降至18.76%，12岁恒牙龋由0.46%降至0.27%。

1996年至2010年6月，检测区境内中小学校教学环境：学生课桌椅使用符合率由28.90%升至77.15%，教室照明（灯数量）合格率由35%升至76.50%，教室桌面平均照度合格率由45%升至68.90%，教室二氧化碳合格率由80.60%升至85.10%。

2005年至2010年6月，对学生常见病进行防治，开展肥胖干预等活动，对影响学生健康的各种因素制定标准，开展监测。

第四节　医疗卫生机构与动物卫生监督

医疗卫生机构监督　1994年至2009年，区防疫监督部门每年监督医疗机构卫生、放射线装置、消毒产品及采供血安全等。放射线装置（医用诊断X线）合格率平均99%；从事放射线工作持证率、个人剂量合格率、定期放射线防护知识培训考试及就业中定期体检的监测率均达标。医疗机构卫生、消毒产品、采供血卫生合格率浮动在98.72%至100%。行政处罚152起，罚款17.31万元。2007年，处理非法行医50余起，取缔“黑诊所”16个，没收药品、器械898件，没收违法所得1.54万元。

动物卫生监督　2003年至2004年，区监督所对9 522只家养犬类狂犬接种疫苗，接种率99.90%。2005年，入户调查散养鸽户1 055户，对21 715只鸽子进行禽流感疫苗免疫接种。2007年、2008年，区境内注册犬免疫率分别达89%、100%；监督宠物医院61户次，查处违法兽药339件。

第六章　药品监督管理

第一节　药品制售监管

药品制售单位监管　1994年至1995年4月，区药监部门验收核发药品经营企业经营许可证，规范33家药品经营企业的药品出入库、效期药品管理、低温贮存药品管理等文书。自1997年起，实行药品批发企业推销员持证上岗制度，218人考试及格持证上岗。2002年，开展药品批发企业和年销售额500万元以上的药品零售企业的认证。2003年防治“非典”期间，检查区境内150余家药品经营企业的药品、口罩、消毒液的质量与价格，均符合要求。从2004年7月1日起，落实《处方药与非处方药分类管理办法》，检查20余家零售药店执行凭医师处方销售抗菌类处方药情况，均符合要求。在全市率先受理新办药店审批和药品经营许可证发放工作。2007年，对药品制售企业实行质量信用分级管理，并在药品生产企业和社区卫生服务中心建立药品不良反应监测网络。2008年，与50余家药品经营企业签订《保障药品质量安全，实现平安奥运目标责任承诺书》，为奥运会营造药品安全环境。2009年，开展打击“黑诊所”“黑药店”专项行动，检查370余户次，依法取缔违法经营11起，取缔“黑诊所”3家、街头游医摊位1个，拆除黑诊所设置户外违法广告1处。2010年上半年，监管药品生产企业原辅料采购、生产工艺管理、质量管理、销售流向、不良反应监测、产品召回等，企业每季度上报基本药物监管情况。

医院药剂监管　1994年，区卫生局整顿医院制剂室，完成制剂许可证初审，撤销不合格的制剂室。1995年至1998年，审批法定制剂300余种，规范50个非法定制剂标准。2002年至2005年，北京市药监局崇文分局办理制剂委托加工14家。2009年，依法取缔1家民办中医医院批量煎制中药液的违法行为，罚款109万余元。此案为该局成立后第一大案。

外埠药品监管　1994 年至 2000 年，区药监部门核发外埠医药企业药品在京准销证 16 家。验证外埠药品 8 751 批次，对其中 60 批次不合规定药品做出不允许购销使用的决定。1995 年至 2000 年，核查区境内 22 个零售药店 80 余种进口药品的注册证和检验报告书，查出伪造涂改进口药品注册证和检验报告书各 1 份。2000 年 9 月，根据国家药品监督管理局有关通知精神，停止对外埠药品验证工作。

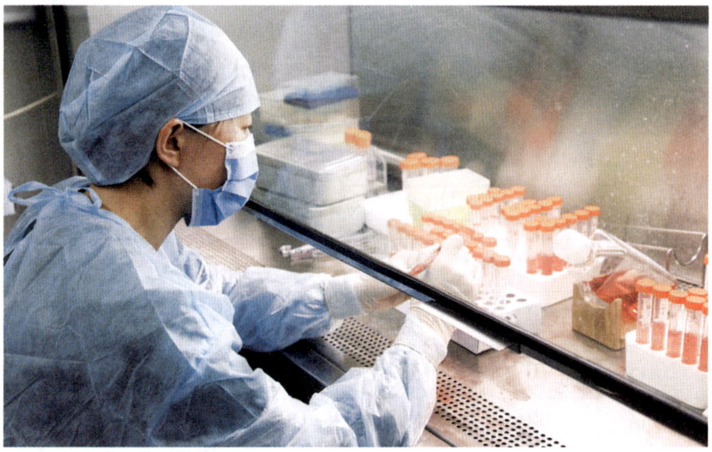

图24−6　2009年，中国药品生物制品检定所无菌实验室

特殊药品监管　1995 年至 2004 年，区药监部门为晚期癌症患者办理核发麻醉药品专用卡 1 587 人次。开展麻醉药处方医生资格培训，201 人取得麻醉药品处方资格证书。2004 年至 2006 年，为区境内生产、经营和使用麻醉药品和精神药品的单位建档。2007 年至 2008 年，检查人血白蛋白、天蚕镇痛片、蛋白同化制剂和肽类激素经营情况，开展 24 次专项整治工作。2009 年至 2010 年 6 月，对经营、批发和使用麻醉和精神及毒性药品等企业、单位，坚持月和季度检查制度。

查处假劣药品　1994 年至 2010 年 6 月，区药监部门日常对药品监督检验 10 349 件，合格率浮动在 89.33%至 99.33%。查处药品违法案件 248 起，罚没款 285.32 万元，没收销毁假劣药品折价 142.70 万元，销毁回收假劣过期药品 1 125 种。

1997 年 4 月，查封 33 个医疗单位和药品经营企业 4 个批号的 7 008 瓶假消渴丸。1998 年，立案查处假劣药和非法制剂 4 672 片，折价 1.78 万元。2006 年，在“齐二药”“欣弗”“阜阳假药”事件中，查封扣押亮菌甲素注射液 150 盒、双黄连口服液 1 971 盒。2008 年，开展“安全用药进社区，清理回收过期药”活动，在 76 个社区设置药品回收箱，全年回收药品 25 次约 6 吨，对过期药品集中销毁。2010 年上半年，开展打击利用互联网等媒体发布虚假广告及通过寄递等渠道销售假药专项整治行动，建立区境内速递企业信息库。

1994—2010年6月崇文区药品监督管理统计表

表24−5

年份	检验总数（件）	合格数（件）	合格率（%）	外埠药品验证数（批）	办理麻卡（张）	受理举报案件（起）	查处违法案件（起）	罚款金额（万元）	没收假劣药品折价（万元）	销毁回收假劣过期药品（种）
1994	1 116	1 048	93.91	1 144			8	2.19	4.77	
1995	1 165	1 099	94.33	1 286	151		5	7.86	0.91	
1996	840	771	91.79	1 424	187		6	18		
1997	600	536	89.33	1 055	0		6	7.29	5.49	
1998	474	432	91.14	1 425	0		9	28	1.79	
1999	415	394	94.94	1 458	0		4	0.26	1.17	
2000				959	0		4	1.40	0.14	

续表

年份	检验总数（件）	合格数（件）	合格率（%）	外埠药品验证数（批）	办理麻卡（张）	受理举报案件（起）	查处违法案件（起）	罚款金额（万元）	没收假劣药品折价（万元）	销毁回收假劣过期药品（种）
2001				0	179					
2002	502	494	98.41	0	350	56	14	3.38	1	61
2003	676			0	350	75	21	15.17	31.14	636
2004	751	746	99.33	0	370	85	13	2.31	26.16	155
2005	707	693	98.02	0	0	101	31	14.81	4.46	33
2006	942	924	98.09	0	0	112	31	18.89	14.81	200
2007	915	906	99.02	0	0	107	26	7.99	5.44	15
2008	300	294	98.00	0	0	137	34	53.63	3.19	25
2009	400	394	98.50	0	0	103	25	102.53	40	
2010.6	546	535	97.99	0	0	40	11	2.60	2.18	

第二节　医疗器械监管　保健食品与化妆品监管

医疗器械监管　2000年，区药监部门受理审核医疗器械生产、经营企业医疗器械许可证142件。2001年，检查22个医疗机构一次性使用无菌医疗用品管理及口腔科医院感染管理工作，规范一次性无菌用品采购渠道。2003年，按照企业产品经营范围建立支架导管、骨科植入等8类医疗器械档案以便进行管理。2004年至2005年，开展医疗器械生产企业分级管理和医疗器械不良事件监测试点工作。建立生产企业质量信用评价体系和企业信用信息数据库，评价医疗器械生产企业信用等级。重点监督检查区境内医疗机构使用一次性输注泵、高频电刀、激光治疗等设备，与区卫生局联合验收新开办的科室诊疗项目。2006年至2008年，重点检查口腔类医疗机构、医院门诊部等医疗器械使用情况，监管医疗器械生产企业生产过程和出厂检验标准。2009年，将区境内医疗机构分为一级以上医疗机构、专科诊所、社区卫生服务站、中小学幼儿园卫生室4类进行监管，全年监督检查154户次，抽查医疗器械102个品种、310批次；检查生产企业21户次，其中存在问题6户。2010年上半年，完善落实医疗器械层级管理制度。

保健食品监管　自1994年起，区药监部门每年监督检查经营保健药品的超市、百货商场。1994年5月，抽查西洋参制剂，立案查处3种假西洋参。2005年至2006年，为196个保健食品生产和经营企业建立监管数据库。2007年，换发保健食品经营卫生许可证87家，新核发36家，变更6家。2008年北京奥运会前夕，与6家保健食品生产企业签订产品质量承诺书，指导43家企业的22种不符合规定品种退出市场。2010年上半年，实施电子系统监管，录入同仁堂营养保健品厂等7家生产企业、80家经营企业的保健食品品种。

化妆品监管　1994年至1999年，区药监部门监督检查化妆品生产企业89户次，组织从业人员体检4 315人次。2001年，查处价值12万元的假冒伪劣化妆品。2005年，对区境内化妆品生产、经营、使用单位进行摸底调查，其中生产单位1个、经营单位254个、使用单位631个。2006年，检查 296 个化妆品经营企业，覆盖率 100%，抽验合格率 80%。调研 255 家专卖店，研发网络版的化妆品产品信息管理软件，实现化妆品产品的监管规范化、程序化。2007 年 8 月，在北京美博城、世纪天鼎商品交易市场内安装电子宣传信息屏，宣传国家有关化妆品法规，公布举报投诉电话等。2008 年，重点监督奥运签约酒店、批发市场及残奥会指定购物点 209 户次，抽验化妆品 67 批次，下架不合格产品 4 批次。2009 年，下架、封存或销毁违规营销的化妆品 10 余种。

第七章　爱国卫生运动

第一节　病媒生物防制

自 1994 年起，全区每年春、冬季组织统一灭鼠，夏、秋季开展以灭蚊、蝇、蟑为重点的病媒生物防制活动。2000 年至 2006 年，贯彻《北京市除“四害”工作管理规定》，区爱国卫生运动委员会办公室（简称区爱卫办）培训除“四害”（蚊、蝇、鼠、蟑）监督员，编辑放映《搞好城市除“四害”，是我们的光荣责任和义务》宣传片，在单位、居委会播放 107 场，普及除“四害”工作方法和措施。该片被市爱卫会留存，还在其他城区播放。区爱卫办、疾控中心在区拆迁地段涉及的居民院落、街巷及地下市政污水井、公厕等处多次投放除“四害”药品，统一消杀和预防性消毒。

2004 年，全区开展灭鼠和灭蚊蝇达标专项整治活动。区爱卫办组织 3 次除“四害”现场会和 6 次消灭“四害”技术培训班，培训技术骨干 2 000 余人。各街道发动社区居民开展环境治理，喷洒药物。区政府拨款 12.84 万余元，为社区公共部位、绿地、市政管线、拆迁地段等投放除“四害”药品 6.24 吨。在全区饮食网点、餐馆、食品生产及销售单位、建筑工地等重点场所，新建毒鼠饵站 8 134 个，安装防蝇帘 1 293 处；改造新建密闭式垃圾运转站 28 座，购置垃圾运输车 6 台，生活垃圾日产日清，消除“四害”滋生地。全区“四害”密度控制在全国爱卫会规定的标准之内，2004 年 7 月 4 日、8 月 21 日，通过市爱卫会专家组考核验收，市爱卫会命名崇文区为灭鼠先进城区和灭蚊蝇先进城区。

2008 年，区财政拨款 65.10 万元，用于全区除“四害”投药及清理滋生地。聘请两家 A 级专业杀虫公司，对国家体育总局训练局、奥运会签约宾馆及区公共部位进行全覆盖病媒生物消杀。定期在奥运会重点活动场所——天坛公园、永定门城楼以北公路自行车赛起点消杀“四害”。对蟑螂密度较高的 195 个中小餐馆及前门拆迁地区，进行 2 次至 3 次全面消杀，全区病媒生物密度达到奥运会防制标准。同年 12 月至 2009 年 1 月，全区开展以家庭为重点的“健康北京，灭蟑行动”。上门灭蟑服务 51 778 户，家庭蟑密度监测 300 户，染蟑家庭基本情况调查 300 户，群众对灭蟑工作满意度 100%。2009 年 12 月，区财政拨款 15 万元，配发家庭灭蟑方法光盘和布药分布图，指导居民灭蟑。全区销售灭蟑套餐 12 297 套，为低保和重残居民家庭免费发放灭蟑套餐 5 903 套。2010 年 5 月，全市病媒生物达标复查，崇文区位列第一。

第二节　公共场所禁烟

自1996年5月起，实施《北京市公共场所禁止吸烟的规定》（简称《禁烟规定》），每年在禁烟规定实施周年纪念日、世界无烟日，区境内重点大街和地区均设立宣传站、张贴公共场所禁止吸烟宣传画、发放宣传资料，向群众传播吸烟有害健康的常识和禁烟法规，引导吸烟者接受健康理念。同时，区建立禁烟执法队伍，培训禁烟监督员1 700余人，每月开展禁烟检查。1996年7月，全国政协副主席、北京市副市长何鲁丽等到区检查公共场所禁烟等情况。

2000年，前门大街、崇文门外大街、东花市北里、幸福大街、体育馆路、前门南大街、永定门外大街达到公共场所禁止吸烟示范街要求，沿街两侧做到公共场所禁止吸烟的标志齐全明显，制度规范有效，检查员佩证执法，人行便道上杜绝摆设烟摊。2001年4月底前，全区所有烟草销售网点和售烟柜台均设置“不向未成年人售烟”的标牌。

自2001年起，全区中学、社区居委会、医院分别开展“做不吸烟的新一代”“健康生活，从戒烟开始”“无烟医院”等系列禁烟控烟活动。至2006年5月，全区评出市级无烟单位4个、公共场所禁烟先进单位82个、先进工作者105人。2007年12月，北京天坛医院、普仁医院、北京口腔医院等7家医院通过市级验收评估，被授予无烟医院。自2008年起，餐馆和单位食堂开展创建“区无烟餐饮单位”活动。2009年1月，启动北京市全球健康合作伙伴创建全国无烟医院项目，北京天坛医院被评为全国无烟医院。2009年4月，66个餐饮单位被市爱卫办授予无烟餐饮单位。2010年6月以前，禁烟工作纳入爱国卫生工作考核评比。在市爱卫会考核公共场所控烟工作中，崇文区医疗机构在全市排名第二、公共场所排名第三。

第三节　卫生区创建活动

爱国卫生月活动　自1989年起，每年4月开展爱国卫生月活动。自1995年起，每月最后一个周五为城市清洁日。动员社会单位和居民群众参加清理大街小巷积存的垃圾渣土和废弃物等公益劳动，年参加活动人数为7万人至60万人，清运垃圾渣土和废弃物累计3.65万吨，清除残标广告21.83万张，清理卫生死角2.20万个。全区卫生状况得到改观，获市卫生红旗单位称号的单位由1992年的7个增至2010年6月的23个；获市健康社区称号的社区从2006年的5个增至2010年6月的40个。

创建国家卫生区　2002年，区政府决定在全区开展创建国家卫生区活动（简称“创卫”）。2003年，区爱卫办在全区街道系统开展创建精品社区居委会试点；2003年年底，东花市北里东区、金鱼池等4个社区居委会率先达到国家卫生区标准。2004年5月，区政府全面启动“创卫”活动，制定《崇文区创建国家卫生区实施方案》和任务分解表，将爱国卫生组织管理、健康教育、市容环境卫生、传染病防治等10个方面65项指标进行任务分解。

2005年，7个街道分别开展整治垃圾暴露，治理设施陈旧老化的小餐馆、小旅店等，改造老旧小区环境，工地卫生达标等活动。先后完成南中轴路环境整治等34项市、区级环境整治项目，3项“城中村”整治工程，25处学校、医院周边等重点地区的综合整治；创建光明西街等34项精品景观工程。全区公园、绿地、道路卫生保洁率和洒水降尘率、垃圾清运率、烟尘控制区覆盖率均达100%。可吸入颗粒物浓度年平均值、环境噪声平均值等环保指标达到国家卫生区标准。全区绿化覆盖率等4项指标在四城区中均居首位。2005年8月15日至16日，崇文区通过市爱卫会专家组综合考核验收。2005年11月3日，被市爱卫会授予北京市卫生区称号。

图24－7　2005年8月，市爱卫会专家组考核验收崇文区创建国家卫生区工作

2006年至2008年上半年，区政府将“创卫”纳入为民办实事“折子工程”和社会事业发展规划。在全区街道、卫生、环卫、环保、绿化等各部门的共同配合下，“创卫”主要指标全部达标：城市生活垃圾及粪便无害化处理率、城市生活污水集中处理率均为100%；绿化覆盖率33.98%，绿地率33.21%、人均公共绿地面积10.61平方米；全年API指数（空气污染指数）小于100的天数达250天，占总天数的68.50%；辖区内无烟草广告；近两年内未发生重大食品安全事故、无甲乙类传染病暴发疫情；全区卫生状况调查满意率达96.30%。2008年7月14日至17日，崇文区创建国家卫生区工作通过全国爱卫会专家组考核鉴定。2008年8月11日，全国爱卫会命名崇文区为国家卫生区。

第八章　医药卫生管理

第一节　管理机构与医疗设施建设

管理机构　崇文区卫生局　1994年，设医政科、科教科等13个职能科室。1997年11月，增设法制科。1999年8月，公费医疗办公室撤销，其职能划归区劳动和社会保障局。2001年9月，药政科撤销，其职能划归北京市药品监督管理局崇文分局（简称市药监局崇文分局）；12月，区爱卫办由区精神文明建设办公室划归区卫生局。2007年12月，区卫生局加挂区动物卫生监督管理办公室牌子。2009年12月，区卫生局设法制监督、疾病控制、血液管理等10个科室，行政编制44人。区爱卫办职责划归区城市综合管理委员会。区卫生局先后被首都精神文明建设委员会评为首都志愿奥运好团队、首都“迎奥运、讲文明、树新风”活动先进集体。

1992年9月，区卫生局成立卫生科技开发中心。1999年8月，成立人才交流服务中心卫生分中心（简称卫生分中心），2007年12月撤销。2006年3月，成立公共卫生信息中心。

崇文区卫生监督所　1994年至1999年6月，区卫生监督工作由区卫生防疫站负责。1999年7月，组建区卫生局卫生监督所（简称区卫生监督所）。2002年，该所被卫生部命名为全国卫生监督先进集体，张铁岩获全国卫生监督先进个人称号。2006年3月，该所由事业单位调整为区卫

图24–8　2004年，卫生监督所配置现场快速检验车，提高卫生监督快速反应能力

生局直属行政执法机构。2008 年 3 月，更为现名。设有行政办公室、卫生许可审批科、医疗卫生执法科、公共卫生执法科和卫生监督站。2010 年 6 月，有职工 67 人。该所多次被评为首都文明单位和首都文明标兵。

市药监局崇文分局　2001 年 9 月成立，为市药监局派出机构。区卫生局药政管理职能划归该局。2004 年，区卫生局保健品、化妆品监督执法职责划归该局。2010 年 6 月，该局设办公室、安全监管科、市场监督科、医疗器械科、保健品化妆品监督管理科、药品稽查办公室。

崇文区社区卫生服务管理中心　2006 年 11 月，区卫生局成立区社区卫生服务管理中心（简称社管中心），2007 年 1 月正式挂牌，设人力资源、质量管理、采供保障等 5 个部门。负责全区社区卫生服务中心（站）的质量管理、绩效考核、人员培训、运行管理、药品及医用耗材的配送结算管理等工作。

医疗设施建设　1994 年至 2000 年，区财政拨款 2 065.90 余万元，先后改扩建区卫生防疫站、第四医院（普仁医院）放疗楼和综合楼、永外医院、区妇幼保健院。2001 年至 2010 年 6 月，区财政和区卫生局拨款 5 250.50 万余元，对区属医院病房楼、门诊楼及相关诊室进行建设和改造，总面积达 2.80 万余平方米。2006 年至 2007 年，区财政拨付经费 1.03 亿元，购置建筑面积 1.23 万平方米的业务用房，配置检验用车，改善区卫生监督所、妇幼保健院等单位的工作环境。2007 年至 2010 年 6 月，市、区财政拨款近 1.80 亿元，完成 22 个社区卫生服务中心（站）基础设施建设。

第二节　医疗医药改革

公费医疗改革　1993 年 1 月，区政府批准实施公费医疗“两定三挂”改革方案，即定额管理、定点医疗和与医院、享受单位、享受个人挂钩的改革办法。定额标准：在职人员每人每年 250 元，离退休人员每人每年 750 元。1994 年，调整为在职人员 280 元，教师 300 元，离退休人员 800 元。在职人员全年个人负担医药费最高限额 100 元，退休人员 50 元。年人均支出超过定额标准的费用实行超支分担，医疗单位负担区属享受单位超定额部分 80%，单位负担 20%。1997 年，公费医疗支出 2 567.17 万元，涉及 19 925 人次，人均支出 1 288.41 元。

1998 年 6 月 1 日，区政府批准执行新的《崇文区公费医疗管理改革办法》。在职人员中，教育系统每人每年 420 元、其他人员 400 元，离退休人员 1 120 元。财政、医院、享受单位由分担超支部分的 20% 调整为 30%。调整个人负担比例，门诊费：在职人员个人负担 10%，退休人员 5%。住院费：在职人员个人负担 5%，退休人员 2%，万元以上不负担。当年，公费医疗费的增幅 21.70%，比 1997 年下降 4.60 个百分点。1999 年比 1998 年的增幅又下降 2.10 个百分点。

2000 年，享受公费医疗单位 174 个，其中行政单位 49 个、事业单位 125 个，共 25 040 人。医疗经费来源 5 250.50 万元，其中财政拨款 3 406.20 万元，医院负担 608.30 万元，单位负担

896.40万元。医疗经费比1999年增长15.80%。自2000年7月1日起，公费医疗个人负担比例调整：在职人员负担20%，退休人员负担10%，离休人员医疗费全部报销。

2002年，区劳动和社会保障局与财政局核查全区享受公费医疗单位的支出情况，查出不应享受公费医疗待遇人员1 300人，减少财政支出约70万元。自2004年起，推进区级公费医疗改革，确定医疗补助水平，保证待遇不降低。至2009年，全区享受公费医疗单位186个、20 947人，支出8 540.40万元，涉及22 463人次，人均支出3 801.99元。2010年上半年，区级公费医疗改革全面完成，正式向基本医疗保险制度并轨。

1996—2009年崇文区区属单位公费医疗支出统计表

表24−6

年份	支出（万元）	享受人员（人次）	人均支出数（元）	同比增长（%）
1996	1 955.33	19 174	1 019.78	
1997	2 567.17	19 925	1 288.41	26.30
1998	3 229.92	20 593	1 568.45	21.70
1999	3 938.65	21 004	1 875.19	19.60
2000	4 460.70	21 156	2 108.51	12.04
2001	5 238.38	21 173	2 474.09	17.34
2002	7 229.36	24 709	2 925.80	18.26
2003	7 535	24 743	3 045.31	4.10
2004	7 880.29	24 640	3 198.17	5
2005	8 841	24 180	3 656.33	12.19
2006	8 783.80	24 188	3 612.52	5
2007	10 130.18	24 188	4 188.10	15.30
2008	7 275.60	22 070	3 296.60	−21.30
2009	8 540.40	22 463	3 801.99	15.30

药品采购改革　1998年，区药品采购中心成立，改变医院单独购药方式，规范购药行为，遏制收受药品回扣等不正之风。2000年至2003年，区卫生局实行医疗设备政府招标采购，采购医疗仪器设备18项302台（件），节约资金150余万元。

2001年，抗微生物类药品在城八区实行公开招标采购，药品价格平均下降46.64%，最高下降78.94%。普仁等8个医院与59个药品经营企业签订809份购销协议书。2002年，区属各医疗机构集中招标采购药品1 005个品种，金额3 136.44万元，占购药总金额的28.86%，药品集中招标采购使患者支出减少169.69万元。2003年，区境内8个定点医疗机构参加两次药品集中招标采购，购药金额3 371.64万元，占购药总金额43.80%，患者受益240.90万元。自2006年12月25日起，全区社区卫生服务中心（站）对常用的312种药品、900余个剂型，实行集中采购、统一配送、零差率销售。门急诊次平均费用下降12.46%，次平均药费下降22.43%，缓解百姓“看病贵”的问题。

第三节　红十字会

组织建设　1994 年，崇文区红十字会（简称区红会）挂靠区卫生局。1995 年，该会成为独立建制的社会救助团体，仍挂靠区卫生局。2004 年 12 月，区红会独立设置为群众团体机构，人员从卫生局划出。2005 年，龙潭、天坛两街道被授予全国首批社区红十字服务示范区。1994 年至 2009 年，全区所有社区及 38 所中小学校全部建会。至 2010 年 6 月，全区有基层红会组织 34 个，团体会员单位 27 个，红十字学校 10 所，红十字会员 41 316 人，其中居民会员 7 911 人、团体会员单位会员 8 737 人、红十字青少年会员 22 692 人、教工会员 1 976 人。

活动　自 1994 年起，区红会组织基层红会和会员为抗击"非典"、远南残疾人运动会及南方特大洪水、内蒙古雪灾、印度洋海啸、汶川地震、台湾地区莫拉克台风等多个受灾地区募集善款共 1 047.22 万元。开展"99 复明工程"活动，为 3 名白内障患者实施手术。救助区内困难家庭 3 000 余户。在东花市南里东区创建首家博爱超市，每逢节日，区红会为困难家庭送去米面油等生活必需品。

1999 年至 2009 年，区红会组建 5 支救护队伍，培训水上救护员 321 人次、初级急救员 9 675 人、救护师资 63 人。组织 1.60 万人次参加心肺复苏等 4 项技术培训，1 102 人次参加初级急救员复训。

2005 年，成立区少儿住院医疗互助金管理办公室。至 2007 年，组织 6.88 万人次少儿加入住院医疗互助，为 1 422 人次报销医药费近 200 万元。2008 年 9 月，少儿住院医疗互助金管理办公室建制撤销，其职能及 3 名编制划入区医疗保险事务管理中心，少儿住院医疗互助金纳入政府社会医疗保障。

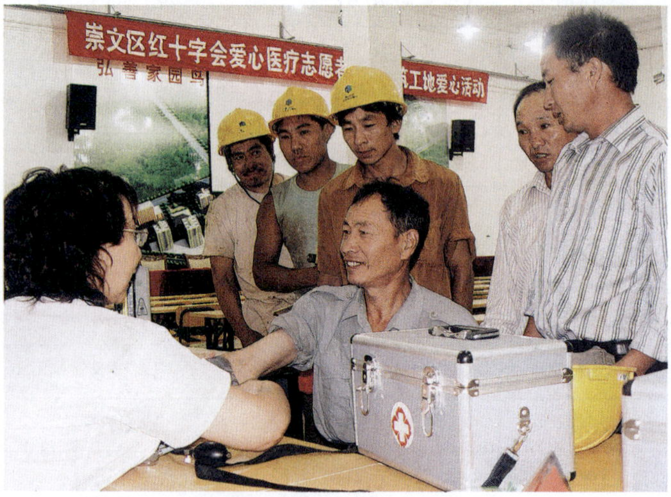

图24–9　2007年7月10日，区红十字爱心医疗志愿者到弘善建筑工地为建筑工人义诊

第二十五编　体　育

1958 年，崇文区成立体育运动委员会（简称区体委，2001 年 12 月更名为区体育局），1990 年成立区体育总会。1995 年，区实施《中华人民共和国体育法》和国务院颁布的《全民健身计划纲要》，成立全民健身工作委员会及其管理网络，组织和指导开展全民健身活动。至 2010 年 6 月，区政府拨款 6 500 余万元，建设、改造、扩建体育场馆等设施，建成全民健身工程 136 套，社区健身工程配备率 97.20%；全民健身晨晚练（站）点 460 个，健身场地 33.57 万平方米，每天参与健身活动的群众近 10 万人，群众体育活动蓬勃开展。

1996 年，落实国家体委颁布的《奥运增光计划》，区竞技体育以改革业余训练体制为突破口，建立业余训练网络，形成竞技体育发展模式。至 2010 年 6 月，崇文区向上一级体校和运动队输送体育后备人才 339 人，在市级以上及国际体育比赛中多次获得奖牌和奖项。其中由区培养、输送的运动员陈颖在北京奥运会女子 25 米运动手枪比赛中获得冠军，实现崇文区奥运金牌“零”的突破。区体育局先后获国家体育总局授予的第十五届亚运会和奥运会、残奥会筹办工作突出贡献奖。

2005 年至 2006 年，编制龙潭湖体育产业园区规划，并进入建设期。2008 年，该园区被国家体育总局授予北京龙潭湖国家体育产业基地称号，成为全国第四个国家级体育产业基地。2010 年上半年，经市发展和改革委核准批复立项，取得项目规划许可证。

第一章　群众体育

第一节　全民健身

健身活动　1994 年至 2010 年 6 月，随着全区晨晚练（站）点的增加，参加健身活动的群众增多，至 2010 年 6 月，每天近 10 万名群众参加健身。天坛公园每天接待晨晚练群众约 1.20 万人次，每年接待国内外团体观摩 20 余次，成为北京市全民健身的窗口和亮点。

1997 年，崇文区举办“红桥市场杯”全民健身体育节，在龙潭公园、天坛体育场及各街道同时举行，历时 10 天。其间，组织环湖（龙潭湖）健步走、家庭划船、第八套广播体操、老年趣味运动、职工篮球、晨晚练点“演武”和学生跳绳、踢毽、拔河等比赛；各街道、各系统体协和中小学校还先后组织各种健身活动，共 9.80 万人次参加。此后，崇文区全民健身体育节每隔两年

图25-1　2007年，崇文区举办“迎奥运和谐杯”金秋全民健身篮球赛

或三年举办一次。

2003年7月13日，崇文区承办北京市“健康北京，激情奥运”主题市民日活动，邓亚萍等10名奥运冠军在龙潭公园进行现场签名，并与市民打乒乓球、羽毛球。同时，开展木兰扇、跆拳道、攀岩、航模、皮划艇表演和名人棋牌挑战赛，吸引市民3万余人参与。国务委员陈至立、市委书记刘淇、市长王岐山等与市民一起参加健身活动。2003年8月，在天坛体育场举办区首届家庭运动会，全区362个家庭1 300余人参加，产生40个“体育之家”。2003年10月，区举行第一届明城墙文化体育节，以舞台表演形式展示太极拳、瑜伽、健美操等。2004年10月，在明城墙角下，举行规模较大的空竹博览会，展示的空竹从高1.08米、重17千克以上的空竹王，到只有纽扣大小的袖珍空竹；从常见的双轴、独轴空竹，到葫芦形、花瓶形、盘式等多种异形空竹；从传统的竹木空竹，到红木、檀木，甚至用车轮胎做的空竹。空竹爱好者170人和空竹收藏者一同抖响民间绝技。同时，2 008人沿着1 800米明城墙一字排开表演二十四式太极拳、太极剑、太极扇。2006年8月，在龙潭公园中心岛举行北京奥运会倒计时两周年百万市民晨练行动启动仪式，号召全民健身，喜迎奥运。2007年3月31日，区在体育馆路街道的五环广场举行“迎奥运和谐社区杯”乒乓球比赛启动仪式，中国奥委会副主席吴寿章、北空司令部少将高良新、著名运动员孔令辉、乔红及法国巴黎依西市青少年体育代表团参加，区长牛青山与孔令辉为比赛开球。此后，该赛事每年举办一次。2007年10月，举办崇文区“迎奥运和谐杯”金秋全民健身篮球比赛和迎奥运倒计时300天系列活动，模拟全球6大洲传递奥运火炬，100名妇女表演太极扇，400名文明啦啦队员展风采。2009年春节，在龙潭庙会首次举办体育科技运动会贺岁杯电子竞技大赛，国内外选手192人参赛，5万人观摩、参与项目体验。10月1日至7日在天坛公园举办国庆游园活动期间，增设体育活动内容，吸引市民6 000余人参与。

至2010年6月，全区开展各种全民健身活动2 937项次，参与总人数204.84万人次。曾先后举行社区“三对三”篮球赛、大宝杯社区围棋赛、社区健身操舞比赛、家庭趣味运动会、风筝邀请赛等体育赛事；共举办全民健身体育节7届，组织活动1 312项次，参加人数达83.60万人次。群众体育活动逐步呈现现代化、大众化、多样化的特点。其间，王鲁丽、马力、刘荣庆、朱晓娟被评为全国群众体育先进个人；区体育局和体育馆路、龙潭两个街道，区青少年业余体校被评为全国全民健身活动和全国群众体育先进单位；体育馆路街道被定为争创全国城市体育先进社区试点单位，前门街道被评为全国城市体育先进社区。

1997—2010年崇文区全民健身活动统计表

表25-1

年份	开展全民健身活动（次）		参与人数（万人次）
	区级以上	基层活动	
1997	9	153	9.80
1998	13	171	10.10

续表

年份	开展全民健身活动（次）		参与人数（万人次）
	区级以上	基层活动	
1999	15	183	10.50
2000	10	203	11
2001	12	221	11.50
2002	7	189	10
2003	13	223	16.24
2004	15	234	17.70
2005	17	236	17.70
2006	17	86	13
2007	20	230	22
2008	11	183	20.50
2009	8	189	22
2010.6	18	251	12.80
合计	185	2 752	204.84

社会体育指导员　1996 年至 2002 年，全区每年有社会体育指导员 235 人左右，在全民健身辅导点（站）负责组织、指导群众科学地开展健身操（舞）、太极拳（剑）、抖空竹、柔力球等体育活动。区体委制订《崇文区社会体育指导员管理工作暂行办法》《崇文区优秀社会体育指导员评选表彰办法》，规范全区社会体育指导员队伍建设，并将培训、推荐社会体育指导员工作列入区体委年度计划。2003 年至 2007 年，社会体育指导员逐年增多，每年 1 000 余人，2008 年以后每年 2 000 人以上，至 2010 年 6 月增至 2 374 人。其中国家级 17 人、一级 127 人。累计培训社会体育指导员 3 000 余人次。

1996—2009年崇文区社会体育指导员统计表

表25-2　　　　单位：人

年份	人数	年份	人数
1996—2000	625	2006	1 444
2002	936	2007	1 834
2003	1 013	2008	2 088
2004	1 094	2009	2 374
2005	1 184	合计	12 592

说明：2001 年未统计相关数据。

国民体质测试　1996 年 7 月，区体委制订《崇文区成年人体质测试办法》，国民体质测试纳入常规性工作。1996 年至 2000 年，区政府拨款 10 万元建立区成年人体质数据库，完善二级、三级成年人体质测试网络，累计测试群众 1.50 万人次，资料追踪 2 300 人。体质测试合格率 85%、优秀率 18%。2001 年，区体育局制订《崇文区国民体质测定工作管理办法》，成立区全民体质测定中心，在 7 个街道建立二级国民体质测定站，形成全区国民体质测定网络。有一支 100 人的体质测定队伍，既负责体质测定和评价，又负责指导群众科学健身。2001 年，测试群众 5 200 人，占全区总人口 1.13%；体质测试合格率 85.40%、优秀率 19%，高于全市优秀率 14%的平均水平。

2001 年至 2009 年，逐步实现成年人体质数据库计算机动态管理，每年受测人数 4 000 人至 5 200 人（2007 年测试人数为 947 人），占全区总人口 1.13%至 2.03%；累计为 37 342 人进行体质测定和健身指导；体质测试平均合格率 87.71%、平均优秀率 19.49%。

1996—2009年崇文区体质监测统计表

表25-3

年份	测试人数（人）	测试结果		受测人数占全区人口百分比（%）
		合格率（%）	优秀率（%）	
1996—2000	15 000	85	18	0.71
2001	5 200	85.40	19	1.13
2002	4 600	86.50	19.20	1.13
2003	4 500	87	19.50	1.50
2004	5 200	88.30	19.90	1.73
2005	4 000	88.30	19.50	1.73
2006	4 700	88.30	19.50	2.03
2007	947	88.50	19.60	0.28
2008	4 003	88.50	19.50	1.19
2009	4 192	88.60	19.70	1.21
合计	52 342			

第二节　学校体育

体育活动　自 1994 年起，区体委会同区教委落实国家体委颁布的《学校体育工作条例》和《中共中央国务院关于加强青少年体质的意见》，制订《坚决落实每天一小时体育活动的决定》。全区中小学校开展阳光体育运动，坚持学生每天在校 1 小时体育活动，主要包括体育课、课间操、课外体育活动。课间操每天 25 分钟，课外体育活动在没有体育课的当天，安排 1 课时。至 2005 年，学校体育课教学每周开设 2 节。2006 年至 2010 年 6 月，小学一年级至二年级每周 4 节，三年级至六年级和初中每周 3 节，高中每周 2 节，高中和初中均实行男女分班教学。全区中小学校均能达到学生每天平均 1 小时体育锻炼时间。此外，1994 年至 2010 年 6 月，全区中小学每年举办春季或秋季田径运动会。在此基础上，区教委举办全区中小学生田径运动会。1999 年至 2010 年 6 月，区体委联合区教委于每年 3 月至 4 月，举办全区中小学生冬季锻炼团体长跑赛，该项赛事成为区中小学体育传统品牌活动。

1994年至2002年，全区中小学体育锻炼标准实行《国家体育锻炼标准》，中小学生体育锻炼达标及格率96%。第一师范学校附属小学被评为全国体育达标先进单位。自2003年起，实施《国家学生体质健康标准（试行方案）》（简称健康标准）。2007年，全区小学在北京市首届健康标准测试中，获团体总分四城区第1名。2009年，中小学实施阳光体育证书制度。至2010年6月的17年间，全区中小学校均实施体育达标活动，达标率（健康标准及格率、体育及格率）97%以上，每年超过市级验收标准。同时，初中毕业生升学实施体育考试与现场考核；2010年6月，增加过程性考核与现场考核，满分由30分增至40分，计入升学考试总分。

体育传统项目校 该类学校是教育体系中开展业余体育训练的重要基地，主要任务是在普及基础体育上进行提高，为竞技体育培养后备人才。1994年，崇文区有市级体育传统项目校12所。全区中小学课余训练坚持以区体育运动学校（亦称一一五中学）和市级体育传统项目校为龙头的多层次训练体制。同时，贯彻《北京市体育传统项目学校试行办法》，开展创建体育传统项目校活动。至2000年，区级体育传统项目学校增至30所，训练项目由9项增至14项，向区青少年业余体校（简称区业余体校）和市、区体育运动队输送体育特长生298人。自2001年起，对区命名的体育传统项目学校，每年进行一次检查评比，每三年进行一次复查评定。2009年3月，第一师范学校附属小学、体育馆路小学、一一五中学被国家体育总局命名为国家级青少年体育俱乐部。11月，全区中小学落实《北京市体育传统项目学校评定办法》和《北京市体育传统项目学校评定标准及评分》，区体育局、区教委上报市级体育传统项目学校备选学校14所，其中中学、小学各7所。2010年4月，经市体育局、市教委专家评审组评审，命名备选的14所中小学校为北京市体育传统项目学校。训练项目涉及田径、篮球、排球、游泳、乒乓球、垒球等6项，其中乒乓球、垒球为新增项目，训练学生1 092人、训练教师77人。至2010年6月，向区业余体校和市、区体育运动队输送体育特长生301人。全区有国家级青少年体育俱乐部7个，其中综合俱乐部4个，羽毛球、射箭和网球俱乐部各1个。

2010年6月崇文区市级体育传统项目学校统计表

表25-4

序号	名称	项目	训练人数（人）	训练教师数（人）
1	广渠门中学	田径、篮球、排球、乒乓球	95	6
2	第五十中学	田径、篮球	83	5
3	第十一中学	田径、篮球	120	8
4	第一一四中学	垒球	20	3
5	第一零九中学	田径、游泳、乒乓球	95	9
6	汇文中学	田径、游泳	90	5
7	龙潭中学	篮球	30	4
8	体育馆路小学	篮球	30	6
9	光明小学	田径	80	8
10	天坛南里小学	篮球	9	1
11	第一师范学校附属小学	田径	180	8
12	宝华里小学	田径	80	4

续表

序号	名称	项目	训练人数（人）	训练教师数（人）
13	景泰小学	田径	60	5
14	培新小学	田径	120	5
合计	14所	6项	1 092	77

学校体育设施对社会开放 2007年，区教委、区体育局制订《关于崇文区中学体育设施向社区居民开放的通知》和《崇文区中学体育设施对外开放办法》，将中学体育设施向社区居民开放，纳入区政府“为民办实事”和“折子工程”。2007年10月，崇文区在北京汇文中学举办中学体育设施向社区居民开放启动仪式，在全市率先实现中学体育设施节假日有组织地向居民开放。至2010年6月，全区有21所学校场地设施向社会开放，年接待健身群众20余万人次。完善“一刻钟健身圈”布局，弥补了区全民健身场地设施总量的不足。

第三节 职工体育 民间体育 残疾人体育

职工体育 1994年，区党政机关等单位带头建立工间操制度，开展广播体操活动，并在企事业单位推广。1996年，全区开展广播体操活动单位80%以上。金伦股份有限公司等18个单位获市全民健身“一二一”样板单位先进集体称号。2000年9月，在区举办的广播体操比赛中，区委机关、区政府机关、区住建委、体育馆路街道地区的体协获一等奖。2001年4月，区政府机关体协组织150余名干部职工参加在龙潭公园举办的“庆五一、祝申奥”环湖走活动。2004年6月，区体育局举办崇文区第一届职工游泳比赛，6个体协参加。2007年，贯彻落实区委组织部《关于进一步加强领导干部休假、体检和体育锻炼的意见》，区体育局组织围棋、保龄球、乒乓球等体育活动，190余名处级干部参加。

至2010年6月，区体育局共举办5届崇文区职工游泳比赛，累计参与职工600余人。区体育局先后举办区职工田径运动会2届，设置广播操、跳绳、踢毽等群众喜闻乐见的比赛项目，在职职工1.30万余人次参加。同时，区体育局组织处级领导干部保龄球比赛、瑞泽杯青年体育节等区职工体育传统赛事。全区各体协举办大型田径运动会4届，设置长跑、短跑、铅球、铁饼等项目，有5 000余人次参加。

民间体育 1994年至2010年6月，全区有民间体育社团35个，其中，独立法人9个，街道系统7个，区委、区政府系统8个，区体育总会所属二级分会11个。区体育总会指导和组织各体育社团开展保龄球、游泳、社区篮球、围棋等项民间体育活动，并进行比赛，累计参加39万人次。其中健身气功项目发展迅速，位居北京市前列。2009年6月，崇文区龙潭湖健身气功辅导站健身气功队，代表北京市到武汉参加第三届全国健身气功交流比赛。参赛人员来自基层，平均年龄最大54岁。该健身气功队获“八段锦”团体第3名、“五禽戏”团体第5名，创造北京市代表队参加全国健身气功比赛最佳成绩。2009年8月，龙潭湖健身气功辅导站代表北京市参加全国首届老年人体育健身交流大会健身气功项目比赛，参加的2个集体项目和4个个人项目均获金奖，成为唯一获得集体和个人全部金奖的参赛队。9月，在全国健身气功站点工作座谈会上，区体育局代表北京市与全国各地代表交流健身气功经验。12月，龙潭湖健身气功辅导站站长、崇文区健身气功表演队教练员吕士荣担任领队，带领中国国家队参加亚洲健身气功邀请赛，中国队获得“五禽戏”“易筋经”2 项冠军，吕士荣个人获得“易筋经”“六字诀”2 项冠军；2009 年，区体育局被国家体育总局评为全国推广健身气功先进单位。

残疾人体育　1994 年至 2010 年 6 月，区残联和街道残联每年组织残疾人体育健身活动和小型田径、棋类比赛等。区体育局、区残联先后多次组织崇文籍残疾人运动员参加全市、全国及国际体育比赛，并获得好成绩。1996 年，第四届全国残运会上，崇文籍选手翟亮永、林海燕夺得 2 枚金牌。1998 年，林海燕在西班牙世界残疾人射击比赛中，打破 1 项世界纪录。1999 年，崇文区代表队在市第五届残疾人运动会上，取得 14 枚金牌、5 枚银牌、7 枚铜牌，打破 10 项市残运会纪录，获团体总分第 3 名。2006 年，在市第七届残疾人运动会上，崇文籍选手夏伯渝 1 人摘得 3 枚金牌、创造 1 项市级纪录。第四届全国特奥会上，崇文籍选手刘鹏 1 人获 5 枚奖牌。崇文区获北京市和全国特奥先进区称号。

2008 年 9 月 6 日，区残联理事长作为残奥会火炬手参加奥运会火炬传递。2008 年 9 月 8 日，林海燕代表中国队在残奥会女子 10 米气枪比赛中，以 467.7 环成绩获金牌。2010 年 4 月至 6 月，区残联组队参加市第八届残疾人运动会，5 人参加游泳项目比赛，获 3 枚金牌、1 枚铜牌；6 人参加飞镖项目比赛，获团体第 1 名；7 人参加乒乓球项目比赛，获 2 枚金牌、1 枚铜牌；男子站姿比赛获团体第 2 名。

第二章　竞技体育

第一节　体育学校与体育队伍

区属体育学校　*崇文区青少年业余体校*　1972 年 12 月成立，位于天坛体育场（天坛体育活动中心）院内。1994 年至 2010 年 6 月，先后开展篮球、排球、足球、田径、乒乓球、游泳、羽毛球、体操、射击、摔跤、柔道、击剑、拳击、网球、举重等 15 个竞技体育项目的短期训练。招生对象主要是区境内中小学生及学龄前儿童。每年长训班（训练时间在一年以上）学生保持在 500 人至 600 人，其中包括区体育运动学校（简称区运动学校）学生和其他学校学生。通过业余训练，发现、培养体育后备人才，并输送至上级运动队或运动学校。2008 年，区业余体校被国家体育总局认定为国家高水平体育后备人才基地。2010 年 6 月，区业余体校注册学生 488 人，长训学生约 600 人；夏季训练期间，每周训练 6 次至 9 次，每次训练 1.5 小时至 2 个小时。

崇文区体育运动学校　亦称一一五中学，1987 年成立，位于天坛体育活动中心院内。为区体委、区教育局联合举办的半训半读学校，肩负着培养体育后备人才和完成九年义务教育双重任务。学校文化课不设音乐、美术、体育，其他课程设置和授课时数与普通学校相同；体育训练由区业余体校负责。学校设 7 个教学班，其中小学 4 个年级（三年级至六年级）、中学 3 个年级（初一至初三）。每年招收和毕业的学生各 200 余人。学校行政、训练工作由区体育局承担，师资由区教委选派。自 2002 年起，为解决区业余体校培养的运动员出路问题，区运动学校与北京体育大学、北京市五体校联合举办体育特长中专班，师资力量以外聘为主。2009 年暑期，区教委拨款 300 余万元为该校建计算机房、物理实验室、化学实验室、阅览室，并改造升级教师办公设施。2010 年

6月，该校有校级领导4人；小学教师12人，其中高级教师7人、一级教师5人；中学教师8人，其中高级教师2人、一级教师3人、二级教师3人。

驻区体育学校 北京市第二体育运动学校 建于1973年12月，位于龙潭西里54号。该校具有中等专业学校和普通中学双重性质，主要任务是为优秀运动队培养具有专项体育特长的后备人员。专业项目主要有田径、射击、皮划艇等11个，学制4年。1994年年初，有教职工167人，教练员46人、学生1 000人左右。2006年，根据市体育部门有关规定，该校师生分流至北京先农坛体校、北京市芦城体校。

体育队伍 教练员 1994年至2002年，编制内教练员保持在30人左右。2003年，区体育局提出“不求所有，但求所用”，采用多种方法吸引人才，首次外聘、返聘5名教练员。2006年年初，首次跨省市从辽宁省阜新市引进1名射击高级教练员。至2010年6月，区体育局编制内教练员30人，其中高级4人、中级9人、初级17人，硕士研究生1人、本科学历21人、专科学历7人、中专学历1人，平均年龄39.80岁。

裁判员 2001年至2007年，有二级、三级以上级别裁判员311人，其中国际级5人、国家级20人、一级131人。2010年6月，有二级、三级以上级别裁判员329人，其中国际级5人、国家级22人、一级142人。

运动员 1994年至1995年，崇文区向上级体校或专业队输送体育后备人才（运动员）45人。1996年，区体委改革业余体育训练体制，建立区业余体校、区运动学校、区体育项目传统校之间相互输送、相互促进、相对独立及以社会办班为补充的4级业余体育训练网络，形成具有崇文特色的竞技体育发展模式。1996年至2000年，崇文区向上级体校或专业队输送体育后备人才82人，超额完成周期输送80人的任务。2004年，崇文区进一步改革业余体育训练体制，实行聘任制和主教练负责制相结合、政府办和社会办相结合的模式，使体育业余训练工作逐步走向规范化、市场化、社会化，当年输送体育后备人才30人。2001年至2009年，崇文区向上级体校或专业队输送体育后备人才212人。

1994—2009年崇文区输送体育后备人才统计表

表25-5　　单位：人

年份	输送运动员	年份	输送运动员
1994	19	2003	28
1995	26	2004	30
1996	14	2005	17
1997	14	2006	24
1998	13	2007	19
1999	17	2008	16
2000	24	2009	11
2001	31	合计	339
2002	36		

第二节　体育比赛

市级体育比赛　1995 年 3 月，崇文区组队参加北京市第九届运动会，获金牌 39.50 枚、银牌 25 枚、铜牌 27 枚，团体总分第 6 名。1998 年 8 月，组队参加北京市第十届运动会，获金牌 27 枚、银牌 37 枚、铜牌 34 枚，团体总分第 6 名。2002 年 8 月，组队参加北京市第十一届运动会，获金牌 43.50 枚，团体总分第 5 名。2006 年 8 月，组队参加北京市第十二届运动会，获金牌 42.50 枚，团体总分第 5 名。

全国体育比赛　1997 年，在第八届全国运动会上，崇文区输送的运动员 16 人，获得 19 项赛事的前 6 名，2 项赛事的第 8 名。其中夏晔、张帆、李兵、李思和张宇等，分别获花样游泳（8 人）、摔跤（自由式）、棒球、网球团体等比赛第 1 名。2001 年，在第九届全国运动会上，输送的运动员 4 人，获得 4 项赛事的前 2 名，其中徐健、苏代玲、陈颖分别获垒球、10 米气手枪和 25 米小口径运动手枪比赛第 1 名。2002 年、2004 年，在全国游泳分区赛中，区输送的运动员刘京，先后获蝶泳全能、个人全能和两次 100 米蝶泳第 1 名。2004 年，在全国少年游泳分区赛中，区输送的运动员 2 人，获得 2 项赛事的前 2 名，其中，邢一多等获 4×50 米混合接力第 1 名。2005 年，在第十届全国运动会中，区输送的运动员 1 人，获男子步枪 3×40 第 3 名。2009 年，在第十一届全国运动会中，区输送的运动员 7 人，获得 12 项赛事的前 3 名，其中张宇、王超、曹缘、陈颖分别获男子 100 米仰泳、4×100 米混合接力、男子双人 10 米台跳水、女子 25 米运动手枪比赛第 1 名。2010 年上半年，在李宁王子青少年网球比赛第二站中，区输送的运动员朱铭芳，获 8 岁短网 B 组双打、单打第 1 名和第 2 名。

国际体育比赛　1994 年，在亚洲运动会中，崇文区输送的运动员李彤获田径（40 米栏）比赛第 1 名。1995 年，在第二届世界短池游泳锦标赛中，区输送的运动员晁娜获 3 个奖项，其中 4×100 米自由泳接力第 1 名。1996 年，晁娜等在亚洲游泳锦标赛和第二十六届奥运会中，分别获 4×100 米自由泳接力第 1 名、第 2 名，获亚洲游泳锦标赛女子自由泳个人第 3 名；在第二十六届奥运会中，区输送的运动员徐健，获垒球比赛第 2 名。1997 年、1998 年，晁娜等在第三届世界短池游泳锦标赛、第十三届亚运会中连续获 4×100 米自由泳接力、女子 100 米自由泳个人等 5 个第 1 名；徐健在第十三届亚运会中，获垒球比赛第 1 名。2001 年至 2008 年，在射击世界杯系列赛韩国站、美国站、总决赛等各站及第十四届和第十五届亚运会、第一届亚非运动会射击世锦赛中，区输送的运动员陈颖先后 15 次获 100 米气手枪团体赛、运动手枪 30+30 个人等比赛第 1 名；特别是在北京奥运会女子 25 米运动手枪比赛中获得冠军，夺得中国代表团本届奥运会第 15 枚金牌。2004 年至 2006 年，在世界杯短池游泳系列赛、第一届欧亚青少年游泳锦标赛、世界中学生游泳比赛中，区输送的运动员宓梦娇，先后 9 次获 800 米、400 米、200 米自由泳第 1 名。2010 年上半年，在全英羽毛球公开赛混合双打中，张楠等获第 1 名；在世界

图25—2　2008年8月10日，女子公路赛运动员骑入祈年大街

跳水系列赛（青岛站）中，曹缘获第 1 名。

1997—2010年6月崇文区输送运动员参加国家级运动会成绩一览表

表25-6

年份	名称	姓名	参赛项目	成绩	比赛地点
1997	第八届全国运动会	晁 娜 牛晶玉	4×100米自由泳接力	第五名	上海
			4×200米自由泳接力	第六名	
		谢朝阳 刘 刚	足球	第五名	
		张 宏	4×100米接力	第六名	
		夏 晔	花样游泳8人	第一名	
		张 洋	摔跤（古典式）	第三名	
		张 帆	摔跤（自由式）	第一名	
		李 兵	棒球	第一名	
		李 思	网球团体	第一名	
			网球男双	第二名	
			网球男单	第二名	
			网球混双	第二名	
		张 宇	网球团体	第一名	
			网球男双	第五名	
			网球男单	第四名	
		郑 娜	赛艇	第二名	
		崔晨梅	乒乓球团体	第二名	
			乒乓球女双	第八名	
		苏代玲 徐 健	垒球	第二名	
		舒 心	200米仰泳	第六名	
			4×200米自由泳接力	第八名	
2001	第九届全国运动会	徐 健 苏代玲	垒球	第一名	广州
		张 帆	摔跤（自由式）	第二名	
		陈 颖	10米气手枪	第一名	
			25米小口径运动手枪	第一名	

续表

年份	名称	姓名	参赛项目	成绩	比赛地点
2002	全国游泳分区赛	刘　京	蝶泳全能	第一名	北京
			100米蝶泳	第一名	
2004	全国游泳分区赛	刘　京	个人全能	第一名	
			100米蝶泳	第一名	
2004	全国少年游泳分区赛	黄文轩	4×50米接力	第二名	保定
		邢一多	4×50米混合接力	第一名	
2005	第十届全国运动会	沈奕杰	男子步枪3×40	第三名	南京
2009	第十一届全国运动会	张　宇	男子100米仰泳	第一名	济南
			4×100米混合接力	第二名	
		王　超	4×100米混合接力	第一名	
			4×200米混合接力	第二名	
		王　帅	4×100米混合接力	第二名	
		刘　京	400米自由泳	第二名	
			400米混合泳	第三名	
			200米混合泳	第三名	
		曹　缘	男子双人10米台跳水	第一名	
			男子单人10米台跳水	第三名	
		侯英超	乒乓球男子团体	第二名	
		陈　颖	女子25米运动手枪	第一名	
2010	李宁王子青少年网球比赛第二站	朱铭芳	8岁短网B组双打	第一名	北京
			8岁短网B组单打	第二名	

1994—2010年6月崇文区输送运动员参加国际体育比赛成绩一览表

表25-7

年份	名称	姓名	参赛项目	成绩	比赛地点
1994	亚洲运动会	李　彤	田径	第一名	日本
1995	第二届世界短池游泳锦标赛	晁　娜	4×100米自由泳接力	第一名	巴西
			100米自由泳	第二名	
			200米自由泳	第八名	

续表

年份	名称	姓名	参赛项目	成绩	比赛地点
1996	亚洲游泳锦标赛	晁　娜	4×100米自由泳接力	第一名	泰国
			女子50米自由泳	第三名	
	第二十六届奥运会		4×100米自由泳接力	第二名	亚特兰大
		徐　健	垒球	第二名	
1997	第三届世界短池游泳锦标赛	晁　娜	4×100米自由泳接力	第一名	瑞典
1998	第十三届亚运会	晁　娜	4×50米自由泳接力	第一名	泰国
			4×100米自由泳接力	第一名	
			女子50米自由泳	第一名	
			女子100米自由泳	第一名	
		舒　心	男子200米仰泳	第六名	
		徐　健	垒球	第一名	
2000	第二十七届奥运会	徐　健	垒球	第四名	悉尼
		夏　晔	花样游泳8人	第七名	
2001	射击世界杯系列赛韩国站	陈　颖	射击	第二名	韩国
	射击世界杯系列赛美国站			第一名	美国
2002	第十四届亚运会	陈　颖	100米气手枪团体	第一名、破世界纪录	韩国
			25米小口径运动手枪	第一名	
2003	世界杯系列赛上海站	陈　颖	运动手枪30+30发个人	第一名	上海
	世界杯系列赛德国站		运动手枪30+30发个人	第一名	德国
	第一届亚非运动会		比赛气手枪40发个人	第一名	印度
2004	世界杯短池赛	宓梦娇	400米自由泳	第一名	韩国
			800米自由泳	第一名	
	世界杯短池游泳系列赛韩国大田站		400米自由泳	第一名	韩国大田
			800米自由泳	第一名	

续表

年份	名称	姓名	参赛项目	成绩	比赛地点
2005	第一届欧亚青少年游泳锦标赛	宓梦娇	200米自由泳	第一名	泰国
			400米自由泳	第一名	
			800米自由泳	第一名	
	世界杯短池游泳锦标赛	宓梦娇	400米自由泳	第一名	韩国
			800米自由泳	第一名	
	射击世界杯美国站	陈　颖	女子25米运动手枪	第一名	美国
	射击世界杯总决赛站		女子25米运动手枪	第一名	德国
2006	世界中学生游泳比赛	宓梦娇	4×100米自由泳接力	第三名	希腊
	第十五届亚运会	陈　颖	女子25米运动手枪慢加速个人	第一名	卡塔尔
			女子25米运动手枪慢加速团体	第一名	
			女子10米气手枪团体	第一名	
			女子10米气手枪个人	第六名	
	射击世锦赛	陈　颖	女子25米运动手枪团体	第一名	克罗地亚
			女子25米运动手枪团体	第一名	
			女子10米气手枪团体	第一名	
2008	第二十九届奥运会	陈　颖	女子25米运动手枪	第一名	北京
2010	全英羽毛球公开赛	张　楠	混合双打	第一名	英国
	世界跳水系列赛青岛站	曹　缘	男子双人10米台跳水	第一名	青岛

第三章　体育设施

第一节　全民健身工程

1998年，区体育局秉承“取之于民，用之于民”的原则，利用彩票公益金，推进全民健身工程建设。至2000年，区政府和社会共投入资金218万元，为全区7个街道配建9套全民健身工程，安装各种健身器材318件，建设面积1.08万平方米，年平均接待健身群众5万人次。2002

图25-3　2005年，区体育局在龙潭公园新建的塑胶慢跑道

图25-4　2010年6月，培新街乙5号院4楼西侧的健身场地

年，区体育局制订《全民健身工程管理制度》《全民健身工程检查维修管理办法》，坚持每年两次检查全民健身工程器材使用情况，将管理更新全民健身工程纳入区体育局日常工作。至2003年，全区71个社区中，47个配备体育健身工程，配备率达66%。有33种类型的标准、非标准体育场地262个，健身路径131个，体育用地总面积33.57万平方米，并筹建龙潭体育主题公园。至2006年，全区全民健身场地5.08万平方米，全民健身工程增至136套，97.20%的社区安装健身器械，投资总额1 086万元。龙潭体育主题公园建成并投入使用，有500米彩色塑胶慢跑道、人工草皮门球场、地掷球场、攀岩场、轮滑场、标准健身工程等体育设施。至2010年6月，全区全民健身场地33.57万平方米，社区配备健身工程136套，其中居家工程131套、标准工程5套，共安装健身器械2 137件。社区健身工程配备率97.20%，更新全民健身工程器材207套，器材完好率99.50%。

2004—2009年崇文区全民健身工程更新情况统计表

表25-8

年份	更新数量（套）	器材完好率（%）	安装年份
2004	4	100	1998
2005	1	99	1999
2006	15	100	2000
2007	29	100	2001
2008	32	99	2002
2009	126	99	2003
合计	207		

第二节　体育场馆

区属场馆　天坛体育活动中心　原名天坛体育场，建于1965年，位于天坛东路13号。占地7万平方米，设有标准田径场和足球场，东西看台设座席2 000余个，是区属唯一标准体育场，也是全区开展群众体育活动的主要场所。在对外开放的同时，承担业余体校部分训练任务。2003年，为实现北京市“黄土不露天”工程，区政府拨款800万元建设、改造、维修区属体育场馆。天坛体育场建成标准人工草皮足球场和塑胶田径场地，配建灯光设施，配有7人制足球场和篮球、排球场地。对举重馆、柔道馆等进行升级改造。2003年3月，该体育场更名为天坛体育活动中心。2006年至2010年6月，区体育局出资5 741万元，先后改造天坛体育活动中心院内大市政和田径场，安装LED显示屏、扩音系统，翻新改造东、西看台。年接待健身群众50万人次。

图25—5　2010年6月，改造后的天坛体育活动中心（天坛体育场）

龙潭湖游泳场　建于1978年，位于百果园15号。设有2个长55米、宽25米的游泳池和一个长22米、宽12米的儿童游泳池，均为露天游泳池。每年夏季可接待游泳爱好者40余万人次。2005年12月，区体育局为配合龙潭湖体育产业园区建设，撤销该游泳场。

天坛游泳馆　建于1989年10月，位于天坛体育活动中心院内。接待群众健身，并用于业余体校训练。2007年10月，区体育局改扩建游泳馆后，该馆建筑面积2 000平方米，内设成年人池和儿童池各1个。其中，成年人池为6道50米，水深1.35米至1.85米，可承办中小型基层游泳比赛。年接待健身群众15万人次。

天坛网球场　建于1996年，位于天坛体育活动中心院内。面积1 178平方米，有2片标准场地。2007年，对场地进行升级改造，铺设塑胶地面，加装灯光照明设备。

天坛网球馆　建于2007年9月，位于天坛体育活动中心院内。主体馆为约顿气膜结构，占地面积2 772平方米，有3片标准场地及1片练习场。年接待健身群众12万人次。

驻区市属场馆　北京跳伞塔　建于1955年年底，位于龙潭西里54号。占地面积3万平方米，塔高67米，是国家第一座跳伞塔。是市级培训业余跳伞人才基地，也为区培训跳伞人才提供服务。2006年停用。

北京市射击运动学校射击场　建于1956年，位于天坛东路27号，占地面积1.20万平方米。有手枪、小口径步枪等靶场设施，是开展射击训练、培养后备人才的场地。1999年，北京市射击运动技术学校（北京市射击队）整体搬迁至怀柔后，该赛场停用。

北京市四块玉训练基地场馆　建于1983年，占地2.40万平方米，设有田径、手球、排球、摔跤、举重、垒球等室内外训练场地。2006年，根据市体育部门改制的有关规定，四块玉训练基地停用，相关项目、运动队伍分流至北京市先农坛体校、北京市芦城体校。

驻区部属场馆　北京体育馆　建于 1955 年，位于体育馆路 4 号，建筑面积 3.27 万平方米，由比赛馆、游泳馆、练习馆组成。比赛馆设座位 6 100 个，游泳馆座位 2 000 个。游泳馆设比赛兼跳水池 1 个，长 50 米、宽 20 米，8 条泳道；准备池 1 个，长 15 米、宽 5 米。该馆是国家游泳队的主要训练基地。

中国棋院　建于 1991 年，位于天坛东路 80 号。总建筑面积 9 465 平方米，是国家棋类运动的训练和比赛场所。

北京国际网球中心　建于 1988 年，位于天坛东路 50 号。建筑面积 1.30 万余平方米，由网球场和网球馆组成。室外网球场含 1 块比赛场地和 12 块练习场地，有观众席 1 500 个；室内网球馆内设 3 块标准场地和 1 000 个观众席。亚运会网球赛和亚洲网球锦标赛曾在此举行。该中心主要承担国家队的部分训练任务。

第四章　机构与管理

第一节　机　构

区属机构　崇文区体育局　1994 年年初，崇文区体育运动委员会（简称区体委）是区政府体育事业工作部门，设有办公室、群众体育科、竞赛科、学校训练科，管辖青少年业余体校、体育运动学校、天坛体育场、天坛游泳馆、龙潭湖游泳场、体育服务中心等事业单位。1999 年 12 月，区体育彩票管理中心成立。2001 年 12 月，区机构调整，区体委更名为崇文区体育局，设办公室、群众体育科、竞技体育科、市场法规科。2003 年 3 月，撤销天坛游泳馆建制，其管理职能和人员划归天坛体育活动中心。2005 年 12 月，崇文区社会体育管理中心成立。2008 年 12 月，成立崇文区网球运动中心、崇文区游泳运动中心，撤销体育彩票管理中心。2010 年 1 月，增设体育产业发展办公室（龙潭湖体育产业园建设发展办公室），市场法规科更名为法规科。至 2010 年 6 月，区体育局设办公室、群众体育科、竞技体育科、法规科、体育产业发展办公室，管辖青少年业余体校、体育运动学校（一一五中学）、社会体育管理中心、天坛体育活动中心、网球运动中心、游泳运动中心、体育服务中心 7 个事业单位。

图25–6　2002年9月20日至22日，第十二届全国城区体育工作研讨会在崇文区召开

崇文区体育总会　1994 年，该会有下属田径、游泳等单项体育协会 20 个，行业系统体育协会 10 个，街道、地区体育协会 7 个。1995 年 9 月，区政府成立区全民健身工作委员会；区体委成立以社区为龙头的群众体育工作管理网络，即区体育部门、街道、社区三级体育管理体系，区

体育总会、系统体协分会二级管理网络。还有区级机关、政法、教育等系统体协 10 个，街道社区体协 7 个，竞技和非竞技体协（体育社团）17 个。下设基层单位体协或协作组等 88 个；居委会文体小组 159 个，晨晚练（站）点 227 个。形成以政府工作任务为导向、社区体育协会为主、系统体育协会为辅、晨晚练（站）点为依托的相互补充的全民健身活动管理网络。至 2010 年 6 月，全区晨晚练（站）点增至 460 个。

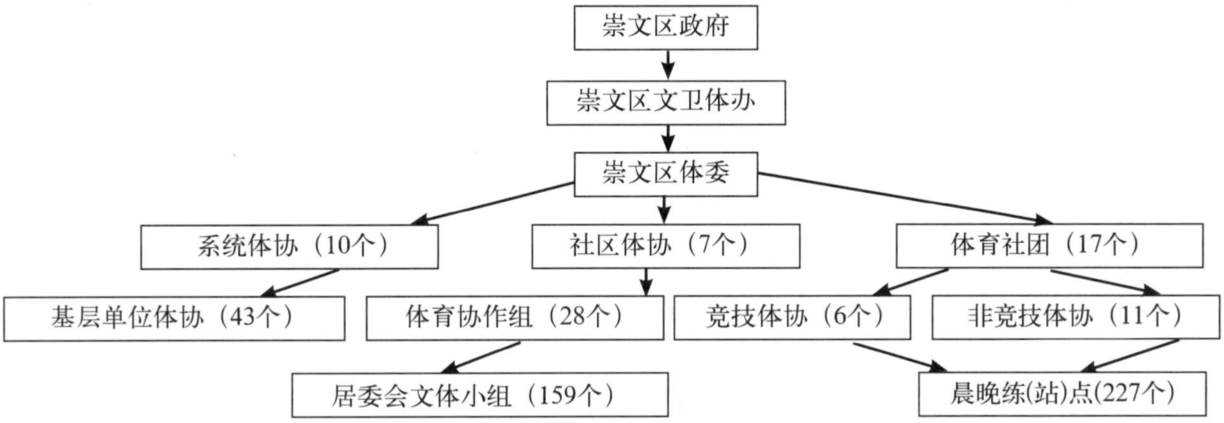

图25—7　1995年崇文区群众体育组织管理网络

驻区国家机关和部属单位　1994 年年初，有驻区体育系统国家机关和部（总局）属单位 7 个。1996 年至 2010 年 6 月有 5 个（不含中国体育报业总社）。

国家体育总局　位于体育馆路 2 号。原名国家体育运动委员会，1952 年 11 月成立。1998 年 6 月，改组为国家体育总局（正部级），设办公厅、群众体育司等 9 个部门。其竞技体育司是国务院主管体育工作的直属机构。

中华全国体育总会　位于体育馆路 2 号。1949 年 10 月，由原中华全国体育协会改组成立，是中华人民共和国全国群众性的体育组织，是依法成立的非营利性的社团法人。接受其业务主管单位国家体育总局及社团登记管理机关中华人民共和国民政部的业务指导和监督管理。

中国奥林匹克委员会　位于体育馆路 2 号。1952 年成立，其实体组织为中华全国体育总会。1979 年 11 月，获得国际奥林匹克委员会承认；同年，与中华全国体育总会分立而实体化，是以推动奥林匹克运动和发展体育运动为宗旨的全国性体育组织。

国家体育总局训练局　位于体育馆路 4 号、天坛东路 50 号。1951 年 11 月成立，前身为中央体训班。1972 年，更名为国家体委运动员管理局，并迁入区内。1978 年，定名为国家体委训练局。1997 年，更名为国家体育总局训练局，陆续建成游泳馆、篮球馆、乒乓球馆、排球馆等专业训练场馆。主要职责是为国家队提供训练条件和后勤服务保障工作。2008 年北京奥运会中国代表团所获的 51 枚金牌中，有 34 枚出自训练局训练的运动员，该局被称为“世界冠军的摇篮”。

中国体育总局体育科学研究所　位于体育馆路 11 号。1958 年成立，1961 年迁入区境内。1998 年，更名为国家体育总局体育科学研究所。设有群众体育、竞技体育、体育仪器器材、运动健康与恢复等 6 个研究中心及综合测试与试验中心。主要职责是开展体育科学研究，促进体育事业发展。

第二节　管　理

1995 年 10 月，《中华人民共和国体育法》施行。1996 年至 2000 年，区体育局举办法制培训和相关宣传活动 29 次，23 万人次接受教育。

1999 年，区体育执法队伍成立，依据《北京市体育运动项目经营活动管理办法》，检查审核区境内体育经营单位经营资质，重点检查游泳场馆防止溺亡的安全工作。至 2000 年，全区 10 个体育项目经营单位中的 4 个单位取得经营资质证书；2002 年，清理整顿区体育项目经营市场，重新认证 262 个体育经营单位资质证书。至 2006 年，年均开展执法检查 35 次，区游泳场馆连续 10 年未发生溺亡事故。2007 年以后，依据《北京市体育运动项目经营单位安全生产规定》，重点检查区境内体育经营单位安全生产情况。平均每年开展执法检查 80 家(次)，覆盖全区体育经营场所。在“平安奥运”和中华人民共和国成立 60 周年纪念活动中，加强对体育运动项目经营单位的安全生产经营的监管。至 2010 年 6 月，全区体育经营性单位未发生重大安全事故。

2004 年 7 月，区体育局制订《崇文区体育局行政许可工作制度及操作规范》。2005 年，修订《行政许可事项》的受理、审批程序，指派专人进驻区行政服务大厅，专职受理行政审批服务事项。至 2010 年 6 月，区体育局服务窗口受理办结各种事项 615 件，其中，审核体育类民办非企业 13 件，审核二级、三级运动员 221 件，审核二级、三级社会体育指导员 369 件，一级运动员和一级裁判员审查各 12 件。

第五章　体育产业

第一节　体育彩票销售与体育产业发展

体育彩票销售　1998 年，区首次开展体育彩票销售活动，售出体育彩票 85.88 万张，收入 171.49 万元。之后，区多年在春节龙潭庙会上开展即开型销售，全区开设电脑彩票销售网点 47 个。2000 年年底，区销售体育彩票 2 500 余万张，除上缴国家有关部门和北京市外，区获体育公益金 190 余万元。2001 年，区完成 2 600 万元体育彩票销售任务，积累公益金 150 万元。2002 年，区完成即开型体育彩票销售 118 万元，获全市春节体育彩票销售第一名。自 2003 年起，体育彩票销售权收归市体育局，体育彩票公益金由市体育局统筹配比。

体育产业发展　1998 年 7 月，区体委制订《崇文区体委关于发展体育产业的意见》，提出五年内区体育产业初具规模、形成具有一定竞争能力的基础产业发展目标。1999 年，区委、区政府落实国家体委《关于大力发展体育产业的通知》精神，将区体育产业定为全区经济发展的四大支柱产业之一。区体委完成《关于大力发展崇文区体育产业的调研报告》。2001 年 7 月，区委、区政府通过《崇文区体育产业发展的实施方案》，该方案规划区体育产业五年发展蓝图，区体育产业工作全面启动。2001年，区体育产业完成增加值1.85亿元，占全区GDP的7.40%；上缴区级税收1 697万元，占区级财政收入的2.67%，比2000年同期增长26%。其中奥林匹克精品走廊招商，吸引60余家知名体育企业进驻。2002年，区政府制定体育企业、体育产业从业人员的优惠政策，吸引体育企业到区落户。2004年，区第九次党代会确定“体育兴区”经济发展战略。全区体育产业完成增加值3亿元，比2001年有较大幅度提高。2006年，在区注册经营体育及与体育相关业务的企事业单位有近800家。2007年9月，崇文区制定体育兴区发展规划，确定区体育产业的发展战略。自2008年起，区体育局深入研究电子竞技项目发展模式，开发STG电子竞技网络对战平台，发起电子竞技反作弊联盟。

第二节　龙潭湖体育产业园

规划编制　2000年，区政府首次正式提出龙潭湖体育产业园构想。该园区地域范围：崇文区东南部，包括龙潭三湖（东湖、中湖、西湖）和体育馆地区，东、南以北京护城河为界，毗邻东南二环路，西至天坛东路，北至体育馆路、光明路。规划面积296公顷，除保留的现状外，包括龙潭三湖在内实际可利用面积约173公顷。2003年8月，依据市委、市政府相关精神，崇文区启动龙潭湖体育产业园控规编制及建设工作，编制该产业园《规划征集书》；12月，确定澳大利亚COX集团、国际设计联盟、美国XWHO 3家机构参与产业园的发展建设规划征集方案的设计工作。2004年3月，提交设计成果，经区内评审会和专家评审会评审，形成产业园控规方案编制任务书；4月，龙潭湖体育产业园建设发展工作领导小组第一次工作会上确立“以体育为主题、以文化为灵魂、以产业为平台、以创新为生命、以科技为先导、以生态为保障”的园区建设发展总方针，并委托清华城市规划设计研究院负责编制产业园控规方案；9月底，完成《龙潭湖体育产业园整治与更新规划》即龙潭湖体育产业园控规及《龙潭湖体育产业园交通影响评价》两个方案。2005年2月、8月，两个方案分别通过市规划委等8部委的联合审查；11月22日，市政府从原则上同意《龙潭湖地区整治与更新规划》，之后委托清华城市规划设计研究院提出北京龙潭湖地区修建性详细规划，经市规划委审定后，将其整体装入“北京城区06控规”。龙潭湖体育产业园控规编制工作基本完成。自2006年起，先后委托新加坡互动设计师事务所、德国BSP公司、美国RTKL、中国香港王董公司等国际专业设计公司，从功能、景观等方面对园区进行整体深化设计；委托7家专业公司分别对国际体育交流中心、星光大道及两侧商业、龙潭中湖、龙潭西湖、幸福南里等子方案进行深化设计，为实施开发建设奠定基础。

2007年上半年，该产业园区被列入北京市六大体育产业功能区及十一个特色产业聚集区。2008年5月，市发展和改革委批复从4个方面对产业园进

图25-8　2008年12月17日至21日，第三届中国（北京）国际文化创意产业博览会上的龙潭湖体育产业园展区

行专项政策扶持，主要包括加大市政府固定资产投资项目扶持力度，支持园区基础设施建设；利用市体育产业专项资金支持园区建设；利用文化创意产业发展专项资金支持园区内的体育设计创意、体育活动创意等项目；园区内高科技企业享受中关村园区高科技企业同等优惠政策。2009年1月，在市人大十三届二次会议上，市政府在《2010—2012年促进南城加快发展行动计划》中提出“一轴一带多园区”的产业发展空间布局。其中龙潭湖体育产业园作为多园区的重要组成部分列入南城发展三年行动计划的支持重点。

2010年上半年，区编制“十二五”期间园区建设发展规划，将园区空间布局的表述由“两中心、两基地”调整为“体育产业总部基地、体育研发创意基地、体育信息交流中心、体育运动休闲中心”的“两基地、两中心”。依托国际体育交流中心项目，园区基本形成体育产业总部基地；依托国家体育总局、国家体育科研机构、运动医学研究机构、体育传媒机构较为集中的资源，以及周边华江等体育文化创意企业集聚的优势，园区基本形成体育研发创意基地；以北京游乐园新一轮升级改造为重点，以体育主题为特色，构建体育运动休闲中心。

工作机构　2004年2月，区政府成立由区长牵头的龙潭湖体育产业园建设发展工作领导小组，下设办公室、规划组、体育产业组、政策研究组、投融资组、资源调查组；9月，增设科技组、工程建设组、宣传文化组。2005年9月，成立龙潭湖体育产业园工程建设指挥部，下设办公室、维护稳定组、宣传思想政治工作组、纪检监察组、拆迁组、审批承办组。2007年1月，成立龙潭湖体育产业园建设发展办公室，撤销龙潭湖体育产业园建设发展领导小组。2009年4月，撤销龙潭湖体育产业园建设发展办公室，其职能并入区体育局。

园区建设　2006年2月，区政府与市体育局签订《关于落实北京龙潭湖地区整治与更新规划联合建设北京国际体育交流中心的合作协议》。该交流中心建设项目将位于天坛东侧路以东、四块玉以南、长青园以西、国家体育总局中国棋院和北京国际网球中心以北的地块之中，用地面积约15.77万平方米。

2006年4月，启动龙潭湖地区整治与规划范围内的东四块玉周边、西四块玉周边、双玉中街周边三片用地的环境整治和搬迁工作（亦称“城中村”整治项目）。2008年，基本完成平房区31公顷用地搬迁，拆迁3 121户，120余个单位，一半以上居民将户口迁出。已建及在建的市政道路有5条。其中，左安门内大街、龙潭路、东南二环内滨河路、体育馆西路竣工通车，东西四块玉路进入施工阶段。同时，隶属于市体育局的二体校等完成整建制搬迁，分流师生1 300人；腾空北京国际体育交流中心项目用地7.80公顷。2006年11月，启动龙潭湖水质改善工程。2007年10月，启动市青少年活动中心项目，该项目建设用地面积1.1万平方米，总建筑面积4.04万平方米，其中地上建筑面积2.36万平方米。2008年，启动幸福南里房改带危改土地一级开发项目，该项目东至铁路，南至龙潭路，西至国家体育总局，北至体育馆路、光明路。规划用地面积4.14公顷，总建筑规模面积约7.12万平方米，建设内容为住宅，全部用于居民回迁。2008年4月17日，启动四块玉体育设施更新改造项目D地块（一期工程），总建设用地面积3.09万平方米，总建筑面积6.67万平方米。2008年12月完成龙潭湖水质改善实体工程。2009年，启动龙潭湖水治理二期工程；2009年12月28日，四块玉体育设施更新改造项目D地块取得项目开工许可证；2010年3月至6月，启动挖槽，进入施工阶段。

2010年上半年，完成园区项目研究实施方案，取得项目规划许可证。经市发展和改革委核准批复立项，项目实施主体是北京龙潭湖体育产业投资发展有限公司，其取得建设用地规划许可证、规划意见书，完成项目用地普测、钉桩等工作。

第二十六编　民　政

1984年7月，区政府民政科改设民政局，负责区境内民政事务的管理。自1994年起，崇文区实施民政管理“九六三”工程，即在社会救助、社会福利、社区建设、优抚安置、拥军优属、老龄和社会事务等项事业中，全面落实九十项民政工作任务、六十项利民措施、为民办三十件实事。当年，区民政部门继续扩大社会救助范围，对区内老弱职工实施定期补助，在全区实施北京市居民最低生活保障制度（简称低保）并逐步扩大保障范围、调整救助标准、增加专项救助项目，成立区接收捐赠站。崇文区坚持对驻区部队实行走访制度，采用现场办公和上门服务，为部队排忧解难。同时，开展帮助军烈属奔小康“一帮一”工程，为优抚对象办好事。2001年，全区实行婚姻登记集中办理，统一管理。2003年，区成立救助管理查询站。2004年，全区加快建设社区办公和服务用房，提高社区服务质量。2007年，区、街道、居委会建立居家养老服务机构，对60岁以上老人开展居家养老服务，养老助老项目逐年增加。1994年至2010年6月，区政府累计拨款7.84亿元用于抚恤和社会救济。区接收捐赠站及分站接收捐赠现金5 194.24万元、衣物156.82万件，用于救助贫困地区、重灾区，救助区内流浪乞讨人员4 609次。全区90个居委会设便民服务站185个，便民设施82个。同时，区残疾人联合会（简称区残联）等组织开展残疾人康复和助残工程，使居住在区内的1.28万残疾人受益。

1996年，崇文区被市委、市政府、北京卫戍区命名为拥军优属、拥政爱民（简称双拥）模范区。2000年、2004年、2008年，3次被全国双拥工作领导小组命名为全国双拥模范城。2008年，区民政局被民政部评为北京奥运会、残奥会期间救助工作先进单位，全国婚姻登记机关规范化示范合格单位。至2009年，在全市民政工作单项评比考核中，崇文区获27项满堂红三连冠，并获市民政工作先进区六连冠。

第一章　社会救助与社会福利

第一节　社会救助

低保与帮困　自1996年7月起，全区实施最低生活保障。至2010年6月，城市低保标准先后调整12次，从家庭月人均170元增至410元，保障范围由351人扩至7 818人，保障金由年支出50万元增至2009年的3 470.22万元。全区低保保障金累计支出近3亿元，是1951年至1993

年社会救济款支出376.02万元的78.49倍，基本实现应保尽保。自1996年起，家庭月人均收入不超过低保标准的居民户，可向区民政部门申请领取粮油供应帮困卡，每户一卡，每人每月一票，每票可抵货款20元，当月一次性使用；自2002年7月起，粮油帮困由实物补助改为货币补贴，每人每月40元。至2010年6月，全区累计为51 571户91 514人发放粮油帮困补贴3 649.13万元。

自2003年起，每年元旦、春节期间，全区开展送温暖活动，为低保对象发放补助款及物品。2007年，28名区级领导干部与70户低保家庭结成帮扶对子，对他们一帮到底。2008年，国家体育总局训练局为崇文区低保家庭捐助价值近50万元的物品。

1996—2010年6月崇文区低保金及粮油帮困补助发放统计表

表26-1

年份	低保			粮油帮困			合计金额（万元）
	户数（户）	人数（人）	金额（万元）	户数（户）	人数（人）	金额（万元）	
1996		351	50			1.15	51.15
1997	497	586	105	1 722	1 300	22	127
1998	996	1 927	210.24	1 268	2 577	47.96	258.20
1999	1 899	4 068	446.78	2 285	4 998	93.43	540.21
2000	3 125	7 237	885.44	3 219	7 394	153.35	1 038.79
2001	4 148	10 017	1 333.49	4 214	9 984	226.90	1 560.39
2002	5 201	12 454	1 990.60	5 173	12 426	514.42	2 505.02
2003	7 129	16 966	3 489.39	6 952	16 788	723.98	4 213.37
2004	6 945	15 957	4 095.74	5 680	7 749	606.58	4 702.32
2005	5 936	12 589	3 057.20	4 790	6 612	315.40	3 372.60
2006	5 197	10 009	3 358.14	4 070	5 086	282.83	3 640.97
2007	4 536	8 550	2 465.30	3 470	4 385	187.50	2 652.80
2008	4 399	8 110	3 051.36	3 396	4 174	203.12	3 254.48
2009	4 376	7 904	3 470.22	3 207	4 072	193.30	3 663.52
2010.6	4 366	7 818	1 504.11	3 125	3 969	77.21	1 581.32
总计	58 750	124 543	29 513.01	51 571	91 514	3 649.13	33 162.14

救助 自2003年起，区民政部门对享受低保群众实施医疗救助，并适时调整报销病种、起付线、个人负担比例等，逐步提高享受低保群众的基本医疗待遇。同时，对因患危重病个人自负医疗费过大、经多种救助帮困措施后基本生活仍难以维持的低保家庭，对因自然灾害或遇突发性、不可抗拒性因素导致特殊困难的家庭给予临时救助。自2007年起，对低保家庭中当年考入普通高等学校的学生给予一次性教育救助金4 000元。自2009年起，将月人均为410元至731元的低收入家庭纳入救助范围，符合条件的家庭可申请医疗救助、临时救助和教育救助。至2010年6月，全区3 056人次获医疗救助共716.16万元，1 458人次获临时救助共340.23万元，491人次获教育救助共191.64万元。

图26－1 2007年，崇文门外街道为困难家庭发放电风扇

补贴 自2005年起，对全区享受低保家庭住宅中没有集中供暖设施的，按每户200元标准发放燃煤自采暖补贴；对单独采用燃气、电力等清洁能源的采暖户，按建筑面积每平方米补助30元，最多补助60平方米。自2008年10月起，燃煤自采暖补贴发放标准提高到每户300元。至2010年6月，全区累计有17 620户享受燃煤自采暖补贴413.88万元，594户享受清洁能源自采暖补贴68.03万元。

2003—2010年6月崇文区专项救助和采暖补贴统计表

表26－2

年份	医疗救助（社救）		临时救助		教育救助		燃煤自采暖补贴		清洁能源自采暖补贴	
	人数（人）	金额（万元）	人数（人）	金额（万元）	人数（人）	金额（万元）	户数（户）	金额（万元）	户数（户）	金额（万元）
2003	104	43.02	19	8.40	0	0	0	0	0	0
2004	120	49.90	80	19.20	0	0	0	0	0	0
2005	289	72.72	96	25.50	0	0	4 451	89.02	158	16.83
2006	448	95.90	117	34.10	0	0	3 808	76.16	130	14.74
2007	406	106.90	447	93.83	110	43.89	3 234	64.68	112	13.28
2008	552	93.35	227	50.30	188	70.62	3 134	94.23	99	11.93
2009	779	176.83	299	67.46	193	77.13	2 993	89.79	95	11.25
2010.6	358	77.54	173	41.44						
合计	3 056	716.16	1 458	340.23	491	191.64	17 620	413.88	594	68.03

就业援助 2005年6月，区民政局启动创业同奔小康工程，制订《崇文区实施创业同奔小康工程，促进低保人员就业配套措施》及补充规定，建立低保人员就业跟踪服务档案。相关部门开设绿色通道，为低保对象办理“求职证”“低保人员求职就业告知书”。至2006年年底，帮扶3 114名低保对象实现再就业。自2007年起，停止对低保人员进行单项就业援助。

流浪乞讨人员救助 1994年至2003年7月，区内城市流浪乞讨人员收容遣送由公安崇文分局负责，后改由民政部门负责。2003年8月，区政府拨款40万元成立区救助管理咨询站，内设值班室、接待室、公安驻站室、卫生驻站室、暂留室、计算机室，总面积300平方米。2004年，区民政局与团区委联合在全区招募救助城市流浪乞讨人员志愿者100余人。他们宣传救助政策，引导帮助流浪乞讨人员到救助站接受救助，并监督救助管理工作，协助公安部门打击胁迫未成年人、老年人乞讨等不法行为。11月，全区78个社区居委会建立救助管理咨询点，并统一设置标志，公布救助条件和求助电话，发动社区力量参与救助管理服务工作。是年“12·5国际志愿者日”，志愿者服务队在前门、崇文门外地区开展政策宣传和劝离劝返活动。2006年，区第一人民医院配备医生、护士为流浪乞讨人员提供医疗救助服务，承担集中救助期间相关的卫生防疫工作。区民政局协调公安、城管、卫生等部门，制订危重病人救助流程图，明确各部门职责，有序进行护送、救治、转院、抢救、护理、出院、停尸、火化、公告、骨灰保存等工作。同年，建立网格化救助快速反应系统，培训城市监督员70余人，做到对流浪乞讨人员“早发现、早处置、早救助”。2007年，区将救助管理工作纳入环境整治工作考评体系，依托区城市管理监督中心信息平台“全天候、全覆盖、精细化”优势，以城市监督员为信息报送人，以联合环境整治救助小分队为快速反应队伍，做到及时发现、及时救助；逢极端天气、重大节日，协调相关部门开展集中救助行动。2008年，改造救助管理咨询站硬件设施，扩建求助人员接待室，降低接待台高度，站内配备空调、彩电、饮水机、轮椅。2009年，区实施“以人为本、温馨服务，科技先行、快速救助，规范行为、依法行政”的工作方针。2003年8月至2010年6月，区共开展集中救助120余次，救助流浪乞讨人员4 609人次。

2003年8月—2010年6月崇文区救助流浪乞讨人员统计表

表26-3　　单位：人次

救助内容＼年份	2003.8	2004	2005	2006	2007	2008	2009	2010.6	合计
提供饮食	51	51	249	248	179	100	131	64	1 073
提供住宿	37	19	94	67	95	90	103	38	543
提供通信联系	26	52	267	378	280	192	178	72	1 445
提供乘车凭证	61	148	150	126	11	34	136	64	730
医疗救治	5	9	24	34	33	26	44	24	199
救助未成年人	21	13	51	53	34	10	26	9	217
救助精神病人	2	1	13	32	36	31	14	6	135
亲属、单位接回	7	15	58	54	47	37	29	20	267
总计	210	308	906	992	715	520	661	297	4 609

第二节　社会福利

社会捐赠　1997年11月，区民政局设立接收捐赠工作站，1998年，区政府下拨经费8万元，改善工作站的办公条件。1999年至2001年，工作站建立健全日常捐赠、救灾捐赠管理办法等制度。2002年，7个街道社区服务中心建立捐赠站，5个社区居委会建立捐赠分站。至2010年上半年，全区设立30个捐赠分站，7个爱心家园。各捐赠分站统一标识，随时接收捐赠款物。1998年至2010年6月，全区收到捐赠现金5 196.24万元，衣物156.82万件。接收到的捐赠财物主要用于救助内蒙古、江西、四川等贫困地区，重灾区和区内优抚对象。

1998—2010年6月崇文区接收社会捐赠款物统计表

表26-4

年份	现金（万元）	衣物（万件）	主要去向
1998	53.79	6.37	贫困灾区
1999	760.65	9.80	贫困灾区
2000	17.26	31.21	辖区内优抚对象
2001	7	29.30	内蒙古锡林郭勒盟
2002	59.79	16.58	江西九江、陕西渭南
2003	492	19	江西赣州
2004	55	11	贫困灾区
2005	207	13.40	内蒙古赤峰、安徽阜阳、广渠门中学“宏志班”
2006	213	7	重庆灾区
2007	22	0.50	辖区内优抚对象
2008	2 662.68	12.65	四川什坊地震灾区
2009	29.89		助老慈善卡、慈善救助金
2010.6	620.68	0.01	辖区内优抚对象
合计	5 196.24	156.82	

福利企业　1994年，全区有福利企业45个，职工2 539人，其中残疾职工927人，占职工总数36.51%。销售收入6 641.33万元，实现利税1 122万元。1995年，全区41家福利企业残疾人合同工700余人加入社会养老统筹，共交纳养老统筹金355.40万元，残疾职工19人办理退休手续。1999年，全区残疾职工957人参加社会养老统筹，交纳养老统筹金55万元。2000年，制订残疾职工建档实施办法，为残疾职工550人建立工作档案。2001年2月至2004年年底，全区25个福利企业改制（其中区民政局直属11个），实现政企分开。区民政局直属福利企业职工200余人转为社会化管理。2007年7月，经行政审核，区民政局向15个福利企业核发福利企业证书。2009年，审核并发放残疾职工岗位补贴103.50万元。2010年6月，全区有福利工厂13个，职工539人，其中残疾职工226人，占职工总数41.93%。销售收入15 226万元，实现利税803万元。

1994—2010年6月崇文区福利企业统计表

表26-5

年份	企业总数（个）	职工总数（人）	其中		销售收入（万元）	利税总额（万元）
			残疾职工数（人）	占职工总数比例（%）		
1994	45	2 539	927	36.51	6 641.33	1 122
1995	41	2 306	909	39.42	7 307	1 210
1996	46	1 905	759	39.84	7 300	1 212
1997	44	1 893	754	39.83	7 310.30	1 212.40

续表

年份	企业总数（个）	职工总数（人）	其中		销售收入（万元）	利税总额（万元）
			残疾职工数（人）	占职工总数比例（%）		
1998	40	1 756	701	39.92	8 101.40	1 239
1999	53	1 764	750	42.50	9 366	1 408
2000	53	1 556	727	46.72	9 903	1 523
2001	49	1 285	627	48.79	8 795	1 274
2002	32	717	331	46.16	9 170	1 176
2003	30	661	302	45.69	7 997	1 325
2004	29	639	300	46.95	9 968	1 144
2005	29	639	300	46.95	8 835	880
2006	28	640	256	40.00	4 692	1 033
2007	15	449	225	50.11	9 873	855
2008	15	486	228	46.91	25 472	461
2009	14	507	234	46.15	13 214	797
2010.6	13	539	226	41.92	15 226	803

福利彩票发行与收入使用　1987年12月，区社会福利有奖募捐发行处成立，至1993年，销售福利奖券1 760万元。1994年1月至2010年6月，全区彩票销售总额66 037万元。1994年至2002年，福利彩票公益金使用项目44项，金额389.74万元。主要用于区老干部局购置康复器械、龙潭公园更新座椅、购置封闭式环保清洁车、为区境内敬老院送温暖、天坛街道办事处三利残托所改扩建工程、区民政局及7个街道办事处社区服务中心设施建设，为永定门外颐和老年公寓装修及购置彩电等。2003年以后，福利彩票公益金上缴市财政，由市统一管理使用。

1994—2010年6月崇文区福利彩票销售及使用情况统计表

表26—6

年份	电脑型彩票销售额（万元）	即开型彩票销售额（万元）	筹集社会福利金（万元）	区留社会福利金（万元）	福利彩票公益金使用项目（项）	福利彩票公益金使用金额（万元）
1994		330	99	81	6	6.40
1995		666	186	148	8	38.10
1996		425	119	84	6	18.11
1997		460	128	38.60	7	12.20
1998		1 000	280	190	8	44
1999		2 200	616	240	3	6.70
2000	1 218	263	462	146		

续表

年份	电脑型彩票销售额（万元）	即开型彩票销售额（万元）	筹集社会福利金（万元）	区留社会福利金（万元）	福利彩票公益金使用项目（项）	福利彩票公益金使用金额（万元）
2001	1 826	66	346	158	5	262.23
2002	3 167	28	577	258	1	2
2003	4 685	17.70	847	377		
2004	5 502	518.30	1 135	538		
2005	6 752					
2006	7 383					
2007	6 456					
2008	6 879	44				
2009	7 832	311				
2010.6	8 363	1 046				
合计	60 063	5 974	4 795	2 258.60	44	389.74

第二章　残联与社会助残

第一节　组织建设与残疾人构成

1994 年 8 月，区残联实行计划单列，由区委、区政府领导，并接受上级残联指导，是负责协调、组织管理全区残疾人工作的独立部门。1998 年 5 月、2003 年 3 月和 2007 年 12 月，区残联分别召开区残联第三次至第五次代表大会，选举产生新一届主席团委员会及其领导机构。2001 年，成立区级肢残人、盲人、聋人 3 个协会和弱智人、精神疾病 2 个亲友会。2002 年，82 个社区成立残疾人协会。2003 年，区成立残疾人综合服务中心。2004 年，7 个街道残联机构单列。2007 年，选聘 68 名残疾人专职委员到社区工作。2008 年，区残疾人职业康复劳动中心成立。2010 年 6 月，区从事残疾人工作专职人员有 118 人。

至 2010 年 6 月，全区有残疾人 12 857 人，占总人口 3.82%。残疾人中，视力残疾 1 566 人，占 12.18%；听力残疾 456 人，占 3.55%；言语残疾 27 人，占 0.21%；肢体残疾 8 077 人，占 62.82%；智力残疾 821 人，占 6.39%；精神残疾 1 390 人，占 10.81%；多重残疾 520 人，占 4.04%。

1997 年，崇文区率先在全市开展换发第一代残疾证工作，换办新证 5 734 个。2009 年，换发第二代残疾证，全区有持证残疾人 12 329 人。

第二节　扶残　助残

康复医疗　自1994年起，区政府把残疾人康复医疗列入为民办实事计划，区残联不断推进残疾人康复医疗工作，1995年至2009年，共为2.30万余人次提供白内障复明扶助、肢体矫正机训练、智残儿童培训、精神病人监护服药和提供残疾人用品用具。

扶贫与就业　自1994年起，区残联持续开展“送温暖，办实事”活动，建立残疾人扶贫档案，及时为残疾人办理社会救助手续，与困难残疾人结对子，捐款捐物，发放生活补助，完善“红领巾助残”“扶残志愿者”队伍，形成规模的、固定的助残活动。至2010年6月，全区残疾人享受低保1 747人、特困补助648人、待业补助48人、重残无固定性收入补助444人、个体保险补贴93人。

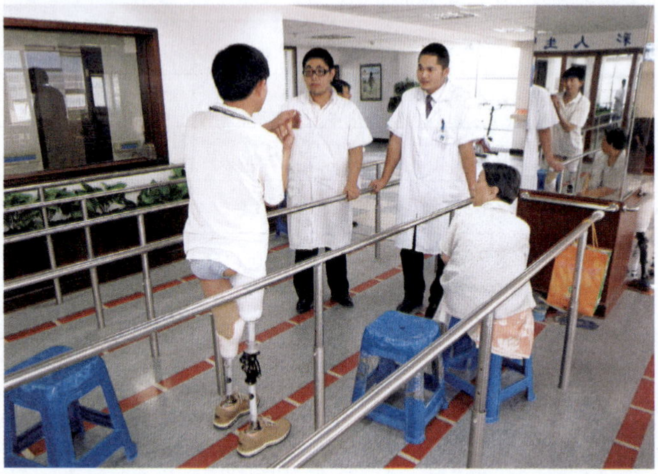

图26−2　2009年8月11日，区残联为贫困截肢残疾人安装假肢

1995年，区残疾人就业服务所成立，并制订区残疾人就业工作实施方案，收缴保障金，安置残疾人就业。至2010年6月，收缴残疾人就业保障金1 891万元，安置1 100余名残疾人就业。

助残日活动　1991年至2010年6月，每年5月全区开展助残日活动。2000年，在第十次全国助残日活动中，国际特奥组织、瑞士诺华公司中国公司到区培智学校和天坛残托所慰问残疾少年儿童，国际影星施瓦辛格与残疾少年儿童交流。2004年，区残联在第十四次全国助残日启动“六大爱心助残工程”，制订助学、安居、扶贫、就业、康复、维权实施方案，2 300余名贫困残疾人及家庭受益。2009年，第十九次全国助残日期间，走访慰问34户残疾儿童。卫生部门为98名0岁至16岁持证残疾儿童提供免费体检和康复评估服务，为67名残疾儿童发放在康复机构和社区参加康复训练的费用，为残疾儿童免费配发助听器、电子耳蜗、轮椅等辅助器具。至2010年6月，共组织助残日活动20次。

1995—2009年崇文区残疾人康复医疗主要项目统计表

表26−7

项目 年份	白内障复明(人)	肢体矫治及训练(人次)	智残儿童培训(人)	精神病人监护服药(人次)	残疾人用品用具提供(人次)
1995	121				
1996	102	4	12		600
1997	236	20	6		642
1998	300	51	7	1 342	600
1999	227	87			1 027

续表

项目 年份	白内障复明(人)	肢体矫治及训练(人次)	智残儿童培训(人)	精神病人监护服药(人次)	残疾人用品用具提供(人次)
2000	220	53			570
2001	110	53		117	900
2002	54	107			906
2003	50	68			911
2004	50		53	185	1 205
2005	75	110		185	3 845
2006	62	120	15	185	1 887
2007	61	120			2 218
2008	53	170	2		2 805
2009	51	100		180	
合计	1 772	1 063	95	2 194	18 116

信访与维权　1994 年至 2010 年 6 月，区残联接待残疾群众来信来访 1.20 万件次，涉及生活福利、劳动就业、权利保障等问题。区残联做到事事有答复，件件有回音，办结率 100%。

2001 年，崇文区法律援助中心残疾人工作站成立。2005 年，在区行政服务大厅开设残疾人法律援助窗口，聘请专业律师值班，为残疾人提供咨询、代理等法律援助。2009 年，向残疾人车主印发《致残疾人机动车车主的一封信》，张贴“本车谢绝载客”标志，维护残疾人合法权益。

第三节　无障碍设施建设

2002 年，在全区交通主干道、公共场所、新建小区相继新建和改造无障碍设施。2004 年，区残联会同区住建委、区规划局等部门研究制订区域内无障碍环境建设实施方案，加大建设和监管检查力度，开展创建全国无障碍设施建设示范城活动。2007 年，开展无障碍建设进家庭活动，为 48 户重残和贫困残疾人家庭改造厕位、浴室、坡道、扶手等。2009 年，将残疾人家庭无障碍改造列入区政府为民办实事“折子工程”，当年 171 户残疾人家庭实现改造。

第四节　文体活动

1994 年至 2010 年 6 月，每年在全国助残日、国际助残日期间，区残联组织残疾人参加征文、诗歌创作、摄影大赛和歌曲征集等活动。2004 年，举办区残疾人事业 10 年回顾展，创办华夏书画艺术交流协会。在残疾人艺术节上，有近 400 名残疾人创作艺术作品 310 件，创作演出文艺节目 47 个。2006 年，舞蹈《俏夕阳》在市第六届残疾人艺术会演中获舞蹈类第一名，并取得参加全国残疾人艺术会演资格。2009 年，崇文区举办区大型春节慰问残疾人专场演出。此次演出在市第七届残疾人文艺会演中获 3 个三等奖，在市残疾儿童趣味运动会和市儿童艺术作品大赛中获优秀组织奖。

1994 年至 2010 年 6 月，全区 7 个街道每年组织开展适合残疾人的田径、棋类等体育健身活动。2001 年，区残联与区体育局等单位联合建立区残疾人体育训练中心，指导残疾人开展体育训练。2007 年，崇文区以区残疾人活动中心为载体，组建残疾人太极柔力球队、轮椅乒乓球队、象棋队、健身操表演队等，定期开展活动。

第三章　社区建设

第一节　社区调整与居委会换届

图26—3　2009年，前东社区第七届居委会选举大会

1994 年至 2000 年，全区 236 个社区居委会先后调整为 168 个。2002 年调整为 82 个，其中 16 个家委会社区纳入居委会社区、2 个家委会社区转为居委会社区。2003 年，社区居委会调整为 78 个。2006 年调整为 91 个。2008 年调整为 90 个。

1994 年 8 月，全区 236 个（居）家委会换届选举工作结束，选出委员 1 126 人，平均年龄 57.70 岁，比上届降低 2.50 岁。2003 年，前门街道鲜鱼口社区居委会进行全民海选试点，居民参选率 96.80%。2009 年，全区社区居委会选举委员 666 人，平均年龄从 58.70 岁降至 45.20 岁，高中以上学历从 13.90%升至 49.40%，党员比例从 27.10%升至 44.90%，社区居委会人员构成由退休和下岗人员调整为退休和公开招聘人员。至 2010 年 6 月，社区居委会每三年换届选举一次，共进行 5 次。

第二节　社区管理

制度与设施建设　自 1994 年起，区政府相继下发《崇文区关于扶持街道开展社区服务若干意见》《崇文区社区服务管理办法》等文件，推动社区服务工作开展。2000 年，崇文区落实民政部关于在全国推进城市社区建设意见，成立区社区建设委员会，并在区民政局设办公室。2004 年，各社区先后建立社区代表会议、居委会事务公开、民主议事、民主生活、财务管理等制度，制订并完善《社区自治章程》《居规民约》《社区居委会六大工作委员会工作职责》。区、街道社区服务中心全部进行事业独立法人登记。同年，区自筹资金1亿元，争取市级资金支持2.90亿元，建设社区居委会办公和服务用房。建筑面积300平方米的区级社区服务中心正式运营。2009年6月，《崇文区2010年社区规范化建设工作重点（征求意见稿）》将区社会办公室、区民政局、区环境服务中心分别建立的社区服务站改为共同建站，并确定龙潭街道光明北里等34个社区居委会为试点。同时，按照“规划总量、盘活存量、优化增量、提高质量”的原则，采取追还一批、新建一批、改造一批、置换一批、购买一批、租赁一批等方式，不断解决社区办公及服务用房问题。至2010年上半年，全区有社区服务便民设施82个，便民服务网点185个。社区居委会办公服务用房面积由2001年的平均29平方米增至350平方米，最大的450平方米。各社区均配备电脑、打印机、传真机、VCD等办公设备，实现办公、服务用房和服务站的硬件与软件双达标。

规范化管理　1998年，各社区实行居（家）委会基础资料规范管理，做到对辖区居民情况明、底数清。2000年，社区以老年人、未成年人、来京务工人员、下岗失业人员、优抚对象、残疾人和低收入家庭为服务重点，开展就业援助、居家养老、优抚助残、治安环保等工作。社区服务工作逐渐从原来只为军属、孤老、残疾人等少数人员服务扩展到为社区全体居民提高日常生活质量服务。2002年，区民政局以前门大街社区居委会为试点，深化社区居委会民主自治，提高社区居委会协助政府开展工作的质量。2004年，建立社区议事协商委员会、社区代表常务委员会。以前门街道前东和青云社区为试点，制订社区代表大会常务委员会章程，明确委员权利、义务和工作职责。2005年，各社区普遍成立成员代表大会、议事协商委员会。

2006年至2009年，各社区居委会落实崇文区《社区居委会办理居民事务和受理居民诉求办法》《关于进一步加强和完善社区居委会建设，增强社区自治功能的指导意见》《崇文区社区服务站标准化建设实施意见（试行）》，社区建设和服务不断向纵深发展。2009年6月，以议事协商与组织实施分设机制、公共服务协会及居民事务代办站为重点，创新社区服务运行体制，开展多样化精品社区创建工作。先后建成东花市南里（康健型）、法华南里（环保型）、金鱼池（科普型）等7个特色社区。广渠门外南里、东花市南里、左安浦园3个社区获北京2009年度十大魅力社区称号，崇文区获北京第四届魅力社区评选活动组织奖。2010年上半年，按照“职责明确、分工合理、优势互补、协调联动”原则，全面梳理、细化社区承担的具体工作及服务项目，规范职能。同时，深入推进社区服务站建设，完成市级第二批25个社区规范化试点选址任务。全区形成以社区服务为龙头的社区文化、卫生、环境、治安管理体系，以及为老年人、优抚对象、残疾儿童康复和托幼、婚丧习俗改革、居民生活、再就业服务的网络。

队伍建设　2008年12月，区公开招聘社区工作者，849人通过报名、资格审查，录用182人。区财政拨款370余万元，提高全区社区工作者683人的工资福利待遇。2009年1月，招聘社区工作者184人；6月，招聘大学和高中应届毕业生95人到社区工作。7月，经市委社会工委、市社会建设工作办公室招聘，有高中毕业生95人、大学毕业生5人到区社区工作。区有关单位和街道采取多种形式对他们进行岗前培训。同年，7个街道建立社区居委会、服务站工作人员档案，实行动态管理。

第四章　拥军优抚　安置

第一节　拥军优抚

拥军　自1994年起，区委、区政府坚持对驻区部队实行走访制度，现场办公，上门服务，为部队排忧解难。仅1997年至1998年，现场办公累计218人次，为部队解决旧房改造、营区绿化、道路修整、随军家属就业等问题。2006年，区民政局党组书记孙亚力捐资1万余元为部队基层官兵购买图书，其被评选为全国援建军营图书室、共建学习型军营先进个人。2007年，恢复为义务兵家庭挂"光荣军属"牌传统，全区挂牌206户。1994年至2010年上半年，全区拥军慰问经费支出1 295.40万元，支持驻区部队基本建设，改善官兵生活，开展文体活动等。

优抚　1994年，区民政局为全区优抚对象98人调整生活标准，月人均提高41元；为返乡、在职革命伤残军人、伤残民兵和工作人员403人提高伤残抚恤金、保健金，年人均增加122元。1995年，全区启动帮助军烈属奔小康"一带一"工程。7个街道100余个单位与优抚对象89人签订3年至5年帮带协议，享受帮带的优抚对象每月领取帮带款80元至120元。全区建立各种优抚服务组织1 500个，参加服务1.30万余人次，被服务对象4万余人次。至1996年，全区连续三年实现部队子女入学入托率100%。2000年，教育部门保证随军子女可以就近入学。一零九中学开设拥军班，优先安排现役军人和烈士子女入学。至2010年上半年，全区累计接收部队子女1 100余人入学入托。

1998年，区利用社区服务功能和驻区单位优势，为优抚对象做好事、实事。2000年，提高义务兵家属优待金标准。由单位入伍的，优待金标准每人每月由140元增至200元；由街道入伍的，优待金标准每人每月由120元增至180元。2005年，义务兵家庭享受区政府免费提供的25万元家庭财产保险；至2010年6月，调整优抚对象1 435人次的抚恤补助标准，累计发放补助金169.22万元；发放优抚对象2 472人次的春节慰问金共126.30万元。2007年至2010年6月，区民政局组织动员区属单位、驻军部队和社会各界，开展"关爱优抚对象，共建同奔小康"活动，向优抚对象赠送彩电、饮水机、毛毯、凉席等物品，为271名崇文籍新兵家庭办理每户25万元家庭财产保险。

2005—2010年6月崇文区优抚补助和春节慰问金发放统计表

表26–8

年份	优抚补助		春节慰问金	
	调整优抚标准人数（人）	发放金额（万元）	享受人数（人）	发放金额（万元）
2005	342	96.85	484	15.39
2006	292	41.43	435	21.75

续表

年份	优抚补助		春节慰问金	
	调整优抚标准人数（人）	发放金额（万元）	享受人数（人）	发放金额（万元）
2007	277	16.25	402	20.10
2008	256	7.44	396	23.76
2009	268	7.25	394	23.64
2010.6			361	21.66
合计	1 435	169.22	2 472	126.30

第二节　安　置

复员退伍军人安置　1994 年至 2010 年 6 月，全区接收退役士兵 1 936 人（1999 年未统计），其中采取安置就业、扶持就业、自谋职业补助等办法安置 1 934 人，安置率 99.90%；发放补助金 959.59 万元。

图26—4　2008年1月16日，区2008年度计划分配军转干部双向选择会

表26-9

1994—2010年6月崇文区接收安置复员退伍军人统计表

年份	接收总人数（人）	退伍类别（人）		安置情况（人）			发放生活补助金金额（万元）		安置总人数（人）	备注
		义务兵	士官	复工复职	政府安置	自谋职业	自谋职业补助金额	待分配生活补助金额		
1994—1996	345								345	
1997	110								110	
1998	122								122	
1999										
2000	150				117	33	49.50		150	自谋职业补助金额1.5万元
2001	153	144	9		116	37	55.50	5.70	153	
2002	127	124	3	19	57	51			127	
2003	131	122	9	9	70	52			131	
2004	139	104	35	7	71	61	91.50	8.82	139	
2005	126	104	22	5	54	67	134	20.10	126	自谋职业补助金额由1.5万元调至2万元
2006	117	96	21	4	49	64	128		117	
2007	109	92	17	5	68	36	72		109	
2008	103	94	9	4	56	43	86		103	
2009	110	84	26	1	62	46	138	24.80	109	自谋职业补助金额由2万元调至3万元（1名复员士官不安置）
2010.6	94	74	20	4	47	42	126	19.68	93	1名精神病患者未安置，移交街道
合计	1 936	1 038	171	58	767	532	880.50	79.09	1 934	

说明：1999年缺统计数据。

军队离退休人员管理与安置　1994年，崇文区有四块玉军队离休退休干部休养所（简称军休所）。1996年、2005年、2007年分别增设大红门、方庄、小红门3个军休所。2000年至2009年，四块玉、大红门军休所管委会换届。区制订军休所行政、管委会工作协调会、专题会等制度，4个军休所行政管理实现规范化、制度化。2008年12月，区政府成立军队离休退休干部接收安置办公室（简称军休办）。2009年，区军休办为军队离休退休干部（简称军休干部）280人办理增加离休退休费，补发军粮差价；为军队无军籍退休职工42人补发住房补贴；为年满70岁的军队离休干部9人申报办理护理费；为军休干部和退休志愿兵309人落实滚动工资调整；为病故军队离休干部2人发放一次性抚恤金，并呈报特别抚恤；调整落实军队离休干部荣誉金、住房补贴待遇；调整无军籍退休职工丧葬费补助标准。1994年至2010年6月，全区接收军休干部846人，接收无军籍职工133人。

1994—2010年6月崇文区接收军队离休退休干部统计表

表26-10　　单位：人

年份	1994	1995	1996	1997	1998	1999	2000	2001	2002
人数	1	0	19	1	147	12	30	12	9
年份	2003	2004	2005	2006	2007	2008	2009	2010.6	
人数	25	81	31	108	213	118	39	0	

1994—2010年6月崇文区接收无军籍职工统计表

表26-11　　单位：人

年份	1994	1995	1996	1997	1998	1999	2000	2001	2002
人数	1	0	21	0	0	1	1	1	59
年份	2003	2004	2005	2006	2007	2008	2009	2010.6	
人数	0	0	0	49	0	0	0	0	

军人家属安置　1994年至1996年，全区实现随军家属安置率100%。2000年，区委、区政府制定《崇文区随军家属接收安置暂行办法》，随军家属37人在待分配期间享受最低生活保障待遇。同时，鼓励家属自谋职业、自主创业。1994年至2010年上半年，全区安置随军家属300余人，发放岗前培训费、自谋职业补助和安置奖励386.22万元。

成年孤儿安置　2009年9月，区民政局召开区孤残儿成年后安置工作会，与街道办事处办理档案移交手续。6名成年孤儿统一安置在北京市康达五洲医疗器械中心工作。

地方退休人员安置　地方退休人员（简称地退人员），是民政部门接收的外地退休返京人员和1987年以前北京市由国家机关、群众团体、事业单位退休、退职的干部和工人。1988年以后停止接收地退人员。1989年，全区7个街道办事处统一建立地方退休人员工资档案。2001年，崇文区先后3次为地退人员调整工资，增加生活补贴。2002年，崇文区为地退人员506人调整工资，月增资6.20万元；调整冬季取暖费标准由每人140元增至170元。2003年，崇文区为地退人员410人调整工资，月增资5.16万元，补发增资总额52.26万元；调整冬季取暖费标准由每人170元增至200元。2004年，崇文区为地退人员370人调整工资，月增资7.06万元，补发增资总额56.77万元。

截至2010年6月，全区有地退人员214人，其中退休干部51人，退休职工161人，退职2人。

第五章　社会事务

第一节　社会组织管理与活动

社会组织登记　1990年5月，区民政局成立社会团体管理办公室（简称社团办）。1994年，全区开展第一次社会团体年检工作。79个社会团体中有74个参加年检，参检率93.67%。1997年，88个社会团体依法注册登记，其中法人社团52个、非法人社团36个，涉及15个业务主管部门，49个挂靠单位。经清理整顿，83个社会组织办理换证登记，保留94%。2004年，注册登记的社会组织增至117个，比2003年增加31个，增长36.05%。1994年至2010年6月，全区注册登记社会组织174个，其中社会团体法人80个、民办非企业单位94个。

1994—2010年6月崇文区社会组织登记数量统计表

表26-12　　单位：个

年份	社会团体	民办非企业单位	合计
1994	79	0	79
1995	88	0	88
1996	88	0	88
1997	88	0	88
1998	43	0	43
1999	43	0	43
2000	44	0	44
2001	47	14	61
2002	52	21	73
2003	53	33	86
2004	66	51	117
2005	69	70	139
2006	71	82	153
2007	76	84	160
2008	80	88	168
2009	80	93	173
2010.6	80	94	174

社会管理与活动　80个社会团体的业务主管单位涉及区商务局、区旅游局等18个委办局。1994年至2010年6月，各社会团体围绕党和政府中心工作开展调查研究、学术交流、对外交流，开展自我教育、自我管理、自我服务，反映群众呼声，维护会员和群众合法权益，为构建和谐社会服务。行业协会参与制订行业标准、进行行业统计，组织企业参加政府主办的对外交流、招商引资、经贸合作等活动，组织开展技术讲座、技术培训及处理企业与消费者之间的矛盾，组织行业之间服务竞赛、技能比赛等，帮助企业提高素质，促进其不断发展。2005年，东花市街道在全市率先登记成立以搭建社区居民服务平台、整合社区资源、增强社区自治功能为目标的东花市南里社区公共服务协会，逐步摸索出协会生存发展的3项基本功能，即筹资功能、服务功能、监督功能。

2010年6月崇文区社会团体一览表

表26－13

序号	社团名称	登记时间	序号	社团名称	登记时间
1	环境保护学会	1992.8	23	老年学会	1992.11
2	土木建筑学会	1992.8	24	对外文化交流协会	1992.12
3	成人教育学会	1992.8	25	财政会计协会	1992.12
4	服务行业协会	1992.8	26	伊斯兰教协会	1992.12
5	饮食行业协会	1992.8	27	德育研究会	1993.11
6	修理行业协会	1992.8	28	婚姻家庭协会	1994.9
7	医学会	1992.8	29	海外地区联谊会	1995.1
8	消费者协会	1992.9	30	慈善协会	1995.2
9	龙潭地区计生协会	1992.9	31	侨资企业协会	1995.2
10	天坛地区计生协会	1992.9	32	法制研究会	1995.3
11	崇外地区计生协会	1992.9	33	伤残人体育协会	1995.6
12	体育馆路地区计生协会	1992.9	34	外商投资企业协会	1995.12
13	前门地区计生协会	1992.9	35	贸促会崇文支会	1995.12
14	东花市地区计生协会	1992.9	36	中国国际商会崇文区商会	1995.12
15	教育学会	1992.9	37	龙海通冠工贸有限公司集体资产管理协会	2000.6
16	计划生育协会	1992.9	38	崇文区集邮协会	2000.6
17	老教育工作者协会	1992.9	39	思想政治工作研究会	2000.11
18	永外地区计生协会	1992.9	40	中国麻将竞技协会	2001.9
19	文学艺术界联合会	1992.10	41	燕京实业有限公司集体资产管理协会	2001.9
20	书画研究会	1992.10	42	游泳协会	2001.12
21	私营个体经济协会	1992.11	43	乒乓球协会	2001.12
22	体育总会	1992.11	44	崇文区企事业单位治安防范协会	2002.1

续表

序号	社团名称	登记时间	序号	社团名称	登记时间
45	天主教协会	2002.1	63	东花市南里社区公共服务协会	2005.4
46	商业联合会	2002.2	64	旅游行业协会	2005.4
47	瑞德建筑工程有限公司集体资产管理协会	2002.9	65	法南社区爱家服务协会	2005.5
48	北京天佳集体资产管理协会	2002.12	66	地方税务学会	2005.9
49	档案学会	2003.1	67	崇文区税务学会	2006.7
50	建筑业协会	2003.1	68	爱犬协会	2006.9
51	医药行业协会	2003.3	69	健身操健美舞协会	2006.10
52	北京芳草欣科贸有限公司集体资产管理协会	2003.4	70	银手杖服务总社	2007.5
53	崇文区福利企业有限公司集体资产管理协会	2003.8	71	崇文区棋院	2007.9
54	校办产业科学技术协会	2003.8	72	网球协会	2007.9
55	工商行政管理学会	2003.9	73	汇通武术社	2007.9
56	东普工贸发展有限公司集体资产管理协会	2003.11	74	崇文区基督教三自爱国运动委员会	2007.10
57	烟草零售户协会	2003.12	75	天坛街道东里南区社区服务协会	2008.1
58	崇文区印刷厂集体资产管理协会	2004.6	76	龙潭街道板厂南里社区服务协会	2008.3
59	科技企业家协会	2004.9	77	新景家园社区服务协会	2008.4
60	华夏书画艺术交流协会	2004.9	78	停车行业协会	2008.6
61	信鸽协会	2004.11	79	老干部书画研究会	2008.6
62	房地产业协会	2005.3	80	东花市地区物业管理协会	2008.7

民办非企业单位管理与活动 2005年，区民政局开展民办非企业单位自律与诚信建设活动。要求民办非企业单位落实公认的行为准则，努力做到诚实守信，营造宽松和谐的社会氛围。区炳文培训学校被市民政局评为北京市自律与诚信先进单位。2010年上半年，中方中医医院自筹资金300余万元，为永定门外街道80岁以上老人2 342人送医送药到家，并建立健康档案，医院周到优质的服务受到赞扬。富康美容美发职业技能学校自筹设备及资金1.50万元，由老师带领志愿者赴军营、干休所、养老院和社区义务理发，千人受益。

第二节　婚姻登记　收养登记　殡葬管理

婚姻登记 自1994年2月起，区民政部门按民政部发布的《婚姻登记管理条例》进行婚姻登记。1996年1月，区民政局成立婚姻登记管理办公室，办理婚姻登记并依法处理违法婚姻行为，

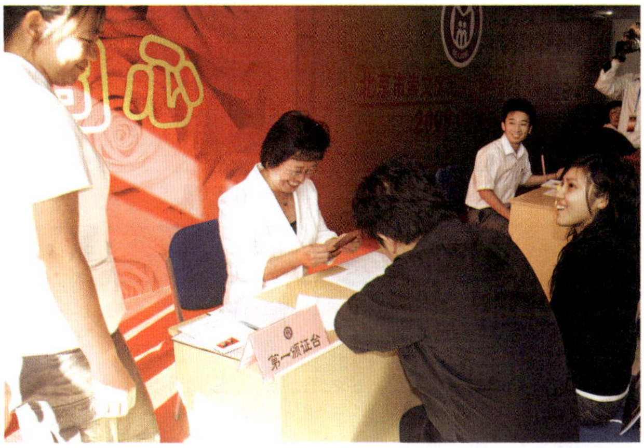

图26-5　2009年9月9日，区民政局婚姻登记处举办婚姻登记活动

宣传婚姻法律，倡导文明婚俗。2001 年 12 月，7 个街道办事处的婚姻登记工作由区集中办理，统一管理。2004 年，区婚姻登记处迁址至区社区服务中心，24 小时语音咨询电话升级换代。同年，涉外婚姻登记工作转由市民政局负责。2005 年 5 月，区婚姻登记处启用新版婚姻登记管理系统，群众可上网办理婚姻登记。2006 年，区婚姻登记处安装二代居民身份证阅读器，提高办公效率和登记信息录入准确率。2008 年 8 月 8 日北京奥运会开幕，当天也是婚姻登记高峰日。区民政部门坚持以人为本、服务社会的理念，提出“安全、有序、温馨、快乐”的服务要求，满足婚姻当事人登记愿望。开设预约登记窗口 8 个，现场登记窗口 3 个，抽调民政、公安、消防、宣传等相关部门工作人员 132 人，为 517 对新人办理结婚登记。同年，区婚姻登记办公室被首都文明委命名为首都文明单位，被民政部命名为奥运期间表现突出的婚姻登记机关及年度全国规范化建设合格单位。自 2009 年起，增加周六办理婚姻登记，优化工作流程，细化服务措施，为当事人提供优质便利服务。当年 9 月 9 日又是一个婚姻登记高峰日，区民政局提出和谐、喜庆的要求，办理结婚登记 640 对。2010 年 4 月，区婚姻登记事务中心成立。1994 年至 2010 年 6 月，全区累计结婚登记国内 49 467 对，涉外 52 对；离婚登记国内 10 125 对，涉外 3 对；补领婚姻登记证 2 401 件。

收养登记　1994 年至 2010 年 6 月，全区办理收养登记 33 例。2004 年，全区解决事实收养 38 例。2005 年 5 月，区启用新版收养登记管理系统，群众可上网办理收养登记。2008 年 9 月 1 日起，区执行北京市《收养登记工作规范》，明确收养登记机关职责，完善收养登记程序。2010 年上半年，全区解决私自收养 8 例。

1994—2010年6月崇文区婚姻、收养登记统计表

表26-14

年份	结婚登记（对）		离婚登记（对）		补领婚姻登记证（件）	收养登记（例）
	国内	涉外	国内	涉外		
1994	2 639	0	389	0	22	0
1995	2 755	0	331	0	27	1
1996	2 668	2	390	0	33	0
1997	2 608	5	418	1	32	2
1998	2 561	6	442	0	40	0
1999	2 466	7	393	1	52	0
2000	2 237	10	290	1	58	1
2001	2 362	5	198	0	66	0
2002	2 123	7	164	0	93	4

续表

年份	结婚登记（对）		离婚登记（对）		补领婚姻登记证（件）	收养登记（例）
	国内	涉外	国内	涉外		
2003	2 616	10	409	0	135	8
2004	3 432	0	920	0	190	7
2005	2 531	0	1 051	0	197	2
2006	5 010	0	1 153	0	214	2
2007	2 979	0	1 043	0	256	1
2008	3 894	0	984	0	301	1
2009	4 915	0	1 024	0	419	3
2010.6	1 671	0	526	0	266	1
合计	49 467	52	10 125	3	2 401	33

殡葬管理　1994年以来，区贯彻国务院和北京市殡葬管理条例，将每年4月的第一周定为殡葬改革宣传周，以社区居委会为单位开展殡葬改革宣传活动，加强移风易俗教育，提倡科学、文明、健康丧葬新风尚。各社区居委会建立红白理事协会和分会，与驻街单位签订殡葬协议书，火化率保持100%。随着人们思想观念的变化，殡葬中还出现树葬、海葬新方式。1996年，崇文区殡葬改革工作领导小组成立。1997年，区政府办公室转发区民政局、工商局、卫生局、物价局《关于贯彻市殡葬管理暂行条例和加强殡仪服务行业管理的意见》。2000年，区民政局检查13个殡葬网点，依法取缔2个，并对违规出售殡葬用品行为予以处罚。2004年，按国务院及市殡葬管理条例要求，区民政部门将生产、经营丧葬用品的审批权移交区工商管理部门。

自1994年起，地退人员死亡抚恤金按10个月工资计发。自1995年1月起，地退人员丧葬费按800元计发。自2005年起，抚恤金按20个月工资计发。2009年1月1日，丧葬费标准调整为5 000元，由区民政部门负责发放。当年，该部门还向具有本市户籍且未享受丧葬补助费待遇的居民200人发放丧葬补贴，共计100万元。2010年1月至6月发放195人，计197.50万元。

第三节　老龄事务

管理机构与服务对象　1994年，区老龄问题委员会更名为区老龄工作领导小组，其办公室更名为区老龄协会，为区老龄工作领导小组的办事机构。2001年，区老龄工作领导小组更名为老龄工作委员会（简称区老龄委），由21个成员单位组成，副区长任主任，办公室设在区民政局，负责组织协调全区老年人管理服务工作。

2001年11月，全区总人口34.62万人，65岁及以上的4.39万人，占总人口12.68%，比1990年上升4.16%。2007年，区民政局明确凡具有北京市正式户口的60周岁及以上老年人都是居家养老服务对象。至2010年6月30日，全区60周岁以上老年人7.16万余人，占全区总人口33.60万人的21.31%。

养老服务单位　1994年，区属社会办养老服务单位有花市敬老院和龙潭托老所，床位20张，收住老人20人。1996年至2000年，全区养老服务单位有龙潭托老所、永定门外街道托老所（长寿园）、颐和老年公寓、体育馆路地区托老所等4家，建筑面积2 031平方米，床位165张。2002年，龙潭托老所更名为康馨敬老院。2006年，体育馆路地区托老所因拆迁撤销。至2010年6月，全区有颐和老年公寓、康馨敬老院、长寿园托老所3家养老服务单位，建筑面积2 216平方米，床位169张，工作人员46人，入住150人，入住率88.76%。养老服务单位负责人均持有市民政局颁发的养老服务单位院长资格证书。

居家养老　2007年，区政府办公室转发区民政局《关于居家养老服务工作实施意见的通知》，明确区民政局为居家养老服务工作主管部门，组织成立区银手杖服务总社，工作人员15人。各街道设立分社，具体实施居家养老服务项目。按照区政府“社会养老家庭化、家庭养老社会化”思路，全区逐步形成“政府主导、部门协作、社会参与、市场运作”机制。2008年，区政府拨款600余万元建立老年人口信息管理系统、居家养老服务智能管理系统，统一规划和装修45个居家养老服务站，区、街、居三级网络联网，全区居家养老服务管理实现信息化、科技化、现代化、智能化。2010年2月，崇文区实现“老年餐桌”全覆盖，并为辖区老人发放《崇文区居家养老（助残）老年餐桌一览表》《崇文区居家养老（助残）服务单位一览表》手册2.40万本，手册中详细登记了区属居家养老服务商单位名称、经营地址、经营项目、收费标准、联系电话及能否上门服务等内容，方便老人外出携带使用。自2008年1月至2010年6月，区民政部门为20万余人次老年人提供居家养老就餐、购物等服务。

助老服务　1994年至2010年6月，区领导继续坚持在主要节日期间走访慰问百岁老人和孤寡残等特困老人，累计慰问1 137人，慰问金额55万余元。2010年元旦、春节期间，区领导与7个街道办事处入户走访慰问130名百岁老人，孤、寡、残和家庭特困老人。其中，市级高龄特困老人37人，赠予慰问金每人600元；区级高龄特困老人73人，赠予每人500元；百岁老人20人，赠予每人1 000元。

自2001年起，崇文区为全区高龄特困老人50人每人每月增加300元生活费，为百岁老人12人每人每月增加50元营养费。同时，崇文区为65岁以上老年人免费建立健康档案，还为孤寡老人和身边无子女有特殊困难老人安装应急门铃93个，建立老年人休养康复中心，将区第一人民医院改造为区老年病医院。2002年，崇文区完成星光计划（社区居委会为老年人建立日间照料室、文化活动室、医疗保健室、老年健身活动场所、老年学校）项目43个，11个社区居委会达标，80%“空巢”家庭老人的需求得到满足。崇文区被市民政局评为老龄工作先进单位。2003年，全区78个社区居委会均达到敬老先进标准，对有特殊困难的老人实行“一帮一”结对子，签订责任书，“空巢”老人6 568人基本实现养有所供、病有所医、孤有所伴、故有所安，其中5人被评为市级健康老人之星。2005年，龙潭街道板厂南里社区居委会、东花市街道东花市南里社区居委会被市民政局授予敬老先进居委会标兵和敬老先进居委会称号。自2006年起，区民政局为60岁以上老人办理老年优待证，并与120急救中心签订协议，由政府出资为患有严重疾病、易患突发紧急状况、生活不能自理和80岁以上共47户纯老年户安装紧急医疗救护器，120急救中心负责入户抢救。2007年，区政府为261名老年人办理每人500元的慈善医疗卡13.05万元，将6 904名70岁以上无工作单位老年人纳入医疗保险。2008年，全区组建养老服务队700余支，其中服务商队伍163支、志愿者队伍600余支，志愿服务人员4万余人。至2010年6月，区民政部门为988名90岁以上老年人发放高龄津贴，为37 492名65岁以上老年人办理优待卡。

老年人权益保护　2001年，区司法局建立老年人法律援助工作站。2003年，区老龄委与区司法局法律援助中心联合制订《关于进一步做好老年人法律援助工作的通知》，全区7个街道78个社区居委会设立老年维权工作小组，配备老年维权监督员86人。建立以华城法律事务所为龙头，各街道法律事务所为主的法律援助机构，为老年人提供法律咨询服务。区司法局设立老年维权示范岗，组织老年法律社区大课堂，宣讲老年赡养、再婚、住房、财产继承、困难老年人申请法律援助程序等相关问题，帮助老年人依法维护权益。2009 年 10 月，区老龄委、慈善协会、民政局联合举办“96156 生活好帮手，喜迎九九重阳，亲情服务到家”主题活动，发放《致全区人民一封信》、老年法律法规选编等宣传材料。区老龄委办公室全年接待老年人来信来访、调解家庭关系 20 余人次。

老年生活 1994 年至 2010 年 6 月，区各级老龄工作部门开展适合老年人参与的文化、体育、娱乐活动：组织乒乓球、健身操比赛，开办书法、绘画、文学等培训班，旅游疗养，举办秧歌、太极拳表演赛等，丰富老年人精神生活，提高老年人生活质量。2002 年，全区举办首届老年人文化之星艺术大赛和第三届老年人运动会。2004 年，区举办第五届老年人运动会，近 2 000 名老年人参加。2007 年 6 月，区老龄委在天坛体育场举办以“全民健身、与奥运同行”为主题的崇文区第二届老年武术集体项目表演赛，29 个参赛队约 500 名老年人进行太极拳、刀、扇、推手等各式表演。2009 年是全区老年人才艺展示年，全年按 4 个季度，分别以书画、健身、文艺会演、手工艺编织为主题展示老年人才艺，受到全区老年人的普遍欢迎。同年 10 月，在区工人文化宫举办庆重阳老年歌舞表演，近千名老年人参加。

第四节　见义勇为人员权益保护

1992 年至 2000 年，辖区居民 14 人被市委、市政府授予首都见义勇为好市民称号，26 人被评为首都见义勇为积极分子。2000 年 8 月 1 日，《北京市见义勇为人员奖励和保护条例》施行。2003 年，区财政拨款 10 万元建立见义勇为基金，制定基金管理使用办法。截至 2010 年 6 月，全区共有见义勇为人员 60 人，累计发放奖励金、慰问金、医药补助费等近 20 万元。

第二十七编　人力资源和社会保障

1984 年，区政府设劳动局、人事局。中共十一届三中全会以后，区劳动、人事制度改革，逐步改变统包、统配的就业和人事制度，区政府建立劳务市场和人才市场，引入竞争机制。1994 年，区政府设人事局、劳动局。区机构编制委员会办公室（简称区编办）与人事局合署办公，区人才交流服务中心和人才与技术市场两个事业单位隶属于人事局；劳动局设区职业介绍服务中心（简称区职介中心）等 6 个事业单位。1999 年 8 月，在劳动局基础上组建区劳动和社会保障局，增加社会保障职能；原设备、设施及劳动安全职能，分别转到区质量技术监督局和区经济委员会。2009 年 9 月，区政府组建人力资源和社会保障局（简称区人力社保局）。区人事局、劳动和社会保障局撤销，上述两局职责整合划入该局。

1994 年，崇文区有党政机构 56 个，编制 2 291 人；事业单位 274 个，编制 1.66 万人，实有 1.56 万人；142 个企业 1.52 万余人实行全员劳动合同制，分别占企业和职工总数 55%、57%；各行业有专业技术人员 8 777 人。当年至 2009 年，区委、区政府以精简机构，转变政府职能，强化政府宏观管理为主要内容，全区先后进行 4 次党政机构改革。机关事业单位进行工资制度改革。自 1996 年起，区推行国家公务员制度；1999 年，区完成国家公务员过渡。同时，事业单位推行以聘用合同制和岗位管理制度为主要内容的人事制度改革，实施公开招聘，实现由身份管理向岗位管理的转变。2009 年年初，区属企事业专业技术人员有 7 300 余人。至 2010 年 6 月，全区有党政机构 70 个，编制 2 578 人，科以上领导职数 1 130 人；公务员及参照公务员法管理事业单位工作人员 2 566 人。全区有事业单位 281 个，编制 1.94 万余人，所有事业单位均实行聘用合同制，其中 1.85 万人次签订聘用合同，占 95%；有专业技术人才 6 448 人。企业劳动合同签订率 96.75%，续签率 85.25%。

1994 年至 2009 年，全区贯彻《中华人民共和国劳动法》（简称《劳动法》），劳动体制改革进入市场经济法制轨道。全区先后建立劳动力职业介绍服务机构 12 个，形成了区、街道、居委会 3 级就业服务体系；全区实行企业工资分配宏观调控、职工收入最低保障制度，建立劳动争议调解和预防企业拖欠工资问题等机制，推进下岗失业人员再就业和维权保障工作。16 年中，全区累计推荐成功就业 11.81 万人次，年均推荐成功率 47.95%；为 20 万余人提供就业前培训、技术等级等各类培训；13.67 万余人次实现再就业，再就业率年均 77.88%；登记失业率年均 1.30%；建立养老、失业、工伤、医疗、生育保险为主的覆盖全区的社会保障体系。

第一章　人事管理

第一节　机构改革　编制管理

机构改革　1994年，崇文区党政机构有56个，设科室257个。1995年，按照全市统一部署，进行机构改革，机构减至46个、科室减至235个，分别精简17.86%和8.56%；街道系统内设机构从平均18个调整为17个。党政机构确定职责636条，其中强化职能95条、下放企事业7条、部门转移15条、弱化15条。

2001年至2002年，崇文区按照市批准的机构改革方案，调整区级工作机构；撤销8个部门、转为事业单位2个部门、划归部门管理3个部门、调整序列4个部门、新组建4个部门、更名6个部门。改革后，区党政机构由42个减至36个，精简14.29%，其中区委由11个减至9个、区政府由31个减至27个；区级机关工作部门、科室由222个减至183个，精简17.57%；街道内设科室由119个减至105个，精简11.76%；清理27个部门及7个街道的530项审批事项，保留243项、取消57项、合并49项、转为日常管理181项，精简54.15%。区政府强化宏观管理、弱化专业经济管理职能，下放和取消27项，调整137项，其中横向调整41项。政府机关内一些辅助性、技术性、服务性的事务交由事业单位或中介组织承担，属于政府的职能从事业单位收回。区财政局不再管理国有企业具体财务事项和与之相关的生产经营项目。对外经济贸易委员会取消对外商投资企业的考核评比等事项。计划委不再归口管理物资局。审计局增加对区党政机关、事业单位、社会团体的党政领导干部和国有企业及国有控股企业领导人员的任期经济责任审计职能。环保局将环境监测等技术性、事务性工作，移交下属事业单位承办。文化委收回所属事业单位代管的有关文物管理的行政职能。国土资源和房屋管理局（简称国土房管局）负责政府国土资源、房屋管理和住房制度改革工作，直管公房的经营管理服务、房屋修建、物业管理等职责交事业单位办理。

图27-1　2001年9月17日，崇文区召开机构改革动员大会

2001—2002年崇文区党政机构改革一览表

表27-1

改革情况	单位名称
撤销	经济委员会、商业委员会、体制改革委员会、城市环境综合整治办公室、街道工作办公室、文化卫生体育办公室、国有资产管理局、区政府机关工委

续表

改革情况	单位名称
转事业单位	环卫局、档案局（与档案馆合署办公）
归部门管理	保密局、老干部局、物价局
调整序列	编办、精神文明建设委员会办公室（简称文明办）、区委研究室、信访办公室
新组建	危旧房改造办公室（简称危改办）、经济贸易委员会（简称经贸委）、市政管理委员会（简称市政管委）、信息办公室
更名	计划委员会更名为发展计划委员会（简称计划委）、城市规划管理局更名为规划局、建设管理委员会更名为建设委员会（简称建委）、房屋土地管理局更名为国土资源和房屋管理局（简称国土房管局）、文化文物局更名为文化委员会（简称文化委）、体育运动委员会更名为体育局

2004年，崇文区调整和完善区政府机构设置，规范和理顺部门职能分工，重新组建区国有资产监督管理委员会（简称区国资委）、区发展和改革委员会（简称区发展和改革委）、区商务局、区安全生产监督管理局（简称区安监局）、区食品安全协调领导小组5个部门，区计划生育委员会更名为区人口和计划生育委员会（简称区人口计生委），撤销区经贸委、外经贸委、物价局。调整后，区政府工作部门27个，直属特设机构1个（区国资委），议事协调机构的常设办事机构1个（人防办）。至此，区建成与市政府组织框架大体协调的行政组织体系，实现政企、政事、政社分开。

2009年，以转变政府职能为核心，崇文区开展定职责、定机构、定编制工作，强化区政府职责58项，新增2项，承接市政府部门下放职责4项，移交事业单位或中介组织2项，理顺4个部门3项职责交叉及关系不顺的事项。区政府设置工作部门28个，还有与区委合署办公机构2个、区政府直属和派出机构8个。其中：区旅游局由在区文化委挂牌调整为区政府工作部门。区住建委更名为区住房和城市建设委员会（简称区住建委），区房屋管理局由该委员会管理，并挂区政府住房保障和改革办公室牌子。组建区人力社保局，为区政府部门，对外以区公务员局名称开展工作，撤销区人事局、劳动和社会保障局，其职责划入区人力社保局；编办与人力社保局合署办公，列入区委机构序列。组建区园林绿化局，挂区绿化委员会办公室牌子，为区政府工作部门，有关园林绿化管理职责划入区园林绿化局。区社会建设工作办公室（简称区社会办）与区委社会工作委员会（简称区委社会工委）一个机构两块牌子，为区政府工作部门。区商务局更名为区商务委员会（简称区商委）。区民防局调整为区政府工作部门。区城市环境建设委员会加挂该委办公室牌子。前门大街管理委员会正式挂牌，为政府派出机构。减少议事协调机构和临时机构20个，精简27%。

编制管理　自1994年起，区编办根据区机构改革方案和转变政府职能、提高工作效率的需要，不断调整和完善机构设置，加强机构和职数编制管理。至2010年6月，全区新成立（设立）部门22个，更名10个，实行单列、加挂牌子、合署办公等调整的机构12个，撤销2个。

1994—2010年6月崇文区机构编制管理变动情况一览表

表27-2

时间	单位名称	变动情况	说明
1994.6	区残疾人联合会	实行单列	为副处级，区委政法委管理。1998年9月为正处级
1994.11	北京市烟草专卖局崇文分局	成立	

续表

时间	单位名称	变动情况	说明
1996.9	区红十字会	成立	社会救助团体。相当于副处级，挂靠卫生局。2004年7月调整为正处级，不再挂靠区卫生局
1996.11	区老龄问题委员会办公室	更名	区老龄协会。区老龄工作领导小组办事机构
1998.5	区法制工作办公室	更名	区法制办公室
1998.8	区人民检察院反贪污贿赂局	成立	副处级
1998.12	区城市管理监察大队	成立	区政府所属正处级行政执法机构
1999.5	区社区经济管理中心	成立	相当正处级。全民所有制自收自支事业单位，由区街道工作办公室管理
1999.8	区劳动和社会保障局	成立	在区劳动局的基础上组建
2000.9	北京市第四人民医院	更名	北京市普仁医院
2001.9	处理法轮功问题领导小组办公室（简称610办）	成立	挂政府防范和处理邪教问题办公室牌子，挂靠政法委
2001.9	区园林市政管理局	更名	区园林局。相当于正处级区政府直属差额拨款事业单位，2008年12月变更为全额拨款
2001.9	区环境卫生管理局	更名	区环境卫生服务中心，转为区政府直属事业单位，相当于正处级
2002.7	区档案局和档案馆	合署办公	区政府直属事业单位
2003.3	区科学技术协会	独立设置	区级群众团体，正处级
2003.7	区经济发展办公室	成立	与危改办合署办公
2003.10	区房屋土地经营管理中心	成立	区政府所属，相当于正处级自收自支事业单位
2004.6	商业网点管理处与财贸干校	调整	区商务局管理
2004.6	区物价检查所	调整	区发展和改革委管理
2004.6	区工会	更名	区总工会
2004.10	区新闻中心	调整	相当于正处级事业单位
2005.4	区科学技术委员会	加挂	知识产权局牌子
2005.10	突发公共事件应急委员会及其办公室（简称区应急委）	成立	设在区政府办公室，加挂应急指挥中心牌子
2005.11	区城市管理监督中心	成立	区政府行政机构
2006.3	区经济发展办公室与经济协调科	撤销	职能调到发展和改革委
2006.3	区发展和改革委	设立	招商引资工作协调办公室
2006.3	区市政管理委员会	更名	区城市综合管理委员会
2006.4	区房屋管理局	成立	副处级，挂区住房制度改革办公室牌子，区住建委管理
2006.6	区行政服务中心	成立	区政府所属正处级行政机构

续表

时间	单位名称	变动情况	说明
2006.9	区维护稳定工作领导小组办公室（简称区维稳办）	成立	设在区委政法委，为区维护稳定工作领导小组常设机构
2006.11	区人民防空办公室	更名	区民防局，2007年9月，加挂区地震局牌子
2007.4	区卫生局	加挂	区动物卫生监督管理办公室牌子
2007.8	流动人口和出租房屋管理委员会办公室	成立	与区综治办合署办公
2007.12	区归国华侨联合会	成立	区级群众团体，正处级
2008.5	区委社会工委、区政府社会办	成立	合署办公
2008.5	区人大常委会办公室、代表联络室	分别加挂	研究室和市人大代表联络处牌子
2008.5	区住房制度改革办公室	更名	区住房保障和改革办公室
2008.10	北京市前门大街管理委员会	成立	区政府派出的行政正处级机构，2009年9月正式挂牌
2009.5	区园林绿化局	成立	加挂绿化委员会办公室牌子
2009.9	区法院	设立	信访办公室和审判事务管理办公室
2009.9	区检察院	设立	驻区看守所检察室
2010.5	园林局	更名	区园林绿化服务中心，区政府直属相当于正处级全额拨款事业单位，归口区园林绿化局管理

1994 年，全区党政机关行政编制 2 291 人。1995 年，党政机关精简机构，行政编制减至 2 012 人，精简 12.18%；工人 138 人按规定转为事业编制。2001 年至 2002 年，区级工作机构调整，行政人员编制由 2002 人减至 1 596 人，其中区级机关 1 011 人，包括区委 149 人，政府 752 人，人大常委会、政协、群团机关 110 人，分别占区级机关行政编制总数的 15%、74%、11%。街道 585 人，精简 20.28%。机关事业编制由 130 人减至 102 人，精简 21.54%。分流 540 人，其中办理提前退休 410 人、提前离岗 119 人、自谋职业 3 人、因病退休 8 人。2003 年，全区党政群机关编制 1 875 人，其中行政编制 1 580 人、事业编制 102 人、城管大队编制 193 人；实有人员 1 648 人，非在职人员 62 人。2006 年 9 月，全区行政编制总数 2 291 人（含机关事业编），其中处级领导职数 288 人、科级领导职数 656 人；实有人员 2 124 人，其中处级领导职务 295 人、科级领导职务 445 人。

2010 年 6 月，全区党政机关机构 70 个，编制 2 578 人。设领导职数 1 130 人，其中，正局级 4 人、副局级 16 人，正处级 101 人、副处级 232 人，正科级 449 人、副科级 328 人。

2010年6月崇文区机构职数及编制统计表

表27−3

机构序列	机构（个）	编制（人）	领导职数（人）						
			正局	副局	正处	副处	正科	副科	小计
区委	13	166	1	2	16	31	4	0	54
人大常委会	1	30	1	4	6	6	0	0	17

续表

机构序列	机构（个）	编制（人）	领导职数（人）						
			正局	副局	正处	副处	正科	副科	小计
区政府	37	1 315	1	6	37	125	245	160	574
政协	1	23	1	2	6	5	0	0	14
检法	2	345	0	2	13	4	45	66	130
群团	9	80	0	0	9	12	14	2	37
街道	7	619	0	0	14	49	141	100	304
合计	70	2 578	4	16	101	232	449	328	1 130

第二节　公务员管理

实施《公务员法》　1994年至1996年，区落实《国家公务员暂行条例》，成立推行公务员制度领导小组，制定《崇文区推行国家公务员制度实施办法》等，明确执行国家公务员制度的单位、人员范围和实施步骤等。区培训纳入范围的党政群机关工作人员2 323人，2 085人取得培训合格证书。112名考核不合格人员被分流。同时，进行职位分类工作，列入公务员制度实施范围的37个政府部门和7个街道办事处，设置职位1 610个，编写职位说明书1 602份。1999年12月，崇文区完成向国家公务员过渡工作。2006年1月1日，崇文区正式实施《中华人民共和国公务员法》。9月，全区完成处级以下人员的人事信息采集工作和公务员2 124人的登记工作，2人因立案审查暂缓登记。2007年，区印发《关于科以下职务公务员任免颁发任职书有关问题的通知》，40余个单位组织颁发任命书，开展公务员宣誓等。

2006年至2009年，区劳动保障监察大队、区社会保险基金管理中心、区医疗保险事务管理中心等12个事业单位215人列入参照《公务员法》管理范围。这些人员经公示、培训、考试等程序过渡为参照《公务员法》管理单位工作人员。

2009年年底，区公务员及参照《公务员法》管理事业单位工作人员2 566人。其中，男性1 312人、女性1 254人，分别占公务员总数51.13%、48.87%；中共党员1 775人，占69.17%；少数民族177人，占6.90%；研究生以上学历344人，占13.41%，本科学历1 620人，占63.13%，大专学历513人，占19.99%，中专以下学历89人，占3.47%；35岁以下1 012人，占39.44%，36岁至45岁624人，占24.32%，46岁至55岁780人，占30.40%，56岁以上150人，占5.85%。局级正职5人、副职29人，处级正职102人、副职209人，调研员36人、副调研员140人，科级正职312人、副职253人，主任科员282人、副主任科员402人。科员691人，试用期人员105人。

录用与竞争上岗　自1996年起，录用公务员实行“凡进必考”的资格考试制度。考生通过北京市公务员录用考试并取得合格证书后，方可参加各单位的公务员面试，经市人事局审批后录用。当年，区各基层行政机关按照规定程序，打破地域、身份界限，录用主任科员及以下非领导职务公务员582人。2000年至2008年10月，全区录用公务员1 024人，其中，男559人、女465人，军转干部171人，博士3人、硕士161人、本科614人、专科167人、中专79人。从

2008 年 11 月起，推行公务员由资格考试向职位考试转变。考录工作分为制订录用计划、考察等 8 个步骤，并实行发布信息、组织面试、公布结果、办理录用 4 个统一。面试环节由组织、人事、纪检监察部门负责。至 2010 年 6 月，全区各级机关录用公务员 248 人。其中，应届毕业生 159 人，占 64.11%，社会在职人员 89 人，占 35.89%；硕士研究生以上学历 107 人，占 43.15%，大学本科学历 141 人，占 56.85%。

1998 年，区推行处、科级领导职务竞争上岗制度，区城管监察大队、司法局、法院、检察院等单位先后进行试点。2001 年，全区党政群机构改革，实行处、科级领导职务竞争上岗，并实行公示制、试用期制。全区竞争上岗涉及处级领导职位 243 个、科级领导职位 379 个，1 016 人报名参与竞争。通过选拔程序，566 人走上处、科级领导岗位，其中处级 222 人（含处级非领导职务 53 人）、科级 344 人。处级领导干部平均年龄由定岗前 50.10 岁降至 45.10 岁，大专以上学历人数占比由 53.30%升至 70%，女干部人数占比由 27%升至 31.10%；科级干部平均年龄由 44.50 岁降至 38.60 岁，大专以上学历人数占比由 74.10%升至 96.30%。自 2004 年起，科级职务实行 100%竞争上岗；至 2010 年上半年，全区 651 人通过竞争上岗走上科级领导岗位。

考核奖励与调任　1994 年 12 月，区召开实施公务员制度干部年度考核工作会议，要求各单位按照《北京市国家公务员考核暂行办法》，建立年度考核公务员制度。1997 年 1 月至 2006 年 12 月，全区年度考核公务员累计 21 410 人次，其中优秀 3 373 人次、称职 17 384 人次、基本称职 21 人次、不称职 9 人次、未定等次 623 人，未参加考核 104 人次。

1997 年至 2007 年，区实行《北京市国家公务员奖励暂行办法》，全区处级及以下参加考核的公务员中，获行政奖励一等功 2 人、二等功 81 人次、三等功 705 人次、嘉奖 4 284 人次。2008 年至 2009 年，区实行奖励与区行政执行力督查考核挂钩，坚持向基层一线工作中做出突出贡献的单位及个人倾斜。全区处级及以下公务员 4 943 人次参加考核，其中，优秀等次 1 000 人次，获二等功 26 人次、三等功 385 人次，嘉奖 1 769 人次。

2000 年至 2009 年，区人事局为公务员 62 人办理调任手续。2008 年，区首次试行科级公务员跨部门交流，12 个单位交流 14 人。

第三节　事业单位管理

法人登记　1995 年至 1996 年，区机构编制部门依法对事业单位法人进行资格认定和管理，对区境内从事教育、文化、体育、卫生、科技、司法等方面的民办事业单位统一登记和年检。1998 年至 2001 年，区机构编制部门对全区 1993 年至 2000 年已登记的事业单位 264 个重新登记和换发全国统一证书，其中国家机关所属事业单位 237 个、利用国有资产注册的事业单位 27 个；对冠有公司、招待所、饭店、宾馆等字样的事业单位名称均做变更。2006 年，区机构编制部门年检全区 297 个事业单位的法人证书，其中国家机关办事业单位 262 个、利用国有资产注册的事业单位 35 个，合格率 100%。未参加年检 4 个。办理事业单位法人登记 7 个，注销登记 11 个，变更登记 61 个。2009 年 12 月，全区经法人登记和年检合格事业单位 254 个。其中区编办审批 236 个、其他主管部门审批 18 个。

考核与奖励　自 1995 年起，区属事业单位职员、专业技术人员和工人实行年度考核制度。1999 年，事业单位考核 14 630 人，其中优秀 2 214 人、合格 12 278 人、基本合格 85 人、不合格 6 人、未定等次 47 人。2009 年，全区事业单位 10 079 人参加年度考核。其中，考核评定为年度考核优秀 1 529 人、合格 8 433 人、基本合格 1 人、不合格 5 人、未定等次 111 人。

1998 年至 2004 年，根据《北京市事业单位升级奖励工作暂行办法》等规定，全区事业单位年度考核中 1 330 人获升级奖励，1 326 人获提前或越级晋升职务工资档次奖励。2006 年工资改革后该政策废止。

人事制度改革 1999 年至 2001 年，全区以卫生系统为试点，在部分事业单位推行以聘用合同制和岗位管理制度为主要内容的人事制度改革，重点精简内设机构，建立岗位管理制度。普仁医院、体育馆路医院成为先期试点，分类实施人事制度改革，并成立区人才中心卫生分中心，推行人事代理制度，将“单位人”变为“社会人”。该系统在职人员 3 843 人与单位签订聘用合同，占职工总数 97.60%；低聘 35 人、转岗 65 人、干部转工人岗位 27 人。2000 年 6 月，区教委在实验中学和第十一中分校实行聘用合同制试点后，分两批在 26 所中小学校推开。此后，区工会、劳动和社会保障局、体育局等单位相继在所属事业单位进行人事制度改革。2003 年至 2008 年，全区事业单位推行聘用合同制和岗位管理制度，226 个事业单位有 205 个单位实行按岗聘用。设置岗位 1.10 万余个，其中管理岗位 2 558 个、专业技术岗位 5 676 个、工勤岗位 1 995 个、其他岗位 810 个。中层领导任用引入竞争机制，择优聘用，改变原来单一的任命方式，破除工作和职务的终身制。

图27–2 2003年9月4日，崇文区召开事业单位人事制度改革工作会议

2003 年 12 月，区人事局成立区人事争议仲裁科，化解事业单位聘用合同订立、续签、解除中的矛盾纠纷。至 2009 年，该科累计接收人事争议仲裁申请 31 件，其中不予受理 22 件、公开审理 8 件、裁定驳回申请 1 件；裁决结案 4 件，调解结案、申请人自行和解撤诉各 2 件。

2006 年，区人事局首次统一组织全区事业单位面向社会公开招考工作人员，招录 30 人。2009 年，全区事业单位公开招录 238 人。2010 年 6 月，全区 281 个事业单位全部实行聘用合同制，1.85 万余人签订聘用合同，占事业单位总人数的 95%。

第四节　人才管理

专业技术人才管理 1994 年年初，全区有专业技术人员 8 777 人。国务院批准享受政府特殊津贴 5 人。1996 年，全区中小学校首次实施事业单位专业技术职务结构比例控制办法。此后，全区事业单位职称指标管理由计划分配指标过渡到调控结构比例，扩大事业单位用人自主权。1997 年，全区启动跨世纪优秀人才工程，实行人才培养资助和奖励制度。经济、会计专业后备人员中，有 8 人取得高级专业技术职务。自 2003 年起，企业专业技术职务评审转由企业自主进行。同年，区卫生、文化、体育等行业破格晋升高级技术职务 7 人。至年底，全区事业单位实有人员 1.01 万人，其中管理人员 931 人、专业技术人员 7 134 人、工人 1 985 人。专业技术人员中，高级技术职务 869 人（含正高级 12 人）、中级 2 882 人、初级 3 186 人；工人中，高级技师 1 人、技师 33 人、高级工 577 人。2005 年，事业单位中、高级专业技术职务指标重新核定后，区事业单位专业技术人才 7 180 余人，高级技术职务 980 余人（含正高级 10 人）、中级 3 000 余人、初级 3 200 余人；企业专业技术人才 810 余人，其中高级 40 余人、中级 170 余人、初级 600 余人。全区专业技术人才多集中在教学、卫生和会计专业，享受政府特殊津贴人员 20 人。2006 年至 2008 年，区教育系统落实教师资格准入制度，成立中小学骨干教师导师团；卫生系统开展全科医学人才及其学科带头人培养。10 人被选为区优秀人才。2009 年年初，区属企事业专业技术人才 7 300 余人，其中高级职务 1 000 余人（含正高级 15 人）、中级 3 200 余人、初级 2 900 余人。主要分布在教育、医疗卫生、会计三大行业，分别占 59.82%、22.62%、4.48%。

2010 年 6 月，区属事业单位有各类各级专业技术人才 6 448 人，其中，聘任高级技术职务 940 人（含正高级 17 人）、中级 2 944 人、初级 2 403 人、未聘 161 人；男性 1 477 人，女性 4 971 人；研究生及以上学历 268 人（含博士生 8 人），占 4.15%，大学本科及专科学历 5 366 人，占 83.22%，中专、高中及以下学历 814 人，占 12.63%；35 岁及以下 2 197 人，占 34.07%，36 岁至 50 岁 2 784 人，占 43.18%，51 岁及以上 1 467 人，占 22.75%。教育行业 4 451 人，占 69.03%，医疗卫生行业 1653 人，占 25.64%。全区有享受国务院政府特殊津贴 22 人，北京市突出贡献专家 6 人，优秀青年知识分子 5 人。

人才招聘 1994 年至 2003 年，区采取计划分配和双向选择相结合的方式安置军队转业干部（简称军转干部）98 人，其中团职干部 22 人、营职及以下干部 32 人、技术和文职干部 44 人。机关、事业单位接收军队转业干部 86 人。2004 年至 2010 年 6 月，安置方式采取公开考试、双向选择和指令性安置相结合，区接收军转干部 426 人，其中团职及以上干部 115 人、营职及以下干部 135 人、技术和文职干部 176 人。除个人申请转业至企业外，其余均安置在机关、事业单位。同时，接收自主择业军转干部 133 人。

图27-3 2008年3月6日，崇文区举行应届毕业生专场招聘会

1994 年至 2010 年 6 月，全区解决夫妻两地分居 29 人，引进高级人才 20 人，对未达到引进人才条件的优秀人才 3 人办理工作寄住证。持该证者，不再办理户口暂住证，购房、子女入托及入中小学等均享受北京市民待遇。2003 年 6 月，北京市将工作寄住证更名为工作居住证。至 2010 年 6 月，区境内 300 余个高新技术和民营科技企业办理北京市工作居住证申报、续签手续 2 000 余人。

1998 年至 2000 年，大中专毕业生调配派遣工作以计划分配形式，择优分配。全区接收分配毕业生 677 人，其中，本科及以上学历 367 人，非北京生源 135 人。2001 年至 2010 年 6 月，毕业生接收分配工作逐渐改为招聘。全区招聘、引进 3 409 人，其中，大学本科及以上学历 2 613 人，非北京生源 769 人。

1994—2010年6月崇文区接收安置军转干部统计表

表27–4　　　　　　　　　　　　　　　　　　　　　　单位：人

年份	接收人数			接收干部级别							安置情况			
	男	女	合计	师职	团职	营职	连排职	技术干部	文职干部	随迁人员	机关	事业	企业	人才中心存档
1994	2	1	3	0	1	1	0	1	0	0	3	0	0	0
1995	4	1	5	0	0	1	2	2	0	0	0	2	3	0
1996	3	3	6	0	2	2	0	2	0	0	4	0	2	0
1997	8	2	10	0	2	2	1	5	0	0	9	0	1	0
1998	13	7	20	0	2	4	1	12	0	1	16	0	3	1
1999	9	2	11	0	2	1	2	6	0	0	8	3	0	0
2000	9	7	16	0	6	3	1	6	0	0	11	5	0	0
2001	4	1	5	0	0	0	2	3	0	0	5	0	0	0
2002	6	2	8	0	2	2	1	2	0	1	4	2	0	2
2003	12	2	14	0	5	3	3	3	0	0	12	2	0	0
2004	31	8	39	0	11	9	4	14	1	0	21	17	1	0
2005	48	14	62	3	17	13	8	19	0	2	35	27	0	0
2006	61	22	83	3	22	17	14	25	1	1	43	40	0	0
2007	26	13	39	0	11	6	2	19	0	1	33	6	0	0
2008	31	5	36	0	12	7	3	14	0	0	25	10	0	1
2009	30	12	42	0	10	7	6	19	0	0	27	15	0	0
2010.6	83	42	125	0	26	32	7	60	0	0	50	75	0	0
总计	380	144	524	6	131	110	57	212	2	6	306	204	10	4

1998—2010年6月崇文区招聘接收大中专毕业生统计表

表27–5　　　　　　　　　　　　　　　　　　　　　　单位：人

年份	学历				接收单位			其中非北京生源	合计
	博士研究生	本科生	大专	中专	机关	事业	区属企业		
1998	4	134	66	74				48	278
1999	3	115	24	40				40	182
2000	44	67	21	85				47	217
2001	35	267	96	4				79	402
2002	22	238	109	47	208	186	22	80	416
2003	35	175	56	38	72	213	19	51	304
2004	49	210	49	13	52	231	38	60	321
2005	57	206	51	12	57	217	52	89	326

续表

年份	学历				接收单位			其中非北京生源	合计
	博士研究生	本科生	大专	中专	机关	事业	区属企业		
2006	62	143	67	16	70	153	65	58	288
2007	80	140	46	10	81	148	47	83	276
2008	108	195	69	13	104	252	29	83	385
2009	189	240	35	13	88	384	5	104	477
2010.6	72	90	30	22	69	145	0	82	214
总计	760	2 220	719	387				904	4 086

人才市场　1987 年 7 月，区人事局成立人才交流服务中心，主要负责办理接收人事档案、求职登记和推荐就业等。至 2010 年 6 月，人才交流服务中心累计接收人事档案 4 万余份，接收未就业毕业生档案 1 500 份，转出 1.90 万余份；接待存档人员累计 34 万余人次，办理 736 个企业 7 827 人的集体存档立户手续，接收集体户口 112 人；就业推荐大中专毕业生 1 800 人次，就业率为 96%。

1992 年，区人事局创办人才与技术市场和人才供求信息网；自 2004 年起，区人才交流服务中心成立网站，接收网上求职登记 4.50 万余人次，发布企业招聘信息 4 600 余条。至 2010 年 6 月，人才供求信息网与区内外 1 400 余个企事业单位建立固定联系。人才与技术市场和人才交流服务中心接待办理求职登记手续 4 万余人次，就业推荐成功 1.27 万余人；接待招聘单位登记 6 681 个，组织定期小型招聘会 103 期，累计为 2 000 余个企业提供现场招聘服务，接待求职人员 5 万余人；举办大型专场招聘会 9 期，提供招聘展位 470 余个，接待求职人员 1.80 万余人。

1997 年 6 月，区人才培训中心成立。2001 年 6 月，更名为区人才培训考试中心。2008 年 10 月，经北京人才服务机构等级评定委员会认证，区人才交流服务中心为 AAA 级北京人才服务机构。至 2010 年 6 月，该中心累计组织专业技术资格、公务员及职称考试等 120 场，17.20 万人次参加。

第五节　工资管理

工资制度改革　1994 年，全区行政机关和事业单位进行工资制度改革，首次将事业单位工资制度与行政机关脱钩，建立行政机关工作人员职级工资制。对全额拨款、差额拨款、自收自支事业单位实行不同的管理办法，机关事业单位工人实行等级工资制。全区参加工资制度改革机关单位 41 个，事业单位 187 个，集体事业单位 31 个，共计 1.78 万人。行政机关单位干部月人均增资 95.13 元、事业单位干部月人均增资 115.57 元、机关事业工人月人均增资 99.78 元。离退休人员 6 558 人，人月均增加离退休费 108.90 元。2002 年，区卫生系统推行向高技术、高风险、优秀人才、关键岗位和基层倾斜的分配制度改革，逐步建立待遇随贡献与效益能高能低的管理体制。2003 年，区教育系统试行岗位职级工资，在核定的工资额度内，按岗按职定酬，职员、教师分别分为五级，每级定相应的工资额。各单位根据经费来源和能力，实行不同的工资分配方法，有的单位保留工资中固定部分，拉开档次，重新分配津贴和奖金；有的实行聘用合同制与内部分配制度相结合，向优秀人才、“苦、脏、累、险”及关键岗位倾斜的分配激励机制。2004 年 6 月，区落实市委、市政府《关于清理整顿本市机关津贴奖金规范国家公务员收入的通知》，整合各单位自定津贴、补贴、奖金项目，建立工作津贴和绩效奖金发放制度，保留国家规定的职级工资和各项补贴。离退休人员在保留国家规定的基本离退休费及其增长机制的基础上，将津贴等纳入生活补贴。6 110 人纳入以上范围，其中在职 3 829 人、离休退休 2 281 人，月增资 790 余万元。

2006 年 11 月至 2007 年年初，区落实国务院及北京市关于工资制度改革的精神，进行机关事业单位工资改革。公务员基本工资构成由 4 项调整为职务和级别工资 2 项，并调整基本工资正常晋升办法。事业单位建立岗位和薪级工资为基本工资的岗位绩效工资制度。全区参加工资制度改革的党政群机关在职人员 2 237 人，人均月增资 353.15 元；纳入工资规范管理事业单位 69 人，人均月增资 246.38 元；其他事业单位 1.11 万人，人均月增资 295.23 元；离退休人员 9 678 人，人均月增资 510.06 元。

工资审批与发放 自 1993 年起，区人事局负责区机关、事业单位科级及以下人员、专业技术人员、技术工人技术等级变动的工资审批及考核管理，以及工作人员退休前晋升级别和职务工资审批。区委组织部负责副处级及以上人员的职务工资审批。2006 年至 2010 年 6 月，区人事部门负责审批机关工作人员退休前晋升级别工资档次、因病退休（退职）工作人员、劳动模范和有突出贡献专业技术人员提高退休费的比例及延长退休年龄等。

2003 年，行政事业单位实行工资统发制度。自 2008 年 1 月起，事业单位工资实行总额管理，在区人事局核定的总额内自主发放绩效工资。纳入核定范围的单位有 217 个 1.04 万余人，工资总额 4.72 亿元。其中，基本工资总额 1.36 亿元，津贴、补贴、奖金总额 3.28 亿元。

第二章　劳动管理

第一节　就业安置

职业介绍 1994 年，区劳务市场更名为区职介中心。当年，求职登记 8 800 人次，就业 3 500 人次，推荐成功率 39.77%。1996 年，求职登记 10 564 人次，就业 8 312 人次，成功率 78.68%。1997 年至 1998 年，区职介中心与北京心耕信息服务中心联合成立职业介绍电话信息服务平台。同时，7 个街道均成立职业介绍所，区工会、残联、工商联、妇联分别成立专业职业介绍所。初步建立起以区职介中心为主，街道职业介绍所为辅的职业介绍网络体系，推荐成功率由 69.28%增至 72.77%。1999 年，区职业介绍机构实现与全市各区县职介中心及所属各街道职业介绍所市场信息系统多级联网，为用工单位招聘劳动力和求职者就业提供信息服务。2000 年，区职介中心成立外来劳动力分中心，开展零散外地务工人员求职登记和职业介绍工作，求职登记 275 人次，推荐 95 人次，推荐成功 28 人次。

2001 年，区开通“零距离”职介网站，建立失业人员管理信息系统，为求职人员提供岗位信息、政策咨询服务等，并开展指导职业谈心会、心理测评、职业培训、用工单位连锁式职业指导，以创业典型带动求职人员普遍就业等“情景效能八平台”职业指导法被劳动和社会保障部专家誉为“有中国特色”的职业指导法。当年，区组织招工招聘洽谈会 86 次，参会求职 8.30 万人次，达成意向3.07万余人次；日常接待求职8.02万人次，推荐工作7 592人次，推荐成功就业2 499人次。2003年，加强基层就业服务组织建设，全区建立劳动保障工作站68个，聘请劳动保障工作协管员72人，开展政策宣传、就业服务、岗位开发、退休人员社会化管理服务等工作。2006年至2007年，区建立开发、推广、使用培训就业平台和互联、互通、互传劳动力市场信息化网络平台，实现“一点登记、多点服务、数据集中、信息共享”工作模式，增加招聘时间、地点及信息量，推荐成功就业率分别达37.31%和37.53%。2009年6月，区举办“迎国庆、保民生、进社区、促就业”专场岗位对口推荐会，22个用人单位提供数百个招聘岗位，招聘2009年高校毕业生111人到社区工作，其中村干部6人。

1994年至2009年，全区先后建立劳动力职业介绍服务机构12个，个人求职登记累计34.60万余人次，推荐就业24.63万人次，推荐成功就业11.81万人次，年均推荐成功率47.95%。

1994—2009年崇文区职业介绍统计表

表27−6

年份	个人求职登记（人次）	推荐就业（人次）	推荐成功就业（人次）	推荐成功率（%）
1994	8 800	8 800	3 500	39.77
1995	7 430	7 430	4 430	59.62
1996	10 564	10 564	8 312	78.68
1997	4 792	3 320	2 300	69.28
1998	6 441	4 021	2 926	72.77
1999	9 719	7 500	4 979	66.39
2000	16 462	38 460	18 076	47
2001	80 181	7 592	2 499	32.92
2002	32 058	28 858	19 145	66.34
2003	13 618	8 525	5 731	67.23
2004	17 228	17 228	6 284	36.48
2005	35 060	24 289	8 556	35.23
2006	36 480	24 806	9 255	37.31
2007	37 142	24 838	9 322	37.53
2008	11 856	11 856	5 536	46.69
2009	18 198	18 198	7 254	39.86
合计	346 029	246 285	118 105	

再就业　1994年，因企业改制和大规模的危旧房拆迁，企业减少，下岗职工、失业人员不断增多，区、街劳动部门开展企业职工余缺双向调剂分流安置工作。1995年，全区富余职工1 043人，其中区职介中心安置443人、街道劳动科安置600人。全年失业登记9 400人次，实现再就业8 087人次，再就业率85.94%。1996年年初，区企业下岗职工增至2 966人，区通过各种渠道安置2 237人，占下岗职工总数75.42%。全年失业登记1.06万人次，实现再就业8 312人次，再就业率78.68%。1998年5月，区政府启动再就业工程，建立再就业、下岗职工基本生活保障资金筹措机制和促进再就业政策体系。8月底，区属企业均建立下岗职工再就业服务中心，共33家，

下岗职工全部进入再就业服务中心，下岗职工 7 148 人实现再就业。至 2002 年，筹集区属企业下岗职工基本生活保障金 5 813 万元，确保下岗职工按时足额领取基本生活费，并为其代缴社会保险。同时，免费职业培训和指导下岗失业人员 3 万余人。兴办公益性就业和劳务派遣组织，鼓励通过自谋职业实现再就业。12 月底，区属企业下岗职工全部实现再就业，以市场为导向调节就业的机制初步形成，区企业再就业服务中心全部摘牌。

2004 年，区劳动和社会保障局开展“岗位、政策、就业助理、职业指导、职业技能、创业项目”援助活动，提高失业人员的职业转换能力、就业稳定性和职业指导培训的针对性。当年，安置“4050”（女 40 岁以上、男 50 岁以上）人员 2 909 人，引导失业人员 279 人以弹性就业的形式在社区实现灵活就业，再就业率 84.59%。2005 年 6 月，区启动“创业同奔小康工程”，至 11 月，有劳动能力的低保人员 1 523 人实现就业。至 2006 年，开发社区就业岗位 3.78 万个，安置失业人员 2.90 万人，其中低保人员 1.15 万人。2007 年，全区将“零就业家庭”作为就业、再就业工作重点，制定零就业家庭成员就业优惠政策，主要有：零就业家庭劳动力成功创业或被企业招用稳定就业一年以上的，给予奖励和补贴；免费培训零就业家庭成员和就业困难人员；设立区、街两级就业援助专线；组建就业服务队，对零就业家庭成员实行“一帮一”服务等。6 月，全区认定的 205 户零就业家庭中 340 人全部“脱零”就业，实现零就业家庭数和未就业人员数“双清零”。同时，探索刑满释放人员、有吸毒史人员、残疾人等特殊劳动人员家庭就业模式，按照灵活就业的办法给予相应的补贴。2008 年，区举办创建就业社区颁牌暨就业援助月、送温暖活动启动仪式，进一步推动再就业工作。

图27-4　2006年，龙潭街道举办“零就业家庭”等困难群体百日就业援助活动岗位洽谈会

1995 年至 2009 年，全区累计失业登记 17.56 万人次，实现再就业 13.67 万余人次，再就业率 77.88%，登记失业率 1.30%。

1995—2009年崇文区再就业统计表

表27-7

年份	失业登记（人次）	实现再就业（人次）	再就业率（%）	登记失业率（%）
1995	9 400	8 078	85.94	0.10
1996	10 564	8 312	78.86	0.50
1997	9 872	7 562	76.60	0.60
1998	9 177	7 148	77.89	0.50
1999	5 002	4 561	91.18	0.81
2000	10 677	6 924	64.85	1.19
2001	12 693	10 753	84.72	1.45
2002	14 547	12 743	87.60	1.36

续表

年份	失业登记（人次）	实现再就业（人次）	再就业率（%）	登记失业率（%）
2003	13 544	10 935	80.74	1.79
2004	10 225	8 649	84.59	1.12
2005	13 758	9 782	71.10	2.17
2006	15 495	10 847	70	2.16
2007	13 660	10 113	74.03	1.93
2008	13 773	11 018	80	1.80
2009	13 167	9 291	70.56	1.97
合计	175 554	136 716	77.88	

第二节　职业培训

就业前培训　1994年，对新招工人实行“先培训，后就业”制度。区劳动局职业技术学校（简称区职业技术学校）举办外事服务员、售货员定向培训班10个，学员374人；举办应届初高中毕业生就业指导班，学员310人。当年，全区招工890人，其中经过培训的810人。学校对北京市第一七五中学美发专业、第一零三中学烹调专业、第一七九中学电工和电器修理专业、第一七六中学客房服务专业应届职高毕业生进行培训，考试合格337人。1995年至1996年，举办外事服务、服装制作、美发师、厨师培训班，培训待业人员2 265人，达到新招工人先培训的要求。1997年至2000年，全区招工2 839人，参加就业前培训2 616人，占92.15%。2001年，开办电梯、司机、插花工、母婴护理员9个培训班，学员349人。此后，由于区境内生源减少，就业前培训停办。

技术等级培训　1994年，区职业技术学校培训区属机关、事业单位技术工人2 286人，其中2 245人分别取得电工、汽车驾驶员、瓦工、木工、油工、水暖工等工种的技术等级证书。1995年，区职业技能鉴定所成立，具有16个工种的高、中、初级职业技能鉴定资格。当年至2000年，区举办中式烹调、客房服务、制冷设备维修、汽车维修、汽车驾驶等专业培训，全区机关、事业单位和企业在职人员1万余人参加，9 534人取得等级证书。2001年，区开办计算机操作、中式烹调师和面点师、美容和美发师、按摩师等33个培训班，培训1 237人。2002年，发挥区境内社会力量办学作用，崇文区对1.60万余人进行职业技能和岗位培训，取得初级、中级、高级技能职业资格证书分别为2 590人、5 644人、1 874人，取得结业证书5 925人。2004年至2009年，区举办19个职业培训班，培训在职职工1.08万余人。

职业指导培训　1997年至1998年，区职业指导培训下岗职工4 965人。1999年，职业指导培训扩展到失业人员，有1 222人参加培训。2000年，崇文区分类职业指导下岗职工3 503人、失业人员5 845人。2001年，职业指导培训43期，对登记失业人员100%进行培训。2002年至2003年，区推行再就业培训“金桥”计划，失业人员1.40万余人接受职业指导培训。2004年至2009年，职业指导培训强调政策性、技能性、策略性、跟踪性，提高失业人员职业转换能力，共培训下岗失业人员3.50万人。

从1997年起，崇文区对境内企事业单位、个体、私营企业雇用的外地农民工进行职业技能

图27-5　2006年，区实施“创业同奔小康”工程，举办插花技艺培训

培训，主要讲解国家有关政策法规法律、安全生产知识、职业道德、《劳动法》等。至2007年，共培训外地来京务工人员4.22万余人。

再就业培训　1996年，区成立职业技能开发集团，19个培训实体参与，承担全区职工职业技术、业务培训和实施再就业工程。全年举办下岗和待工人员培训班12期693人参加。1997年至1998年，培训1 875人。1999年，集团鉴定下岗职工220人的计算机文字录入、中式烹调师、家庭服务员职业技能。2000年，1 866人参加小型企业创办者培训。2001年至2009年，共完成转岗转业培训3.40万人，年均合格率为96.26%。2010年上半年，开展再就业培训补助资金绩效评估，开发符合市场需求、适应失业人员的培训项目，提高培训的针对性。

1994—2009年崇文区职业培训统计表

表27-8

年份	就业前培训（人）	技术等级培训（人）	职业指导培训（人）	再就业培训			外地工培训（人）	小计（人）
				培训（人）	合格率（%）	就业率（%）		
1994	1 494	3 294	0	0	0	0	0	4 788
1995	1 009	2 711	0	0	0	0	0	3 720
1996	1 256	1 296	0	693	100	93	0	3 245
1997	640	850	1 234	829	100	97.50	2 835	6 388
1998	802	1 490	3 731	1 046	100	96	2 755	9 824
1999	710	1 040	1 222	1 727	100	90	3 113	7 812
2000	464	2 649	9 348	1 866	91	61	6 642	20 969
2001	349	1 237	4 500	2 713	98	61	7 745	16 544
2002	0	16 033	7 357	5 282	97	64	5 054	33 726
2003	0	1 882	6 656	3 734	99	84	708	12 980
2004	0	988	5 773	4 935	97.20	70.10	5 828	17 524
2005	0	1 874	6 504	3 417	80.01	70.91	0	11 795
2006	0	862	6 731	5 601	100	65	0	13 194
2007	0	2 182	4 357	3 456	98	60	7 547	17 542
2008	0	2 132	6 697	3 233	99	61	0	12 062
2009	0	2 751	4 907	1 632	98.10	67.20	0	9 290
合计	6 724	43 271	69 017	40 164	96.95	74.34	42 227	201 403

第三节　劳动报酬管理

企业工资　1994年，企业继续实行《工资总额使用手册》制度，由区劳动行政部门从劳动、金融等多个环节控制企业工资总额的提取，并与统计部门进行年度工资联审，检查工资内外收入情况。同时，区劳动局通过发布工资指导线、人工成本平均水平、人工成本预警通报等形式，指导企业工资管理工作。11月，实行北京市最低工资制度。

1996年，区劳动局核发企业工资总额使用手册1 950册，审批核发1 666个企业工资总额计划，为210个企业追加工资总额。1997年，全区有区属单位1 398个，职工6.53万人，工资总额5.61亿元，年人均工资8 592元。1998年，区劳动局完善工效挂钩办法，清算核定挂钩企业18个，其中国有企业5个；在4个企业推行职工收入银行账户管理方式；审核区域企业工资手册1 830册，下达年度工资计划7.73亿元，年人均工资8 301元。2000年，企业职工年人均工资由1999年1.03万元增至1.24万元。2001年，又核发企业工资手册1 750册，审批工资使用计划额10.40亿元，人均工资9 267元。2002年，进行劳动工资联审，对1 603个企业的工资总额使用计划进行审核。2003年，区落实《北京市工资支付规定》，督查用人单位根据政府宏观指导政策和单位经济效益，在与劳动者平等协商基础上，合理确定和调整工资支付金额。政府对企业工资工作及企业内部分配方式逐步放开。自2005年起，按照"区、街层级推广，重点与特点兼顾"的思路，崇文区在街道、国有控股和非公有制企业中推广工资集体协商工作；至2006年，79个企业建立工资集体协商制度。

农民工工资　1995年至2004年，拖欠农民工工资问题日渐突出。2004年7月，根据市劳动和社会保障局要求，崇文区建立了由区住建委、总工会、街道办事处以及区劳动监察大队、劳动仲裁部门参与的协调小组，小组负责监控区境内建筑施工企业拖欠农民工工资问题。区内有建筑企业64个，农民工1.07万人，签订劳动合同1.07万人。2006年，崇文区建立建筑施工企业调查制度，掌握建筑施工企业的劳动合同签订及工资支付情况。2007年，又建立解决企业拖欠工资问题联席会，重点监督检查新入驻和发生过拖欠工资投诉举报的建筑施工企业，加大对建筑施工工地的执法检查力度。同时督促49个建筑施工企业建立预留账户，签订预留账户协议，建立率100%。2008年，区政府下发《关于进一步解决拖欠农民工工资问题的实施意见》，区劳动和社会保障局制订《崇文区贯彻落实在京建筑施工企业建立农民工工资支付保障制度工作方法》和《崇文区非建筑业用人单位开立农民工工资保证金专用账户工作方法》，建立特殊时期日报、正常情况月报的劳动关系预警报告制度，检查用人单位支付劳动者法定节假日加班工资、重点企业劳动用工等情况。2009年1月，区制订"无拖欠工资"工作措施，建立"区、街、站"三级企业劳动用工动态管理监控制度，对于严重违反法律法规的用人单位，依法实施行政处罚，并记入企业信用信息系统或予以曝光。21个建筑施工企业农民工工资保证金专用账户、工资预留账户的建户率均达100%。

第四节　劳动关系调整

劳动合同管理　1994年，区境内142个企业实行全员劳动合同制，占企业总数的55%；合同制职工1.52万余人，占职工总数的57%。同时，鉴证6 362人签订的劳动合同，其中全员劳动合同5 295人，纠正856人合同中的问题。1995年，区境内实行劳动合同制企业289个职工2.38万人，分别占应实行劳动合同制企业和职工的68.30%和70.70%。

1996年，区召开推动签订集体合同大会，举办培训班，推动私企和个体雇工劳动合同的签订工作。各街道有雇工的私企84个用工680人，签订劳动合同56个职工590人，占应签订人员的86.76%。1999年，区属企业626个，职工3.67万余人。当年，劳动合同届满7 853人，其中，续签5 686人，占72.41%，终止合同2 167人。解除劳动合同561人，企业支付经济补偿金45.44万元。2000年至2001年，劳动合同续签率由64.50%升至65.31%；解除劳动合同5 896人，企业支付经济补偿金7 650.70万元。

2002年4月，区建立协调劳动关系新机制，实施《崇文区协调劳动关系三方会议制度》，由区劳动和社会保障局、工商联、工会分别代表政府、企业、职工召开三方会议协调劳动关系。2003年，区贯彻《北京市劳动合同规定》，强化劳动合同管理，重点加强对非公企业和改制企业的指导。劳动合同续签率由2002年的59.99%升至70.40%，终止合同1 501人，两年间解除劳动合同4 046人，企业支付经济补偿金3 712.33万元。2004年至2006年，区的劳动关系调整工作围绕推动国有企业改革中的人员分流安置、维护劳动关系稳定、促进再就业进行。以“完善企业集体合同制及管理”“发挥民营企业优势，积极安置下岗失业人员”为主题，开展三方民主协商；完善劳动合同预警预报制度，及时审核改制企业职工分流安置方案，重点监控劳动合同届满人员集中的部门和行业，劳动合同续签率由2004年的74.75%升至2006年的87.77%。2007年，区劳动保障部门开展《中华人民共和国劳动合同法》百日普法宣传活动，实施“劳动用工规范一条街”工程和劳动合同签约行动计划，规范劳动合同文本，劳动合同签订率及续签率均有提高。2008年，全区劳动合同签订率98.29%。1年至3年短期劳动合同比例逐步降低，用人单位多与职工签订3年至10年劳动合同。2009年，劳动合同签订率升至98.70%，续签率90.33%。2010年6月，全区纳入监控企业的劳动合同签订率96.75%，续订率85.25%。体育馆路街道和龙潭街道开展创建“和谐劳动关系社区”试点工作，扩大全区劳动关系和谐单位覆盖面，符合条件用人单位达标率65%以上。

1999—2009年崇文区企业劳动合同续签统计表

表27—9

年份	合同到期（人）	续签（人）	续签率（%）
1999	7 853	5 686	72.41
2000	11 414	7 362	64.50
2001	7 028	4 590	65.31
2002	5 711	3 426	59.99
2003	11 285	7 945	70.40
2004	7 367	5 507	74.75
2005	7 963	6 678	83.86
2006	7 858	6 897	87.77
2007			
2008			

续表

年份	合同到期（人）	续签（人）	续签率（%）
2009	4 964	4 484	90.33
合计	71 443	52 575	

说明：2007 年、2008 年未统计。

劳动监察　自 1994 年起，区劳动局行使监察检查权和行政处罚权。1995 年，该局成立劳动监察科，该科当年受理群众举报 70 起，为建筑企业农民工千余人追回拖欠工资 41 万元，督促企业退给职工违规收缴的入厂风险抵押金 25 万元，补交职工社会保险费 38.90 万元。

1996 年，该局成立区劳动保障监察大队。6 月至 12 月大队受理举报案件 129 件，同比增长 172%；追回拖欠职工工资 43 余万元，追回职工风险抵押金 41.40 万元；对 435 个单位进行劳动执法监察，经济处罚有问题单位 13 个；办理外地进京务工经商人员就业证 3 174 人。同年至 2001 年，该大队年检用人单位累计 6 721 个次，指导用人单位执行劳动法律法规，规范劳动管理，纠正违法行为；督促 107 个用人单位补缴残疾人就业保障金 29.40 万元。2003 年，该大队在社区加强劳动保障监察协作机制，推行劳动用工规范一条街工程，并以点带面，不断扩大规范用工企业的覆盖范围，区境内 519 个用人单位达到规范用工要求，规范率 96.50%。自 2004 年起，该大队开展劳动合同签订情况、保护来京工作人员合法权益、职业中介机构、社会保险扩面征缴等执法检查活动。2006 年，大队督促检查建筑施工企业设立农民工工资预留账户、劳动合同签订、工资支付等情况，纠正违法用工等问题。2007 年 11 月，区劳动保障监察大队被国家劳动和社会保障部评为先进单位并通报表彰。

1995 年至 2009 年，区劳动保障监察部门监察企业 3.73 万个次，受理劳动者投诉、举报案件 4 348 件，为劳动者补签劳动合同 2.18 万份，追回拖欠工资 3 273.02 万元，追缴社会保险费 1 482.08 万元，清退风险抵押金 72 万元。

1995—2009年崇文区劳动监察情况统计表

表27－10

年份	监察单位（个）	涉及人数（万人）	受理举报案件（件）	追回拖欠工资金额（万元）	补缴保险金额（万元）	补签劳动合同（份）
1995	143		70	41	38.90	
1996	435		129	43		
1997	1 949		388	73	276	3 000
1998	2 125		53	62.37	22.85	653
1999	2 030		25	5.09		256
2000	2 129		68	29.60	46.80	2 037
2001	2 070		75	87.40	114.60	7 200
2002	3 670	7.81	129		231.90	
2003	3 571	11.86	356	165.80	591.40	
2004	3 311	13.45	423	523.02	96.75	3 642

续表

年份	监察单位（个）	涉及人数（万人）	受理举报案件（件）	追回拖欠工资金额（万元）	补缴保险金额（万元）	补签劳动合同（份）
2005	2 921	10.13	605	344.40	19.80	
2006	2 848	11.10	519	327.58	9.90	3 006
2007	2 977	7.64	388	166.30	4.20	671
2008	3 626	9.29	590	735.07	9.50	1 261
2009	3 467	11.56	530	669.40	19.48	35
合计	37 272	82.83	4 348	3 273.02	1 482.08	21 761

劳动争议仲裁 1994年，区实施《中华人民共和国劳动争议案件条例》，劳动争议的受理范围扩大，案件增多。当年，区劳动仲裁部门受理争议案件57件，案由由开除、除名、违纪辞退、履行劳动合同发生争议，逐步转向工资、福利、保险等方面。1995年，立案103件，其中劳动报酬引起的48件、保险福利21件、除名13件、解除劳动合同8件、辞退3件、其他10件；结案88件，其中企业胜诉18件、职工胜诉40件、双方部分胜诉30件。1996年，区劳动仲裁委员会建立委员例会制，委员要定期听取研究仲裁工作情况和问题。1997年，随着《劳动法》的深入贯彻，企业和职工依法维护自身合法权益意识增强，全区争议案件增至132件。由于争议内容复杂、标的多、涉及法律面广，企业经济效益差或无经济效益，无力维系劳动者的合法权益，劳动争议处理难度加大。发生在股份制企业、私营企业的劳动争议数量增加。裁决结案争议较多，占结案数的36%。1998年，立案审理争议案件117件，涉及254人，经调解或当事人自行和解撤诉结案的60件。2000年，劳动争议案件增至560件，变更、解除、终止、续签劳动合同争议升为第一位。集体争议14件，其中因拖欠生活费、未缴社会保险、变更劳动合同等原因引发的较大的集体争议4件，涉及4个单位、职工298人，经仲裁人员调解、依法裁决等，争议得到解决。2006年，因工程款结算引发的拖欠工资和克扣工资问题的集体上访事件增多，非公经济企业的劳动争议和举报案件逐年上升。三方协调机制围绕推动非公有制企业签订劳动合同工作，提高劳动合同签订率和续签率等劳动关系方面的问题进行协商；区劳动争议仲裁改变一般案件独任审理的处理方式，实行劳动保障、工会和企业代表三方办案机制。针对集体劳动争议人数多、突发性强的特点，该部门建立集体争议排查、监控、协调处理机制，全年受理劳动争议案件2 416件，同比上升343.77%；结案2 409件，如期结案率99.71%。

2008年至2009年，区劳动保障局与区总工会、司法局联合下发《关于建立崇文区劳动争议调解联动机制，进一步加强劳动争议调解工作的意见》《崇文区劳动争议预防和调解工作办法》。在街道、社区和企业建立劳动争议调解委员会，形成三级联动劳动争议调解机制，实现劳动争议调解网络全覆盖。仅2008年，全区街道调解组织受理473人的调解申请，调解成功471人。

1994年至2009年，全区累计立案9 043件，按期结案8 899件，年均按期结案率98.41%。调解结案累计4 759件（1995年、1997年未统计），年平均调解结案率53.48%。2010年6月，区劳动仲裁部门落实劳动争议前置预防和前置调解工作，发挥与区总工会、司法局等部门的“五方”调解组织作用，将争议化解在企业和基层、化解在萌芽状态。

1994—2009年崇文区劳动争议仲裁情况统计表

表27－11

年份	立案审理案件（件）	年度结案（件）	如期结案率（%）	调解及撤诉结案（件）	调解结案率（%）
1994	57	53	92.98	53	100
1995	103	88	85.44		
1996	118	97	82.20	66	68.04
1997	132	125	94.70		
1998	117	112	95.73	60	53.57
1999	153	153	100	97	63.40
2000	560	530	94.64	210	39.62
2001	338	338	100	168	49.70
2002	351	326	92.88	161	49.39
2003	353	353	100	204	57.79
2004	220	220	100	57	25.91
2005	545	543	99.63	306	56.35
2006	2 416	2 409	99.71	1 744	72.40
2007	521	521	100	282	54.13
2008	1 245	1 245	100	504	40.48
2009	1 814	1 786	98.46	847	47.42
合计	9 043	8 899		4 759	

第三章　社会保障

第一节　养老保险

从 1994 年 7 月起，区执行市劳动局关于在城镇企业实行计发基本养老金暂行办法及调整企业离退休人员基本养老金的通知，重新计算区企业离退休人员养老金，为退休退养人员 2.85 万余人增资 262.49 万元，人均年增资 327 元，从 1993 年 10 月开始补发。当年，全区参加退休费用社会统筹企业 205 个，在职职工 5.60 万余人、退休人员 2.91 万余人，提取统筹金 1 737.29 万元，支付退休退养人员养老金 2 563.03 万元，市社保中心下拨 825.74 万元。1996 年，区建立基本养老保险个人账户。1997 年，全区建立 923 个单位、8.32 万人养老保险个人账户数据库。1998 年，全区实行全国统一养老保险制度，建立统一缴费基数和比例，统一职工个人账户和发放办法，参保单位增至 1 152 个。1999 年，全区参加基本养老保险企业覆盖率达 98%，企业发放基本离退休金 5.30 亿元。

2000 年 6 月，全区改革养老金差额缴拨为全额缴拨，收支两条线，实行退休金社会化发放，离退休人员在工商银行、邮政储蓄凭折按月提取退休金。经过 734 个企业 3 个月试点，至年底，全区离退休人员 6.13 万人实行社会发放。2001 年，崇文区退休金社会化发放 6.40 万人，发放率 100%。2002 年，区劳动和社会保障局增设保险一科（社会保险）。

自 2003 年起，区基本养老保险覆盖面扩大到城镇各类企业职工、个体工商户和灵活就业人员，参保职工 17.94 万人。自 2008 年起，全区实施《北京市城乡无社会保障老年居民养老保障办法》，凡具有北京市户籍、年满 60 周岁及以上无社会保障老年人，每月可领取 200 元福利养老金，全区 4 245 人享受这一待遇。2009 年，全区参加养老保险单位 3 483 个、职工 20.69 万人，收缴养老保险基金 9.29 亿元、支出 18.54 亿元。

1994—2009年崇文区养老保险参保及基金收支统计表

表27−12

年份	参保单位（个）	参保职工（万人）	养老保险基金收缴（万元）	养老保险基金支出（万元）
1994	205	5.60	1 737.29	2 563.03
1995	214	8.60	7 807.90	8 114.90
1996	254	8.69	4 965	4876
1997	923	8.32	11 320	13 450
1998	1 152	11.49	10 710.90	13 120
1999	1 208	14.51	21 278.32	36 886.93
2000	1 314	15.19	23 477.60	49 149.60
2001	1 498	14.20	27 761.90	53 000
2002	1 691	10.39	29 880.90	57 300
2003	1 345	17.94	39 154.27	67 104
2004		10.59	42 627.08	77 000
2005	1 992	15.23	49 879.20	91 156.13
2006	2 323	17.92	54 842	106 676
2007	2 681	19.03	65 000	125 700
2008	3 135	19.99	78 500	162 800
2009	3 483	20.69	92 900	185 400
合计	23 418	218.38	561 842.36	1 054 296.59

第二节　失业保险

1994年，全区的失业保险范围由劳动合同制职工的待业保险，扩大到各种经济类型企业、国家机关、事业单位的合同制工人及在公共职介机构存档的自由职业者。1995年，全区参加失业保险单位125个职工4.20万人，收缴失业保险金252.50万元，为失业人员430人发放救济金45.50万元，报销医药费2 300元。同时，为鼓励企业安置富余人员，区政府为部分企业贷款贴息16万元，安排企业剩余职工9人，为10个停工停产企业的职工771人借支基本生活费26.60万元。1996年，参保单位增至129个职工4.30万余人，缴纳金额445万元。区发放救济金，医药费支出1.20万元，领取失业救济金559人。

1999年，区实施《北京市失业保险规定》，失业保险面扩大。至2003年，全区参加失业保险单位年均1 711.08个次、职工累计53.06万人次。2004年以后，参保单位和职工继续增加，收缴和支付金额增大。2009年，参加失业保险单位3 599个职工13.66万人，收缴失业保险金5 561.06万元，区支出失业救济金、报销医药费、促进就业经费等6 622.13万元。

1995—2009年崇文区失业保险参保及基金收支统计表

表27-13

年份	参保单位（个）	参保职工（万人）	收缴金额（万元）	支付金额（万元）
1995	125	4.20	252.50	45.73
1996	129	4.30	445	94
1997	141	4.22	467.10	120.50
1998	171	4.19	520	328.80
1999	1 361	7.87	1 190	839.20
2000	1 713	11.66	2 682	4 323
2001	1 913	10.90	2 845	5 397
2002	1 777	10.81	3 813	8 252
2003	1 795	11.82	4 328	5 918.10
2004		10.71	4 114.02	6 470.78
2005	2 106	9.14	4 825.98	8 694.09
2006	2 426	11.48	5 303	7 589
2007	2 786	12.22	6 291.48	5 080.40
2008	3 254	12.86	7 536.56	5 611.20
2009	3 599	13.66	5 561.06	6 622.13
合计	23 296	140.04	50 174.70	65 385.93

第三节　医疗保险

1995年4月，区开展大病统筹工作。参加企业385个（以二级公司为核算单位）、职工和退休人员11.73万人，参统率90%。1996年，参统率96%，基金收缴率85%。区为793个企业患大病职工和退休职工8 000人报销医药费3 972万元。1998年，企业开工不足，职工收入偏低，基金收缴率下降。区通过开展社保基金大检查，追缴基金，基本做到不拖欠。2000年，区为970个企业1.16万人次支付医疗费用6 632万元，为101个企业140人次垫付前期住院押金130万元，缓解企业经济压力。区为北京制帽厂、水暖器材一厂、无线电元件五厂等特困企业职工和退休人员解决医疗费。

2001年，大病统筹过渡到医疗保险制度，全区参加大病医疗保险12.34万人滚动进入基本医疗保险制度。并轨期间，区征缴大病医疗统筹和基本医疗保险基金8 976万元，划入职工个人账户资金2 226万元，注入5.40万名退休人员个人账户启动资金1 310万元，医疗资金支出8 608万元。基本医疗保险制度启动后，职工和退休人员可自选定点医疗机构，医疗保险手册和专用存折的发放使参保人员感到社会保险就在身边，受到职工好评。2002年年底，除保障低收入群众享受医疗保险外，区对享受北京市城市居民最低生活保障待遇及家庭月人均收入高于北京市低保标准，但低于最低工资标准的城镇职工和其他特殊生活困难人员，实行基本医疗救助。同年，区劳动和社会保障局增设保险二科（公费医疗）。

图27-6　2007年，区开展“一老一小”大病医疗保险主题宣传活动

2007年，区落实市政府《关于建立北京市城镇无医疗保障老年人和学生儿童大病医疗保险制度的实施意见》，启动无医疗保障老年人和学生儿童（简称“一老一小”）参保工作，全区4.38万人纳入参保范围，为“一老一小”174人报销医药费112万元。2008年，全区“一老一小”参加大病医疗保险登记4.15万余人，缴纳基金983.83万元，支出1 055.89万元。其中，“一老”参保7 325人（含享受财政补助3 355人），缴纳基金729.80万元，支出835.65万元；“一小”参保3.42万余人，享受政府补助1 499人，缴纳基金254.03万元，支出220.24万元。

2009 年，全区对 3 043 个单位 7.99 万人进行社会保障卡二次信息采集比对工作，涉及 7 个街道 5 006 人，学校与托儿机构 54 个 2.26 万人，区境内参统单位 2 514 个 2.26 万人。39 个定点医疗机构基本完成 HIS 系统（市医疗保险信息系统）改造及认证，启动持卡就医工作。至年底，全区医疗保险覆盖 3 682 个单位 23.79 万人，保险基金征缴 4.62 亿元，医疗保险经费支出 7.84 亿元。2010 年上半年，全区基本完成社保卡发放工作，定点医疗机构全部开通实时结算系统，解决医疗费用垫付等问题，使群众得到实惠。

1995—2009年崇文区医疗保险参保及基金收支统计表

表27-14

年份	参保单位（个）	参保职工（万人）	收缴金额（万元）	支付金额（万元）
1995	385	11.73	1 594	1 220
1996	392	12.32	3 900	3 972
1997	1 003	12.61	4 800	3 902
1998	985	12.90	5 500	4 803
1999	1 078	12.98	6 258	6 014
2000	1 213	12.29	6 707	6 632
2001	985	12.34	8 976	8 608
2002	1 291	13.01	12 400	14 900
2003	1 492	13.94	16 800	22 100
2004		17.49	20 975	32 000
2005	2 113	18.93	28 695.37	44 023.88
2006		23.91	29 599	51 500
2007	2 878	21.36	36 200	59 000
2008	3 360	22.69	42 400	67 300
2009	3 682	23.79	46 200	78 400
合计	20 857	242.29	271 004.37	404 374.88

第四节　工伤保险

自 2000 年 4 月起，区实施《北京市企业劳动者工伤保险规定》，全区参加工伤保险统筹企业 897 个职工 5.51 万人，收缴工伤保险金 326.60 万元，支付工伤保险金 23.80 万元。之后，参保企业、职工及收缴工伤保险基金均逐年增加。2002 年，全区参加工伤保险企业 1 291 个、参保职工 13.01 万人，同比分别增长 16.83%、101.71%，征缴基金 1 167.50 万元、支出 143.83 万元，同比分别增长 147.72%、66.84%。2003 年，区工伤各项支出 202.80 万元，同比增长 41.01%。2004 年，区执行国务院工伤保险条例，把农民工作为扩大工伤保险统筹范围重点，并为申报单位及职工开辟工伤认定绿色通道，使受伤职工第一时间享受工伤保险待遇。2006年，参加工伤保险统筹企业和职工分别同比增长29.06%、23.05%，其中农民工2.02万余人参保。全年收缴工伤保险总金额1 081万元；支付321万元，同比增长0.61%。2007年，落实市劳动和社会保障局关于未参照公务员制度管理的事业单位均参加工伤保险的要求，全区119个事业单位全部参保。同时，工伤案件受理时限由平均75天减至10天，缩短87%。2009年，全区工伤保险参保单位3 690个、职工14.07万人，收缴工伤保险基金2 041.31万元，支付工伤金额933.62万元。

2000—2009年崇文区工伤保险参保及基金收支统计表

表27-15

年份	参保单位（个）	参保职工（万人）	收缴金额（万元）	支付金额（万元）
2000	897	5.51	326.60	23.80
2001	1 105	6.45	471.30	86.20
2002	1 291	13.01	1 167.50	143.82
2003	1 234	6.71	594.90	202.80
2004		6.95	681.61	
2005	1 848	7.81	831.98	319.05
2006	2 385	9.61	1 081	321
2007	2 853	11.59	1 704.15	462.50
2008	3 352	13.07	2 160.36	688.77
2009	3 690	14.07	2 041.31	933.62
合计	18 655	94.78	11 060.71	3 181.56

第五节　生育保险

自2005年7月起，全区实施生育保险。至年底，参保单位1 749个、参保职工6.31万人。收缴生育保险基金532.04万元，收缴率96.29%；支付86.70万元。2006年，生育保险参保单位同比增长14.47%，参保职工同比下降0.63%，收缴金额同比增长167.84%，支付同比增长549.37%。之后，全区参加生育保险单位、职工人数、基金收缴金额逐年增加。2009年，生育保险参保单位2 874个、职工7.34万人，收缴基金2 175.12万元，收缴率98.15%，支付生育保险基金155.31万元。

2005—2009年崇文区生育保险参保及基金收支统计表

表27-16

年份	参保单位（个）	参保职工（万人）	基金收缴金额（万元）	收缴率（%）	基金支出金额（万元）
2005	1 749	6.31	532.04	96.29	86.70

续表

年份	参保单位（个）	参保职工（万人）	基金收缴金额（万元）	收缴率（%）	基金支出金额（万元）
2006	2 002	6.27	1 425		563
2007	2 273	6.53	1 605.65	98.41	947.90
2008	2 629	6.94	1 850.84	98.15	1 258.67
2009	2 874	7.34	2 175.12	98.15	155.31
合计	11 527	33.39	7 588.65		3 011.58

第六节　基金监督

1996年，区建立基本养老保险个人账户后，实行目标责任制、设立举报电话，对拒不参加和欠缴的单位实行财务控制和审计，加大社会保险征缴稽核力度。2003年，区劳动和社会保障局增设社会保险征缴稽核办公室，并规范企业如实申报行为，与专项审计、劳动监察形成三位一体联动工作机制，加强社会保险基金催缴工作。当年，追缴社会保险基金61万元。同时，启用社会保险稽核监控系统，保证稽核质量。2004年11月，区社保基金和再就业资金监督办公室（简称区基金监督办）成立，对两项资金实施风险管理与控制。2007年1月，区基金监督办制订《关于进一步加强崇文区社会保险基金再就业资金监督管理的工作意见》，与相关单位签订《崇文区社保基金、再就业资金安全运行责任书》，明确各层级人员管理责任，并开展内部审计。6月，区基金监督办查阅社保养老支付系统数据库时，发现2005年4月至2007年5月期间，离退休参保人员死亡后仍在社保系统中支付养老金49人，其中在区社保中心支付的有21人；冒领社保基金15.70万元，其中养老金14.86万元、医疗保险0.83万元；涉及参保单位15个，19人冒领的基金追缴入库。

2008年，区基金监督办制订《崇文区社会保险基金内控制度》，完善财务管理办法，对社保基金运行状况实施滚动式监督检查。2010年上半年，区基金监督办配合会计师事务所专项审计45个单位2009年度缴纳社会保险金的情况，配合市审计局完成五项保险基金的调查审计；专项检查区职业技能培训资金，劳务派遣补贴资金，社会保险基金收缴、补填、账户管理等工作。

第二十八编　民族　宗教

1981年，区政府设立民族宗教侨务科。1984年，区设民政局，下设民族宗教科。1995年，区政府设立民族宗教侨务办公室（简称区民宗侨办），负责民族、宗教、侨务事务管理。

1994年，全区有少数民族25个，1.78万人；有宗教组织3个，信教群众1.14万人，活动场所4个。崇文区遵照宪法和国务院颁布的《宗教事务条例》《城市民族工作条例》《北京市少数民族权益保障条例》等法律法规和政策，在区内维护和发展平等、团结、互助的民族关系，保障少数民族合法权益，尊重少数民族风俗习惯、宗教信仰和民族感情；扶持和发展少数民族经济、文化、教育和体育事业，依法维护公民的宗教信仰自由，保护正常的宗教活动；重视培养、选拔少数民族干部，发挥少数民族干部和宗教界代表的作用，区历届党代会都有一定比例的少数民族党员代表，区各届人大代表和政协委员中，少数民族和宗教界人士所占比例均超过全区少数民族人口占全区总人口的比例。至2010年6月，全区有少数民族43个1.46万人，有市级少数民族工作重点街道、社区各2个，少数民族学校、幼儿园各1所，少数民族特需商品定点生产企业3个。有区伊斯兰教协会、区天主教爱国会、区基督教"三自"（自治、自养、自传）爱国运动委员会3个宗教团体，信教群众8 600余人。宗教活动场所有花市清真寺、沙子口清真寺、南岗子天主教堂、基督教会珠市口堂4个。

第一章　民族工作

第一节　民族政策实施

民族政策法规宣传　1994年至2010年6月，区民政局和区民宗侨办多次举办统战、教育、街道社区等系统和清真饮食副食企业负责人参加的民族工作培训班、民族政策报告会，宣传学习《北京市少数民族权益保障条例》及北京市《关于生产经营清真食品必须尊重少数民族风俗习惯的若干规定》等法规、规章，学习少数民族风俗习惯、民族工作知识。在此基础上，区为1 400余人变更、恢复民族成分。区政协、区委统战部、区民宗侨办等，联合组成清真食品联合检查小组，每逢春节、五一国际劳动节、国庆节等节假日前夕，检查清真饮食副食网点民族政策执行情况，解决货源和供应渠道存在的问题，同时研究落实在清真饮副食网点中配备少数民族领导干部和确保从业职工中有25%的少数民族职工。其间，区政府多次召开搞好清真网点供应的专题会。

在区委党校处级干部培训班增加民族、宗教理论及有关方针政策的课程，在全区中小学增设民族团结教育课。1997 年，区民族宗教工作领导小组成立。各街道办事处成立民族协调委员会，各社区居委会设立少数民族工作站，进一步加强少数民族政策落实。同年，金伦大厦清真柜台出现混卖不同类肉品的现象，经选配回族干部担任经理，聘请区伊斯兰教协会 3 名委员担任监督员，使问题得到妥善解决。2007 年是农历丁亥年，区召开宣传、统战、文化、教育、商业和城管等部门领导会议，传达国家民委和市民委关于防止发生伤害信仰伊斯兰教的少数民族感情事件的文件精神，提出相关工作要求。同时区加强了对清真市场、庙会、春节联欢活动等重点场所的执法检查，防止违反民族宗教政策的事件发生。2008 年，区督促崇文门菜市场物美光明楼店解决牛羊肉专柜进货渠道不符合要求等问题。2009 年，区举办清真食品社会监督工作总结表彰会，总结清真食品社会监督工作，对区清真食品市场管理提出要求，并向 7 个街道民族工作专职干部颁发清真食品社会监督员聘书，加强对清真食品的社会监督。

少数民族代表与委员 区第十一届至第十四届人民代表大会代表中，少数民族代表分别为 15 人、13 人、11 人、11 人，平均约占人大代表总数 6%。区第十二届人民代表大会上，金毓嶂（满族，无党派人士）当选为副区长，分管民族宗教等工作。区政协第十届政协委员中少数民族 25 人，第十一届至第十三届均为 26 人，平均约占政协委员总数的 11.40%。少数民族委员主要有回族、满族、蒙古族、朝鲜族、保安族、维吾尔族、达斡尔族等。全区人大代表和政协委员中少数民族的比例均超过全区少数民族人口占全区总人口的比例，在组织上保证少数民族政治上享有平等的权利。少数民族的人大代表、政协委员提出的保障少数民族的合法权益、清真饮副食网点的合理设置等建议和提案都得到解决。

少数民族干部培养 1994 年，全区有少数民族干部 300 余人；1995 年增至 972 人；2005 年为 909 人。2007 年，全区处级少数民族干部 15 人，科级 103 人。同年，区建立了科级少数民族干部人才库，加强少数民族干部的培养工作。至 2010 年 6 月，全区少数民族科以上干部 177 人，其中处级 24 人，占全区处级干部总数的 4.62%，中青年少数民族干部大多具有大专以上学历。东花市街道和永定门外街道两个民族工作重点单位领导班子中都配有了少数民族干部。

第二节　民族事务

少数民族教育 区境内有回民小学、回民幼儿园各 1 所。

回民小学面向全市招生，是培养回族及其他民族学生，走读、寄宿双轨制民族学校。1989 年，市、区拨款 200 余万元建造具有民族特色的教学楼，改善办学条件；1998 年，区政府又拨款 60 万元为学校修建 1 000 平方米操场及围墙，解决学生无活动场地及学校安全问题；2001 年，区教委拨款 200 余万元建造学生宿舍楼和多功能教室。至 2010 年 6 月，学校占地面积 3 457 平方米，建筑面积 5 185 平方米，建有计算机房、校园网、多媒体教室、专用实验室、篮球场、学生宿舍。在校学生 390 人，15 个教学班，在职教师 53 人。

回民幼儿园 1994 年有 8 个班、幼儿 200 余人，教职工 40 余人；7 月，该幼儿园由法华寺迁至东花市北里东区 12 号楼。园内建有 3 层主教学楼、多功能厅及附属平房，面积 1 473.06 平方米。国家民委主任司马义·艾买提用汉文与维吾尔文，中国伊斯兰教协会会长安世伟大阿訇用汉文与阿拉伯文先后为幼儿园题写园名。至 2010 年 6 月，该园有 9 个班，幼儿 320 人，教职工 52 人。

少数民族企业 1994 年至 2010 年 6 月，区政府为支持民族企业发展，繁荣清真食品用品市场，累计贴息贷款700万元，争取市扶持民族经济专项资金170万元，扶持民族特需商品定点生产的北京市美术红灯厂、北京剧装厂、北京市珐琅厂以及锦芳回民饮食店等，扩建厂房、购置设备、调整生产结构、开发新产品、发展生产规模。区政府拨发市清真餐饮企业（网点）资金265万元，扶持少数民族同胞兴办的北京壹条龙清真餐饮有限公司、南门涮肉城、满朋轩餐厅、北京伊珍源清真餐饮有限公司、花市清真超市等清真餐饮企业，扩大门店网点服务面积，使清真市场的主体结构更加合理。区支持北京物美综合超市有限公司崇文门店和天东兴店，设置152.20平方米的清真区。

图28–1　2007年，北京剧装厂工作人员研究民族特需产品生产工作

2004年，全区清真食品企业和个体工商户发展到30家，其中餐饮副食国有企业11家、集体和股份制企业3家、个体工商户16家。至2010年6月，全区清真饮食店和副食店、清真食品和糕点加工网点64家，营业面积1万余平方米，从业人员750人。有民族特需商品定点生产企业3家：北京市美术红灯厂、北京剧装厂、北京市珐琅厂，均为1999年由市划转到区管理。其中，北京市美术红灯厂产品为宫灯、纱灯、灯具、国画四大类，主导产品宫灯、纱灯，年均产值80万元，职工70人。北京剧装厂生产剧装、道具、文艺演出用品，年均产值593.47万元，职工53人。北京市珐琅厂是全国行业内集景泰蓝产品研发制作、生产经营、工艺展示、精品欣赏、参观购物为一体的规模较大企业，年均产值1 000万元，年均销售额3 000万元，职工217人。

民族团结活动　1994年至2010年6月，全区持续开展民族团结进步活动，每年召开经验交流会，还先后进行3次民族团结进步表彰活动。2001年，与贯彻《公民道德建设实施纲要》相结合，区在全市发起开展民族团结文明院活动，各街道涌现出350个民族团结院，其中15个获区级标兵称号。至2010年6月，10人获市民族团结先进个人称号，4人获首都民族团结进步奖。为加强民族团结，区不断组织活动：1997年，区举办迎香港回归民族、宗教、侨务知识竞赛；2004年，全区小学四年级至六年级学生开展民族知识竞赛活动；2005年，全区开展“走进民族大家庭”夏日文化广场活动，回族、满族、蒙古族、藏族等少数民族代表和群众3 000余人参加。

图28–2　2004年8月14日，区举行少数民族夏日文化广场晚会

区领导与有关部门负责人每逢国庆、元旦、春节前夕，参加少数民族代表座谈和联谊活动；在儿童节、教师节，走访慰问回民小学、回民幼儿园的师生；每逢少数民族重大节日，区领导都去活动场所祝贺。平时关心少数民族群众的生活和困难并帮助解决。区民宗侨办和永定门外街道与因病致残卧床40余年、无生活来源的回族居民卞静友结成“一对一”帮扶对子，每年给他捐款、赠送生活物品。

第二章　宗　教

第一节　宗教组织

图28—3　2003年10月1日，崇文区南岗子天主教堂举行建堂80周年庆典

伊斯兰教　1993年，区境内有阿訇7人，信仰伊斯兰教群众约1万人。1996年10月、2003年9月，区伊斯兰教协会分别召开第三届、第四届代表大会，阿訇刘升龙当选会长。2009年1月，区伊斯兰教协会召开第五届代表大会，选举产生第五届委员会，阿訇马宝刚当选会长。至2010年6月，有阿訇7人，信仰伊斯兰教群众6 000余人。

天主教　1993年，区境内有神甫1人，修女10人，教徒500余人。2002年4月，崇文区天主教召开第一次代表会议，成立区天主教爱国会，神父罗春海当选主席。全国人大常委会副委员长、中国天主教爱国会主席、天主教北京教区主教傅铁山莅临会议并讲话。2005年，区天主教召开第二次代表会议，神父杨科当选主席。至2010年6月，有神父2人，教徒约600人。

基督教　1993年，区境内有牧师4人，教徒900余人。2007年10月，区基督教召开代表大会，成立崇文区基督教“三自”爱国运动委员会，牧师李永红当选主席。至2010年6月，有牧师4人，教徒约2 000人。

第二节　宗教场所与活动

宗教场所　*清真寺*　1994年至2010年6月，崇文区有花市清真寺和沙子口清真寺。两寺均设民主管理委员会，由教长和穆斯林群众骨干组成。花市清真寺民主管理委员会6人，其中主任1人、副主任2人；沙子口清真寺民主管理委员会7人，其中主任1人、副主任2人。负责组织开斋节、古尔邦节、圣纪、法图麦节、主麻聚礼日等各项宗教活动及日常事务。

花市清真寺位于崇文门外西花市大街80号。建于明永乐十二年（1414年），是北京著名的清真寺之一。占地面积1 652平方米，建筑面积2 516.36平方米。1994年以后多次维修。2004年大修，恢复原有的望月楼，修建宣礼楼。2006年9月竣工，全国政协常委、中国伊斯兰教协会会长大阿訇陈广元来寺祝贺。1994 年至 2010 年 6 月，平均每天 70 余人做礼拜，星期五主麻聚礼日活动约 200 余人参加，开斋节会礼约 1 500 人参加；全年约 7 万人次参加活动。

沙子口清真寺位于永定门外沙子口地区，建于 20 世纪 50 年代。2005 年大修。2010 年 6 月，该寺占地面积 1 200 平方米，建筑面积 623.50 平方米。1994 年至 2010 年 6 月，平均每天约 70 人做礼拜，星期五主麻聚礼日活动约 150 人参加，开斋节会礼 400 人参加；全年约 3 万人次参加活动。

天主教堂　南岗子天主堂位于幸福大街永生巷 6 号，建于 1910 年，原称普爱堂，占地 448.50 平方米。1958 年年底关闭，1986 年 2 月恢复使用。1994 年，教徒 6 万人次到堂参加活动。之后，因全区危旧房屋改造，居民外迁，至 2010 年 6 月，每年到堂参加活动的教徒减至 2 万人次。该堂设堂务会，由司铎和教徒骨干 10 人组成。负责组织弥撒、复活节、圣神降临节、圣母升天节、圣诞节等各项宗教活动及日常事务。

基督教堂　基督教会珠市口堂位于前门大街 129 号，建于 1904 年。占地面积 294.30 平方米，建筑面积 904 平方米。1994 年至 2010 年 6 月，该教堂大修两次。1994 年，到堂参加活动的教徒 8 万人次。1995 年至 2010 年 6 月，每年到堂参加活动的教徒 10 万人次。2010 年 6 月，教堂有教职人员 8 人，其中主任牧师 1 人、牧师 2 人、副牧师 1 人、传道员 4 人。该堂设堂务会，由牧师和教徒骨干 7 人至 8 人组成。负责组织开展祷告见证会、青年会、姊妹会、查经会、晚礼拜、主日崇拜、布道会、圣诞节等宗教活动及日常事务。

依法独立自主开展活动　1999 年，以美国为首的北约轰炸中国驻南斯拉夫大使馆，区伊斯兰教、天主教、基督教人士组队到美驻华使馆示威抗议，表达爱国情怀。2000 年，梵蒂冈教廷不顾中方的强烈反对，未履行规定的程序，搞所谓册封“圣人”，区境内宗教界坚持独立自主、自办教会的方针，及时揭露“封圣事件”的政治图谋。2005 年 4 月，在天主教罗马教皇约翰保罗二世病逝期间，天主教堂在天主教全国“一会一团”（中国天主教爱国会、中国天主教主教团）和北京教区“两会”（天主教爱国会、天主教教务委员会）的指导下，依法开展纪念活动。

第三节　宗教事务

依法管理宗教事务　1994 年至 2010 年 6 月，区政府依法管理宗教事务，协助宗教团体加强自身建设。指导宗教团体完善章程，财务公开、教务公开，健全和落实民主议事、决策、人事管理、教职人员监督等制度，加强对宗教活动场所修缮和安全的监管。区伊斯兰教协会先后制订完善《学习制度》《会议制度》《关于阿訇的条件、聘任、职责和管理》等 9 项制度；区天主教爱国会、基督教“三自”爱国小组（2007 年 10 月改为区基督教“三自”爱国运动委员会），先后制定《值班制度》《安全保卫制度》《消防制度》《财产管理制度》。1996 年，按照《社团登记管理条例》和《宗教事务条例》，办理花市清真寺、沙子口清真寺、南岗子天主堂、基督教会珠市口堂的登记工作，颁发《宗教活动场所登记证》，保护正常宗教活动和宗教界的合法权利。至 2010 年 6 月，坚持每年对宗教活动场所年检，开展“五好宗教活动场所”评比活动。同时，为区境内外国籍人士、进寺、进堂进行宗教活动提供方便，对不符合法律、法规的宗教活动进行劝阻与制止。

教职人员培养　1994 年至 2010 年 6 月，区基督教、区天主教领导班子充实 3 名 30 多岁神职人员，并有 1 名伊斯兰教年轻阿訇出国留学。区第十一届至第十四届人大代表中，每届都有伊斯兰教、天主教、基督教等宗教界人士 2 人至 3 人，平均约占人大代表总数 1.06%。区政协第十届至第十三届委员中，每届有伊斯兰教、天主教、基督教等宗教界人士 8 人至 9 人，平均约占政协委员总数 3.88%。

1995 年，区民宗侨办成立后，坚持每年举办宗教界人士学习班，各宗教团体负责人及信教群众骨干参加。学习国务院《宗教事务条例》等法规和宗教政策，听国际、国内宗教形势报告；到河南、杭州、南京、井冈山等地考察，参观著名寺庙，了解改革开放后祖国的巨大变化；总结交流工作经验，研讨宗教与社会主义社会相适应的问题，发挥宗教构建和谐社会的作用。区伊斯兰教阿訇、天主教神父、基督教牧师等还撰写有关搞好宗教界建设，发挥构建和谐社会作用的文章近百篇，为区精神文明建设和维护社会稳定建言献策。至 2009 年，全区共举办 19 届宗教界人士学习班，并在街道开展宗教政策演讲和学习活动。其间，印发 3 500 余份《北京市宗教事务管理条例》和中央有关领导关于民族、宗教工作的论述，供各宗教活动场所神职人员等学习贯彻。

图28—4　2008年7月24日，区落实房产政策，举行沙子口清真寺房产交接仪式

落实宗教房产政策　1996 年，区政府拨款 30 万元加固修整基督教会珠市口堂。为满足信徒需求，支持基督教会珠市口堂采用“以堂带点”形式，在信徒众多、相对集中区域，设立家庭聚会点。1998 年，区财政拨款为花市清真寺安装避雷装置，消除安全隐患。2001 年 5 月，广安大街（崇文段）改扩建工程中，对基督教会珠市口堂进行修缮，活动暂停。为保证信徒宗教生活不中断，区领导出面多次与相邻区县宗教主管部门协商，暂借东城宽街教堂作为信徒临时聚会地点。2002 年至 2006 年，区政府拨专款 50 余万元，用于南岗子天主堂购置空调，安装冬季取暖设备，进行土木修缮；为区伊斯兰教协会拨款 12 万元，用于购买殡葬用车；为花市清真寺和沙子口清真寺拨款 87 万元（包括从市宗教局争取的 35 万元），用于解决两寺电线老化隐患和房屋修缮；区财政拨款 160 余万元，用于修缮基督教会珠市口堂并建设疏散通道。“非典”期间，区民族宗教侨务办公室及时开展防治宣传工作，“两堂两寺”成立领导小组，做到在宗教节日活动期间，每天消毒，既保证宗教活动正常进行，又确保活动场所在“非典”期间的安全。2005 年，为区伊斯兰教协会落实房屋拆迁补偿款 620 万元、回迁面积 540 平方米。2008 年，用拆迁补偿款帮助伊斯兰教协会修建总面积约 1 300 平方米的花市清真寺附属用房，为清真寺自养创造条件，方便和满足信教群众的需求。同年 4 月，为沙子口清真寺落实房产 310 平方米。

图28—5　2007年，区召开发挥宗教构建和谐社会作用研讨会

发挥宗教界作用　1994 年至 2010 年 6 月期间，宗教界的人大代表、政协委员为崇文区发展建设提出的建议和提案近百条。其中落实宗教房产政策、清除宗教活动场所安全隐患等均得到解决。各宗教界人士经常在讲经、布道、办理宗教事务时，引经据典，向信教群众

宣传民族宗教政策和构建社会主义和谐社会的必要性和重要性，为化解社会矛盾、调解家庭和邻里纠纷，维护社会稳定，做了大量细致的工作。

各宗教团体和人士联系信教群众，参与社会慈善等公益活动。1994 年，区天主教、基督教神职人员和信徒为“希望工程”捐款 8 300 元，解决 30 余名贫困地区儿童入学问题。1996 年，基督教“三自”爱国小组捐款 6 000 元，慰问区第一线公安干警。自 2001 年起，区天主教爱国会先后资助 4 名特困生上学。2008 年 2 月，区伊斯兰教、天主教、基督教信教群众响应首都慈善公益组织联合会倡议，为南方遭受冰冻雪灾地区募捐 3 万余元；5 月，四川省汶川地震发生后，信教群众数日内即捐款 12 万余元，为灾区人民战胜灾难，重建家园献出爱心。至 2010 年 6 月，全区宗教团体和人士为病困人员、受灾和贫困地区捐款、捐物共 50 余万元。各宗教团体分别与 1 名至 2 名困难群众结对，开展扶贫帮困工作；节假日走访困难家庭，并到永定门外街道敬老院、西北旺敬老院、龙潭托老所开展服务活动。伊斯兰教协会每年六一儿童节、教师节还到回民小学和回民幼儿园慰问，赠送慰问金。

第二十九编　人　物

本编所记人物，包括三个部分：

人物传略：记述区境内 1994 年 1 月 1 日至 2010 年 6 月 30 日去世的较有影响的人物。这些人物大多长期在区境内工作和生活，对各项事业的发展做出一定的贡献。记述的 15 人中，男 11 人，女 4 人，排列以卒年为序。

烈士英名录：记载 1994 年 1 月 1 日至 2010 年 6 月 30 日，在区境内工作因公牺牲的烈士，共 5 人，按牺牲时间先后排列。

劳动模范与先进工作者名录：列入区总工会确认的国家级、部级、市级劳动模范与先进工作者 95 人次。其中，国家级 7 人次、部级 27 人次、市级 61 人次。除去重复的，实有 87 人。其中男 46 人，女 41 人。

第一章　人物传略与烈士英名录

第一节　人物传略

沈金柱（1964.5—1996.1）　男，汉族，中共党员，生于北京市。1984 年 12 月参加工作，先后在崇文区兴华贸易公司、北京市永隆实业公司当工人。1990 年 4 月参加公安工作，任公安崇文分局刑警大队侦察员，二级警司警衔。1996 年 1 月 3 日凌晨，在抓捕持枪绑架人质案犯时，被歹徒持刀刺中心脏，壮烈牺牲，年仅 32 岁。1996 年 1 月 19 日，公安部授予沈金柱全国公安战线二级英雄模范称号；1 月 24 日，中共北京市委组织部批准追认他为中国共产党党员；2 月 15 日，共青团北京市委授予其五四青年奖章；2 月 28 日，市政府批准沈金柱为革命烈士。

萧　劳（1896.11—1996.3）　男，汉族，原名萧禀原，字钟美、重梅，别号萧斋、善忘翁，无党派人士，祖籍广东梅县，生于河南浚县。1919 年，在北京大学文学院学习时参加五四运动，1920 年毕业，获文学学士学位。毕业后，先后任河北肃宁、遵化、永清、清丰等县县长，1929 年任昌黎县县长。抗战期间，与妻子、孩子从河北逃亡到河南、湖北、四川等地。中华人民共和国成立后，萧劳致力于振兴书法事业。20 世纪 50 年代与张伯驹、郑诵先等人创办北京书法研究社，后又倡导成立北京书画研究社，萧劳任社长。他多次组织书法交流活动，其作品多次在国内外重要书法展览中展出。中共十一届三中全会后，萧劳先后担任全国书协理事和北京市书协常务理事。

1980年年底至1992年春，萧劳任崇文区政协第六届、第七届、第八届委员会常委。他参加政协组织的书画研讨和诗歌创作活动，先后创作诗词1 000多首，分别编成《草间诗集》《草间词集》《草间曲集》。

柳步青（1912.3—2000.9） 男，汉族，中共党员、农工民主党成员，生于广东省大埔县。1927年加入中国社会主义青年团。1940年，毕业于日本东京齿科大学，就任千叶大学附属医院助教和医师。1946年回国，任上海牙医专科学校附属医院医务主任。1947年至1949年，任上海南洋医院医务主任和上海牙医专科学校教授。1949年9月至1984年任北京口腔医院院长。1950年至1956年，兼任北京医学院口腔医学系教授，曾任中华医学会口腔医学分会副主任委员，并撰写和参与编写《爱齿知识与口腔卫生》《实用临床齿科处方集》《口腔疾病诊断纲要》等多部医学论著。他曾当选北京市第七届、第八届人民代表大会代表，并任北京市政协委员、中国农工民主党中央委员、农工民主党中央咨监委员、农工民主党北京市委员会副主任委员。任职期间，他参政议政，建言献策，为增进社会各界相互了解和交流，维护社会稳定，促进社会发展做出不懈努力。

王月媛（1941.4—2002.2） 女，汉族，中共党员，生于浙江省嵊州市。1958年在北京市幼儿师范学校毕业后，到崇文区第二幼儿园任教。1985年，调到崇文区教育局教科所，从事教育科研工作。她先后进行“幼儿园常识”“幼儿园综合教育”“幼儿园活动结构”“幼儿园教育目标和活动设计”等课题研究。其中“幼儿园综合教育”获北京市“六五”计划期间科研成果二等奖。她编写的《幼儿园教材安排》一书，在全市推广。其主编的《幼儿园教育目标与活动课程》一书，备受好评。1986年王月媛被评为北京市特级教师，后又获全国先进儿童少年工作者称号，并被评为北京市劳动模范，享受国务院颁发的政府特殊津贴。

刘梦湘（1931.6—2002.11） 男，汉族，中共党员，生于河北省固安县，大学专科学历。1950年参加工作，长期任小学数学教师。1978年，到崇文区教育研究中心任小学数学教研员。1981年，推行数学各年级衔接改革，研究数学年级教学责任制，使各年级教学按大纲要求衔接。1984年，推出数学课“归纳组合法”，收到良好效果。他重视发现和培养优秀教师，主张通过个人辅导和组织教改研究小组的方法，帮助青年教师迅速成长，先后培养出13名优秀教师。1986年，被评为北京市特级教师。他编写的《小学数学教学问答》《小学生应用题思维训练》《小学数学词典》，由北京师范大学出版社出版，受到师生好评。他还在报纸杂志上发表文章近30篇，到全国各地讲学15次。刘梦湘曾获北京市普教系统先进工作者称号。

殷宗琦（1922.10—2003.5） 男，汉族，中共党员，生于北京市，大学文化。1947年于国立西北大学医学院毕业后，在北平市第三医院任妇产科住院大夫。1950年12月到北京市第四医院（2000年9月更名为北京市普仁医院）工作，在设备简陋、人员不齐的情况下，创办妇产科。1951年被评为北京市劳动模范。1952年，为尽快提高自己的医疗技术水平，每周二都去协和医院跟随妇产科专家林巧稚查房、做手术，学习她的专业技能和严谨的工作精神。逐渐能独自做子宫脱垂行阴道式子宫全摘除术、阴道式输卵管结扎术、切开前穹窿结扎输卵管术、切开后穹窿结扎输卵管术以及陈旧性会阴三度裂伤等高难度手术。他根据自己的实践经验，写成《异常妊娠及难产》《子宫破裂的预防和处理》《异位妊娠的诊断和处理》等书，由人民卫生出版社出版。1953年被评为市模范医务工作者，1955年再次被评为北京市劳动模范，1962年出席北京市群英会。1965年，到大兴县巡回医疗，任手术队队长。在此期间，为魏善庄北研垡61岁农妇石文惠切除重达26公斤的巨大卵巢黏液性囊肿。1981年晋升为妇产科主任医师。1981年至1987年，先后在《健康报》《北京医学》《父母必读》《中国农村医学》等报纸杂志发表文章34篇。1985年被聘为副院长。他曾当选为北京市第一届至第九届人民代表大会代表，享受国务院颁发的政府特殊津贴。

孙连众（1938.5—2003.7）　男，汉族，中共党员，生于辽宁省辽阳市，大学本科学历。1962 年 9 月到北京市第五十九中学任教。1978 年，调入北京教育学院崇文分院，先后任教师、数学教研室主任及北京教育学院兼职教授。他有坚实的数学功底，潜心研究数学教学法，探究教学理论并应用于教学实践，多次在北京市各区县为学生、家长、青年教师举办数学学法讲座。他还兼任高中、大专、大本及教师继续教育等不同层次的数学教学工作，并在汇文网校成功打造数学学科品牌。1985 年他被评为北京市普教系统先进个人，1994 年获曾宪梓基金会教师奖，1995 年被评为北京市劳动模范，1997 年被评为北京市优秀教师。曾任市、区中学高级教师职称评定委员会委员、全国微格教学协会理事、北京市教育学院 TTC 实验室顾问、曾宪梓教师奖评审委员会委员等职。

汪金城（1942.8—2005.12）　男，汉族，中共党员，生于安徽省霍邱县，大学本科学历，毕业于北京师范学院（今首都师范大学）。先后在北京市第一零八中学、北京市第五十中学任教，并任五十中学副校长。1992 年调到崇文区教育研究中心，任主任。在工作中，他坚持“教育与教学并重，实践与研究同步”的原则，连续循环带班七届学生，历经 27 年，教学成果突出，所带班级均被评为北京市先进集体，汪金城被评为全国优秀班主任。1982 年、1983 年、1986 年，三次在市、区普教系统介绍班主任工作经验，并在中央电视台教育频道进行交流，其撰写的论文多次在市、区获奖。1986 年，他进行“寓自然辩证法于数学教学”的专题研究，激发学生的学习兴趣，教给学生学习方法，其所带班级数学高考成绩平均 104 分，学生全部升入大学。1993 年被区政府评为骨干专业技术拔尖人才，1994 年被评为北京市特级教师。还先后被评为北京市劳动模范、全国德育先进工作者。

赵淑珍（1934.12—2004.7）　女，汉族，中共党员，生于山东省武城县。1958 年参加工作，在北京市电车公司 106 路电车任售票员。在工作中，她不计时间，不讲报酬，扶老携幼，助人为乐，想乘客所想，急乘客所需，做了大量好事实事。1977 年被授予全国工业学大庆先进生产者称号，1978 年被评为北京市劳动英雄，1979 年、1981 年被评为北京市劳动模范，1984 年退休。自 1986 年起，任崇文区龙潭街道光明西里居委会主任、党支部书记。她带领居委会一班人积极工作，多次被评为市、区先进居委会。1998 年她被评为区优秀共产党员，并连续被选为崇文区第十届、第十一届、第十二届人民代表大会代表。

王　波（1930.12—2004.12）　男，汉族，中共党员，生于河北省武清区。1949 年 10 月参加工作，高级经济师。自 15 岁起，他就在崇文区从事商业工作，积累了企业管理经验。1986 年调入前门商业大厦任总经理。在经营管理工作中，王波率先实行“经理负责制、干部聘任制、劳动合同制、工资浮动制”，取得良好的经济效益和社会效益。1987 年、1988 年该企业连续两年超额完成销售和利润指标，居全市同类企业之首。1987 年在首都中型百货商场商业信誉社会调查评比中，该商场获综合指标冠军和“服务态度好”第一名，还先后被评为北京市集体经济系统“双先杯”竞赛先进单位和北京市精神文明建设先进单位。1988 年王波被评为北京市劳动模范。

潘桂兰（1937.1—2007.8）　女，汉族，中共党员，生于河北省唐山市。初中毕业后，曾任煤矿广播员、工厂统计员和车间主任等职。1991 年至 2000 年任崇文区体育馆路街道长青园社区居委会主任。在此期间，该社区被评为北京市文明小区，居委会连续 10 年被评为市级调解先进集体，她连续 6 年被评为北京市先进调解主任。在担任崇文区第十二届人大代表、北京市人大代表时，她首先动议联名提出“龙潭西里危旧房改造”议案，得到市、区领导重视，并予以采纳。2000 年年底，龙潭西里危改工程竣工，居民喜迁新居。2005 年，她担任体育馆路地区治安纠纷与民间纠纷联合接待室调解员，结合社会发展形势和自己多年的工作经验，总结出做好调解工作的“七到位”：领导重视认识到位，机制健全责任到位，注意学习宣传到位，重点明确管理到位，强化措施工作到位，主动参与服务到位，注意效果回访到位。北京电视台两次报道其事迹，她被邀做客《身边》栏目，为解决家庭邻里纠纷出谋划策。2006年，潘桂兰被评为北京市十大人民调解员之一；2007年被授予全国模范人民调解员称号。

华　森（1931.6—2008.8）　男，汉族，中共党员，生于河北省阳原县。1949年3月参加中国人民解放军，1952年加入中国共产党，1954年在部队荣立三等功一次，1960年被部队评为五好干部。转业后，先后任中共崇文区委宣传部副部长、部长，区委常委，区委副书记、书记，区人大常委会主任。1988年至1991年任区委书记期间，他团结带领区四套班子，以经济建设为中心，以提高各级党组织凝聚力、战斗力为保证，大力推进崇文区经济建设和社会各项事业发展；围绕转变企业经营机制，在国有商业、服务业及集体经济中推行和完善多种形式的经营承包责任制。探讨城市建设和管理新道路，尝试进行危旧房改造，缓解群众住房困难。1991年至1994年担任区人大常委会主任期间，他围绕全区中心工作，加强民主政治建设和法制建设，履行人大对“一府两院”的监督职责；组织代表视察调研，提出相关意见和建议；针对部分亏损企业存在的问题，提出落实企业经营自主权，对限产压库给予必要的倾斜政策；对扭亏无望的企业实行兼并、联营、转产、租赁或关闭等措施，控制企业下滑趋势，使部分企业扭亏为盈。为推动法律法规贯彻执行，他采取常委会会议审议、组织代表视察与执法部门检查相结合的方法，加强执法监督，不断改进工作。在审议城乡个体工商户所得税和私营企业所得税条例贯彻执行情况时，针对存在问题，提出加强税法宣传教育、强化管理、堵塞漏洞、严格执法等8条建议。1994年离休。

刘　迈（1927.10—2009.1）　女，原名刘桂珍，汉族，中共党员，生于北京市。1947年6月参加南系地下党领导的“民青”。1948年年初，到解放区华北联大学习，并在学校加入中国共产党。1949年7月到北京市妇联工作。抗美援朝期间，她发动各界妇女用40天时间完成9万套军装的清洗任务。1956年至1958年、1980年至1984年在崇文区妇联工作期间，她带领干部认真调查处理妇女儿童权益保障问题。仅1984年，就处理137件侵害妇女儿童合法权益的事件。她采取多种形式，增强妇女的自尊、自爱、自重、自强意识；组织基层妇代会定期为孤老户送粮、送煤、买菜、理发，积极为妇女儿童做好事；带领妇联干部深入全区44个单位，动员26万人为孩子捐献一角钱，共获捐款3.22万元，用于发展妇女儿童事业。刘迈还曾任崇文区天坛人民公社党委书记，体育馆路人民公社党委书记、革委会主任，1987年离休。

赖钟声（1917.8—2009.6）　男，汉族，国民党革命委员会成员，生于山东省烟台市。初中毕业后，考入北京四中，毕业前夕，抗日战争爆发。他抱着科学救国的信念，考入西南联大土木工程系。毕业后，任昆明滇缅公路项目工程师。1944年，进入国民党中央干部学校研究部，成为第一期学员。解放后，从事中学教育和科普工作，曾任北京市物理学会理事、《物理通报》编委、科普学会委员等职。他多次参加高考命题和编写教材，发表多部科普读物。在北京市第二十六中学（北京汇文中学），他经常带病超负荷讲课，以致累倒在讲台上，导致终身残疾。退休后，仍协助青年教师辅导毕业班，关注学校发展。在区政协会议上，多次提出有价值的意见和建议。1980年加入民革组织，曾任政协北京市第五届、第六届、第七届委员会委员，民革北京市第八届委员会祖国统一工作委员会委员，政协崇文区第六届、第七届、第八届、第九届委员会副主席。

张　湘（1947.10—2010.6）　男，汉族，中共党员，生于北京市。1968年赴内蒙古插队，1974年加入中国共产党。1980年调回北京，到崇文区人事局工作。1990年任区人事局局长，1995年被国家人事部授予全国人事系统先进工作者称号。1996年，任崇文区副区长、区委政法委副书记。在工作中他按照“两级政府三级管理”的体制要求，进一步明确街道的地位、性质和职能，改进街道执法体制，发挥街道在维护政治稳定和社会安定中的重要作用。1999年，张湘任区委常委、区纪律检查委员会书记。他认真抓党风廉政建设，落实反腐败各项任务；逐级签订《党风廉政责任书》，制定《关于对违反党风廉政建设责任制行为实施责任追究的试行办法》，强化责任追究。当年，区纪委被市纪委记办案集体一等功。2004 年，张湘任区政协主席后，坚持围绕中心、服务大局的原则，组织委员围绕区委、区政府确定的发展战略，坚持全体会议集中协商、常委会议重点协商、专委会对口协商的工作格局，充分发挥政协组织的作用。他注意加强与委员的联系，调动委员的积极性和创造性，为经济和社会发展贡献力量。

第二节　烈士英名录

1994 年至 2010 年 6 月，在区境内因公牺牲的烈士共 5 人：

1994 年 7 月 8 日，永定门外地区治安联防队队员李长河，在执行巡逻任务盘查 2 名形迹可疑人员时，被歹徒用猎枪击中牺牲。

1995 年 6 月 15 日，永定门外地区治安联防队队员孙东良，在马家堡铁路桥一带，抓捕正在持刀抢劫的犯罪嫌疑人肖某某时，被肖某某用尖刀刺中心脏牺牲。

1996 年 1 月 3 日，公安崇文分局民警沈金柱，在抓捕绑架人质犯罪嫌疑人顾某某时，被顾某某用尖刀刺中心脏牺牲。

1996 年 10 月 29 日，体育馆路地区治安联防队队员贾近亭，在红桥市场抓捕盗窃团伙过程中，被犯罪嫌疑人张某某用尖刀刺中左胸静脉，因失血过多牺牲。

1998 年 12 月 25 日，保安员张雷，在龙潭西湖公园抢救因冰层塌陷落入湖水中的 3 名区园林市政管理服务公司民工时牺牲。

1994—2010年6月崇文区因公牺牲烈士一览表

表29－1

姓名	性别	出生时间	籍贯	参加工作时间	政治面目	牺牲时间	牺牲地点	牺牲时所在单位	牺牲时职务
李长河	男	1953.7	山东	1972	群众	1994.7	崇文区	北京市农业生产资料公司	工人
孙东良	男	1969.6	北京	1989	共青团员	1995.6	崇文区	北京万利电器厂	工人
沈金柱	男	1964.5	河北	1984	中共党员	1996.1	朝阳区	北京市公安局崇文分局	刑事侦查员
贾近亭	男	1956	北京	1978	群众	1996.10	崇文区	北京崇建工程公司	工人
张　雷	男	1978.6	安徽	1997	共青团员	1998.12	崇文区	北京市保安服务总公司崇文分公司	保安员

第二章　劳动模范与先进工作者名录

第一节　全国劳动模范与先进工作者

1995 年全国劳动模范　　孙喜燕（女）
2000 年全国劳动模范　　程俊云（女）
2005 年全国先进工作者　任素永

第二节　部级劳动模范与先进工作者

1994 年全国纺织系统先进工作者　　王致祥
1994 年全国内贸系统先进工作者　　王淑华（女）　李庆江　康桐栓
1994 年全国计生系统先进工作者　　安　谨（女）
1995 年全国卫生系统先进工作者　　闫润民（满族）
1995 年全国信访系统先进工作者　　张　英（女）
1995 年全国人事系统先进工作者　　张　湘
1995 年全国教育系统先进工作者　　谢志华（女）
1996 年全国优秀党务工作者　　冯藏淑（女）
1996 年轻工业部劳动模范　　徐庆瑞
1996 年全国五一劳动奖章获得者　　程俊云（女）
1997 年全国五一劳动奖章获得者　　刘贵英（女）　徐庆瑞
1997 年全国教育系统先进工作者　　刘永胜
1998 年全国五一劳动奖章获得者　　李金海
1999 年全国教育系统模范教师　　朱小娟（女）
2000 年全国内贸系统劳动模范　　潘　鸾（女）
2001 年全国五一劳动奖章获得者　　钟志玲（女）
2002 年全国五一劳动奖章获得者　　刘崇礼
2003 年全国五一劳动奖章获得者　　任素永
2004 年全国五一劳动奖章获得者　　钟连盛（满族）
2005 年全国图书系统先进工作者　　齐金薇（女）
2006 年全国优秀党务工作者　　刘雁平（女）
2007 年全国五一劳动奖章获得者　　关阔山
2008 年全国五一劳动奖章获得者　　孙立新

2008 年北京奥运会、残奥会全国先进个人　　李　丽（女）　何慧莹（女）
2009 年全国教育系统模范教师　　石利颖（女）　张　国
2009 年全国五一劳动奖章获得者　　刘永泉

第三节　北京市劳动模范与先进工作者

1995 年北京市劳动模范

马　琳（女）　王淑华（女）　刘友皋　刘德喜　孙喜燕（女）
张　红（女）　张起生　张殿桐　李庆江　李冀中

1995 年北京市先进工作者

马忠义（回族）王华鑫　刘修业　孙连众　张　义（女）　张　刚
张金河　周俊人（女）　曾　华（女）　韩翠青（女）

2000 年北京市劳动模范

石惠兰（女）　张　焕（女）　张丛笑（女）　李少华　杨桂菊（女）　肖　燕（女）
陈立强　周玉国　周亚军（女）　周瑞华（女）　罗秉臣　查文红（女）
赵　杰　赵伟明　赵秉年　雷国强（女）

2000 年北京市先进工作者

牛叔明　王绍孔　刘永泉　张玉珍（女）　张晓梅（女）　侯生才
高金英（女）

2005 年北京市劳动模范

马志虎　田秋生（女）　白永明　曲建平　余芳君（女）　赵　樾
崔奇铭

2005 年北京市先进工作者

马菊花（女，回族）　王　晖（女）　王广厚　王建平（女）　刘润华
刘雁平（女）　杨立新（女，回族）　邵　鹏　赵晓飞　贾秋雨
程珊莲（女）

1994—2009年崇文区被评为全国和部（市）级劳动模范、先进工作者人数统计表

表29-2　　单位：人

年份	全国			部级			市级			合计		
	男	女	小计	男	女	小计	男	女	小计	男	女	总人数
1994	0	0	0	3	2	5	0	0	0	3	2	5
1995	0	1	1	2	2	4	12	8	20	14	11	25
1996	0	0	0	1	2	3	0	0	0	1	2	3
1997	0	0	0	2	1	3	0	0	0	2	1	3
1998	0	0	0	1	0	1	0	0	0	1	0	1
1999	0	0	0	0	1	1	0	0	0	0	1	1

续表

年份	全国			部级			市级			合计		
	男	女	小计	男	女	小计	男	女	小计	男	女	总人数
2000	0	1	1	0	1	1	11	12	23	11	14	25
2001	0	0	0	0	1	1	0	0	0	0	1	1
2002	0	0	0	1	0	1	0	0	0	1	0	1
2003	0	0	0	1	0	1	0	0	0	1	0	1
2004	0	0	0	1	0	1	0	0	0	1	0	1
2005	1	0	1	0	1	1	10	8	18	11	9	20
2006	0	0	0	0	1	1	0	0	0	0	1	1
2007	0	0	0	1	0	1	0	0	0	1	0	1
2008	0	0	0	1	2	3	0	0	0	1	2	3
2009	0	0	0	2	1	3	0	0	0	2	1	3
总计	1	2	3	16	15	31	33	28	61	50	45	95

专 记

曹雪芹旧居遗址辨认与纪念馆筹建

一、档案发现 实地辨认

1982 年 10 月，中国第一历史档案馆研究员张书才在馆藏清代内务府分类档案中，发现一件雍正七年（1729 年）的《刑部致内务府移会》,具文时间是雍正七年七月二十九日。原始档案载明：

……

今于雍正七年五月初七日准总管内务府咨称：原任江宁织造员外郎曹頫，系包衣佐领下人，准正白旗满洲都统咨查到府。查曹頫因骚扰驿站获罪，现今枷号。曹頫之京城家产人口及江省家产人口，俱奉旨赏给隋赫德。后因隋赫德见曹寅之妻孀妇无力，不能度日，将赏伊之家产人口内，于京城崇文门外蒜市口地方房十七间半、家仆三对，给予曹寅之妻孀妇度命。除此，京城、江省再无着落催追之人。相应咨部。等因前来。

据此，应将内务府所咨曹寅之子曹頫京城及江省家产人口，俱经奉旨赏给隋赫德缘由，知会办理赵世显事务之王大人等可也。

1982 年在上海召开的全国《红楼梦》学术研讨会上，张书才向大会介绍这件《刑部致内务府移会》，受到与会学者重视。1983 年 1 月，中国第一历史档案馆《历史档案》刊登《新发现的有关曹雪芹家世的档案》。《历史档案》第二期和中科院《红梦研究集刊》均发表张书才的文章——《新发现的曹頫获罪档案史料考析》。文章指出：这件历史档案确凿证明了，曹雪芹一家由南京回到北京后，住在崇文门外蒜市口。在乾隆《京城全图》上，蒜市口街位于崇文门外大街南端东侧，是一条东西走向的小街。街道路南为七个并排的大院，除临街有一二排房屋外，院内空旷，应是车马客栈之类;路北中间四个院落均是二进或三进,房屋布局规整。从东往西数第三个院落有房(包括大门）18 间，与移会中记载的 17 间半相符。1982 年至 1983 年春，张书才等多次到蒜市口附近考察,自东向西逐一踏勘原蒜市口街路北的诸个院落,认为档案文献中所言与蒜市口 16 号院（广渠门内大街 207 号）的形状、规模最为接近。图中所绘，该院为刀把形，有临街房 6 间、前院南房 3 间，中院北房 3 间，东西厢房各 3 间，后院空旷，共计 18 间。现状是临街有铺面房，进大门后有狭长夹道左通前院，往北直通后面院落。进夹道约几十米处有四扇屏门，上有“端方正直”四个大字。

80 岁高龄的房主马允升介绍，其太祖马曜东大约在嘉庆道光年间买下此院，由曾祖马仲衡这一支居住，迄今已有180年。小时候听祖父马继埙说，当初（大约1800年）这院是坐北朝南的三进院落。前院比较宽阔，中院为内宅，建有门楼，竖屏门四扇（1926年屏门移至东侧夹道）。院内有正房3间，东西厢房各3间。正房中间是过厅式，可通往后院。马家搬进此院时，前院临街为洗染坊，后院东侧有水井。中院正屋梁上中间挂有“韫玉怀珠”横匾一方，院内各屋门上端有大小不一的各种匾额。经过200年左右变迁，此院虽还能大体分出正房和东西厢房等旧时格局，但院内由于住户私搭乱建已面目全非，只有水井还在原来的位置上，却早已干涸。马家祖上传下来的房契、簿册、古书字画等也在“文化大革命”期间被烧毁。

专记—1　曹雪芹旧居遗址四扇屏门上的“端方正直”四个大字

20世纪80年代，红学专家多次到此考察。1983年夏季，张书才会同著名红学家周汝昌3次来蒜市口街找老住户访问调查。中国红楼梦学会会长冯其庸也来这里找老人座谈，了解马家来蒜市口居住前后和房屋改建情况。1984年张书才陪同著名红学家端木蕻良和夫人等来此勘察、座谈并录音照相。

1983年以后，张书才陆续在《团结报》《北京政协》《人民政协报》《红楼梦学刊》等报刊发表文章：《雪芹旧居　京华何处》《关于蒜市口曹雪芹故居的初步考察》《曹雪芹蒜市口故居初探》《雪芹故居今安在崇文门外蒜市口》。端木蕻良也在《北京政协》上发表文章《关于“十七间半房”》。

他们在文章中列出七条理由，认定蒜市口是曹氏故居所在地。（1）根据历史文献，曹雪芹一家戴罪回京后只能住在蒜市口，因为这是皇帝钦准的，不能不住，又岂敢不住？而曹雪芹当时年仅十来岁，入京后只能跟随祖母住在蒜市口旧宅。（2）根据《康熙会典》中旗人在外城居住的典规，曹氏为正白旗包衣汉军佐领下人，可以在外城居住。而《八旗通志》《八旗文经》《八旗满洲姓氏族谱》等档案材料表明曹寅历任江南织造，久居南京，原在旗内房屋已有族人居住。所以，曹氏一家披罪回京也不可能在城内居住。（3）蒜市口16号院，与乾隆《京城全图》所绘的蒜市口街路北东数第三个院落形状和大小规模一致，该院西北墙角院墙有一段向院内凹进，与《京城全图》所标完全吻合。原图所绘临街房六间，按中华习俗“双数为阴，四六不成格局”的造房风水忌讳，因此，称为“五间半”，大门算作半间，故曹宅整个院子称十七间半。此院既是马家太祖在清嘉庆年间买下，极有可能是雍乾年间的建筑（后来清理出来的房基证明了这一点）。（4）宅院内留有曹家旧居特征的遗物“端方正直”四扇屏门，最有价值。屏门原在正堂前，与旧时老屋常有的“紫气东来”之类的吉祥语不同，应是对家风家教或某人品格操守的褒扬。这四字在《红楼梦》中是有迹可循的。《红楼梦》第二回“冷子兴演说荣国府”中写道：贾政“自幼酷喜读书，为人端方正直，祖父钟爱”。这正与四扇屏门上的字相同。第二十二回写元宵制灯谜。贾政作砚台谜，即隐端方正直之意，脂评“妙极，妙极”，也是包含对先人的评赞。（5）曹寅《楝亭诗抄》中的《南轩种竹》诗三首，是他在康熙二十九年（1690年）任内务府郎中时写的。诗中所写的南轩的方位和地理环境与这个院落极其相似。如“西堂南辟市为邻”，而这前院西南有南房三间，其南临街房屋外即是蒜市、瓜市等街市；诗中又说“古寺凉风挽鹿车”，而蒜市口西侧当时有白衣庵、关帝庙、泰山行宫、大慈庵，东边广渠门一带更有崇恩寺、卧佛寺、安化寺、隆安寺等寺庙，也确实是“古寺凉风挽鹿车”的境界。曹寅还有题为《小轩辟除，已移居其中，有怀子猷二首》诗中有“旧营茅栋忆江皋，几席虚明似小舠”和“稍待月寒垂北户”的诗句。“舠”即刀形小船，说明仿照江南样式营建的屋顶好像是“小舠”一样的小轩，便是南房。这里的西堂南轩当指的是前院西南的3间南房。这又与《红楼梦》第三十八回写宝玉“命将那合欢花浸的酒烫一壶来”，脂砚斋有行间夹批：“伤哉！作者犹记矮幽页舫前以合欢花酿酒乎？屈指二十年矣。”批语中所说的矮幽页舫形、意相关。这条批语写于乾隆十九年（1754年），20年前应为雍正十二年（1734年），正是曹雪芹居住蒜市口的时候。矮幽页舫只会在蒜市口曹家老宅里，与《南轩种竹》诗中的南轩相一致。（6）蒜市口一带既多市集庙会，又多车马客栈、梵宇琳宫，还有收养婴儿的育婴堂和赈恤穷人的粥厂。这里是估衣百货、农副产品的集散之地，也是商贩农夫、游民乞丐、市井豪侠及僧尼道士、三教九流的荟萃之区。曹雪芹青少年时代生活成长在这样一个地域环境，耳闻目见、交往接触多有下层社会的生活情景和各色人物，对他的成长、思想以及创作会产生很深刻的影响。显然，曹雪芹笔下的醉金刚倪二、香料铺掌柜卜世仁、江湖道士王一帖、包揽词讼的老尼静虚等各色人物，无疑都与住在蒜市口时的生活经历有必然的联系。周汝昌在《曹雪芹传》一书中说：“崇外除了花市儿，就没有什么繁华之处了，比较冷落，有些地点带着‘下层社会’的味道；当然名胜古迹还是很多。这也说明，曹雪芹与敦氏兄弟常到东便门外二闸等地去游玩，那是他从小就常到之处了。”（7）关于曹雪芹曾寓居卧佛寺的传说得到证实。1931年秋，国画大师齐白石与张次溪曾往崇文门外卧佛寺访遗迹，并题诗作画。张次溪有诗句云：“都护坟园草半漫，红楼梦断寺门寒。”白石先生取其意，为绘《红楼梦断图》，并题一绝句：“风枝露夜向疏栏，梦断红楼夜半残。举火称奇居冷巷，寺门萧索短檠寒。”卧佛寺在东花市斜街路北距蒜市口不远。曹雪芹在贫困交加时寄身暂栖卧佛寺，是完全合乎历史实际的。卧佛寺内有一铁钟，是明正德戊辰年所铸。后殿有卧佛，长一丈二尺。那卧佛寺虽拆多年，但卧佛如今还安放在宣武区法源寺（1948年移往大慧寺，1982年又移回法源寺藏经阁）。想来，只有卧佛能够证明当初曹雪芹在此寄居时的“卖字为生”“过午不食”的落魄生涯。还有像“谢园送茶”等其他佐证。

20世纪90年代，还有许多红学家和红学爱好者，以及文物、古建、历史等方面的专家、学者来这里考察，普遍认为，蒜市口16号应是曹雪芹回京后的第一个住所。

二、研讨协商　达成共识

1995年10月24日，崇文区政协副主席王金钟率文史委员会委员视察蒜市口曹雪芹故居遗址，并提交视察报告——《保护利用好文化遗产，丰富两个文明建设内容》。报告指出：“原蒜市口16号，现广渠门内大街207号，据考证是曹雪芹由南京回到北京后的第一住址。因此，各有关部门领导在处理建设和保护的关系时应慎之又慎。崇文区保留下来的文化遗迹比较少，如果再放过了，那将是永久的遗憾。”“考虑到此处是唯一有史可证的曹氏故居，可否于道路北侧按照清初民居式样复建‘曹雪芹故居’，还可考虑设立《红楼梦》研究机构，并于附近建具有经济效益的文化设施。”

20世纪末，广安大街扩建工程启动。曹雪芹故居遗址在此路中，房屋将要拆除，其保护利用问题提上紧迫的议事日程。1999年6月8日，崇文区政协会同北京市政协文史委、中国红学会在龙潭公园龙吟阁召开曹雪芹旧居遗址研讨会。市、区政协委员，红学界及历史地理、文物、古建、民族等方面专家、学者50余人参加会议。市政协主席陈广文、中国红学会会长冯其庸、副会长蔡义江、胡文彬及张书才、顾平旦、周思源、杨乃济、赵书等专家学者到会并发言。中国红学会副会长蔡义江认为《红楼梦》创作是在其移居西郊之前，而蒜市口旧居很有可能是曹雪芹创作小

专记-2　1999年6月，在龙吟阁召开的曹雪芹旧居遗址研讨会

说的地方。北京语言学院教授周思源说：“我是个对‘遗址’爱怀疑的人，唯独确信‘十七间半’，就是曹宅。曹雪芹有极大可能住在这里。有清代档案，有乾隆地图，除非找出同样权威的文献推翻它。即使不是16号院，也不会太远，所以定为故居遗址是科学的。曹雪芹在此创作《红楼梦》的可能性极大，‘披阅十载’是二期创作，迁至西山后继续修改是可能的。”中国艺术研究院研究员顾平旦认为：“曹家有一段时间住在蒜市口是绝对没问题的，我相信还会有证据。《红楼梦》中的卧佛寺（花市东口原有卧佛寺）、兴隆街育婴堂等地名以及倪二金刚等人物，都具有北京南城特点，加上二闸及更远一些的曹家在通州张家湾的钱庄，可以联系起来考证，具有更大的意义。”中国红学会会长、《红楼梦学刊》主编、中国人民大学语言文学系教授冯其庸抱病参加会议并两次发言：“曹家在蒜市口的十七间半旧宅，是有清史档案文献为根据的。”“红学界都认为把蒜市口这十七间半旧宅定为曹雪芹故居是实事求是的，这一点没什么争议。”“至于具体哪一所宅子是曹雪芹故居，可能还有不同意见，这需要靠古建专家进一步鉴定。但是我认为这并不影响在广渠门内大街原蒜市口一带重建曹雪芹故居。”与会人士就曹氏旧居遗址的确认、保护、利用等问题从不同角度阐述自己的观点，并达成共识：蒜市口地区是唯一有据可查的曹氏旧居所在地，应给予保护，并建立曹雪芹旧居纪念馆，为人们提供凭吊曹雪芹、研究红学的场所，并使之成为高品位的文化景观。建议有关部门在广安大街道路扩建工程中对此院落的处置予以高度重视。会议形成《关于曹雪芹旧居遗址研讨会纪要》。

1999年7月16日，崇文区政协会同北京市政协文史委、中国红学会在北京市政协常委会会议厅召开第二次曹雪芹旧居遗址研讨会。会议形成《关于建立曹雪芹旧居遗址博物馆的建议》由北京市政协办公厅报送北京市委、市政府。委员和专家们建议：(1) 市区两级政府和有关主管部门应对曹雪芹旧居遗址的保护和利用予以高度重视；(2) 做好规划和文物勘察；(3) 建立曹雪芹旧居遗址博物馆；(4) 把曹雪芹旧居遗址博物馆建成“传统文化教育基地”。市委副书记李志坚，市委常委、宣传部部长龙新民，副市长刘敬民等先后做了批示。

这项活动引起海内外新闻界和红学界关注。50余家新闻媒体予以报道，其中6家做专题报道。政协委员、红学界人士纷纷联名上书全国政协、市委和市政府领导，呼吁保留北京唯一有据可查的曹雪芹故居。

2000年1月20日，民盟崇文区工委提出《关于修建曹雪芹纪念馆的建议》，并附17间半房屋的示意图。2月22日崇文区文化文物局向区政府报送《关于修建曹雪芹纪念馆的报告》。3月22日，北京市委书记贾庆林、副书记张福森，副市长汪光焘等到广安大街、磁器口和207号院察看。4月6日市长刘淇到此察看。市、区文物部门负责人和专业人员更是多次到此勘察。

8月1日，北京市政协主席陈广文受市委书记贾庆林、副市长汪光焘委托，到崇文区与区政府、区政协商讨有关曹雪芹遗址事宜后，写信给市领导：“关于部分政协委员要求保留蒜市口曹雪芹家族故居问题，我受委托与崇文区领导商量，一致同意：现在红线上的十七间半旧房拆除（因为扩建两广路已成事实），在蒜市口附近另建。由区里与开发商商量或由区里出资修建并立碑，形成一处人文景观。”8月2日、3日，贾庆林、刘淇、汪光焘均在信函上批示同意。8月10日，崇文区委召开书记办公会议，研究曹雪芹旧居迁建问题，区政协领导应邀出席会议。当日，区委、区政府向市委、市政府报送《关于曹雪芹故居有关问题的紧急请示》："鉴于红学专家和文物专家对广渠门内大街207号院是否为曹雪芹故居未有明确论断，本着实事求是、对历史负责的原则，我们建议对该院予以拆除，然后在原址附近按1∶1的比例进行复建……"9月12日，副市长汪光焘到崇文区召集市政协、市规划局、崇文区政府及中国红学会等单位60位有关人员就"曹雪芹旧居"问题进行研讨。会上，汪光焘做了三点说明：(1)广安大街扩建是北京总体规划确定的；(2)广安大街的建设与南城危改和环境相关联，扩建并不单纯解决交通问题，更重要的是改善南城基础设施和居民生活条件，是十分必要的；(3)曹雪芹故居是否保留的具体方案已反复开了三四次会，综合考虑各方面情况要有所取舍。然后，中国红学会专家杜景华、张庆善、周思源、顾平旦、张书才、杜春耕和市政协原副主席甘英、全国政协委员李燕等发表了意见。针对意见，汪光焘又做了四点说明：(1)对待曹雪芹旧居以及广安大街的文物保护，市委市政府、区委区政府是非常严肃认真的，进行过反复研究。对大家的每一次来信，市委书记贾庆林和市长刘淇都认真研究并做出批示。充分体现了市领导对北京市城市建设中弘扬传统文化内涵的高度重视。(2)207号院的问题是红学研究深入的结果，也体现了对研究北京的文化和历史的重视。(3)广安大街的规划建设为"曹学"研究创造了机遇，起到了积极的促进作用。(4)红学界的认识应统一到曹雪芹旧居在蒜市口地区，而不单指某个院落，避免该院是否属于文物的争论。会后，他又征询市政协委员和红学专家的反馈意见，与下一步工作的建议一并报告市委市政府。他在报告中建议：(1)拟同意市规划委会同崇文区政府研究提出的将广渠门内大街207号院移出广安大街规划红线，在蒜市口附近复建曹雪芹故居的方案。(2)市规划委对广渠门内大街207号院现状进行测绘后即可拆除，以不影响广安大街工程。拆除时请市文物局邀请中国红学会人员现场监督并同时进行地上建筑和地下考证。(3)由崇文区政府负责组织实施复建曹雪芹旧居并在工作过程中征求中国红学会和专家的意见。9月20日和10月2日，市委书记贾庆林和市长刘淇对此报告批示同意。随后市政府做出拆除广渠门内大街207号房屋，在其附近复建曹雪芹故居纪念馆的决定。并指示，"市规委对此院现状进行测绘后即可拆除，以不影响广安大街工程。拆除时请市文物局邀请中国红学会现场监督并同时进行地上建筑和地下考证。由崇文区政府负责组织实施复建曹雪芹旧居并在工作过程中征求中国红学会和专家的意见"。10月31日区政府有关领导召开会议向区政协委员和中国红学会专家通报市委市政府关于广渠门内大街207号院拆迁复建的决定，并介绍了拆建方案及所做的准备工作。与会人士对此复建方案表示满意，并就其建筑设计、使用功能等提出具体建议。

三、拆除旧屋　筹建新馆

2000年11月9日上午9时，在市文物古建队指导下，207号院开始拆除。区政府领导及市、区文物部门，中国红学会人员到现场察看。经现场勘察，地上为民国初年翻盖的建筑。发掘现场浮现出来的地基竟与乾隆《京城全图》上的十七间半房一模一样。经考古人员两个月的发掘证实：(1)中期建筑堆积是乾隆《京城全图》所绘院落的残迹；(2)现有建筑（即清末、民国初年）前院的格局与乾隆时期无大的改变。在院内还发掘出祭天杆石础、井圈、碎瓷片等物。

2001年1月区政协出版的《文史选刊》第15期刊登《曹雪芹旧居遗址问题研讨始末》《关于曹雪芹旧居遗址研讨会纪要》、周汝昌的文章《建好雪芹旧居纪念馆》《周汝昌先生在〈曹雪芹新传〉中关于曹氏旧居的论述》、中国红学会会长冯其庸的文章《应保护好曹氏旧居》、红学会副会长蔡义江的文章《曹雪芹故居遗址记》、北京民俗专家赵书的文章《北京蒜市口曹雪芹故居》等9篇。2002年1月出版的《文史选刊》第16期封面刊登“曹雪芹旧居遗址考古发掘现场”照片。

2002年，区政协就曹雪芹纪念馆的名称、设计、功能定位与展陈内容等广泛听取意见，形成《以展示生活原貌为主，以再现历史为主》的建议，崇文区委书记李晓光在登载此建议的《议政参考》上批示：“‘曹雪芹故居纪念馆’的问题，称号要早定下来，工程项目尽早落实，建好后定能成为崇文的一个窗口。”4月17日，区政协会同有关部门召开建设曹雪芹旧居纪念馆协商办案会，政协副主席王文竹、王金钟出席会议。8月6日及次年2月14日，区政协副主席王金钟等两次走访著名红学家周汝昌，征求对建设曹雪芹纪念馆设计、功能定位与展陈内容等方面的意见。周汝昌认为，建馆要以展示生活原貌、再现历史为主，并对纪念馆的名称、设计与定位、展陈等提出建议，希望崇文区争取在2003年年底曹雪芹逝世240周年时，把纪念馆建成。11月出版的区政协《文史选刊》第17期刊登周汝昌文章《以展示生活原貌为主，以再现历史为主》。

2003年2月26日，区政协文史资料委员会召开曹氏故居纪念馆规划设计研讨会，政协主席王再云、副主席王金钟出席会议。著名红学家蔡义江、张书才、顾平旦、杜春耕，古建专家杨乃济及部分政协委员、人大代表参加会议。会上，区住建委、新世界开发公司主要负责人通报曹雪芹故居纪念馆工程进展情况。专家们围绕纪念馆的名称定位、规划设计、展陈内容等提出意见和建议。3月10日，区政协副主席王金钟等与首都博物馆专家座谈曹雪芹故居纪念馆展陈事宜。3月18日，区委书记李晓光在磁器口就曹雪芹故居纪念馆选址、工程建设等问题召开现场办公会，区政协主席王再云、副主席王金钟，区委、区政府、区政协有关部门负责人及地铁五号线磁器口站工程负责人参加。李晓光指出：(1) 建设曹雪芹故居纪念馆有利于弘扬中华优秀传统文化，是区委、区政府实践“三个代表”重要思想的具体体现，也是在认真办理区政协和民主党派的提案。(2) 曹雪芹故居遗址的发现引起市、区乃至全国政协委员的关注，贾庆林、刘淇等领导同志对此都有批示，市政府也做出营建纪念馆的承诺。我们要贯彻落实市委、市政府领导的批示精神，完成好此项工作。(3) 区政协多次组织专家、学者对曹雪芹故居遗址进行研讨，做了很多切实有效的工作。区政府要结合今天的会议精神，由区长办公会形成决定，报市政府、市政协和有关部门。李晓光强调，建设曹雪芹故居纪念馆的决心决不能变，要本着对人民负责、对历史负责的精神，把纪念馆建设的事办好。他还指出，要组织一个小的工作班子，从现在开始着手做好纪念馆的建筑设计及展陈设计工作。会上确定，纪念馆工程建设用地在磁器口东北角临街一侧，总占地800平方米。该工程需于2005年上半年地铁五号线磁器口站竣工后进行。3月20日，区文化委向区政府提出《关于建设曹雪芹故居纪念馆的请示》；4月2日，第110次区长办公会研究同意文化委的请示，并决定纪念馆由新世界房地产发展有限公司（以下简称“新世界”）负责出资建设，文化委负责展陈资料的收集和纪念馆的设计。会议要求有关部门通力合作，共同做好各项准备工作。6月10日，区住建委、规划分局、区文化委等相关部门联合“新世界”、地铁五号线承建公司召开纪念馆建筑设计协调会，区政协副主席王金钟和有关专委会负责人参加。区政协文史资料委员会受区文化委委托，邀请中国建筑设计集团建筑历史研究所的古建设计师参加研讨。6月11日，副区长周榕召开协调会，就地铁五号线磁器口站通气孔占用曹雪芹故居纪念馆规划用地问题进行协商。区住建委、规划分局、“新世界”、地铁五号线承建公司、区政协等有关方面负责人共同进行协商并取得谅解，地铁站项目设计负责人同意修改原设计方案。6月19日，区文化委邀请区政协副主席王金钟与中国建筑设计研究院建筑历史研究所研究员钟晓青共同协商委托设计等事宜。然后由区文化委和纪念馆产权单位与设计单位签订设计委托书及合同。

2006年，区政府将“建设曹雪芹故居纪念馆”写入政府工作报告，并于2006年、2007年两次将该项目列入“折子工程”。区政协委员和有关人士给予高度关注。2006年5月26日、2007年6月6日、2008年11月20日、2009年11月8日，区政协主管副主席分别带领文史资料委员会成员连续4次到“新世界”就曹雪芹故居纪念馆建设问题进行专题调研，督促检查纪念馆工程进度。还先后4次向区政府提交视察报告。2007年6月12日，区委书记李晓光在区政协送交的视察报告上批示：“政协这项工作抓得很好，故居纪念馆将会成为崇文的新亮点，望你们一定要督促有关单位按时完成。”

2003年年底，“新世界”委托中国建筑设计研究院历史所，对曹雪芹故居纪念馆工程进行设计，并多次征求专家及有关方面的意见。2004年，工程方案基本确定。2005年1月，“新世界”组织第一次专家论证会。专家提出：该项目地段重要，应注意体现旧城文脉，特别注意结合曹雪芹故居纪念馆周边现状建筑做好城市设计，临近的新景商务楼应该简洁大方，结合地铁站进一步研究首层公共空间的建设问题。据此，对设计方案做了修改完善。2007年1月，组织第二次专家论证会。专家仍提出新景商务楼与曹雪芹故居纪念馆相互呼应问题，“新世界”再度对方案进行修改，并逐个走访参会专家签署意见。2008年11月，区政协委员第三次调研视察时，“新世界”称：故居纪念馆占用A、B两个地块，因政策变化，B地块需要上市摘牌才能取得使用权，故影响工程启动。2009年4月，取得B地块规划意见书；5月，按市有关部门要求，办理土地入市前的相关准备工作。之后，逐步完成B地块所需水、电、气、热等规划咨询方案和报告。但规划部门有了新的规定，公建项目虽不像住宅项目对采光遮挡有严格规定，但邻里之间如果存在遮挡，要相互达成协议。新景商务楼与纪念馆工程因遮挡其北部的“京文廖氏”楼房（市属单位）36个窗户，按新规定须征求对方同意盖章。因此，“新世界”与“京文廖氏”及其主管部门洽谈后，双方初步达成项目合作共建、实现互利共赢的共识。2009年，区政协第四次调研视察时，“新世界”表示：下一步将重点围绕两个难题去努力。一方面，年底前进行交通影响评估和地价评估，完成B地块土地入市全部准备工作，并报送市土地整理储备中心。2010年第一季度，市国土资源局组织地价审定会后摘牌取得B地块土地使用权；同年第二季度，开展项目报规工作。另一方面，继续与“京文廖氏”合作，研究确定改扩建方案，协调有关部门审批后，由对方认可盖章。“新世界”较为乐观地表示：2010年年底前破土动工。

自1982年10月发现曹雪芹故居遗址，至2010年已达27年；自2000年11月曹雪芹故居被拆除，已有9年；自2003年4月区政府明确曹雪芹故居纪念馆由“新世界”负责建设，也已7年有余。在此期间，曹雪芹故居纪念馆建设问题，虽得到各级领导、各界人士关注，但由于种种原因一直未能落实。中国红学会副会长蔡义江感叹道：“曹家余老宅，春梦了无痕。泣血成书后，独迁黄叶村。”

明城墙遗址公园

明城墙遗址公园位于崇文门至北京城东南角楼之间，为一带状公园。东西最长处1 700米，南北最宽处90米，占地15.50万平方米。其中，城墙遗址及城垣东南角楼占地3.30万平方米，绿化面积12.20万平方米。园内现存的明城墙遗址建于明永乐十七年（1419年），长1 540米，是北京内城仅存的两段明城墙中最长的一段。园内之城垣角楼，建于明正统元年（1436年），是全国最大的城垣转角箭楼。角楼平面呈曲尺形，建在12米高的方形砖台上。楼高17米，重檐歇山顶，

专记–3　2001年，修缮整治前的明城墙遗址

外墙开箭窗四排 144 个，角楼内靠外侧的半间铺设三层楼板，并形成一个大转角，是古都北京一处标志性建筑。1982 年 2 月 23 日，国务院公布北京城东南角楼为第二批全国重点文物保护单位。

1960 年以前，崇文门以东的城墙周边，由铁路部门、市供电局、市政局和建材局占用，有车站、仓库、工厂等，拥挤不堪。1970 年修建防空洞和 1976 年市民建抗震棚时，先后拆用城墙的城砖，有的地段已拆至基石之处。自 1976 年起，一些单位的职工家属和市民陆续进住该地，他们就地取材，随意拆用城砖建房，致使残余的城墙只剩两三米高，有些地段墙心夯土层大面积裸露，城墙砖体受到侵蚀、风化，雄伟的明代城墙，只剩下 500 多米长的残壁颓垣。2000 年，该区域驻有 79 个单位，2 600 余户居民，建筑面积达 3 万平方米。其中，20 余个单位房屋和 500 余户居民住房，直接建在城墙或其基础上。有的住房是用拆下的城砖盖的，有的将城墙打洞改作后山墙。这些房屋大多低矮破旧、阴暗潮湿，周围垃圾遍地、污水横流，环境恶劣，是突出的脏乱差地区。

2001 年，市委、市政府决定，修缮城墙，保护城墙遗址，建明城墙遗址公园，并将此工程列为当年为民办 60 件实事之一。7 月 9 日，市发展计划委员会根据市规划委员会（简称市规划委）《关于北京东便门明城墙遗址公园规划设计方案审查意见的函》，批复崇文区政府、东城区政府、北京市文物局《关于明北京城城墙遗址公园立项的请示》，同意立项，拉开了明城墙遗址公园建设的序幕。公园主体绿化建设工程由崇文区政府负责，市园林古建筑设计研究院负责公园绿化设计，崇文区园林局组织实施。区委、区政府将该工程列为崇文区工程建设之首，决定举全区之力，全力抓好。

11 月 25 日，腾退搬迁工程启动。区委、区政府成立腾退搬迁工程指挥部，下设崇文门外街道、东花市街道两个分指挥部。针对该地区违法建房多、腾退单位多等问题，有关方面多次召开会议，研究解决方案，并反复宣传腾退政策，大力推进搬迁工作，千方百计克服困难，腾出建设用地约 15 万平方米。在中央、市属单位及东城区积极支持配合下，腾退搬迁工程于 2002 年 8 月按期完成。

8 月 17 日，绿化及基础设施建设工程启动。陆续清运渣土 10 万余立方米，回填绿化用土 9 万余立方米。铺种草坪 7 万余平方米，栽植花卉 11 万株、油松及国槐等大规格乔木 400 余株、各种灌木 6 000 余株。原有的 204 棵老树全部予以保留。建成绿地 12.20 万平方米。铺设电力、通信、自来水、电视光缆等各种管线 2.80 万延长米。建成城墙和绿地夜景照明设施，铺装公园道路及广场 9 000 余平方米。同时，文物管理部门按照“修旧如旧”原则，对城墙和 12 座墩台进行加固修复，已拆除的墩台重新勘测定位，恢复古城墙原貌。砌筑城墙严格按照传统的淌白灰，一顺一丁砌法进行。残城墙上生长的灌木、草丛及城墙下的树木全部保留，以体现城墙的古朴沧桑。广大市民捐献的 20 万块旧城砖，安砌在城墙的外立面。在公园建设中，还修缮两处历史遗存：

一处是位于公园中部的京奉铁路第一信号所。该所建于 1901 年，在原京奉铁路正阳门至东便门之间 2.80 千米路段上，已有 100 多年历史。另一处是 1915 年修京师环城铁路时所建的火车券门洞。位于公园东部，洞高 8.20 米，宽 9.20 米，深 7.40 米，是环城铁路的唯一遗存。

专记—4　市民捐献旧城砖

经过 40 多天紧张施工，2002 年 9 月 28 日，主体绿化工程和基础设施建设竣工。建成的明城墙遗址公园，以深沉古朴、蜿蜒前行的城墙为背景，在 12.20 万平方米草坪、花卉、树木映衬下，形成三大景区，由西向东依次展现。位于公园西部的是“老树明墙”景区，公园独特的景观得到体现。此处城墙保存比较完整，城墙上的雉堞都依稀可见。伤痕斑驳的古城墙与墙下那些饱经沧桑的百年老树，相互依靠、相互搀扶，似是结下百年情缘，让人感受到历史的轮回，人世的沧桑。沿甬路东行，步入“残垣漫步”景区，这里每隔一段就能看到一个凸出的城墙墩台，亦称“马面”。墩台平面呈正方形，其作用是增强城墙的防御能力，消灭进入城墙死角的敌人。漫步其间，品味历史，可感受古都北京的岁月沧桑。放眼残墙，斟酌抒怀，能领略到中华文化的源远流长。公园东部是“古楼新韵”景区。在此，一座结构严谨、深沉凝重、高大巍峨的古城角楼坐落在鲜花碧草之中，在青松老槐掩映下矗立云天。公园这三大景观犹如三幅鸿篇巨制的图画，凸显出古老城墙的残缺之美，展现出明城墙的历史风貌和文化内涵。

2002 年 9 月 29 日，明城墙遗址公园主体工程竣工仪式举行。市委书记贾庆林、市长刘淇为公园揭牌。文物专家郑孝燮介绍明城墙的历史价值和修缮意义，并赋诗一首 :“爱我首都古与新，残墙绿裹亦情深，角楼遥望东南海，一统中华历史根。”国庆节公园正式开放，受到各级领导及国内外各界关注。10 月 4 日，中共中央总书记、国家主席江泽民偕夫人王冶坪到公园参观。对北京市保护文物古迹和古都风貌，改善人民生活居住环境所做的努力给予充分肯定。之后，中共中央政治局常委、国务院副总理李岚清，中共中央政治局委员、书记处书记、中宣部部长丁关根，全国人大常委会原委员长万里等，先后到公园参观视察，并对崇文区文物保护工作给予高度评价。此后两个月内，公园先后接待国内外游客近 20 万人。

2002 年年底，公园二期工程和后续建设陆续展开。2003 年，拆除园区内原有的破旧管理用房，在原址建成仿古式新房，建筑面积 736 平方米。房内建有按四星级标准装修的公共卫生间，并有无障碍通道。同年，扩建公园东侧 4 000 平方米青白石停车场，修筑角楼院内路面和东侧便道。安装 200 米上下水管线，建成景观照明、广播及监控系统。拆除严重影响景观的 21 米高 6 吨重的北京站铁路照明灯灯杆。新植银杏、山桃、山杏、紫薇、栾树、玉兰等观花、观叶乔灌木 300 余株，使公园三季有花、四季成景，形成“百年车辙”“海岱映秀”“紫玉怀古”“群槐庇城”“山杏省今”等景点。2004 年，修复城墙顶部残状，墙体内回填素土和三合土，使其平均高度达 7.40 米。2006 年 9 月，改造提升角楼消防系统。新建 6 座消火栓，在东侧地下修建容量为 100 立方米的蓄水池和加压泵房，并更换原有供水管线。12 月，改造角楼火警报警系统。2007 年对城墙北侧进行绿化建设。栽种油松、国槐、兰枝、秀线菊等乔灌木 360 余株。2008 年 3 月，油饰修缮角楼外部挑檐檩、小红山和博风板，同时升级改造角楼夜景照明系统。2009 年，对券门洞以西第一

专记-5　2002年拆迁、绿化后的明城墙遗址

马面进行修复建设，联通角楼、券门洞和城墙马面，形成一段比较完整的城墙防御体系，使城墙遗址更为显著。

此外，从2003年起，公园进行梅花引种栽培和研究工作。2005年，该项工作列为崇文区重点科研项目。2006年，园内栽植丰后、淡丰后、绿萼、大宫粉、多萼朱砂、三轮玉蝶、人面桃花等28个真梅系和杏梅系品种210株。2007年，栽植人面桃花、三轮玉蝶、宫粉等10个品种183株。2009年，新植梅花60株。园内梅花达40余个品种600余株，形成色彩缤纷、花期迥异的梅园景观。

明城墙遗址公园建成后，区委、区政府决定，每年国庆节前后在此举办明城墙文化体育节。从2003年起，已连续举办6届。前5届突出展示崇文风采，迎接奥运盛会的主题。先后推出《古墙神韵》《活力崇文》《魅力崇文》《和谐崇文》《璀璨明天》《为崇文增光，为奥运添彩》等精彩演出，歌颂崇文的变化，抒发崇文人的豪情。有关方面还多次在此举办文化体育活动。先后3次举办千人太极拳表演，并邀请奥运冠军、体育名将与群众互动。2005年，举办"明城墙杯"全国盘鹰风筝邀请赛，13个省市代表队的42名队员及北京的100余名爱好者参加比赛。从2008年起，还连续举办3届北京赏梅会暨明城墙遗址公园梅花节，各界专家、学者、艺术家、大中专院校师生及广大游客参加。其间，还举办梅花图片展、改革开放30年回顾展、非物质文化遗产展、白介夫画梅展和陈广文画梅展。

明城墙遗址公园开放以来，多次获得殊荣。2003年，被评为市精品公园、首都文明旅游景区；2004年，被评为市级爱国卫生先进单位；2006年，公园内的北京城东南角楼被定为市爱国主义教育基地；2009年，被评为首都文明单位；2010年1月，被国家旅游局批准为AAAA级旅游景区。

专记-6　明城墙遗址公园全景

前门地区古都风貌保护与修缮整治

一

前门地区北起前门东大街，南至珠市口东大街，西起前门大街，东至新革路。该地区是老北京传统风貌、文物史迹、非物质文化遗存保存较完整的地区之一，集中融汇了老北京的建筑文化、商贾文化、市井文化、会馆文化、梨园文化。有国家重点文物保护单位1处，市文物保护单位4处，区文物保护单位1处，普查级文物52处，挂牌保护院落68处，还有被列为北京市25片历史文化保护区之一的鲜鱼口街和草厂三条至十条。

地区内的前门大街全长840米，是京城中轴线上的重要地段，也是古都重要的标志性街道。该街形成于明正统初年，已有570余年历史。前门大街（正阳桥至珠市口）旧名正阳门大街。清雍正《北京城图》中标名“大街”。乾隆祭天坛诗中称为“天街”。明永乐皇帝朱棣迁都北京后，前门大街就是皇帝赴天坛和先农坛祭祀的御道。明、清两代有22位皇帝600多次到天坛祭祀，均途经此路。

2002年年底，前门地区有居民2万户，常住人口约6万人。人均居住面积不足5平方米，平均300人才有一个厕所，是北京市人口密度最高的地区之一。这里的房屋80%是百年以上的老房和破损严重的木结构危房。市政设施严重滞后，公共配套设施陈旧。

为抢救珍贵文物和历史遗存，保护古都风貌，改善人民生活，北京市决定对前门地区进行大规模的保护和修缮整治。2003年1月25日，市规划委员会（简称市规划委）和崇文区政府联合召开新闻发布会，向区境内外设计单位征集前门地区修缮整治规划方案。4月15日，北京建工建筑设计研究院、北京金田建筑设计有限公司、日本日建设计公司、美国爱泼斯坦设计公司分别提出方案。经专家评审后，8月，委托北京建工建筑设计研究院进行方案综合。9月，再次召开专家评审会，对综合规划方案提出修改意见。

12月31日，市长王岐山主持会议，原则批准《前门地区修缮整治规划方案》。方案要求，修

专记–7　2003年，修缮整治前的前门大街

缮整治要坚持“把握难点、突出重点、升华亮点、整体保护”和“求真务实、精益求精”的指导思想，坚持整体的、动态的、科学的积极保护原则、保护与发展有机协调原则、历史文化和土地利用可持续原则、技术保障现代化规划原则。并强调，通过修缮整治，要促进地区历史文化保护，传统商业振兴，空间环境品质提高和经济、社会、文化全面发展，形成历史和现代文明交相辉映的首都历史文化街区。规划明确前门地区的主要功能定位为：以历史文化为主体的传统文化、旅游、商业步行区，突出以多种商业旅游服务业用地为主、商居混合用地为辅的用地性质特色，突出前门旅游商业等主要功能。根据规划精神，2004 年上半年，制订前门地区西片、东片的详细规划。

同年 3 月 31 日，市委书记刘淇、市长王岐山等到前门地区视察。6 月 12 日，市规划委和崇文区政府联合召开专家论证会，对《前门地区——西片修缮整治规划设计方案》和《前门东侧路规划设计方案》进行论证。11 月初，再次召开专家座谈会，就前门地区修缮整治工作进行座谈。11 月 7 日，国务院总理温家宝到前门地区视察，深入居民家中察看其实际生活环境，使大家深受鼓舞。2005 年 12 月完成《前门东区历史文化保护项目规划方案》。之后，重点对前门大街及鲜鱼口历史文化保护区进行深化、细化设计。在方案设计中，坚持“尊重历史、立足现实、突出重点、区别对待”的原则。“尊重历史”即有根据地修复文物保护建筑和历史上比较重要的标志性建筑及重点地段的建筑；“立足现实”即根据前门大街两侧房屋建筑的质量鉴定报告，对四级、五级建筑以更新为主；“突出重点”即突出标志性建筑、标志性景观节点和历史上的重点建筑；“区别对待”即适当地根据规划条件，做到有修缮、有复建、有更新。

为了保证设计质量，市规划委和崇文区政府先后召开 32 次专题会议，多次邀请吴良镛、郑孝燮、谢辰生、宣祥鎏、罗哲文、王世仁、傅熹年、王景慧、毛钺、王其明、徐苹芳、赵知敬、边兰春、左川、李准等一批专家，对设计方案进行评议、论证、反复修改，并通过座谈会、研讨会、方案展览等方式，广泛征求人大代表、政协委员、工匠技师、居民群众及社会团体、工商界、政府有关部门的意见，并进行分析研究，确定正式方案。

专记－8　2004年11月10日，区政府召开前门地区保护和修缮整治工作专家座谈会

二

2003 年，前门地区启动解危排险工程。为了保护古都风貌，工作中，逐步探索并坚持“解危排险，人房分离，腾而不拆，有机更新”的方针，和“微循环，渐进式，先试点，后铺开”的原则。当年，通过试点，69 户居民搬迁，为以后的工作积累了经验。2004 年 8 月 23 日，启动前门东侧路地段“解危排险，改造市政，修路为民，保护风貌”试点工程，至 2005 年上半年，完成 1 450 户居民的搬迁，实现“人房分离”。同时，前门地区西片解危排险工作展开，290 户居民搬出危房。

在试点基础上，区委、区政府于同年 11 月 3 日向市委、市政府做出《关于实施“一号工程”

情况的报告》，并获得批准。随即启动前门地区古都风貌保护一期工程，即崇文区一号工程，全面展开动员搬迁工作。为保证工程顺利进行，区成立以区委书记、区人大常委会主任、区政协主席为总指挥，区长为执行总指挥，23位副局级干部参加的指挥部，并组建指挥部办公室、资金保障组、手续承办组、综合执法组、审计组等办事机构。同时，从全区各部门和街道抽调500余名素质较高且具有一定群众工作经验的干部，投入搬迁动员工作。在工作中，区委、区政府提出“先搬思想后搬家”的要求，有关部门针对群众关注的热点、难点问题，编写宣传材料，制订“标准答案”。工作人员深入每户居民家中，认真调查情况，反复宣讲政策，耐心解答问题。对个别思想不通、拒迁的居民，由拆迁公司和区政府工作人员组成小组，集中力量解决。工作人员把“入户宣传”和“入户服务”结合起来，千方百计为群众排忧解难。针对居民群众普遍要求帮助解决的房源问题，在市建委、市危改办等部门帮助下，指挥部组织“放心中介”安排房源1万余套（包括现房、期房、二手房等），并在居民区举办房展会。对拆迁范围内行动不便的老人，工作人员到家里讲政策，主动上门签协议，或用轮椅接送老人到房展现场看房选房；残疾人选房、看房、商谈房价、办理手续均由工作人员“全程承包服务”。

在动员搬迁工作中，指挥部制定出“菜单式”搬迁政策，供居民选择。一是安置到弘善小区；二是与经济适用房对接；三是通过市场评估给予货币补偿；四是房产部门出资产权共有；五是就地修缮自付费用；六是异地承租。为疏散中心城区人口，鼓励居民到三环路以外地区购房。凡迁至三环、四环、五环之外的，分别给予1万元、2万元、3万元奖励。这些政策和措施，有效地促进了解危排险、搬迁腾房工作。2005年11月至2006年1月，前门西片及市政道路工程搬迁4 600余户。2006年2月13日至5月30日，前门地区东片10 700余户居民搬离危险房屋。至此，该地区解危排险、搬迁居民共17 109户。为修缮整治，保护古都风貌创造了条件。

在前门地区修缮整治工作中，崇文区委、区政府认真坚持“三个百分之百”的原则，整治后期，又强调“四个百分之百”，即以百分之百高度负责的态度保护历史文化名城，百分之百地抢救保护所有有价值的文物与建筑，百分之百地抢救保护老字号与非物质文化遗产，百分之百地保护历史文化街区和胡同肌理。从而切实保证了传统风貌与现代功能的妥善结合。

三

2006年年初，区委、区政府聘请谢辰生、宣祥鎏、王世仁为区政府文物保护顾问，聘请区政协原主席王再云为前门项目总顾问，天街公司聘请王世仁为前门项目设计总监，启动月盛斋、大北照相馆、北晓顺（1号、3号、5号）、乾泰寺及兴华园门头等16个样板工程。8月，专家论证会提出《前门大街风貌复兴及危房改造意见》，包括前门大街在内的西片地区规划，总占地面积22.40万平方米。其中，按传统风貌整体保护修缮用地18.10万平方米，占全部用地的81%；按传统风貌有机更新用地4.30万平方米，占全部用地的19%。前门大街两侧建筑物由专家逐一进行文物保护鉴定，并根据房屋的实际情况划分为保留建筑修复风貌、历史建筑原状修缮、历史建筑原址重建、更新建筑风貌控制等4类，分别制定保护方案予以实施。

（1）保留建筑修复风貌类：房屋结构很好，但不符合传统风貌要求，实施结构局部调整，同时进行外立面装修。这类房屋共有建筑面积1.91万余平方米，占大街总建筑面积的51.90%。（2）历史建筑原状修缮类：对有较高价值的历史建筑，予以原状保留，实施修缮。这类房屋共有建筑面积1 954.50平方米，占大街总建筑面积的5.30%。（3）历史建筑原址重建类：房屋结构、风貌较差，但有一定历史价值，按历史图片予以重建。这类房屋共有建筑面积 2 627.80 平方米，占大街总建筑面积的 7.10%。（4）更新建筑风貌控制类：房屋状况很差，已成危房且不具有历史价值，按照传统历史风貌实施有机更新。此类房屋共有建筑面积 1.32 万平方米，占大街总建筑面积的 35.70%。

2007 年 2 月，北京市政府会议纪要提出“政府主导、天街公司控股、适当吸引社会资本参与”的前门项目运作模式。5 月 9 日，前门大街两侧 52 栋单体建筑修缮施工全面展开。7 月 18 日，以“中华民族品牌生生不息”为主题的前门大街中华民族品牌招商新闻发布会在前门箭楼举行，面向国内外招商。8 月 6 日，市委、市政府正式批准《前门大街两侧建筑风貌规划设计方案》。

在前门大街两侧建筑修缮整治的同时，逐步进行地下空间、市政管线和“四横三纵”道路管线等基础设施建设，并抢救保护珍贵文化遗产。主要有：腾退并按原状恢复市级文物保护单位阳平会馆戏楼，修缮乾泰寺、铁山寺、灵应三官庙等普查级文物保护单位和月盛斋、大北照相馆、庆林春、同泰和、盛锡福、老工商银行、前门中国书店、天信百货等 11 个重点建筑及鲜鱼口兴华园浴池、转角楼；还收集了一批散落在民间的文物，有石刻 104 对、木雕 24 对、砖雕 37 组、院志近 300 份；拍摄历史风貌图片 2 万余张，录像 25 盘；保护留存胡同 27 条、院落 1 200 余座。2008 年春节期间，市长郭金龙到前门大街工地视察，提出保护风貌，焕发城市青春，大力开发地下空间的要求。随后，前门大街修缮工程开展第一场“百日会战”。由于作业面狭小、无法动用大型机械设备，只能用人工艰难地搬运砖块、水泥和木料。在 840 米长、平均 21 米宽的前门大街上，投入施工人员多达 3 000 余人。4 月 12 日，前门大街工程竣工。4 月 20 日上午，奥运会首个项目马拉松测试赛通过大街。6 月 10 日，全国政协主席贾庆林到此视察，赞扬“崇文区办了一件大事”。7 月 2 日，中共中央政治局委员、北京市委书记刘淇，市长郭金龙等视察前门大街，要求在奥运会开幕前开街。8 月 6 日下午，奥运会圣火传递经过大街。8 月 7 日上午，前门大街举行开街仪式。全聚德、大北照相馆、都一处、月盛斋、中国书店等 12 家老字号同时开业。修缮后的前门大街总建筑面积 6.60 万平方米，两侧建筑 76.60% 按原貌修复，23.40% 有机更新。同时，复建了具有标志性的正阳桥六柱五牌楼和长 816 米、宽 2.925 米的明清时期御道。焕发青春的前门大街体现了人文奥运的理念，展示了保护古都风貌的重要成果，展现了新北京的亮丽形象。

专记－9　2008年8月，修缮整治后的前门大街

2009 年元旦，“前门天街、金铃重鸣”，有轨电车启动运行。前门有轨电车（铛铛车）首建于 1914 年，1924 年投入运营。1966 年 5 月停驶，42 年以后重现于前门大街。9 月 28 日，“古韵天街、盛市开元”，前门大街全面开市。共有商户 103 家，其中全聚德、都一处、

专记－10　2006年修缮后的铁山寺

李宁、周大福等民族品牌82家，占79.60%；瑞典H&M、西班牙ZARA等国际知名品牌21家，占20.40%，确立了以中华民族品牌为主体的业态结构。副市长程红和区委、区政府领导与群众队伍一起踩街。国庆期间，日均客流量30万人次，销售额约400万元。同年，前门大街的景观设计荣获第二届中国环境艺术奖（综合类）最佳范例奖；前门大街被北京市商委认证为“北京特色商业街”。

2010年1月，市有关部门在前门大街举办“我的北京　我的家”春节系列文化活动启动仪式。随后，有关方面从农历正月十三日至十五日（2月26日至28日）举办“天街年市”和“天街上元灯会”，开展花灯展示、传统民族手工艺表演和产品展卖等活动。同年，前门大街被中国商业步行街委员会认证为“中国著名商业街”。

四

前门西区位于前门东路以西，北起前门月亮湾南侧建筑，南至珠市口东大街北侧建筑，西起珠宝市和粮食店街东侧建筑，东至前门东路中心线，规划用地面积22.40万平方米。规划范围内有前门大街、鲜鱼口历史文化保护区、市级文物保护单位1处、文物普查单位10处、挂牌保护院落29处、有价值保护建筑36处，以全聚德、大北照相馆为代表的商业老字号13处。该地区自明、清以来，逐渐形成集商业、餐饮、旅店、茶楼、戏院、典当、镖局、钱庄、省地会馆于一体的传统经营格局，居住者多为商业服务人员，纯居民很少。

鲜鱼口街和大江胡同，是两条西北东南走向的历史街巷。前门大街开街后，该处也陆续呈现亮点。2009年5月2日，利用阳平会馆戏楼开办的刘老根大舞台开业。开业1年累计票房收入超过6 000万元，上缴利税1 130万元，初步形成集演艺、影视制作、会馆、艺术品开发等于一体的“快乐文化”产业链。6月24日，台湾会馆开始修缮。为扩大会馆功能，将云间会馆、福德禅林、C10-1建筑与台湾会馆合为一体同时修缮。9月25日，主体工程竣工。原来只有400平方米的台湾会馆扩展为近4 000平方米。加上地下停车场及设备层，总建筑面积达6 390平方米。会馆地上由砖木结构的四合院组成，保留明清时期的建筑风貌。馆内设置京台交流史展示、贵宾接待、多功能会展、民俗文化体验等4个功能区。由市政府办公厅交市台联长期使用。2010年5月7日，百年台湾会馆重张。中共中央政治局委员、市委书记刘淇，全国人大常委会副委员长林文漪，国台办主任王毅，海协会会长陈云林，北京市市长郭金龙，中国国民党名誉主席连战偕夫人连方瑀等出席仪式。

2009年9月15日，市委、市政府批准鲜鱼口老字号美食街整治修缮方案并于月底动工。该处占地面积1.30万平方米，建筑面积6万平方米。该街以恢复发扬中华民族传统美食为发展方向，确定“京味特色，美食经典”为功能定位。按照“保留、恢复、引进、扶持”的招商思路。老字号商户占招商比例的70%，其中京味老字号占老字号总数的70%，穿插休闲、特色购物等业态，融汇国际美食元素，打造一条展示古都文化、京商文化与美食文明的特色商业街区。经过专家对前门地区老字号发展史的研究，认定鲜鱼口街原生地老字号品牌有4家，分别为黑猴百货店、兴华园浴池、天兴居炒肝店和便宜坊烤鸭店。针对原生地老字号企业特点，采取了两类保护措施：

一是保留业态、保护风貌、原址修缮。兴华园浴池，始创于1921年，曾是天有信布店，1940年前后倒闭。后创建兴华园浴池。1949年，改名鲜鱼口浴池。“文化大革命”时期，改称“劳动浴池”。1980年恢复老字号名称。1984年引进桑拿浴等现代洗浴设备。原址在鲜鱼口街97号。

仍在原址按原风貌复建。二是保留业态、保护风貌、街内另行安置。因多种原因，在原址安置有困难的，选择历史风貌建筑，另做安置。黑猴百货店，始创于清朝中期。原名杨少泉鞋帽商店，因门前有一对硬木刷金黑猴而得名。20 世纪 50 年代初改名震环百货店，20 世纪 60 年代又改为立新百货商店。原址鲜鱼口街 112 号，此次招商落位于 B7 地块内。便宜坊烤鸭店，始创于 1416 年，1855 年又在鲜鱼口开店。原名便意坊，仿效米市胡同的便宜坊，因菜式有特色而闻名。20 世纪 20 年代，李大钊曾在此宴请学界人士，客人中有毛泽东、赵世炎等。“文化大革命”期间改为“新鲁餐厅”，1978 年正式挂出“便宜坊”招牌。原址鲜鱼口街 113 号，此次招商落位于 C5 地块。天兴居炒肝店，始创于 1930 年。因质量好，善于运用新调味品提高炒肝口味，胜于历史更悠久的会仙居。1956 年，公私合营时与会仙居合并，统一称天兴居饭馆。原址鲜鱼口街 95 号。此次招商落位于 B7 地块。

专记—11　2010年5月重修后的台湾会馆

五

专记—12　2008年修缮后的四合院

专记—13　2008年修缮后的前门东区胡同新貌

前门东区位于前门东大街以南，珠市口东大街以北，前门东路以东，新革路以西，面积 58.60 万平方米。该处有市级文物保护单位 1 个（汀州会馆）、文物普查单位 41 个、挂牌保护院落 39 个、有价值保护院落 47 个、重点院落 128 个；会馆 28 处，涉及安徽、广东、广西、湖南、湖北、江西、山西、福建、贵州等省区，总建筑面积 2.01 万平方米。其中，明代会馆 7 处、清代会馆 7 处、其余 14 处会馆建筑年代待考。位于长巷五条 7 号的安徽芜湖会馆，建于明代永乐年间，是北京最早的会馆。

2004 年 8 月 23 日前门东侧路市政工程启动，2007 年 4 月

24 日竣工通车。该路南起珠市口东大街，北至前门月亮湾，全长 845 米，规划红线宽 25 米，是贯穿前门文物保护区的一条城市主干道。同年 12 月，前门东区风貌保护工程启动。按照市、区政府“修缮、改善、疏散”的要求，陆续修缮草厂三条至十条胡同及南北两侧区域内 700 余个院落，共有房屋 4 305 间。其中修缮整院 127 个、沿街商铺 63 个。2008 年 5 月，草厂市政工程启动，对该地区及南北两侧范围内 20 条胡同的道路、上下水、电力、电信等基础设施进行全面改造，9 月下旬，煤改清洁能源工程启动，11 月 13 日，266 户居民用上天然气。至 2010 年 6 月，该地区市政工程及前门街道办事处办公楼、文化创意产业会展中心陆续竣工。

京城南中轴路（崇文段）环境整治与永定门城楼复建

北京城中轴线南起永定门，北至钟楼，全长约 7.80 千米。1957 年，永定门城楼被拆除，中轴线南端失去标志性建筑。2000 年，北京市文物古迹保护委员会委员王世仁、两院院士吴良镛、全国历史文化名城保护委员会副主任委员郑孝燮、中国考古学会会长徐苹芳等有关专家提出重建永定门城楼的建议。2001 年 5 月，市政府召开专题会议，决定采纳这一建议。

2002 年，市政府将整治改造南中轴路与复建永定门城楼列为 2003 年为民办 60 件实事之一。12 月 25 日，副市长刘敬民主持召开南中轴路危改整治工程协调小组第一次会议，研究决定南中轴路（天坛、先农坛之间）危改整治范围和主要任务：依法拆迁危改整治范围内的居民户和单位，拆除各类建筑物，复建永定门城楼及天坛外坛西坛墙，改造修建永内大街道路，实施绿化美化工程；成立由常务副市长孟学农任组长，副市长刘敬民等任副组长，市市政管委和崇文区、宣武区主要领导为成员的南中轴路危改整治协调小组，明确了各有关部门的责任和危改整治时间。

单位和居民户拆迁　2002 年 12 月 27 日，崇文区区长吉胜久主持召开南中轴路（崇文段）危改整治工作会议，讨论并通过危改整治工程方案，决定成立以区委书记李晓光为总顾问，区长吉胜久为总指挥，常务副区长刘建为副总指挥的南中轴路危改整治工程指挥部。指挥部办公室设在区市政管委。2003 年 3 月 15 日，指挥部向拆迁范围内居民、社会单位发出公示，24 日发布拆迁公告，28 日拆迁工作正式启动。

中轴路危改整治工程（崇文段）范围南起木樨园，北至珠市口，东起天坛公园西外坛墙，西至永定门内大街（简称永内大街）、天桥南大街现状路。全长 3 810 米，占地 36.60 万平方米。其中，永定门立交桥至南纬路口一段占地 27.40 万平方米，崇文区境内 13 万平方米。整治拆迁范围内，大街两侧多是中小门店，

专记—14　2009年建设的永定门南广场

其后面为密集的居民住宅。房屋低矮破旧，违法建设颇多。居民住房拥挤，住房困难户占总户数的 15.40%。不少居民收入水平较低，有 7.90%的低保户和部分残疾人。一部分居民依靠临街摆摊维持生活。拆迁范围内的社会单位，大多为工厂或小企业，一般都不景气，有的已经解体。因此，拆迁难度很大。为推动拆迁工作顺利进行，指挥部大力宣传拆迁的意义和政策。悬挂 200 条横幅标语，印发《致居民的一封信》和 6 期 2 万余张宣传材料。专门设立接待组，认真解决居民和单位的实际困难。根据居民住房和生活的实际状况，为 793 户发放了困难补助费。为解决范围内两所学校学生就读问题，临时扩建附近的天坛南里小学，保证两校学生能正常上课。同时，协调有关部门多次举办低价房房展会，36 家房地产公司 41 个低价经济适用房楼盘参展。房源价格每平方米在 2 000 元至 4 000 元。指挥部还发动有关部门，多次为居民提供低价房源信息和二手房信息，帮助社会单位解决实际困难。2003 年 6 月，第一阶段拆迁工作基本完成。南纬路口至永定门桥之间，崇文区境内拆迁居民 2 610 户，建筑面积 3.60 万平方米；拆迁单位 169 个，建筑面积 8.42 万平方米。

2004 年，市委、市政府决定把整治市级文物单位燕墩作为南中轴路环境整治工程的重要组成部分，并要求当年完成。燕墩在永定门外 200 多米处大道西侧，为元明时期京城五镇之一——镇火建筑，与永定门共同构成京城中轴线的南起点。随着城市的发展变迁，被逐渐湮没于民居、厂房之中。在整治工程中共拆迁居民户 187 家，单位 7 个。拆除建筑面积 1.40 万平方米，清运垃圾渣土 1.22 万吨，绿化面积 1.48 万平方米，设置休闲座椅 12 套。

2003 年至 2008 年，珠市口至木樨园先后拆迁居民户 7 390 家，单位 390 个，拆除建筑面积 28.24 万平方米。

绿化美化环境 2003 年 7 月，市园林局开始在南中轴路建设永内大街绿地、永定门公园绿地、永定门南广场绿地，10 月 1 日竣工。3 块绿地面积共 22.39 万平方米，其中，崇文段 11.18 万余平方米，宣武段 11.21 万平方米。

永内大街绿地以天坛坛墙为背景，由原来的 5 米宽增至 10 米宽，再加上 5 米步道，形成沿坛墙 15 米宽以花灌木为主的绿化带。绿地中栽种十余种宿根花卉和新优植物品种，营造了色彩斑斓、层次丰富的宿根花境和曲线流畅的应时花带。

永定门公园于 2004 年 9 月 25 日竣工。南起永定门立交桥，北至天坛公园西门，东起天坛公园外坛西坛墙，西至先农坛坛墙。分东西（崇文、宣武）两个园区，总面积 11 万平方米。公园中心园区位于永内大街东西两条道路之间，面积 6.74 万平方米，整体呈船形。园中栽种银杏、国槐、油松等北京特色树种，林荫效果突出。永定门公园绿地中有一段花岗岩步道，系仿照明清皇室成员前往南苑团河围猎时所走的“御道”建造。御道长 822 米，宽 15.80 米，面积 1.23 万平方米。中间为石板，两侧为灰砖。北京市文物研究所专家在这里发现有乾隆年间残留的花岗岩条石，长约 1.50 米、宽约 0.40 米、厚约 0.20 米。铺装时将其铺砌在道路两旁，并用“玻璃幕”加以保护。

绿地景观充分体现两坛（天坛、先农坛）文化特色。中心道路两侧建有 12 个广场，东侧广场铺装的图案为圆形，地雕篆文为“敬天勤民”，西侧广场铺装的图案为方形，地雕篆文为“农桑为本”，分别表示天圆地方，并与天坛和先农坛寓意相对应。南中轴路景观上最引人注目的是四个镶嵌在路中心线上的铜制龙头，周围设有护栏，可供游人抚摸，以取祈福之意。景观总设计师夏成钢介绍，龙头是特意设计的“里程星”。从中轴路南起点到钟楼共设 36 颗，每隔 216 米一颗，每一颗上都标明距永定门城楼即中轴路南起点的距离。“216”的数字来自天坛圜丘，圜丘坛三层台阶共有 216 块石栏板。“216”和“36”都是数字“9”的倍数，而“9”自古被视为最大阳数和吉祥数字。在中轴路上雕刻着有传统云纹图案的坐凳，门墩形式的垃圾桶，嵌铸着传统海水石刻作法的饮水台，每一细微处都显现出悠久的历史和深厚的文化底蕴。

该处绿地采用节水自动灌溉系统，并建有6个雨水回灌井，对回补地下水和减轻防洪负担发挥了很好的作用。这里还是防灾避险设施最完备的大绿地。中央御道可作为应急通道，通道两侧设有15个棚宿区供市民避难居住。在主题广场，设有饮水台。平时供游客饮用，避灾时可作为饮用水的主要来源。绿地上设有6处应急厕所，平时隐藏在绿地下边。在绿地中还设有直升机停机坪，以备必要时使用。

永定门城楼复建 2004年3月10日，永定门城楼复建工程启动。主要依据梁思成等于20世纪30年代和1957年两次对永定门城楼实测时留下的图纸进行施工。复建前，有关专家又对城墙遗址进行了勘察，确定原永定门城楼位于现北滨河路与永定门旧桥的交叉路口南侧，决定参照原图纸，在原址按原貌复建。

该工程由北京市文物古建工程公司承建。工程按照原材料、原形制、原结构、原工艺进行。城楼基础采用现代工艺施工，用566根钢筋混凝土柱桩，可抵御8级地震。城楼彩画采用“一麻五灰”13道工序的旋子彩画传统工艺。城楼内12根“金柱”，为从南非进口的铁梨木，每根长13.66米，直径60厘米，是城楼主体结构的主要支撑，从城台一直支撑到屋脊。铁梨木材质高大、坚硬细腻，可保证城楼建筑坚固稳定。复建工程共用各种型号砖300万块，木材1 100立方米，瓦4万余块。门洞上方所嵌石匾及“永定门”三字，仿照明嘉靖三十二年（1553年）原石匾雕刻而成。

2005年9月工程竣工。复建的永定门城楼，坐落在三层花岗岩基座上。总高26.04米，城台东西长31.40米，加上两侧复建的城墙，共63.22米，南北宽16.96米，为三重檐歇山屋顶。城楼庄严古朴，在中轴线南端重新树起标志性建筑，弥补了京城建筑的缺憾。

建设永定门南中轴广场 该广场南与铁路桥及燕墩遗址公园相邻，北至永定门城楼，东西与两座护城河桥相接。2006年11月，区住建委开始对永定门广场项目调研。之后，陆续进行方案遴选、专家评审、环境影响评价、可行性研究和招投标等各项工作。

2007年3月5日，根据市有关领导批示，市规划委组织专家对该项目设计方案进行论证。11月27日，副市长吉林主持召开专题会，要求按照专家意见，加快组织实施。2008年列入北京市绿色通道项目；2009年5月6日，市发展和改革委批复永定门南中轴广场立项，并列为北京市该年重点建设项目。15日，工程正式启动。该工程跨越护城河、南二环路、南滨河路。整个工程有水中、空中作业，地下有大量管线，施工难度很大，科技含量较高。工程以盖板为主体，占地面积约2.20万平方米。新建主桥1座、东西两侧辅桥2座。主桥为三跨连续钢箱梁桥，宽69米，长121.35米，总面积8 373.15平方米。辅桥为钻孔灌注桩接柱加现浇板结构形式，桥梁面积159.60平方米。普通硬化地面面积4 115平方米，绿化面积7 790平方米。主桥钢箱梁结构采取顶推工艺施工，此项技术在城市广场建设上首次应用。建设中运用大型桥梁盖板方式完成广场覆盖。9月30日工程结束，12月31日通过竣工验收。

整治改造后的南中轴路，亮出了京城的南大门。环境优美亮丽，道路宽阔顺畅，形成独具特色的文化景观。永定门城楼复建勾勒出以天安门广场为中心的城市中轴线整体轮廓，形成一条崭新的景观大街。

索　引

1. 本索引分为主题词索引和表格索引。

2. 主题词索引又称内容分析索引，主题词（标目）以《北京市崇文区志（1994.1—2010.6）》正文中出现的专业名词、名词词组、人名、地名、机构名为主。

3. 主题词索引按汉语拼音音序排列，首字相同时，则以第二字排序，以此类推。以阿拉伯数字、字母、符号开始的主题词，以此顺序排在最前。

4. 索引的文字部分为标目（主题词），标目之后的阿拉伯数字表示该主题词所在正文中的页码，部分标目后面有若干个页码，则表示该标目均在这些页码中出现。

5. 表格索引按正文中出现的先后顺序排列。

6. 本索引与志书目录互为补充，凡在目录中出现的编、章、节的标题均不选入索引。

一、主题词索引

A

B

C

D

E

F

G

H

J

K

L

M

N

P

Q

R

S

T

W

X

Y

Z

二、表格索引

后 记

根据市地方志编委会的部署，2004 年 5 月，第一轮《北京市崇文区志》出版之后，在区地方志编委会的领导下，区地方志办着手区第二轮志书编纂的准备工作。调查研究设计志书的篇目，几上几下反复征求意见，2009 年年初形成了篇目架构和志书编纂计划安排。同年，按照市委办公厅、市政府办公厅《关于开展北京市第二轮地方志书编纂工作的通知》精神，崇文区启动第二轮地方志编修工作。4 月，区委常委会和区政府常务会研究修志工作，确定第二轮修志工作的区志编委会组成人员。6 月，第二轮区志编委会召开第一次会议，确定成立区志编辑部，审议通过第二轮修志工作方案和志书篇目，明确承编单位和牵头单位。7 月，召开全区第二轮地方志书编纂工作动员会，部署全区修志工作。之后，区志办、编辑部培训各单位主笔。

培训结束后，各单位开始收集资料、编写资料长编，一些单位着手撰写初稿。与此同时，区志办先后向各承编单位发放二轮志书编纂工作文件汇编、培训资料、授课光盘及北京市第二轮修志指导手册；制定并印发志书人物编写工作安排意见、资料卡片、图片、登记表等。编辑部除对各单位具体指导外，还陆续召开座谈会、经验交流会、专题讨论会等，推广好的做法，解决工作中的困难和问题，推动修志工作顺利进行。

2010 年 6 月底区划调整后，各承编单位主管领导和主笔，普遍发生变化，使修志工作一度处于停顿状态。面对新形势，新组建的东城区史志办和崇文区志编辑部提出“面对现实、适应形势、调整思路、树立信心、减少影响、积极推动”的工作思路，一方面直接编纂大事记，另一方面督促各承编单位尽快确定主笔，继续收集资料、编写资料长编和撰写初稿。2011 年 4 月，区志编辑部对重新确定的修志人员进行撰写初稿的培训。7 月，编辑部根据各承编单位提供的资料，开始按政治、经济、文化、社会、综合部类试写初稿。其间，多次组织编纂人员进行业务学习和培训。

2012 年，各承编单位基本完成各编章初稿，编辑部对报送的初稿进行修改补充，并进行总纂。8 月，市志办领导对编辑部报送的部分初稿做点评。2013 年，编辑部在对各编初稿全面进行修改补充的同时，集中力量进行总纂工作。2014 年 3 月，完成《北京市崇文区志（1994.1—2010.6）》初审稿，报市志办审阅。包括凡例、概述、大事记、专业志 30 编、专记、人物，共 91 万字，并有地图 3 张（行政区划地图、交通地图、卫星影象地图各 1 张），照片 160 幅。5 月，将初稿发送 160 个承编单位及 69 位现任和历任区级领导，广泛征求意见。7 月，《北京市崇文区志（1994.1—2010.6）》初稿评审会召开，市志主编段柄仁、副主编及专家就区志编章结构、编纂体例、内容记述、行文规范、图片安排、表格制作等，提出意见和建议。会后，编辑部认真归纳、整理，研究修改方案，进行修改。2015 年年初，市地方志办确定由《北京志》副主编谭烈飞、刘景华，特约专家潘会楼及区县指导处人员组成《北京市崇文区志（1994.1—2010.6）》评审小组。5 月 7 日，评审小组对崇文区志初稿修改稿做评审。会后，编辑部按照评审意见，对篇目和志稿做了调整和修改。然后，主编、副主编对志稿进行统稿。2016 年 3 月，完成初审二稿，并报市志办。7 月 4 日，评审小组对《北京市崇文区志（1994.1—2010.6）》初审二稿进行评审。会后，编辑部根据评审意见进一步调整和修改篇目和志稿，整理编排前插及各编照片，2017年3月，形成《北京市崇文区志（1994.1—2010.6）》复审稿。同年，市志办确定《北京志》副主编戴卫为《北京市崇文区志（1994.1—2010.6）》评审小组成员。11月8日，评审小组对《北京市崇文区志（1994.1—2010.6）》复审稿进行评审。会后，编辑部根据评审意见，对前插照片、篇目、概述、大事记及各编，从结构到文字进行了调整和修改。12月26日，东城区地方志编委会召开会议，对志稿进行复审。市地方志办公室副主任，区地方志编委会常务副主任及副主任、委员出席会议，对《北京市崇文区志（1994.1—2010.6）》复审稿进行评审，并宣布《北京市崇文区志（1994.1—2010.6）》通过复审。会后，编辑部根据区地方志编委会评审意见，对志稿进一步做了修改，于2018年1月形成《北京市崇文区志（1994.1—2010.6）》终审稿。包括凡例、概述、大事记、专记、专业志29编百余万字，并有地图2张（区行政区划地图、交通地图各1张），图片389幅（前插图片119幅、随文图片270幅），表格238个。2018年8月17日，北京市地方志编委会批准《北京市崇文区志（1994.1—2010.6）》通过终审，进入出版程序。

十年来，在修志工作中，区委、区政府不断加强领导，区有关部门、单位及参与修志工作的人员积极支持配合，为修志工作创造了良好条件。同时，市地方志编委会和办公室也及时给予精心指导。在志书出版之际，谨向上述各方面领导及各位同志表示诚挚的谢意。

在志书编纂过程中，我们虽然尽了很大努力，但因水平所限，志书中可能会有一些疏漏，敬请志界专家与广大读者予以批评指正。

《北京市崇文区志（1994.1—2010.6）》编辑部

2018年8月

参加撰稿的主要人员名单

（按姓氏笔画为序）

于洁　于惠洋　万丽　马玉虎　马丽芝　王长生　王双喜　王立龙　王光芬　王伟　王欢
王志丹　王灿　王承岩　王春荣　王彦高　王健章　王继涛　王硕　王惠　王慧　王黎
王燕　王薇　牛连荣　方宽宇　邓硕　甘华生　甘露　石炜　石慧　东海　田桂明
付朝霞　白云　白明杰　白岩梅　白雪　冯传塘　冯坤　成城　朱芳　朱敬国　任正刚
任毅　刘一　刘东　刘亚莉　刘成镛　刘坤　刘若虹　刘畅　刘晓然　刘浩　刘敏茹
刘颖　刘霞　齐思思　闫胜利　孙江辉　孙连海　孙怡　孙善和　孙福友　严冬　苏国志
苏霞　杜雪　李大明　李立　李伟　李欢　李英　李国平　李波　李实　李建
李洁　李洋　李海曼　李辉　李然　李菊英　李瑞芬　李献平　李静芳　杨永庆　杨廷
杨华　杨彤　杨威　杨真水　杨硕　杨维民　吴泉河　步安娜　肖娜　肖淑霞　肖燕
何英华　何浩申　位鑫　余武福　汪江凌　沈九久　宋君贤　张玉族　张巧云　张占英　张乐山
张成雷　张志恩　张国在　张放　张重　张高刚　张海　张海军　张海燕　张晗　张淑焕
张琳琳　张韶杰　陈文君　陈永玲　陈菲　陈朝阳　陈新颖　武晓敏　武裁军　苑志远　范光建
林静　明春艳　金峰　周皓宇　周湘萍　周薇　郑磊　房文娟　孟立　赵丁　赵伟
赵华　赵丽娟　赵青　赵曼　赵琦（工会）　赵琦（国资委）　赵超英　赵薇微　郝文静
郝洪春　荆莉萍　胡宁　胡国荣　胡源　胡嘉嘉　钟李子　段清龙　姜在斌　姜鸣　恒亚娟
祖玉才　秦瑞刚　袁燕　聂倩　贾士良　贾玉轩　贾琳　顾裕生　徐邓　徐庆祥　徐骏
徐梓婕　徐婕　翁东杰　高汉生　高翠军　郭威元　郭亮　郭晓静　郭颖辉　黄锋　黄子民
曹淑芹　曹德福　龚菊英　崔琰　崔磊　崔燕楠　麻晓星　章兰云　彭波　董志　董明
董蕾　韩伟　韩海峰　韩瑜　韩璐　惠静宜　程玉玲　程光昕　程维远　傅恒轶　焦志青
焦秋生　谢久燕　谢鹭鹭　解启明　静玉华　滕颖　潘闪　魏良培